מִלּוֹן

אַנְגְּלִי־עִבְרִי
עִבְרִי־אַנְגְּלִי

הַמִּלּוֹן הַמְּשֻׁבָּח בְּיוֹתֵר בִּמְחִיר נָמוּךְ

מִלּוֹן חָדָשׁ זֶה נוֹעַד מֵעִקָּרוֹ לְשַׁמֵּשׁ נוֹשְׂאִים וּמִקְצוֹעוֹת מְרֻבִּים וּמְגֻוָּנִים כְּכָל הָאֶפְשָׁר. נוֹעַד הוּא לְתַלְמִידִים, לְמוֹרִים, לְתַיָּרִים, לְסִפְרִיּוֹת בַּיִת וּמִשְׂרָד. הַמִּלּוֹן מֵכִיל 30,000 עֲרָכִים בְּסֵדֶר אָלֶפְבֵּיתִי. יֵשׁ בּוֹ בֵּאוּר מַקִּיף אַךְ תַּמְצִיתִי שֶׁל הַדִּקְדּוּק, יַחַד עִם לוּחוֹת הַפְּעָלִים הַנֶּחֱשָׁלִים. נִמְצָאִים בּוֹ מַפְתֵּחוֹת לַמִּבְטָא הַמְּקֻבָּל, לְרָאשֵׁי תֵּבוֹת, לְלוּחוֹת שֶׁל מִסְפָּרִים, מִדּוֹת, מִשְׁקָלוֹת, מַטְבְּעוֹת וּכְסָפִים, מוּנָחִים טֶכְנִיִּים מְעֻדְכָּנִים וְדֻגְמָאוֹת שֶׁל נִיבֵי הַלָּשׁוֹן וְשִׁמּוּשָׁם.

מִלּוֹן בֶּן יְהוּדָה זֶה, מִלּוֹן כִּיס אַנְגְּלִי־עִבְרִי, עִבְרִי־אַנְגְּלִי, מְקוֹרוֹ בְּמֶחְקָרִים וּבְכִתְבֵי יָד שֶׁל אֱלִיעֶזֶר בֶּן יְהוּדָה, אֲבִי הָעִבְרִית הַחֲדָשָׁה, וּבִמְיֻחָד, מִמִּלּוֹן הַלָּשׁוֹן הָעִבְרִית הַיְשָׁנָה וְהַחֲדָשָׁה שֶׁיָּצָא בִּשְׁמוֹנָה כְּרָכִים.

The English version of the above lines appears on the back cover.

BEN-YEHUDA'S

POCKET

ENGLISH-HEBREW
HEBREW-ENGLISH

DICTIONARY

•

EHUD BEN-YEHUDA, *Editor*

DAVID WEINSTEIN, *Associate Editor*

WSP

WASHINGTON SQUARE PRESS NEW YORK

מִלּוֹן בֶּן־יְהוּדָה

מִלּוֹן כִּיס

אַנְגְּלִי־עִבְרִי
עִבְרִי־אַנְגְּלִי

•

עוֹרֵךְ: אֵהוּד בֶּן־יְהוּדָה

עוֹרֵךְ חָבֵר: דָּוִד וַיְנְשְׁטַיְן

WSP

WASHINGTON SQUARE PRESS NEW YORK

BEN-YEHUDA'S
POCKET
ENGLISH-HEBREW, HEBREW-ENGLISH
DICTIONARY

A *Washington Square Press* edition
1st printing........................August, 1961
12th printing....................February, 1970

The system of indicating pronunciation is used by permission of the copyright owners of the MERRIAM-WEBSTER POCKET DICTIONARY, copyright, 1947, 1951, by G. & C. Merriam Co.

L

Published by Washington Square Press,
a division of Simon & Schuster, Inc., 630 Fifth Avenue, New York, N.Y.

Washington Square Press editions are distributed in the U.S. by Simon & Schuster, Inc., 630 Fifth Avenue, New York, N.Y. 10020 and in Canada by Simon & Schuster of Canada, Ltd., Richmond Hill, Ontario, Canada.

Standard Book Number: 671-48101-O.

Printed in the U.S.A.

אַנְגְּלִי־עִבְרִי

תֹּכֶן הָעִנְיָנִים

אַנְגְּלִי-עִבְרִי

עִבְרִי-אַנְגְּלִי

(רְאֵה בַּצַּד הַשֵּׁנִי שֶׁל הַסֵּפֶר)

מבוא

שאיפתנו בחבור מלון כיס עברי־אנגלי, אנגלי־עברי זה היתה להביא את לשוננו למליוני דובריה המשתמשים בה במדה פחות או יותר רבה, כמכשיר הבעה יומיומי, בבית, ברחוב, במשרד או בהתכתבות: אלה בארץ ישראל — כלשון המדינה ואלה בתפוצות — כלשון שניה.

רצינו להעלות את לשוננו לרמה בינלאומית גם בשטח המלונות הקטנה, כשמעל מדפי הספרים מתנוססים מלוני כיס בצבעיהם הלאומיים, רובם דו־לשוניים. על פי רוב השפה האחת שבהם היא אנגלית, מתורגמת לצרפתית, לגרמנית, לאיטלקית ולספרדית (ובקרוב גם לרוסית) — ולהפך, משפות אלה לאנגלית. והנה, סוף סוף, לאחר מאמץ של שנים רבות ויגע לא מעט, מופיעה גם לשון עבר העתיקה־חדשה, בצבעי מדינתה ועמה ישראל.

זו הפעם הראשונה שלשוננו מופיעה במאות אלפי טפסים, שוה בשוה עם יתר הלשונות החיות המדוברות בתבל. כמוהן משמשת העברית שפת אם ולשון הלמוד בפיות של מאות אלפי ילדים, בתי אב לאין ספור ומוסדות חינוך רבים, מגן הילדים ועד המכללה.

גם בחירת החומר נעשתה בהתחשבות עם קהל המשתמשים הרבגוני וצרכיו הרבים והשונים: התלמיד ומורהו, עקרת הבית והתייר, החנוני והספן, הנוט והפועל, העולה והיורד. כל אלה ורבים אחרים יפיקו תועלת ממלון כיס עברי־אנגלי, אנגלי־עברי זה, שיימצא למכירה כמעט בכל פנת רחוב בעולם, במחיר שוה לכל נפש, על גבי נייר משובח ובדפוס מאיר עינים, באותיות חדשות ומיוצרות באופן מיוחד למלון כיס זה.

כיתר המלונים העבריים, והעבריים־לועזיים, אשר יצאו לאור מזמן תחית לשוננו, כגדולים כקטנים, גם מלון כיס עברי־אנגלי, אנגלי־עברי זה מיוסד בעיקרו על "מלון הלשון העברית הישנה והחדשה" לאליעזר בן־יהודה, ירושלמי, ולעמיתיו — עורכיו הרבים. גם השתמשנו במלונים הנוספים הבאים:

אבן שושן: מלון חדש

אלקלעי: מלון אנגלי־עברי שלם

גור: מלון עברי

דאנבי־סגל: מלון אנגלי־עברי שמושי

יסטרוב: מלון תלמודי

מדן: מלון עברי

סגל: מלון עברי־אנגלי שמושי

קופמן: מלון אנגלי־עברי

ומן המלונים הלועזיים:

The Merriam-Webster Pocket Dictionary
Webster's New Collegiate Dictionary
Larousse's French-English, English-French Dictionary
Langenscheidt's German-English, English-German Dictionary

ובסוף דבר נודה למוציאים לאור, שלא חסכו עמל והוצאות, ולפועלי הדפוס אשר האריכו אפם עם עובדי המערכת ואשר הוציאו מתחת ידם עבודה כה יפה ונאה.

אב״י, ד״ו

ירושלים־תלפיות וניו יורק־בוסטון בשנת הבר־מצוה למדינת ישראל (1961)

ENGLISH PRONUNCIATION הַהִגּוּי הָאַנְגְּלִי

השפה האנגלית שייכת לענף המערבי של משפחת השפות ההֹדו־אירופיאיות

האלפבית האנגלי, שלא כעברי, מכיל באותיותיו עצורים ותנועות. מספרו עולה ל־ 26, וליותר מפי שנים מזה של העברי, אם נכלול בו את התנועות בהרכביהן השונים (גם דו־ותלת־תנועות).

כ־250 מליוני אדם הם דוברי אנגלית כשפת־אם, בהשואה לפחות ממֵאית המספר הזה לממללי שפת־עבר. הם מפוזרים בכל חלקי העולם ובקבוצים גדולים. על כן כמעט מן הנמנע לתת כללי בטוי והגוי, בפרט עקב החלוקים הנכרים אפילו בין האנגלית האמריקאית ועמיתה הבריטי, בלבדם. מכאן שנמנענו מלתת סמון מיוחד להטעמה, בפרט שטרם נמצאו תנועות ואותיות עבריות העלולות לסמן את השני ההברוני שבסמון המקובל.

ואשר לדקדוק האנגלי, כפי שיראה מן העמודים הבאים, הוא מן הפשוטים ביותר. אין בו נטית השם, למשל. הכרת המין בשמות קלה ביותר, כי כל הדומם ־ שמו ממין סתמי, החי ־ זכר או נקבה, וסמון הרבים נעשה בתוספת s, על־פי־רב (כמפרט, אמנם בצמצום, בדפים הבאים).

I. CONSONANTS א׳ הָעִצּוּרִים

אוֹת גְּדוֹלָה אוֹ רַבָּתִי*	אוֹת קְטַנָּה	הַשֵּׁם	הַבִּטּוּי
B	b	בִּי	as in *bib* כמו בַּיִת
C	c	סִי	as in *city* כמו סֶדֶק
C	c	סִי	as in *can* כמו קַנְקַן
Ch	ch	סִי־אֵטְשׁ	as in *chess* אין בעברית
D	d	דִּי	as in *dead* כמו דַּד
F	f	אֶף	as in *fiddle* כמו הֶפְצֵר
G	g	גִ׳י	as in *gag* כמו גַּג
G	g	ג׳י	as in *gem* אין בעברית
H	h	אֵטְשׁ	as in *Hebrew* כמו הֶבֶל
J	j	גֵ׳י	as in *jet* אין בעברית
K	k	קֵי	as in *kettle* כמו קֶטֶל
L	l	אֶל	as in *lilt* כמו לֵיל
M	m	אֶם	as in *male* כמו מֶלֶךְ
N	n	אֶן	as in *nail* כמו נָדָן
P	p	פִּי	as in *pet* כמו פֶּתִי
Q(u)	q(u)	קְיוּ	as in *quick* אין בעברית
R	r	אַר	as in *rim* כמו רָם
S	s	אֶס	as in *sun* כמו סַנְסַן
S	s	אֶס	as in *his* כמו הִזְדַּמְּנוּת
S	s	אֶס	as in *vision* אין בעברית
Sh	sh	אֶס־אֵטְשׁ	as in *shed* כמו שֵׁד
T	t	טִי	as in *tip* כמו טִפָּה
Th	th	טִי־אֵטְשׁ	as in *thin* אין בעברית
V	v	וִי	as in *villain* כמו וִילוֹן
W	w	דָּבֶל־יוּ	as in *wish* אין בעברית
X	x	אֶקְס	as in *index* אין בעברית
X	x	אֶקְס	as in *exactly* אין בעברית
Y	y	אוּאַי	as in *yet* כמו יֶתֶר
Z	z	זִי	as in *Zoo* כמו זה (זוּ)
	ng	אֶן־גִ׳י	as in *sung* אין בעברית

* בשם (עצם) פרטי ובתחילת משפט

II. VOWELS ב׳ הַתְּנוּעוֹת

אוֹת גְּדוֹלָה אוֹ רַבָּתִי	אוֹת קְטַנָּה	הַשֵּׁם	הַבִּטּוּי	הַתְּנוּעָה הַמַּקְבִּילָה בְּעִבְרִית
A	a	אֵי	as in *hard* כמו הַרְדָּמָה	ָ
A	a	אֵי	as in *hat* כמו הֶגְיוֹנִי	ֶ
A	a	אֵי	as in *hall* כמו הוֹד	וֹ
E	e	אִי	as in *bet* כמו הֶרֶף	ֶ
Ea	ea	אִי־אֵי	as in *heat* כמו הִתּוּל	ִ
Ea	ea	אִי־אֵי	as in *head* כמו הֶרֶף	ֶ
Ee	ee	אִי־אִי, דָּבֶּל־אִי	as in *see* כמו רְאִי	ִ
I	i	אַי	as in *like* כמו אַיָּל	
I	i	אַי	as in *Israel* כמו אִיזֶבֶל	אִי
I	i	אַי	as in *bird* אין בעברית	
O	o	אוֹ	as in *hot* כמו אוֹ	אֹ
Oo	oo	דָּבֶּל־אוֹ	as in *shoot* כמו חוּט	וּ, ֻ
U	u	יוּ	as in *bullet* כמו אֻמְצָה	וּ, ֻ
U	u	יוּ	as in *hurt* אין בעברית	

III. DIPHTHONGS ג׳ דוּ־תְּנוּעוֹת
TRIPHTHONGS תְּלַת־תְּנוּעוֹת

הָאוֹת	הַשֵּׁם	הַבִּטּוּי	הַתְּנוּעָה הַמַּקְבִּילָה בְּעִבְרִית
a(ay)	אֵי	as in *hay* כמו הֵיאַף	ֵ
au	אֵי־יוּ	as in *sauce* כמו מָשׁוֹשׁ	וֹ
e(ey)	אִי	as in *they* כמו הֵידָד	ֵ
eau	אִי־אֵי־יוּ	as in *beauty* כמו טְיוּטָה	יוּ
i(ai)	אַי	as in *mine* כמו שַׁדַּי	ַ
oy	אוֹ־אוּאַי	as in *boy* כמו גּוֹי	אוֹי
y(ai)	אוּאַי	as in *my* כמו דַּי	אַי

א. תָּוִית מְיַדַּעַת אוֹ הֵא הַיְדִיעָה DEFINITE ARTICLES

ה — definite article, כמו הֵא הידיעה בעברית, אינו משתנה.

למשל: הילד—the boy, הילדה—the girl, המלכים—the kings.

בטוי ה־ the "דִ" – רק בבואו לפני תנועה או לפני h דוממת, או כשהוא בפני עצמו, או מודגש במיוחד. ביתר המקרים מבטאים אותו "דַ".

אין משתמשים בתוית the במובן הכללי, לפני:

א. שמות ברבוי

ב. שמות מופשטים (סתמיים)

ג. שמות צבעים

ד. שמות עצמים (לחם, אדמה, עץ, יין וכו׳)

ה. שמות לשון

ו. השמות: man, woman

למשל: כלבים—dogs, כעס—anger; אדם—red, לחם—bread, עברית—Hebrew.

אך צריך תמיד להשתמש בו, כשהמובן אינו כללי.

למשל: האיש שהנני רואה — the man that I see

ב. תָּוִית מְסַתֶּמֶת (כִּנּוּי סְתָמִי) INDEFINITE ARTICLES

ה—indefinite article הנו בעל שתי צורות: a, an

1. לפני עיצורים (ובכללם: w, h, y), ולפני כל תנועה או קבוצת תנועות שקולן: ye, you—משתמשים בצורה: a,

למשל: איש אחד—a man; אישה אחת—a lady; בית אחד—a house; שמוש אחד—a use.

2. לפני תנועה או לפני h אלמת, משתמשים בצורה: an,

למשל: תנור אחד—an oven; כבוד אחד—an honor

לתוית המסתמת הזו אין רבוי.

ג. הַשֵּׁם (שֵׁם הָעֶצֶם) THE NOUN

הרבוי נוצר על ידי תוספת האות s-בסוף היחיד, והיא מתבטאת,

למשל: book, books

היוצאים מן הכלל:

לשמות המסתיימים ב: o, s, x, z, sh מוסיפים: -es,

למשל: box, boxes; potato, potatoes

למלים המסתיימות ב: ch- מוסיפים: -es,

למשל: church, churches, אך אם ה: ch מתבטאת: k — מוסיפים: -s בלבד

למשל: monarch, monarchs.

למלים המסתיימות ב: y-, ואם קודמת לה תנועה, מוסיפים: -s,

למשל: boy, boys, אך אם קודם לה עיצור, מוסיפים: -ies,

למשל: fly, flies

מלים המסתיימות ב: fe- משתנות בסופן ל: -ives

למשל: knife, knives

ולכשהן מסתיימות ב: f- (והן 10 במספר): calf, elf, half, leaf, loaf, self, sheaf, shelf, thief, wolf—משתנה ה f- שבסוף המלים הנ"ל, ברבוי, ל: -ves,

כדלקמן: calves, elves, sheaves, wolves, etc.

במלים הבאות שונים הרבים: man, men; woman, women; child, children; ox, oxen; foot, feet; tooth, teeth; goose, geese; mouse, mice; louse, lice.

והרי מלים שאינן משתנות ברבים: deer, salmon, sheep, trout, swine, grouse.

GENDER הַמִּין

רֹב השמות באנגלית הם מין זכר, לכשהם מכנים אדם או יצור גברי; כשהם נקביים—נקבה; ובכל יתר המקרים, כשאין הם לא זכר ולא נקבה — מין סתמי.

parent מתכוֵן לאב או לאם וברבים לשניהם גם יחד.

cousin יכול להיות דודן, גם דודנית.

מלים המסתיימות ב: er-, כמו: reader, כשמובן מלה זו: קַרְיָן—מין זכר; כשמובנה: קַרְיָנִית—מין נקבה; ולכשמובנה: קְרָאוֹן (ספר קריאה)—מין סתמי.

היוצאים מן הכלל העקריים, הם:

baby, child, שהנם, בדרך כלל, מין סתמי, אם כי יש באלה זכר או נקבה

ship, engine, הנם, בדרך כלל, מין נקבה.

ניקוב השם נעשה בשלש דרכים:

1. במלה שונה: father, mother; brother, sister; boy, girl; son, daughter.

2. על ידי שם מרכב: milkman, milkmaid

3. על ידי שנוי הסיום ל: ess- או ל: -ress,

למשל: lion, lioness; prince, princess; actor, actress

ומנקבה לזכר: widow, widower

THE ADJECTIVE ד. שֵׁם הַתֹּאַר

ה—adjective אינו משתנה ביחס לזכר או לנקבה, ליחיד או לרבים, ובא לפני השם שהוא מתאר,

למשל: ילד(ה) טוב(ה) — a good boy, a good girl, ;אשה (נשים) יפה (יפות) a beautiful woman, beautiful women

ערך (ההשוואה) היתרון *comparison* וערך ההפלגה — *superlative* מתהוים בדרכים הבאות:

כשהתאר בן הברה אחת—על ידי תוספת הסיומת: er- או: est-,

למשל: small, smaller, (the) smallest

כשהתאר בעל שתי הברות או יותר — על ידי הקדמת תאר הפועל: more או: most,

למשל: beautiful, more (most) beautiful

רוב שמות התאר, בשעת השוואה או האדרה, מסתייעים בסופיות: er- או: est-,

למשל: broad, broader, broadest

אם ישנו בסופם של שמות התאר: y, מסתיימים הם בסופיות: ier,-iest-,

למשל: tidy, tidier, tidiest

התארים היוצאים מן הכלל וערכי הפלגתם ויתרונם, המה:

good (well), better, best; little, less, lesser, the least; far, farther (further), farthest (furthest); old, older (elder), oldest (eldest)
much, more, most; bad (ill), worse, worst.

DEMONSTRATIVE AND POSSESSIVE ADJECTIVES
תֹּאַר הַשֵּׁם הַמְרַמֵּז וְהַקִּנְיָנִי

(*SEE ALSO* PRONOUNS)
(ע׳ שֵׁם הַגּוּף׳ כִּנּוּי)

איזה, כמה — נתרגם: some או any

למשל: I have some books

מובנו האמתי של any יהיה: איזשהו

למשל: I (he does not) read any book

אבל, במשפטים: will you have some wine (any grapes)— משמשים תארי שם אלה כתוית החלקית partitive article — במובן — קצת, אחדים.

מישהו יהיה: somebody; מישהם — some;

(אין) איש (אדם), הנם: anybody, nobody;

כלום, דבר מה — הם: something;
לא כלום, מובנו: nothing
הרבה, נתרגם: ביחיד — much וברבים — many
מצער (אחדים, מעט), הם, באנגלית: ביחיד — (a) little וברבים — (a) few

THE PRONOUN ה׳ שֵׁם הַגּוּף, כִּנּוּי

1. כִּנּוּי הַגּוּף, PERSONAL PRONOUNS (SUBJECT) נוֹשֵׂא

(סתמי) it ,(נקבה) she ,(זכר) I, you, he ; ברבים: we, you they
בכנוי: thou אין משתמשים אלא בתפלה בפניה לאלהים.

2. כִּנּוּי אִישִׁי PERSONAL PRONOUNS (OBJECT) מוּשָׂא

(סתמי) it ;(נקבה) her ;(זכר) me, you, him ;וברבים: us, you, them
ובפניה לקדוש ברוך הוא, יאמר: thee

3. כִּנּוּי הַקִּנְיָן POSSESSIVE PRONOUNS

(סתמי) ts ,(נקבה) hers ,(זכר) mine, yours, his ;וברבים: ours, yours, theirs
וכתאר — adjective:
(סתמי) its ,(נקבה) her ,(זכר) my your, his ;וברבים: our, your, their

4. כִּנּוּי הַיַּחַס RELATIVE PRONOUNS

(סתמי) itself, (נקבה) herself, (זכר) myself, yourself, himself,
ולרבים: ourselves, yourselves, themselves,
למשל: speak for yourself; she flatters herself

5. כִּנּוּי הָרוֹמֵז DEMONSTRATIVE PRONOUNS

this, that; וברבים these, those; ואינם משתנים לזכר לנקבה ולסתמי ולא ביחיד וברבים.

למשל: האיש (האשה) המדבר(ת) the man (woman) that speaks;
הבית (הבתים) אשר אני רואה the house (houses) that I see
לכנוי הרומז הנוסף, ארבע צורות:
who, whom (לזכר, נקבה, יחיד ורבים);
whose (של קנין);
which (סתמי, יחיד ורבים).
למשל: האיש (האשה, הילדים) אשר בא (באה, באים) ואשר אני רואה בא (באה, באים) the man (the woman, the children) who is (are) coming, and whom I see coming.
של מי העפרון (העפרונות) הזה (האלה) הנמצא (הנמצאים) על השלחן?
Whose is (are) this (these) pencil(s), which is (are) on the table?

ו. תֹּאַר הַפֹּעַל THE ADVERB

רוב תארי הפעל באנגלית נוצרים על ידי תוספת הסופית ly- לשם התאר
למשל: great, greatly; nice, nicely
היוצאים מן הכלל:
התארים המסתיימים ב: ble- מחליפים ה e- ל y-,
למשל: possible, possibly
ולמסתיימים ב: ic- מוסיפים הסיומת ally-
למשל: intrinsic, intrinsically
והמסתיימים ב: ue-, מפסידים ה e-,
למשל: true, truly.
והמסתיימים ב: y-, מתחלפת זו ב i-,
למשל: happy, happily
בתארי השם המסתיימים ב: ly-, משתמשים גם כתארי הפעל.

ז. הַפֹּעַל THE VERB

לפעלים האנגליים רק 3 סיומים:
s- לגוף שלישי, ליחיד של המחליט—indicative;
ed- לעבר ולבינוני—past tense and intermediate past—תמיד ללא שנוי;
ing- לבינוני הוה (נוכח)—present participle

למשל: (I) walk, (he) walks, (he) walked; walking
במלים בנות הברה אחת הנהפכות לפעל—עִצורן האחרון נכפל,
למשל: red, redder, (to) redden; stop, stopped, stopping
פעל המסתיים ב: y-, משתנה ל ied-,
למשל: study—studied
והרי לוח הפעלים האנגליים ה"בלתי רגילים" (החריגים)
ותמונות היסוד שלהם — בסדורם האלפביתי:

ENGLISH IRREGULAR VERBS הַפְּעָלִים הַחֲרִיגִים בְּאַנְגְּלִית

PRESENT—הֹוֶה	PAST—עָבָר	PAST PARTICIPLE—בֵּינוֹנִי עָבָר
abide	abode	abode
am, is, are	was, were	been
arise	arose	arisen
awake	awoke, awaked	awaked, awoke
bear	bore	born, borne
beat	beat	beaten, beat
become	became	become
beget	begot	begotten
begin	began	begun
bend	bent	bent
bereave	bereaved, bereft	bereaved, bereft
beseech	besought, beseeched	besought
beset	beset	beset
bet	bet, betted	bet, betted
bid	bade, bid	bidden, bid
bind	bound	bound
bite	bit	bitten
bleed	bled	bled
blow	blew	blown
break	broke	broken
breed	bred	bred
bring	brought	brought
build	built	built
burn	burned, burnt	burned, burnt
burst	burst	burst
buy	bought	bought

PRESENT—הֹוֶה	PAST—עָבָר	PAST PARTICIPLE—בֵּינוֹנִי עָבָר
can	could	—
cast	cast	cast
catch	caught	caught
chide	chid, chided	chid, chidden, chided
choose	chose	chosen
cleave	cleaved	cleaved
cling	clung	clung
clothe	clothed, clad	clothed, clad
come	came	come
cost	cost	cost
creep	crept	crept
crow	crew, crowed	crowed
cut	cut	cut
deal	dealt	dealt
dig	dug	dug
dip	dipped	dipped
do	did	done
draw	drew	drawn
dream	dreamed, dreamt	dreamed, dreamt
drink	drank	drunk
drive	drove	driven
dwell	dwelt	dwelt
eat	ate	eaten
fall	fell	fallen
feed	fed	fed
feel	felt	felt
fight	fought	fought
find	found	found
flee	fled	fled
fling	flung	flung
fly	flew	flown
forbear	forbore	forborne
forbid	forbade, forbad	forbidden
forget	forgot	forgotten
forgive	forgave	forgiven
forsake	forsook	forsaken
freeze	froze	frozen

PRESENT—הֹוֶה	PAST—עָבָר	PAST PARTICIPLE—בֵּינוֹנִי עָבָר
get	got	got, gotten
gild	gilded, gilt	gilded, gilt
gird	girt, girded	girt, girded
give	gave	given
go	went	gone
grind	ground	ground
grow	grew	grown
hang	hung	hung
have	had	had
hear	heard	heard
heave	heaved, hove	heaved, hove
help	helped	helped
hew	hewed	hewed, hewn
hide	hid	hidden, hid
hit	hit	hit
hold	held	held
hurt	hurt	hurt
keep	kept	kept
kneel	knelt, kneeled	knelt, kneeled
knit	knit, knitted	knit, knitted
know	knew	known
lade	laded	laded, laden
lay	laid	laid
lead	led	led
lean	leaned, leant	leaned, leant
leap	leaped, leapt	leaped, leapt
learn	learned, learnt	learned, learnt
leave	left	left
lend	lent	lent
let	let	let
lie	lay	lain
light	lighted, lit	lighted, lit
load	loaded	loaded, laden
lose	lost	lost
make	made	made
may	might	—
mean	meant	meant

PRESENT—הֹוֶה	PAST—עָבָר	PAST PARTICIPLE—בֵּינוֹנִי עָבָר
meet	met	met
mow	mowed	mowed, mown
ought	—	—
pay	paid	paid
pen	penned, pent	penned, pent
put	put	put
rap	rapped, rapt	rapped, rapt
read	read	read
rend	rent	rent
rid	rid	rid
ride	rode	ridden
ring	rang	rung
rise	rose	risen
rot	rotted	rotted
run	ran	run
saw	sawed	sawed, sawn
say	said	said
see	saw	seen
seek	sought	sought
sell	sold	sold
send	sent	sent
set	set	set
sew	sewed	sewed, sewn
shake	shook	shaken
shall	should	—
shave	shaved	shaved, shaven
shear	sheared	shorn
shed	shed	shed
shine	shone	shone
shoe	shod	shod
shoot	shot	shot
show	showed	shown
shred	shredded	shredded, shred
shrink	shrank, shrunk	shrunk
shut	shut	shut
sing	sang	sung
sink	sank	sunk

PRESENT—הֹוֶה	PAST—עָבָר	PAST PARTICIPLE—בֵּינוֹנִי עָבָר
sit	sat	sat
slay	slew	slain
sleep	slept	slept
slide	slid	slid
sling	slung	slung
slink	slunk	slunk
slit	slit, slitted	slit, slitted
smell	smelled, smelt	smelled, smelt
smite	smote	smitten
sow	sowed	sown, sowed
speak	spoke	spoken
speed	sped, speeded	sped, speeded
spell	spelled, spelt	spelled, spelt
spend	spent	spent
spill	spilled, spilt	spilled, spilt
spin	spun	spun
spit	spat, spit	spat, spit
split	split	split
spoil	spoiled, spoilt	spoiled, spoilt
spread	spread	spread
spring	sprang	sprung
stand	stood	stood
stave	staved, stove	staved, stove
stay	stayed	stayed
steal	stole	stolen
stick	stuck	stuck
sting	stung	stung
stink	stank, stunk	stunk
strew	strewed	(have) strewed, (be) strewn
stride	strode	stridden
strike	struck	struck
string	strung	strung
strive	strove, strived	striven, strived
swear	swore	sworn
sweat	sweat, sweated	sweat, sweated
sweep	swept	swept
swell	swelled	swelled, swollen

PRESENT—הֹוֶה	PAST—עָבָר	PAST PARTICIPLE—בֵּינוֹנִי עָבָר
swim	swam	swum
swing	swung	swung
take	took	taken
teach	taught	taught
tear	tore	torn
tell	told	told
think	thought	thought
thrive	throve, thrived	thrived, thriven
throw	threw	thrown
thrust	thrust	thrust
tread	trod	trodden, trod
wake	waked, woke	waked, woken
wax	waxed	waxed
wear	wore	worn
weave	wove	woven
weep	wept	wept
wet	wet, wetted	wet, wetted
will	would	—
win	won	won
wind	wound	wound
work	worked, wrought	worked, wrought
wreathe	wreathed	wreathed, wreathen
wring	wrung	wrung
write	wrote	written

CARDINAL NUMBERS הַמִּסְפָּר הַיְסוֹדִי

		FEMININE נְקֵבָה		MASCULINE זָכָר			
		נִסְמָךְ Construct	נִפְרָד Absolute	נִסְמָךְ Construct	נִפְרָד Absolute		
1	one	אַחַת־	אַחַת	אַחַד־	אֶחָד	1	א
2	two	שְׁתֵּי־	שְׁתַּיִם	שְׁנֵי־	שְׁנַיִם	2	ב
3	three	שְׁלֹשׁ־	שָׁלֹשׁ	שְׁלֹשֶׁת־	שְׁלֹשָׁה	3	ג
4	four	אַרְבַּע־	אַרְבַּע	אַרְבַּעַת	אַרְבָּעָה	4	ד
5	five	חֲמֵשׁ־	חָמֵשׁ	חֲמֵשֶׁת־	חֲמִשָּׁה	5	ה
6	six	שֵׁשׁ־	שֵׁשׁ	שֵׁשֶׁת־	שִׁשָּׁה	6	ו
7	seven	שְׁבַע־	שֶׁבַע	שִׁבְעַת־	שִׁבְעָה	7	ז
8	eight	שְׁמוֹנֶה־	שְׁמוֹנֶה	שְׁמוֹנַת־	שְׁמוֹנָה	8	ח
9	nine	תְּשַׁע־	תֵּשַׁע	תִּשְׁעַת־	תִּשְׁעָה	9	ט
10	ten	עֶשֶׂר־	עֶשֶׂר	עֲשֶׂרֶת־	עֲשָׂרָה	10	י
11	eleven		אַחַת־עֶשְׂרֵה		אַחַד־עָשָׂר	11	יא
12	twelve		שְׁתֵּים־עֶשְׂרֵה		שְׁנֵים־עָשָׂר	12	יב
13	thirteen		שְׁלֹשׁ־עֶשְׂרֵה		שְׁלֹשָׁה־עָשָׂר	13	יג
14	fourteen		אַרְבַּע־עֶשְׂרֵה		אַרְבָּעָה־עָשָׂר	14	יד
15	fifteen		חֲמֵשׁ־עֶשְׂרֵה		חֲמִשָּׁה־עָשָׂר	15	טו
16	sixteen		שֵׁשׁ־עֶשְׂרֵה		שִׁשָּׁה־עָשָׂר	16	טז
17	seventeen		שְׁבַע־עֶשְׂרֵה		שִׁבְעָה־עָשָׂר	17	יז

		FEMININE נְקֵבָה		MASCULINE זָכָר			
		נִסְמָךְ Construct	נִפְרָד Absolute	נִסְמָךְ Construct	נִפְרָד Absolute		
18	eighteen		שְׁמוֹנֶה־עֶשְׂרֵה		שְׁמוֹנָה־עָשָׂר	18	יח
19	nineteen		תְּשַׁע־עֶשְׂרֵה		תִּשְׁעָה־עָשָׂר	19	יט
20	twenty		עֶשְׂרִים		עֶשְׂרִים	20	כ
21	twenty-one		עֶשְׂרִים וְאַחַת		עֶשְׂרִים וְאֶחָד	21	כא
30	thirty				שְׁלֹשִׁים	30	ל
40	forty				אַרְבָּעִים	40	מ
50	fifty				חֲמִשִּׁים	50	נ
60	sixty				שִׁשִּׁים	60	ס
70	seventy				שִׁבְעִים	70	ע
80	eighty				שְׁמוֹנִים	80	פ
90	ninety				תִּשְׁעִים	90	צ
100	one hundred				מֵאָה	100	ק
101	one hundred and one				מֵאָה וְאֶחָד	101	קא
200	two hundred				מָאתַיִם	200	ר
1.000	one thousand				אֶלֶף	1.000	א'....
2.000	two thousand				אַלְפַּיִם	2.000	ב'....
1.000.000	one million				מִילְיוֹן	1.000.000	

ORDINAL NUMBERS הַמִּסְפָּר הַסִּדּוּרִי

		FEMININE נְקֵבָה	MASCULINE זָכָר
1st	first	רִאשׁוֹנָה	רִאשׁוֹן
2nd	second	שְׁנִיָּה, שֵׁנִית	שֵׁנִי
3rd	third	שְׁלִישִׁית	שְׁלִישִׁי
4th	fourth	רְבִיעִית	רְבִיעִי
5th	fifth	חֲמִישִׁית	חֲמִישִׁי
6th	sixth	שִׁשִּׁית	שִׁשִּׁי
7th	seventh	שְׁבִיעִית	שְׁבִיעִי
8th	eighth	שְׁמִינִית	שְׁמִינִי
9th	ninth	תְּשִׁיעִית	תְּשִׁיעִי
10th	tenth	עֲשִׂירִית	עֲשִׂירִי
11th	eleventh	הָאַחַת־עֶשְׂרֵה	הָאַחַד־עָשָׂר
12th	twelfth	הַשְּׁתֵּים־עֶשְׂרֵה	הַשְּׁנֵים־עָשָׂר
13th	thirteenth	הַשְּׁלֹשׁ־עֶשְׂרֵה	הַשְּׁלֹשָׁה־עָשָׂר
14th	fourteenth	הָאַרְבַּע־עֶשְׂרֵה	הָאַרְבָּעָה־עָשָׂר
15th	fifteenth	הַחֲמֵשׁ־עֶשְׂרֵה	הַחֲמִשָּׁה־עָשָׂר
16th	sixteenth	הַשֵּׁשׁ־עֶשְׂרֵה	הַשִּׁשָּׁה־עָשָׂר
17th	seventeenth	הַשְּׁבַע־עֶשְׂרֵה	הַשִּׁבְעָה־עָשָׂר
18th	eighteenth	הַשְּׁמוֹנֶה־עֶשְׂרֵה	הַשְּׁמוֹנָה־עָשָׂר
19th	nineteenth	הַתְּשַׁע־עֶשְׂרֵה	הַתִּשְׁעָה־עָשָׂר
20th	twentieth	הָעֶשְׂרִים	הָעֶשְׂרִים
21st	twenty-first	הָעֶשְׂרִים וְאַחַת	הָעֶשְׂרִים וְאֶחָד
30th	thirtieth	הַשְּׁלֹשִׁים	הַשְּׁלֹשִׁים
40th	fortieth	הָאַרְבָּעִים	הָאַרְבָּעִים
50th	fiftieth	הַחֲמִשִּׁים	הַחֲמִשִּׁים
60th	sixtieth	הַשִּׁשִּׁים	הַשִּׁשִּׁים
70th	seventieth	הַשִּׁבְעִים	הַשִּׁבְעִים
80th	eightieth	הַשְּׁמוֹנִים	הַשְּׁמוֹנִים
90th	ninetieth	הַתִּשְׁעִים	הַתִּשְׁעִים
100th	hundredth	הַמֵּאָה	הַמֵּאָה
1000th	thousandth	הָאֶלֶף	הָאֶלֶף
1000000th	millionth	הַמִּלְיוֹנִית	הַמִּלְיוֹנִי

INITIALS, ABBREVIATIONS AND PHRASES

רָאשֵׁי תֵּבוֹת וְקִצּוּרִים

א

א׳, אָלֶף; אֶחָד (אַחַת), 1; אֶלֶף, 1000	aleph (letter); one; (one) thousand
א״א, אִי אֶפְשָׁר; אַבְרָהָם אָבִינוּ; אֵשֶׁת אִישׁ	impossible; our ancestor Abraham; a married woman
א״ב, אָלֶפְבֵּית	alphabet
אב״ד, אַב בֵּית דִּין	president of a court of justice
אַדְמוּ״ר, אֲדוֹנֵנוּ מוֹרֵנוּ וְרַבֵּנוּ	our master and teacher
אד״ש, אֲדָר שֵׁנִי	the second Adar, the thirteenth month of Jewish leap year
א״ה, אה״ע, אֻמּוֹת הָעוֹלָם	nations of the world
אוּ״ם, אֻמּוֹת מְאֻחָדוֹת	UN, United Nations
אחב״י, אַחֵינוּ בְּנֵי יִשְׂרָאֵל	(our brethren) the children of Israel
אחה״צ, אַחַר הַצָּהֳרַיִם	P.M. in the afternoon
אח״כ, אַחַר כָּךְ, אַחֲרֵי כֵן	later (on), afterwards, subsequently
א״י, אֶרֶץ יִשְׂרָאֵל	Eretz Israel, the land of Israel, Palestine
אי״ה, אִם יִרְצֶה הַשֵּׁם	God willing
א.נ., אָדוֹן נִכְבָּד	dear (honorable) sir
אנ״ש, אַנְשֵׁי שְׁלוֹמֵנוּ	associates, comrades
א״ס, אֵין סוֹף, אֵין סָפֵק	infinity; no doubt
אע״פ, אעפ״כ, אַף עַל פִּי (כֵן)	though, nevertheless, in spite of, after all
א״צ, אֵין צָרִיךְ	there's no need
ארה״ב, אַרְצוֹת הַבְּרִית	U.S.(A.), United States (of America)
אֵשֶׁ״ל, אֲכִילָה שְׁתִיָּה וְלִינָה	traveling expenses; the three necessities of hospitality

ב

ב׳, בֵּית; שְׁנַיִם (שְׁתַּיִם), 2	beth (letter); two
ב״ב, בֶּן בְּרִית	ally, confederate
ב״ג, בֶּן (בַּת) גִּיל	contemporary
ב״ד, בַּר דַּעַת, בֵּית דִּין	rational
ב״ה, בְּעֶזְרַת (בָּרוּךְ) הַשֵּׁם	thank God

children of Israel	ב"י, בְּנֵי יִשְׂרָאֵל
synagogue, temple	ביהכ"נ, בֵּית (הַ)כְּנֶסֶת
the Temple	ביהמ"ק, בֵּית הַמִּקְדָּשׁ
factory	ביח"ר, בֵּית חֲרֹשֶׁת
bookshop	בימ"ס, בֵּית מִסְחַר סְפָרִים
Bilu, first pioneers of Israel (1882), who followed Eliezer Ben-Yehuda's appeal (1879)	בִּיל"וּ, בֵּית יַעֲקֹב לְכוּ וְנֵלְכָה
school	בי"ס (ביה"ס), בֵּית (הַ)סֵּפֶר
representative, proxy; w.c., toilet	ב"כ, בָּא כֹּחַ; בֵּית כִּסֵּא
total, sum, aggregate	בס"ה, בְּסַךְ הַכֹּל
(house) proprietor	בע"ב, בַּעַל בַּיִת
creditor; animals	בע"ח, בַּעַל חוֹב; בַּעֲלֵי חַיִּים
by heart; oral (-ly)	בע"פ, בְּעַל פֶּה
echo	ב"ק, בַּת קוֹל
U.S.S.R., Union of Soviet Socialist Republics	ברה"מ, בְּרִית הַמּוֹעָצוֹת

ג

gimel (letter); three	ג׳, גִּימֶל; שְׁלֹשָׁה (שָׁלֹשׁ), 3
madam(e), lady, Mrs.	גב׳, גְּבֶרֶת
also, as well	ג"כ, גַּם כֵּן
dear Madam(e) (lady, Mrs.)	ג.נ., גְּבֶרֶת נִכְבָּדָה
Eden; incest	ג"ע, גַּן עֵדֶן; גִּלּוּי עֲרָיוֹת
proselyte	ג"צ, גֵּר צֶדֶק

ד

daleth (letter); God; gentlemen; page, folio; four	ד׳, דָּלֶת; אֲדֹנָי; דַּף; אַרְבָּעָה; (אַרְבַּע), 4
another thing; good manners	ד"א, דָּבָר אַחֵר; דֶּרֶךְ אֶרֶץ
(the Book of) Chronicles; history	דבה"י, (סֵפֶר) דִּבְרֵי הַיָּמִים
controversy, litigation	דו"ד, דִּין וּדְבָרִים
report, account	דו"חַ, דִּין וְחֶשְׁבּוֹן
verbum sap. (verbum sat.), verbum sat sapienti est, a word to the wise is sufficient	ד"ל, דַּי לַמֵּבִין
e.g., for example	ד"מ, דֶּרֶךְ מָשָׁל

criminal law	ד"נ, דִּינֵי נְפָשׁוֹת
Dr., doctor	דר׳, ד"ר, רוֹפֵא, מְלוּמָד (דּוֹקְטוֹר)
greeting(s), regards	ד"ש, דְּרִישַׁת שָׁלוֹם

ה

he (letter); God; sir (Mr.), gentleman; five	ה׳, הֵא; אֱלֹהִים, אֲדֹנָי; (הָ)אָדוֹן (הא׳); חֲמִשָּׁה (חָמֵשׁ), 5
Mrs., lady, madam(e)	הגב׳, הַגְּבֶרֶת
Messrs., messieurs; Mmes., mesdames	ה"ה, הָאֲדוֹנִים, הַגְּבָרוֹת; הָאֲדוֹנִים וְהַגְּבָרוֹת
the undersigned	הח"מ, הֶחָתוּם מַטָּה
the sacred	הי"ד, אֲדֹנָי יִקֹּם דָּמוֹ
his Excellency	ה"מ, הוֹד מַעֲלָתוֹ, הוֹד מַלְכוּתוֹ
the Zionist executive	הנה"צ, הַהַנְהָלָה הַצִּיוֹנִית
the above-mentioned	הנ"ל, הַנִּזְכָּר (לְעֵיל) לְמַעְלָה
God, blessed be He	הקב"ה, הַקָּדוֹשׁ בָּרוּךְ הוּא

ו

vau (letter); six	ו׳, וָו; שִׁשָּׁה (שֵׁשׁ), 6
etc., and so forth	וגו׳, וְגוֹמֵר
etc., and the like	וכד׳, וְכַדּוֹמֶה
etc., and so forth	וכו׳, וְכֻלֵּהּ
v., vide; s., see	וע׳, וְעַיֵּן
executive committee	ועה"פ, וַעַד הַפּוֹעֵל
& Co., and Company	ושות׳, וְשֻׁתָּפָיו

ז

zayin (letter); m., masculine, male; seven	ז׳, זַיִן; זָכָר; שִׁבְעָה (שֶׁבַע), 7
that is to say, it means, namely, viz., videlicet	ז"א, זֹאת אוֹמֶרֶת
m. & f., masculine and feminine (male and female)	זו"נ, זָכָר וּנְקֵבָה
m. du., masculine dual	ז"ז, זָכָר זוּגִי
of blessed memory	ז"ל, זִכְרוֹנוֹ (זִכְרוֹנָהּ) לִבְרָכָה
payment due (bill)	ז"פ, זְמַן פֵּרָעוֹן
m. pl., masculine plural	ז"ר, (זְכָרִים) זָכָר (רִבּוּי) רַבִּים

ח

ח׳, חֵית; חֵלֶק; שְׁמוֹנָה (שְׁמוֹנֶה), 8	cheth (letter); part, volume (vol.); eight
ח״א, ח״ב (וכו׳); חֵלֶק רִאשׁוֹן, חֵלֶק שֵׁנִי (וכו׳)	Vol. I, Vol. II, etc.; first volume, second volume, etc.
ח״ו, חַס וְשָׁלוֹם, חַס וְחָלִילָה (חָלִילָה וְחַס)	God forbid (forfend)!
חו״ד, חֲקִירָה וּדְרִישָׁה	investigation
חוה״מ, חֹל הַמּוֹעֵד	intermediate days
חוהמ״ס, חֹל הַמּוֹעֵד סֻכּוֹת	intermediate days of Tabernacles
חוהמ״פ, חֹל הַמּוֹעֵד פֶּסַח	intermediate days of Passover
חו״ל, חוּץ (חוּצָה) לָאָרֶץ	abroad (outside the land of Israel)
חו״ש, חַס וְשָׁלוֹם	God forbid (forfend)!
חֲזַ״ל, חֲכָמֵינוּ זִכְרוֹנָם לִבְרָכָה	our sages of blessed memory
ח״י, חֲתִימַת יָד	signature
חִי״ם, חֵיל מִשְׁמָר	occupation force
חִי״ר, חֵיל רַגְלִים	infantry
ח״מ, חָתוּם מַטָּה	undersigned
ח״ן, חֵיל נָשִׁים	WAC (Women's Army Corps)

ט

ט׳, טֵית; תִּשְׁעָה (תֵּשַׁע), 9	teth (letter); nine
ט״ב, ט׳ בְּאָב, תִּשְׁעָה בְּאָב	(fast of) Ninth of Ab (commemorating the destruction of first and second Temples)
ט״ו, 15	fifteen
טל״ח, טָעוּת לְעוֹלָם חוֹזֶרֶת	e. & o.e., errors and omissions excepted

י

י׳, יוֹד; עֲשָׂרָה (עֶשֶׂר), 10	yodh (letter); ten
יוה״כ (יו״כ), יוֹם הַכִּפּוּרִים, יוֹם כִּפּוּר	(the) Day of Atonement
יו״ט, יוֹם טוֹב	feast (holy) day, festival
יו״ל, יוֹצֵא לָאוֹר	published, appears

chairman	יו"ר, יוֹשֵׁב רֹאשׁ
brandy, whisky, (potable) alcohol	יי"ש, יַיִן שָׂרָף
may his name (and memory) be blotted out (Ex. 17 : 14)	ימ"ש, יִמַּח שְׁמוֹ (וְזִכְרוֹ)
righteousness, good impulse	יצה"ט, יֵצֶר הַטּוֹב
iniquity, evil impulse, wickedness	יצה"ר, יֵצֶר הָרָע

כ

caph (letter); twenty	כ׳, כַּף, עֶשְׂרִים, 20
but; each one	כ"א, כִּי אִם; כָּל אֶחָד
each and every one, one by one, one and all	כאו"א, כָּל אֶחָד וְאֶחָד
the honorable, his Honor	כב׳, כְּבוֹד־, כְּבוֹדוֹ
Holy Scriptures	כה"ק, כִּתְבֵי הַקֹּדֶשׁ
happy New Year!	כוח"ט, כְּתִיבָה וַחֲתִימָה טוֹבָה
Ms., manuscript	כ"י, כְּתַב יָד
as, like, similarly	כיו"ב, כַּיּוֹצֵא בָּזֶה
Alliance Israélite Universelle	כי"ח, (חֶבְרַת) כָּל יִשְׂרָאֵל חֲבֵרִים
so much (so); thus, so, likewise	כ"כ, כָּל כָּךְ, כְּמוֹ כֵן
that is to say	כלו׳, כְּלוֹמַר
(as) above mentioned	כַּנַּ"ל, כַּנִּזְכָּר לְעֵיל

ל

lamedh (letter); thirty	ל׳, לָמֶד; שְׁלֹשִׁים, 30
A.M., anno mundi	לבה"ע, לִבְרִיאַת הָעוֹלָם
Lag Ba-Omer, thirty-third day of the Omer	לַ"ג (לַג) בָּעֹמֶר
it is absolutely untrue, it never happened	לַהֲדַ"ם, לֹא הָיוּ דְבָרִים מֵעוֹלָם
the third radical of the Hebrew verb	לה"פ, לָמֶד הַפֹּעַל (דִּקְדּוּק)
the Holy Tongue, the Hebrew language	לה"ק, לְשׁוֹן הַקֹּדֶשׁ (עִבְרִית)
gossip, calumny, evil talk, slander	לה"ר, לְשׁוֹן הָרָע
m., masculine gender	ל"ז, לְשׁוֹן זָכָר
inst., of this month	לח"ז, לְחֹדֶשׁ זֶה

ל״י, לָשׁוֹן יָחִיד; לִירָה יִשְׂרְאֵלִית	sing., singular number; I.L., Israel pound
לכה״פ, לְכָל הַפָּחוֹת	at least
לכ״ש, לֹא כָּל שֶׁכֵּן	all the more so
לַמּוֹכַ״ז, לַמּוֹסֵר כְּתָב זֶה	(to) bearer
ל״נ, לָשׁוֹן נְקֵבָה	f., feminine gender
לסה״נ, לִסְפִירַת הַנּוֹצְרִים (תַּאֲרִיךְ אֶזְרָחִי)	A.D., Anno Domini, C.E., Christian Era
לפה״צ, לִפְנֵי הַצָּהֳרַיִם	A.M., in the forenoon
לפסה״נ, לִפְנֵי סְפִירַת הַנּוֹצְרִים	B.C.E., Before Christian Era
ל״ר, לָשׁוֹן רַבִּים	pl., plural number

מ

מ׳, מֵם, מֵים; מֶטֶר; אַרְבָּעִים, 40	mem (letter); meter; forty,
מ״א, מְלָכִים א׳	First Book of Kings
מ״ב, מְלָכִים ב׳	Second Book of Kings
מ״ג, מִלַּת גּוּף	pron., pronoun
מַגָּ״ד, מְפַקֵּד גְּדוּד	C.O., commanding officer
מג״ד, מָגֵן דָּוִד	sexagon, Shield of David
מו״ל, מוֹצִיא לָאוֹר	publisher
מו״מ, מַשָּׂא וּמַתָּן	parley, negotiation, transaction, communication, intercourse
מו״ס, מוֹכֵר סְפָרִים	bookseller
מוצ״ש, מוֹצָאֵי שַׁבָּת	Saturday night, conclusion of the Sabbath
מ״ז, מִסְפָּר זוּגִי	du., dual number
מז״ט, מַזָּל טוֹב	good luck!, congratulations!
מ״ח, מִלַּת חִבּוּר	conj., conjunction
מַטְכַּ״ל, מַטֶּה כְּלָלִי	G.H.Q., General Headquarters
מ״י, מִסְפָּר יָחִיד; מִלַּת יַחַס	sing., singular; prep., preposition
מ״כ, מְפַקֵּד כִּתָּה; מַעֲלַת כְּבוֹדוֹ	section commander; his Eminence
מ״מ, מְמַלֵּא מָקוֹם; מְפַקֵּד מַחְלָקָה; מַרְאֵה מָקוֹם; מֶטֶר מְרֻבָּע, m^2; מִילִימֶטֶר	deputy, substitute; commander of military section; reference, quotation; square meter; millimeter
ממ״מ, מִילִימֶטֶר מְעֻקָּב, mm^3	cubic millimeter
ממ״ר, מִילִימֶטֶר מְרֻבָּע, mm^2	square millimeter
מ״צ, מִשְׁטָרָה צְבָאִית	MP, military police

interj., interjection	מ״ק, מִלַּת קְרִיאָה
pl., plural number	מ״ר, מִסְפָּר רַבִּים
interrog., interrogation	מ״ש, מִלַּת שְׁאֵלָה

נ

nun (letter); f., feminine, female; fifty	נ׳, נוּן; נְקֵבָה; חֲמִשִּׁים, 50
the Latter Prophets	נ״א, נְבִיאִים אַחֲרוֹנִים
debt, something owed	נ״ח, נִשְׁאַר חַיָּב
vanguard, Pioneer Youth Organization (Israel)	נַחַ״ל, נֹעַר חֲלוּצִי לוֹחֵם
Prophets and Hagiographa	נַ״ךְ, נְבִיאִים כְּתוּבִים
lamed-aleph verbs	נל״א, נָחֵי לָמֶד אָלֶף (דִּקְדּוּק)
lamed-he (lamed-yod) verbs	נל״ה (ל״י), נָחֵי לָמֶד הֵא (לָמֶד יוֹד) (דִּקְדּוּק)
R.I.P., requiescat in pace, may he (she) rest in peace	נ״ע, נִשְׁמָתוֹ עֵדֶן
ayin-vav verbs	נע״ו. נָחֵי עַיִן וָו (דִּקְדּוּק)
ayin-yod verbs	נע״י, נָחֵי עַיִן יוֹד (דִּקְדּוּק)
pe-yod verbs	נפ״י, נָחֵי פֵּא יוֹד (דִּקְדּוּק)
f. pl., feminine plural; First (Former) Prophets	נ״ר, נְקֵבָה רִבּוּי, נְקֵבוֹת רַבּוֹת; נְבִיאִים רִאשׁוֹנִים

ס

samekh (letter); book; paragraph (¶); sixty	ס׳, סָמֶךְ; סֵפֶר; סָעִיף; שִׁשִּׁים, 60
agenda	סה״י, סֵדֶר הַיּוֹם
aggregate, total, sum	סה״כ, סַךְ הַכֹּל
finally, after all, at last	סו״ס, סוֹף סוֹף
good omen	ס״ט, סִימָן טוֹב
knife, fork, spoon	סַכּוּ״ם, סַכִּין כַּף וּמַזְלֵג
centimeter	ס״מ, סֶנְטִימֶטֶר
cubic centimeter	סמ״מ, סֶנְטִימֶטֶר מְעֻקָּב cm^3
square centimeter	ס״מר, סֶנְטִימֶטֶר מְרֻבָּע, cm^2
religious articles: holy books, phylacteries, mezuzoth	סְתָ״ם: סְפָרִים, תְּפִילִין, מְזוּזוֹת

ע

ayin (letter); s, see; v., vide; p., page; seventy	ע׳, עַיִן; עַיֵּן; עַמּוּד; שִׁבְעִים, 70
a fortiori, how much more so (in an argument from minor to major)	עאכו״כ, עַל אַחַת כַּמָּה וְכַמָּה
may he rest in peace; ignoramus; the Decalogue (the Ten Commandments)	ע״ה, עָלָיו הַשָּׁלוֹם; עַם הָאָרֶץ; עֲשֶׂרֶת הַדְּבָרִים (הַדִּבְּרוֹת)
the Holy City, Jerusalem	ע״הק, עִיר הַקֹּדֶשׁ, יְרוּשָׁלַיִם
advocate, attorney, lawyer	עו״ד, עוֹרֵךְ דִּין
current account	עו״ש, עוֹבֵר וָשָׁב
v., vide; s., see	עי׳, עַיֵּן
through, according to, by means of; near (by), at	ע״י, עַל יְדֵי; עַל יַד
idolator, idolatry	עכו״ם, עוֹבֵד (עֲבוֹדַת) כּוֹכָבִים וּמַזָּלוֹת
at least, in any case, at any rate	עכ״פ, עַל כָּל פָּנִים
p., page	עמ׳, עַמּוּד
Friday, Sabbath eve	ע״ש, עֶרֶב שַׁבָּת

פ

pé (letter); chapter; eighty	פ׳, פֵּא; פֶּרֶק; שְׁמוֹנִים, 80
once; unanimously	פ״א, פַּעַם אַחַת; פֶּה אֶחָד
refl. v., reflective verb	פ״ה, פֹּעַל חוֹזֵר
v.t., verb transitive	פ״י, פֹּעַל יוֹצֵא
here rests in peace, here buried	פ״נ, פֹּה נָח (נִקְבַּר, נִטְמַן)
v.i., verb intransitive	פ״ע, פֹּעַל עוֹמֵד
v.i. & t., verb intransitive and transitive	פעו״י, פֹּעַל עוֹמֵד וְיוֹצֵא
sentence, judgment	פס״ד, פְּסַק דִּין

צ

sadhe (letter); page; ninety	צ׳, צָדִי; צַד; תִּשְׁעִים, 90
S.P.C.A., Society for Prevention of Cruelty to Animals	צבע״ח, (חֶבְרַת) צַעַר בַּעֲלֵי חַיִּים
I.A., I.D.F., Israel Army, Israel Defense Force	צה״ל, צַהַל, צְבָא הֲגַנָּה לְיִשְׂרָאֵל
say instead	צ״ל, צָרִיךְ לוֹמַר
further examination necessary, requires reconsideration	צ״ע, צָרִיךְ עִיּוּן

ק

kof (letter); kilogram; one hundred	ק׳, קוֹף; קִילוֹ (.kg); מֵאָה, 100
kilogram	ק״ג, קִילוֹגְרַם (.kg)
martyrdom	קד״ה, קִדּוּשׁ הַשֵּׁם
kilometer	ק״מ, קִילוֹמֶטֶר (km)
square kilometer	קמ״מ, קִילוֹמֶטֶר מְרֻבָּע (km2)
K.K., J.N.F., Jewish National Fund	קק״ל, קֶרֶן קַיֶּמֶת לְיִשְׂרָאֵל

ר

resh (letter); pl., plural; rabbi; two hundred	ר׳, רֵישׁ; רַבִּים; רַבִּי; מָאתַיִם, 200
here (to) with attached (enclosed), enclosure	ר״ב, רָצוּף בָּזֶה
Lord of the Universe, God, O God!	רבש״ע, רִבּוֹנוֹ שֶׁל עוֹלָם
(the) New Year	ר״ה, רֹאשׁ הַשָּׁנָה
pl. du., plural dual	ר״ז, רִבּוּי זוּגִי
our sages, may their memory be blessed	רז״ל, רַבּוֹתֵינוּ זִכְרוֹנָם לִבְרָכָה
the new moon, the first of the month	ר״ח, רֹאשׁ חֹדֶשׁ
st., street; rd., road	רח׳, רְחוֹב
that is to say; God forbid (forfend)!	ר״ל, רוֹצֶה לוֹמַר; רַחֲמָנָא לִצְלָן
CO, Commanding Officer, GHQ, General Headquarters; General of the Army (Israel)	רַמַטְכַּ״ל, רֹאשׁ הַמַּטֶּה הַכְּלָלִי
NCO, noncommissioned officer, sergeant	רַסַ״ל, רַב סַמָּל
sergeant major	רַסַ״ג, רַב סַמָּל גְּדוּדִי
petty officer (navy); corporal	רַסַ״פ, רַב סַמָּל פְּלֻגָּתִי
lance corporal	רַסַ״ר, רַב סַמָּל רִאשׁוֹן
abbr., abbreviations; initials	ר״ת, רָאשֵׁי תֵּבוֹת

ש

shin (letter); year, the year of; hour; three hundred	ש׳, שִׁין; שָׁנָה; שְׁנַת־; שָׁעָה; שְׁלֹשׁ מֵאוֹת, 300
First Book of Samuel	ש״א, שְׁמוּאֵל א׳

ש"ב, שְׁמוּאֵל ב'	Second Book of Samuel
ש"ג, שֵׁם גּוּף	pron., pronoun
שה"ש, שִׁיר הַשִּׁירִים	Canticles, Song of Songs, The Song of Solomon
שו"ת, שְׁאֵלוֹת וּתְשׁוּבוֹת	(the) Responsa (the literature of)
ש"י, שֵׁרוּת יְדִיעוֹת	FBI (Israel), Intelligence, news service
שכ"ד, שְׂכַר דִּירָה	rent
ש"מ, שֵׁם מִסְפָּר	numeral
ש"נ, שֵׁם נְקֵבָה	n. fem., feminine noun
ש"ס, שִׁשָּׁה סְדָרִים (מִשְׁנָה וְתַלְמוּד); שְׂכַר סוֹפְרִים	the six orders (of Mishnah and Talmud); writer's honorarium
ש"ע, שֵׁם עֶצֶם	n., noun
שַׁ"ץ, ש"צ, שְׁלִיחַ צִבּוּר; שׁוֹטֵר צְבָאִי	cantor; MP, military police(man)
ש"ת, שֵׁם תֹּאַר	adj., adjective

ת

ת', תָּו; תַּרְגּוּם; תֹּאַר; אַרְבַּע מֵאוֹת, 400	tav (letter); translation; Targum (aramaic version of Scriptures); degree (academic); adjective; four hundred
ת"א, תֵּל אָבִיב; תַּפּוּחֵי אֲדָמָה; תּוֹסֶפֶת אַחֲרוֹנָה	Tel Aviv; potatoes; P.S., postscript, N.B., nota bene
ת"ד, תֵּבַת דֹּאַר	P.O.B., post-office box
תה"פ, תֹּאַר הַפֹּעַל	adv., adverb
תה"ש, תֹּאַר הַשֵּׁם	adj., adjective
ת"ו, תַּם וְנִשְׁלַם	finis, finished, completed
ת"ח, תַּלְמִיד חָכָם	scholar, learned man
תַּנַ"ךְ: א. תּוֹרָה, ב. נְבִיאִים, ג. כְּתוּבִים	the (Hebrew) Bible: 1. Torah, 2. Prophets, 3. Hagiographia
תנצב"ה, תְּהִי נַפְשׁוֹ צְרוּרָה בִּצְרוֹר הַחַיִּים	may his soul be bound up in the bond of everlasting life
תַּפּוּ"ד, תַּפּוּד, תַּפּוּחַ אֲדָמָה	potato
תַּפּוּ"ז, תַּפּוּז, תַּפּוּחַ זָהָב	orange
תשכ"א, התשכ"א	A.M. (5)721, A.D. 1960/61
ת"ת, תַּלְמוּד תּוֹרָה	Talmud Torah (school), the study of the Law

A, a

A, a, ***n.*** אֵי, הָאוֹת הָרִאשׁוֹנָה בָּאָלֶף בֵּית הָאַנְגְּלִי; רִאשׁוֹן, א׳

a, an, *indef. art.* & *adj.* אֶחָד, אַחַת

A 1, A one מֻבְחָר, סוּג א, מִמַּדְרֵגָה רִאשׁוֹנָה

Aaron, ***n.*** אַהֲרֹן

Ab, ***n.*** אָב, מְנַחֵם אָב

aback, ***adv.*** אֲחוֹרַנִּית, לְאָחוֹר

abaft, ***adv.*** & ***prep.*** מֵאָחוֹר, לְאָחוֹר

abandon, ***n.*** הֶפְקֵרוּת, פְּרִיצוּת

abandon, ***v.t.*** עָזַב, נָטַשׁ, זָנַח, הִזְנִיחַ [זנח]

abandonment, ***n.*** נְטִישָׁה, עֲזִיבָה, הַפְקָרָה

abase, ***v.t.*** הִשְׁפִּיל [שפל], בִּזָּה

abasement, ***n.*** הַשְׁפָּלָה, בִּזּוּי

abash, ***v.t.*** בִּיֵּשׁ, הִכְלִים [כלם]

abashment, ***n.*** הַכְלָמָה, כְּלִמָּה

abate, ***v.t.*** & ***i.*** מִעֵט, הִפְחִית [פחת], גָּרַע, חִסֵּר

abatement, ***n.*** מִעוּט, הַפְחָתָה, גֵּרָעוֹן, חִסּוּר

abattoir, ***n.*** בֵּית מִטְבָּחַיִם

abbey, ***n.*** מִנְזָר

abbot, ***n.*** רֹאשׁ מִנְזָר

abbreviate, ***v.t.*** קִצֵּר, כָּתַב בְּרָאשֵׁי תֵּבוֹת

abbreviation, ***n.*** קִצּוּר, רָאשֵׁי תֵּבוֹת

ABC, ***n.*** אָלֶף בֵּית, אַלְפָבֵּיתָא

abdicate, ***v.t.*** & ***i.*** הִתְפַּטֵּר [פטר], הִסְתַּלֵּק [סלק]

abdication, ***n.*** הִתְפַּטְּרוּת, הִסְתַּלְּקוּת

abdomen, ***n.*** בֶּטֶן, כֶּרֶס, כָּרֵס, כָּרִשׂ, גָּחוֹן, מֵעַיִם

abdominal, ***adj.*** בִּטְנִי, כְּרֵשִׂי כְּרֵסִי, גְּחוֹנִי, שֶׁל מֵעַיִם

abduct, ***v.t.*** גָּנַב נֶפֶשׁ, חָטַף אָדָם

abduction, ***n.*** גְּנֵבַת נֶפֶשׁ, חֲטִיפַת אִישׁ

abductor, ***n.*** גּוֹנֵב נֶפֶשׁ, חַטְפָן

abed, ***adv.*** בַּמִּטָּה, לְמִשְׁכָּב

Abel, ***n.*** הֶבֶל

aberration, ***n.*** סְטִיָּה, תְּעִיָּה, שְׁגִיאָה; חֵטְא, טֵרוּף הַדַּעַת

abet, ***v.t.*** הֵסִית [סות], שִׁסָּה

abetment, ***n.*** הֲסָתָה, שִׁסּוּי

abettor, ***n.*** מֵסִית

abeyance, ***n.*** צִפִּיָּה, דְּחִיָּה, אֵינוּת

abhor, ***v.t.*** תִּעֵב, שִׁקֵּץ, בָּחַל, מָאַס

abhorrence, ***n.*** בְּחִילָה, תּוֹעֵבָה, גֹּעַל, שִׁקּוּץ, מִאוּס

abhorrent, ***adj.*** נִתְעָב, מָאוּס, בָּזוּי

abide, ***v.i.*** נִשְׁאַר [שאר], גָּר [גור], שָׁכַן

abiding, ***adj.*** מַתְמִיד, קַיָּם, תָּדִיר

ability, ***n.*** יְכֹלֶת, כֹּשֶׁר, כִּשְׁרוֹן; כֹּחַ

abject, ***adj.*** & ***n.*** נִבְזֶה, שָׁפָל

abjection, ***n.*** בִּזָּיוֹן, שִׁפְלוּת, נִוּוּל

abjure, ***v.t.*** כָּפַר, כִּחֵשׁ, הִכְחִישׁ [כחש] בִּשְׁבוּעָה

ablaze, ***adj.*** & ***adv.*** בּוֹעֵר, דּוֹלֵק, לוֹהֵט, לָהוּט

able, ***adj.*** מֻכְשָׁר, מְסֻגָּל, בַּעַל יְכֹלֶת, חָרוּץ

abluent, ***adj.*** & ***n.*** מְטַהֵר, מְנַקֶּה

abnegate, ***v.t.*** כִּחֵשׁ, כָּפַר, וִתֵּר עַל, חִסֵּר נַפְשׁוֹ מִ־

abnegation, ***n.*** הַכְחָשָׁה, כְּפִירָה, וִתּוּר עַל, שְׁלִילָה

abnormal, ***adj.*** בִּלְתִּי רָגִיל, יוֹצֵא מִן הַכְּלָל, מְשֻׁנֶּה, לָקוּי

abnormality, ***n.*** אִי־רְגִילוּת, זָרוּת, לִקּוּי

aboard, ***adv.*** עַל, בְּ־, לְתוֹךְ

abode, *n.* מָעוֹן, דִּירָה, מְגוּרִים, מִשְׁכָּן
abolish, *v.t.* הִשְׁבִּית [שבת], בִּטֵּל, הֵפֵר [פור]
abolishment, *n.* בִּטּוּל, הֲפָרָה, הַשְׁבָּתָה
A-bomb. *n.* פְּצָצָה אֲטוֹמִית
abominable, *adj.* נִתְעָב, נִמְאָס, מָאוּס, מְגֻנֶּה
abominate, *v.t.* שִׁקֵּץ, תִּעֵב, מָאַס
abomination, *n.* תּוֹעֵבָה, שִׁקּוּץ, פִּגּוּל
aboriginal, *adj.* קַדְמוֹן, קָדוּם, עַתִּיק
abort, *v.t.* הִפִּיל [נפל]
abortion, *n.* הַפָּלָה, נֵפֶל, הִתְפַּתְּחוּת שֶׁנֶּעֶצְרָה
abortive, *adj.* & *n.* שֶׁלֹּא הִצְלִיחַ, בִּלְתִּי מְפֻתָּח, נִפְלִי; סַם הַפָּלָה
abound, *v.i.* מָלֵא עַל גְּדוֹתָיו, שָׁפַע
about, *adv.* & *prep.* מִסָּבִיב, אֵצֶל; עַל דְּבַר, בְּנוֹגֵעַ לְ־; בְּעֵרֶךְ, כִּמְעַט
above, *adv.* & *prep.* לְמַעְלָה, מִמַּעַל; מֵעַל לְ־
above-mentioned הַנִּזְכָּר לְעֵיל
abreast, *adv.* בְּשׁוּרָה אַחַת, שְׁכֶם אֶחָד
abridge, *v.t.* קִצֵּר, הִמְעִיט [מעט] הִקְטִין [קטן], סִכֵּם
abridgment, *n.* קִצּוּר, תַּמְצִית, הַקְטָנָה, סִכּוּם
abroad, *adv.* בְּ(מִ)חוּץ לָאָרֶץ; בַּחוּץ
abrogate, *v.t.* הֵפֵר [פור], בִּטֵּל
abrogation, *n.* הֲפָרָה, בִּטּוּל
abrupt, *adj.* פִּתְאֹמִי, חָטוּף
abruptly, *adv.* בְּפֶתַע פִּתְאוֹם, בְּחִפָּזוֹן; לְלֹא קֶשֶׁר
abruptness, *n.* פִּתְאוֹמִיּוּת, חִפָּזוֹן;
abscess, *n.* מֻרְסָה, כִּיב
abscond, *v.t.* בָּרַח, הִתְחַמֵּק [חמק], נֶעְלַם [עלם]
absence, *n.* הֶעְדֵּר, חִסָּרוֹן, חֹסֶר, הִפָּקְדוּת

absent, *v.t.* נֶעְדַּר [עדר], נִפְקַד [פקד]
absent, *adj.* נֶעְדָּר, נִפְקָד, חָסֵר
absentee, *n.* נֶעְדָּר, נִפְקָד
absent-minded, *adj.* מְפֻזָּר
absolute, *adj.* מֻשְׁלָם, גָּמוּר, בִּלְתִּי מֻגְבָּל, מֻחְלָט, וַדַּאי
absolutely, *adv.* לַחֲלוּטִין, בְּהֶחְלֵט, בְּוַדַּאי, בְּלִי סָפֵק
absolution, *n.* כַּפָּרָה, מְחִילָה, סְלִיחָה
absolutism, *n.* הֶחְלֵטִיּוּת
absolve, *v.t.* נִקָּה, טִהֵר, מָחַל, סָלַח, צִדֵּק, זִכָּה
absorb, *v.t.* סָפַג, קָלַט
absorbent, *adj.* בּוֹלֵעַ, סוֹפֵג, קוֹלֵט מוֹצֵץ
absorbing, *adj.* מְעַנְיֵן, מְלַבֵּב, מוֹשֵׁךְ
absorption, *n.* סְפִיגָה, קְלִיטָה; הִתְבּוֹלְלוּת, טְמִיעָה; הִתְרַכְּזוּת
absorptive, *adj.* סָפִיג
abstain, *v.i.* חָדַל, נִמְנַע [מנע], נָזַר
abstemious, *adj.* מְצַמְצֵם בְּמַאֲכָל וּבְמִשְׁתֶּה, מִסְתַּפֵּק
abstention, *n.* פְּרִישׁוּת, נְזִירוּת
abstinence, abstinency, *n.* פְּרִישׁוּת, נְזִירוּת, הִנָּזְרוּת
abstract, *adj.* מֻפְשָׁט, רוּחָנִי, עִיּוּנִי
abstract, *v.t.* הֵסִיר [סור], סִכֵּם, הִפְרִישׁ [פרש]
abstract, *n.* תַּמְצִית, קִצּוּר, סִכּוּם, מֻפְשָׁט
abstraction, *n.* פִּזּוּר נֶפֶשׁ; נְטִילָה; מֻשָּׂג מֻפְשָׁט, הַפְשָׁטָה
abstruse, *adj.* עָמֹק, סָתוּם, קָשֶׁה לְהָבִין
absurd, *adj.* טִפְּשִׁי, שְׁטוּתִי, אֱוִילִי מְגֻחָךְ, נֶגֶד הַשֵּׂכֶל
absurdity, *n.* שְׁטוּת, דִּבְרֵי הֶבֶל, הֶבֶל, טִפְּשׁוּת
abundance, *n.* שֶׁפַע, רֹב, שֹׂבַע

abundant, *adj.* רַב, מָלֵא, עָשִׁיר, שׁוֹפֵעַ

abundantly, *adv.* הַרְבֵּה, בְּשֶׁפַע, לְמַכְבִּיר

abuse, *v.t.* הִשְׁתַּמֵּשׁ [שמש] לְרָעָה, הִתְעוֹלֵל [עלל], חָרַף

abuse, *n.* שִׁמּוּשׁ לְרָעָה, הִתְעַלְּלוּת, חֵרוּף, גִּדּוּף

abusive, *adj.* מְחָרֵף, מְגַדֵּף, שֶׁל חֵרוּף וְגִדּוּף

abut, *v.i.* גָּבַל, הָיָה סָמוּךְ לְ־

abutment, *n.* מַשְׁעֵן, אָמְנָה, מִשְׁעָן, סָמוֹךְ, סַעַד

abysm, *n.* תְּהוֹם

abysmal, *adj.* תְּהוֹמִי, עָמֹק כַּתְּהוֹם

abyss, *n.* אֲבַדּוֹן, תְּהוֹם, תֹּהוּ וָבֹהוּ

acacia, *n.* שִׁטָּה

academic, academical, *adj.* & *n.* מְלֻמָּד; אֲקָדֵמִי, עִיּוּנִי

academy, *n.* אֲקָדֶמְיָה, (בֵּית) מִדְרָשׁ, תַּרְבֵּץ

accede, *v.i.* עָלָה לִמְלוּכָה, הִסְכִּים [סכם], נִכְנַס [כנס] לְמִשְׂרָה

accelerate, *v.t.* הֵחִישׁ [חוש], מִהֵר, נִחֵץ, הֵאִיץ [אוץ]

acceleration, *n.* הֶאָצָה, תְּאוּצָה, מְהִירוּת, הֶחָשָׁה, נְחִיצָה, נַחַץ

accelerator, *n.* גּוֹרֵם מְהִירוּת, מֵחִישׁ, מְנַחֵץ; דַּוְשָׁה

accent, *n.* טַעַם, נְגִינָה, הַדְגָּשָׁה; מִבְטָא, הֲבָרָה

accent, *v.t.* הִטְעִים [טעם], הִדְגִּישׁ [דגש] הִתְוָה [תוה], נָתַן נְגִינָה

accentuate, *v.t.* הִטְעִים [טעם], הִדְגִּישׁ [דגש]

accentuation, *n.* הַטְעָמָה, הַדְגָּשָׁה

accept, *v.t.* קִבֵּל, נָטַל, לָקַח; הִסְכִּים [סכם]

acceptability, acceptableness, *n.* רְצוּת, רְצִיּוּת, הַסְכָּמָה

acceptable, *adj.* רָצוּי, מְקֻבָּל, מִתְקַבֵּל עַל הַדַּעַת

acceptance, *n.* קַבָּלָה בְּרָצוֹן; הַסְכָּמָה

access, *n.* כְּנִיסָה, גִּישָׁה, מָבוֹא, פֶּתַח

accessible, *adj.* נָגִישׁ

accession, *n.* גִּישָׁה, עֲלִיָּה; הַסְכָּמָה; רְכִישָׁה

accessories, *n. pl.* מַכְשִׁירִים, אַבְזָרִים

accessory, *adj.* & *n.* עוֹזֵר, מְסַיֵּעַ, נוֹסָף, צְדָדִי; שֻׁתָּף

accident, *n.* תְּאוּנָה, מִקְרֶה, אָסוֹן, שְׁגָגָה, פֶּגַע

accidental, *adj.* מִקְרִי, שֶׁבְּמִקְרֶה, אֲרָעִי; טָפֵל

accidentally, *adv.* בְּמִקְרֶה, בִּשְׁגָגָה, לֹא בְּכַוָּנָה

acclaim, *n.* מְחִיאַת כַּפַּיִם, קְרִיאַת הֵידָד, תְּרוּעָה

acclaim, *v.t.* הִלֵּל, מָחָא כַּף, קִבֵּל בִּתְשׁוּאוֹת

acclamation, *n.* תְּשׁוּאוֹת חֵן, מְחִיאַת כַּפַּיִם

acclimatize, *v.t.* & *i.* אִקְלֵם, הִרְגִּיל [רגל], סִגֵּל; הִתְאַקְלֵם, הִתְרַגֵּל [רגל], הִסְתַּגֵּל [סגל]

accolade, *n.* נְשִׁיקַת קִדּוּשִׁים, חִבּוּק אַבִּירִים, כִּתּוּף בְּחֶרֶב

accommodate, *v.t.* אִכְסֵן, סִגֵּל, הִתְאִים [תאם]; סִפֵּק צְרָכִים, גָּמַל חֶסֶד

accommodating, *adj.* נוֹחַ, מֵטִיב, גּוֹמֵל חֶסֶד

accommodation, *n.* סִגּוּל, הַתְאָמָה; נוֹחוּת, רְוָחָה; מָעוֹן, דִּירָה

accompaniment, *n.* לִוּוּי, פִּזּוּם

accompanist, *n.* לַוַּאי

accompany, *v.t.* לִוָּה, פִּזֵּם

accomplice, *n.* שֻׁתָּף לַעֲבֵרָה

accomplish, *v.t.* מִלֵּא, קִיֵּם, בִּצֵּעַ, הִשְׁלִים [שלם], גָּמַר

accomplishment, *n.* מִלּוּא, קִיּוּם, בִּצּוּעַ, הַשְׁלָמָה, גְּמִירָה

accord, *n.* הַסְכָּמָה, הַתְאָמָה; שָׁלוֹם

accord, *v.t.* נָתַן; הִסְכִּים [סכם], הִתְאִים [תאם]

accordant, *adj.* מַתְאִים, מַסְכִּים

accordingly, *adv.* לָכֵן, לְפִיכָךְ, בְּהַתְאָמָה לָזֶה

accordion, *n.* מַפּוּחוֹן

accordionist, *n.* מַפּוּחוֹנַאי

accost, *v.t.* פָּנָה בִּדְבָרִים אֶל, נִכְנַס [כנס] בְּשִׂיחָה עִם

account, *n.* חֶשְׁבּוֹן, דִּין וְחֶשְׁבּוֹן, דּוּ"חַ; חִשּׁוּב, סְפִירָה; תֵּאוּר, סִפּוּר

account, *v.t.* & *i.* חָשַׁב, נֶחְשַׁב [חשב], נָתַן דִּין וְחֶשְׁבּוֹן, דִּוַּח

accountant, *n.* חַשָּׁב, רוֹאֵה חֶשְׁבּוֹן, חֶשְׁבּוֹנַאי

accredit, *v.t.* יִחֵס לְ־, יִפָּה כֹּחַ, נָתַן אֵמוּן בְּ־, מִלֵּא יָד

accrue, *v.i.* הוֹסִיף [יסף] רִבִּית, צָמַח, הִצְטַבֵּר [צבר]

accumulate, *v.t.* & *i.* אָצַר, צָבַר, הִצְטַבֵּר [צבר], אָגַר, הֶעֱרִים [ערם], אָסַף

accumulation, *n.* צְבִירָה, אֲסִיפָה, אֲגִירָה, הִצְטַבְּרוּת

accumulator, *n.* מַצְבֵּר (לְחַשְׁמַל), סוֹלְלָה

accuracy, *n.* דִּיּוּק, דַּיְקָנוּת

accurate, *adj.* מְדֻיָּק, נָכוֹן

accurately, *adv.* בְּדִיּוּק

accursed, accurst, *adj.* אָרוּר, מְקֻלָּל

accusation, *n.* אִשּׁוּם, הַאֲשָׁמָה, קִטְרוּג, שִׂטְנָה, עֲלִילַת דְּבָרִים

accusative, *adj.* & *n.* פָּעוּל, יַחַס הַפָּעוּל

accuse, *v.t.* הֶאֱשִׁים [אשם], קִטְרֵג

accuser, *n.* מַאֲשִׁים, מְקַטְרֵג, קָטֵגוֹר

accustom, *v.t.* הִרְגִּיל [רגל]

accustomed, *adj.* רָגִיל, לָמוּד

ace, *n.* & *adj.* קְלָף (מִשְׂחָק); אַלּוּף טַיָּסִים; יְחִידָה; מִצְטַיֵּן; רִאשׁוֹן בְּמַעֲלָה, מֻפְלָא

acerbate, *v.t.* הֶחְמִיץ [חמץ]; הָפַךְ לְמַר, מֵרַר

acerbity, *n.* חֲמִיצוּת; מְרִירוּת; חֲרִיפוּת

acetic, *adj.* חָמְצִי

acetify, *v.t.* & *i.* הֶחְמִיץ [חמץ], הָפַךְ לְחֹמֶץ

acetous, *adj.* חָמִיץ

acetylene, *n.* (C_2H_2) פַּחְמִימָן

ache, *n.* כְּאֵב, מַכְאוֹב, מֵחוּשׁ

ache, *v.i.* כָּאַב, דָּאַב

achieve, *v.t.* הוֹצִיא [יצא] לְפֹעַל, קָנָה, רָכַשׁ, הִשִּׂיג [נשג]

achievement, *n.* הֶשֵּׂג, הַשְׁלָמָה, סִיּוּם; מִפְעָל; הוֹצָאָה אֶל הַפֹּעַל

achromatic, *adj.* חֲסַר צֶבַע

acid, *n.* חֻמְצָה

acidify, *v.t.* & *i.* הֶחְמִיץ [חמץ], חִמֵּץ, הָפַךְ לְחֻמְצָה

acidity, *n.* חֲמִיצוּת

acidulous, *adj.* חֲמַצְמַץ, חָמִיץ קְצָת

acknowledge, *v.t.* הוֹדָה [ידה], הִכִּיר [נכר]

acknowledgment, *n.* הוֹדָאָה, הוֹדָיָה, הַכָּרָה, הַכָּרַת טוֹבָה

acme, *n.* פִּסְגָּה, שִׂיא, תַּכְלִית הַשְּׁלֵמוּת

acne, *n.* חֲזָזִית

acorn, *n.* בַּלּוּט, פְּרִי הָאַלּוֹן

acoustic, *adj.* שְׁמִיעָתִי, קוֹלִי, אֲקוּסְטִי

acoustics, *n.* חָכְמַת הַשֶּׁמַע, תּוֹרַת הַקּוֹל, שְׁמִיעוּת

acquaint, *v.t.* הוֹדִיעַ [ידע], הִקְנָה

יְדִיעָה [קנה]; הִכִּיר [נכר] הִתְוַדַּע

acquaintance, *n.* יְדִיעָה, הַכָּרָה; מַכִּיר, מַכָּר, יְדִיד

acquiesce, *v.i.* הוֹדָה [ידה] (בִּשְׁתִיקָה), הִסְכִּים [סכם]

acquiescence, *n.* הוֹדָאָה (בִּשְׁתִיקָה), הַסְכָּמָה, הַכְנָעָה

acquire, *v.t.* רָכַשׁ, קָנָה, נָחַל, הִשִּׂיג [נשג]

acquisition, *n.* רְכִישָׁה, הַשָּׂגָה, רְכוּשׁ, קִנְיָן

acquit, *v.t.* פָּטַר, זִכָּה, נִקָּה, סִלֵּק

acquittal, *n.* זִכּוּי, נִקּוּי, יְצִיאַת יְדֵי חוֹבָה

acre, *n.* אַקְר, מִדַּת שֶׁטַח לִמְדִידַת קַרְקָעוֹת: 4047 מ"מ, 4 דוּנָמִים

acrid, *adj.* חָרִיף, עַז, מַר

acridity, *n.* חֲרִיפוּת, עַזּוּת, מְרִירוּת

acrimonious, *adj.* מַר, מַר נֶפֶשׁ, עוֹקֵץ, מָלֵא מְרִירוּת

acrimony, *n.* חֲרִיפוּת, מְרִירוּת

acrobat, *n.* לוּלְיָן

acropolis, *n.* מְצוּדָה, עֹפֶל

across, *adv.* & *prep.* בְּעַד, דֶּרֶךְ, מֵעֵבֶר לְ־, לְעֵבֶר

acrostic, *n.* & *adj.* צֵרוּפָה; צֵרוּפִי

act, *n.* מַעֲשֶׂה, מִפְעָל, פְּעֻלָּה; חֹק, חֻקָּה, מִשְׁפָּט; מַעֲרָכָה (בְּמַחֲזֶה)

act, *v.t.* & *i.* עָשָׂה, פָּעַל, מִלֵּא תַּפְקִיד, הִתְנַהֵג, שִׂחֵק (בְּמַחֲזֶה)

acting, *adj.* עוֹשֶׂה, פּוֹעֵל, מְמַלֵּא תַּפְקִיד, מְשַׂחֵק, מִתְנַהֵג, זְמַנִּי

action, *n.* פְּעֻלָּה, מַעֲשֶׂה, תְּנוּעָה; תּוּבְעָנָה, מִשְׁפָּט; מִלְחָמָה, קְרָב

active, *adj.* פָּעִיל, עֵר

active participle בֵּינוֹנִי פּוֹעֵל

activity, *n.* פְּעִילוּת

actor, *n.* מְשַׂחֵק, שַׂחְקָן

actress, *n.* מְשַׂחֶקֶת, שַׂחְקָנִית

actual, *adj.* מַמָּשִׁי, אֲמִתִּי, מָצוּי, הֹוֶה

actuality, *n.* מַמָּשׁוּת, מְצִיאוּת, אֲמִתִּיּוּת

actually, *adv.* מַמָּשׁ, בֶּאֱמֶת, בְּעֶצֶם, לְמַעֲשֶׂה

actuate, *v.t.* הֵנִיעַ [נוע], הִפְעִיל [פעל], הִמְרִיץ [מרץ]

acuity, *n.* חַדּוּת, שְׁנִינוּת

acumen, *n.* חֲרִיפוּת, דַּקּוּת, שְׁנִינוּת

acute, *adj.* חַד, מְחֻדָּד; (זָוִית) חַדָּה; חָרִיף, שָׁנוּן; חוֹדֵר, (חֳלִי) עַז

acuteness, *n.* חַדּוּת, שְׁנִינוּת, עַזּוּת

A. D. לִסְפִירַת הַנּוֹצְרִים

adage, *n.* מָשָׁל, אִמְרָה

adagio, *n.* & *adj.* לְאָט; אִטִּיּוּת, מְתִינוּת

Adam, *n.* אָדָם

adamant, *adj.* & *n.* שָׁמִיר, קָשֶׁה (כְּצוּר)

adapt, *v.t.* הִתְאִים [תאם], סִגֵּל, חָפַת

adaptability, *n.* אֶפְשְׁרוּת הַהַתְאָמָה, כֹּשֶׁר הַהִסְתַּגְּלוּת, סְגִילוּת

adaptable, *adj.* סָגִיל, מִסְתַּגֵּל

adaptation, *n.* סִגּוּל, הִסְתַּגְּלוּת, הַתְאָמָה

add, *v.t.* חִבֵּר, הִתְחַבֵּר [חבר], סִכֵּם, הוֹסִיף [יסף], צֵרֵף

adder, *n.* אֶפְעֶה, שְׁפִיפוֹן

addict, *v.t.* & *i.* הָיָה לָהוּט, הִתְמַסֵּר [מסר], הִתְמַכֵּר [מכר]; הִרְגִּיל [רגל]

addiction, *n.* מְסִירוּת, הִתְמַכְּרוּת

adding machine, *n.* מְכוֹנַת חִשּׁוּב

addition, *n.* חִבּוּר, צֵרוּף, הוֹסָפָה; הַשְׁלָמָה

additional, *adj.* נוֹסָף, מַשְׁלִים

additionally, *adv.* נוֹסָף עַל, וְעוֹד

addle, *adj.* רָקוּב, פָּגוּם, מְטֹרָף; רֵיק, טִפֵּשׁ, שׁוֹטֶה

addle, *v.t.* & *i.* בִּלְבֵּל, רָקַב, הִבְאִישׁ [באש] הִסְרִיחַ [סרח]

address, *n.* מַעַן, כְּתֹבֶת; נְאוּם, הַרְצָאָה; הִתְנַהֲגוּת, נִמּוּס

address, *v.t.* פָּנָה אֶל, נָאַם, מִעֵן

addressee, *n.* מוּעָן

adduce, *v.t.* הֵבִיא [בוא] רְאָיָה, הֵבִיא עֵדוּת

adenoids, *n. pl.* שְׁקֵדִים (פְּקִיעִים, בַּלּוּטוֹת)

adept, *adj.* & *n.* מֻמְחֶה, חָרוּץ

adeptness, *n.* מֻמְחִיּוּת, חֲרִיצוּת

adequacy, *n.* סִפּוּק; הַתְאָמָה, הֲלִימוּת

adequate, *adj.* מַסְפִּיק; מַתְאִים, הוֹלֵם

adequately, *adv.* בְּמִדָּה מַסְפֶּקֶת

adhere, *v.i.* דָּבַק, נִדְבַּק [דבק], נִצְמַד [צמד], הִתְדַּבֵּק [דבק]

adherence, *n.* אֲחִיזָה, דְּבֵקוּת, הִתְחַבְּרוּת, מְסִירוּת

adherent, *adj.* & *n.* דָּבֵק, מְחֻבָּר, מְקֻשָּׁר; חָסִיד, אָדוּק

adhesion, *n.* דְּבֵקוּת; צְמִיגוּת, תַּאֲחִיזָה; אֲדִיקוּת, חֲסִידוּת

adhesive, *adj.*& *n.* מְדַבֵּק, דָּבֵק; צָמִיג; דֶּבֶק

adhesiveness, *n.* דְּבֵקוּת, צְמִיגוּת

adiantum, *n.* יוֹעֶזֶר, יוֹעֶזֶר שָׁחוֹר, שַׂעֲרוֹת שׁוּלַמִּית

adjacency, *n.* שְׁכֵנוּת, קִרְבָה, סְמִיכוּת

adjacent, *adj.* סָמוּךְ לְ־, קָרוֹב לְ־

adjective, *adj.* & *n.* נוֹסָף, נִסְפָּח; שֵׁם תֹּאַר, תֹּאַר הַשֵּׁם

adjoin, *v.t.* & *i.* הָיָה סָמוּךְ, הָיָה קָרוֹב; חִבֵּר, אִחֵד, הִתְחַבֵּר [חבר], הִצְטָרֵף [צרף]

adjourn, *v.t.* & *i.* סָגַר (יְשִׁיבָה), דָּחָה, נָעַל

adjournment, *n.* דְּחִיָּה, דִּחוּי, נְעִילָה

adjudge, *v.i.* חָרַץ מִשְׁפָּט, גָּזַר, פָּסַק דִּין, הִרְשִׁיעַ [רשע], חִיֵּב

adjudgment, *n.* פְּסַק דִּין, הַרְשָׁעָה, חִיּוּב

adjudication, *n.* שְׁפִיטָה, הַכְרָעָה

adjunct, *adj.* & *n.* טָפֵל; הוֹסָפָה, אַבְזָר; תֹּאַר

adjuration, *n.* הַשְׁבָּעָה, הַעְתָּרָה, הַפְצָרָה, הִתְחַנְּנוּת

adjure, *v.t.* הִשְׁבִּיעַ [שבע]; הִתְחַנֵּן [חנן], הֶעְתִּיר [עתר], הִפְצִיר [פצר]

adjust, *v.t.* סִדֵּר, תִּקֵּן, הִתְאִים [תאם], כִּוֵּן

adjustable, *adj.* תּוֹאֵם, שֶׁאֶפְשָׁר לְהַתְאִים, שֶׁאֶפְשָׁר לְכַוְּנוֹ, מִתְכַּוְנֵן

adjustment, *n.* תִּקּוּן, כִּוּוּן, כִּוְנוּן הֶתְאֵם

adjutant, *n.* שָׁלִישׁ, סֶגֶן

administer, *v.t.* נִהֵל, עָשָׂה (מִשְׁפָּט), נָתַן, סִפֵּק

administration, *n.* מִנְהָל, מִנְהָלָה, הַנְהָלָה, מֶמְשָׁלָה, פְּקִידוּת, אֲמַרְכָּלוּת

administrative, *adj.* מִנְהָלִי, הַנְהָלָתִי, מֶמְשַׁלְתִּי, אֲמַרְכָּלִי

administrator, *n.* מְנַהֵל, מִנְהָלַאי, פָּקִיד, סוֹכֵן, אֲמַרְכַּל

admirable, *adj.* נִפְלָא, מְצֻיָּן, נַעֲרָץ

admiral, *n.* מְפַקֵּד צִי, אַדְמִירָל

admiralty, *n.* פִּקּוּד הַצִּי, סַפָּנוּת, אַדְמִירָלִיּוּת

admiration, *n.* הַעֲרָצָה

admire, *v.t.* הֶעֱרִיץ [ערץ], הוֹקִיר [יקר]

admirer, *n.* מַעֲרִיץ, מוֹקִיר
admissible, *adj.* רָאוּי, מִתְקַבֵּל עַל הַדַּעַת, מֻתָּר
admission, *n.* הַכְנָסָה, כְּנִיסָה; הוֹדָאָה
admit, *v.t.* הִכְנִיס, נָתַן לְהִכָּנֵס [כנס]; הוֹדָה [ידה]
admittance, *n.* הַכְנָסָה, כְּנִיסָה
admixture, *n.* תַּעֲרֹבֶת, מֶזֶג, מְזִיגָה, מְהִילָה
admonish, *v.t.* יִסֵּר, הוֹכִיחַ [יכח], הִזְהִיר [זהר], הִתְרָה [תרה]
admonition, *n.* יִסּוּר, תּוֹכָחָה, הַזְהָרָה, הַתְרָאָה
ado, *n.* עֵסֶק, טֹרַח, טִרְדָּה
adolescence, *n.* נֹעַר, נְעוּרִים, עֲלוּמִים
adolescent, *n.* נַעַר, בָּחוּר, עֶלֶם
Adonis, *n.* יְפֵהפֶה; דְּמוּמִית (פֶּרַח)
adopt, *v.t.* אִמֵּץ; סִגֵּל
adoptable, *adj.* בַּר אִמּוּץ, סְתַגְּלָנִי
adoption, *n.* אִמּוּץ, הִסְתַּגְּלוּת
adoptive, *adj.* מְאַמֵּץ, מְאֻמָּץ
adorable, *adj.* נַעֲרָץ, יָקָר, חָבִיב
adoration, *n.* אַהֲבָה, חִבָּה, הוֹקָרָה, הַעֲרָצָה; פֻּלְחָן
adore, *v.t.* הֶעֱרִיץ [ערץ], חִבֵּב, אִלֵּל
adorn, *v.t.* יִפָּה, קִשֵּׁט, עָדָה
adornment, *n.* יִפּוּי, קִשּׁוּט, הִדּוּר; עֲדִי
adrift, *adj.* & *adv.* צָף וְנִשָּׂא עַל גַּלֵּי הַיָּם, שׁוֹטֵט; בְּאֵין מַטָּרָה
adroit, *adj.* זָרִיז, מָהִיר, חָרוּץ
adroitly, *adv.* בִּזְרִיזוּת, בִּמְהִירוּת, בַּחֲרִיצוּת
adroitness, *n.* זְרִיזוּת, מְהִירוּת, חֲרִיצוּת
adulate, *v.t.* חָנַף, הֶחֱנִיף [חנף]
adulation, *n.* חֲנֻפָּה, חֲלַקְלַקּוֹת (לָשׁוֹן), הִתְרַפְּסוּת
adult, *adj.* & *n.* גָּדוֹל, שֶׁהִגִּיעַ לְפִרְקוֹ, אִישׁ, בּוֹגֵר, מְבֻגָּר
adulterate, *adj.* מְזֻיָּף, בָּלוּל, מְקֻלְקָל; זוֹנֶה
adulterate, *v.t.* זִיֵּף, קִלְקֵל, הִשְׁחִית [שחת] בָּלַל, פִּגֵּל
adulteration, *n.* זִיּוּף, בְּלִילָה, קִלְקוּל, פִּגּוּל
adulterer, adulteress, *n.* נוֹאֵף, נוֹאֶפֶת
adulterous, *adj.* נַאֲפוּפִי, שֶׁל זְנוּת
adultery, *n.* נִאוּף, זְנוּת, זְנוּנִים
advance, *n.* קִדְמָה, קִדּוּם, הִתְקַדְּמוּת; הַפְקָעַת שַׁעַר; הַלְוָאָה; עֲלִיָּה בְּדַרְגָּה; שִׁפּוּר
advance, *v.t.* & *i.* קִדֵּם, הִתְקַדֵּם [קדם]; שִׁלֵּם לְמַפְרֵעַ, הֶעֱלָה (בְּדַרְגָּה, בִּמְחִיר), הִלְוָה [לוה]; עָשָׂה חַיִל
advancement, *n.* קִדּוּם, קִדְמָה, הִתְקַדְּמוּת, הַעֲלָאָה
advantage, *n.* יִתְרוֹן, מַעֲלָה, תּוֹעֶלֶת
advantage, *v.t.* הָיָה יִתְרוֹן לְ, הֵפִיק [פוק] תּוֹעֶלֶת מִן
advantageous, *adj.* יִתְרוֹנִי, מוֹעִיל, נוֹחַ
adventure, *n.* הַעְפָּלָה, הַרְפַּתְקָה, מַעֲשֶׂה נוֹעָז
adventure, *v.t.* & *i.* עָמַד בְּסַכָּנָה הִסְתַּכֵּן [סכן], הֶעְפִּיל [עפל], הֵהִין [הין]
adventurer, *n.* מַעְפִּיל, הַרְפַּתְקָן, נוֹכֵל
adverb, *n.* תֹּאַר הַפֹּעַל
adversary, *n.* יָרִיב, שׂוֹנֵא, מִתְנַגֵּד; שָׂטָן
adverse, *adj.* מִתְנַגֵּד לְ־, שְׁלִילִי, נוֹגֵד רָע, מַזִּיק
adversity, *n.* צָרָה, אָסוֹן, אֵיד, רָעָה
advert, *v.i.* הֶרְאָה [ראה] עַל, רָמַז עַל
advertise, *v.t.* פִּרְסֵם, הִכְרִיז [כרז]

advertisement, *n.* מוֹדָעָה, פִּרְסוּם, כְּרָזָה, הַכְרָזָה
advice, *n.* עֵצָה, הוֹדָעָה
advisability, *n.* רְצִיּוּת, כְּדָאִיּוּת, יָאוּת
advisable, *adj.* רָצוּי, כְּדַאי
advise, *v.t.* & *i.* יָעַץ, הִתְיָעֵץ [יעץ], נָתַן עֵצָה, הוֹדִיעַ [ידע], הִזְהִיר [זהר]
adviser, *n.* יוֹעֵץ
advocacy, *n.* הַמְלָצָה, סַנֵּגוֹרְיָה
advocate, *n.* עוֹרֵךְ דִּין, סַנֵּגוֹר; מַמְלִיץ
advocate, *v.t.* הֵגֵן [גנן] עַל, הִמְלִיץ [מלץ] עַל, לִמֵּד זְכוּת, סִנְגֵּר
aerate, *v.t.* אִוֵּר, אִוְרֵר
aeration, *n.* אִוּוּר, אִוְרוּר
aerial, *adj.* & *n.* אֲוִירִי, גָּבוֹהַּ; מְשׁוּשָׁה
aerodrome, *n.* שְׂדֵה תְּעוּפָה, מִמְרָאָה
aeronaut, *n.* נַוָּט
aeronautics, *n.* טַיִס, תּוֹרַת הַתְּעוּפָה
aeroplane, *n.* אֲוִירוֹן, מָטוֹס
aesthete, aesthetic, *n.* יָפֶה, נָעִים
aesthetics, *n.* תּוֹרַת הַיֹּפִי
afar, *adv.* מֵרָחוֹק, הַרְחֵק
affable, *adj.* נִמּוּסִי, אָדִיב
affair, *n.* עֵסֶק, עִנְיָן, מִקְרֶה; הִתְאַהֲבוּת
affect, *v.t.* עָשָׂה רֹשֶׁם עַל; הֶעֱמִיד [עמד] פָּנִים; עוֹרֵר חֶמְלָה, אָהַב
affectation, *n.* הִתְגַּנְדְּרוּת, נִמּוּס מְלָאכוּתִי, הַעֲמָדַת פָּנִים
affection, *n.* חִבָּה, אַהֲבָה; הַרְגָּשָׁה, רֶגֶשׁ; מַחֲלָה, מֵחוּשׁ
affectionate, *adj.* אוֹהֵב, מְחַבֵּב
affectionately, *adv.* בְּחִבָּה, בְּאַהֲבָה
affiance, *v.t.* אֵרֵס, אֵרֵשׂ
affidavit, *n.* עֵדוּת, תְּעוּדָה בִּשְׁבוּעָה
affiliate, *v.t.* & *i.* חִבֵּר, אִמֵּץ בֵּן, אִחֵד, הִתְאַחֵד [אחד], הִתְחַבֵּר [חבר]
affiliation, *n.* חִבּוּר, קִשּׁוּר, קְבִיעַת אַבְהוּת, הִתְחַבְּרוּת
affinity, *n.* קִרְבָה, אַהֲבָה, חִבָּה
affirm, *v.t.* הֵעִיד [עוד], קִיֵּם, אִשֵּׁר
affirmation, *n.* קִיּוּם, אִשּׁוּר, חִיּוּב
affirmative, *adj.* & *n.* חִיּוּבִי, מְחַיֵּב
affix, *v.t.* צֵרֵף, קָבַע, הִדְבִּיק [דבק], הִטְבִּיעַ [טבע], הוֹסִיף [יסף]
affixture, *n.* קְבִיעָה, (חוֹתֶמֶת), צֵרוּף, הַדְבָּקָה (בּוּל)
afflict, *v.t.* הִדְאִיב [דאב], צִעֵר, הֶעֱצִיב [עצב]
affliction, *n.* אֵיד, מְצוּקָה, צַעַר, צָרָה, דְּאָבָה, יָגוֹן
affluence, *n.* שֶׁפַע, עֹשֶׁר, נְהִירָה
affluent, *adj.* שׁוֹפֵעַ, עָשִׁיר, נוֹהֵר אֶל
affluent, *n.* נַחַל, יוּבַל
afford, *v.t.* יָכֹל, הִשִּׂיג [נשג], הִסְפִּיק [ספק], הִרְשָׁה [רשה] לְעַצְמוֹ
affray, *n.* מְהוּמָה, קְטָטָה
affront, *n.* הַעֲלָבָה, הַכְלָמָה
affront, *v.t.* עָלַב, הֶעֱלִיב [עלב], הִכְלִים [כלם], בִּיֵּשׁ, פָּגַע בִּכְבוֹד
afield, *adv.* בַּשָּׂדֶה, עַל פְּנֵי הַשָּׂדֶה
afire, *adj.* & *adv.* בּוֹעֵר
aflame, *adj.* & *adv.* לוֹהֵט
afloat, *adj.* & *adv.* צָף, שָׁט
afoot, *adj.* & *adv.* בָּרֶגֶל, רַגְלִי; בִּפְעֻלָּה
afore, *adv.* & *prep.* בָּרֹאשׁ, מִלְּפָנִים, מִקֹּדֶם
aforenamed, aforesaid, *adj.* הַקּוֹדֵם, הַנֶּאֱמַר לְמַעְלָה, הַנִּזְכָּר לְעֵיל, הנ"ל
afraid, *adj.* מְפַחֵד, יָרֵא, חוֹשֵׁשׁ
afresh, *adv.* שׁוּב, שֵׁנִית, מֵחָדָשׁ
African, *adj.* & *n.* אַפְרִיקָנִי
aft, *adv.* אֲחוֹרֵי הָאֳנִיָּה
after, *adj.*, *adv.*, *prep.* & *conj.* אַחַר, אַחֲרֵי כֵן, לְאַחַר מִכֵּן, עַל פִּי, בְּעִקְבוֹת, מֵאָחוֹר

after all סוֹף סוֹף, בְּכָל זֹאת, אַחֲרֵי כְּכְלוֹת הַכֹּל

aftermath, *n.* תּוֹצָאָה

afternoon, *n.* אַחַר הַצָּהֳרַיִם, מִנְחָה

afterward(s), *adv.* אַחַר כָּךְ, אַחֲרֵי כֵן

afterworld, *n.* הָעוֹלָם הַבָּא

again, *adv.* שׁוּב, שֵׁנִית, עוֹד פַּעַם יֶתֶר עַל כֵּן, מִצַּד שֵׁנִי

against, *prep.* נֶגֶד, לְעֻמַּת, נֹכַח

age, *n.* גִּיל; זִקְנָה, שֵׂיבָה; דּוֹר, תְּקוּפָה

age, *v.i.* & *t.* יָשַׁשׁ, הִזְדַּקֵּן, הִזְקִין [זקן]

aged, *adj.* זָקֵן, קָשִׁישׁ, בָּא בַּיָּמִים

agency, *n.* סוֹכְנוּת

agenda, *n. pl.* סֵדֶר הַיּוֹם

agent, *n.* סוֹכֵן, בָּא כֹחַ, עָמִיל, גּוֹרֵם

agglomerate, *v.t.* & *i.* צָבַר, גָּבַב

aggrandize, *v.t.* הִגְדִּיל [גדל], הִפְרִיז [פרז]

aggravate, *v.t.* הֵרַע [רעע]; הִכְעִיס [כעס]; הִגְדִּיל [גדל], הִכְבִּיד [כבד]

aggravation, *n.* הַכְבָּדָה; הַכְעָסָה, הַחְרָמָה, הֲרָעָה, עָגְמַת נֶפֶשׁ

aggregate, *v.t.* & *i.* אָסַף, צֵרַף, הִצְטַבֵּר [צבר]

aggregate, *adj.* & *n.* מְחֻבָּר, מְקֻבָּץ; קָהָל, חֶבְרָה, מִצְרָף, סַךְ הַכֹּל

aggression, *n.* תְּקִיפָה, תּוֹקְפָנוּת, הַתְקָפָה, הִתְנַפְּלוּת, הִשְׂתָּעֲרוּת, הִתְגָּרוּת

aggressive, *adj.* תַּקִּיף, תּוֹקְפָנִי, תּוֹקֵף, מַתְקִיף, מִתְגָּרֶה, מִשְׂתָּעֵר

aggressor, *n.* תּוֹקְפָן, מַתְקִיף, מִתְגָּרֶה, מִשְׂתָּעֵר, פּוֹלֵשׁ

aggrieve, *v.t.* הֶעֱצִיב [עצב], הִדְאִיב [דאב], צִעֵר

aghast, *adj.* תּוֹהֶה, תָּמֵהַּ, מֻכֵּה תִּמָּהוֹן

agile, *adj.* מָהִיר, זָרִיז

agility, *n.* מְהִירוּת, זְרִיזוּת

agitate, *v.t.* הֵנִיעַ [נוע], נִעְנַע, הֵעִיר, עוֹרֵר [עור], זִעְזַע, רָגַע (הַיָּם)

agitation, *n.* נִיעָה, זִיעָה, זִעְזוּעַ, הִתְרַגְּשׁוּת, מְבוּכָה

agitator, *n.* תַּעַמְלָן, סַכְסְכָן, מֵסִית; מַבְחֵשׁ

aglow, *adj.* & *adv.* לוֹהֵט, יוֹקֵד

agnail, *n.* יַבֶּלֶת, דַּחַס

agnostic, *n.* כּוֹפֵר

ago, *adj.* & *adv.* לִפְנֵי ..., לְפָנִים

agonize, *v.t.* & *i.* סָבַל יִסּוּרִים, הִצְטַעֵר [צער] הִתְעַנָּה [ענה]; הֵצַר [צרר] עִנָּה, לָחַץ

agony, *n.* יִסּוּרִים, גְּסִיסָה

agrarian, *adj.* & *n.* חַקְלָאִי, קַרְקָעִי; חַקְלַאי, אִכָּר

agree, *v.t.* & *i.* הִסְכִּים [סכם]; הִתְאִים [תאם]

agreeable, *adj.* נָעִים, נֶחְמָד, מַתְאִים

agreeably, *adv.* בְּנֹעַם, בְּהַתְאָמָה

agreement, *n.* הֶסְכֵּם; בְּרִית, חוֹזֶה; הַתְאָמָה

agricultural, *adj.* חַקְלָאִי, שֶׁל עֲבוֹדַת הָאֲדָמָה

agriculture, *n.* חַקְלָאוּת, עֲבוֹדַת אֲדָמָה

agriculturist, *n.* חַקְלַאי, עוֹבֵד אֲדָמָה, אִכָּר

agrimony, *n.* אַבְגַּר

aground, *adj.* & *adv.* עַל שִׂרְטוֹן, גּוֹשֵׁשׁ

ague, *n.* קַדַּחַת הָאֲגַמִּים, רְעִידָה, צְמַרְמֹרֶת

ah, *interj.* אֲהָהּ

ahead, *adj.* & *adv.* קָדִימָה, בָּרֹאשׁ, הָלְאָה, לְפָנִים

aid, *n.* עֶזְרָה, סִיּוּעַ, סַעַד; עוֹזֵר, תּוֹמֵךְ

aid, *v.t.* עָזַר, סִיֵּעַ

aide-de-camp, *n.* שָׁלִישׁ (לַנָּשִׂיא), סֶגֶן (לְשַׂר צָבָא)
ail, *v.t.* & *i.* כָּאַב; חָלָה; הָיָה חוֹלָנִי
ailment, *n.* חֳלִי, מֵחוּשׁ, מַכְאוֹב
aim, *n.* מַטָּרָה, תַּכְלִית; שְׁאִיפָה, מִכְוָן
aim, *v.i.* & *t.* כִּוֵּן אֶל, הִתְכַּוֵּן [כון]; שָׁאַף
aimless, *adj.* חֲסַר מַטָּרָה
air, *n.* אֲוִיר, אֲוִירָה, מַרְאֶה; לַחַן,
air, *v.t.* & *i.* אִוְרֵר; הִתְגָּאָה [גאה]
air bladder שַׁלְפּוּחִית (אֲוִיר)
air brake בֶּלֶם, מַעֲצוֹר (אֲוִיר)
air force אֲוִירִיָּה
air gun רוֹבֶה אֲוִיר
airing, *n.* אִוּוּר, אִוְרוּר; טִיּוּל
air mail, *n.* דֹּאַר אֲוִיר
airplane, *n.* אֲוִירוֹן, מָטוֹס
airport, *n.* נְמַל תְּעוּפָה
air raid הַתְקָפָה אֲוִירִית
airtight, *adj.* אָטִים
airy, *adj.* אֲוִירִי, שֶׁל הָאֲוִיר, פָּתוּחַ לָאֲוִיר, מָלֵא אֲוִיר; שִׁטְחִי, קַל דַּעַת
aisle, *n.* שׁוּרָה, שְׂדֵרָה, מַעֲבָר
ajar, *adj.* פָּתוּחַ לְמֶחֱצָה
akin, *adj.* דּוֹמֶה, קָרוֹב
alabaster, *adj.* & *n.* בַּהַטִי; בַּהַט
alacrity, *n.* זְרִיזוּת, מְהִירוּת, עֵרוּת, שִׂמְחָה
alarm, *n.* חֲרָדָה, מוֹרָא, פַּחַד, אֵימָה, בֶּהָלָה; אַזְעָקָה
alarm, *v.t.* הִבְהִיל [בהל], הִפְחִיד [פחד]; הִזְעִיק [זעק]
alarm clock, *n.* שְׁעוֹן מְעוֹרֵר
alas, *interj.* אֲהָהּ, אֲבוֹי
alated, *adj.* מְכֻנָּף
albatross, *n.* קְלָנִית
albeit, *conj.* אָמְנָם, אַף כִּי
albino, *n.* לַוְקָן

album, *n.* תְּמוּנוֹן, אַגְרוֹן, מְאַסֵּף
albumin, -en *n.* חֶלְבּוֹן
albuminous, *adj.* חֶלְבּוֹנִי
alcohol, *n.* כֹּהַל, כֹּהֶל, אַלְכֹּהֶל, יַיִן שָׂרָף, יַי״שׁ
alcoholic, *adj.* כָּהֳלִי
alcoholism, *n.* כַּהֶלֶת, כָּהֳלוּת
alcove, *n.* מִשְׁקָע (בַּקִּיר); קִיטוֹנֶת
alderman, *n.* חֲבֵר הָעִירִיָּה, זָקֵן
ale, *n.* שֵׁכָר
alert, *adj.* עֵר, זָרִיז, זָהִיר
alert, *v.t.* הִזְהִיר [זהר], הִזְעִיק [זעק]
alertness, *n.* עֵרָנוּת, זְרִיזוּת
alfalfa, *n.* אַסְפֶּסֶת
algebra, *n.* חָכְמַת הַשִּׁעוּר
alias, *n.* & *adv.* שֵׁם נוֹסָף; בְּכִנּוּי, הַמְכֻנֶּה
alibi, *n.* אֲמַתְלָה, הִתְנַצְּלוּת
alien, *adj.* & *n.* נָכְרִי, זָר, שׁוֹנֶה
alienate, *v.t.* הִרְחִיק [רחק], הֵסֵב [סבב] לֵב
alienation, *n.* הַרְחָקָה, עִתּוּק, הֲסָבָה; טֵרוּף דַּעַת; שִׁגָּעוֹן
alight, *adj.* בּוֹעֵר, דּוֹלֵק
alignment, *n.* הֶעָרְכוּת, עֲרִיכָה, סִדּוּר בְּשׁוּרָה, תְּוַי
alike, *adj.* & *adv.* דּוֹמֶה, שָׁוֶה, כְּאֶחָד
aliment, *n.* מָזוֹן, אֹכֶל; צָרְכֵי אֹכֶל נֶפֶשׁ
alimony, *n.* פַּרְנָסָה, מְזוֹנוֹת, פִּרְנוּס אִשָּׁה גְּרוּשָׁה
alive, *adj.* & *adv.* חַי, בְּחַיִּים, פָּעִיל
alkali, *n.* אַשְׁלָג
all, *adj.* & *adv.* כֹּל, כָּל, הַכֹּל
allay, *v.t.* הִרְגִּיעַ [רגע], הִשְׁקִיט [שקט], הֵקֵל [קלל]
allege, *v.t.* & *i.* טָעַן
allegiance, *n.* אֱמוּנָה, אֵמוּן, אֱמוּנִים

allegoric, allegorical, *adj.* מְשָׁלִי
allegory, *n.* מָשָׁל, מְשָׁלָה
allergy, *n.* גְּרִיּוּת
alleviate, *v.t.* הֵקֵל [קלל]
alleviation, *n.* הֲקָלָה, הַרְוָחָה
alley, *n.* סִמְטָה, מִשְׁעוֹל
alliance, *n.* הִתְחַבְּרוּת, הִתְאַחֲדוּת, בְּרִית
alligator, *n.* תִּמְסָח
allocate, *v.t.* הִפְרִישׁ [פרש], הִגְבִּיל [גבל] מָקוֹם, חִלֵּק, הִקְצִיב [קצב]
allocation, *n.* חִלּוּק, קְבִיעַת מָקוֹם, הַקְצָבָה, קִצְבָּה
allot, *v.t.* קָצַב, הִפְרִישׁ [פרש] לְ־, חִלֵּק בְּגוֹרָל, הִקְצָה [קצה]
allotment, *n.* חִלּוּק; חֵלֶק
allow, *v.t.* הִרְשָׁה [רשה], נָתַן רְשׁוּת, הִנִּיחַ [נוח]
allowance, *n.* קִצְבָּה; הַרְשָׁאָה, הֲנָחָה
alloy, *v.t.* עִרְבֵּב, מָהַל, זִיֵּף, מִתֵּן, סִגְסֵג
alloy, *n.* תַּעֲרֹבֶת מַתָּכוֹת, מֶסֶג, נֶתֶךְ
all right, *adv.* טוֹב, בְּסֵדֶר
all-round, *adj.* כּוֹלֵל, מַקִּיף
allude, *v.i.* רָמַז, הִתְכַּוֵּן [כון] אֶל
allure, *v.t.* מָשַׁךְ לֵב, פִּתָּה, הִשִּׁיא [נשא]
allurement, *n.* מְשִׁיכָה, מְשִׁיכַת לֵב, פִּתּוּי
allusion, *n.* רֶמֶז, רְמִיזָה
allusive, *adj.* רוֹמֵז, שֶׁל רֶמֶז
ally, *v.t.* & *i.* חִבֵּר, אִחֵד, בָּא [בוא] בִּבְרִית, הִתְחַבֵּר, הִתְאַחֵד
ally, *n.* בֶּן בְּרִית, בַּעַל בְּרִית, תּוֹמֵךְ
almanac, *n.* יוֹדְעָן, לוּחַ שָׁנָה, סֵפֶר שָׁנָה
almighty, *adj.* & *n.* כֹּל יָכֹל, כַּבִּיר
The Almighty שַׁדַּי
almond, *n.* שָׁקֵד, לוּז
almoner, *n.* נָדִיב, נַדְבָן, נוֹתֵן צְדָקָה
almost, *adv.* כִּמְעַט

alms, *n.* נְדָבָה, צְדָקָה, חֲלוּקָה
aloft, *adv.* לְמַעְלָה, בַּמָּרוֹם
alone, *adj.* & *adv.* בּוֹדֵד, יָחִיד, לְבַד
along, *adv.* & *prep.* דֶּרֶךְ־, אֵצֶל־, נֹכַח־; יַחַד עִם־
alongside, *prep.* בְּצַד־, עַל יַד־, אֵצֶל־
aloof, *adj.* & *adv.* מֵרָחוֹק, מֻבְדָּל, מִתְבַּדֵּל, מְפֻרָשׁ, אָדִישׁ
aloud, *adv.* בְּקוֹל, בְּקוֹל רָם
alp, *n.* כֵּף, צוּק, שֵׁן סֶלַע
alphabet, *n.* אָלֶפְבֵּית, א״ב
already, *adv.* כְּבָר, מִכְּבָר, מוּכָן
also, *adv.* גַּם, אַף, מִלְּבַד זֹאת, חוּץ לָזֶה, כְּמוֹ כֵן
altar, *n.* מִזְבֵּחַ, בָּמָה
alter, *v.t.* & *i.* שִׁנָּה, הֵמִיר [מור], תִּקֵּן; הִשְׁתַּנָּה [שנה]
alteration, *n.* שִׁנּוּי, תִּקּוּן
alternate, *v.t.* & *i.*, *n.* בָּא בָּזֶה אַחַר זֶה, בָּא בְּסֵרוּגִים; סִדֵּר בְּסֵרוּגִים; תַּחֲלִיף, מְמַלֵּא מָקוֹם
alternative, *adj.* & *n.* בְּרֵירָה, בְּחִירָה, אֶפְשָׁרוּת
although, *conj.* אַף עַל פִּי, אַף (אִם) כִּי
altitude, *n.* גֹּבַהּ, רוּם
altogether, *adv.* לְגַמְרֵי, בִּכְלָל
altruism, *n.* זוּלָתָנוּת
altruist, *n.* זוּלָתָן, זָלִית
aluminum, *n.* חַמְרָן
alumnus, *n.* מְסַיֵּם, חָנִיךְ
always, *adv.* תָּמִיד, לְעוֹלָם
A.M., a.m. לִפְנֵי הַצָּהֳרַיִם
amalgam, *n.* תִּרְכֹּבֶת כַּסְפִּית, סַגְסֹגֶת
amalgamate, *v.t.* & *i.* עֵרַב, עִרְבֵּב, הִרְכִּיב [רכב], בָּלַל; הִתְבּוֹלֵל [בלל], הִתְמַזֵּג [מזג]

amalgamation, *n.* עֵרוּב, הַרְכָּבָה, בְּלִילָה; צֵרוּף, הִתְאַחֲדוּת
amass, *v.t.* צָבַר, אָסַף
amateur, *n.* חוֹבֵב, חוֹבְבָן, מַתְחִיל
amaze, *v.t.* הִפְלִיא [פלא], הִתְמִיהַּ [תמה]
amazement, *n.* הִשְׁתּוֹמְמוּת, תִּמָּהוֹן, תְּמִיהָה
Amazon, *n.* אֵשֶׁת מִלְחָמָה, גִּבֶּרֶתָּנִית
ambassador, *n.* שַׁגְרִיר, בָּא כֹּחַ
amber, *n.* עִנְבָּר
ambient, *adj.* מַקִּיף, סוֹבֵב
ambiguity, *n.* מַשְׁמָעוּת כְּפוּלָה
ambiguous, *adj.* כְּפוּל מַשְׁמָעוּת, סָתוּם, מְסֻפָּק
ambition, *n.* שְׁאִיפָה, שַׁאַפְתָּנוּת, יָמְרָנוּת
ambitious, *adj.* שְׁאַפְתָּן, יָמְרָן, חָרוּץ, בַּעַל שְׁאִיפוֹת, שׁוֹאֵף
amble, *v.i.* & *n.* טָפַף, הָלַךְ וְטָפַף; טְפִיפָה
ambulance, *n.* בֵּית חוֹלִים נַיָּד, מְכוֹנִית מָגֵן דָּוִד
ambulant, adj. נַיָּד
ambulatory, *adj.* & *n.* שֶׁל הֲלִיכָה, בִּזְמַן הֲלִיכָה; נוֹדֵד, עוֹבֵר; נַיָּד
ambuscade, *n.* מַאֲרָב
ambush, *n.* מַאֲרָב
ambush, *v.t.* & *i.* אָרַב, יָשַׁב בְּמַאֲרָב, צָדָה
ameliorate, *v.t.* & *i.* הִשְׁבִּיחַ [שבח], הֵטִיב [טוב], שִׁפֵּר
amelioration, *n.* הַשְׁבָּחָה, הֲטָבָה, שִׁפּוּר
ameliorator, *n.* מַשְׁבִּיחַ, מֵטִיב
amen, *n.*, *adv.* & *interj.* אָמֵן, בֶּאֱמֶת
amenable, *adj.* נִשְׁמָע, מְצַיֵּת, אַחֲרַאי
amend, *v.t.* תִּקֵּן, שִׁפֵּר, הֵטִיב [טוב], הִשְׁבִּיחַ [שבח]

amendment, *n.* תַּקָּנָה, תִּקּוּן, שִׁנּוּי חֹק, תּוֹסֶפֶת חֹק
amenity, *n.* נוֹחוּת, נְעִימוּת, עֲדִינוּת, אֲדִיבוּת
America, U.S.A., *n.* אֲמֵרִיקָה, אַרְצוֹת הַבְּרִית
Americanization, *n.* אִמְרוּק, הִתְאַמְרְקוּת
Americanize, *v.t.* אִמְרֵק, עָשָׂה לַאֲמֵרִיקָנִי
amethyst, *n.* אַחְלָמָה
amiability, *n.* חֲבִיבוּת, נְעִימוּת, סֵבֶר פָּנִים יָפוֹת
amiable, *adj.* נֶחְמָד, חָבִיב, אָהוּב
amicable, *adj.* יְדִידוּתִי
amidships, *adv.* בְּאֶמְצַע הָאֳנִיָּה
amidst, amid, *prep.* בְּאֶמְצַע־, בְּתוֹךְ־, בְּקֶרֶב־; מִתּוֹךְ־, בֵּין־
amiss, *adj.* & *adv.* בִּלְתִּי רָאוּי, לֹא כְּהֹגֶן
amity, *n.* יְדִידוּת, רֵעוּת
ammonia, *n.* נַשְׁדּוּר
ammoniac, *n.* & *adj.* אֹשֶׁק, מֶלַח נִשְׁדּוּר; נִשְׁדּוּרִי, מְנֻשְׁדָּר
ammunition, *n.* תַּחְמֹשֶׁת
amnesia, *n.* שִׁכָּחוֹן, שִׁכְחָה, נִשָּׁיוֹן
amnesty, *n.* חֲנִינָה, סְלִיחָה כְּלָלִית
amoeba, ameba, *n.* חִלּוּפִית
among, amongst, *prep.* בֵּין־, בְּתוֹךְ־, בְּקֶרֶב־
amorous, *adj.* מִתְאַהֵב
amorphism, *n.* חֹסֶר צוּרָה
amortization, *n.* בְּלַאי, פְּחַת הַשִּׁמּוּשׁ, סִלּוּק חוֹב; שְׁמִיטָה
amount, *n.* סְכוּם, עֵרֶךְ, מְחִיר, מִכְסָה
amount, *v.i.* עָלָה לְ־, הָיָה שָׁוֶה לְ־
amour, *n.* אַהֲבָה, אֲהָבִים, דּוֹדִים
amour-propre, *n.* אָנֹכִיּוּת, אַהֲבָה עַצְמִית

Amphibia, ***n. pl.*** דּוּחַיִּים
amphibian, amphibious, ***adj.*** כָּרָזִי, דּוּחַי, יַמִּי וְיַבַּשְׁתִּי
amphitheater, amphitheatre, ***n.*** זִירָה, חֲצִי גֹּרֶן עֲגֻלָּה, אַמְפִיתֵאַטְרוֹן
ample, ***adj.*** דַּי, מַסְפִּיק; רָחָב; גָּדוֹל
amplification, ***n.*** הַגְבָּרָה, הַגְבָּרַת קוֹל, הֶגְבֵּר
amplifier, ***n.*** מַגְבֵּר
amplify, ***v.t. & i.*** הִגְדִּיל [גדל], הִגְבִּיר [גבר] קוֹל; הִרְחִיב [רחב], הֶאֱרִיךְ [ארך]
amply, ***adv.*** בְּהַרְחָבָה, בְּרֶוַח, לְמַדַּי
amputate, ***v.t.*** קָטַע, גָּדַע, כָּרַת, גָּדַם (אֵבֶר)
amputation, ***n.*** קִטּוּעַ, גִּדּוּעַ, כְּרִיתַת (אֵבֶר)
amulet, ***n.*** קָמֵעַ
amuse, ***v.t.*** בִּדַּח, בִּדֵּר, שִׁעֲשַׁע
amusement, ***n.*** תַּעֲנוּג, שַׁעֲשׁוּעִים, בִּדּוּר
an, ***indef. art. & adj.*** אֶחָד, אַחַת
anal, ***adj.*** שֶׁל פִּי הַטַּבַּעַת
analogical, ***adj.*** הֶקֵּשִׁי, דּוֹמֶה, שֶׁל גְּזֵרָה שָׁוָה
analogous, ***adj.*** מַקְבִּיל, דּוֹמֶה
analogy, ***n.*** הֶקֵּשׁ, גְּזֵרָה שָׁוָה; הַתְאָמָה, הַקְבָּלָה, דִּמּוּי
analysis, ***n.*** נִתּוּחַ, בְּחִינָה
analyze, ***v.t.*** נִתַּח, בָּחַן
analyst, ***n.*** נַתְּחָן, בּוֹדֵק
anarch, ***n.*** רֹאשׁ הַמּוֹרְדִים, רֹאשׁ בִּרְיוֹנִים
anarchic, anarchical, ***adj.*** פָּרוּעַ, חֲסַר סֵדֶר, פּוֹרֵק עֹל
anarchism, ***n.*** תּוֹרַת הַחֹפֶשׁ הָאִישִׁי
anarchy, ***n.*** פְּרִיעַת חֹק, חֹסֶר סֵדֶר, פְּרִיקַת עֹל
Anastatica, ***n.*** כַּפַּת הַיַּרְדֵּן, שׁוֹשַׁנַּת יְרִיחוֹ
anathema, ***n.*** נִדּוּי, חֵרֶם, קְלָלָה
anathematize, ***v.t. & i.*** נִדָּה, קִלֵּל, אָרַר
anatomical, ***adj.*** שֶׁל מִבְנֵה הַגּוּף
anatomist, ***n.*** מְנַתֵּחַ
anatomize, ***v.t.*** נִתַּח
anatomy, ***n.*** תּוֹרַת מִבְנֵה הַגּוּף
ancestor, ***n.*** אָב, אָב קַדְמוֹן, אָב רִאשׁוֹן
ancestors, ***n. pl.*** אָבוֹת
ancestral, ***adj.*** שֶׁל הָאָבוֹת, יִחוּסִי
ancestry, ***n.*** יִחוּס מִשְׁפָּחָה, יְחָסִים, שַׁלְשֶׁלֶת הַיְּחָסִים
anchor, ***n.*** עֹגֶן
anchor, ***v.t. & i.*** עָגַן, חִזֵּק
anchorage, ***n.*** עֲגִינָה, מַעֲגָן, דְּמֵי עֲגִינָה, עִגּוּן; מְקוֹם הִתְבּוֹדְדוּת
anchorite, anchoret, ***n.*** מִתְבּוֹדֵד, פָּרוּשׁ, נָזִיר
anchovy, ***n.*** טְרִית, עַפְיָן
ancient, ***adj.*** יָשָׁן נוֹשָׁן, קָדוּם, עַתִּיק
and, ***conj.*** וְ (וַ, וִ, וָ, וּ), גַּם, אַף
anecdote, ***n.*** מַעֲשִׂיָּה, סִפּוּר קַל, אַגָּדָה, בְּדִיחָה
anemia, anaemia, ***n.*** חֹסֶר דָּם, חִוָּרוֹן
anemone, ***n.*** כַּלָּנִית
anesthesia, anaesthesia, ***n.*** אַלְחוּשׁ
anesthetize, ***v.t.*** אִלְחֵשׁ
anew, ***adv.*** שׁוּב, שֵׁנִית עוֹד פַּעַם, מֵחָדָשׁ
angel, ***n.*** מַלְאָךְ, כְּרוּב, אָדָם נֶחְמָד
angelic, ***adj.*** מַלְאָכִי, כְּרוּבִי
anger, ***n.*** חָרוֹן, רֹגֶז, חֵמָה, זַעַם, כַּעַס
anger, ***v.t.*** הִכְעִיס [כעס], הִרְגִּיז [רגז]
angina, ***n.*** דַּלֶּקֶת הַגָּרוֹן, חַנֶּקֶת

angle, *n.* זָוִית, קֶרֶן, פִּנָּה; חַכָּה, קֶרֶס; נְקוּדַת מַבָּט
angle, *v.t.* & *i.* חִכָּה, צָד דָּגִים, דָּג [דוג] בְּחַכָּה
angler, *n.* דַּיָּג, מוֹשֵׁךְ בְּחַכָּה, חַכְּיָן
anglicism, *n.* סִגְנוֹן אַנְגְּלִי
anglicize, *v.t.* & *i.* אִנְגֵּל, דִּבֵּר כְּאַנְגְּלִי, הִתְנַהֵג [נהג] כְּאַנְגְּלִי; עָשָׂה לְאַנְגְּלִי
angling, *n.* דַּיִג, הַשְׁלָכַת חַכָּה
angrily, *adv.* בְּכַעַס, בְּרֹגֶז, בְּקֶצֶף
angry, *adj.* כּוֹעֵס, זוֹעֵם, קוֹצֵף
anguish, *n.* צַעַר, עֱנוּת, סֵבֶל, יִסּוּרִים
angular, *adj.* קַרְסִי, זָוִיתִי, חַד, כָּפוּף; מְכֹעָר
angularity, *n.* זָוִיתִיּוּת
angulate, *adj.* בְּצוּרַת זָוִית, מְזֻוֶּה
animadversion, *n.* נְזִיפָה, גְּעָרָה, תּוֹכֵחָה
animal, *adj.* חִיּוּנִי, שֶׁל חַי; בְּהֵמִי
animal, *n.* חַיָּה, בְּהֵמָה, נֶפֶשׁ חַיָּה, בַּעַל חַי
animalcule, *n.* חַיְדַּק
Animalia, *n. pl.* עוֹלַם הַחַי
animalism, *n.* בְּהֵמִיּוּת, חוּשִׁיּוּת, חִיּוּנִיּוּת, תַּאַוְתָנוּת
animality, *n.* חַיּוּת, בְּהֵמִיּוּת, עוֹלַם הַחַי
animalization, *n.* הַבְהָמָה, בִּהוּם, הֲפִיכָה לְחַיָּה
animalize, *v.t.* בִּהֵם, הָפַךְ לְחַיָּה
animate, *adj.* חָיֶה, מָהִיר, זָרִיז
animate, *v.t.* חִיָּה, עוֹרֵר [עור], הִלְהִיב [להב], עוֹדֵד [עוד]
animation, *n.* הַחְיָאָה, הַלְהָבָה, עֵרוּת
animosity, *n.* אֵיבָה, שִׂנְאָה
animus, *n.* רוּחַ, נֶפֶשׁ חַיָּה, מַחֲשָׁבָה; כַּעַס, חָרוֹן, שִׂנְאָה
ankle, *n.* קַרְסֹל, אֹפֶס
anklet, *n.* עֶכֶס, אֶצְעָדָה; גַּרְבִּית

annalist, *n.* כּוֹתֵב דִּבְרֵי הַיָּמִים
annals, *n. pl.* לוּחוֹת הַשָּׁנָה, דִּבְרֵי הַיָּמִים
anneal, *v.t.* לִבֵּן בָּאֵשׁ, רִכֵּךְ
annex, *n.* הוֹסָפָה, תּוֹסֶפֶת; אֲגַף לְבַיִת
annex, *v.t.* סִפַּח, חִבֵּר, אִחֵד, הוֹסִיף [יסף]
annexation, *n.* סִפּוּחַ (מְדִינִי), הִסְתַּפְּחוּת, חִבּוּר, צֵרוּף
annihilate, *v.t.* אִבֵּד, הִשְׁמִיד [שמד], הִכְחִיד [כחד], כִּלָּה
annihilation, *n.* אִבּוּד, הַכְחָדָה, הַשְׁמָדָה, כִּלָּיוֹן, כְּלָיָה
anniversary, *n.* יוֹם הוּלֶדֶת, יוֹם הַשָּׁנָה
annotation, *n.* כְּתִיבַת הֶעָרוֹת; הֶעָרָה
announce, *v.t.* הוֹדִיעַ [ידע], הִשְׁמִיעַ [שמע], בִּשֵּׂר, הִכְרִיז [כרז]
announcement, *n.* הוֹדָעָה, הַכְרָזָה
announcer, *n.* קַרְיָן
annoy, *v.t.* הֵצִיק [צוק], הִטְרִיד [טרד], צִעֵר, קִנְטֵר, הִרְגִּיז [רגז]
annoyance, *n.* צַעַר, הַרְגָּזָה, טִרְדָּה, קִנְטוּר
annual, *adj.* & *n.* שְׁנָתִי, חַד שְׁנָתִי; שְׁנָתוֹן
annually, *adv.* שָׁנָה שָׁנָה, מִדֵּי שָׁנָה
annuity, *n.* תַּשְׁלוּם שְׁנָתִי, הַכְנָסָה שְׁנָתִית
annul, *v.t.* בִּטֵּל, הֵפֵר [פור], הִשְׁבִּית [שבת]
annular, *adj.* טַבַּעְתִּי, בְּצוּרַת־טַבַּעַת
annulment, *n.* בִּטּוּל, הֲפָרָה, הַשְׁבָּתָה
annunciation, *n.* הַכְרָזָה, הוֹדָעָה, בְּשׂוֹרָה
anodyne, *n.* מַרְגִּיעַ, מֵקֵל כְּאֵב
anoint, *v.t.* מָשַׁח, סָךְ [סוך]
anomalous, *adj.* בִּלְתִּי רָגִיל, בִּלְתִּי טִבְעִי

anomaly, *n.* זָרוּת, יְצִיאָה מִן הַכְּלָל, נְטִיָּה מִן הַמְּקֻבָּל
anon, *adv.* תֵּיכֶף וּמִיָּד, בְּקָרוֹב
anonymity, *n.* עִלּוּם שֵׁם
anonymous, *adj.* עֲלוּם שֵׁם, אַלְמוֹנִי, סְתָמִי
another, *adj.* & *pron.* אַחֵר, עוֹד אֶחָד
answer, *n.* תְּשׁוּבָה, מַעֲנֶה; פִּתְרוֹן
answer, *v.t.* עָנָה, הֵשִׁיב [שוב], פָּתַר; הָיָה אַחֲרַאי
answerable, *adj.* אַחֲרַאי, בַּר תְּשׁוּבָה
ant, *n.* נְמָלָה
antagonism, *n.* הִתְנַגְּדוּת, הִתְנַגְּשׁוּת, נִגּוּד, שִׂנְאָה
antagonist, *n.* יָרִיב, מִתְנַגֵּד, שׂוֹנֵא, סוֹתֵר
antagonistic, *adj.* מִתְנַגֵּד, שׂוֹנֵא, סוֹתֵר
antagonize, *v.t.* הִתְנַגֵּד [נגד] לְ־, סָתַר
antecede, *v.t.* הָיָה לִפְנֵי, בָּא [בוא] לִפְנֵי, הָלַךְ לִפְנֵי
antecedence, *n.* קְדִימָה, בְּכוֹרָה
antecedent, *adj.* קוֹדֵם
antedate, *v.t.* הִקְדִּים [קדם]
antelope, *n.* תְּאוֹ
antenna, *n.* מָחוֹשׁ (בַּחֲרָקִים); מְשׁוֹשָׁה (רַדְיוֹ)
anterior, *adj.* קוֹדֵם, קִדְמִי, רִאשׁוֹן
anteroom, *n.* מָבוֹא, פְּרוֹזְדוֹר
anthem, *n.* הִמְנוֹן, מִזְמוֹר
anthology, *n.* קֹבֶץ סִפְרוּת נִבְחֶרֶת
anthracite, *n.* פֶּחָם קָשֶׁה
anthropology, *n.* תּוֹרַת הָאָדָם
anthropometry, *n.* מְדִידַת חֶלְקֵי הַגּוּף
anthropomorphic, *adj.* דּוֹמֶה לְאָדָם
anticipate, *v.t.* רָאָה מֵרֹאשׁ, חִכָּה לְ־, הִקְדִּים [קדם], קִדֵּם, יִחֵל
anticipation, *n.* רְאִיָּה מֵרֹאשׁ, צִפִּיָּה, יִחוּל
anticlimax, *n.* פִּסְגַּת נֶגֶד, סִיּוּם תָּפֵל
antidote, *n.* סַם שֶׁכְּנֶגֶד, סַם חַיִּים
antipathy, *n.* מְאִיסָה, שִׂנְאָה
antiquary, *n.* סוֹחֵר בְּעַתִּיקוֹת, חוֹקֵר עַתִּיקוֹת
antique, *n.* עַתִּיק
antiquity, *n.* קַדְמוֹנִיּוֹת, יְמֵי קֶדֶם
anti-Semite, *n.* נֶגֶד שֵׁמִי
anti-Semitism, *n.* נֶגֶד שֵׁמִיּוּת
antiseptic, *adj.* מְחַטֵּא
antithesis, *n.* סְתִירָה, הִפּוּךְ, נִגּוּד
antler, *n.* קֶרֶן הַצְּבִי
anus, *n.* טַבַּעַת, פִּי הַטַּבַּעַת
anvil, *n.* סַדָּן
anxiety, *n.* חֲשָׁשָׁה, דְּאָגָה, חֲרָדָה, פַּחַד; תְּשׁוּקָה
anxious, *adj.* חוֹשֵׁשׁ, דּוֹאֵג, חָרֵד; שׁוֹאֵף, מִשְׁתּוֹקֵק
any, *adj.* & *pron.* אֵיזֶה, אֵיזֶשֶׁהוּ, כָּלְשֶׁהוּ
anybody, *n.* & *pron.* מִישֶׁהוּ, כָּל אִישׁ, אֵיזֶה שֶׁהוּא
anyhow, *adv.* & *conj.* אֵיךְ שֶׁהוּא; בְּכָל אֹפֶן, עַל כָּל פָּנִים
anyone, *n.* & *pron.* מִישֶׁהוּ, אֵיזֶה שֶׁהוּא
anything, *n.* & *pron.* כְּלוּם, אֵיזֶה דָּבָר
anyway, *adv.* אֵיךְ שֶׁהוּא; בְּכָל אֹפֶן
anywhere, *adv.* בְּכָל מָקוֹם שֶׁהוּא
anywise, *adv.* בְּכָל אֹפֶן
aorta, *n.* וָתִין, עוֹרֵק, אַב עוֹרְקִים
apart, *adv.* לְבַד, בִּפְנֵי עַצְמוֹ, הַצִּדָּה
apartment, *n.* דִּירָה, מָעוֹן
apathetic, apathetical, *adj.* אָדִישׁ
apathy, *n.* אֲדִישׁוּת
ape, *v.t.* חִקָּה, עָשָׂה מַעֲשֵׂה קוֹף

ape, ***n.*** קוֹף; חַקַּאי

aperient, ***n.*** מְשַׁלְשֵׁל (בִּרְפוּאָה), מְרַפֶּה (מֵעַיִם)

aperture, ***n.*** פֶּתַח

apex, ***n.*** רֹאשׁ, פִּסְגָּה, שִׂיא; חֹד

aphorism, ***n.*** אִמְרָה, מָשָׁל, פִּתְגָּם

apiary, ***n.*** כַּוֶּרֶת

apiculture, ***n.*** כַּוְּרָנוּת

apiece, ***adv.*** לְכָל אֶחָד, לְכָל אִישׁ

apocalypse, ***n.*** הִתְגַּלּוּת, חֲזוֹן הֶעָתִיד

Apocrypha, ***n. pl.*** כְּתוּבִים אַחֲרוֹנִים, כְּמוּסוֹת, גְּנוּזִים

apocryphal, ***adj.*** חִיצוֹנִי, גָּנוּז

apologetic, apological, ***adj.*** מִצְטַדֵּק

apologize, ***v.t. & i.*** הִצְטַדֵּק [צדק], בִּקֵּשׁ סְלִיחָה

apology, ***n.*** הִצְטַדְּקוּת, בַּקָּשַׁת סְלִיחָה

apoplexy, ***n.*** שָׁבָץ, שִׁתּוּק

apostasy, ***n.*** כְּפִירָה, הֲמָרַת דָּת

apostate, ***n.*** מוּמָר, כּוֹפֵר

apostle, ***n.*** שָׁלִיחַ, מְשֻׁלָּח

apostrophe, ***n.*** גֵּרֵשׁ, תָּג

apothecary, ***n.*** רוֹקֵחַ, רַקָּח

apotheosis, ***n.*** הַעֲרָצָה, הַקְדָּשָׁה, הַאֲלָהָה

appall, ***v.t.*** הִדְהִים [דהם], הִבְהִיל [בהל], הִבְעִית [בעת]

appalling, ***adj.*** מַדְהִים, אָיֹם, נוֹרָא

apparatus, ***n.*** מַכְשִׁיר, מִתְקָן

apparel, ***n.*** מַלְבּוּשׁ, לְבוּשׁ, בֶּגֶד

apparel, ***v.t.*** הִלְבִּישׁ [לבש]

apparent, ***adj.*** מוּבָן, בָּרוּר; נִדְמֶה; נִרְאֶה

apparently, ***adv.*** כְּנִרְאֶה, לִכְאוֹרָה

apparition, ***n.*** הוֹפָעָה, תּוֹפָעָה; רוּחַ, שֵׁד

appeal, ***n.*** עִרְעוּר, קְבִלָּנָה; בַּקָּשָׁה, קְרִיאָה

appeal, ***v.i.*** עִרְעֵר; הִתְחַנֵּן, בִּקֵּשׁ, פָּנָה אֶל

appear, ***v.i.*** הוֹפִיעַ [יפע], יָצָא לָאוֹר, נִרְאָה [ראה], נִדְמָה [דמה]

appearance, ***n.*** מַרְאֶה; צוּרָה; דְּמוּת; הוֹפָעָה

appease, ***v.t.*** הִרְגִּיעַ [רגע], הִשְׁקִיט [שקט], פִּיֵּס

appeasement, ***n.*** הַרְגָּעָה, פִּיּוּס

appellant, ***n.*** מְעַרְעֵר

appellate, ***adj.*** שׁוֹמֵעַ עִרְעוּרִים, דָּן בְּעִרְעוּרִים

appellation, ***n.*** כִּנּוּי; קְרִיאַת שֵׁם

append, ***v.t.*** הוֹסִיף [יסף], סִפַּח, צֵרַף

appendage, ***n.*** הוֹסָפָה, תּוֹסֶפֶת, יוֹתֶרֶת

appendicitis, ***n.*** דַּלֶּקֶת הַתּוֹסֶפְתָּן

appendix, ***n.*** תּוֹסֶפְתָּן, מְעִי עִוֵּר, מְעִי אָטוּם

appertain, ***v.i.*** הָיָה שַׁיָּךְ לְ־

appetite, ***n.*** תֵּאָבוֹן; תַּאֲוָה

appetizer, ***n.*** פַּרְפֶּרֶת

applaud, ***v.t. & i.*** מָחָא כַּף, הִלֵּל,

applause, ***n.*** מְחִיאַת כַּפַּיִם, תְּשׁוּאוֹת חֵן

apple, ***n.*** תַּפּוּחַ

appliance, ***n.*** מַכְשִׁיר, כְּלִי; שִׁמּוּשׁ

applicable, ***adj.*** שִׁמּוּשִׁי; מַתְאִים, הוֹלֵם

applicant, ***n.*** מְבַקֵּשׁ, מְבַקֵּשׁ מִשְׂרָה

application, ***n.*** שִׁמּוּשׁ, פְּנִיָּה, נְתִינָה; שְׁקִידָה; בַּקָּשָׁה; תַּבְקִישׁ; תַּחְבֹּשֶׁת

applicator, ***n.*** מָטוֹשׁ

apply, ***v.t. & i.*** שָׂם [שים], נָתַן; שָׁקַד; בִּקֵּשׁ

appoint, ***v.t. & i.*** יָעַד, קָבַע, מִנָּה, הִפְקִיד [פקד]

appointee, ***n.*** מְמֻנֶּה

appointment, ***n.*** יִעוּד, מִנּוּי, מִשְׂרָה; רֵאָיוֹן; צִיּוּד

apportion, ***v.t.*** חִלֵּק, מִנָּה, קִצֵּב

apportionment, *n.* חִלּוּק, מִנּוּן
appraisal, *n.* הַעֲרָכָה, שׁוּמָה, אֹמֶד, אֻמְדָּן
appraise, *v.t.* אָמַד, הֶעֱרִיךְ [ערך], שָׁם [שום]
appraiser, *n.* אוֹמֵד, מַעֲרִיךְ, שַׁמַּאי
appreciate, *v.t.* הוֹקִיר [יקר], הֶעֱרִיךְ [ערך]
appreciation, *n.* הוֹקָרָה, הַעֲרָכָה
appreciative, *adj.* מוֹקִיר, מַעֲרִיךְ
apprehend, *v.t.* & *i.* תָּפַשׂ, אָסַר; הִרְגִּישׁ [רגש]; דָּאַג; פָּחַד, חָשַׁשׁ
apprehension, *n.* תְּפִיסָה, אֲסִירָה; הַרְגָּשָׁה; חֲשָׁשׁ
apprehensive, *adj.* חוֹשֵׁשׁ, דּוֹאֵג, חָרֵד
apprentice, *n.* שׁוּלְיָה, טִירוֹן, מַתְחִיל, חָנִיךְ
approach, *v.t.* & *i.* הִתְקָרֵב [קרב], נִגַּשׁ
approach, *n.* הִתְקָרְבוּת; גִּישָׁה
approbate, *v.t.* אִשֵּׁר
approbation, *n.* אִשּׁוּר, הַרְשָׁאָה, יִפּוּי כֹּחַ
appropriate, *v.t.* לָקַח לְעַצְמוֹ, קָצַב
appropriate, *adj.* מַתְאִים, הָגוּן, רָאוּי
appropriately, *adv.* כְּהֹגֶן, בְּהַתְאָמָה
appropriation, *n.* קִנְיָן, רְכִישָׁה, הַשָּׂגָה; הַקְצָבָה, הַפְרָשָׁה
approve, *v.t.* אִשֵּׁר, קִיֵּם; הִסְכִּים [סכם]
approval, *n.* אִשּׁוּר; הַסְכָּמָה
approximate, *v.t.* & *i.*, *adj.* הִקְרִיב, הִתְקָרֵב [קרב], הִגִּיעַ [נגע] לְ־; בְּקֵרוּב לְ־, קָרוֹב
approximately, *adv.* בְּעֵרֶךְ, כִּמְעַט, בְּקֵרוּב
approximation, *n.* קֵרוּב, הִתְקָרְבוּת
appurtenant, *adj.* נִסְפָּח, נִלְוֶה, שַׁיָּךְ
apricot, *n.* מִשְׁמֵשׁ

April, *n.* אַפְּרִיל
a priori מֵרֹאשׁ, לְכַתְּחִלָּה
apron, *n.* סִנָּר
apropos, *adv.* דֶּרֶךְ אַגַּב, בְּנוֹגֵעַ לְ־
apt, *adj.* עָלוּל, נוֹטֶה; מַתְאִים, הוֹלֵם; מָהִיר
aptitude, *n.* נְטִיָּה; כִּשְׁרוֹן, מְהִירוּת
aqua, *n.* מַיִם
aquamarine, *n.* תַּרְשִׁישׁ, כְּרוּם (הַיָּם)
aquarelle, *n.* צִיּוּר מַיִם
aquarium, *n.* מִקְוֵה (בְּרֵכָה)
aquatic, *adj.* & *n.* חַי בְּמַיִם
aqueduct, *n.* אַמַּת מַיִם, תְּעָלָה
Arab, *adj.* & *n.* עֲרָבִי; בֶּן מִדְבָּר; נוֹדֵד
arabesque, *adj.* קִשּׁוּט עֲרָבִי
arable, *adj.* יַנִּיב
Aramaic, *n.* & *adj.* אֲרָמִי; אֲרָמִית
arbiter, *n.* שׁוֹפֵט, דַּיָּן, מְתַוֵּךְ
arbitrarily, *adv.* בְּעִוּוּת הַדִּין, בְּזָדוֹן, בִּשְׁרִירוּת לֵב
arbitrary, *adj.* שְׁרִירוּתִי; זְדוֹנִי, עָרִיץ
arbitration, *n.* פְּשָׁרָה, שְׁפִיטָה, תִּוּוּךְ, מִשְׁפַּט בּוֹרְרִים
arbitrator, *n.* מְפַשֵּׁר, מְתַוֵּךְ, בּוֹרֵר
arbor, *n.* אִילָן, עֵץ; סֹרֶג; מְסוּכָה
arboreal, *adj.* שֶׁל עֵצִים, עֵצִי
arboretum, *n.* מַשְׁתֵּלָה
arboriculture, *n.* גִּדּוּל עֵצִים
arc, *n.* קֶשֶׁת
arcade, *n.* אַבּוּל, מַקְמֹרֶת
arch, *n.* קֶשֶׁת, כִּפָּה
archaic, archaical, *adj.* עַתִּיק, קָדוּם, קַדְמוֹן
archbishop, *n.* הֶגְמוֹן, אַרְכִיבִּישׁוֹף
archenemy, *n.* אוֹיֵב בְּנֶפֶשׁ, שָׂטָן
archeology, archaeology, *n.* חֲשְׁפָּנוּת, חֲקִירַת קַדְמוֹנִיּוֹת

archeologist, archaeologist, *n.* חַשְׁפָּן, חוֹקֵר קַדְמוֹנִיּוֹת
archer, *n.* קַשָּׁת
archery, *n.* קַשָּׁתוּת
archipelago, *n.* קְבוּצַת אִיִּים, חֶבֶל אִיִּים
architect, *n.* אַדְרִיכָל, אַרְדִּיכָל
architecture, *n.* אַדְרִיכָלוּת, אַרְדִּיכָלוּת
archives, *n. pl.* אַחְמָת, גַּנְזַךְ
archway, , *n.* אַבּוּל
arctic, *adj.* קָטְבִּי, צְפוֹנִי, אַרְקְטִי
ardent, *adj.* לוֹהֵט, בּוֹעֵר, נִלְהָב, יוֹקֵד
ardently, *adv.* בְּהִתְלַהֲבוּת
arduous, *adj.* קָשֶׁה, שֶׁדּוֹרֵשׁ מַאֲמָץ
area, *n.* שֶׁטַח, מִשְׁטַח
arena, *n.* זִירָה, אִצְטַדְיוֹן
argue, *v.t.* & *i.* הִתְוַכֵּחַ [וכח], טָעַן
argument, *n.* וִכּוּחַ, טַעֲנָה; רְאָיָה, טַעַם, נִמּוּק
argumentation, *n.* פִּלְפּוּל, וִכּוּחַ, מַשָּׂא וּמַתָּן
aria, *n.* לַחַן, נְעִימָה, מַנְגִּינָה
arid, *adj.* יָבֵשׁ, שָׁמֵם, חֲסַר מַיִם, חָרֵב, צְחִיחַ
aridity, *n.* יֹבֶשׁ, חֹרֶב, שְׁמָמָה, חֹסֶר מַיִם, צִיָּה
aright, *adv.* כְּרָאוּי, הֵיטֵב
arise, *v.i.* קָם [קום], עָמַד
aristocracy, *n.* אֲצִילוּת, אֲצוּלָה
aristocrat, *n.* שׁוֹעַ, אָצִיל, אֶפְרָתִי
arithmetic, *n.* חָכְמַת הַחֶשְׁבּוֹן
arithmetic, arithmetical, *adj.* חֶשְׁבּוֹנִי
ark, *n.* תֵּבָה, אָרוֹן
arm, *n.* זְרוֹעַ; אֲגַף; נֶשֶׁק
arm, *v.t.* & *i.* זִיֵּן, חִמֵּשׁ, בִּצֵּר; הִזְדַּיֵּן [זין]
armada, *n.* צִי אַדִּיר
armament, *n.* נֶשֶׁק, כְּלֵי זַיִן, חִמּוּשׁ
armature, *n.* זִיּוּן; מָגֵן; שִׁרְיוֹן; עֹגֶן; מוֹטוֹת בַּרְזֶל לְבִנְיָן
armchair, *n.* מֵסַב, כֻּרְסָה
armistice, *n.* שְׁבִיתַת נֶשֶׁק
armlet *n.* צָמִיד, אֶצְעָדָה; לְשׁוֹן יָם
armor, *n.* שִׁרְיוֹן; נֶשֶׁק; תַּחְמֹשֶׁת
armorer, *n.* נַשָּׁק
armory, *n.* בֵּית הַנֶּשֶׁק
armpit, *n.* בֵּית הַשֶּׁחִי
arms, *n. pl.* נֶשֶׁק
army, *n.* צָבָא, חַיִל
aroma, *n.* בֹּשֶׂם, רֵיחַ נִיחוֹחַ
aromatic, *adj.* רֵיחָנִי, בָּשְׂמִי
around, *adv.* & *prep.* סָבִיב, מִסָּבִיב; קָרוֹב לְ־, בְּעֵרֶךְ
arouse, *v.t.* עוֹרֵר [עור], הֵעִיר [עור], הֵקִיץ [קוץ]
arraign, *v.t.* הִזְמִין [זמן] לְדִין, הֶאֱשִׁים [אשם]
arraignment, *n.* הַעֲמָדָה לְמִשְׁפָּט, הַאֲשָׁמָה
arrange, *v.t.* & *i.* סִדֵּר, עָרַךְ, הֵכִין [כון], תִּקֵּן
arrangement, *n.* סִדּוּר, עֲרִיכָה, הֲכָנָה, תִּקּוּן
array, *n.* מַעֲרָכָה, סֵדֶר; מַלְבּוּשׁ, מַדִּים
array, *v.t.* עָרַךְ, סִדֵּר, הִלְבִּישׁ [לבש]
arrears, *n. pl.* חוֹב, חוֹב יָשָׁן
arrest, *n.* מַאֲסָר, מַעְצוֹר, עֲצִירָה; הַפְסָקָה
arrest, *v.t.* אָסַר, עָצַר; הִפְסִיק [פסק]; הֵסֵב [סבב] לֵב
arrival, *n.* בִּיאָה, הַגָּעָה; הַשָּׂגָה
arrive, *v.i.* בָּא [בוא], הִגִּיעַ [נגע]; הִשִּׂיג [נשג]
arrogance, *n.* חֻצְפָּה, רַהַב; גַּאֲוָה, יְהִירוּת

arrogant, *adj.* גֵּאֶה, יָהִיר; מִתְחַצֵּף
arrogation, *n.* הֶעָזַת פָּנִים
arrow, *n.* חֵץ
arsenal, *n.* בֵּית הַנֶּשֶׁק
arsenic, *n.* זַרְנִיךְ, אַרְסָן
arson, *n.* הֶבְעֵר
art, *n.* אָמָּנוּת, מְלֶאכֶת מַחֲשֶׁבֶת; חֲרִיצוּת; עָרְמָה
arterial, *adj.* עוֹרְקִי, שֶׁל עוֹרְקִים
arteriosclerosis, *n.* הִסְתַּיְּדוּת הָעוֹרְקִים, הִתְעַבּוּת הָעוֹרְקִים
artery, *n.* עוֹרֵק; דֶּרֶךְ
artful, *adj.* עַרְמוּמִי, פִּקֵּחַ, חָרוּץ
artfully, *adv.* בְּעָרְמָה, בַּחֲרִיצוּת, בְּחָכְמָה
arthritis, *n.* דַּלֶּקֶת הַפְּרָקִים, שִׁגָּרוֹן
artichoke, *n.* חַרְשָׁף, קִנְרֵס, קִנָּר
article, *n.* מַאֲמָר; פֶּרֶק, סָעִיף; סְחוֹרָה, חֵפֶץ; תָּוִית (בְּדִקְדּוּק)
articular, *adj.* שֶׁל פֶּרֶק, פִּרְקִי
articulate, *adj.* עָשׂוּי פְּרָקִים; מְפֹרָשׁ, בָּרוּר
articulate, *v.t. & i.* חִבֵּר עַל יְדֵי פְּרָקִים; דִּבֵּר, בִּטֵּא
articulation, *n.* פֶּרֶק, מִפְרוּק, חִבּוּר הַפְּרָקִים; צַחוּת הַדִּבּוּר, עִצּוּר
artifice, *n.* תַּחְבּוּלָה, עָרְמָה
artificial, *adj.* מְלָאכוּתִי, בִּלְתִּי טִבְעִי
artificially, *adv.* בְּדֶרֶךְ מְלָאכוּתִית, שֶׁלֹּא כְּדֶרֶךְ הַטֶּבַע
artillery, *n.* תּוֹתְחָנוּת, חֵיל הַתּוֹתְחָנִים
artilleryman, *n.* תּוֹתְחָן
artisan, *n.* חָרָשׁ, אֻמָּן
artist, *n.* אָמָּן; צַיָּר
artistic, artistical, *adj.* אָמָּנוּתִי
artless, *adj.* תָּם, כֵּן; מְחֻסַּר כִּשָּׁרוֹן
as, *adv. & conj.* כְּמוֹ, כְּ־, כְּגוֹן; מִכֵּיוָן שֶׁ־
as follows כִּדְלְקַמָּן, כִּדְלְהַלָּן
asbestos, *n.* אַמִּיַנְטוֹן
ascend, *v.t.* עָלָה, טִפֵּס, הִתְרוֹמֵם [רום]
ascension, *n.* עֲלִיָּה, הִתְרוֹמְמוּת
ascertain, *v.t.* בֵּרֵר, חָקַר וּמָצָא, נוֹכַח [יכח]
asectic, *n. & adj.* פָּרוּשׁ, סַגְּפָן; נְזִירִי
ascribe, *v.t.* יִחֵס לְ־
aseptic, *adj.* חֲסַר רִקָּבוֹן
ash, *n.* אֵפֶר, רֶמֶץ; מֵילָה (עֵץ)
ash tray, *n.* מַאֲפֵרָה
ashamed, *adj.* נִכְלָם, מְבֻיָּשׁ, נֶעֱלָב
ashes, *n. pl.* אֵפֶר גּוּפַת הַמֵּת
ashore, *adv.* עַל הַחוֹף, אֶל הַחוֹף
Asiatic, *adj.* אַסְיָתִי, שֶׁל אַסְיָה
aside, *adv. & n.* הַצִּדָּה; שִׂיחַ מֻסְגָּר
ask, *v.t. & i.* שָׁאַל, בִּקֵּשׁ, הִזְמִין [זמן], דָּרַשׁ
askance, *adv.* מִן הַצַּד, בַּחֲשָׁד, בַּאֲלַכְסוֹן
askew, *adv.* בַּאֲלַכְסוֹן
aslant, *adv.* בְּשִׁפּוּעַ, בַּאֲלַכְסוֹן
asleep, *adv.* בְּשֵׁנָה, יָשֵׁן, נִרְדָּם
asparagus, *n.* הֶלְיוֹן
aspect, *n.* רְאִיָּה, רְאוּת, (נְקֻדַּת) מַבָּט
aspen, *n.* צַפְצָפָה, לִבְנֶה
asperity, *n.* גַּסּוּת, חֲרִיפוּת
aspersion, *n.* רְכִילוּת, דִּבָּה, הוֹצָאַת שֵׁם רַע, הַזָּיָה
asphalt, *n.* חֵמָר, כֹּפֶר, זֶפֶת
asphalt, *v.t.* זִפֵּת, כָּפַר, מָרַח (כִּסָּה) בְּחֵמָר
asphyxia, *n.* חֶנֶק, מַחֲנָק
asphyxiate, *v.t.* חָנַק, חִנֵּק
aspirant, *adj. & n.* שׁוֹאֵף, מִשְׁתּוֹקֵק; מֻעֲמָד לְמִשְׂרָה
aspirate, *adj.* מֻנְשָׁם, מְדֻגָּשׁ; מַפִּיק; גְּרוֹנִי

aspiration, *n.* נִשּׁוּם; תְּשׁוּקָה, שְׁאִיפָה
aspire, *v.t.* & *i.* הִשְׁתּוֹקֵק [שקק], שָׁאַף
ass, *n.* חֲמוֹר; שׁוֹטֶה, טִפֵּשׁ; עַכּוּז
assail, *v.t.* תָּקַף, הִתְנַפֵּל [נפל] עַל
assailant, *adj.* & *n.* מִתְנַפֵּל
assassin, *n.* רוֹצֵחַ, רַצְחָן, מַכֵּה נֶפֶשׁ, קַטָּל
assassinate, *v.t.* רָצַח, הָרַג, הִכָּה נֶפֶשׁ
assassination, *n.* רֶצַח, רְצִיחָה, קֶטֶל
assault, *n.* הִתְנַפְּלוּת, הַתְקָפָה, אֹנֶס
assault, *v.t.* & *i.* הִתְנַפֵּל [נפל], תָּקַף, אָנַס
assay, *v.t.* & *i.* בָּחַן (מַתָּכוֹת); נִסָּה
assemble, *v.t.* & *i.* אָסַף, קִבֵּץ, הִקְהִיל [קהל]; הִתְאַסֵּף [אסף], הִרְכִּיב [רכב]
assembly, *n.* כֶּנֶס, כִּנּוּס, וְעִידָה; מוֹעָצָה, בֵּית מְחוֹקְקִים; הַרְכָּבָה
assent, *v.i.* & *n.* הִסְכִּים [סכם], אִשֵּׁר; הַסְכָּמָה, אִשּׁוּר
assert, *v.t.* הִגִּיד [נגד] בְּבֵרוּר, טָעַן
assess, *v.t.* הֶעֱרִיךְ [ערך], קָבַע (מַס, עֹנֶשׁ)
assessment, *n.* שׁוּמָה
assessor *n.* שַׁמַּאי
assets, *n. pl.* רְכוּשׁ, נְכָסִים, הוֹן
assiduity, *n.* חֲרִיצוּת, שַׁקְדָנוּת
assiduous, *adj.* חָרוּץ, שַׁקְדָן, מַתְמִיד
assign, *v.t.* יָעַד, מִנָּה, הִפְקִיד [פקד]
assignment, *n.* מִנּוּי, הַפְקָדָה; תַּפְקִיד
assimilate, *v.t.* & *i.* הִתְבּוֹלֵל [בלל], נִטְמַע [טמע]
assimilation *n.* הִתְבּוֹלְלוּת, טְמִיעָה
assist, *v.t.* & *i.* סִיַּע, עָזַר
assistance, *n.* סַעַד, עֶזְרָה, סִיּוּעַ, תְּמִיכָה
assistant, *adj.* & *n.* עוֹזֵר, מְסַיֵּעַ, תּוֹמֵךְ

assizes, *n. pl.* בֵּית (דִּין) מִשְׁפָּט, מֻשְׁבָּעִים
associate, *adj.* & *n.* שֻׁתָּף, חָבֵר, עָמִית
associate, *v.t.* & *i.* חִבֵּר, אִחֵד, שִׁתֵּף; הִתְחַבֵּר, הִתְאַחֵד, הִשְׁתַּתֵּף
association, *n.* אֲגֻדָּה, חֶבְרָה, שִׁתּוּף; חִבּוּר, הִתְחַבְּרוּת
assort, *v.t.* & *i.* מִיֵּן, סִדֵּר, חִלֵּף
assortment, *n.* מִבְחָר
assuage, *v.t.* הִרְגִּיעַ [רגע], הִשְׁקִיט [שקט]
assume, *v.t.* & *i.* קִבֵּל עַל עַצְמוֹ, סָבַר, הִנִּיחַ שֶׁ־
assumption, *n.* הֲנָחָה, סְבָרָה, הַשְׁעָרָה
assurance, *n.* הַבְטָחָה, בִּטּוּחַ
assure, *v.t.* הִבְטִיחַ [בטח], בִּטַּח
aster, *n.* כּוֹכָבִית (פֶּרַח)
asterisk, *n.* & *v.t.* כּוֹכָבוֹן, סִימָן כּוֹכָב; סִמֵּן בְּכוֹכָב
astern, *adv.* מֵאֲחוֹרֵי הָאֳנִיָּה
asteroid, *n.* & *adj.* כּוֹכָבִית, מַזָּל קָטָן; כּוֹכָבִי
asthma, *n.* קַצֶּרֶת
asthmatic, *adj.* חוֹלֶה בְּקַצֶּרֶת, שֶׁל קַצֶּרֶת
astonish, *v.t.* הִפְלִיא [פלא], הִתְמִיהַּ [תמה]
astonishment, *n.* תִּמָּהוֹן, בְּהִיָּה
astound, *v.t.* הִפְתִּיעַ [פתע]
astral, *adj.* מְכֻכָּב, כּוֹכָבִי
astray, *adj.* & *adv.* תּוֹעֶה
astride, *adv.* בְּפִשּׂוּק רַגְלַיִם, רָכוּב
astringent, *adj.* & *n.* מְכַוֵּץ; סַם (מְכַוֵּץ) עוֹצֵר
astrologer, *n.* הוֹבֵר, חוֹזֶה בַּכּוֹכָבִים
astrology, *n.* הֳבִירָה, חָכְמַת הַמַּזָּלוֹת

astronaut, *n.* כּוֹכָבָן (נוֹסֵעַ לַכּוֹכָבִים)
astronomer, *n.* תּוֹכֵן
astronomy, *n.* תְּכוּנָה, תּוֹרַת הַכּוֹכָבִים
astute, *adj.* פִּקֵּחַ, שָׁנוּן, עַרְמוּמִי
asunder, *adv.* לִקְרָעִים, לְבָדָד, לַחֲלָקִים
asylum, *n.* מוֹשָׁב, מַחֲסֶה, מִקְלָט, בֵּית חוֹלֵי רוּחַ
at, *prep.* בְּ־, אֵצֶל, לְ־, עִם, מִ־
  at first בַּתְּחִלָּה
  at last לְבַסּוֹף, סוֹף סוֹף
  at least לְפָחוֹת
  at once מִיָּד
atavism, *n.* תּוֹרָשָׁה, יְרוּשַּׁת אָבוֹת
atheism, *n.* כְּפִירָה, אֶפִּיקוֹרְסוּת, שְׁלִילַת אֱלֹהִים
atheist, *n.* כּוֹפֵר, אֶפִּיקוֹרוֹס
athirst, *adj.* צָמֵא
athlete, *n.* גִּבּוֹר, חָזָק, אַתְלֵט, לוּדָר
athletic, *adj.* רַב כֹּחַ, אַתְלֵטִי
atlas, *n.* מַפּוֹן, קֹבֶץ מַפּוֹת, מַפִּיָּה
atmosphere, *n.* אֲוִירָה, סְבִיבָה, רוּחַ, הַשְׁפָּעָה
atmospheric, *adj.* אֲוִירָתִי, שֶׁל הָאֲוִירָה
atoll, *n.* אִי אַלְמֻגִּים
atom, *n.* פְּרִיד, פְּרָד, אָטוֹם
atomic, *adj.* פְּרִידִי, אֲטוֹמִי
atomizer, *n.* מְאַיֵּד
atone, *v.t.* & *i.* כִּפֵּר; הִתְפַּיֵּס [פיס]
atonement, *n.* כַּפָּרָה, כִּפּוּר; הִתְפַּיְּסוּת
  Day of Atonement יוֹם הַכִּפּוּרִים
atop, *adv.* & *prep.* בְּרֹאשׁ, לְמַעְלָה
atrocious, *adj.* אַכְזָר
atrocity, *n.* אַכְזָרִיּוּת
atrophy, *n.* הִתְנַוְּנוּת, אַלְזָן
attach, *v.t.* & *i.* חִבֵּר, צִמֵּד, הִדְּבִיק, סִפַּח, הִתְחַבֵּר [חבר], הִצְטָרֵף [צרף]; עִקֵּל נְכָסִים
attaché, *n.* נִסְפָּח (לְשַׁגְרִירוּת אוֹ לִפְקִידוּת גְּבוֹהָה)
attachment, *n.* תּוֹסֶפֶת; חִבָּה, אַהֲבָה; עִקּוּל, עִקּוּל נְכָסִים, עִכּוּב רְכוּשׁ
attack, *n.* הִתְנַפְּלוּת, הַתְקָפָה, הֶתְקֵף, תְּקִיפָה
attack, *v.t.* & *i.* הִתְנַפֵּל [נפל] עַל, תָּקַף
attain, *v.t.* & *i.* הִשִּׂיג [נשג], הִגִּיעַ [נגע] לְ־
attainable, *adj.* שֶׁאֶפְשָׁר לְהַשִּׂיג
attainment, *n.* הַשָּׂגָה, הַגָּעָה;
attempt, *n.* הִשְׁתַּדְּלוּת, נִסָּיוֹן; הִתְנַקְּשׁוּת
attempt, *v.t.* הִשְׁתַּדֵּל [שדל], נִסָּה לְ־, הִתְנַקֵּשׁ [נקש] בְּחַיֵּי...
attend, *v.t.* & *i.* בִּקֵּר; שִׁמֵּשׁ, שֵׁרֵת; הִתְעַסֵּק [עסק], הִקְשִׁיב [קשב]
attendance, *n.* בִּקּוּר; שֵׁרוּת; נוֹכְחוּת; כְּבֻדָּה
attendant, *adj.* & *n.* מְשָׁרֵת, מְשַׁמֵּשׁ, מְלַוֶּה
attention, *n.* הַקְשָׁבָה, תְּשׂוּמֶת לֵב
attentive, *adj.* מַקְשִׁיב, שָׂם לֵב
attenuate, *adj.* דַּק, קָלוּשׁ
attenuate, *v.t.* & *i.* הֵדַק [דקק], הֵקֵל [קלל], הִמְעִיט [מעט], הִפְחִית [פחת]
attest, *v.t.* & *i.* אִשֵּׁר, קִיֵּם, הֵעִיד [עוד]
attestation, *n.* אִשּׁוּר, קִיּוּם, הַעֲדָאָה, עֵדוּת
attic, *n.* עֲלִיָּה, עֲלִיַּת גַּג
attire, *n.* מַלְבּוּשׁ, לְבוּשׁ
attire, *v.t.* לָבַשׁ; הִלְבִּישׁ [לבש]
attitude, *n.* יַחַס, נְטִיָּה, עֶמְדָּה, גִּישָׁה, הַשְׁקָפָה
attorney, *n.* עוֹרֵךְ דִּין

attract, *v.t.* מָשַׁךְ, מָשַׁךְ לֵב
attraction, *n.* מְשִׁיכָה, חֵן, קֶסֶם
attractive, *adj.* מוֹשֵׁךְ, מוֹשֵׁךְ אֶת הַלֵּב
attractiveness, *n.* חֵן, נֹעַם, קֶסֶם
attribute, *n.* תְּכוּנָה
attribute, *v.t.* יִחֵס לְ־, תָּלָה בְּ־, חִיֵּב
attribution, *n.* יִחוּס
attune, *v.t.* כִּוֵּן (כְּלִי נְגִינָה), הִתְאִים [תאם]
auburn, *adj.* עַרְמוֹנִי
auction, *n.* מְכִירָה פֻּמְבִּית
auction, *v.t.* מָכַר בְּהַכְרָזָה, מָכַר בְּפֻמְבִּי
auctioneer, *n.* כָּרוֹז, מוֹכֵר בְּהַכְרָזָה, מַכְרִיז
auctioneer, *v.t.* מָכַר בְּפֻמְבִּי
audacious, *adj.* נוֹעָז, חָצוּף
audacity, *n.* עַזּוּת, חֻצְפָּה, עֹז נֶפֶשׁ
audible, *adj.* שָׁמִיעַ, נִשְׁמָע
audience, *n.* קְהַל שׁוֹמְעִים, אֲסֵפָה; הַקְשָׁבָה; רֵאָיוֹן רִשְׁמִי
audiovisual, *adj.* חֲזוּתִי־שְׁמִיעָתִי
audit, *n.* בְּדִיקַת חֶשְׁבּוֹנוֹת
audit, *v.t.* בָּדַק חֶשְׁבּוֹנוֹת
audition, *n.* שְׁמִיעָה, חוּשׁ הַשְּׁמִיעָה
auditor, *n.* שׁוֹמֵעַ, מַאֲזִין; בּוֹדֵק חֶשְׁבּוֹנוֹת, חַשָּׁב
auditorium, *n.* אוּלָם (הַצָּגוֹת, אֲסֵפוֹת), בֵּית עֲצֶרֶת
auditory, *adj.* שֶׁל שְׁמִיעָה, שִׁמְעִי
auger, *n.* מַקְדֵּחַ
aught, *n.* מַשֶּׁהוּ, כְּלוּם, מְאוּמָה, אֶפֶס
augment, *v.t.* & *i.* הִגְדִּיל [גדל], הִרְבָּה [רבה], הוֹסִיף [יסף]
augmentation, *n.* הוֹסָפָה, רִבּוּי; תּוֹסֶפֶת
augmentative, *adj.* מוֹסִיף, מַרְבֶּה
augur, *n.* מְנַחֵשׁ, מְנַבֵּא עֲתִידוֹת
augur, *v.t.* & *i.* נִחֵשׁ
august, *adj.* נִשָּׂא, נִשְׂגָּב, נַעֲלֶה
August, *n.* אַבְגּוּסְט
aunt, *n.* דּוֹדָה
au revoir לְהִתְרָאוֹת
auricle, *n.* תְּנוּךְ, בְּדַל; אֹזֶן הַלֵּב
aurora, *n.* אַיֶּלֶת הַשַּׁחַר, עַמּוּד הַשַּׁחַר
aurora australis הָאַיֶּלֶת הַדְּרוֹמִית
aurora borealis הָאַיֶּלֶת הַצְּפוֹנִית
auscultation, *n.* הַאֲזָנָה
auspices, *n. pl.* חָסוּת, הַשְׁגָּחָה
austere, *adj.* מַחְמִיר, מַקְפִּיד; פָּשׁוּט
austerity, *n.* חֻמְרָה, הַקְפָּדָה; צֶנַע
Australian, *adj.* אוֹסְטְרָלִי
Austrian, *adj.* אוֹסְטְרִי
authentic, authentical, *adj.* אָמִין, אֲמִתִּי, מְקוֹרִי
authenticate, *v.t.* אִמֵּת
authenticity, *n.* אֲמִינוּת, אֲמִתּוּת
author, *n.* מְחַבֵּר, סוֹפֵר
authoritative, *adj.* סַמְכוּתִי, מֻסְמָךְ
authority, *n.* סַמְכוּת; מָרוּת, שִׁלְטוֹן; מֻמְחֶה
authorization, *n.* הַרְשָׁאָה, אִשּׁוּר, יִפּוּי כֹּחַ
authorize, *v.t.* הִרְשָׁה [רשה], נָתַן רְשׁוּת, אִשֵּׁר
autobiographer, *n.* כּוֹתֵב תּוֹלְדוֹת עַצְמוֹ
autobiography, *n.* תּוֹלְדוֹת עַצְמוֹ
autocracy, *n.* מֶמְשֶׁלֶת יָחִיד, שִׁלְטוֹן יָחִיד, עָרִיצוּת
autograph, *n.* חֲתִימַת יָד
autograph, *v.t.* חָתַם בְּעֶצֶם יָדוֹ
automatic, *adj.* מֵנִיעַ עַצְמוֹ, פּוֹעֵל מֵאֵלָיו
automobile, *n.* מְכוֹנִית

autonomous, *adj.* עַצְמָאִי, עוֹמֵד בִּרְשׁוּת עַצְמוֹ

autonomy, *n.* עַצְמָאוּת, שִׁלְטוֹן עַצְמִי

autopsy, *n.* נְתִיחָה, נִתּוּחַ גּוּף מֵת

autumn, *n.* סְתָו, עֵת הָאָסִיף

autumnal, *adj.* סְתָוִי

auxiliary, *adj.* נוֹסָף, עוֹזֵר, מְסַיֵּעַ

auxiliary, *n.* סִיּוּעַ, עֵזֶר

auxiliary verb פֹּעַל עוֹזֵר

avail, *v.t.* & *i.*, *n.* הוֹעִיל [יעל]; תּוֹעֶלֶת

available, *adj.* נִמְצָא, מוֹעִיל

avalanche, *n.* שִׁלְגּוֹן, גֶּלֶשׁ

avarice, *n.* קַמְצָנוּת

avenge, *v.t.* & *i.* נָקַם, הִתְנַקֵּם [נקם] בְּ־

avenger, *n.* נוֹקֵם, מִתְנַקֵּם

avenue, *n.* שְׂדֵרָה; אֶמְצָעִי

average, *n.* בֵּינוֹנִי, מְמֻצָּע; נֵזֶק יַמִּי

average, *v.t.* מִצַּע

averse, *adj.* מְמָאֵן, מְסָרֵב, מוֹאֵס

aversion, *n.* תֵּעוּב, גֹּעַל נֶפֶשׁ, בְּחִילָה, מְאִיסָה

avert, *v.t.* מָנַע, עִכֵּב, הִסִּיחַ [נסח] הַדַּעַת

aviary, *n.* כְּלוּב צִפֳּרִים

aviation, *n.* טַיִס, אֲוִירוֹנוּת, תְּעוּפָה

aviator, *n.* טַיָּס

avid, *adj.* שׁוֹאֵף, חוֹמֵד

avidity, *n.* חַמְדָנוּת, תְּשׁוּקָה, תַּאַוְתָנוּת

avocation, *n.* תַּחְבִּיב, אוּמָנוּת, מְלָאכָה, עֲבוֹדָה

avoid, *v.t.* & *i.* הִתְרַחֵק [רחק] מִן, נִמְנַע [מנע] מִן

avoidable, *adj.* שֶׁאֶפְשָׁר לְהִמָּנַע מִמֶּנּוּ

avoidance, *n.* הִתְרַחֲקוּת, הִמָּנְעוּת

avow, *v.t.* הוֹדָה [ידה], הִתְוַדָּה [ידה]

avowal, *n.* הוֹדָאָה, וִדּוּי, הִתְוַדּוּת

await, *v.t.* & *i.* חִכָּה, צִפָּה, הִמְתִּין [מתן]

awake, *v.t.* & *i.* הֵקִיץ [קוץ], הֵעִיר [עור], עוֹרֵר [עור], הִתְעוֹרֵר, [עור]

awake, *adj.* עֵר, נֵעוֹר

awaken, *v.t.* & *i.* הֵעִיר [עור], הִתְעוֹרֵר [עור]

awakening, *n.* יְקִיצָה, הִתְעוֹרְרוּת

award, *n.* פְּרָס, פְּסָק דִּין

award, *v.t.* & *i.* פָּסַק, זִכָּה בְּ־

aware, *adj.* יוֹדֵעַ, מַכִּיר

away, *adv.* & *interj.* רָחוֹק; הָלְאָה

awe, *n.* יִרְאָה, יִרְאַת כָּבוֹד, פַּחַד, אֵימָה

awe, *v.t.* הִפִּיל [נפל] פַּחַד, הֵטִיל [נטל] אֵימָה

awful, *adj.* אָיֹם, נוֹרָא

awfully, *adv.* בְּיִרְאָה; מְאֹד

awhile, *adv.* לְרֶגַע, זְמַן מָה

awkward, *adj.* חֲסַר מְהִירוּת, כָּבֵד, שְׁלוּמִיאֵלִי, גְּמְלוֹנִי

awkwardness, *n.* חֹסֶר מְהִירוּת, כְּבֵדוּת

awl, *n.* מַרְצֵעַ

awn, *n.* מֶלַע, זְקַן הַשִּׁבֹּלֶת

awning, *n.* גַּגּוֹן, גְּנוֹנָה, גְּנוֹנֶנֶת, סוֹכֵךְ

awry, *adj.* עָקֹם, מְעֻקָּל, מְעֻוָּת

ax, axe, *n.* גַּרְזֶן, קַרְדֹּם, כַּשִּׁיל

axial, *adj.* שֶׁל צִיר, צִירִי

axiom, *n.* אֲמִתָּה, מֻשְׂכָּל רִאשׁוֹן

axis, *n.* צִיר

axle, *n.* צִיר, סֶרֶן

ay, aye, *interj.* אוֹי, אֲבוֹי, אֲהָהּ

aye, ay, *adv.* כֵּן, הֵן, אָמְנָם

aye, ay, *adv.* & *n.* תָּמִיד, לְעוֹלָם

azure, *adj.* & *n.* תְּכֵלֶת הַשָּׁמַיִם, תְּכֵלֶת, תָּכֹל

B, b

B, b, ***n.*** בִּי, הָאוֹת הַשְּׁנִיָּה בָּאָלֶף בֵּית הָאַנְגְּלִי; שֵׁנִי, ב׳
baa, ***n.*** פְּעִיָּה, גְּעִיָּה
baa, ***v.i.*** פָּעָה, פִּעָה, גָּעָה
babble, ***n.*** פִּטְפּוּט, הֶבֶל, לַהַג
babble, ***v.t.* & *i.*** פִּטְפֵּט, גִּמְגֵּם, מִלְמֵל
babbler, ***n.*** פַּטְפְּטָן; כֶּלֶב צַיִד קוֹלָנִי
baboon, ***n.*** בַּבּוּן
baby, babe, ***n.*** תִּינוֹק, תִּינֹקֶת, עוֹלָל,
baby, ***v.t.*** פִּנֵּק, עִדֵּן, עִנֵּג
babyish, ***adj.*** תִּינוֹקִי, יַלְדוּתִי
baby sitter, ***n.*** שְׁמַרְטַף, שׁוֹמֶרֶת טַף
baccalaureate, ***n.*** בּוֹגֵר, בַּגְרוּת
bachelor, ***n.*** רַוָּק; בּוֹגֵר (תֹּאַר מִכְלָלָה)
back, ***adj.*** אֲחוֹרִי, יָשָׁן (חוֹב); חוֹזֵר
back, ***n.*** גַּב; אָחוֹר; טֶפַח (הַיָּד); מִסְעָד (הַכִּסֵּא); מָגֵן (כַּדּוּרֶגֶל)
back, ***adv.*** לְאָחוֹר, אֲחוֹרַנִּית; בַּחֲזָרָה
back, ***v.t.* & *i.*** הֵגֵן [גנן]; סִיֵּעַ; תָּמַךְ, סָג, נָסוֹג
backache, ***n.*** מֵחוֹשׁ גַּב
backbone, ***n.*** שִׁדְרָה; יְסוֹד
backer, ***n.*** תּוֹמֵךְ
backfall, ***n.*** נְסִיגַת אָחוֹר
background, ***n.*** יְסוֹד, רֶקַע, תַּדְרִיךְ
backing, ***n.*** תְּמִיכָה, עֵזֶר, סִיּוּעַ
backside, ***n.*** צַד אָחוֹר, יַשְׁבָן
backslide, ***v.i.*** נָסוֹג [סוג] אָחוֹר, הִתְקַלְקֵל [קלקל]
backward, ***adj.*** הָפוּךְ; נֶחְשָׁל, מְפַגֵּר
backward, backwards, ***adv.*** אֲחוֹרַנִּית, לְאָחוֹר
backwardness, ***n.*** פִּגָּרוֹן, נֶחְשָׁלוּת
bacon, ***n.*** קָתֶל חֲזִיר
bacteria, ***n. pl.*** חַיְדַּקִּים
bad, ***adj.*** רַע, גָּרוּעַ, מְקֻלְקָל
bad, ***n.*** רָעָה
badge, ***n.*** סֵמֶל, תָּג, טוֹטֶפֶת
badger, ***n.*** תַּחַשׁ, גִּירִית
badger, ***v.t.*** הִקְנִיט [קנט], הִרְגִּיז [רגז]
badly, ***adv.*** שֶׁלֹּא כְּהֹגֶן, שֶׁלֹּא כָּרָאוּי
badness, ***n.*** רָעָה, רֹעַ
baffle, ***v.t.* & *n.*** הֵבִיךְ [בוך]; מְבוּכָה
bag, ***n.*** שַׂקִּיק, שַׂק, אַרְנָק, תִּיק, תַּרְמִיל, חָרִיט, חֲפִיסָה
bag, ***v.t.* & *i.*** שָׂם [שום] בְּשַׂקִּיק; צָד [צוד]
bagel, ***n.*** כַּעַךְ
baggage, ***n.*** מִטְעָן, מַשָּׂא; מִזְוָדוֹת, חֲפָצִים; נַפְקָנִית, יַצְאָנִית
baggy, ***adj.*** נָפוּחַ, רָחָב
bagpipe, ***n.*** חֵמֶת חֲלִילִים
bail, ***n.*** עֲרָבוֹן, מַשְׁכּוֹן; דְּלִי סַפָּנִים
bail, ***v.t.* & *i.*** עָרַב, נֶעֱרַב [ערב]
bailiff, ***n.*** שׁוֹמֵר, סוֹכֵן
bait, ***n.*** פִּתָּיוֹן (לְדָגִים); מִסְפּוֹא (לְסוּסִים, לִבְהֵמוֹת); חֲנָיָה
bait, ***v.t.* & *i.*** פִּתָּה, שָׂם פִּתָּיוֹן; נָתַן מִסְפּוֹא (לְסוּסִים, לִבְהֵמוֹת), חָנָה
bake, ***v.t.* & *i.*** אָפָה, שָׂרַף (לְבֵנִים)
baker, ***n.*** אוֹפֶה, נַחְתּוֹם
bakery, ***n.*** מַאֲפִיָּה
balance, ***n.*** שִׁוּוּי מִשְׁקָל; מַאֲזָן; מֹאזְנַיִם; יִתְרָה, עֹדֶף
balance, ***v.t.* & *i.*** הָיָה בְּשִׁוּוּי מִשְׁקָל הִתְאַזֵּן [אזן], אִזֵּן, שָׁקַל, קִזֵּז, עִיֵּן
balance sheet מַאֲזָן
balance wheel גַּלְגַּל וִסּוּת
balcony, ***n.*** יָצִיעַ, גְּזֻרָה, גְּזֻזְטְרָה, דָּקָה
bald, ***adj.*** קֵרֵחַ, גִּבֵּחַ
baldness, ***n.*** קָרַחַת

bale, *n.* חֲבִילָה, צְרוֹר; צָרָה
bale, *v.t.* צָרַר, אָרַז, כָּרַךְ
baleful, *adj.* מַזִּיק; מָרוּד
balk, *n.* מִכְשׁוֹל, מָרִישׁ, קוֹרָה
balk, *v.t.* & *i.* עָמַד מִלֶּכֶת, נָטָה הַצִּדָּה
ball, *n.* כַּדּוּר; פְּקַעַת (שֶׁל צֶמֶר); דּוּלְלָה (שֶׁל חוּטִים); גַּלְגַּל (הָעַיִן); מָחוֹל (נֶשֶׁף רִקּוּדִים)
ballad, *n.* שִׁיר עֲמָמִי
ballast, *n.* זְבוּרִית, נֵטֶל, חָצָץ; יַצִּיבוּת
ballast, *v.t.* רִצֵּף; טָעַן; יִצֵּב
ballerina, *n.* רַקְדָנִית, מְחוֹלֶלֶת
ballet, *n.* מָחוֹל (אָמָּנוּתִי)
balloon, *n.* שַׁלְפּוּחִית; כַּדּוּר פּוֹרֵחַ
balloonist, *n.* מַפְרִיחַ כַּדּוּרִים
ballot, *n.* גּוֹרָל, פַּיִס; בְּחִירוֹת
ballot, *v.i.* בָּחַר בְּגוֹרָל; הִצְבִּיעַ [צבע] בְּעַד
balm, *n.* בֹּשֶׂם; צֳרִי
balmy, *adj.* רֵיחָנִי
balsam, *n.* נָטָף
baluster, *n.* מִסְעָד, מִשְׁעָן; בַּד שְׂבָכָה
balustrade, *n.* מַעֲקָה
bamboo, *n.* חִזְרָן, בַּמְבּוּק
bamboozle, *v.t.* & *i.* הוֹנָה [ינה], תִּעְתַּע, רִמָּה
ban, *n.* חֵרֶם, אִסּוּר
ban, *v.t.* הֶחֱרִים [חרם], אָסַר
banal, *adj.* רָגִיל, יוֹם יוֹמִי, הֲמוֹנִי
banality, *n.* יוֹם יוֹמִיּוּת, הֲמוֹנִיּוּת; תִּפְלָה
banana, *n.* מוֹז, בַּנָּנָה
band, *n.* אֶגֶד; חֶבֶל, רְצוּעָה; קֶשֶׁר; חֶבֶר; כְּנֻפְיָה; תִּזְמֹרֶת; לַהֲקָה
band, *v.t.* & *i.* אִחֵד, קָשַׁר; הִתְחַבֵּר [חבר], עִמֵּר
bandage, *n.* תַּחְבֹּשֶׁת, אֶגֶד
bandage, *v.t.* אָגַד, שָׂם תַּחְבֹּשֶׁת עַל; לָפַף, לִפֵּף
bandit, *n.* שׁוֹדֵד, גַּזְלָן
bandoleer, bandolier, *n.* פֻּנְדָּה, חֲגוֹרַת כַּדּוּרִים
bane, *n.* הֶרֶס; רַעַל, אֶרֶס; מַגֵּפָה
baneful, *adj.* הַרְסָנִי; אַרְסִי; מֵמִית
bang, *n.* מַהֲלֻמָּה, דְּפִיקָה, רַעַשׁ
bang, *v.t.* & *i.* הָלַם, דָּפַק, רָעַשׁ, הִכָּה בְּכֹחַ, חָבַט
bangle, *n.* אֶצְעָדָה, עֶכֶס
banish, *v.t.* גֵּרֵשׁ, הִגְלָה [גלה]
banishment, *n.* גֵּרוּשׁ, גָּלוּת
banister, *n.* מִסְעָד, מִשְׁעָן; בַּד שְׂבָכָה
bank, *n.* שָׂפָה, גָּדָה (נָהָר); בַּנְק
bank, *v.t.* & *i.* סָכַר (מַיִם); הִפְקִיד [פקד] כֶּסֶף בְּבַנְק
bank bill, bank note, *n.* כֶּסֶף נְיָר, שְׁטַר בַּנְק
bankbook, *n.* פִּנְקַס הַבַּנְק
banker, *n.* בַּנְקַאי, בַּעַל בַּנְק, שֻׁלְחָנִי
banking, *n.* בַּנְקָאוּת, שֻׁלְחָנוּת
bankrupt, *n.* פּוֹשֵׁט רֶגֶל, שׁוֹמֵט
bankruptcy, *n.* פְּשִׁיטַת רֶגֶל, שֶׁבֶר, שְׁמִטָּה
banner, *n.* דֶּגֶל, נֵס
banns, bans, *n. pl.* הַכְרָזַת נִשּׂוּאִים, ־ן
banquet, *n.* כֵּרָה, סְעֻדָּה, מִשְׁתֶּה
banquet, *v.t.* & *i.* עָשָׂה מִשְׁתֶּה, כָּרָה
banter, *n.* צְחוֹק, לָצוֹן, לֵצָנוּת
banter, *v.t.* צָחַק, שָׂחַק, לִגְלֵג, הִתְלוֹצֵץ [ליץ]
bantling, *n.* תִּינוֹק, עוֹלָל
baptism, *n.* טְבִילָה
baptist, *n.* מַטְבִּיל
baptize, *v.t.* טִבֵּל, הִטְבִּיל, נִצֵּר
bar, *n.* מוֹט, בְּרִיחַ (דֶּלֶת); יָתֵד (נְגִינָה); מִסְבָּאָה, מִמְזָנָה; בֵּית דִּין

bar, *v.t.* חָסַם, נָעַל, סָגַר
barb, *n.* קֶרֶס, עֹקֶץ, קוֹץ מַלְעָן, זִיף, זָקָן
barbarian, *n.* פֶּרֶא אָדָם, אַכְזָר
barbaric, *adj.* בִּלְתִּי מְנֻמָּס, אַכְזָרִי
barbarism, *n.* פְּרָאוּת, אַכְזָרִיּוּת
barbarity, *n.* גַּסּוּת, בּוּרוּת
barbarous, *adj.* פְּרָאִי
barbecue, *n.* צְלִי (עַל גֶּחָלִים)
barbecue, *v.t.* צָלָה
barbed, *adj.* בַּעַל קֶרֶס, דּוֹקְרָנִי
barbed wire תַּיִל דּוֹקְרָנִי
barber, *n.* סַפָּר, גַּלָּב
barber, *v.t.* גִּלַּח
barbershop, *n.* מִסְפָּרָה
bard, *n.* פַּיְטָן, מְשׁוֹרֵר, מְזַמֵּר
bare, *adj.* עָרֹם, גָּלוּי, חָשׂוּף; רֵיק; יָחִיד
bare, *v.t.* עֵרָה, גִּלָּה, חָשַׂף
barefoot, barefooted, *adj.* & *adv.* יָחֵף
bareheaded, barehead, *adj.* & *adv.* גְּלוּי רֹאשׁ
bargain, *n.* מְצִיאָה, קְנִיָּה בְּזוֹל
bargain, *v.t.* & *i.* עָמַד עַל הַמְּחִיר, תִּגֵּר, הִתְמַקֵּחַ [מקח]
barge, *n.* פּוֹרֶקֶת, אַרְבָּה
bark, *n.* קְלִפַּת הָעֵץ; נְבִיחָה; מִפְרָשִׂיָּה
bark, *v.t.* & *i.* נָבַח; קִלֵּף (עֵצִים)
barley, *n.* שְׂעוֹרָה
Bar Mitzvah בַּר מִצְוָה
barn, *n.* רֶפֶת; אָסָם, מַמְגּוּרָה
barometer, *n.* מַדְכֹּבֶד, מַדְאֲוִיר, מַדְלַחַץ
baron, *n.* בָּרוֹן, רוֹזֵן
barrack, *n.* צְרִיף
barrage, *n.* סֶכֶר; מַטָּח; מֶנַע; רִכּוּז יְרִיָּה
barrel, *n.* חָבִית; קָנֶה (שֶׁל רוֹבֶה) תֹּף (הָאֹזֶן)
barrel, *v.t.* שָׂם [שים] בְּחָבִית
barren, *adj.* עָקָר, סָרָק (בְּלִי פֵּרוֹת), צָחִיחַ, שָׁמֵם
barrenness, *n.* עֲקָרוּת, סְרָק, צְחִיחָה
barrette, *n.* מַכְבֵּנָה, מַסְרֵק קָטָן לַשְּׂעָרוֹת
barricade, *n.* מִתְרָס, מַעְצוֹר, סוֹלְלָה
barricade, *v.t.* חָסַם, הִתְרִיס [תרס]
barrier, *n.* מְחִצָּה, מַעְצוֹר
barrister, *n.* עוֹרֵךְ דִּין
barrow, *n.* חֲדוֹפַן, מְרִיצָה
bartender, *n.* מוֹזֵג
barter, *n.* חִלּוּף, חֲלִיפִין, הֲמָרָה, מִיר
barter, *v.t.* & *i.* עָשָׂה חֲלִיפִין, הֵמִיר, מִיֵּר
basalt, *n.* בַּזֶּלֶת
base, *adj.* נִבְזֶה, מָשְׁחָת, נִקְלֶה, שָׁפָל
base, *n.* בָּסִיס, יְסוֹד; עִקָּר; תּוֹשֶׁבֶת
base, *v.t.* יִסַּד, בִּסֵּס
baseball, *n.* כַּדּוּר בָּסִיס
baseless, *adj.* מְחֻסַּר יְסוֹד, לְלֹא יְסוֹד
basement, *n.* מַרְתֵּף
baseness, *n.* שִׁפְלוּת
bashful, *adj.* בַּיְשָׁן, מִתְבַּיֵּשׁ
bashfulness, *n.* בַּיְשָׁנוּת, צְנִיעוּת
basic, *adj.* בְּסִיסִי, יְסוֹדִי
basin, *n.* אַגָּן, כִּיּוֹר, מִשְׁכָּלָה
basis, *n.* בָּסִיס, יְסוֹד, עִקָּר
bask, *v.i.* הִתְחַמֵּם בַּשֶּׁמֶשׁ
basket, *n.* סַל, טֶנֶא
bas-relief, *n.* תַּבְלִיט
bass, *n.* נִמְרִית (דָּג); נְמוּךְ הַקּוֹל
bassinet, *n.* עֲרִיסָה; אַמְבָּט תִּינוֹקוֹת
basso, *n.* בַּטְנָן
bast, *n.* לֶכֶשׁ, חֶבֶל לֶכֶשׁ
bastard, *n.* מַמְזֵר
bastardy, *n.* מַמְזֵרוּת

baste, *v.t.* הִכְלִיב [כלב]; מָרַח שׁוּמָן עַל צְלִי בָּשָׂר

bastion, *n.* תַּבְנוּן

bat, *n.* עֲטַלֵּף; אַלָּה (לְמִשְׂחָקִים)

bat, *v.t.* & *i.* הִכָּה [נכה] בְּאַלָּה

batch, *n.* אַצְוָה, קְבוּצָה, צְרוֹר

bath, *n.* אַמְבָּט, טְבִילָה

bathe, *v.t.* & *i.* אִמְבֵּט, הִתְאַמְבֵּט [אמבט]

bather, *n.* מִתְרַחֵץ, טוֹבֵל

bathtub, *n.* אַמְבָּט

baton, *n.* שַׁרְבִיט (הַמְנַצֵּחַ בְּתִזְמֹרֶת)

battalion, *n.* גְּדוּד

batter, *v.t.* & *i.*, *n.* נִפֵּץ, נָתַץ, פָּרַץ; בָּחַשׁ (עִיסָה); תַּבְחֶשֶׁת

battering-ram, *n.* אֵיל בַּרְזֶל

battery, *n.* סוֹלְלָה, סוֹלְלַת חַשְׁמַל, מַצְבֵּר; גֻּנְדָּה; מַעֲרֶכֶת; סִדְרָה

battle, *n.* קְרָב, מִלְחָמָה

battle, *v.i.* נִלְחַם, לָחַם, נֶאֱבַק [אבק], הִתְגּוֹשֵׁשׁ [גשש]

battlefield, *n.* שְׂדֵה־מִלְחָמָה, שְׂדֵה־קְרָב

battleship, *n.* אֳנִיַּת־קְרָב

bawdy, *adj.* שֶׁל זְנוּנִים

bawl, *n.* צְרִיחָה

bay, *n.* מִפְרָץ; נְבִיחָה (כֶּלֶב); עַר (דַּפְנָה)

bay, *adj.* & *n.* חוּם אֲדַמְדַּם, סוּס אֲדַמְדַּם

bay, *v.t.* & *i.* נָבַח

bayonet, *n.* כִּידוֹן

bayonet, *v.t.* דָּקַר בְּכִידוֹן

bazaar, bazar, *n.* שׁוּק, יְרִיד

be, *v.i.* הָיָה, חָל, הִתְקַיֵּם [קים]

beach, *n.*, *v.t.* & *i.* חוֹף, שָׂפָה (נָהָר, אֲגַם וְכוּ׳); חוֹלָה; הֶעֱלָה [עלה] (חָתַר) לַחוֹף

beacon, *n.* מִגְדַּלּוֹר; אַזְהָרָה

bead, *n.* חָרוּז, חֻלְיָה; אֶגֶל, בּוּעוֹת; קֶצֶף

beading, *n.* חֲרִיזָה, מַחֲרֹזֶת; הִתְקַצְּפוּת

beadle, *n.* שַׁמָּשׁ

beagle, *n.* כֶּלֶב צַיִד

beak, *n.* מַקּוֹר, חַרְטוֹם

beaker, *n.* גָּבִיעַ, כּוֹס

beam, *n.* מָרִישׁ, קוֹרָה; קֶרֶן אוֹר; יָצוּל (בַּמַּחֲרֵשָׁה)

beam, *v.t.* & *i.* זָרַח, קָרַן, נָצַץ

beaming, *adj.* קוֹרֵן, מַבְרִיק, שָׂמֵחַ

bean, *n.* פּוֹל; שְׁעוּעִית

bear, *n.* דֹּב

bear, *v.t.* & *i.* נָשָׂא; סָבַל; יָלַד; הֵעִיד; נָתַן פְּרִי; לָחַץ

bearable, *adj.* שֶׁאֶפְשָׁר לְסָבְלוֹ

beard, *n.* זָקָן; מַלְעָן (בִּצְמָחִים)

bearded, *adj.* בַּעַל זָקָן

beardless, *adj.* מְחֻסַּר זָקָן

bearer, *n.* סַבָּל, נוֹשֵׂא, נוֹשֵׂא מִטָּה (שֶׁל מֵת); מוֹכַ״ז

bearing, *n.* כִּוּוּן; לֵידָה; הִתְנַהֲגוּת; מֵסַב (בִּמְכוֹנוֹת)

beast, *n.* חַיָּה; פֶּרֶא

beastly, *adj.* חַיָּתִי, אַכְזָרִי

beat, *n.* מַכָּה, דְּפִיקָה, פְּעִימָה (לֵב), פְּעָמָה (נְגִינָה); אֵזוֹר

beat, *v.t.* & *i.* הִכָּה, הִלְקָה [לקה]; דָּפַק; נִצַּח; פָּעַם (לֵב); טָרַף (בֵּיצָה)

beaten, *adj.* מֻכֶּה, מְנֻצָּח; מְרֻדָּד, טָרוּף

beater, *n.* מַכֶּה; מַחְבֵּט; מַטְרֵף

beatitude, *n.* בְּרָכָה, נֹעַם

beau, *n.* גַּנְדְּרָן, אוֹהֵב (אִשָּׁה)

beauteous, *adj.* יְפֵהפֶה, נָאוֶה

beautiful, *adj.* יָפֶה, נָאוֶה

beautify, *v.t.* & *i.* קִשֵּׁט, יִפָּה, פֵּאֵר; הִתְיַפָּה [יפה]

beauty, *n.* יֹפִי, פְּאֵר, חֶמְדָּה, חֵן

beaver, *n.* בּוֹנֶה, בֵּבָר

becalm, *v.t.* הִרְגִּיעַ [רגע], הִשְׁקִיט [שקט]; הִדְמִים [דמם] (מִפְרָשִׂיָּה)

because, *adv. & conj.* כִּי, מִפְּנֵי שֶׁ־, מִכֵּיוָן שֶׁ־

beck, *n.* רְמִיזָה, רֶמֶז, נִעֲנוּעַ (יָד, רֹאשׁ); נַחַל

beckon, *v.t. & i.* רָמַז לְ־, נִעְנַע (בְּיָד, בְּרֹאשׁ), אוֹתֵת

becloud, *v.t. & i.* עִנֵּן, הֵעִיב [עוב], הֶאֱפִיל [אפל]

become, *v.t. & i.* הָיָה לְ־, נַעֲשָׂה [עשה]; הָיָה נָאֶה

becoming, *adj.* יָאֶה, מַתְאִים, הוֹלֵם, רָאוּי

bed, *n.* מִטָּה, מִשְׁכָּב; עֲרוּגָה; אָפִיק

bed, *v.t. & i.* הִשְׁכִּיב [שכב], שָׁכַב (עִם), שָׁתַל (בַּעֲרוּגָה), עָרַג

bedaub, *v.t.* לִכְלֵךְ, טִשְׁטֵשׁ

bedbug, *n.* פִּשְׁפֵּשׁ

bedding, *n.* צָרְכֵי הַמִּטָּה; רֶבֶד

bedeck, *v.t.* עָדָה, קִשֵּׁט, פֵּאֵר

bedevil, *v.t.* הִתְעוֹלֵל [עלל]

bedlam, *n.* בֵּית מְשֻׁגָּעִים; מְבוּכָה, שָׁאוֹן, רַעַשׁ

bedpan, *n.* עֲבִיט מִטָּה

bedrid, bedridden, *adj.* חוֹלֶה, שׁוֹמֵר מִטָּתוֹ

bedroom, *n.* חֲדַר מִטּוֹת, חֲדַר שֵׁנָה

bedspread, *n.* צָפִית

bee, *n.* דְּבוֹרָה

beech, *n.* אָשׁוּר

beechen, *adj.* אֲשׁוּרִי, שֶׁמֵּעֵץ הָאָשׁוּר

beechnut, *n.* בַּלּוּט אֲשׁוּרִים

beef, *n.* בְּשַׂר בָּקָר

beefsteak, *n.* אֻמְצָה

beehive, *n.* כַּוֶּרֶת

beer, *n.* בִּירָה, שֵׁכָר

beeswax, *n.* דּוֹנַג

beet, *n.* (often beetroot) לֶפֶת, סֶלֶק

beetle, *n.* חִפּוּשִׁית; מַכּוֹשׁ; פַּטִּישׁ

beetle, *v.i.* בָּלַט, הָיָה סָרוּחַ

befall, *v.t.* קָרָה, אֵרַע, הִתְרַחֵשׁ [רחש]

befit, *v.t. & i.* יָאָה, הָיָה נָאֶה

befitting, *adj.* יָאֶה, הוֹלֵם, מַתְאִים

befog, *v.t.* עִרְבֵּל, כִּסָּה בַּעֲרָפֶל, הֵעִיב [עוב]; בִּלְבֵּל

before, *adv.* תְּחִלָּה, רִאשׁוֹנָה, בָּרִאשׁוֹנָה

before, *prep. & conj.* לִפְנֵי, טֶרֶם, קֹדֶם; לִפְנֵי שֶׁ־, קֹדֶם שֶׁ־

beforehand, *adv.* מֵרֹאשׁ, לְמַפְרֵעַ

befoul, *v.t.* לִכְלֵךְ, טִנֵּף, זִהֵם

befriend, *v.t.* הָיָה רֵעַ, הָיָה יְדִיד, הִתְיַדֵּד [ידד]

beg, *v.t. & i.* בִּקֵּשׁ, פָּשַׁט יָד, חָזַר עַל הַפְּתָחִים; הִפְצִיר [פצר], הִתְחַנֵּן [חנן]

beget, *v.t.* הוֹלִיד [ילד]

beggar, *n.* מְבַקֵּשׁ, קַבְּצָן, פּוֹשֵׁט יָד

beggar, *v.t.* רוֹשֵׁשׁ [ריש]

beggary, *n.* עֲנִיּוּת, קַבְּצָנוּת

begin, *v.t. & i.* הִתְחִיל [תחל]

beginner, *n.* מַתְחִיל

beginning, *n.* הַתְחָלָה, רֵאשִׁית

begrime, *v.t.* לִכְלֵךְ, טִנֵּף, זִהֵם

begrudge, *v.t.* קִנֵּא בְּ־, הָיָה צַר עַיִן

beguile, *v.t.* הוֹנָה [ינה], רִמָּה; לִבֵּב, שִׁעֲשַׁע

behalf, *n.* תּוֹעֶלֶת

on behalf בְּעַד, בְּשֵׁם

behave, *v.t. & i.* הִתְנַהֵג [נהג]

behavior, *n.* נִמּוּס, דֶּרֶךְ אֶרֶץ, הִתְנַהֲגוּת

behead, *v.t.* הֵסִיר [סור] רֹאשׁ, כָּרַת רֹאשׁ, הִתִּיז [נתז] רֹאשׁ, עָרַף

behest, *n.* צַו, פְּקֻדָּה
behind, *adv.* אַחַר־, אַחֲרֵי־, מֵאַחֲרֵי־
behind, *prep.* אָחוֹר, לְאָחוֹר, מֵאָחוֹר
behindhand, *adj.* & *adv.* מְאֻחָר, מְפַגֵּר
behold, *v.t.* & *i.* רָאָה, הִתְבּוֹנֵן [בין] בְּ־, שָׁר [שור]
behold, *interj.* רְאֵה!, הַבֵּט!
beholder, *n.* חוֹזֶה, מִתְבּוֹנֵן, מִסְתַּכֵּל
behoof, *n.* שָׂכָר, רֶוַח, תּוֹעֶלֶת, טוֹבָה
being, *n.* הֱיוֹת, מְצִיאוּת, יֵשׁוּת, יְקוּם
belabor, *v.t.* הִלְקָה [לקה]; הִשְׁקִיעַ [שקע] עֲבוֹדָה
belate, *v.t.* אִחֵר, עִכֵּב
belated, *adj.* מְאַחֵר
belay, *v.t.* חִזֵּק, כָּרַךְ (בָּאֳנִיָּה)
belch, *n.* גִּהוּק
belch, *v.t.* & *i.* גִּהֵק
beleaguer, *v.t.* צָר [צור], שָׂם [שים] מָצוֹר עַל, הִקִּיף [נקף]
belfry, *n.* מִגְדַּל פַּעֲמוֹנִים
Belgium, *n.* בֶּלְגִּיָּה
belie, *v.t.* כִּזֵּב, הִכְזִיב [כזב]
belief, *n.* אֵמוּן, אֱמוּנָה; דָּת
believable, *adj.* נֶאֱמָן, מְהֵימָן
believe, *v.t.* & *i.* הֶאֱמִין [אמן]; חָשַׁב, סָבַר
believer, *n.* מַאֲמִין
belittle, *v.t.* הֵקֵל [קלל] בְּ, הִקְטִין [קטן]
bell, *n.* פַּעֲמוֹן, מְצִלָּה, זוֹג, צִלְצוּל
belladonna, *n.* חֵדֶק אַרְסִי
belle, *n.* יְפֵהפִיָּה
belles-lettres, *n. pl.* סִפֹּרֶת, סִפְרוּת יָפָה
bellhop, *n.* נַעַר, שָׁלִיחַ
bellicose, *adj.* שׁוֹאֵף מִלְחָמוֹת, אִישׁ מָדוֹן
bellied, *adj.* כַּרְסְתָן

belligerence, belligerency, *n.* עֲשִׂיַּת מִלְחָמָה, לוֹחֲמוּת
belligerent, *n.* עוֹשֶׂה מִלְחָמָה, (צַד) לוֹחֵם, נִלְחָם
bellow, *n.* גְּעִיָּה
bellow, *v.t.* & *i.* גָּעָה
bellows, *n. pl.* מַפּוּחַ
belly, *n.* בֶּטֶן, כֶּרֶס, גָּחוֹן
belly, *v.t.* & *i.* צָבָה, תָּפַח, הִתְנַפֵּחַ [נפח]
bellyache, *n.* כְּאֵב בֶּטֶן, עֲוִית
belong, *v.i.* הָיָה שַׁיָּךְ, הִשְׁתַּיֵּךְ [שיך]
belongings, *n. pl.* רְכוּשׁ, שַׁיָּכִים, כְּבֻדָּה
beloved, *adj.* אָהוּב
below, *adv.* לְמַטָּה, לְהַלָּן, מִלְּמַטָּה, מִתַּחַת
belt, *n.* חֲגוֹרָה, אַבְנֵט, אֵזוֹר
belt, *v.t.* חָגַר, אָזַר
bemoan, *v.t.* & *i.* הִתְאַבֵּל [אבל], סָפַד, בָּכָה
bench, *n.* סַפְסָל; בֵּית מִשְׁפָּט
bend, *v.t.* & *i.* כָּפַף, כָּרַע (בֶּרֶךְ); עִקֵּם; דָּרַךְ קֶשֶׁת
bend, *n.* כְּפִיפָה, עֲקִימָה
beneath, *adv.* & *prep.* תַּחַת, מִתַּחַת, מִלְּמַטָּה
benediction, *n.* בְּרָכָה
benefaction, *n.* חֶסֶד, גְּמִילוּת חֶסֶד
benefactor, *n.* מֵטִיב, גּוֹמֵל חֶסֶד
benefice, *n.* נַחֲלָה, הַכְנָסָה
beneficial, *adj.* מוֹעִיל, מַכְנִיס רְוָחִים
beneficiary, *n.* יוֹרֵשׁ, נֶהֱנֶה
benefit, *n.* גְּמוּל, תַּגְמוּל, תּוֹעֶלֶת, רֶוַח
benefit, *v.t.* & *i.* הוֹעִיל [יעל], גָּמַל, זָכָה
benevolence, *n.* נְדִיבוּת, טוּב לֵב
benevolent, *adj.* נָדִיב, טוֹב לֵב

benign, *adj.* רַחוּם, נוֹחַ, נָעִים
benignant, *adj.* לְבָבִי, מְרַחֵם
benignity, *n.* עֲדִינוּת, נֹעַם, רַכּוּת, טָבוּת, טוּב
bent, *adj.* כָּפוּף
bent, *n.* תַּאֲוָה, יֵצֶר
benumb, *v.t.* הִקְהָה [קהה], אִבֵּן
benzene, *n.* בֶּנְזִין
bequeath, *v.t.* הוֹרִישׁ [ירשׁ], צִוָּה
bequest, *n.* יְרֻשָּׁה, עִזָּבוֹן
berate, *v.t.* נָזַף קָשׁוֹת
bereave, *v.t.* שִׁכֵּל, גָּזַל
bereavement, *n.* שְׁכֹל, אֲבֵדָה, גְּזֵלָה
beret, *n.* כֻּמְתָּה
berry, *n.* תּוּת, גַּרְגֵּר
berth, *n.* מִטָּה, מִשְׁכָּב; תָּא; מַעֲגָן
berth, *v.t.* & *i.* נָתַן תָּא; נָתַן מִטָּה; עָגַן
beseech, *v.t.* הִתְחַנֵּן [חנן]
beseem, *v.i.* הָלַם, יָאָה, הִתְאִים
beset, *v.t.* עָטַר, הִקִּיף [נקף]; הִרְגִּיז [רגז], הִפְרִיעַ [פרע] מְנוּחָה
beshrew, *n.* אָרַר, קִלֵּל
beside, *prep.* עַל יַד, אֵצֶל, כְּנֶגֶד
besides, *adv.* & *prep.* מִלְּבַד, חוּץ; גַּם, עוֹד, זוּלַת
besiege, *v.t.* כִּתֵּר, הִקִּיף [נקף], צָר [צור]
besmear, besmirch, *v.t.* לִכְלֵךְ, טִנֵּף, נִבֵּל
besom, *n.* & *v.t.* מַטְאֲטֵא; טֵאטֵא
bespeak, *v.t.* הִזְמִין [זמן], הִתְנָה [תנה]
best, *adj.* מֻבְחָר, הַטּוֹב בְּיוֹתֵר, הַמְעֻלֶּה
best, *n.* מֵיטָב, עִדִּית
best, *adv.* טוֹב מִכֹּל
bestial, *adj.* בַּהֲמִי, אַכְזָרִי, תַּאַוְתָנִי
bestiality, *n.* בַּהֲמִיּוּת
bestir, *v.t.* הֵנִיעַ [נוע], הִתְנוֹעֵעַ, זֵרֵז
best man, *n.* שׁוֹשְׁבִין
bestow, *v.t.* הֶעֱנִיק [ענק], נָתַן
bestowal, *n.* נְתִינָה, מַתָּנָה, הַעֲנָקָה
bestride, *v.t.* רָכַב עַל
bet, *n.* הִתְעָרְבוּת, הִמּוּר
bet, *v.t.* & *i.* הִתְעָרֵב [ערב], הִמְרָה [מרה]
betoken, *v.t.* רָמַז, הוֹרָה [ירה], בִּשֵּׂר, נִבָּא
betray, *v.t.* בָּגַד, גִּלָּה סוֹד
betrayal, *n.* בְּגִידָה, מַעַל, בֶּגֶד, גִּלּוּי סוֹד
betroth, *v.t.* אֵרַשׂ, אָרַס, קִדֵּשׁ אִשָּׁה
betrothal, *n.* אֵרוּסִים, כְּלוּלוֹת
betrothed, *adj.* אָרוּס
better, bettor, *n.* מִתְעָרֵב, מְהַמֵּר
better, *adj.* & *adv.* טוֹב יוֹתֵר, מוּטָב
better, *v.t.* & *i.* הֵטִיב [טוב], שִׁפֵּר, הִשְׁבִּיחַ [שבח]
betterment, *n.* הֲטָבָה, שִׁפּוּר, הַשְׁבָּחָה
between, betwixt, *adv.* & *prep.* בָּאֶמְצַע, בֵּין
bevel, *n.* מַזְוִית; זָוִית מְשֻׁפַּעַת
bevel, *v.t.* מָדַד זָוִיּוֹת, שִׁפַּע
beverage, *n.* מַשְׁקֶה, שִׁקּוּי
bevy, *n.* קְבֻצָּה, סִיעָה, לַהֲקָה, מַחֲנֶה
bewail, *v.t.* & *i.* הִתְאַבֵּל [אבל], סָפַד, בָּכָה, הִתְיַפֵּחַ [יפח]
beware, *v.i.* נִזְהַר [זהר], נִשְׁמַר [שמר]
bewilder, *v.t.* בִּלְבֵּל, הֵבִיא בִּמְבוּכָה
bewilderment, *n.* בִּלְבּוּל, מְבוּכָה, עִרְבּוּבְיָה
bewitch, *v.t.* כִּשֵּׁף, הִקְסִים [קסם]
beyond, *adv.* מֵאֲחוֹרֵי, מֵעֵבֶר לְ־, הָלְאָה, מֵרָחוֹק
biannually, *adv.* פַּעֲמַיִם בַּשָּׁנָה
bias, *n.* מִשְׁפָּט קָדוּם, מַשּׂוֹא פָּנִים
bias, *v.t.* הִטָּה [נטה] לֵב, שִׁחֵד

bib, *n.* מַפִּית לְתִינוֹק
Bible, *n.* כִּתְבֵי הַקֹּדֶשׁ, תַּנַ"ךְ
Biblical, *adj.* תְּנָ"כִי
bibliographic, bibliographical, *adj.* סִפְרָאִי
bibliography, *n.* סִפְרָאוּת
bicarbonate, *n.* דּוּ־פַּחְמָה
biceps, *n.* קִבֹּרֶת
bicker, *v.i.* הִתְקוֹטֵט [קטט], רָב [ריב]
bicycle, *n.* & *v.i.* אוֹפַנַּיִם; אָפַן
bicyclist, *n.* אוֹפַנָּן
bid, *n.* מִצְוָה, הַצָּעָה, מִכְרָז
bid, *v.t.* & *i.* צִוָּה, הִצִּיעַ [יצע]
bidder, *n.* מְצַוֶּה, מַצִּיעַ
bide, *v.t.* & *i.* גָּר [גור], יָשַׁב, שָׁכַן; חִכָּה
biennial, *n.* דּוּ־שְׁנָתִי
bier, *n.* מִטַּת (אֲרוֹן) מֵתִים, קֶבֶר
big, *adj.* גָּדוֹל, רָחָב, מָלֵא, כַּבִּיר
bigamist, *n.* בַּעַל שְׁתֵּי נָשִׁים, נְשׂוּאָה לִשְׁנַיִם
bigamous, *adj.* שֶׁל נִשּׂוּאֵי כֶּפֶל
bigamy, *n.* נִשּׂוּאֵי כֶּפֶל
bigness, *n.* גֹּדֶל, גְּדֻלָּה, גַּדְלוּת
bigot, *n.* צָבוּעַ, מִתְחַסֵּד, עַקְשָׁן, קַנַּאי
bigoted, *adj.* קַנַּאי
bigotry, *n.* קַנָּאוּת, חֹסֶר סוֹבְלָנוּת
bike, *n.* אוֹפַנַּיִם
bilateral, *adj.* דּוּ־צְדָדִי, בַּעַל שְׁנֵי צְדָדִים
bile, *n.* מָרָה; מָרָה שְׁחוֹרָה
bilge, *n.* שִׁפּוּלַיִם, בֶּטֶן אֳנִיָּה, בֶּטֶן חָבִית
bilingual, *adj.* דּוּ־לְשׁוֹנִי
bilious, *adj.* מְרֵרָתִי, שֶׁל מַחֲלַת הַמָּרָה, כַּעֲסָנִי, רַגְזָנִי
bill, *n.* מַקּוֹר, חַרְטֹם; שְׁטָר, שְׁטָר חוֹב; חֶשְׁבּוֹן; גַּרְזֶן; חוֹד הָעֹגֶן
bill, *v.t.* & *i.* הוֹדִיעַ [ידע], הִכְרִיז [כרז]; הִתְנַשֵּׁק [נשק], הִתְעַלֵּס [עלס]
billboard, *n.* לוּחַ מוֹדָעוֹת; יְצוּעַ הָעֹגֶן
billet, *n.* פִּתְקָה, פִּתְקַת לִינָה, מְקוֹם לִינָה
billet, *v.t.* & *i.* אִכְסֵן, הִתְאַכְסֵן [אכסן]
billfold, *n.* אַרְנָק
billiards, *n.* כַּדּוּר מַטֶּה, בִּלְיַרְד
billion, *n.* בִּלְיוֹן
billow, *n.* מִשְׁבָּר (גַּל), נַחְשׁוֹל
bimonthly, *adj.* דּוּ־חָדְשִׁי
bin, *n.* מְגוּרָה, קֻפָּה
bind, *v.t.* & *i.* קָשַׁר, צָרַר; חָבַשׁ (פֶּצַע); כָּרַךְ (סֵפֶר)
binder, *n.* כּוֹרֵךְ סְפָרִים; מְאַלֵּם (בַּיָּד); מְאַלֶּמֶת
bindery, *n.* כְּרִיכִיָּה
binding, *n.* כְּרִיכָה (סְפָרִים); קִשּׁוּר; אִלּוּם
binoculars, *n. pl.* מִשְׁקֶפֶת
biography, *n.* תּוֹלְדוֹת חַיֵּי אָדָם
biographic, biographical, *adj.* תּוֹלָדִי
biologist, *n.* בָּקִי בְּתוֹרַת הַחַיִּים
biology, *n.* תּוֹרַת הַחַיִּים
bipartisan, *adj.* דּוּ־ מִפְלַגְתִּי
birch, *n.* & *v.t.* עֵץ הַבְּתוּל, לִבְנֶה; שֵׁבֶט; יִסֵּר, שָׁבַט
bird, *n.* & *v.t.* צִפּוֹר, עוֹף; לָכַד צִפֳּרִים; זִהָה צִפֳּרִים
birth, *n.* לֵדָה; מוֹצָא, מָקוֹר
birth control, *n.* הַגְבָּלַת הַיְלָדָה
birthday, *n.* יוֹם הֻלֶּדֶת
birthmark, *n.* סִמָּן מִלֵּדָה
birthplace, *n.* מוֹלֶדֶת, מְכוֹרָה
birthright, *n.* בְּכוֹרָה
biscuit, *n.* נִקּוּד, בִּסְקְוִיט, רָקִיק
bisect, *v.t.* חָצָה, תִּוֵּךְ, נִתַּח

bisection, ***n.*** חֲצָיָה, מִצּוּעַ, נְתִיחָה
bisector, ***n.*** חוֹצֶה, נַתְּחָן
bisexual, ***adj.*** דּוּ־מִינִי
bishop, ***n.*** הֶגְמוֹן, בִּישׁוֹף
bismuth, ***n.*** מַרְקָשִׁית
bison, ***n.*** יַחְמוּר
bit, ***n.*** חֲתִיכָה, מִקְצָת; עַקְרַב שֶׁל רֶסֶן; שֵׁן שֶׁל כֵּלִים, חָף
bitch, ***n.*** כַּלְבָּה; זְאֵבָה; פְּרוּצָה
bite, ***n.*** נְשִׁיכָה; פֶּצַע; לְגִימָה
bite, ***v.t. & i.*** נָשַׁךְ, הִכִּישׁ [נכש]
bitter, ***adj.*** מַר, חָרִיף; מַר נֶפֶשׁ
bitterness, ***n.*** מְרִירוּת, חֲרִיפוּת
bitumen, ***n.*** חֵמָר, זֶפֶת, כֹּפֶר
bivouac, ***n.*** מַחֲנֶה (אֲרָעִי)
bivouac, ***v.i.*** חָנָה
biweekly, ***adj. & n.*** דּוּ־שְׁבוּעִי; דּוּ־שְׁבוּעוֹן
bizarre, ***adj.*** מְשֻׁנֶּה, מוּזָר
blab, ***v.t. & i.*** פִּטְפֵּט
black, ***n.*** שְׁחוֹר, שָׁחוֹר
black, ***adj.*** שָׁחוֹר, אָפֵל
blackbird, ***n.*** קִיכְלִי, טֶרֶד
blackboard, ***n.*** לוּחַ
blacken, ***v.t.*** הִשְׁחִיר [שחר], פִּחֵם
black list רְשִׁימָה שְׁחוֹרָה
blackmail, ***n.*** סַחְטָנוּת, אִיּוּם
blackmail, ***v.t.*** אִיֵּם, הוֹצִיא [יצא] דִּבָּה
black market, ***n.*** שׁוּק שָׁחוֹר
blackness, ***n.*** שְׁחוֹר, שַׁחֲרוּת
blackout, ***n.*** אִפּוּל, הַאֲפָלָה; אִבּוּד הַכָּרָה
blacksmith, ***n.*** נַפָּח, חָרָשׁ בַּרְזֶל
bladder, ***n.*** שַׁלְפּוּחִית (הַשֶּׁתֶן)
blade, ***n.*** סַכִּין גִּלּוּחַ, לַהַב (סַכִּין); עָלֶה (עֵשֶׂב)
blain, ***n.*** כִּיב, אֲבַעְבּוּעָה

blame, ***n.*** אַשְׁמָה, הַאֲשָׁמָה
blame, ***v.t.*** הֶאֱשִׁים [אשם]
blameless, ***adj.*** נָקִי, חַף מִפֶּשַׁע
blanch, ***v.t. & i.*** הִלְבִּין [לבן], חִוֵּר
bland, ***adj.*** אָדִיב, עָדִין, רַךְ
blandishment, ***n.*** חֲנִיפָה
blank, ***adj.*** לָבָן, חָלָק (בִּלְתִּי כָּתוּב); נִדְהָם, עָקָר, פָּשׁוּט
blank, ***n.*** חָלָל; נְיָר חָלָק
blanket, ***n.*** שְׂמִיכָה, מַעֲטֶה
blankness, ***n.*** רֵיקוּת; לֹבֶן; חֲלָקוּת
blare, ***n., v.t. & i.*** תְּרוּעָה, קוֹל חֲצוֹצְרָה; חִצְצֵר
blaspheme, ***v.t. & i.*** קִלֵּל, חֵרַף, גִּדֵּף
blasphemy, ***n.*** חֵרוּף, גִּדּוּף
blast, ***n. & v.t.*** צְפִירָה, הִתְפּוֹצְצוּת; תְּקִיעָה; פּוֹצֵץ
blatant, ***adj.*** הוֹמֶה, רוֹעֵשׁ
blaze, ***n., v.t. & i.*** אֵשׁ לֶהָבָה; הִתְפָּרְצוּת; לָהַט, בָּעַר; צִיֵּן שְׁבִיל
bleach, ***v.t. & i.*** לִבֵּן; הִדְהָה [דהה]
bleach, ***n.*** דִּהוּי, דְּהִיָּה
bleak ***adj.*** עָצוּב, קַר, רֵיק
blear, ***adj.*** טָרוּט, כֵּהֶה, עָמוּם
bleat, ***v.i. & n.*** גָּעָה, פָּעָה; גְּעִיָּה, פְּעִיָּה
bleed, ***v.i.*** שָׁתַת (אִבֵּד) דָּם
bleeding, ***n.*** דִּמּוּם
blemish, ***n.*** מוּם, פְּגָם
blemish, ***v.t.*** נִבֵּל, לִכְלֵךְ
blend, ***n.*** מִמְזָג, תַּעֲרֹבֶת
blend, ***v.t. & i.*** עִרְבֵּב, מָזַג; הִתְעַרְבֵּב [ערבב], הִתְמַזֵּג [מזג]
bless, ***v.t.*** בֵּרַךְ
blessed, blest, ***adj.*** בָּרוּךְ; מְבֹרָךְ
blessing, ***n.*** בְּרָכָה, אֹשֶׁר
blight, ***n.*** שִׁדָּפוֹן, כִּמְשׁוֹן, יֵרָקוֹן

blight, *v.t.* & *i.* שָׁדַף; הִשְׁתַּדֵּף [שדף]

blind, *adj.* & *n.* עִוֵּר, סוּמָא; וִילוֹן, תְּרִיס

blind, *v.t.* עִוֵּר, סִמֵּא

blinder, *n.* אֲפֵר (סַכֵּי עֵינַיִם לַסּוּס)

blindfold, *v.t.* כִּסָּה (עֵינַיִם)

blindness, *n.* עִוָּרוֹן; קַלּוּת דַּעַת

blink, *n.* קְרִיצַת עַיִן

blink, *v.t.* & *i.* קָרַץ עַיִן

bliss, *n.* אֹשֶׁר, בְּרָכָה, תַּעֲנוּג

blissful, *adj.* מְאֻשָּׁר, עָרֵב

blister, *n.* אֲבַעְבּוּעָה

blister, *v.t.* & *i.* הוֹצִיא [יצא] אֲבַעְבּוּעָה

blithe, *adj.* שָׂמֵחַ, עַלִּיז

blithesome, *adj.* שָׂמֵחַ, עַלִּיז

blizzard, *n.* סְעָרַת שֶׁלֶג

bloat, *v.t.* & *i.* הִתְנַפֵּחַ [נפח], מִלֵּא (מַיִם, אֲוִיר), הִצְבָּה [צבה]; עִשֵּׁן (יִבֵּשׁ) דָּגִים

block, *n.* בּוּל עֵץ; מִכְשׁוֹל, מַעְצוֹר; אִמּוּם (נַעַל); רֹבַע (עִיר)

block, *v.t.* חָסַם, עִכֵּב; אִמֵּם (נַעַל)

blockade, *n.* מָצוֹר, הֶסְגֵּר

blockade, *v.t.* צָר, סָגַר, חָסַם

blockhead, *n.* טִפֵּשׁ, בַּעַר

blond, blonde, *adj.* צָהֹב, (שֵׂעָר)

blood, *n.* & *v.t.* דָּם; גֶּזַע, מוֹצָא; הִקִּיז [נקז] דָּם

blood clot, *n.* קְרִישׁ (חֲרָרַת) דָּם

blooded, *adj.* טוֹב הַגֶּזַע

bloodhound, *n.* כֶּלֶב (צַיִד) גַּשּׁוּשׁ

blood pressure לַחַץ דָּם

bloodshed, *n.* שְׁפִיכַת דָּמִים

bloodsucker, *n.* עֲלוּקָה

bloody, *adj.* דָּמִי; אַכְזָר

bloom, *n.* צִיץ, פְּרִיחָה; אֵב

bloom, *v.i.* פָּרַח, הִפְרִיחַ [פרח], צָץ [צוץ]

blooming, *adj.* פּוֹרֵחַ; מַזְהִיר

blossom, *n.* פֶּרַח, נִצָּן

blot, *n.* כֶּתֶם; חֶרְפָּה

blot, *v.t.* כָּתַם; לִכְלֵךְ; סָפַג

blotch, *n.* כֶּתֶם

blotter, *n.* מַסְפֵּג

blouse, *n.* חֲלִיקָה, חֻלְצָה

blow, *n.* מַכָּה, אָסוֹן; תְּקִיעָה; פְּרִיחָה

blow, *v.i.* & *t.* נָשַׁב; תָּקַע (שׁוֹפָר); שָׁרַק (בְּמַשְׁרוֹקִית); נָפַח; גָּרַף (הָאַף) הִמְלִיט [מלט] בֵּיצִים (הַזְּבוּב); לִבְלֵב, פָּרַח

bludgeon, *n.* מַקֵּל עָבֶה

blue, *adj.* כָּחֹל, תָּכֹל; עָגוּם

blue, *n.* תְּכֵלֶת (שָׁמַיִם); כְּחֹל (יָם); כַּחַל (כְּבִיסָה)

bluebell, *n.* פַּעֲמוֹנִית כְּחֻלָּה

blueberry, *n.* אֻכְמָנִיָּה

blueprint, *n.* תָּכְנִית (תְּכֵלֶת), הֶעְתֵּק

bluet, *n.* דְּגָנִיָּה

bluish, *adj.* כְּחַלְחַל

bluff, *adj.* מְשֻׁפָּע, תָּלוּל; נִמְרָץ

bluff, *n.* שׁוּנִית (שֵׁן סֶלַע); אֲחִיזַת עֵינַיִם, הַטְעָיָה

bluff, *v.t.* רִמָּה, הִתְעָה [תעה]

blunder, *n.* שְׁגִיאָה, מִשְׁגֶּה, טָעוּת

blunder, *v.t.* & *i.* שָׁגָה, טָעָה

blunderbuss, *n.* שׁוֹטֶה, כְּסִיל

blunt, *adj.* קֵהֶה; שׁוֹטֶה, עַז פָּנִים

blunt, *v.t.* הִקְהָה [קהה], טִמְטֵם

bluntness, *n.* קֵהוּת, אֱוִילוּת

blur, *n.* טִשְׁטוּשׁ, עִמְעוּם

blur, *v.t.* טִשְׁטֵשׁ, עִמְעֵם

blurt, *v.t.* גִּלָּה מִתּוֹךְ פִּטְפּוּט

blush, *v.t.* & *i.* חִכְלֵל, הִתְאַדֵּם [אדם], הִסְתַּמֵּק [סמק]

blush, *n.* בּוּשָׁה; סֹמֶק

bluster, *n.* רֶגֶשׁ, סְעָרָה, רַהַב

bluster, *v.t.* & *i.* סָעַר, רָגַשׁ; הִתְמַרְמֵר

boa constrictor, *n.* נָחָשׁ בָּרִיחַ, חַנָּק

boar, *n.* חֲזִיר בָּר

board, *n.* קֶרֶשׁ; אֹכֶל; מְסִבָּה, מוֹעֵצָה, וַעַד

board, *v.t.* & *i.* נָתַן אֲרוּחָה; עָלָה עַל אֳנִיָּה אוֹ רַכֶּבֶת; כִּסָּה בִּקְרָשִׁים

boarder, *n.* מִתְאַכְסֵן בְּאֵשֶׁ״ל

boardinghouse, *n.* אֵשֶׁ״ל, פֶּנְסְיוֹן

boarding school *n,* פְּנִימִיָּה

boarish, *adj.* גַּס

boardwalk, *n.* טַיֶּלֶת קְרָשִׁים

boast, *n.* הִתְגָּאוּת, הִתְפָּאֲרוּת

boast, *v.t.* & *i.* הִתְגָּאָה [גאה], הִתְפָּאֵר [פאר], הִתְיַהֵר [יהר]

boaster, *n.* יָהִיר, מִתְפָּאֵר

boastful, *adj.* שַׁחְצָנִי, גַּאַוְתָן

boat, *n.* סִירָה, אֳנִיָּה, סְפִינָה

boat, *v.t.* & *i.* שָׁט [שוט] בְּסִירָה, הִפְלִיג [פלג] בְּסִירָה

boathouse, *n.* בֵּית סִירוֹת

boating, *n.* סִירָאוּת

boatman, boatsman, *n.* סִירַאי

bob, *n.* אֶשְׁכּוֹל; פִּתָּיוֹן; הֲנָעַת רֹאשׁ; מַכַּת־יָד; תִּסְפֹּרֶת קְצָרָה

bob, *v.t.* & *i.* נִדְנֵד; קִצֵּר שְׂעָרוֹת; צָד [צוד] דָּגִים

bobbin, *n.* אַשְׁוָה, פְּקַעַת חוּטִים

bobtail, *n.* קְצַר זָנָב

bobwhite, *n.* שְׂלָו אֲמֵרִיקָנִי

bode, *v.t.* & *i.* נִבָּא

bodement, *n.* נְבוּאָה, בְּשׂוֹרָה

bodice, *n.* חָזִיָּה, מָחוֹךְ

bodily, *adj.* & *adv.* גּוּפָנִי, בְּגוּפוֹ

body, *n.* גּוּף, גְּוִיָּה; עֶצֶם; מֶרְכָּב (מְכוֹנִית); גֶּרֶם (הַשָּׁמַיִם)

bodyguard, *n.* שׁוֹמֵר, שׁוֹמֵר רֹאשׁ

bog, *n.* בִּצָּה

bogey, *n.* רוּחַ, שֵׁד

bogus, *adj.* מְזֻיָּף

boil, *n.* חַבּוּרָה

boil, *v.t.* רָתַח, בִּשֵּׁל, שָׁלַק (בֵּיצִים)

boiler, *n.* דּוּד

boisterous, *adj.* עַז, סוֹעֵר, קוֹלָנִי, צַעֲקָנִי

bold, *adj.* מַרְהִיב, מֵעֵז, חָצוּף

boldly, *adv.* בְּהֶעָזָה

boldness, *n.* עֹז, הֶעָזָה, חֻצְפָּה

bole, *n.* גֶּזַע שֶׁל עֵץ

boll, *n.* תַּרְמִיל (צֶמַח)

bolster, *n.* כַּר, כֶּסֶת

bolster, *v.t.* סָמַךְ

bolt, *n.* בְּרִיחַ, יָתֵד, אֶטֶב, חֵץ

bolt, *v.t.* & *i.* הִבְרִיחַ [ברח] (בְּרִיחַ הַדֶּלֶת); בָּרַח (סוּס), יָרָה (חֵץ)

bomb, *n.* פְּצָצָה, פָּגָז; מַרְסֵס

bomb, *v.t.* בָּזַק, הִפְצִיץ [פצץ], הִרְעִישׁ [רעש]

bombardment, *n.* הַפְצָצָה, הַפְגָּזָה, הַרְעָשָׁה, הַתְקָפָה קָשָׁה

bombast, *n.* גִּבּוּב דְּבָרִים, סִרְבּוּל

bomber, *n.* מַפְצִיץ; רַמָּן

bombing, *n.* הַפְצָצָה

bona fide, *adj.* & *adv.* נֶאֱמָן

bond, *n.* קֶשֶׁר; שִׁבְיָה (סֹהַר); שְׁטָר (אִגֶּרֶת) חוֹב; עֵרָבוֹן; הִתְקַשְּׁרוּת

bondage, *n.* עַבְדוּת, שֶׁבִי, הִשְׁתַּעְבְּדוּת

bone, *n.* עֶצֶם, גֶּרֶם

bone, *v.t.* הוֹצִיא [יצא] עֲצָמוֹת; נִקֵּר

bonfire, *n.* מְדוּרָה, מוֹקֵד, מַשּׂוּאָה

bonnet, *n.* מִצְנֶפֶת

bonus, *n.* הַעֲנָקָה, תּוֹסֶפֶת

booby, *n.* גֹּלֶם, כְּסִיל

boodle, *n.* שַׁלְמוֹן, שֹׁחַד

book, *n.* סֵפֶר
bookbinder, *n.* כּוֹרֵךְ
bookbinding, *n.* כְּרִיכָה
bookcase, *n.* כּוֹנָנִית, אֲרוֹן סְפָרִים
bookkeeper, *n.* עוֹרֵךְ חֶשְׁבּוֹן, פִּנְקְסָן
bookkeeping, *n.* עֲרִיכַת חֶשְׁבּוֹן, פִּנְקְסָנוּת
booklet, *n.* חוֹבֶרֶת, סֵפֶר קָטָן, סִפְרוֹן
bookmaker, *n.* מְחַבֵּר סְפָרִים; סוֹכֵן לְהִמּוּרִים
bookmark, *n.* סִימָנִיָּה
bookseller, *n.* מוֹכֵר סְפָרִים
bookshelf, *n.* מַדַּף סְפָרִים
bookstand, *n.* בִּיתָן סְפָרִים, דּוּכַן סְפָרִים
bookworm, *n.* מְקַק (בִּסְפָרִים); אוֹהֵב סְפָרִים
boom, *n.* עֲלִיָּה פִּתְאוֹמִית (מְחִירִים); שִׁגְשׂוּג; שָׁאוֹן; קוֹרָה, מוֹט, מָנוֹר
boom, *v.t. & i.* רָעַשׁ, זִמְזֵם; שִׂגְשֵׂג
boon, *adj.* מֵטִיב, עַלִּיז
boon, *n.* טוֹבָה, בְּרָכָה
boor, *n.* בּוּר, בַּעַר
boorish, *adj.* גַּס, בּוּר
boot, *n.* נַעַל; מוּק, מַגָּף
boot, *v.t.* נָעַל מַגָּפַיִם
bootblack, *n.* מְצַחְצֵחַ נַעֲלַיִם
booth, *n.* סֻכָּה, בִּיתָן
bootlegger, *n.* מַבְרִיחַ מַשְׁקָאוֹת
booty, *n.* שָׁלָל, מַלְקוֹחַ, בִּזָּה
booze, *n.* מַשְׁקֶה חָרִיף, שֵׁכָר
border, *n.* גְּבוּל, תְּחוּם
border, *v.t.* גָּבַל, עָשָׂה שָׂפָה
bore, *n.* מְשַׁעֲמֵם; קֹטֶר, רֹחַב הַחוֹר (שֶׁל הָרוֹבֶה); מִשְׁבַּר גֵּאוּת הַיָּם
bore, *v.t. & i.* קָדַח, נָקַב; הִטְרִיד [טרד], שִׁעֲמֵם
boredom, *n.* שִׁעֲמוּם
borer, *n.* קַדָּח, מַקְדֵּחַ, מַרְצֵעַ, נוֹקֵב, נוֹבֵר
boric acid חֻמְצַת בֹּר
boring, *n. & adj.* קְדוֹחַ; מְשַׁעֲמֵם
born, *adj.* נוֹלָד
borough, *n.* שְׁכוּנָה, עֲיָרָה, חֵלֶק עִיר
borrow, *v.t.* שָׁאַל, לָוָה
borrower, *n.* שׁוֹאֵל, לֹוֶה
bosom, *adj.* קָרוֹב, אָהוּב
bosom, *n.* חֵיק, חָזֶה
boss, *n.* מְנַהֵל; מַשְׁגִּיחַ; אָדוֹן; בַּעַל בַּיִת; מַטְבַּעַת; גַּבְשׁוּשִׁית
boss, *v.t.* נִהֵל; הִדְרִיךְ [דרך], רָדָה; קִשֵּׁט בְּפִתּוּחִים
botanic, botanical *adj.* שֶׁל תּוֹרַת הַצְּמָחִים, צִמְחִי
botanist, *n.* צִמְחָאִי
botanize, *v.t.* אָסַף צְמָחִים
botany, *n.* צִמְחָאוּת, תּוֹרַת הַצְּמָחִים
botch, *n.* עֲבוֹדָה פְּשׁוּטָה, טְלַאי
botch, *v.t.* הִטְלִיא [טלא], הִשְׁחִית [שחת]
both, *adj., pron. & conj.* שְׁנֵיהֶם, שְׁתֵּיהֶן, יַחַד
bother, *n.* טִרְדָה, טֹרַח
bother, *v.t. & i.* הִטְרִיד [טרד], הִטְרִיחַ [טרח]
bottle, *n.* בַּקְבּוּק, קַנְקַן
bottle, *v.t.* מִלֵּא בַּקְבּוּקִים
bottleneck, *n., v.t. & i.* צַוָּאר בַּקְבּוּק (מַעֲצוֹר תְּנוּעָה); עָצַר תְּנוּעַת מְכוֹנִיּוֹת
bottom, *n.* יַשְׁבָן; שְׁמָרִים; קַעַר הָאֳנִיָּה; מְצֻלָּה; קַרְקָעִית, עֹמֶק, תַּחְתִּית
bottomless, *adj.* לְלֹא קַרְקָעִית, בְּלִי סוֹף
bough, *n.* עָנָף, סַרְעַפָּה

boulder, ***n.*** אֶבֶן כָּתֵף
boulevard, ***n.*** שְׂדֵרָה, שְׂדֵרַת עֵצִים
bounce, ***v.t. & i.*** קִפֵּץ
bounce, ***n.*** קְפִיצָה; הִתְפָּאֲרוּת
bound, ***adj.*** אָסוּר, קָשׁוּר; חַיָּב, מְחֻיָּב
bound, ***n.*** גְּבוּל
bound, ***v.t. & i.*** גָּבַל, הִגְבִּיל [גבל], קָצַב; נָתַר, קִפֵּץ
boundary, ***n.*** גְּבוּל, תְּחוּם
boundless, ***adj.*** בְּלִי גְּבוּל
bountiful, ***adj.*** נָדִיב, נִמְצָא בְּשֶׁפַע
bounty, ***n.*** נְדִיבוּת; חֶסֶד; מַתָּת, פְּרָס
bouquet, ***n.*** זֵר (פְּרָחִים); בֹּשֶׂם (הַיַּיִן)
bourn, bourne, ***n.*** מָחוֹז, מַטָּרָה; יוּבַל
bout, ***n.*** תִּגְרָה, הִתְחָרוּת, הַמְרָאָה
bow, ***n.*** הִשְׁתַּחֲוָיָה, הַרְכָּנַת רֹאשׁ; חַרְטוֹם אֳנִיָּה; קֶשֶׁת
bow tie עֲנִיבַת „פַּרְפַּר"
bow, ***v.t. & i.*** הִשְׁתַּחֲוָה [שחה], הִרְכִּין [רכן] רֹאשׁ; דָּרַךְ קֶשֶׁת; נִגֵּן בְּקֶשֶׁת
bowels, ***n. pl.*** מֵעַיִם, קְרָבַיִם
bower, ***n.*** סֻכָּה; עֹגֶן חַרְטוֹם
bowl, ***n.*** מִזְרָק, קְעָרָה
bowling, ***n.*** כַּדֹּרֶת
bowling alley מִשְׁעוֹל כַּדֹּרֶת
bowman, ***n.*** קַשָּׁת
box, ***n.*** תֵּבָה, קֻפְסָה, אַרְגָּז; תָּא; מַכַּת אֶגְרוֹף, סְטִירָה
box, ***v.t. & i.*** סָטַר, הִתְאַגְרֵף [אגרף]; שָׂם [שים] בְּתֵבָה
boxer, ***n.*** מִתְאַגְרֵף, אֶגְרוֹפָן
boxing, ***n.*** הִתְאַגְרְפוּת, אִגְרוּף; אֲרִיזָה בְּתֵבוֹת
boxing gloves כְּפָפוֹת אֶגְרוֹף
box office קֻפַּת כַּרְטִיסִים
boy, ***n.*** יֶלֶד, נַעַר; מְשָׁרֵת
boycott, ***n.*** חֵרֶם, הַחְרָמָה
boycott, ***v.t.*** הֶחֱרִים [חרם]
boyhood, ***n.*** יַלְדוּת, נְעוּרִים
boyish, ***adj.*** יַלְדוּתִי
boyishness, ***n.*** יַלְדוּתִיּוּת
brace, ***n.*** אֶדֶק; אֶגֶד; מַקְדֵּחַ; זוּג
brace, ***v.t.*** קָשַׁר; חִזֵּק; הִדֵּק; הִתְעוֹדֵד
bracelet, ***n.*** אֶצְעָדָה, צָמִיד
braces, ***n. pl.*** כְּתֵפִיּוֹת, מוֹשְׁכוֹת (שֶׁל מִכְנָסַיִם)
bracket, ***n.*** זִיז, מִשְׁעָן; סוֹגֵר, אָרִיחַ
bracket, ***v.t.*** סָגַר בַּחֲצָאֵי לְבָנָה
brackets, ***n. pl.*** סוֹגְרַיִם, אֲרִיחַיִם
brackish, ***adj.*** מְמֻלָּח, מָלוּחַ; תָּפֵל
brad, ***n.*** מַסְמֵר
brag, ***n.*** הִתְפָּאֲרוּת
brag, ***v.i.*** הִתְפָּאֵר [פאר]
braid, ***n.*** מִקְלַעַת; צַמָּה
braid, ***v.t.*** שָׂרַג, קָלַע
Braille, ***n.*** כְּתַב עִוְרִים, כְּתָב בְּרַיל
brain, ***n.*** מֹחַ; שֶׂכֶל, בִּינָה
brainless, ***adj.*** חֲסַר דַּעַת
brainy, ***adj.*** מֹחָן ,שִׂכְלִי, שָׁנוּן
braise, ***v.t.*** צָלָה
brake, ***n.*** מַעֲצֵר, בֶּלֶם
brake, ***v.t.*** בִּלֵּם
brakeman, ***n.*** בַּלְמָן (בָּרַכֶּבֶת)
bramble, ***n.*** אָטָד, חוֹחַ
bran, ***n.*** סֻבִּין
branch, ***n.*** עָנָף; סְנִיף
branch, ***v.t.*** הִסְתַּעֵף [סעף]
brand, ***n.*** אוּד, אֵשׁ; אֵיכוּת; מִין; אוֹת קָלוֹן
brand, ***v.t.*** הִתְוָה [תוה], כָּוָה (בְּבַרְזֶל מְלֻבָּן)
brandish, ***v.t.*** נוֹפֵף [נוף] חֶרֶב
brandy, ***n.*** יַיִן שָׂרָף, יי״ש
brass, ***n.*** נְחֹשֶׁת קָלָל
brass, ***v.t.*** צִפָּה נְחֹשֶׁת

brassière, *n.* חֲזִיָּה
brassy, *adj.* נְחָשְׁתִּי; חָצוּף, עַז פָּנִים
brat, *n.* יֶלֶד, עֲוִיל
brave, *adj.* אַמִּיץ, גִּבּוֹר, עַז
brave, *v.t.* הִתְגַּבֵּר [גבר] עַל, הָיָה אַמִּיץ
bravery, *n.* אֹמֶץ, גְּבוּרָה
bravo, *interj.* הֵידָד
brawl, *n.* רִיב, קְטָטָה
brawl, *v.i.* רָב [ריב]
brawn, *n.* חֹזֶק; בְּשַׂר חֲזִיר
bray, *n.* נְעִירָה (שֶׁל חֲמוֹר), נְהִיקָה
braze, *v.t.* צִפָּה בִּנְחֹשֶׁת
brazen, *adj.* נְחָשְׁתִּי; חָצוּף
brazier, *n.* אָח, כִּיּוֹר, כַּנּוֹן
breach, *n.* שֶׁבֶר, סֶדֶק, פֶּרֶץ
breach, *v.t.* שָׁבַר, בָּקַע, פָּרַץ
bread, *n.* לֶחֶם, כִּכַּר לֶחֶם, פַּת לֶחֶם
breadth, *n.* רֹחַב
break, *n.* שֶׁבֶר
break, *v.t.* שָׁבַר; פִּצַּח (אֱגוֹזִים); גָּרַם (עֲצָמוֹת); פָּרַס (לֶחֶם); חִלֵּל (שְׁבוּעָה); הֵפֵר [פרר] (חוֹק)
breakable, *adj.* שָׁבִיר, פָּרִיךְ
breakage, *n.* שִׁבָּרוֹן, שְׁבִירָה
breakdown, *n.* קִלְקוּל
breaker, *n.* מִשְׁבָּר (גַּל); מְאַלֵּף סוּסִים
breakfast, *n.* פַּת שַׁחֲרִית, אֲרֻחַת בֹּקֶר
breakfast, *v.t.* אָכַל אֲרֻחַת הַבֹּקֶר
breakwater, *n.* סֶכֶר, שׁוֹבֵר גַּלִּים
breast, *n.* חָזֶה, שַׁד
breast stroke, *n.* מְחִי (שְׂחִיַּת) חָזֶה
breath, *n.* נְשִׁימָה, הֶבֶל
breathe, *v.t.* & *i.* נָשַׁם
breathless, *adj.* קְצַר נְשִׁימָה, עָיֵף
breeches, *n. pl.* מִכְנְסֵי רְכִיבָה
breed, *n.* גִּדּוּל, תּוֹלָדָה, גֶּזַע
breed, *v.t.* & *i.* גִּדֵּל, יָלַד, נוֹלַד [ילד]
breeder, *n.* מְגַדֵּל
breeding, *n.* גִּדּוּל; נִמּוּס
breeze, *n.* רוּחַ קַל, רוּחַ חֲרִישִׁית, רוּחַ צַח; זְבוּב סוּסִים; קְטָטָה; אַשְׁפָּה
breezy, *adj.* אַוְרִירִי, רוּחִי; פָּזִיז
brethren, *n. pl.* אַחִים
breviary, *n.* סִדּוּר תְּפִלּוֹת (בַּכְּנֵסִיָּה הַקָּתוֹלִית)
brevity, *n.* קִצּוּר
brew, *v.t.* בִּשֵּׁל שֵׁכָר; חִבֵּל
brewer, *n.* סוֹדָנִי
brewery, *n.* סוֹדָנִיָּה
briar, *v.* brier
bribe, *n.* שֹׁחַד
bribe, *v.t.* & *i.* שִׁחֵד, נָתַן שֹׁחַד
bribery, *n.* שִׁחוּד, נְתִינַת שֹׁחַד
brick, *n.* לְבֵנָה, אָרִיחַ
bricklayer, *n.* בּוֹנֶה בִּלְבֵנִים
brickwork, *n.* בִּנְיַן לְבֵנִים
bride, *n.* כַּלָּה
bridegroom, *n.* חָתָן
bridesmaid, *n.* שׁוֹשְׁבִינָה
bridge, *n.* גֶּשֶׁר; גֶּשֶׁר הַסִּפּוּן (הַשִּׁנַּיִם); מִשְׂחַק קְלָפִים
bridge, *v.t.* גִּשֵּׁר, בָּנָה גֶּשֶׁר
bridle, *n.* מֶתֶג, רֶסֶן
bridle, *v.t.* מִתֵּג, עָצַר
brief, *adj.* קָצָר, מְצֻמְצָם
brief, *n.* תַּמְצִית, קִצּוּר, תַּדְרִיךְ, תַּקְצִיר
brief, *v.t.* קִצֵּר, תִּדְרֵךְ, תִּמְצֵת
briefly, *adv.* בְּקִצּוּר
brier, briar, *n.* קוֹץ, דַּרְדַּר, חוֹחַ, עֶצְבּוֹנִית
brigade, *n.* פְּלֻגָּה
brigadier, *n.* מְפַקֵּד
brigadier general, *n.* אַלּוּף
brigand, *n.* שׁוֹדֵד, גַּזְלָן, חַמְסָן, חָמוֹץ

brigandage, *n.* שֹׁד, גְּזֵלָה, חָמָס, לִסְטוּת

bright, *adj.* בָּהִיר, מַזְהִיר; פִּקֵּחַ

brighten, *v.t.* & *i.* הֵאִיר [אור]; הִזְהִיר [זהר]; זִכֵּךְ

brightness, *n.* זֹהַר, זִיו; חֲרִיפוּת (הַמַּחֲשָׁבָה)

brilliance, brilliancy, *n.* זֹהַר; חֲרִיפוּת

brilliant, *n.* יַהֲלוֹם

brilliant, *adj.* נוֹצֵץ, מַבְרִיק; חָרִיף

brim, *n.* שָׂפָה, אֹגֶן (כּוֹבַע)

brimful, *adj.* גָּדוּשׁ

brine, *n.* מֵי מֶלַח, צִיר

bring, *v.t.* הֵבִיא [בוא], הִגִּישׁ [נגש]

bring up גִּדֵּל, חִנֵּךְ

brink, *n.* שָׂפָה, גְּבוּל, קָצֶה, פִּי פַּחַת

briny, *adj.* מָלוּחַ

brisk, *adj.* מָהִיר, זָרִיז; פָּעִיל; פָּזִיז

briskly, *adv.* בִּזְרִיזוּת

briskness, *n.* זְרִיזוּת, מְהִירוּת, פְּעִילוּת

bristle, *n.* זִיף, שֵׂעָר (חֲזִיר)

bristle, *v.t.* & *i.* סָמַר, סִמֵּר

bristly, *adj.* זִיפִי

Britain, *n.* בְּרִיטַנְיָה, אַנְגְּלִיָּה

brittle, *adj.* שָׁבִיר, מִתְפּוֹרֵר, תָּחוּחַ

broach, *n.* קְדִיחָה; שַׁפּוּד; סִכָּה, פְּרִיפָה

broach, *v.t.* קָדַח; פָּתַח (בְּשִׂיחָה, בְּדִיּוּן)

broad, *adj.* רָחָב, נִרְחָב, מַקִּיף

broadcast, *v.t.* שִׁדֵּר

broadcast, *n.* שִׁדּוּר, מִשְׁדָּר

broaden, *v.i.* & *t.* הִרְחִיב, הִתְרַחֵב, [רחב]

broadly, *adv.* בְּהַרְחָבָה, בִּכְלָל, בְּרַחֲבוּת

broad-minded, *adj.* בַּעַל הַשְׁקָפָה רְחָבָה

broadside, *n.* צַד הָאֳנִיָּה; פְּנֵי אֳנִיָּה מִמַּעַל לַמַּיִם

brocade, *n.* רִקְמָה

broccoli, *n.* תְּרֶבְתָּר (מִין כְּרוּבִית)

brochure, *n.* חוֹבֶרֶת, קֻנְטְרֵס

broil, *n.* צָלִי, צְלִיָּה; מְרִיבָה

broil, *v.t.* צָלָה (עַל גֶּחָלִים); הִתְקוֹטֵט [קטט]

broiler, *n.* מַצְלֶה, צוֹלֶה; עוֹף לִצְלִיָּה; מְחַרְחֵר רִיב

brokage, brokerage, *n.* סַרְסוּרְיָה, דְּמֵי סַרְסָרוּת

broken, *adj.* שָׁבוּר; רָצוּץ, נִדְכָּא, אֻמְלָל

broker, *n.* סַרְסוּר, מְתַוֵּךְ

bromine, *n.* בְּרוֹם; בָּאְשָׁן

bronchitis, *n.* דַּלֶּקֶת הַסִּמְפּוֹנוֹת

bronze, *n.* אָרָד (בְּרוֹנְזָה)

bronze, *v.t.* צִפָּה בְּאָרָד

Bronze Age תְּקוּפַת הָאָרָד

brooch, *n.* סִכָּה, סִיךְ

brood, *n.* בְּרִיכָה (שֶׁל אֶפְרוֹחִים)

brood, *v.t.* & *i.* דָּגַר; שָׁקַע בְּמַחֲשָׁבוֹת

brooder, *n.* דּוֹגֵר, מַדְגֵּרָה; שָׁקוּעַ בְּמַחֲשָׁבוֹת

brook, *n.* נַחַל, יוּבַל, פֶּלֶג

broom, *n.* מַטְאֲטֵא; רֹתֶם

broom, *v.t.* טֵאטֵא

broomstick, *n.* מַקֵּל הַמַּטְאֲטֵא

broth, *n.* מָרָק

brothel, *n.* בֵּית זוֹנוֹת, קֻבָּה

brother, *n.* אָח; חָבֵר; עָמִית

brotherhood, *n.* אַחֲוָה; רֵעוּת; אֲגֻדָּה

brother-in-law, *n.* גִּיס

brotherly, *adv.* אַחֲוָתִי

brow, *n.* גַּבָּה, גַּבַּת עַיִן; מֵצַח

browbeat, *v.t.* דִּכָּא (בְּמַבָּט חַד)

brown, *adj.* & *n.* חוּם, שָׁחֹם

brown, *v.t.* & *i.* הִשְׁחִים [שחם]
brownie, browny, *n.* שֵׁד טוֹב, רוּחַ טוֹבָה; צוֹפָה צְעִירָה; עוּגִיַּת שׁוֹקוֹלָד־אֱגוֹזִים
brownish, *adj.* שְׁחַמְחַם
browse, *n.* קֶלַח, נֵצֶר
browse, *v.t.* רָעָה; קָרָא, דִּפְדֵּף
bruise, *n.* פֶּצַע, מַכָּה
bruise, *v.t.* פָּצַע, מָעַךְ
brunch, *n.* בָּקְצָה, שַׁחְצָה
brunette, *adj.* & *n.* שְׁחַרְחֹר, שְׁחַרְחֹרֶת
brunt, *n.* תֹּקֶף, תְּקָפָה
brush, *n.* מִבְרֶשֶׁת, מִשְׂעֶרֶת; מִכְחוֹל; רְחִיפָה (נְגִיעָה קַלָּה)
brush, *v.t.* הִבְרִישׁ [ברש]; נָגַע (קַל), רָחַף; צָבַע
brusque, *adj.* נִמְהָר
brutal, *adj.* אַכְזָרִי
brutality, *n.* אַכְזָרִיּוּת
brutally, *adv.* בְּאַכְזָרִיּוּת
brute, *n.* חַיָּה; אַכְזָר; שׁוֹטֶה
brutish, *adj.* בְּהֵמִי, פֶּרֶא
brutishness, *n.* פִּרְאוּת, גַּסּוּת
bubble, *n.* בַּעְבּוּעַ
bubble, *v.t.* & *i.* בִּעְבֵּעַ
bubble gum לַעַס בּוּעוֹת
buccaneer, *n.* שׁוֹדֵד הַיָּם
buck, *n.* זָכָר; אַיִל, תַּיִשׁ; אַרְנָב; שָׁפָן; תְּאוֹ; כּוּשִׁי; מֵי כְּבִיסָה; דּוֹלָר; עָלִיל (שֻׁלְחָן נַגָּרִים)
buck, *v.t.* & *i.* קָפַץ, דָּהַר; כִּבֵּס; הִתְנַגֵּד [נגד]
bucket, *n.* דְּלִי
bucket, *v.t.* דָּלָה
buckle, *n.* פְּרִיפָה; אַבְזָם, חֶבֶט, בַּת נֶפֶשׁ
buckle, *v.t.* & *i.* פָּרַף; חָגַר, אִבְזֵם; הִתְאַבֵּק [אבק]; הִתְעַקֵּם [עקם]

buckshot, *n.* כַּדּוּרֵי צַיִד (לִצְבִי)
buckskin, *n.* עוֹר צְבִי
buckwheat, *n.* כֻּסֶּמֶת
bud, *n.* נִצָּן, צִיץ
bud, *v.i.* הֵנֵץ [נצץ], פָּרַח
buddy, *n.* חָבֵר
budge, *v.t.* & *i.* זָז, הֵזִיז [זוז], נָע, הֵנִיעַ [נוע]
budget, *n.* & *v.t.* תַּקְצִיב; תִּקְצֵב
buff, *n.* עוֹר רְאֵם; מְעִיל צְבָאִי; גֶּוֶן צָהֹב; גַּלְגַּל לְטוּשׁ; מַכָּה
buffalo, *n.* שׁוֹר הַבָּר
buffer, *n.* מַלְטֶשֶׁת; סוֹפֵג הֶלֶם
buffet, *n.* מִזְנוֹן; מַכַּת יָד
buffoon, *n.* לֵץ, בַּדְּחָן
buffoonery, *n.* לֵצָנוּת, בַּדְּחָנוּת
bug, *n.* חֶרֶק; פִּשְׁפֵּשׁ
buggy, *n.* & *adj.* עֲגָלָה; מְטֹרָף
bugle, *n.* חֲצוֹצְרָה
bugler, *n.* מְחַצְצֵר, חֲצוֹצְרָן
build, *n.* מִבְנֶה
build, *v.t.* & *i.* בָּנָה; בִּסֵּס, יָסַד
builder, *n.* בַּנַּאי, בּוֹנֶה
building, *n.* בְּנִיָּה, בִּנְיָן
bulb, *n.* נוּרָה, אַגָּס; פְּקַעַת
bulge, *n.* בְּלִיטָה
bulge, *v.i.* בָּלַט, יָצָא (עֵינַיִם מֵחוֹרֵיהֶן)
bulk, *n.* גּוּף, גּוּשׁ, נֶפַח, עִקָּר
bulky, *adj.* עָבֶה, גַּס
bull, *n.* פַּר, שׁוֹר, בֶּן בָּקָר, אַבִּיר
bulldog, *n.* כֶּלֶב הַשְּׁוָרִים, כֶּלֶב חֲרוּמַף
bulldozer, *n.* דַּחְפּוֹר
bullet, *n.* קָלִיעַ, כַּדּוּר
bulletin, *n.* עָלוֹן, הוֹדָעָה רִשְׁמִית
bulletproof, *adj.* חֲסִין מִקְלִיעִים
bullfight, bullfighting, *n.* מִלְחֶמֶת שְׁוָרִים

bullfinch, *n.* תַּמָּה
bullion, *n.* מְטִיל זָהָב, כֶּסֶף וְכוּ׳
bullock, *n.* שׁוֹר, פַּר בֶּן בָּקָר
bull's-eye, *n.* מֶרְכַּז הַמַּטָּרָה
bully, *n.* אַלָּם, מֵצִיק
bully, *v.t.* & *i.* הֵעִיק [עוק], אִיֵּם
bulrush, *n.* סוּף, אַגְמוֹן
bulwark, *n.* מִבְצָר, סוֹלְלָה, דָּיֵק
bumblebee, *n.* דְּבוֹרָה
bump, *n.* גַּבְנֹן; מַכָּה; חַבּוּרָה; הִתְנַגְּשׁוּת
bump, *v.t.* & *i.* נָגַף, הִכָּה; הִתְנַגֵּשׁ [נגש]
bumper, *n.* כּוֹס מְלֵאָה; מָגֵן (לִמְכוֹנִית), פָּגוֹשׁ (מִפְּנֵי נְגִישָׁה)
bumpkin, *n.* בּוּר; כַּפְרִי
bun, bunn *n.* עוּגָה, כַּעַךְ, לַחְמָנִיָּה מְתוּקָה
bunch, *n.* אֲגֻדָּה; אֶשְׁכּוֹל; זֵר, צְרוֹר; דַּבֶּשֶׁת, חֲטוֹטֶרֶת
bunch, *v.t.* אָגַד, צָרַר
bundle, *n.* חֲבִילָה, צְרוֹר, מַקְנִית
bundle, *v.t.* אָרַז, צָרַר
bungalow, *n.* מְעוֹן קַיִץ, זְבוּל פַּרְוָרִי
bungle, *v.t.* & *i.* קִלְקֵל, שִׁבֵּשׁ
bunion, *n.* יַבֶּלֶת; מָצוּף
bunk, *n.* & *v.i.* דַּרְגָּשׁ; שְׁטוּיוֹת; לָן [לון]
bunker, *n.* מִפְחָם
bunny, *n.* אַרְנֶבֶת, שְׁפַנּוֹן
bunt, *n.* שַׂק הַמִּכְמֹרֶת, הָאֶמְצָעִי שֶׁל מִפְרָשׂ (מְרֻבָּע); פַּחֲמוֹן
bunt, *v.i.* נִמְלָא [מלא] רוּחַ, הִתְנַפֵּחַ [נפח]
bunting, *n.* דֶּגֶל, קִשּׁוּט בִּדְגָלִים; דִּגְלוֹנֵי אֳנִיָּה
buoy, *n.* מָצוֹף, מְצוֹפָה
buoy, *v.t.* הֵצִיף [צוף], צִיֵּן בְּמָצוֹף
buoyancy, *n.* כֹּחַ הַצִּיפָה, תְּצוּפָה, צִיפוּת; עַלִּיזוּת
buoyant, *adj.* צָף; שָׂמֵחַ
bur, burr, *n.* קוֹץ, דַּרְדַּר; קְלִפָּה קָשָׁה; גִּרְגּוּר הָ״ר״; חִסְפּוּס; מַקְדֵּחַ שִׁנַּיִם; הֶרֶת, לַבְלָב
burden, *n.* מַשָּׂא, מַעֲמָסָה, מִטְעָן; מוּעָקָה; פִּזְמוֹן
burden, *v.t.* הֶעֱמִיס [עמס], הִטְרִיחַ [טרח]; הִכְבִּיד [כבד]
burdensome, *adj.* כָּבֵד, מֵעִיק, מַטְרִיחַ
bureau, *n.* לִשְׁכָּה, מִשְׂרָד; שִׁדָּה, אֲרוֹן מְגֵרוֹת; שֻׁלְחַן כְּתִיבָה
bureaucracy, *n.* פְּקִידוּת, שִׁלְטוֹן הַפְּקִידִים
burgess, *n.* אֶזְרָח (שֶׁל עִיר)
burglar, *n.* גַּנָּב
burial, burying, *n.* קְבוּרָה
burlesque, *n.* הֶפְרֵז, נַחְכִּית
burly, *adj.* מְגֻשָּׁם
burn, *v.t.* & *i.* שָׂרַף, הִבְעִיר [בער]; בָּעַר, קָדַח, נִקְדַּח (חָלָב); נֶחֱרַךְ (תַּבְשִׁיל); נִשְׁזַף [שזף]
burn, *n.* כְּוִיָּה, צָרֶבֶת; שְׂרֵפָה; פֶּלֶג, יוּבַל
burner, *n.* מַבְעִיר; מַבְעֵר
burnish, *v.t.* מָרַט, לָטַשׁ, צִחְצַח, הִבְרִיק [ברק]
burp, *n.*, *v.t.* & *i.* גְּהוּק; גִּהֵק
burrow, *n.* מְחִלָּה, מְאוּרָה
burrow, *v.t.* & *i.* חָפַר, נָבַר
burst, *n.* פֶּרֶץ, נֶפֶץ, הִתְפָּרְצוּת
burst, *v.t.* & *i.* נִפֵּץ; נִבְקַע [בקע], נִשְׁבַּר [שבר], הִתְפּוֹצֵץ [פצץ]
bury, *v.t.* קָבַר, טָמַן, הִסְתִּיר [סתר]
bus, *n.* (מְכוֹנִית) צִבּוּרִית
bush, *n.* שִׂיחַ, חִישָׁה
bush, *v.t.* הֶעֱלָה [עלה] שִׂיחִים
bushel, *n.* בּוּשֶׁל (בארה״ב: 35.24 לִיטְרִים, בְּאַנְגְּלִיָּה: 36.37)

busily, *adv.* בַּחֲרִיצוּת
business, *n.* עֵסֶק; מִסְחָר; עִנְיָן
businesslike, *adj.* עִסְקִי, מַעֲשִׂי
bust, *n.*, *v.t.* & *i.* בֵּית חָזֶה; פֶּסֶל; שִׁבֵּר, פִּצֵּץ
bustle, *v.i.* נֶחְפַּז [חפז], אָץ [אוץ]
busy, *adj.* עָסוּק, טָרוּד
busy, *v.t.* & *i.* עָסַק, הִתְעַסֵּק [עסק]
but, *adv.* אַךְ, רַק
but, *prep.* אֶלָּא, מִלְּבַד, זוּלַת
but, *conj.* אֲבָל, אוּלָם
butcher, *n.* קַצָּב
butcher, *v.t.* שָׁחַט, הָרַג
butchery, *n.* שְׁחִיטָה, הֶרֶג; אִטְלִיז
butler, *n.* מְשָׁרֵת, שַׁמָּשׁ
butt, *n.* בָּדָל; נְגִיחָה, נְגִיפָה; סוֹף, קָצֶה (סִיגָרָה); קַת (רוֹבֶה); עַכּוּז; חָבִית (יַיִן, בִּירָה)
butt, *v.t.* נָגַח, הִכָּה
butter, *n.* חֶמְאָה; נַגְחָן, נַגָּח
butter, *v.t.* מָרַח בְּחֶמְאָה
buttercup, *n.* תְּיאָה (הַצֶּמַח), נוּרִית (הַפֶּרַח)
butterfly, *n.* פַּרְפָּר
buttocks, *n. pl.* יַשְׁבָן, אָחוֹר, אֲחוֹרַיִם, שֵׁת, עַכּוּז
button, *n.* כַּפְתּוֹר; נִצָּן
button, *v.t.* כִּפְתֵּר, פָּרַף, רָכַס
buttonhole, *n.* לוּלָאָה, אֶבֶק, אִבְקָה
buttress, *n.* אַיִל (חוֹמָה); מִשְׁעָן, מִסְעָד, מִתְמָךְ
buttress, *v.t.* סָעַד, סָמַךְ, תָּמַךְ בְּ־
buxom, *adj.* בָּרִיא, שָׁמֵן
buy, *v.t.* קָנָה; שִׁחֵד
buyer, *n.* קוֹנֶה, לָקוֹחַ
buzz, *n.* זִמְזוּם, הֶמְיָה
buzz, *v.t.* & *i.* זִמְזֵם, הָמָה
buzzard, *n.* עַקָּב, אַיָּה
by, *adv.* & *prep.* לְ־, לְפִי, עַל, עַל יַד, אֵצֶל
 by-and-by בְּעוֹד זְמַן מַה
 by the way דֶּרֶךְ אַגַּב
bygone, *adj.* & *n.* עָבָר
bypass, *n.* & *v.t.* מַעֲבָר; עָקַף מְכוֹנִית
by-product, *n.* מוּצָר לְוַאי, תּוֹצֶרֶת נוֹסֶפֶת
bystander, *n.* עוֹמֵד מִן הַצַּד, מִתְבּוֹנֵן
byword, *n.* פִּתְגָּם, מָשָׁל, שְׁנִינָה

C, c

C, c, *n.* סִי, ס, שׂ; כּ, ק; הָאוֹת הַשְּׁלִישִׁית בָּאָלֶף בֵּית הָאַנְגְּלִי; שְׁלִישִׁי, ג׳
cab, *n.* עֲגָלָה; מוֹנִית
cabala, *n.* קַבָּלָה
cabalism, *n.* תּוֹרַת הַקַּבָּלָה
cabalist, *n.* מְקֻבָּל
cabalistic, *adj.* קַבָּלִי
cabaret, *n.* מוֹעֲדוֹן לַיְלָה, מִסְבָּאָה
cabbage, *n.* כְּרוּב
cabin, *n.* תָּא
cabinet, *n.* חֲדַר עֲבוֹדָה; תֵּבָה; וַעֲדָה, מִשְׂרָד (הַחוּץ, הַפְּנִים וְכוּ׳)
cabinetmaker, *n.* נַגָּר, רָהִיטָן
cable, *n.* כֶּבֶל; מִבְרָק עֵבֶר יַמִּי
cable, *v.t.* & *i.* כִּבֵּל; הִבְרִיק [ברק], שָׁלַח מִבְרָק
cablegram, *n.* מִבְרָק יַמִּי

cabman, *n.* עֶגְלוֹן; נֶהָג מוֹנִית
cacao, *n.* קָקָאוֹ
cache, *n.* סְלִיק, מַטְמֶנֶת נֶשֶׁק
cackle, *n.* קִרְקוּר (תַּרְנְגֹלֶת), גַּעְגּוּעַ (אַוָּז)
cackle, *v.t.* קִרְקֵר, גִּעְגַּע
cactus, *n.* צַבָּר, צָבָר
cad, *n.* רָשָׁע, נָבָל, בֶּן בְּלִיַּעַל
cadaver, *n.* חָלָל, נְבֵלָה, פֶּגֶר, גְּוִיָּה
cadaverous, *adj.* פִּגְרִי, שֶׁל נְבֵלָה
cadence, *n.* קֶצֶב, תֶּנַח, לַחַן, נְגִינָה, עֲלִיָּה וִירִידָה (קוֹל)
cadet, *n.* צָעִיר (בֵּן, אָח); פֶּרַח (קְצוּנָה, כְּהֻנָּה), צוֹעֵר, חֲנִיךְ צָבָא
café, *n.* בֵּית קַהֲוָה, קַהֲוָאָה
cafeteria, *n.* מִסְעָדָה (בְּשֵׁרוּת עַצְמִי)
cage, *n.* כְּלוּב, סוּגָר
cage, *v.t.* שָׂם [שים] בִּכְלוּב, אָסַר
cairn, *n.* גַּל אֲבָנִים
caitiff, *n.* מוּג לֵב, נִבְזֶה
cajole, *v.t.* הֶחֱנִיף [חנף], פִּתָּה
cajolement, *n.* חֲנֻפָּה, פִּתּוּי
cake, *n.* חֲרָרָה, עוּגָה, תּוּפִין; חֲתִיכָה (סַבּוֹן)
cake, *v.t. & i.* גִּבֵּשׁ, הִתְגַּבֵּשׁ (גבש), הִתְקָרֵשׁ [קרש]; עָג [עוג]
calamity, *n.* אָסוֹן, אֵיד, שֵׁאת
calamitous, *adj.* שֶׁל אָסוֹן, רַע
calcination, *n.* שְׂרֵפָה לְאֵפֶר, לִבּוּן
calcium, *n.* סִידָן
calculate, *v.t. & i.* חִשֵּׁב, שִׁעֵר, אָמַד
calculation, *n.* חִשּׁוּב, חֶשְׁבּוֹן, תַּחֲשִׁיב
calculator, *n.* מְחַשֵּׁב, חַשְׁבָּן, חַשָּׁב
calculus, *n.* תּוֹרַת הַחִשּׁוּב
caldron, cauldron, *n.* קַלַּחַת, דּוּד, יוֹרָה
calendar, *n.* לוּחַ
calender, *v.t.* גִּהֵץ
calf, *n.* עֵגֶל, בֶּן בָּקָר
caliber, *n.* קֹטֶב; גֹּדֶל; קֹטֶר; יְכֹלֶת
calipers, *n. pl.* מַדְעֹבִי
calk, caulk, *v.t.* הֶחֱזִיק [חזק] בִּדְקֵי אֳנִיָּה, סָתַם
call, *n.* קְרִיאָה; בִּקּוּר
call, *v.t.* קָרָא; הִקְהִיל [קהל]; כִּנָּה; זָעַק
calligraphy, *n.* כְּתִיבָה תַּמָּה
callous, *adj.* קָשֶׁה, קְשֵׁה לֵב
callow, *adj.* רַךְ, עָרֹם, חֲסַר נוֹצוֹת
callus, *n.* יַבֶּלֶת
calm, *adj.* שׁוֹקֵט, שָׁלֵו, נִרְגָּע
calm, *n.* שֶׁקֶט, שַׁלְוָה, דּוּמִיָּה, מְנוּחָה
calm, *v.t.* הִשְׁקִיט [שקט], מִתֵּק (יָם)
calm, *v.i.* שָׁקַט, שָׁתַק, הִתְמַתֵּק [מתק]
calmly, *adv.* בְּשֶׁקֶט, בִּמְנוּחָה
calmness, *n.* שֶׁקֶט; יִשּׁוּב הַדַּעַת; רְגִיעָה (יָם)
calorie, *n.* אַבְחֹם, קָלוֹרְיָה, חֲמִית
calorimeter, *n.* מַדְחֲמִית
calumniate, *v.i.* הוֹצִיא [יצא] דִּבָּה, הֶעֱלִיל [עלל]
calumnious, *adj.* מוֹצִיא לַעַז, מַעֲלִיל
calumny, *n.* רְכִילוּת, דִּבָּה, לְשׁוֹן הָרָע
calve, *v.t. & i.* מִלֵּט עֵגֶל, פִּלֵּט
calyx, *n.* כּוֹס; גָּבִיעַ (פֶּרַח)
cam, *n.* פִּקָּה (בִּמְכוֹנוֹת)
camber, *n.* קִמּוּר, כִּפָּה
camel, *n.* גָּמָל ז׳, נָאקָה, נ׳
camera, *n.* מַצְלֵמָה; חֶדֶר אָפֵל; לִשְׁכַּת הַשּׁוֹפְטִים
camomile, chamomile, *n.* בַּבּוֹנָג
camouflage, *n.* הַסְוָאָה
camouflage, *v.t.* הִסְוָה [סוה]
camp, *n.* מַחֲנֶה, אָהֳלִיָּה
camp, *v.i.* חָנָה, יָשַׁב בְּמַחֲנֶה
campaign, *n.* מַעֲרָכָה, מַגְבִּית, מִלְחֶמֶת בְּחִירוֹת

camper, *n.* חוֹנֶה
campfire, *n.* מְדוּרָה
camphor, *n.* מוֹר, כֹּפֶר
campus, *n.* חֲצַר הַמִּכְלָלָה
can, *n.* פַּחִית
can, *v.t.* שָׂם [שים] בְּפַחִית, שִׁמֵּר
can, *v.i.* יָכֹל, יָדַע
canal, *n.* תְּעָלָה, בִּיב
canalization, *n.* תִּעוּל, בִּיּוּב
canalize, *v.t.* תִּעֵל, בִּיֵּב
canard, *n.* אֲחִיזַת עֵינַיִם, תַּרְמִית, בְּדוּתָה
canary, *n.* כַּנָּרִית
cancel, *v.t.* בִּטֵּל, מָחַק; חִתֵּם (בּוּלִים)
cancellation, *n.* בִּטּוּל, מְחִיקָה; חִתּוּם (בּוּלִים)
cancer, *n.* סַרְטָן
candelabrum, *n.* נִבְרֶשֶׁת, מְנוֹרָה
candid, *adj.* גְּלוּי לֵב, יָשָׁר
candidacy, *n.* מֻעֲמָדוּת
candidate, *n.* מֻעֲמָד
candidly, *adv.* בְּתֹם לֵבָב
candle, *n.* נֵר
candlestick, *n.* פָּמוֹט
candor, candour, *n.* גִּלּוּי לֵב
candy, *n.* סֻכָּרִיָּה, מַמְתַּקִּים
cane, *n.* קָנֶה, מַקֵּל
cane, *v.t.* הִכָּה בְּמַקֵּל, הִלְקָה [לקה]
cane sugar סֻכַּר קָנִים
canine, *adj.* כַּלְבִּי
Canis, *n.* כֶּלֶב
canister, *n.* קֻפְסָה, תֵּבָה
canker, *v.t.* הֶמְאִיר [מאר]
canker, *v.i.* נֶאֱלַח [אלח]
cankerworm, *n.* אִכּוּל, יֶלֶק
canned, *adj.* כָּבוּשׁ, מְשֻׁמָּר
cannibal, *n.* אוֹכֵל אָדָם
cannibalism, *n.* אֲכִילַת אָדָם
cannon, *n.* תּוֹתָח
cannonade, *n.* הַפְגָּזָה
cannonball, *n.* כַּדּוּר תּוֹתָח, פָּגָז
cannoneer, *n.* תּוֹתְחָן
canoe, *n.* סִירָה קַלָּה, דּוּגִית, בּוּצִית
canoe, *v.i.* שָׁט בְּדוּגִית
canoeist, *n.* בַּעַל דּוּגִית
canon, *n.* חֹק, מִשְׁפָּט, דָּת; כֹּמֶר
canonical, *adj.* חֻקִּי; דָּתִי
canonization, *n.* קִדּוּשׁ, הַקְדָּשָׁה
canonize, *v.t.* כָּתַב לְחַיֵּי עוֹלָם
canopy, *n.* חֻפָּה
canopy, *v.t.* כִּסָּה בְּחֻפָּה
cant, *n.* הִתְאוֹנְנוּת, הִתְיַפְּחוּת, צְבִיעוּת
cant, *v.t.* דִּבֵּר בִּצְבִיעוּת
cant, *v.i.* הִטָּה, כָּפָה
cantaloupe, *n.* אֲבַטִּיחַ צָהֹב
cantankerous, *adj.* מִתְרַעֵם, מִתְלוֹנֵן
cantata, *n.* פְּזוּמָה
canteen, *n.* שֶׁקֶם; מֵימִיָּה
canter, *n.* רִיצָה קַלָּה, דְּהִירָה
canter, *v.t.* הֵרִיץ [רוץ] רִיצָה קַלָּה, הִדְהִיר [דהר]
canter, *v.i.* רָץ רִיצָה קַלָּה, דָּהַר
canticle, *n.* שִׁיר
Canticles, *n. pl.* שִׁיר הַשִּׁירִים
canton, *n.* מָחוֹז, גָּלִיל
canton, *v.t.* חִלֵּק לִמְחוֹזוֹת
cantonal, *adj.* מְחוֹזִי
cantor, *n.* חַזָּן
canvas, *n.* מַשְׁתִּית (בַּד לְרִקְמָה); אֲרִיג מִפְרָשִׂים; יְרִיעָה (צִיּוּר)
canvass, *n.* בִּקֹּרֶת, חֲקִירָה, אֲסִיפַת קוֹלוֹת
canvass, *v.t. & i.* בָּחַן, בָּדַק, חִזֵּר אַחֲרֵי קוֹלוֹת (בִּבְחִירוֹת)
canyon, *n.* עָרוּץ, נָקִיק
cap, *n.* כִּפָּה, כֻּמְתָּה, כּוֹבַע; כִּסּוּי, מִכְסֶה; פִּקָּה

cap, *v.t.* כִּסָּה, הִלְבִּישׁ [לבשׁ] כִּפָּה
capability, *n.* יְכֹלֶת; כִּשְׁרוֹן
capable, *n.* מֻכְשָׁר, עָלוּל, יָכֹל
capably, *adv.* בְּכִשְׁרוֹן
capacious, *adj.* נִרְחָב, מְרֻוָּח
capacity, *n.* הֲכָלָה, קִבּוּל; כִּשְׁרוֹן תַּפְקִיד
cape, *n.* קֶפֶשׁ, שִׁכְמִיָּה; שֵׁן סֶלַע, צוּק
caper, *n.* פִּזּוּז, קִרְטוּעַ; צָלָף (שִׂיחַ)
caper, *v.i.* קִרְטֵעַ, פִּזֵּז, דָּץ [דוץ]
caperberry, *n.* אֲבִיּוֹנָה
capillary, *n.* & *adj.* שְׂעָרָה, נִימָה; שְׂעִיר, נִימִי
capital, *adj.* רָאשִׁי, גָּדוֹל
capital, *n.* כּוֹתֶרֶת; בִּירָה; הוֹן, רְכוּשׁ, מָמוֹן
capitalism, *n.* רְכוּשָׁנוּת
capitalist, *n.* רְכוּשָׁן
capitulate, *v.i.* נִכְנַע [כנע], נִמְסַר [מסר]
capitulation, *n.* הִכָּנְעוּת, כְּנִיעָה
capon, *n.* תַּרְנְגוֹל מְסֹרָס
caprice, *n.* צִבְיוֹן
capricious, *adj.* צִבְיוֹנִי
capsize, *n.* הֲפִיכָה, הִתְהַפְּכוּת (סִירָה)
capsize, *v.t.* הָפַךְ, הִתְהַפֵּךְ (סִירָה)
capsize, *v.i.* נֶהֱפַּךְ [הפך]
capsule, *n.* תַּרְמִיל, הֶלְקֵט, נַרְתִּיק, כְּמוּסָה (לִרְפוּאָה)
captain, *n.* סֶרֶן; רַב חוֹבֵל, קַבַּרְנִיט
caption, *n.* כּוֹתֶרֶת
captivate, *v.t.* כִּשֵּׁף, לָקַח לֵב
captivation, *n.* שְׁבִיָּה, לְכִידַת לֵב
captive, *n.* אָסִיר, שָׁבוּי
captivity, *n.* שֶׁבִי, שְׁבוּת
captor, *n.* שׁוֹבֶה
capture, *n.* לְכִידָה
car, *n.* מְכוֹנִית; מֶרְכָּבָה (בָּרַכֶּבֶת)
caramel, *n.* סֻכָּר שָׂרוּף, סֻכָּרִיָּה
carat, *n.* קֶרֶט
caravan, *n.* אוֹרְחָה, שַׁיָּרָה
carbine, *n.* קַרְבִּין, רוֹבֶה קָצָר וְקַל
carbohydrate, *n.* פַּחְמֵימָה
carbon, *n.* פַּחְמָן
carbon dioxide דּוּ־תַּחְמֹצֶת הַפַּחְמָן
carbuncle, *n.* כַּדְכֹּד
carburetor, carburettor, *n.* מְאַיֵּד
carcass, *n.* פֶּגֶר, נְבֵלָה
card, *n.* קְלָף, כַּרְטִיס; מַקְרֵדָה
card, *v.t.* סָרַק (פִּשְׁתָּן), נִפֵּץ (צֶמֶר); נָתַן קְלָפִים; קֵרַד
cardboard, *n.* נְיֹרֶת, קַרְטוֹן
cardiac, *adj.* שֶׁל הַלֵּב
cardinal, *adj.* רָאשִׁי, עִקָּרִי
cardinal, *n.* חַשְׁמָן; אַדְמוֹן (צִפּוֹר)
care, *n.* דְּאָגָה; זְהִירוּת; טִפּוּל
care, *v.i.* דָּאַג, טִפֵּל
careen, *v.t.* & *i.* נָטָה עַל צִדּוֹ
career, *n.* תַּכְלִיתָנוּת, מִקְצוֹעַ, מִשְׂרָה
careful, *adj.* זָהִיר, נִשְׁמָר
carefully, *adv.* בִּזְהִירוּת, בְּדַיְקָנוּת
carefulness, *n.* זְהִירוּת, דַּיְקָנוּת
careless, *adj.* בִּלְתִּי זָהִיר, פָּזִיז
carelessness, *n.* רַשְׁלָנוּת, אִי זְהִירוּת
caress, *n.* לְטִיפָה
caress, *v.t.* לִטֵּף
cargo, *n.* מִטְעָן, מַשָּׂא
caricature, *n.* תְּמוּנָה מְגֻזֶּמֶת, מִפְלֶצֶת
caricature, *v.t.* צִיֵּר תְּמוּנָה מְגֻזֶּמֶת
caricaturist, *n.* צַיָּר תְּמוּנוֹת מְגֻזָּמוֹת גַּחֲכָן
caries, *n.* עַשֶּׁשֶׁת, רִקָּבוֹן (עֲצָמוֹת)
carmine, *n.* אַרְגָּמָן, שָׁנִי, תּוֹלַע
carnal, *adj.* בְּשָׂרִי, חוּשִׁי, תַּאֲוָנִי
carnation, *n.* צִפֹּרֶן (פֶּרַח)
carnival, *n.* עַדְלָיָדַע, קַרְנָבָל

carnivorous, *adj.* אוֹכֵל בָּשָׂר
carob, *n.* חָרוּב
carol, *n.* מִזְמוֹר, שִׁיר הַמּוֹלָד
carotid, *n.* עוֹרֵק הָרֵיאשׁ
carouse, *n.* מִשְׁתֶּה
carouse, *v.t. & i.* סָבָא, שָׁכַר
carp, *n.* שִׁבּוּט (דָּג)
carp, *v.i.* הִטִּיל [נטל] דֹּפִי
carpenter, *n., v.t. & i.* נַגָּר; נִגֵּר
carpentry, *n.* נַגָּרוּת
carpet, *n.* שָׁטִיחַ, מַרְבַד
carpet, *v.t.* כִּסָּה בִּשְׁטִיחִים
carriage, *n.* עֲגָלָה, מֶרְכָּבָה; הוֹבָלָה, נְשִׂיאָה; הִתְנַהֲגוּת
carrier, *n.* סַבָּל; נוֹשֵׂא (מַעֲבִיר) מַחֲלָה
carrion, *n.* נְבֵלָה
carrot, *n.* גֶּזֶר
carry, *v.t. & i.* נָשָׂא, הֵבִיא [בוא] הִסִּיעַ [נסע]
cart, *n.* עֲגָלָה
cart, *v.t.* נָשָׂא בַּעֲגָלָה
cartage, *n.* שְׂכַר עֲגָלָה
cartilage, *n.* חַסְחוּס, סְחוּס
cartilaginous, *adj.* סְחוּסִי
carton, *n.* נְיֹרֶת, קַרְטוֹן
cartoon, *n.* צִיּוּר הִתּוּלִי
cartoonist, *n.* צַיָּר הִתּוּלִי
cartridge, *n.* תַּחְמִישׁ, כַּדּוּר
carve, *v.t. & i.* גִּלֵּף, חָקַק, חָרַת
carver, *n.* חַטָּב, גַּלָּף
carving, *n.* כִּיּוּר, פִּתּוּחַ, חִטּוּב
cascade, *n.* אֶשֶׁד, אֲשֵׁדָה
cascade, *v.t.* נָפַל, זָרַם, סָחַף
case, *n.* מִשְׁפָּט; מִקְרֶה, מְאֹרָע; עֻבְדָּה; מַחֲלָה; תִּיק; אַרְגָּז; אָרוֹן
casein, *n.* גְּבִינִין
casement, *n.* מַלְבֵּן, מִסְגֶּרֶת (חַלּוֹן)
cash, *n.* פֶּרֶט, מְזֻמָּנִים; מָעוֹת; אֲגוֹרָה
cash, *v.t.* פָּרַט, מִזְמֵן
cashier, *n.* גִּזְבָּר, קֻפַּאי
casing, *n.* תִּיק, מִשְׁבֶּצֶת
cask, *n.* חָבִיוֹנָה, חָבִית
casket, *n.* קֻפְסָה; אֲרוֹן מֵתִים
casque, *n.* קַסְדָּה, כּוֹבַע מַתֶּכֶת
casserole, *n.* אִלְפָּס, קַלַּחַת
cassock, *n.* מְעִיל הַכְּמָרִים
cast, *n.* הַשְׁלָכָה; צוּרָה, מַרְאֶה; דֶּפֶס, יְצִיקָה; קְבוּצַת שַׂחֲקָנִים
cast, *v.t.* זָרַק, הִשְׁלִיךְ [שלך], יָצַק
castanets, *n. pl.* עַרְמוֹנִיּוֹת
castaway, *n.* נִדָּח
caste, *n.* כַּת, כִּתָּה, מַעֲמָד
castigate, *v.t.* הוֹכִיחַ [יכח], יִסֵּר
castigation, *n.* יִסּוּר, עֲנִישָׁה
casting, *n.* הַשְׁלָכָה; יְצִיקָה; הַגְרָלָה
cast iron, *n.* יַצֶּקֶת, בַּרְזֶל יָצוּק
castle, *n.* צְרִיחַ (שַׁחְמָט); טִירָה, מִגְדָּל, בִּירָנִית
castle, *v.t.* הִצְרִיחַ [צרח]
castoff, *adj.* מָאוּס, נָטוּשׁ
castor oil שֶׁמֶן קִיק
castor-oil plant קִיקָיוֹן
castrate, *n.* סָרִיס, עָקָר
castrate, *v.t.* סֵרֵס, עִקֵּר
castration, *n.* עִקּוּר, סֵרוּס
casual, *adj.* מִקְרִי, אֲרָעִי
casualty, *n.* מִקְרֶה; אָסוֹן; פָּצוּעַ; תְּאוּנָה
casuist, *n.* חָרִיף, פַּלְפְּלָן, מְפַלְפֵּל
casuistry, *n.* פִּלְפּוּל
cat, *n.* חָתוּל
cataclysm, *n.* אָסוֹן, מַהְפֵּכָה, מַבּוּל, שֶׁטֶף
catacomb, *n.* מְעָרַת כּוּכִים, מְעָרַת קְבָרִים
catalog, *n.* רְשִׁימָה (סְפָרִים וְכוּ׳), קָטָלוֹג

catalog, *v.t.* הֵכִין [כון] רְשִׁימָה, קִטְלֵג
catamount, *n.* חֲתוּל הַבָּר
cataract, *n.* אֶשֶׁד, מַפַּל מַיִם; יָרוֹד, חַרְדְּלִית; תְּבַלּוּל; חִלָּזוֹן (בָּעַיִן)
catarrh, *n.* נַזֶּלֶת
catastrophe, *n.* אָסוֹן, שׁוֹאָה, חֻרְבָּן
catch, *n.* תְּפִיסָה, צֵיד דָּגִים; בְּרִיחַ (בַּמַּנְעוּל)
catch, *v.t.* תָּפַס, הֶחֱזִיק [חזק]; אָחַז (אֵשׁ); הִשִּׂיג [נשג]; נִדְבַּק [דבק] (בְּמַחֲלָה); צָד [צוד], דָּג [דוג]; הִצְטַנֵּן [צנן]
catcher, *n.* תּוֹפֵס
catchup, catsup, ketchup, *n.* רֹטֶב עַגְבָנִיּוֹת
categorical, *adj.* סוּגִי; מֻחְלָט, וַדָּאִי, נִמְרָץ
category, *n.* סוּג (עֶלְיוֹן), מַעֲמָד, מַדְרֵגָה, מַחְלָקָה
cater, *v.i.* הִסְפִּיק [ספק] מָזוֹן
caterer, *n.* סַפָּק מָזוֹן
caterpillar, *n.* זַחַל
catfish, *n.* שְׂפַמְנוּן
catgut, *n.* מֵיתָר, כְּלֵי מֵיתָרִים
cathartic, *adj.* & *n.* מְשַׁלְשֵׁל
cathedral, *n.* כְּנֵסִיָּה
catheter, *n.* אַבּוּב
catholic, *adj.* & *n.* כְּלָלִי, עוֹלָמִי, קָתוֹלִי
catsup, *v.* catchup
cattle, *n.* בָּקָר, בְּהֵמָה, אֶלֶף, מִקְנֶה
cattleman, *n.* בּוֹקֵר, בַּקָּר
caudal, *adj.* זְנָבִי
caudate, *adj.* בַּעַל זָנָב
cauldron, *v.* caldron
cauliflower, *n.* כְּרוּבִית
caulk, *v.* calk
causal, *adj.* סִבָּתִי, עִלָּתִי, גּוֹרֵם, מִקְרִי, פָּשׁוּט (לְבוּשׁ)

causality, *n.* סִבָּתִיּוּת
causally, *adv.* בְּתוֹר סִבָּה
causation, *n.* גְּרִימָה
cause, *n.* סִבָּה, טַעַם, עִלָּה, עִנְיָן, מִשְׁפָּט
cause, *v.t.* גָּרַם, הֵסֵב [סבב], הֵבִיא [בוא] לִידֵי
causeless, *adj.* חֲסַר סִבָּה, חֲסַר טַעַם
causerie, *n.* שִׂיחָה
caustic, *adj.* מְאַכֵּל; צוֹרֵב; חוֹתֵךְ; חַד
caustically, *adv.* בַּעֲקִיצָה
cauterize, *v.t.* כָּוָה, כִּוָּה, הִצְרִיב [צרב]
caution, *n.* זְהִירוּת; הַזְהָרָה, הַתְרָאָה
caution, *v.t.* הִזְהִיר [זהר], הִתְרָה [תרה]
cautious, *adj.* מָתוּן, זָהִיר, נִזְהַר
cautiously, *adv.* בִּזְהִירוּת
cautiousness, *n.* זְהִירוּת, מְתִינוּת
cavalcade, *n.* אוֹרְחַת פָּרָשִׁים
cavalier, *n.* אַבִּיר, צְבָא, רוֹכֵב
cavalry, *n.* חֵיל פָּרָשִׁים, צְבָא רוֹכְבִים
cave, *n.* מְעָרָה, כּוּךְ, חוֹחַ
cave, *v.t.* & *i.* כָּרָה; הִתְמוֹטֵט [מוט]
cavern, *n.* נִקְרָה, חָלָל
cavernous, *adj.* מָלֵא נְקָרוֹת, חָלוּל
caviar, caviare, *n.* שַׁחֲלָה, אֶשְׁכּוֹל, סְגוֹל
cavil, *n.* גִּנּוּי, דֹּפִי
cavil, *v.t.* בִּקֵּשׁ עֲלִילוֹת, הִתְגּוֹלֵל [גלל] עַל
cavity, *n.* חָלָל, חוֹר; רֵיקָנוּת; מְחִלָּה
caw, *n.* קִרְקוּר
caw, *v.t.* & *i.* קִרְקֵר
cease, *v.t.* & *i.* פָּסַק, כָּלָה, חָדַל
ceaseless, *adj.* בִּלְתִּי פּוֹסֵק
ceaselessly, *adv.* בְּלִי הֶרֶף
cedar, *n.* אֶרֶז

cede, *v.t.* וִתֵּר
ceil, *v.t.* סָפַן
ceiling, *n.* תִּקְרָה, סִפּוּן
celebrant, *n.* חוֹגֵג
celebrate, *v.t.* & *i.* חָגַג, הִלֵּל, שִׁבַּח
celebrated, *adj.* מְפֻרְסָם
celebration, *n.* חֲגִיגָה
celebrity, *n.* אִישׁ מְפֻרְסָם, מְהֻלָּל
celerity, *n.* מְהִירוּת, חִפָּזוֹן
celery, *n.* כַּרְפָּס
celestial, *adj.* שְׁמֵימִי, נֶאֱצָל
celibacy, *n.* פְּרִישׁוּת, רַוָּקוּת
celibate, *n.* פָּרוּשׁ, רַוָּק
cell, *n.* תָּא
cellar, *n.* מַרְתֵּף, יֶקֶב
cellular, *adj.* תָּאִי
cellule, *n.* תָּאוֹן
celluloid, *n.* צִיבִית
cellulose, *n.* תָּאִית
cement, *n.* מֶלֶט
cement, *v.t.* מִלֵּט, טָח [טוח]
cemetery, *n.* בֵּית קְבָרוֹת, בֵּית חַיִּים
censer, *n.* מִקְטֶרֶת, מַחְתָּה
censor, *n.* בַּדָּק, מְבַקֵּר, נַקְרָן
censorial, *adj.* בִּקָּרְתִּי
censorship, *n.* בִּדֹּקֶת
censure, *n.* נְזִיפָה, גִּנּוּי
censure, *v.t.* גִּנָּה, נָזַף
census, *n.* מִפְקָד
cent, *n.* סֶנְט
centenarian, *n.* בֶּן מֵאָה שָׁנָה
centenary, *n.* מֵאוֹן, מֵאָה שָׁנִים
center, centre, *n.* מֶרְכָּז, אֶמְצַע, טַבּוּר
center, centre, *v.t.* רִכֵּז
center, centre, *v.i.* הִתְרַכֵּז [רכז]
centigrade, *adj.* בַּעַל מֵאָה מַעֲלוֹת
centigram, centigramme, *n.* מֵאִית הַגְּרָם, סַנְטִיגְרָם
centimeter, centimetre, *n.* מֵאִית הַמֶּטֶר, סַנְטִימֶטֶר
centipede, *n.* נָדָל
central, *adj.* מֶרְכָּזִי, אֶמְצָעִי
centralization, *n.* רִכּוּז, מִרְכּוּז
centralize, *v.t.* & *i.* רִכֵּז, מִרְכֵּז, הִתְרַכֵּז [רכז]
centralizer, *n.* רַכָּז, מְרַכֵּז
centrifugal, *adj.* בּוֹרֵחַ מֶרְכָּז
century, *n.* מֵאָה (שָׁנָה)
ceramics, *n.* קַדָּרוּת
cere, *v.t.* דִּנֵּג
cereal, *adj.* דַּגָּנִי, זֵרְעוֹנִי
cerebral, *adj.* מֹחִי, מֹחָנִי
ceremonial, *adj.* טִכְסִי, מִנְהָגִי
ceremonial, *n.* סֵדֶר הַטְּכָסִים
ceremony, *n.* טֶכֶס, טֶקֶס, מִנְהָג
certain, *adj.* בָּטוּחַ, וַדַּאי, בָּרוּר; פְּלוֹנִי
certainly, *adv.* בְּוַדַּאי, בְּלִי סָפֵק
certainty, *n.* וַדָּאוּת
certificate, *n.* תְּעוּדָה, אִשּׁוּר
certified, *adj.* מְאֻשָּׁר
certify, *v.t.* אִשֵּׁר
certitude, *n.* וַדָּאוּת
cessation, *n.* הֶפְסֵק, הַפְסָקָה, חֶדֶל, חִדָּלוֹן, הֲפוּגָה, בִּטּוּל
cession, *n.* וִתּוּר, מְסִירָה
cesspool, cesspit, *n.* בִּיב (בּוֹר) שֻׁפְכִים
chafe, *n.* חִכּוּךְ, שִׁפְשׁוּף
chafe, *v.t.* & *i.* הִתְרַגֵּשׁ [רגש], הִקְנִיט [קנט]
chaff, *n.* לֵצָנוּת; מוֹץ, פְּסֹלֶת
chaff, *v.t.* & *i.* לִגְלֵג, הִתְלוֹצֵץ [ליץ]
chaffer, *n.* תַּגְרָנוּת; לַגְלְגָן, מִתְלוֹצֵץ
chaffer, *v.i.* הִתְוַכֵּחַ [וכח] עַל הַמְּחִיר, עָמַד עַל הַמִּקָּח
chagrin, *n.* צַעַר, עָגְמַת נֶפֶשׁ

chagrin, *v.t.* צַעֵר
chain, *n.* שַׁרְשֶׁרֶת, שַׁלְשֶׁלֶת, כֶּבֶל, זֵק, עֲבוֹת
chain, *v.t.* שָׁלַל, אָסַר בְּזִקִּים, כָּבַל
chair, *n.* כִּסֵּא
chair, *v.t.* הוֹשִׁיב [ישב]; שִׁמֵּשׁ יוֹשֵׁב רֹאשׁ
chairman, *n.* יוֹשֵׁב רֹאשׁ
chaise, *n.* מֶרְכָּבָה
chalice, *n.* כּוֹס, גָּבִיעַ
chalk, *n.* גִּיר, קִרְטוֹן
chalk, *v.t.* כָּתַב בְּגִיר, קִרְטֵם
challenge, *n.* הִתְגָּרוּת, תַּגְרִית, אֶתְגָּר, הַתְרָסָה, הַזְמָנָה לְדוּ־קְרָב; סַפְקָנוּת
challenge, *v.t.* הִתְגָּרָה [גרה], תִּגֵּר, הִתְרִיס [תרס] כְּנֶגֶד
challenger, *n.* תִּגְרָן
chamber, *n.* חֶדֶר, לִשְׁכָּה
chameleon, *n.* זִקִּית
chamfer, *n.* חָרִיץ
chamois, *n.* יָעֵל
chamomile, *v.* camomile
champagne, *n.* יֵין תּוֹסֵס, יֵין קוֹצֵף
champion, *n.* מְנַצֵּחַ, גִּבּוֹר, אַלּוּף
champion, *v.t.* תָּמַךְ, הֵגֵן [גנן], הִמְלִיץ [מלץ]
championship, *n.* אַלִּיפוּת, נִצָּחוֹן, רָאשׁוּת
chance, *n.* אֶפְשָׁרוּת, מִקְרֶה, הִזְדַּמְּנוּת
chance, *v.i.* קָרָה
chancellor, *n.* שַׂר; דַּיָּן; נְשִׂיא מִכְלָלָה
chandelier, *n.* נִבְרֶשֶׁת
change, *n.* חֲלִיפִין, חִלּוּף, הֲמָרָה, שִׁנּוּי; פֶּרֶט, מָעוֹת; הִשְׁתַּנּוּת
change, *v.t.* & *i.* שִׁנָּה, הָפַךְ, חִלֵּף, הִתְחַלֵּף [חלף]
changeable, *adj.* מִשְׁתַּנֶּה
channel, *n.* תְּעָלָה
channel, *v.t.* תִּעֵל; כִּוֵּן, הִכְוִין [כון]
chant, *n.* זֶמֶר, זִמְרָה, מִזְמוֹר, נִגּוּן
chant, *v.i.* & *t.* זִמֵּר, רִנֵּן, שָׁר [שיר], קוֹנֵן [קין]
chaos, *n.* תֹּהוּ וָבֹהוּ, מְבוּכָה
chap, *n.* בָּחוּר
chap, *v.t.* & *i.* פִּלַּח, בָּקַע; נִסְדַּק [סדק]
chapel, *n.* בֵּית תְּפִלָּה
chaperon, *n.* חוֹסֶה, מֵגֵן, בַּת לְוָאי
chaperon, *v.t.* חָסָה
chaplain, *n.* רַב (כֹּמֶר) צְבָאִי
chapter, *n.* פֶּרֶק, סְנִיף; בָּבָא, בָּבָה
char, *v.t.* & *i.* חָרַךְ, גָּחַל, הָיָה לְפֶחָם
character, *n.* תְּכוּנָה, טֶבַע, אֹפִי; טִיב; אוֹת
characteristic, *adj.* אָפְיָנִי
characteristic, *n.* תְּכוּנָה, טִיב
characterization, *n.* אִפְיוּן
characterize, *v.t.* אִפְיֵן, תֵּאֵר
characterless, *adj.* מְחֻסַּר אֹפִי
charcoal, *adj.* פֶּחָם (עֵץ)
charge, *n.* מַשָּׂא, מִטְעָן; דְּאָגָה; חוֹבָה; הִשְׂתָּעֲרוּת, זְקִיפָה לְחֶשְׁבּוֹן
charge, *v.t.* & *i.* הֶעֱמִיס [עמס]; הֶאֱשִׁים [אשם]; הִשְׂתָּעֵר [שער] קָבַע מְחִיר, זָקַף לְחֶשְׁבּוֹן
charger, *n.* קְעָרָה; אֲגַרְטֵל; סוּס מִלְחָמָה
charily, *adv.* בִּזְהִירוּת
chariot, *n.* רֶכֶב, מֶרְכָּבָה
charioteer, *n.* רַכָּב, קָרָר; מַזָּל עֶגְלוֹן
charitable, *adj.* צַדְקָן, נְדִיב לֵב
charity, *n.* צְדָקָה, נְדָבָה, חֶסֶד
charlatan, *n.* נוֹכֵל, רַמַּאי, יִדְּעוֹנִי
charm, *n.* חֵן; קֶסֶם, חֶבֶר, כְּשָׁפִים; קָמֵעַ
charm, *v.t.* לִבֵּב; קָסַם, כִּשֵּׁף, לָחַשׁ

charmer, *n.* קוֹסֵם, חוֹבֵר, מְלַחֵשׁ; יִדְּעוֹנִי

charming, *adj.* מַקְסִים, נֶחְמָד; לוֹחֵשׁ

chart, *n.* מַפָּה, לוּחַ, תַּרְשִׁים

chart, *v.t.* רִשֵּׁם, לִוַּח

chart, *v.i.* עָשָׂה מַפָּה, מִפָּה

charter, *n.* אִשּׁוּר, כְּתַב זְכוּיוֹת

charter, *v.t.* אִשֵּׁר, שָׂכַר

chary, *adj.* חַסְכָן, מְקַמֵּץ; מָתוּן; זָהִיר

chase, *n.* רְדִיפָה, צַיִד

chase, *v.t. & i.* רָדַף, הִדִּיחַ [נדח]

chase, *v.t.* פִּתַּח, חָקַק

chasm, *n.* תְּהוֹם, נִקְרָה

chassis, *n.* מֶרְכָּב

chaste, *adj.* צָנוּעַ, בַּיְשָׁן, תָּם

chasten, *v.t.* הוֹכִיחַ [יכח], יִסֵּר, טִהֵר

chasteness, *n.* צְנִיעוּת, תֹּם

chastise, *v.t.* עָנַשׁ, יִסֵּר

chastisement, *n.* עֲנִישָׁה, יִסּוּר מַלְקוּת

chastity, *n.* טָהֳרַת הַמִּין, צְנִיעוּת

chat, *n.* שִׂיחָה

chat, *v.i.* שׂוֹחַח, הֵשִׂיחַ [שיח]

chattels, *n. pl.* מִטַּלְטְלִין

chatter, *n.* פִּטְפּוּט

chatter, *v.t. & i.* פִּטְפֵּט, צִפְצֵף

chatterer, *n.* פַּטָּט, פַּטְפְּטָן

chauffeur, *n.* נֶהָג

chauvinism, *n.* קַנָּאוּת, קִיצוֹנִיּוּת

chauvinist, *n.* קַנַּאי

cheap, *adj.* זוֹל; נִקְלֶה

cheapen, *v.t.* הֵזִיל [זול]

cheaply, *adv.* בְּזוֹל

cheapness, *n.* זוֹל, זוֹלוּת

cheat, *n.* הוֹנָאָה, תַּרְמִית; רַמַּאי

cheat, *v.t. & i.* הוֹנָה, [ינה], רִמָּה

cheater, *n.* נוֹכֵל, רַמַּאי

check, cheque, *n.* הַמְחָאָה; עִכּוּב, סִימָן, בַּקָּרָה; מִבְדָּק

check, *v.t.* עִכֵּב, סִמֵּן, בָּדַק, אִיֵּם

checker, chequer, *n.* בּוֹלֵם, עוֹצֵר

checker, chequer, *v.t.* שִׁבֵּץ

checkerboard, *n.* לוּחַ שַׁחְמָט

checkmate, *n.* שַׁחְמָט!

checkmate, *v.t.* נָתַן מָט, לָכַד (אֶת הַמֶּלֶךְ בְּשַׁחְמָט)

cheek, *n.* לְחִי, לֶחִי, לֶסֶת; חֻצְפָּה

cheeky, *adj.* עַז פָּנִים

cheep, *n.* צִפְצוּף, צִיּוּץ

cheep, *v.t. & i.* צִפְצֵף, צִיֵּץ

cheer, *n.* שִׂמְחָה; הֵידָד; בְּדִיחוּת

cheer, *v.t. & i.* שִׂמַּח; מָחָא כַּף; הֵרִיעַ [רוע]; עוֹדֵד [עוד]

cheerful, *adj.* שָׂמֵחַ

cheerfully, *adv.* בְּשִׂמְחָה

cheerless, *adj.* קוֹדֵר, עָצוּב, נוּגֶה

cheese, *n.* גְּבִינָה

cheesecake, *n.* עֻגַת גְּבִינָה

chef, *n.* טַבָּח רָאשִׁי

chemical, *adj.* כִּימִי

chemist, *n.* כִּימַאי; רוֹקֵחַ

chemistry, *n.* כִּימְיָה

cheque, *v.* check

chequer, *v.* checker

cherish, *v.t.* חִשֵּׁב, הוֹקִיר [יקר], פִּנֵּק

cherry, *n.* דֻּבְדְּבָן; דֻּבְדְּבָנִיָּה

cherub, *n.* כְּרוּב, מַלְאָךְ; אִשָּׁה יָפָה

cherubic, *adj.* כְּרוּבִי, מַלְאָכִי

cherubim, *n. pl.* כְּרוּבִים

chess, *n.* שַׁחְמָט, אִשְׁקוּקָה

chest, *n.* חָזֶה; אַרְגָּז; תֵּבָה; אָרוֹן

chestnut, *adj.* עַרְמוֹנִי

chestnut, *n.* עַרְמוֹן

chevy, *n.* צַיִד, קוֹל צַיָּדִים

chew, *n.* לְעִיסָה, גֵּרָה
chew, *v.i.* לָעַס, כָּסַס
chewing gum צֶמֶג לְעִיסָה, לַעַס
chicanery, *n.* רַמָּאוּת, מִרְמָה, אַחִיזַת עֵינַיִם
chick, *n.* אֶפְרוֹחַ, גּוֹזָל
chicken, *n.* תַּרְנְגוֹל, תַּרְנְגֹלֶת, פַּרְגִּית
chicken pox, *n.* אֲבַעְבּוּעוֹת רוּחַ
chick-pea, *n.* חִמְצָה
chicory, *n.* עֹלֶשׁ
chide, *v.t.* & *i.* הוֹכִיחַ [יכח], גָּעַר, נָזַף
chief, *adj.* רָאשִׁי, עִקָּרִי
chief, *n.* רֹאשׁ, מְנַהֵל, עִקָּר
chiefly, *adv.* בְּיִחוּד, בְּעִקָּר
chieftain, *n.* רֹאשׁ שֵׁבֶט
chiffon, *n.* מַלְמָלָה, מֶשִׁי רַךְ
chilblain, *n.* אֲבַעְבּוּעוֹת חֹרֶף
child, *n.* יֶלֶד, יַלְדָּה, בֵּן, בַּת
childbirth, *n.* לֵדָה, חֶבְלֵי לֵדָה
childhood, *n.* יַלְדוּת
childish, *adj.* יַלְדוּתִי
childishness, *n.* יַלְדוּתִיּוּת
childless, *adj.* שַׁכּוּל, עֲרִירִי, עֲקָרָה
childlike, *adj.* יַלְדוּתִי, דּוֹמֶה לְיֶלֶד
children, *n. pl.* יְלָדִים, טְפָלִים, טַף
Children of Israel בְּנֵי יִשְׂרָאֵל
chill, *adj.* קָרִיר
chill, *n.* צִנָּה, קֹר, צְמַרְמֹרֶת
chill, *v.t.* קֵרֵר, צִנֵּן
chilly, *adj.* קָרִיר, צוֹנֵן
chime, *n.* צִלְצוּל פַּעֲמוֹנִים
chime, *v.t.* & *i.* צִלְצֵל בְּפַעֲמוֹנִים
chimera, *n.* מִפְלֶצֶת, תַּעְתּוּעַ
chimerical, *adj.* דִּמְיוֹנִי; מְתַעְתֵּעַ
chimney, *n.* מַעֲשֵׁנָה, אֲרֻבָּה
chimpanzee, *n.* קוֹף הָאָדָם, שִׁמְפַּנְזֶה
chin, *n.* סַנְטֵר
china, *n.* חַרְסִינָה

chinaware, *n.* כְּלֵי חֶרֶס
Chinese, *adj.* & *n.* סִינִי, בֶּן סִין, סִינִית (לָשׁוֹן)
chink, *n.* צִלְצוּל; סֶדֶק
chink, *v.i.* סָתַם סְדָקִים, נִסְדַּק [סדק]
chink, *v.t.* & *i.* קִשְׁקֵשׁ, צִלְצֵל
chip, *n.* קֵיסָם, שָׁבָב
chip, *v.t.* & *i.* סִתֵּת, שִׁבֵּב, בִּקַּע
chipper, *n.* זָרִיז, נִמְרָץ
chipper, *v.t.* צִפְצֵף
chiropodist, *n.* רוֹפֵא יַבָּלוֹת
chirp, *n.* צִפְצוּף
chisel, *n.* אִזְמֵל, חֶרֶט, מִפְסֶלֶת
chisel, *v.t.* & *i.* גִּלֵּף, חָטַב, חָצַב, חָרַת; הוֹנָה [ינה], רִמָּה
chiseler, chiseller, *n.* רַמַּאי, מְרַמֶּה, נוֹכֵל
chitchat, *n.* שִׂיחַת חֻלִּין
chiton, *n.* חָלוּק
chivalrous, *adj.* אָדִיב
chivalry, *n.* אֲדִיבוּת
chlorine, *n.* כְּלוֹר
chlorophyll, chlorophyl, *n.* יַרְקוֹן
chocolate, *n.* שׁוֹקוֹלָד
choice, *adj.* מֻבְחָר, מְשֻׁבָּח
choice, *n.* מִבְחָר, בְּרֵרָה, בְּחִירָה
choir, *n.* מַקְהֵלָה
choke, *v.t.* & *i.* חָנַק, נֶחֱנַק [חנק]
cholera, *n.* חֳלִירַע
choose, *v.t.* & *i.* בָּחַר, בֵּרֵר, אָבָה
chop, *n.* נֵתַח, חֲתִיכָה; צֵלָע, צַלְעִית
chop, *v.t.* & *i.* חָטַב, קָטַע, קִצֵּץ
choppy, *adj.* סוֹעֵר, גּוֹעֵשׁ
choral, *adj.* שֶׁל מַקְהֵלָה
chord, *n.* מֵיתָר, חוּט
chord, *v.t.* שָׂם [שים] חוּטִים (מֵיתָרִים)
chore, *n.* מְשִׂימָה

chorus, *n.* מַקְהֵלָה
chrestomathy, *n.* מִבְחַר הַסִּפְרוּת
Christ, *n.* יֵשׁוּ הַנּוֹצְרִי
christen, *v.t.* הִטְבִּיל [טבל], קָרָא שֵׁם
Christendom, *n.* הָעוֹלָם הַנּוֹצְרִי
Christian, *adj.* & *n.* נוֹצְרִי
Christianity, *n.* נַצְרוּת
Christianize, *v.t.* נִצֵּר
Christmas, *n.* חַג הַמּוֹלָד הַנּוֹצְרִי
Christmas tree אַשּׁוּחַ
chromatic, *adj.* צִבְעוֹנִי, שֶׁל חֲצָאֵי צְלִילִים
chromium, *n.* כְּרוֹם
chronic, *adj.* מְמֻשָּׁךְ
chronicle, *n.* דִּבְרֵי הַיָּמִים
chronicle, *v.t.* כָּתַב בְּסֵפֶר דִּבְרֵי הַיָּמִים
Chronicles, *n. pl.* סֵפֶר דִּבְרֵי הַיָּמִים (בַּתַּנַ"ךְ)
chronology, *n.* סֵדֶר הַדּוֹרוֹת
chronometer, *n.* מַדְזְמַן
chrysalis, *n.* גֹּלֶם
chrysanthemum, *n.* חַרְצִית
chubby, *adj.* מְסֻרְבָּל
chuck, *v.t.* הִשְׁלִיךְ [שלך]
chuckle, *n.* צְחוֹק (עָצוּר)
chuckle, *v.i.* צָחַק (בְּקִרְבּוֹ)
chum, *n.* חָבֵר, יָדִיד
chum, *v.i.* הָיָה חָבֵר, גָּר [גור] עִם חָבֵר
chump, *n.* שׁוֹטֶה, הֶדְיוֹט, חֲסַר שֵׂכֶל
church, *n.* כְּנֵסִיָּה
churchman, *n.* כֹּמֶר
churl, *n.* בּוּר, הֶדְיוֹט
churlish, *adj.* הֶדְיוֹטִי
churlishness, *n.* בַּעֲרוּת, הֶדְיוֹטוּת
churn, *n.* מַחְבֵּצָה
churn, *v.t.* & *i.* חִבֵּץ, חָמַר; הִתְגָּעֵשׁ [געש]

chute, *n.* מַגְלֵשָׁה, מַזְחֵלָה
cicada, *n.* צְלָצַל, צְרָצַר, צַרְצוּר
cicatrice, cicatrix, *n.* צַלֶּקֶת, שָׂרֶטֶת
cider, *n.* יֵין תַּפּוּחִים
cigar, *n.* סִיגָרָה
cigarette, *n.* סִיגָרִיָּה
cincture, *n.* חֲגוֹרָה, אַבְנֵט
cinder, *n.* רֶמֶץ, אֵפֶר
cinema, *n.* קוֹלְנוֹעַ, רְאִינוֹעַ
cinematograph, *n.* מְכוֹנַת (מַצְלֵמַת) קוֹלְנוֹעַ
cinnamon, *n.* קִנָּמוֹן
cipher, cypher *n.* אֶפֶס; סִפְרָה; צֹפֶן, כְּתַב סְתָרִים; מִשְׁלֶבֶת
cipher, *v.i.* & *t.* חִשֵּׁב; צָפַן, כָּתַב בִּכְתַב סְתָרִים
circa, *adv.* בְּעֵרֶךְ
circle, *n.* עִגּוּל, גֹּרֶן, מָחוֹז, חוּג
circle, *v.t.* חָג [חוג], סִבֵּב, כִּתֵּר
circle, *v.i.* סָבַב, הִסְתּוֹבֵב [סבב]
circuit, *n.* סִבּוּב, הֶקֵּף, מַעְגַּל זֶרֶם, גְּלִילָה
circuitous, *adj.* עִגּוּלִי, עָקִיף
circular, *adj.* עָגֹל, מִסְתּוֹבֵב
circular, *n.* חוֹזֵר, מִכְתָּב חוֹזֵר
circulate, *v.t.* הֵפִיץ [פוץ]
circulate, *v.i.* סָבַב
circulation, *n.* הֲפָצָה, הִסְתּוֹבְבוּת סִבּוּב, מַחֲזוֹר; תְּפוּצָה
circulator, *n.* מֵפִיץ
circumcise, *v.t.* מָהַל, מָל [מול]
circumciser, *n.* מוֹהֵל
circumcision, *n.* מְהִילָה, בְּרִית מִילָה
circumference, *n.* הֶקֵּף, מַעְגָּל
circumnavigation, *n.* הַקָּפַת הָאָרֶץ (בָּאֳנִיָּה)
circumscribe, *v.t.* הִגְדִּיר [גדר], תָּחַם
circumscription, *n.* הַגְבָּלָה

circumspect, *adj.* זָהִיר, פִּקֵּחַ
circumstance, *n.* אֹפֶן, מַצָּב, מִקְרֶה, סִבָּה, נְסִבָּה
circumstances, *n. pl.* תְּנָאִים, נְסִבּוֹת
circumstantial, *adj.* נְסִבָּתִי, עָקִיף, מִקְרִי
circumvent, *v.t.* עָקַף, הוֹנָה [ינה], תִּחְבֵּל
circus, *n.* קִרְקָס, זִירָה; רְחָבָה, כִּכָּר
cistern, *n.* בּוֹר, בְּאֵר, גֵּב
citadel, *n.* מִבְצָר, מְצוּדָה
citation, *n.* סַעַד, הַזְכָּרָה; הוֹעָדָה
cite, *v.t.* הֵבִיא [בוא], תָּבַע (לְדִין); שִׁבַּח, הִזְכִּיר [זכר] לְטוֹבָה
citric acid חֻמְצַת לִימוֹן
citron, *n.* אֶתְרוֹג, פְּרִי עֵץ הָדָר
citizen, *n.* אֶזְרָח, עִירוֹנִי
citizenship, *n.* אֶזְרָחוּת
city, *n.* עִיר, קִרְיָה
civic, *adj.* אֶזְרָחִי, עִירוֹנִי
civics, *n.* תּוֹרַת הָאֶזְרָחוּת
civil, *adj.* אָדִיב, מְנֻמָּס; אֶזְרָחִי
civilian, *n.* אֶזְרָחָן
civility, *n.* אֲדִיבוּת
civilization, *n.* תַּרְבּוּת
civilize, *v.t.* תִּרְבֵּת
clad, *adj.* לָבוּשׁ
claim, *n.* זְכוּת; דְּרִישָׁה, תְּבִיעָה
claim, *v.t.* & *i.* דָּרַשׁ, תָּבַע
claimant, *n.* תּוֹבֵעַ, דּוֹרֵשׁ
clairvoyant, *n.* מְנַחֵשׁ
clamber, *v.i.* טִפֵּס
clamor, clamour, *n.* הֲמֻלָּה, מְהוּמָה
clamor, clamour, *v.t.* & *i.* צָעַק
clamorous, clamourous, *adj.* צַעֲקָנִי
clamp, *n.* מַלְחֶצֶת, כְּלִיבָה; מְהַדֵּק, אֶטֶב
clamp, *v.t.* לָחַץ, הִדֵּק

clan, *n.* שֵׁבֶט, מִשְׁפָּחָה
clandestine, *adj.* חֲשָׁאִי, נִסְתָּר
clang, *n.* צִלְצוּל
clank, *n.* קִשְׁקוּשׁ
clannish, *adj.* שִׁבְטִי, מִשְׁפַּחְתִּי
clap, *n.* מְחִיאָה
clap, *v.t.* & *i.* מָחָא כַּף, תָּקַע יָד
clapper, *n.* עִנְבָּל; מַכּוֹשׁ
claret, *n.* יַיִן אָדֹם
clarification, *n.* זִכּוּךְ; בֵּרוּר, הִתְלַבְּנוּת
clarify, *v.t.* בֵּרֵר, הִסְבִּיר [סבר]
clarify, *v.i.* הִתְבַּהֵר [בהר], הִתְבָּרֵר [ברר]
clarinet, *n.* חָלִיל
clarion, *n.* קֶרֶן
clarity, *n.* בְּרִירוּת, בְּהִירוּת
clash, *n.* הִתְנַגְּשׁוּת
clash, *v.t.* & *i.* הִתְנַגֵּשׁ [נגש]
clasp, *n.* אֶטֶב, מַכְבֵּנָה (לְשֵׂעָר); מְהַדֵּק (לִנְיָרוֹת, לִכְבָסִים); מַנְעוּל (לְתַכְשִׁיטִים); לְחִיצָה (יָדַיִם)
clasp, *v.t.* הִדֵּק, חָבַק; לָחַץ (יָדַיִם)
class, *n.* מַעֲמָד; כִּתָּה, מַחְלָקָה; סוּג
classic, classical, *adj.* מוֹפְתִי
classic, *n.* מוֹפֵת
classification, *n.* מִיּוּן, סִוּוּג, סִדּוּר
classify, *v.t.* מִיֵּן, סִוֵּג, סִדֵּר
classmate, *n.* בֶּן מַחְלָקָה, בֶּן כִּתָּה
clatter, *n.* שָׁאוֹן, פִּטְפּוּט; חֲרִיקָה
clatter, *v.t.* הִקִּישׁ [נקש]
clatter, *v.i.* קִשְׁקֵשׁ
clause, *n.* קֶטַע, סָעִיף
clavicle, *n.* בְּרִיחַ, עֶצֶם הַבְּרִיחַ
claw, *n.* צִפֹּרֶן; שְׂרִיטָה
claw, *v.t.* טָרַף בְּצִפָּרְנַיִם, סָרַט
clay, *n.* חֹמֶר, חֵמָר, חַרְסִית
clean, *adj.* נָקִי, זַךְ, צַח

clean, *v.t.* נִקָּה, טִהֵר, לִבֵּן
cleaner, *n.* מְנַקֶּה
cleanness, cleanliness, *n.* נִקָּיוֹן, טֹהַר
cleanse, *v.t.* טִהֵר, חִטֵּא
clear, *adj.* בָּהִיר, צַח; מוּבָן, בָּרוּר; צָלוּל (יַיִן)
clear, *v.t.* זִכֵּךְ, סִנֵּן, בֵּרֵר
clear, *v.i.* סִלֵּק חֶשְׁבּוֹן, שִׁלֵּם; הִפְלִיג [פלג]; הִזְדַּכֵּךְ [זכך] (יַיִן); הִתְפַּזֵּר [פזר] (עֲנָנִים)
clearance, *n.* הֲסָרָה, הַרְחָקָה; סִלּוּק חֶשְׁבּוֹנוֹת; מַרְוָח; מְכִירָה כְּלָלִית
clearing, *n.* פִּנּוּי; פְּרִיקַת מַשָּׂא; הַסְבָּרָה; קָרַחַת יַעַר
clearinghouse, *n.* לִשְׁכַּת סִלּוּקִין
clearly, *adv.* בְּפֵרוּשׁ, בַּעֲלִיל; בָּרוּר, בִּבְהִירוּת
clearness, *n.* בְּהִירוּת, צְלִילוּת
cleat, *n.* טְרִיז, יָתֵד; שְׁלַבִּית, מַאֲחָז; אֶדֶן (סוּלְיוֹת)
cleavage, *n.* בְּקִיעָה, פִּלּוּחַ
cleave, *v.t.* סָדַק, בָּקַע, פִּלֵּג, פָּלַח
cleave, *v.i.* נִדְבַּק [דבק], דָּבַק; נִבְקַע [בקע], נִסְדַּק [סדק]
cleaver, *n.* חוֹטֵב, פּוֹלֵחַ; קוֹפִיץ
clef, *n.* מַפְתֵּחַ תָּוִים
cleft, *n.* נְקִיק, חָגוּ; טֶרֶשׁ; שֶׁסַע
clemency, *n.* חֲנִינָה, רַתְּיוֹן, רַכּוּת
clement, *adj.* רַחוּם, חַנּוּן, מְרַתֶּה, מוֹחֵל
clergy, *n.* כְּהֻנָּה
clergyman, *n.* כֹּהֵן
clerical, *adj.* שֶׁל כְּהֻנָּה, שֶׁל מַזְכִּיר
clerk, *n.* לַבְלָר, מַזְכִּיר
clever, *adj.* מֻכְשָׁר, פִּקֵּחַ, נָבוֹן, חָכָם
cleverly, *adv.* בְּחָכְמָה
cleverness, *n.* תְּבוּנָה
clew, *v.* clue

cliché, *n.* גְּלוּפָה
click, *n.* נְקִישָׁה
client, *n.* לָקוֹחַ, קוֹנֶה
clientele, *n.* לְקוֹחוֹת
cliff, *n.* שָׁנָן, שְׁנִית, חוֹחַ
climate, *n.* אַקְלִים, מֶזֶג אֲוִיר
climatic, *adj.* אַקְלִימִי
climax, *n.* פִּסְגָּה; מַשְׁבֵּר
climb, *v.t. & i.* טִפֵּס, עָלָה; נָסַק (מָטוֹס)
climber, *n.* טַפְסָן, מְטַפֵּס (צֶמַח)
clinch, *v.t.* קָפַץ, סָגַר בְּכֹחַ, אָחַז, הֵדֵק (שִׁנַּיִם), קָמַץ (יָד); קִיֵּם; כָּפַף (מַסְמֵר); חִזֵּק
cling, *v.i.* אָחַז, דָּבַק, נִדְבַּק [דבק]
clinic, *n.* מִרְפָּאָה
clinical, *adj.* קְלִינִי
clink, *n.* קִשְׁקוּשׁ
clink, *v.t. & i.* קִשְׁקֵשׁ
clinker, *n.* קַשְׁקְשָׁן
clip, *n.* אֶטֶב, מְהַדֵּק; מַטְעֵן (כַּדּוּרִים); גְּזִיזָה
clip, *v.t. & i.* גָּזַז, כָּסַם; הִדֵּק; גָּזַר; קִצֵּץ (מַטְבְּעוֹת)
clipper, *n.* גּוֹזֵז, מַגְזֵזָה; מִפְרָשִׂית; מָטוֹס גָּדוֹל
clipping, *n.* גֶּזֶר (גְּזַר עִתּוֹן וְכוּ')
clique, *n.* כְּנוּפְיָה, חֲבוּרָה
clitoris, *n.* דַּגְדְּגָן
cloak, *n.* מְעִיל, אַדֶּרֶת, גְּלִימָה, קֶפֶשׁ
cloak, *v.t.* הִלְבִּישׁ [לבש] אַדֶּרֶת
cloak, *v.i.* לָבַשׁ אַדֶּרֶת
clock, *n.* שָׁעוֹן
clockwork, *n.* מְכוֹנַת הַשָּׁעוֹן
clod, *n.* רֶגֶב, גּוּשׁ
clog, *n.* נַעַל עֵץ, קַבְקָב; מַעֲצוֹר
clog, *v.t. & i.* חָסַם, עִכֵּב; סָתַם, הִסְתַּתֵּם [סתם], נִדְבַּק [דבק]

cloister, *n.* מִנְזָר; סְטָו
cloister, *v.t.* סָגַר בְּמִנְזָר
cloistral, *adj.* מִנְזָרִי
close, *adj.* סָגוּר, נָעוּל; צָפוּף; קָרוֹב, דּוֹמֶה; מַחֲנִיק (אֲוִיר); קַמְצָן
close, *n.* גְּמַר, סוֹף, רַחֲבַת מִנְזָר
close, *v.t.* סָגַר, עָצַם, גָּמַר, בָּלַם
close, *v.i.* נִסְגַּר [סגר], נִנְעַל [נעל], הִתְחַבֵּר [חבר]
closeness, *n.* צְפִיפוּת, דֹּחַק
closet, *n.* אֲרוֹן (בְּגָדִים) קִיר, חָדָר; חֶדֶר מְיֻחָד, חֲדַר מוֹעָצָה
closet, *v.t.* סָגַר
closure, *n.* סְגִירָה, סְתִימָה, סוֹף
clot, *n.* עַבְטִיט (דָּם קָרוּשׁ), חֲרָרַת דָּם; גּוּשׁ
clot, *v.i.* & *t.* קָרַשׁ, קָפָא; נִקְרַשׁ [קרש], נִקְפָּא [קפא]
cloth, *n.* אָרִיג, אֶרֶג, בַּד; מַטְלִית
clothe, *v.t.* הִלְבִּישׁ [לבש], עָטָה
clothes, *n. pl.* בְּגָדִים, מַלְבּוּשִׁים
clothier, *n.* מוֹכֵר בְּגָדִים
clothing, *n.* מַלְבּוּשׁ, לְבוּשׁ
cloud, *n.* עָב, עָנָן, נָשִׂיא, חָזִיז
cloud, *v.t.* & *i.* הִתְעַנֵּן [ענן], הִתְכַּסָּה [כסה] בַּעֲנָנִים, הִתְקַדֵּר [קדר]; הֶאֱפִיל [אפל]; הֵעִיב [עוב], הֶחֱשִׁיךְ [חשך]
cloudburst, *n.* שֶׁבֶר נְשִׂיאִים
cloudless, *adj.* בָּהִיר
cloudlet, *n.* עֲנָנָה
cloudy, *adj.* מְעֻנָּן
clout, *n.* מַטְלִית, סְחָבָה; מַטָּרָה; מַכָּה, סְטִירַת לֶחִי
clout, *v.t.* הִכָּה [נכה], סָטַר
clove, *n.* קַרְפּוֹל (תַּבְלִין)
clover, *n.* שִׁלְשׁוֹן, תִּלְתָּן
clown, *n.* בַּדָּח, בַּדְחָן, גַּחְכָן, לֵץ

cloy, *v.t.* הִשְׂבִּיעַ [שבע], הָיָה לְזָרָא
club, *n.* אַלָּה; מוֹעֲדוֹן
club, *v.t.* הִכָּה [נכה] בְּאַלָּה
cluck, *n.* קִרְקוּר
cluck, *v.i.* קִרְקֵר
clue, clew, *n.* פְּקַעַת חוּטִים; קְצֵה מִפְרָשׂ; רֶמֶז, סִימָן; מַפְתֵּחַ (לְפִתְרוֹן)
clump, *n.* קְבוּצַת עֵצִים; גּוּשׁ; סֻלְיָה נוֹסֶפֶת; פְּסִיעָה גַּסָּה
clump, *v.i.* הָלַךְ בִּכְבֵדוּת
clumsy, *adj.* מְסֻרְבָּל, מְגֻשָּׁם
cluster, *n.* אֶשְׁכֹּל
cluster, *v.i.* צָמַח בְּאֶשְׁכּוֹלוֹת; הִתְקַהֵל [קהל]
clutch, *n.* אֲחִיזָה, תְּפִיסָה; צִפֹּרֶן; מַצְמֵד, מַזְוֵג; בְּרִיכַת אֶפְרוֹחִים
clutch, *v.t.* & *i.* אָחַז, תָּפַשׂ; דָּגַר
clutter, *n.* מְבוּכָה
clyster, *n.* חֹקֶן
coach, *n.* עֲגָלָה, מֶרְכָּבָה; מְאַמֵּן
coach, *v.t.* & *i.* לִמֵּד, הֵכִין [כון], אִמֵּן; הִתְחַנֵּךְ [חנך]
coachman, *n.* עֶגְלוֹן
coagulate, *v.t.* הִקְפִּיא [קפא], הִקְרִישׁ [קרש]
coagulate, *v.i.* קָרַשׁ
coagulation, *n.* קְרִישָׁה, הַקְרָשָׁה
coal, *n.* פֶּחָם
coal, *v.t.* סִפֵּק פֶּחָם
coal, *v.i.* הִצְטַיֵּד [צוד] בְּפֶחָם
coalesce, *v.i.* הִתְמַזֵּג [מזג], הִתְאַחֵד [אחד]
coalescence, *n.* אִחוּד, חִבּוּר
coalition, *n.* הִתְחַבְּרוּת
coal oil נֵפְט, שֶׁמֶן פְּחָמִים
coal tar זֶפֶת פְּחָמִים, עִטְרָן
coarse, *adj.* גַּס, עָבֶה
coarsely, *adv.* בְּגַסּוּת

coarseness, *n.* גַּסּוּת
coast, *n.* חוֹף, שְׂפַת הַיָּם
coast, *v.i.* שָׁט [שוט] קָרוֹב לַחוֹף, גָּלַשׁ
coastal, *adj.* חוֹפִי
coaster, *n.* סְפִינַת חוֹף
coast guard שׁוֹמְרֵי חוֹף
coat, *n.* מְעִיל, בֶּגֶד; שִׁכְבָה
coat, *v.t.* כִּסָּה (בְּצֶבַע), מָרַח
coax, *v.t.* שִׁדֵּל
cob, *n.* אֶשְׁבּוֹל, שִׁבֹּלֶת הַתִּירָס; בַּרְבּוּר; עַכָּבִישׁ
cobalt, *n.* זַרְנִיךְ, קֹבֶלֶת, שֵׁדָן
cobble, *v.t.* & *i.* תִּקֵּן נַעֲלַיִם
cobbler, *n.* סַנְדְּלָר, רַצְעָן
cobra, *n.* פֶּתֶן
cobweb, *n.* קוּרֵי עַכָּבִישׁ
cochineal, *n.* זְהוֹרִית
cochlea, *n.* שַׁבְּלוּל (הָאֹזֶן)
cock, *n.* תַּרְנְגוֹל, שֶׂכְוִי, גֶּבֶר; הֹלֶם (רוֹבֶה); בֶּרֶז
cock, *v.t.* הֵרִים [רום], זָקַף; דָּרַךְ
cockatoo, *n.* תֻּכִּי
cockeye, *n.* עַיִן פּוֹזֶלֶת
cockle, *n.* שַׁבְּלוּל
cockroach, *n.* חִפּוּשִׁית הַבַּיִת, יְבוּסִי
cocktail, *n.* מַשְׁקֶה כָּהֳלִי, פַּרְפֶּרֶת
cocky, *adj.* גֵּא, גֵּאֶה, מִתְרַבְרֵב
coconut, *n.* אֱגוֹז הֹדּוּ, נַרְגִּיל
cocoon, *n.* פְּקַעַת
cod, codfish, *n.* אִלְתִּית, חֲמוֹר הַיָּם
coddle, *n.* מְפֻנָּק
code, *n.* כְּתַב סְתָרִים; חֹק; סֵפֶר חֻקִּים, צֹפֶן
codger, *n.* קַמְצָן, כִּילַי
codicil, *n.* נִסְפָּח לַצַּוָּאָה
codification, *n.* קְבִיעַת חֻקִּים
codify, *v.t.* עָרַךְ חֻקִּים
coeducation, *n.* חִנּוּךְ מְעֹרָב
coefficient, *n.* מָנָה, מְקַדֵּם, כּוֹפֵל
coerce, *v.t.* הִכְרִיחַ [כרח] כָּפָה
coercion, *n.* הַכְרָחָה, אִלּוּץ, כְּפִיָּה
coercive, *adj.* מַכְרִיחַ, כּוֹפֶה
coeval, *adj.* בֶּן דּוֹר, בֶּן זְמַנּוֹ
coexist, *v.i.* חָיָה עִם, הִתְקַיֵּם [קים] בּוֹ בִּזְמַן
coexistence, *n.* דּוּ־קִיּוּם
coffee, *n.* קַהֲוָה, קָפֶה
coffee shop קַהֲוָאָה, בֵּית קָפֶה
coffin, *n.* אֲרוֹן מֵתִים
cog, *n.* שֵׁן (בְּגַלְגַּל)
cog, *v.t.* קָבַע שֵׁן; רִמָּה
cogent, *adj.* מְשַׁכְנֵעַ, מַכְרִיעַ
cogitate, *v.t.* & *i.* הִרְהֵר, הָגָה, הִתְעַשֵּׁת [עשת]
cogitation, *n.* הִרְהוּר
cognate, *adj.* דּוֹמֶה, בֶּן גֶּזַע, קָרוֹב
cognition, *n.* יְדִיעָה, דַּעַת
cognizance, *n.* הֲבָנָה, הַכָּרָה
cognizant, *adj.* יוֹדֵעַ, מַכִּיר
cohabitation, *n.* בְּעִילָה, הִזְדַּוְּגוּת, בִּיאָה, גִּישָׁה, עוֹנָה
cohere, *v.i.* דָּבַק
coherence, *n.* עֲקֵבִיּוּת, חִבּוּר, קֶשֶׁר
coherent, *adj.* עֲקֵבִי, קָשִׁיר, לָכִיד, מְחֻבָּר, הֶגְיוֹנִי
cohesion, *n.* אַחְדּוּת, אִחוּד, הִתְלַכְּדוּת, קְשִׁירוּת, תַּאֲחִיזָה
cohesive, *adj.* מִתְדַּבֵּק, מִתְלַכֵּד
coiffure, *n.* תִּסְפֹּרֶת, תִּסְרֹקֶת
coil, *n.* לְפִיתָה, פְּקַעַת, סְלִיל, קְפִיץ
coil, *v.t.* גָּלַל, כָּרַךְ
coil, *v.i.* נִלְפַּת [לפת]
coin, *n.* מַטְבֵּעַ
coin, *v.t.* טָבַע, הִטְבִּיעַ [טבע]; חִדֵּשׁ מִלִּים, מִנַּח
coinage, *n.* הַטְבָּעָה, טְבִיעָה

coiner, *n.* מַטְבִּיעַ, מַנִּיחַ
coincide, *v.i.* הִסְכִּים [סכם], הִתְאִים [תאם]
coincidence, *n.* תְּחוּלָה, הַסְכָּמָה, הַתְאָמָה
coincident, *adj.* מַתְאִים, דּוֹמֶה
coition, coitus, *n.* תַּשְׁמִישׁ הַמִּטָּה, הִזְדַּוְּגוּת, מִשְׁגָּל, בִּיאָה, גִּישָׁה
coke, *n.* קוֹקְס, פַּחְמֵי אֶבֶן שְׂרוּפִים
cold, *n.* קָרָה, קֹר, צִנָּה, הִצְטַנְּנוּת
cold, *adj.* קַר, צוֹנֵן
coldblooded, *adj.* אַכְזָרִי, חֲסַר לֵב
coldhearted, *adj.* חֲסַר רֶגֶשׁ
coldness, *n.* קֹר
coleslaw, *n.* מְלִיחַ כְּרוּב
colic, *n.* עֲוִית מֵעַיִם, כְּאֵב בֶּטֶן
collaborate, *v.i.* שִׁתֵּף פְּעֻלָּה, עָבַד יַחַד עִם
collaboration, *n.* שִׁתּוּף פְּעֻלָּה
collaborator, *n.* מְסַיֵּעַ, עוֹזֵר; בּוֹגֵד
collapse, *n.* מַיִט, הִתְמוֹטְטוּת, הֶרֶס, שֶׁבֶר
collapse, *v.i.* & *t.* הִתְמוֹטֵט [מוט], כָּשַׁל; הִתְעַלֵּף [עלף]; הִקְפַּל [קפל]
collapsible, *adj.* מִתְקַפֵּל
collar, *n.* צַוָּארוֹן, עֲנָק
collar, *v.t.* תָּפַשׂ אָדָם בְּעָרְפּוֹ
collate, *v.t.* עָרַךְ; אָסַף; אָכַל, לָעַס
collateral, *adj.* צְדָדִי, נוֹסָף, מַקְבִּיל
collation, *n.* אֲכִילָה קַלָּה; תֵּאוּם, הִתְיָעֲצוּת
colleague, *n.* חָבֵר, רֵעַ
collect, *v.t.* אָסַף, קִבֵּץ, לָקַט, כָּנַס
collect, *v.i.* הִתְאַסֵּף [אסף], הִתְקַבֵּץ [קבץ]
collection, *n.* גְּבִיָּה, מַאֲסָף, קִבּוּץ, אֹסֶף
collective, *adj.* מְשֻׁתָּף, קִבּוּצִי
collective, *n.* קִבּוּץ
collector, *n.* מְאַסֵּף, גּוֹבֶה
college, *n.* מִכְלָלָה
collegian, *n.* מִכְלָלַנִּי, תַּלְמִיד מִכְלָלָה
collegiate, *adj.* שֶׁל מִכְלָלָה
collide, *v.i.* הִתְנַגֵּשׁ [נגש]
collie, *n.* כֶּלֶב רוֹעִים
collier, *n.* כּוֹרֵה פֶּחָם
colliery, *n.* מִכְרֵה פֶּחָם
collision, *n.* הִתְנַגְּשׁוּת
colloquial, *adj.* מְדֻבָּר
colloquy, *n.* דּוּ־שִׂיחַ, וִכּוּחַ
collusion, *n.* קֶשֶׁר, מֶרֶד, קְנוּנְיָה
colon, *n.* נְקֻדָּתַיִם (:)
colonel, *n.* אַלּוּף מִשְׁנֶה
colonial, *adj.* מוֹשָׁבְתִּי
colonist, *n.* מִתְיַשֵּׁב
colonization, *n.* יִשּׁוּב, הִתְיַשְּׁבוּת
colonize, *v.t.* & *i.* יִשֵּׁב, הִתְיַשֵּׁב [ישב]
colonnade, *n.* שְׂדֵרַת עַמּוּדִים, סְטָו
colony, *n.* מוֹשָׁבָה
color, colour, *n.* צֶבַע, גַּוָּן; אֹדֶם
color, colour, *v.t.* צָבַע, גִּוֵּן
color, colour, *v.i.* הִתְאַדֵּם [אדם]
coloration, colouration, *n.* צְבִיעָה, צִבּוּעַ; רַבְגּוֹנִיּוּת
colored, coloured, *adj.* צָבוּעַ; כּוּשִׁי; מְזֻיָּף
colorful, colourful, *adj.* צִבְעוֹנִי, חַי, סַסְגּוֹנִי
colorless, colourless, *adj.* חֲסַר צֶבַע, חֲסַר אֹפִי
colors, colours, *n. pl.* דֶּגֶל, נֵס
colossal, *adj.* עֲנָקִי
colossus, *n.* עֲנָק, פֶּסֶל עֲנָק
colt, *n.* סְיָח
columba, *n.* יוֹנָה

columbary, *n.* שׁוֹבָךְ
columbine, *adj.* יוֹנִי
column, *n.* עַמּוּד, טוּר
columnar, *adj.* עַמּוּדִי
columnist, *n.* טוּרָן (בְּעִתּוֹן)
coma, *n.* תַּרְדֵּמָה, אַלְחוּשׁ
comb, *n.* מַסְרֵק; מַגְרֵדָה; כַּרְבֹּלֶת
comb, *v.t.* & *i.* סָרַק, הִסְתָּרֵק [סרק]; נִפֵּץ; חִפֵּשׂ; הִתְנַפֵּץ [נפץ] (הַגַּל)
combat, *n.* קְרָב, דּוּ־קְרָב, הִתְגּוֹשְׁשׁוּת
combat, *v.t.* & *i.* נִלְחַם [לחם], הִתְגּוֹשֵׁשׁ [גשש]
combatant, *adj.* לוֹחֵם, נִלְחָם, מִתְגּוֹשֵׁשׁ
comber, *n.* סוֹרֵק
combination, *n.* תִּרְכֹּבֶת, הַרְכָּבָה, צֵרוּף; מִצְרֶפֶת
combine, *n.* מַקְצֵרְדָּשׁ; אִגּוּד
combine, *v.t.* אִחֵד, צֵרַף
combine, *v.i.* הִתְאַחֵד [אחד], הִצְטָרֵף [צרף]
combustible, *adj.* אָכָל, בָּעִיר
combustion, *n.* בְּעִירָה, שֵׂרוּף, אִכּוּל
come, *v.i.* בָּא [בוא], אָתָה
come about קָרָה
come across הִסְכִּים; פָּגַשׁ
come back חָזַר, שָׁב [שוב]
come by הִשִּׂיג [נשג]
comedian, *n.* בַּדְחָן
comedy, *n.* מַהֲתֵלָה, קוֹמֶדְיָה
come in נִכְנַס [כנס]
comeliness, *n.* חֵן, נוֹי
comely, *adj.* מַתְאִים, הוֹלֵם; חִנָּנִי
come near קָרַב
come of age הִתְבַּגֵּר [בגר]
come out יָצָא
comestible, *adj.* רָאוּי לַאֲכִילָה, אָכִיל
comestibles, *n. pl.* מַאֲכָלִים, אֹכֶל

comet, *n.* שָׁבִיט (כּוֹכָב)
come to pass קָרָה
comfit, *n.* מַמְתָּק, פַּרְפֶּרֶת
comfort, *n.* נוֹחִיּוּת; נֶחָמָה, תַּנְחוּמִים
comfort, *v.t.* נִחֵם, אִמֵּץ
comfortable, *adj.* נוֹחַ
comforter, *n.* מְנַחֵם
comfortless, *adj.* לְלֹא נֶחָמָה
comic, *n.* מַצְחִיק
comical, *adj.* הִתּוּלִי
coming, *n.* בִּיאָה
comity, *n.* נְדִיבוּת, נֹעַם
comma, *n.* פְּסִיק (,)
command, *n.* פְּקֻדָּה, צַו; שְׁלִיטָה; חֲלִישָׁה עַל; מִפְקָדָה
command, *v.t.* & *i.* פָּקַד, צִוָּה; חָלַשׁ עַל
commandant, *n.* מְפַקֵּד
commandeer, *v.t.* גִּיֵּס לַצָּבָא
commander, *n.* שַׂר צָבָא
commandment, *n.* צָו, צִוּוּי, מִצְוָה, דָּבָר, דִּבֵּר, דִּבְּרָה
the Ten Commandments, *n. pl.* עֲשֶׂרֶת הַדְּבָרִים, עֲשֶׂרֶת הַדִּבְּרוֹת
commemorate, *v.t.* הִזְכִּיר [זכר]; חָגַג
commemoration, *n.* אַזְכָּרָה, הַזְכָּרָה, חֲגִיגָה
commence, *v.i.* הִתְחִיל [חלל]; סִיֵּם (מִכְלָלָה)
commencement, *n.* הַתְחָלָה; סִיּוּם (לִמּוּדִים)
commend, *v.t.* שִׁבַּח, קִלֵּס
commendable, *adj.* רָאוּי
commendation, *n.* שֶׁבַח, תְּהִלָּה
commensurate, *adj.* שְׁוֵה־מִדָּה, שָׁקוּל
comment, *n.* הֶעָרָה; בֵּאוּר
comment, *v.i.* פֵּרֵשׁ, בֵּאֵר; הֵעִיר [עור]

commentary, *n.* פֵּרוּשׁ, בֵּאוּר

commentator, *n.* פַּרְשָׁן, מְפָרֵשׁ

commerce, *n.* מִסְחָר

commercial, *adj.* מִסְחָרִי

commercially, *adv.* בְּדֶרֶךְ הַמִּסְחָר

commercialize, *v.t.* מִסְחֵר, הָפַךְ מִסְחָרִי

commiserate, *v.t.* רִחֵם, חָמַל

commiseration, *n.* חֶמְלָה, רַחֲמָנוּת

commissary, *n.* חֲנוּת שֶׁק״ם; סוֹכֵן, עָמִיל

commission, *n.* מִשְׁלַחַת, וַעֲדָה, עֲמִילוּת, עֲמָלָה

commission, *v.t.* יִפָּה כֹּחַ, הִזְמִין [זמן], מִנָּה, גִּיֵּס

commissioner, *n.* נְצִיב

commit, *v.t.* עָשָׂה; הִפְקִיד [פקד]; סִכֵּן, סִבֵּךְ

committal, commitment, *n.* הִתְחַיְּבוּת

committee, *n.* וַעַד, וַעֲדָה

commode, *n.* שִׁדָּה, קַמְטָר

commodious, *adj.* נוֹחַ, מְרֻוָּח

commodities, *n. pl.* מִצְרָכִים מִסְחָרִיִּים

commodity, *n.* נוֹחִיּוּת; רֶוַח; סְחוֹרָה

commodore, *n.* רַב חוֹבֵל

common, *adj.* מְשֻׁתָּף; שָׁכִיחַ, צִבּוּרִי; רָגִיל, פָּשׁוּט; הֲדָדִי; הֲמוֹנִי; כְּלָלִי

commonalty, *n.* הֲמוֹן הָעָם

commoner, *n.* בֶּן הֶהָמוֹן; הֶדְיוֹט; צִיר, נִבְחָר

common law חֹק הַמְּדִינָה

commonly, *adv.* כְּרָגִיל

common noun שֵׁם עֶצֶם כְּלָלִי

commonplace, *adj.* בֵּינוֹנִי, שִׁטְחִי

commons, *n. pl.* הֲמוֹן הָעָם

common sense הַשֵּׂכֶל הַיָּשָׁר, הִגָּיוֹן

commonweal, *n.* טוֹבַת הַכְּלָל

commonwealth, *n.* קְהִלִיָּה

commotion, *n.* זִיעַ, זַעֲזוּעַ, מְהוּמָה

commune, *n.* קְבוּצָה

commune, *v.t.* דִּבֵּר עִם

communicable, *adj.* נִמְסָר, מְדַבֵּר; מִדַּבֵּק

communicant, *n. & adj.* מוֹדִיעַ, מִשְׁתַּתֵּף

communicate, *v.t.* מָסַר, גִּלָּה, הוֹדִיעַ [ידע]

communication, *n.* הוֹדָעָה, תִּשְׁדֹּרֶת, הִתְקַשְּׁרוּת, תִּקְשֹׁרֶת, תַּחְבּוּרָה; הִתְכַּתְּבוּת, חֲלִיפַת מִכְתָּבִים

communicative, *adj.* דַּבְּרָנִי

communion, *n.* אַחֲוָה, מַשָּׂא וּמַתָּן; הִתְיַחֲדוּת

communiqué, *n.* הוֹדָעָה רִשְׁמִית

communism, *n.* שִׁתְּפָנוּת

communist, *n.* שִׁתְּפָן

communistic, *adj.* שִׁתְּפָנִי

community, *n.* קְהִלָּה, עֵדָה, צִבּוּר; שִׁתָּפוּת

commutation, *n.* חִלּוּף, תְּמוּרָה; הַמְתָּקַת דִּין

commutator, *n.* מְשַׁנֶּה (זֶרֶם חַשְׁמַל)

commute, *v.t.* נָסַע יוֹם יוֹם; הֶחֱלִיף [חלף]; הִמְתִּיק [מתק] (דִּין)

commuter, *n.* נוֹסֵעַ קָבוּעַ, מַחֲלִיף זֶרֶם

compact, *adj.* צָפוּף, לָכוּד, מְעֻבֶּה

compact, *n.* אֲמָנָה, בְּרִית, קְנוּנְיָה; תַּמְרוּקָה (לְאַבְקָה)

compact, *v.t.* הִדֵּק, אִחֵד, צִפֵּף

companion, *n.* חָבֵר, עָמִית, שֻׁתָּף

companionship, *n.* יְדִידוּת, חֲבֵרוּת, הִתְאַגְּדוּת

company, *n.* חֶבְרָה; חֶבֶר; לַהֲקָה

comparable, *adj.* מַשְׁוֶה, מִשְׁתַּוֶּה, דּוֹמֶה לְ־

comparative, *adj.* & *n.* יַחֲסִי; עֵרֶךְ הַיִּתְרוֹן

compare, *v.t.* & *i.* הִשְׁוָה [שוה], דִּמָּה; הִשְׁתַּוָּה [שוה]

comparison, *n.* הַשְׁוָאָה, דִּמְיוֹן; מָשָׁל

compartment, *n.* חֶדֶר; תָּא, מַחְלָקָה

compass, *n.* מָחוֹג, מְחוּגָה; מַצְפֵּן; הֶקֵּף

compass, *v.t.* סוֹבֵב [סבב]; הִקִּיף [קוף]; כִּתֵּר; זָמַם

compassion, *n.* חֶמְלָה, רַחֲמָנוּת; נִחוּם

compassionate, *adj.* מְרַחֵם, רַחוּם

compatibility, *n.* הִשְׁתַּוּוּת; נָאוּת, הַתְאָמָה

compatible, *adj.* יָאֶה; מַתְאִים

compatriot, *n.* עָמִית, בֶּן אֶרֶץ

compel, *v.t.* הִכְרִיחַ [כרח], כָּפָה

compensate, *v.t.* & *i.* תִּגְמֵל, גָּמַל, פִּצָּה; קִזֵּז; שִׁלֵּם; פִּיֵּס

compensation, *n.* פִּצּוּי; תַּגְמוּל; הֲטָבָה; שִׁלּוּם, שִׁלּוּמִים; קִזּוּז

compete, *v.i.* הִתְחָרָה [חרה]

competence, competency, *n.* יְכֹלֶת; סַמְכוּת; כִּשָּׁרוֹן

competent, *adj.* מֻכְשָׁר; מְסֻגָּל; מַתְאִים

competition, *n.* תַּחֲרוּת, הִתְחָרוּת

competitive, *adj.* תַּחֲרוּתִי, הִתְחָרוּתִי

competitor, *n.* מִתְחָרֶה

compilation, *n.* אִסּוּף, אֹסֶף, מַאֲסָף; חִבּוּר

compile, *v.t.* אָסַף, לִקֵּט, חִבֵּר

compiler, *n.* מְחַבֵּר; אוֹסֵף, מְלַקֵּט

complacence, complacency, *n.* נַחַת, שַׁאֲנָנוּת

complacent, *adj.* שְׂבַע רָצוֹן, נוֹחַ, שַׁאֲנָן

complain, *v.i.* הִתְאוֹנֵן [אנן], קָבַל; הִתְרַעֵם [רעם]

complainant, *n.* מִתְאוֹנֵן, מִתְלוֹנֵן

complaint, *n.* תְּלוּנָה, הִתְאוֹנְנוּת

complaisance, *n.* אֲדִיבוּת, נֹעַם, נִמּוּסִיּוּת

complaisant, *adj.* אָדִיב, נָעִים, נִמּוּסִי

complement, *n.* הַשְׁלָמָה, מַשְׁלִים

complement, *v.t.* הִשְׁלִים [שלם]

complementary, *adj.* מַשְׁלִים

complete, *adj.* גָּמוּר; תָּמִים; שָׁלֵם; מָלֵא

complete, *v.t.* גָּמַר; הִשְׁלִים [שלם]; מִלֵּא; כִּלָּה

completely, *adv.* בִּשְׁלֵמוּת; כָּלִיל

completeness, *n.* שְׁלֵמוּת; תַּמּוּת

completion, *n.* גְּמַר, גְּמִירָה; הַשְׁלָמָה

complex, *adj.* מְסֻבָּךְ, מֻרְכָּב

complex, *n.* תַּסְבִּיךְ; תַּצְמִיד

complexion, *n.* צֶבַע הַפָּנִים; תֹּאַר, מַרְאֶה

complexity, *n.* תִּסְבֹּכֶת

compliance, compliancy, *n.* הֵעָנוּת, הַסְכָּמָה

compliant, *adj.* מִתְרַצֶּה, מַסְכִּים

complicate, *v.t.* סִבֵּךְ

complicated, *adj.* קָשֶׁה, מְסֻבָּךְ

complication, *n.* קֹשִׁי, סִבּוּךְ, הִסְתַּבְּכוּת

complicity, *n.* הִשְׁתַּתְּפוּת בַּעֲבֵרָה

compliment, *n.* מַחְמָאָה, שֶׁבַח, תְּהִלָּה

compliment, *v.t.* הִלֵּל, שִׁבַּח, בֵּרַךְ

complimentary, *adj.* לְלֹא תְּמוּרָה, בְּכָבוֹד

comply, *v.i.* נַעֲנָה [ענה], עָשָׂה רְצוֹן, מִלֵּא בַּקָּשָׁה

component, *n.* רְכִיב

comport, *v.t.* & *i.* הִתְנַהֵג [נהג], נֵאוֹת [אות]

comportment, *n.* הִתְנַהֲגוּת

compose, *v.t.* & *i.* כָּתַב; אָרַג; חִבֵּר; הִלְחִין [לחן]

composed, *adj.* שָׁלֵו, מָתוּן; מֻרְכָּב

composedly, *adv.* בְּיִשּׁוּב הַדַּעַת, בְּשֶׁקֶט

composer, *n.* מַלְחִין, מְחַבֵּר (נְגִינוֹת)

composite, *adj.* & *n.* מֻרְכָּב; צֵרוּף, תַּסְבִּיךְ

composition, *n.* חִבּוּר; הַלְחָנָה; סִדּוּר; תִּרְכֹּבֶת

compositor, *n.* סַדָּר; מְחַבֵּר; מַלְחִין

compost, *n.* בָּלְפוֹר

composure, *n.* מְתִינוּת; שֶׁקֶט; יִשּׁוּב הַדַּעַת

compote, *n.* לִפְתָּן, מְתִיקָה

compound, *adj.* מֻרְכָּב

compound, *n.* מִגְרָשׁ וּבִנְיָנָיו; תִּרְכֹּבֶת, הַרְכָּבָה; תַּעֲרֹבֶת, מִלָּה מֻרְכֶּבֶת

compound, *v.t.* & *i.* עִרְבֵּב ;הִרְכִּיב [רכב]; הִתְפַּשֵּׁר [פשר]; הִכְפִּיל [כפל] רִבִּית; הִתְרַבָּה [רבה]

compound interest רִבִּית דְּרִבִּית

comprehend, *v.t.* כָּלַל; הֵבִין [בין], תָּפַס, הִשִּׂיג [נשג]

comprehensible, *adj.* מוּבָן, קַל לְהָבִין

comprehension, *n.* הֲבָנָה

comprehensive, *adj.* מֵבִין; מַקִּיף

compress, *n.* תַּחְבֹּשֶׁת, רְטִיָּה

compression, *n.* דְּחִיפוּת, לְחִיצָה, צְפִיפָה, דְּחִיסָה

compressor, *n.* מַדְחֵס, דַּחֲסָן

comprise, comprize, *v.t.* כָּלַל, נִכְלַל [כלל], הֵכִיל [כול], הֶחֱזִיק [חזק] בְּקִרְבּוֹ

compromise, *n.* פְּשָׁרָה, וִתּוּר, וַתְּרָן

compromise, *v.t.* פִּשֵּׁר, הִתְפַּשֵּׁר [פשר]; סִכֵּן

comptroller, *n.* מְפַקֵּחַ; מְבַקֵּר; מַשְׁגִּיחַ

compulsion, *n.* אִלּוּץ; הֶכְרֵחַ; כְּפִיָּה; אֹנֶס

compulsive, *adj.* אוֹנֵס; מַכְרִיחַ; כּוֹפֶה

compulsory, *adj.* הֶכְרֵחִי; שֶׁל חוֹבָה

compunction, *n.* חֲרָטָה, מוּסַר כְּלָיוֹת

computation, *n.* חֲשִׁיבָה, אֻמְדָּן

compute, *v.t.* חִשֵּׁב

comrade, *n.* חָבֵר, יְדִיד

comradeship, *n.* רֵעוּת, יְדִידוּת

con, *adv.* כְּנֶגֶד

con, *v.t.* שִׁנֵּן, לָמַד עַל פֶּה

concatenate, *v.t.* שִׁרְשֵׁר

concatenation, *n.* שִׁרְשׁוּר

concave, *adj.* שְׁקַעֲרוּרִי,קָעוּר

concavity, *n.* שְׁקַעֲרוּרִית

conceal, *v.t.* הִסְתִּיר [סתר], הִצְפִּין [צפן], הִטְמִין [טמן]

concealment, *n.* מִסְתָּר, הַצְפָּנָה, הַעְלָמָה, הַכְמָנָה, הֶעְלֵם

concede, *v.t.* וִתֵּר, הוֹדָה [ידה]

conceit, *n.* גַּאֲוָה, יְהִירוּת, יָהֳרָה, זְחוּת

conceited, *adj.* יָהִיר, גַּאַוְתָן

conceivable, *adj.* עוֹלֶה עַל הַדַּעַת

conceive, *v.t.* & *i.* חָשַׁב; דִּמָּה; הֵבִין [בין]; הָרָה, הִתְעַבֵּר [עבר], חִבֵּל, יָחַם

concentrate, *v.t.* & *i.* רִכֵּז, הִתְרַכֵּז [רכז]; צִמְצֵם

concentrate, *n.* תַּרְכִּיז

concentration, *n.* רִכּוּז, הִתְרַכְּזוּת

concentric, concentrical, *adj.* מְשֻׁתָּף; מֶרְכָּז

concept, *n.* מֻשָּׂג; רַעֲיוֹן

conception, *n.* הֲבָנָה; הַשָּׂגָה; תְּפִיסָה; עִבּוּר, הִתְעַבְּרוּת, הֵרָיוֹן

concern, *n.* דְּאָגָה; חֲשָׁשׁ; מִפְעָל; עֵסֶק, יַחַס

concerning, *prep.* בְּנוֹגֵעַ לְ־, עַל אוֹדוֹת, לְגַבֵּי
concert, *n.* הֶסְכֵּם; נֶשֶׁף; מַנְגִּינָה
concert, *v.t.* הִסְכִּים [סכם]; זָמַם
concession, *n.* וִתּוּר; זִכָּיוֹן
concessionaire, *n.* זִכְיוֹנַאי, בַּעַל זִכָּיוֹן
conciliate, *v.t.* פִּיֵּס, פִּשֵּׁר
conciliation, *n.* פִּיּוּס, הַשְׁלָמָה
conciliator, *n.* מְפַיֵּס
concise, *adj.* מְקֻצָּר; תַּמְצִיתִי
conciseness, *n.* קִצּוּר; תַּמְצִית
conclude, *v.t.* & *i.* גָּמַר, סִיֵּם; כִּלָּה; הֶחֱלִיט [חלט], הִסִּיק [נסק]
conclusion, *n.* הַחְלָטָה; תּוֹצָאָה; מַסְקָנָה; סִיּוּם
conclusive, *adj.* מֻחְלָט
conclusively, *adv.* בְּהֶחְלֵט
concoct, *v.t.* עִכֵּל; הֵכִין [כון]; מָזַג; חִבֵּל; בָּדָה (סִפּוּר), הִמְצִיא [מצא]
concoction, *n.* בִּשּׁוּל; בְּדוּת; זָמָם
concomitance, concomitancy, *n.* לְוַאי; צְמִידוּת
concomitant, *n.* מְלַוֶּה, בֶּן לְוַאי, נִסְפָּח
concord, *n.* הֶסְכֵּם
concordance, *n.* הֶתְאֵם
concordant, *adj.* מַסְכִּים; מַתְאִים
concordat, *n.* אֲמָנָה, בְּרִית
concourse, *n.* רְחָבָה; פְּגִישָׁה; אֲסֵפָה
concrete, *adj.* מַמָּשִׁי, מוּחָשִׁי, מַעֲשִׂי
concrete, *n.* מַעֲזִיבָה; עַרְבֹּלֶת (בֵּטוֹן)
concrete, *v.t.* חִבֵּר; עִרְבֵּל
concrete, *v.i.* הִתְאַחֵד [אחד]; הִתְעַרְבֵּל [ערבל]
concubinage, *n.* פִּילַגְשׁוּת
concubine, *n.* פִּילֶגֶשׁ
concupiscence, *n.* אֲבִיּוֹנָה, תַּאֲוַת הַמִּין
concupiscent, concupiscible, *adj.* חַמְדָּנִי, מִתְאַוֶּה

concur, *v.i.* הִסְכִּים [סכם], הִתְאִים [תאם]
concurrence, *n.* הַסְכָּמָה, הַתְאָמָה
concurrent, *adj.* מַתְאִים, מַסְכִּים; מִתְאַחֵד; מַשִּׁיק
concussion, *n.* זַעֲזוּעַ, חַלְחָלָה
condemn, *v.t.* הִרְשִׁיעַ [רשע], הֶאֱשִׁים [אשם], חִיֵּב; גִּנָּה, פָּסַל
condemnation, *n.* הַרְשָׁעָה, הַאֲשָׁמָה, חִיּוּב; גִּנּוּי, פְּסִילוּת
condensation, *n.* דְּחִיסָה; עִבּוּי, הִתְאַבְּכוּת, הִתְעַבּוּת
condense, *v.t.* צִמְצֵם; עִבָּה; גִּבֵּשׁ; רִכֵּז, תִּמְצֵת, קִצֵּר, צִמְצֵם
condense, *v.i.* הִתְעַבָּה [עבה], הִצְטַמְצֵם [צמצם]
condenser, *n.* מְרַכֵּז, מְעַבֶּה, מְצַמְצֵם
condescend, *v.i.* הוֹאִיל [יאל], הִשְׁתַּפֵּל [שפל], מָחַל עַל כְּבוֹדוֹ
condescension, *n.* מְחִילָה, וִתּוּר, הִשְׁתַּפְּלוּת
condiment, *n.* תֶּבֶל, לֶפֶת, בַּג, פַּת בַּג, כֵּדֶו (כִּדְוֵי לֶחֶם), חֲרוֹסֶת
condition, *n.* תְּנַאי; מַצָּב
condition, *v.t.* הִתְנָה [תנה]; הֵכִין, תִּקֵּן, מִזֵּג (אֲוִיר)
conditional, *adj.* תָּלוּי; תְּנָאִי, מֻתְנֶה
condole, *v.i.* נִחֵם
condolence, *n.* תַּנְחוּמִים
condone, *v.t.* מָחַל, סָלַח
conduce, *v.i.* הוֹעִיל [יעל], הֵבִיא [בוא] לִידֵי
conducive, *adj.* מֵבִיא לִידֵי, מוֹעִיל
conduct, *n.* הַנְהָגָה, הִתְנַהֲגוּת
conduct, *v.t.* & *i.* נָהַג; נִהֵל; נִצֵּחַ עַל; הִתְנַהֵג [נהג], הוֹבִיל [יבל]
conduction, *n.* הוֹבָלָה, הוֹלָכָה
conductive, *adj.* מוֹבִיל, מַעֲבִיר

conductivity, *n.* הוֹבָלָה, הַעֲבָרָה, מוֹלִיכוּת

conductor, *n.* מַנְהִיג, נָהָג; מוֹבִיל; מַעֲבִיר; מְנַצֵּחַ; כַּרְטִיסָן

conduit, *n.* צִנּוֹר

cone, *n.* חָרוּט, חַדּוּדִית; צְנוֹבָר; גָּבִיעַ (לִגְלִידָה)

confabulation, *n.* שִׂיחָה

confection, *n.* מִרְקַחַת

confectioner, *n.* רוֹקֵחַ

confederacy, confederation, *n.* הִתְאַחֲדוּת, בְּרִית

confederate, *adj.* & *n.* מְאֻחָה, בֶּן בְּרִית

confederate, *v.i.* הִתְחַבֵּר [חבר]

confer, *v.t.* & *i.* הִתְיָעֵץ [יעץ]; הֶעֱנִיק [ענק]

conference, *n.* יְשִׁיבָה, וְעִידָה

confess, *v.t.* & *i.* הוֹדָה [ידה], הִתְוַדָּה [ידה]

confession, *n.* וִדּוּי, הוֹדָיָה

confessor, *n.* מִתְוַדֶּה

confide, *v.t.* & *i.* בָּטַח, הֶאֱמִין [אמן] בְּ־; גִּלָּה סוֹד לְ־

confidence, *n.* אֵמוּן, בִּטָּחוֹן

confident, *adj.* מַאֲמִין, בּוֹטֵחַ

confidential, *adj.* חֲשָׁאִי, סוֹדִי

confidentially, *adv.* בְּסוֹד

confidently, *adv.* מִתּוֹךְ אֵמוּן

confine, *v.t.* הִגְדִּיר [גדר]; צִמְצֵם; יִחֵד

confinement, *n.* אֲסִירָה; לֵדָה

confirm, *v.t.* אִשֵּׁר, קִיֵּם

confirmation, *n.* אִשּׁוּר, אֲשָׁרָה, קִיּוּם; בַּר (בַּת) מִצְוָה

confirmative, confirmatory, *adj.* מְאַשֵּׁר, מְקַיֵּם

confiscate, *v.t.* הֶחֱרִים [חרם] רְכוּשׁ

confiscation, *n.* הַחֲרָמָה

conflagration, *n.* שְׂרֵפָה, דְּלֵקָה

conflict, *n.* סִכְסוּךְ, מִלְחָמָה

conflux, *n.* מִשְׁפָּךְ

conform, *v.t.* הִתְאִים [תאם], הִסְכִּים [סכם]

conformable, *adj.* מַתְאִים, הוֹלֵם

conformation, *n.* צוּרָה, מִבְנֶה, סֵדֶר

conformity, *n.* דְּמוּת, שִׁוּוּי, הִסְתַּגְּלוּת, הַתְאָמָה

confound, *v.t.* בִּלְבֵּל, עִרְבֵּב, שִׁמֵּם, הִכְלִים [כלם]

confront, *v.t.* עִמֵּת, עָמַד, הֶעֱמִיד [עמד] בִּפְנֵי

confuse, *v.t.* בִּלְבֵּל, הֵבִיךְ [בוך], עִרְבֵּב

confusion, *n.* מְבוּכָה, מְהוּמָה, בִּלְבּוּל

confutation, *n.* הַכְחָשָׁה, הֲזָמָה

confute, *v.t.* הִכְחִישׁ [כחש], סָתַר דִּבְרֵי, הִפְרִיךְ [פרך]

congeal, *v.t.* & *i.* קָרַשׁ, הִקְרִישׁ [קרש], קָפָא, הִקְפִּיא [קפא], הִתְקָרֵשׁ [קרש], הִגְלִיד [גלד]

congenial, *adj.* מַתְאִים, אָהוּד

congenital, *adj.* לֵדָתִי, שֶׁמִּלֵּדָה, מֵרֶחֶם

congest, *v.t.* & *i.* עָרַם, צָבַר, מִלֵּא יוֹתֵר מִדַּי, הִגְדִּישׁ [גדש]

congestion, *n.* צְפִיפוּת, דֹּחַק, מְלֵאוּת, גֹּדֶשׁ (דָּם)

conglomerate, *adj.* צָבוּר, מְגֻבָּב

conglomerate, *n.* אֹסֶף, גִּבּוּב

conglomeration, *n.* קִבּוּץ, כִּנּוּס, אֹסֶף

congratulate, *v.t.* בֵּרַךְ

congratulation, *n.* בְּרָכָה

congregate, *v.t.* & *i.* הִקְהִיל, הִתְקַהֵל [קהל], אָסַף

congregate, *v.i.* הִתְאַסֵּף [אסף], נִקְהַל, הִתְקַהֵל [קהל]
congregation, *n.* קְהִלָּה, עֵדָה, צִבּוּר, קְהַל מִתְפַּלְלִים
congregational, *adj.* עֲדָתִי, צִבּוּרִי
congress, *n.* כְּנֵסָה, כְּנֵסִיָּה, כֶּנֶס, כִּנּוּס בֵּית נִבְחָרִים; מִשְׁגָּל
congressional, *adj.* כְּנֵסִיָּתִי, צִבּוּרִי
congruence, congruency, *n.* הַתְאָמָה
congruent, *adj.* מַתְאִים, עִקְבִי
congruity, *n.* הֶתְאֵם, עִקְבִיּוּת
congruous, *adj.* מַתְאִים, עָקִיב
conic, conical, *adj.* חֲרוּטִי
conifer, *n.* מַחְטָן, עֵץ מַחַט
conjectural, *adj.* מְשֹׁעָר, שֶׁל אֻמְדָּנָה
conjecture, *n.* אֹמֶד, אֻמְדָּנָה, הַשְׁעָרָה סְבָרָה
conjecture, *v.t.* & *i.* שִׁעֵר, אָמַד, סָבַר
conjoin, *v.t.* אִחֵד, חִבֵּר
conjoin, *v.i.* הִתְאַחֵד [אחד], הִתְחַבֵּר [חבר]
conjoint, *adj.* מְאֻחָד, מְשֻׁתָּף
conjugal, *adj.* זוּגִי, שֶׁל נִשּׂוּאִים
conjugate, *adj.* & *n.* מְצֹרָף, מִלָּה נִגְזֶרֶת
conjugate, *v.t.* נָטָה פֹּעַל
conjugate, *v.i.* הִזְדַּוֵּג [זוג]
conjugation, *n.* בִּנְיָן, גִּזְרָה, נְטִיַּת הַפֹּעַל
conjunction, *n.* צֵרוּף, חִבּוּר; מִלַּת הַחִבּוּר, קֶשֶׁר
conjunctivitis, *n.* דַּלֶּקֶת הַלַּחְמִית
conjunctive, *adj.* מְחַבֵּר, מְאַחֵד
conjure, *v.t.* & *i.* הִשְׁבִּיעַ [שבע]; לָחַשׁ, קָסַם, כִּשֵּׁף
conjurer, conjuror, *n.* לוֹחֵשׁ, מְכַשֵּׁף, בַּעַל אוֹב; מַשְׁבִּיעַ
connect, *v.t.* & *i.* חִבֵּר, קִשֵּׁר, הִתְחַבֵּר [חבר], הִתְקַשֵּׁר [קשר]
connection, *n.* קֶשֶׁר, חִבּוּר, שַׁיָּכוּת, יַחַס
connective, *adj.* מְקַשֵּׁר, מְחַבֵּר, חִבּוּרִי
connivance, *n.* הֶסְכֵּם חֲשָׁאִי, הַעְלָמַת עַיִן
connive, *v.i.* הֶעֱלִים [עלם] עַיִן
connoisseur, *n.* מֻמְחֶה, בָּקִי, יַדְעָן
connotation, *n.* הַגְדָּרָה, רֶמֶז, מַסְקָנָה
connubial, *adj.* שֶׁל נִשּׂוּאִים
conquer, *v.t.* כָּבַשׁ, לָכַד, הִכְנִיעַ [כנע], נִצַּח
conqueror, *n.* גִּבּוֹר, מְנַצֵּחַ, כּוֹבֵשׁ, לוֹכֵד
conquest, *n.* כִּבּוּשׁ, לְכִידָה, נִצָּחוֹן
consanguinity, *n.* קִרְבַת דָּם, שְׁאֵרָה
conscience, *n.* יְדִיעוּת, מַצְפּוּן, הַכָּרָה פְּנִימִית
conscienceless, *adj.* לְלֹא מַצְפּוּן, חֲסַר יְדִיעוּת
conscientious, *adj.* בַּעַל מַצְפּוּן, יָשָׁר
conscious, *adj.* בַּעַל הַכָּרָה, תּוֹדָעִי, עֵרָנִי
consciously, *adv.* בְּכַוָּנָה, בִּידִיעָה, בְּהַכָּרָה
consciousness, *n.* הַכָּרָה, שֵׂכֶל, יְדִיעָה
conscript, *adj.* מְגֻיָּס
conscript, *n.* טִירוֹן (צָבָא), מְגֻיָּס
conscript, *v.t.* רָשַׁם (לְצָבָא), גִּיֵּס
conscription, *n.* גִּיּוּס
consecrate, *v.t.* & *adj.* הִקְדִּישׁ [קדש], קִדֵּשׁ; מְקֻדָּשׁ
consecration, *n.* הַקְדָּשָׁה, הִתְקַדְּשׁוּת
consecutive, *adj.* רָצוּף, תָּכוּף
consent, *n.* הֶסְכֵּם, הַסְכָּמָה
consent, *v.i.* אָבָה, הִסְכִּים [סכם] רָצָה, הוֹאִיל [יאל]
consequence, *n.* תּוֹצָאָה, מַסְקָנָה, עֵקֶב

consequent, *adj.* יוֹצֵא מִכַּךְ, עוֹקֵב (בָּא, רוֹדֵף) אַחֲרֵי
consequential, *adj.* עָקִיב, מַסְקָנִי
consequently, *adv.* הִלְכָּךְ, עֵקֶב זֶה
conservation, *n.* שִׁמּוּר, שְׁמִירָה, קִיּוּם
conservatism, *n.* שַׁמְרָנוּת
conservative, *adj.* מְשַׁמֵּר, שַׁמְרָנִי
conservator, *n.* שַׁמְרָן, מְשַׁמֵּר
conservatory, *n.* בֵּית מִדְרָשׁ לְזִמְרָה
conserve, *v.t.* שָׁמַר, שִׁמֵּר, חָסַךְ
consider, *v.t.* & *i.* הִתְבּוֹנֵן [בין] הִסְתַּכֵּל [סכל], חָשַׁב, חִשֵּׁב, הִתְחַשֵּׁב [חשב]
considerable, *adj.* רַב עֵרֶךְ, נִכָּר
considerably, *adv.* בְּכַמּוּת הֲגוּנָה, בְּמִדָּה רַבָּה
considerate, *adj.* מִתְחַשֵּׁב, נִזְהָר, מָתוּן
consideration, *n.* הִתְחַשְּׁבוּת, הִתְבּוֹנְנוּת, עִיּוּן, הוֹקָרָה; תְּמוּרָה
consign, *v.t.* מָסַר, שָׁלַח (סְחוֹרָה), הִפְקִיד [פקד]
consignee, *n.* מְקַבֵּל, שְׁגִיר
consignment, *n.* סְחוֹרָה בַּעֲמִילוּת, מִשְׁגּוֹר
consignor, *n.* שׁוֹגֵר, מְשַׁלֵּחַ, שׁוֹלֵחַ, מוֹסֵר, מַפְקִיד
consist, *v.i.* הֵכִיל [כול], הָיָה מֻרְכָּב מִ־
consistency, consistence, *n.* עֲקִיבוּת, עִקְבִיּוּת; סֹמֶךְ; יַצִּבוּת; מִתְיַשְּׁבוּת
consistent, *adj.* עָקִיב; יָצִיב; אָשׁוּן; מִתְיַשֵּׁב עִם
consistently, *adv.* בַּעֲקִיבוּת, בְּהַתְאָמָה עִם
consistory, *n.* מוֹעָצָה
consolation, *n.* נֶחָמָה, תַּנְחוּמִים
consolatory, *adj.* מְנַחֵם, מְעוֹדֵד
console, *n.* זִיזִית, טִפְחָה
console, *v.t.* נִחֵם
consolidate, *v.t.* חִבֵּר, אִחֵד; חִזֵּק; גִּבֵּשׁ, מִצֵּק; יִצֵּב
consolidate, *v.i.* הִתְחַבֵּר [חבר] הִתְאַסֵּף [אסף], הִתְגַּבֵּשׁ [גבש], הִתְמַצֵּק [מצק]
consolidation, *n.* אִחוּד, חִזּוּק, הִתְאַחְדוּת, מִזּוּג, הִתְגַּבְּשׁוּת, יִצּוּב, בִּסּוּס
consommé, *n.* מְרַק בָּשָׂר
consonance, consonancy, *n.* אַחְדוּת, הַתְאָמָה; לִכּוּד קוֹלוֹת, מְזִיג צְלִילִים
consonant, *n.* אוֹת נָעָה, אוֹת מִבְטָאָה; עִצּוּר
consort, *n.* שֻׁתָּף; חָבֵר; בַּעַל; אִשָּׁה; אֳנִיַּת לְוָי
consort, *v.t.* הִתְחַבֵּר [חבר], נִתְלַוָּה [לוה] אֶל
conspicuous, *adj.* בּוֹלֵט, בָּרוּר, חָשׁוּב, גָּלוּי
conspicuously, *adv.* בְּגָלוּי, כְּבוֹלֵט
conspiracy, *n.* קֶשֶׁר, מֶרֶד, הִתְנַקְּשׁוּת
conspirator, *n.* זוֹמֵם, מוֹרֵד, מִתְנַקֵּשׁ
conspire, *v.t.* & *i.* מָרַד, זָמַם, הִתְקַשֵּׁר [קשר]
constable, *n.* שׁוֹטֵר, בַּלָּשׁ
constabulary, *adj.* & *n.* מִשְׁטַרְתִּי; מִשְׁטָרָה
constancy, *n.* קְבִיעוּת, תְּמִידוּת, נֶאֱמָנוּת
constant, *adj.* קָבוּעַ, תְּמִידִי, תָּדִיר
constant, *n.* מִסְפָּר קַיָּם
constantly, *adv.* תָּדִיר, תָּמִיד, בִּתְמִידוּת
constellation, *n.* מַזָּל, קְבוּצַת כּוֹכָבִים
consternation, *n.* מְבוּכָה, תִּמָּהוֹן, בֶּהָלָה
constipation, *n.* אֲמִיצוּת, עֲצִירוּת

constituency, *n.* קְהַל בּוֹחֲרִים
constituent, *adj.* & *n.* בּוֹחֵר, עִקָּר, עִקָּרִי, יְסוֹד, יְסוֹדִי, מְכוֹנֵן
constitute, *v.t.* יָסַד, קָבַע, כּוֹנֵן [כון]
constitution, *n.* חֻקָּה, תְּחֻקָּה, תַּקָּנוֹן; מִבְנֶה (גוּף), מַעֲרֶכֶת, הַרְכָּבָה
constitutional, *adj.* חֻקִּי, חֻקָּתִי; מַעַרְכְתִּי, מִבְנִי
constitutionality, *n.* חֻקָּתִיּוּת
constrain, *v.t.* הִכְרִיחַ [כרח], כָּפָה; עָצַר
constraint, *n.* הֶכְרֵחַ, אֹנֶס, עֲצִירָה, מְנִיעָה
constrict, *v.t.* צִמְצֵם, הִדֵּק, כִּוֵּץ
constriction, *n.* הִצְטַמְצְמוּת, הִדּוּק, כִּוּוּץ, הִתְכַּוְּצוּת
constrictor, *n.* (נָחָשׁ) בָּרִיחַ
construct, *v.t.* בָּנָה
construction, *n.* מִבְנֶה, בִּנְיָן, בְּנִיָּה; פֵּרוּשׁ, בֵּאוּר
constructive, *adj.* בּוֹנֶה
constructor, *n.* בּוֹנֶה
construe, *v.t.* תִּרְגֵּם, פֵּרַשׁ, בֵּאֵר
consul, *n.* קוֹנְסוּל
consult, *v.t.* & *i.* הִתְיַעֵץ [יעץ], נוֹעַץ
consultant, consulter, *n.* יוֹעֵץ
consultation, *n.* הִתְיָעֲצוּת
consume, *v.t.* & *i.* אִכֵּל, בִּעֵר, כִּלָּה; אָכַל; הִתְאַכֵּל [אכל]
consumer, *n.* אוֹכֵל; צַרְכָן
consummate, *adj.* מֻשְׁכְלָל, גָּמוּר
consummate, *v.t.* הִשְׁלִים [שלם], גָּמַר
consummation, *n.* הִתְמַלְּאוּת, הִתְגַּשְּׁמוּת
consumption, *n.* שַׁחֶפֶת, כִּלָּיוֹן, רָזוֹן
consumptive, *adj.* מְשֻׁחָף
contact, *n.* מַגָּע, נְגִיעָה; קֶשֶׁר; תִּשְׁלֹבֶת
contact, *v.t.* & *i.* נָגַע, פָּגַע, הִפְגִּיעַ [פגע]; הִתְקַשֵּׁר [קשר]
contagion, *n.* הִתְדַּבְּקוּת
contagious, *adj.* מְדַבֵּק
contain, *v.t.* הֶחֱזִיק [חזק], הֵכִיל [כול]
contain, *v.i.* הִתְאַפֵּק
container, *n.* מֵיכָל, כְּלִי קִבּוּל
contaminate, *v.t.* סֵאֵב, טִנֵּף, זִהֵם
contamination, *n.* סֵאָבוֹן, זִהוּם
contemn, *v.t.* בָּזָה, נָאַף
contemplate, *v.t.* & *i.* הִתְבּוֹנֵן [בין] הָגָה, חָשַׁב; הִרְהֵר; הִתְכַּוֵּן [כון]
contemplation, *n.* הִתְבּוֹנְנוּת, מַחֲשָׁבָה
contemplative, *adj.* מִתְבּוֹנֵן, חוֹשֵׁב, מְהַרְהֵר
contemporaneous, *adj.* בֶּן דּוֹר
contemporary, *adj.* בֶּן זְמָן
contempt, *n.* בּוּז, בִּזּוּי, שְׁאָט נֶפֶשׁ
contemptible, *adj.* נִבְזֶה, בָּזוּי
contemptuous, *adj.* מְבַזֶּה
contend, *v.t.* & *i.* טָעַן, דָּן [דון], רָב [ריב] הִתְחָרָה [חרה]
contender, *n.* יָרִיב
content, *adj.* מְרֻצֶּה, שְׂבַע רָצוֹן
content, *n.* שִׂמְחָה, נַחַת רוּחַ; תֹּכֶן
contentedly, *adv.* בְּרָצוֹן
contention, *n.* מָדוֹן, מְרִיבָה, קְטָטָה, וִכּוּחַ
contentious, *adj.* מִתְקוֹטֵט, מִתְחָרֵה, רִיב.
contentment, *n.* שַׁלְוָה, שִׂמְחָה, מְנוּחָה; הִסְתַּפְּקוּת
contents, *n. pl.* תֹּכֶן הָעִנְיָנִים; נֶפַח, תְּכוּלָה
contest, *n.* תַּחֲרוּת, הִתְחָרוּת; תִּגְרָה, רִיב, הִתְמוֹדְדוּת
contest, *v.t.* & *i.* הִתְנַצֵּחַ [נצח], רָב [ריב] עִרְעֵר; הִתְחָרָה [חרה], הִתְמוֹדֵד [מדד]

contestant, contester, *n.* נִלְחָם, טוֹעֵן, מְעַרְעֵר
context, *n.* הֶקְשֵׁר
contiguous, *adj.* נוֹגֵעַ, הַבָּא בְּמַגָּע, סָמוּךְ
continence, continency, *n.* הִתְאַפְּקוּת, כְּבִישַׁת הַיֵּצֶר
continent, *adj.* מַבְלִיג, מִתְאַפֵּק, מוֹשֵׁל בְּרוּחוֹ
continent, *n.* יַבָּשָׁה, יַבֶּשֶׁת
contingency, *n.* מִקְרֶה, אֶפְשָׁרוּת
contingent, *adj.* אֶפְשָׁרִי, מִקְרִי
continual, *adj.* תְּמִידִי, מַתְמִיד, נִמְשָׁךְ
continually, *adv.* בְּלִי הֶפְסֵק, תָּמִיד
continuance, *n.* הֶמְשֵׁךְ, תְּמִידוּת
continuation, *n.* הַמְשָׁכָה, הָאֲרָכָה
continue, *v.t.* הִמְשִׁיךְ [משך], הוֹסִיף [יסף]
continue, *v.i.* נִשְׁאַר [שאר], עָמַד, הָיָה
continuity, *n.* הַתְמָדָה, הֶמְשֵׁכִיּוּת, רְצִיפוּת
continuous, *adj.* נִמְשָׁךְ, מִתְמַשֵּׁךְ
continuously, *adv.* בְּהֶמְשֵׁךְ
contort, *v.t.* עִקֵּם, עִוָּה
contortion, *n.* עִקּוּם, הַעֲוָיָה, עֲוָיָה
contour, *n.* מִתְאָר
contraband, *n.* הַבְרָחַת מֶכֶס, סְחוֹרָה אֲסוּרָה
contraceptive, *n.* כְּלִיל, כּוֹבָעוֹן, אֶמְצָעִי לִמְנִיעַת הֵרָיוֹן
contract, *n.* חוֹזֶה
contract, *v.t.* צִמְצֵם, כִּוֵּץ
contract, *v.i.* הִתְכַּוֵּץ [כוץ]; הִתְנָה [תנה], עָשָׂה חוֹזֶה
contraction, *n.* הִצְטַמְצְמוּת, הִתְכַּוְּצוּת
contractor, *n.* קַבְּלָן
contradict, *v.t.* הִכְחִישׁ [כחש], הֵזֵם [זמם], סָתַר

contradiction, *n.* נִגּוּד, הֲזָמָה, סְתִירָה, הַכְחָשָׁה
contradictory, *adj.* סוֹתֵר, מִתְנַגֵּד
contrariwise, *adv.* לְהֶפֶךְ, אַדְרַבָּה
contrary, *adj.* מִתְנַגֵּד, סוֹתֵר, הֲפַכְפַּךְ
contrast, *n.* הַשְׁוָאָה, הֶבְדֵּל, הֶפֶךְ
contrast, *v.t.* הִשְׁוָה [שוה]
contravene, *v.t.* הֵפֵר [פור] חֹק
contribute, *v.t.* תָּרַם, נָדַב
contribution, *n.* תְּרוּמָה, נְדָבָה
contributor, *n.* תּוֹרֵם
contributory, *adj.* שֶׁל תְּרוּמָה
contrite, *adj.* עָנָו, שְׁפַל רוּחַ, נִכְנָע
contrition, *n.* נֹחַם
contrivance, *n.* הַמְצָאָה, תַּחְבּוּלָה
contrive, *v.t.* תִּחְבֵּל, הִמְצִיא [מצא] זָמַם, חִבֵּל
contriver, *n.* מַמְצִיא, תַּחְבְּלָן
control, *n.* תַּבְחִין, בִּקֹּרֶת, בַּקָּרָה, פִּקּוּחַ, הַשְׁגָּחָה, שִׁלְטוֹן
control, *v.t.* שָׁלַט, מָשַׁל, עָצַר, בִּקֵּר, פִּקֵּחַ
controller, *n.* בַּדָּק, מְבַקֵּר, מְפַקֵּחַ, מוֹשֵׁל, מַשְׁגִּיחַ
controversial, *adj.* וִכּוּחִי, שָׁנוּי בְּמַחֲלֹקֶת
controversy, *n.* וִכּוּחַ, מַחֲלֹקֶת, רִיב, קְטָטָה
controvert, *v.t.* סָתַר, הִכְחִישׁ [כחש], הִתְוַכֵּחַ [וכח]
contumacious, contumelious, *adj.* עַז פָּנִים, חָצוּף, עַקְשָׁן, סוֹרֵר
contumacy, *n.* מַרְדּוּת, עַקְשָׁנוּת, הִתְעַקְשׁוּת
contusion, *n.* הֲטָחָה, חֲבָלָה, פְּצִיעָה
conundrum, *n.* חִידָה
convalesce, *v.i.* הִבְרִיא [ברא], שָׁב [שוב] לְאֵיתָנוֹ, הֶחֱלִים [חלם]

convalescence, *n.* הַחֲלָמָה, הַבְרָאָה
convalescent, *adj.* & *n.* מַחֲלִים, מַבְרִיא
convene, *v.t.* הִקְהִיל [קהל], כָּנַס, כִּנֵּס
convene, *v.i.* נִקְהַל [קהל], נֶאֱסַף [אסף], הִתְכַּנֵּס [כנס]
convenience, *n.* נוֹחוּת
convenient, *adj.* נוֹחַ, רָצוּי
conveniently, *adv.* בְּנוֹחִיּוּת
convent, *n.* מִנְזָר
convention, *n.* אֲסֵפָה, וְעִידָה, כֶּנֶס, כִּנּוּס; הֶסְכֵּם
conventional, *adj.* מֻסְכָּם, מְקֻבָּל
conventual, *adj.* מִנְזָרִי
converge, *v.i.* הִתְקָרֵב [קרב], נִפְגַּשׁ [פגש], הִתְכַּנֵּס [כנס] אֶל
conversation, *n.* שִׂיחָה, שִׂיחַת רֵעִים
conversational, *adj.* שֶׁל שִׂיחָה, מְדַבָּר
converse, *n.* הִפּוּךְ
converse, *v.i.* שָׂח [שיח], שׂוֹחֵחַ [שיח] דִּבֵּר
conversion, *n.* הֲמָרָה, חִלּוּף, הִפּוּךְ; שְׁמָד
convert, *n.* מְשֻׁמָּד, מוּמָר, גֵּר
convert, *v.t.* & *i.* הָפַךְ, הֵמִיר [מור]; שִׁמֵּד; הִשְׁתַּנָּה
converter, convertor, *n.* מַחֲלִיף, מֵמִיר
convertible, *adj.* & *n.* מִתְחַלֵּף, מִשְׁתַּנֶּה; מְכוֹנִית עִם גַּג מִתְקַפֵּל
convex, *adj.* קָמוּר, גַּבְנוּנִי
convexity, *n.* קְמִירוּת, גַּבְנוּנִיּוּת
convey, *v.t.* הוֹבִיל [יבל]; הוֹדִיעַ [ידע]; הֶעֱבִיר [עבר]
conveyance, *n.* הוֹבָלָה; הוֹדָעָה; הַעֲבָרָה, כְּלִי (רֶכֶב), תּוֹבָלָה
conveyer, conveyor, *n.* מַעֲבִיר; מוֹלִיךְ, מוֹבִיל
convict, *n.* אָסִיר, אָשֵׁם
convict, *v.t.* הִרְשִׁיעַ [רשע], חִיֵּב
conviction, *n.* הַרְשָׁעָה, חִיּוּב בְּדִין; הַכָּרָה פְּנִימִית, שִׁכְנוּעַ
convince, *v.t.* הוֹכִיחַ [יכח], שִׁכְנֵעַ עָלָיו
convivial, *adj.* שָׂמֵחַ, חֲגִיגִי
conviviality, *n.* חֶדְוָה, שִׂמְחָה
convocation, *n.* סִיּוּם; עֲצֶרֶת, אֲסֵפָה
convoke, *v.t.* כִּנֵּס, הִקְהִיל [קהל]
convolution, *n.* פִּתּוּל
convoy, *n.* שַׁיָּרָה
convoy, *v.t.* לִוָּה וְהֵגֵן [גנן]
convulsion, *n.* פִּרְפּוּר, כְּוִיצָה, עֲוִית, חַלְחָלָה, חִלְחוּל
cony, *n.* שָׁפָן
coo, *v.i.* & *n.* הָמָה, הָגָה; הֶמְיַת יוֹנִים
cook, *n.* טַבָּח, מְבַשֵּׁל
cook, *v.t.* & *i.* טָבַח, בִּשֵּׁל, הִתְבַּשֵּׁל [בשל]
cookbook, *n.* טִבְחוֹן
cooker, *n.* כְּלִי בִּשּׁוּל; כּוֹפָה, תַּנּוּר; מַרְחֶשֶׁת, סִיר; מְזַיֵּף חֶשְׁבּוֹנוֹת
cookery, *n.* בִּשּׁוּל, טֶבַח, טִבְחָה
cooky, cookie, *n.* עוּגִית
cool, *adj.* קַר, קָרִיר; אָדִישׁ
cool, *v.t.* צִנֵּן, קֵרֵר
cool, *v.i.* הִתְקָרֵר [קרר], הִצְטַנֵּן [צנן]
cooler, *n.* מְצַנֵּן, מְקָרֵר
coolie, *n.* סַבָּל
coolly, *adv.* בִּקְרִירוּת, בַּאֲדִישׁוּת
coolness, *n.* קְרִירוּת, צִנָּה; אֲדִישׁוּת
coop, *n.* לוּל; חֲבִית
coop, *v.t.* סָגַר, שָׂם [שים] בְּלוּל
cooper, *n.* חַבְתָּן
cooperage, *n.* חַבְתָּנוּת
co-operate, *v.i.* שִׁתֵּף פְּעֻלָּה, פָּעַל יַחַד, סִיֵּעַ
co-operation, *n.* שִׁתּוּפִיּוּת, שִׁתּוּף פְּעֻלָּה
co-operative, *adj.* שִׁתּוּפִי, מְשֻׁתָּף

co-operative, *n.* צַרְכָנִיָּה, חֲנוּת (אֲגֻדָּה) שִׁתּוּפִית
co-operator, *n.* מְסַיֵּעַ, מִשְׁתַּתֵּף
co-ordinate, *adj.* שָׁוֶה, שָׁקוּל
co-ordinate, *v.t.* הִשְׁוָה [שוה], הִתְאִים [תאם]
co-ordination, *n.* הַשְׁוָאָה, הַתְאָמָה, סִדּוּר
coot, *n.* גִּירִית
cop, *n.* שׁוֹטֵר
cope, *v.i.* יָכֹל לְ־, הִתְגַּבֵּר [גבר] עַל
copious, *adj.* גָּדוּשׁ, רָחָב, רַב
copiously, *adv.* בְּשֶׁפַע
copper, *n.* נְחֹשֶׁת
coppery, *adj.* נְחָשְׁתִּי
coppice, *n.* חֹרֶשׁ שִׂיחִים
copulate, *v.i.* הִזְדַּוֵּג [זוג]
copulation, *n.* הִזְדַּוְּגוּת, תַּשְׁמִישׁ, הַרְבָּעָה, גִּישָׁה, תַּפְקִיד
copy, *n.* פַּתְשֶׁגֶן, הֶעְתֵּק; הַעְתָּקָה, חִקּוּי; טֹפֶס; כְּתַב יָד, חֹמֶר הַדְפָּסָה
copy, *v.t.* & *i.* הֶעְתִּיק [עתק], חִקָּה
copyist, *n.* מַעְתִּיק
copyright, *n.* כָּל הַזְּכֻיּוֹת שְׁמוּרוֹת
coquet, *n.* גַּנְדְּרָן
coquet, coquette, *v.i.* הִתְגַּנְדֵּר [גנדר]
coquetry, *n.* אֲהַבְהָבִים, הִתְגַּנְדְּרוּת
coquette, *n.* אֲהַבְהֶבֶת, גַּנְדְּרָנִית
coral, *n.* אַלְמֹג, אַלְגֹּם
cord, *n.* מֵיתָר; חוּט; פְּתִיל
cord, *v.t.* קָשַׁר
cordage, *n.* חֲבָלִים, חַבְלֵי סְפִינָה
cordial, *adj.* לְבָבִי
cordiality, *n.* לְבָבִיּוּת, יְדִידוּת
corduroys, *n. pl.* מִכְנְסֵי (אֲרִיג צִלְעִי) קְטִיפָה
core, *n.* לֵב; מֶרְכָּז; עִקָּר; תּוֹךְ
core, *v.t.* הוֹצִיא [יצא] הַתּוֹךְ
cork, *n.* פְּקָק, פְּקָק; שַׁעַם
cork, *v.t.* פָּקַק, סָתַם
corkscrew, *n.* מַחְלֵץ
cormorant, *n.* שָׁלָךְ, קַקְוַאי (עוֹף)
corn, *n.* תִּירָס; תְּבוּאָה, בָּר, דָּגָן; שֶׁבֶר; יַבֶּלֶת
cornea, *n.* קַרְנִית (הָעַיִן)
corner, *n.* פִּנָּה, זָוִית; קֶרֶן; קָצֶה; כָּנָף
corner, *v.t.* & *i.* זִוָּה
corners, *n. pl.* כְּנָפוֹת
cornerstone, *n.* אֶבֶן הַפִּנָּה
cornet, *n.* קֶרֶן (כְּלִי נְגִינָה)
cornice, *n.* כַּרְכֹּב
corolla, *n.* כּוֹתֶרֶת, עֲלֵי הַכּוֹתֶרֶת
corollary, *n.* תּוֹצָאָה, מַסְקָנָה
corona, *n.* עֲטָרָה, זֵר, כֶּתֶר
coronation, *n.* הַכְתָּרָה
coroner, *n.* חוֹקֵר (סִבּוֹת מָוֶת)
coronet, *n.* צְפִירָה; זֵר, כֶּתֶר
corporal, *n.* רַב טוּרַאי
corporal, *adj.* גּוּפָנִי, גַּשְׁמִי
corporate, *adj.* מְשֻׁתָּף, קִבּוּצִי
corporation, *n.* שֻׁתָּפוּת, חֶבְרָה חֻקִּית
corporeal, *adj.* גּוּפָנִי, גַּשְׁמִי, חָמְרִי
corps, *n.* פְּלֻגָּה, גְּדוּד; סֶגֶל
corpse, *n.* גּוּפָה, גְּוִיָּה, גּוּפַת מֵת; נְבֵלָה
corpulence, corpulency, *n.* גֹּדֶל, שְׁמַנְמַנּוּת, פִּימָה
corpulent, *adj.* שָׁמֵן, דָּשֵׁן
corpuscle, *n.* גּוּפִיף; כַּדּוּרִית (דָּם)
corral, *n.* גְּדֵרָה, דִּיר
correct, *adj.* מְדֻיָּק; מְתֻקָּן; נָכוֹן; יָשָׁר
correct, *v.t.* תִּקֵּן, הִגִּיהַּ [נגה]; יִסֵּר
correction, *n.* תִּקּוּן; תּוֹכֵחָה; יִסּוּר; הַגָּהָה
corrective, *adj.* מְתַקֵּן
correctly, *adv.* כַּהֲלָכָה, כָּרָאוּי
corrector, *n.* מַגִּיהַּ, מְתַקֵּן

correctness, *n.* יֹשֶׁר, דִּיּוּק
correlation, *n.* מִתְאָם
correspond, *v.i.* הִתְכַּתֵּב [כתב]
correspondence, *n.* תִּכְתֹּבֶת, הִתְכַּתְּבוּת, חִלּוּף מִכְתָּבִים; הֶתְאֵם; כַּתָּבָה
correspondent, *n.* דּוֹמֶה, מַתְאִים; כַּתָּב; מִתְכַּתֵּב
corridor, *n.* מָבוֹא, מִסְדְּרוֹן, פְּרוֹזְדוֹר
corroborate, *v.t.* חִזֵּק, אִמֵּת, אִשֵּׁר
corroboration, *n.* חִזּוּק, אִמּוּת, אִשּׁוּר
corrode, *v.t.* אָכַל (חֲלוּדָה), אִכֵּל
corrode, *v.i.* הֶחֱלִיד [חלד]
corrosion, *n.* אִכּוּל
corrosive, *adj.* מְכַלֶּה, מְאַכֵּל
corrugate, *v.t.* & *i.* קָמַט, קִמֵּט
corrugated, *adj.* מְקֻמָּט, גַּלִּי
corrugation, *n.* קִמּוּט, קְמִיטָה
corrupt, *adj.* מְקֻלְקָל, מֻשְׁחָת, בִּלְתִּי מוּסָרִי
corrupt, *v.t.* קִלְקֵל, הִשְׁחִית [שחת]; שִׁחֵד, עִוֵּת
corrupt, *v.i.* הִתְקַלְקֵל, [קלקל], נִשְׁחַת [שחת]
corrupter, *n.* מְקַלְקֵל, מַשְׁחִית
corruption, *n.* שֹׁחַד, הַשְׁחָתָה, שְׁחִיתוּת; אִי מוּסָרִיּוּת, קִלְקוּל, קַלְקָלָה
corsage, *n.* חֲזִיָּה; פִּרְחָה
corsair, *n.* שׁוֹדֵד יָם, סְפִינַת שׁוֹדְדִים
corset, *n.* מָחוֹךְ
cortege, cortège, *n.* סִיעָה; בְּנֵי לְוָיָה
cortex, *n.* שִׁיפָה
corvette, corvet, *n.* אֳנִיַּת מִלְחָמָה
cosmetic, *n.* & *adj.* תַּמְרוּק, יִפּוּי; מְיַפֶּה
cosmic, *adj.* תֵּבְלִי, עוֹלָמִי
cosmopolitan, *adj.* & *n.* עוֹלָמִי; אֶזְרַח הָעוֹלָם
cosmos, *n.* תֵּבֵל, עוֹלָם

cost, *n.* שֹׁוִי, מְחִיר, דָּמִים, הוֹצָאָה
cost, *v.i.* שָׁוָה, עָלָה (בִּמְחִיר)
costliness, *n.* יֹקֶר
costly, *adj.* בְּיֹקֶר, יָקָר
costume, *n.* תִּלְבֹּשֶׁת, חֲלִיפָה
costumer, *n.* עוֹשֶׂה (מוֹכֵר) חֲלִיפוֹת
cosy, *v.* cozy
cot, *n.* מִטָּה (קְטַנָּה) מִתְקַפֶּלֶת
cote, *n.* דִּיר, מִכְלָה, לוּל, שׁוֹבָךְ
cottage, *n.* בַּיִת קָטָן, סֻכָּה, צְרִיף
cottage cheese גְּבִינָה לְבָנָה
cotton (wool), *n.* צֶמֶר גֶּפֶן, כֻּתְנָה
couch, *n.* סַפָּה
cough, *n.* שִׁעוּל
cough, *v.t.* & *i.* שִׁעֵל, הִשְׁתָּעֵל [שעל]
council, *n.* מוֹעָצָה
councilor, councillor, *n.* חָבֵר הַמּוֹעָצָה
counsel, *n.* עֵצָה; הִתְיָעֲצוּת; יוֹעֵץ; עוֹרֵךְ דִּין; מְזִמָּה
counsel, *v.t.* עָץ [עוץ], יָעַץ; הִזְהִיר [זהר]
counselor, counsellor, *n.* יוֹעֵץ
count, *n.* מִנְיָן, סְפִירָה; סְכוּם; אָצִיל; אַלּוּף
count, *v.t.* מָנָה, סָפַר
count, *v.i.* נִשְׁעַן [שען] עַל, בָּטַח בְּ־, סָמַךְ עַל, הִסְתַּמֵּךְ [סמך]
countenance, *n.* מַרְאֶה; תֹּאַר; הֶסְכֵּם; עֵזֶר
countenance, *v.t.* סִיֵּעַ, עוֹדֵד [עוד], אִמֵּץ
counter, *adj.* נֶגְדִּי
counter, *n.* מַנַּאי (בִּמְכוֹנָה), סוֹפֵר, מוֹנֶה; חֶשְׁבּוֹנִיָּה; דֶּלְפֵּק
counter, *adv.* כְּנֶגֶד, לְהֶפֶךְ, בְּנִגּוּד
counter, *v.i.* נִגֵּד
counteract, *v.t.* הִתְנַגֵּד, סָתַר; הֵפֵר [פור]

counterattack, *n.* הַתְקָפַת נֶגֶד
counterbalance, *v.t.* הִכְרִיעַ [כרע]; שָׁקַל (כְּנֶגֶד)
counterbalance, *n.* הֶכְרֵעַ, מִשְׁקָל (אִזּוּן) שֶׁכְּנֶגֶד
counterespionage, *n.* רִגּוּל נֶגְדִּי
counterfeit, *adj.* מְחֻקֶּה; מְזֻיָּף
counterfeit, *n.* זִיּוּף; חִקּוּי; הֶעְתֵּק
counterfeit, *v.t.* חִקָּה; זִיֵּף
counterfeiter, *n.* זַיְּפָן; מְחַקֶּה
countermand, *v.t.* הֵפֵר [פור], הִתְנַגֵּד [נגד]
counteroffensive, *n.* הַתְקָפַת נֶגֶד
counterpart, *n.* חֵלֶק מִשְׁנֶה, מַקְבִּיל, מַשְׁלִים
counterpoint, *n.* פִּזּוּם, פִּזְמוֹן; הִפּוּךְ
counterpoise, *n.* שִׁוּוּי מִשְׁקָל; הַכְרָעָה
counterrevolution, *n.* מַהְפֵּכָה נֶגְדִּית
countersignature, *n.* חֲתִימָה נוֹסֶפֶת
countersign, *v.t.* אִשֵּׁר חֲתִימָה, הוֹסִיף [יסף] חֲתִימָה
counterweight, *n.* מִשְׁקָל נֶגְדִּי, הֶכְרֵעַ
countess, *n.* אֲצִילָה
countless, *adj.* לְאֵין מִסְפָּר
country, *n.* אֶרֶץ, מְדִינָה; מִחוּץ לָעִיר
countryman, *n.* בֶּן אֶרֶץ
countryside, *n.* מְקוֹם קַיִט, מְקוֹם נֹפֶשׁ, קַיְטָנָה
county, *n.* מָחוֹז
coup, *n.* פְּעֻלַּת פֶּתַע: הֲפֵיכָה; מַכָּה נִצַּחַת
couple, *n.* זוּג, צֶמֶד
couple, *v.t.* זִוֵּג, חִבֵּר, קִשֵּׁר
couple, *v.i.* הִזְדַּוֵּג [זוג], הִתְחַבֵּר [חבר]
couplet, *n.* בַּיִת, חָרוּז
coupling, *n.* זִוּוּג, חִבּוּר, קִשּׁוּר; מַצְמֵד; הִזְדַּוְּגוּת
coupon, *n.* שׁוֹבֵר, תְּלוּשׁ

courage, *n.* אֹמֶץ, אֹמֶץ לֵב, עֹז רוּחַ, גְּבוּרָה
courageous, *adj.* אַמִּיץ, אִישׁ חַיִל
courageously, *adv.* בְּאֹמֶץ לֵב
courier, *n.* שָׁלִיחַ, רָץ, בַּלְדָּר
course, *n.* מַהֲלָךְ; מֵרוֹץ; סִדְרָה; מָנָה; שִׁעוּר; כִּוּוּן; וֶסֶת; מַסְלוּל; נִדְבָּךְ
course, *v.t. & i.* שָׁטַף, עָבַר, רָדַף (צֵידָה)
courser, *n.* סוּס מָהִיר
court, *n.* חָצֵר, חֲצַר מַלְכוּת; בֵּית מִשְׁפָּט
court, *v.t.* חִזֵּר; בִּקֵּשׁ, הִפְצִיר [פצר]
courteous, *adj.* אָדִיב
courteously, *adv.* בַּאֲדִיבוּת
courtesan, *n.* יַצְאָנִית, זוֹנָה; חַצְרָן
courtesy, *n.* אֲדִיבוּת; קִדָּה
court-martial, *n.* בֵּית דִּין צְבָאִי
courtship, *n.* חִזּוּר (אַחַר אִשָּׁה), חַזְרָנוּת
courtyard, *n.* חָצֵר
cousin, *n.* דּוֹדָן, דּוֹדָנִית
cove, *n.* מִפְרָצִית (מִפְרָץ קָטָן); מַחֲסֶה
covenant, *n.* בְּרִית, הֶסְכֵּם, אֲמָנָה, חָזוּת
covenant, *v.t. & i.* כָּרַת בְּרִית
cover, *n.* מִכְסֶה, מַעֲטֶה, צִפּוּי, כִּסּוּי; כְּרִיכָה; עֲרֵבוּת
cover, *v.t.* כִּסָּה, הֶעֱלָה [עלה], צִפָּה, סִכֵּךְ
coverlet, *n.* שְׂמִיכָה, מִכְסֶה
covert, *adj.* מְכֻסֶּה; נִסְתָּר; סוֹדִי
covert, *n.* מַאֲרָב, אֶרֶב, מַחְבּוֹא
covet, *v.t. & i.* אִוָּה, חָמַד, הִתְחַשֵּׁק [חשק], הִתְאַוָּה [אוה]
covetous, *adj.* מִתְאַוֶּה, חוֹשֵׁק
covetousness, *n.* חֶמְדָּה, חֵשֶׁק, תְּשׁוּקָה, תַּאֲוָה

covey, *n.* בְּרִיכָה, חֲבוּרָה שֶׁל צִפֳּרִים
cow, *n.* פָּרָה
cow, *v.t.* הִתְיָרֵא [ירא], פִּחֵד, הֵבִיא [בוא] מֹרֶךְ בַּלֵּב
coward, *n.* פַּחְדָן, מוּג לֵב
cowardice, *n.* פַּחְדָנוּת, יִרְאָה
cowardly, *adv.* בְּמֹרֶךְ לֵב, בְּפַחַד
cowboy, *n.* בַּקָּר
cower, *v.i.* קָרַס (מִפַּחַד), חָרַד, רָעַד
cowhide, *n.* עוֹר פָּרָה
cowl, *n.* בַּרְדָּס
coxcomb, *n.* גַּנְדְּרָן, מִתְיַפֶּה
coxswain, *n.* הַגַּאי (מְפַקֵּד) סִירָה
coy, *adj.* בַּיְשָׁן, עָנָו
coyote, *n.* זְאֵב עֲרָבוֹת
coyness, *n.* בַּיְשָׁנוּת, עֲנָוָה
cozen, *v.t.* & *i.* רִמָּה
cozy, cosy, cosey, *adj.* & *n.* מְרֻוָּח, מָלֵא נוֹחִיּוּת; מַטְמֵן
crab, *n.* (מַזָּל) סַרְטָן; זַעְפָּן
crab apple חֻזְרָר, עֻזְרָר, עֻזְרָד
crabbed, *adj.* זָעֵף, סָר וְזָעֵף
crack, *n.* סֶדֶק, נֶפֶץ; נָקִיק
crack, *v.t.* & *i.* בָּקַע, סִדֵּק, פִּצַּח, נִסְדַּק [סדק], הִתְבַּקַּע [בקע], נִבְקַע
cracker, *n.* רָקִיק, מַצִּיָּה, פַּכְסָם; מְפַצֵּחַ; זִקּוּק (דִּי נוּר)
crackers, *n. pl.* רְקִיקִים
cradle, *n.* עֲרִיסָה
cradle, *v.t.* נִעְנַע בַּעֲרִיסָה, יִשֵּׁן
cradle, *v.i.* שָׁכַב בַּעֲרִיסָה
craft, *n.* אוּמָנוּת; עָרְמָה, תַּחְבּוּלָה; אֳנִיָּה קְטַנָּה, (כְּלָל) אֳנִיּוֹת, מְטוֹסִים
craftiness, *n.* עַרְמוּמִיּוּת
craftsman, *n.* אוּמָן; בַּעַל מְלָאכָה, מֻמְחֶה, בַּעַל מִקְצוֹעַ
craftsmanship, *n.* מִקְצוֹעִיּוּת, אוּמָנוּת, מֻמְחִיּוּת
crafty, *adj.* זָרִיז; נוֹכֵל, עָקֹב, עַרְמוּמִי
crag, *n.* צוּק
cram, *v.t.* & *i.* לָעַט, פִּטֵּם, זָלַל; הִתְמַלֵּא [מלא] (יְדִיעוֹת); דָּחַס, הִתְדַּחֵס [דחס]
cramp, *n.* כְּוִיצָה, שֶׁבֶץ; מַלְחֶצֶת, צְבָת
cramp, *v.t.* הִתְכַּוֵּץ [כוץ]; לָחַץ, חִזֵּק
cranberry, *n.* כְּרוּכִית
crane, *n.* עָגוּר, עֲגוּרָן, כְּרוּכְיָה; מָנוֹף, מַדְלֶה
crane, *v.t.* & *i.* עִגֵּר, הֵנִיף [נוף], הֶעֱלָה [עלה]; הִסֵּס
cranial, *adj.* גֻּלְגָּלְתִּי, קַרְקַפְתִּי
cranium, *n.* גֻּלְגֹּלֶת, קַרְקֶפֶת
crank, *n.* אַרְכֻּבָּה, יָדִית
crank, *v.t.* הִתְנִיעַ [נוע], סוֹבֵב הַיָּדִית, אִרְכֵּב
crankshaft, *n.* גַּלְכֻּבָּה, גַּל אַרְכֻּבָּה
cranky, *adj.* נִרְגָּז
cranny, *n.* סֶדֶק, בְּקִיעַ
crape, *v.* crepe,
crash, *n.* נֶפֶץ, הִתְנַגְּשׁוּת, הִתְרַסְּקוּת
crash, *v.t.* & *i.* שִׁבֵּר, נִפֵּץ, הִתְנַפֵּץ [נפץ], הִתְרַסֵּק [רסק], הִתְנַגֵּשׁ [נגש]
crass, *adj.* טִפֵּשׁ, גַּס
crate, *n.* & *v.t.* אַרְגָּז, תֵּבָה, סַל (גָּדוֹל); אָרַז (בְּתֵבוֹת)
crater, *n.* לוֹעַ, לֹעַ
cravat, *n.* עֲנִיבָה
crave, *v.t.* & *i.* הִשְׁתּוֹקֵק [שקק], הִתְחַנֵּן [חנן], הִתְאַוָּה [אוה]
craving, *n.* תְּשׁוּקָה, כֹּסֶף, גַּעְגּוּעִים
crawl, *n.* זְחִילָה; שְׂחִיַּת חֲתִירָה; מַאֲגוֹר יַמִּי
crawl, *v.i.* זָחַל
crayfish, crawfish, *n.* סַרְטַן הַמַּיִם
crayon, *n.* גִּיר, חֶרֶט

craze, craziness, *n.* שִׁגָּעוֹן, בִּלְמוּס
craze, *v.t.* & *i.* הִשְׁתַּגֵּעַ [שגע]
crazily, *adv.* בְּשִׁגָּעוֹן
crazy, *adj.* מְשֻׁגָּע, מְטֹרָף
creak, *n.* חֲרִיקָה, צְרִימָה
creak, *v.i.* חָרַק, צָרַם
cream, *n.* זִבְדָּה, שַׁמֶּנֶת; עִדִּית; מִשְׁחָה
cream, *v.t.* עָשָׂה שַׁמֶּנֶת, לָקַח הַמֻּבְחָר
crease, *n.* קִפּוּל, קֶמֶט
crease, *v.t.* & *i.* קִפֵּל, קָמַט, קִמֵּט, הִתְקַמֵּט [קמט]
create, *v.t.* בָּרָא, יָצַר
creation, *n.* בְּרִיאָה, יְצִירָה
creative, *adj.* בּוֹרֵא, יוֹצֵר
creator, *n.* בּוֹרֵא, יוֹצֵר
creature, *n.* יְצוּר, בְּרִיאָה
credence, *n.* אֵמוּן, אֱמוּנָה
credential, *n.* אִשּׁוּר
credentials, *n. pl.* כְּתַב הַאֲמָנָה
credibility, *n.* מְהֵימָנוּת, כֵּנוּת; אֹמֶן, אֵמוּן
credible, *adj.* נֶאֱמָן, מְהֵימָן
credit, *n.* אַשְׁרַאי; הַקָּפָה; תְּהִלָּה; כָּבוֹד
credit, *v.t.* הֵקִיף [קוף], זָקַף (עַל חֶשְׁבּוֹן)
creditor, *n.* נוֹשֶׁה, מַלְוֶה
credo, creed, *n.* אֱמוּנָה, עִקָּר
creek, *n.* פֶּלֶג
creep, *v.i.* זָחַל, רָמַשׂ, הִתְרַפֵּס [רפס], הִתְגַּנֵּב [גנב]
creepy, *adj.* זַחְלָנִי
cremate, *v.t.* שָׂרַף לְאֵפֶר (גּוּפָה)
cremation, *n.* שְׂרֵפַת גּוּפָה
crematorium, crematory, *n.* מַשְׂרָפָה
crepe, crape, *n.* סַלְסָלָה (אָרִיג מֶשִׁי)
crescent, *n.* סַהַר, שַׂהֲרוֹן
cress, *n.* שַׁחַל

crest, *n.* כַּרְבֹּלֶת; בְּלוֹרִית; זֵר; רֶכֶס; שֶׁלֶט (אַבִּירִים); קְצֵה הַגַּל
crevasse, *n.* חָרִיץ
crew, *n.* צֶוֶת (מַלָּחִים, וְכוּ')
crib, *n.* עֶרֶס, עֲרִיסָה
crick, *n.* עֲוִית, שֶׁבֶץ
cricket, *n.* צְרָצַר
crier, *n.* כָּרוֹז, מַכְרִיז, צַעֲקָן
crime, *n.* חֵטְא, פֶּשַׁע, עֲבֵרָה
criminal, *adj.* עֲבַרְיָן, חוֹטֵא, פּוֹשֵׁעַ
criminality, *n.* תַּפְשׁוּעָה, עֲבַרְיָנוּת
criminologist, *n.* בָּקִי בְּתוֹרַת הַחֲטָאִים
criminology, *n.* תּוֹרַת הַחֲטָאִים
crimp, *n.* קֶמֶט
crimp, *v.t.* קָמַט, כִּוֵּץ
crimson, *adj.* אֲדַמְדַּם, חַכְלִילִי
crimson, *n.* אֹדֶם, אַרְגָּמָן, שָׁנִי
crimson, *v.t.* צָבַע בְּצֶבַע שָׁנִי, תִּלַּע
crimson, *v.i.* הִתְאַדֵּם [אדם], תֻּלַּע
cringe, *n.* הִתְרַפְּסוּת, חֹנֶף
cringe, *v.i.* הִתְרַפֵּס [רפס], הֶחֱנִיף [חנף]
crinkle, *n.* קִפּוּל, קֶמֶט
crinkle, *v.t.* קִפֵּל, קִמֵּט, כִּוֵּץ
crinkle, *v.i.* הִתְקַמֵּט [קמט], הִתְכַּוֵּץ [כוץ]
cripple, *n.* קִטֵּעַ, נָכֶה, בַּעַל מוּם, מוּמָם
cripple, *v.t.* קָטַע, עָשָׂה לְבַעַל מוּם, הוּמַם [מום], הִטִּיל [נטל] מוּם
crisis, *n.* מַשְׁבֵּר
crisp, *adj.* מְסֻלְסָל, מְתֻלְתָּל; שָׁבִיר; פָּרִיךְ, פָּרִיר; חַד (שֵׂכֶל), עַלִּיז
crisp, *v.t.* & *i.* סִלְסֵל, תִּלְתֵּל; פּוֹרֵר, פָּרַךְ, הִתְפָּרֵךְ [פרך]
crisscross, *n.* & *adj.* שְׁתִי וָעֵרֶב, תַּשְׁבֵּץ
criterion, *n.* קְנֵה מִדָּה, בֹּחַן, תַּבְחִין
critic, *n.* מְבַקֵּר, בּוֹחֵן

critical, *adj.* מַשְׁבֵּרִי; מְסֻכָּן; מַכְרִיעַ, בִּקָּרְתִּי
criticism, *n.* בִּקֹּרֶת, גִּנּוּי
criticize, criticise, *v.t. & i.* בִּקֵּר, גִּנָּה
critique, *n.* בִּקֹּרֶת, נִתּוּחַ
croak, *n.* קִרְקוּר
croak, *v.t.* קִרְקֵר
crochet, *n.* מַסְרֵגָה, צִנּוֹרָה
crochet, *v.t.* צִנֵּר, סָרַג
crockery, *n.* כְּלֵי חֶרֶשׂ
crocodile, *n.* תַּנִּין, תִּמְסָח
crocus, *n.* חֲבַצֶּלֶת, כַּרְכֹּם
croft, *n.* שָׂדֶה, מִגְרָשׁ
crofter, *n.* אִכָּר זָעִיר
crone, *n.* זְקֵנָה בָּלָה
crony, *n.* חָבֵר, יְדִיד
crook, *n.* עִקּוּם; מַקֵּל כָּפוּף, שֵׁבֶט; גַּנָּב, גַּזְלָן
crook, *v.t. & i.* עִקֵּם, כָּפַף, הִתְעַקֵּם [עקם], נִכְפַּף [כפף]
crooked, *adj.* עָקֹם; בִּלְתִּי יָשָׁר
croon, *v.t.* שׁוֹרֵר [שיר]; זִמְזֵם
crooner, *n.* מְזַמְזֵם
crop, *n.* יְבוּל; זֶפֶק; שֶׁלַח
crop, *v.t.* זָרַע; קָצַר, קָנַב, קִצֵּץ
cropper, *n.* קוֹצֵר
croquet, *n.* מִשְׂחָק בְּכַדּוּרֵי עֵץ
croquette, *n.* קְצִיצָה, לְבִיבָה
cross, *adj.* צוֹלֵב; זָעֵף, נִרְגָּז, סַר
cross, *n.* צְלָב
cross, *v.t. & i.* שִׂכֵּל; שִׁלֵּב (יָדַיִם); עָבַר, חָצָה; מָחַק; הִכְלִיא [כלא]; הִכְעִיס [כעס]; צָלַב, הִצְטַלֵּב [צלב]; הִתְעָרֵב [ערב]; רָגַז, נִרְגַּז
crossbar, *n.* כָּפִיס
crossbow, *n.* קֶשֶׁת מַצְלִיבָה
crossbreed, *n.* כִּלְאַיִם, הַכְלָאָה
crossbreed, *v.t.* הִרְכִּיב [רכב], הִכְלִיא [כלא]
crosscut, *adj.*, *n.*, *v.t. & i.* חָתֵךְ רֹחַב, חָתַךְ
cross-examination, *n.* חֲקִירַת עֵדִים
cross-examine, *v.t.* חָקַר
cross-eye, *n.* פְּזִילָה
crossing, *n.* מַעֲבָר, עִבּוּר, סְתִירָה
crosspiece, *n.* יָצוּל; מַשְׁקוֹף
crossroad, *n.* מִסְעָף
crosswise, *adv.* בַּאֲלַכְסוֹן, לְרֹחַב
crossword puzzle תַּשְׁבֵּצוֹן
crotch, *n.* מִפְשָׂעָה; מִפְגָּשׁ; זָוִית
crouch, *v.t.&i.*, *n.* כָּרַע, קָרַס, הִתְרַפֵּס [רפס], רָבַץ; הַרְכָּנָה, הִתְכּוֹפְפוּת
croup, *n.* קָרֶמֶת, אַסְכָּרָה; אֲחוֹרֵי הַסּוּס
crow, *n.* קְרִיאַת הַתַּרְנְגוֹל; עוֹרֵב; מָנוֹף
crow, *v.i.* קָרָא, הִתְפָּאֵר [פאר]
crowbar, *n.* כֵּילָף, מַפֵּץ, קִילוֹן
crowd, *n.* הָמוֹן, אַסַפְסוּף, דֹּחַק
crowd, *v.t. & i.* דָּחַק, מִלֵּא; הִתְקַהֵל [קהל], הִצְטוֹפֵף [צפף], נִדְחַק [דחק]
crown, *n.* כֶּתֶר, עֲטָרָה, זֵר, כּוֹתֶרֶת; אָמִיר (עֵץ)
crown, *v.t.* הִכְתִּיר [כתר], עָטַר
crucial, *adj.* מַכְרִיעַ
crucible, *n.* מַצְרֵף, כּוּר, עֲלִיל
crucifix, *n.* צֶלֶב
crucifixion, *n.* צְלִיבָה
crucify, *v.t.* צָלַב, עִנָּה
crude, *adj.* גָּלְמִי, בִּלְתִּי מְעֻבָּד; גַּס; תָּפֵל
crudeness, crudity, *n.* גַּסּוּת; תִּפְלוּת
cruel, *adj.* אַכְזָר, אַכְזָרִי
cruelly, *adv.* בְּאַכְזָרִיּוּת

cruelty, *n.* אַכְזָרִיּוּת
cruet, *n.* בַּקְבּוּק קָטָן, צִנְצֶנֶת
cruise, *n.* טִיּוּל (עַל הַיָּם)
cruise, *v.i.* שׁוֹטֵט [שוט]
cruiser, *n.* אֳנִיַּת מִלְחָמָה, אֳנִיַּת מֵרוֹץ
crumb, *n.* פֵּרוּר, פָּתִית
crumb, *v.t.* פּוֹרֵר [פרר], פָּתַת, פָּרַךְ
crumble, *v.i.* הִתְפּוֹרֵר [פרר], הִתְמוֹטֵט [מוט]
crumbly, *adj.* פָּרִיר
crumple, *v.t.* & *i.* קִמֵּט, הִתְקַמֵּט [קמט]
crunch, *n.* כִּרְסוּם
crunch, *v.t.* & *i.* כִּרְסֵם, כָּסַס
crusade, *n.* & *v.i.* מַסַּע צְלָב; הִתְקִיף [תקף] בְּקַנָּאוּת
crusader, *n.* צַלְבָּן, (נוֹשֵׂא הַצְּלָב)
cruse, *n.* פַּךְ, צַפַּחַת
crush, *n.* מְעִיכָה, לַחַץ, דּחַק; תְּשׁוּקָה
crush, *v.t.* מָעַךְ; לָחַץ; נִפֵּץ; דִּכֵּא; טָחַן
crush, *v.i.* פּוֹרֵר [פרר]; הִשְׁמִיד [שמד]; כִּלָּה
crust, *n.* קְרוּם (הַלֶּחֶם); גֶּלֶד
crust, *v.t.* & *i.* קָרַם; הִגְלִיד [גלד]
crutch, *n.* מִשְׁעֶנֶת; קַב
crutches, *n. pl.* קַבַּיִם
crux, *n.* עִקָּר
cry, *n.* בֶּכִי, בְּכִיָּה; צְעָקָה; קְרִיאָה
cry, *v.i.* & *t.* בָּכָה, יִבֵּב; קָרָא; צָעַק
crypt, *n.* כּוּךְ, מְעָרָה
cryptic, cryptical, *adj.* בִּלְתִּי מוּבָן, טָמִיר
crystal, *n.* בְּדֹלַח, גָּבִישׁ, אֶלְגָּבִישׁ
crystalline, *adj.* בְּדָלְחִי, גְּבִישִׁי, צַח
crystallization, *n.* גִּבּוּשׁ, הִתְגַּבְּשׁוּת
crystallize, *v.t.* גִּבֵּשׁ
crystallize, *v.i.* הִתְגַּבֵּשׁ [גבש]
cub, *n.* גּוּר

cube, *n.* קֻבִּיָּה
cubic, cubical, *adj.* מְעֻקָּב
cubism, *n.* צִיּוּר נֶפַח
cuckoo, *n.* קוּקִיָּה
cucumber, *n.* קִשּׁוּא, מְלָפְפוֹן
cud, *n.* גֵּרָה
cuddle, *n.* חִבּוּק, לִטּוּף
cuddle, *v.t.* חִבֵּק, לִטֵּף
cuddle, *v.i.* הִתְחַבֵּק [חבק]
cue, *n.* זָנָב; כָּנָף; רֶמֶז; תּוֹר; מַטֶּה (בִּלְיַרְד)
cuff, *n.* יָדָה; חֵפֶת; שַׁרְווּלִית
cuirass, *n.* מָגֵן, שִׁרְיוֹן, צִנָּה
cuirassier, *n.* צַנָּן, נוֹשֵׂא צִנָּה
cuisine, *n.* בִּשּׁוּל, שִׁיטַת בִּשּׁוּל
culinary, *adj.* אָכִיל
cull, *v.t.* בָּחַר, לָקַט
culminate, *v.i.* הִגִּיעַ [נגע]; נִגְמַר [גמר]
culmination, *n.* פִּסְגָּה, שִׂיא; סִיּוּם
culpable, *adj.* אָשֵׁם, חַיָּב
culprit, *n.* אָשֵׁם, נֶאֱשָׁם, פּוֹשֵׁעַ
cult, *n.* הַעֲרָצָה, הַאֲלָהָה, פֻּלְחָן
cultivate, *v.t.* עִבֵּד הָאֲדָמָה, גִּדֵּל; נִכֵּשׁ, תִּחַח
cultivation, *n.* עִבּוּד אֲדָמָה, גִּדּוּל; נִכּוּשׁ, תִּחוּחַ
cultivator, *n.* אִכָּר, עוֹבֵד אֲדָמָה; מְנַכֵּשׁ, מְתַחֵחַ; מַתְחֵחָה
cultural, cultured, *adj.* תַּרְבּוּתִי
culture, *n.* תַּרְבּוּת
cumber, *n.* תְּעוּקָה, הַכְבָּדָה
cumbersome, *adj.* מַכְבִּיד, מֵעִיק
cumbrous, *adj.* מֵצִיק, מַפְרִיעַ
cumulation, *n.* עֲרֵמָה, צְבִירָה, אֲסִיפָה
cumulative, *adj.* נֶעֱרָם, נִצְבָּר
cuneiform, *adj.* & *n.* (שֶׁל) כְּתַב הַיְתֵדוֹת
cunning, *adj.* עָקֹב, עַרְמוּמִי
cunning, *n.* תַּרְמִית, עַרְמוּמִיּוּת

cup, *n.* & *v.t.* סֵפֶל, גָּבִיעַ; מִשְׁקַע הַשַּׁד (בְּחֲזִיָּה); מִלֵּא; הִקִּיז [נקז] (דָּם)
cupbearer, *n.* מַשְׁקֶה, שַׂר מַשְׁקִים
cupboard, *n.* מִזְנוֹן; אֲרוֹן כֵּלִים; קַמְטָר; חָרָד
cupful, *n.* מְלֹא הַסֵּפֶל
cupidity, *n.* תַּאֲוָה, חֵשֶׁק, חֶמְדָּה
cupola, *n.* כִּפָּה
cur, *n.* כֶּלֶב כִּלְאַיִם, נִבְזֶה
curable, *adj.* רָפִיא, שֶׁאֶפְשָׁר לְרַפֵּא
curacy, *n.* גַּלָּחוּת
curate, *n.* כֹּמֶר, גַּלָּח
curator, *n.* מְנַהֵל בֵּית נְכוֹת, מְפַקֵּחַ, מַשְׁגִּיחַ
curb, *n.* מֶתֶג; מַעֲצוֹר; שְׂפַת הַמִּדְרָכָה
curb, *v.t.* עָצַר, בָּלַם, רָסַן; הֶחֱרִיא [חרא] (כֶּלֶב)
curd, *n.* חָלָב נִקְרָשׁ, חֹבֶץ, קוּם
curdle, *v.t.* & *i.* קָפָא, קָרַשׁ, הִקְרִישׁ [קרש]
cure, *n.* רְפוּאָה, תְּרוּפָה, מַרְפֵּא; שִׁמּוּר
cure, *v.t.* & *i.* רִפֵּא, תִּקֵּן; עִשֵּׁן, שִׁמֵּר; הִבְרִיא [ברא], הִתְרַפֵּא [רפא]
cureless, *adj.* שֶׁאֵין לוֹ רְפוּאָה
curettage, *n.* גְּרִידָה
curfew, *n.* עֹצֶר; כִּבּוּי אוֹרוֹת
curio, *n.* יְקַר הַמְּצִיאוּת, דָּבָר עַתִּיק
curiosity, *n.* סַקְרָנוּת
curious, *adj.* סַקְרָנִי
curl, *n.* סִלְסוּל, תַּלְתַּל, קְוֻצָּה
curl, *v.t.* & *i.* סִלְסֵל, תִּלְתֵּל, פָּתַל; הִסְתַּלְסֵל [סלסל]
curly, *adj.* מְסֻלְסָל, מְתֻלְתָּל
currants, *n. pl.* דֻּמְדְּמָנִיּוֹת, עִנְבֵי שׁוּעָל; צִמּוּקִים שְׁחוֹרִים
currency, *n.* כֶּסֶף, שְׁטַר כֶּסֶף, מָמוֹן, מָעוֹת, מַטְבֵּעַ
current, *adj.* מְקֻבָּל; נָפוֹץ; שׁוֹטֵף, זוֹרֵם
current, *n.* זֶרֶם, שִׁבֹּלֶת, מַהֲלָךְ
currently, *adv.* כָּרָגִיל, לְפִי שָׁעָה
curriculum, *n.* תָּכְנִית לִמּוּדִים
curry, *v.t.* קִרְצֵף (סוּס), עִבֵּד (עוֹר); הֶחֱנִיף [חנף]
currycomb, *n.* קַרְצֶפֶת, מַגְרֶדֶת (מַסְרֵק סוּסִים)
curse, *n.* קְלָלָה, אָלָה; שְׁבוּעָה
curse, *v.t.* & *i.* אָרַר, קִלֵּל, אָלָה
cursed, *adj.* מְקֻלָּל, אָרוּר
cursive, *adj.* & *n.* כְּתָב שׁוֹטֵף, אוֹת מְשָׁה; מְשִׁיט
cursory, *adj.* שִׁטְחִי, פָּזִיז
curt, *adj.* פַּסְקָנִי; מְקֻצָּר
curtail, *v.t.* קִצֵּר, מִעֵט, קִפַּח
curtailment, *n.* קִצּוּר, קִפּוּחַ, הַפְחָתָה
curtain, *n.* & *v.t.* וִילוֹן, מָסָךְ, פָּרֹכֶת; וִלֵּן
curtly, *adv.* בְּקִצּוּר
curtsy, curtsey, *n.* & *v.t.* קִדָּה; קִדֵּד
curvature, *n.* קֶשֶׁת; כְּפִיפָה; עֲקִימָה
curve, *n.* קֶשֶׁת, כְּפִיפָה, עֲקֻמּוּמִית, עֹקֶם, עֲקֻמָּה
curve, *v.t.* & *i.* כָּפַף, עִקֵּל, הִתְכּוֹפֵף [כפף]
curvet, *n.* דְּהִירָה, דַּהֲרָה
cushion, *n.* כַּר, כֶּסֶת; סָמוֹךְ, מַרְדַּעַת
cushion, *v.t.* הוֹשִׁיב [ישב] עַל כַּר
cusp, *n.* עֹקֶץ
custard, *n.* חֲבִיצָה, רַפְרֶפֶת
custodian, *n.* מַשְׁגִּיחַ, מְמֻנֶּה, מְפַקֵּחַ
custody, *n.* הַשְׁגָּחָה; כְּלִיאָה
custom, *n.* מֶכֶס; מִנְהָג, הֶרְגֵּל; נִמּוּס
customary, *adj.* נָהוּג, מְקֻבָּל
customer, *n.* קוֹנֶה, לָקוֹחַ
customhouse, *n.* בֵּית הַמֶּכֶס
custom made לְפִי הַזְמָנָה

cut, *n.* חֶתֶךְ, פֶּצַע; חֲתִיכָה, נֵתַח; גִּזְרָה (לְבוּשׁ)

cut, *v.t.* & *i.* חָתַךְ, כָּרַת, גָּזַז, חָטַב; גָּזַר

cute, *adj.* מְלַבֵּב, נֶחְמָד

cuticle, *n.* עוֹר (קַרְנִי), קְרוּם, קְרוּמִית

cutlery, *n.* סַכִּינִים, סַכּוּ"ם; סַכִּינָאוּת

cutlet, *n.* צַלְעִית, צֶלַע, קְצִיצָה

cutout, *n.* מַפְסֵק, שַׁסְתּוֹם

cutter, *n.* גַּזָּר; מִפְרָשִׂית, סִירָה חַדְתָּרְנִית

cutthroat, *n.* רוֹצֵחַ

cyclamen, *n.* רַקֶּפֶת

cycle, *n.* מַחְזוֹר, תְּקוּפָה; אוֹפַנַּיִם

cycle, *v.i.* סָבַב; אָפַן

cyclic, cyclical, *adj.* חוּגִי, מַחֲזוֹרִי

cyclist, *n.* אוֹפַנָּן

cyclone, *n.* סְעָרָה

cyclopedia, cyclopaedia, *n.* מַחֲזוֹר

cylinder, *n.* אִצְטְוָנָה; עַמּוּד; גָּלִיל

cylindric, cylindrical, *adj.* גְּלִילִי

cymbals, *n.pl.* צֶלְצְלִים (צֶלְצָל)

cynic, *n.* לַעֲגָן, נוֹשֵׁךְ

cynical, *adj.* כַּלְבִּי, בָּז, לוֹעֵג

cynicism, *n.* כַּלְבִּיּוּת, לַעַג, לִגְלוּג

cynosure, *n.* תַּלְפִּיּוֹת, מֶרְכַּז הַהִתְעַנְיְנוּת

cypress, *n.* בְּרוֹשׁ

cyst, *n.* כִּיס, שַׁלְחוּף, כִּיסוֹן

D, d

D, d, *n.* דִּי, הָאוֹת הָרְבִיעִית בָּאָלֶף בֵּית הָאַנְגְּלִי; רְבִיעִי, ד'

dab, *n.* נְגִיעָה (קַלָּה); פּוּטִית, דָּג מֹשֶׁה רַבֵּנוּ

dab, *v.t.* נָגַע, מָשַׁח

dabble, *v.t.* & *i.* שִׁכְשֵׁךְ; עָשָׂה בְּשִׁטְחִיּוּת

dace, *n.* קַרְפִּיוֹן

dad, daddy, *n.* אַבָּא

daffodil, *n.* עִירוֹן, נַרְקִיס זָהָב

daft, *adj.* שׁוֹטֶה, טִפֵּשׁ, מְשֻׁגָּע

dagger, *n.* חֲנִית, פִּגְיוֹן

dahlia, *n.* דָּלִיָּה

daily, *n.* עִתּוֹן יוֹמִי

daily, *adv.* יוֹם יוֹם

daintiness, *n.* נְעִימוּת, עֲדִינוּת, רַכּוּת

dainty, *adj.* & *n.* עָדִין, נָעִים

dairy, *n.* מַחְלָבָה

dairyman, dairymaid, *n.* חוֹלֵב, חוֹלֶבֶת; חַלְבָּן, חַלְבָּנִית

dais, *n.* בָּמָה, בִּימָה

daisy, *n.* מַרְגָּנִית, קַחְוָן

dale, *n.* עֵמֶק

dalliance, *n.* בִּלּוּי זְמָן; הִתְפַּנְּקוּת

dally, *v.i.* בִּטֵּל זְמָן, שִׁעֲשַׁע, הִתְמַהְמֵהַּ

dam, *n.* סֶכֶר

dam, *v.t.* סָכַר; עָצַר, עִכֵּב

damage, *n.* נֶזֶק; הֶפְסֵד

damage, *v.t.* & *i.* הִזִּיק [נזק]; הִפְסִיד [פסד]; נִזַּק, הִתְקַלְקֵל [קלקל]

damask, *n.* בַּד; פְּלָדָה

dame, *n.* אִשָּׁה, גְּבֶרֶת

damn, *v.t.* & *i.* קִלֵּל, אָרַר; חִיֵּב

damnation, *n.* קְלָלָה; הַרְשָׁעָה

damp, *adj.* רָטֹב; לַח; טָחוּב

damp, dampness, *n.* לַחוּת, טַחַב

damp, dampen, *v.t.* הִרְטִיב [רטב], לִחְלֵחַ

damsel, *n.* נַעֲרָה, עַלְמָה

damson, *n.* שָׁזִיף (קָטָן)

dance, *n.* רִקּוּד, רְקִידָה, מָחוֹל, נֶשֶׁף רִקּוּדִים
dance, *v.t.* & *i.* רָקַד, חִגֵּג, חָל, הִתְחוֹלֵל [חול]
dancer, *n.* רַקְדָן, מְחוֹלֵל
dandelion, *n.* שֵׁן הָאַרְיֵה
dander, *n.* זַעַם; קַשְׂקֶשֶׂת
dandle, *v.t.* שִׁעֲשַׁע
dandruff, *n.* סֻבֵּי רֹאשׁ, קַשְׂקֶשֶׂת, יַלֶּפֶת
dandy, *n.* גַּנְדְּרָן
danger, *n.* סַכָּנָה
dangerous, *adj.* מְסֻכָּן
dangle, *v.t.* דִּלְדֵּל
dangle, *v.i.* הִתְדַּלְדֵּל, הִדַּלְדֵּל [דלדל]
dank, *adj.* רָטֹב, לַח
dapper, *adj.* נָקִי, מְקֻשָּׁט
dapple, *n.* מְנֻמָּר
dapple, *v.t.* נִמֵּר
dare, *n.* הֶעָזָה
dare, *v.t.* & *i.* הֵעֵז [עזז], הֵעֵז פָּנִים, הִרְהִיב [רהב] עֹז
daredevil, *n.* עַז (רוּחַ) נֶפֶשׁ, רַהַבְתָּן
daring, *n.* עַזּוּת נֶפֶשׁ, רַהֲבָה, אֹמֶץ, הֶעָזָה
daring, *adj.* אַמִּיץ, נוֹעָז
dark, *adj.* חָשׁוּךְ, אָפֵל, קוֹדֵר; כֵּהֶה, עָמוּם, אָמֵשׁ
dark, *n.* חשֶׁךְ, אֹפֶל
darken, *v.t.* & *i.* הֶחֱשִׁיךְ [חשך], הֶאֱפִיל [אפל], קָדַר, הִקְדִּיר [קדר], הִתְקַדֵּר [קדר]
darkness, *n.* חֲשֵׁכָה, חשֶׁךְ, אֲפֵלָה
darling, *adj.* & *n.* יָקִיר, אָהוּב, חָבִיב, נֶחְמָד
darn, darning, *n.* תִּקּוּן גַּרְבַּיִם, טְלַאי, הַטְלָאָה
darn, *v.t.* תִּקֵּן גַּרְבַּיִם, הִטְלִיא [טלא]
darnel, *n.* זוּן
darner, *n.* מְתַקֵּן גַּרְבַּיִם
dart, *n.* שֵׁךְ, חֵץ; תְּנוּעָה מְהִירָה
dart, *v.t.* & *i.* מִהֵר, הֵחִישׁ [חוש] אָץ [אוץ], דָּהַר
dash, *n.* מַקָּף (־); מַכָּה; מִקְצָת (טִפָּה)
dash, *v.t.* & *i.* שִׁבֵּר, רָצַץ; רָץ [רוץ], מִהֵר, דָּהַר; הִסְתָּעֵר [סער], הִשְׂתָּעֵר [שער], גָּח [גיח]
dashboard, *n.* לוּחַ מַחֲוָנִים
dashing, *adj.* חַי, עֵר, מִתְפָּאֵר
dastard, *n.* פַּחְדָן, מוּג לֵב
dastardly, *adj.* כִּמוּג לֵב
data, *n. pl.* נְתוּנִים, פְּרָטִים, עֻבְדּוֹת
date, *n.* דֶּקֶל, תָּמָר; תַּאֲרִיךְ; יִעוּד, פְּגִישָׁה, רֵאָיוֹן
date, *v.t.* צִיֵּן תַּאֲרִיךְ; קָבַע פְּגִישָׁה (רֵאָיוֹן)
daub, *n.* כֶּתֶם; תְּמוּנָה זוֹלָה
daub, *v.t.* & *i.* מָרַח (צְבָעִים); הִכְתִּים [כתם]
daughter, *n.* בַּת
daughter-in-law, *n.* כַּלָּה
daunt, *v.t.* אִיֵּם, הִפְחִיד [פחד]
dauntless, *adj.* אַמִּיץ
davenport, *n.* מִכְתָּבָה; סַפָּה־מִטָּה
davit, *n.* מַדְלֶה (סִירוֹת)
dawdle, *v.i.* בִּלָּה זְמָן, בִּזְבֵּז, פִּגֵּר, אֵחַר
dawn, *n.* שַׁחַר
dawn, *v.i.* עָלָה הַשַּׁחַר; הִתְחִיל [תחל] לְהָבִין
day, *n.* יוֹם
daze, *n.* סַנְוֵרִים, עִוָּרוֹן
daze, *v.t.* סִנְוֵר, עִוֵּר
dazzle, *n.* תִּמָּהוֹן; סַנְוֵרִים
dazzle, *v.t.* & *i.* סִנְוֵר, הִכָּה בְּסַנְוֵרִים
dead, *adj.* מֵת
dead, *n.* מֵת, מֵתִים

deaden, *v.t.* & *i.* הִקְהָה [קהה], הִכְהָה [כהה]
deadline, *n.* גְּבוּל לֹא יַעֲבֹר; שָׁעָה אַחֲרוֹנָה
deadly, *adj.* מֵמִית, אַכְזָרִי
Dead Sea יַם הַמֶּלַח
deaf, *adj.* חֵרֵשׁ
deafen, *v.t.* חָרַשׁ, הֶחֱרִישׁ [חרש]
deafness, *n.* חֵרְשׁוּת
deal, *n.* עֵסֶק, עִסְקָה; חִלּוּק (קְלָפִים); מָנָה
deal, *v.t.* & *i.* הִתְעַסֵּק [עסק], סָחַר; חִלֵּק (קְלָפִים); נָהַג, הִתְנַהֵג [נהג]
dealer, *n.* תַּגָּר, סוֹחֵר; מְחַלֵּק קְלָפִים
dealing, *n.* מִסְחָר; עֵסֶק
dean, *n.* דֵּיקָן, נְשִׂיא מִכְלָלָה
dear, *adj.* & *n.* אָהוּב, יָקָר, חָבִיב
dearly, *adv.* בְּאַהֲבָה; בְּיֹקֶר
dearness, *n.* יֹקֶר
dearth, *n.* מַחְסוֹר, רָעָב
death, *n.* מָוֶת, מִיתָה, תְּמוּתָה, פְּטִירָה
deathbed, *n.* מִטַּת מָוֶת
deathblow, *n.* מַכַּת מָוֶת
deathless, *adj.* נִצְחִי
deathly, *adj.* & *adv.* כַּמֵּת, מֵמִית
death rate שִׁעוּר הַתְּמוּתָה
debacle, *n.* מַפָּלָה, תְּבוּסָה
debar, *v.t.* מָנַע, עָצַר
debark, *v.t.* & *i.* יָצָא מֵאֳנִיָּה, עָלָה לַיַּבָּשָׁה
debase, *v.t.* הִשְׁפִּיל [שפל]
debasement, *n.* הַשְׁפָּלָה
debatable, *adj.* תָּלוּי, מֻטָּל בְּסָפֵק
debate, *n.* וִכּוּחַ
debate, *v.t.* & *i.* הִתְוַכֵּחַ [וכח]
debater, *n.* מִתְוַכֵּחַ
debauch, *v.t.* & *i.* הִשְׁחִית [שחת], הִתְהוֹלֵל [הלל]
debauchery, *n.* שְׁחִיתוּת, שְׁחִיתוּת הַמִּדּוֹת, הוֹלֵלוּת
debilitate, *v.t.* הֶחֱלִישׁ [חלש]
debility, *n.* חֻלְשָׁה, תְּשִׁישׁוּת
debit, *n.* חוֹב, חוֹבָה
debit, *v.t.* חִיֵּב
debonair, debonaire, *adj.* עַלִּיז
debris, *n.* הֶרֶס, מַפֹּלֶת, חָרְבָּה
debt, *n.* חוֹב, חוֹבָה
debtor, *n.* חַיָּב, לֹוֶה
debut, *n.* הוֹפָעָה רִאשׁוֹנָה
debutante, *n.* מַתְחִילָה, טִירוֹנִית
decade, *n.* עָשׂוֹר, עֶשֶׂר שָׁנִים
decadence, decadency, *n.* הִתְנַוְּנוּת
decadent, *n.* מִתְנַוֵּן
Decalogue, Decalog, *n.* עֲשֶׂרֶת הַדְּבָרִים, עֲשֶׂרֶת הַדִּבְּרוֹת
decamp, *v.i.* בָּרַח, נָס [נוס]
decant, *v.t.* יָצַק, מָזַג
decanter, *n.* בַּקְבּוּק
decapitate, *v.t.* כָּרַת רֹאשׁ, הִתִּיז [נתז]
decapitation, *n.* כְּרִיתַת רֹאשׁ, עֲרִיפָה
decay, *n.* רִקָּבוֹן, עִפּוּשׁ, בָּאְשָׁה
decay, *v.t.* & *i.* רָקַב, בָּאַשׁ, הִתְעַפֵּשׁ [עפש]; הִשְׁחִית [שחת]
decease, *n.* מָוֶת, מִיתָה
decease, *v.i.* נִפְטַר [פטר], מֵת [מות]
deceit, *n.* מִרְמָה, רַמָּאוּת
deceitful, *adj.* רַמַּאי
deceitfulness, *n.* תַּרְמִית, רַמָּאוּת
deceive, *v.t.* רִמָּה, הִתְעָה [תעה]; בָּגַד
deceiver, *n.* רַמַּאי
decelerate, *v.t.* & *i.* הֵאֵט [אטט]
December, *n.* דֶּצֶמְבֶּר
decency, *n.* נִמּוּסִיּוּת, הֲגִינוּת
decent, *adj.* הָגוּן, נָכוֹן, מַתְאִים
decently, *adv.* בִּצְנִיעוּת, בְּדֶרֶךְ אֶרֶץ

decentralization, *n.* בִּזּוּר
decentralize, *v.t.* בִּזֵּר
deception, *n.* אוֹנָאָה, תַּרְמִית, אַכְזָבָה
deceptive, *adj.* מַתְעֶה, מִרְמֶה, מְאַכְזֵב
decide, *v.t. & i.* הֶחֱלִיט [חלט], דָּן [דין], הִכְרִיעַ [כרע]
decidedly, *adv.* בְּהֶחְלֵט
deciduous, *adj.* נָשִׁיר (עֵץ)
decimal, *adj.* עֶשְׂרוֹנִי
decimate, *v.t.* הָרַג, הֵמִית [מות], הִשְׁמִיד [שמד] רַבִּים
decipher, *v.t.* פָּתַר, בֵּאֵר, פִּעְנֵחַ
decision, *n.* הַחְלָטָה, הַכְרָעָה
decisive, *adj.* מֻחְלָט
decisively, *adv.* לְגַמְרֵי
deck, *n.* סִפּוּן אֳנִיָּה; חֲבִילָה (קְלָפִים)
deck, *v.t.* קִשֵּׁט, עָדָה
declaim, *v.t.* הִקְרִיא [קרא]
declamation, *n.* הַקְרָאָה
declaration, *n.* הַצְהָרָה, הַכְרָזָה
declarative, *adj.* מַצְהִיר, מַכְרִיז, מוֹדִיעַ
declare, *v.t.* אָמַר, הִכְרִיז [כרז], הוֹדִיעַ [ידע], הִצְהִיר [צהר]
declension, *n.* מִדְרוֹן; נְטִיָּה (דִּקְדּוּק)
declination, *n.* הַטָּיָה, יְרִידָה
decline, *n.* יְרִידָה, דִּלְדּוּל, הִתְמַעֲטוּת
decline, *v.t. & i.* יָרַד, נָטָה; סֵרַב, מֵאֵן
declivity, *n.* מוֹרָד, מִדְרוֹן, שִׁפּוּעַ
decompose, *v.t. & i.* פֵּרַק; הִתְפָּרֵק [פרק]; נִרְקַב [רקב], רָקַב, נָמַק [מקק]; הִפְרִיד [פרד]
decomposition, *n.* פֵּרוּק, רִקָּבוֹן, הַפְרָדָה
decorate, *v.t.* עִטֵּר, קִשֵּׁט, יִפָּה
decoration, *n.* תִּפְאוֹרָה, קִשּׁוּט, יִפּוּי; אוֹת (כָּבוֹד) הִצְטַיְּנוּת
decorative, *adj.* מְקֻשָּׁט, קִשּׁוּטִי
decorator, *n.* מְקַשֵּׁט, קַשְּׁטָן (דִּירָה); תַּפְאוּרָן (בָּמָה)
decorous, *adj.* צָנוּעַ, אָדִיב, נָאֶה
decoy, *v.t.* פִּתָּה, דִּמָּה
decoy, *n.* דֶּמֶה
decrease, *n.* מִעוּט, הַמְעָטָה, פְּחָת
decrease, *v.t. & i.* הִתְמַעֵט [מעט]; מִעֵט, הֶחְסִיר [חסר], הִפְחִית [פחת]
decree, *n.* פְּקֻדָּה, צָו, גְּזֵרָה, חֹק
decree, *v.t. & i.* חָרַץ, פָּסַק, צִוָּה, חָקַק
decrepit, *adj.* יָשִׁישׁ, חָלָשׁ, יָגֵעַ
decrepitude, *n.* זִקְנָה, חֻלְשַׁת זִקְנָה, אֲפִיסַת כֹּחוֹת
decry, *v.t.* גִּנָּה
dedicate, *v.t.* הִקְדִּישׁ [קדש], חָנַךְ
dedication, *n.* הַקְדָּשָׁה, חֲנֻכָּה
dedicator, *n.* מַקְדִּישׁ, חוֹנֵךְ
deduce, *v.t.* הִסִּיק [נסק]
deduct, *v.t.* חִסֵּר, גָּרַע, נִכָּה, הִפְחִית [פחת]
deduction, *n.* נִכּוּי, חִסּוּר; מַסְקָנָה
deductive, *adj.* מְנַכֶּה, מַפְחִית; מַסִּיק
deem, *v.t. & i.* סָבַר, חָשַׁב
deed, *n.* פְּעֻלָּה, מִפְעָל, מַעֲשֶׂה; שְׁטָר
deep, *adj.* עָמֹק, סָתוּם
deep, *n.* עֹמֶק, תְּהוֹם
deepen, *v.t. & i.* הֶעֱמִיק [עמק], עָמַק
deepfreeze, *n. & v.t.* מִקְפָּאוֹן; הִתְקַפָּא [קפא]
deer, *n.* צְבִי, אַיָּל
deface, *v.t.* מָחַק, הִשְׁחִית [שחת], הֵפֵר [פרר]
defalcate, *v.t. & i.* מָעַל בִּכְסָפִים
defalcation, *n.* מְעִילָה בִּכְסָפִים
defamation, *n.* דִּבָּה, הוֹצָאַת שֵׁם רָע, הַשְׁמָצָה

defamatory, *adj.* מוֹצִיא דִּבָּה, מְגַדֵּף, מַשְׁמִיץ

defame, *v.t.* הוֹצִיא [יצא] דִּבָּה, גִּדֵּף, שִׁמֵּץ, הֶאֱשִׁים [אשם]

default, *n.* מוּם, זִלְזוּל; הִשְׁתַּמְּטוּת

default, *v.i.* הִשְׁתַּמֵּט [שמט]

defaulter, *n.* חוֹטֵא; מִשְׁתַּמֵּט

defeat, *n.* מַפָּלָה, תְּבוּסָה

defeat, *v.t.* נִצַּח, הִכָּה, הִפִּיל [נפל], הֵבִיס [בוס]

defeatist, *n.* תְּבוּסָן

defecate, *v.t. & i.* יָצָא, עָשָׂה צְרָכִים, הִפְרִישׁ [פרש] (צוֹאָה), הֶחֱרִיא [חרא]

defect, *n.* מוּם, פְּגָם, חִסָּרוֹן, מִגְרַעַת

defection, *n.* מְעִילָה, בְּגִידָה; בְּרִיחָה

defective, *adj.* פָּגוּם, לָקוּי, בַּעַל מוּם

defend, *v.t.* הֵגֵן [גנן]; הִצְדִּיק [צדק]

defendant, *n.* נֶאֱשָׁם, נִתְבָּע; מֵגֵן

defender, *n.* (אִישׁ) מָגֵן; טוֹעֵן

defense, defence, *n.* הֲגָנָה, סַנֵּגוֹרְיָה, טֵעוּן

defenseless, defenceless, *adj.* מְחֻסַּר הֲגָנָה, מְחֻסַּר סַנֵּגוֹרְיָה

defensive, *adj.* מֵגֵן

defer, *v.t. & i.* דָּחָה, עִכֵּב; נִכְנַע [כנע]

deference, *n.* כָּבוֹד, הַכְנָעָה; צִיּוּת

deferentially, *adv.* בְּכָבוֹד

deferment, *n.* דְּחִיָּה

defiance, *n.* הִתְקוֹמְמוּת, חֻצְפָּה, הַתְרָסָה

defiant, *adj.* מִתְקוֹמֵם, חָצוּף, מַתְרִיס

defiantly, *adv.* בְּחֻצְפָּה

deficiency, deficience, *n.* פְּגָם, גֵּרָעוֹן, מַחְסוֹר

deficient, *adj.* זָעוּם, חָסֵר, חָסִיר, פָּגוּם

deficit, *n.* גֵּרָעוֹן בְּכֶסֶף

defile, *n.* מַעֲבָר; הִזְדַּנְּבוּת

defile, *v.t.* טִמֵּא, חִלֵּל, זִהֵם, הִזְדַּנֵּב [זנב]

defilement, *n.* הַבְזָיָה, חִלּוּל, טֻמְאָה

define, *v.t.* הִגְדִּיר [גדר], הִגְבִּיל [גבל]

definite, *adj.* מְסֻיָּם, בָּרוּר, מְדֻיָּק, מֻגְבָּל, מְיֻדָּע

definite article ה׳ הַיְדִיעָה, תָּוִית מְיֻדַּעַת

definitely, *adv.* בְּהֶחְלֵט

definition, *n.* הַגְדָּרָה

definitive, *adj.* מֻחְלָט, מְסֻיָּם, מֻגְבָּל

deflate, *v.t. & i.* הֵרִיק [ריק], הִדֵּק, כִּוֵּץ; הוֹרִיד [ירד] (שְׁוִי הַמַּטְבֵּעַ)

deflect, *v t. & i.* הִטָּה [נטה]

deflection, deflexion, *n.* הַטָּיָה; כֶּפֶף

deforest, *v.t.* בֵּרֵא

deform, *v.t.* הוּמַם [מום], כִּעֵר, קִלְקֵל

deformation, *n.* קִלְקוּל, הַטָּלַת מוּם

deformity, *n.* מוּם, כִּעוּר

defraud, *v.t.* הוֹנָה [ינה], רִמָּה

defray, *v.t.* שִׁלֵּם (הוֹצָאוֹת)

defrayment, *n.* תַּשְׁלוּם, סִלּוּק

defrost, *v.t.* הִפְשִׁיר [פשר]

defroster, *n.* מַפְשֵׁר

deft, *adj.* זָרִיז

deftly, *adv.* בִּזְרִיזוּת

deftness, *n.* זְרִיזוּת

defunct, *adj. & n.* מֵת, נִפְטָר

defy, *v.t.* הִתְנַגֵּד [נגד] לְ־

degenerate, *adj. & n.* מֻשְׁחָת, מְנֻוָּנֶה, יָרוּד

degenerate, *v.i.* הִשְׁחִית [שחת], הִתְנַוְּנָה [נונה]

degeneration, degeneracy, *n.* יְרִידָה, הִתְנַוְּנוּת, שְׁחִיתוּת הַמִּדּוֹת

degradation, *n.* הוֹרָדָה בְּדַרְגָּה; חֶרְפָּה, קָלוֹן, הַשְׁפָּלָה

degrade, *v.i.* הוֹרִיד [ירד] בְּדַרְגָּה, בִּזָּה, מִעֵט, הִשְׁפִּיל [שפל]
degree, *n.* מַעֲלָה, דַּרְגָּה; תֹּאַר (מִכְלָלָה); עֵרֶךְ; אֵיכוּת
by degrees בְּהַדְרָגָה
to a degree בְּמִדַּת מַה
dehydration, *n.* יִבּוּשׁ, צִמּוּם (יְרָקוֹת וְכוּ'), אַל מִיּוּם
deification, *n.* הַאֲלָהָה
deify, *v.t.* הֶאֱלִיהַּ [אלה]
deign, *v.t.* & *i.* הוֹאִיל [יאל], הִרְשָׁה [רשה]
deity, *n.* אֱלֹהוּת
dejected, *adj.* נוּגֶה, עָצוּב
dejectedly, *adv.* בְּעֶצֶב
dejection, *n.* יָגוֹן, עַצְבוּת
delay, *n.* עִכּוּב; שְׁהִיָּה, אִחוּר
delay, *v.t.* & *i.* עִכֵּב; שָׁהָה, אָחַר, הִתְמַהְמַהּ [מהמה], הִשְׁהָה [שהה]
delectable, *adj.* מְעַנֵּג, מוֹצֵא חֵן
delegate, *n.* צִיר, נָצִיג, בָּא כֹּחַ
delegate, *v.t.* שָׁלַח בְּתוֹר נָצִיג; נָתַן כֹּחַ וְהַרְשָׁאָה
delegation, delegacy, *n.* מִשְׁלַחַת
delete, *v.t.* מָחָה, מָחַק
deletion, *n.* מְחִיקָה
deliberate, *v.t.* & *i.* חָשַׁב, שָׁקַל בְּדַעַת, הִתְיָעֵץ [יעץ]
deliberation, *n.* עִיּוּן, שִׁקּוּל דַּעַת; מְתִינוּת
deliberative, *adj.* מָתוּן
delicacy, *n.* עֲדִינוּת, רֹךְ
delicate, *adj.* נָעִים, טָעִים, עָדִין
delicately, *adv.* בְּרֹךְ
delicatessen, *n.* (חֲנוּת) מַטְעַמִּים, מַעֲדַנִּים
delicious, *adj.* טָעִים
delight, *n.* תַּעֲנוּג, שִׂמְחָה, נֹעַם, חֶמֶד
delight, *v.t.* & *i.* עִנֵּג, שִׂמַּח, שִׁעֲשַׁע; הִתְעַנֵּג [ענג]
delightful, *adj.* מְעַנֵּג
delightfully, *adv.* בְּתַעֲנוּג
delineate, *v.t.* שִׂרְטֵט, רָשַׁם, תֵּאֵר
delineation, *n.* שִׂרְטוּט, רְשִׁימָה, תֵּאוּר
delinquency, *n.* חֵטְא, פְּשִׁיעָה, עֲבֵרָה; חַטֹּאות נְעוּרִים; הִתְרַשְּׁלוּת
delinquent, *adj.* & *n.* פּוֹשֵׁעַ, מִתְרַשֵּׁל, עֲבַרְיָן
deliquesce, *v.i.* נָמַס [מסס], הִתְמוֹסֵס [מסס]
deliquescent, *adj.* נָמֵס, מִתְמַסְמֵס
delirious, *adj.* מְטֹרָף, מְשֻׁגָּע
delirium, *n.* טֵרָפוֹן, טֵרוּף דַּעַת
deliver, *v.t.* הִצִּיל [נצל], פָּדָה; הִרְצָה [רצה]; מָסַר; הִסְגִּיר [סגר]; יִלֵּד, מִלֵּט
deliverance, *n.* שִׁחְרוּר, הַצָּלָה, יְשׁוּעָה; מְסִירָה
deliverer, *n.* מַצִּיל, מוֹשִׁיעַ; מוֹסֵר
delivery, *n.* הַצָּלָה, יְשׁוּעָה; מְסִירָה; לֵדָה; חֲלֻקָּה (מִכְתָּבִים)
dell, *n.* גַּיְא, עֵמֶק
delude, *v.t.* הִשִּׁיא [נשא], רִמָּה, הִתְעָה [תעה]
deluge, *n.* & *v.t.* מַבּוּל, שִׁטָּפוֹן; הֵצִיף [צוף] מַיִם
delusion, *n.* דִּמְיוֹן שָׁוְא, מִרְמָה, הוֹנָאָה, הַתְעָיָה, תַּעְתּוּעַ
delusive, *adj.* מַתְעֶה, מְרַמֶּה
de luxe, *n.* מְפֹאָר, מְהֻדָּר
delve, *v.t.* & *i.* הִתְעַמֵּק [עמק], חָקַר, כָּרָה
demagogue, demagog, *n.* מֵטִיף הֲמוֹנִי, מַלְהִיב
demand, *n.* דְּרִישָׁה, תְּבִיעָה; בִּקּוּשׁ
demand, *v.t.* & *i.* דָּרַשׁ, תָּבַע, בִּקֵּשׁ

demarcation, *n.* תְּחוּם, גְּבִילָה
demean, *v.t.* & *i.* הִשְׁפִּיל [שפל]; הִתְבַּזָּה [בזה]; הִתְנַהֵג [נהג]
demeanor, demeanour, *n.* נִמּוּס, הִתְנַהֲגוּת
demented, *adj.* מְטֹרָף, מְשֻׁגָּע
demerit, *n.* צִיּוּן רַע (לְתַלְמִיד), מִגְרַעַת, חִסָּרוֹן
demigod, *n.* אֱלִיל, אֲרִיאֵל
demilitarize, *v.t.* פֵּרַז
demise, *n.* הוֹרָשָׁה, הַעֲבָרָה; מִיתָה, מָוֶת
demise, *v.t.* הִנְחִיל [נחל], הוֹרִישׁ [ירש]
demitasse, *n.* סִפְלוֹן
demobilization, *n.* שִׁחְרוּר כְּלָלִי מִן הַצָּבָא
demobilize, *v.t.* שִׁחְרֵר מִן הַצָּבָא
democracy, *n.* עֲמוֹנִיּוּת, דֵּמוֹקְרָטְיָה
democrat, *n.* עֲמוֹנַאי, דֵּמוֹקְרָט
democratic, *adj.* עֲמָמִי, דֵּמוֹקְרָטִי
demolish, *v.t.* הֶחֱרִיב [חרב], הָרַס, כִּלָּה
demolition, *n.* הֲרִיסָה, הֶרֶס, חֻרְבָּן
demon, *n.* שֵׁד, רוּחַ
demoniac, demoniacal, *adj.* שֵׁדִי, מַזִּיק
demonstrate, *v.t.* & *i.* הִצִּיג [יצג], הֶרְאָה [ראה], הוֹכִיחַ [יכח]; הִפְגִּין [פגן]
demonstration, *n.* הַצָּגָה, הוֹכָחָה; הַפְגָּנָה
demonstrative, *adj.* מוֹכִיחַ; מַפְגִּין; מַדְגִּישׁ, רוֹמֵז (דִּקְדּוּק)
demonstrator, *n.* מוֹכִיחַ, מַרְאֶה; מַפְגִּין, מַדְגִּים
demoralization, *n.* הַשְׁחָתַת הַמִּדּוֹת
demoralize, *v.t.* הִשְׁחִית [שחת] אֶת הַמִּדּוֹת, הֵמֵס [מסס] לֵב
demote, *v.t.* הוֹרִיד [ירד] בְּדַרְגָּה
demur, *n.* עִרְעוּר, פִּקְפּוּק
demur, *v.i.* עִרְעֵר, טָעַן, פִּקְפֵּק
demure, *adj.* מָתוּן, רְצִינִי, מִצְטַנֵּעַ
demurely, *adv.* בִּרְצִינוּת
demurrage, *n.* עִכּוּב, הַשְׁהָיָה; דְּמֵי הַשְׁהָיָה
den, *n.* מְאוּרָה, גֹּב
denature, *v.t.* פִּגֵּל
denial, *n.* הַכְחָשָׁה, סֵרוּב, מֵאוּן
denizen, *n.* & *v.t.* תּוֹשָׁב; אִכְלֵס
denominate, *v.t.* נָקַב בְּשֵׁם, כִּנָּה
denomination, *n.* כִּנּוּי, נְקִיבַת שֵׁם; כִּתָּה; קְהִילָה
denominational, *adj.* כִּתָּתִי, קְהִילָתִי
denominator, *n.* מְכַנֶּה
denote, *v.t.* סִמֵּן, צִיֵּן
denouement, *n.* הַתָּרָה
denounce, *v.t.* גִּנָּה, הִלְשִׁין [לשן]
dense, *adj.* מְעֻבֶּה, צָפוּף, סָמִיךְ
density, *n.* עִבּוּי, צְפִיפוּת, סְמִיכוּת
dent, *n.* שֵׁן; שְׁקִיעָה, שֶׁקַע, מִשְׁקָע, גֻּמָּה
dent, *v.t.* עָשָׂה שֶׁקַע, עָשָׂה גֻּמָּה
dental, *adj.* שִׁנִּי, שֶׁל שִׁנַּיִם
dentifrice, *n.* מִשְׁחַת (אַבְקַת, תַּרְחִיץ) שִׁנַּיִם
dentist, *n.* רוֹפֵא שִׁנַּיִם, שִׁנָּן
denture, *n.* (טוּר) שִׁנַּיִם מְלָאכוּתִיּוֹת
denudation, *n.* עִרְטוּל, חֲשִׂיפָה
denude, *v.t.* עָרַם, עִרְטֵל, הֶעֱרָה [ערה]
denunciation, *n.* הַאֲשָׁמָה, הַלְשָׁנָה, גִּנּוּי
deny, *v.t.* & *i.* הִכְחִישׁ [כחש]
deodorant, *adj.* & *n.* מֵפִיג (מַרְחִיק) רֵיחַ רָע
deodorize, *v.t.* הֵפִיג [פוג] רֵיחַ רָע
depart, *v.t.* & *i.* עָזַב, יָצָא; נִפְרַד [פרד]; נָסַע; מֵת

department, *n.* סְנִיף; מַחְלָקָה

department store, *n.* חֲנוּת כָּל בָּה

departure, *n.* עֲזִיבָה, נְסִיעָה, יְצִיאָה, פְּרִידָה; מִיתָה

depend, *v.i.* תָּלָה, סָמַךְ, נִשְׁעַן

dependence, *n.* תְּלוּת, תְּלִיָּה, סְמִיכָה, אֵמוּן

dependent, *adj.* תָּלוּי, סוֹמֵךְ

depict, *v.t.* תֵּאֵר

depiction, *n.* תֵּאוּר

depilation, *n.* הַשָּׁרַת שֵׂעָר

deplete, *v.t.* הֵרִיק [ריק]

depletion, *n.* הֲרָקָה

deplorable, *adj.* מִסְכֵּן, אֻמְלָל

deplore, *v.t.* הִצְטַעֵר [צער] (עַל)

deploy, *v.t.* & *i.* הֶעֱמִיד [עמד] בְּמַעֲרָכָה; פָּרַס (דֶּגֶל), הִתְפָּרֵס [פרס]

deponent, *adj.* & *n.* מֵעִיד, עֵד

depopulate, *v.t.* הִשְׁמִיד [שמד] תּוֹשָׁבִים

depopulation, *n.* הַשְׁמָדַת (הִתְמַעֲטוּת) אֻכְלוּסִים

deport, *v.t.* שִׁלַּח, גֵּרַשׁ; הִתְנַהֵג [נהג]

deportation, *n.* הַגְלָיָה

deportment, *n.* הִתְנַהֲגוּת, נִמּוּס

depose, *v.t.* & *i.* הוֹרִיד [ירד], הֵסִיר, [סור] הִרְחִיק [רחק]; הֵעִיד [עוד]

deposit, *n.* פִּקָּדוֹן; מַשְׁכּוֹן, עֵרָבוֹן; מִשְׁקָע (שְׁמָרִים); דְּמֵי קְדִימָה; רֹבֶד, שִׁכְבָה

deposit, *v.t.* & *i.* שָׂם [שים], הֵנִיחַ [נוח], הִפְקִיד [פקד]; שָׁקַע

deposition, *n.* הַפְקָדָה; הַעֲדָאָה; הַדָּחָה; מִרְבָּד

depositor, *n.* מַפְקִיד

depository, *n.* אוֹצָר; נִפְקָד

depot, *n.* תַּחֲנָה (רַכֶּבֶת); מַחְסָן; קֶלֶט

depravation, *n.* קִלְקוּל, הַשְׁחָתָה

deprave, *v.t.* קִלְקֵל, הִשְׁחִית [שחת]

depravity, *n.* פְּרִיצוּת, תַּרְבּוּת רָעָה, שְׁחִיתוּת הַמִּדּוֹת

deprecate, *v.t.* הִבִּיעַ [נבע] צַעַר, קָבַל

deprecation, *n.* קְבִילָה, הַבָּעַת צַעַר

depreciate, *v.t.* & *i.* הִפְחִית [פחת], הוּזַל [זול], יָרַד (מְחִיר)

depreciation, *n.* פְּחָת, יְרִידַת (עֶרֶךְ) מְחִיר

depredate, *v.t.* בָּזַז, עָשַׁק

depredation, *n.* בִּזָּה, עֹשֶׁק

depress, *v.t.* הֵעִיק [עוק], הֶעֱצִיב [עצב], הִשְׁפִּיל [שפל]

depression, *n.* יְרִידָה; שֶׁקַע; עַצְבוּת; שֵׁפֶל, מַשְׁבֵּר (כַּלְכָּלִי)

deprivation, deprival, *n.* קִפּוּחַ, שְׁלִילָה, חִסּוּר

deprive, *v.t.* קִפַּח, שָׁלַל, מָנַע

depth, *n.* עֹמֶק, מְצוּלָה, תְּהוֹם

deputation, *n.* מַלְאָכוּת, הַרְשָׁאָה; מִשְׁלַחַת

depute, *v.t.* שָׁלַח, מִנָּה כְּסֶגֶן

deputize, *v.t.* יִפָּה כֹּחַ

deputy, *n.* צִיר, סְגָן

derail, *v.i.* הוֹרִיד מִמְּסִילַת הַבַּרְזֶל, יָרַד מִמְּסִילַת הַבַּרְזֶל

derailment, *n.* הוֹרָדָה (יְרִידָה) מִמְּסִילַת הַבַּרְזֶל

derange, *v.t.* בִּלְבֵּל, עִרְבֵּב, הִפְרִיעַ [פרע]

derangement, *n.* מְבוּכָה, בִּלְבּוּל

derelict, *adj.* & *n.* נָטוּשׁ, נֶעֱזָב, בִּלְתִּי נֶאֱמָן; חֵפֶץ נָטוּשׁ; חֵלֶךְ

dereliction, *n.* נְטִישָׁה, הַזְנָחָה, עֲזִיבָה, הַפְקָרָה

deride, *v.t.* לָעַג, לִגְלֵג, עָשָׂה צְחוֹק מִ־

derision, *n.* צְחוֹק, לַעַג

derisive, *adj.* לוֹעֵג, מְהַתֵּל

derivation, *n.* מָקוֹר, הִתְפַּתְּחוּת, הַגְזָרָה
derivative, *adj.* & *n.* מִסְתָּעֵף, נִגְזָר; תּוֹלָדָה, נִגְזֶרֶת
derive, *v.t.* & *i.* הֵפִיק [פוק], הוֹצִיא [יצא], גָּזַר; הִסְתָּעֵף [סעף] מִ־
dermatologist, *n.* מֻמְחֶה לְמַחֲלוֹת עוֹר
derogation, *n.* קִפּוּחַ, הַפְחָתַת עֵרֶךְ, הַשְׁפָּלָה
derogatory, *adj.* מְבַזֶּה
derrick, *n.* מָנוֹף, עֲגוּרָן; מִגְדַּל קִדּוּחַ
descant, *v.i.* הֶאֱרִיךְ [ארך] בְּדִבּוּר
descend, *v.i.* יָרַד, נָחַת
descendant, *adj.* & *n.* צֶאֱצָא, יוֹצֵא חֲלָצַיִם
descent, *n.* מוֹרָד, יְרִידָה; מוֹצָא
describe, *v.t.* תֵּאֵר
description, *n.* תֵּאוּר
descriptive, *adj.* מְתָאֵר, תֵּאוּרִי
descry, *v.t.* הִכִּיר [נכר], רָאָה
desecrate, *v.t.* חִלֵּל
desecration, *n.* חִלּוּל
desegregation, *n.* בִּטּוּל הַהַפְרָדָה הַגִּזְעִית
desert, *n.* מִדְבָּר, יְשִׁימוֹן
desert, *v.t.* & *i.* עָזַב, זָנַח, נָטַשׁ, בָּרַח, עָרַק
deserter, *n.* עָרִיק
desertion, *n.* בְּרִיחָה, עֲזִיבָה, נְטִישָׁה, עֲרִיקָה
deserve, *v.t.* & *i.* הָיָה רָאוּי, זָכָה
deserving, *adj.* זַכַּאי
desiccate, *v.t.* & *i.* יִבֵּשׁ, הִתְיַבֵּשׁ [יבש]
design, *n.* צִיּוּר; רִשּׁוּם; מַחֲשָׁבָה; כַּוָּנָה
design, *v.t.* & *i.* שִׂרְטֵט, רָשַׁם; חָשַׁב, זָמַם
designate, *v.i.* מִנָּה, סִמֵּן, נָקַב בְּשֵׁם
designation, *n.* כִּנּוּי, מִנּוּי
designer, *n.* רַשָּׁם, שַׂרְטָט, מְשַׂרְטֵט, צַיָּר
designing, *adj.* מְתַכְנֵן; נוֹכֵל
designing, *n.* רְשִׁימָה, צִיּוּר; תְּכִינָה; הִתְנַכְּלוּת
desirable, *adj.* רָצוּי, נֶחְמָד
desire, *v.t.* & *i.* חָפֵץ, רָצָה, אָבָה, תָּאַב, חָמַד; הִשְׁתּוֹקֵק [שקק], הִתְאַוָּה [אוה] לְ־
desire, *n.* חֵפֶץ, רָצוֹן, תַּאֲוָה, חֶמְדָּה, מִשְׁאָלָה
desirous, *adj.* חוֹמֵד, חוֹשֵׁק, מִתְאַוֶּה
desist, *v.i.* חָדַל, הִרְפָּה [רפה]
desk, *n.* מַכְתֵּבָה; שֻׁלְחָן (כְּתִיבָה)
desolate, *adj.* חָרֵב, שָׁמֵם, נָטוּשׁ; אֻמְלָל
desolate, *v.t.* הֶחֱרִיב [חרב]; אִמְלֵל
desolation, *n.* שְׁמָמָה, צִיָּה; תּוּגָה, צַעַר
despair, *n.* יֵאוּשׁ, מַפַּח נֶפֶשׁ
despair, *v.t.* & *i.* הִתְיָאֵשׁ [יאש]
despatch, *v.* dispatch
desperado, *n.* שׁוֹדֵד, עֲבַרְיָן, בִּרְיוֹן
desperate, *adj.* מִתְיָאֵשׁ, נוֹאָשׁ, עַז נֶפֶשׁ, מְסֻכָּן
desperately, *adv.* בְּיֵאוּשׁ, בְּאֵין תִּקְוָה
desperation, *n.* יֵאוּשׁ, הֶעָזָה
despicable, *adj.* בָּזוּי, נִתְעָב, מָאוּס
despise, *v.t.* בָּזָה, תִּעֵב, זִלְזֵל
despiser, *n.* בַּז
despite, *n.* גֹּעַל, בּוּז
despite, *prep.* לַמְרוֹת
despoil, *v.t.* שָׁלַל, בָּזַז, גָּזַל
despoiler, *n.* גַּזְלָן, עוֹשֵׁק
despond, *v.i.* הִתְיָאֵשׁ [יאש]
despondence, despondency, *n.* יֵאוּשׁ, דִּכָּאוֹן, עַגְמַת (מַפַּח) נֶפֶשׁ

despondent, *adj.* מְדֻכָּא, מְדֻכְדָּךְ
despot, *n.* עָרִיץ, אַכְזָר
despotic, despotical, *adj.* עָרִיץ, אַכְזָר
despotism, *n.* עָרִיצוּת, אַכְזָרִיּוּת, שְׁרִירוּת לֵב
dessert, *n.* קִנּוּחַ סְעֻדָּה, פַּרְפֶּרֶת, לִפְתָּן
destination, *n.* מַטָּרָה, תַּכְלִית, מְחוֹז חֵפֶץ, יַעַד, יִעוּד
destine, *v.t.* מִנָּה, יָעַד
destiny, *n.* גּוֹרָל, מַזָּל, יִעוּד
destitute, *adj.* רָשׁ, מִסְכֵּן
destitution, *n.* רִישׁ, מִסְכֵּנוּת, מַחְסוֹר
destroy, *v.t.* הָרַס, כִּלָּה, הִשְׁחִית [שחת], הִשְׁמִיד [שמד]
destroyer, *n.* מַשְׁחִית; מַשְׁחֶתֶת (אֳנִיָּה)
destructible, *adj.* נִשְׁחָת
destruction, *n.* חֻרְבָּן, הֶרֶס, הַשְׁחָתָה, הַשְׁמָדָה
destructive, *adj.* מַשְׁמִיד, הוֹרֵס, הַרְסָנִי מְכַלֶּה, מֵמִית
desultory, *adj.* פּוֹסֵחַ, מְדַלֵּג, מְסָרֵג, מִקְרִי
detach, *v.t.* פֵּרַק, הִפְרִיד [פרד], הִתִּיר [נתר], נִתֵּק
detachable, *adj.* פָּרִיק, פָּרִיד, נָתִיק
detachment, *n.* הַפְרָדָה; גְּדוּד צָבָא, עֻצְבָּה
detail, *n.* פְּרָט, פֶּרֶט; פְּלֻגָּה
detail, *v.t.* פֵּרַט, תֵּאֵר
detailed, *adj.* מְפֹרָט
detain, *v.t.* עִכֵּב, הִשְׁהָה [שהה], אָסַר, עָצַר
detainment, *n.* מַעֲצָר, מַעְצוֹר, עִכּוּב
detect, *v.t.* גִּלָּה, מָצָא
detection, *n.* גִּלּוּי
detective, *n.* & *adj.* בַּלָּשׁ, שׁוֹטֵר חֶרֶשׁ; בַּלָּשִׁי
detector, *n.* מְגַלֶּה, בָּחוֹן, גַּלַּאי
detention, *n.* חֲבִישָׁה, כְּלִיאָה, מַעֲצָר
deter, *v.t.* הִפְחִיד [פחד], עִכֵּב
detergent, *n.* מְנַקֶּה, תְּמִיסַת (אַבְקַת) נִקּוּי, כֶּבֶס
deteriorate, *v.t.* & *i.* קִלְקֵל; הִתְקַלְקֵל, הָלַךְ וָרַע
deterioration, *n.* קִלְקוּל, הֲרָעָה
determinable, *adj.* מֻגְדָּר
determination, *n.* הַחְלָטָה; עַקְשָׁנוּת; הַגְדָּרָה, קְבִיעָה
determine, *v.t.* הֶחֱלִיט [חלט], הִגְדִּיר [גדר], קָבַע
deterrent, *adj.* & *n.* מוֹנֵעַ; (גּוֹרֵם) מַרְתִּיעַ
detest, *v.t.* שָׂנֵא, מָאַס
detestable, *adj.* שָׂנוּא, מָאוּס, נִמְאָס, בָּזוּי
detestation, *n.* שִׂנְאָה, גֹּעַל
dethrone, *v.t.* הוֹרִיד [ירד] מִכִּסֵּא הַמְּלוּכָה
dethronement, *n.* הוֹרָדָה מִכִּסֵּא הַמְּלוּכָה
detonate, *v.t.* & *i.* נִפֵּץ, פּוֹצֵץ [פצץ]; הִתְפּוֹצֵץ
detonation, *n.* נֶפֶץ, הִתְפּוֹצְצוּת
detonator, *n.* פַּצָּץ
detour, *n.* עֲקִיפָה, עֲקִיפַת דֶּרֶךְ
detract, *v.t.* & *i.* גָּרַע, חִסֵּר
detraction, *n.* הַקְטָנָה, הַלְשָׁנָה, עֶלְבּוֹן
detriment, *n.* רָעָה, נֵזֶק, הֶפְסֵד
detrimental, *adj.* מַזִּיק
Deuteronomy, *n.* (סֵפֶר) דְּבָרִים
devaluation, *n.* יִרוּד, הַפְחָתַת עֵרֶךְ הַמַּטְבֵּעַ
devastate, *v.t.* הֵשַׁם, הֵשִׁים [שמם]
devastation, *n.* שְׁמָמָה, יְשִׁימוֹן
develop, *v.t.* & *i.* פִּתַּח, הִתְפַּתֵּחַ

developer, *n.* מְפַתֵּחַ (בְּצִלּוּם)
development, *n.* פִּתּוּחַ, הִתְפַּתְּחוּת
deviate, *v.i.* תָּעָה, נָטָה, נָטָה הַצִּדָּה
deviation, *n.* נְטִיָּה, סְטִיָּה, מִשְׁגֶּה
device, *n.* תַּחְבּוּלָה, הַמְצָאָה, מְזִמָּה; מִתְקָן, הֶתְקֵן, מַכְשִׁיר
devil, *n.* שָׂטָן, שֵׁד, יֵצֶר הָרָע; מַקְרֵעַ (מְכוֹנַת קְרִיעָה)
devilish, *adj.* שְׂטָנִי
devilment, *n.* הִשְׁתּוֹבְבוּת
devilry, deviltry, *n.* שֵׁדִיּוּת, רָעָה
devious, *adj.* עֲקַלְקַל
devise, *n.* יְרֻשָּׁה
devise, *v.t.* בָּדָא, הִמְצִיא [מצא], זָמַם; הוֹרִישׁ [ירש]
devoid, *adj.* חָסֵר, רֵיק
devolve, *v.t.* & *i.* מָסַר, הֶעֱבִיר [עבר], נִמְסַר [מסר]
devote, *v.t.* הִקְדִּישׁ [קדש], הִתְמַסֵּר [מסר]
devoted, *adj.* מָסוּר, מְקֻדָּשׁ
devotee, *n.* נֶאֱמָן, קַנַּאי
devotion, *n.* מְסִירוּת; חֲסִידוּת, אֵמוּן
devour, *v.t.* אָכַל, טָרַף, בָּלַע, חָסַל
devourer, *n.* אַכְלָן, בַּלְעָן
devout, *adj.* אָדוּק, חָסִיד, חָרֵד
dew, *n.* & *v.t.* טַל; טִלֵּל, הִטְלִיל [טלל]
dewy, *adj.* טָלוּל
dexterity, *n.* חֲרִיצוּת, זְרִיזוּת, מְיֻמָּנוּת
dexterous, dextrous, *adj.* חָרוּץ, זָרִיז, מְיֻמָּן
diabetes, *n.* סֻכֶּרֶת
diabetic, *adj.* & *n.* חוֹלֵה סֻכָּר
diabolic, diabolical, *adj.* שֵׁדִי
diadem, *n.* כֶּתֶר, עֲטָרָה
diagnose, *v.t.* אִבְחֵן, בָּחַן (מַחֲלָה)
diagnosis, *n.* אִבְחוּן, אַבְחָנָה
diagnostic, *adj.* אַבְחָנִי
diagnostician, *n.* אַבְחָן, מְאַבְחֶנֶת
diagonal, *adj.* & *n.* אֲלַכְסוֹנִי; אֲלַכְסוֹן
diagonally, *adv.* בַּאֲלַכְסוֹן
diagram, *n.* תַּרְשִׁים, שִׂרְטוּט
dial, *v.t.* & *n.* חִיֵּג; חוּגָה; מַצְפֵּן כּוֹרִים
dialect, *n.* מִבְטָא, נִיב
dialectic, dialectical, *adj.* מִבְטָאִי, נִיבִי
dialing, *n.* חִיּוּג
dialogue, dialog, *n.* דּוּ־שִׂיחַ
diameter, *n.* קֹטֶר
diametrical, *adj.* קָטְרִי
diamond, *n.* יַהֲלֹם
diapason, *n.* מִגְבּוֹל, קוֹלָן, מַזְלֵג קוֹל
diaper, *n.* חִתּוּל, חוּתֶּלֶת
diaphaneity, *n.* שְׁקִיפוּת
diaphanous, *adj.* שָׁקוּף
diaphragm, *n.* סַרְעֶפֶת, טַרְפֵּשׁ, תֻּפִּית
diarrhea, diarrhoea, *n.* שִׁלְשׁוּל
diary, *n.* יוֹמָן
diaspora, *n.* נְפוֹצָה, תְּפוּצָה
dibble, *n.* דֶּקֶר, מַנְבֵּט
dice, *n.* (pl. of *die*) *v.t.* & *i.* קֻבִּיּוֹת; חָתַךְ לְ־ (בְּ); שִׂחֵק (קִשֵּׁט) קֻבִּיּוֹת
dicker, *v.t.* & *i.* הִתְוַכֵּחַ [וכח], עָמַד עַל הַמִּקָּח, תִּגֵּר, הִתְמַקֵּחַ [מקח]
Dictaphone, *n.* מְכוֹנַת הַכְתָּבָה
dictate, *n.* פְּקֻדָּה, גְּזֵרָה
dictate, *v.t.* & *i.* פָּקַד, צִוָּה; הִכְתִּיב [כתב]
dictation, *n.* הַכְתָּבָה, תַּכְתִּיב
dictator, *n.* שַׁלִּיט, רוֹדָן; מַכְתִּיב
dictatorial, *adj.* שַׁלִּיטִי, רוֹדָנִי
dictatorship, *n.* שִׁלְטוֹן, רוֹדָנוּת
diction, *n.* לָשׁוֹן, סִגְנוֹן, מִדְבָּר
dictionary, *n.* מִלּוֹן
didactic, didactical, *adj.* לִמּוּדִי, מַשְׂכִּיל

die, *n.* קֻבִּיָה; מַטְבַּעַת

die, *v.i.* מֵת [מות], נִפְטַר, יָצְאָה נִשְׁמָתוֹ, גָּוַע, שָׁבַק (חַיִּים); דָּעַךְ (לֶהָבָה); הִשְׁתּוֹקֵק [שקק]

diet, *n.* בִּרְיָה, בָּרוּת, מָזוֹן, תְּזוּנָה, אֲכִילָה קַלָּה

diet, *v.t. & i.* בָּרָה, נִזּוֹן (הֵזִין) [זון],

dietetic, dietetical, *adj.* בִּרְיִי, מְזוֹנִי, תְּזוּנָתִי

dietetics, *n.* בִּרְיוּת, (תּוֹרַת הַ)תְּזוּנָה

dietitian, dietician, *n.* בָּרַאי, תְּזוּנַאי

differ, *v.i.* נִבְדַּל [בדל], הָיָה שׁוֹנֶה מִ־; חָלַק עַל

difference, *n.* הֶבְדֵּל, שִׁנּוּי, שֹׁנִי; מַחְלֹקֶת; הֶפְרֵשׁ

different, *adj.* שׁוֹנֶה, נִבְדָּל

differentiate, *v.t.* הִבְדִּיל [בדל], הִפְלָה [פלה]

differentiation, *n.* הַבְדָּלָה; בִּדּוּל

differently, *adv.* אַחֶרֶת

difficult, *adj.* קָשֶׁה

difficulty, *n.* קֹשִׁי

diffidence, *n.* אִי בִּטָּחוֹן, עֲנָוָה, בַּיְשָׁנוּת

diffident, *adj.* עָנָו, בַּיְשָׁן, צָנוּעַ

diffuse, *adj.* נָפוֹץ, מְפֻזָּר

diffuse, *v.t.* הֵפִיץ [פוץ], פִּזֵּר

diffusion, *n.* הֲפָצָה, הִתְרַחֲבוּת; הִשְׁתַּפְּכוּת, דִּיּוּת

dig, *v.t.* חָפַר, עָדַר, כָּרָה, חִטֵּט, נָעַץ

digest, *n.* תַּמְצִית, קִצּוּר

digest, *v.t. & i.* עִכֵּל, הִתְעַכֵּל [עכל]; תִּמְצֵת

digestible, *adj.* מִתְעַכֵּל

digestion, *n.* עִכּוּל

digestive, *adj.* עִכּוּלִי

digger, *n.* חוֹפֵר, כּוֹרֶה; מַחְפֵּר

digit, *n.* אֶצְבַּע; יְחִידָה, סִפְרָה

dignified, *adj.* מְכֻבָּד

dignify, *v.t.* כִּבֵּד, רוֹמֵם [רום]

dignitary, *n.* בַּעַל מִשְׂרָה שֶׁל כָּבוֹד, אִישׁ מְכֻבָּד, נִכְבָּד

dignity, *n.* כָּבוֹד, אֲצִילוּת, הַדְרַת פָּנִים

digress, *v.i.* נָטָה הַצִּדָּה

digression, *n.* נְטִיָּה, נְסִיגָה

dike, dyke, *n.* דָּיֵק, סוֹלְלָה, תְּעָלָה, סֶכֶר

dilapidated, *adj.* נֶהֱרָס, נֶחֱרָב

dilapidation, *n.* הֶרֶס, חֻרְבָּן

dilate, *v.t. & i.* הִרְחִיב [רחב], הִגְדִּיל

dilatation, *n.* הִתְרַחֲבוּת

dilation, *n.* הַרְחָבָה, הַגְדָּלָה

dilatory, *adj.* אִטִּי, דּוֹחֶה

dilemma, *n.* מִסְפָּק, בְּעָיָה, בְּרֵרָה

dilettante, *n.* חוֹבְבָן, שִׁטְחִי

diligence, *n.* חֲרִיצוּת, הַתְמָדָה, שְׁקִידָה

diligent, *adj.* חָרוּץ, מַתְמִיד, שַׁקְדָן

diligently, *adv.* בַּחֲרִיצוּת

dill, *n.* שֶׁבֶת; שָׁמִיר

dillydally, *v.i.* הִתְמַהְמֵהַּ [מהמה]

dilute, *v.t.* מָהַל (מַשְׁקֶה), הִדְלִיל [דלל], הִקְלִישׁ [קלש]

dilution, *n.* מְהִילָה, הַדְלָלָה, הַקְלָשָׁה

dim, *adj.* כֵּהֶה, עָמוּם; מְעֻרְפָּל

dim, *v.t. & i.* הִכְהָה [כהה], עִמֵּם, הֶחֱשִׁיךְ [חשך]; כָּהָה

dime, *n.* מַטְבֵּעַ אֲמֵרִיקָאִי, עֲשָׂרָה סֶנְטִים

dimension, *n.* מִדָּה, שִׁעוּר, מֵמַד, גֹּדֶל

dimensional, *adj.* מְמַדִּי

diminish, *v.t. & i.* הִפְחִית [פחת], הִמְעִיט [מעט], הִתְמַעֵט [מעט]

diminution, *n.* הַקְטָנָה, פְּחָת; הִתְמַעֲטוּת

diminutive, *adj. & n.* מַקְטִין, מְמַעֵט

dimness, *n.* כֵּהוּת, אַפְלוּלִיּוּת

dim-out, *n.* עִמּוּם (אוֹרוֹת)
dimple, *n.* גֻּמַּת חֵן (בַּלֶּחִי)
dimple, *v.t.* & *i.* עָשָׂה גֻּמּוֹת
din, *n.*, *v.t.* & *i.* שָׁאוֹן; שָׁאַן, רָעַשׁ
dine, *v.t.* & *i.* סָעַד, אָכַל; נָתַן אֲרֻחָה, הֶאֱכִיל [אכל]
diner, *n.* מֶרְכֶּבֶת הָאֹכֶל
dinette, *n.* חֲדַרוֹן אֹכֶל
dinghy, *n.* סִירָה, סִירַת דּוּגָה
dingle, *n.* גַּיְא
dingy, *adj.* מְלֻכְלָךְ, אָפֵל
dining room חֲדַר הָאֹכֶל
dinner, *n.* אֲרֻחָה, סְעֻדָּה, אֲרֻחַת (הָעֶרֶב) הַצָּהֳרַיִם
dint, *n.* מַכָּה, כֹּחַ
diocese, *n.* בִּישׁוֹפוּת, מְחוֹז הַבִּישׁוֹף
dip, *n.* טְבִילָה, הַטְבָּלָה; מוֹרָד
dip, *v.t.* & *i.* טָבַל; נִטְבַּל; שָׁקַע
diphtheria, diphtheritis, *n.* אַסְכָּרָה
diphthong, *n.* דּוּ־קוֹל, דּוּ־תְּנוּעָה
diploma, *n.* תְּעוּדָה, תְּעוּדַת סִיּוּם
diplomacy, *n.* מְדִינָאוּת
diplomat, *n.* מְדִינַאי
dipper, *n.* טוֹבֵל; טַבְלָן (עוֹף); תַּרְוָד, מַצֶּקֶת; מַזָּל, הַדֹּב (הַקָּטָן) הַגָּדוֹל
dire, direful, *adj.* נוֹרָא, מַפְחִיד
direct, *adj.* יָשִׁיר יָשָׁר, מְפֹרָשׁ, בָּרוּר
direct, *v.t.* & *i.* כִּוֵּן, הִפְנָה [פנה], נִהֵל, הִדְרִיךְ [דרך], צִוָּה
directly, *adv.* יָשָׁר, תֵּכֶף וּמִיָּד
direction, *n.* כִּוּוּן, הַדְרָכָה, נִהוּל
director, *n.* מְנַהֵל
directorate, *n.* מִנְהָלָה
directory, *n.* מַדְרִיךְ
dirge, *n.* קִינָה
dirk, *n.* פִּגְיוֹן
dirt, *n.* לִכְלוּךְ, רֶפֶשׁ, זֻהֲמָה; אֲדָמָה, עָפָר; רְכִילוּת

dirty, *adj.* מְלֻכְלָךְ, נִרְפָּשׁ,; נִבְזֶה, נִתְעָב
dirty, *v.t.* & *i.* לִכְלֵךְ, טִנֵּף, הִתְלַכְלֵךְ [לכלך]
disability, *n.* מוּם, חֻלְשָׁה, תְּשִׁישׁוּת, נָכוּת, לִקּוּי
disable, *v.t.* הֶחֱלִישׁ [חלש], הוּמַם, עָשָׂה לְבַעַל מוּם, שָׁלַל אֶת הַיְכֹלֶת
disadvantage, *n.* הֶזֵּק, גְּרִיעוּת, חִסָּרוֹן
disadvantageous, *adj.* בִּלְתִּי נוֹחַ
disagree, *v.i.* הָיָה שׁוֹנֶה, חָלַק עַל, רָב [ריב], נִבְדַּל [בדל]
disagreeable, *adj.* בִּלְתִּי נָעִים
disagreement, *n.* אִי הַסְכָּמָה, אִי הַתְאָמָה
disallow, *v.t.* & *i.* אָסַר, הֵנִיא [נוא]
disappear, *v.t.* נֶעֱלַם [עלם], עָבַר, חָלַף
disappearance, *n.* הֵעָלְמוּת
disappoint, *v.t.* הִכְזִיב [כזב], כִּזֵּב
disappointing, *adj.* מְאַכְזֵב
disappointment, *n.* מַפַּח נֶפֶשׁ, אַכְזָבָה
disapprobation, disapproval, *n.* גִּנּוּי, אִי הַסְכָּמָה
disapprove, *v.t.* גִּנָּה
disarm, *v.t.* & *i.* פֵּרַק נֶשֶׁק, הִתְפָּרֵק [פרק] מִנִּשְׁקוֹ
disarmament, *n.* פֵּרוּק נֶשֶׁק
disarrange, *v.t.* בִּלְבֵּל
disarrangement, *n.* אִי סֵדֶר
disaster, *n.* אָסוֹן, צָרָה, שׁוֹאָה
disastrous, *adj.* אָיֹם, נוֹרָא
disavow, *v.t.* נִכֵּר, כִּחֵשׁ
disband, *v.t.* & *i.* פֵּרַק גְּדוּד, פִּזֵּר
disbelief, *n.* אִי אֵמוּן
disbelieve, *v.t.* & *i.* כָּפַר
disbeliever, *n.* כּוֹפֵר
disburse, *v.t.* שִׁלֵּם, הוֹצִיא [יצא] כֶּסֶף

disbursement, *n.* הוֹצָאָה, תַּשְׁלוּמִים
disc, *v.* disk
discard, *v.t.* & *i.* הִשְׁלִיךְ [שלך], הִרְחִיק [רחק]
discern, *v.t.* הִכִּיר [נכר], רָאָה, הִבְחִין [בחן], הִבְדִּיל [בדל]
discernment, *n.* הַכָּרָה, רְאִיָּה, שִׁפּוּט, הַבְחָנָה
discharge, *n.* פְּרִיקָה; פִּטּוּרִים, שִׁחְרוּר; יְרִיָּה
discharge, *v.t.* פָּרַק; פִּטֵּר; שִׁחְרֵר; יָרָה (רוֹבֶה)
disciple, *n.* תַּלְמִיד
discipline, *n.* מִשְׁמַעַת
discipline, *v.t.* לִמֵּד; מִשְׁמֵעַ
disclaim, *v.t.* הִכְחִישׁ [כחש] (תְּבִיעָה)
disclose, *v.t.* גִּלָּה, הוֹדִיעַ [ידע]
disclosure, *n.* גִּלּוּי, הוֹדָעָה
discolor, discolour, *v.t.* & *i.* טִשְׁטֵשׁ, שִׁנָּה צֶבַע
discoloration, discolouration, *n.* דְּהִיָּה, שִׁנּוּי צֶבַע
discomfit, *v.t.* נָגַף (בְּמִלְחָמָה), הֵבִיס [בוס]
discomfiture, *n.* יֵאוּשׁ, תְּבוּסָה, מְבוּכָה
discomfort, *n.* אִי נוֹחִיּוּת
discomfort, *v.t.* גָּרַם אִי נוֹחִיּוּת
disconcert, *v.t.* הִרְגִּיז [רגז], בִּלְבֵּל
disconnect, *v.t.* הִפְרִיד [פרד], הִבְדִּיל [בדל], נִתֵּק (קֶשֶׁר)
disconsolate, *adj.* עָצוּב
discontent, discontentment, *n.* אִי רָצוֹן
discontinuance, discontinuation, *n.* אִי הַמְשָׁכָה, הֶפְסֵק
discontinue, *v.t.* הִפְסִיק [פסק], חָדַל מִ־
discord, *n.* אִי הַסְכָּמָה, רִיב, מָדוֹן
discordant, *adj.* צוֹרֵם (אֶת הָאֹזֶן); סוֹתֵר
discount, *n.* נִכָּיוֹן, נִכּוּי, הַנָּחָה
discount, *v.t.* & *i.* נִכָּה (רִבִּית), הִמְעִיט [מעט] (הַמְּחִיר); פִּקְפֵּק (בַּאֲמִתּוּת)
discourage, *v.t.* רִפָּה יְדֵי־, דָּחָה, יֵאֵשׁ
discouragement, *n.* רִפְיוֹן יָדַיִם, יֵאוּשׁ, דְּחִיָּה
discourse, *n.* נְאוּם, הַרְצָאָה
discourse, *v.t.* & *i.* הִרְצָה [רצה], שָׂח [שיח]
discourteous, *adj.* בִּלְתִּי (מְנֻמָּס) אָדִיב, גַּס
discourtesy, *n.* גַּסּוּת, אִי אֲדִיבוּת
discover, *v.t.* גִּלָּה, הִמְצִיא [מצא]
discovery, *n.* חִדּוּשׁ, תַּגְלִית
discredit, *n.* אִי אֵמוּן, שֵׁם רָע, שִׁמְצָה
discredit, *v.t.* הִבִּיעַ [נבע] אִי אֵמוּן, חִלֵּל שֵׁם, הִשְׁמִיץ [שמץ]
discreet, *adj.* זָהִיר, שׁוֹמֵר סוֹד
discreetly, *adv.* בִּזְהִירוּת, בַּחֲשַׁאי
discrepancy, *n.* סְתִירָה, נִגּוּד
discrete, *adj.* פָּרוּשׁ
discretion, *n.* שִׁקּוּל דַּעַת, חָכְמָה, בִּינָה, כֹּחַ שִׁפּוּט
discretionary, discretional, *adj.* לְפִי שִׁקּוּל דַּעַת
discriminate, *v.t.* & *i.* הִפְלָה [פלה]
discrimination, *n.* הַבְחָנָה, הַפְלָיָה
discuss, *v.t.* הִתְוַכֵּחַ [וכח], דָּן [דון], שָׂח [שיח]
discussion, *n.* וִכּוּחַ, שִׂיחָה, פִּלְפּוּל
disdain, *n.* בּוּז
disdain, *v.t.* בָּזָה, תִּעֵב
disdainful, *adj.* בָּז, מְתָעֵב
disease, *n.* מַחֲלָה, חֳלִי
diseased, *adj.* חוֹלֶה, חוֹלָנִי
disembark, *v.t.* & *i.* יָצָא מֵאֳנִיָּה, הוֹרִיד [ירד] מֵאֳנִיָּה, פֵּרַק (מִטְעָן)

disembarkation, *n.* יְצִיאָה מֵאֳנִיָּה, הוֹרָדָה (פְּרִיקָה) מֵאֳנִיָּה
disenchant, *v.t.* הֵסִיר [סור] קֶסֶם
disengage, *v.t.* שִׁחְרֵר, הִתִּיר [נתר]
disengagement, *n.* שִׁחְרוּר, הַתָּרָה
disentangle, *v.t.* הוֹצִיא [יצא] מִסְּבָךְ
disfavor, disfavour, *n.* אִי רָצוֹן
disfiguration, *n.* קִלְקוּל צוּרָה
disfigure, *v.t.* קִלְקֵל צוּרָה
disgorge, *v.t.* & *i.* הֵקִיא [קיא], שָׁפַךְ, הִשְׁתַּפֵּךְ [שפך]
disgrace, *n.* חֶרְפָּה, גְּנַאי, כְּלִימָה
disgrace, *v.t.* חֵרֵף, בִּיֵּשׁ
disgraceful, *adj.* מְגֻנֶּה, נִבְזֶה
disguise, *n.* הִתְנַכְּרוּת; מַסְוֶה; הִתְחַפְּשׂוּת
disguise, *v.t.* הִסְתִּיר [סתר], תִּחְפֵּשׂ
disgust, *n.* גֹּעַל נֶפֶשׁ, בְּחִילָה
disgust, *v.t.* עוֹרֵר [עור] גֹּעַל נֶפֶשׁ
dish, *n.* קְעָרָה, צַלַּחַת; מַאֲכָל
dish, *v.t.* חִלֵּק (מָנוֹת), הִגִּישׁ [נגש] בְּצַלַּחַת
dishcloth, *n.* מַטְלִית
dishearten, *v.t.* רִפָּה יְדֵי־
dishevel, *v.t.* פָּרַע אוֹ סָתַר (שֵׂעָר)
dishonest, *adj.* בִּלְתִּי יָשָׁר, לֹא יָשָׁר
dishonesty, *n.* אִי יֹשֶׁר, רַמָּאוּת, מַעַל
dishonor, dishonour, *n.* חֶרְפָּה, בִּזָּיוֹן, אִי כָּבוֹד
dishonor, dishonour, *v.t.* הִכְלִים [כלם], בִּיֵּשׁ, בִּזָּה; חִלֵּל (לֹא קִיֵּם חֲתִימָה, שְׁטָר, תַּשְׁלוּם); אִנֵּס
dishonorable, dishonourable, *adj.* מְגֻנֶּה, מַחְפִּיר
dishwasher, *n.* מַרְחֶצֶת (כֵּלִים)
disillusion, *v.t.* הִשְׁלָה [שלה], קִוָּה לַשָּׁוְא, שִׁחְרֵר מֵהֲזָיָה, הִתְפַּכֵּחַ [פקח]

disinclination, *n.* אִי (רָצוֹן) נְטִיָּה
disinfect, *v.t.* טִהֵר, חִטֵּא
disinfectant, *n.* מְחַטֵּא
disinfection, *n.* טִהוּר, חִטּוּי
disinherit, *v.t.* בִּטֵּל יְרוּשָּׁה
disintegrate, *v.t.* & *i.* פּוֹרֵר, הִתְפּוֹרֵר [פרר]
disintegration, *n.* הִתְפּוֹרְרוּת
disinter, *v.t.* הוֹצִיא [יצא] מִקֶּבֶר
disinterment, *n.* הוֹצָאָה מִקֶּבֶר
disinterested, *adj.* בִּלְתִּי מְעֻנְיָן
disjoin, *v.t.* הִפְרִיד [פרד], הִתְפָּרֵק [פרק]
disjoint, *v.t.* פֵּרֵד, פֵּרֵק, נִתֵּק
disjointed, *adj.* מְפֹרָד, מְנֻתָּק
disk, disc, *n.* תַּקְלִיט, פְּנֵי הָעִגּוּל, צַלַּחַת, אַגָּן
disk jockey, *n.* תַּקְלִיטָן
dislike, *n.* שִׂנְאָה, מְאִיסָה
dislike, *v.t.* שָׂנֵא, מָאַס
dislocate, *v.t.* הֶעְתִּיק (מֵהַמָּקוֹם), נָקַע (אֵבֶר)
dislocation, *n.* נְקִיעָה, עֲתִיקָה
dislodge, *v.t.* גֵּרַשׁ, נִשֵּׁל
disloyal, *adj.* בִּלְתִּי נֶאֱמָן, בּוֹגֵד
disloyalty, *n.* בֶּגֶד, בְּגִידָה
dismal, *adj.* עָגוּם, עָצֵב
dismantle, *v.t.* הֵסִיר רְהִיטִים, הֵסִיר [סור] חֲלָקִים; פֵּרֵק (פְּצָצָה)
dismay, *n.* בֶּהָלָה
dismay, *v.t.* הִפְחִיד [פחד], הִבְהִיל [בהל]
dismember, *v.t.* הִפְרִיד [פרד], קָרַע, גָּזַר, אִבֵּר
dismemberment, *n.* אִבּוּר
dismiss, *v.t.* פִּטֵּר, שִׁלַּח; הִתְפַּזֵּר (פְּקוּדָה)
dismissal, *n.* פִּטּוּר, פִּטּוּרִים, שִׁלּוּחַ

dismount, *v.t.* & *i.* יָרַד, הוֹרִיד [ירד] (מֵעַל סוּס); רֵדֶן (פְּקוּדָה לְרוֹכְבִים)

disobedience, *n.* אִי מִשְׁמַעַת, אִי צִיּוּת, מְרִי, מֶרִי

disobedient, *adj.* מַמְרֶה, שֶׁאֵינוֹ מַקְשִׁיב

disobey, *v.t.* הִמְרָה [מרה]

disorder, *n.* מְהוּמָה, אִי סֵדֶר

disorder, *v.t.* בִּלְבֵּל, סִכְסֵךְ

disorderly, *adj.* פָּרוּעַ

disorganize, *v.t.* גָּרַם אִי סֵדֶר, בִּלְבֵּל, עִרְעֵר

disown, *v.t.* הִכְחִישׁ [כחש], זָנַח, בִּטֵּל יְרוּשָׁה

disparage, *v.t.* זִלְזֵל

disparagement, *n.* זִלְזוּל, פְּגִיעָה בִּכְבוֹד

disparity, *n.* אִי שִׁוְיוֹן, הֶבְדֵּל, פַּעַר

dispassionate, *adj.* קַר רוּחַ, מָתוּן, בִּלְתִּי מְשֻׁחָד

dispatch, despatch, *n.* מִשְׁלוֹחַ; אִגֶּרֶת, מִבְרָק; הֲמָתָה; מְהִירוּת

dispatch, *v.t.* גָּמַר בִּמְהִירוּת, שָׁלַח, סִלֵּק; הֵמִית [מות]

dispel, *v.t.* פִּזֵּר, גֵּרֵשׁ

dispensary, *n.* מִרְפָּאָה, בֵּית רְפוּאוֹת

dispensation, *n.* חִלּוּק, מַתְּנַת יָהּ, הֶתֵּר, שִׁחְרוּר (מֵחוֹבָה)

dispense, *v.t.* חִלֵּק, בִּטֵּל, הִתִּיר [נתר], הִרְקִיחַ [רקח] (רְפוּאוֹת)

dispenser, *n.* רוֹקֵחַ

disperse, *v.t.* & *i.* זָרָה, פִּזֵּר, הֵפִיץ [פוץ]; הִתְפַּזֵּר [פזר]

dispersion, *n.* פִּזּוּר, תְּפוּצָה, נְפוֹצָה

dispirit, *v.t.* הֵמֵס [מסס] לֵב, דִּכְדֵּךְ,

displace, *v.t.* שָׂם [שים] לֹא בִּמְקוֹמוֹ, סִלֵּק, הוֹרִיד [ירד], עָקַר מִמְּקוֹמוֹ

displaced person, D.P., *n.* עָקוּר

displacement, *n.* מַעְתָּק; הֶדְחֵק; תְּפוּסָה (נֶפַח)

display, *n.* רַאֲוָה, הַצָּגָה, תְּצוּגָה, תַּעֲרוּכָה

display, *v.t.* הִצִּיג [יצג]

displease, *v.t.* & *i.* הִכְעִיס [כעס], הָיָה רַע בְּעֵינָיו, הָיָה לְמֹרַת רוּחַ

displeasure, *n.* מֹרַת רוּחַ

disport, *n.* שַׁעֲשׁוּעַ, מִשְׂחָק

disport, *v.t.* & *i.* שִׁעֲשַׁע, הִשְׁתַּעֲשֵׁעַ [שעשע] בִּדֵּר, הִתְבַּדֵּר [בדר]

disposal, *n.* סִדּוּר, פִּקּוּחַ, רָשׁוּת

dispose, *v.t.* סִדֵּר, הִשְׁתַּמֵּשׁ [שמש], מָכַר

disposition, *n.* מֶזֶג; נְטִיָּה; הֶסְדֵּר

dispossess, *v.t.* הוֹרִיד [ירד] מִנְּכָסִים, נִשֵּׁל

dispraise, *v.t.* & *n.* גִּנָּה; גְּנוּת

disproof, *n.* הַכְחָשָׁה, הֲזָמָה

disproportion, *n.* אִי הַתְאָמָה

disprove, *v.t.* הִכְחִישׁ [כחש]

disputant, *n.* בַּעַל דִּין, מִתְוַכֵּחַ

dispute, *n.* מַחֲלֹקֶת, רִיב, וִכּוּחַ

dispute, *v.t.* & *i.* הִכְחִישׁ [כחש], חָלַק, רָב [ריב], הִתְוַכֵּחַ [וכח], הִתְדַּיֵּן [דין]

disqualification, *n.* פַּסְלוּת

disqualify, *v.t.* פָּסַל, שָׁלַל זְכוּת

disquiet, *v.t.* & *n.* הִפְרִיעַ [פרע] מְנוּחָה, הִדְרִיךְ [דרך] מְנוּחָה; אִי שֶׁקֶט

disquieting, *adj.* מַפְרִיעַ, מַדְאִיג

disquietude, *n.* חֹסֶר מְנוּחָה

disregard, *n.* הִתְעַלְּמוּת, הַעֲלָמַת עַיִן, בִּטּוּל, זִלְזוּל

disregard, *v.t.* הֶעְלִים [עלם] עַיִן, זִלְזֵל

disrepute, *n.* שֵׁם רָע

disrespect, *n.* אִי כָּבוֹד

disrespect, *v.t.* פָּגַע בִּכְבוֹד

disrespectful, *adj.* מְזַלְזֵל, שֶׁאֵינוֹ מְכַבֵּד

disrobe, *v.t.* & *i.* פָּשַׁט, הִתְפַּשֵּׁט [פשט], הִפְשִׁיט [פשט] בְּגָדִים

disrupt, *v.t.* & *i.* קָרַע, שָׁבַר; נִקְרַע, נִשְׁבַּר; שִׁבֵּשׁ (תְּנוּעָה)

disruption, *n.* קֶרַע, קְרִיעָה, שֶׁבֶר

dissatisfaction, *n.* אִי שְׂבִיעַת רָצוֹן, תַּרְעֹמֶת

dissatisfy, *v.t.* גָּרַם אִי שְׂבִיעַת רָצוֹן

dissect, *v.t.* נִתַּח, בִּתֵּר

dissection, *n.* נִתּוּחַ, בִּתּוּר

disseminate, *v.t.* זָרַע, זָרָה, פִּזֵּר הֵפִיץ [פוץ]

dissemination, *n.* זְרִיעָה, פִּזּוּר, הֲפָצָה

dissension, *n.* מַצָּה, מְרִיבָה, מַחֲלֹקֶת

dissent, *v.t.* חָלַק עַל־, הִתְנַגֵּד [נגד] לְ־

dissenter, dissentient, *n.* מִתְנַגֵּד, חוֹלֵק

dissertation, *n.* מֶחְקָר, חִבּוּר מַדָּעִי

dissever, *v.t.* חָתַךְ, חִלֵּק, נִתֵּק, קָרַע

dissimilar, *adj.* שׁוֹנֶה

dissimulation, *n.* הִתְחַפְּשׂוּת, צְבִיעוּת

dissipate, *v.t.* & *i.* בִּזְבֵּז, פִּזֵּר, הִתְהוֹלֵל [הלל]

dissipation, *n.* בִּזְבּוּז, פִּזּוּר; הוֹלֵלוּת

dissociate, *v.t.* & *i.* הִתְרַחֵק [רחק] מִ־, הוֹצִיא [יצא] עַצְמוֹ מִ־, הִפְרִיד [פרד]

dissolute, *adj.* & *n.* שׁוֹבָב, הוֹלֵל, תַּאַוְתָן

dissolution, *n.* הֲמָסָה, הִמַּסּוּת; הֲפָרָה, בִּטּוּל, פֵּרוּק, הִתְפָּרְקוּת, פִּזּוּר

dissolve, *v.t.* & *i.* מוֹסֵס [מסס], הֵמֵס [מסס], הֵפֵר [פרר] (חוֹזֶה), הִתִּיר [נתר] (קֶשֶׁר), פֵּרֵק (חֶבְרָה), פִּזֵּר, הִתְפַּזֵּר [פזר] (יְשִׁיבָה, כְּנֶסֶת)

dissonance, *n.* אִי הַתְאָמָה, צְרִימָה

dissonant, *adj.* צוֹרֵם; נוֹגֵד

dissuade, *v.t.* יָעַץ נֶגֶד־, הוֹצִיא [יצא] מִלֵּב, מָנַע

distaff, *n.* פֶּלֶךְ, כִּישׁוֹר; אִשָּׁה

distance, *n.* מֶרְחָק, מַהֲלָךְ, דֶּרֶךְ

distant, *adj.* רָחוֹק

distantly, *adv.* הַרְחֵק, מֵרָחוֹק

distaste, *n.* בְּחִילָה, גֹּעַל, גֹּעַל נֶפֶשׁ

distaste, *v.t.* מָאַס, בָּחַל

distasteful, *adj.* בִּלְתִּי עָרֵב, גָּעֳלִי, חֲסַר טַעַם

distemper, *n.* רֹגֶז, טֵרוּף; מַחֲלַת כְּלַבְלָבִים

distend, *v.t.* & *i.* נִפַּח, הִרְחִיב [רחב]; הִתְנַפַּח [נפח], הִתְמַתַּח [מתח] הִתְאָרֵךְ [ארך]

distention, distension, *n.* הִתְפַּשְּׁטוּת, הַרְחָבָה, הִתְנַפְּחוּת, הִתְמַתְּחוּת

distill, distil, *v.t.* & *i.* זִקֵּק, טִפְטֵף, זָלַף

distillation, *n.* זִקּוּק

distiller, *n.* זַקָּק, מְזַקֵּק

distillery, *n.* בֵּית זִקּוּק

distinct, *adj.* מֻבְהָק, בָּרוּר; שׁוֹנֶה, נִבְדָּל

distinction, *n.* הִצְטַיְּנוּת; הֶבְדֵּל, הַפְלָיָה

distinctive, *adj.* אָפְיָנִי, שׁוֹנֶה, נִבְדָּל

distinctness, *n.* אָפְיָנוּת, בְּהִירוּת

distinguish, *v.t.* & *i.* הִבְדִּיל [בדל] בֵּין־, הִפְלָה [פלה], הִבְחִין [בחן]

distinguished, *adj.* מֻבְהָק, מְצֻיָּן

distort, *v.t.* עִקֵּם, עִוֵּת, סֵרֵס, סִלֵּף

distortion, *n.* עִקּוּם, עִוּוּת, סֵרוּס, סִלּוּף

distract, *v.t.* הִפְרִיעַ [פרע], הִסִּיחַ [נסח] דַּעַת, הֵבִיךְ [בוך]

distraction, *n.* מְבוּכָה, הַסָּחַת הַדַּעַת, פִּזּוּר הַנֶּפֶשׁ
distraught, *adj.* נָבוֹךְ
distress, *n.* דֹּחַק, צָרָה, מְצוּקָה, אֶבְיוֹנוּת
distress, *v.t.* צִעֵר, הֵצִיק [צוק], הֵעִיק [עוק]
distressful, *adj.* דָּחוּק, עָנִי
distribute, *v.t.* חִלֵּק, הֵפִיץ [פוץ]
distribution, *n.* חֲלֻקָּה, חִלּוּק, הֲפָצָה, תְּפוּצָה
distributor, distributer, *n.* מֵפִיץ, מְחַלֵּק
district, *n.* מָחוֹז, גָּלִיל, חֶבֶל, פֶּלֶךְ
distrust, *n.* אִי אֵמוּן, חֲשָׁד
distrust, *v.t.* חָשַׁד בְּ־, הִטִּיל [נטל] סָפֵק בְּ־
distrustful, *adj.* חוֹשֵׁד
disturb, *v.t.* הִפְרִיעַ [פרע], בִּלְבֵּל
disturbance, *n.* הַפְרָעָה, מְהוּמָה, פְּרִיעָה
disturber, *n.* מַפְרִיעַ
disunion, *n.* פֵּרוּד, הַבְדָּלָה, הִתְבַּדְּלוּת, פְּרִישָׁה, אַל אִחוּד
disunite, *v.t.* הִפְרִיד [פרד]
disuse, *n.* אִי שִׁמּוּשׁ
disuse, *v.t.* חָדַל מִלְּהִשְׁתַּמֵּשׁ
ditch, *n.* עָרוּץ, תְּעָלָה
ditto, *n.* אוֹתוֹ דָּבָר, הַנִּזְכָּר לְעֵיל, הנ"ל
ditty, *n.* שִׁירוֹן
diurnal, *adj.* יוֹמִי, יוֹמְיוֹמִי
divan, *n.* סַפָּה
dive, diving, *n.* צְלִילָה
dive, *v.i.* צָלַל
diver, *n.* אֲמוּדַאי, צוֹלֵל; טַבְלָן (עוֹף)
diverge, *v.i.* הִפְרִיד [פרד] הָיָה שׁוֹנֶה, הִתְרַחֵק [רחק], סָר [סור]
divergence, divergency, *n.* הִסְתָּעֲפוּת, מֶרְחָק
divergent, *adj.* שׁוֹנֶה, מִתְרַחֵק, מִתְחַלֵּק
divers, *adj.* אֲחָדִים; שׁוֹנֶה, מִתְחַלֵּף
diverse, *adj.* שׁוֹנֶה, בִּלְתִּי דּוֹמֶה, רַב (צוּרוֹת) צְדָדִי
diversification, *n.* שִׁנִּי, הִשְׁתַּנּוּת, שִׁנּוּי
diversify, *v.t.* שִׁנָּה, עָשָׂה שִׁנּוּיִים
diversion, *n.* הַפְנָיָה, הַטָּיָה; בִּדּוּר, שִׁנּוּי, שַׁעֲשׁוּעִים
diversity, *n.* שִׁנּוּי, שׁוֹנוּת
divert, *v.t.* הֵסִיחַ [נסח] דַּעַת, פִּנָּה לֵב; הִפְנָה [פנה], הִטָּה [נטה]; בִּדֵּר
divest, *v.t.* הִפְשִׁיט [פשט], שָׁלַל מִ־
divide, *v.t.* & *i.* חִלֵּק, הִפְרִיד [פרד], בָּקַע, פִּלֵּג, הִתְפַּלֵּג [פלג], הִתְחַלֵּק [חלק]
dividend, *n.* מְחֻלָּק; רֶוַח נֶחֱלָק (מִמְּנָיוֹת)
divider, divisor, *n.* מְחַלֵּק
divination, *n.* נִחוּשׁ, כְּשָׁפִים, הַגָּדַת עֲתִידוֹת
divine, *adj.* & *n.* קָדוֹשׁ, אֱלֹהִי, דָּתִי; כֹּהֵן
divine, *v.t.* & *i.* נִחֵשׁ, שִׁעֵר, שָׁאַל בָּאוֹב
diviner, *n.* מַגִּיד עֲתִידוֹת, אוֹב, מְכַשֵּׁף, מְנַחֵשׁ, קוֹסֵם
divinity, *n.* אֱלָהוּת
divisible, *adj.* מִתְחַלֵּק
division, *n.* חִלּוּק, חֲלֻקָּה; גְּדוּד; פִּלּוּג; פְּלֻגָּה (צָבָא)
divisor, *v.* divider
divorce, *n.* גֵּט; גֵּרוּשִׁים, סֵפֶר כְּרִיתוּת
divorce, *v.t.* נָתַן (גֵּט) סֵפֶר כְּרִיתוּת, גֵּרֵשׁ

divorcé(e), *n.* גָּרוּשׁ, גְּרוּשָׁה

divulge, *v.t.* גִּלָּה, הוֹדִיעַ [ידע] (סוֹד)

dizziness, *n.* סְחַרְחֹרֶת

dizzy, *adj.* סְחַרְחַר, מְסַחְרֵר

do, *n.* דּוֹ (הַצְּלִיל הָרִאשׁוֹן בְּסוּלַּם הַנְּגִינָה)

do, *v.t. & i.* עָשָׂה, גָּמַר; הוֹנָה [ינה]

docile, *adj.* נוֹחַ, צַיְּתָן, מַקְשִׁיב, לָמִיד

docility, *n.* נוֹחוּת, רַכּוּת, צַיְּתוּת

dock, *n.* מִסְפָּנָה, רָצִיף; תָּא (סַפְסַל) הַנֶּאֱשָׁמִים; גֶּדֶם הַזָּנָב

dock, *v.t.* הִסְפִּין [ספן] קָטַע (זָנָב)

docket, *n.* רְשִׁימָה, קִצּוּר

doctor, *n.* רוֹפֵא, מְלַמֵּד

doctorate, *n.* תֹּאַר (מְלֻמָּד) דּוֹקְטוֹר

doctrine, *n.* תּוֹרָה, שִׁיטָה, עִקָּר, דֵּעָה

document, *n.* תְּעוּדָה, מִסְמָךְ

document, *v.t.* תֵּעֵד, מִסְמֵךְ

documentary, *adj.* שֶׁל תְּעוּדוֹת

dodge, *n.* הִתְחַמְּקוּת, עָרְמָה

dodge, *v.t. & i.* הִתְחַמֵּק [חמק], הִשְׁתַּמֵּט [שמט], הֶעֱרִים [ערם]

doe, *n.* צְבִיָּה, אַיָּלָה

doeskin, *n.* עוֹר צְבִי

doff, *v.t.* פָּשַׁט, הֵסִיר [סור]

dog, *n.* כֶּלֶב; אַבְרֵק; בֶּן בְּלִיַּעַל

dogfish, *n.* גִּלְדָּן

dogged, *adj.* עַקְשָׁן

dogma, *n.* אֱמוּנָה, עִקָּר

dogmatic, dogmatical, *adj.* עִקָּרִי

doily, *n.* מַפִּית

doldrums, *n. pl.* שִׁעֲמוּם, שִׁמָּמוֹן

dole, *n.* נְדָבָה, קִצְבָּה; דְּמֵי אַבְטָלָה

dole, *v.t.* חִלֵּק, נָתַן צְדָקָה

doleful, *adj.* מְדֻכָּא

doll, *n.* בֻּבָּה

dollar, *n.* דּוֹלָר, מַטְבֵּעַ (אוֹ שְׁטָר), כֶּסֶף אֲמֶרִיקָנִי בֶּן מֵאָה סֶנְט

dolly, *n.* בֻּבִּית, בֻּבָּה קְטַנָּה; גַּלְגַּלֶּנֶת

dolor, dolour, *n.* מַכְאוֹב, עֶצֶב, אֵבֶל

dolorous, dolourous, *adj.* מַכְאִיב, עָצוּב

dolphin, *n.* שִׁבּוּט

dolt, *n.* טִפֵּשׁ, שׁוֹטֶה, "חֲמוֹר"

domain, *n.* אֲחֻזָּה; מָרוּת; תְּחוּם

dome, *n.* כִּפָּה

domestic, *adj. & n.* בֵּיתִי; מְשָׁרֵת

domesticate, *v.t.* בִּיֵּת, אִלֵּף

domicile, *n.* מְקוֹם מְגוּרִים, בַּיִת

domicile, *v.t.* שִׁכֵּן, דִּיֵּר, הוֹשִׁיב [ישב]

dominant, *adj.* שׁוֹלֵט, שׂוֹרֵר

dominate, *v.t. & i.* שָׁלַט, שָׂרַר, מָשַׁל, הִשְׁתַּלֵּט [שלט]

domination, *n.* שְׁלִיטָה, שְׂרָרָה

domineer, *v.i.* הִשְׂתָּרֵר [שרר]

dominion, *n.* מֶמְשָׁלָה, שְׁלִיטָה, מְלוּכָה

domino, *n.* פַּתִּיגִיל

dominoes, *n. pl.* פִּסְפָּסִים (מִשְׂחָק)

don, *n.* דּוֹן; דִּקָּן; תַּלְמִיד חָכָם

don, *v.t.* לָבַשׁ, עָטָה

donate, *v.t.* נִדֵּב

donation, *n.* מַתָּנָה, נְדָבָה, שַׁי, מִנְחָה

donkey, *n.* חֲמוֹר; עַקְשָׁן, טִפֵּשׁ, שׁוֹטֶה

donor, *n.* מְנַדֵּב, נַדְבָן

doom, *n.* אֲבַדּוֹן, כִּלָּיוֹן, גְּזַר דִּין, גּוֹרָל

doom, *v.t.* גָּזַר (דִּין), חָרַץ (מִשְׁפָּט), חִיֵּב

door, *n.* דֶּלֶת, פֶּתַח

doorkeeper, *n.* שׁוֹעֵר

doorpost, *n.* מְזוּזָה

doorway, *n.* מָבוֹא, פֶּתַח

dope, *n. & v.t.* חֲשִׁישׁ, סַם מְשַׁכֵּר; שׁוֹטֶה; הִמֵּם

dormant, *n.* מִתְנַמְנֵם, יָשֵׁן, נִרְדָּם, רָדוּם

dormer, *n.* חֲדַר מִטּוֹת; גַּמְלוֹנִית (צֹהַר גַּג)

dormitory, *n.* פְּנִימִיָּה
dormouse, *n.* מְכַרְסֵם, עַכְבָּר קָטָן
dorsal, *adj.* גַּבִּי, שֶׁל הַגַּב
dose, *n., v.t. & i.* כַּמּוּת, מָנָה; מִנֵּן
dot, *n. & v.t.* נְקֻדָּה; נֶדֶן; נִקֵּד
dotage, *n.* זִקְנָה; טִפְּשׁוּת, חֹסֶר דֵּעָת
dotard, *n.* מְטֹרָף, טִפְּשִׁי
dote, *v.t.* תָּשַׁשׁ
double, *adj.* כָּפוּל, פִּי שְׁנַיִם, זוּגִי
double, *n., adv.* בֶּן זוּג, מִשְׁנֶה; כִּפְלַיִם
double, *v.t. & i.* כָּפַל, נִכְפַּל [כפל], הִכְפִּיל [כפל]
doubt, *n.* פִּקְפּוּק, סָפֵק, חֲשָׁשׁ
doubt, *v.t. & i.* פִּקְפֵּק, הִסֵּס, הָיָה מְסֻפָּק
doubtful, *adj.* מְסֻפָּק, מְפֻקְפָּק
doubtfully, *adv.* בְּסָפֵק
doubtless, *adj.* בְּלִי סָפֵק, בְּוַדַּאי
dough, *n.* בָּצֵק, עִסָּה; מְזֻמָּנִים
doughnut, *n.* סֻפְגָּנִיָּה
doughty, *adj.* אַמִּיץ
douse, dowse, *v.t. & i.* כִּבָּה; הִרְטִיב [רטב]; הִשְׁלִיךְ [שלך] (הַמַּיְמָה)
dove, *n.* תּוֹר, יוֹנָה; תָּמִים, צָנוּעַ
dovecot, dovecote, *n.* שׁוֹבָךְ
dovetail, *n. & v.t.* שִׁלָּב; שִׁלֵּב
dowager, *n.* אַלְמָנָה, יוֹרֶשֶׁת
dowdy, *adj. & n.* מְלֻכְלֶכֶת; לִכְלוּכִית
dowel, *n. & v.t.* יָתֵד; חִזֵּק בְּיָתֵד
dower, dowry, *n.* נְדֻנְיָה, מַתָּנָה
down, *n.* נוֹצָה, מוֹךְ
down, *adv.* לְמַטָּה, מַטָּה
down, *v.t.* הוֹרִיד [ירד], הִשְׁפִּיל [שפל]
downcast, *adj.* נִדְכֶּה
downfall, *n.* מַפָּלָה, תְּבוּסָה, כִּשָּׁלוֹן
downhearted, *adj.* נָכֵא, נוּגֶה
downpour, *n.* גִּשְׁמֵי זַעַף
downright, *adj.* יָשָׁר, מֻחְלָט
downright, *adv.* בְּפֵרוּשׁ, לְגַמְרֵי
downstairs, *adv.* בַּקּוֹמָה הַתַּחְתּוֹנָה
downtown, *adv.* לְמוֹרַד הָעִיר
downy, *adj.* מוֹכִי, רַךְ
dowry, dowse, *v.* dower, douse
doze, *n. & v.i.* תְּנוּמָה; הִתְנַמְנֵם [נמנם]
dozen, *n.* תְּרֵיסָר
drab, *n. & v.i.* מְזֹהָם, מְטֻנָּף; זוֹנָה, זַנַּאי; זָנָה
draft, draught, *n.* קִצּוּר, שִׂרְטוּט, תַּרְשִׁים; טְיוּטָה; גִּיּוּס; מִטְעָן; (מְשִׁיכַת) שָׁלָל (דָּגִים); רוּחַ פְּרָצִים; שְׁתִיָּה; הַמְחָאָה, שְׁטָר; שֶׁקַע
drag, *n.* מְשִׁיכָה, גְּרִירָה, סְחִיבָה; מְצִיצָה (סִיגַרְיָה); מַשְׂדֵּדָה
drag, *v.t. & i.* גָּרַר, סָחַב
dragnet, *n.* מִכְמֹרֶת
dragon, *n.* דְּרָקוֹן; כַּעֲסָן
dragoon, *n. & v.t.* פָּרָשׁ; רָדַף, הִכְנִיעַ [כנע], הִכְרִיחַ [כרח]
drain, *n.* תְּעָלָה, מַרְזֵב
drain, *v.t. & i.* נִקֵּז, יִבֵּשׁ, מִצָּה, מָצַץ
drainage, *n.* בִּיּוּב, נִקּוּז, יִבּוּשׁ
drainer, *n.* מְנַקֵּז, מְיַבֵּשׁ
drake, *n.* בַּרְוָז (זָכָר)
dram, *n.* מִשְׁקָל; כּוֹסִית יַיִן, לְגִימַת יי"ש
drama, *n.* חִזָּיוֹן, מַחֲזֶה, מַעֲגָמָה
dramatic, dramatical, *adj.* חֶזְיוֹנִי
dramatist, *n.* מַחֲזַאי
dramatize, *v.t.* הִמְחִיז [מחז]
drape, *v.t.* רִבֵּד, וִלֵּן
draper, *n.* סוֹחֵר אֲרִיגִים
drapery, *n.* אֲרִיגִים
drastic, *adj.* מַחֲמִיר, קָשֶׁה, נִמְרָץ, חָזָק
draught, *v.* draft
draughts, *n. pl.* מִשְׂחַק הַנְּשִׁיאָה, נַרְדְּשִׁיר

draw, *n.* מְשִׁיכָה; שְׁאִיבָה; גּוֹרָל

draw, *v.t.* & *i.* מָשַׁךְ, סָחַב; שָׁאַב, דָּלָה; סָפַג; צִיֵּר

drawback, *n.* מִכְשׁוֹל; עִכּוּב; הֶפְסֵד

drawer, *n.* מוֹשֵׁךְ; מְשַׂרְטֵט; מְגֵרָה; שׁוֹאֵב

drawing, *n.* מְשִׁיכָה; שְׁאִיבָה; צִיּוּר

drawl, *v.t.* & *i.* דִּבֵּר לְאַט וּבַעֲצַלְתַּיִם

dray, *n.* עֶגְלַת מַשָּׂא

drayman, *n.* עֶגְלוֹן

dread, *v.t.* & *i.* פָּחַד, חָרַד, יָרֵא, הִתְיָרֵא [ירא]

dread, *n.* פַּחַד, יִרְאָה, אֵימָה

dreadful, *adj.* מַפְחִיד, אָיֹם, נוֹרָא

dreadfully, *adv.* בְּפַחַד, בְּיִרְאָה

dreadnought, dreadnaught, *n.* אֳנִיַּת מַקְלֵעִים

dream, *n.* חֲלוֹם, חִזָּיוֹן, הֲזָיָה

dream, *v.t.* & *i.* חָלַם, רָאָה בַּחֲלוֹם

dreamer, *n.* חוֹלֵם

dreamily, *adv.* כְּבַחֲלוֹם

dreamland, *n.* אֶרֶץ פְּלָאִים

dreamy, *adj.* בַּעַל חֲלוֹמוֹת, חוֹלֵם

drear, dreary, *adj.* נִדְכֶּה, נוּגֶה

dredge, *v.t.* נִקָּה (יָם), קָדַח

dregs, *n. pl.* פְּסֹלֶת, שְׁמָרִים

drench, *v.t.* & *n.* הִשְׁרָה [שרה], הִשְׁקָה [שקה], הִרְוָה [רוה]; הַרְטָבָה

dress, *n.* שִׂמְלָה, חֲלִיפָה, מַלְבּוּשׁ

dress, *v.t.* & *i.* לָבַשׁ, הִתְלַבֵּשׁ (הִלְבִּישׁ [לבש]; עָרַךְ (שֻׁלְחָן); הֵכִין [כון] לְבִשּׁוּל; קִשֵּׁט; עִבֵּד (עוֹר); חָבַשׁ (פֶּצַע)

dresser, *n.* שִׁדָּה

dressmaker, *n.* תּוֹפֶרֶת

dribble, *v.t.* & *i.*, *n.* טִפְטֵף, עָרַף; הוֹרִיד [ירד] רִיר; טִפָּה, טִפְטוּף; רִיר

drier, dryer, *n.* מְיַבֵּשׁ

drift, *n.* נְטִיָּה; מִסְחָף

drift, *v.t.* & *i.* סָחַף, נִסְחַף [סחף], זָרַם, צָבַר (שֶׁלֶג), הִצְטַבֵּר [צבר]; נָע [נוע] לְלֹא כִּוּוּן

driftwood, *n.* עֵץ סַחַף

drill, *n.* מַקְדֵּחַ; תַּרְגִּיל, תִּרְגּוּל; מַזְרֵעָה; זְרִיעָה בְּשׁוּרוֹת

drill, *v.t.* & *i.* קָדַח, נָקַב; תִּרְגֵּל (צָבָא), הִתְאַמֵּן [אמן]; זָרַע בְּשׁוּרוֹת

drink, *n.* מַשְׁקֶה, שְׁתִיָּה

drink, *v.t.* & *i.* שָׁתָה, הִשְׁתַּכֵּר [שכר]

drinker, *n.* שַׁתְיָן

drip, *n.* & *v.i.* דֶּלֶף; טִפְטֵף, דָּלַף

drive, *n.* נְסִיעָה, דֶּרֶךְ; מַגְבִּית

drive, *v.t.* & *i.* דָּחַף, דָּפַק; נָהַג (מְכוֹנִית), הוֹלִיךְ [הלך] (בְּהֵמוֹת); שִׁקַּע (מַסְמֵר, בֹּרֶג)

drivel, *n.* רוֹק, רִיר; הֶבֶל

drivel, *v.t.* הוֹרִיד [ירד] רִיר; הֶהְבִּיל [הבל] (דִּבֵּר הֶבֶל)

driveler, driveller, *n.* מוֹרִיד רִיר; טִפֵּשׁ

driver, *n.* נָהָג, נֶהָג

drizzle, *n.* רְבִיבִים, גֶּשֶׁם דַּק

drizzle, *v.i.* רִעֵף, יָרַד גֶּשֶׁם דַּק

droll, *adj.* מַצְחִיק, מְשֻׁנֶּה, מוּזָר

dromedary, *n.* גָּמָל, בֶּכֶר

drone, *n.* זְכַר הַדְּבוֹרִים; עַצְלָן; זִמְזוּם

drone, *v.i.* זִמְזֵם; הָלַךְ בָּטֵל

droop, *n.* נְבִילָה, קְמִילָה, כְּפִיפָה

droop, *v.i.* & *t.* נָפַל; שָׁחַח; נָבַל, קָמַל

drop, *n.* טִפָּה, נֵטֶף, אֵגֶל (טַל); נְפִילָה; לֵדָה, וָלָד; חָרָךְ

drop, *v.t.* & *i.* הִפִּיל [נפל], נָפַל; טִפְטֵף, הִזִּיל [נזל]; יָלַד; שִׁלְשֵׁל; צָנַח

dropper, *n.* אֲדַק, טַפְטֶפֶת

dropsy, *n.* מַיֶּמֶת
dross, *n.* סִיג, בְּדִיל
drought, drouth, *n.* בַּצֹּרֶת, יֹבֶשׁ, צִיָּה, צִמָּאוֹן, חֹרֶב, חֲרָבוֹן
drove, *n.* הָמוֹן, עֵדֶר, מִקְנֶה
drown, *v.t.* & *i.* הִטְבִּיעַ [טבע]; טָבַע
drowning, *n.* טְבִיעָה
drowse, *n.* תְּנוּמָה
drowse, *v.i.* הִתְנַמְנֵם [נמנם]
drowsiness, *n.* שֵׁנָה, תַּרְדֵּמָה, הִתְנַמְנְמוּת
drowsy, *adj.* נִרְדָּם, מִתְנַמְנֵם
drudge, *n.* עוֹבֵד עֲבוֹדָה קָשָׁה
drudge, *v.i.* עָבַד קָשֶׁה
drudgery, *n.* עֲבוֹדַת פֶּרֶךְ
drug, *n.* סַם, רְפוּאָה, תְּרוּפָה
drug, *v.t.* & *i.* שָׁתָה סַמִּים, הִקְהָה [קהה] (חוּשִׁים)
druggist, *n.* רוֹקֵחַ
drugstore, *n.* בֵּית מִרְקַחַת
drum, *n.* תֹּף
drum, *v.t.* & *i.* תָּפַף, תּוֹפֵף, תִּפֵּף
drummer, *n.* תַּפָּף, מְתוֹפֵף
drunk, *adj.*, drunkard, *n.* שִׁכּוֹר
drunken, *adj.* שִׁכּוֹר, שָׁכוּר, סוֹבֵא
drunkenness, *n.* שִׁכָּרוֹן, שִׁכְרוּת
dry, *adj.* יָבֵשׁ; נָגוּב; חָרֵב; צָמֵא; חֲסַר עִנְיָן; בִּלְתִּי אָדִיב
dry, *v.t.* & *i.* יִבֵּשׁ, נִגֵּב, הוֹבִישׁ [יבש], הִתְיַבֵּשׁ [יבש]
dryer, *v.* drier
dryness, *n.* יֹבֶשׁ, חֹרֶב
dual, *adj.* כָּפוּל, זוּגִי
dual, *n.* מִסְפָּר (שֵׁם) זוּגִי
dualism, duality, *n.* כְּפִילוּת, שְׁנִיּוּת
dub, *v.t.* כִּנָּה; מָרַח
dubious, *adj.* מְסֻפָּק
dubiously, *adv.* בְּסָפֵק

duchess, *n.* דֻּכָּסִית
duck, *n.* בַּרְוָז
duck, *v.t.* & *i.* צָלַל, טָבַל בַּמַּיִם; הִתְכּוֹפֵף [כפף]; הִשְׁתַּמֵּט [שמט]
duckling, *n.* בַּרְוָזוֹן
duct, *n.* שְׁבִיל, בִּיב
ductile, *adj.* גָּמִישׁ
dude, *n.* גַּנְדְּרָן
dudgeon, *n.* זַעַם, חֵמָה
duds, *n. pl.* מַלְבּוּשִׁים
due, *adj.* מַגִּיעַ, רָאוּי
due, *n.* מַס, חוֹב
duel, *n.* מִלְחֶמֶת שְׁנַיִם, דּוּ קְרָב
duel, *v.i.* לָחַם מִלְחֶמֶת שְׁנַיִם
duelist, duellist, *n.* לוֹחֵם מִלְחֶמֶת שְׁנַיִם
dues, *n. pl.* דְּמֵי חָבֵר
duet, *n.* צִמְדָּה, שִׁיר שֶׁל שְׁנַיִם
duke, *n.* דֻּכָּס
dull, *adj.* קֵהֶה; דֵּהֶה; טִפְּשִׁי; מְשַׁעֲמֵם; מְעֻנָּן
dull, *v.t.* & *i.* הִקְהָה [קהה], טִמְטֵם
dullard, *n.* כְּסִיל, שׁוֹטֶה
dullness, *n.* קֵהוּת, טִפְּשׁוּת
dumb, *adj.* אִלֵּם; דּוֹמֵם
dumfound, dumbfound, *v.t.* הִדְהִים [דהם]
dummy, *adj.* דּוֹמֵם, מְלָאכוּתִי
dummy, *n.* גֹּלֶם, שַׁתְקָן; דֻּגְמָן, דֶּמֶה
dump, *n.* אַשְׁפָּה; מַחְסָן (עֲרָאִי)
dump, *v.t.* הִשְׁלִיךְ [שלך], הֵרִיק [ריק]
dun, *adj.* & *n.* חוּם אֲפַרְפַּר; נוֹשֶׁה
dunce, *n.* הֶדְיוֹט, טִפֵּשׁ, כְּסִיל
dune, *n.* חוֹלָה
dung, *n.* דֹּמֶן, זֶבֶל, אַשְׁפָּה
dungarees, *n. pl.* מִכְנְסֵי עֲבוֹדָה
dungeon, *n.* בֵּית סֹהַר
dunghill, *n.* מַדְמֵנָה
dupe, *n.* & *v.t.* פֶּתִי; רִמָּה

duplex, *n.* & *adj.* כְּפִלָּה, מַכְפֵּלָה
duplicate, *n.* הֶעְתֵּק
duplicate, *v.t.* הִכְפִּיל [כפל], שִׁכְפֵּל
duplicator. *n.* מַכְפֶּלֶת
duplication, *n.* חִקּוּי, כְּפִילָה, הַכְפָּלָה, שִׁכְפּוּל
duplicity, *n.* שְׁנִיּוּת, עָקְבָה, מִרְמָה
durability, *n.* הִתְקַיְּמוּת, קִיּוּם
durable, *adj.* מִתְקַיֵּם, נִמְשָׁךְ
duration, *n.* הֶמְשֵׁךְ, קִיּוּם
duress, *n.* מְצוּקָה, כְּלִיאָה
during, *prep.* בְּמֶשֶׁךְ, מֶשֶׁךְ
dusk, *n.* חֲשֵׁכָה, בֵּין הַשְּׁמָשׁוֹת, בֵּין הָעַרְבַּיִם
dusky, *adj.* אַפְלוּלִי
dust, *n.* אָבָק, עָפָר, שַׁחַק
dust, *v.t.* & *i.* אִבֵּק; הֵסִיר [סור] אָבָק, כִּסָּה בְּאָבָק, הִתְכַּסָּה [כסה] בְּאָבָק, הִתְאַבֵּק [אבק]
dusty, *adj.* אָבִיק, אֲבָקִי, מְאֻבָּק
Dutch, *adj.* & *n.* הוֹלַנְדִּי, הוֹלַנְדִּית
dutiable, *adj.* חָב מֶכֶס, טָעוּן מַס
dutiful, *adj.* מַקְשִׁיב, מְצַיֵּת
duty, *n.* חוֹבָה, תַּפְקִיד, מַס, מֶכֶס

dwarf, *n.* גַּמָּד, נַנָּס
dwarf, *v.t.* & *i.* גִּמֵּד, נִנֵּס, הִתְגַּמֵּד [גמד], הִתְנַנֵּס [ננס]
dwell, *v.i.* שָׁכַן, גָּר [גור], דָּר [דור]
dweller, *n.* תּוֹשָׁב, דָּר
dwelling, *n.* מָעוֹן, מִשְׁכָּן, דִּירָה
dwindle, *v.i.* הִתְמַעֵט [מעט], הִתְנַוְּנָה [נונה]
dye, *n.* צֶבַע
dye, *v.t.* צָבַע
dyer, *n.* צוֹבֵעַ, צַבָּע
dyeing, *n.* צְבִיעָה
dyestuff, *n.* צִבְעָן
dying, *adj.* גּוֹסֵס, גּוֹוֵעַ, מֵת
dyke, *v.* dike
dynamic, dynamical, *adj.* פָּעִיל, בַּעַל מֶרֶץ, שֶׁל כֹּחוֹת
dynamite, *n.* חֹמֶר נֶפֶץ, כֹּחִית
dynamite, *v.t.* נִפֵּץ (טָעַן) בְּחֹמֶר נֶפֶץ
dynamo, *n.* דִּינָמוֹ
dynastic, *adj.* שׁוֹשַׁלְתִּי
dynasty, *n.* שׁוֹשֶׁלֶת
dysentery, *n.* בּוֹרְדָם, שִׁלְשׁוּל דָּם
dyspepsia, *n.* פְּרַעְכּוּל, עִכּוּל קָשֶׁה

E, e

E, e, *n.* אִי, הָאוֹת הַחֲמִישִׁית בָּאָלֶף־בֵּית הָאַנְגְּלִי; חֲמִישִׁי, ה׳
each, *adj.* & *pron.* כָּל, כָּל אֶחָד
eager, *adj.* נִכְסָף, מִשְׁתּוֹקֵק, נִלְהָב, לָהוּט
eagerly, *adv.* בְּהִתְלַהֲבוּת
eagerness, *n.* הִתְלַהֲבוּת, חֵשֶׁק
eagle, *n.* נֶשֶׁר, עָזְנִיָּה
ear, *n.* אֹזֶן; שִׁבֹּלֶת
eardrum, *n.* תֹּף הָאֹזֶן

early, *adj.* מֻקְדָּם, קָדוּם, מַשְׁכִּים
early, *adv.* בְּהַשְׁכָּמָה, בְּהֶקְדֵּם
earmark, *n.* צִיּוּן, סִימָן
earmark, *v.t.* סִמֵּן, צִיֵּן
earn, *v.t.* הִשְׂתַּכֵּר [שכר], הִרְוִיחַ [רוח]
earnest, *adj.*, *n.* רְצִינִי; רְצִינוּת
earnings, *n. pl.* הַכְנָסָה, רְוָחִים
earring, *n.* עָגִיל, נֶזֶם הָאֹזֶן, נְטִיפָה, חֲלִי, לַחַשׁ

earth, *n.* אֶרֶץ, כַּדּוּר הָאָרֶץ, אֲדָמָה, יַבָּשָׁה, עָפָר
earthen, *adj.* אַרְצִי, חַרְסִי
earthenware, *n.* כְּלֵי חֶרֶס
earthly, *adj.* אַרְצִי, חָמְרִי
earthquake, *n.* רְעִידַת אֲדָמָה, רַעַשׁ
earthworm, *n.* שִׁלְשׁוּל
ease, *n.* שַׁלְוָה, נַחַת, רְוָחָה
ease, *v.t.* הֵקֵל [קלל] (כְּאֵב), הֵנִיחַ [נוח] (דַּעַת)
easel, *n.* כַּנָּה, אָתוֹנֶת
easily, *adv.* בְּקַלּוּת, עַל נְקַלָּה
easiness, *n.* קַלּוּת, נַחַת
east, *n.* מִזְרָח, קֶדֶם
Easter, *n.* פֶּסַח; פַּסְחָא
easterly, *adj.* מִזְרָחִי, קָדִים
eastward, eastwards, *adv.* מִזְרָחָה
easy, *adj.* קַל, נוֹחַ
eat, *v.t.* & *i.* אָכַל, סָעַד; אִכֵּל, הִתְאַכֵּל [אכל]
eatable, *adj.* אָכִיל, רָאוּי לַאֲכִילָה
eatables, *n. pl.* אֳכָלִים
eater, *n.* אוֹכֵל, אַכְלָן
eavesdrop, *v.i.* צִיֵּת, הִקְשִׁיב [קשב] בְּסֵתֶר
eavesdropper, *n.* מַקְשִׁיב בְּסֵתֶר, צַיְּתָן
ebb, *n.* שֵׁפֶל הַמַּיִם (בַּיָּם), הִתְמַעֲטוּת
ebb, *v.i.* הִשְׁתַּפֵּל [שפל], מָעַט, נִתְמַעֵט [מעט]
ebonite, *n.* אֶבֶן הָבְנֶה
ebony, *n.* הָבְנֶה
ebullition, *n.* תְּסִיסָה, רְתִיחָה
eccentric, *adj.* & *n.* יוֹצֵא מֶרְכָּז; מְשֻׁנֶּה, יוֹצֵא דֹּפֶן
eccentricity, *n.* יְצִיאַת מֶרְכָּז; יְצִיאַת דֹּפֶן, זָרוּת
Ecclesiastes, *n.* קֹהֶלֶת
ecclesiastic, *n.* כֹּהֵן, כֹּמֶר

ecclesiastical, *adj.* כְּנֵסִיָּתִי, רוּחָנִי
echo, *n.*, *v.t.* & *i.* בַּת קוֹל, הֵד; הִדְהֵד
eclipse, *n.* לִקּוּי (חַמָּה, לְבָנָה)
eclipse, *v.t.* & *i.* לָקְתָה [לקה] (חַמָּה, לְבָנָה), הֶאֱפִיל [אפל], הֶחֱשִׁיךְ [חשך]
economic, economical, *adj.* כַּלְכָּלִי; חַסְכָנִי
economically, *adv.* בְּחִסָּכוֹן
economist, *n.* כַּלְכְּלָן, חַסְכָן
economize, *v.t.* & *i.* חָסַךְ
economy, *n.* כַּלְכָּלָה, חִסָּכוֹן, חַסְכָנוּת
ecstasy, *n.* תַּעֲנוּג; הִתְלַהֲבוּת; הִתְרַגְּשׁוּת
ecstatic, *adj.* מִתְפָּעֵל; מִתְלַהֵב
ecstatically, *adv.* בְּהִתְפָּעֲלוּת; בְּהִתְלַהֲבוּת
eczema, *n.* חֲזָזִית
eddy, *n.*, *v.t.* & *i.* שִׁבֹּלֶת (בַּנָּהָר, בַּיָּם), מְעַרְבֹּלֶת; עִרְבֵּל
Eden, *n.* עֵדֶן
edge, *n.* קָצֶה, שָׂפָה; לִזְבֵּז; חֹד; שׁוּנִית
edge, *v.t.* & *i.* חִדֵּד, שִׁנֵּן; עָשָׂה שָׂפָה; הִתְקַדֵּם [קדם] לְאַט לְאַט
edible, *adj.* & *n.* אָכִיל; מַאֲכָל
edict, *n.* גְּזֵרָה, צָו
edification, *n.* חִנּוּךְ, לִמּוּד
edifice, *n.* בִּנְיָן
edify, *v.t.* לִמֵּד, חִנֵּךְ
edit, *v.t.* עָרַךְ
edition, *n.* הוֹצָאָה, מַהֲדוּרָה
editor, *n.* עוֹרֵךְ
editorial, *n.* מַאֲמָר רָאשִׁי
educate, *v.t.* חִנֵּךְ, הוֹרָה [ירה]
education, *n.* חִנּוּךְ, לִמּוּד, אִמּוּן
educational, *adj.* חִנּוּכִי
educator, *n.* אוֹמֵן, מוֹרֶה, מְחַנֵּךְ
eel, *n.* צְלוֹפָח (דָּג)
eerie, eery, *adj.* סוֹדִי; מַפְחִיד; נִסְתָּר

efface, *v.t.* מָחָה, מָחַק; הִכְחִיד [כחד]
effect, *n.* תּוֹצָאָה, מְסֻבָּב, תַּכְלִית; רֹשֶׁם, כַּוָּנָה
effect, effectuate, *v.t.* גָּרַם, הוֹצִיא [יצא] לְפֹעַל, פָּעַל, סִבֵּב, יִעֵל
effective, *adj.* יָעִיל
effects, *n. pl.* חֲפָצִים
effeminacy, *n.* נָשִׁיּוּת, נְקֵבוּת
effeminate, *adj.* נָשִׁי, נְקֵבִי
effervesce, *v.i.* תָּסַס
effervescence, effervescency, *n.* תְּסִיסָה, קְצִיפָה
effervescent, *adj.* תּוֹסֵס
effete, *adj.* עָיֵף; חַלָּשׁ; עָקָר
efficacious, *adj.* יָעִיל, מֻכְשָׁר, פָּעִיל
efficacy, *n.* מֶרֶץ, כֹּשֶׁר, יְעִילוּת
efficiency, *n.* יְעִילוּת, חֲרִיצוּת, זְרִיזוּת
efficient, *adj.* יָעִיל, זָרִיז, נִמְרָץ
efficiently, *adv.* בִּיעִילוּת, בְּמֶרֶץ
effigy, *n.* דְּמוּת, צֶלֶם
effluence, *n.* שֶׁפֶךְ, הִשְׁתַּפְּכוּת
effort, *n.* הִשְׁתַּדְּלוּת, מַאֲמָץ
effrontery, *n.* עַזּוּת (פָּנִים) מֵצַח, חֻצְפָּה
effulgence, *n.* זִיו, זְרִיחָה, זֹהַר
effulgent, *adj.* קוֹרֵן, מַבְהִיק
effusion, *n.* הֲגָרָה, שְׁפִיכָה, הִשְׁתַּפְּכוּת
effusive, *adj.* מִשְׁתַּפֵּךְ, נִגָּר; רַגְשָׁנִי
egg, *n.* בֵּיצָה
eggplant, *n.* חָצִיל
ego, *n.* אָנֹכִי, אֲנִי
egoism, egotism, *n.* אָנֹכִיּוּת
egoist, egotist, *n.* אָנֹכִיָן, אָנֹכִיִּי
egress, *n.* יְצִיאָה, מוֹצָא
Egypt, *n.* מִצְרַיִם
eight, *n.* שְׁמוֹנָה, שְׁמֹנֶה
eighteen, *n.* שְׁמוֹנָה עָשָׂר, שְׁמוֹנֶה עֶשְׂרֵה
eighteenth, *adj.* הַשְּׁמוֹנָה עָשָׂר, הַשְּׁמוֹנֶה עֶשְׂרֵה
eighth, *adj.* & *n.* שְׁמִינִי, שְׁמִינִית
eighty, *n.* שְׁמוֹנִים
either, *adj.* & *pron.* כָּל אֶחָד, הָאֶחָד (מִשְּׁנַיִם)
either, *conj.* אוֹ, אִם
ejaculate, *v.t.* קָרָא, צָוַח
eject, *v.t.* הוֹצִיא [יצא], הִשְׁלִיךְ [שלך], גֵּרַשׁ; שִׁחֵת (זֶרַע)
ejection, *n.* הוֹצָאָה, גֵּרוּשׁ, הַשְׁלָכָה; שְׁחוּת, קֶרִי
eke, *v.t.* סִפֵּק (בְּדֹחַק); הֶאֱרִיךְ [ארך], הִגְדִּיל [גדל]
elaborate, *adj.* מְשֻׁפָּר, מֻרְכָּב, מְשֻׁכְלָל, מְעֻבָּד
elaborate, *v.t.* שִׁכְלֵל, עִבֵּד
elaboration, *n.* שִׁכְלוּל, שִׁפּוּר
elapse, *v.i.* חָלַף, עָבַר
elastic, *adj.* גָּמִישׁ, קְפִיצִי
elasticity, *n.* גְּמִישׁוּת, קְפִיצִיּוּת
elate, *v.t.* שִׂמַּח
elation, *n.* חֶדְוָה, גִּיל
elbow, *n.* מַרְפֵּק, אַצִּיל
elbow, *v.t.* & *i.* דָּחָה הַצִּדָּה, עָשָׂה (לְעַצְמוֹ) מָקוֹם
elder, *adj.* & *n.* בְּכוֹר, זָקֵן; סַמְבּוּק
elderly, *adj.* קְצָת זָקֵן
eldest, *adj.* הַזָּקֵן בְּיוֹתֵר; בְּכוֹר
elect, *adj.* & *n.* נִבְחָר; בָּחִיר
elect, *v.t.* בָּחַר, מִנָּה
election, *n.* בְּחִירָה, בִּכּוּר
elections, *n. pl.* בְּחִירוֹת
elective, *adj.* נִבְחָר
elector, *n.* מַצְבִּיעַ, בּוֹחֵר
electorate, *n.* בּוֹרְרוּת, כְּלַל הַבּוֹחֲרִים
electric, electrical, *adj.* חַשְׁמַלִּי
electrically, *adv.* עַל יְדֵי חַשְׁמַל
electrician, *n.* חַשְׁמַלַּאי; חַשְׁמַלָּן

electricity, *n.* חַשְׁמַל
electrification, ***n.*** הִתְחַשְׁמְלוּת, חִשְׁמוּל
electrify, ***v.t.*** חִשְׁמֵל
electrocute, ***v.t.*** הֵמִית [מות] בְּחַשְׁמַל
electrocution, ***n.*** מִיתַת חַשְׁמַל
electrolysis, ***n.*** הַפְרָדָה (הֲמָסָה) חַשְׁמַלִּית
electron, ***n.*** אֶלֶקְטְרוֹן, חַשְׁמַלִּיָּה
elegance, ***n.*** שַׁפִּירוּת
elegant, *adj.* שַׁפִּיר, מְפֹאָר, נֶהְדָּר
elegy, *n.* הֶסְפֵּד, קִינָה
element, ***n.*** יְסוֹד
elementary, *adj.* יְסוֹדִי; פָּשׁוּט
elephant, *n.* פִּיל
elephantine, *adj.* פִּילִי
elevate, *v.t.* הֵרִים [רום], הִגְבִּיהַּ [גבה], רוֹמֵם, שִׂגֵּב
elevation, ***n.*** הַגְדָּלָה; גֹּבַהּ; שִׂיא; הַעֲלָאָה
elevator, *n.* מַעֲלִית
eleven, *adj.* & ***n.*** אַחַד עָשָׂר, אַחַת עֶשְׂרֵה
eleventh, *adj.* הָאַחַד עָשָׂר, הָאַחַת עֶשְׂרֵה
elf, *n.* שֵׁד, רוּחַ
elfin, *adj.* & ***n.*** יֶלֶד שׁוֹבָב, שֵׁדִי
elfish, *adj.* שׁוֹבָב עָרוּם
elicit, *v.t.* הוֹצִיא [יצא] מִ־, גִּלָּה
elide, *v.t.* הִבְלִיעַ [בלע], הִשְׁמִיט [שמט] (הֲבָרָה)
eligible, *adj.* רָאוּי לְהִבָּחֵר, רָצוּי
eliminate, *v.t.* הוֹצִיא [יצא], הִרְחִיק [רחק], גֵּרַשׁ
elimination, ***n.*** הַרְחָקָה, הַשְׁמָטָה
elixir, *n.* סַם חַיִּים
elk, *n.* אֵיל הַקּוֹרֵא
ell, *n.* אַמָּה
ellipse, ***n.*** סְגַלְגַּל, עִגּוּל (מָאֳרָךְ) בֵּיצִי

ellipsis, ***n.*** הַבְלָעָה, הַשְׁמָטָה (שֶׁל אוֹת אוֹ מִלָּה)
elliptic, *adj.* סְגַלְגַּל, עָגֹל־מָאֳרָךְ
elm, *n.* בּוּקִיצָה
elocution, ***n.*** הַטָּפָה, דַּבְּרָנוּת
elongate, ***v.t.*** הֶאֱרִיךְ [ארך]
elongation, ***n.*** הַאֲרָכָה
elope, *v.i.* בָּרַח עִם אֲהוּבָה
elopement, ***n.*** בְּרִיחַת נֶאֱהָבִים
eloquence, ***n.*** צַחוּת (הַדִּבּוּר)
eloquent, *adj.* צַח לָשׁוֹן, נִמְלָץ
else, *adj.* & *adv.* אַחֵר, בְּדֶרֶךְ אַחֶרֶת
elsewhere, *adv.* בְּמָקוֹם אַחֵר
elucidate, ***v.t.*** בֵּאֵר, הִבְהִיר [בהר]
elucidation, ***n.*** בֵּאוּר, הֶאָרָה, הַבְהָרָה
elude, ***v.t.*** הִתְחַמֵּק [חמק], הִשְׁתַּמֵּט [שמט], נִמְלַט [מלט]
elusive, *adj.* מִתְחַמֵּק, מוֹלִיךְ שׁוֹלָל
emaciate, ***v.t.*** & ***i.*** רָזָה; כָּחַשׁ
emaciation, ***n.*** רָזוֹן
emanate, ***v.i.*** יָצָא, נָבַע
emanation, ***n.*** יְצִיאָה, שֶׁפֶךְ, שֶׁפַע
emancipate, ***v.t.*** נָתַן שִׁוּוּי זְכֻיּוֹת, שִׁחְרֵר
emancipation, ***n.*** דְּרוֹר, שִׁוּוּי זְכֻיּוֹת
emancipator, ***n.*** מְשַׁחְרֵר
emasculate, ***v.t.*** סֵרַס; הֶחֱלִישׁ [חלש]
embalm, ***v.t.*** חָנַט
embalmer, ***n.*** חוֹנֵט
embankment, ***n.*** דַּיֵּק, סֶכֶר, מַחְסוֹם
embargo, ***n.*** אִסּוּר, עִכּוּב (מִשְׁלוֹחַ)
embark, ***v.t.*** & ***i.*** הֶעֱלָה (עָלָה) עַל אֳנִיָּה, הִפְלִיג [פלג]; הִתְחִיל [תחל]
embarkation, ***n.*** הַפְלָגָה
embarrass, ***v.t.*** הֵבִיא [בוא] בִּמְבוּכָה; הֵבִיךְ [בוך]
embarrassment, ***n.*** מְבוּכָה
embassy, ***n.*** שַׁגְרִירוּת, צִירוּת

embattle, *v.t.* עָרַךְ לִקְרָב
embed, *v.t.* הִשְׁכִּיב [שכב], שִׁבֵּץ
embellish, *v.t.* יִפָּה
embellishment, *n.* יִפּוּי
embers, *n. pl.* רֶמֶץ
embezzle, *v.t.* מָעַל בִּכְסָפִים
embezzlement, *n.* מְעִילָה בִּכְסָפִים
embitter, *v.t.* מֵרַר, הִכְעִיס [כעס]
emblazon, *v.t.* קִשֵּׁט
emblem, *n.* סֵמֶל, אוֹת
emblematic, *adj.* סִמְלִי
embodiment, *n.* גִּשּׁוּם, הַגְשָׁמָה, הִתְגַּשְּׁמוּת
embody, *v.t.* הִגְשִׁים [גשם], לִכֵּד, הֵכִיל [כול]
embody, *v.i.* הִתְלַכֵּד [לכד], הִתְחַבֵּר [חבר]
embolden, *v.t.* עוֹדֵד [עוד], אִמֵּץ
embosom, *v.t.* טָמַן בְּחֵיקוֹ, הוֹקִיר [יקר]; שָׁמַר
emboss, *v.t.* הִטְבִּיעַ [טבע] צוּרָה
embower, *v.t.* סוֹכֵךְ [סכך], שָׂם [שים] בְּסֻכָּה
embower, *v.i.* הֵסֵךְ [סכך]; יָשַׁב בְּסֻכָּה
embrace, *n.* חֲבִיקָה, חִבּוּק, גִּפּוּף
embrace, *v.t.* & *i.* חִבֵּק, גִּפֵּף; הֵכִיל [כול]; הִתְחַבֵּק [חבק]
embroider, *v.t.* רָקַם
embroidery, *n.* רֶקֶם, רִקְמָה
embroil, *v.t.* סִכְסֵךְ; עוֹרֵר רִיב
embryo, *n.* עֻבָּר, שָׁלִיל
embryologist, *n.* מֻמְחֶה בְּתוֹלְדוֹת הָעֻבָּר
embryology, *n.* תּוֹרַת הָעֻבָּר
embryonic, *adj.* עֻבָּרִי, שְׁלִילִי, בִּלְתִּי מְפֻתָּח
emend, *v.t.* תִּקֵּן, הִגִּיהַּ [נגה]

emendation, *n.* תִּקּוּן, הֲטָבָה, הַגָּהָה
emerald, *n.* בָּרֶקֶת
emerge, *v.i.* יָצָא, עָלָה, הוֹפִיעַ [יפע], נִגְלָה [גלה]
emergence, *n.* הוֹפָעָה, עֲלִיָּה
emergency, *n.* שְׁעַת חֵרוּם, דֹּחַק, הֶכְרֵחַ
emery, *n.* שָׁמִיר
emetic, *n.* סַם הֲקָאָה
emigrant, *n.* מְהַגֵּר
emigrate, *v.i.* הִגֵּר
emigration, *n.* הֲגִירָה, הִגּוּר
eminence, eminency, *n.* רוֹמְמוּת; הִתְרוֹמְמוּת, הִתְנַשְּׂאוּת, חֲשִׁיבוּת; הוֹד, רוּם, מַעֲלָה
eminent, *adj.* רָם, נִכְבָּד
emissary, *n.* שָׁלִיחַ, צִיר
emission, *n.* הוֹצָאָה, שִׁלּוּחַ
emit, *v.t.* הוֹצִיא [יצא]; הֵפִיץ [פוץ]
emolument, *n.* הַכְנָסָה, מַשְׂכֹּרֶת
emotion, *n.* רֶגֶשׁ, הַרְגָּשָׁה, הִתְרַגְּשׁוּת
emotional, *adj.* רַגְשָׁנִי, רִגְשִׁי
emperor, *n.* מֶלֶךְ, קֵיסָר
emphasis, *n.* הַדְגָּשָׁה, הַבְלָטָה, הַטְעָמָה
emphasize, *v.t.* הִדְגִּישׁ [דגש], הִטְעִים [טעם]
emphatic, *adj.* בּוֹלֵט, מֻדְגָּשׁ, וַדַּאי
empire, *n.* מַמְלָכָה
empiric, empirical, *adj.* נִסְיוֹנִי
employ, *n.* עֵסֶק, שִׁמּוּשׁ
employ, *v.t.* הֶעֱבִיד [עבד], הֶעֱסִיק [עסק], הִשְׁתַּמֵּשׁ [שמש] בְּ־
employee, *n.* שָׂכִיר, פּוֹעֵל, פָּקִיד
employer, *n.* מַעֲבִיד, מַעֲסִיק
employment, *n.* עֲבוֹדָה, מַעֲשֶׂה, מְלָאכָה, הַעֲסָקָה
emporium, *n.* מֶרְכָּז מִסְחָרִי, שׁוּק; חֲנוּת כָּל־בּוֹ

empower, *v.t.* יִפָּה כֹּחַ, הִרְשָׁה [רשה]
empress, *n.* מַלְכָּה
emptiness, *n.* רֵיקָנוּת, חָלָל, תֹּהוּ
empty, *adj.* רֵיק, בּוּר; רָעֵב
empty, *v.t.* & *i.* הֵרִיק [ריק], שָׁפַךְ, פִּנָּה, רוֹקֵן, נִתְרוֹקֵן [רוקן]
emulate, *v.t.* הִתְחָרָה [חרה]
emulation, *n.* הִתְחָרוּת, תַּחֲרוּת
emulsion, *n.* תַּחֲלִיב
enable, *v.t.* נָתַן הַיְכֹלֶת, הִרְשָׁה, [רשה], אִפְשֵׁר
enact, *v.t.* חָקַק, הִצִּיג [יצג], מִלֵּא תַּפְקִיד
enactment, *n.* חֻקָּה, תַּקָּנָה
enamel, *n.*, *v.t.* אֵימָל ;אִמֵּל
enamor, enamour, *v.t.* הִתְאַהֵב [אהב]
encamp, *v.i.* חָנָה
encampment, *n.* חֲנִיָּה, מַחֲנֶה, אָהֳלִיָּה
encase, *v.t.* נִרְתֵּק; צִפָּה, כִּסָּה
enchain, *v.t.* כָּבַל, אָסַר בַּאֲזִקִּים
enchant, *v.t.* לִבֵּב, קָסַם
enchantment, *n.* כִּשּׁוּף, נַחַשׁ, הִתְלַהֲבוּת
enchantress, *n.* מְלַבֶּבֶת, קוֹסֶמֶת
encircle, *v.t.* הִקִּיף [נקף], כִּתֵּר, עָטַר, סָבַב
enclose, inclose, *v.t.* שָׂם [שים] בְּ־, צֵרַף, רָצַף לְ־; גָּדַר
enclosure, *n.* הֶקֵּף, עֲזָרָה; גְּדֵרָה, מִכְלָאָה, בִּצָּרָה, טִירָה
encomium, *n.* שֶׁבַח, תְּהִלָּה
encompass, *v.t.* אָפַף, סָבַב, כִּתֵּר
encore, *n.*, *adv.* & *interj.* הַדְרָן
encounter, *n.* פְּגִישָׁה; הִתְנַגְּשׁוּת
encounter, *v.t.* & *i.* פָּגַשׁ, הִתְנַגֵּשׁ [נגש]
encourage, *v.t.* עוֹדֵד [עוד], אִמֵּץ לֵב
encouragement, *n.* אִמּוּץ, חִזּוּק
encroach, *v.i.* הִסִּיג [נסג] גְּבוּל
encroachment, *n.* הַסָּגַת גְּבוּל
encrust, *v.t.* & *i.* צִפָּה, כִּסָּה
encumber, *v.t.* הִכְבִּיד [כבד], הֶעֱמִיס [עמס]
encumbrance, *n.* הַכְבָּדָה, מַעֲמָסָה
encyclical, *adj.* & *n.* כְּלָלִי, (מִכְתָּב) חוֹזֵר
encyclopedia, encyclopaedia, *n.* אִגְרוֹן, מַחֲזוֹר, אֶנְצִיקְלוֹפֶּדְיָה
end, *n.* תַּכְלִית; סוֹף, קֵץ, סִיּוּם
end, *v.t.* גָּמַר, הִשְׁלִים [שלם], כִּלָּה, סִיֵּם
endanger, *v.t.* סִכֵּן
endear, *v.t.* חִבֵּב
endearment, *n.* אַהֲבָה, חִבָּה, חִבּוּב
endeavor, endeavour, *n.* הִתְאַמְּצוּת, הִשְׁתַּדְּלוּת
endeavor, endeavour, *v.t.* & *i.* הִתְאַמֵּץ [אמץ], הִשְׁתַּדֵּל [שדל]
ending, *n.* סִיּוּם, גְּמָר, תּוֹצָאָה
endive, *n.* עֹלֶשׁ (טָרִי)
endless, *adj.* שֶׁאֵין לוֹ סוֹף, אַל סוֹפִי
endlessly, *adv.* לְאֵין סוֹף
endorse, indorse, *v.t.* אִשֵּׁר, קִיֵּם
endorsement, indorsement, *n.* אִשּׁוּר, קִיּוּם
endow, *v.t.* הֶעֱנִיק, [ענק]; חָנַן (בְּכִשְׁרוֹן)
endowment, *n.* הַעֲנָקָה, זֶבֶד; כִּשְׁרוֹן
endurable, *adj.* שֶׁאֶפְשָׁר לִסְבֹּל
endurance, *n.* סַבְלָנוּת, הַתְמָדָה, קִיּוּם
endure, *v.t.* & *i.* סָבַל, נָשָׂא; הִתְקַיֵּם [קום]
enema, *n.* חֹקֶן
enemy, *n.* אוֹיֵב, שׂוֹנֵא, צַר
energetic, *adj.* בַּעַל מֶרֶץ, נִמְרָץ
energetically, *adv.* בְּמֶרֶץ
energize, *v.t.* & *i.* הִמְרִיץ [מרץ]
energy, *n.* מֶרֶץ, כֹּחַ

enervate, *v.t.* עִצְבֵּן, הֶחֱלִישׁ [חלש]
enfeeble, *v.t.* רִפָּה, נֶחֱלַשׁ [חלש]
enfold, *v.* infold
enforce, *v.t.* הוֹצִיא [יצא] לְפֹעַל, הִכְרִיחַ [כרח], כָּפָה, אִלֵּץ
enforcement, *n.* אֹנֶס, הֶכְרֵחַ
enfranchise, *v.t.* נָתַן זְכוּת בְּחִירוֹת, שִׁחְרֵר
enfranchisement, *n.* גְּאֻלָּה, פְּדוּת
engage, *v.t.* & *i.* הֶעֱסִיק [עסק]; עָרַב; אֵרַס
engagement, *n.* עֵסֶק; הִתְקַשְּׁרוּת; אֵרוּסִים
engender, *v.t.* & *i.* הוֹלִיד [ילד]; יָצַר; נוֹלַד [ילד], יָלַד
engine, *n.* מָנוֹעַ, מְכוֹנָה
engineer, *n.* מְהַנְדֵּס; מְכוֹנַאי, מְכוֹנֵן; קַטָּרַאי
engineer, *v.t.* הִנְדֵּס, כּוֹנֵן [כון], בָּנָה
England, *n.* אַנְגְּלִיָּה
English, *adj.* & *n.* אַנְגְּלִי, אַנְגְּלִית
engraft, *v.t.* הִרְכִּיב [רכב]
engrave, *v.t.* חָרַת, גִּלֵּף, חָקַק
engraver, *n.* גַּלָּף, חוֹרֵת, חָקָק, חוֹרֵט
engraving, *n.* גְּלִיפָה, פִּתּוּחַ, חֲקִיקָה
engross, *v.t.* כָּתַב (בְּאוֹתִיּוֹת גְּדוֹלוֹת); מִלֵּא (לֵב, זְמַן)
engulf, *v.t.* בָּלַע
enhance, *v.t.* גִּדֵּל, הִגְדִּיל [גדל], הִרְבָּה [רבה]
enhancement, *n.* הֲרָמָה; הַגְזָמָה, רִבּוּי, גְּדִילָה
enigma, *n.* חִידָה, בְּעָיָה
enigmatic, enigmatical, *adj.* סָתוּם, בִּלְתִּי מוּבָן
enjoin, *v.t.* אָסַר, צִוָּה עַל
enjoy, *v.t.* שָׂמַח, נֶהֱנָה, [הנה], הִתְעַנֵּג [ענג], הִשְׁתַּעְשֵׁעַ [שעשע]
enjoyment, *n.* תַּעֲנוּג, הֲנָאָה
enkindle, *v.t.* הִדְלִיק [דלק], הִבְעִיר [בער], הִצִּית [יצת]; הֶחֱרָה [חרה] (אַף); הֵסִית [סות]
enlarge, *v.t.* & *i.* הִרְחִיב [רחב], הִגְדִּיל [גדל], הֶאֱרִיךְ [ארך]
enlargement, *n.* הַרְחָבָה, הַגְדָּלָה
enlighten, *v.t.* הִסְבִּיר [סבר], הֵאִיר [אור] עֵינֵי, הֵבִין [בין], הֶחְכִּים [חכם]
enlightenment, *n.* הַסְבָּרָה, הַשְׂכָּלָה
enlist, *v.t.* & *i.* הִתְנַדֵּב [נדב] לַצָּבָא
enlistment, *n.* הַרְשָׁמָה, הִסְתַּפְּחוּת
enliven, *v.t.* נָפַח רוּחַ חַיִּים בְּ־; עוֹרֵר
enmity, *n.* שִׂנְאָה, אֵיבָה
ennoble, *v.t.* רוֹמֵם [רום], גִּדֵּל
ennui, *n.* שִׁעֲמוּם, לֵאוּת
enormity, *n.* גֹּדֶל, עֹצֶם; זָדוֹן
enormous, *adj.* גָּדוֹל, כַּבִּיר, עָצוּם
enough, *adj.* & *adv.* מַסְפִּיק; לְמַדַּי
enough, *n.* דַּי, סִפּוּק
enquire, *v.* inquire
enrage, *v.t.* הִכְעִיס [כעס], הִקְצִיף [קצף]
enrapture, *v.t.* לִבֵּב, שִׂמַּח
enrich, *v.t.* הֶעֱשִׁיר [עשר]
enrichment, *n.* הַעֲשָׁרָה
enroll, *v.t.* הִרְשִׁים [רשם]
enrollment, *n.* הַרְשָׁמָה
enshrine, *v.t.* הִקְדִּישׁ [קדש]
enshroud, *v.t.* עָטַף בְּתַכְרִיכִים
ensign, *n.* דֶּגֶל, נֵס; דִּגְלָן, דַּגָּל
enslave, *v.t.* שִׁעְבֵּד, הִשְׁתַּעְבֵּד [עבד]
enslavement, *n.* שִׁעְבּוּד
ensnare, *v.t.* לָכַד בַּפַּח
ensue, *v.i.* בָּא [בוא] אַחֲרֵי
ensure, *v.* insure
entail, *v.t.* גָּרַר אַחֲרָיו; גָּרַם

entangle, *v.t.* בִּלְבֵּל, סִבֵּךְ, סִכְסֵךְ
entanglement, *n.* סִבּוּךְ, בִּלְבּוּל
enter, *v.i.* & *t.* נִכְנַס [כנס], בָּא; [בוא]; רָשַׁם, פִּנְקֵס
enterprise, *n.* הֶעָזָה; יָזְמָה, עֵסֶק
entertain, *v.t.* & *i.* בִּדְחֵן, בִּדַּח, בִּדֵּר, שִׁעֲשַׁע, הִשְׁתַּעֲשַׁע [שעשע]; אֵרַח
entertainer, *n.* בַּדְחָן
entertainment, *n.* בִּדּוּחַ, שַׁעֲשׁוּעַ, בִּדּוּר
enthrall, enthral, *v.t.* שִׁעְבֵּד
enthrone, *v.t.* הִמְלִיךְ [מלך], הִכְתִּיר [כתר]
enthuse, *v.t.* & *i.* הִלְהִיב, הִתְלַהֵב [להב]
enthusiasm, *n.* הִתְלַהֲבוּת
enthusiast, *n.* מִתְלַהֵב
enthusiastic, *adj.* נִלְהָב
entice, *v.t.* פִּתָּה, הֵסִית [סות]
enticement, *n.* פִּתּוּי, הֲסָתָה
entire, *adj.* שָׁלֵם, כָּלִיל, מָלֵא, כָּל כֻּלּוֹ
entirely, *adv.* לְגַמְרֵי
entirety, *n.* הַכֹּל, שְׁלֵמוּת
entitle, *v.t.* כִּנָּה, קָרָא שֵׁם; נָתַן זְכוּת
entity, *n.* הֲוָיָה; מְצִיאוּת
entomb, *v.t.* קָבַר, קִבֵּר
entombment, *n.* קְבוּרָה, קִבּוּר
entomologist, *n.* חוֹקֵר חֲרָקִים
entomology, *n.* חָכְמַת הַחֲרָקִים
entrails, *n. pl.* קְרָבַיִם
entrance, *n.* כְּנִיסָה, פֶּתַח, מָבוֹא
entrance, *v.t.* קָסַם, הִלְהִיב [להב]
entrant, *n.* נִכְנָס, בָּא
entrap, *v.t.* לָכַד בַּפַּח
entreat, *v.t.* הִפְצִיר [פצר], הִתְחַנֵּן [חנן]
entreaty, *n.* הַפְצָרָה, בַּקָּשָׁה, תַּחֲנוּן
entree, entrée, *n.* מָבוֹא, כְּנִיסָה; מָנָה רִאשׁוֹנָה, פַּרְפְּרָאוֹת
entrust, *v.* intrust
entry, *n.* כְּנִיסָה; פִּנְקוּס; עֵרֶךְ (בְּמִלּוֹן)
entwine, *v.t.* כָּרַךְ, שֵׂרַג, סִבֵּךְ
enumerate, *v.t.* סָפַר, מָנָה, סִפְרֵר
enumeration, *n.* סְפִירָה, מִנְיָן, סִפְרוּר
enunciate, *v.t.* בִּטֵּא, דִּבֵּר
enunciation, *n.* הַבָּעָה, נִיב, בִּטּוּי, מִבְטָא
envelop, *v.t.* כִּסָּה, הֶעֱטָה [עטה], עָטַף, עִטֵּף
envelope, envelop, *n.* מַעֲטָפָה
envelopment, *n.* עִטּוּף, עֲטִיפָה
envenom, *v.t.* הִרְעִיל [רעל]
enviable, *adj.* מְעוֹרֵר קִנְאָה
envious, *adj.* מְקַנֵּא, חוֹמֵד
environment, *n.* סְבִיבָה
envisage. *v.t.* חָשַׁב, עָמַד בִּפְנֵי, אָמַר לַעֲשׂוֹת
envoy, *n.* שָׁלִיחַ, צִיר
envy, *n.* קִנְאָה
envy, *v.t.* & *i.* קִנֵּא, הִתְקַנֵּא [קנא]
epaulet, epaulette, *n.* כְּתֵפָה
ephemeral, *adj.* בֶּן יוֹם, חוֹלֵף
epic, *adj.* אֶפִּי, נִשְׂגָּב
epic, *n.* שִׁיר (עֲלִילָה) גִּבּוֹרִים
epicure, *n.* רוֹדֵף תַּעֲנוּגִים
epidemic, *adj.* & *n.* מַגֵּפָתִי; מַגֵּפָה
epidermis, *n.* עוֹר עֶלְיוֹן
epigram, *n.* מִכְתָּם
epigrammatic, *adj.* מִכְתָּמִי
epilepsy, *n.* כִּפְיוֹן, נְפִילוּת
epileptic, *n.* נִכְפֶּה
epilogue, *n.* סִיּוּם, נְעִילָה; הַפְטָרָה; חֲתִימָה, מִחְתָּם
episcopacy, *n.* בִּישׁוֹפוּת
episode, *n.* מִקְרֶה, מְאֹרָע
epistle, *n.* מִכְתָּב, אִגֶּרֶת
epistolary, *adj.* מִכְתָּבִי, אִגַּרְתִּי
epitaph, *n.* כְּתֹבֶת מַצֵּבָה

epithet, *n.* תֹּאַר

epitome, *n.* תַּמְצִית, קִצּוּר, סִכּוּם

epitomize, *v.t.* תִּמְצֵת, קִצֵּר, סִכֵּם

epoch, *n.* תְּקוּפָה

epochal, *adj.* תְּקוּפָתִי, שֶׁל תְּקוּפָה

equability, *n.* בְּקְבִיעוּת

equable, *adj.* קָבוּעַ

equal, *adj.* שָׁוֶה, שָׁקוּל, מְעֻיָּן

equal, *v.t.* שָׁוָה, הִשְׁתַּוָּה [שוה], דָּמָה

equality, *n.* שִׁוְיוֹן

equalize, *v.t.* הִשְׁוָה [שוה]

equalizer, *n.* מַשְׁוֶה

equanimity, *n.* מְתִינוּת, יִשּׁוּב הַדַּעַת

equate, *v.t.* הִשְׁוָה, הִשְׁתַּוָּה [שוה]

equation, *n.* מִשְׁוָאָה

equator, *n.* קַו הַמַּשְׁוֶה

equatorial, *adj.* שֶׁל קַו הַמַּשְׁוֶה

equestrian, *n.* & *adj.* רוֹכֵב, פָּרָשׁ; שֶׁל פָּרָשִׁים

equidistant, *adj.* שְׁוֵה מֶרְחָק

equilateral, *adj.* שְׁוֵה צְלָעוֹת

equilibrium, *n.* שִׁוּוּי מִשְׁקָל, אִזּוּן

equinox, *n.* תְּקוּפָה, שִׁוְיוֹן יוֹם וָלַיְלָה

autumnal equinox תְּקוּפַת תִּשְׁרֵי

vernal equinox תְּקוּפַת נִיסָן

equip, *v.t.* סִפֵּק, זִיֵּן, הֵכִין [כון]

equipment, *n.* אַסְפָּקָה, זִיּוּן

equitable, *adj.* יָשָׁר, צוֹדֵק

equity, *n.* יֹשֶׁר, צֶדֶק

equivalent, *adj.* שָׁקוּל, מְעֻיָּן

equivalent, *n.* שִׁוִי

equivocal, *adj.* כְּפוּל מַשְׁמָעוּת, מְסֻפָּק

era, *n.* תַּאֲרִיךְ, סְפִירָה, תְּקוּפָה

eradicate, *v.t.* עָקַר, שֵׁרֵשׁ

erase, *v.t.* מָחַק

eraser, *n.* מוֹחֵק

erasure, *n.* מְחִיקָה

ere, *prep.* & *conj.* טֶרֶם, לִפְנֵי

erect, *adj.* זָקוּף, יָשָׁר

erect, *v.t.* כּוֹנֵן [כון], הֵקִים [קום], בָּנָה, יִסֵּד

erection, *n.* הֲקָמָה, עֲמִידָה; קִשּׁוּי, זְקִיפָה

eremite, *n.* מִתְבּוֹדֵד, פָּרוּשׁ, נָזִיר

ermine, *n.* חֹלֶד הָרִים

erode, *v.t.* חָלַד, אִכֵּל; נִסְחַף [סחף]

erosion, *n.* סַחַף, סְחוֹפֶת, הַחְלָדָה

erotic, *adj.* עַגְבָנִי, תַּאַוְתָנִי

err, *v.t.* & *i.* תָּעָה, שָׁגָה, הִתְעָה [תעה], הִשְׁגָּה [שגה], הֶחֱטִיא [חטא]

errand, *n.* שְׁלִיחוּת

errant, *adj.* נוֹדֵד, תּוֹעֶה, שׁוֹגֶה

erroneous, *adj.* מְשֻׁבָּשׁ, מֻטְעֶה

error, *n.* שִׁבּוּשׁ, שְׁגָגָה, מִשְׁגֶּה, טָעוּת

erst, erstwhile, *adv.* לְפָנִים

erudite, *adj.* בָּקִי, מְלֻמָּד

erudition, *n.* לַמְדָנוּת, בְּקִיאוּת, יַדְעָנוּת

eruption, *n.* הִתְפָּרְצוּת, פְּרִיחָה, סַפַּחַת

eruptive, *adj.* מִתְפָּרֵץ

erysipelas, *n.* שׁוֹשַׁנָּה, וֶרֶדֶת, סַמֶּקֶת

escalator, *n.* מַדְרֵגוֹת נוֹעַ

escapade, *n.* מְשׁוּבָה, בְּרִיחָה

escape, *n.* מָנוֹס, מִפְלָט

escape, *v.t.* & *i.* בָּרַח, נָס [נוס], נִמְלַט [מלט], הִסְתַּלֵּק [סלק]

eschew, *v.t.* נִמְנַע [מנע] (מִן), הִשְׁתַּמֵּט [שמט]

escort, *n.* מְלַוֶּה, שׁוֹמֵר, לִוּוּי

escort, *v.t.* לִוָּה

escutcheon, *n.* צִנָּה, מָגֵן, שֶׁלֶט

esophagus, oesophagus, *n.* וֶשֶׁט, בֵּית הַבְּלִיעָה

esoteric, *adj.* סוֹדִי, נִסְתָּר

especial, *adj.* מְיֻחָד, עִקָּרִי

especially, *adv.* בִּמְיֻחָד, בְּיִחוּד
espionage, *n.* רִגּוּל
espousal, *n.* כְּלוּלוֹת, נִשּׂוּאִים, חֲתֻנָּה; הִתְמַסְּרוּת
espouse, *v.t.* נָשָׂא, נִשָּׂא, הִשִּׂיא [נשא]; הֵגֵן [גנן] עַל (רַעְיוֹן)
esprit, *n.* רוּחַ, שֵׂכֶל; חֲרִיפוּת
espy, *v.t.* רָאָה, גִּלָּה; תָּר [תור], רִגֵּל
esquire, *n.* אָדוֹן, מַר
essay, *n.* מַסָּה; נִסָּיוֹן
essay, *v.t.* נִסָּה
essence, *n.* תַּמְצִית, עִקָּר; מַהוּת
essential, *adj.* עִקָּרִי, מַהוּתִי
essentially, *adv.* בְּעִקָּר, בְּעֶצֶם מַהוּתוֹ
establish, *v.t.* הֵקִים [קום], קִיֵּם, יָסַד, כּוֹנֵן [כון]
establishment, *n.* מוֹסָד, מָכוֹן; קִיּוּם
estate, *n.* מַעֲמָד, מַצָּב; נְכָסִים, נַחֲלָה
esteem, *n.* כָּבוֹד, הוֹקָרָה
esteem, *v.t.* כִּבֵּד, הוֹקִיר [יקר]
estimate, estimation, *n.* הַעֲרָכָה, אֻמְדָּן, אֹמֶד, שׁוּמָה
estimate, *v.t.* אָמַד, הֶעֱרִיךְ [ערך], שָׂם [שום]
estrange, *v.t.* הִרְחִיק [רחק], הִפְרִיד [פרד] בֵּין, הֵסִיר [סור] לִבּוֹ מֵאַחֲרֵי; הָלַךְ עִמּוֹ בְּקֶרִי
estrangement, *n.* הִתְנַכְּרוּת הִתְרַחֲקוּת; קֶרִי
estuary, *n.* מוֹצָא (שֶׁל נָהָר לַיָּם)
etch, *v.t.* & *i.* חָרַט, קִעְקַע
etching, *n.* תַּחֲרִיט, חֲרִיטָה, קַעֲקַע
eternal, *adj.* נִצְחִי, עוֹלָמִי
eternally, *adv.* לָנֶצַח, לְעוֹלָם, לָעַד
eternity, *n.* נֶצַח, נִצְחִיּוּת
ether, *n.* אֲוִיר עֶלְיוֹן, אֶתֶר
ethereal, *adj.* אֲוִירִי, שְׁמֵימִי
ethical, *adj.* מוּסָרִי, מִדּוֹתִי

ethics, *n. pl.* מוּסָר, מִדּוֹת
ethnologist, *n.* חוֹקֵר חַיֵּי עַמִּים
ethnology, *n.* תּוֹרַת הָעַמִּים
etiquette, *n.* נִמּוּס, דֶּרֶךְ אֶרֶץ
étude, *n.* תַּרְגִּיל (בִּנְגִינָה)
etymological, *adj.* גִּזְרוֹנִי
etymology, *n.* גִּזְרוֹנוּת, חֵקֶר מִלִּים
Eucharist, *n.* סְעֻדַּת יֵשׁוּ
eulogize, *v.t.* שִׁבַּח, הִלֵּל
eulogy, *n.* שֶׁבַח, קִלּוּס; הֶסְפֵּד
eunuch, *n.* סָרִיס
euphemism, *n.* לָשׁוֹן נְקִיָּה
euphony, *n.* נְעִימָה, נְעִימוּת הַצִּלְצוּל
Europe, *n.* אֵירוֹפָּה
evacuate, *v.t.* הֵרִיק [ריק], יָצָא, עָזַב
evacuation, *n.* יְצִיאָה, עֲזִיבָה, הֲרָקָה
evade, *v.t.* & *i.* הִשְׁתַּמֵּט [שמט], הִתְחַמֵּק [חמק]; נִצַּל, נִמְלַט [מלט]
evaluate, *v.t.* הֶעֱרִיךְ [ערך]
evangelic, evangelical, *adj.* שֶׁל (הַבְּרִית הַחֲדָשָׁה) תּוֹרַת יֵשׁוּ, אֵוַנְגֶּלִי
evaporate, *v.t.* & *i.* אִיֵּד, אָיַד, הִתְאַיֵּד [איד], הִתְאַדָּה [אדה], הִתְנַדֵּף [נדף]
evaporation, *n.* הִתְאַיְּדוּת; הִתְאַדּוּת
evasion, *n.* הַעֲרָמָה, נְסִיגָה, הִתְחַמְּקוּת
evasive, *adj.* מִתְחַמֵּק, מִשְׁתַּמֵּט
eve, *n.* עֶרֶב
even, *adj.* שָׁוֶה, דּוֹמֶה, שָׁקוּל, מְאֻזָּן
even, *adv.*, *v.t.* & *i.* אֲפִילוּ, אַף; הִשְׁוָה [שוה], הִשְׁתַּוָּה [שוה]
evening, *n.* עֶרֶב, לַיְלָה
event, *n.* מְאֹרָע, מִקְרֶה, אֵרוּעַ
eventual, *adj.* אֶפְשָׁרִי
eventually, *adv.* לְבַסּוֹף, סוֹף סוֹף
ever, *adv.* תָּמִיד, בְּכָל אֹפֶן, בִּכְלָל
evermore, *adv.* תָּמִיד, לָנֶצַח
every, *adj.* כָּל

everybody, everyone, *n.* כָּל אִישׁ, כָּל אֶחָד, הַכֹּל
everyday, *adj.* יוֹמְיוֹמִי
everything, *n.* הַכֹּל, כָּל דָּבָר
everywhere, *adv.* בְּכָל מָקוֹם
evict, *v.t.* גֵּרֵשׁ, הוֹצִיא [יצא] בְּכֹחַ
eviction, *n.* הוֹצָאָה, גֵּרוּשׁ
evidence, *n.* עֵדוּת, רְאָיָה, הוֹכָחָה
evident, *adj.* מְפֹרָשׁ, בָּרוּר, בּוֹלֵט
evidently, *adv.* כְּנִרְאֶה
evil, *adj.* & *n.* רַע; רֹעַ, רָעָה, פֶּגַע
evil eye עַיִן הָרַע
evince, *v.t.* הֶרְאָה [ראה]
evoke, *v.t.* הֶעֱלָה [עלה] (מֵת), עוֹרֵר [עור]
evolution, *n.* הִתְפַּתְּחוּת, תּוֹרַת הַהִתְפַּתְּחוּת
evolutionary, *adj.* הִתְפַּתְּחוּתִי
evolve, *v.t.* & *i.* פִּתַּח, הִתְפַּתֵּחַ [פתח]
ewe, *n.* רְחֵלָה, כִּבְשָׂה
ewer, *n.* קִיתוֹן, כַּד
exact, *adj.* נָכוֹן, מְדֻיָּק, בָּרוּר
exact, *v.t.* דָּרַשׁ, תָּבַע
exacter, *n.* תָּבְעָן, נוֹשֶׁה
exaction, *n.* תְּבִיעָה יְתֵרָה, לְחִיצָה, נְגִישָׂה
exactitude, *n.* דַּיְקָנוּת
exactly, *adv.* בְּדִיּוּק
exactness, *n.* דִּיּוּק
exaggerate, *v.t.* הִגְזִים [גזם], הִפְלִיג [פלג], הִפְרִיז [פרז]
exaggeration, *n.* גּוּזְמָה, הַגְזָמָה, הַפְרָזָה
exalt, *v.t.* הֵרִים [רום], רוֹמֵם [רום], שִׂגֵּב, קִלֵּס
exaltation, *n.* שֶׂגֶב, הִתְרוֹמְמוּת
examination, *n.* מִבְחָן, בְּחִינָה, בְּדִיקָה, חֲקִירָה
examine, *v.t.* בָּחַן, בָּדַק, חָקַר, עִיֵּן
examiner, *n.* חוֹקֵר, בּוֹחֵן, בּוֹדֵק
example, *n.* דֻּגְמָה, מָשָׁל, דִּמְיוֹן
exasperate, *v.t.* הִכְעִיס [כעס], הִרְגִּיז [רגז]
exasperation, *n.* הַכְעָסָה, הַרְגָּזָה
excavate, *v.t.* חָפַר, כָּרָה
exceed, *v.t.* & *i.* עָלָה עַל; גָּדַשׁ אֶת הַסְּאָה, הִפְרִיז [פרז] עַל הַמִּדָּה, עָבַר (מִדָּה, מְהִירוּת)
exceeding, *adj.* גָּדוֹל, מְרֻבֶּה
exceedingly, *adv.* הַרְבֵּה, הַרְבֵּה מְאֹד, עַד מְאֹד
excel, *v.t.* & *i.* הִצְטַיֵּן [צין]
excellence, *n.* הִצְטַיְּנוּת
excellency, *n.* הִצְטַיְּנוּת; הוֹד מַעֲלָתוֹ (כִּנּוּי כָּבוֹד)
excellent, *adj.* מְצֻיָּן, נִפְלָא
except, *v.t.* & *i.* הוֹצִיא [יצא] מֵהַכְּלָל, חָלַק עַל, הִתְנַגֵּד [נגד] לְ־
except, *prep.* זוּלַת, מִלְּבַד
exception, *n.* חָרִיג, יוֹצֵא מִן הַכְּלָל; הִתְנַגְּדוּת
exceptional, *adj.* יוֹצֵא מִן הַכְּלָל, יְקַר הַמְּצִיאוּת, בִּלְתִּי רָגִיל
excerpt, *n.* קֶטַע
excess, *n.* יִתְרוֹן, עֹדֶף; רֹב, קִיצוֹנִיּוּת, שֶׁפַע, יֶתֶר
excessive, *adj.* נִפְרָז, מֻיְתָּר
exchange, *n.* חִלּוּף, תְּמוּרָה; מְחִיר, שִׁעוּר; מִשְׁעָרָה
exchange, *v.t.* & *i.* הֶחֱלִיף, הֵמִיר
exchequer, *n.* אוֹצַר הַמְּדִינָה
excise, *n.* & *v.t.* מֶכֶס (מַס) עֲקִיפִין, בְּלוֹ; כָּרַת, קִצַּע; הֵרִים [רום] מֶכֶס, הֵטִיל [נטל] בְּלוֹ
excite, *v.t.* גֵּרָה, עוֹרֵר [עור], הִרְגִּיז [רגז]
excitement, *n.* הִתְרַגְּשׁוּת, גֵּרוּי, הַרְגָּזָה

exclaim, *v.t.* קָרָא, צָעַק

exclamation, *n.* קְרִיאָה, צְעָקָה

exclamation point סִימַן קְרִיאָה (!)

exclude, *v.t.* הוֹצִיא [יצא] מִן הַכְּלָל

exclusion, *n.* הוֹצָאָה מִן הַכְּלָל

exclusive, *adj.* בִּלְעָדִי, יִחוּדִי

excommunicate, *v.t.* הֶחֱרִים [חרם]

excommunication, *n.* הַחֲרָמָה, חֵרֶם

excrement, *n.* פֶּרֶשׁ, רְעִי, צוֹאָה, גָּלָל (שֶׁל בְּהֵמוֹת), חֲרְיוֹנִים, דִּבְיוֹנִים

excrete, *v.t.* הוֹצִיא [יצא], הִפְרִישׁ [פרש], הִתְרִיז [תרז]

excruciating, *adj.* מַכְאִיב, מְעַנֶּה

exculpate, *v.t.* נִקָּה, זִכָּה, הִצְדִּיק [צדק]

excursion, *n.* טִיּוּל

excursionist, *n.* טַיָּל

excuse, *n.* מְחִילָה, סְלִיחָה; אֲמַתְלָה, תּוֹאֲנָה, סִבָּה

excuse, *v.t.* מָחַל, סָלַח, הִצְדִּיק [צדק], הִצְטַדֵּק [צדק]

execrable, *adj.* נִמְאָס, נִבְזֶה, נִתְעָב

execrate, *v.t.* שָׂנֵא, אָרַר, קִלֵּל

execute, *v.t. & i.* פָּעַל, הוֹצִיא [יצא] לַפֹּעַל; הוֹצִיא [יצא] לְהֶרֶג

execution, *n.* הוֹצָאָה לְהֶרֶג, הֲמָתָה (שֶׁל בֵּית דִּין); הוֹצָאָה לַפֹּעַל

executioner, *n.* תַּלְיָן, טַבָּח

executive, *adj. & n.* מוֹצִיא לַפֹּעַל; וַעַד פּוֹעֵל

exegesis, *n.* פֵּרוּשׁ (הַתַּנַ"ךְ), בֵּאוּר

exemplary, *adj.* מוֹפְתִי, לְמוֹפֵת

exemplification, *n.* הַדְגָּמָה

exemplify, *v.t.* הִדְגִּים [דגם], עָשָׂה הֶעְתֵּקִים

exempt, *adj. & v.t.* פָּטוּר; שִׁחְרֵר, פָּטַר

exemption, *n.* שִׁחְרוּר, פְּטוּר

exercise, *n.* אִמּוּן; תַּרְגִּיל, תִּרְגּוּל, שִׁעוּר; הִתְעַמְּלוּת

exercise, *v.t. & i.* הִשְׁתַּמֵּשׁ [שמש] בְּ־; תִּרְגֵּל; הִתְרַגֵּל [רגל]; עִמֵּל, הִתְעַמֵּל [עמל]

exert, *v.t.* פָּעַל, הִתְאַמֵּץ [אמץ]; הִתְיַגֵּעַ [יגע]

exertion, *n.* הִתְאַמְּצוּת, עָמָל

exhalation, *n.* נְשִׁיפָה, הִתְאַדּוּת, הִתְנַדְּפוּת; גֹּהַר

exhale, *v.t. & i.* נָשַׁף, הִתְנַדֵּף [נדף]

exhaust, *n.* מוֹצָא, פְּלִיטָה; מִפְלָט (מְכוֹנִית)

exhaust, *v.t.* הֵרִיק [ריק], הֶלְאָה [לאה]; פִּלֵּט (אֵדִים)

exhaustion, *n.* הֲרָקָה; עֲיֵפוּת, לֵאוּת; הַפְלָטָה

exhaustive, *adj.* מְמַצֶּה

exhibit, *n.* מֻצָּג, רַאֲוָה

exhibit, *v.t.* הֶרְאָה [ראה], הִצִּיג [יצג]

exhibition, *n.* הַצָּגָה, תַּעֲרוּכָה

exhilarate, *v.t.* שִׂמַּח, חִדָּה

exhilaration, *n.* הַצְהָלָה, הַרְנָנַת לֵב

exhort, *v.t. & i.* הוֹכִיחַ [יכח], יִסֵּר, יָעַץ

exhortation, *n.* זֵרוּז, הֶאָצָה; הַזְהָרָה

exhumation, *n.* הוֹצָאָה מֵעָפָר (מֵת)

exhume, *v.t.* הוֹצִיא מֵהַקֶּבֶר

exigency, *n.* צֹרֶךְ, דֹּחַק

exigent, *adj.* מֵאִיץ, דּוֹחֵק

exile, *n.* גּוֹלָה, גָּלוּת

exile, *v.t.* הִגְלָה

exist, *v.i.* נִמְצָא [מצא], הִתְקַיֵּם [קים], הָיָה, חָיָה

existence, *n.* חַיִּים, יֵשׁוּת, קִיּוּם, מְצִיאוּת

existent, *adj.* קַיָּם, נִמְצָא

exit, *n.* מוֹצָא, יְצִיאָה

exodus, *n.* יְצִיאָה

Exodus, *n.* (סֵפֶר) שְׁמוֹת

exonerate, *v.t.* זִכָּה, הִצְדִּיק [צדק] בַּדִּין

exorbitant, *adj.* נִפְרָז, מֻפְלָג, רַב

exorcise, exorcize, *v.t.* גֵּרֵשׁ שֵׁדִים

exotic, *adj.* נָכְרִי, חִיצוֹנִי

expand, *v.t. & i.* פָּשַׁט, הִתְפַּשֵּׁט [פשט], הִשְׂתָּרַע [שרע], שָׁטַח, הִשְׁתַּטַּח [שטח]

expander, *n.* מַרְחִיב

expanse, *n.* מֶרְחָב, שֶׁטַח

expansion, *n.* הִתְפַּשְּׁטוּת, הִתְרַחֲבוּת

expatriate, *v.t.* הִגְלָה [גלה]

expatriation, *n.* הַגְלָיָה, גֵּרוּשׁ, שִׁלּוּחַ

expect, *v.t.* חִכָּה, יִחֵל, קִוָּה, צִפָּה

expectancy, *n.* חִכּוּי, תּוֹחֶלֶת, שֵׂבֶר, סֵבֶר, צִפִּיָּה

expectant, *adj.* מְיַחֵל, מְחַכֶּה

expectation, *n.* תִּקְוָה, צִפִּיָּה, תּוֹחֶלֶת

expectorate, *v.t.* יָרַק, רָקַק

expectoration, *n.* רֹק, כִּיחַ

expediency, *n.* הַתְאָמָה, כְּדָאִיּוּת

expedient, *adj.* מַתְאִים, מוֹעִיל

expedite, *v.t.* הֵקֵל [קלל], מִהֵר

expedition, *n.* מְהִירוּת, פְּזִיזוּת; מִשְׁלַחַת

expel, *v.t.* גֵּרֵשׁ, הוֹצִיא [יצא]

expend, *v.t.* הוֹצִיא [יצא] (כֶּסֶף), בִּלָּה

expenditure, *n.* הוֹצָאָה

expense, *n.* הוֹצָאָה

expensive, *adj.* יָקָר

expensively, *adv.* בְּיֹקֶר

experience, *n.* נִסָּיוֹן, הַרְפַּתְקָה

experience, *v.t.* לָמַד, הִתְנַסָּה [נסה]

experienced, *adj.* מְנֻסֶּה

experiment, *n.* מִבְחָן, נִסָּיוֹן

experiment, *v.i.* עָשָׂה נִסְיוֹנוֹת, נִסָּה

experimental, *adj.* נִסְיוֹנִי

experimentation, *n.* נִסּוּי, הִתְנַסּוּת

expert, *n.* מֻמְחֶה, יַדְעָן

expertness, *n.* מֻמְחִיּוּת, בְּקִיאוּת

expiate, *v.t.* רִצָּה, כִּפֵּר

expiation, *n.* כִּפּוּר, רִצּוּי

expiration, *n.* סוֹף; נְשִׁימָה, הוֹצָאַת רוּחַ, יְצִיאַת נְשָׁמָה

expire, *v.t. & i.* נָשַׁם, שָׁאַף רוּחַ; מֵת, כָּבָה

explain, *v.t.* פֵּרֵשׁ, בֵּאֵר, תֵּרֵץ

explanation, *n.* בֵּאוּר, הַסְבָּרָה

explanatory, *adj.* מְבָאֵר, מְפָרֵשׁ

explicit, *adj.* מְפֹרָשׁ, בָּרוּר

explicitly, *adv.* בְּפֵרוּשׁ

explode, *v.t. & i.* פּוֹצֵץ, הִתְפּוֹצֵץ [פצץ]

exploit, *n.* עֲלִילָה, מַעֲשֵׂה גְּבוּרָה

exploit, *v.t.* נִצֵּל, הֵפִיק [פוק] תּוֹעֶלֶת

exploitation, *n.* נִצּוּל

explore, *v.t.* חָקַר, חִפֵּשׂ, רִגֵּל

explorer, *n.* תַּיָּר, חוֹקֵר, מְחַפֵּשׂ

explosion, *n.* הִתְפּוֹצְצוּת

explosive, *n. & adj.* חֹמֶר נֶפֶץ; נָכוֹן לְהִתְפּוֹצֵץ, פַּצִּיץ

exponent, *n.* מַעֲרִיךְ (אַלְגֶּבְּרָה); מְבָאֵר, מְפָרֵשׁ

export, exportation, *n.* יִצּוּא

export, *v.t.* יִצֵּא

exporter, *n.* יְצוּאָן

expose, *v.t.* גִּלָּה, פִּרְסֵם, הִצִּיג [יצג], בֵּאֵר

exposition, *n.* הֶסְבֵּר; תַּעֲרוּכָה

expostulate, *v.t.* הִתְאוֹנֵן [אנן], הִתְוַכֵּחַ [וכח] עִם

expostulation, *n.* קֻבְלָנָה, תְּלוּנָה

exposure, *n.* הוֹקָעָה; מַחֲשׂוֹף; הִגָּלוּת, הִתְגַּלּוּת

expound, *v.t.* פֵּרַשׁ, בֵּאֵר, הִסְבִּיר [סבר]

expounder, *n.* מְבָאֵר, מְפָרֵשׁ, מַסְבִּיר

express, *adj.* & *n.* מְפֹרָשׁ, מְיֻחָד; דָּחוּף; מַסָּע מָהִיר

express, *v.t.* הִבִּיעַ [נבע], חִוָּה, בִּטֵּא; סָחַט

expression, *n.* הַבָּעָה, בִּטּוּי; סְחִיטָה

expressly, *adv.* בִּמְפֹרָשׁ

expropriate, *v.t.* הִפְקִיעַ [פקע] (נְכָסִים)

expulsion, *n.* גֵּרוּשׁ

expurgate, *v.t.* טִהֵר, נִקָּה (סֵפֶר)

exquisite, *adj.* מְצֻיָּן, נִבְחָר; נַעֲלֶה, מְעֻלֶּה

extant, *adj.* נִמְצָא, קַיָּם

extemporaneous, *adj.* לְלֹא הֲכָנָה

extend, *v.t.* & *i.* הוֹשִׁיט [ישט] (יָד), הִתְרַחֵב [רחב], הִתְמַתַּח [מתח], מָתַח, הוֹסִיף [יסף], הִשְׂתָּרֵעַ [שרע]

extension, *n.* הַאֲרָכָה, הַרְחָבָה, מְתִיחָה

extensive, *adj.* נִרְחָב, כּוֹלֵל, מַקִּיף

extensively, *adv.* בַּאֲרִיכוּת

extenuate, *v.t.* הֵקֵל [קלל], הִקְטִין [קטן]

extenuation, *n.* הֲקַלָּה, הַקְטָנָה

exterior, *adj.* חִיצוֹנִי

exterior, *n.* חִיצוֹנִיּוּת

exterminate, *v.t.* הִשְׁמִיד [שמד], הִכְרִית [כרת], כִּלָּה

extermination, *n.* הַשְׁמָדָה

external, *adj.* חִיצוֹנִי

extinct, *adj.* נִכְחָד, נִשְׁכָּח, כָּבוּי

extinction, *n.* כִּבּוּי, הַשְׁמָדָה

extinguish, *v.t.* כִּבָּה, הֶאֱפִיל [אפל], כִּלָּה

extinguisher, *n.* מַטְפֶּה, מְכַבֶּה

extirpate, *v.t.* עָקַר, שֵׁרֵשׁ, הִכְרִית [כרת]

extirpation, *n.* הַשְׁמָדָה, כְּרִיתָה

extol, *v.t.* קִלֵּס, שִׁבַּח, הִלֵּל

extort, *v.t.* הוֹצִיא [יצא] בְּכֹחַ (אוֹ עַל יְדֵי אִיּוּם), עָשַׁק, חָמַס

extortion, *n.* עֹשֶׁק

extortioner, *n.* עוֹשֵׁק

extra, *adj.*, *n.* & *adv.* נוֹסָף; בִּלְתִּי רָגִיל; בְּיִחוּד, מְיֻחָד

extract, *n.* תַּמְצִית; מִיץ

extract, *v.t.* עָקַר (שֵׁן), הוֹצִיא [יצא], הֵפִיק [פוק]

extraction, *n.* עֲקִירָה, הוֹצָאָה; מִצּוּי; גֶּזַע (מוֹצָא)

extradite, *v.t.* הִסְגִּיר [סגר] (פּוֹשֵׁעַ)

extradition, *n.* הַסְגָּרָה

extraneous, *adj.* זָר, חִיצוֹנִי; טָפֵל

extraordinary, *adj.* יוֹצֵא מִן הַכְּלָל, בִּלְתִּי רָגִיל

extravagance, *n.* בִּזְבּוּז, מוֹתָרוֹת

extravagant, *adj.* מְבַזְבֵּז, נִפְרָז, מֻפְלָג

extreme, *adj.* קִיצוֹנִי; אַחֲרוֹן

extreme, *n.* קָצֶה, קִיצוֹן

extremely, *adv.* (הַרְבֵּה) מְאֹד

extremist, *n.* קִיצוֹנִי

extremity, *n.* קָצֶה; גְּבוּל; קְצֵה הָאֵבֶר (כָּנָף; רֶגֶל; יָד)

extricate, *v.t.* שִׁחְרֵר מִסְּבָךְ, חִלֵּץ

exuberance, *n.* שֶׁפַע, מַרְבִּית, רֹב

exuberant, *adj.* מִתְרַבֶּה, מְשֻׂגְשָׂג

exudation, *n.* הֲזָעָה, דִּיּוּת

exude, *v.t.* & *i.* נָטַף, דִּיֵּת, הֵזִיעַ [זוע]

exult, *v.i.* צָהַל, עָלַז, שָׂמַח

exultant, *adj.* עַלִּיז, שָׂמֵחַ

exultation, *n.* חֶדְוָה, דִּיצָה, שָׂשׂוֹן, שִׂמְחָה

eye, *n.* עַיִן; מַרְאֶה; בִּינָה; קוּף מַחַט; הִתְבּוֹנְנוּת; רְאִיָּה

eye, *v.t.* הִבִּיט [נבט], הִתְבּוֹנֵן [בין] נָתַן עַיִן, עִיֵּן

eyeball, *n.* גַּלְגַּל הָעַיִן

eyebrow, *n.* גַּבָּה, גַּבַּת עַיִן, גָּבִין

eyeglasses, *n. pl.* מִשְׁקָפַיִם

eyelid, *n.* עַפְעַף, שְׁמוּרָה

eyelash, *n.* רִיס

eyelet, *n.* לוּלָאָה, קוּף

eyesight, *n.* רְאִיָּה; הַבָּטָה

F, f

F, f, *n.* אֶף, הָאוֹת הַשִּׁשִּׁית בָּאָלֶף־בֵּית הָאַנְגְּלִי, שִׁשָּׁה, ו׳

fable *n.* בְּדָיָה, מַעֲשִׂיָּה, אַגָּדָה

fable, *v.t. & i.* בָּדָא, סִפֵּר

fabric, *n.* אֶרֶג, אָרִיג; בִּנְיָן

fabricate, *v.t.* יָצַר; בָּדָא, בָּדָה

fabrication, *n.* יְצִירָה, בְּדִיָּה, בְּדָיָה

fabulous, *adj.* בָּדוּי, דִּמְיוֹנִי; כּוֹזֵב; עָצוּם

façade, *n.* חֲזִית (פְּנֵי בִּנְיָן)

face, *n.* פָּנִים, פַּרְצוּף, קְלַסְתֵּר פָּנִים; אֹמֶץ

face, *v.t. & i.* עָמַד בִּפְנֵי, עָמַד פָּנִים אֶל פָּנִים; הִתְנַגֵּד [נגד]; כִּסָּה, צִפָּה

facetious, *adj.* עַלִּיז, מְחֻדָּד מְבַדֵּחַ, הִתּוּלִי

facial, *adj.* שֶׁל פָּנִים

facile, *adj.* קַל

facilitate, *v.t.* הֵקֵל [קלל]

facilities, *n. pl.* נוֹחִיּוּת

facility, *n.* קַלּוּת; נוֹחִיּוּת, נוֹחוּת

facing, *n.* פְּנִיָּה, צִפּוּי, חֲזִית

facsimile, *n.* הֶעְתֵּק, הַעְתָּקָה, פַּתְשֶׁגֶן, דְּמוּת

fact, *n.* עֻבְדָּה, אֲמִתּוּת

faction, *n.* פְּלֻגָּה, מִפְלָגָה; רִיב, מַחֲלֹקֶת

factitious, *adj.* מְלָאכוּתִי

factor, *n.* מַכְפִּיל (בְּחֶשְׁבּוֹן); גּוֹרֵם, פּוֹעֵל; סוֹכֵן, עָמִיל

factory, *n.* בֵּית חֲרֹשֶׁת

faculty, *n.* חֶבֶר הַמּוֹרִים, מַחְלָקָה (בְּמִכְלָלָה),; יְכֹלֶת, בִּינָה

fad, *n.* אָפְנָה, מִנְהָג, שִׁגָּעוֹן

fade, *v.i.* דָּהָה, נָבַל, קָמַל, בָּלָה, כָּהָה

fag, *v.t. & i.* עָבַד קָשֶׁה, יָעַף, הִתְיַגֵּעַ [יגע], הֶלְאָה, הֶעֱבִיד [עבד]

fagot, faggot, *n.* חֲבִילָה, צְרוֹר

fail, *v.t. & i.* הִכְזִיב [כזב], כָּשַׁל, חָסַר, אָזַל; פָּשַׁט רֶגֶל

failure, *n.* כִּשָּׁלוֹן, אִי הַצְלָחָה, מַפָּלָה; פְּשִׁיטַת רֶגֶל; הַזְנָחָה

faint, *adj.* מִתְעַלֵּף; חַלָּשׁ, פַּחְדָן, חִוֵּר

faint, *v.i.* הִתְעַלֵּף [עלף]; עָיֵף

faintness, *n.* רִפְיוֹן, חַלָּשׁוּת, תְּשִׁישׁוּת; פַּחְדָּנוּת; חִוָּרוֹן

fair, *adj.* צוֹדֵק; מַתְאִים; בֵּינוֹנִי; נֶחְמָד

fair. *n.* יָרִיד, שׁוּק

fair, *adv.* יָפֶה, נָאֶה

fairly, *adv.* יָפֶה, נָאֶה; בְּצֶדֶק, בְּיֹשֶׁר

fairness, *n.* צֶדֶק, יֹשֶׁר

fairy, *n.* פֵיָה, קוֹסֶמֶת, מַקְסִימָה

fairyland, *n.* אֶרֶץ הַקְּסָמִים

fairy tale מַעֲשִׂיָּה, אַגָּדָה

faith, *n.* אֵמוּן, אֱמוּנָה, אֱמֶת

faithful, *adj.* נֶאֱמָן

faithless, *adj.* חֲסַר אֱמוּנָה, בּוֹגֵד; סוֹטָה, סוֹטֶה

fake, *n.* גְּנֵבַת דַּעַת, אֲחִיזַת עֵינַיִם, תַּרְמִית, מִרְמָה

fake, *v.t.* גָּנַב דַּעַת, אָחַז עֵינַיִם

falcon, *n.* בַּז

falconer, *n.* בַּזְיָר

falconry, *n.* בַּזְיָרוּת

fall, *v.t.* & *i.* נָפַל, יָרַד

fall, *n.* נְפִילָה, יְרִידָה; מַפָּל, אֶשֶׁד; מַפָּלָה; סְתָו

fallacious, *adj.* מַתְעֶה, מַטְעֶה; מְרַמֶּה

fallacy, *n.* טָעוּת, מִרְמָה, הַטְעָיָה

fallow, *n.* בּוּר, שְׂדֵה בּוּר מְלָאכוּתִי

false, *adj.* מְזֻיָּף, כּוֹזֵב, מְרַמֶּה

falsification, *n.* זִיּוּף

falsify, *v.t.* זִיֵּף

falsity, *n.* שַׁקְרוּת

falter, *v.i.* & *t.* פִּקְפֵּק, גִּמְגֵּם

fame, *n.* תִּפְאֶרֶת, שֵׁמַע, שֵׁם טוֹב, פִּרְסוּם

famed, *adj.* מְפֻרְסָם, מְהֻלָּל

familiar, *adj.* & *n.* רָגִיל, יָדִיד, מַכִּיר

familiarity, *n.* יְדִידוּת, קִרְבָה

familiarize, *v.t.* הִרְגִּיל [רגל]; יִדַּע

family, *n.* מִשְׁפָּחָה, גֶּזַע

famine, *n.* רָעָב

famish, *v.t.* & *i.* הֵמִית [מות], מֵת (בְּרָעָב)

famous, *adj.* נוֹדָע, דָּגוּל, מְפוּרְסָם

fan, *n.* מְנִיפָה, מְאַוְרֵר, אַוְרָר; מַעֲרִיץ

fan, *v.t.* הֵנִיף [נוף] (בִּמְנִיפָה), לִבָּה (אֵשׁ), זָרָה (תְּבוּאָה)

fanatic, fanatical, *adj.* & *n.* קַנַּאי

fanaticism, *n.* קַנָּאוּת

fanciful, *adj.* דִּמְיוֹנִי

fancy, *adj.* יָפֶה, דִּמְיוֹנִי

fancy, *n.* דִּמְיוֹן; רָצוֹן מְיֻחָד, נְטִיָּה, מִשְׁאָלָה

fancy, *v.t.* & *i.* דִּמָּה, שִׁעֵר; חָפֵץ

fang, *n.* שֵׁן חַיָּה, שֵׁן נָחָשׁ, שֵׁן כֶּלֶב

fantastic, fantastical, *adj.* נִפְלָא, מֻפְלָא, דִּמְיוֹנִי

fantasy, phantasy, *n.* דִּמְיוֹן, הֲזָיָה, בְּדַאי; חִבּוּר נְגִינִי

far, *adj.* רָחוֹק

far, *adv.* מֵרָחוֹק

faraway, *adj.* רָחוֹק, פִּזּוּר נֶפֶשׁ, מְפֻזָּר

far-between, *adj.* נָדִיר, שֶׁאֵינוֹ שָׁכִיחַ

farce, *n.* חִזָּיוֹן מַצְחִיק, מִצְחָק

farcical, *adj.* מְגֻחָךְ, מַצְחִיק

fare, *n.* נְסִיעָה, מְחִיר נְסִיעָה; מַאֲכָלִים

fare, *v.i.* נִמְצָא (בְּמַצָּב), הָיָה, נָסַע, אָכַל וְשָׁתָה; קָרָה

farewell, *interj.* & *n.* שָׁלוֹם!; פְּרִידָה

farina, *n.* קֶמַח, עֲמִילָן

farm, *n.* חַוָּה, אֲחֻזָּה, מֶשֶׁק

farm, *v.t.* אִכֵּר, עָבַד אֲדָמָה

farmer, *n.* אִכָּר, חַקְלַאי

farmhouse, *n.* בֵּית (הָאִכָּר) הַחַוָּה

farming, *n.* אִכָּרוּת, חַקְלָאוּת

farmstead, *n.* מֶשֶׁק הָאִכָּר

farmyard, *n.* חֲצַר הַחַוָּה

farsighted, *adj.* רְחוֹק רְאוּת; חוֹזֶה מֵרֹאשׁ

farther, *adj.* & *adv.* נוֹסָף; יוֹתֵר רָחוֹק; הָלְאָה, וְעוֹד

farthermost, farthest, *adj.* & *adv.* הָרָחוֹק בְּיוֹתֵר

farthing, *n.* פְּרוּטָה (אַנְגְּלִית)

fascinate, *v.t.* & *i.* לָכַד בְּחַבְלֵי קֶסֶם, הִקְסִים [קסם]; לִבֵּב

fascination, *n.* הַקְסָמָה, מִקְסָם

fashion, *n.* אֹפֶן; אָפְנָה; צוּרָה, דֶּרֶךְ

fashion, *v.t.* הָיָה לְאָפְנָה, נָתַן צוּרָה, יָצַר, הִתְאִים [תאם]

fashionable, *adj.* שֶׁלְּפִי הָאָפְנָה

fast, *adj.* סָגוּר, מְהֻדָּק; מָהִיר, פָּזִיז; מָסוּר, נֶאֱמָן
fast, *n.* תַּעֲנִית, צוֹם
fast, *adv.* בִּמְהִירוּת
fast, *v.i.* הִתְעַנָּה [ענה], צָם [צום]
fasten, *v.t. & i.* סָגַר, נָעַל, הֵגִיף [גוף], חִזֵּק, חִבֵּר, הִדְבִּיק [דבק], הֶחֱזִיק [חזק]; נִדְבַּק [דבק] בְּ־
fastening, *n.* קִשּׁוּר, הִדּוּק, סְגִירָה, נְעִילָה
fastidious, *adj.* אֲנִין הַדַּעַת, מְפֻנָּק, נוֹקְדָן
fastness, *n.* מְהִירוּת; מְצוּדָה; בִּטָּחוֹן
fat, *adj.* שָׁמֵן; דָּשֵׁן; כָּבֵד; עָשִׁיר
fat, *n.* שֻׁמָּן, שֹׁמֶן, שֶׁמֶן, חֵלֶב
fatal, *adj.* מֵבִיא מָוֶת, גּוֹרָלִי, אֲסוֹנִי
fatalism, *n.* גּוֹרָלִיּוּת
fatalist, *n.* מַאֲמִין בְּגוֹרָלִיּוּת
fatality, *n.* גּוֹרָל; (מִקְרֵה) מָוֶת; אָסוֹן
fate, *n.* גּוֹרָל, מַזָּל; גְּזֵרָה, מָנָה; מִיתָה
fateful, *adj.* גּוֹרָלִי
father, *n.* אָב, אַבָּא; מוֹלִיד; מַמְצִיא
father, *v.t.* הָיָה אָב לְ־
fatherhood, *n.* אָבוֹת, אַבְהוּת
father-in-law, *n.* חוֹתֵן, חָם
fatherland, *n.* אֶרֶץ אָבוֹת, מְכוֹרָה
fatherless, *adj.* יָתוֹם
fatherlike, fatherly, *adv.* אַבְהִי
fathom, *v.t.* חָקַר, בָּא [בוא] עַד חֵקֶר
fathomless, *adj.* עָמֹק, עַד אֵין חֵקֶר
fatigue, *n.* עֲיֵפוּת, יְגִיעָה, לֵאוּת
fatigue, *v.t.* הִלְאָה [לאה], יִגֵּעַ
fatness, *n.* שֹׁמֶן, שְׁמֵנוּת
fatten, *v.t.* הִשְׁמִין [שמן], פִּטֵּם; טִיֵּב
fatten, *v.i.* דָּשַׁן, שָׁמַן
fatty, *adj.* שַׁמְנוּנִי
fatuous, *adj.* טִפְּשִׁי, חֲסַר דַּעַת
faucet, *n.* בֶּרֶז, דַּד, מֵינֶקֶת
fault, *n.* לִקּוּי, מוּם, חִסָּרוֹן; אָשָׁם; קִלְקוּל
faultless, *adj.* שָׁלֵם, צָרוּף, חֲסַר מוּם
faulty, *adj.* לָקוּי, פָּגוּם
fauna, *n.* הַחַי; חַיּוֹת, בַּעֲלֵי חַיִּים
favor, favour, *n.* טוֹבָה, סַעַד, חֶסֶד
favor, favour, *v.t.* תָּמַךְ, נָשָׂא פָּנִים, עָשָׂה חֶסֶד
favorable, favourable, *adj.* מְקֻבָּל, רָצוּי
favorably, favourably, *adv.* בְּרָצוֹן
favorite, favourite, *n.* אָהוּב, חָבִיב, נִבְחָר
favoritism, favouritism, *n.* הַעֲדָפָה, מַשּׂוֹא פָּנִים, נְשִׂיאַת פָּנִים
fawn, *n.* עֹפֶר, יַחְמוּר צָעִיר
fay, *n.* פֵיָה, שֵׁדָה, מַקְסִימָה
fealty, *n.* נֶאֱמָנוּת, אֵמוּן
fear, *n.* פַּחַד, יִרְאָה, חִתָּה
fear, *v.t. & i.* פָּחַד, יָרֵא, חָשַׁשׁ
fearful, *adj.* דָּחִיל, אָיֹם, נוֹרָא, מַפְחִיד
fearfully, *adv.* בְּיִרְאָה
fearless, *adj.* בְּלִי חַת
fearsome, *adj.* מַחֲרִיד, אָיֹם
feasibility, *n.* אֶפְשָׁרוּת
feasible, *adj.* אֶפְשָׁרִי
feast, *n.* חַג, מִשְׁתֶּה, כֵּרָה
feast, *v.t. & i.* חָגַג, אָכַל וְשָׁתָה, כָּרָה, שִׁעֲשַׁע
feat, *n.* מִפְעָל
feather, *n.* נוֹצָה, אֶבְרָה
feather, *v.t. & i.* כִּסָּה נוֹצוֹת, קִשֵּׁט בְּנוֹצוֹת, הִתְכַּסָּה [כסה] נוֹצוֹת
feathery, *adj.* נוֹצִי
feature, *n.* אֲרֶשֶׁת (קְלַסְתֵּר) פָּנִים, שִׂרְטוּט, אֹפִי; תּוֹסֶפֶת; סֶרֶט רָאשִׁי
featureless, *adj.* חֲסַר אֲרֶשֶׁת פָּנִים
febrile, *adj.* קַדַּחְתָּנִי

February, ***n.*** פֶּבְּרוּאָר (הַחֹדֶשׁ הַשֵּׁנִי בַּשָּׁנָה הָאֶזְרָחִית)
feces, ***n.*** חֲרָאִים, צוֹאָה, גְּלָלִים רְעִי, צְפִיעִים, לִשְׁלֶשֶׁת (עוֹפוֹת); פְּסֹלֶת, שְׁמָרִים
fecund, ***adj.*** פּוֹרֶה
fecundate, ***v.t.*** הִפְרָה [פרה], עִבֵּר
fecundity, ***n.*** פְּרִיָּה וּרְבִיָּה, פִּרְיָה וּרְבִיָּה
federal, ***adj.*** מְאֻחָד, מְאֻגָּד, שֶׁל בְּרִית
federalism, ***n.*** הִתְאַחֲדוּת, אַחְדוּת
federation, ***n.*** הִסְתַּדְּרוּת
fee, ***n.*** תַּשְׁלוּם, שָׂכָר, אַגְרָה
fee, ***v.t.*** שִׁלֵּם שָׂכָר
feeble, ***adj. & n.*** חַלָּשׁ, רָפֶה, תָּשׁוּשׁ
feebleness, ***n.*** תְּשִׁישׁוּת
feed, ***n.*** מַאֲכָל, סְעֻדָּה, מִשְׁתֶּה; מִרְעֶה
feed, ***v.t. & i.*** הֶאֱכִיל [אכל], זָן [זון], פִּרְנֵס; אָכַל, הִתְפַּרְנֵס [פרנס]; הִכְנִיס [כנס] (בִּמְכוֹנָה)
feeder, ***n.*** מַאֲכִיל, מַלְעִיט; מְכַלְכֵּל
feel, ***n.*** חוּשׁ, חוּשׁ הַמִּשּׁוּשׁ, תְּחוּשָׁה
feel, ***v.t.*** הִרְגִּישׁ [רגש], מִשֵּׁשׁ, מִשְׁמֵשׁ, גִּשֵּׁשׁ
feeler, ***n.*** מַרְגִּישׁ; זִיז; מְרַגֵּל
feeling, ***n.*** הַרְגָּשָׁה, תְּחוּשָׁה, רֶגֶשׁ, מִשּׁוּשׁ
feet, ***n. pl.*** רַגְלַיִם
feign, ***v.t. & i.*** הֶעֱמִיד [עמד] פָּנִים, הִתְחַפֵּשׂ [חפש], עָשָׂה עַצְמוֹ כְּאִלּוּ
feint, ***n.*** תַּחְבּוּלָה, תּוֹאֲנָה
felicitate, ***v.t.*** אִשֵּׁר, בֵּרֵךְ
felicitation, ***n.*** בְּרָכָה, בִּרְכַּת מַזָּל טוֹב
felicity, ***n.*** אשֶׁר, בְּרָכָה, הַצְלָחָה
feline, ***adj.*** חֲתוּלִי; עָרוּם
fell, ***adj.*** אַכְזָרִי, אָיֹם, מֵמִית; עֵר
fell, ***n.*** עוֹר
fell, ***v.t.*** כָּרַת, חָטַב, הִפִּיל [נפל] (עֵץ)
fellow, ***n.*** עָמִית, רֵעַ, חָבֵר; אִישׁ; מַדְעָן; פּוֹחֵז; בֶּן זוּג
fellowship, ***n.*** חֲבֵרוּת, שֻׁתָּפוּת, רֵעוּת; תְּמִיכָה
felly, ***n.*** חִשּׁוּק (שֶׁל גַּלְגַּל)
felon, ***n.*** עֲבַרְיָן, חוֹטֵא, פּוֹשֵׁעַ, נִשְׁחַת; חַבּוּרָה
felony, ***n.*** עֲבֵרָה, עָוֹן (פְּלִילִי)
felt, ***n.*** לֶבֶד, נֶמֶט
female, ***adj. & n.*** נְקֵבִי; נְקֵבָה, אִשָּׁה
feminine, ***adj.*** נָשִׁי
femur, ***n.*** קוּלִית, עֶצֶם הַיָּרֵךְ
fen, ***n.*** בִּצָּה
fence, ***n.*** גֶּדֶר, גָּדֵר, סְיָג
fence, ***v.t. & i.*** גָּדַר, סִיֵּג; סִיֵּף, הִסְתַּיֵּף [סיף]
fencer, ***n.*** סַיָּף
fencing, ***n.*** גְּדִירָה, סִיּוּג; סִיּוּף
fend, ***v.t.*** הִרְחִיק [רחק], הֵשִׁיב [שוב] (אָחוֹר), סָכַךְ, הֵגֵן [גנן]
fender, ***n.*** שְׂבָכָה, שִׂבְכַת תַּנּוּר; כָּנָף (מְכוֹנִית)
fennel, ***n.*** שׁוּט, גּוֹפָן, שֻׁמָּר
ferment, ***n.*** תְּסִיסָה, שְׂאוֹר שֶׁבְּעִסָּה; מְהוּמָה
ferment, ***v.i. & t.*** תָּסַס, הִתְגָּעֵשׁ [געש], הֵסִית [סות]
fermentation, ***n.*** חִמּוּץ, תְּסִיסָה
fern, ***n.*** שָׁרָךְ
ferocious, ***adj.*** אַכְזָרִי
ferocity, ***n.*** אַכְזָרִיּוּת
ferret, ***n. & v.t.*** נַבְרָן; נָבַר, חִטֵּט, גִּלָּה
ferrous, ***adj.*** בַּרְזִלִּי
ferrule, ***n.*** חָח
ferry, ***n.*** מַעְבֹּרֶת; גֶּשֶׁר נָע
ferry, ***v.t. & i.*** הֶעֱבִיר [עבר] בְּמַעְבֹּרֶת; עָבַר בְּמַעְבֹּרֶת
ferryboat, ***n.*** מַעְבֹּרֶת, רַפְסוֹדָה

fertile, *adj.* פּוֹרֶה
fertility, *n.* פּוֹרִיּוּת, פְּרִיָּה, פִּרְיוֹן
fertilize, *v.t.* הִפְרָה [פרה], עִבֵּר; זִבֵּל
fertilizer, *n.* זֶבֶל; זַבָּל
fervency, *n.* חֹם, הִתְלַהֲבוּת
fervent, *adj.* נִלְהָב, חַם
fervently, *adv.* בְּהִתְלַהֲבוּת
fervid, *adj.* קוֹדֵחַ, לוֹהֵט
fervor, fervour, *n.* קִנְאָה, לַהַט
festal, *adj.* שָׂמֵחַ, עַלִּיז
fester, *v.i. & t.* מִגֵּל, הִתְמַגֵּל [מגל], רָקַב, נָמַק
festival, *n.* חַג, חֲגִיגָה, מוֹעֵד
festive, *adj.* שָׂמֵחַ, חֲגִיגִי
festivity, *n.* חֲגִיגוּת, חֶדְוָה, גִּילָה
festoon, *n.* זֵר (מְקֻלַּעַת) פְּרָחִים; לוֹיָה
fetch, *v.t. & i.* הִשִּׂיג [נשג] (מְחִיר), הֵבִיא [בוא]
fetid, *adj.* מַבְאִישׁ, מַסְרִיחַ
fetish, fetich, *n.* תֶּרֶף (תְּרָפִים), אֱלִיל, קָמִיעַ
fetters, *n. pl.* זִיקִים, אֲזִקִּים, כְּבָלִים; עַבְדוּת
fetter, *v.t.* כָּפַת, עָקַד, אָסַר בַּאֲזִקִּים, אָסַר בִּכְבָלִים
fettle, *n.* מַצָּב, נְכוֹנוּת
fetus, foetus, *n.* עֻבָּר
feud, *n.* שִׂנְאָה, קְטָטָה, רִיב (מִשְׁפָּחוֹת, אַחִים)
fever, *n.* אֲבַבִית, חַמָּה, קַדַּחַת, חֹם צְמַרְמֹרֶת
feverish, *adj.* קַדַּחְתָּנִי
few, *adj.* מְעַטִּים, אֲחָדִים
fiancé(e), *n.* חָתָן, כַּלָּה, אָרוּס, אֲרוּסָה
fiasco, *n.* כִּשָּׁלוֹן, תְּבוּסָה
fiat, *n.* גְּזֵרָה; יְהִי
fib, *n.* בְּדָיָה, כָּזָב, כִּזָּבוֹן, צ׳וִבַּת

fibber, fibster, *n.* בַּדַּאי, כַּזְּבָן
fiber, fibre, *n.* סִיב, צִיב, לִיף
fibrous, *adj.* סִיבִי, לִיפִי
fickle, *adj.* הֲפַכְפַּךְ, פְּתַלְתֹּל
fickleness, *n.* הֲפַכְפְּכָנוּת
fiction, *n.* בְּדָיָה, סִפּוּר דִּמְיוֹנִי, סִפֹּרֶת
fictional, fictitious, *adj.* בָּדוּי
fiddle, *n.* כִּנּוֹר
fiddle, *v.t. & i.* כִּנֵּר, נִגֵּן בְּכִנּוֹר; בִּטֵּל זְמַן, עָסַק בִּדְבָרִים בְּטֵלִים
fiddler, *n.* כַּנָּר; בַּטְלָן
fidelity, *n.* אֵמוּן, נֶאֱמָנוּת, יֹשֶׁר
fidget, *n.* עַצְבָּנוּת, תְּזָזִית
fidget, *v.t. & i.* הָיָה עַצְבָּנִי, הִתְנוֹעֵעַ [נוע]
field, *n.* שָׂדֶה, שְׁדֵמָה
fiend, *n.* שֵׁד, שָׂטָן
fierce, *adj.* עַז, אַכְזָרִי
fiery, *adj.* לוֹהֵט, נִלְהָב
fife, *n.* חָלִיל, מַשְׁרוֹקִית
fifteen, *adj. & n.* חֲמִשָּׁה עָשָׂר, חֲמֵשׁ עֶשְׂרֵה
fifteenth, *adj.* הַחֲמִשָּׁה עָשָׂר, הַחֲמֵשׁ עֶשְׂרֵה
fifth, *adj.* חֲמִישִׁי, חֲמִישִׁית
fifthly, *adv.* חֲמִישִׁית
fiftieth, *adj.* הַחֲמִשִּׁים
fifty, *adj. & n.* חֲמִשִּׁים
fig, *n.* תְּאֵנָה
fight, *n.* הֵאָבְקוּת, קְרָב, מִלְחָמָה
fight, *v.t. & i.* לָחַם, נִלְחַם [לחם], רָב, הִתְגּוֹשֵׁשׁ [גשש]
fighter, *n.* מִתְגּוֹשֵׁשׁ, לוֹחֵם
figurative, *adj.* מֻשְׁאָל
figuratively, *adv.* בְּהַשְׁאָלָה
figure, *n.* דְּמוּת, צוּרָה; אִישִׁיּוּת; סִפְרָה
figure, *v.t. & i.* דִּמָּה, שִׁעֵר, חִשֵּׁב; הָיָה חָשׁוּב

filament, *n.* נִימָה, חוּט (בְּאַגָּס חַשְׁמַלִּי, בְּנוּרָה); זִיר (בְּפֶרַח)
filbert, *n.* אִלְסָר
filch, *v.t.* גָּנַב, סָחַב
file, *n.* תִּיק, תִּיקִיָּה; שׁוּרָה; פְּצִירָה, מַסָּר, שׁוֹפִין
file, *v.t.* & *i.* פָּצַר, שָׁף [שוף]; תִּיֵּק, סִדֵּר (בְּתִיק), טָר [טור], הָלַךְ בְּשׁוּרָה, עָבַר בְּשׁוּרָה
filial, *adj.* שֶׁל בֵּן, שֶׁל בַּת, כְּבֵן, דּוֹמֶה לְבַת
filibuster, *n.* נְאוּם אֵין סוֹף; לְסְטִים
filigree, *n.* תַּחְרִים בְּכֶסֶף וּבְזָהָב
fill, *n.* שֹׂבַע, סִפּוּק, רְוָיָה
fill, *v.t.* & *i.* מִלֵּא; נִמְלָא [מלא]
filler, *n.* מְמַלְאָן, מִלּוּא, מִלּוּי
fillet, *n.* שָׁבִיס, סֶרֶט; בָּשָׂר (דָּג) לְלֹא עֲצָמוֹת
filling, *n.* מִלּוּי, סְתִימָה (לְשִׁנַּיִם)
filly, *n.* סְיָחָה
film, *n.* קוּר; שִׁכְבָה; סֶרֶט (שֶׁל מַצְלֵמָה, רְאִינוֹעַ, קוֹלְנוֹעַ)
film, *v.t.* & *i.* קָרַם; צִלֵּם, הִסְרִיט [סרט]
film strip סְרְטוֹן
filter, *n.* מְסַנֵּן, מְסַנֶּנֶת
filter, *v.t.* & *i.* סִנֵּן, פִּכְפֵּךְ
filth, *n.* חֶלְאָה, טִנֹּפֶת, זֻהֲמָה, זַהַם
filthy, *adj.* מְלֻכְלָךְ, מְזֹהָם, מְטֻנָּף
filtration, *n.* סִנּוּן
fin, *n.* סְנַפִּיר
final, *adj.* סוֹפִי, מֻחְלָט
finale, *n.* נְעִילָה (בִּנְגִינָה)
finality, *n.* צְמִיתוּת, הֶחְלֵט
finally, *adv.* לְבְסוֹף, לְסוֹף
finance, *n.* כְּסָפִים, עִנְיְנֵי כְּסָפִים, מָמוֹנוּת
finance, *v.t.* מִמֵּן
financial, *adj.* מָמוֹנִי, כַּסְפִּי
financier, *n.* מָמוֹנַאי
finch, *n.* פָּרוּשׁ (צִפּוֹר)
find, *n.* מְצִיאָה, תַּגְלִית
find, *v.t.* מָצָא, גִּלָּה
finder, *n.* מוֹצֵא
finding, *n.* מְצִיאָה; פְּסַק דִּין
fine, *adj.* דַּק, עָדִין, חַד; בְּסֵדֶר, נָאֶה, טוֹב
fine, *n.* קְנָס, עֹנֶשׁ
fine, *v.t.* קָנַס, עָנַשׁ; צָרַף
fine arts הָאוּמָנֻיּוֹת הַיָּפוֹת
finger, *n.* אֶצְבַּע (בֹּהֶן, אֲגוּדָל; אֶצְבַּע; אַמָּה, אֶצְבַּע צְרֵדָה; קְמִיצָה; זֶרֶת)
finger, *v.t.* & *i.* נָגַע; נִגְנַע בְּאֶצְבָּעוֹת; מִשֵּׁשׁ, מִשְׁמֵשׁ; גָּנַב, סָחַב; פָּרַט, נִגֵּן
finical, *adj.* קַפְּדָן
finish, *n.* גְּמָר, גֹּמֶר, סִיּוּם
finish, *v.t.* גָּמַר, כִּלָּה, אָפַס, חָדַל
finite, *adj.* סוֹפִי
fir, *n.* אֹרֶן, צְנוֹבָר, אַשּׁוּחַ
fire, *n.* אֵשׁ, דְּלֵקָה, מְדוּרָה, שְׂרֵפָה; יְרִיָּה; הִתְלַהֲבוּת, רֶגֶשׁ
fire, *v.t.* & *i.* שָׂרַף, הִבְעִיר [בער], הִדְלִיק [דלק], הֵצִית [יצת], הִסִּיק [נסק]; יָרָה; פִּטֵּר; הִלְהִיב [להב]
fire, *v.i.* בָּעַר, הִתְלַהֵט [להט], הִתְלַהֵב [להב]
fire alarm אַזְעָקַת אֵשׁ
firearm, *n.* כְּלִי נֶשֶׁק (רוֹבֶה, אֶקְדָּח)
firebrand, *n.* אוּד
firecraker, *n.* פִּצְצַת שָׁוְא
fire engine מְכוֹנִית כַּבָּאִים
fire escape מוֹצָא מִדְלֵקָה
fire extinguisher מַטְפֶּה
firefly, *n.* גַּחֲלִית
fireman, *n.* כַּבַּאי

fireplace, *n.* אָח, מוֹקֵד
fireproof, *adj.* עוֹמֵד בִּפְנֵי אֵשׁ
firewood, *n.* עֲצֵי הַסָּקָה, עֲצֵי דֶלֶק
fireworks, *n. pl.* זִקּוּקִין דִּי־נוּר (דְּנוּר)
firm, *adj.* יַצִּיב, קַיָּם, חָזָק, תַּקִּיף, קָשֶׁה
firm, *n.* בֵּית עֵסֶק
firmament, *n.* רָקִיעַ, שָׁמַיִם
firmly, *adv.* בְּתֹקֶף; בְּחָזְקָה
firmness, *n.* תְּקִיפוּת, שְׁרִירוּת
first, *adj.* רִאשׁוֹן
first, *n.* רֵאשִׁית, הַתְחָלָה
first, *adv.* רֵאשִׁית, בְּרֵאשִׁית, תְּחִילָה
first aid עֶזְרָה רִאשׁוֹנָה
first-born, *adj.* & *n.* רֵאשִׁית אוֹן, בְּכוֹר
first-class, *adj.* מֻבְחָר, מַדְרֵגָה רִאשׁוֹנָה; מַחְלָקָה (כִּתָּה) רִאשׁוֹנָה
first-rate, *adj.* מִן הַמֻּבְחָר
fiscal, *adj.* כַּסְפִּי, כַּלְכָּלִי
fish, *n.* דָּג, דָּגָה
fish, *v.t.* & *i.* דָּג [דוג], חִכָּה, חָרַם, צָד [צוד], דָּגִים; הוֹצִיא [יצא], מָשָׁה, דָּלָה; חִזֵּק; בִּקֵּשׁ מַחְמָאָה
fisher, fisherman, *n.* חָרָם, דַּיָּג
fishery, *n.* דַּיִג, דּוּגָה
fishhook, *n.* אַגְמוֹן, קֶרֶס
fishing, *n.* דַּיִג, דִּיּוּג, דִּיגָה, חָרָם, חִכּוּי
fishwife, *n.* מוֹכֶרֶת דָּגִים
fission, *n.* סְדִיקָה, סִדּוּק
fissure, *n.* סֶדֶק, חָרִיץ בָּקִיעַ, שֶׁסַע
fist, *n.* אֶגְרוֹף
fisticuff, *n.* מַכַּת אֶגְרוֹף
fistula, *n.* שְׁפוֹפֶרֶת מְצִיצָה
fit, *adj.* מַתְאִים, רָאוּי, יָאֶה, הוֹלֵם
fit, *n.* הַתְאָמָה, הַתְקָנָה
fit, *v.t.* & *i.* הִתְאִים [תאם], הָיָה רָאוּי, כִּוֵּן, הָלַם
fitness, *n.* כֹּשֶׁר, הֶכְשֵׁר

five, *adj.* & *n.* חֲמִשָּׁה, חָמֵשׁ
fivefold, *adj.* & *adv.* כָּפוּל חָמֵשׁ, פִּי חֲמִשָּׁה
fix, *n.* מַצָּב קָשֶׁה, מְבוּכָה
fix, *v.t.* & *i.* תִּקֵּן, כּוֹנֵן [כון], קָבַע; שִׁחֵד; נָעַץ (מַבָּט)
fixation, *n.* קְבִיעָה; נְעִיצַת מַבָּט
fixedness, *n.* קִיּוּם
fixture, *n.* קְבִיעָה, תִּקּוּן, רָהִיט קָבוּעַ
fizzle, *n.* כִּשָּׁלוֹן; הִתְרַגְּשׁוּת; תְּסִיסָה
fizzle, *v.i.* כָּשַׁל, נִכְשַׁל [כשל]; תָּסַס
flabby, *adj.* רָפֶה, רַךְ, חֲסַר שְׁרִירִים
flaccid, *adj.* רָפֶה, רַךְ
flag, *n.* דֶּגֶל, נֵס; מַרְצֶפֶת
flag, *v.t.* & *i.* הִדְגִּיל [דגל]; רִצֵּף; עָיַף, רָפָה, נִלְאָה [לאה]
flagrant, *adj.* גָּלוּי; מַחְפִּיר, מֵבִישׁ
flair, *n.* חוּשׁ הָרֵיחַ
flake, *n.* פָּתוּת, פָּתִית
flake, *v.t.* פָּתַת, פִּתֵּת
flame, *n.* לֶהָבָה, שַׁלְהֶבֶת; אַהֲבָה
flame, *v.t.* & *i.* הִלְהִיב [להב], שִׁלְהֵב, הִתְלַהֵט [להט], הִדְלִיק [דלק]
flamingo, *n.* שְׁקִיטָן
flange, *n.* אֹגֶן, מְאַגֵּן
flank, *n.* אֲגַף; צַד (בְּהֵמָה)
flank, *v.t.* & *i.* אִגֵּף, תָּקַף, הֵגֵן
flannel, *n.* אֲרִיג צֶמֶר
flannelette, *n.* צְמֹרֶת
flap, *n.* דַּשׁ, כָּנָף (בֶּגֶד); תְּנוּךְ (אֹזֶן); סְטִירָה
flap, *v.t.* & *i.* נוֹפֵף [נוף], נִפְנֵף, הִשְׁתַּרְבֵּב [שרבב]; הִכָּה (כָּנָף); סָטַר
flapper, *n.* סוֹטֵר; אֶפְרוֹחַ; נַעֲרָה
flare, *n.* הִתְלַקְּחוּת
flare, *v.i.* הִתְלַהֵט [להט]; הִתְאַגֵּף [אגף]
flash, *n.* הַבְרָקָה; בָּזָק; הֶרֶף עַיִן

flash, *v.t.* & *i.* הֵהֵל, הֵאִיר [אור], בָּרַק, הִבְרִיק [ברק]

flask, *n.* פַּךְ, בַּקְבּוּק, צְלוֹחִית

flat, *adj.* חָלָק; נָמוּךְ; שָׁטוּחַ; תָּפֵל

flat, *n.* דִּירָה; כַּף (רֶגֶל); פַּס (יָד); שֶׁטַח, מִישׁוֹר; אֲגַם; קַת

flatten, *v.t.* & *i.* שִׁטַּח, הַיְשִׁיר [ישר]; נַעֲשָׂה [עשה] תָּפֵל

flatter, *v.t.* הֶחֱנִיף [חנף], דִּבֵּר חֲלָקוֹת, הֶחֱלִיק [חלק] לָשׁוֹן

flatterer, *n.* מַחֲנִיף, חוֹנֵף

flattery, *n.* חֹנֶף, חֲנֻפָּה, חֲלַקְלַקּוֹת

flaunt, *v.i.* הִתְגַּנְדֵּר [גנדר], הִתְיַהֵר [יהר], הִתְפָּאֵר [פאר]

flavor, flavour, *n.* טַעַם, בֹּשֶׂם

flavor, flavour, *v.t.* תִּבֵּל, בִּשֵּׂם

flaw, *n.* פְּגָם, פְּגִימָה, חִסָּרוֹן, לִקּוּי

flawless, *adj.* תָּמִים, לְלֹא מוּם אוֹ פְּגָם

flax, *n.* כִּתָּן, פִּשְׁתָּן

flay, *v.t.* סָרַק (בְּשַׂר אָדָם); הִפְשִׁיט [פשט] (עוֹר)

flea, *n.* פַּרְעוֹשׁ

fleck, *n.* רְבָב, כֶּתֶם

fleck, *v.t.* נִמֵּר

flection, flexion, *n.* הַטָּיָה, נְטִיָּה (דִּקְדּוּק)

fledgling, fledgeling, *n.* אֶפְרוֹחַ, גּוֹזָל

flee, *v.t.* & *i.* בָּרַח, נָס [נוס]

fleece, *n.* צֶמֶר; גִּזָּה; עֲנָנָה

fleece, *v.t.* גָּזַז; עָשַׁק, גָּזַל, רִמָּה

fleecy, *adj.* גִּזִּי, צַמְרִיר

fleer, *n.* (הַ)עֲוָיַת לַעַג, מַבָּט שֶׁל בִּטּוּל

fleer, *v.i.* לִגְלֵג, הִתְלוֹצֵץ [ליץ]

fleet, *adj.* מָהִיר

fleet, *n.* אֳנִי, צִי; יוּבַל

flesh, *n.* בָּשָׂר, שְׁאֵר בָּשָׂר

fleshly, *adj.* דֶּרֶךְ בְּשָׂרִים, תַּאַוְתָנִי; בְּשָׂרִי, גּוּפִי

flex, *v.t.* עִקֵּם, כָּפַף

flexibility, *n.* גְּמִישׁוּת

flexible, *n.* גָּמִישׁ

flexure, *n.* עִקּוּם, עִוּוּת; נְטִיָּה, הַטָּיָה

flicker, *n.* הִבְהוּב, רִפְרוּף

flicker, *v.i.* הִבְהֵב, רִפְרֵף

flier, flyer, *n.* עָף; טַיָּס, מְעוֹפֵף

flight, *n.* נִיסָה, מְנוּסָה; טִיסָה

flighty, *adj.* קַל דַּעַת; בַּעַל דִּמְיוֹן מֻפְרָז

flimsy, *adj.* קָלוּשׁ, קַל, רָפֶה

flinch, *v.i.* פִּקְפֵּק, הִסֵּס

fling, *n.* מְשׁוּבָה; זְרִיקָה; הִתּוּל

fling, *v.t.* & *i.* הִשְׁלִיךְ [שלך], זָרַק, רָמָה, יָרָה

flint, *n.* צוֹר, אֶבֶן אֵשׁ

flinty, *adj.* שֶׁל צוֹר; עִקֵּשׁ

flip, *n.* סְטִירָה

flip, *v.t.* סָטַר

flippancy, *n.* חֻצְפָּה, פִּזִּיזוּת, שִׁטְחִיּוּת, לַהַג

flippant, *adj.* קַל דַּעַת, נִמְהָר, פָּזִיז, שִׁטְחִי

flirt, flirtation, *n.* אֲהַבְהָב, אֲהַבְהָבִים

flirt, *v.t.* & *i.* אֲהַבְהֵב, הִתְנַפְנֵף [נפנף]

flit, *v.i.* עָבַר; חָלַף; הִתְעוֹפֵף [עוף]

float, *n.* רַפְסוֹדָה; צָף; פְּקָק חַכָּה

float, *v.t.* & *i.* הֵצִיף [צוף], הֵשִׁיט [שוט] צָף [צוף]

floater, *n.* צָף, מָצוֹף

flock, *n.* עֵדֶר, קְהִילָה, מַחֲנֶה, קְבוּצָה

flock, *v.i.* הִתְאַסֵּף [אסף], נִקְהַל [קהל], נָהַר, הִתְקַבֵּץ [קבץ]

floe, *n.* שִׁכְבַת קֶרַח, צָף

flog, *v.t.* שִׁרְבֵּט, הִלְקָה [לקה]

flood, *n.* מַבּוּל, שִׁטָּפוֹן; גֵּאוּת הַיָּם

flood, *v.t.* שָׁטַף, הֵצִיף [צוף]

floor, *n.* קַרְקַע, רִצְפָּה; קוֹמָה, דְּיוֹטָה; רְשׁוּת הַדִּבּוּר

floor, *v.t.* רָצַף; הִפִּיל [נפל] מִגֵּר, הִכָּה

flooring, *n.* חָמְרֵי רִצּוּף

flop, *v.i.* הִתְנַפְנֵף [נפנף]; נָפַל (אַרְצָה); נִכְשַׁל [כשל]

flora, *n.* הַצּוֹמֵחַ, מַמְלֶכֶת הַצְּמָחִים

floral, *adj.* פִּרְחִי

florist, *n.* פִּרְחָן, מוֹכֵר (מְגַדֵּל) פְּרָחִים

florid, *adj.* מָלֵא פְּרָחִים; מְלִיצִי

florin, *n.* מַטְבֵּעַ (הוֹלַנְדִּי, אַנְגְּלִי)

floss, *n.* מֶשִׁי (חַי) נָא

flotilla, *n.* אֳנִיּוֹן, צִי קָטָן

flotsam, *n.* שְׁבָרִים שָׁטִים

flounce, *v.i.* הִתְנַדְנֵד [נדנד]

flounder, *n.* סַנְדָּל, דָּג מֹשֶׁה רַבֵּנוּ

flounder, *v.i.* הִתְנַהֵל [נהל] בִּכְבֵדוּת, פִּרְפֵּר, פִּרְכֵּס

flour, *n.* קֶמַח, סֹלֶת

flourish, *n.* קִשּׁוּט; הֲנָפָה (חֶרֶב)

flourish, *v.t.* & *i.* נָב; [נוב]; פָּרַח; הִצְלִיחַ [צלח], עָשָׂה חַיִל

floury, *adj.* קִמְחִי

flout, *n.* לִגְלוּג

flout, *v.t.* לִגְלֵג, בָּז [בוז]

flow, *n.* זֶרֶם; גֵּאוּת (הַיָּם); שֶׁפֶךְ; שֶׁטֶף (דִּבּוּר)

flow, *v.t.* & *i.* זָרַם, נָזַל, שָׁפַע, גָּאָה (הַיָּם), נָבַע, הִתְנַפְנֵף [נפנף]

flower, *n.* פֶּרַח; עִטּוּר, קִשּׁוּט; מִבְחָר

flower, *v.t.* & *i.* פָּרַח; קִשֵּׁט (בִּפְרָחִים)

flowery, *adj.* מְכֻסֶּה פְּרָחִים; נִמְלָץ (דִּבּוּר, סִגְנוֹן)

flowerpot, *n.* עֲצִיץ (פְּרָחִים)

flu, influenza, *n.* שַׁפַּעַת

fluctuate, *v.i.* הִתְנוֹעֵעַ [נוע]; עָלָה וְיָרַד (מְחִיר)

flue, *n.* מַעֲבָר (בָּאֲרֻבָּה, בְּמַעֲשֵׁנָה)

fluency, *n.* אִשְׁגָּרָה, שִׁגְרָה, הֶרְגֵּל; נְזִילוּת; שֶׁטֶף (דִּבּוּר)

fluent, *adj.* שָׁגוּר, שׁוֹטֵף, שִׁטְפִּי

fluff, *n.* מוֹכִית

fluffy, *adj.* מוֹכִי

fluid, *adj.* נוֹזְלִי

fluid, *n.* נוֹזֵל, נוֹזְלִים

flunk, *n.* כִּשָּׁלוֹן

flunk, *v.i.* נִכְשַׁל [כשל] (בִּבְחִינָה)

flunky, flunkey, *n.* מְשָׁרֵת, שַׁמָּשׁ; חוֹנֵף

fluoresce, *v.i.* הִקְרִין [קרן]; הִתְגַּוֵּן [גון]

fluorescence, *n.* הִתְגַּוְּנוּת; קְרִינָה

flurry, *n.* הִתְרַגְּשׁוּת, שָׁאוֹן; סוּפָה

flurry, *v.t.* בִּלְבֵּל, הִבְהִיל [בהל]

flush, *n.* אֹדֶם (פָּנִים); שֶׁפַע; הִתְעוֹפְפוּת (פִּתְאוֹמִית); פְּרִיחָה; צְמַרְמֹרֶת; סִדְרַת קְלָפִים בַּיָּד

flush, *v.t.* & *i.* הִתְאַדֵּם, הֶאְדִּים [אדם], הִסְמִיק [סמק]; נִכְלַם [כלם]; יִשֵּׁר (דְּפוּס); הֵדִיחַ [נדח] (אַגַּן בֵּית כִּסֵּא)

flush, *adj.* סָמוּק, אָדֹם; פּוֹרֵחַ; נִמְצָא בְּשֶׁפַע (כֶּסֶף); מַקְבִּיל, יָשָׁר (סִדּוּר דְּפוּס); מָלֵא (יַד קְלָפִים)

fluster, *v.t.* & *n.* הִרְגִּיז [רגז], בִּלְבֵּל, חִמֵּם, הִמְהִיר [מהר]; הִתְרַגְּשׁוּת; חֹם; מִהוּר

flute, *n.* & *v.t.* חָלִיל, אַבּוּב; חִלֵּל

flutist, *n.* חֲלִילָן

flutter, *v.t.* & *i.* רִפְרֵף, פִּרְפֵּר; רִחֵף

flutter, *n.* רִפְרוּף, רִחוּף

flux, *n.* זוֹב, זִיבָה; זְרִימָה; גֵּאוּת (יָם)

fly, *n.* יְעָף, מָעוּף, טִיסָה; זְבוּב

fly, *v.t.* & *i.* עָף, עוֹפֵף, הִתְעוֹפֵף [עוף], טָס [טוס]

flyer, *v.* flier

foal, *n.* סְיָח

foal, *v.i.* הִמְלִיט [מלט], יָלַד (סוּסִים)

foam, *n.* קֶצֶף, אַדְוָה (קֶצֶף גַּלֵּי הַיָּם)

foam, *v.t. & i.* הִקְצִיף [קצף], קָצַף, הֶעֱלָה קֶצֶף (אַדְוָה)
focal, *adj.* מֶרְכָּזִי, מוֹקְדִי
focus, *n. & v.t.* מוֹקֵד; מִרְכֵּז, רִכֵּז, מִקֵּד
fodder, *n.* מִסְפּוֹא
foe, *n.* אוֹיֵב, שׂוֹנֵא, צַר
foetus, fetus, *n.* עֻבָּר
fog, *n., v.t. & i.* עֲרָפֶל; עִרְפֵּל, הִתְעַרְפֵּל [ערפל]; הֶאֱפִיל [אפל]
foggy, *adj.* מְעֻרְפָּל
foible, *n.* חֻלְשָׁה, מוּם, פְּגִימָה
foil, *n.* רְדִיד, גִּלָּיוֹן (עָלֶה)
foil, *v.t.* סִכֵּל, הֵפֵר [פרר]
fold, *n.* גְּדֵרָה, דִּיר, מִכְלָה; עֵדָה; קֶמֶט; קִפּוּל, קֶפֶל
fold, *v.t.* קִפֵּל; כִּפֵּל; קִמֵּט; חִבֵּק; כָּלָא
folder, *n.* מְקַפֵּל; מַעֲטָפָה, עֲטִיפָה, כְּרִיכָה
foliage, *n.* עַלְוָה
folk, *n.* אֲנָשִׁים, בְּנֵי אָדָם, לְאֹם, קְרוֹבִים
folklore, *n.* מִנְהֲגֵי הֲמוֹן הָעָם
follow, *v.t. & i.* עָקַב, הָלַךְ אַחֲרֵי
follower, *n.* הוֹלֵךְ (בְּעִקְבוֹת), תַּלְמִיד, מַעֲרִיץ, חָסִיד
folly, *n.* טִפְּשׁוּת, שְׁטוּת, שִׁגָּעוֹן, עָוֶל
foment, *v.t.* הִלְהִיב [להב] (לִמְהוּמוֹת), הֵסִית [סות], הֵחֵם [חמם]
fomentation, *n.* חִמּוּם, עוֹרְרוּת
fond, *adj.* אוֹהֵב
fondle, *v.t. & i.* אָהַב, חִבֵּב, לִטֵּף
fondness, *n.* חִבָּה
font, *n.* כִּיּוֹר (לִטְבִילָה); יַצֶּקֶת (דְּפוּס)
food, *n.* אֹכֶל, מַאֲכָל, מָזוֹן
fool, *n.* כְּסִיל, פֶּתִי, שׁוֹטֶה
fool, *v.t.* שִׁטָּה; הֵתֵל [תלל], הִתֵּל; הוֹנָה [ינה], רִמָּה

foolery, *n.* טִפְּשׁוּת
foolhardiness, *n.* פַּחֲזוּת
foolish, *adj.* מַצְחִיק, נִבְעָר
foolishness, *n.* טִפְּשׁוּת
foot, *n.* רֶגֶל, כַּף הָרֶגֶל; שַׁעַל; בָּסִיס, מַרְגְּלוֹת
foot, *v.t. & i.* צָעַד, הָלַךְ בָּרֶגֶל; בָּעַט
football, *n.* כַּדּוּרֶגֶל
footfall, *n.* פְּסִיעָה, צַעַד
foothold, *n.* עֶמְדָּה; מִדְרָךְ (כַּף רֶגֶל)
footing, *n.* מַעֲמָד, עָקֵב, הֲלִיכָה, יְסוֹד
footlights, *n. pl.* אוֹרוֹת הַכֶּבֶשׁ
footnote, *n.* הֶעָרָה, רַגְלָן
footpad, *n.* שׁוֹדֵד, גַּזְלָן
footprint, *n.* עִקְבָה
footsore, *n.* כְּאֵב רַגְלַיִם
footstep, *n.* צַעַד, אָשׁוּר, עָקֵב
footstool, *n.* הֲדוֹם
fop, *n.* גַּנְדְּרָן
for, *prep.* בְּ־, לְ־, בְּעַד, בִּגְלַל, בִּשְׁבִיל
for, *conj.* כִּי, יַעַן כִּי, כִּי אֲשֶׁר, הֱיוֹת וְ־, כֵּיוָן שֶׁ־
forage, *n.* מִסְפּוֹא
foray, *v.t.* בָּזַז
forbear, *v.t. & i.* חָס, [חוס], הֶאֱרִיךְ [ארך] רוּחַ, הִתְאַפֵּק [אפק]
forbid, *v.t.* אָסַר
force, *n.* כֹּחַ, הַכְרָחָה; פְּלֻגָּה
force, *v.t. & i.* הִכְרִיחַ [כרח], הִתְאַמֵּץ, [אמץ], אִלֵּץ, אָנַס
forceful, *adj.* נִמְרָץ, חָזָק
forceps, *n.* מֶלְקָחַיִם, צְבָת
ford, *n.* מַעֲבָר, מַעְבָּרָה
ford, *v.t.* עָבַר, חָצָה נָהָר בָּרֶגֶל
fore, *adj.* קוֹדֵם, קִדְמִי, קַדְמוֹן
fore, *adv. & prep.* נֹכַח, בִּפְנֵי

forearm, *n.* קָנֶה, אַמָּה
forebear, forbear, *n.* אָב קַדְמוֹן
forebode, *v.t.* & *i.* הִרְגִּישׁ, [רגש], הִגִּיד [נגד] מֵרֹאשׁ, נִבֵּא
forecast, *n.* חִזּוּי
foreclose, *v.t.* שָׁלַל זְכוּת (מַשְׁכַּנְתָּה)
foreclosure, *n.* שְׁלִילַת זְכוּת
forefather, *n.* אָב קַדְמוֹן
forefinger, *n.* אֶצְבַּע
forefoot, *n.* רֶגֶל קִדְמִית (בְּהֵמָה)
forefront, *n.* רֹאשׁ וְרִאשׁוֹן, רִאשׁוֹן לַכֹּל
forego, forgo, *v.t.* & *i.* וִתֵּר, מָחַל עַל, הֵנִיחַ [נוח], מָנַע (עַצְמוֹ) מִ־
foregone, *adj.* קוֹדֵם, נֶחֱרָץ מֵרֹאשׁ
foreground, *n.* פָּנִים, חָזִית
forehead, *n.* מֵצַח
foreign, *adj.* נָכְרִי, זָר
foreigner, *n.* נָכְרִי, זָר; לוֹעֵז
forelock, *n.* תַּלְתַּל
foreman, *n.* מַשְׁגִּיחַ (עֲבוֹדָה), פּוֹעֵל רָאשִׁי
foremast, *n.* תֹּרֶן קִדְמִי
foremost, *adj.* חָשׁוּב בְּיוֹתֵר
forerun, *v.t.* קָדַם
forerunner, *n.* מְבַשֵּׂר
foresail, *n.* מִפְרָשׂ רָאשִׁי
foresee, *v.t.* רָאָה מֵרֹאשׁ
foresight, *n.* רְאִיָּה מֵרֹאשׁ, זְהִירוּת
foreskin, *n.* עָרְלָה
forest, *n.* יַעַר, חֻרְשָׁה, חֹרֶשׁ
forest, *v.t.* יִעֵר
forestall, *v.t.* קִדֵּם (פְּנֵי רָעָה)
forester, *n.* יַעֲרָן
forestry, *n.* יִעוּר
foretaste, *v.t.* טָעַם מֵרֹאשׁ
foretell, *v.t.* הִגִּיד [נגד] מֵרֹאשׁ, נִבֵּא
forethought, *n.* מַחֲשָׁבָה תְּחִלָּה
foretoken, *n.* אוֹת, מוֹפֵת
forever, *adv.* לָנֶצַח, לְעוֹלָם
forewarn, *v.t.* הִתְרָה [תרה], הִזְהִיר [זהר]
foreword, *n.* הַקְדָּמָה, מָבוֹא
forfeit, *adj.* אִבֵּד, הִפְסִיד [פסד]
forfeit, *n.* & *v.t.* קְנָס; אִבֵּד זְכוּת
forfeiture, *n.* אִבּוּד, הֶפְסֵד, קְנָס, כֹּפֶר
forgather, *v.i.* נֶאֱסַף [אסף], הִתְאַסֵּף
forge, *n.* מַפָּחָה
forge, *v.t.* & *i.* חִשֵּׁל, יָצַר; הֵאִיץ [אוץ], זִיֵּף
forger, *n.* זַיְפָן
forgery, *n.* זִיּוּף
forget, *v.t.* שָׁכַח, נָשָׁה
forgetful, *adj.* שַׁכְחָנִי
forgetfulness, *n.* שַׁכְחָנוּת, שִׁכְחָה, נְשִׁיָּה
forget-me-not, *n.* זִכְרִינִי (פֶּרַח)
forgettable, *adj.* שְׁכוּחִי, נְשִׁיִּי
forgive, *v.t.* & *i.* מָחַל, סָלַח
forgiveness, *n.* מְחִילָה, סְלִיחָה
forgo, *v.* forego
fork, *n.* מַזְלֵג; קִלְשׁוֹן (לִתְבוּאָה); הִסְתָּעֲפוּת
fork, *v.t.* & *i.* הִקְלִישׁ [קלש], הֵרִים [רום] בְּקִלְשׁוֹן; הִסְתָּעֵף [סעף]
forlorn, *adj.* נוֹאָשׁ, נֶעֱזָב, אוֹבֵד
form, *n.* צוּרָה, תַּבְנִית, דְּמוּת, אֹפֶן, מִין; סִדּוּר (דְּפוּס)
form, *v.t.* & *i.* צָר [צור], נָתַן צוּרָה, הִלְבִּישׁ [לבש] צוּרָה; עָרַךְ, יָצַר, בָּרָא; אִלֵּף, לִמֵּד
formal, *adj.* רִשְׁמִי, טִקְסִי, צוּרָתִי
formalism, *n.* צוּרִיּוּת, נַקְדָנוּת
formality, *n.* חִיצוֹנִיּוּת; רִשְׁמִיּוּת
formally, *adv.* בְּאֹפֶן רִשְׁמִי
formation, *n.* הֲוָיָה, יְצִירָה, תְּצוּרָה, בְּרִיאָה

formative, *adj.* יוֹצֵר; מְקַבֵּל צוּרָה
former, *adj.* צָר, מְהַוֶּה; קוֹדֵם, הנ״ל (הַנִּזְכָּר לְעֵיל)
formerly, *adv.* מִקֹּדֶם, לְפָנִים
formidable, *adj.* כַּבִּיר, אַדִּיר, נוֹרָא
formless, *adj.* אָטוּם, חֲסַר צוּרָה
formula, *n.* טֹפֶס, נֻסְחָה
formulate, *v.t.* נָתַן צוּרָה, נִסַּח
fornicate, *v.i.* זָנָה, נָאַף, שִׁמֵּשׁ
fornication, *n.* נִאוּף, זְנוּת
forsake, *v.t.* נָטַשׁ, זָנַח
forswear, *v.t.* & *i.* כִּחֵשׁ, הִכְחִישׁ [כחש]; נִשְׁבַּע [שבע] (לַשֶּׁקֶר)
fort, *n.* מִבְצָר, מְצוּדָה
forth, *adv.* הָלְאָה
forthcoming, *adj.* & *n.* הוֹלֵךְ (מְמַשְׁמֵשׁ) וּבָא
forthright, *adj.* יָשָׁר
forthwith, *adv.* מִיָּד, תֵּכֶף וּמִיָּד
fortieth, *adj.* הָאַרְבָּעִים
fortification, *n.* בִּצּוּר, מִבְצָר
fortify, *v.t.* בִּצֵּר; עוֹדֵד, קִיֵּם, שִׂגֵּב
fortitude, *n.* אֹמֶץ רוּחַ
fortnight, *n.* שְׁבוּעַיִם
fortnightly, *adj.* דּוּ שְׁבוּעִי
fortnightly, *adv.* אַחַת לִשְׁבוּעַיִם, פַּעַם בִּשְׁבוּעַיִם
fortress, *n.* מִבְצָר, מִשְׂגָּב, מָעוֹז
fortuitous, *adj.* מִקְרִי, אֲרָעִי
fortuity, *n.* מִקְרֶה, עֲרַאי, מִקְרִיּוּת
fortunate, *adj.* מְאֻשָּׁר, מֻצְלָח, בַּר מַזָּל
fortunately, *adv.* לְאָשְׁרוֹ, לְמַזָּלוֹ
fortune, *n.* מַזָּל, גּוֹרָל; מִקְרֶה; רְכוּשׁ, עֹשֶׁר, הוֹן
fortuneteller, *n.* יִדְּעוֹנִי
forty, *adj.* & *n.* אַרְבָּעִים
forum, *n.* דּוּכָן, בָּמָה (מִפְגָּשׁ) לְוִכּוּחַ חָפְשִׁי
forward, *adj.* קָדוּם, זָרִיז
forward, forwards, *adv.* קָדִימָה, הָלְאָה
fossil, *n.* & *adj.* אֶבֶן; מְאֻבָּן
fossilize, *v.t.* & *i.* אִבֵּן; הִתְאַבֵּן [אבן]
foster, *v.t.* כִּלְכֵּל; אִמֵּץ, גִּדֵּל
foster child יֶלֶד מְאֻמָּץ
foul *adj.* מָאוּס, זָהוּם, מְגֻנֶּה, שָׁפָל
foul, *v.t.* & *i.* לִכְלֵךְ, טִנֵּף; נִטַּנֵּף [טנף], הִתְלַכְלֵךְ [לכלך]
foulness, *n.* לִכְלוּךְ, תּוֹעֵבָה
found, *v.t.* יִסֵּד, בִּסֵּס; כּוֹנֵן [כון], הִשְׁתִּית [שתת]; יָצַק, הִתִּיךְ [נתך]
foundation, *n.* יְסוֹד; בָּסִיס; אֻשְׁיָה, מַשְׁתִּית, שָׁת; קֶרֶן (מוֹסָד)
founder, *n.* מְיַסֵּד; יוֹצֵק, מַתִּיךְ
founder, *v.t.* & *i.* טִבַּע; הָמַם
foundling, *n.* אֲסוּפִי
foundry, *n.* בֵּית יְצִיקָה
fount, *n.* עַיִן, מַעְיָן; יַצֶּקֶת (דְּפוּס)
fountain, *n.* מִזְרָקָה
fountain pen עֵט נוֹבֵעַ, נִבְעוֹן
four, *adj.* & *n.* אַרְבַּע, אַרְבָּעָה
fourfold, *adj.* אַרְבַּעַת מוֹנִים, פִּי אַרְבָּעָה, אַרְבַּעְתַּיִם
fourscore, *adj.* שְׁמוֹנִים
foursquare, *adj.* מְרֻבָּע; צוֹדֵק
fourteen, *adj.* & *n.* אַרְבַּע עֶשְׂרֵה, אַרְבָּעָה עָשָׂר
fourteenth, *adj.* הָאַרְבָּעָה עָשָׂר, הָאַרְבַּע עֶשְׂרֵה
fourth, *adj.* & *n.* רְבִיעִי; רֶבַע
fowl, *n.* עוֹף, בְּשַׂר עוֹף
fowl, *v.i.* צָד [צוד] עוֹפוֹת
fox, *n.* שׁוּעָל
foxglove, *n.* אֶצְבָּעִית (פֶּרַח)
foxy, *adj.* שׁוּעָלִי, עָרוּם
foyer, *n.* מִסְדְּרוֹן, פְּרוֹזְדוֹר

fraction, *n.* שֶׁבֶר; תִּשְׁבֹּרֶת, קֶטַע
fractional, *adj.* זָעִיר, תִּשְׁבָּרְתִּי
fracture, *n.* שֶׁבֶר, סְדִיקָה
fracture, *v.t.* שִׁבֵּר
fragile, *adj.* שָׁבִיר, פָּרִיךְ
fragility, *n.* שְׁבִירוּת, פְּרִיכוּת
fragment, *n.* קֶטַע, בֶּזֶק, שְׁבָב, שֶׁבֶר
fragmentary, *adj.* קִטְעִי, מְקֻטָּע
fragrance, *n.* נִיחוֹחַ, רֵיחָנִיּוּת, בָּשְׂמִיּוּת
fragrant, *adj.* נִיחוֹחִי, בָּשְׂמִי, רֵיחָנִי
frail, *adj.* חַלָּשׁ, תָּשׁוּשׁ, רַךְ
frailty, *n.* חֻלְשָׁה, חַלָּשׁוּת, תְּשִׁישׁוּת
frame, *n.* מִסְגֶּרֶת, מַלְבֵּן, שֶׁלֶד
frame, *v.t.* עִצֵּב, הֵכִין [כון]; הִתְקִין [תקן] מִסְגֶּרֶת, מִסְגֵּר, הִסְגִּיר [סגר]; זָמַם, הִצְמִיד [צמד] פֶּשַׁע לְאַחֵר
framework, *n.* שֶׁלֶד
France, *n.* צָרְפַת
franchise, *n.* דְּרוֹר, שִׁחְרוּר; זְכוּת הַצְבָּעָה
frank, *adj.* אֲמִתִּי, כֵּן, יָשָׁר, גָּלוּי, גְּלוּי לֵב
frankfurter, frankforter, *n.* נַקְנִיקִית
frankincense, *n.* לְבוֹנָה
frankly, *adv.* בֶּאֱמֶת, בְּיֹשֶׁר לֵב
frankness, *n.* תְּמִימוּת, יֹשֶׁר, אֲמִתִּיּוּת, כֵּנוּת
frantic, *adj.* מִתְרַגֵּז, מְטֹרָף
fraternal, *adj.* אַחֲוָתִי
fraternity, *n.* אַחֲוָה, מִסְדָּר
fraternize, *v.i.* הִתְאַחֲוָה [אחוה], הִתְרוֹעֵעַ [רעע]
fratricide, *n.* הֲרִיגַת אָח
fraud, *n.* רַמָּאוּת, מִרְמָה, הוֹנָאָה, מַעַל
fraudulent, *adj.* מְרַמֶּה
fraught, *adj.* עָמוּס, טָעוּן; מָלֵא
fray, *n.* מָדוֹן, רִיב, מַצָּה
fray, *v.t. & i.* מָהָה, בָּלָה, בִּלָּה; חִכֵּךְ; הִפְחִיד [פחד]
freak, *n.* מִפְלֶצֶת
freakish, *adj.* מוּזָר, מְשֻׁנֶּה
freckle, *n.* עֲדָשָׁה, נֶמֶשׁ, בַּהֶרֶת, נִמּוּר
freckle, *v.t. & i.* כִּסָּה נְמָשִׁים, הִתְכַּסָּה [כסה] נְמָשִׁים (עֲדָשִׁים)
free, *adj. & adv.* חָפְשִׁי, פָּנוּי, מֻתָּר; פַּזְרָנִי; חִנָּם
freedom, *n.* חֹפֶשׁ, חֵרוּת, דְּרוֹר
free will בְּחִירָה חָפְשִׁית; רְצִיָּה
Freemasonry, *n.* בַּנָּאוּת חָפְשִׁית
freeze, *v.i. & t.* קָפָא, גָּלַד; הִקְפִּיא [קפא], הִגְלִיד [גלד]
freight, *n.* מַשָּׂא, מִטְעָן
freight, *v.t.* טָעַן
freighter, *n.* סְפִינַת מַשָּׂא
French, *adj. & n.* צָרְפָתִי; צָרְפָתִית
frenzy, *n.* חֵמָה, טֵרוּף, הִתְרַגְּשׁוּת
frequency, *n.* תְּדִירוּת, תְּכִיפוּת, בִּקּוּר
frequent, *adj.* תָּדִיר, שָׁכִיחַ, תָּכוּף, רָגִיל
frequent, *v.t.* בִּקֵּר תָּדִיר
frequently, *adv.* לְעִתִּים קְרוֹבוֹת
fresh, *adj.* טָרִי, רַעֲנָן; חָצוּף, שַׁחֲצָנִי
freshen, *v.t. & i.* גָּבַר, הִתְחַזֵּק [חזק], נִשְׁרָה [שרה], רִעֲנֵן, הֶחֱיָה [חיה]
freshman, *n.* (תַּלְמִיד) טִירוֹן
freshness, *n.* טְרִיּוּת, אֵב, רַעֲנַנּוּת
fret, *n.* רֹגֶז, הִתְרַגְּשׁוּת
fret, *v.t. & i.* אָכַל, רָגַז, קָצַף; שָׁף [שוף], אִכֵּל; נֶאֱכַל [אכל], הִתְמַרְמֵר [מרמר], הִתְגָּעֵשׁ [געש], הִתְאוֹנֵן [אנן]
fretful, *adj.* זוֹעֵף, מִתְרַגֵּז
friable, *adj.* מִתְפּוֹרֵר
friar, *n.* נָזִיר

friary, ***n.*** מִנְזָר
friction, ***n.*** שִׁפְשׁוּף, חֲפִיפָה, חִכּוּךְ; סִכְסוּךְ, חִלּוּקֵי דֵעוֹת
Friday, ***n.*** יוֹם שִׁשִּׁי
fried, ***adj.*** מְטֻגָּן
friend, ***n.*** יְדִיד, רֵעַ, עָמִית, חָבֵר
friendless, ***adj.*** חֲסַר יְדִיד
friendliness, ***n.*** יְדִידוּת
friendly, ***adj.*** יְדִידִי, יְדִידוּתִי
friendly, ***adv.*** בִּידִידוּת
friendship, ***n.*** יְדִידוּת, אַהֲבָה
frigate, ***n.*** אֳנִיַּת מִלְחָמָה, סְפִינַת קְרָב
fright, ***n.*** אֵימָה, בֶּהָלָה, יִרְאָה, פַּחַד, חִתָּה, בְּעָתָה, חֲרָדָה
frighten, ***v.t.*** הִבְהִיל [בהל], יָרֵא, הִפְחִיד [פחד], הִבְעִית [בעת], הֵחֵת [חתת]
frightful, ***adj.*** מַבְהִיל, מַפְחִיד, אָיֹם
frigid, ***adj.*** קַר מְאֹד, קַר הַמֶּזֶג (אֹפִי)
frigidity, ***n.*** קֹר, קָרָה, צִנָּה
frill, ***n.*** מְלָל, פִּיף, צִיצָה, גְּדִיל
fringe, ***n.*** אִמְרָה, מִפְרַחַת
fringe, ***v.t.*** עָשָׂה אִמְרוֹת
frippery, ***n.*** בְּגָדִים (חֲמָרִים) יְשָׁנִים, גְּרוּטָאוֹת
frisk, ***n.*** דִּלּוּג
frisk, ***v.i.*** קִרְטֵעַ
frisky, ***adj.*** פָּזִיז, עַלִּיז
fritter, ***n.*** כִּיסָן, חָרִיט, (מַאֲפֶה מְמוּלָּא)
fritter, ***v.t.*** בִּזְבֵּז, פֵּרֵר
frivolity, ***n.*** הֶבֶל, קַטְנוּת, פַּחֲזוּת
frivolous, ***adj.*** קַטְנוּנִי, רֵיק, קַל רֹאשׁ, פּוֹחֵז
frizzle, ***v.t.*** סִלְסֵל
fro, ***adv.*** to and fro הָלוֹךְ וָשׁוֹב, אָנֶה וָאָנָה
frock, ***n.*** שִׂמְלָה; מְעִיל, זִיג

frog, ***n.*** צְפַרְדֵּעַ
frolic, ***adj.*** מִשְׁתּוֹבֵב, עַלִּיז
frolic, ***n.*** שָׂשׂוֹן, עֲלִיצוּת
frolic, ***v.i.*** צָחַק
frolicsome, ***adj.*** שָׂמֵחַ, מָלֵא מְשׁוּבָה
from, ***prep.*** מֵ־, מִ־, מִן, מֵאֵת
front, ***n.*** פָּנִים; מֵצַח; חֲזִית (מִלְחָמָה), הֶעָזָה, חֻצְפָּה
front, ***v.i.*** פָּנָה, הִשְׁקִיף [שקף]
frontage, ***n.*** חֲזִית, פְּנֵי בִּנְיָן
frontal, ***adj.*** מִצְחִי
frontier, ***n.*** גְּבוּל, מֶצֶר
frost, ***n.*** כְּפוֹר, קִפָּאוֹן
frosty, ***adj.*** כְּפוֹרִי, קָפוּא; אָדִישׁ, קַר רוּחַ
froth, ***n., v.t. & i.*** קֶצֶף; הִתְקַצֵּף [קצף]
frown, ***n.*** קֶמֶט מֵצַח, מַבָּט זַעַם, זַעַף
frown, ***v.i.*** קָמַט אֶת הַמֵּצַח, הִבִּיט [נבט] בְּזַעַם, קָדַר
frowzy, frowsy, ***adj.*** מְלֻכְלָךְ, פָּרוּעַ
frozen, ***adj.*** קָפוּא, נִגְלָד
frugal, ***adj.*** חַסְכָנִי, דַּל
frugality, ***n.*** חִסָּכוֹן, דַּלּוּת
fruit, ***n.*** פְּרִי, פֵּרוֹת
fruitage, ***n.*** יְבוּל, תְּנוּבָה
fruitful, ***adj.*** פּוֹרֶה, עוֹשֶׂה (נוֹשֵׂא) פְּרִי
fruition, ***n.*** הִתְגַּשְּׁמוּת, עֲשִׂיַּת פְּרִי
frustrate, ***v.t.*** הֵפֵר [פרר], הִכְזִיב [כזב]
frustration, ***n.*** מַפַּח נֶפֶשׁ, אַכְזָבָה
fry, ***v.t. & i.*** טִגֵּן, טֻגַּן; הִכְעִיס [כעס], הִרְגִּיז [רגז]
frying pan מַחֲבַת, מַרְחֶשֶׁת
fuddle, ***v.t. & i.*** שִׁכֵּר, הִשְׁתַּכֵּר [שכר]
fudge, ***n.*** שְׁטֻיּוֹת; מִשְׁקְלָדָה
fuel, ***n.*** דֶּלֶק, הֶסֵּק
fugitive, ***adj.*** פָּלִיט, בּוֹרֵחַ

fulfill, fulfil, *v.t.* קִיֵּם, מִלֵּא, הִגְשִׁים [גשם]

fulfillment, fulfilment, *n.* הִתְקַיְּמוּת, מִלּוּי, הִתְגַּשְּׁמוּת

full, *adj.* מָלֵא, גָּדוּשׁ, שָׂבֵעַ, רָוֶה

full, *adv.* בִּמְלוֹאוֹ, לְגַמְרֵי

fullness, *n.* מְלוֹא, גֹּדֶשׁ, שְׁלֵמוּת

fulminate, *v.t.* & *i.* נִפֵּץ, פּוֹצֵץ [פצץ]

fumble, *v.t.* & *i.* מִשֵּׁשׁ; גִּמְגֵּם

fume, *n.* עָשָׁן; רֹגֶז

fume, *v.t.* & *i.* עִשֵּׁן, הֶעֱלָה [עלה] עָשָׁן; אִדָּה, הִתְאַדָּה; חָרָה אַפּוֹ, קָצַף

fumigate, *v.t.* קִטֵּר, עִשֵּׁן

fumigation, *n.* עִשּׁוּן

fun, *n.* לָצוֹן, צְחוֹק, עֹנֶג

function, *n.* תַּפְקִיד, מִשְׂרָה, פְּעֻלָּה, תִּפְקוּד; טֶקֶס

function, *v.i.* תִּפְקֵד, נָשָׂא מִשְׂרָה, פָּעַל

functional, *adj.* תַּפְקִידִי, פִּקּוּדִי

functionary, *n.* פָּקִיד, פְּקִידוֹן

fund, *n.* קֶרֶן, אֶמְצָעִים

fundamental, *adj.* יְסוֹדִי, עִקָּרִי

funeral, *adj.* שֶׁל לְוָיָה, אָבֵל

funeral, *n.* לְוָיָה, קְבוּרָה

fungus, fungi (*pl.*), *n.* פִּטְרִיָּה, סְפוֹג

funk, *n.* פַּחַד, מֹרֶךְ לֵב, הִתְכַּוְּצוּת מְבֹהָלָה

funnel, *n.* מַשְׁפֵּךְ

funny, *adj.* בַּדְּחָנִי

fur, *n.* פַּרְוָה, אַדֶּרֶת

furbish, *v.t.* צִחְצַח, חִדֵּשׁ, מֵרַט, לָטַשׁ

furious, *adj.* מִתְקַצֵּף, מִתְרַגֵּז

furl, *v.t.* קִפֵּל וְקָשַׁר (דֶּגֶל, מִפְרָשׂ)

furlough, *n.* חֻפְשָׁה צְבָאִית

furlough, *v.t.* נָתַן חֻפְשָׁה צְבָאִית

furnace, *n.* כִּבְשָׁן, כּוּר

furnish, *v.t.* רִהֵט, סִפֵּק, הִמְצִיא [מצא] לְ־

furniture, *n.* רָהִיט, רָהִיטִים

furor, *n.* חָרוֹן, זַעַם, עֶבְרָה

furrier, *n.* פַּרְוָן

furrow, *n.* מַעֲנִית, גְּדוּד, חָרִיץ, תֶּלֶם

furrow, *v.t.* תִּלֵּם, הִתְלִים [תלם], חָרַשׁ

further, *adj.* יוֹתֵר רָחוֹק, נוֹסָף

further, *adv.* הָלְאָה, שׁוּב, מִלְּבַד זֶה, גַּם (אַף)

further, *v.t.* דָּחַף, קִדֵּם, סִיֵּעַ, עָזַר, הוֹעִיל [יעל] לְ־

furtherance, *n.* קִדּוּם

furthermore, *adv.* & *conj.* יֶתֶר עַל כֵּן, עוֹד זֹאת

furthermost, furthest, *adj.* הָרָחוֹק בְּיוֹתֵר

furtive, *adj.* עָרֹם, (מַבָּט) גָּנוּב

fury, *n.* זַעַם, חֵמָה, כַּעַס, חָרוֹן, חֲרוֹן אַף

furze, *n.* רֹתֶם

fuse, fuze, *n.* נַפָּץ; מַבְטֵחַ, בִּטָּחוֹן חַשְׁמַל

fuse, fuze, *v.t.* & *i.* הִתִּיךְ [נתך], הֻתַּךְ, מִזֵּג, הִתְמַזֵּג [מזג]

fuselage, *n.* שֶׁלֶד שֶׁל אֲוִירוֹן

fusillade, *n.* יְרִיּוֹת תְּכוּפוֹת

fusion, *n.* הַתָּכָה, הִתּוּךְ, חִבּוּר, צֵרוּף, הִתְמַזְּגוּת

fuss, *n.* הֲמֻלָּה, מְבוּכַת שָׁוְא

futile, *adj.* חֲסַר תּוֹעֶלֶת, לַשָּׁוְא, בְּחִנָּם, אַפְסִי

futility, *n.* הֶבֶל, אַפְסוּת, חֹסֶר תּוֹעֶלֶת

future, *adj.* עֲתִידִי

future, *n.* עָתִיד

fuze, *v.* fuse

fuzz, *n.* מוֹךְ

G, g

G, g, *n.* ג׳, הָאוֹת הַשְּׁבִיעִית בָּאָלֶף בֵּית הָאַנְגְּלִי; שְׁבִיעִי, ז׳
gab, gabble, *n.* פִּטְפּוּט, שִׂיחָה בְּטֵלָה
gabardine, gaberdine, *n.* אָרִיג צַמְרִי; מְעִיל, מְעִיל (אָרֹךְ) עֶלְיוֹן
gabble, *v.i.* פִּטְפֵּט
gable, *n.* גַּמְלוֹן (גַּג)
gad, *v.i.* שׁוֹטֵט [שוט], הָלַךְ בָּטֵל, שָׁט [שוט], נָע וָנָד
gadfly, *n.* זְבוּב סוּסִים
gadget, *n.* מַכְשִׁיר
gag, *n.* מַחְסוֹם זְמָם, סְתִימָה
gag, *v.t.* & *i.* סָתַם, הִסְתַּתֵּם [סתם] (פֶּה), הִשְׁתִּיק [שתק], הֶהֱסָה [הסה], הִסָּה; גָּרַם רְצוֹן הֲקָאָה
gaiety, gayety, *n.* עַלִּיזוּת, שִׂמְחָה
gaily, gayly, *adv.* בְּשִׂמְחָה, בְּחֶדְוָה
gain, *n.* רֶוַח; שָׂכָר; זְכִיָּה
gain, *v.t.* & *i.* הִרְוִיחַ [רוח], הִשְׂתַּכֵּר [שכר]; הִתְקַדֵּם [קדם], הִשִּׂיג [נשג], רָכַשׁ
gainer, *n.* מַרְוִיחַ
gainful, *adj.* מַכְנִיס רֶוַח; מוֹעִיל
gainsay, *v.t.* הִכְחִישׁ [כחש], הִתְנַגֵּד [נגד] לְ־
gainsayer, *n.* מִתְנַגֵּד
gait, *n.* הִלּוּךְ
gala, *adj.* חֲגִיגִי
galaxy, *n.* שְׁבִיל הֶחָלָב; אֲסֵפָה נֶהְדָּרָה, קְבוּצַת הוֹד
gale, *n.* נַחְשׁוֹל; סוּפָה
Galilean, *adj.* & *n.* גְּלִילִי
Galilee, *n.* גָּלִיל
gall, *n.* מְרֵרָה, מָרָה; רֹאשׁ, לַעֲנָה
gall, *v.t.* & *i.* חִכֵּךְ (עוֹר); הִרְגִּיז [רגז]; כָּעַס, זָעַף; מֵרַר, הִתְמַרְמֵר [מרמר]
gallant, *adj.* אָדִיב, אַבִּיר, אַמִּיץ לֵב
gallery, *n.* יָצִיעַ, גְּזֻזְרָה; אוּלָם (מוֹסָד) לְתְצוּגוֹת אֳמָנוּתִיּוֹת
galley, *n.* סְפִינָה חַד מִכְסִית, מִפְרָשִׂית, סִירַת מְשׁוֹטִים; מְסַדֶּרֶה (דְּפוּס)
galley proof הַגָּהָה רִאשׁוֹנָה
gallon, *n.* גַּלּוֹן (4.543 לִיטְרִים)
gallop, *n.* דְּהָרָה
gallop, *v.t.* & *i.* דָּהַר; הִדְהִיר [דהר]
galloper, *n.* דַּהֲרָן
gallows, *n.* עֵץ תְּלִיָּה
galore, *adv.* לְמַכְבִּיר, בְּשֶׁפַע, לָרֹב
galoshes, *n. pl.* עַרְדָּלַיִם
galvanize, *v.t.* גִּלְוֵן
gamble, *v.t.* & *i.* שִׂחֵק בְּמַזָּל (בִּקְלָפִים, בְּקֻבִּיָּה וְכוּ׳)
gambler, *n.* קֻבְיוּסְטוּס, מְשַׂחֵק (בִּקְלָפִים, בְּקֻבִּיָּה), קַלְפָן
gambol, *n.* קִרְטוּעַ, רְקִידָה
gambol, *v.i.* קִרְטֵעַ, פִּרְכֵּס
game, *n.* מִשְׂחָק; צֵידָה, צַיִד; גִּילָה
game, *v.i.* שִׂחֵק
gamesome, *adj.* עַלִּיז; שַׂחֲקָנִי
gamester, *n.* מְשַׂחֵק
gammon, *n.* קֹתֶל
gander, *n.* אַוָּז
gang, *n.* חֲבוּרָה, כְּנֻפְיָה
ganglion, *n.* חַרְצֹב; צֹמֶת עֲצָבִים
gangrene, *n.* מֶקֶק, חִרְחוּר
gangrene, *v.i.* נָמַק, הִתְנַמֵּק [מקק]
gangster, *n.* שׁוֹדֵד, מַנְהִיג כְּנֻפְיָה
gangway, *n.* מַעֲבָר, דֶּרֶךְ; סֻלַּם אֳנִיָּה
gaol, *v.* jail

gap, *n.* פִּרְצָה, נָקִיק

gape, *n.* פְּעִירַת פֶּה, פִּהוּק

gape, *v.t.* & *i.* עָשָׂה פֶּרֶץ, פָּעַר, פִּהֵק

garage, *n.* מוּסָךְ, תַּחֲנִית

garb, *n.* מַלְבּוּשׁ, לְבוּשׁ

garb, *v.t.* הִלְבִּישׁ [לבש]

garbage, *n.* אַשְׁפָּה, זֶבֶל

garble, *v.t.* נִפָּה; עִקֵּם, קִלְקֵל

garden, *n.* גַּן, גִּנָּה, בֻּסְתָּן

garden, *v.t.* עָבַד בְּגַן

gardener, *n.* גַּנָּן, בֻּסְתְּנַאי

gardenia, *n.* גַּרְדֵּנִית

gardening, *n.* גַּנָּנוּת

gargle, *v.t.* עִרְעֵר, גִּרְגֵּר

gargle, *n.* גִּרְגּוּר, עִרְעוּר

garish, *adj.* מַבְהִיק, נִפְתָּל, הַפַכְפַּךְ

garland, *n.* זֵר פְּרָחִים, נֵזֶר, לוֹיָה

garlic, *n.* שׁוּם

garment, *n.* בֶּגֶד, שִׂמְלָה, מַלְבּוּשׁ, כְּסוּת

garner, *v.t.* & *n.* אָסַף, צָבַר, אָצַר; אָסָם

garnish, *v.t.* & *n.* יִפָּה, קִשֵּׁט; קִשּׁוּט

garret, *n.* עֲלִיָּה, עֲלִיַּת הַגַּג, חֲדַר עֲלִיָּה

garrison, *n.* מִשְׁמָר, חֵיל הַמִּשְׁמָר, מֻצָּב, מַצָּבָה

garrison, *v.t.* מִשְׁמֵר

garrulity, *n.* פַּטְפְּטָנוּת, אַרְכָּנוּת

garrulous, *adj.* פַּטְפְּטָנִי, אַרְכָּנִי

garter, *n.* בִּירִית, חֶבֶק

garter, *v.t.* קָשַׁר בְּבִירִית

gas, *n.* גַּז

gaseous, *adj.* גַּזִּי

gash, *n.* שֶׂרֶטֶת; גְּדוּדָה

gash, *v.t.* שָׂרַט, פָּצַע; גָּדַד

gasket, *n.* אֶטֶם

gasoline, gasolene, *n.* גַּזּוֹלִין, דֶּלֶק, בֶּנְזִין

gasp, *n.* הִתְנַשְּׁמוּת, פְּעִירַת פֶּה

gasp, *v.i.* שָׁאַף (נָשַׁם) בִּכְבֵדוּת

gastric, *adj.* שֶׁל הַקֵּבָה

gastronomy, *n.* יְדִיעַת (תּוֹרַת) הָאֹכֶל

gate, *n.* שַׁעַר, מָבוֹא

gatepost, *n.* מְזוּזָה

gather, *v.t.* & *i.* אָסַף, הִתְאַסֵּף [אסף], קִבֵּץ, הִקְהִיל [קהל], כִּנֵּס

gathering, *n.* אֲסִיפָה, כִּנּוּס; אֲסֵפָה, עֲצֶרֶת

gaud, *n.* עֲדִי; פִּתְיגִיל

gaudy, *adj.* מַבְהִיק

gauge, gage, *n.* מַכְשִׁיר מְדִידָה; (קְנֵה) מִדָּה

gauge, gage, *v.t.* מָדַד; הִשְׁוָה [שוה] מִדּוֹת

gaunt, *adj.* צָנוּם, כָּחוּשׁ, רָזֶה, דַּק

gauntlet, *n.* מָגוֹל מְזֻיָּן

gauze, *n.* מַלְמָלָה, חוֹר

gauzy, *adj.* חוֹרִי, מַלְמָלִי

gavel, *n.* הַלְמוּת, מַקֶּבֶת, קֻרְנָס, פַּטִּישׁ יוֹשֵׁב רֹאשׁ

gawk, *n.* שׁוֹטֶה, הֶדְיוֹט

gawky, *adj.* טִפְּשִׁי, דֻּבִּי, מְגֻשָּׁם

gay, *adj.* עַלִּיז, שָׂמֵחַ

gayety, gaiety, *n.* עַלִּיזוּת, שִׂמְחָה

gayly, gaily, *adv.* בְּשִׂמְחָה, בְּחֶדְוָה

gaze, *n.* הַבָּטָה, מַבָּט, הֲצָצָה

gaze, *v.t.* הִבִּיט [נבט], הִסְתַּכֵּל [סכל], חָזָה; הִשְׁתָּאָה [שאה]

gazelle, *n.* אַיָּלָה

gazette, *n.* עִתּוֹן רִשְׁמִי

gazette, *v.t.* פִּרְסֵם

gazetteer, *n.* מוֹדִיעַ רִשְׁמִי, עִתּוֹנַאי

gear, *n.* כֵּלִים; רִתְמָה; סַבֶּבֶת (גַּלְגַּל מְשֻׁנָּן)

gear, *v.t.* הִכְשִׁיר [כשר], תִּקֵּן, רָתַם; שִׁלֵּב

gearing, *n.* שִׁלּוּב, תִּשְׁלֹבֶת

gears, *n. pl.* גַּלְגַּלִּים מְשֻׁנָּנִים; חֲפָצִים, מַכְשִׁירִים

gee, *v.t. & i.* זָז [זוז], הֵימִין [ימן] (סוּסִים)

geese, *n. pl.* אַוָּזִים

Gehenna, *n.* גֵּיהִנּוֹם, תֹּפֶת, תָּפְתֶּה

geisha, *n,* רַקְדָנִית יַפָּנִית

gelatin, gelatine, *n.* מִקְפָּא, קְרִישָׁה

gem, *n.* תַּכְשִׁיט, אֶבֶן טוֹבָה

gendarme, *n.* שׁוֹטֵר

gender, *n.* מִין (דִּקְדּוּק)

genealogy, *n.* תּוֹלְדוֹת, יִחוּס

general, *adj.* כְּלָלִי, כּוֹלֵל, רָגִיל

general, *n.* רַב אַלּוּף, שַׂר צָבָא

generalissimo, *n.* שַׂר צְבָאוֹת, מַצְבִּיא

generality, *n.* כְּלָלִיּוּת, רֹב

generalization, *n.* תַּכְלִיל, כִּלּוּל, הַכְלָלָה

generalize, *v.t.* כָּלַל, הִכְלִיל [כלל]

generally, *adv.* עַל פִּי רֹב, בִּכְלָל

generate, *v.t.* הוֹלִיד [ילד]; יָצַר

generation, *n.* רְבִיָּה, יְצִירָה; דּוֹר

generative, *adj.* מוֹלִיד, שֶׁל פְּרִיָּה וּרְבִיָּה, פּוֹרֶה

generator, *n.* מוֹלִיד, אָב; מְחוֹלֵל

generic, *adj.* כְּלָלִי, מִינִי, סוּגִי

generosity, *n.* נְדִיבוּת, נַדְבָנוּת

generous, *adj.* נָדִיב

genesis, *n.* יְצִירָה; מוֹצָא, הִתְהַוּוּת

Genesis, *n.* (סֵפֶר) בְּרֵאשִׁית

genetics, *n. pl.* יְדִיעַת הַיְצִירָה וְהַהִתְפַּתְּחוּת

genetic, *adj.* תּוֹלָדִי, הִתְהַוּוּתִי

genial, *adj.* נוֹחַ, נָעִים, מְשַׂמֵּחַ, שָׂמֵחַ

genital, *adj.* מִינִי

genitals, *n. pl.* אֶבְרֵי הַמִּין, עֶרְוָה, עֶרְיָה, מְבוּשִׁים, תֻּרְפָּה

genitive, *adj. & n.* יַחַס הַקִּנְיָן, יַחַס הַשַּׁיָּכוּת

genius, *n.* גְּאוֹן; גְּאוֹנוּת; כִּשְׁרוֹן; רוּחַ (טוֹב) רַע

genteel, *adj.* אָדִיב, נִמּוּסִי

gentian, *n.* יַרְוָאָר

gentile, *adj. & n.* גּוֹי, נָכְרִי, עָרֵל

gentility, *n.* אֲדִיבוּת

gentle, *adj.* עָדִין, רַךְ, אָצִיל, אֶפְרָתִי

gentlefolk, gentlefolks, *n. pl.* אֶפְרָתִים, אֲדִיבִים, עֲדִינִים

gentleman, *n.* אָדוֹן, אָדִיב, אֶפְרָתִי, רָזִיף

gentleness, *n.* רַכּוּת, חֲבִיבוּת, נֹעַם

gentlewoman, *n.* אֶפְרָתִית, אֲדוֹנָה, גְּבֶרֶת, גְּבִירָה, עֲדִינָה

gentry, *n.* נְשׂוּאֵי פָּנִים, דְּרֵי מַעְלָה

genuine, *adj.* אֲמִתִּי; טִבְעִי; מְקוֹרִי

geographer, *n.* חוֹקֵר כְּתִיבַת הָאָרֶץ

geographic, geographical, *adj.* שֶׁל כְּתִיבַת הָאָרֶץ

geography, *n.* כְּתִיבַת הָאָרֶץ

geologist, *n.* חוֹקֵר יְדִיעַת הָאֲדָמָה

geology, *n.* יְדִיעַת הָאֲדָמָה, חֵקֶר הָאָרֶץ

geometric, geometrical, *adj.* הַנְדָּסִי, תִּשְׁבָּרְתִּי

geometry, *n.* תִּשְׁבֹּרֶת, הַנְדָּסָה

geranium, *n.* מַקּוֹר הַחֲסִידָה

germ, *n.* חַיְדַּק, נֶבֶג, נֶבֶט, חֶנֶט, עֻבָּר

German, *adj. & n.* גֶּרְמָנִי, אַשְׁכְּנַזִּי

germicide, *n.* מְכַלֵּה חַיְדַּקִּים

germinate, *v.t. & i.* נָבַט, הִצְמִיחַ [צמח]

germination, *n.* נְבִיטָה, צְמִיחָה

gerund, *n.* שֵׁם הַפֹּעַל

gestation, *n.* הֵרָיוֹן

gesticulate, *v.i.* הֶחֱוָה [חוה], דִּבֵּר בִּרְמָזִים, עָשָׂה תְּנוּעוֹת

gesticulation, *n.* עֲוָיָה, הַעֲוָיַת פָּנִים

gesture, *n.* מַחֲוֶה, רְמִיזָה, תְּנוּעָה
gesture, *v.i.* עָשָׂה תְּנוּעוֹת
get, *v.t.* & *i.* קִבֵּל, לָקַח, קָנָה, נָחַל, הִשִּׂיג [נשג]
get away הִתְחַמֵּק [חמק], נִמְלַט [מלט]
get into נִכְנַס [כנס]
get out יָצָא
get together הִתְאַסֵּף [אסף]
gewgaw, *n.* מִשְׂחָק, צַעֲצוּעַ
ghastly, *adj.* אָיֹם, מַבְעִית, נוֹרָא
ghost, *n.* רוּחַ (הַמֵּת), שֵׁד
ghostly, *adj.* רוּחִי, רוּחָנִי
G.I. חַיָּל בַּצָּבָא הָאֲמֵרִיקָאִי
giant, *n.* עֲנָק, נְפִיל, כְּפֵּחַ
gibber, *v.i.* גִּמְגֵּם, לִמְלֵם
gibberish, *adj.* & *n.* מְגֻמְגָּם; לִמְלוּם, גִּמְגּוּם, קְשֵׁה הֲבָנָה
gibbet, *n.* עֵץ תְּלִיָּה
gibbet, *v.t.* תָּלָה עַל עֵץ
gibe, jibe, *n.* לַעַג, מַהֲתַלָּה
gibe, jibe, *v.i.* לִגְלֵג, הִתֵּל; הִתְנוֹעֵעַ [נוע]
giblets, *n. pl.* קְרָבַיִם, אֵיבָרִים פְּנִימִיִּים (שֶׁל עוֹף)
giddiness, *n.* סְחַרְחֹרֶת (רֹאשׁ)
giddy, *adj.* סְחַרְחַר, מְבֻלְבָּל
gift, *n.* מַתָּן, מַתָּנָה, מִנְחָה, שַׁי, תְּשׁוּרָה, דּוֹרוֹן
gifted, *adj.* בַּעַל כִּשְׁרוֹנוֹת, מְחוֹנָן
gig, *n.* דּוּגִית; צִלְצָל
gigantic, *adj.* עֲנָקִי, גְּבַהּ קוֹמָה
giggle, *n.* חִיּוּךְ, גִּחוּךְ, צְחוֹק
giggle, *v.i.* חִיֵּךְ, גִּחֵךְ, צָחַק
gild, *v.* guild
gild, *v.t.* הִזְהִיב [זהב]
gilding, *n.* הַזְהָבָה
gill, *n.* זִים, אָגִיד; מִדָּה: 118 גְּרַמִּים
gilt, *adj.* מוּפָז, מֻזְהָב
gimlet, *n.* מַקְדֵּחַ יָד
gin, *n.* רֶשֶׁת, חַכָּה, פַּח; עַרְעֶרֶת (מַשְׁקֶה חָרִיף)
gin, *v.t.* לָכַד בְּפַח, חָבַט, נִקָּה מִזְרָעִים
ginger *n.* זַנְגְּבִיל
ginger, ale, ginger beer זַנְגְּבִילָה
gingerbread, *n.* לֶחֶם זַנְגְּבִיל
gingerly, *adj.* מָתוּן, זָהִיר
gingham, *n.* מִטְרִיָּה
gipsy, *v.* gypsy
giraffe, *n.* זֶמֶר, גָּמָל נְמֵרִי
gird, *v.t.* & *i.* חָגַר, אָזַר, שִׁנֵּס, הִקִּיף [נקף]
girder, *n.* כָּפִיס
girdle, *n.* מֵזַח, אֵזוֹר, אַבְנֵט, חֲגוֹרָה
girdle, *v.t.* חָגַר, עָטַר, סָבַב, הִקִּיף [נקף]
girl, *n.* נַעֲרָה, יַלְדָּה, רִיבָה, בְּתוּלָה, בַּחוּרָה; עוֹזֶרֶת, מְשָׁרֶתֶת
girlhood, *n.* נַעֲרוּת, יְמֵי בְּתוּלִים
girth, *n.* חֶבֶק
gist, *n.* עִקָּר, תַּמְצִית, תֹּכֶן
give, *v.t.* נָתַן, יָהַב
give away גִּלָּה (סוֹד); חִלֵּק
give back הֵשִׁיב [שוב], הֶחֱזִיר [חזר]
give birth יָלְדָה [ילד]
give ground נָסוֹג [נסג]
give up הִתְיָאֵשׁ [יאש], הִסְגִּיר [סגר]
give way וִתֵּר
giver, *n.* נוֹתֵן, נַדְבָן
gizzard, *n.* קֵבַת עוֹף
glacial *adj.* קַרְחִי
glacier, *n.* קַרְחוֹן
glad, *adj.* מְרֻצֶּה, שָׂמֵחַ
gladden,, *v.t.* & *i.* שִׂמַּח, שָׂשׂ [שיש]
glade, *n.* קָרְחָה (בַּיַּעַר)
gladiola, gladiolus, *n.* סֵיפָן

gladly, *adv.* בְּשִׂמְחָה
gladness, *n.* שִׂמְחָה
glamour, glamor, *n.* מִקְסָם
glamorous, glamourous, *adj.* מַזְהִיר
glance, *n.* מַבָּט, הַבָּטָה, סְקִירָה
glance, *v.t.* & *i.* סָקַר, הֵעִיף [עוף] עַיִן
gland, *n.* בַּלּוּט, בַּלּוּטָה, שָׁקֵד
glandular, *adj.* בַּלּוּטִי
glare, *n.* זֹהַר, בָּרָק; סִנְווּר
glare, *v.i.* הִבִּיט [נבט], הִזְהִיר [זהר], הִבְרִיק [ברק]; סִנְוֵר
glass, *n.* זְכוּכִית; מַרְאָה; כּוֹס
glassware, *n.* כְּלֵי זְכוּכִית
glassy, *adj.* זְכוּכִי
glaucoma, *n.* בַּרְקִית
glaze, *n.* זִגּוּג
glaze, *v.t.* זִגֵּג, הִסְגִּיר [סגר] זְכוּכִית
gleam, *n.* אוֹר, זֹהַר, זִיו, נִצְנוּץ
gleam, *v.i.* הֵאִיר [אור], הִזְהִיר [זהר]
glean, *n.* לֶקֶט
glean, *v.t.* & *i.* לִקֵּט
gleaner, *n.* מְלַקֵּט
glee, *n.* שִׂמְחָה, מָשׂוֹשׂ, צָהֳלָה
gleeful, *adj.* צָהֵל, עַלִּיז, שָׂשׂ
glen, *n.* גַּיְא, מְצוּלָה
glib, *adj.* מָהִיר, חֲלַקְלַק
glide, *n.* רְחוּף, הַחֲלָקָה; דְּאִיָּה, גְּלִישָׁה
glide, *v.i.* רִחֵף, הֶחֱלִיק [חלק], דָּאָה
glimmer, *n.* אוֹר רָפֶה; הִבְהוּב (אֵשׁ)
glimmer, *v.i.* עָמַם; הִבְהֵב
glimpse, *n.* קֶרֶן אוֹר, מְעוּף עַיִן
glimpse, *v.i.* & *t.* נִצְנֵץ; נִרְאָה [ראה] (עַיִן) לִפְרָקִים
glint, *v.t.* & *i.* הִבְהִיק [בהק], נִצְנֵץ
glint, *n.* נִצְנוּץ, הַבְהָקָה
glisten, *n.* צַחְצוּחַ
glisten, *v.i.* הִבְרִיק [ברק], הִזְהִיר [זהר], נִצְנֵץ [נצץ]
glitter, *n.* זִיו, זֹהַר
glitter, *v.i.* נִצְנֵץ, הִבְהִיק [בהק]
gloaming, *n.* בֵּין (הַשְּׁמָשׁוֹת) הָעַרְבַּיִם
gloat, *v.i.* הִסְתַּכֵּל [סכל] בְּתַאֲוָה, הִבִּיט [נבט] בִּתְשׁוּקָה
globe, *n.* כַּדּוּר, כַּדּוּר הָאָרֶץ
globule, *n.* כַּדּוּרִית, גַּרְעִין
gloom, *n.* אֲפֵלָה, חֲשֵׁכוּת, קַדְרוּת; עִצָּבוֹן, תּוּגָה, צַעַר
gloomy, *adj.* אָפֵל, קוֹדֵר; עָצוּב
glorification, *n.* הִדּוּר, תְּהִלָּה, הַעֲרָצָה
glorify, *v.t.* הֶאְדִּיר [אדר], הִלֵּל, שִׁבַּח, פֵּאֵר
glorious, *adj.* מְפֹאָר, מְהֻלָּל, נֶאְדָּר
glory, *n.* פְּאֵר, תִּפְאֶרֶת, הוֹד, תְּהִלָּה
gloss, *n.* פֵּרוּשׁ, הֶעָרָה
gloss, *v.t.* & *i.* מֵרַט; מָחַל; בֵּאֵר
glossary, *n.* מִלּוֹן, בֵּאוּר מִלִּים
glossy, *adj.* נוֹצֵץ, מַבְרִיק
glove, *n.* כְּפָפָה, כְּסָיָה
glow, *n.* לֶהָבָה; הִתְלַהֲבוּת; לַחַשׁ (גֶּחָלִים); אֹדֶם
glow, *v.i.* בָּעַר, לָחַשׁ, לָהַט
glower, *n.* & *v.i.* מַבָּט זוֹעֵם; זָעַף
glowworm, *n.* גַּחְלִית
glucose, *n.* סֻכַּר עֲנָבִים
glue, *n.* דֶּבֶק
glue, *v.t.* הִדְבִּיק [דבק]
gluey, *adj.* דִּבְקִי
glum, *adj.* נֶעְכָּר, עָגוּם
glut, *n.* עֹדֶף, שֹׂבַע, שֶׁפַע, רְוָיָה
glut, *v.t.* מִלֵּא, הִשְׂבִּיעַ [שבע]
glutton, *n.* בַּלְעָן, זוֹלֵל, גַּרְגְּרָן
gluttonous, *adj.* בַּלְעָנִי
gluttony, *n.* בַּלְעוּת, גַּרְגְּרָנוּת
glycerin, glycerine, *n.* מְתִקִית
gnarl, *n.* נְהִימָה
gnash, *v.t.* חָרַק שִׁנַּיִם

gnat, *n.* בַּקָּה, יַבְחוּשׁ
gnaw, *v.t.* & *i.* כִּרְסֵם
gnome, *n.* נַנָּס; פִּתְגָּם
go, *v.i.* הָלַךְ; הִתְאִים [תאם]; נָסַע
go away הָלַךְ לוֹ, הִסְתַּלֵּק [סלק]
go back חָזַר, שָׁב [שוב]
go down יָרַד, טָבַע, שָׁקַע
go in נִכְנַס [כנס]
go out יָצָא; דָּעַךְ
goad, *n.* דָּרְבָן, מַלְמֵד
goad, *v.t.* הִמְרִיץ [מרץ], הֵאִיץ [אוץ]
goal, *n.* מַטָּרָה, תַּכְלִית; שַׁעַר כַּדּוּרֶגֶל
goat, *n.* תַּיִשׁ, צָפִיר, עַתּוּד
goat, *n. f.* עֵז, שְׂעִירָה
gobble, *v.t.* & *i.* אָכַל, בָּלַע; אִדֵּר (תַּרְנְגוֹל הֹדּוּ)
gobbler, *n.* תַּרְנְגוֹל הֹדּוּ
goblet, *n.* גָּבִיעַ
go-between, *n.* מְתַוֵּךְ, סַרְסוּר, אִישׁ בֵּינַיִם, שַׁדְּכָן
goblin, *n.* רְפָאִים
god, *n.* אֵל, אֱלִיל
God, *n.* אֱלֹהַּ, אֱלֹהִים, אֵל, הַקָּדוֹשׁ בָּרוּךְ הוּא (הקב"ה), הַשֵּׁם, ה', יָהּ, יְהֹוָה, אֶהְיֶה (אֲשֶׁר אֶהְיֶה)
God forbid חָלִילָה, חַס וְחָלִילָה, חַס וְשָׁלוֹם
God willing אִם יִרְצֶה הַשֵּׁם (אי"ה), בָּרוּךְ הַשֵּׁם (ב"ה)
  thank God תּוֹדָה לָאֵל
goddess, *n.* אֱלִילָה, אֵלָה
godfather, *n.* סַנְדָּק
godhead, *n.* אֱלֹהוּת
godlike, *adj.* אֱלֹהִי, דּוֹמֶה לֶאֱלֹהִים
godmother, *n.* סַנְדָּקִית
godsend, *n.* חֶסֶד אֱלֹהִים
godship, *n.* אֱלֹהוּת

godly, *adj.* אֱלֹהִי, קָדוֹשׁ
Godspeed, *n.* בִּרְכַּת אֱלֹהִים, „צֵאתְךָ לְשָׁלוֹם", „עֲלֵה וְהַצְלַח"
goggle, *v.i.* פָּזַל
gold, *n.* זָהָב, חָרוּץ, כֶּתֶם, פָּז
golden, *adj.* זָהוּב
goldfish, *n.* דַּג זָהָב
goldsmith, *n.* צוֹרֵף, זֶהָבִי
golf, *n.* כַּדּוּרַאֲלָה, גּוֹלְף
gondola, *n.* סִירִית, גּוֹנְדּוֹלָה
gong, *n.* תֹּף, מְצִלּוֹל
gonorrhea, gonorrhoea, *n.* זִיבָה
good, *adj.* & *n.* יָשָׁר, טוֹב, מוֹעִיל, רָאוּי; חֶסֶד
good-by, good-bye, *n.* & *interj.* שָׁלוֹם
goodness, *n.* טוּב, חֶסֶד
goods, *n. pl.* רְכוּשׁ, קִנְיָה, סְחוֹרָה
goody, *n.* מִתְחַסֵּד; מַמְתָּק
good will, *n.* רָצוֹן טוֹב; שֵׁם (לְקוּחוֹת)
goose, *n.* אַוָּזָה
gooseberry, *n.* עַכְּבִית
gore, *v.t.* נָגַח, נִגֵּחַ; דָּקַר
gorge, *n.* גָּרוֹן; גַּיְא
gorge, *v.t.* הִלְעִיט [לעט], בָּלַע
gorgeous, *adj.* נֶהְדָּר, כְּלִיל יֹפִי
gorilla, *n.* קוֹף אָדָם, גּוֹרִילָה
gory, *adj.* דָּמוּם
gosling, *n.* אַוָּזוֹן
gospel, *n.* בְּשׂוֹרָה, תּוֹרָה, אֱמוּנָה
gossip, *n.* פִּטְפּוּט, לְשׁוֹן הָרָע, רְכִילוּת, רַכְלְתָנוּת
gossip, *v.i.* רִכְלֵל, הִלְעִיז [לעז]
Gothic, *adj.* גּוֹתִי, פְּרָאִי, גַּס
gouge, *n.* חֶרֶט מְקֹעָר
gourd, *n.* דְּלַעַת
gourmand, *n.* אַכְלָן
gourmet, *n.* טִיבְאַכְלָן
gout, *n.* צִנִּית

govern, *v.t.* מָשַׁל, שָׁלַט, נִהֵל
governess, *n.* אוֹמֶנֶת
government, *n.* מֶמְשָׁלָה, שִׁלְטוֹן
governor, *n.* מוֹשֵׁל, נְצִיב, שַׁלִּיט
gown, *n.* שִׂמְלָה
grab, *n.* חֲטִיפָה, תְּפִישָׂה, אֲחִיזָה
grab, *v.t.* & *i.* חָטַף, תָּפַשׂ, אָסַר
grace, *n.* חֶסֶד, חֵן, חֲנִינָה, גְּמוּל; בִּרְכַּת הַמָּזוֹן
grace, *v.t.* חָנַן, פֵּאֵר
graceful, *adj.* חִנָּנִי, מָלֵא חֵן
graceless, *adj.* חֲסַר חֵן
gracious, *adj.* נָדִיב, טוֹב לֵב
graciousness, *n.* חֶסֶד, טוּב לֵב
grade, *n.* דַּרְגָּה; שִׁפּוּעַ; כִּתָּה; דֶּרֶג; צִיּוּן
grade, *v.t.* יִשֵּׁר, פִּלֵּס, הִדְרִיג [דרג], חִלֵּק; נָתַן צִיּוּן, צִיֵּן
gradient, *n.* מוֹרָד
gradual, *adj.* הַדְרָגִי, דָּרוּג, מְדֹרָג
graduate, *n.* מְסַיֵּם
graduate, *v.i.* סִיֵּם
graduation, *n.* סִיּוּם; מַחֲזוֹר; הַדְרָגָה, דֵּרוּג
graft, *n.* יִחוּר; שֹׁחַד
graft, *v.t.* & *i.* הִרְכִּיב [רכב]; שִׁחֵד
grain, *n.* גַּרְעִין; דָּגָן, תְּבוּאָה, בָּר
gram, *n.* גְּרָם
grammar, *n.* דִּקְדּוּק
grammarian, *n.* מְדַקְדֵּק
grammatical, *adj.* דִּקְדּוּקִי
granary, *n.* אַמְבָּר, אָסָם, מְגוּרָה
grand, *adj.* גָּדוֹל, מְפֹאָר, נֶהְדָּר
granddaughter, *n.* נֶכְדָּה
grandeur, *n.* רוֹמְמוּת, גְּדֻלָּה
grandfather, *n.* סָב, סַבָּא, אָב זָקֵן
grandmother, *n.* סָבָה, סַבְתָּא, אֵם זְקֵנָה

grandson, *n.* נֶכֶד
grange, *n.* חַוָּה, מֶשֶׁק
granite, *n.* שַׁחַם
grant, *n.* הַעֲנָקָה, תְּמִיכָה, מַתָּנָה, הֲנָחָה
grant, *v.t.* נָתַן, הִנִּיחַ [נוח], הוֹדָה [ידה]
granular, *adj.* מְגֹרְעָן, מְחֻסְפָּס
granulate, *v.t.* & *i.* גִּרְעֵן, פֵּרֵר
granulation, *n.* גִּרְעוּן
granule, *n.* גַּרְגֵּר, פֵּרוּר
grape, *n.* עֵנָב
grapefruit, *n.* אֶשְׁכּוֹלִית
grapevine, *n.* גֶּפֶן
graphite, *n.* אֲבָר
grapnel, *n.* עֹגֶן קָטָן
grapple, *n.* הִתְגּוֹשְׁשׁוּת, נַפְתּוּלִים
grapple, *v.t.* & *i.* אָחַז, תָּפַשׂ; נֶאֱבַק [אבק]
grasp, *v.t.* & *i.* תָּפַס, הֵבִין [בין], הִשִּׂיג [נשג]
grasp, *n.* תְּפִיסָה, הֲבָנָה, הַשָּׂגָה
grass, *n.* עֵשֶׂב, דֶּשֶׁא
grasshopper, *n.* חָגָב, אַרְבֶּה, חַרְגּוֹל
grassy, *adj.* עִשְׂבִּי
grate, *n.* מִכְבָּר, סָרִיג, שְׂבָכָה
grate, *v.t.* & *i.* שִׁפְשֵׁף, גֵּרֵד, הִרְגִּיז [רגז]
grateful, *adj.* אֲסִיר תּוֹדָה
gratefulness, *n.* הַכָּרַת טוֹבָה
gratification, *n.* נַחַת רוּחַ, רִצּוּי, גְּמוּל; הַעֲנָקָה
gratify, *v.t.* גָּמַל, נָתַן שָׂכָר; מִלֵּא תַּאֲוָתוֹ, הִשְׂבִּיעַ [שבע] רָצוֹן־
grating, *n.* בַּרְזִלֵּי הַמִּכְבָּר
gratis, *adv.* חִנָּם, לְלֹא תַּשְׁלוּם
gratitude, *n.* הַכָּרַת תּוֹדָה
gratuitous, *adj.* נִתָּן חִנָּם, מְיֻתָּר

gratuity, *n.* מַתָּת, מַתָּנָה, שַׁי, תְּשׁוּרָה
grave, *adj.* רְצִינִי
grave, *n.* קֶבֶר, אַשְׁמָן
grave, *v.t.* חָרַת, גִּלֵּף, פִּתַּח, פָּסַל
gravedigger, *n.* קַבְּרָן
gravel, *n.* חָצָץ
gravely, *adv.* בִּרְצִינוּת
graven, *adj.* חָרוּת, חָקוּק
gravestone, *n.* נֶפֶשׁ, מַצֵּבָה
graveyard, *n.* בֵּית קְבָרוֹת, מִקְבָּרָה
gravitate, *v.t.* נִמְשַׁךְ [משך]
gravitation, *n.* הִמָּשְׁכוּת, כֹּחַ הַמְּשִׁיכָה, כֹּחַ הַכֹּבֶד
gravity, *n.* מְשִׁיכַת הָאָרֶץ; רְצִינוּת
gravy, *n.* רֹטֶב, צִיר, זָמִית
gray, grey, *adj.* & *n.* אָפֹר, אָמֹץ; שָׂב
graybeard, greybeard, *n.* זָקֵן, אִישׁ שֵׂיבָה
graze, *v.t.* & *i.* רָעָה; נָגַע נְגִיעָה קַלָּה
grazing, *n.* רְעִי, רְעִיָּה, מִרְעֶה
grease, *n.* שֶׁמֶן, חֵלֶב; שֶׁמֶן סִיכָה
grease, *v.t.* שִׁמֵּן, הֵסִיךְ [סוך]; שָׁחַד
greasy, *adj.* שָׁמֵן, שַׁמְנוּנִי
great, *adj.* גָּדוֹל, כַּבִּיר, נַעֲלֶה, חָשׁוּב, מְפֻרְסָם
great-grandchild, *n.* נִין
greatly, *adv.* הַרְבֵּה, בְּמִדָּה מְרֻבָּה
greatness, *n.* גֹּדֶל, גְּדֻלָּה
Grecian, *adj.* יְוָנִי
greed, *n.* תַּאֲוָה, אַהֲבַת בֶּצַע, קְמִיצוּת
greedy, *adj.* מִתְאַוֶּה, קַמְּצָן
Greek, *adj.* & *n.* יְוָנִי, יְוָנִית
green, *adj.* יָרֹק
green, *n.* יֶרֶק
green, *v.t.* & *i.* צָבַע יָרֹק, עָשָׂה יָרֹק; הוֹרִיק [ירק]; דָּשָׁא
greenback, *n.* דּוֹלָר, שְׁטָר „יָרֹק"
greenhorn, *n.* „יָרֹק", בִּלְתִּי מְנֻסֶּה
greenhouse, *n.* חֲמָמָה
greenish, *adj.* יְרַקְרַק
greet, *v.t.* & *i.* דָּרַשׁ בִּשְׁלוֹם, קִבֵּל פְּנֵי אִישׁ בְּבִרְכַּת שָׁלוֹם
greeting, *n.* דְּרִישַׁת (פְּרִיסַת) שָׁלוֹם
grenade, *n.* פְּצָצַת יָד, רִמּוֹן יָד
grey, *v.* gray
grid, *n.* סְבָכָה (לְחַלּוֹן)
griddle, *n.* מַחֲבַת, מַרְחֶשֶׁת
griddlecake, *n.* רְדִידָה, חֲמִיטָה
gridiron, *n.* מִשְׁפָּדָה
grief, *n.* יָגוֹן, תּוּגָה, צַעַר, עָגְמַת נֶפֶשׁ
grievance, *n.* תְּלוּנָה, קֻבְלָנָה
grieve, *v.t.* עָצַב, צִעֵר
grieve, *v.i.* עָגַם, הִתְאַבֵּל [אבל]
grievous, *adj.* מַדְאִיב, מְצַעֵר
grill, *n.* צָלִי (עַל גֶּחָלִים)
grill, *v.t.* & *i.* צָלָה; נִצְלָה [צלה]
grim, *adj.* מַחֲרִיד, זוֹעֵם, נוֹאָשׁ
grimace, *n.* הַעֲוָיָה
grimace, *v.i.* עִוָּה
grime, *n.* לִכְלוּךְ, פִּיחַ
grimy, *adj.* מְלֻכְלָךְ
grin, *v.t.* חִיֵּךְ, צָחַק
grin, *n.* חִיּוּךְ רָחָב, צְחוֹק, צְחוֹק לַעַג
grind, *n.* טְחִינָה, שִׁפְשׁוּף, מֵרוּט; שְׁחִיקָה
grind, *v.t.* & *i.* טָחַן, דָּקַק, שָׁחַק, כָּתַשׁ; הִשְׁחִיז [שחז], שָׁף [שוף]; חָרַק (שִׁנַּיִם)
grinder, *n.* שֵׁן טוֹחֶנֶת; מַשְׁחִיז
grindstone, *n.* אֶבֶן מַשְׁחֶזֶת, מַשְׁחֵזָה
grip, *n.* תְּפִיסָה, לְחִיצָה, לְחִיצַת יָד; יָדִית; שַׁפַּעַת
grip, *v.t.* & *i.* תָּפַס, הֶחֱזִיק [חזק]
gripe, *n.* תְּפִיסָה, לְחִיצָה
grippe, *n.* שַׁפַּעַת
grisly, *adj.* אָיֹם, נוֹרָא

grist, *n.* גֶּרֶשׂ
gristle, *n.* סְחוּס, חַסְחוּס
grit, *n.* חוֹל גַּס; אֶבֶן חוֹל; אֹמֶץ (רוּחַ)
grits, *n. pl.* גְּרִיסִים; דַּיְסָה
grizzly, *adj.* אָפֹר, אַפְרוּרִי
groan, *n.* אֲנָחָה, נְאָקָה, הֶמְיָה
groan, *v.t. & i.* נֶאֱנַח [אנח], גָּנַח, הָמָה
grocer, *n.* בַּעַל מַכֹּלֶת
grocery, *n.* מַכֹּלֶת, חֲנוּת מַכֹּלֶת
grog, *n.* מַשְׁקֶה חָרִיף, יַי"שׁ
groggy, *adj.* שִׁכּוֹר; מִתְנוֹעֵעַ
groin, *n.* מִפְשָׂעָה; זָוִית קַשְׁתִּית
groom, *n.* סַיָּס; שׁוֹשְׁבִין; חָתָן
groom, *v.t.* טִפֵּל; נִקָּה (סוּסִים)
groove, *n.* חָרִיץ, חֶרֶץ, תֶּלֶם
groove, *v.t.* חָרַץ, עָשָׂה חָרִיץ בְּ־
grope, *v.t. & i.* מָשַׁשׁ, גִּשֵּׁשׁ
gross, *n.* תְּרֵיסַר תְּרֵיסָרִים; סַךְ הַכֹּל
gross, *adj.* גָּדוֹל, עָצוּם, עָבֶה, גַּס; נָגִיעַ; תַּאֲוָנִי; טִפְּשִׁי
grotesque, *adj.* מוּזָר, מְשֻׁנֶּה
grotto, *n.* נִקְרָה, נָקִיק, גַּחַר
grouch, *n.* זְעוּם פָּנִים
grouch, *v.i.* רָטַן
ground, *n.* קַרְקַע; אֲדָמָה, אֶרֶץ; נִמּוּק; יְסוֹד, סֶמֶךְ; מִגְרָשׁ (מִשְׂחָקִים)
ground, *v.t. & i.* יִסֵּד, בִּסֵּס; עָלָה עַל שִׂרְטוֹן; חִבֵּר לָאֲדָמָה
groundless, *adj.* חֲסַר יְסוֹד
group, *n.* לַהֲקָה, קְבוּצָה, פְּלֻגָּה
group, *v.t.* הִתְגּוֹדֵד [גדד]
grouse, *n.* קַטְעָה, תַּרְחוֹל
grove, *n.* חֻרְשָׁה, מַטָּע; פַּרְדֵּס
grovel, *v.i.* הִתְרַפֵּס [רפס], זָחַל
grow, *v.t. & i.* גִּדֵּל, הִצְמִיחַ [צמח]; גָּדַל, צָמַח, רָבָה
growl, *n.* נְהִימָה, הִתְמַרְמְרוּת
growl, *v.i.* נָהַם, הִתְלוֹנֵן [לין]

growth, *n.* גִּדּוּל, צְמִיחָה
grub, *n.* זַחַל (גֹּלֶם); מָזוֹן
grub, *v.t. & i.* חָפַר, עָמַל; אָכַל, הֶאֱכִיל [אכל]
grudge, *n.* טִינָה, קִנְאָה
grudge, *v.t.* הָיָה צַר עַיִן, נָטַר, קִנֵּא
gruel, *n.* מִקְפָּא, דַּיְסָה
gruesome, *adj.* מַבְהִיל, אָיֹם
gruff, *adj.* זוֹעֵם, גַּס, קָשֶׁה
grumble, *n.* רִטּוּן, הִתְמַרְמְרוּת
grumble, *v.i.* רָטַן, הִתְאוֹנֵן [אנן]
grumpy, *adj.* מִתְמַרְמֵר, זוֹעֵם, מִתְלוֹנֵן
grunt, *n.* אֲנָקָה, נְאָקָה, צְרִיחָה
grunt, *v.i.* נָאַק, אָנַק; צָרַח
guano, *n.* דִּבְיוֹנִים
guarantee, guaranty, *n.* עֲרֻבָּה, עֵרָבוֹן
guarantee, *v.t.* עָרַב
guard, *n.* (חֵיל) מִשְׁמָר, נוֹטֵר, שׁוֹמֵר
guard, *v.t. & i.* שָׁמַר, נָטַר, נָצַר; נִשְׁמַר [שמר], נִזְהַר [זהר]
guardian, *n.* מַשְׁגִּיחַ, אֶפִּיטְרוֹפּוֹס
guerdon, *n.* שָׂכָר, גְּמוּל, פְּרָס
guerrilla, guerilla, *n.* הִתְגָּרוּת
guess, *n.* סְבָרָה, נִחוּשׁ, הַשְׁעָרָה
guess, *v.t. & i.* נִחֵשׁ, סָבַר, חָשַׁב
guest, *n.* אוֹרֵחַ, קָרוּא
guffaw, *n.* צְחוֹק עַז (קוֹלָנִי)
guidance, *n.* הַדְרָכָה, הַנְהָגָה
guide, *n.* מַדְרִיךְ, מוֹרֵה דֶרֶךְ, מַנְהִיג
guide, *v.t.* הִדְרִיךְ [דרך], חִנֵּךְ, נָחָה
guidebook, *n.* מַדְרִיךְ
guild, gild, *n.* אַחֲוָה, הִתְאַחֲדוּת, חֶבְרָה
guile, *n.* הוֹנָאָה, עָרְמָה
guileful, *adj.* כּוֹזֵב
guileless, *adj.* זַךְ, תָּם
guillotine, *n.* מַעֲרֶפֶת, גַּרְדּוֹם, מַכְרֵתָה
guillotine, *v.t.* עָרַף, כָּרַת (רֹאשׁ)
guilt, *n.* אַשְׁמָה, עֲבֵרָה, רִשְׁעָה

guiltiness, *n.* עָוֹן, אָוֶן, רֶשַׁע, פֶּשַׁע
guilty, *adj.* אָשֵׁם, חַיָּב
guinea pig, *n.* חֲזִיר יָם
guise, *n.* מַרְאֶה, דְּמוּת, מַסְוֶה, מַסֵּכָה
guitar, *n.* קַתְרוֹס
gulch, *n.* בְּקִיעַ הָרִים, גַּיְא
gulf, *n.* מִפְרָץ, לְשׁוֹן יָם
gull, *n.* שַׁחַף
gull, *v.t.* רִמָּה
gullet, *n.* וֶשֶׁט, בֵּית הַבְּלִיעָה
gullible, *adj.* נוֹחַ לְהַאֲמִין, מַאֲמִין לַכֹּל
gully, *n.* עָרוּץ, תְּעָלָה מְלָאכוּתִית
gulp, *n.* לֶגֶם, לְגִימָה גְּדוֹלָה, עִלּוּעַ
gulp, *v.t.* גִּמַּע, לָגַם, עִלַּע
gum, *n.* צֶמֶג; שְׂרָף; לַעַס
gum, *v.t.* צָמַג; הִדְבִּיק [דבק]
gummy, *adj.* צָמִיג, דָּבִיק
gumption, *n.* תְּבוּנָה
gums, *n. pl.* חֲנִיכַיִם, חֲנִכַּיִם
gun, *n.* רוֹבֶה, קְנֵה רוֹבֶה; תּוֹתָח
gun, *v.t.* יָרָה
gunboat, *n.* סִירַת תּוֹתָחִים
gunfire, *n.* אֵשׁ תּוֹתָחִים
gunman, *n.* שׁוֹדֵד מְזֻיָּן
gunner, *n.* תּוֹתְחָן, מְקַלְעָן
gunnery, *n.* תּוֹתְחָנוּת
gunpowder, *n.* בֶּרֶד, אֲבַק שְׂרֵפָה
gunshot, *n.* טְוָח (מְטַחֲוֵה) רוֹבֶה
gunsmith, *n.* נַשָּׁק
gurgle, *n.* גִּרְגּוּר
gurgle, *v.i.* גִּרְגֵּר
gush, *v.t. & i.* נָבַע; נָמוֹג [מוג] (דְּמָעוֹת)
gush, *n.* מַבּוּעַ, שֶׁטֶף
gust, *n.* טַעַם; זִנּוּק; סוּפַת פִּתְאוֹם, רוּחַ תְּזָזִית
gut, *v.t.* רִטֵּשׁ (בֶּטֶן), שָׁפַךְ (הוֹצִיא) מֵעַיִם
guts, *n. pl.* מֵעַיִם, קְרָבַיִם; הֶעָזָה, אֹמֶץ (רוּחַ)
gutter, *n.* סִילוֹן; בִּיב, תְּעָלָה; מַזְחִילָה
guttural, *adj.* מִבְטָא גְּרוֹנִי
guy, *n.* בַּרְנַשׁ
guy, *v.t.* עָשָׂה לִצְחוֹק, הִתְלוֹצֵץ [ליץ]
guzzle, *v.i.* זָלַל
gymnasium, *n.* מִדְרָשָׁה, בֵּית סֵפֶר תִּיכוֹנִי; אוּלָם הִתְעַמְּלוּת
gymnast, *n.* מִתְעַמֵּל
gymnastics, *n. pl.* הִתְעַמְּלוּת
gynecology, gynaecology, *n.* יְדִיעַת מַחֲלוֹת נָשִׁים
gypsum, *n.* גֶּבֶס
gypsy, gipsy, *n.* צוֹעֲנִי, צוֹעֲנִית
gyrate, *v.i.* הִסְתּוֹבֵב [סבב], הִתְגַּלְגֵּל [גלגל]
gyration, *n.* הִסְתּוֹבְבוּת
gyve, *n.* (*pl.*) סַד, אֲזִקִּים
gyve, *v.t.* שָׂם [שים] בַּסַּד, אָסַר (בַּאֲזִקִּים)

H, h

H, h, *n.* אֵיטְשׁ, הָאוֹת הַשְּׁמִינִית בָּאָלֶף בֵּית הָאַנְגְּלִי; שְׁמִינִי, ח׳
haberdasher, *n.* סִדְקִי (סִדְקָן)
haberdashery, *n.* סִדְקִית
habit, *n.* מִנְהָג, הֶרְגֵּל; לְבוּשׁ, מַלְבּוּשׁ
habitable, *adj.* רָאוּי לִמְגוּרִים
habitant, *n.* תּוֹשָׁב, דַּיָּר
habitat, *n.* מָעוֹן, מָגוֹר, מִשְׁכָּן, מָדוֹר
habitation, *n.* בַּיִת, דִּירָה
habitual, *adj.* רָגִיל, הֶרְגֵּלִי
habituate, *v.t.* הִרְגִּיל [רגל]
hack, *v.t. & i.* קִצֵּץ, קָרַע לִגְזָרִים

hack, hackney, *n.* סוּס עֲבוֹדָה, כִּרְכָּרָה
hackle, *n.* נוֹצָה אֲרֻכָּה (בְּצַוַּאר הָעוֹף)
haddock, *n.* חֲמוֹר יָם
Hades, *n.* שְׁאוֹל, גֵּיהִנּוֹם
haemorrhoids, *v.* hemorrhoids
haemorrhage, *v.* hemorrhage
haft, *n.* נִצָּב, יָדִית
hag, *n.* אִשָּׁה מְכֹעֶרֶת, מְכַשֵּׁפָה, זְקֵנָה בָּלָה
haggard, *adj.* דַּל, רַע הַמַּרְאֶה
haggle, *n.* תִּגּוּר, תִּגְרָה
haggle, *v.i.* תִּגֵּר, עָמַד עַל הַמִּקָּח
Hagiographa, *n.pl.* כְּתוּבִים, דִּבְרֵי קֹדֶשׁ
hail, *n.* בָּרָד
hail, *v.t.* & *i.* בֵּרֵךְ בְּשָׁלוֹם; בָּרַד
hailstone, *n.* אֶבֶן הַבָּרָד, אֶלְגָּבִישׁ, חֲנָמַל
hailstorm, *n.* סוּפַת בָּרָד
hair, *n.* שְׂעָרוֹת, שַׂעֲרָה, שֵׂעָר, נִימָה
haircut, *n.* תִּסְפֹּרֶת
hairdresser, *n.* סַפָּר, סַפֶּרֶת
hairpin, *n.* מַכְבֵּנָה, סִכַּת רֹאשׁ
hairy, *adj.* שָׂעִיר
hake, *n.* דָּג הַזְּוִי
halcyon, *adj.* שָׁלֵו, שׁוֹקֵט
hale, *adj.* בָּרִיא, שָׁלֵם
half, *n.* חֲצִי, מֶחֱצָה, מַחֲצִית
halibut, *n.* פּוּטִית
hall, *n.* אוּלָם; מָבוֹא, מִסְדְּרוֹן
hallelujah, halleluiah, *n.* הַלְלוּיָהּ
hallow, *v.t.* קִדֵּשׁ, הִקְדִּישׁ [קדש]
hallucination, *n.* חֲזוֹן תַּעְתּוּעִים, דִּמְיוֹן כּוֹזֵב, דִּמְיוֹן שָׁוְא שֶׁל זֹהַר
halo, *n.* הִלָּה, עֲטָרָה
halt, *n.* צְלִיעָה, פְּסִיחָה; הַפְסָקָה, מְקוֹם עֲמִידָה
halt, *v.t.* & *i.* עָמַד מִלֶּכֶת, נָח [נוח]; פָּסַח, צָלַע; מָעַד

halter, *n.* אַפְסָר; חֶבֶל תְּלִיָּה
halve, *v.t.* חִצָּה, חָצָה, חִלֵּק לִשְׁנַיִם
ham, *n.* עַרְקֹב, שׁוֹק חֲזִיר, אַרְכֻּבָּה
hamburger, *n.* קְצִיצָה, בְּשַׂר קָצוּץ
hamlet, *n.* כְּפָר קָטָן
hammer, *n.* פַּטִּישׁ, מַקֶּבֶת, הַלְמוּת, קֻרְנָס
hammer, *v.t.* & *i.* הִכָּה בְּפַטִּישׁ, רִדֵּד, הָלַם
hammock, *n.* עַרְסָל
hamper, *n.* סַלְסִלָּה, סַל נְצָרִים
hamper, *v.t.* עִכֵּב, עָצַר
hamstring, *n.* & *v.t.* גִּיד הַבֶּרֶךְ; עִקֵּר (סוּס, פַּר)
hand, *n.* יָד; כַּף; מָחוֹג (שָׁעוֹן); מִשְׂחָק (קְלָפִים)
at hand קָרוֹב
hand, *v.t.* מָסַר, נָתַן, הִסְגִּיר [סגר]
handbill, *n.* מוֹדָעִית, מוֹדָעַת יָד
handcuffs, *n. pl.* אֲזִקִּים, נְחֻשְׁתַּיִם
handcuff, *v.t.* אָסַר בַּאֲזִקִּים
handful, *n.* חֹפֶן, מְלֹא הַיָּד
handicap, *n.* מִכְשׁוֹל, פּוּקָה, קֹשִׁי
handicraft, *n.* אֻמָּנוּת, מְלֶאכֶת יָד
handkerchief, *n.* מִמְחָטָה, מִטְפַּחַת
handle, *n.* יָדִית, אֹחֶז, אֹזֶן, קַת (רוֹבֶה)
handle, *v.t.* נָגַע; טִפֵּל בְּ־, מִשֵּׁשׁ; הִתְעַסֵּק [עסק]
handsome, *adj.* יָפֶה, נָאֶה, שַׁפִּיר
handwork, *n.* מְלֶאכֶת יָד
handwriting, *n.* כְּתַב יָד
handy, *adj.* מוֹעִיל, שִׁמּוּשִׁי
hang, *n.* תְּלִיָּה, צְלִיבָה
hang, *v.t.* & *i.* תָּלָה, הָיָה תָּלוּי, צָלַב
hangar, *n.* מוּסָךְ, מוּסַךְ לִמְטוֹסִים
hanger, *n.* תַּלְיָן; מַתְלֶה, תְּלִי, קֹלֶב
hangman, *n.* תַּלְיָן, טַבָּח
hang-over, *n.* & *adj.* הִתְפַּכְּחוּת

hank, *n.* פְּקַעַת
hanker, *v.i.* הִשְׁתּוֹקֵק [שקק], הִתְאַוָּה [אוה]
hansom, *n.* מֶרְכָּבָה
hap, *n.* מְאֹרָע, מִקְרֶה
haphazard, *n.*, *adj.* & *adv.* מִקְרֶה, הִזְדַּמְּנוּת; אֲרָעִי; בְּמִקְרֶה
haphtarah, *n.* הַפְטָרָה
hapless, *adj.* מִסְכֵּן, אֻמְלָל
haply, *adv.* בְּמִקְרֶה
happen, *v.i.* קָרָה, אֻנָּה, הָיָה, נִהְיָה [היה]
happily, *adv.* בְּדֶרֶךְ (נֵס) מַזָּל, לְאָשְׁרוֹ
happiness, *n.* אֹשֶׁר, הַצְלָחָה
happy, *adj.* מְאֻשָּׁר, שָׂמֵחַ
harangue, *n.* נְאוּם נִלְהָב
harass, *v.t.* הֵצִיק [צוק], הִרְגִּיז [רגז]; עִיֵּף, מוֹטֵט [מוט], הִלְאָה [לאה]
harbinger, *n.* מַכְרִיז, כָּרוֹז, מְבַשֵּׂר
harbor, harbour, *n.* נָמָל, נָמֵל
harbor, harbour, *v.t.* & *i.* נָתַן מַחְסֶה, אִכְסֵן, צָפַן בְּלִבּוֹ, טָמַן בְּחֻבּוֹ
harborage, harbourage, *n.* נָמָל, מַעֲגָנָה
hard, *adj.* & *adv.* קָשֶׁה; חָזָק; בְּקֹשִׁי
harden *v.t.* הִקְשָׁה [קשה], חִזֵּק, חִסֵּם
harden, *v.i.* הִתְקַשָּׁה [קשה] הָיָה קָשֶׁה, הִתְאַכְזֵר [אכזר]
hardhearted, *adj.* קְשֵׁה לֵב, קָשֶׁה
hardihood, *n.* גְּבוּרָה, אֹמֶץ; חֻצְפָּה, עַזּוּת (פָּנִים)
hardness, *n.* קַשְׁיוּת; גַּסּוּת
hardship, *n.* עָמָל, יְגִיעָה, דַּחֲקוּת, קֹשִׁי
hardware, *n.* כְּלֵי (מַכְשִׁירֵי) בַּרְזֶל
hardy, *adj.* עַז, חָזָק
hare, *n.* אַרְנָב, אַרְנֶבֶת
harebell, *n.* פַּעֲמוֹנִית
harem, *n.* הַרְמוֹן
hark, *v.i.* הִקְשִׁיב [קשב], שָׁמַע
harken, hearken, *v.i.* הִקְשִׁיב [קשב], שָׁמַע
harlequin, *n.* לֵיצָן, מוּקְיוֹן
harlot, *n.* זוֹנָה, קְדֵשָׁה
harm, *n.* רָעָה; נֶזֶק
harm, *v.t.* הֵרַע [רעע], הִזִּיק [נזק]
harmful, *adj.* רַע, מַזִּיק
harmless, *adj.* בִּלְתִּי מַזִּיק; חַף, תָּמִים
harmonic, *adj.* מַתְאִים
harmonica, *n.* מַפּוּחִית
harmonize, *v.t.* הִתְאִים [תאם], הִסְכִּים [סכם]
harmony, *n.* הַתְאָמָה, הֶסְכֵּם, אַחְדּוּת
harness, *n.* & *v.t.* רִתְמָה; רָתַם
harp, *n.* נֶבֶל, נֵבֶל
harper, harpist, *n.* פּוֹרֵט בְּנֵבֶל
harpoon, *n.* רֹמַח דַּיָּגִים, צִלְצָל
harpoon, *v.t.* דָּג (צָד) בְּצִלְצָל
harpsichord, *n.* פְּסַנְתֵּרִיּוֹן
harrow, *n.* מַשְׂדֵּדָה
harrow, *v.t.* שִׂדֵּד; הֵעִיק [עוק], הֵצִיק [צוק]
harry, *v.t.* & *i.* בָּזַז, שָׁסָה; הִקְנִיט [קנט], קִנְטֵר
harsh, *adj.* גַּס; מַחְמִיר, אַכְזָרִי
harshness, *n.* גַּסּוּת, אַכְזָרִיּוּת
hart, *n.* אַיָּל
harvest, *n.* אָסִיף, קָצִיר, בָּצִיר (עֲנָבִים), גְּדִירָה (תְּמָרִים), מָסִיק (זֵיתִים), קְצִיעָה (תְּאֵנִים)
harvest, *v.t.* קָצַר, אָסַף, בָּצַר, גָּדַר, מָסַק, קָצַע
harvester, *n.* קוֹצֵר, מְאַסֵּף, בּוֹצֵר, גּוֹדֵר, מוֹסֵק, קַצָּע; קַצֶּרֶדֶשׁ
hash, *n.* & *v.t.* פְּרִימָה; קִצֵּץ, פֵּרֵם
hassock, *n.* הֲדוֹם
haste, *n.* מְהִירוּת; חִפָּזוֹן, פְּזִיזוּת

hasten, *v.t.* & *i.* מַהֵר, הֵחִישׁ [חוש], הֵאִיץ [אוץ]; חָשׁ [חוש], אָץ [אוץ]

hastily, *adv.* בִּמְהִירוּת, חִישׁ

hasty, *adj.* נִמְהָר, בָּהוּל, נֶחְפָּז

hat, *n.* כּוֹבַע, מִגְבַּעַת

hatch, *n.* בְּרֵיכָה; פֶּתַח־אֳנִיָּה

hatch, *v.t.* דָּגַר, הִדְגִּיר [דגר]; זָמַם; נִבְקַע [בקע]; נִדְגַּר [דגר]

hatchery, *n.* מַדְגֵּרָה

hatchet, *n.* קַרְדֹּם, גַּרְזֶן

hate, *n.* אֵיבָה, שִׂנְאָה, טִינָה

hateful, *adj.* נִמְאָס, בָּזוּי

hater, *n.* שׂוֹנֵא, אוֹיֵב

hatred, *n.* שִׂנְאָה, אֵיבָה

hatter, *n.* כּוֹבְעָן

haughtiness, *n.* רָמוּת, יְהִירוּת, רַהַב, גַּאַוְתָנוּת

haughty, *adj.* יָהִיר, גֵּא

haul, *n.* מְשִׁיכָה, גְּרִירָה, סְחִיבָה, הַעֲלָאָה

haul, *v.t.* מָשַׁךְ, סָחַב, גָּרַר

haunch, *n.* יָרֵךְ, מֹתֶן

haunt, *n.* מָקוֹם מְבֻקָּר

haunt, *v.t.* בִּקֵּר בִּקְבִיעוּת

have, *v.t.* הָיָה לְ־

haven, *n.* נָמָל; מִבְטָח, מִקְלָט

haversack, *n.* תַּרְמִיל, יַלְקוּט, אַמְתַּחַת

havoc, *n.* הֶרֶס, הַשְׁמָדָה

hawk, *n.* אַיָּה, נֵץ; כִּעְכּוּעַ

hawk, *v.t.* & *i.* כִּעְכֵּעַ; רָכַל; פֵּרַח (נֵץ)

hawker, *n.* רוֹכֵל; מַפְרִיחַ נִצִּים (צַיָּד)

hawthorn, *n.* אָטָד

hay, *n.* חָצִיר, מִסְפּוֹא יָבֵשׁ

haycock, *n.* עֲרֵמַת חָצִיר

hazard, *n.* מְאֹרָע, מִקְרֶה; סִכּוּן

hazard, *v.t.* סִכֵּן

hazardous, *adj.* מְסֻכָּן

haze, *n.* עֲרָפֶל

hazel, hazelnut, *n.* אִלְסָר

hazy, *adj.* מְעֻרְפָּל, עַרְפִּלִּי, אֵדִי

he, *pron.* הוּא

head, *adj.* רִאשׁוֹן, עִקָּרִי, רָאשִׁי

head, *n.* רֹאשׁ; גֻּלְגֹּלֶת

head, *v.t.* & *i.* יָשַׁב (עָמַד בְּ) רֹאשׁ, נִהֵל

headache, *n.* מֵחוֹשׁ (כְּאֵב) רֹאשׁ

headlight, *n.* פָּנַס (קִדְמִי) חֲזִית

headline, *n.* כּוֹתֶרֶת

headmaster, *n.* מְנַהֵל בֵּית סֵפֶר

headquarters, *n.* מִפְקָדָה, מַטֶּה

headsman, *n.* תַּלְיָן, טַבָּח

headstrong, *adj.* עַקְשָׁנִי

headway, *n.* הִתְקַדְּמוּת

heady, *adj.* פָּזִיז, נֶחְפָּז, נִמְהָר; מְשַׁכֵּר

heal, *v.t.* & *i.* נִרְפָּא [רפא], רִפֵּא, הִתְרַפֵּא [רפא]

healer, *n.* מְרַפֵּא

healing, *n.* רִפּוּי

health, *n.* בְּרִיאוּת, קַו הַבְּרִיאוּת

healthy, *adj.* בָּרִיא, שָׁלֵם, חָזָק

heap, *n.* עֲרֵמָה, גַּל, עֹמֶר, תֵּל

heap, *v.t.* צָבַר, עָרַם, גִּבֵּב, גִּדֵּשׁ, הִכְבִּיר [כבר]

hear, *v.t.* & *i.* הֶאֱזִין [אזן], הִקְשִׁיב [קשב], שָׁמַע, נִשְׁמַע [שמע]

hearing, *n.* שְׁמִיעָה, חוּשׁ הַשְּׁמִיעָה; חֲקִירָה וּדְרִישָׁה

hearken, harken, *v.i.* הִקְשִׁיב [קשב], שָׁמַע

hearsay, *n.* שְׁמוּעָה

hearse, *n.* מִטָּה, אֲרוֹן מֵתִים

heart, *n.* לֵב, לִבָּה, לֵבָב

heartache, *n.* צַעַר, כְּאֵב לֵב

heartbeat, *n.* דֹּפֶק לֵב

heartbreak, *n.* שִׁבְרוֹן לֵב

heartbroken, *adj.* שְׁבוּר לֵב

heartburn, *n.* צָרֶבֶת

heartfelt, *adj.* לְבָבִי

hearth, *n.* אָח, מוֹקֵד
heartiness, *n.* לְבָבִיּוּת
heartless, *adj.* אַכְזָרִי
heat, *n.* חֹם, חַמָּה, חֲמִימוּת, שָׁרָב
heat, *v.t. & i.* הֵחֵם [חמם], הִתְחַמֵּם [חמם]; לִבֵּן; הִסִּיק [נסק]
heater, *n.* מְחַמֵּם
heath, *n.* עַרְעָר
heathen, *n.* עַכּוּ"ם: עוֹבֵד כּוֹכָבִים וּמַזָּלוֹת, עוֹבֵד אֱלִילִים
heather, *n.* אַבְרָשׁ
heave, *n.* הֲרָמָה, הַשְׁלָכָה, הִתְרוֹמְמוּת
heave, *v.t. & i.* רָגַע, הִשְׁלִיךְ [שלך], הֵנִיף [נוף], הִתְרוֹמֵם [רום], הִתְגָּעֵשׁ [געש], הִתְעַמֵּל [עמל]; הֵקִיא [קיא]
heaven, *n.* שָׁמַיִם, רָקִיעַ, שַׁחַק
heavenly, *adj.* שְׁמֵימִי; אֱלֹהִי, נִפְלָא
heavily, *adv.* בִּכְבֵדוּת, בְּקשִׁי
heaviness, *n.* כֹּבֶד, מִשְׁקָל, כְּבֵדוּת
heavy, *adj.* כָּבֵד, חָמוּר, סָמִיךְ
Hebraic, *adj.* עִבְרִי
Hebraize, *v.t. & i.* עִבְרֵר, הִתְעַבְרֵר [עברר]
Hebrew, *n. & adj.* עִבְרִי, עִבְרִית, לְשׁוֹן הַקֹּדֶשׁ
heckle, *v.t.* הִטְרִיד [טרד] בִּשְׁאֵלוֹת,
hectic, *adj. & n.* קוֹדֵחַ, מְכַלֶּה; שֶׁל מֶזֶג הַגּוּף; עַז, עִזּוּזִי; קַדַּחַת חוֹזֶרֶת
hedge, *n.* סְיָג, מְסוּכָה
hedge, *v.t.* גָּדַר, כִּתֵּר
hedgehog, *n.* קִפּוֹד
heed, *n. & v.t.* תְּשׂוּמֶת לֵב, הַקְשָׁבָה; שָׂם [שים] לֵב, הִקְשִׁיב [קשב]
heedful, *adj.* זָהִיר, מִתְחַשֵּׁב
heedless, *adj.* בִּלְתִּי זָהִיר, מְזַלְזֵל
heel, *n.* עָקֵב
heel, *v.t. & i.* נָטָה; הִטָּה [נטה] (אֳנִיָּה); תָּפַר (עָקֵב)

hegira, hejira, *n.* (שְׁנַת הַ) מְנוּסָה, (סְפִירַת הַשָּׁנִים הַמֻּסְלְמִית)
heifer, *n.* עֶגְלַת בָּקָר
height, hight, *n.* גֹּבַהּ, שִׂיא, מָרוֹם
heighten, *v.t.* הִגְבִּיהַּ [גבה], רוֹמֵם [רום], הִגְבִּיר [גבר], הִשְׁבִּיחַ [שבח]
heinous, *adj.* נִבְזֶה, מָאוּס; עָצוּם; אָיֹם
heir, *n.* יוֹרֵשׁ
heiress, *n.* יוֹרֶשֶׁת
heirloom, *n.* יְרֻשָּׁה, תּוֹרָשָׁה
helicopter, *n.* מַסּוֹק
hell, *n.* שְׁאוֹל, גֵּיהִנּוֹם, תָּפְתֶּה
hello, *n.* הָלוֹ (בִּרְכַּת שָׁלוֹם)
helm, *n.* הֶגֶה
helmet, *n.* קַסְדָּה, כּוֹבַע פְּלָדָה
helmsman, *n.* נַוָּט
helot, *n.* עֶבֶד
helotry, *n.* עַבְדוּת
help, *n.* עֵזֶר, עֶזְרָה, יְשׁוּעָה, סִיּוּעַ, תְּמִיכָה; תְּרוּפָה; שֵׁרוּת; מְשָׁרֵת
help, *v.t. & i.* עָזַר, סִיַּע; תָּמַךְ; שֵׁרֵת; רִפֵּא; חִלֵּק מָנוֹת (אֹכֶל)
helper, *n.* מוֹשִׁיעַ, עוֹזֵר
helpful, *adj.* עוֹזֵר, מוֹעִיל; מְרַפֵּא
helpless, *adj.* חֲסַר עֵזֶר, מִסְכֵּן, אֻמְלָל; אֵין אוֹנִים, רָפֶה
helpmate, *n.* עֵזֶר כְּנֶגֶד, אִשָּׁה; עוֹזֵר
helve, *n.* יָדִית, נִצָּב, קַת
hem, *n.* אִמְרָה, מְלָל
hem, *v.t. & i.* עָשָׂה אִמְרָה (מְלָל), מִלֵּל, כִּחְכֵּחַ, גִּמְגֵּם
hemisphere, *n.* חֲצִי כַּדּוּר הָאָרֶץ
hemlock, *n.* עֵשֶׂב אַרְסִי; רוֹשׁ אֲשׁוּחַ
hemorrhage, haemorrhage, *n.* דִּמּוּם
hemorrhoids, haemorrhoids, *n. pl.* טְחוֹרִים, תַּחְתוֹנִיּוֹת, עֳפָלִים
hemp, *n.* קַנְבּוֹס
hemstitch, *n.* חֲצִי (פֶּלֶג) חָרוּז

hen, *n.* תַּרְנְגֹלֶת
hence, *adv.* מֵעַתָּה; לָכֵן, לְפִיכָךְ
henceforth, henceforward, *adv.* מֵעַתָּה וְהָלְאָה, מִכָּאן וְאֵילָךְ (וּלְהַבָּא)
henchman, *n.* מְשָׁרֵת, שַׁמָּשׁ; חָסִיד
hen coop, hen house לוּל
henna, *n.* יַחְנוּן
henpeck, *v.t.* קִנְטֵר
her, *pron.* שֶׁלָּהּ, אוֹתָהּ
herald, *n.* כָּרוֹז, שָׁלִיחַ, מְבַשֵּׂר
herb, *n.* עֵשֶׂב, צֶמַח
herbaceous, *adj.* עִשְׂבִּי, מְכֻסֶּה עֵשֶׂב
herd, *n.* עֵדֶר, מִקְנֶה
herd, *v.i.* הָיָה לְעֵדֶר, הִתְאַסֵּף [אסף]
herdsman, herder, *n.* בּוֹקֵר, נוֹקֵד
here, *adv.* כָּאן, פֹּה
hereafter, *n.* עוֹלָם הַבָּא
hereafter, *adv.* מֵעַתָּה וְהָלְאָה
hereby, *adv.* בָּזֶה, עַל יְדֵי זֶה
hereditary, *n.* יְרֻשִּׁי, עוֹבֵר בִּירֻשָּׁה
heredity, *n.* מוֹרָשָׁה, יְרֻשָּׁה, תּוֹרָשָׁה
herein, hereon, *adv.* בָּזֶה
hereof, *adv.* מִזֶּה
heresy, *n.* כְּפִירָה
heretic, *adj.* כּוֹפֵר
heretofore, *adv.* לִפְנֵי כֵן
herewith, *adv.* בָּזֶה, בְּזֹאת
heritage, *n.* יְרֻשָּׁה
hermaphrodite, *n.* דּוּ־מִינִי, אַנְדְּרוֹגִינוֹס
hermetic, *adj.* סָגוּר וּמְסֻגָּר
hermit, *n.* פָּרוּשׁ, נָזִיר, מִתְבּוֹדֵד, הֲרָרִי
hermitage, *n.* מִנְזָר, בֵּית הַפָּרוּשׁ
hero, *n.* גִּבּוֹר
heroic, *adj.* גִּבּוֹרִי
heroine, *n.* גִּבּוֹרָה
heroism, *n.* גְּבוּרָה
heron, *n.* אֲנָפָה
herring, *n.* דָּג מָלוּחַ

hesitate, *v.i.* הִסֵּס
hesitation, *n.* הִסּוּס
heterodox, *adj.* כּוֹפֵר, מִין, אֶפִּיקוֹרוֹס
heterodoxy, *n.* כְּפִירָה, מִינוּת, אֶפִּיקוֹרְסוּת
heterogeneous, *adj.* מֻרְכָּב, רַבְגּוֹנִי
hew, *v.t.* חָטַב, כָּרַת, חָצַב, חָקַק, פָּסַל, סִתֵּת
hexagon, *n.* מְשֻׁשֶּׁה
Hexateuch, *n.* שֵׁשֶׁת הַסְּפָרִים (חֲמִשָּׁה וְסֵפֶר יְהוֹשֻׁעַ)
heyday, *n.* שִׂיא, פִּסְגָּה
hibernate, *v.i.* חָרַף
hiccup, hiccough, *n.* שִׁהוּק
hickory, *n.* אֱגוֹזָה אֲמֵרִיקָאִית
hidden, *adj.* טָמוּן
hide, *n.* עוֹר, שֶׁלַח
hide, *v.t.* & *i.* הִסְתִּיר [סתר], הֶחְבִּיא [חבא], הִצְפִּין [צפן], הִטְמִין [טמן], הִסְתַּתֵּר [סתר], הִתְחַבֵּא [חבא]
hideous, *adj.* מְכֹעָר, אָיֹם, גֹּעֲלִי
hideousness, *n.* כִּעוּר
hie, *v.t.* & *i.* מִהֵר, הֵחִישׁ [חוש] הֵאִיץ [אוץ]
hierarchy, *n.* שִׁלְטוֹן הַכְּהֻנָּה
hieroglyph, hieroglyphic, *n.* כְּתָב (חַשָּׁאִים) חַרְטֻמִּים
high, *adj.* גָּבֹהַּ, רָם; נַעֲלֶה, נִשָּׂא; נִשָּׂא, יָהִיר; תַּקִּיף; שִׁכּוֹר
high, *n.* & *adv.* גֹּבַהּ; מָרוֹם; לְמַעְלָה
highland, *n.* רָמָה
high school מִדְרָשָׁה, בֵּית סֵפֶר תִּיכוֹן
highway, *n.* כְּבִישׁ
highwayman, *n.* שׁוֹדֵד דְּרָכִים
hike, *n.* טִיּוּל, הֲלִיכָה; עֲלִיָּה (מְחִיר)
hike, *v.t.* טִיֵּל; הֶעֱלָה [עלה] (מְחִיר)
hilarious, *adj.* צוֹהֵל, עַלִּיז
hilarity, *n.* צָהֳלָה, מָשׂוֹשׂ, חֶדְוָה

hill, *n.* גִּבְעָה, תֵּל

hillock, *n.* גַּבְשׁוּשִׁית

hilt, *n.* נִצָּב, קַת

hilly, *adj.* הֲרָרִי

him, *pron.* אוֹתוֹ

himself, *pron.* (הוּא) בְּעַצְמוֹ (בְּגוּפוֹ)

hin, *n.* הִין (6.810 לִיטְרִים)

hind, hinder, *adj.* אֲחוֹרִי, אֲחוֹרַנִּי

hind, *n.* אַיָּלָה, צְבִיָּה; אִכָּר שָׂכִיר

hinder, *v.t. & i.* עִכֵּב, מָנַע

hindrance, *n.* מִכְשׁוֹל, הַפְרָעָה

hinge, *n.* צִיר

hinge, *v.t. & i.* עָשָׂה (סָבַב עַל) צִיר

hint, *n.* רֶמֶז

hint, *v.t. & i.* רָמַז, רִמֵּז, נִרְמַז [רמז]

hip, *n.* יָרֵךְ

hippodrome, *n.* זִירַת סוּסִים

hippopotamus, *n.* בְּהֵמוֹת, סוּס הַיְאוֹר

hire, *n. & v.t.* שָׂכָר, מַשְׂכֹּרֶת, שְׂכִירוּת, מְחִיר; שָׂכַר

hireling, *n.* שָׂכִיר

his, *pron.* שֶׁלּוֹ

hiss, *v.t. & i.* שָׁרַק, רָטַן

historian, *n.* כּוֹתֵב דִּבְרֵי הַיָּמִים

historical, *adj.* שֶׁל דִּבְרֵי הַיָּמִים, הִסְטוֹרִי

history, *n.* דִּבְרֵי הַיָּמִים; תּוֹלָדוֹת

hit, *n.* מַכָּה, סְטִירָה; פְּגִיעָה; הַצְלָחָה

hit, *v.t. & i.* הִכָּה, הִתְנַגֵּשׁ [נגש]; נָגַע; קָלַע, פָּגַע

hitch, *n.* מִכְשׁוֹל, נֶגֶף; קֶשֶׁר; נְסִיעַת חִנָּם

hitch, *v.t. & i.* קָשַׁר, חִבֵּר, הֵזִיז [זוז]

hither, *adv.* הֵנָּה, הֲלוֹם, לְכָאן

hitherto, *adv.* עַד, עַד עַתָּה

hive, *n.* כַּוֶּרֶת

hives, *n.* אַסְכָּרָה; חָרֶלֶת

hoar, *adj.* לְבַנְבַּן, אָפֹר, שָׂב

hoard, *n.* אוֹצָר, מַחְסָן נִסְתָּר

hoard, *v.t. & i.* גָּנַז, אָגַר, הִצְנִיעַ [צנע]

hoarfrost, *n.* כְּפוֹר

hoarse, *adj.* צָרוּד

hoary, *adj.* לְבַנְבַּן, אָפֹר, שָׂב

hoax, *n.* תַּרְמִית, כָּזָב, תַּעְתּוּעַ

hoax, *v.t.* הוֹנָה [ינה], רִמָּה, תִּעְתַּע

hobble, *v.t. & i.* צָלַע; אָסַר, כָּבַל

hobby, *n.* תַּחְבִּיב; סְיָח, סוּס

hobgoblin, *n.* רוּחַ, שֵׁד, מִפְלֶצֶת

hobo, *n.* אוֹרֵחַ פּוֹרֵחַ, נוֹדֵד

hock, *n.* קַרְסֹל הַסּוּס; יַיִן לָבָן

hockey, *n.* הוֹקֵי

hocus-pocus, *n.* אֲחִיזַת עֵינַיִם, גְּנֵבַת דַּעַת

hod, *n.* אֵבוּס הַבַּנַּאי, עֲרֵבָה

hoe, *n.* מַעְדֵּר, מַכּוֹשׁ

hoe, *v.t. & i.* עָדַר, עִדֵּר, עָזַק, נִכֵּשׁ

hog, *n.* חֲזִיר; גַּרְגְּרָן

hoggish, *adj.* חֲזִירִי, גַּס, כִּילַי

hoist, *n.* הֲנָפָה, הֲרָמָה

hoist, *v.t.* הֵנִיף [נוף], הֵרִים [רום]

hold, *n.* אֲחִיזָה; סַפְנֶה, תַּחְתִּית אֳנִיָּה

hold, *v.t. & i.* אָחַז, עָצַר; סָבַר, דָּבַק, הֶחֱזִיק [חזק]

holder, *n.* מַחֲזִיק

holding, *n.* הַשְׁפָּעָה; תֹּקֶף; רְכוּשׁ

hole, *n.* חוֹר, נֶקֶב

holiday, holyday, *n.* חַג, מוֹעֵד, יוֹם טוֹב

holiness, *n.* קֹדֶשׁ, קְדֻשָּׁה

Holland, *n.* הוֹלַנְד

hollow, *adj.* חָלוּל, נָבוּב; כּוֹזֵב

hollow, *n.* חָלָל; בּוֹר

hollowness, *n.* נְבִיבוּת, רֵיקוּת; תַּרְמִית

holly, *n.* אֶדֶר

hollyhock, *n.* הַרְאָנָה, הַרְאָנַת אֲגַמִּים

holocaust, *n.* טֶבַח, הֶרֶג רַב

holster, *n.* נַרְתִּיק אֶקְדָּח

holy, *adj. & n.* קָדוֹשׁ; מִקְדָּשׁ

holyday, holiday, *n.* חַג, מוֹעֵד, יוֹם טוֹב
Holy Land אֶרֶץ (הַקֹּדֶשׁ) יִשְׂרָאֵל
homage, *n.* הַעֲרָצָה
home, *n.* בַּיִת, דִּירָה
home, *adv.* בַּבַּיִת, הַבַּיְתָה
homeland, *n.* מוֹלֶדֶת, אֶרֶץ מוֹלֶדֶת
homeless, *adj.* לְלֹא בַּיִת
homely, *adj.* מְכֹעָר; פָּשׁוּט; בֵּיתִי
homemade, *adj.* בֵּיתִי, עָשׂוּי בַּבַּיִת
homesick, *adj.* מִתְגַּעְגֵּעַ
homesickness, *n.* גַּעֲגוּעִים
homestead, *n.* נַחֲלָה
homeward, *adv.* הַבַּיְתָה
homicidal, *adj.* קַטְלָנִי
homicide, *n.* רֶצַח
homily, *n.* דְּרוּשׁ, דְּרָשָׁה
hominy, *n.* נָזִיד, דַּיְסָה
homo, *n.* אָדָם
homogeneous, *adj.* חַד־גּוֹנִי
homonym, *n.* מִלָּה מְשֻׁתֶּפֶת
hone, *v.i.* הִשְׁחִיז [שחז], לִטֵּשׁ
honest, *adj.* יָשָׁר, כֵּן, נֶאֱמָן
honestly, *adv.* בֶּאֱמֶת
honesty, *n.* אֲמִתִּיּוּת, ישֶׁר, יַשְׁרוּת, כֵּנוּת, נֶאֱמָנוּת
honey, *n.* דְּבַשׁ, נֹפֶת; מֹתֶק
honeybee, *n.* דְּבוֹרָה
honeycomb, *n.* יַעְרָה, יַעֲרַת דְּבַשׁ
honeycomb, *v.t.* מִלֵּא (נְקָבִים) תָּאִים; חֵרֵר, נִקֵּב
honeydew melon, *n.* אֲבַטִּיחַ דִּבְשִׁי
honeymoon, *n.* יֶרַח הַדְּבַשׁ
honor, honour, *n.* & *v.t.* כָּבוֹד; כִּבֵּד; שִׁלֵּם (שְׁטָר) בִּזְמַנּוֹ
honorable, honourable, *adj.* נִכְבָּד, מְכֻבָּד
honorarium, *n.* שָׂכָר, שְׂכַר שֵׁרוּת
honorary, *adj.* שֶׁל כָּבוֹד, נִכְבָּד

hood, *n.* (מְכוֹנִית) בַּרְדָּס; נָבָל; חֲפִיפָה
hoodlum, *n.* עַוָּל, נָבָל
hoof, *n.* פַּרְסָה, טֶלֶף
hook, *n.* וָו, אַגְמוֹן, חַכָּה, קֶרֶס
hook, *v.t.* צָד, חִכָּה; רָכַס; תָּפַשׂ בְּוָו
hookworm, *n.* תּוֹלַעַת חַכָּה
hoop, *n.* & *v.t.* חִשּׁוּק גַּלְגַּל; חִשֵּׁק
hoot, *v.i.* שָׁרַק עַל, צָעַק, צִפְצֵף
hop, *n.* כְּשׁוּת; קְפִיצָה, נְתִירָה
hop, *v.i.* & *t.* דִּלֵּג, קִפֵּץ, נִתֵּר פִּזֵּז; צָלַע, פָּסַח
hope, *n.* תִּקְוָה, תּוֹחֶלֶת, יָהָב
hope, *v.t.* & *i.* קִוָּה, יִחֵל, צִפָּה
hopeful, *adj.* מְקַוֶּה, מְיַחֵל, מְצַפֶּה
hopeless, *adj.* חֲסַר תִּקְוָה, נוֹאָשׁ
hopper, *n.* חָגָב; אַגָּנָה (מַשְׁפֵּךְ חִטִּים)
horde, *n.* הָמוֹן, אֲסַפְסוּף
horizon, *n.* אֹפֶק
horizontal, *adj.* אָפְקִי, מְאֻזָּן
horn, *n.* קֶרֶן, יוֹבֵל; שׁוֹפָר; חֲצוֹצְרָה
horn, *v.t.* נִגַּח
hornet, *n.* צִרְעָה
horoscope, *n.* מַזָּל (לֵדָה)
horrible, *adj.* מְכֹעָר, מַחֲרִיד, אָיֹם, נוֹרָא
horrid, *adj.* מַפְחִיד, מַבְהִיל, מַבְחִיל
horrify, *v.t.* הֶחֱרִיד [חרד], הִבְעִית [בעת], הִפְחִיד [פחד]
horror, *n.* בֶּהָלָה, זְוָעָה, אֵימָה
hors d'oeuvre פַּרְפְּרָאוֹת
horse, *n.* סוּס, רֶכֶשׁ, אַבִּיר, רַמָּךְ
horseman, *n.* פָּרָשׁ, רַכָּב
horsepower, *n.* כֹּחַ סוּס
horseradish, *n.* חֲזֶרֶת
horseshoe, *n.* פַּרְסַת בַּרְזֶל
horticultural, *adj.* גַּנָּנִי
horticulture, *n.* גַּנָּנוּת
horticulturist, *n.* גַּנָּן

hosanna, *interj.* & *n.* הוֹשַׁעְנָא
hose, *n.* צִנּוֹר; גֶּרֶב
hosiery, *n.* גַּרְבַּיִם
hospice, *n.* אַכְסַנְיָה, פֻּנְדָּק, בֵּית מָלוֹן
hospitable, *adj.* מַכְנִיס אוֹרְחִים
hospital, *n.* בֵּית חוֹלִים
hospitality, *n.* אֵרוּחַ, הַאֲרָחָה, הַכְנָסַת אוֹרְחִים
host, *n.* צָבָא רַב, מַעֲרָכָה כְּבֵדָה; בַּעַל בַּיִת, מְאָרֵחַ; פֻּנְדְּקִי; דַּיָּל לֶחֶם קָדוֹשׁ (אֵצֶל הַנּוֹצְרִים)
hostage, *n.* (בֶּן) תַּעֲרוּבָה (תַּעֲרוּבוֹת)
hostel, hostelry, *n.* אַכְסַנְיָה, פְּנִימִיָּה
hostess, *n.* בַּעֲלַת בַּיִת, מְאָרַחַת, דַּיֶּלֶת
hostile, *adj.* אוֹיֵב, אוֹיְבִי, שׂוֹנֵא, מִתְנַגֵּד
hostility, *n.* אֵיבָה, הִתְנַגְּדוּת
hot, *adj.* חַם; תַּאַוְתָנִי; חָרִיף, חַד
hotbed, *n.* מִנְבָּטָה
hotel, *n.* מָלוֹן, בֵּית מָלוֹן, אַכְסַנְיָה
hotheaded, *adj.* נִמְהָר, פָּזִיז, רַתְחָן
hothouse, *n.* חֲמָמָה
hound, *n.* & *v.t.* כֶּלֶב צַיָּד; רָדַף, שִׁסָּה
hour, *n.* שָׁעָה; מוֹעֵד, זְמָן
house, *n.* בַּיִת, מָעוֹן
house, *v.t.* אִכְסֵן, הוֹשִׁיב [ישב] בְּבַיִת
household, *n.* כְּבוּדָה, הַנְהָלַת בַּיִת
housekeeper, *n.* סוֹכֶנֶת בַּיִת
housemaid, *n.* עוֹזֶרֶת, מְשָׁרֶתֶת, שִׁפְחָה
housewarming, *n.* חֲנֻכַּת בַּיִת
housewife, *n.* בַּעֲלַת בַּיִת
housework, *n.* עֲבוֹדַת בַּיִת
hovel, *n.* צְרִיף רָעוּעַ
hover, *v.i.* רִחֵף, הִסֵּס, שָׁהָה
how, *adv.* אֵיךְ, אֵיכָה, אֵיכָכָה, כֵּיצַד, הָא כֵּיצַד, הָכֵיצַד
however, howsoever, *adv.* בְּכָל אֹפֶן, מִכָּל מָקוֹם, עַל כָּל פָּנִים
however, *conj.* אַף עַל פִּי כֵן, עִם כָּל זֹאת, בְּכָל זֹאת
howitzer, *n.* תּוֹתַח־שָׂדֶה
howl, *n.* יְלָלָה, יֵלֵל
howl, *v.t.* & *i.* יִלֵּל, צָוַח
hub, *n.* חִשּׁוּר (אוֹפַן); מֶרְכָּז; טַבּוּר
hubbub, *n.* מְהוּמָה, הֲמֻלָּה
huckleberry, *n.* אֻכְמָנִית
huckster, *n.* סַדְקִי, רוֹכֵל
huddle, *v.t.* & *i.* אָסַף, צָבַר בְּעִרְבּוּבְיָה; נִדְחַק זֶה אֵצֶל זֶה
hue, *n.* זְעָקָה; צֶבַע, גָּוֶן
hue and cry זְעָקָה וּרְדִיפָה (אַחֲרֵי פּוֹשֵׁעַ)
huff, *n.* חֵמָה, זַעַם, חֲרִי אַף; גַּאַוְתָן, יָהִיר
hug, *n.* חִבּוּק, גִּפּוּף
hug, *v.t.* חִבֵּק, גִּפֵּף
huge, *adj.* עָצוּם, עֲנָקִי
hulk, *n.* (שֶׁלֶד) סְפִינָה גְּדוֹלָה וִישָׁנָה; אָדָם מְגֻשָּׁם אוֹ דָּבָר גַּס
hull, *n.* שֶׁלֶד אֳנִיָּה, קְלִפָּה, מִכְסֶה, תַּרְמִיל
hull, *v.t.* קִלֵּף; פָּגַע בָּאֳנִיָּה בְּקָלִיעַ
hum, *v.t.* & *i.* זִמְזֵם; רִנֵּן
hum, humming, *n.* זִמְזוּם; רְנָנָה, רִנּוּן בִּשְׂפָתַיִם סְגוּרוֹת
human, *adj.* & *n.* אֱנוֹשִׁי; אֱנוֹשׁ, בְּרִיָּה
humane, *adj.* אֱנוֹשִׁי, טוֹב לֵב, רַחוּם
humanely, *adv.* בְּחֶסֶד, בְּרַחֲמִים
humanitarian, *n.* אוֹהֵב (אָדָם) בְּרִיּוֹת
humanities, *n. pl.* מַדָּעֵי הָרוּחַ
humanity, *n.* אֱנוֹשִׁיּוּת; טוּב לֵב; הַמִּין הָאֱנוֹשִׁי, אַהֲבַת הַבְּרִיּוֹת
humanize, *v.t.* אִנֵּשׁ
humankind, *n.* הַמִּין הָאֱנוֹשִׁי
humble, *adj.* & *v.t.* צָנוּעַ, עָנָו, נֶחְבָּא אֶל הַכֵּלִים; הִדְבִּיר, דִּכָּא, הִשְׁפִּיל

humbug, *n.* תַּעְתּוּעַ, רַמָּאוּת, הוֹנָאָה; כַּזְּבָן, רַמַּאי

humbug, *v.t.* תִּעְתַּע, הוֹלִיךְ [הלך] שׁוֹלָל, רִמָּה, הוֹנָה

humdrum, *adj.* מְשַׁעֲמֵם

humid, *adj.* לַח, טָחוּב, רָטֹב

humidity, *n.* לַחוּת, רְטִיבוּת

humiliate, *v.t.* עָלַב, הֶעֱלִיב [עלב]; הִשְׁפִּיל [שפל], בִּזָּה

humiliation, *n.* עֶלְבּוֹן, הַשְׁפָּלָה

humility, *n.* עֲנָוְתָנוּת, הַכְנָעָה

hummingbird, *n.* כְּרוּם

hummock, *n.* גִּדּוּד, תְּלוּלִית, גַּבְשׁוּשִׁית

humor, humour, *n.* לֵחָה, חֵלֶט; בְּדִיחוּת

humorist, humourist, *n.* לֵץ, גַּחְכָן

humorous, humourous, *adj.* הִתּוּלִי

hump, *n.* דַּבֶּשֶׁת; חֲטוֹטֶרֶת

humus, *n.* עִדִּית, דֶּשֶׁן, תְּחוּחִית

hundred, *adj.* & *n.* מֵאָה, ק׳

hundredfold, *adj.* & *n.* פִּי מֵאָה

hundredth, *adj.* & *n.* הַמֵּאָה; מֵאִית

Hungary, *n.* הוּנְגַּרְיָה

hunger, *n.* רָעָב, רְעָבוֹן, כָּפָן; תְּשׁוּקָה

hunger, *v.i.* & *t.* רָעַב, כָּפַן; הִרְעִיב [רעב]; עָרַג

hungry, *adj.* רָעֵב

hunt, *n.* & *v.t.* צַיִד; צִיֵּד

hunter, *n.* צַיָּד

hunting, *n.* חִפּוּשׂ; צַיִד

hurdle, *n.* חַיִץ

hurl, *n.* הַשְׁלָכָה, זְרִיקָה

hurl, *v.t.* הִשְׁלִיךְ [שלך], זָרַק

hurrah, *interj.* הֶאָח, הֵידָד

hurrah, *v.i.* קָרָא (הֶאָח) הֵידָד

hurricane, *n.* סוּפָה, סַעַר, סְעָרָה

hurry, *n.* חִפָּזוֹן, מְהִירוּת

hurry, *v.t.* & *i.* הֶחְפִּיז [חפז], הֵחִישׁ [חוש], מִהֵר, אָץ [אוץ]

hurt, *n.* פְּגִיעָה, עֶלְבּוֹן; פֶּצַע; מַכְאוֹב

hurt, *v.t.* הִכְאִיב [כאב]; פָּצַע; נָגַף; הִזִּיק [נזק]; הֶעֱלִיב [עלב]

husband, *n.* אִישׁ, בַּעַל, בֶּן זוּג

husband, *v.t.* חָשַׂךְ, נִהֵל בְּחִסָּכוֹן

husbandman, *n.* חַקְלַאי, אִכָּר

husbandry, *n.* אִכָּרוּת, חַקְלָאוּת

hush, *n.* דְּמָמָה, דּוּמִיָּה

hush, *v.t.* הֶהֱסָה [הסה], הִשְׁתִּיק [שתק]

husk, *n.* קְלִפָּה; מוֹץ

husk, *v.t.* מָלַל, קָלַף, קִלֵּף

hustle, *n.* דְּחִיפָה; מֶרֶץ

hustle, *v.t.* עָבַד בְּמֶרֶץ; דָּחַף, דָּחַק

husky, *adj.* צָרוּד, נִחָר; חָזָק

hut, *n.* צְרִיף; מְלוּנָה

hutch, *n.* תֵּבָה, אַרְגָּז, קֻפְסָה

hyacinth, *n.* יַקִּנְתּוֹן, יַקֶּנֶת

hybrid, *n.* בֶּן כִּלְאַיִם

hybridization, *n.* הַכְלָאָה

hybridize, *v.t.* הִכְלִיא [כלא]

hydrant, *n.* בֶּרֶז שְׂרֵפָה

hydraulic, *adj.* שֶׁל תּוֹרַת (כֹּחַ) הַמַּיִם

hydrogen, *n.* אַבְמַיִם, מֵימָן

hydrometer, *n.* מַדְמַיִם

hydrophobia, *n.* כַּלֶּבֶת

hyena, hyaena, *n.* צָבוֹעַ

hygiene, *n.* גֵּהוּת, תּוֹרַת הַבְּרִיאוּת

hygienic, *adj.* גֵּהוּתִי

hymen, *n.* (קְרוּם) בְּתוּלִים, כְּלוּלוֹת

hymn, *n.* פִּיּוּט, מִזְמוֹר, תְּהִלָּה

hyphen, *n.* מַקָּף (־)

hyphenated, *adj.* מֻקָּף

hypnotize, *v.t.* יִשֵּׁן, שִׁעְבֵּד (רָצוֹן), הִרְדִּים [רדם]

hypochondriac, *n.* בַּעַל מָרָה שְׁחוֹרָה

hypocrisy, *n.* צְבִיעוּת

hypocrite, *n.* צָבוּעַ

hypothesis, *n.* הַנָּחָה, הַשְׁעָרָה

hypothetical, *adj.* הַנָּחִי, הַשְׁעָרִי

hysteria, *n.* נִרְגָּזוּת, נִרְגָּשׁוּת

hysterical, *adj.* רִגּוּשִׁי

I, i

I, i, *n.* אַי, הָאוֹת הַתְּשִׁיעִית בָּאָלֶף־בֵּית הָאַנְגְּלִי; תְּשִׁיעִי, ט׳

I, *pron.* אֲנִי, אָנֹכִי

ice, *n.* קֶרַח, גְּלִיד

ice, *v.t.* הִקְפִּיא [קפא], הִגְלִיד [גלד]

iceberg, *n.* קַרְחוֹן

icebox, *n.* אֲרוֹן קֵרוּר, מְקָרֵר

ice cream גְּלִידָה

iceman, *n.* קַרְחָן

icing, *n.* סִכְּרוּר (עוּגוֹת)

icon, *n.* אִיקוֹנִין, תְּמוּנָה, צֶלֶם, פֶּסֶל

idea, *n.* רַעְיוֹן, מֻשָּׂג, דֵּעָה

ideal, *adj.* דִּמְיוֹנִי, מוֹפְתִי, רַעְיוֹנִי

ideal, *n.* שְׁאִיפָה, מַשְׂאַת נֶפֶשׁ

idealist, *n.* שְׁאַפְתָן, הוֹזֶה

idealistic, *adj.* שְׁאַפָנִי, שְׁאַפְתָנִי

idealism, *n.* שְׁאַפְתָנוּת, שְׁאַפָנוּת

idem, id. אוֹתוֹ, אוֹתָהּ

identical, *adj.* דּוֹמֶה, זֵהֶה

identification, *n.* זִהוּי

identify, *v.t.* דִּמָּה, זִהָה, הִכִּיר [נכר]

identity, *n.* זֶהוּת; שִׁוְיוֹן

idiom, *n.* נִיב, בִּטּוּי

idiot, *n.* פֶּתִי, כְּסִיל, טִפֵּשׁ

idiotic, *adj.* טִפְּשִׁי

idle, *adj.* & *v.t.* בָּטֵל; בָּטַל, הָלַךְ בָּטֵל

idleness, *n.* בַּטָּלָה, רֵיקוּת, עַצְלוּת

idler, *n.* בַּטְלָן

idol, *n.* אֱלִיל, שִׁקּוּץ, תֶּרֶף, פֶּסֶל

idolater, *n.* עוֹבֵד אֱלִילִים

idolatry, *n.* עֲבוֹדָה זָרָה, עֲבוֹדַת אֱלִילִים, עַכּוּ״ם

idolize, *v.t.* הֶעֱרִיץ [ערץ], הֶאֱלִיהַּ [אלה]

idyl, idyll, *n.* שִׁיר רוֹעִים, אִידִלְיָה

if, *conj.* אִם, לוּ, אִלּוּ

ignite, *v.t.* & *i.* הִצִּית [יצת]; הִתְלַקַּח [לקח]

ignition, *n.* הַצָּתָה

ignoble, *adj.* נִקְלֶה, שָׁפָל

ignominy, *n.* חֶרְפָּה, בִּזָּיוֹן, קָלוֹן

ignorance, *n.* בּוּרוּת, עַם הָאֲרָצוּת

ignorant, *adj.* & *n.* בּוּר, נִבְעָר (מִדַּעַת), עַם הָאָרֶץ

ignore, *v.t.* הִתְעַלֵּם [עלם] מִ־, הִתְנַכֵּר [נכר]

ill, *adj.* חוֹלֶה; רַע

ill, *n.* מַחֲלָה, חֳלִי; צָרָה

illegal, *adj.* בִּלְתִּי חֻקִּי

illegible, *adj.* אַל קָרִיא, שֶׁאֵין לְקָרְאוֹ

illegitimate, *adj.* פָּסוּל; מַמְזֵר

illiberal, *adj.* שֶׁאֵינוֹ חָפְשִׁי, קַמְצָנִי

illicit, *adj.* אָסוּר

illiteracy, *n.* בּוּרוּת

illiterate, *adj.* & *n.* בּוּר, עַם הָאָרֶץ

ill-mannered, *adj.* בִּלְתִּי נִימוּסִי, גַּס

illness, *n.* מַחֲלָה

illogical, *adj.* בִּלְתִּי הֶגְיוֹנִי

ill-tempered, *adj.* מֵרִיב; זוֹעֵף

illtreat, *v.t.* הִתְנַהֵג [נהג] בְּאַכְזָרִיּוּת

illuminate, *v.t.* & *i.* הֵאִיר [אור], הֵפִיץ [פוץ] אוֹר, פֵּרֵשׁ

illumination, *n.* הֶאָרָה, תְּאוּרָה

illusion, *n.* הֲזָיָה, דִּמְיוֹן

illusive, *adj.* מַתְעֶה, מַטְעֶה
illustrate, *v.i.* הִדְגִּים [דגם], קִשֵּׁט בְּצִיּוּרִים
illustration, *n.* צִיּוּר, דֻּגְמָה, בֵּאוּר
illustrator, *n.* מְצַיֵּר
illustrious, *adj.* מְהֻלָּל, נוֹדָע, מְפֻרְסָם
image, *n.* צוּרָה, דְּמוּת, צֶלֶם, תֹּאַר
imaginable, *adj.* תָּאִיר, תֵּאוּרִי
imaginary, *adj.* דִּמְיוֹנִי, מְדֻמֶּה
imagination, *n.* דִּמְיוֹן, דִּמּוּי, הֲזָיָה
imaginative, *adj.* בַּעַל דִּמְיוֹן
imagine, *v.t.* & *i.* דִּמָּה, שִׁעֵר, תֵּאֵר בְּנַפְשׁוֹ, צִיֵּר לְעַצְמוֹ
imbecile, *adj.* & *n.* שׁוֹטֶה, כְּסִיל
imbecility, *n.* שְׁטוּת
imbibe, *v.t.* סָבָא, גָּמָא
imbue, *v.t.* טִבֵּל, הִשְׁרָה [שרה], צָבַע (צֶבַע עָמֹק)
imitate, *v.t.* חִקָּה, זִיֵּף
imitation, *n.* חִקּוּי, זִיּוּף
imitator, *n.* מְחַקֶּה
immaculate, *adj.* חַף, טָהוֹר, נָקִי
immaterial, *adj.* בִּלְתִּי חָמְרִי, בִּלְתִּי גַּשְׁמִי, בִּלְתִּי חָשׁוּב
immature, *adj.* בִּלְתִּי בָּשֵׁל, בִּלְתִּי גָּמֵל, בִּלְתִּי מְבֻגָּר
immaturity, *n.* בֹּסֶר; אִי בַּגְרוּת
immediate, *adj.* תָּכוּף
immediately, *adv.* מִיָּד, תֵּכֶף וּמִיָּד
immense, *adj.* עָצוּם, רַב מְאֹד
immensely, *adv.* מְאֹד, עָצוּם
immensity, *n.* גֹּדֶל, עֹצֶם; עָצְמָה
immerse, *v.t.* טָבַל, הִטְבִּיל, [טבל] הִשְׁקִיעַ [שקע], הִתְעַמֵּק [עמק]
immersion. *n.* הַטְבָּלָה, הַשְׁקָעָה, שִׁקּוּעַ
immigrant, *adj.* & *n.* מְהַגֵּר, עוֹלֶה
immigrate, *v.i.* הִגֵּר, עָלָה
immigration, *n.* הֲגִירָה, עֲלִיָּה

imminent, *adj.* קָרוֹב, מְמַשְׁמֵשׁ וּבָא
immobile, *adj.* שֶׁאֵינוֹ נָע; אֵיתָן
immobility, *n.* חֹסֶר תְּנוּעָה
immoderate, *adj.* מֻפְרָז
immodest, *adj.* בִּלְתִּי עָנָו, בִּלְתִּי צָנוּעַ
immoral, *adj.* בִּלְתִּי מוּסָרִי
immorality, *n.* אִי מוּסָרִיּוּת, פְּרִיצוּת
immortal, *adj.* בֶּן אַלְמָוֶת, נִצְחִי
immortality, *n.* אַלְמָוֶת
immovable, *adj.* קָבוּעַ, מוּצָק; שֶׁאֵינוֹ מַרְגִּישׁ
immune, *adj.* מְחֻסָּן
immunity, *n.* חִסּוּן, חֹסֶן; חֲסִינוּת
immunize, *v.t.* חִסֵּן, הִתְחַסֵּן [חסן]
imp, *n.* בֶּן שֵׁדִים; רוּחַ; יֶלֶד שׁוֹבָב
impact, *n.* הִתְנַגְּשׁוּת
impair, *v.t.* & *i.* הִזִּיק [נזק], קִלְקֵל, רִפָּה, הוֹרַע [רעע]
impairment, *n.* הַשְׁחָתָה, הֶפְסֵד
impart, *v.t.* נָתַן, מָסַר
impartial, *adj.* יָשָׁר, צוֹדֵק, שֶׁאֵינוֹ נוֹשֵׂא פָּנִים, כָּל צְדָדִי
impartiality, *n.* אַל צְדָדִיּוּת
impassible, *adj.* חֲסַר רֶגֶשׁ
impassioned, *adj.* נִלְהָב, נִרְגָּשׁ
impassive, *adj.* קַר רוּחַ
impatience, *n.* אִי סַבְלָנוּת, קֹצֶר רוּחַ
impatient, *adj.* קְצַר רוּחַ
impeach, *v.t.* הֶאֱשִׁים [אשם], גִּנָּה
impeccable, *adj.* לְלֹא (פְּגָם) חֵטְא
impede, *v.t.* עִכֵּב, מָנַע
impediment, *n.* מִכְשׁוֹל, מַעְצוֹר
impel, *v.t.* הִמְרִיץ [מרץ], הֵאִיץ [אוץ]
impending, *adj.* תָּלוּי (וְעוֹמֵד), קָרוֹב (לָבוֹא)
impenetrable, *adj.* בִּלְתִּי חָדִיר
impenitent, *adj.* עֲרַל (קְשֵׁה) לֵב
imperative, *adj.* הֶכְרֵחִי, מְצַוֶּה

imperative, *n.* צַו, פְּקֻדָּה; צִוּוּי

imperceptible, *adj.* אַלְתְּחוּשִׁי, בִּלְתִּי מוּחָשׁ

imperfect, *adj.* פָּגוּם, לָקוּי

imperfect, *n.* עָבָר בִּלְתִּי נִשְׁלָם (דִּקְדּוּק)

imperfection, *n.* פְּגָם, אִי שְׁלֵמוּת

imperial, *adj.* מַלְכוּתִי, מַמְלַכְתִּי

imperialism, *n.* מַמְלַכְתִּיּוּת, הִשְׁתַּלְּטוּת (עַל עַמִּים)

imperil, *v.t.* סִכֵּן

imperious, *adj.* מֵאִיץ, נוֹגֵשׂ; הֶכְרֵחִי

imperishable, *adj.* בִּלְתִּי נִשְׁחָת, נִשְׁמָר

impermeable, *adj.* אָטִים, בִּלְתִּי חָדִיר

impersonal, *adj.* לֹא אִישִׁי, סְתָמִי

impersonate, *v.t.* הִתְרָאָה [ראה] כְּאַחֵר, חִקָּה

impertinence, *n.* עַזּוּת פָּנִים, חֻצְפָּה

impertinent, *adj.* חָצוּף, עַז פָּנִים

imperturbable, *adj.* מָתוּן, שָׁלֵו

impervious, *adj.* בִּלְתִּי חָדִיר

impetuous, *adj.* רַגְשָׁנִי, פָּזִיז, נִמְהָר

impetus, *n.* מֵנִיעַ, גּוֹרֵם, כֹּחַ דְּחִיפָה

impiety, *n.* חֹסֶר יִרְאָה, חֹסֶר כָּבוֹד

impinge, *v.i.* הִתְנַגֵּף [נגף], הִתְנַגֵּשׁ בְּ־

impious, *adj.* בִּלְתִּי דָּתִי, חֲסַר יִרְאָה

implacable, *adj.* אִי מִרְגָּע, אִי פַּשְׁרָנִי

implant, *v.t.* שָׁתַל, נָטַע, הִשְׁרִישׁ [שרש] (בַּלֵּב)

implausible, *adj.* בִּלְתִּי מוּבָן

implement, *n.* מַכְשִׁיר, כְּלִי

implement, *v.t.* בִּצַּע, הוֹצִיא [יצא] לַפֹּעַל

implicate, *v.t.* סִבֵּךְ, מָשַׁךְ לְתוֹךְ, הִסְתַּבֵּךְ [סבך]

implication, *n.* מַסְקָנָה, הִסְתַּבְּכוּת

implicit, *adj.* מוּבָן, מָלֵא, גָּמוּר

implore, *v.t.* הִתְחַנֵּן [חנן], בִּקֵּשׁ

imply, *v.t.* כָּלַל, סָבַר, רָמַז

impolite, *adj.* לֹא מְנֻמָּס, גַּס

impoliteness, *n.* אִי אֲדִיבוּת

impolitic, *adj.* בְּלֹא חָכְמָה

imponderable, *adj.* חֲסַר מִשְׁקָל

import, importation, *n.* יְבוּא, יִבּוּא

import, *v.t. & i.* יִבֵּא; סִמֵּן; סָבַר, רָזַם; הָיָה חָשׁוּב

importance, *n.* חֲשִׁיבוּת

important, *adj.* חָשׁוּב, נִכְבָּד

importer, *n.* יְבוּאָן

importune, *v.t.* הִפְצִיר [פצר] בְּ־, הֵצִיק [צוק] לְ־

impose, *v.t. & i.* שָׂם [שים] עַל, נָתַן עַל; עָשָׂה רֹשֶׁם; הִכְבִּיד [כבד]

imposition, *n.* תְּבִיעָה (בִּלְתִּי צוֹדֶקֶת), הַעֲמָסָה, הַטָּלָה

impossibility, *n.* אִי אֶפְשָׁרוּת

impossible, *adj.* בִּלְתִּי אֶפְשָׁרִי

impost, *n.* מַס, מֶכֶס

impostor, *n.* רַמַּאי, צָבוּעַ

imposture, *n.* הוֹנָאָה, תַּרְמִית

impotence, *n.* אִי יְכֹלֶת, חֻלְשָׁה; הֲפָרַת הָאֲבִיוֹנָה, חֹסֶר אוֹן

impotent, *adj.* חָלָשׁ, אֵין אוֹנִים; מוּפַר הָאֲבִיוֹנָה

impoverish, *v.t.* רוֹשֵׁשׁ

impoverishment, *n.* דַּלּוּת, דִּלְדּוּל, הִתְרוֹשְׁשׁוּת, אֶבְיוֹנוּת

impracticable, *adj.* בִּלְתִּי מַעֲשִׂי

imprecate, *v.t.* קִלֵּל, אָלָה, אָרַר, קָבַב

imprecation, *n.* קְלָלָה, אָלָה, תַּאֲלָה

impregnable, *adj.* עָמִיד, בִּלְתִּי נִכְבָּשׁ

impregnate, *v.t.* עִבֵּר, הִפְרָה [פרה]

impregnation, *n.* עִבּוּר, הַפְרָיָה

impresario, *n.* אֲמַרְגָּן

impress, *n.* טְבִיעָה, רֹשֶׁם, מֻשָּׂג

impress, *v.t.* טָבַע (מַטְבֵּעַ); הִשְׁפִּיעַ [שפע], עָשָׂה רֹשֶׁם

impression, *n.* רֹשֶׁם, טְבִיעָה; הַדְפָּסָה; שֶׁקַע
impressive, *adj.* עוֹשֶׂה רֹשֶׁם
impressment, *n.* תְּפִיסָה
imprint, *n.* סִימָן, חוֹתָם, טְבִיעָה
imprint, *v.t.* הִדְפִּיס [דפס]; שִׁנֵּן (לְזִכָּרוֹן)
imprison, *v.t.* כָּלָא, אָסַר, חָבַשׁ
imprisonment, *n.* כְּלִיאָה, מַאֲסָר
improbability, *n.* אִי סְבִירוּת
improbable, *adj.* לֹא יִתָּכֵן
impromptu, *adv.* לְפֶתַע, בְּפֶתַע, בְּלִי הֲכָנָה קוֹדֶמֶת, בְּהֶסַּח הַדַּעַת
improper, *adj.* בִּלְתִּי הוֹגֵן
impropriety, *n.* תִּפְלָה
improve, *v.t.* & *i.* שִׁבַּח, הִשְׁבִּיחַ [שבח], טִיֵּב, הִתְקַדֵּם [קדם]
improvement, *n.* הֲטָבָה, טִיּוּב, הַשְׁבָּחָה, הִתְקַדְּמוּת
improvidence, *n.* אִי זְהִירוּת, רַשְׁלָנוּת
improvisation, *n.* אִלְתּוּר
improvise, *v.t.* & *i.* אִלְתֵּר
imprudence, *n.* אִי זְהִירוּת, רַשְׁלָנוּת
imprudent, *adj.* שֶׁאֵינוֹ זָהִיר, רַשְׁלָנִי
impudence, *n.* עַזּוּת פָּנִים, חֻצְפָּה
impudent, *adj.* חָצוּף, עַז פָּנִים
impulse, *n.* דַּחַף, דְּחִיפָה רִגְעִית
impulsion, *n.* דְּחִיפָה, כֹּחַ מְעַשֶּׂה
impulsive, *adj.* רַגְשָׁנִי, פָּזִיז
impunity, *n.* חֹסֶר עֹנֶשׁ
impure, *adj.* טָמֵא, זָהוּם, לֹא נָקִי, מְגֹאָל
impurity, *n.* טֻמְאָה, זֻהֲמָה, טִנּוּף
impute, *v.t.* יִחֵס לְ־, חִשֵּׁב
in, *prep.* & *adv.* בְּ־, בְּתוֹךְ, בְּקֶרֶב, מִבִּפְנִים
inability, *n.* אִי יְכֹלֶת
inaccessible, *adj.* אַל נָגִישׁ
inaccuracy, *n.* טָעוּת, אִי דִּיּוּק
inaccurate, *adj.* בִּלְתִּי מְדֻיָּק
inaction, inactivity, *n.* אִי פְּעֻלָּה
inactive, *adj.* בִּלְתִּי פָּעִיל
inadequate, *adj.* בִּלְתִּי (מַסְפִּיק) מַתְאִים
inadmissible, *adj.* אִי רָשׁוּי, בִּלְתִּי מְקֻבָּל
inadvertent, *adj.* בִּלְתִּי זָהִיר, רַשְׁלָנִי
inadvisable, *adj.* לֹא כְּדַאי, לֹא יָעוּץ
inalienable, *adj.* נִמְנַע הַהַרְחָקָה
inane, *n.* רֵיק, אַפְסִי, אַל שִׂכְלִי
inanimate, *adj.* דּוֹמֵם, מֵת, חֲסַר חַיִּים
inappropriate, *adj.* בִּלְתִּי מַתְאִים
inaptitude, *adj.* אִי הַתְאָמָה, אִי כִּשְׁרוֹן
inarticulate, *adj.* אַל דִּבּוּרִי
inartistic, *adj.* בִּלְתִּי אָמָּנוּתִי
inasmuch, *adv.* מִכֵּיוָן שֶׁ־
inattention, *n.* אִי (הַקְשָׁבָה) תְּשׂוּמֶת לֵב
inattentive, *adj.* בִּלְתִּי מַקְשִׁיב, רַשְׁלָנִי
inaudible, *adj.* אַל שִׁמְעִי, שֶׁאֵינוֹ נִשְׁמָע
inaugurate, *v.t.* חָנַךְ, חִנֵּךְ
inauguration, *n.* חֲנֻכָּה, הַקְדָּשָׁה
inboard, *adj.* & *adv.* בְּיַרְכְּתֵי הָאֳנִיָּה
inborn, *adj.* שֶׁמִּלֵּדָה, טִבְעִי
incalculable, *adj.* אַל חָשִׁיב, שֶׁאֵין לְחַשֵּׁב
incandescence, *n.* לַהַט, הִתְלַבְּנוּת
incandescent, *adj.* לוֹהֵט, מִתְלַבֵּן
incantation, *n.* כִּשּׁוּף, לַחַשׁ
incapable, *adj.* חֲסַר יְכֹלֶת, בִּלְתִּי (מְסֻגָּל) מֻכְשָׁר
incapacity, *n.* אִי יְכֹלֶת, אִי כִּשְׁרוֹן
incarcerate, *v.t.* חָבַשׁ, אָסַר
incarnate, *v.t.* הִגְשִׁים [גשם], הִלְבִּישׁ [לבש] בָּשָׂר
incase, *v.t.* תִּיֵּק, נִרְתֵּק
incautious, *adj.* אִי זָהִיר
incendiary, *adj.* & *n.* מַצִּית, מַבְעִיר

incense, *n.* & *v.t.* קְטֹרֶת; הִקְטִיר [קטר]; הִכְעִיס [כעס]
incentive, *adj.* מְעוֹדֵד
inception, *n.* הַתְחָלָה, תְּחִלָּה
incessant, *adj.* בִּלְתִּי מַפְסִיק, נִמְשָׁךְ
incest, *n.* בְּעִילַת (אֲסוּרִים) שְׁאֵרִים
inch, *n.* אִינְטְשׁ, 2.54 סֶנְטִימֶטְרִים
incident, *n.* תַּקְרִית, מִקְרֶה, מְאֹרָע
incidental, *adj.* מִקְרִי, טָפֵל
incidentally, *adv.* בְּמִקְרֶה, אַגַּב (אוֹרְחָא)
incinerate, *v.t.* שָׂרַף (לְאֵפֶר)
incinerator, *n.* מִשְׂרֶפֶת
incipient, *adj.* הַתְחָלִי, רֵאשִׁיתִי
incise, *v.t.* חָתַךְ, שָׂרַט, חָקַק, חָרַת
incision, *n.* חֲתָךְ, שְׂרִיטָה, גְּדִידָה
incisor, *n.* שֵׁן חוֹתֶכֶת
incite, *v.t.* הֵסִית [סות]
incitement, *n.* הֲסָתָה
incivility, *n.* אִי אֲדִיבוּת
inclement, *adj.* אַכְזָרִי; סוֹעֵר
inclination, *n.* נְטִיָּה, הַטָּיָה, יֵצֶר
incline, *n.* מִדְרוֹן, שִׁפּוּעַ
incline, *v.t.* & *i.* נָטָה; הִטָּה [נטה]
inclose, enclose, *v.t.* גָּדַר; צֵרַף
include, *v.t.* הֵכִיל [כול], כָּלַל
inclusive, *adj.* כּוֹלֵל, וְעַד בִּכְלָל
incognito, *adj.* & *adv.* בְּעִלּוּם שֵׁם
incoherence, *n.* חֹסֶר קֶשֶׁר, עִלְּגוּת
incoherent, *adj.* חֲסַר קֶשֶׁר, עִלֵּג
incombustible, *adj.* לֹא (בָּעִיר) אֻכָּל
income, *n.* הַכְנָסָה; הַגָּעָה, בִּיאָה
income tax מַס הַכְנָסָה
incommode, *v.t.* הִפְרִיעַ [פרע], הִטְרִיחַ [טרח], הִכְבִּיד [כבד]
incomparable, *adj.* בִּלְתִּי דָּמוּי, שֶׁאֵין דּוֹמֶה לוֹ
incompatible, *adj.* בִּלְתִּי מַתְאִים
incompetent, *adj.* בִּלְתִּי מֻכְשָׁר
incomplete, *adj.* לֹא שָׁלֵם
incomprehensible, *adj.* בִּלְתִּי מוּבָן
inconceivable, *adj.* לֹא עוֹלֶה עַל הַדַּעַת, אִי אֶפְשָׁרִי, שֶׁאֵין לְהָנִיחַ
inconclusive, *adj.* בִּלְתִּי (מַכְרִיעַ) מוֹכִיחַ
incongruous, *adj.* בִּלְתִּי מַתְאִים
inconsequent, *adj.* בִּלְתִּי עָקִיב
inconsiderate, *adj.* שֶׁאֵינוֹ מִתְחַשֵּׁב
inconsistency, *n.* אִי עֲקִיבוּת
inconsistent, *adj.* בִּלְתִּי עָקִיב
inconsolable, *adj.* בִּלְתִּי מִתְנַחֵם
inconspicuous, *adj.* בִּלְתִּי (מֻרְגָּשׁ) נִכָּר
inconstant, *adj.* בִּלְתִּי יַצִּיב, קַל דַּעַת
incontinent, *adj.* בִּלְתִּי מִתְאַפֵּק
incontrollable, *adj.* בִּלְתִּי מְרֻסָּן, לֹא שׁוֹלֵט בְּרוּחוֹ
inconvenience, *n.* אִי נוֹחוּת
inconvenient, *adj.* לֹא נוֹחַ
inconvertible, *adj.* בִּלְתִּי מִשְׁתַּנֶּה
incorporate, *adj.* כָּלוּל, מְחֻבָּר, מְאֻגָּד, מְשֻׁתָּף; רוּחָנִי
incorporate, *v.t.* & *i.* אִחֵד, צֵרַף, חִבֵּר, כָּלַל, הִתְאַגֵּד [אגד], הִתְחַבֵּר [חבר] (לְחֶבְרָה מִסְחָרִית)
incorrect, *adj.* מֻטְעֶה, מְשֻׁבָּשׁ
incorrigible, *adj.* מֻשְׁחָת, בִּלְתִּי מְתֻקָּן
incorruptible, *adj.* בִּלְתִּי מֻשְׁחָת, בִּלְתִּי מְשֻׁחָד
increase, *n.* תּוֹסֶפֶת, הִתְרַבּוּת, גִּדּוּל
increase, *v.t.* & *i.* הוֹסִיף [יסף], רִבָּה, הִתְרַבָּה [רבה], הִרְבָּה [רבה]
incredible, *adj.* לֹא יֵאָמֵן כִּי יְסֻפַּר
incredulity, *n.* אִי אֱמוּנָה
increment, *n.* גִּדּוּל, תּוֹסֶפֶת
incriminate, *v.t.* הֶאֱשִׁים [אשם]
incrustation, *n.* הַקְרָמָה

incubate, *v.t.* & *i.* דָּגַר הִדְגִּיר [דגר], רָבַץ עַל בֵּיצִים
incubation, *n.* תִּדְגֹּרֶת, בְּרִיכָה, דְּגִירָה
incubator, *n.* מַדְגֵּרָה, מִדְגָּרָה
inculcate, *v.t.* הִכְנִיס [כנס] בְּמוֹחוֹ
inculcation, *n.* הוֹרָאָה, לִמּוּד
inculpate, *v.t.* הֶאֱשִׁים [אשם]
incumbent, *adj.* מוּטָל עַל, שׁוּמָה עַל
incur, *v.t.* גָּרַם לְ־, עָשָׂה, הִתְחַיֵּב [חיב]
incurable, *adj.* בִּלְתִּי נִרְפָּא
incurious, *adj.* שֶׁאֵינוֹ סַקְרָן
incursion, *n.* הִתְנַפְּלוּת, פְּשִׁיטָה
indebted, *adj.* חַיָּב, אֲסִיר תּוֹדָה
indebtedness, *n.* הִתְחַיְּבוּת, חוֹב, תּוֹדָה
indecency, *n.* חֹסֶר הֲגִינוּת, פְּרִיצוּת
indecent, *adj.* בִּלְתִּי צָנוּעַ, פָּרוּץ
indecision, *n.* הִסּוּס, אִי הַחְלָטָה
indecorous, *adj.* בִּלְתִּי נִמּוּסִי, גַּס
indeed, *adv.* בֶּאֱמֶת, אָמְנָם
indefatigable, *adj.* בִּלְתִּי נִלְאֶה
indefensible, *adj.* נִמְנָע הַהֲגַנָּה
indefinable, *adj.* בִּלְתִּי מֻגְדָּר
indefinite, *adj.* בִּלְתִּי (מֻגְדָּר) מְדֻיָּק
indefinite article תָּוִית מְסַתֶּמֶת
indelible, *adj.* בִּלְתִּי נִמְחָק
indelicacy, *n.* חֹסֶר (דֶּרֶךְ אֶרֶץ) נִמּוּס
indelicate, *adj.* לֹא צָנוּעַ, גַּס
indemnify, *v.t.* שִׁלֵּם (דְּמֵי) נֶזֶק
indemnity, *n.* פִּצּוּי, שִׁלּוּמִים
indent, *v.t.* שִׁנֵּן, פִּגֵּם
indentation, indention, *n.* שְׁנִית, גּוּמָה
independence, *n.* עַצְמָאוּת
Independence Day יוֹם הָעַצְמָאוּת
independent, *adj.* עַצְמָאִי, בִּלְתִּי תָּלוּי
indescribable, *adj.* בִּלְתִּי מְתֹאָר
indestructible, *adj.* בִּלְתִּי נֶהֱרָס
indeterminate, *adj.* לֹא בָּרוּר, סָתוּם

index, *n.* מַרְאֵה מָקוֹם, מַפְתֵּחַ (סֵפֶר); מַדָּד, מַחֲוָן, מָחוֹג; מַעֲרִיךְ
index finger אֶצְבַּע
India, *n.* הֹדּוּ
indicate, *v.t.* הֶרְאָה [ראה], הִצְבִּיעַ [צבע], סִמֵּן
indication, *n.* סִימָן, הֶכֵּר; הוֹרָאָה
indicative, *adj.* מַרְאֶה, רוֹמֵז, מַצְבִּיעַ
indict, *v.t.* הֶאֱשִׁים [אשם]
indictment, *n.* אִשּׁוּם, הַאֲשָׁמָה
indifference, *n.* אֲדִישׁוּת
indifferent, *adj.* אָדִישׁ, קַר רוּחַ
indigence, *n.* מִסְכֵּנוּת, עֹנִי
indigent, *adj.* רָשׁ, מָךְ, עָנִי, דַּל
indigestion, *n.* אִי עִכּוּל, קִלְקוּל קֵבָה
indignant, *adj.* כּוֹעֵס, מִתְמַרְמֵר
indignation, *n.* הִתְמַרְמְרוּת, כַּעַס
indignity, *n.* עֶלְבּוֹן, פְּגִיעָה בְּכָבוֹד
indirect, *adj.* בִּלְתִּי יָשִׁיר, עָקִיף
indiscreet, *adj.* לֹא חָכָם, אִי זָהִיר
indiscriminate, *adj.* בִּלְתִּי מֻפְלֶה
indispensable, *adj.* נָחוּץ, הֶכְרֵחִי
indisposed, *adj.* חוֹלֶה קְצָת; מְמָאֵן
indisposition, *n.* חֳלִי, מֵחוּשׁ; מֵאוּן
indisputable, *adj.* מוּבָן מֵאֵלָיו
indistinct, *adj.* מְעֻרְפָּל, לֹא בָּרוּר
indite, *v.t.* כָּתַב, חִבֵּר (מִכְתָּב)
individual, *adj.* & *n.* אִישׁ, אִישִׁי, פְּרָט, פְּרָטִי, יָחִיד, יְחִידִי
individuality, *n.* אִישִׁיּוּת, עַצְמִיּוּת
indivisibility, *n.* אִי הִתְחַלְּקוּת
indivisible, *adj.* בִּלְתִּי מִתְחַלֵּק
indoctrinate, *v.t.* שִׁנֵּן, לִמֵּד; עִקְרֵן
indolent, *adj.* נִרְפֶּה, עָצֵל; בִּלְתִּי מַכְאִיב
indomitable, *adj.* שֶׁאֵינוֹ מְקַבֵּל מָרוּת
indoor, *adj.* פְּנִים הַבַּיִת
indoors, *adv.* בַּבַּיִת

indorse, endorse, *v.t.* קִיֵּם, אִשֵּׁר
indorsement, endorsement, *n.* קִיּוּם, אִשּׁוּר
indubitable, *adj.* בִּלְתִּי מְסֻפָּק, בָּטוּחַ
induce, *v.t.* פִּתָּה, שִׁדֵּל
inducement, *n.* פִּתּוּי, שִׁדּוּל
induct, *v.t.* הִכְנִיס [כנס]; גִּיֵּס
induction, *n.* הַכְנָסָה; גִּיּוּס; הַקְדָּמָה, מָבוֹא; הַשְׁרָאָה
indulge, *v.t. & i.* פִּנֵּק, עִדֵּן; הִתְמַכֵּר [מכר] לְ־, לֹא שָׁלַט בְּרוּחוֹ
indulgence, *n.* פִּנּוּק, עִדּוּן; הִתְמַכְּרוּת; רַתְיָנוּת, סַלְחָנוּת
indulgent, *adj.* מְפֻנָּק, מְעֻדָּן
industrial, *adj.* תַּעֲשִׂיָּתִי
industrialist, *n.* תַּעֲשִׂיָּן
industrialization, *n.* תִּעוּשׂ
industrious, *adj.* שַׁקְדָן, מַתְמִיד, חָרוּץ
industry, *n.* חֲרשֶׁת, תַּעֲשִׂיָּה; שְׁקִידָה
inebriate, *n. & adj.* שִׁכּוֹר; שָׁכוּר, מְבֻסָּם
inebriate, *v.t.* שִׁכֵּר
inedible, *adj.* בַּל אָכִיל, שֶׁאֵינוֹ נֶאֱכָל
ineffable, *adj.* שֶׁאֵין לְבַטֵּא
ineffective, *adj.* לְלֹא רשֶׁם, חֲסַר פְּעוּלָּה, בִּלְתִּי מוֹעִיל
inefficiency, *n.* חֹסֶר יְעִילוּת
inefficient, *adj.* בִּלְתִּי יָעִיל
inelegant, *adj.* בִּלְתִּי (שַׁפִּיר) נִמּוּסִי
ineloquent, *adj.* כְּבַד פֶּה
inept, *adj.* בִּלְתִּי מַתְאִים
inequality, *n.* אִי שִׁוְיוֹן
inequity, *n.* אִי (צֶדֶק) יֹשֶׁר
inert, *adj.* לֹא פָּעִיל, מְפַגֵּר
inessential, *adj.* לֹא חָשׁוּב, לֹא נִצְרָךְ
inestimable, *adj.* לְאֵין עֲרֹךְ, אֵין עֵרֶךְ
inevitable, *adj.* בִּלְתִּי נִמְנָע, הֶכְרֵחִי
inexact, *adj.* בִּלְתִּי מְדֻיָּק
inexcusable, *adj.* בִּלְתִּי נִמְחָל
inexhaustible, *adj.* שֶׁאֵינוֹ פּוֹסֵק
inexorable, *adj.* בִּלְתִּי נֶעְתָּר, שֶׁאֵינוֹ נַעֲנֶה
inexpedient, *adj.* שֶׁאֵינוֹ כְּדַי, חֲסַר תּוֹעֶלֶת, בִּלְתִּי מוֹעִיל
inexpensive, *adj.* לֹא יָקָר, זוֹל
inexperience, *n.* חֹסֶר נִסָּיוֹן
inexperienced, *adj.* בִּלְתִּי מְנֻסֶּה
inexpert, *adj.* שֶׁאֵינוֹ מֻמְחֶה
inexpiable, *adj.* לֹא יְכֻפַּר
inexplicable *adj.* בִּלְתִּי מְבֹאָר
inexplicit, *adj.* בִּלְתִּי בָּרוּר
inexpressible, *adj.* אַל מְבָּע
inextinguishable, *adj.* לֹא יִכְבֶּה
inextricable, *adj.* בִּלְתִּי נָתִיר, סָתוּם
infallible, *adj.* אַל שׁוֹגֵג, שֶׁאֵינוֹ טוֹעֶה
infamous, *adj.* בַּעַל שֵׁם רַע, בָּזוּי
infamy, *n.* בִּזָּיוֹן, כְּלִימָה, שַׁעֲרוּרִיָּה
infancy, *n.* תִּינוֹקוּת, יַלְדוּת
infant, *n.* תִּינוֹק, תִּינֹקֶת, עוֹלָל, וָלָד
infantile, *adj.* תִּינוֹקִי, יַלְדוּתִי
infantry, *n.* חֵיל רַגְלִים
infantryman, *n.* רַגְלִי
infatuate, *v.t.* הִקְסִים [קסם]
infatuation, *n.* הַקְסָמָה, שִׁגָּעוֹן, הִתְאַהֲבוּת
infeasible, *adj.* בִּלְתִּי מַעֲשִׂי
infect, *v.t.* הִדְבִּיק [דבק] (מַחֲלָה), אָלַח
infection, *n.* הִדַּבְּקוּת, אֶלַח
infer, *v.t.* בָּא [בוא] לִידֵי מַסְקָנָה
inference, *n.* הֶקֵּשׁ
inferior, *adj. & n.* פָּחוּת, נוֹפֵל
inferiority, *n.* נְחִיתוּת, פְּחִיתוּת, קַטְנוּת
inferiority complex תַּסְבִּיךְ נְחִיתוּת
infernal, *adj.* שֶׁל אֲבַדּוֹן, שְׁאוֹלִי
inferno, *n.* שְׁאוֹל
infertile, *adj.* בִּלְתִּי פּוֹרֶה

infertility, *n.* עֲקָרוּת
infest, *v.t.* פָּשַׁט עַל; שָׁרַץ
infidel, *adj.* & *n.* כּוֹפֵר; שֶׁאֵינוֹ מַאֲמִין
infidelity, *n.* כְּפִירָה, בְּגִידָה
infiltrate, *v.t.* & *i.* סִנֵּן, הִסְתַּנֵּן [סנן]
infiltration, *n.* הִסְתַּנְּנוּת
infinite, *adj.* אֵין סוֹפִי, סוֹפִי
infinitely, *adv.* לְאֵין שִׁעוּר
infinitesimal, *adj.* קָטָן בְּתַכְלִית הַקַּטְנוּת
infinitive, *adj.* & *n.* שֵׁם הַפֹּעַל, מָקוֹר (בְּדִקְדּוּק)
infinity, *n.* אֵין סוֹף
infirm, *adj.* רָפֶה, תְּשׁוּשׁ כֹּחַ, חַלָּשׁ
infirmary, *n.* מִרְפָּאָה
infirmity, *n.* חֻלְשָׁה, תְּשִׁישׁוּת, נְכוּת
inflame, *v.t.* & *i.* הִדְלִיק [דלק], הִלְהִיב [להב], הֵסִית [סות], הִקְצִיף [קצף]; הִשְׁתַּלְהֵב [שלהב], הִתְלַהֵב [להב], הִתְלַקַּח [לקח]
inflammable, *n.* דָּלִיק, שָׂרִיף
inflammation, *n.* דַּלֶּקֶת
inflate, *v.t.* נִפַּח
inflation, *n.* נִפּוּחַ, הִתְנַפְּחוּת, יְרִידַת עֶרֶךְ הַכֶּסֶף
inflect, *v.t.* נָטָה, הִטָּה [נטה] (בְּדִקְדּוּק)
inflection, inflexion, *n.* נְטִיָּה, הַטָּיָה, (בְּדִקְדּוּק)
inflexible, *adj.* אִי גָּמִישׁ, שֶׁאֵינוֹ נִכְפָּף, עִקֵּשׁ
inflict, *v.t.* הֵטִיל [נטל], הֵבִיא [בוא] עַל, גָּרַם לְ־
influence, *n.* הַשְׁפָּעָה
influence, *v.t.* הִשְׁפִּיעַ [שפע]
influenza (often flu), *n.* שַׁפַּעַת
influx, *n.* שֶׁפַע, זֶרֶם
infold, enfold, *v.t.* עָטַף, סָגַר, חָבַק
inform, *v.t.* & *i.* הוֹדִיעַ [ידע], הִגִּיד [נגד] לְ־, הִלְשִׁין [לשן]
informal, *adj.* בִּלְתִּי רִשְׁמִי
informant, *n.* מוֹדִיעַ; מַלְשִׁין
information, *n.* הוֹדָעָה, יְדִיעָה
informer, *n.* מוֹדִיעַ; מָסוֹר, מוֹסֵר, מַלְשִׁין
infraction, *n.* הֲפָרָה
infrequent, *adj.* נָדִיר, בִּלְתִּי שָׁכִיחַ
infringe, *v.t.* הֵפֵר (חֹק), עָבַר עַל חֹק; הִסִּיג [נסג] גְּבוּל
infringement, *n.* עֲבֵרָה, הֲפָרָה; הַסָּגַת גְּבוּל
infuriate, *v.t.* הִקְצִיף [קצף], הִכְעִיס [כעס], שִׁגַּע
infuse, *v.t.* הִשְׁרָה [שרה]; יָצַק
infusion, *n.* שְׁרִיָּה, הַשְׁרָאָה; יְצִיקָה, שְׁלִיקָה
ingenious, *adj.* חָרִיף (שֵׂכֶל), מֻכְשָׁר
ingenuity, *n.* חֲרִיפוּת, שְׁנִינוּת, פִּקְחוּת
ingenuous, *adj.* תָּמִים, תָּם
inglorious, *adj.* מַחְפִּיר, מֵבִישׁ, דֵּרָאוֹנִי
ingot, *n.* מְטִיל מַתֶּכֶת
ingratitude, *n.* כְּפִיַּת טוֹבָה
ingredient, *n.* סַמְמָן, סַמָּן, רְכִיב, מַרְכִּיב
ingress, *n.* כְּנִיסָה, מָבוֹא
inhabit, *v.t.* & *i.* יָשַׁב (בְּאֶרֶץ), שָׁכַן, גָּר
inhabitant, *n.* תּוֹשָׁב, שָׁכֵן, דַּיָּר
inhalation, *n.* הַנְשָׁמָה, שְׁאִיפָה
inhale, *v.t.* נָשַׁם, שָׁאַף
inherent, *adj.* תּוֹכִי, פְּנִימִי, טִבְעִי
inherit, *v.t.* & *i.* נָחַל, יָרַשׁ
inheritance, *n.* יְרֻשָּׁה, מוֹרָשָׁה
inhibit, *v.t.* עִכֵּב, אָסַר, עָצַר
inhibition, *n.* עִכּוּב, עַכָּבָה
inhospitable, *adj.* שֶׁאֵינוֹ מַאֲרִחַ

inhuman, *adj.* בִּלְתִּי אֱנוֹשִׁי
inimical, *adj.* אוֹיֵב, שׂוֹנֵא, מִתְנַגֵּד
inimitable, *adj.* בִּלְתִּי מְחֻקֶּה, שֶׁאִי אֶפְשָׁר לְחַקּוֹת
iniquity, *n.* אָוֶן, עַוְלָה
initial, *adj.* תְּחִלִּי, רִאשׁוֹן
initials, *n. pl.* רָאשֵׁי תֵּבוֹת, ר"ת
initiation, *n.* חֲנֻכָּה
initiative, *adj.* & *n.* מַתְחִיל, יוֹזֵם; יָזְמָה, הַתְחָלָה
initiate, *v.t.* יָזַם, זָמַם, הִתְחִיל [תחל]
inject, *v.t.* הִזְרִיק [זרק]
injection, *n.* זְרִיקָה
injunction, *n.* צַו, אַזְהָרָה, הַזְהָרָה
injure, *v.t.* הִזִּיק [נזק], פָּצַע
injurious, *adj.* מַזִּיק
injury, *n.* נֶזֶק, פְּצִיעָה, פְּגָם
injustice, *n.* אִי צֶדֶק, עָוֶל
ink, *n.* & *v.t.* דְּיוֹ; דְּיֵּת
inkstand, inkwell, *n.* דְּיוֹתָה, קֶסֶת
inland, *n.* פְּנִים הָאָרֶץ
inlay, *v.t.* & *n.* שִׁבֵּץ; תַּשְׁבֵּץ
inlet, *n.* מִפְרָצוֹן, מִפְרָץ קָטָן
inmate, *n.* דַּיָּר, שָׁכֵן, אֻשְׁפִּיז
inmost, *adj.* תּוֹךְ תּוֹכִי
inn, *n.* אַכְסַנְיָה, פֻּנְדָּק
innate, *adj.* שֶׁמִּלֵּדָה, טִבְעִי
inner, *adj.* תּוֹכִי, פְּנִימִי
innermost, *adj.* פְּנִים פְּנִימִי, תּוֹךְ תּוֹכִי
innkeeper, *n.* אַכְסְנַאי, פֻּנְדְּקַאי
innocence, *n.* תֹּם, תְּמִימוּת
innocent, *adj.* תָּם, תָּמִים, נָקִי, חַף
innocuous, *adj.* שֶׁאֵינוֹ מַזִּיק
innovate, *v.t.* חִדֵּשׁ
innovation, *n.* חִדּוּשׁ
innuendo, *n.* רְמִיזָה
innumerable, *adj.* בְּלֹא מִסְפָּר, שֶׁאִי אֶפְשָׁר לִסְפֹּר

inoculate, *v.t.* הִרְכִּיב [רכב]
inoculation, *n.* הַרְכָּבָה
inoffensive, *adj.* שֶׁאֵינוֹ (עוֹלֵב) מַזִּיק
inoperative, *adj.* אִי פָּעִיל
inopportune, *adj.* שֶׁלֹּא (בְּעִתּוֹ) בִּזְמַנּוֹ
inordinate, *adj.* מֻפְרָז
inquest, *n.* מַחְקֶרֶת, חֲקִירַת מָוֶת
inquire, enquire, *v.t.* & *i.* חָקַר וְדָרַשׁ, שָׁאַל
inquiry, *n.* חֲקִירָה, דְּרִישָׁה
inquisition, *n.* חֲקִירָה דָּתִית עוֹיֶנֶת
inquisitive, *adj.* סַקְרָנִי
inroad, *n.* פְּלִישָׁה, חֲדִירָה
insane, *adj.* מְשֻׁגָּע, חֲסַר דַּעַת, מְטֹרָף
insanity, *n.* טֵרוּף הַדַּעַת; שִׁגָּעוֹן
insatiable, *adj.* בִּלְתִּי שָׂבֵעַ, שֶׁאֵין לְהַשְׂבִּיעוֹ, אַלְשָׂבוּעַ
inscribe, *v.t.* כָּתַב, רָשַׁם, הִקְדִּישׁ [קדש] לְ־
inscription, *n.* חֲקִיקָה, חֲרִיתָה; כְּתֹבֶת
inscrutable, *adj.* סוֹדִי, נִמְנַע הַהֲבָנָה
insect, *n.* חֶרֶק, שֶׁרֶץ, רֶמֶשׂ
insecticide, *n.* סַם שְׁרָצִים
insecure, *adj.* לֹא בָּטוּחַ
insecurity, *n.* אִי בִּטָּחוֹן
insensate, *adj.* חֲסַר רֶגֶשׁ
insensibility, *n.* חֹסֶר רֶגֶשׁ
insensitive, *adj.* חֲסַר (רֶגֶשׁ) תְּחוּשָׁה
inseparable, *adj.* בִּלְתִּי נִפְרָד
insert, *v.t.* הִכְנִיס [כנס], הֶחְדִּיר [חדר]
insertion, *n.* הַכְנָסָה; הַחְדָּרָה
inside, *adj.* & *adv.* פְּנִימִי, פְּנִימָה
insidious, *adj.* מַתְעֶה, עֲקַמּוּמִי
insight, *n.* הֲבָנָה פְּנִימִית, חוּשׁ פְּנִימִי
insignia, *n. pl.* סֵמֶל, סִימָן
insignificance, *n.* חֹסֶר עֵרֶךְ, אִי חֲשִׁיבוּת

insignificant, *adj.* חֲסַר עֵרֶךְ, בִּלְתִּי חָשׁוּב
insincere, *adj.* צָבוּעַ, כּוֹזֵב, לֹא יָשָׁר
insinuate, *v.t.* & *i.* רָמַז
insinuation, *n.* רְמִיזָה (לְרָעָה)
insipid, *adj.* תָּפֵל, חֲסַר טַעַם
insipience, *n.* חֹסֶר טַעַם, תִּפְלָה
insist, *v.i.* עָמַד (עַל דַּעְתּוֹ), דָּרַשׁ (בְּתֹקֶף)
insistence, *n.* הִתְעַקְּשׁוּת
insistent, *adj.* עַקְשָׁן, קְשֵׁה־עֹרֶף
insolence, *n.* עַזּוּת, חֻצְפָּה
insoluble, *adj.* לֹא פָּתִיר, בִּלְתִּי נָמֵס
insolvency, *n.* פְּשִׁיטַת רֶגֶל
insolvent, *adj.* פּוֹשֵׁט רֶגֶל
insomnia, *n.* נְדוּדִים, נְדִידַת שֵׁנָה, חֹסֶר שֵׁנָה, אָרֶק
inspect, *v.t.* בִּקֵּר, פִּקֵּחַ
inspection, *n.* בְּדִיקָה, פִּקּוּחַ
inspector, *n.* בּוֹחֵן, מְפַקֵּחַ
inspiration, *n.* הַשְׁרָאָה, הַאֲצָלָה
inspire, *v.t.* & *i.* נָשַׁם; הֶאֱצִיל [אצל], הִשְׁרָה [שרה]; הִלְהִיב [להב]
instability, *n.* אִי יַצִּיבוּת, פַּקְפְּקָנוּת
install, instal, *v.t.* קָבַע, הִתְקִין [תקן], הֶעֱמִיד [עמד]
installation, *n.* מִתְקָן; הַתְקָנָה
installment, instalment, *n.* פֵּרָעוֹן לְשִׁעוּרִין, שִׁעוּר, הֶמְשֵׁךְ (סִפּוּר)
instance, *n.* מָשָׁל, דֻּגְמָה
instant, *n.* רֶגַע, הֶרֶף עַיִן
instantaneous, *adj.* כְּהֶרֶף עַיִן, רִגְעִי
instantly, *adv.* כְּרֶגַע, מִיָּד, תֵּכֶף וּמִיָּד
instead, *adv.* בִּמְקוֹם, תַּחַת
instep, *n.* קִמּוּר הָרֶגֶל
instigate, *v.t.* הֵסִית [סות]
instigation, *n.* הֲסָתָה
instigator, *n.* מֵסִית
instill, instil, *v.t.* טִפְטֵף, הִטִּיף [נטף]; הִכְנִיס [כנס], הֶחְדִּיר [חדר]
instinct, *n.* חוּשׁ טִבְעִי, חוּשׁ, יֵצֶר, נְטִיָּה טִבְעִית
instinctive, *adj.* יִצְרִי, חוּשִׁי, רִגְשִׁי
institute, *n.* & *v.t.* מוֹסָד; חֹק (מִשְׁפָּט); יִסֵּד; הֵחֵל [חלל] (בְּמִשְׁפָּט)
institution, *n.* מוֹסָד, אֲגֻדָּה; תִּקּוּן
instruct, *v.t.* לִמֵּד, חִנֵּךְ, הוֹרָה [ירה]
instruction, *n.* לִמּוּד, הוֹרָאָה
instructor, *n.* מְלַמֵּד, מוֹרֶה
instrument, *n.* מַכְשִׁיר, כְּלִי; כְּלִי נְגִינָה; גּוֹרֵם; אֶמְצָעִי; מִסְמָךְ
insubordinate, *adj.* בִּלְתִּי נִכְנָע, סוֹרֵר, מַמְרֶה
insubordination, *n.* מַרְדוּת, מְרִי, אִי צִיּוּת
insubstantial, *adj.* אִי מַמָּשִׁי, לְלֹא יְסוֹד
insufferable, *adj.* גָּדוֹל מִנְּשׂא, אִי אֶפְשָׁר לִסְבֹּל
insufficient, *adj.* בִּלְתִּי מַסְפִּיק
insular, *adj.* אִיִּי, שֶׁל אִי; מֻגְבָּל בְּדֵעוֹת
insulate, *v.t.* בּוֹדֵד
insulation, *n.* בִּדּוּד
insulator, *n.* מַבְדֵּד
insult, *n.* עֶלְבּוֹן, חֵרוּף, גִּדּוּף
insult, *v.t.* הֶעֱלִיב [עלב], פָּגַע בִּכְבוֹד
insupportable, *adj.* קָשֶׁה מִנְּשׂא
insurance, *n.* בִּטּוּחַ, אַחֲרָיוּת
insure, ensure, *v.t.* בִּטַּח, הִבְטִיחַ [בטח]
insured, *adj.* מְבֻטָּח
insurgence, *n.* מֶרֶד, הִתְקוֹמְמוּת
insurgent, *n.* מוֹרֵד, מִתְקוֹמֵם
insurmountable, *adj.* בִּלְתִּי עָבִיר
insurrection, *n.* מֶרֶד, מְרִידָה
intact, *adj.* שָׁלֵם, כָּלִיל

intake, *n.* הַכְנָסָה; אֲסִיפָה
intangible, *adj.* נִמְנָע הַמִּמּוּשׁ, שֶׁאֵין בּוֹ מַמָּשׁ, לֹא מַמָּשִׁי
integer, *n.* יְחִידָה (סִפְרָה) שְׁלֵמָה, מִסְפָּר שָׁלֵם
integral, *adj.* שָׁלֵם
integrate, *v.t.* הִשְׁלִים [שלם], אִחֵד
integration, *n.* הַשְׁלָמָה, אִחוּד
integrity, *n.* יֹשֶׁר, שְׁלֵמוּת
intellect, *n.* שֵׂכֶל, דַּעַת, בִּינָה, תְּבוּנָה
intellectual, *adj.* מַשְׂכִּיל
intelligence, *n.* חָכְמָה, הַשְׂכָּלָה
intelligent, *adj.* חָכָם, מַשְׂכִּיל
intelligible, *adj.* מוּבָן
intemperance, *n.* אִי הִתְאַפְּקוּת, אִי הַבְלָגָה; סְבִיאָה
intend, *v.t.* הִתְכַּוֵּן [כון], סָבַר, הָיָה בְּדַעְתּוֹ
intendant, *n.* מַשְׁגִּיחַ
intense, *adj.* כַּבִּיר, קִיצוֹנִי
intensify, *v.t.* הֶעֱצִים [עצם], הִגְדִּיל [גדל]
intensity, *n.* עָצְמָה, חֹזֶק
intensive, *adj.* מַגְבִּיר, מַגְדִּיל, מְחַזֵּק, מַדְגִּישׁ (דִּקְדּוּק)
intent, intention, *n.* רָצוֹן, פְּנִיָּה, כַּוָּנָה
intentional, *adj.* מֵזִיד, שֶׁבְּכַוָּנָה, שֶׁבִּצְדִיָּה
inter, *v.t.* קָבַר
interaction, *n.* פְּעֻלָּה הֲדָדִית
intercede, *v.i.* הִשְׁתַּדֵּל [שדל] בְּעַד, תִּוֵּךְ בֵּין
intercept, *v.t.* תָּפַשׂ בַּדֶּרֶךְ, עָצַר, הִפְסִיק [פסק]
intercession, *n.* תִּוּוּךְ, הִשְׁתַּדְּלוּת
interchange, *v.t.* הֶחֱלִיף [חלף], הֵמִיר [מור]
intercollegiate, *adj.* בֵּינְמִכְלָלְתִּי
intercourse, *n.* מַשָּׂא וּמַתָּן, מַגָּע וּמַשָּׂא; בְּעִילָה, תַּשְׁמִישׁ, בִּיאָה, הִזְדַּוְּגוּת, שְׁכִיבָה עִם
interdict, *v.t.* אָסַר
interdiction, *n.* אִסּוּר
interest, *n.* עִנְיָן, חֵלֶק בְּ־; רִבִּית
interest, *v.t.* עִנְיֵן
interfere, *v.i.* הִתְעָרֵב בְּ־
interference, *n.* הִתְעָרְבוּת
interim, *adv.* בֵּינְתַיִם
interior, *adj.* & *n.* פְּנִימִי; פְּנִים
interjection, *n.* קְרִיאָה, מִלַּת קְרִיאָה
interlace, *v.t.* & *i.* שָׁזַר, הִשְׁתַּזֵּר [שזר]
interlock, *v.t.* & *i.* חִבֵּר, סָגַר יַחַד
interloper, *n.* אוֹרֵחַ לֹא מְזֻמָּן, נִכְנָס לְלֹא רְשׁוּת
interlude, *n.* מִשְׂחָק בֵּינַיִם
interlunar, *adj.* בֵּין יַרְחִי
intermarriage, *n.* נִשּׂוּאֵי תַּעֲרֹבֶת
intermediary, *adj.* & *n.* סַרְסוּר, מְתַוֵּךְ, אִישׁ־בֵּינַיִם
intermediate, *adj.* אֶמְצָעִי; בֵּינוֹנִי
interment, *n.* קְבוּרָה
interminable, *adj.* בִּלְתִּי מֻגְבָּל, אֵין סוֹפִי
intermingle, *v.t.* & *i.* עִרְבֵּב, בִּלְבֵּל
intermission, *n.* הַפְסָקָה, הֲפוּגָה
intermit, *v.t.* & *i.* הִפְסִיק [פסק]; נִפְסַק [פסק]
intermittent, *adj.* סָרוּג, מְסֹרָג
intermixture, *n.* בְּלִיל
internal, *adj.* פְּנִימִי
international, *adj.* בֵּינְלְאֻמִּי
internationalize, *v.t.* בִּנְאֵם
interpolate, *v.t.* בִּיֵּן
interpolation, *n.* בִּיּוּן
interpose, *v.t.* & *i.* הִפְסִיק [פסק] בֵּין, חָצַץ בֵּין, פִּשֵּׁר

interpret, *v.t.* בֵּאֵר, פֵּרֵשׁ, תִּרְגֵּם
interpretation, *n.* בֵּאוּר, תִּרְגּוּם, פֶּשֶׁר
interpreter, *n.* מְתֻרְגְּמָן, תֻּרְגְּמָן
interrogate, *v.t.* חָקַר
interrogation, *n.* חֲקִירָה וּדְרִישָׁה
interrogative, *n.* שׁוֹאֵל, חוֹקֵר וְדוֹרֵשׁ
interrupt, *v.t.* הִפְסִיק
interruption, *n.* הַפְסָקָה
intersect, *v.t.* הִצְטַלֵּב [צלב]
intersection, *n.* מַצְלֵבָה, פָּרָשַׁת דְּרָכִים
intersperse, *v.t.* הֵפִיץ [פוץ], פִּזֵּר
intertwine, *v.t.* & *i.* שָׁזַר, פָּתַל
interurban, *adj.* בֵּין עִירוֹנִי
interval, *n.* רֶוַח, הֶפְסֵק, שָׁהוּת
intervene, *v.i.* הִתְעָרֵב [ערב], עָמַד בֵּין, חָצַץ בֵּין
intervention, *n.* הִתְעָרְבוּת
interview, *n.* רַאֲיוֹן
intestines, *n. pl.* (בְּנֵי) מֵעַיִם, קְרָבַיִם
intimacy, *n.* קִרְבָה, יְחָסִים קְרוֹבִים
intimate, *adj.* מְקֹרָב, יְדִידוּתִי
intimation, *n.* רֶמֶז, רְמִיזָה
intimidate, *v.t.* הִפְחִיד [פחד], אִיֵּם
intimidation, *n.* הַפְחָדָה, אִיּוּם
into, *prep.* לְתוֹךְ, אֶל
intolerable, *adj.* שֶׁאִי אֶפְשָׁר לִסְבֹּל, גָּדוֹל מִנְּשֹׂא
intolerance, *n.* אִי סוֹבְלָנוּת
intolerant, *adj.* שֶׁאֵינוֹ סוֹבְלָנִי
intonation, *n.* הַטְעָמָה
intoxicant, *n.* מְשַׁכֵּר
intoxicate, *v.t.* שִׁכֵּר
intoxication, *n.* שִׁכּוּר, שִׁכָּרוֹן, שִׁכְרוּת
intractable, *adj.* מַמְרֶה, שׁוֹבָב
intransitive, *adj.* (פֹּעַל) עוֹמֵד (דִּקְדּוּק)
intravenous, *adj.* תּוֹךְ וְרִידִי
intrench, *v.t.* הִתְחַפֵּר [חפר]
intrepid, *adj.* אַמִּיץ לֵב
intricacy, *n.* הִסְתַּבְּכוּת
intricate, *adj.* מְסֻבָּךְ
intrigue, *v.t.* & *i.* סִכְסֵךְ, זָמַם
intrigue, *n.* סִכְסוּךְ, תַּחְבּוּלָה
intrinsic, intrinsical, *adj.* תּוֹכִי, טָבוּעַ, פְּנִימִי, טִבְעִי
introduce, *v.t.* הִצִּיג [יצג]
introduction, *n.* הַצָּגָה; הַקְדָּמָה, מָבוֹא
introspection, *n.* הִסְתַּכְּלוּת עַצְמִית, הִסְתַּכְּלוּת פְּנִימִית
intrude, *v.t.* & *i.* נִכְנַס [כנס] לְלֹא רְשׁוּת
intrusion, *n.* כְּנִיסָה לְלֹא רְשׁוּת
intrusive, *n.* נִכְנָס, נִדְחָק
intrust, entrust, *v.t.* הִפְקִיד [פקד]
intuition, *adj.* חוּשׁ פְּנִימִי
inundate, *v.t.* הֵצִיף [צוף], שָׁטַף
inundation, *n.* שִׁטָּפוֹן, הֲצָפָה, מַבּוּל
inure, *v.t.* הִרְגִּיל [רגל]
invade, *v.t.* פָּלַשׁ
invader, *n.* פּוֹלֵשׁ
invalid, *adj.* בְּלִי עֵרֶךְ, בָּטֵל וּמְבֻטָּל
invalid, *n.* נָכֶה, בַּעַל מוּם
invalidate, *v.t.* בִּטֵּל עֵרֶךְ
invaluable, *adj.* חָשׁוּב, שֶׁלֹּא יֵעָרֵךְ
invariable, *adj.* בִּלְתִּי מִשְׁתַּנֶּה, קָבוּעַ
invasion, *n.* פְּלִישָׁה, חֲדִירָה
invent, *v.t.* הִמְצִיא [מצא]
invention, *n.* הַמְצָאָה, אַמְצָאָה
inventive, *adj.* & *n.* מַמְצִיא
inventory, *n.* פְּרָטָה, כְּלָל הַחֲפָצִים
inverse, *adj.* הָפוּךְ, נֶגְדִּי
invert, *v.t.* הָפַךְ
invert, inverted, *adj.* מְהֻפָּךְ
invest, *v.t.* & *i.* הִשְׁקִיעַ [שקע]
investigate, *v.t.* חָקַר וְדָרַשׁ
investigation, *n.* חֲקִירָה וּדְרִישָׁה

investigator, *n.* חוֹקֵר, בּוֹדֵק
investment, *n.* הַשְׁקָעָה; הַלְבָּשָׁה
investor, *n.* מַשְׁקִיעַ
inveterate, *adj.* יָשָׁן נוֹשָׁן; מֻשְׁרָשׁ
invidious, *adj.* מַרְגִּיז, מַכְעִיס; מְקַנֵּא
invigorate, *v.t.* אִמֵּץ, חִזֵּק; הֶחֱלִיץ [חלץ]
invisible, *adj.* שֶׁאֵינוֹ נִרְאֶה
invitation, *n.* הַזְמָנָה
invite, *v.t.* הִזְמִין [זמן]
invoice, *n.* חֶשְׁבּוֹן
invoke, *v.t.* הִתְחַנֵּן [חנן]
involuntary, *adj.* בִּלְתִּי רְצוֹנִי, שֶׁבְּבַעַל כָּרְחוֹ
involve, *v.t.* סִבֵּךְ בְּ־, מָשַׁךְ לְתוֹךְ, הִסְתַּבֵּךְ [סבך]
invulnerable, *adj.* בִּלְתִּי נִפְגָּע
inward, *adj.* פְּנִימִי
inwrought, *adj.* מְקֻשָּׁט, עָדוּי
iodine, *n.* יוֹד
Iran, *n.* פָּרַס, אִירָן
irascibility, *n.* רַתְחָנוּת
irate, *adj.* כּוֹעֵס
ire, *n.* קֶצֶף, חָרוֹן
ireful, *adj.* מְלֵא חֵמָה
Ireland, *n.* אִירְלַנְדִּיָּה
iridescent, *adj.* צִבְעוֹנִי, מְגֻוָּן
iris, *n.* קֶשֶׁת; קַשְׁתִּית (בָּעַיִן); דַּגְלִית, חֶלְמִית (פֶּרַח)
Irish, *adj.* אִירִי
irk, *v.t.* הֶלְאָה [לאה], הִטְרִיחַ [טרח]
irksome, *adj.* מַטְרִיד, מְשַׁעֲמֵם
iron, *adj.* בַּרְזִילִי
iron, *n.* בַּרְזֶל; מַגְהֵץ
iron, *v.t.* גִּהֵץ
ironical, ironic, *adj.* לוֹעֵג, מְלַגְלֵג
ironing, *n.* גִּהוּץ
irony, *n.* הִתּוּל, שְׁנִינָה

irradiate, *v.t.* & *i.* הִקְרִין [קרן], נָגַהּ, נָצַץ
irradiation, *n.* הַקְרָנָה
irrational, *adj.* בִּלְתִּי שִׂכְלִי
irreconcilable, *adj.* שֶׁאֵין לְהַשְׁלִים עִמּוֹ
irrecoverable, *adj.* שֶׁאֵין לְהָשִׁיב
irredeemable, *adj.* שֶׁאֵין לִפְדּוֹת
irrefutable, *adj.* שֶׁאֵין לִסְתּוֹר
irregular, *adj.* יוֹצֵא מִן הַכְּלָל, בִּלְתִּי חֻקִּי, מְסֻטֶּה
irregularity, *n.* מִסְטֶה
irrelevant, *adj.* בִּלְתִּי שַׁיָּךְ
irreligious, *adj.* אִי דָּתִי
irremediable, *adj.* בִּלְתִּי נִרְפָּא, נִמְנַע הָרְפוּאָה
irreparable, *adj.* שֶׁאֵין לְתַקְּנוֹ
irreproachable, *adj.* תָּמִים, נְקִי מִדֹּפִי
irresistible, *adj.* שֶׁאֵין לַעֲמוֹד בְּפָנָיו; מְלַבֵּב
irresolute, *adj.* מְהַסֵּס, מְפַקְפֵּק
irrespective, *adj.* שֶׁאֵינוֹ מִתְחַשֵּׁב בְּ־
irresponsible, *adj.* בִּלְתִּי אַחֲרַאי
irresponsive, *adj.* שֶׁאֵינוֹ נַעֲנֶה
irretrievable, *adj.* אָבֵד, שֶׁאֵין לְהָשִׁיב
irreverence, *n.* חֹסֶר כָּבוֹד
irreverent, *adj.* מְחֻסַּר רֶגֶשׁ כָּבוֹד
irrevocable, *adj.* שֶׁאֵין לְהָשִׁיב
irrigate, *v.t.* הִשְׁקָה [שקה], הִרְטִיב [רטב]
irrigation, *n.* הַשְׁקָאָה, הַשְׁקָיָה
irritable, *adj.* רַגִּיז
irritate, *v.t.* הִרְגִּיז [רגז], הִכְעִיס [כעס]
irritation, *n.* הַרְגָּזָה, הַכְעָסָה
irruption, *n.* הִתְפָּרְצוּת
Isaiah, *n.* (סֵפֶר) יְשַׁעְיָה
Islam, *n.* אִסְלָאם (תּוֹרַת מֻחַמַּד)
island, isle, *n.* אִי

islet, ***n.*** אִיּוֹן
isolate, ***v.t.*** הִבְדִּיל [בדל], הִפְרִיד [פרד], הִסְגִּיר [סגר]
isolation, ***n.*** הַפְרָשָׁה, הַבְדָּלָה; בִּדּוּד; הֶסְגֵּר
Israel, ***n.*** יִשְׂרָאֵל; מְדִינַת יִשְׂרָאֵל
Israeli, ***n.*** **&** ***adj.*** יִשְׂרְאֵלִי, אֶזְרַח מְדִינַת יִשְׂרָאֵל
Israelite, ***n.*** **&** ***adj.*** יְהוּדִי, יִשְׂרְאֵלִי
issue, ***n.*** יְצִיאָה, מוֹצָא; צֶאֱצָא, פְּרִי בֶּטֶן; הוֹצָאָה; תְּנוּבָה; הַדְפָּסָה; גִּלָּיוֹן, חוֹבֶרֶת; וִכּוּחַ, שְׁאֵלָה; זְרִימָה
issue, ***v.t.*** **&** ***i.*** הוֹצִיא [יצא] (לְאוֹר); נוֹלַד [ילד]; נָבַע
isthmus, ***n.*** מֵצַר יָם
it, ***pron.*** הוּא, הִיא; אוֹתוֹ, אוֹתָהּ
Italian, ***n.*** **&** ***adj.*** אִיטַלְקִי, אִיטַלְקִית
italics, ***n.*** אוֹתִיּוֹת מֻטּוֹת
itch, ***n.*** **&** ***v.t.*** גְּרִיָּה; חָכַךְ
itchy, ***adj.*** גָּרִי
item, ***n.*** פְּרָט
itemize, ***v.t.*** פֵּרֵט
iterate, ***v.t.*** חָזַר (עַל)
itinerary, ***n.*** מַסָּעוֹן
its, ***adj.*** **&** ***pron.*** שֶׁלּוֹ, שֶׁלָּהּ
itself, ***pron.*** הוּא עַצְמוֹ, הִיא עַצְמָהּ
ivory, ***n.*** שֵׁן, שֶׁנְהָב
ivy, ***n.*** קִיסוֹס

J, j

J, j, ***n.*** גֵ׳י, הָאוֹת הָעֲשִׂירִית בָּאָלֶף־בֵּית הָאַנְגְּלִי; עֲשִׂירִי, י׳
jab, ***n.,*** ***v.t.*** **&** ***i.*** דְּקִירָה; דָּקַר
jabber, ***v.i.*** פִּטְפֵּט
jack, ***n.*** מַגְבֵּהַ, מָנוֹף; שֵׁם מְקֻצָּר שֶׁל יַעֲקֹב אוֹ יוֹחָנָן; מַלָּח; חַיָּל (קְלָף בְּמִשְׂחָק); דִּגְלוֹן; נֹאד
jack, ***v.t.*** הִגְבִּיהַּ [גבה], הֵנִיף [נוף], הֵרִים [רום]
jackal, ***n.*** תַּן
jackass, ***n.*** חֲמוֹר; טִפֵּשׁ, כְּסִיל
jacket, ***n.*** מְעִילוֹן, מָתְנִיָּה
jackknife, ***n.*** אוֹלָר
jack rabbit אַרְנָב, אַרְנֶבֶת
Jacob, ***n.*** יַעֲקֹב, יִשְׂרָאֵל
jade, ***n.*** סוּסָה תְּשׁוּשָׁה; יַצְאָנִית; יַרְקוֹן (אֶבֶן טוֹבָה)
jag, ***n.*** בְּלִיטָה, צוּק, שֵׁן סֶלַע
jagged, ***adj.*** פָּצוּר, מְשֻׁנָּן
jail, gaol, ***n.*** כֶּלֶא, בֵּית סֹהַר
jailer, ***n.*** אַסָּר, כַּלָּאי
jam, ***n.*** רִבָּה, מִרְקַחַת
jam, jamb, ***n.*** דֹּחַק, צְפִיפוּת; מַעֲצוֹר
jam, jamb, ***v.t.*** לָחַץ, דָּחַק; עָצַר
jamb, jambe, ***n.*** מְזוּזָה
jangle, ***n.*** סִכְסוּךְ; קִשְׁקוּשׁ
jangle, ***v.t.*** **&** ***i.*** קִשְׁקֵשׁ; הִתְקַשְׁקֵשׁ [קשקש]
janitor, ***n.*** שׁוֹעֵר, שַׁמָּשׁ
January, ***n.*** יָנוּאָר
Japan, ***n.*** יַפָּן
Japanese, ***n.*** **&** ***adj.*** יַפָּנִי; יַפָּנִית
jape, ***v.t.*** **&** ***i.*** בִּדַּח, לָעַג
jar, ***n.*** צִנְצֶנֶת; כַּד
jar, ***n.*** זַעֲזוּעַ
jar, ***v.t.*** **&** ***i.*** הִזְדַּעְזֵעַ [זעזע], נִזְעַע
jargon, ***n.*** זַ׳רְגּוֹן, לָשׁוֹן תַּעֲרֹבֶת, אִידִית
jasmine, jessamine, ***n.*** יַסְמִין
jasper, ***n.*** יָשְׁפֵה
jaundice, ***n.*** צַהֶבֶת, יֵרָקוֹן

jaunt, *n.* טִיּוּל, נְסִיעָה קְצָרָה, הִתְשׁוֹטְטוּת
jaunt, *v.i.* טִיֵּל, שׁוֹטֵט [שוט]
jaunty, *adj.* נָאֶה, טוֹב לֵב, עַלִּיז, צוֹהֵל
javelin, *n.* כִּידוֹן
jaw, *n.* לֶסֶת
jealous, *adj.* מְקַנֵּא, מִתְקַנֵּא
jealousy, *n.* קִנְאָה, צָרוּת עַיִן
jeer, *n., v.t.* & *i.* לַעַג; לִגְלֵג
Jehovah, *n.* יהוה, יְהֹוָה
jejune, *adj.* חֲסַר (עִנְיָן), טַעַם יָבֵשׁ
jelly, *n.* קָרִישׁ, מִקְפָּא
jellyfish, *n.* דַּג הַמִּקְפָּא
jeopardize, *v.t.* סִכֵּן
Jeremiah, *n.* (סֵפֶר) יִרְמְיָה
jerk, *n.* פִּרְכּוּס, פִּרְפּוּר; נִיעַ, זִיעַ; אָדָם נִבְזֶה
jerkin, *n.* מְעִילוֹן, מָתְנִיָּה
jersey, *n.* פַּקְרֵס, מֵיזָע
Jerusalem, *n.* יְרוּשָׁלַיִם
jessamine, jasmine, *n,* יַסְמִין
jest, *n.* לָצוֹן, צְחוֹק
jest, *v.t.* & *i.* הֵתֵל [תלל], הִתְלוֹצֵץ [ליץ]
jester, *n.* לֵצָן
Jesus, *n.* יֵשׁוּ הַנּוֹצְרִי
jet, *n.* סִילוֹן
jetty, *n.* מֵזַח, מַעֲגָן
Jew, *n.* יְהוּדִי
jewel, *n.* תַּכְשִׁיט, אֶבֶן חֵן
jewel, *v.t.* קִשֵּׁט
jeweler, jeweller, *n.* צוֹרֵף, זֶהָבִי
jewelry, jewellry, *n.* חֲלִיָּה, עֲדִי
Jewess, *n.* יְהוּדִיָּה
Jewish, *adj.* יְהוּדִי; יְהוּדִית
Jewry, *n.* כְּלַל יִשְׂרָאֵל, כְּנֶסֶת יִשְׂרָאֵל
jib, *n.* מִפְרָשׂ; יַד הַמַּדְלֶה
jibe, *v.* gibe
jiffy, *n.* הֶרֶף עַיִן

jig, *n.* חַכָּה; חִנָּגָה, לַחַן עֵר
jilt, *n.* נְטִישַׁת אָהוּב
jilt, *v.t.* & *i.* נָטַשׁ אֲהוּבָתוֹ
jingle, *n.* & *v.i.* צִלְצוּל; צִלְצֵל
job, *n.* עֲבוֹדָה, מִשְׂרָה, עֵסֶק
jockey, *n.* פָּרָשׁ (רַכָּב) מִתְחָרֶה
jocose, jocular, *adj.* מְבַדֵּחַ, לֵצָנִי, מְהַתֵּל
jocund, *adj.* עַלִּיז, שָׂמֵחַ
jog, *v.t.* & *i.* דָּחַף; עוֹרֵר [עור]
jog, *n.* הֲדִיפָה; תְּנוּעָה אִטִּית
join, *v.t.* & *i.* הִתְחַבֵּר [חבר], דָּבַק, הִסְתַּפֵּחַ [ספח]
joiner, *n.* מְהַדֵּק; נַגָּר
joint, *adj.* מְשֻׁתָּף, מְחֻבָּר
joint, *n.* אַרְכּוּבָה, פֶּרֶק, חֻלְיָה
joist, *n.* עָנָק, קוֹרָה
joke, *n.* בְּדִיחָה, הֲלָצָה
joke, *v.t.* & *i.* הִתְלוֹצֵץ [ליץ], הֵתֵל [תלל]
joker, *n.* לֵצָן; (גַּם קְלָף בְּמִשְׂחָק)
jolly, *adj.* שָׂמֵחַ, עַלִּיז
jolt, *n.* דְּחִיפָה
jolt, *v.t.* & *i.* נִדְנֵד, הִתְנַדְנֵד [נדנד]
jostle, *v.t.* & *i.* דָּחַף, דָּחַק אִישׁ אֶת רֵעֵהוּ
jot, *n.* נְקֻדָּה
jot, *v.t.* רָשַׁם בְּקִצּוּר
journal, *n.* עִתּוֹן; יוֹמוֹן
journalism, *n.* עִתּוֹנָאוּת
journalist, *n.* עִתּוֹנַאי
journey, *n.* נְסִיעָה; מַהֲלָךְ
journey, *v.i.* נָסַע
journeyman, *n.* שׁוּלְיָה
jovial, *adj.* עַלִּיז
joy, *n.* שִׂמְחָה, גִּילָה
joy, *v.t.* & *i.* שָׂשׂ [שיש], גָּל [גיל], חִדָּה
joyful, *adj.* שָׂמֵחַ

joyless, *adj.* נוּגֶה, עָצוּב
joyous, *adj.* שָׂמֵחַ, מְשַׂמֵּחַ
jubilant, *adj.* צָהֵל
jubilee, *n.* יוֹבֵל, שְׁנַת הַחֲמִשִּׁים
Judaism, *n.* יַהֲדוּת
Judaize, *v.i.* & *t.* הִתְיַהֵד [יהד], יַהֵד
judge, *n.* שׁוֹפֵט, פָּלִיל, דַּיָּן; מֵבִין, בָּקִי
judge, *v.t.* & *i.* דָּן [דון], שָׁפַט
Judges, *n.* (סֵפֶר) שׁוֹפְטִים
judgment, judgement, *n.* פְּסַק, פְּסָק
דִּין; מִשְׁפָּט; תְּבוּנָה, הֲבָנָה; סְבָרָה
judicial, judiciary, *adj.* מִשְׁפָּטִי; מָתוּן
judiciously, *adv.* בְּיִשּׁוּב הַדַּעַת
jug, *n.* כַּד
juggle, *v.t.* & *i.* תִּעְתַּע, אָחַז עֵינַיִם
juggler, *n.* מְתַעְתֵּעַ, מְאַחֵז עֵינַיִם
jugular, *adj.* וְרִידִי
jugular vein וָרִיד
juice, *n.* מִיץ, עָסִיס
juicy, *adj.* מִיצִי, עֲסִיסִי
July, *n.* יוּלִי
jumble, *n.* תַּעֲרֹבֶת, בְּלִיל
jumble, *v.t.* & *i.* עִרְבֵּב, הִתְעַרְבֵּב
[ערבב], סִכְסֵךְ, הִסְתַּכְסֵךְ [סכסך]
jump, *n.* קְפִיצָה, דִּלּוּג
jump, *v.t.* & *i.* קָפַץ, דִּלֵּג
junction, *n.* צֹמֶת, קֶשֶׁר, חִבּוּר
juncture, *n.* צֹמֶת
June, *n.* יוּנִי
jungle, *n.* יַעַר (עַד) עָבֹת
junior, *adj.* צָעִיר, קָטָן
junk, *n.* גְּרוּטָאוֹת
jurisdiction, *n.* שִׁלְטוֹן
jurisprudence, *n.* מִשְׁפְּטָנוּת
jurist, *n.* מִשְׁפְּטָן
juror, *n.* מֻשְׁבָּע
jury, *n.* חֶבֶר מֻשְׁבָּעִים
just, *adj.* צַדִּיק, יָשָׁר; נָכוֹן, מְדֻיָּק
just, *adv.* זֶה עַתָּה, אַךְ; בְּדִיּוּק; בְּקֹשִׁי
justice, *n.* צֶדֶק; מִשְׁפָּט; שׁוֹפֵט
justification, *n.* הַצְדָּקָה; הִתְנַצְּלוּת
justify, *v.t.* צִדֵּק, הִצְדִּיק [צדק]
justly, *adv.* בְּצֶדֶק
jut, *v.t.* & *i.* בָּלַט
jute, *n.* סִיבֵי יוּטָה, יוּטָה
juvenile, *adj.* & *n.* צָעִיר; תִּשְׁחֹרֶת, קַטִּין
juxtaposition, *n.* קִרְבָה, סְמִיכוּת,
מִצְרָנוּת

K, k

K, k, *n.* קֵי, הָאוֹת הָאַחַת עֶשְׂרֵה
בָּאָלֶף בֵּית הָאַנְגְּלִי
kangaroo, *n.* כִּיסוֹנִי, קֶנְגּוּרוּ
keel, *n.* קַרְקָעִית, תַּחְתִּית
keen, *adj.* חַד, שָׁנוּן, עֵרָנִי
keenness, *n.* חֲדִידוּת
keep, *n.* מִחְיָה, פַּרְנָסָה
keep, *v.t.* & *i.* הֶחֱזִיק [חזק], שָׁמַר, פִּרְנֵס
keg, *n.* גָּרָב (חָבִית מֵחֶרֶס)
kennel, *n.* מְלוּנַת כֶּלֶב, מְאוּרַת כֶּלֶב
kerchief, *n.* מִטְפַּחַת, מִמְחָטָה
kernel, *n.* גַּרְעִין; עִקָּר
kerosene, *n.* שֶׁמֶן אֲדָמָה, נֵפְט
ketchup, *v.* catchup
kettle, *n.* קֻמְקוּם, דּוּד, קַלַּחַת
key, *n.* מַפְתֵּחַ; מַכּוֹשׁ, מְנַעֲנֵעַ; גֹּבַהּ הַקּוֹל
key, *v.t.* נָעַל
khaki, *adj.* חָקִי
kick, *n.* בְּעִיטָה, הֶדֶף; הִתְנַגְּדוּת;
חִיל־גִּיל

kick, *v.t.* & *i.* בָּעַט; הִתְנַגֵּד [נגד] לְ־

kid, *n.* גְּדִי; יֶלֶד

kid, *v.t.* & *i.* הִתְלוֹצֵץ [ליץ], לָעַג

kidnap, *v.t.* חָטַף (אָדָם)

kidnaper, *n.* חוֹטֵף (אָדָם)

kidney, *n.* כִּלְיָה

kill, *v.t.* הָרַג, מוֹתֵת [מות], קָטַל

killer, *n.* רוֹצֵחַ, הָרָג; לִוְיָתָן

kilogram, kilogramme, *n.* קִילוֹגְרַם

kilometer, kilometre, *n.* קִילוֹמֶטֶר

kilowatt, *n.* קִילוֹוָאט

kimono, *n.* קִימוֹנוֹ (מְעִיל בַּיִת יַפָּנִי)

kin, *n.* קָרוֹב, שְׁאֵר בָּשָׂר

kind, *n.* מִין, סוּג, זַן

kind, kindhearted, *adj.* מֵטִיב, טוֹב לֵב, נוֹחַ

kindergarten, *n.* גַּן יְלָדִים

kindle, *v.t.* & *i.* דָּלַק, הִדְלִיק [דלק], הִצִּית [יצת], בָּעַר

kindling, *n.* הַדְלָקָה, הַצָּתָה

kindly, *adv.* בְּטוּב לֵב, בְּטוּבוֹ

kindness, *n.* טוּב לֵב

kindred, *adj.* קָרוֹב, שְׁאֵר בָּשָׂר

kindred, *n.* קִרְבָה, שַׁאֲרָה

king, *n.* מֶלֶךְ

kingdom, *n.* מַלְכוּת

kingly, *adj.* מַלְכוּתִי

kink, *n.* כֶּפֶף, עִקּוּם

kiss, *n.* נְשִׁיקָה

kiss, *v.t.* & *i.* נָשַׁק, נִשֵּׁק, הִתְנַשֵּׁק [נשק]

kit, *n.* תַּרְמִיל, יַלְקוּט, צִקְלוֹן; חֲתַלְתּוּל; כִּנּוֹר קָטָן

kitchen, *n.* ־טְבָּח, בֵּית תַּבְשִׁיל

kitchenette, kitchenet, *n.* ־טְבָּחוֹן

kite, *n.* ־ז, אַיָּה; עֲפִיפוֹן

kitten, kitty, *n.* ־תַלְתּוּל

knack, *n.* ־שְׁרוֹן, חָרִיצוּת לְדָבָר

knapsack, *n.* ־לְקוּט, תַּרְמִיל גַּב

knave, *n.* ־כֵל, רַמַּאי

knavery, *n.* ־כְלוּת, עָקְבָה

knead, *v.t.* ־שׁ [לוש], גִּבֵּל

knee, *n.* ־רֶךְ, אַרְכּוּבָה

kneel, *v.i.* ־רַע, בָּרַךְ

knell, *n.* ־לְצוּל

knife, *n.* ־כִּין, מַאֲכֶלֶת

knife, *v.t.* ־קַר בְּסַכִּין

knight, *n.* ־בִּיר, פָּרָשׁ

knighthood, *n.* ־בִּירוּת

knit, *v.t.* ־רַג

knitting, *n.* ־רִיגָה

knob, *n.* ־פְתּוֹר; גֻּלָּה

knock, *n.* ־פִיקָה, מַכָּה

knock, *v.t.* & *i.* ־פַק, הִכָּה [נכה]

knockout, *n.* ־מוּם, הַפָּלָה

knoll, *n.* ־בְעָה

knot, *n.* ־שֶׁר

knot, *v.t.* & *i.* ־שַׁר

know, *v.t.* & *i.* ־דַע, הִכִּיר [נכר], הֵבִין [בין]

knowledge, *n.* ־דִיעָה, דֵּעָה, חָכְמָה, הַשְׂכָּלָה

knuckle, *n.* ־רֶק הָאֶצְבַּע

Koran, *n.* ־רְאָן

L, l

L, l, *n.* אֶל, הָאוֹת הַשְּׁתֵּים עֶשְׂרֵה בָּאָלֶף בֵּית הָאַנְגְּלִי

label, *n.* פֶּתֶק, תָּו

label, *v.t.* ־ם [שים] תָּו, הִדְבִּיק [דבק] פֶּתֶק

labial, *adj.* ־שְׂפָתִי

bor, labour, *n.* עֲבוֹדָה, מְלָאכָה; עָמָל; צִירִים, חֶבְלֵי לֵדָה; (מַעֲמַד הַ)פּוֹעֲלִים, (הָ)עוֹבְדִים

bor, labour, *v.t.* & *i.* עָבַד, עָמַל; יָגַע, טָרַח; הִתְעַמֵּל [עמל], הִתְיַגֵּעַ [יגע]; הִתְנוֹדֵד [נוד] (אֳנִיָּה)

boratory, *n.* מַעְבָּדָה

abor Day יוֹם הָעֲבוֹדָה

borer, *n.* עוֹבֵד, עָמֵל, פּוֹעֵל

borious, *adj.* מְיַגֵּעַ, מְעַיֵּף; חָרוּץ

byrinth, *n.* מָבוֹךְ

ce, *n.* שְׂרוֹךְ (נַעַל); תַּחְרִים

ce, *v.t.* שָׁנַץ, רָקַם

ceration, *n.* שְׂרִיטָה, פְּצִיעָה

chrymal, *adj.* דִּמְעִי, שֶׁל דְּמָעוֹת

ck, *n.* חֹסֶר, מַחְסוֹר, הֶעְדֵּר

ck, *v.t.* & *i.* חָסַר

conic, *adj.* מְצֻמְצָם, קָצָר

cquer, *n.* בָּרֶקֶת, לַכָּה

d, *n.* נַעַר, בָּחוּר, עֶלֶם

dder, *n.* סֻלָּם

ding, *n.* טְעִינָה, הַעֲמָסָה; מִטְעָן, מַשָּׂא

adino, *n.* סְפָרַדִּית־יְהוּדִית, לָדִינוֹ

dle, *n.* תַּרְוָד, בַּחֲשָׁה

dy, *n.* גְּבִירָה, גְּבֶרֶת

g, *n.* & *v.i.* פִּגּוּר; הִתְמַהְמֵהַּ [מהמה], פִּגֵּר, הִתְעַכֵּב [עכב]

goon, *n.* מִקְוֵה מַיִם, בְּרֵכָה, אֲגַם

ir, *n.* מַרְבֵּץ; אֶרֶב

ity, *n.* הֲמוֹן הָעָם

ke, *n.* אֲגַם

mb, *n.* טָלֶה, שֶׂה, כֶּבֶשׂ

mbkin, *n.* טַלְיָה

me, *adj.* פִּסֵּחַ, חִגֵּר, נְכֵה רַגְלַיִם

meness, *n.* פִּסְחוּת, חִגְּרוּת, צְלִיעָה

ment, *n.* קִינָה, שִׁיר אֵבֶל, נְהִי, מִסְפֵּד

lament, *v.t.* אָלָה, אָנָה, הִתְאַבֵּל [אבל] קוֹנֵן [קין], סָפַד

lamentation, *n.* קִינָה, נֹהַּ, נְהִי, הֶסְפֵּד

Lamentations, *n. pl.* קִינוֹת, מְגִלַּת אֵיכָה

lamenter, *n.* מְקוֹנֵן

laminate, *adj.* עָשׂוּי שְׁכָבוֹת

laminate, *v.t.* & *i.* חִלֵּק לִשְׁכָבוֹת, הִתְחַלֵּק [חלק] לִשְׁכָבוֹת

lamp, *n.* מְנוֹרָה, עֲשָׁשִׁית

lampoon, *n.* שְׁנִינָה, כְּתָב פַּלְסְתֵּר

lampshade, *n.* גֻּלָּה, סִכּוּךְ, מְצִלָּה

lance, *n.* רֹמַח, שֶׁלַח

lancer, *n.* רַמָּח, נוֹשֵׂא שֶׁלַח

lancet, *n.* אִזְמֵל

land, *n.* אֲדָמָה, יַבָּשָׁה, קַרְקַע, אֶרֶץ

landlady, *n.* בַּעֲלַת בַּיִת

landing, *n.* יְרִידָה (מֵאֳנִיָּה), עֲלִיָּה (לַיַּבָּשָׁה), נְחִיתָה (מֵאֲוִירוֹן)

landlord, *n.* בַּעַל בַּיִת

landscape, *n.* נוֹף

landslide, *n.* מַפַּל אֲדָמָה; נִצָּחוֹן

lane, *n.* מִשְׁעוֹל

language, *n.* לָשׁוֹן, שָׂפָה; סִגְנוֹן

languid, *adj.* תָּשׁוּשׁ, חַלָּשׁ

languish, *v.i.* תָּשַׁשׁ, נֶחֱלַשׁ [חלש], כָּמַהּ, לָהָה

languor, *n.* תְּשִׁישׁוּת, נִמְנוּם, רֶגֶשׁ חֻלְשָׁה

lank, *adj.* כָּחוּשׁ, דַּק

lantern, *n.* פָּנָס

lap, *n.* חֵיק, חֹצֶן; לְקִיקָה

lap, *v.t.* לָקַק

lapel, *n.* דַּשׁ; אוּנָה

lapse, *n.* שִׁכְחָה, שְׁגִיאָה, בִּטּוּל

lapse, *v.i.* עָבַר (זְמַן), שָׁגָה, בָּטַל

lapwing, *n.* אַבְטִיט, קִיוִית

larboard, *n.* שְׂמֹאל אֳנִיָּה

larceny, *n.* גְּנֵבָה

larch, *n.* לֶגֶשׁ

lard, *n.* שֻׁמַּן חֲזִיר

larder, *n.* מְזָוֶה

large, *adj.* גָּדוֹל, רָחָב

largeness, *n.* גֹּדֶל, רֹחַב

lark, *n.* עֶפְרוֹנִי, חוֹגָה, זַרְעִית

larva, *n.* זַחַל

laryngitis, *n.* דַּלֶּקֶת הַגָּרוֹן

larynx, *n.* גַּרְגֶּרֶת, גָּרוֹן

lascivious, *adj.* תַּאַוְתָנִי

lash, *n.* מַגְלֵב, שׁוֹט, שֵׁבֶט; עַפְעַף

lash, *v.t.* & *i.* הִלְקָה [לקה], הִצְלִיף [צלף], רָצַע

lass, *n.* עַלְמָה, בַּחוּרָה

lassie, *n.* יַלְדָּה

lassitude, *n.* לֵאוּת, עֲיֵפוּת, רִפְיוֹן

lasso, *n.* פְּלָצוּר

lasso, *v.t.* לָכַד בִּפְלָצוּר

last, *n.* אִמּוּם

last, *adj.* אַחֲרוֹן, סוֹפִי

last, *v.i.* נִמְשַׁךְ [משך], הִתְקַיֵּם [קים]

lasting, *adj.* קַיָּם, מִתְקַיֵּם, נִמְשָׁךְ

latch, *n.* בְּרִיחַ

latch, *v.t.* נָעַל, סָגַר

late, *adj.* מְאֻחָר, מְפַגֵּר

lately, *adv.* מִקָּרוֹב

latent, *adj.* נִסְתָּר, נִצְפָּן, צָפוּן

lateral, *adj.* צְדָדִי

lathe, *n.* מַחֲרֵטָה

lather, *n.* קֶצֶף

lather, *v.t.* הִקְצִיף [קצף], כִּסָּה בְּקֶצֶף

Latin, *adj.* & *n.* לַטִּינִית, רוֹמִית; לַטִּינִי

latitude, *n.* קַו־רֹחַב

latrine, *n.* מַחֲרָאָה, בֵּית (כִּסֵּא) שִׁמּוּשׁ

latter, *adj.* שֵׁנִי, אַחֲרוֹן

lattice, *n.* סְבָכָה

laud, *v.t.* הִלֵּל, שִׁבַּח

laudation, *n.* הִלּוּל, שֶׁבַח

laugh, *n.* חוֹק, שְׂחוֹק, לִגְלוּג

laugh, *v.t.* & *i.* חַק, עָשָׂה צְחוֹק מִ־; לִגְלֵג

laughable, *adj.* צַחִיק

laughter, *n.* חוֹק, שְׂחוֹק

launching, *n.* שָׁקָה

launder, *v.t.* בֵּס

laundry, *n.* כְּבֵסָה, מִכְבָּסָה

laureate, *adj.* כְּתָּר

laurel, *n.* ר, דַּפְנָה

lava, *n.* בָּה, תִּיכָה

lavatory, *n.* ית שִׁמּוּשׁ; חֲדַר רַחְצָה

lavender, *n.* וּבִיוֹן

lavish, *v.t.* זַן בְּשֶׁפַע, פִּזֵּר; בִּזְבֵּז

law, *n.* שְׁפָּט, חֹק, תּוֹרָה, דִּין

lawful, *adj.* קִי, מִשְׁפָּטִי; מֻתָּר

lawgiver, lawmaker, *n.* חוֹקֵק

lawlessness, *n.* פְקֵר, פְּרִיצוּת

lawn, *n.* דְשָׁאָה

lawsuit, *n.* שְׁפָּט

lawyer, *n.* וֹרֵךְ דִּין

lax, *adj.* רְשָׁל, רָפֶה, קַל

laxity, *n.* שְׁלָנוּת, קַלּוּת

laxative, *n.* פָּף, סַם מְשַׁלְשֵׁל

lay, *adj.* & *n.* לוֹנִי; פִּיּוּט; לַחַן

lay, *v.t.* & *i.* ם [שים], הִנִּיחַ [נוח], הִשְׁכִּיב [שכב], הֵטִיל [נטל]

layer, *n.* כְבָה, נִדְבָּךְ, מִרְבָּג

layoff, *n.* טוּרִים, שִׁלּוּחַ (פּוֹעֲלִים)

lazily, *adv.* עֲצַלְתַּיִם

laziness, *n.* צְלוּת

lazy, *adj.* צֵל

lead, *n.* בָר, עוֹפֶרֶת

lead, *v.t.* & *i.* פָּה (מִלֵּא) בְּעוֹפֶרֶת

lead, *v.t.* & *i.* נְהִיג [נהג], הוֹלִיךְ [הלך]; עָמַד בְּרֹאשׁ

lead, *n.* וּל, הַנְהָגָה; הַתְחָלָה; תַּפְקִיד רָאשִׁי

eader, *n.*	מַנְהִיג
eadership, *n.*	הַנְהָגָה
eaf, *n.*	טֶרֶף, עָלֶה; דַּף
eaflet, *n.*	חוֹבֶרֶת; עַלְעָל
eague, *n.*	אֲגֻדָּה, בְּרִית, חֶבֶר; 2.4—4.6 מִילִין
eak, leakage, *n.*	דֶּלֶף
eak, *v.t.*	דָּלַף
eaky, *adj.*	דּוֹלֵף
ean, *v.t.* & *i.*	נִשְׁעַן [שען], נִסְמַךְ [סמך]; נָטָה; הִטָּה [נטה], סָמַךְ
ean, *adj.*	כָּחוּשׁ, רָזֶה, צָנוּם
eanness, *n.*	רָזוֹן
eap, *n.*	קְפִיצָה, זְנִיקָה
eap, *v.i.*	קָפַץ, זִנֵּק
eap year	שָׁנָה מְעֻבֶּרֶת
earn, *v.t.* & *i.*	לָמַד, נוֹדַע [ידע] לְ־
earned, *adj.*	מְלֻמָּד, מַשְׂכִּיל, בֶּן תּוֹרָה
earning, *n.*	לִמּוּד
ease, *v.t.*	חָכַר, הֶחְכִּיר [חכר]
ease, *n.*	שְׂכִירוּת, שְׂכִירָה, חֲכִירָה, שְׁטַר חֲכִירָה
eash, *n.*	רְצוּעָה
east, *adj.*	הַפָּחוּת (הַקָּטָן) בְּיוֹתֵר
east, *adv.*	פָּחוּת מִכֹּל, לְפָחוֹת
eather, *n.*	עוֹר
eave, *n.*	פְּרִידָה, חֹפֶשׁ
eave, *v.t.* & *i.*	עָזַב, יָצָא, הִשְׁאִיר [שאר]; הוֹרִישׁ [ירש]; נָסַע; הִסְתַּלֵּק [סלק]
eaven, *n.*	חָמֵץ, שְׂאוֹר
eaven, *v.t.*	הֶחְמִיץ [חמץ]
ecture, *n.*	הַרְצָאָה, נְאוּם
ecture, *v.t.* & *i.*	יִסֵּר; הִרְצָה [רצה]
ecturer, *n.*	מַרְצֶה
edge, *n.*	זִיז
edger, *n.*	סֵפֶר חֶשְׁבּוֹנוֹת, פִּנְקָס
eech, *n.*	עֲלוּקָה
leek, *n.*	כְּרֵשָׁה
leer, *v.i.*	פָּזַל
lees, *n. pl.*	שְׁמָרִים
leeway, *n.*	דֶּרֶךְ שֶׁכְּנֶגֶד הָרוּחַ; יוֹתֵר זְמָן (מָקוֹם)
left, *adj.* & *n.*	שְׂמָאלִי; שְׂמֹאל
lefthanded, *adj.*	אִטֵּר, אִטֵּר יַד יְמִינוֹ
leftist, *n.* & *adj.*	שְׂמָאלִי
leg, *n.*	רֶגֶל
legacy, *n.*	מוֹרָשָׁה
legal, *adj.*	חֻקִּי
legality, *n.*	חֻקִּיּוּת
legalize, *v.t.*	הִכְשִׁיר [כשר]; קִיֵּם, אִשֵּׁר
legate, *n.*	צִיר
legatee, *n.*	יוֹרֵשׁ
legation, *n.*	צִירוּת
legend, *n.*	אַגָּדָה
legendary, *adj.*	אַגָּדִי
legging, *n.*	רַגְלִיָּה, כִּסּוּי רֶגֶל
legible, *adj.*	קָרִיא, בָּרוּר (כְּתָב)
legion, *n.*	גְּדוּד, לִגְיוֹן
legislate, *v.i.*	חָקַק
legislation, *n.*	תְּחֻקָּה, תְּחִקָּה
legislative, *adj.*	תְּחֻקָּתִי
legislator, *n.*	מְחוֹקֵק
legislature, *n.*	בֵּית מְחוֹקְקִים
legitimacy, *n.*	כֹּשֶׁר, חֻקִּיּוּת
legitimate, *adj.*	כָּשֵׁר, חֻקִּי
legume, *n.*	קִטְנִית, פְּרִי תַּרְמִילִי
leisure, *n.*	נוֹחִיּוּת; פְּנַאי
leisurely, *adj.* & *adv.*	מְיֻשָּׁב, אִטִּי; בִּמְתִינוּת
lemon, *n.*	לִימוֹן
lemonade, *n.*	לִימוֹנִית, לִימוֹנָדָה
lend, *v.t.* & *i.*	הִשְׁאִיל [שאל], הִלְוָה [לוה]
lender, *n.*	מַלְוֶה

length, *n.* אֹרֶךְ
at length בַּאֲרִיכוּת
lengthen, *v.t.* הֶאֱרִיךְ [ארך]
lengthy, *adj.* אָרִיךְ
leniency, *n.* רַכּוּת, רַחֲמִים
lenient, *adj.* מֵקֵל, נוֹחַ
lens, *n.* עֲדָשָׁה
Lent, *n.* יְמֵי הַצּוֹם לִפְנֵי פַּסְחָא, לֶנְט
lentils, *n. pl.* עֲדָשִׁים
leopard, *n.* נָמֵר
leper, *n.* מְצֹרָע
leprosy, *n.* צָרַעַת, שְׁחִין
less, *adj.* פָּחוֹת
lessee, *n.* שׂוֹכֵר, חוֹכֵר, אָרִיס
lessen, *v.t. & i.* הִפְחִית [פחת], הִתְמַעֵט [מעט], פָּחַת, חִסֵּר
lesson, *n.* שִׁעוּר
lessor, *n.* מַחְכִּיר, מַשְׂכִּיר
lest, *conj.* פֶּן, לְבִלְתִּי
let, *n.* מִכְשׁוֹל, מַעְצוֹר
let, *v.t. & i.* נָתַן, הִשְׂכִּיר [שכר], הִרְשָׁה [רשה]
lethal, *adj.* מֵמִית
lethargic, lethargical, *adj.* יָשֵׁן, מִתְנַמְנֵם
lethargy, *n.* תַּרְדֵּמָה עֲמֻקָּה
letter, *n.* אוֹת; מִכְתָּב, אִגֶּרֶת
lettuce, *n.* חַסָּה
level, *adj.* שָׁוֶה
level, *n.* רָמָה; מִישׁוֹר; מִשְׁטָח
level, *v.t. & i.* שִׁוָּה, הִשְׁוָה [שוה], יִשֵּׁר
lever, *n.* מָנוֹף, מוֹט
leverage, *n.* הֲנָפָה, תְּנוּפָה; הֶסֵּט
leviathan, *n.* לִוְיָתָן
levity, *n.* קַלּוּת רֹאשׁ, קַלּוּת דַּעַת
levy, *n.* מַס, מֶכֶס
lewd, *adj.* נוֹאֵף, זוֹנֶה, תַּאַוְתָנִי
lewdness, *n.* נִאוּף
lexicography, *n.* מִלּוֹנוּת

liability, *n.* חֲרָיוּת, הִתְחַיְּבוּת
liable, *adj.* לוּל, אַחֲרַאי
liaison, *n.* שֶׁר; חִבּוּק, הִתְקַשְּׁרוּת, יַחַס שֶׁל אֲהָבִים
liar, *n.* זְבָן, שַׁקְרָן
libel, *n.* בָּה, לַעַז, הַשְׁמָצָה
libel, *v.t.* שְׁמִיץ [שמץ]; הוֹצִיא [יצא] דִּבָּה
liberal, *adj.* יב, חָפְשִׁי בְּדֵעוֹת
liberal arts, *n.* דְּעֵי הָרוּחַ
liberality, *n.* יבוּת, וַתְּרָנוּת
liberate, *v.t.* חְרֵר
liberation, *n.* חְרוּר
liberator, *n.* אֵל, מְשַׁחְרֵר
libertine, *n.* אַוְתָן, פָּרוּץ
liberty, *n.* רוֹר, חֵרוּת
librarian, *n.* פְרָן
library, *n.* פְרִיָּה
lice, *n. pl.* נִּים
license, licence, *n.* שְׁיוֹן, רְשׁוּת; פְּרִיצוּת; חֹפֶשׁ
license, licence, *v.t.* תַּן רִשָּׁיוֹן
licentious, *adj.* פְקָר
lichen, *n.* רִיךְ (צֶמַח); חֲזָזִית
lick, *n.* חִיכָה, לְקִיקָה
lick, *v.t. & i.* חֵךְ, לִקֵּק; הִכָּה [נכה], נִצַּח
lid, *n.* כְּסֶה; עַפְעַף (עַיִן)
lie, *n.* זָב, שֶׁקֶר
lie, *v.i.* זַב, שִׁקֵּר; שָׁכַב, נָח [נוח]
lief, *adv.* רָצוֹן
lien, *n.* שְׁכֻנְתָּה, שִׁעְבּוּד נְכָסִים (קַרְקָעוֹת)
lieu, *n.* קוֹם
lieutenant, *n.* גָן
life, *n.* יִים; חֶלֶד; תּוֹלְדוֹת חַיִּים
lifeboat, *n.* ירַת הַצָּלָה
lifetime, *n.* מֵי חַיִּים

lift, ***n.*** הֲרָמָה, סַעַד; מַעֲלִית

lift, ***v.t.*** הֵרִים [רום], הֶעֱלָה [עלה]

ligament, ***n.*** מֵיתַר פְּרָקִים

light, ***adj.*** בָּהִיר, מֵאִיר; קַל, קַל דַּעַת

light, ***n.*** אוֹר, מָאוֹר; אֵשׁ

light, ***v.t. & i.*** דָּלַק, הִדְלִיק [דלק], הִבְעִיר [בער], בָּעַר; הֵאִיר [אור]

lighten, ***v.t.*** הֵקֵל [קלל]

lighter, ***n.*** סִירָה פּוֹרֶקֶת; מַצִּית

lighthouse, ***n.*** מִגְדַּלּוֹר

lightly, ***adv.*** בְּקַלּוּת

lightness, ***n.*** קַלּוּת

lightning, ***n.*** בָּרָק, חָזִיז

like, ***adj. & adv.*** דּוֹמֶה, שָׁוֶה; כְּמוֹ

like, ***v.t.*** אָהַב, מָצָא חֵן

likeable, ***adj.*** חָבִיב

likelihood, ***n.*** אֶפְשָׁרוּת

likely, ***adj. & adv.*** אֶפְשָׁרִי; כַּנִּרְאֶה

liken, ***v.t.*** דִּמָּה, הִשְׁוָה [שוה]

likeness, ***n.*** שִׁוְיוֹן, דְּמוּת, דִּמְיוֹן, צֶלֶם

likewise, ***adv.*** כְּמוֹ כֵן, גַּם כֵּן

lilac, ***n.*** אֲבִיבִית, לִילָךְ

lily, ***n.*** חֲבַצֶּלֶת

limb, ***n.*** אֵבֶר; כָּנָף; רֶגֶל, זְרוֹעַ

limber, ***adj.*** גָּמִישׁ

lime, ***n. & v.t.*** שִׂיד, סִיד; סִיֵּד

lime tree תִּרְזָה (עֵץ)

limelight, ***n.*** אוֹר סִידָן; מָקוֹם מְפֻרְסָם

limestone, ***n.*** גִּיר, אֶבֶן סִיד

limit, ***n.*** גְּבוּל, קֵץ

limit, ***v.t.*** הִגְבִּיל [גבל]

limitation, ***n.*** הַגְבָּלָה, תְּחוּם

limitless, ***adj.*** בִּלְתִּי מֻגְבָּל, לְלֹא גְּבוּל

limp, ***n. & v.i.*** צְלִיעָה; צָלַע

limpid, ***adj.*** בָּהִיר, זַךְ

line, ***n.*** שׁוּרָה, חֶבֶל, קַו

line, ***v.t.*** שִׂרְטֵט; עָשָׂה בִּטְנָה, מִלֵּא; עָרַךְ שׁוּרוֹת

lineage, ***n.*** יִחוּס

lineal, ***adj.*** קַוִּי; עוֹבֵר בִּירֻשָּׁה

linear, ***adj.*** קַוִּי, יָשָׁר

linen, ***n.*** בַּד, לְבָנִים, פִּשְׁתָּן

liner, ***n.*** אֳנִיָּה, אֳנִיַּת נוֹסְעִים

linger, ***v.i.*** הִתְמַהְמֵהַּ [מהמה], שָׁהָה

lingerie, ***n.*** לְבָנִים

linguist, ***n.*** בַּלְשָׁן

liniment, ***n.*** מִשְׁחָה

lining, ***n.*** בִּטְנָה

link, ***n.*** חֻלְיָה, פֶּרֶק, קֶשֶׁר

link, ***v.t.*** חִבֵּר, קִשֵּׁר

linoleum, ***n.*** שַׁעֲמָנִית, לִינוֹל

linseed, ***n.*** זֶרַע פִּשְׁתִּים

lint, ***n.*** פִּשְׁתָּן

lintel, ***n.*** מַשְׁקוֹף

lion, ***n.*** אַרְיֵה, לָבִיא, לַיִשׁ, שַׁחַל; מַזַּל אַרְיֵה

lioness, ***n.*** לְבִיאָה

lip, ***n.*** שָׂפָה

liquefy, ***v.t.*** הֵמֵס [מסס], הִתִּיךְ [נתך]

liquid, ***adj.*** נוֹזֵל

liquidate, ***v.t.*** פָּרַע (חוֹבוֹת), חִסֵּל

liquor, ***n.*** מַשְׁקֶה חָרִיף, שֵׁכָר, יַי"שׁ

lisp, ***v.t. & i.*** שִׁנְשֵׁן; גִּמְגֵּם

list, ***n.*** רְשִׁימָה

list, ***v.t. & i.*** רָשַׁם בִּרְשִׁימָה; נָטְתָה [נטה] אֳנִיָּה

listen, ***v.i.*** הֶאֱזִין [אזן], הִקְשִׁיב [קשב], שָׁמַע

listener, ***n.*** שׁוֹמֵעַ, מַאֲזִין, מַקְשִׁיב

listless, ***adj.*** אִי פָּעִיל, אָדִישׁ, קַר רוּחַ

litany, ***n.*** תְּפִלָּה

liter, litre, ***n.*** לִיטֶר

literacy, ***n.*** דַּעַת קְרֹא וּכְתֹב

literal, ***adj.*** מִלּוּלִי, מְדֻיָּק

literally, ***adv.*** אוֹת בְּאוֹת

literary, ***adj.*** סִפְרוּתִי

literate, *adj.* מַשְׂכִּיל
literature, *n.* סִפְרוּת
lithe, *adj.* גָּמִישׁ, כָּפִיף
lithograph, *n.* דְּפוּס אֶבֶן, לִיתוֹגְרַפְיָה
litigation, *n.* מִשְׁפָּט; רִיב
litter, *n.* אֲלֻנְקָה; אַשְׁפָּה; גּוּרִים
little, *adj.* קָטָן, מְעַט, פָּעוּט
little, *adv.* קִמְעָה, מְעַט, קְצָת
liturgy, *n.* סֵדֶר תְּפִלּוֹת, פֻּלְחָן
live, *v.t.* & *i.* חָיָה; גָּר [גור], דָּר [דור]; הִתְפַּרְנֵס [פרנס]
live, *adj.* חַי; פָּעִיל; בּוֹעֵר
livelihood, *n.* מִחְיָה, פַּרְנָסָה, כַּלְכָּלָה
liveliness, *n.* עֵרָנוּת, זְרִיזוּת
lively, *adj.* עֵרָנִי, זָרִיז
liver, *n.* כָּבֵד
livery, *n.* מַדִּים, בִּגְדֵי שְׂרָד
livestock, *n.* בְּהֵמוֹת, מִקְנֶה, צֹאן וּבָקָר
livid, *adj.* כְּחַלְחַל
living, *n.* חַיִּים; מִחְיָה, הַכְנָסָה
lizard, *n.* לְטָאָה
load, *n.* מִטְעָן, עֹמֶס, נֵטֶל, מַשָּׂא
load, *v.t.* & *i.* הֶעֱמִיס [עמס], טָעַן
loadstar, lodestar *n.* כּוֹכָב מַדְרִיךְ
loadstone, lodestone, *n.* אֶבֶן שׁוֹאֶבֶת
loaf, *n.* כִּכָּר
loaf, *v.i.* הָלַךְ בָּטֵל, בִּטֵּל זְמָן
loafer, *n.* בַּטְלָן
loam, *n.* טִיט, חֹמֶר
loan, *n.* מִלְוָה, הַלְוָאָה
loan, *v.t.* & *t.* הִלְוָה [לוה], הִשְׁאִיל [שאל]
loath, *adj.* מְמָאֵן, מִתְעַב
loathe, *v.t.* & *i.* שָׂנֵא, מָאַס, גָּעַל
loathsome, *adj.* נִתְעָב, נִמְאָס
lobby, *n.* טְרַקְלִין, אוּלָם הַמְתָּנָה; מִסְדְּרוֹן, פְּרוֹזְדוֹר
lobby, *v.t.* שִׁדֵּל (צִירִים)
lobe, *n.* תְּנוּךְ, בְּדַל (אֹזֶן); אֻנָּה
lobster, *n.* סַרְטַן יָם
local, *adj.* מְקוֹמִי
local, *n.* מָקוֹם
locality, *n.* סְבִיבָה
localize, *v.t.* מִקֵּם
locate, *v.t.* מָצָא מְקוֹם מְגוּרֵי־, מָצָא
location, *n.* קְבִיעַת מָקוֹם, מָקוֹם
lock, *n.* מַנְעוּל; תַּלְתַּל
lock, *v.t.* & *i.* נָעַל; נִסְגַּר [סגר]
locker, *n.* אָרוֹן
lockjaw, *n.* צַפֶּדֶת
lockout, *n.* הַשְׁבָּתָה
locksmith, *n.* מַסְגֵּר
lockup, *n.* מַאֲסָר; בֵּית כֶּלֶא (סֹהַר)
locomotion, *n.* תְּנוּעָה, תַּעֲבוּרָה
locomotive, *n.* & *adj.* קַטָּר; נָע
locust, *n.* אַרְבֶּה, חָגָב, גָּזָם
lode, *n.* עֲפָרָה, מַחְצָב
lodestar, *v.* loadstar
lodestone, *v.* loadstone
lodge, *n.* מְלוּנָה, שׁוֹמֵרָה, מְקוֹם (אוּלָם) אֲסֵפוֹת שֶׁל מִסְדָּרִים
lodge, *v.t.* הֵלִין [לון], אִכְסֵן, דָּר [דור]
lodger, *n.* דַּיָּר
lodging, *n.* מָדוֹר, דִּירָה, מִשְׁכָּן
loft, *n.* עֲלִיָּה
lofty, *adj.* גָּבוֹהַּ, נִשָּׂא, נַעֲלֶה
log, *n.* בּוּל עֵץ, קוֹרָה; יוֹמָן (רַב חוֹבֵל)
log, *v.t.* כָּרַת עֵצִים
logarithm, *n.* מַעֲרִיךְ הַחֶזְקָה
loggerhead, *n.* בַּעַר, בּוּר
logic, *n.* הִגָּיוֹן, סְבָרָה, חָכְמַת הַהִגָּיוֹן
logical, *adj.* הֶגְיוֹנִי
logician, *n.* בַּעַל הִגָּיוֹן

loins, *n. pl.* יְרֵכַיִם, מָתְנַיִם, חֲלָצַיִם

loiter, *v.i.* שָׁהָה, בִּטֵּל זְמַן, הִתְמַהְמֵהַּ [מהמה]

loll, *v.i.* יָשַׁב נֹחַ, שָׁכַב בַּעֲצַלְתַּיִם

lone, lonely, *adj.* עֲרִירִי, בּוֹדֵד, גַּלְמוּד

loneliness, *n.* בְּדִידוּת

lonesome, *adj.* נֶעֱזָב (לְנַפְשׁוֹ)

long, *adj.* אָרֹךְ

long, *v.i.* הִשְׁתּוֹקֵק [שקק], הִתְגַּעְגֵּעַ [געגע]

longevity, *n.* אֹרֶךְ (אֲרִיכוּת) יָמִים

longing, *n.* גַּעְגּוּעִים, כִּסּוּף, כִּסּוּפִים

longitude, *n.* קַו־אֹרֶךְ

longshoreman, *n.* סַוָּר

look, *n.* מַרְאֶה, מַבָּט

look, *v.t.* & *i.* הִתְבּוֹנֵן [בין] הִבִּיט [נבט], רָאָה, צָפָה, הִסְתַּכֵּל [סכל]

looking glass מַרְאָה, רְאִי

loom, *n.* נוֹל, מָנוֹר

loom, *v.i.* הוֹפִיעַ [יפע], נִרְאָה [ראה] מֵרָחוֹק

loop, *n.* & *v.t.* עֲנִיבָה, לוּלָאָה; עָנַב

loophole, *n.* פְּתִיחָה; חוֹר (בְּקִיר); מָנוֹס

loose, *adj.* רָפֶה; פָּרוּץ; מְחֻלְחָל

loose, *v.t.* הִתִּיר [נתר]

loosen, *v.t.* שִׁלְשֵׁל, רִפָּה

looseness, *n.* רִפְיוֹן; שִׁלְשׁוּל; פְּרִיצוּת

loot, *n.* מַלְקוֹחַ, שָׁלָל, בִּזָּה

loot, *v.t.* בָּזַז, שָׁלַל

lop, *v.t.* גָּדַע, קִטַּע

loquacious, *adj.* פַּטְפְּטָנִי

Lord, *n.* אֱלֹהִים, הַקָּדוֹשׁ בָּרוּךְ הוּא

lord, *n.* גְּבִיר, אָדוֹן, אִישׁ

lordship, *n.* אַדְנוּת

lore, *n.* לֶקַח, גִּרְסָא, לִמּוּד

lorgnette, *n.* מִשְׁקֶפֶת

lorn, *adj.* גַּלְמוּד, עָזוּב

lorry, *n.* מְכוֹנִית מַשָּׂא, מַשָּׂאִית

lose, *v.t.* & *i.* אִבֵּד, הִפְסִיד [פסד]; יָצָא חַיָּב, נֻצַּח

loss, *n.* אֲבֵדָה; הֶפְסֵד; מִיתָה

lot, *n.* מִגְרָשׁ; מַזָּל, מָנָה, גּוֹרָל; רֹב

lousy, *adj.* מְלֵא כִּנִּים; שָׁפָל, נִתְעָב

lotion, *n.* מִשְׁחָה, נוֹזֵל רְחִיצָה

lottery, *n.* הַגְרָלָה

loud, *adj.* רוֹעֵשׁ; בָּהִיר; גַּס

loudly, *adv.* בְּקוֹל רָם

lounge, *n.* אוּלָם (חֲדַר) מַרְגּוֹעַ

lounge, *v.i.* בִּלָּה בְנוֹחִיּוּת

louse, *n.* כִּנָּה

lout, *n.* טִפֵּשׁ, שׁוֹטֶה, בַּעַר

lovable, *adj.* חָבִיב, נֶחְמָד

love, *n.* אַהֲבָה, חִבָּה

love, *v.t.* & *i.* אָהַב, חִבֵּב

loveless, *adj.* חֲסַר אַהֲבָה

loveliness, *n.* חֶמְדָּה

lovely, *adj.* & *adv.* אָהוּב, נֶחְמָד, חִנָּנִי

lover, *n.* אָהוּב, דּוֹד

lovesick, *adj.* מְאֹהָב, חוֹלֵה אַהֲבָה

low, *adj.* נָמוּךְ, עָמֹק, מְעַט, שָׁפָל; חָשׁוּךְ

low, *adv.* לְמַטָּה

lower, *v.t.* הוֹרִיד [ירד], הִשְׁפִּיל [שפל]

lowland, *n.* שְׁפֵלָה

lowliness, *n.* עֲנִיּוּת; שִׁפְלוּת

lowly, *adj.* צָנוּעַ, עָנָו, שָׁפָל

loyal, *adj.* נֶאֱמָן

loyalty, *n.* נֶאֱמָנוּת

lozenges, *n. pl.* סֻכָּרִיּוֹת לַגָּרוֹן

lubber, *n.* גֹּלֶם

lubricant, *n.* שֶׁמֶן, חֹמֶר סִיכָה

lubricate, *v.t.* מָשַׁח (מָרַח) בְּשֶׁמֶן, סָךְ [סוך], שִׁמֵּן, הֶחֱלִיק [חלק]

lubrication, *n.* סִיכָה, מְשִׁיחָה, מְרִיחָה (בְּשֶׁמֶן), שִׁמּוּן

lucent, *adj.* מֵאִיר, מַזְהִיר
lucerne, **lucern**, *n.* אַסְפֶּסֶת
lucid, *adj.* מוּבָן, בָּרוּר; זַךְ, בָּהִיר
Lucifer, *n.* אַיֶּלֶת הַשַּׁחַר, כּוֹכַב נֹגַהּ
luck, *n.* מַזָּל, גַּד, הַצְלָחָה
luckily, *adv.* לְאָשְׁרוֹ, בְּמַזָּל
lucky, *adj.* מַצְלִיחַ, בַּר מַזָּל
lucrative, *adj.* מַכְנִיס רֶוַח
ludicrous, *adj.* מְגֻחָךְ
luff, *v.i.* & *n.* פָּנָה לְצַד הָרוּחַ; צַד הָרוּחַ
lug, *v.t.* & *n.* סָחַב; אֹזֶן (הַכְּלִי)
luggage, *n.* מִטְעָן, חֲפָצִים, מְזֻוָדוֹת
lugubrious, *adj.* עָצוּב, נוּגֶה
lukewarm, *adj.* חֲמִימִים; פּוֹשֵׁר; אָדִישׁ
lull, *v.t.* & *n.* יִשֵּׁן; הִרְגִּיעַ [רגע]; שֶׁקֶט
lullaby, *n.* שִׁיר עֶרֶשׂ
lumbago, *n.* מַתְּנֶת
lumber, *n.* גְּרוּטָאוֹת; עֵצִים, עֵצָה
lumber, *v.i.* הִתְנַהֵל [נהל] בִּכְבֵדוּת; כָּרַת עֵצִים
luminary, *n.* מָאוֹר, מֵאִיר עֵינַיִם
luminous, *adj.* מֵאִיר, נוֹצֵץ
lump, *n.* רֶגֶב
lunacy, *n.* שִׁגָּעוֹן
lunar, *adj.* יַרְחִי
lunatic, *adj.* סַהֲרוּרִי, מְטֹרָף
lunch, **luncheon**, *n.* אֲרוּחַת צָהֳרַיִם
lunch, *v.i.* אָכַל אֲרוּחַת הַצָּהֳרַיִם
lung, *n.* רֵאָה

lunge, *v.t.* & *i.* דָּחַף, בָּתַק (חֶרֶב); נִדְחַף [דחף] קָדִימָה
lunge, *n.* בִּתּוּק חֶרֶב, דְּחִיפָה
lurch, *n.* נִעֲנוּעַ; מְבוּכָה, מַצָּב קָשֶׁה
lure, *n.* מְשִׁיכָה, פִּתּוּי
lure, *v.t.* מָשַׁךְ (לֵב), פִּתָּה
lurk, *v.i.* אָרַב
luscious, *adj.* טָעִים, נֶחְמָד
lush, *adj.* עֲסִיסִי
lust, *n.* חֵשֶׁק, תַּאֲוָה
lust, *v.i.* אִוָּה, חָמַד
luster, **lustre**, *n.* זִיו, נֹגַהּ; נִבְרֶשֶׁת; תְּקוּפַת חָמֵשׁ שָׁנִים
lustrous, *adj.* מַבְרִיק, מַבְהִיק
lusty, *adj.* בָּרִיא, חָזָק
lute, *n.* עוּד
luxuriance, *n.* שֶׁפַע
luxurious, *adj.* עָשִׁיר, בַּעַל מוֹתָרוֹת
luxury, *n.* מוֹתָרוֹת, עֶדְנָה
lye, *n.* אֵפֶר
lying, *n.* שְׁכִיבָה, רְבִיצָה; כַּחַשׁ, רְמִיָּה
lying-in, *n.* לֵדָה, שְׁכִיבַת יוֹלֶדֶת
lymph, *n.* לֵחָה לְבָנָה, לִבְנָה
lymphatic, *adj.* אִטִּי, מְחֻלְחָל
lynch, *v.t.* עָנַשׁ כְּפִי דִּין הֶהָמוֹן
lynx, *n.* חֻלְדַּת הַבָּר
lyre, *n.* נֵבֶל
lyric, **lyrical**, *adj.* הֲגִיגִי, שִׁירִי, לִירִי
lyric, *n.* הָגִיג, שִׁירַת הִגָּיוֹן

M, m

M, **m**, *n.* אֶם, הָאוֹת הַשְּׁלשׁ עֶשְׂרֵה בָּאָלֶף בֵּית הָאַנְגְּלִי
ma'am, **madam**, *n.* גְּבֶרֶת, גְּבִרְתִּי
macadam, *n.* כְּבִישׁ
macadamize, *v.t.* כָּבַשׁ, סָלַל כְּבִישׁ
macaroni, *n.* אִטְרִיּוֹת; גַּנְדְּרָן

macaroon, *n.* שְׁקֵדוֹן
macaw, *n.* תֻּכִּי
mace, *n.* שַׁרְבִיט, אַלָּה
machinate, *v.t.* זָמַם
machination, *n.* מְזִמָּה
machinator, *n.* תַּחְבְּלָן, תַּכְסִיסָן

machine, *n.* מְכוֹנָה
machine gun מְכוֹנַת יְרִיָּה
machinist, *n.* מְכוֹנַאי
mackerel, *n.* פּוּפִיָּה
mackintosh, *n.* מְעִיל גֶּשֶׁם, גִּשְׁמוֹן
mad, *adj.* מְשֻׁגָּע; מִתְרַגֵּז; שִׁגְעוֹנִי
madam, ma'am, *n.* גְּבֶרֶת, גְּבִרְתִּי
madcap, *n.* פּוֹחֵז, פֶּרֶא
madden, *v.t. & i.* שַׁגֵּעַ; הִשְׁתַּגֵּעַ [שגע]
made-up, *adj.* בָּדוּי; מְפֻרְכָּס, מְאֻפָּר
madhouse, *n.* בֵּית מְשֻׁגָּעִים
madman, *n.* מְשֻׁגָּע
madness, *n.* שִׁגָּעוֹן, טֵרוּף
madrigal, *n.* שִׁיר אַהֲבָה
magazine, *n.* מַחְסָן, מַמְגּוּרָה, קֹבֶץ; תְּקוּפוֹן; מַחְסָנִית
maggot, *n.* תּוֹלָע, גֹּלֶם
magic, *n.* קֶסֶם, חֶבֶר, כִּשּׁוּף
magician, mage, *n.* חַרְטֹם, מְכַשֵּׁף
magistrate, *n.* שׁוֹפֵט
magnanimity, *n.* נְדִיבוּת, רֹחַב לֵב
magnanimous, *adj.* נָדִיב
magnate, *n.* שׁוֹעַ, אָצִיל, עָשִׁיר, אַדִּיר
magnet, *n.* אֶבֶן (זוֹחֶלֶת) שׁוֹאֶבֶת
magnetic, *adj.* שָׁאִיב, מוֹשֵׁךְ
magnificence, *n.* הָדָר, פְּאֵר, יֹפִי, הוֹד
magnificent, *adj.* נֶהְדָּר, הָדוּר, מְפֹאָר
magnifier, *n.* מַגְדִּיל
magnify, *v.t.* הִגְדִּיל [גדל]; הִלֵּל
magnitude, *n.* גְּדֻלָּה; שִׁעוּר
magpie, *n.* לְבָנִי, עוֹרֵב צִבְעוֹנִי
mahogany, *n.* תּוֹלַעְנָה
maid, *n.* מְשָׁרֶתֶת, עוֹזֶרֶת, בַּחוּרָה
maiden, *adj.* רִאשׁוֹן, חָדָשׁ, טָהוֹר
maiden, *n.* בְּתוּלָה, עַלְמָה
maidenhood, *n.* בְּתוּלִים
mail, *n.* שִׁרְיוֹן; דֹּאַר, מִכְתָּבִים
mail, *v.t.* שִׁרְיֵן; דִּוֵּר, שָׁלַח בַּדֹּאַר
mailman, *n.* דַּוָּאר, דַּוָּר
maim, *v.t.* הוּמַם [מום], קָטַע
main, *adj.* רָאשִׁי, עִקָּרִי
main, *n.* עִקָּר; גְּבוּרָה
mainly, *adv.* בְּיִחוּד, בְּעִקָּר
mainstay, *n.* מִשְׁעָן, מְפַרְנֵס
maintain, *v.t.* הֶחֱזִיק [חזק] בְּ־; כִּלְכֵּל; טָעַן שֶׁ־
maintenance, *n.* תְּמִיכָה, מִחְיָה
maize, *n.* תִּירָס
majestic, majestical, *adj.* מַלְכוּתִי, נִשְׂגָּב, נֶהְדָּר
majesty, *n.* הוֹד מַלְכוּת
major, *adj.* בַּגִּיר, בָּכִיר, רָאשִׁי, עִקָּרִי
major, *n.* רַב סֶרֶן
majority, *n.* רֹב (דֵּעוֹת); בַּגִּירוּת
make, *n.* אֹפִי, טֶבַע, מִין, תּוֹצֶרֶת
make, *v.t. & i.* עָשָׂה, בָּרָא, יָצַר
maker, *n.* עוֹשֶׂה
make-up, *n.* אִפּוּר
maladjustment, *n.* הִסְתַּגְּלוּת גְּרוּעָה
maladministration, *n.* נִהוּל גָּרוּעַ
malady, *n.* מַחֲלָה, מַדְוֶה
malapert, *adj.* שַׁחֲצָנִי, חָצוּף
malaria, *n.* קַדַּחַת
malcontent, *adj.* בִּלְתִּי מְרֻצֶּה
male, *adj.* גַּבְרִי; זָכָרִי, זַכְרוּתִי
male, *n.* גֶּבֶר, זָכָר
malediction, *n.* אָלָה, קְלָלָה
malefactor, *n.* עֲבַרְיָן, חוֹטֵא
malevolence, *n.* רֶשַׁע, זָדוֹן
malevolent, *adj.* רַע לֵב, זְדוֹנִי
malfeasance, *n.* תַּעֲלוּל, מַעֲשֶׂה רַע
malice, *n.* זָדוֹן, מַשְׂטֵמָה
malicious, *adj.* זְדוֹנִי, שׂוֹטֵם
malign, *adj.* מַמְאִיר, מַשְׁחִית, מַזִּיק, קָשֶׁה, רַע לֵב

malign, *v.t.* הָלַךְ רָכִיל
malignant, *adj.* מַמְאִיר, רָשָׁע, מַזִּיק
malignity, *n.* רֹעַ לֵב
mallard, *n.* בַּרְוָז הַבָּר
mallet, *n.* מַקֶּבֶת, פַּטִּישׁ
malnutrition, *n.* תְּזוּנָה גְרוּעָה
malodor, malodour, *n.* רֵיחַ רַע, סִרְחוֹן
malodorous, *adj.* מַסְרִיחַ, בּוֹאֵשׁ
malt, *n.* לֶתֶת, חֲמִירָה
maltreat, *v.t.* הִתְנַהֵג [נהג] בְּאַכְזָרִיּוּת
mamma, mama, *n.* אֵם, אִמָּא, אַמָּא
mammal, *n.* יוֹנֵק
mammon, *n.* מָמוֹן, בֶּצַע, כֶּסֶף
mammoth, *n.* מַמּוּתָה
man, *n.* גֶּבֶר, אִישׁ, אֱנוֹשׁ, (בֶּן) אָדָם
man, *v.t.* הֶעֱמִיד [עמד] חֵיל מַצָּב
manacles, *n. pl.* אֲזִקִּים, כְּבָלִים
manage, *v.t.* & *i.* כִּלְכֵּל, נִהֵל
management, *n.* נִהוּל
manager, *n.* מְנַהֵל
mandate, *n.* מַמְּנוּת; פְּקֻדָּה; הַרְשָׁאָה
mandible, *n.* לֶסֶת
mandrake, *n.* יַבְרוּחַ, דּוּדָאִים
mane, *n.* רַעְמָה
maneuver, manoeuvre, *n.* תִּמְרוֹן, מֵרוֹן, אִמּוּנִים; תַּחְבּוּלָה
manful, *adj.* אַמִּיץ לֵב
mange, *n.* אִכּוּל
manger, *n.* אֵבוּס
mangle, *n.* מַעֲגִילָה, זִירָה, מַגְהֵץ חַשְׁמַלִּי; מַסְחֵט לִלְבָנִים
mangle, *v.t.* הִטִּיל [נטל] מוּם בְּ־, הִשְׁחִית [שחת], טָרַף; זֵיֵּר, גִּהֵץ, הֶחֱלִיק [חלק] (לְבָנִים)
manhandle, *v.t.* הִשְׁתַּמֵּשׁ [שמש] בְּכֹחַ
manhood, *n.* גַּבְרוּת, בַּגְרוּת, אֹמֶץ
mania, *n.* רוּחַ תְּזָזִית; שִׁגָּעוֹן, תְּשׁוּקָה
maniac, *n.* & *adj.* מִתְהוֹלֵל, מְטֹרָף

manicure, *n.* עִדּוּן (מְעַדֵּן) יָדַיִם
manifest, *adj.* בָּרוּר, יָדוּעַ
manifest, *n.* & *v.t.* שְׁטַר מִטְעָן; גִּלָּה
manifestation, *n.* פִּרְסוּם, הַפְגָּנָה
manifesto, *n.* הַצְהָרָה (שֶׁל מִטְעָן)
manifold, *adj.* מְרֻבֶּה, רַב מִינֵי
manikin, mannequin, *n.* גַּמָּד, נַנָּס; מִדְגָּם, דֻּגְמָן, דֻּגְמָנִית
manipulate, *v.t.* & *i.* נִהֵל; פָּעַל בְּיָדַיִם; זִיֵּף; מִשֵּׁשׁ
mankind, *n.* אֱנוֹשׁ; אֱנוֹשׁוּת
manliness, *n.* גַּבְרוּת
manna, *n.* מָן
manner, *n.* אֹרַח, אֹפֶן, מִנְהָג, נִמּוּס, דֶּרֶךְ אֶרֶץ
man-of-war, *n.* אֳנִיַּת מִלְחָמָה
manor, *n.* אֲחֻזָּה
manservant, *n.* מְשָׁרֵת, עֶבֶד, שַׁמָּשׁ
mansion, *n.* אַרְמוֹן
manslaughter, *n.* רֶצַח בִּשְׁגָגָה
mantel, mantelpiece, *n.* מַדַּף הָאָח
mantle, *n.* מְעִיל, מַעֲטֶה
mantle, *v.t.* & *i.* עָטַף; הִתְאַדֵּם [אדם]
manual, *adj.* שֶׁל יָד, שִׁמּוּשִׁי
manual, *n.* סֵפֶר שִׁמּוּשִׁי
manufactory, *n.* בֵּית חֲרֹשֶׁת
manufacture, *n.* חֲרֹשֶׁת, תַּעֲשִׂיָּה
manufacture, *v.t.* תִּעֵשׁ, חָרַשׁ, יָצַר
manufacturer, *n.* תַּעֲשִׂיָּן, חֲרָשְׁתָּן
manure, *n.* דֹּמֶן, זֶבֶל, דֶּשֶׁן
manure, *v.t.* זִבֵּל, טִיֵּב
manuscript, MS., *n.* כְּתַב יָד, כ״י
many, *adj.* & *n.* רַבִּים, הַרְבֵּה
map, *n.* מַפָּה
maple, *n.* גַּלְמוּשׁ
maple sirup שְׁרַף הַגַּלְמוּשׁ
mar, *v.t.* הִשְׁחִית [שחת], הֵפֵר [פרר]
marauder, *n.* שׁוֹדֵד

marble, *n.* שַׁיִשׁ
marbles, *n. pl.* שְׁשִׁים
March, *n.* מֶרְץ
march, *n.* צְעִידָה, הֲלִיכָה, תַּהֲלוּכָה
march, *v.t. & i.* צָעַד, הִצְעִיד [צעד]
mare, *n.* סוּסָה
margarine, *n.* חֶמְאִית, חֶמְאָה מְלָאכוּתִית, מַרְגָּרִינָה
margin, *n.* שׁוּלַיִם
marigold, *n.* מִרְיֶמֶת (פֶּרַח)
marijuana, *n.* חֲשִׁישׁ
marinate, *v.t.* כָּבַשׁ בָּשָׂר, דָּגִים)
marine, *adj.* יַמִּי
marine, *n.* צִי, אֳנִי
mariner, *n.* סַפָּן, מַלָּח
marital, *adj.* שֶׁל נִשּׂוּאִים, שֶׁל כְּלוּלוֹת
maritime, *adj.* יַמִּי
mark, *n.* מַטָּרָה, צִיּוּן, סִימָן, חוֹתָם
mark, *v.t. & i.* סִמֵּן, צִיֵּן, תֵּאֵר
market, mart, *n.* שׁוּק
market, *v.t.* סָחַר, קָנָה וּמָכַר
marksman, *n.* קַלָּע
marmalade, *n.* אוּם, רִבָּה
maroon, *n.* חוּם, עַרְמוֹנִי
marquee, *n.* אֹהֶל גָּדוֹל
marriage, *n.* חֲתֻנָּה, נִשּׂוּאִים, כְּלוּלוֹת
married, *adj.* נָשׂוּי, נְשׂוּאָה
marrow, *n.* לֶשֶׁד, לְשַׁד עֲצָמוֹת
marry, *v.t. & i.* הִשִּׂיא [נשא]; נָשָׂא (אִשָּׁה) [נשא]
Mars, *n.* מַאְדִּים (מַזָּל)
marsh, *n.* בִּצָּה
marshal, *n.* טִפְסָר; מַצְבִּיא
marshal, *v.t.* סִדֵּר; הִנְהִיג [נהג]
marshy, *adj.* בִּצָּתִי
mart, *v.* market
marten, *n.* נְמִיָּה
martial, *adj.* צְבָאִי, מִלְחַמְתִּי

martin, *n.* סְנוּנִית
martyr, *n.* מְעֻנֶּה, קָדוֹשׁ
martyrdom, *n.* קִדּוּשׁ הַשֵּׁם; עִנּוּיִים
marvel, *n.* פְּלִיאָה
marvel, *v.t. & i.* תָּמַהּ, הִתְפַּלֵּא [פלא]
marvelous, marvellous, *adj.* מֻפְלָא
mascot, *n.* סְגֻלָּה, מֵבִיא מַזָּל
masculine, *adj. & n.* זָכָר, גַּבְרִי; מִין זָכָר (דִּקְדּוּק)
masculinity, *n.* זַכְרוּת
mash, *n. & v.t.* בְּלִיל; בָּלַל
mask, *n.* מַסֵּכָה, מַסְוֶה
mask, *v.t. & i.* הִסְוָה [סוה], הִתְחַפֵּשׂ [חפש]
mason, *n.* בַּנַּאי; בּוֹנֶה חָפְשִׁי
masonry, *n.* בַּנָּאוּת; בַּנָּאוּת חָפְשִׁית
Masora, Masorah, *n.* מָסוֹרָה
masquerade, *n.* חַג מַסֵּכוֹת; עַדְלָיָדַע
mass, *n.* כַּמּוּת גְּדוֹלָה, גּוּשׁ, הֲמוֹן הָעָם
mass, *v.t. & i.* הִתְאַסֵּף [אסף], אָסַף, צָבַר, הִצְטַבֵּר [צבר], נִקְהַל [קהל]
massacre, *n.* טֶבַח, הֲרֵגָה
massacre, *v.t.* רָצַח, קָטַל
massage, *n.* מִשּׁוּי
massage, *v.t.* מָשָׁה, מִשֵּׁה
masseur, *n.* מַשַּׁאי
massive, *adj.* מוּצָק, אָטוּם; אֵיתָן
mast, *n.* תֹּרֶן
master, *n.* אָדוֹן, בַּעַל, בָּקִי, מוֹרֶה, אָמָּן, מֻמְחֶה, יַדְעָן, רַב
master, *v.t.* שָׁלַט, הֵבִין [בין], יָדַע
masticate, *v.t.* כָּסַס, לָעַס
mastication, *n.* כְּסִיסָה, לְעִיסָה
masturbate, *v.t.* אוֹנֵן
masturbation, *n.* אוֹנָנוּת
mat, *adj.* כֵּהֶה, לֹא מַבְרִיק
mat, *n.* מַחְצֶלֶת, שָׁטִיחַ
matador, *n.* לוּדָר, לוֹחֵם בִּשְׁוָרִים

match, *n.* חָבֵר, תְּיוֹם; שִׁדּוּךְ; הִתְחָרוּת; מַדְלֵק, גַּפְרוּר
match, *v.t. & i.* הִשְׁוָה [שוה], הָיָה דּוֹמֶה, דָּמָה; זִוֵּג
matchmaker, *n.* שַׁדְּכָן
mate, *n.* בֶּן זוּג, בַּת זוּג, עָמִית
mate, *v.t. & i.* זִוֵּג, הִזְדַּוֵּג [זוג]; הִתְחַבֵּר [חבר]
material, *adj. & n.* חָמְרִי, גּוּפָנִי, גַּשְׁמִי; חָשׁוּב; חֹמֶר
materialism, *n.* חָמְרִיּוּת
materialist, *n.* חָמְרָן
materialize, *v.t.* חִמְרֵן, הִגְשִׁים [גשם]
maternal, *adj.* אִמָּהִי
maternity, *n.* אִמָּהוּת
mathematical, *adj.* חֶשְׁבּוֹנִי, מָתֵמָטִי
mathematician, *n.* חַשְׁבָּן, מָתֵמָטִיקָאִי
mathematics, *n.* תּוֹרַת הַחֶשְׁבּוֹן
mating, *n.* הִזְדַּוְּגוּת
matriculate, *v.t.* נִרְשַׁם [רשם] לַמִּכְלָלָה
matriculation, *n.* תְּעוּדַת בַּגְרוּת
matrimony, *n.* חֲתֻנָּה, נִשּׂוּאִים, כְּלוּלוֹת
matrix, *n.* אִמָּה, אֵם הַדְּפוּס
matron, *n.* מְנַהֶלֶת
matter, *n.* חֹמֶר, גּוּף, עִנְיָן
matter, *v.i.* הָיָה חָשׁוּב
matter-of-fact, *adj.* עִנְיָנִי, רָגִיל
mattock, *n.* מַעְדֵּר
mattress, *n.* מִזְרָן
mature, *adj.* בָּשֵׁל, מְבֻגָּר
mature, *v.t. & i.* בָּשַׁל, הִבְשִׁיל [בשל], בָּגַר, הִתְבַּגֵּר [בגר]
maturity, *n.* הִתְבַּשְּׁלוּת, הִתְבַּגְּרוּת, בַּגְרוּת
maudlin, *adj.* בַּכְיָנִי; מְבֻסָּם
maul, mall, *n.* קֻרְנָס, פַּטִּישׁ כָּבֵד
mausoleum, *n.* כּוּךְ, נֶפֶשׁ, יָד, מַצֶּבֶת זִכָּרוֹן, קֶבֶר נֶהְדָּר
mauve, *n.* סֶגֹל בָּהִיר
maw, *n.* קֵבָה
mawkish, *adj.* רַגְשָׁנִי בְּיוֹתֵר; מַבְחִיל
maxim, *n.* אִמְרָה, כְּלָל
maximum, *n.* יַתִּירוּת, מַכְּסִימוּם
May, *n.* מַאי
may, *v.i.* יָכֹל, הָיָה (אֶפְשָׁר), מֻתָּר לְ־
maybe, *adv.* אוּלַי, אֶפְשָׁר
mayor, *n.* מַרְעִיר, רֹאשׁ הָעִירִיָּה
maze, *n.* מָבוֹךְ; סְבַךְ, מְבוּכָה
me, *pron.* אוֹתִי
mead, *n.* תֶּמֶד, צוּף
meadow, *n.* אָפָר, מִרְעֶה
meager, meagre, *adj.* כָּחוּשׁ, רָזֶה
meal, *n.* אֲרוּחָה, סְעוּדָה; קֶמַח
mealtime, *n.* שְׁעַת אֲרוּחָה, שְׁעַת סְעוּדָה
mealy, *adj.* קִמְחִי; מַחֲנִיף
mean, *adj.* נִקְלֶה, מִסְכֵּן, שָׁפָל; מְמֻצָּע
mean, *n.* תָּוֶךְ, אֶמְצַע, אֶמְצָעוּת
mean, *v.t. & i.* כִּוֵּן לְ־, חָשַׁב, סִמֵּן, הִתְכַּוֵּן [כון], אָמַר, סָבַר
meander, *n.* עֲקַלְקַל
meander, *v.i.* הִתְפַּתֵּל [פתל]
meaning, *n.* כַּוָּנָה; מוּבָן, מַשְׁמָעוּת
means, *n. pl.* אֶמְצָעִים, רְכוּשׁ
meantime, meanwhile, *adv.* בֵּינְתַיִם
measles, *n.* אַדֶּמֶת, חַצֶּבֶת
measurable, *adj.* מָדִיד
measure, *n.* (קְנֵה) מִדָּה; צַעַד
measure, *v.t. & i.* מָדַד, נִמְדַּד [מדד]
measurement, *n.* מְדִידָה, מֵמַד
meat, *n.* בָּשָׂר
meaty, *adj.* בְּשָׂרִי; עֲשִׁיר הַתֹּכֶן
mechanic, *n.* מְכוֹנֵן, מְכוֹנַאי
mechanics, *n.* מְכוֹנָאוּת; פְּרָטִים
mechanism, *n* מַנְגְּנוֹן
mechanize, *v.t.* מִכֵּן
mechanization, *n.* מִכּוּן

medal, ***n.*** אוֹת (כָּבוֹד) הִצְטַיְּנוּת
meddle, ***v.i.*** הִתְעָרֵב [ערב]
meddler, ***n.*** מִתְעָרֵב
medial, ***adj.*** שְׁכִיחַ, בֵּינוֹנִי, אֶמְצָעִי
median, ***adj.*** מְמֻצָּע, אֶמְצָעִי, בֵּינוֹנִי
mediate, ***v.t.*** תִּוֵּךְ, פִּשֵּׁר
mediation, ***n.*** תִּוּוּךְ, פְּשָׁרָה
mediator, ***n.*** מְתַוֵּךְ
medical, ***adj.*** מְרַפֵּא
medicament, ***n.*** רְפוּאָה
medicate, ***v.t.*** רִפֵּא
medicinal, ***adj.*** רְפוּאִי
medicine, ***n.*** חָכְמַת הָרְפוּאָה, רְפוּאָה
medieval, mediaeval, ***adj.*** שֶׁל יְמֵי הַבֵּינַיִם
mediocre, ***adj.*** בֵּינוֹנִי
mediocrity, ***n.*** בֵּינוֹנִיּוּת
meditate, ***v.t.*** **&** ***i.*** הִרְהֵר, הָגָה
meditation, ***n.*** עִיּוּן, הִרְהוּר, הָגוּת
meditative, ***adj.*** הֶגְיוֹנִי
medium, ***n.*** אֶמְצַע, אֶמְצָעִי, תָּוֶךְ
medley, ***n.*** תַּעֲרֹבֶת, עֵרֶב
meed, ***n.*** פְּרָס, שָׂכָר
meek, ***adj.*** עָנָו, צָנוּעַ
meekness, ***n.*** עֲנָוָה
meet, ***adj.*** הוֹלֵם, מַתְאִים
meet, ***v.t.*** **&** ***i.*** קִדֵּם, נִפְגַּשׁ [פגש], פָּגַשׁ, הִתְאַסֵּף [אסף], סִלֵּק (חוֹב)
meeting, ***n.*** אֲסֵפָה, פְּגִישָׁה
megaphone, ***n.*** רַמְקוֹל
melancholy, ***n.*** מָרָה שְׁחוֹרָה, עֶצֶב
mellow, ***adj.*** רַךְ, בָּשֵׁל, נָעִים, מְבֻסָּם
melodious, ***adj.*** נִגּוּנִי, לַחְנִי
melodrama, ***n.*** מְפֻגָּעָה
melody, ***n.*** לַחַן, נִגּוּן
melon, ***n.*** אֲבַטִּיחַ צָהֹב, מֵילוֹן
melt, ***v.t.*** **&** ***i.*** הֵמֵס [מסס], נָתַךְ, נִתַּךְ, נָמַס [מסס]
member, ***n.*** אֵבֶר; חָבֵר
membership, ***n.*** חַבְרוּת, חֶבְרָתִיּוּת
membrane, ***n.*** קְרוּם
memento, ***n.*** מַזְכֶּרֶת
memoir, ***n.*** זִכְרוֹן דְּבָרִים
memoirs, ***n. pl.*** זִכְרוֹנוֹת
memorandum, ***n.*** תַּזְכִּיר
memorial, ***n.*** זֵכֶר
memorize, ***v.t.*** זָכַר, חָזַר בְּעַל פֶּה
memory, ***n.*** זִכָּרוֹן; זֵכֶר; מַזְכֶּרֶת
menace, ***n.*** **&** ***v.t.*** אִיּוּם; אִיֵּם
mend, ***n.*** תִּקּוּן
mend, ***v.t.*** תִּקֵּן, הִטְלִיא [טלא]
mendacious, ***adj.*** שַׁקְרָנִי
mendacity, ***n.*** שֶׁקֶר, כָּזָב; שַׁקְרָנוּת
mender, ***n.*** מְתַקֵּן
mendicant, ***n.*** פּוֹשֵׁט יָד, קַבְּצָן
menial, ***adj.*** **&** ***n.*** מְשָׁרֵת, מִתְרַפֵּס
meningitis, ***n.*** שַׁבְתָּה, דַּלֶּקֶת קְרוּם הַמֹּחַ
menopause, ***n.*** הַפְסָקַת הַוֶּסֶת
menses, ***n. pl.*** עֶדְנָה, דֶּרֶךְ (אֹרַח) נָשִׁים, וֶסֶת
menstruate, ***v.i.*** וִסֵּת, פָּרַס נִדָּה
mensuration, ***n.*** (חָכְמַת) (הַ)מְּדִידָה
mental, ***adj.*** שִׂכְלִי
mentality, ***n.*** שִׂכְלִיּוּת
mention, ***n.*** הַזְכָּרָה, זֵכֶר
mention, ***v.t.*** הִזְכִּיר [זכר]
mentor, ***n.*** יוֹעֵץ, מַדְרִיךְ
menu, ***n.*** תַּפְרִיט
mephitic, ***adj.*** מַבְאִישׁ; אַרְסִי
mercantile, ***adj.*** מִסְחָרִי
mercenary, ***adj.*** אוֹהֵב בֶּצַע, תַּגְרָנִי
merchandise, ***n.*** סְחוֹרָה, מַעֲרָב, רְכֻלָּה
merchant, ***n.*** סוֹחֵר, כְּנַעֲנִי, תַּגָּר
merchantman, ***n.*** אֳנִיַּת סוֹחֵר

merciful, *adj.* חַנּוּן, רַחוּם
merciless, *adj.* אִי חַנּוּן, אַכְזָרִי
mercurial, *adj.* שֶׁל כַּסְפִּית; מָהִיר
mercury, *n.* כַּסְפִּית, כֶּסֶף חַי
mercy, *n.* חֶמְלָה, רַחֲמִים
mere, *adj.* לְבַדּוֹ, רַק זֶה
merely, *adv.* בִּלְבַד, אַךְ
meretricious, *adj.* מֻפְקָר, פָּרִיץ
merge, *v.t.* & *i.* הִתְמַזֵּג [מזג], הִתְאַחֵד [אחד]
merger, *n.* הִתְאַחֲדוּת, הִתְמַזְּגוּת
meridian, *n.* קַו הָאֹרֶךְ; שִׂיא, גֹּבַהּ
merit, *n.* זְכוּת, עֵרֶךְ
merit, *v.t.* זָכָה, הָיָה רָאוּי
meritorious, *adj.* רָאוּי, מְשֻׁבָּח
mermaid, *n.* בַּת (גַּלִּים) הַיָּם
merrily, *adv.* בְּגִיל, בְּשִׂמְחָה
merriment, *n.* גִּיל, שִׂמְחָה
merry, *adj.* עַלִּיז, צָהֵל
merry-go-round, *n.* סְחַרְחֵרָה
mesh, *n.*, *v.t.* & *i.* רֶשֶׁת; נִלְכַּד [לכד], הִסְתַּבֵּךְ [סבך] בְּרֶשֶׁת
meshy, *adj.* רִשְׁתִּי
mesmerize, *v.t.* הִרְדִּים [רדם]; לִבֵּב
mess, *n.* מְנַת (חֲדַר הָ) אֹכֶל, תַּבְשִׁיל; בִּלְבּוּל
mess, *v.t.* & *i.* סִפֵּק מָזוֹן; בִּלְבֵּל; לִכְלֵךְ; אָכַל בְּצַוְתָּא
message, *n.* יְדִיעָה, שְׁלִיחוּת
messenger, *n.* רָץ, שָׁלִיחַ, מְבַשֵּׂר
metabolism, *n.* שִׁנּוּי הַחֳמָרִים (בַּגּוּף)
metal, *n.* מַתֶּכֶת
metallic, *adj.* מַתַּכְתִּי
metallurgy, *n.* תּוֹרַת הַמַּתָּכוֹת
metamorphosis, *n.* גִּלְגּוּל, חֲלִיפַת (שִׁנּוּי) צוּרָה
metaphor, *n.* הַשְׁאָלָה, מְלִיצָה
metaphorical, metaphoric, *adj.* מְלִיצִי, מֻשְׁאָל, מֵטָפוֹרִי
metaphysical, *adj.* שֶׁל אַחַר הַטֶּבַע
mete, *n.* & *v.t.* גְּבוּל; מָדַד, חִלֵּק
meteor, *n.* אֶלְגָּבִישׁ, כּוֹכָב נוֹפֵל, זִיק
meteoric, *adj.* זִיקִי, מֵטֵאוֹרִי
meteorology, *n.* תּוֹרַת מֶזֶג הָאֲוִיר
meter, metre, *n.* מֶטֶר
meter, *n.* מוֹנֶה, מוֹדֵד
method, *n.* שִׁיטָה
methodical, *adj.* שִׁיטָתִי
meticulous, *adj.* קַפְּדָן, קַפְּדָנִי
metric, *adj.* מֶטְרִי
metropolis, *n.* עִיר (רַבָּתִי) בִּירָה
metropolitan, *adj.* רַבָּתִי
mettle, *n.* הִתְלַהֲבוּת, אֹמֶץ לֵב, תְּכוּנָה
mew, *v.t.* כָּלָא; הִשִּׁיר [נשר] (נוֹצוֹת); יִלֵּל (חָתוּל)
mezzanine, *n.* קוֹמָה אֶמְצָעִית
mica, *n.* נָצִיץ
microbe, *n.* חַיְדַק
microphone, *n.* רַמְקוֹל
microscope, *n.* רְאִידַק, (זְכוּכִית) מַגְדֶּלֶת
microscopic, *adj.* זַעֲרוּרִי, מִקְרוֹסְקוֹפִּי
mid, *adj.* בֵּינוֹנִי
midday, *n.* צָהֳרַיִם
middle, *adj.* תִּיכוֹן, אֶמְצָעִי
middle, *n.* אֶמְצַע; תּוֹךְ, חֲצִי
middleman, *n.* מְתַוֵּךְ, סַרְסוּר
midge, *n.* יַבְחוּשׁ, בַּקָּה
midget, *n.* נַנָּס, גַּמָּד
midnight, *n.* חֲצוֹת, חֲצוֹת לַיְלָה
midriff, *n.* סַרְעֶפֶת, טַרְפֵּשׁ
midshipman, *n.* פֶּרַח (חֲנִיךְ) יַמָּאוּת
midst, *n.* אֶמְצַע, קֶרֶב
midsummer, *n.* אֶמְצַע הַקַּיִץ
midway, *adj.* & *adv.* בְּאֶמְצַע הַדֶּרֶךְ

midwife, *n.* מְיַלֶּדֶת, חֲכָמָה
midwifery, *n.* יִלּוּד, מְיַלְּדוּת
mien, *n.* מַרְאֶה פָּנִים
might, *n.* עָצְמָה, כֹּחַ, עֱזוּז, תֹּקֶף, חַיִל, אוֹן, אֱיָל
mighty, *adj.* אַדִּיר, חָזָק, אַבִּיר
mighty, *adv.* מְאֹד
migrant, *adj.* נָע וָנָד, נוֹדֵד
migration, *n.* נְדִידָה, הֲגִירָה
migratory, *adj.* נוֹדֵד
mild, *adj.* רַךְ, עָדִין, נוֹחַ
mildew, *n.* יֵרָקוֹן
mildness, *n.* רֹךְ
mile, *n.* מִיל: 1.609 קִילוֹמֶטֶר
milieu, *n.* סְבִיבָה, חוּג
militant, *adj.* תּוֹקְפָנִי
militarism, *n.* צְבָאִיּוּת
military, *adj.* צְבָאִי
military, *n.* חַיִל, צָבָא
militia, *n.* חֵיל אֶזְרָחִים, חֵיל נוֹטְרִים
milk, *n.* חָלָב
milk, *v.t. & i.* חָלַב, הֶחֱלִיב [חלב]
milkmaid, *n.* חוֹלֶבֶת, חַלְבָּנִית
milkman, *n.* חוֹלֵב, חַלְבָּן
Milky Way שְׁבִיל (נְתִיב) הֶחָלָב
mill, *n.* טַחֲנָה, בֵּית רֵחַיִם
mill, *v.t.* טָחַן
millennium, *n.* אַלְפוֹן, אֶלֶף שָׁנִים
miller, *n.* טוֹחֵן; מַטְחֵן
millet, *n.* דֹּחַן, דּוּרָה
milliner, *n.* כּוֹבְעָנִית
millinery, *n.* כּוֹבְעָנוּת
million, *n.* מִלְיוֹן
millionaire, *n.* מִלְיוֹנֵר
millstone, *n.* אֶבֶן רֵחַיִם (פֶּלַח רֶכֶב; שֶׁכֶב, פֶּלַח תַּחְתִּית)
mime, *n.* חִקּוּי, מִשְׂחָק חִקּוּי
mimic, *v.t.* חִקָּה

mince, *v.t. & i.* פֵּרֵם, קִצֵּץ בָּשָׂר; טָפַף
mind, *n.* שֵׂכֶל, דֵּעָה, מַחֲשָׁבָה
mind, *v.t. & i.* שָׂם [שים] לֵב, נִשְׁמַר [שמר], הִקְשִׁיב [קשב]
mindful, *adj.* נִזְהָר, מַקְשִׁיב
mine, *n.* מִכְרֶה; מוֹקֵשׁ
mine, *pron.* שֶׁלִּי
mine, *v.t. & i.* כָּרָה, עָבַד בְּמִכְרֶה; מִקֵּשׁ, מַקֵּשׁ
miner, *n.* כּוֹרֶה; מוֹקְשַׁאי
mineral, *n. & adj.* מַחְצָב; מַעְדָּנִי
mingle, *v.t.* הִתְעָרֵב [ערב]
miniature, *adj.* זָעִיר
miniature, *n.* זְעִירִית, זְעִירָה
minimal, *adj.* פָּחוּת, הַקָּטָן בְּיוֹתֵר
minimize, *v.t.* הִפְחִית [פחת]
minimum, *adj. & n.* מוּעָט שֶׁבַּמּוּעָט; הַחֵלֶק הַקָּטָן בְּיוֹתֵר
mining, *n.* כְּרִיָּה; מִקּוּשׁ
minister, *n.* וָזִיר, שַׂר, כֹּהֵן, כֹּמֶר
minister, *v.t. & i.* כִּהֵן, שֵׁרֵת
ministry, *n.* מִשְׂרָד, וְזָרָה, רַבָּנוּת, כְּהֻנָּה
mink, *n.* (פַּרְוַת) חָרְפָּן, חֻלְדַּת הָאֲגַם
minnow, *n.* בֶּן שִׁבּוּט
minor, *adj.* קָטָן, פָּחוּת; קַל עֵרֶךְ, טָפֵל
minor, *n.* קַטִּין; מִינוֹר (מוּסִיקָה)
minority, *n.* מִעוּט; קַטְנוּת
minstrel, *n.* מְזַמֵּר, פַּיְטָן
mint, *n.* מִטְבָּעָה; נַעְנַע
mint, *v.t.* הִטְבִּיעַ [טבע]
minuet, *n.* רִקּוּד בְּקֶצֶב אִטִּי, מִנּוּאֶט
minus, *adj. & n.* פָּחוֹת; סִימַן הַהַפְחָתָה (−), חֶסְרוֹן, פְּגַם, לִקּוּי
minute, *adj.* פָּעוּט, מְדֻיָּק
minute, *n.* דַּקָּה, רֶגַע
minutely, *adj.* בִּפְרוֹטְרוֹט
minutes, *n. pl.* פְּרָטֵי כֹּל

minx, *n.* נַעֲרָה חֲצוּפָה
miracle, *n.* פֶּלֶא, נֵס
miraculous, *adj.* מֻפְלָא, פִּלְאִי
mirage, *n.* מִקְסַם שָׁוְא, מִירָז׳
mire, *n.* טִיט, רֶפֶשׁ, יָוֵן
mire, *v.t. & i.* טִנֵּף, שָׁקַע בְּרֶפֶשׁ
mirror, *n.* מַרְאָה, רְאִי
mirror, *v.t.* הֶרְאָה [ראה] כִּבְרְאִי
mirth, *n.* שִׂמְחָה, עֲלִיצוּת
misadventure, *n.* אָסוֹן, מִקְרֶה רָע
misanthrope, *n.* שׂוֹנֵא אָדָם
misapply, *v.t.* הִשְׁתַּמֵּשׁ [שמש] בְּאֹפֶן רַע
misapprehend, *v.t.* טָעָה
misapprehension, *n.* טָעוּת
misappropriate, *v.t.* מָעַל
misbehave, *v.i.* נָהַג שֶׁלֹּא כְּהֹגֶן
misbehavior, misbehaviour, *n.* הִתְנַהֲגוּת רָעָה
misbelieve, *v.i.* הֶאֱמִין [אמן] בַּשָּׁוְא
miscalculate, *v.t. & i.* טָעָה בְּחֶשְׁבּוֹן
miscalculation, *n.* חֶשְׁבּוֹן שָׁוְא
miscarriage, *n.* נֵפֶל, הַפָּלָה; הִתְנַהֲגוּת רָעָה
miscarry, *v.i.* תָּעָה בַּדֶּרֶךְ; הִפִּילָה [נפל] (וָלָד)
miscellaneous, *adj.* שׁוֹנִים; מְעֹרָב
mischance, *n.* מַזָּל רַע, צָרָה
mischief, *n.* תַּעֲלוּל, הֶזֵּק, קַלְקָלָה
mischievous, *adj.* מַשְׁחִית, מְחַבֵּל, מַזִּיק
misconceive, *v.t. & i.* טָעָה בַּהֲבָנָה
misconception, *n.* מֻשָּׂג כּוֹזֵב
misconduct, *n.* הִתְנַהֲגוּת פְּרוּעָה
misconstrue, *v.t.* בֵּאֵר שֶׁלֹּא כְּהֹגֶן
miscount, *v.t. & i.* טָעָה בְּחֶשְׁבּוֹן
miscreant, *n.* נָבָל, עַוָּל
misdeed, *n.* מַעֲשֶׂה רָע
misdemeanor, misdemeanour, *n.* הִתְנַהֲגוּת פְּרוּעָה, תַּעֲלוּל
misdirect, *v.t.* הִשְׁגָּה [שגה]
misdirection, *n.* הַשְׁגָּיָה
miser, *n.* קַמְצָן, כִּילַי
miserable, *adj.* אֻמְלָל, מִסְכֵּן
misery, *n.* עֹנִי, מְצוּקָה
misfit, *n.* אִי הַתְאָמָה, אִי (סִגּוּל) הִסְתַּגְּלוּת; אָדָם בִּלְתִּי מְסֻגָּל
misfortune, *n.* אָסוֹן, שֶׁבֶר, צָרָה
misgive, *v.t. & i.* הֵטִיל [נטל] סָפֵק
misgiving, *n.* חֲשָׁשׁ, סָפֵק
misguide, *v.t.* הוֹלִיךְ [הלך] שׁוֹלָל
mishap, *n.* אָסוֹן, נֵכֶר
Mishnah, Mishna, *n.* מִשְׁנָה
misinformation, *n.* (מְסִירַת) יְדִיעוֹת שָׁוְא
misinterpret, *v.t. & i.* בֵּאֵר שֶׁלֹּא כְּהֹגֶן
misjudge, *v.t. & i.* טָעָה בְּמִשְׁפָּט, שָׁפַט שֶׁלֹּא בְּצֶדֶק
misjudgment, misjudgement, *n.* עִוּוּת דִּין
mislay, *v.t.* הִנִּיחַ [נוח] שֶׁלֹּא בִּמְקוֹמוֹ, אִבֵּד
mislead, *v.t.* הִטְעָה [טעה], הִתְעָה [תעה]
mislike, *n. & v.t.* מְאִיסָה; מָאַס
mismanage, *v.t. & i.* נִהֵל שֶׁלֹּא כְּהֹגֶן
misplace, *v.t.* שָׂם [שים] שֶׁלֹּא בִּמְקוֹמוֹ
misprint, *n.* טָעוּת דְּפוּס
misprint, *v.t.* הִדְפִּיס [דפס] בְּטָעוּת
mispronounce, *v.t. & i.* בִּטֵּא שֶׁלֹּא כְּהֹגֶן
mispronunciation, *n.* בִּטּוּי שֶׁלֹּא כְּהֹגֶן
misread, *v.t.* קָרָא שֶׁלֹּא כְּהֹגֶן
misrepresent, *v.t.* נָתַן תֵּאוּר בִּלְתִּי נָכוֹן
misrepresentation, *n.* תֵּאוּר מְזֻיָּף
miss, *n.* גְּבֶרֶת (לֹא נְשׂוּאָה), עַלְמָה

miss, *n.* הַחְטָאַת הַמַּטָּרָה
miss, *v.t.* & *i.* פָּקַד, חָסַר, הֶחֱטִיא [חטא] (מַטָּרָה); עָבַר (מוֹעֵד); הִרְגִּישׁ [רגשׁ] בְּחֶסְרוֹן
misshape, *v.t.* נָתַן צוּרָה לֹא נְכוֹנָה
missile, *n.* טִיל, קָלִיעַ
mission, *n.* יִעוּד, שְׁלִיחוּת, מִשְׁלַחַת, תַּפְקִיד
missionary, *n.* שָׁלִיחַ, שְׁלִיחַ דָּתִי
missive, *n.* & *adj.* מִכְתָּב, אִגֶּרֶת; שָׁלוּחַ, מָסוּר
misspell, *v.t.* טָעָה בִּכְתִיב
misstate, *v.t.* מָסַר יְדִיעוֹת שָׁוְא
misstatement, *n.* הוֹדָעַת שָׁוְא
misstep, *n.* צַעַד שָׁוְא, מִשְׁגֶּה
mist, *n.* עֲלָטָה, עֲרָפֶל
mistake, *n.* שְׁגִיאָה, טָעוּת, שִׁבּוּשׁ
mistake, *v.t.* & *i.* שָׁגָה, טָעָה, הִשְׁתַּבֵּשׁ [שבשׁ]
Mister, Mr., *n.* אָדוֹן, מַר
mistletoe, *n.* דִּבְקוֹן
mistreat, *v.t.* הִשְׁתַּמֵּשׁ [שמשׁ] בְּדָבָר לְרָעָתוֹ, צִעֵר
mistress, *n.* אֲהוּבָה, פִּילֶגֶשׁ, שֵׁגָל
mistress, Mrs., *n.* גְּבֶרֶת, מָרָה
mistrust, *n.* חֲשָׁד
mistrust, *v.t.* & *i.* חָשַׁד
misunderstanding, *n.* אִי הֲבָנָה
misuse, *v.t.* הִשְׁתַּמֵּשׁ [שמשׁ] בְּדָבָר שֶׁלֹּא כַּהֹגֶן
mite, *n.* קַרְצִית
miter, mitre, *n.* מִצְנֶפֶת
mitigate, *v.t.* הֵקֵל [קלל], שִׁכֵּךְ, הִמְתִּיק [מתק] דִּין
mitigation, *n.* הֲקָלָה, הַמְתָּקַת דִּין
mitten, *n.* כְּפָפָה, כְּסָיָה (לְלֹא אֶצְבָּעוֹת אֶלָּא לַאֲגוּדָל)
mix, *n.* תַּעֲרֹבֶת

mix, *v.t.* & *i.* הִתְעָרֵב [ערב], עִרְבֵּב, עִרְבֵּל, בָּחַשׁ, הִתְמַזֵּג [מזג], נִטְמַע [טמע]
mixer, *n.* מְעַרְבֵּל, בּוֹלֵל, מְעָרֵב
mixture, *n.* עֵרוּב, מֶזֶג, עִרְבּוּב, עִרְבּוּל, תַּעֲרֹבֶת
moan, *n.* הֶמְיָה, אֲנָקָה
moan, *v.i.* נֶאֱנַח [אנח], נֶאֱנַק [אנק]
moat, *n.* & *v.t.* תְּעָלָה; תִּעֵל
mob, *n.* & *v.t.* הָמוֹן, אֲסַפְסוּף; הִתְקַהֵל [קהל], הִתְנַפֵּל [נפל] עַל
mobile, *adj.* נָע, מִתְנוֹעֵעַ; נַיָּד, מוּנָד
mobility, *n.* נַיָּדוּת, נְדִידָה, תְּנוּעָה
mobilization, *n.* חִיּוּל, גִּיּוּס
mobilize, *v.t.* & *i.* גִּיֵּס, חִיֵּל, הִתְגַּיֵּס [גיס]
moccasin, *n.* נַעַל עוֹר הַצְּבִי; נָחָשׁ אַרְסִי
mock, *adj.* מְגֻחָךְ, מְדֻמֶּה, מְזֻיָּף
mock, *n.* & *v.t.* לַעַג; לִגְלֵג, הִתֵּל, הֵתֵל [תלל], לָעַג, צָחַק
mocker, *n.* לֵצָן, לַגְלְגָן
mockery, *n.* מַהֲתַלָּה, לַעַג, לִגְלוּג
mode, *n.* אֹרַח, מִנְהָג, אֹפֶן, אָפְנָה
model, *adj.* מוֹפְתִי
model, *n.* מוֹפֵת, דֻּגְמָה, תַּבְנִית
model, *v.t.* & *i.* כִּיֵּר, עִצֵּב, צִיֵּר
moderate, *adj.* מָתוּן, בֵּינוֹנִי, מְמֻצָּע
moderate, *v.t.* & *i.* מִתֵּן, הִתְמַתֵּן [מתן]; הִפְחִית [פחת], הִגְבִּיל [גבל]
moderation, *n.* מְתִינוּת, הִסְתַּפְּקוּת
moderator, *n.* מְמַתֵּן
modern, *adj.* חָדִישׁ
modernize, *v.t.* חִדֵּשׁ
modest, *adj.* עָנָו, צָנוּעַ
modesty, *n.* עֲנָוָה, צְנִיעוּת
modification, *n.* שִׁנּוּי, הַגְבָּלָה
modify, *v.t.* שִׁנָּה, הִגְבִּיל [גבל]

modiste, *n.* תּוֹפֶרֶת
modulate, *v.t.* & *i.* סִלְסֵל (קוֹל)
modulation, *n.* סִלְסוּל, שִׁנּוּי הַקּוֹל
Mohammedan, *n.* & *adj.* מֻחַמָּדִי
moil, *v.i.* עָמַל, יָגַע; לִכְלֵךְ
moil, *n.* עָמָל, יְגִיעָה; כֶּתֶם
moist, *adj.* לַח, רָטֹב, טָחוּב
moisten, *v.t.* לִחְלֵחַ, הִרְטִיב [רטב], לָתַת (תְּבוּאָה)
moisture, *n.* רְטִיבוּת, לֶתֶת, טַחַב
molar, *adj.* טוֹחֵן
molar, *n.* שֵׁן טוֹחֶנֶת
molasses, *n.* פְּסֹלֶת סֻכָּר
mold, mould, *n.* & *v.t.* אִמּוּם, יְצִירָה, דְּפוּס, טֶפֶס; יָצַר, עִצֵּב, יָצַק
mold, mould, *n.* & *v.i.* קוֹמָנִית, עֹבֶשׁ, עִפּוּשׁ, עָפָר, חֹמֶר; עָבַשׁ, הִתְעַפֵּשׁ [עפש]
molder, moulder, *v.t.* הִרְקִיב [רקב], הִתְפּוֹרֵר [פרר]
mole, *n.* חֹלֶד, אָשׁוּת, חֲפַרְפֶּרֶת; בַּהֶרֶת, כֶּתֶם
molecular, *adj.* פְּרֻדָּתִי
molecule, *n.* פְּרֻדָּה
molest, *v.t.* הִפְרִיעַ [פרע], קִנְטֵר
molestation, *n.* קִנְטוּר, הַקְנָטָה
mollify, *v.t.* רִכֵּךְ
mollusk, mollusc, *n.* רְכוּכִית
mollycoddle, *v.t.* & *i.* פִּנֵּק, הִתְפַּנֵּק [פנק]
molt, moult, *v.t.* הִשִּׁיר [נשר] (שֵׂעָר, נוֹצוֹת), הֶחֱלִיף [חלף] (עוֹר)
moment, *n.* רֶגַע, הֶרֶף עַיִן; חֲשִׁיבוּת
momentary, *adj.* רִגְעִי
momentous, *adj.* חָשׁוּב מְאֹד
momentum, *n.* תְּנוּפָה
monarch, *n.* מֶלֶךְ, קֵיסָר
monarchy, *n.* מַלְכוּת, מַמְלָכָה

monastery, *n.* מִנְזָר
Monday, *n.* יוֹם שֵׁנִי, יוֹם ב׳
monetary, *adj.* מָמוֹנִי
money, *n.* כֶּסֶף, מָמוֹן, דָּמִים, מָעוֹת
money order הַמְחָאַת כֶּסֶף
monger, *n.* רוֹכֵל, תַּגָּר
mongrel, *adj.* בֶּן כִּלְאַיִם, שַׁעַטְנֵז, מְעֹרָב הַגְּזָעִים; כֶּלֶב רְחוֹב
monition, *n.* הַתְרָאָה
monitor, *n.* מַדְרִיךְ, מַשְׁגִּיחַ; יוֹעֵץ; מַתְרֶה
monk, *n.* נָזִיר
monkey, *n.* קוֹף
monkey, *v.t.* & *i.* חִקָּה
monkey wrench מַפְתֵּחַ אַנְגְּלִי
monocle, *n.* מִשְׁקָף
monogamous, *adj.* חַד זוּגִי
monogamy, *n.* חַד זוּגִיּוּת
monogram, *n.* רִקְמַת שֵׁם
monologue, *n.* חַד שִׂיחַ
monopolize, *v.t.* לָקַח בְּמוֹנוֹפּוֹלִין
monopoly, *n.* זְכוּת יָחִיד, חַד מֶכֶר, חַד מִמְכָּר, הִשְׁתַּלְּטוּת יָחִיד
monosyllabic, *adj.* חַד הֲבָרָתִי
monotheism, *n.* אֱמוּנָה בְּאֵל אֶחָד, חַד אֱלֹהוּת
monotonous, *adj.* חַד צְלִילִי; חַדְגּוֹנִי
monotony, *n.* חַד צְלִילִיּוּת, חַדְגּוֹנִיּוּת
monsoon, *n.* רוּחַ עוֹנָתִית הַמְּבִיאָה יְמוֹת הַגְּשָׁמִים
monster, *n.* מִפְלֶצֶת
monstrosity, *n.* תִּפְלֶצֶת, מִפְלֶצֶת
monstrous, *adj.* מַבְהִיל
month, *n.* חֹדֶשׁ, יֶרַח
monthly, *adj.* חָדְשִׁי
monthly, *adv.* בְּכָל (פַּעַם בְּ) חֹדֶשׁ
monument, *n.* מַצֵּבָה, נֶפֶשׁ, יָד
monumental, *adj.* שֶׁל מַצֵּבָה, נִצְחִי

moo, *n.* גְּעִיָּה
moo, *v.i.* גָּעָה
mood, *n.* מַצַּב רוּחַ, מִנְהָג
moody, *adj.* קוֹדֵר, סַר וְזָעֵף, מְצֻבְרָח
moon, *n.* לְבָנָה, יָרֵחַ, סַהַר; חֹדֶשׁ
moonlight, *n.* זַהַר, אוֹר לְבָנָה
moor, *v.t.* קִשֵּׁר (אֳנִיָּה)
moorage, *n.* עִגּוּן
mop, *n.* סְחָבָה, סְמַרְטוּט; עֲוָיָה
mop, *v.t.* נִגֵּב בִּסְמַרְטוּט
mope, *v.i.* יָשַׁב מַשְׁמִים, הִתְעַצֵּב [עצב]
moral, *adj.* & *n.* מוּסָרִי; מוּסָר; נִמְשָׁל
morale, *n.* מַצָּב מוּסָרִי
morality, *n.* מוּסָר, מוּסָרִיּוּת
moralize, *v.i.* הִטִּיף [נטף] מוּסַר
morass, *n.* בִּצָּה, טִיט
moratorium, *n.* אַרְכָּה חֻקִּית
morbid, *adj.* חוֹלָנִי, מְדַכֵּא
more, *adj.* & *adv.* יוֹתֵר, נוֹסָף, עוֹד
moreover, *adv.* עוֹד זֹאת, יָתֵר עַל כֵּן
morgue, *n.* חֲדַר הַמֵּתִים
moribund, *adj.* גּוֹסֵס
morning, morn, *n.* בֹּקֶר, שַׁחַר
morose, *adj.* קוֹדֵר, נוּגֶה
morphine,morphin,*n.* פִּרְגִּית, מוֹרְפְיוּם
morrow, *n.* מָחֳרָת
Morse code כְּתָב מוֹרְס
morsel, *n.* פְּרוּסָה
mortal, *adj.* & *n.* אֱנוֹשׁ, אֱנוֹשִׁי, בֶּן תְּמוּתָה; מֵמִית, מָוְתִי
mortality, *n.* תְּמוּתָה
mortar, *n.* טִיחַ, טִיט, מֶלֶט, חֹמֶר; מַכְתֵּשׁ, מְדוֹכָה
mortgage, *n.* מַשְׁכַּנְתָּה
mortgage, *v.t.* מִשְׁכֵּן
mortification, *n.* הֲמָתָה; סִגּוּף; פְּגִיעָה, עֶלְבּוֹן
mortify, *v.t.* & *i.* סִגֵּף, הִסְתַּגֵּף [סגף]; הֶעֱלִיב [עלב], פָּגַע
mortise, mortice, *n.* שֶׁקַע, פּוֹתָה
mortuary, *n.* חֲדַר הַמֵּתִים
mosaic, *n.* מַשְׂכִּית, פְּסֵיפֶס, תַּשְׁבֵּץ
mosque, mosk, *n.* מִסְגָּד
mosquito, *n.* יַתּוּשׁ
moss, *n.* חֲזָזִית, טְחָבִית
most, *adj.* בְּיוֹתֵר
most, *adv.* לְכָל הַיּוֹתֵר, לָרֹב
mostly, *adv.* בְּעִקָּר, עַל פִּי רֹב
mote, *n.* קֵיסָם
moth, *n.* עָשׁ, סָס
mother, *n.* אֵם, הוֹרָה
motherhood, *n.* אִמָּהוּת
mother-in-law, *n.* חוֹתֶנֶת, חָמוֹת
motherland, *n.* (אֶרֶץ) מוֹלֶדֶת
motherless, *adj.* יָתוֹם (מֵהָאֵם)
mother-of-pearl, *n.* צֶדֶף
Mother's Day יוֹם הָאֵם
motif, *n.* רַעֲיוֹן מֶרְכָּזִי
motion, *n.* תְּנוּעָה
motion, *v.t.* & *i.* רָמַז; הִצִּיעַ [יצע]; סִמֵּן בִּתְנוּעָה
motion picture סֶרֶט (רְאִינוֹעַ) קוֹלְנוֹעַ
motivation, *n.* הַנְמָקָה
motive, *adj.* & *n.* מֵנִיעַ, סִבָּה, טַעַם, גּוֹרֵם
motley, *adj.* & *n.* מְגֻוָּן, מְנֻמָּר; כְּתֹנֶת פַּסִּים
motor, *n.* מָנוֹעַ
motorboat, *n.* סִירַת נוֹעַ
motorcar, *n.* מְכוֹנִית
motorcycle, *n.* אוֹפַנּוֹעַ
motorcyclist, *n.* אוֹפַנּוֹעָן
mottle, *v.t.* נִמֵּר
motto, *n.* סִיסְמָה
mould, *v.* mold

moulder, *v.* molder
moult, *v.* molt
mound, *n.* תֵּל, סוֹלְלָה
mount, *n.* גִּבְעָה
mount, *v.t.* & *i.* הֶעֱלָה [עלה], רָכַב, הִרְכִּיב [רכב], הִצִּיג [יצג]
mountain, *n.* הַר, הָרֶר
mountaineer, *n.* הֲרָרִי, מְטַפֵּס עַל הָרִים
mountainous, *adj.* הֲרָרִי
mourn, *v.i.* & *t.* אָנָה, הִתְאַבֵּל [אבל]
mourner, *n.* אָבֵל, מִתְאַבֵּל, סַפָּד
mourning, *n.* אֵבֶל, אֲנִינָה, מִסְפֵּד
mouse, *n.* עַכְבָּר
mouse, *v.t.* & *i.* לָכַד עַכְבָּרִים
moustache, *v.* mustache
mouth, *n.* פֶּה; פְּתִיחָה, פֶּתַח; קוֹל
mouthful, *n.* מְלֹא הַפֶּה, לְגִימָה
mouthpiece, *n.* פּוּמִית, פִּיָּה; מְצוּפִית
movable, moveable, *adj.* מְטַלְטֵל, נַיָּד
move, *v.t.* & *i.* הֵזִיז [זוז], הֵנִיעַ [נוע], הִתְנוֹעֵעַ [נוע]; הִתְנִיעַ [תנע]; הֶעֱבִיר [עבר], טִלְטֵל; רָחַשׁ (שְׂפָתַיִם); הִלֵּךְ (מֵעַיִם); עוֹרֵר [עור], נָגַע (לֵב); הִצִּיעַ (יצע); הֶחֱלִיף [חלף] (דִּירָה); הִתְקַדֵּם [קדם]; הֵסִית [סות]
move, *n.* תְּנוּעָה, הִלּוּךְ; צַעַד, צְעִידָה
movement, *n.* תְּנוּעָה, נִיעַ, נִיד; רְחִישָׁה; מַתְנֵעַ (שָׁעוֹן); תְּנִיעָה (נְגִינָה)
movies, *n. pl.* רְאִינוֹעַ, קוֹלְנוֹעַ, סֶרֶט
movie camera צַלְמָנוֹעַ
mow, *v.t.* & *i.* קָצַר; עָרַם (תְּבוּאָה); עִוָּה, הֶעֱוָה (פָּנִים)
mower, *n.* קוֹצֵר; מַקְצֵרָה
Mr., *n.* מַר, אָדוֹן
Mrs., *n.* מָרָה, גְּבֶרֶת

much, *adj.* & *adv.* רַב; הַרְבֵּה, מְאֹד
muck, *n.* זֶבֶל; רָקָב; חָרָא
mucous, *adj.* רִירִי
mucus, *n.* רִיר; לֵחָה
mud, *n.* בֹּץ, טִיט, רֶפֶשׁ
muddle, *n.* מְבוּכָה
muddle, *v.t.* בִּלְבֵּל, דָּלַח, עָכַר
muddy, *adj.* רִפְשִׁי, דָּלוּחַ, מְרֻפָּשׁ
muff, *n.* חֻפָּה
muffin, *n.* [illegible]נִית
muffle, *v.t.* [illegible]טָה [עטה], כִּסָּה (פָּנִים), [illegible]מֵעֵךְ (קוֹל)
mufti, *n.* מֻפְתִּי, כֹּהֵן מֻסְלְמִי; לְבוּשׁ אֶזְרָחִי
mug, *n.* סֵפֶל
muggy, *adj.* לַח וְחַם
mulatto, *n.* בֶּן תַּעֲרוּבוֹת (לָבָן וְכוּשִׁי)
mulberry, *n.* תּוּת
mulct, *n.* & *v.t.* כֹּפֶר, קְנָס; קָנַס
mule, *n.* פֶּרֶד, פִּרְדָּה
muleteer, *n.* נוֹהֵג פֶּרֶד
mullet, *n.* שִׁבּוּט (דָּג)
multifarious, *adj.* רַבְגּוֹנִי, מְגֻוָּן מִמִּינִים שׁוֹנִים, טָלוּא
multiform, *adj.* רַב צוּרָתִי
multiple, *adj.* כָּפוּל
multiplication, *n.* הַכְפָּלָה, כֵּפֶל
multiplier, *n.* כּוֹפֵל, מַכְפִּיל
multiply, *v.t.* & *i.* רָבָה, הִפְרָה [פרה], הִרְבָּה [רבה], הִכְפִּיל [כפל]
mum, *adj.* דּוֹמֵם
mumble, *n.* רִטּוּן, מִלְמוּל
mumble, *v.t.* & *i.* רָטַן, מִלְמֵל
mummer, *n.* מְשַׂחֵק מַסֵּכוֹת
mummify, *v.t.* חָנַט
mummy, *n.* חָנוּט
mumps, *n.* חַזֶּרֶת
munch, *v.t.* & *i.* כִּרְסֵם, כָּסַס, לָעַס

mundane, *adj.* אַרְצִי
municipal, *adj.* עִירוֹנִי
municipality, *n.* עִירִיָּה
munificence, *n.* נַדְּבָנוּת
munificent, *adj.* נַדְּבָן
munition, *n.* תַּחְמֹשֶׁת
mural, *adj.* כָּתְלִי
murder, *n.* רֶצַח
murder, *v.t.* רָצַח, קָטַל, הִכָּה [נכה] נֶפֶשׁ
murderer, *n.* רוֹצֵחַ, קַטְלָן
murderous, *adj.* רַצְחָנִי, קַטְלָנִי
murk, *n.* עֲלָטָה, אֲפֵלָה
murky, *adj.* אַפְלוּלִי
murmur, *n.* לַחַשׁ
murmur, *v.t.* & *i.* לָחַשׁ, לְחֵשׁ; הִתְלוֹנֵן [לין], הִתְרַעֵם [רעם]
murrain, *n.* מַגֵּפָה, דֶּבֶר (בִּבְהֵמוֹת)
muscle, *n.* שְׁרִיר, עָצָל, עַכְבָּר
muscular, *adj.* שְׁרִירִי, חָסִין
muse, *n.* בַּת שִׁיר, רוּחַ הַשִּׁירָה
muse, *v.t.* & *i.* הִרְהֵר, הִתְבּוֹנֵן [בין]
museum, *n.* בֵּית נְכוֹת
mush, *n.* פִּרְמָה
mushroom, *n.* פִּטְרִיָּה
music, *n.* נְגִינָה, מוּסִיקָה
musical, *adj.* נְגִינָתִי, מוּסִיקָלִי
musician, *n.* מְנַגֵּן, מוּסִיקַאי
musket, *n.* קְנֵה רוֹבֶה
muskrat, *n.* עַכְבְּרוֹשׁ הַמֶּשֶׁק
muslin, *n.* מַלְמָלָה
muss, *v.t.* & *n.* עִרְבֵּב; מְהוּמָה, מְבוּכָה
mussel, *n.* חִלָּזוֹן
Mussulman, *n.* מֻסְלְמִי
must, *v.i.* הָיָה מֻכְרָח, הָיָה מְחֻיָּב
mustache, moustache, *n.* שָׂפָם
mustard, *n.* חַרְדָּל

muster, *n.* הַקְהָלָה, הַקְהָלַת הַחַיָּלִים
muster, *v.t.* & *i.* הִתְאַסֵּף [אסף], נִזְעַק [זעק] הִצְבִּיא [צבא]
musty, *adj.* מְעֻפָּשׁ, מָהוּהַּ
mutate, *v.t.* & *i.* הֶחֱלִיף [חלף], שִׁנָּה, הִשְׁתַּנָּה [שנה]
mutation, *n.* תְּמוּרָה, הִתְחַלְּפוּת
mute, *adj.* דּוֹמֵם, אִלֵּם, שׁוֹתֵק
mutilate, *v.t.* גָּדַם, קִטַּע, חָבַל, הִשְׁחִית [שחת]
mutilation, *n.* קִטּוּעַ, סֵרוּס
mutineer, *n.* מוֹרֵד
mutineer, mutiny, *v.i.* מָרַד, הִתְקוֹמֵם [קום]
mutiny, *n.* קֶשֶׁר, הִתְקוֹמְמוּת
mutter, *v.t.* & *i.* נִרְגַּן [רגן], מִלְמֵל
mutton, *n.* בְּשַׂר כֶּבֶשׂ
mutual, *adj.* הֲדָדִי, מְשֻׁתָּף
muzzle, *n.* מַחְסוֹם, זְמָם; פִּי רוֹבֶה
muzzle, *v.t.* חָסַם, זָמַם
my, *pron.* שֶׁלִּי
myopia, *n.* קֹצֶר רְאִיָּה
myopic, *adj.* קְצַר רְאוּת
myriad, *n.* רְבָבָה
myrrh, *n.* מֹר, לוֹט
myrtle, *n.* הֲדַס
myself, *pron.* אֲנִי, אָנֹכִי, אֲנִי בְּעַצְמִי
mysterious, *adj.* טָמִיר, נֶעֱלָם, רָזִי, סוֹדִי
mystery, *n.* רָז, לָט, תַּעֲלוּמָה
mystic, mystical, *adj.* כָּמוּס, נִסְתָּר, קַבָּלִי
mystic, *n.* מְקֻבָּל
mysticism, *n.* קַבָּלָה
myth, *n.* אַגָּדָה
mythic, mythical, *adj.* אַגָּדִי
mythology, *n.* אַגָּדוֹת (עַם) אֱלִילִים

N, n

N, n, *n.* אֶן, הָאוֹת הָאַרְבַּע עֶשְׂרֵה בְּאָלֶף בֵּית הָאַנְגְּלִי

nab, *v.t.* תָּפַשׂ

nacre, *n.* צֶדֶף, צִדְפַּת־הַפְּנִינִים

nadir, *n.* נְקֻדַּת הָאֲנָךְ

nag, *n.* סְיָח

nag, *v.t.* & *i.* הִתְרַעֵם [רעם], הִקְנִיט [קנט]

nail, *n.* מַסְמֵר; צִפֹּרֶן

nail, *v.t.* סִמֵּר, מִסְמֵר, תָּקַע מַסְמְרִים

naive, *adj.* תָּמִים, יַלְדוּתִי

naked, *adj.* עָרֹם, חָשׂוּף; פָּשׁוּט

name, *n.* שֵׁם, כִּנּוּי, חֲנִיכָה

name, *v.t.* קָרָא בְּשֵׁם, כִּנָּה

nameless, *adj.* לְלֹא שֵׁם, בֶּן בְּלִי שֵׁם

namely, *adv.* כְּלוֹמַר, הַיְנוּ

namesake, *n.* בֶּן שֵׁם

nap, *n.* תְּנוּמָה; שַׂעֲרִיּוּת (בִּצְמָחִים, אָרִיג)

nap, *v.i.* נִמְנֵם, הִתְנַמְנֵם [נמנם]

nape, *n.* עֹרֶף, מַפְרֶקֶת

naphtha, *n.* שֶׁמֶן אֲדָמָה, נֵפְטְ

napkin, *n.* מַפִּית

narcissus, *n.* נַרְקִיס

narcotic, *adj.* & ***n.*** מַרְדִּים, מְאַלְחֵשׁ

nares, *n. pl.* נְחִירַיִם

narrate, *v.t.* סִפֵּר

narration, *n.* סִפּוּר, הַגָּדָה

narrative, *n.* & ***adj.*** סִפּוּר; סִפּוּרִי

narrator, *n.* קַרְיָן, מְסַפֵּר

narrow, *adj.* צַר, דָּחוּק; מֻגְבָּל

narrow-minded, ***adj.*** צַר מֹחַ, מֻגְבָּל

narrowness, ***n.*** צָרוּת; מֻגְבָּלוּת

nasal, *adj.* אַפִּי, חָטְמִי

nascency, *n.* לֵדָה

nascent, *adj.* נוֹלָד, מִתְהַוֶּה

nasturtium, ***n.*** קַרְמוּל

nasty, ***adj.*** מְזֹהָם, גַּס, מָאוּס

natal, ***adj.*** לֵדָתִי, שֶׁמִּלֵּדָה

nation, ***n.*** לְאֹם, עַם, גּוֹי, אֻמָּה

national, ***adj.*** לְאֻמִּי

nationalism, nationality, *n.* לְאֻמִּיּוּת

nationalization, ***n.*** הַלְאָמָה

nationalize, ***v.t.*** הִלְאִים [לאם]

native, ***adj.*** לֵדָתִי, אֶזְרָחִי

native, ***n.*** יְלִיד הָאָרֶץ, אֶזְרָח

nativity, ***n.*** לֵדָה

natural, ***adj.*** טִבְעִי, אֲמִתִּי, פָּשׁוּט

naturalism, ***n.*** טִבְעִיּוּת

naturalist, ***n.*** טִבְעֲתָן; חוֹקֵר הַטֶּבַע

naturalization, ***n.*** אִזְרוּחַ; הִסְתַּגְּלוּת, אִקְלוּם

naturalize, ***v.t.*** אִזְרַח; אִקְלֵם, סִגֵּל

naturally, ***adv.*** בְּאֹפֶן טִבְעִי, מוּבָן מֵאֵלָיו

nature, ***n.*** טֶבַע, אֹפִי; טִיב, מִין, סוּג; תְּכוּנָה

naught, ***n.*** אֶפֶס, אַיִן, לֹא כְלוּם

naughty, ***adj.*** שׁוֹבָב, סוֹרֵר

nausea, ***n.*** בְּחִילָה, גֹּעַל נֶפֶשׁ, קֶבֶס

nauseate, ***v.t.*** & ***i.*** בָּחַל, חָשׁ גֹּעַל, קִבֵּס

nautical, ***adj.*** יַמִּי, שֶׁל (סַפָּנִים) סַפָּנוּת

naval, ***adj.*** יַמִּי

navel, ***n.*** טַבּוּר

navigate, ***v.t.*** & ***i.*** הִפְלִיג [פלג]; נִוֵּט

navigation, ***n.*** הַפְלָגָה; סַפָּנוּת; נִוּוּט

navigator, ***n.*** סַפָּן; נַוָּט

navy, ***n.*** צִי, יַמִּיָּה

nay, ***adv.*** לֹא, לָאו; אֲבָל

near, ***adj.***, ***adv.*** & ***prep.*** עַל יַד, קָרוֹב, אֵצֶל

near, *v.t.* & *i.* קָרַב, הִתְקָרֵב [קרב]
nearly, *adv.* כִּמְעַט
nearness, *n.* קִרְבָה
nearsighted, *adj.* קְצַר (רְאִיָּה) רְאוּת
nearsightedness, *n.* קֹצֶר (רְאִיָּה) רְאוּת
neat, *adj.* מְסֻדָּר, נָקִי
nebulous, nebulose, *adj.* מְעֻרְפָּל, עַרְפִּלִּי
necessary, *adj.* נָחוּץ, הֶכְרֵחִי
necessitate, *v.t.* הִצְרִיךְ [צרך], הִכְרִיחַ [כרח]
necessity, *n.* צֹרֶךְ, נְחִיצוּת, הֶכְרֵחִיּוּת
neck, *n.* צַוָּאר, עֹרֶף
necklace, *n.* עֲנָק, שַׁרְשֶׁרֶת
necktie, *n.* עֲנִיבָה, מִקְשֶׁרֶת
necromancer, *n.* יִדְּעוֹנִי, (בַּעַל) אוֹב, מְכַשֵּׁף
nectar, *n.* צוּף
nee, née, *adj.* נוֹלְדָה
need, *n.* צֹרֶךְ, מַחְסוֹר, דֹּחַק
need, *v.t.* & *i.* צָרַךְ, חָסַר, הִצְטָרֵךְ [צרך], הָיָה נָחוּץ, הָיָה צָרִיךְ
needful, *adj.* נָחוּץ, נִצְרָךְ
needle, *n.* מַחַט
needless, *adj.* לְלֹא צֹרֶךְ, לְלֹא תּוֹעֶלֶת
needlework, *n.* מְלֶאכֶת מַחַט
needy, *adj.* אֶבְיוֹן, רָשׁ, קְשֵׁה יוֹם
nefarious, *adj.* נִבְזֶה, נִתְעָב
negate, *v.t.* שָׁלַל
negation, *n.* שְׁלִילָה
negative, *adj.* שְׁלִילִי, מְסָרֵב
negative, *n.* שְׁלִילִית (בְּצִלּוּם), מִשְׁלָל
neglect, *n.* & *v.t.* רַשְׁלָנוּת, הִתְרַשְּׁלוּת, זִלְזוּל, הַזְנָחָה; הִתְרַשֵּׁל [רשל], זִלְזֵל בְּ־, עָזַב, הִזְנִיחַ [זנח]
neglectful, *adj.* מְרֻשָּׁל, מְזֻנָּח
negligee, *n.* חֶשְׂפָּה

negligence, *n.* הִתְרַשְּׁלוּת
negotiate, *v.t.* & *i.* נָשָׂא וְנָתַן, תִּוֵּךְ
negotiation, *n.* מַשָּׂא וּמַתָּן, תִּוּוּךְ
negotiator, *n.* תַּוָּךְ, סַרְסוּר, מְתַוֵּךְ
negress, *n.* כּוּשִׁית
negro, *n.* כּוּשִׁי
neigh, *n.* צַהַל, צָהֳלָה (שֶׁל סוּסִים)
neigh, *v.i.* צָהַל (סוּס)
neighbor, neighbour, *n.* שָׁכֵן
neighborhood, neighbourhood, *n.* סְבִיבָה, שְׁכֵנוּת
neither, *adj.* & *pron.* לֹא זֶה, גַּם זֶה לֹא
Neo-Hebraic, *adj.* & *n.* (שֶׁל) עִבְרִית חֲדָשָׁה
neon, *n.* אֲדוֹן, אוֹר הֶבֶל, נֵאוֹן
nephew, *n.* אַחְיָן
nepotism, *n.* הַעֲדָפַת קְרוֹבִים
nerve, *n.* עָצָב; עֹז, אֹמֶץ לֵב
nerve, *v.t.* אִמֵּץ
nervous, *adj.* עַצְבָּנִי, רָגִישׁ
nervousness, *n.* עַצְבָּנוּת, רַגְשָׁנוּת
nest, *n.* & *v.i.* קֵן; קִנֵּן
nestle, *v.t.* & *i.* קִנֵּן; חָסָה, הִתְרַפֵּק [רפק]; נִכְנַף [כנף] בְּ־
net, *n.* נָקִי (מִשְׁקָל, מְחִיר וכו׳)
net, *n.* רֶשֶׁת, חֵרֶם, מִכְמֹרֶת
net, *v.t.* & *i.* רִשֵּׁת, עָשָׂה רֶשֶׁת, רָשַׁת; חָרַם, לָכַד בְּרֶשֶׁת (בְּחֵרֶם)
nether, *adj.* תַּחְתּוֹן
netting, *n.* רִשּׁוּת; רְשָׁתוֹת
nettle, *n.* סִרְפָּד
network, *n.* מִקְלַעַת, הִצְטַלְּבוּת
neuralgia, *n.* כְּאֵב עֲצַבִּים
neurologist, *n.* רוֹפֵא עֲצַבִּים
neurosis, *n.* עַצְבָּנוּת חוֹלָנִית
neurotic, *adj.* עַצְבָּנִי
neuter, *adj.* & *n.* (מִין) סְתָמִי
neutral, *adj.* & *n.* חָיוּד, לַעֲלָן

neutrality, *n.* חִיּוּד, לַעֲלָנוּת

never, *adv.* לְעוֹלָם, מֵעוֹלָם לֹא

nevertheless, *adv.* אַף עַל פִּי כֵן, בְּכָל זֹאת

new, *adj.* חָדָשׁ

newly, *adv.* מֵחָדָשׁ

newness, *n.* חִדּוּשׁ

news, *n.* חֲדָשָׁה, חֲדָשׁוֹת

newsboy, *n.* מוֹכֵר עִתּוֹנִים

newspaper, *n.* עִתּוֹן

New Testament הַבְּרִית הַחֲדָשָׁה

New Year רֹאשׁ הַשָּׁנָה

next, *adj.* & *adv.* הַבָּא אַחַר, סָמוּךְ

nib, *n.* חַרְטוֹם; צִפֹּרֶן (עֵט); יָדִית הַחֶרְמֵשׁ

nibble, *n.*, *v.t.* & *i.* כִּרְסוּם; חִטּוּט; כִּרְסֵם, כִּסְכֵּס; חִטְחֵט

nice, *adj.* יָפֶה, נָאֶה

nicely, *adv.* הֵיטֵב, כְּהֹגֶן

nicety, *n.* קַפְּדָנוּת, דִּיּוּק; מַעֲדָן

niche, *n.* מִשְׁקָע, שֶׁקַע

nick, *n.* חָרִיץ, פְּגִימָה; רֶגַע הַזְּמָן

nick, *v.t.* עָשָׂה (חֲרִיצִים) בִּזְמַנּוֹ; רִמָּה

nickel, *n.* נִיקֶל; חֲמִשָּׁה סֶנְטִים

nickname, *n.* חֲנִיכָה, שֵׁם לְוַי, כִּנּוּי

niece, *n.* אַחְיָנִית

niggard, *adj.* קַמְצָן

niggardliness, *n.* קַמְצָנוּת

nigh, *adj.* & *adv.* כִּמְעַט, קָרוֹב

night, *n.* לַיְלָה, לַיִל, לֵיל, חֲשֵׁכָה; מָוֶת; בּוּרוּת

nightgown, nightshirt, *n.* חָלוּק לַיְלָה

nightingale, *n.* זָמִיר

nightly, *adj.* & *adv.* לֵילִי; בְּכָל לַיְלָה

nightmare, *n.* סִיּוּט

nihilism, *n.* אַפְסָנוּת

nihilist, *n.* אַפְסָנִי

nil, *n.* אֶפֶס, אַיִן

nimble, *adj.* מָהִיר, זָרִיז

nimbus, *n.* הִלָּה

Nimrod, *n.* נִמְרוֹד; צַיָּד

nine, *adj.* & *n.* תִּשְׁעָה, תֵּשַׁע

ninefold, *adv.* & *adj.* פִּי (תֵּשַׁע) תִּשְׁעָה, תִּשְׁעָתַיִם; כָּפוּל (תֵּשַׁע) תִּשְׁעָה

nineteen, *adj.* & *n.* תִּשְׁעָה עָשָׂר, תְּשַׁע עֶשְׂרֵה

nineteenth, *adj.* הַתִּשְׁעָה עָשָׂר, הַתְּשַׁע עֶשְׂרֵה

ninetieth, *adj.* הַתִּשְׁעִים

ninety, *adj.* & *n.* תִּשְׁעִים

ninth, *adj.* & *n.* תְּשִׁיעִי, תְּשִׁיעִית; חֵלֶק תְּשִׁיעִי, תְּשִׁיעִית

nip, *n.* צְבִיטָה; גְּמִיעָה; שִׁדָּפוֹן

nip, *v.t.* צָבַט, גָּמַע; שָׁדַף

nippers, *n. pl.* מִצְבָּטַיִם, מַשְׁכַּיִם

nipple, *n.* פִּטְמָה, דַּד, פִּי הַשַּׁד; עַיִן

nit, *n.* טָפוּי, בֵּיצַת (חֲרָקִים) כִּנָּה

niter, nitre, *n.* מְלַחַת

nitrate, *n.* חַנְקָה

nitric, *adj.* חַנְקָנִי

nitrogen, *n.* אַבְחֶנֶק, חַנְקָן

no, *n.* & *adv.* לֹא, לָאו; אַיִן, אֵין

nobility, *n.* אֲצִילוּת, עֲדִינוּת

noble, *adj.* אֶפְרָתִי, אָצִיל, עָדִין

nobly, *adv.* בְּרוּחַ נְדִיבָה

nobody, *n.* אַף אֶחָד, אִישׁ

nocturnal, *adj.* לֵילִי

nocturne, *n.* נִשְׁפִּית, נְגִינַת לַיִל

nod, *n.* נִעְנוּעַ רֹאשׁ

nod, *v.t.* & *i.* הֵנִיעַ [נוע] בָּרֹאשׁ; רָמַז

node, *n.* קֶשֶׁר, כַּפְתּוֹר; תִּסְבֹּכֶת; מִסְעָף

noise, *n.* רַעַשׁ, שָׁאוֹן, הֲמֻלָּה

noiseless, *adj.* דּוֹמֵם, שָׁקֵט

noisy, *adj.* מַרְעִישׁ, רוֹעֵשׁ

nomad, *n.* נוֹדֵד, נָע וָנָד

nomadic, *adj.* נוֹדֵד
nomenclature, *n.* שֵׁמוֹת, מֻנָּחִים
nominal, *adj.* שֵׁמִי
nominate, *v.t.* מִנָּה, הִצִּיעַ [יצע], הֶעֱמִיד [עמד]
nomination, *n.* מֻעֲמָדוּת, הַעֲמָדָה, מִנּוּי
nominative, *adj.* יַחַס הַנּוֹשֵׂא
nominee, *n.* מֻעֲמָד
nonage, *n.* קַטְנוּת, מִעוּט
nonce, *n.* הֹוֶה
nonchalance, *n.* אֲדִישׁוּת, שִׁוְיוֹן נֶפֶשׁ
nonchalant, *adj.* אָדִישׁ, קַר רוּחַ, שְׁוֵה נֶפֶשׁ
noncommital, *adj.* סָתוּם
noncommissioned, *adj.* בִּלְתִּי מֻרְשֶׁה, לְלֹא דַּרְגַּת קְצֻנָּה
nonconductor, *n.* בִּלְתִּי מוֹלִיךְ
nonconformity, *n.* אִי הַסְכָּמָה
nondescript, *adj.* אַל צִיּוּרִי, בִּלְתִּי מְצֻיָּר
none, *pron.* אַף אֶחָד, שׁוּם דָּבָר
nonentity, *n.* הֶעְדֵּר, אֲפִיסָה
nonessential, *adj.* בִּלְתִּי הֶכְרֵחִי, לֹא (חָשׁוּב) נָחוּץ בְּיוֹתֵר
nonexistence, *n.* אִי מְצִיאוּת
nonmetal, *n.* אַל מַתֶּכֶת
nonpareil, *adj.* מְיֻחָד בְּמִינוֹ
nonpartisan, *adj.* אַל מִפְלַגְתִּי
nonpayment, *n.* אִי תַּשְׁלוּם
nonplus, *v.t.* בִּלְבֵּל
nonresident, *adj.* זָר, לֹא תּוֹשָׁב
nonresistence, *n.* אִי הִתְנַגְּדוּת
nonsense, *n.* הֶבֶל, שְׁטוּת
nonstop, *adj.* & *adv.* לְלֹא הַפְסָקָה
nonunion, *adj.* אַל הִסְתַּדְּרוּתִי, שֶׁאֵינוֹ שַׁיָּךְ לְהִסְתַּדְּרוּת (הָעוֹבְדִים)
noodle, *n.* אִטְרִיָּה; טִפֵּשׁ

nook, *n.* פִּנָּה
noon, *n.* צָהֳרַיִם; גֹּבַהּ
noontime, *n.* שְׁעַת הַצָּהֳרַיִם
noose, *n.* קֶשֶׁר, עֲנִיבָה; מַלְכֹּדֶת
noose, *v.t.* לָכַד בְּמַלְכֹּדֶת
nor, *conj.* אַף לֹא, גַּם לֹא
norm, *n.* כְּלָל, מוֹפֵת, מְמֻצָּע
normal, *adj.* רָגִיל, שָׁכִיחַ, מְמֻצָּע
north, *adj.*, *adv.* & *n.* צְפוֹנִי, צָפוֹנָה; צָפוֹן
northeast, *adj.*, *adv.* & *n.* צְפוֹן מִזְרָח; צְפוֹנִי מִזְרָחִי; צְפוֹנִית מִזְרָחִית
northeastern, *adj.* צְפוֹנִי מִזְרָחִי
northerly, *adj.* & *adv.* צְפוֹנִי; צָפוֹנָה
North Pole הַקֹּטֶב הַצְּפוֹנִי
northwest, *adj.*, *adv.* & *n.* צְפוֹן מַעֲרָב; צְפוֹנִי מַעֲרָבִי; צְפוֹנִית מַעֲרָבִית
nose, *n.* אַף, חֹטֶם
nose, *v.t.* הֵרִיחַ [ריח]
nosebleed, *n.* דִּמְאַף
nostalgia, *n.* גַּעְגּוּעִים
nostril, *n.* נְחִיר
nostrum, *n.* רְפוּאוֹת שָׁוְא
nosy, *adj.* סַקְרָנִי
not, *adv.* לֹא, בַּל, אַל, אַיִן
notable, *adj.* נוֹדָע; נִכְבָּד
notably, *adv.* בְּיִחוּד
notary, *n.* נוֹטַרְיוֹן, סוֹפֵר הַקָּהָל
notation, *n.* צִיּוּן
notch, *n.* חָרִיץ, פְּגִימָה
notch, *v.t.* חָרַץ
note, *n.* תָּו, קוֹל; צִיּוּן, סִימָן; הֶעָרָה; חֲשִׁיבוּת, עֵרֶךְ; פִּתְקָה; שְׁטָר (חוֹב); רְשִׁימָה, תִּזְכֹּרֶת
note, *v.t.* רָשַׁם, צִיֵּן, הִתְבּוֹנֵן [בין]; שָׂם [שים] לֵב
notebook, *n.* מַחְבֶּרֶת, פִּנְקָס

nothing, *n.* מְאוּמָה; לֹא כְלוּם

nothingness, *n.* אַפְסוּת, תֹּהוּ

notice, *n.* שִׂימַת לֵב, הַזְהָרָה, מוֹדָעָה

notice, *v.t.* הִרְגִּישׁ [רגש], הִתְבּוֹנֵן [בין], רָאָה

notification, *n.* הוֹדָעָה

notify, *v.t.* הוֹדִיעַ [ידע]

notion, *n.* מֻשָּׂג, דֵּעָה

notoriety, *n.* פִּרְסוּם (לִגְנַאי)

notorious, *adj.* מְפֻרְסָם (לִגְנַאי)

notwithstanding, *adv. & conj.* בְּכָל זֹאת

nought, naught, *adj. & n.* אַפְסִי, לְלֹא עֵרֶךְ; אֶפֶס, בְּלִימָה, אַיִן, לֹא כְלוּם

noun, *n.* שֵׁם, שֵׁם עֶצֶם

nourish, *v.t. & i.* הֵזִין [זון], כִּלְכֵּל, חִיָּה, הִבְרָה [ברה], הֶאֱכִיל [אכל]

nourishment, *n.* מָזוֹן, טֶרֶף, אֹכֶל, מִחְיָה

novel, *adj.* חָדָשׁ, זָר, מוּזָר

novel, *n.* סִפּוּר, נוֹבֶלָּה, רוֹמָן

novelist, *n.* סוֹפֵר, מְסַפֵּר

novelty, *n.* חִדּוּשׁ, חֲדָשָׁה

November, *n.* נוֹבֶמְבֶּר

novice, *n.* טִירוֹן, מַתְחִיל

now, *adv.* כָּעֵת, עַתָּה, עַכְשָׁו

nowadays, *adv.* בְּיָמֵינוּ

nowhere, *adv.* בְּשׁוּם מָקוֹם

nowise, *adv.* בְּשׁוּם פָּנִים

noxious, *adj.* מַזִּיק, מַשְׁחִית, רַע

nozzle, *n.* זַרְבּוּבִית; אָסוּךְ

nuance, *n.* גּוֹן

nuclear, *adj.* גַּרְעִינִי, יְסוֹדִי, תַּמְצִיתִי

nucleus, *n.* גַּרְעִין, יְסוֹד, תַּמְצִית

nude, *adj.* חָשׂוּף, עָרֹם

nudge, *n.* נְגִיעָה, דְּחִיפָה קַלָּה

nudity, nudeness, *n.* מַעֲרֻמִּים, מַעַר, מַחְשׂוֹף, עֶרְוָה, עֶרְיָה

nuisance, *n.* מַטְרֵד, רִגּוּז

null, *adj.* אַפְסִי, מְאֻפָּס

nullification, *n.* הֲפָרָה, בִּטּוּל

nullify, *v.t.* אִפֵּס, בִּטֵּל

nullity, *n.* אַפְסוּת

numb, *adj.* אַלְחוּשִׁי

number, *n.* מִסְפָּר, סִפְרָה; מִנְיָן

number, *v.t.* מָנָה, סָפַר, סִפְרֵר, מִסְפֵּר

Numbers, *n.* (סֵפֶר) בַּמִּדְבָּר

numeral, *adj. & n.* מִסְפָּרִי; סִפְרָה, מִסְפָּר

numerator, *n.* מוֹנֶה, מְסַפְרֵר, מְמַסְפֵּר

numerical, *adj.* מִסְפָּרִי

numerous, *adj.* מְרֻבֶּה, שַׂגִּיא

nun, *n.* נְזִירָה

nunnery, *n.* מִנְזָר (נָשִׁים)

nuptial, *adj. & n. pl.* שֶׁל כְּלוּלוֹת; כְּלוּלוֹת, נִשּׂוּאִים

nurse, *n.* מֵינֶקֶת; חוֹבֶשֶׁת, אָחוֹת

nurse, *v.t.* הֵינִיקָה [ינק]; טִפֵּל (בְּחוֹלֶה), אָמַן, גִּדֵּל

nursery, *n.* בֵּית תִּינוֹקוֹת; מַשְׁתֵּלָה

nurture, *v.t.* הֵזִין [זון], גִּדֵּל

nut, *n.* אֹם (שֶׁל בֹּרֶג); אֱגוֹז; טִפֵּשׁ, פֶּתִי

nutcracker, *n.* מַפְצֵחַ

nutmeg, *n.* אֱגוֹזָן

nutriment, *n.* מָזוֹן, אֹכֶל

nutrition, *n.* תְּזוּנָה

nutritious, nutritive, *adj.* זָן, מֵזִין

nutshell, *n.* קְלִפַּת אֱגוֹז

nutty, *adj.* אֱגוֹזִי; מְשֻׁגָּע

nuzzle, *v.t. & i.* נָבַר, חִטֵּט, הִתְרַפֵּק [רפק]

nylon, *n.* נַיְלוֹן, זְהוֹרִית

nymph, *n.* בַּת גַּלִּים, נִימְפָה

O, o

O, o, *n.* אוֹ, הָאוֹת הַחֲמֵשׁ עֶשְׂרֵה בָּאָלֶף בֵּית הָאַנְגְּלִי; אֶפֶס; עִגּוּל
oaf, *n.* גֹּלֶם, בּוּר
oak, *n.* אַלּוֹן
oakum, *n.* נְעֹרֶת, חֹסֶן
oar, *n.* & *v.t.* מָשׁוֹט; חָתַר
oarlock, *n.* עֵין הַמָּשׁוֹט
oarsman, *n.* שַׁיָּט
oasis, *n.* נָוֶה, נְאוֹת מִדְבָּר
oat, *n.* שִׁבֹּלֶת שׁוּעָל
oath, *n.* נֶדֶר, שְׁבוּעָה; אָלָה
oatmeal, *n.* דַּיְסַת (קֶמַח) שִׁבֹּלֶת שׁוּעָל
obduracy, *n.* עַקְשָׁנוּת
obdurate, *adj.* עַקְשָׁן
obedience, *n.* מִשְׁמַעַת, צַיְּתָנוּת, יְקָהָה
obedient, *adj.* צַיְּתָן, מְמֻשְׁמָע
obeisance, *n.* הִשְׁתַּחֲוָיָה, כְּרִיעַת בֶּרֶךְ
obelisk, *n.* חַדּוּדִית, מַצֶּבֶת מַחַט
obese, *adj.* שָׁמֵן (גּוּף)
obesity, *n.* הַשְׁמָנָה
obey, *v.t.* & *i.* צִיֵּת, שָׁמַע בְּקוֹל
obituary, *adj.* שֶׁל מָוֶת
object, *n.* חֵפֶץ, דָּבָר; תַּכְלִית, מַטָּרָה
object, *v.t.* & *i.* הִתְנַגֵּד [נגד] לְ־
objection, *n.* הִתְנַגְּדוּת
objective, *adj.* & *n.* חִיצוֹנִי, עִנְיָנִי; יַחַס הַפָּעוּל (דִּקְדּוּק)
objector, *n.* מִתְנַגֵּד
oblation, *n.* מִנְחָה, קָרְבָּן
obligate, *v.t.* חִיֵּב
obligation, *n.* הִתְחַיְּבוּת
obligatory, *adj.* הֶכְרֵחִי
oblige, *v.t.* עָשָׂה חֶסֶד; אִלֵּץ, הִכְרִיחַ [כרח]
oblique, *adj.* אֲלַכְסוֹנִי, מְשֻׁפָּע
obliterate, *v.t.* מָחָה, מָחַק
obliteration, *n.* מְחִיקָה, טִשְׁטוּשׁ
oblivion, *n.* שִׁכְחָה, נְשִׁיָּה
oblivious, *adj.* מֵסִיחַ דַּעְתּוֹ מִן, שׁוֹכֵחַ
oblong, *adj.* מָאֳרָךְ
obloquy, *n.* רְכִילוּת, תּוֹכָחָה, נְזִיפָה
obnoxious, *adj.* נִתְעָב, מַבְחִיל
obscene, *adj.* גַּס, מְגֻנֶּה, זְנוּנִי
obscenity, *n.* נִבּוּל פֶּה, גַּסּוּת, פְּרִיצוּת
obscure, *adj.* אָפֵל, סָתוּם
obscure, *v.t.* הֶחְשִׁיךְ [חשך]
obscurity, *n.* אֲפֵלָה, חֹשֶׁךְ
obsequies, *n. pl.* לְוָיָה, הַלְוָיָה
obsequious, *adj.* צַיְּתָן, נִכְנָע, עַבְדוּתִי
observable, *adj.* בּוֹלֵט, נִכָּר
observance, *n.* שִׂימַת לֵב
observant, *adj.* מִתְבּוֹנֵן, זָהִיר
observation, *n.* הֶעָרָה; תַּצְפִּית; הִסְתַּכְּלוּת
observatory, *n.* מִצְפֵּה כּוֹכָבִים
observe, *v.t.* & *i.* הִסְתַּכֵּל [סכל]
obsession, *n.* דִּבּוּק
obsolescent, *adj.* עוֹבֵר בָּטֵל
obsolete, *adj.* יָשָׁן, יָשָׁן נוֹשָׁן
obsoleteness, *n.* יַשְׁנוּת, יֹשֶׁן, עַתִּיקוּת
obstacle, *n.* מִכְשׁוֹל
obstetrician, *n.* מְיַלֵּד
obstetrics, *n. pl.* תּוֹרַת (חָכְמַת) הַיִּלּוּד
obstinacy, *n.* עַקְשָׁנוּת
obstinate, *adj.* עַקְשָׁן
obstruct, *v.t.* שָׂם מִכְשׁוֹל, סָתַם, עִכֵּב
obstruction, *n.* מִכְשׁוֹל, עִכּוּב, חֲסִימָה
obtain, *v.t.* הִשִּׂיג [נשג]
obtainment, *n.* הַשָּׂגָה
obtrude, *v.t.* הִבְלִיט [בלט], בָּלַט

obtrusion, *n.* הַבְלָטָה עַצְמִית

obtrusive, *adj.* מֵעִיז, מִתְבַּלֵּט

obtuse, *adj.* אָטוּם, קֵהֶה; מְטֻמְטָם

obviate, *v.t.* קִדֵּם, הֵסִיר [סור]

obvious, *adj.* בָּרוּר, מוּבָן

occasion, *n.* הִזְדַּמְּנוּת

occasion, *v.t.* הֵבִיא [בוא] לִידֵי, גָּרַם

occasional, *adj.* אֲרָעִי, מִקְרִי

occasionally, *adv.* לִפְעָמִים, לִפְרָקִים

occident, *n.* מַעֲרָב, יָם

occult, *adj.* סָמוּי, טָמִיר, נִסְתָּר, נֶעְלָם

occupant, *n.* דַּיָּר

occupation, *n.* מִשְׁלַח יָד, מִקְצוֹעַ

occupy, *v.t. & i.* כָּבַשׁ, לָכַד, דָּר [דור], הִתְעַסֵּק [עסק]

occur, *v.i.* אֵרַע, קָרָה, חָל [חול], הִתְרַחֵשׁ [רחש]

occurrence, *n.* מִקְרֶה, מְאֹרָע, הִתְרַחֲשׁוּת

ocean, *n.* יָם, אוֹקְיָנוֹס

oceanic, *adj.* יַמִּי

octagon, *n.* מְתֻמָּן

octave, *n.* שְׁמִינִיָּה (בִּנְגִינָה)

October, *n.* אוֹקְטוֹבֶּר

octogenarian, *adj. & n.* בֶּן שְׁמוֹנִים (שָׁנָה)

octopus, *n.* דַּג הַשֵּׁד (מְתֻמָּן הָרַגְלַיִם)

ocular, *adj.* רְאִיּוּתִי, שֶׁל עַיִן

oculist, *n.* רוֹפֵא עֵינַיִם

odd, *adj.* מְשֻׁנֶּה, מוּזָר; נִפְרָד, נוֹתָר, עוֹדֵף

odds, *n. pl.* אִי שִׁוְיוֹן; יִתְרוֹן; סִכּוּיִים; רִיב, סִכְסוּךְ

ode, *n.* שִׁיר תְּהִלָּה

odious, *adj.* נִתְעָב, שָׂנוּא

odor, odour, *n.* רֵיחַ, בֹּשֶׂם

odorless, *adj.* חֲסַר רֵיחַ

odorous, odourous, *adj.* רֵיחָנִי

Oedipus complex תַּסְבִּיךְ אֶדִיפּוּס

of, *prep.* שֶׁל, מִתּוֹךְ

off, *prep., adj. & adv.* מִן; מֵעַל; רָחוֹק; מֵרָחוֹק, מִנֶּגֶד

offal, *n.* מַפָּל; פְּסֹלֶת; אַשְׁפָּה

offend, *v.t. & i.* חָטָא, עָלַב, הִכְעִיס [כעס]

offender, *n.* מְבַיֵּשׁ, מַכְעִיס, מֵזִיק

offense, offence, *n.* עֲבֵרָה; עֶלְבּוֹן; הַתְקָפָה

offensive, *adj. & n.* עוֹלֵב, מַבְחִיל; הַתְקָפָה, תְּקִיפָה

offer, *n., v.t. & i.* הַצָּעָה; הִצִּיעַ [יצע], הִקְרִיב [קרב]

offering, *n.* תְּרוּמָה, מַתָּנָה, קָרְבָּן

offhand, *adv.* כִּלְאַחַר יָד, דֶּרֶךְ אַגַּב מִיָּד, לְלֹא (הִסּוּס) עִיּוּן

office, *n.* מִשְׂרָד; מִשְׂרָה

officer, *n.* פָּקִיד, קָצִין

official, *adj. & n.* רִשְׁמִי; פָּקִיד

officiate, *v.i.* כִּהֵן

officious, *adj.* מִתְעָרֵב בְּעִנְיָנֵי אֲחֵרִים

offing, *n.* מֶרְחָק מִן הַחוֹף

offset, *n.* הַדְפָּסַת צִלּוּם; סְכוּם נֶגְדִּי

offspring, *n.* וָלָד, זֶרַע, צֶאֱצָא

often, *adv.* פְּעָמִים רַבּוֹת, לְעִתִּים קְרוֹבוֹת

ogle, *n., v.t. & i.* קְרִיצַת עַיִן; שִׂקֵּר עֵינַיִם

ogre, *n.* מִפְלֶצֶת, עֲנָק

oil, *n.* שֶׁמֶן; נֵפְט

oil, *v.t.* סָךְ [סוך], שִׁמֵּן

oilcloth, *n.* דּוֹנַגִּית, בַּד מְדֻנָּג

oily, *adj.* שַׁמְנוּנִי; מְחַנֵּף

ointment, *n.* מִשְׁחָה

old, *adj.* יָשָׁן, עַתִּיק, קָדוּם; זָקֵן

old age זִקְנָה, שֵׂיבָה

Old Glory דֶּגֶל אַרְצוֹת הַבְּרִית

Old Testament תַּנַ"ךְ
oleander, *n.* הַרְדּוּף
olfactory, *adj.* שֶׁל הֲרָחָה
olive, *n.* זַיִת
omelet, omelette, *n.* חֲבִתָּה
omen, *n.* אוֹת, מוֹפֵת
ominous, *adj.* מְבַשֵּׂר רַע
omission, *n.* הַשְׁמָטָה
omit, *v.t.* הִשְׁמִיט [שמט], עָזַב
omnibus, *n.* מְכוֹנִית צִבּוּרִית
omnipotent, *adj.* כֹּל יָכוֹל
omnivorous, *adj.* אוֹכֵל כֹּל
on, *adv.* קָדִימָה, הָלְאָה
on, *prep.* עַל, עֲלֵי, עַל פְּנֵי־
onanism, *n.* מַעֲשֵׂה אוֹנָן, אוֹנָנוּת
once, *adv.* פַּעַם, פַּעַם אַחַת, לְפָנִים
one, *adj.* אֶחָד, אַחַת; יָחִיד, יָדוּעַ; פְּלוֹנִי (אַלְמוֹנִי), פַּלְמוֹנִי
oneness, *n.* אַחְדוּת
onerous, *adj.* מַכְבִּיד, מַלְאֶה, מַטְרִיד
oneself, *pron.* עַצְמוֹ
one-sided, *adj.* חַד צְדָדִי
onion, *n.* בָּצָל
onlooker, *n.* מִסְתַּכֵּל, מִתְבּוֹנֵן
only, *adv.* אַךְ, רַק, בִּלְבַד
only, *adj.* יָחִיד, יְחִידִי, לְבַדּוֹ
onomatopoeia, *n.* נִיב צִיּוּרִי
onrush, *n.* הִשְׂתָּעֲרוּת
onslaught, *n.* הִתְנַפְּלוּת
onus, *n.* מַעֲמָסָה; חוֹבָה; אַחֲרָיוּת
onward, onwards, *adv.* הָלְאָה
onyx, *n.* שֹׁהַם
ooze, *v.i.* נָזַל, טִפְטֵף
opal, *n.* לֶשֶׁם
opaque, *adj.* אָטוּם, עָכוּר
open, *adj.* פָּתוּחַ, גָּלוּי, פָּנוּי
open, *v.t.* & *i.* פָּתַח, פָּקַח, פָּצָה, פָּשַׂק; הִתְחִיל [תחל]; גִּלָּה, נִפְתַּח [פתח]

opener, *n.* פּוֹתְחַן
opening, *n.* פְּתִיחָה; הִזְדַּמְּנוּת
opera, *n.* אוֹפֶּרָה
operate, *v.t.* & *i.* עָשָׂה, פָּעַל; הִפְעִיל [פעל]; נִתַּח
operation, *n.* פְּעֻלָּה; נִתּוּחַ
operative, *adj.* פּוֹעֵל, מְבַצֵּעַ
operator, *n.* נֶהָג, מַפְעִיל, פּוֹעֵל; מְנַתֵּחַ
operetta, *n.* אוֹפֵּרִית, אוֹפֶּרֶטָּה
ophthalmology, *n.* יְדִיעַת הָעֵינַיִם
opine, *v.i.* חָשַׁב, הָיָה סָבוּר
opinion, *n.* דֵּעָה, סְבָרָה, חַוַּת דַּעַת
opium, *n.* רֹאשׁ, אוֹפְיוֹן, אוֹפְיוּם, פִּרְגּוֹן
opponent, *n.* מִתְנַגֵּד, יָרִיב
opportune, *adj.* מַתְאִים, בָּא בְּעִתּוֹ
opportunity, *n.* הִזְדַּמְּנוּת, שְׁעַת כֹּשֶׁר
oppose, *v.t.* & *i.* הִתְנַגֵּד [נגד]
opposite, *adj.* & *n.* נֶגְדִּי, סוֹתֵר; נִגּוּד
opposition, *n.* הִתְנַגְּדוּת, תְּנוּאָה, סְתִירָה
oppress, *v.t.* דִּכָּא, נָגַשׂ, לָחַץ, הֵצֵר [צרר]
oppression, *n.* דִּכּוּי, נְגִישָׂה, שִׁעְבּוּד
oppressive, *adj.* מְדַכֵּא
oppressor, *n.* מְדַכֵּא, מֵעִיק, לוֹחֵץ, נוֹגֵשׂ
opprobrious, *adj.* עוֹלֵב, מַכְלִים
opprobrium, *n.* דֵּרָאוֹן, חֶרְפָּה, תּוֹעֵבָה
optical, *adj.* שֶׁל הָעַיִן, שֶׁל הָרְאִיָּה
optician, *n.* מִשְׁקְפָן
optics, *n.* תּוֹרַת הָאוֹר וְהָרְאִיָּה
optimism, *n.* אֱמוּנָה בְּטוּב הָעוֹלָם
optimist, *n.* בַּעַל בִּטָּחוֹן
optimistic, *adj.* מַאֲמִין, בּוֹטֵחַ
option, *n.* זְכוּת (הַבְּרֵרָה) הַבְּחִירָה
optional, *adj.* שֶׁל זְכוּת הַבְּחִירָה
opulence, *n.* עֹשֶׁר, הוֹן
opulent, *adj.* אָמִיד; עָצוּם

or, *conj.* אוֹ
oracle, *n.* דְּבַר אֱלֹהִים; דְּבִיר
oracles, *n. pl.* אוּרִים וְתֻמִּים
oracular, *adj.* נְבוּאִי
oral, *adj.* שֶׁל פֶּה, שֶׁבְּעַל פֶּה
orange, *n.* תַּפּוּחַ זָהָב, תַּפּוּז
orangeade, *n.* מֵי תַּפּוּזִים
orange juice מִיץ תַּפּוּחֵי זָהָב
oration, *n.* דְּרָשָׁה, נְאוּם
orator, *n.* נוֹאֵם, מַטִּיף
oratory, *n.* דַּבְּרָנוּת
orb, *n.* כַּדּוּר, גַּלְגַּל, עִגּוּל; גֶּרֶם שְׁמֵימִי; עַיִן
orbicular, *adj.* עִגּוּלִי, כַּדּוּרִי
orbit, *n.* מְסִלַּת הַמַּזָּלוֹת; אֲרֻבַּת הָעַיִן
orchard, *n.* פַּרְדֵּס, בֻּסְתָּן
orchestra, *n.* תִּזְמֹרֶת
orchestral, *adj.* תִּזְמָרְתִּי
orchestrate, *v.t.* תִּזְמֵר
orchestration, *n.* תִּזְמוּר
orchid, *n.* סַחְלָב
ordain, *v.t.* סָמַךְ, מִנָּה; הִתְקִין [תקן]
ordeal, *n.* מַסָּה, נִסָּיוֹן (מִבְחָן) קָשֶׁה
order, *n.* סֵדֶר; הַזְמָנָה; צָו, פְּקוּדָה; מִשְׁטוּר, מִסְדָּר
order, *v.t. & i.* סִדֵּר; מִשְׁטֵר; צִוָּה, גָּזַר; הִזְמִין [זמן]
orderly, *adj.* מְסֻדָּר; שִׁטָּתִי; מְמֻשְׁטָר, כַּמִּשְׁפָּט
orderly, *n.* שָׁלִיחַ, רָץ
orderly, *adv.* בְּסֵדֶר
ordinal, *adj.* סוֹדֵר (מִסְפָּר), סִדּוּרִי
ordinance, *n.* גְּזֵרָה, צָו, תַּקָּנָה
ordinary, *adj.* מָצוּי, רָגִיל
ordination, *n.* סְמִיכָה
ordure, *n.* דֹּמֶן, זֶבֶל
ore, *n.* בֶּצֶר, עַפְרָה (זָהָב, בַּרְזֶל וכו׳)
organ, *n.* אֵבֶר; עוּגָב; מַגְרֵפָה
organic, *adj.* אֵבָרִי; שֶׁל חַי, חִיּוּתִי
organism, *n.* מַנְגָּנוֹן
organist, *n.* עוּגָבַאי
organization, *n.* הִסְתַּדְּרוּת, אִרְגּוּן
organize, *v.t.* אִרְגֵּן, סִדֵּר, יִסֵּד
orgasm, *n.* שִׂיא הָאֲבִיוֹנָה, מַרְגָּשָׁה
orgy, *n.* שִׁכְּרוּת, הוֹלֵלוּת
orient, *n.* מִזְרָח, קֶדֶם
oriental, *adj.* מִזְרָחִי
orientation, *n.* הִתְמַצְּאוּת, כִּוּוּן הָרוּחוֹת
orifice, *n.* פֶּה, פְּתִיחָה
origin, *n.* מוֹצָא, מָקוֹר, מְכוֹרָה
original, *adj. & n.* מְקוֹרִי; מָקוֹר
originality, *n.* מְקוֹרִיּוּת
originate, *v.t. & i.* הִתְחִיל [תחל], בָּרָא, הֵחֵל [חלל]
originator, *n.* מַמְצִיא, מְחַדֵּשׁ
ornament, *n.* תַּכְשִׁיט, קִשּׁוּט, עֲדִי
ornament, *v.t.* הֶעֱדָה [עדה], קִשֵּׁט
ornamental, *adj.* קִשּׁוּטִי, מְיַפֶּה
ornate, *adj.* מְקֻשָּׁט
ornithology, *n.* חֲקִירַת עוֹפוֹת
orphan, *n. & v.t.* יָתוֹם; יִתֵּם
orphanage, *n.* בֵּית יְתוֹמִים
orthodox, *adj.* אָדוּק, חָרֵד
orthographic, orthographical, *adj.* שֶׁל כְּתִיב נָכוֹן
orthography, *n.* כְּתִיב
oscillate, *v.t. & i.* הִתְנוֹעֵעַ [נוע]; הֵנִיעַ [נוע], הִרְעִיד [רעד]
oscillation, *n.* הַרְעָדָה, נִעְנוּעַ
oscillator, *n.* מַרְעִיד, נָע
osseous, *adj.* גַּרְמִי
ossification, *n.* הַגְרָמָה, הִתְגָּרְמוּת, הִתְקַשּׁוּת (לְעֶצֶם)
ossify, *v.t. & i.* גָּרַם, הִגְרִים [גרם], הִתְקַשָּׁה (הִקְשָׁה) [קשה] (לְעֶצֶם)

ostensible, *adj.* נִרְאֶה, גָּלוּי, בּוֹלֵט
ostentation, *n.* יְהִירוּת, הִתְהַדְּרוּת
ostentatious, *adj.* יָהִיר, מִתְהַדֵּר
ostler, *n.* אָרְוָן
ostracism, *n.* חֵרֶם, נִדּוּי
ostracize, *v.t.* הֶחֱרִים [חרם]
ostrich, *n.* נַעֲמָה, יָעֵן, בַּת יַעֲנָה
other, *adj.* & *n.* אַחֵר, נוֹסָף
otherwise, *adv.* אַחֶרֶת
otter, *n.* כֶּלֶב הַנָּהָר
ottoman, *n.* סַפָּה מְרֻפֶּדֶת, הֲדוֹם מְרֻפָּד, שְׁרַפְרָף
ought, *v.* הָיָה (צָרִיךְ) מֻכְרָח, הָיָה רָאוּי
ounce, *n.* אוּנְקִיָּה : 28.35 גְּרָמִים
our, *adj.*, ours, *pron.* שֶׁלָּנוּ
ourselves, *pron.* אָנוּ, אֲנַחְנוּ; אוֹתָנוּ, (בְּ)עַצְמֵנוּ
oust, *v.t.* גֵּרֵשׁ, הוֹצִיא [יצא] הַחוּצָה
out, *adv.* הַחוּצָה, מִחוּץ, בַּחוּץ, לַחוּץ
outbalance, *v.t.* הִכְרִיעַ [כרע]
outbid, *v.t.* הִצִּיעַ [יצע] יוֹתֵר
outbreak, *n.* הִתְפָּרְצוּת
outburst, *n.* פֶּרֶץ
outcast, *adj.* נִדָּח, מֻחְרָם
outcast, *n.* מְנֻדֶּה
outcome, *n.* תּוֹצָאָה
outcrop, *v.i.* צָמַח
outcry, *n.* זְעָקָה, שַׁוְעָה
outdo, *v.t.* עָלָה עַל
outdoor, *adj.* מִחוּץ לַבַּיִת
outer, *adj.* חִיצוֹנִי
outfit, *n.* צִיּוּד, צֵידָה, תִּלְבֹּשֶׁת
outgoing, *adj.* יוֹצֵא
outing, *n.* יְצִיאָה; טִיּוּל
outlandish, *adj.* מְשֻׁנֶּה, מוּזָר
outlast, *v.t.* אָרַךְ (יוֹתֵר); שָׂרַד; הֶאֱרִיךְ [ארך] יָמִים (אַחֲרֵי)
outlaw, *n.* נִדָּח, מֻפְקָר, גַּזְלָן, שׁוֹדֵד
outlaw, *v.t.* הִפְקִיר [פקר]; אָסַר
outlay, *v.t.* הוֹצִיא [יצא] כֶּסֶף
outlet, *n.* מוֹצָא; שׁוּק
outline, *n.* רָאשֵׁי פְּרָקִים, תֵּאוּר, תַּרְשִׁים
outline, *v.t.* תֵּאֵר, רָשַׁם
outlive, *v.t.* & *i.* הֶאֱרִיךְ [ארך] יָמִים
outlook, *n.* סִכּוּי; נוֹף; מִצְפֶּה
outlying, *adj.* מֵעֵבֶר לִגְבוּלִים, מֻפְרָשׁ
outmaneuver, outmanoeuvre, *v.t.* הָיָה יִתְרוֹן לְ־, עָבַר עַל
outnumber, *v.t.* עָלָה בְּמִסְפָּר עַל
outpost, *n.* מַצָּבָה, חֵיל מַצָּב
outpour, *n.* שְׁפִיכוּת
output, *n.* תּוֹצֶרֶת
outrage, *n.* שַׁעֲרוּרִיָּה, עַוְלָה, נְבָלָה
outrage, *v.t.* שִׁעֲרֵר, עִוֵּל, אִנֵּס
outrageous, *adj.* מַחְפִּיר; נִתְעָב; מַבְהִיל; מְגֻנֶּה
outright, *adv.* & *adj.* לְגַמְרֵי; מִיָּד; יָשָׁר
outrun, *v.t.* עָבַר אֶת (בִּמְרוּצָה)
outset, *n.* הַתְחָלָה, רֵאשִׁית
outshine, *v.t.* עָלָה עַל, הִצְטַיֵּן [צין]; הִבְהִיק [בהק] יוֹתֵר, הִזְדַּהֵר [זהר]
outside, *adv.* בַּחוּץ, הַחוּצָה
outside, *adj.* & *n.* צְדָדִי, חִיצוֹנִי; חוּץ
outsider, *n.* זָר
outskirts, *n. pl.* עִבּוּר, פַּרְבָּר, פַּרְוָר
outspoken, *adj.* אֲמִתִּי, גְּלוּי לֵב
outspread, *v.t.* & *i.* פִּזֵּר, הִתְפַּזֵּר [פזר]
outstanding, *adj.* מְצֻיָּן, נִכָּר, בּוֹלֵט
outstretch, *v.t.* פָּשַׁט (יָד)
outwards, *adv.* כְּלַפֵּי חוּץ
outweigh, *v.t.* הִכְרִיעַ [כרע] (בְּמִשְׁקָל)
outwit, *v.i.* חָכַם מִ־, רִמָּה, הִתְחַכֵּם [חכם] עַל־
oval, *adj.* סְגַלְגַּל (עָגֹל מָאֳרָךְ), בֵּיצִי
ovary, *n.* שַׁחֲלָה
ovation, *n.* תְּרוּעָה, מְחִיאַת כַּפַּיִם

oven, *n.* תַּנּוּר, כִּבְשָׁן
over, *adv.* לְמַעְלָה מִ־, יוֹתֵר מִדַּי; „עֲבֹר" (בְּאַלְחוּטָאוּת)
over, *prep.* עַל, מֵעַל לְ־, נוֹסָף
overalls, *n. pl.* סַרְבָּלִים
overawe, *v.t.* הֵטִיל [נטל] פַּחַד
overbearing, *adj.* מְדַכֵּא, רוֹדֵף, מֵעִיק
overboard, *adv.* הַמַּיְמָה (מֵאֳנִיָּה)
overcast, *adj.* מְעֻנָּן, מְכֻסֶּה עֲנָנִים
overcharge, *n.* מְחִיר מֻפְרָז
overcharge, *v.t.* & *i.* דָּרַשׁ מְחִיר מֻפְרָז, הֶעֱמִיס [עמס] יוֹתֵר מִדַּי
overcloud, *v.t.* & *i.* הֵעִיב [עוב], הִקְדִּיר [קדר], הֶחְשִׁיךְ [חשך]
overcoat, *n.* בֶּגֶד, מְעִיל
overcome, *v.t.* & *i.* יָכֹל לְ־, הִתְגַּבֵּר עַל
overdo, *v.t.* הִפְרִיז [פרז] עַל הַמִּדָּה
overdraw, *v.t.* הִגְזִים [גזם]; הוֹצִיא [יצא] יוֹתֵר כֶּסֶף מִן הַיֵּשׁ בְּעַיִן
overdue, *adj.* שֶׁהִגִּיעַ זְמַנּוֹ
overflow, *n.* שֶׁטֶף
overflow, *v.t.* & *i.* עָבַר (מָלֵא) עַל גְּדוֹתָיו; הִשְׁתַּפֵּךְ [שפך]
overgrow, *v.t.* & *i.* כֻּסָּה בִּצְמָחִים, גָּדַל יוֹתֵר מִדַּי
overhang, *v.t.* & *i.* תָּלָה מִמַּעַל, נִשְׁקַף [שקף]
overhaul, *v.t.* הִדְבִּיק [דבק] (אֳנִיָּה), הִשִּׂיג [נשג]; בָּדַק, תִּקֵּן, שִׁפֵּץ
overhead, *adv.* & *adj.* מִמַּעַל; שֶׁמִּלְמַעְלָה
overhear, *v.t.* שָׁמַע דֶּרֶךְ אַגַּב
overland, *adj.* עַל פְּנֵי הַיַּבָּשָׁה
overlap, *v.t.* & *i.* פָּשַׁט עַל פְּנֵי חֵלֶק
overlay, *v.t.* צִפָּה, כִּסָּה
overload, *v.t.* הֶעֱמִיס [עמס] יוֹתֵר מִדַּי
overlook, *v.t.* הִשְׁקִיף [שקף] עַל; הֶעְלִים [עלם] עַיִן, סָלַח, שָׁכַח
overmuch, *adj.* רַב מִדַּי
overnight, *adv.* & *n.* מֶשֶׁךְ הַלַּיְלָה; אֶמֶשׁ
overpower, *v.t.* הִתְגַּבֵּר [גבר] עַל, גָּבַר עַל, הִכְרִיעַ [כרע], הִכְנִיעַ [כנע]
overproduction, *n.* תּוֹצֶרֶת יְתֵרָה
overreach, *v.t.* רִמָּה, הֶעֱרִים [ערם]
override, *v.t.* רָמַס; בִּטֵּל
overrule, *v.t.* בִּטֵּל, הֶחֱלִיט [חלט] נֶגֶד
overrun, *v.t.* & *i.* הִתְפַּשֵּׁט [פשט] עַל, עָבַר אֶת הַמַּטָּרָה (אֶת הַגְּבוּל, עַל גְּדוֹתָיו)
overseas, *adv.* מֵעֵבֶר לַיָּם, בִּמְדִינוֹת הַיָּם
oversee, *v.t.* & *i.* הֶעְלִים [עלם] עַיִן; הִשְׁגִּיחַ [שגח]
overshoe, *n.* מַגָּף, עַרְדָּל
overshoot, *v.t.* הֶחֱטִיא [חטא] אֶת הַמַּטָּרָה
oversight, *n.* הַעֲלָמַת עַיִן, שִׁכְחָה, טָעוּת; הַשְׁגָּחָה
oversize, *n.* מִדָּה גְּדוֹלָה מִדַּי
oversleep, *v.i.* אֵחַר בַּשֵּׁנָה
overstate, *v.t.* הִגְזִים [גזם]
overstep, *v.t.* & *i.* עָבַר עַל, פָּשַׁע
overt, *adj.* גָּלוּי
overtake, *v.t.* הִדְבִּיק [דבק], הִשִּׂיג [נשג]
overthrow, *v.t.* מִגֵּר, נִצַּח, הִפִּיל [נפל]
overtime, *n.* עֹדֶף זְמָן, זְמַן עֲבוֹדָה נוֹסָף
overture, *n.* פְּתִיחָה (בִּנְגִינָה), הַקְדָּמָה
overturn, *v.t.* & *i.* הָפַךְ
overweight, *n.* עֹדֶף מִשְׁקָל
overwhelm, *v.t.* הִכְנִיעַ [כנע]
overwork, *n.* עֲבוֹדָה יְתֵרָה
overwork, *v.t.* & *i.* עָבַד יוֹתֵר מִדַּי, הֶעֱבִיד [עבד] יוֹתֵר

ovum, *n.* בֵּיצָה
owe, *v.t. & i.* חָב, [חוב], הָיָה חַיָּב
owl, *n.* יַנְשׁוּף, לִילִית, כּוֹס, תִּנְשֶׁמֶת
own, *adj.* שֶׁל עַצְמוֹ
own, *v.t.* הָיָה (שַׁיָּךְ) לְ־; הוֹדָה [ידה]
owner, *n.* בַּעַל
ownership, *n.* בַּעֲלוּת
ox, *n.* שׁוֹר
oxide, oxid, *n* תַּחְמֹצֶת
oxidize, *v.t. & i.* חִמְצֵן, הִתְחַמְצֵן [חמצן]
oxygen, *n.* חַמְצָן, אַבְחֶמֶץ
oyster, *n.* צִדְפָּה
ozone, *n.* חַמְצָן (יַמִּי) רֵיחָנִי

P, p

P, p, *n.* פִּי, הָאוֹת הַשֵּׁשׁ עֶשְׂרֵה בָּאָלֶף בֵּית הָאַנְגְּלִי
pace, *n. & v.i.* צַעַד, פְּסִיעָה; צָעַד
pacific, *adj.* מַשְׁלִים, שָׁקֵט, מַרְגִּיעַ
pacificate, *v.t.* הִשְׁלִים [שלם], הִרְגִּיעַ [רגע]
pacification, *n.* הַשְׁלָטַת (שֶׁקֶט) שָׁלוֹם
pacifism, *n.* אַהֲבַת הַשָּׁלוֹם, שְׁלוֹמָנוּת
pacifist, *n.* שְׁלוֹמָן, אוֹהֵב שָׁלוֹם
pacify, *v.t.* עָשָׂה שָׁלוֹם, פִּיֵּס
pack, *n.* צְרוֹר; חֲבִילָה; כְּנוּפְיָה, לַהֲקָה, עֵדָה
pack, *v.t.* אָרַז, צָרַר; הֶעֱמִיס [עמס]
package, *n.* חֲבִילָה, צְרוֹר
packer, *n.* אוֹרֵז
packet, *n.* חֲפִיסָה
packing, *n.* אֲרִיזָה
packsaddle, *n.* מַרְדַּעַת
pact, *n.* בְּרִית, אֲמָנָה
pad, *n.* לוּחַ כְּתִיבָה; כַּר; רֶפֶד
pad, *v.t.* רִפֵּד
padding, *n.* רִפּוּד
paddle, *n., v.t. & i.* מָשׁוֹט; חָתַר
paddock, *n.* גְּדֵרָה, דִּיר
padlock, *n.* מַנְעוּל תָּלוּי
padre, *n.* כֹּמֶר
pagan, *adj.* אֱלִילִי
pagan, *n.* עוֹבֵד אֱלִילִים
paganism, *n.* עֲבוֹדַת אֱלִילִים, אֱלִילִיּוּת
page, *n.* נַעַר; עַמּוּד, דַּף
pageant, *n.* תַּהֲלוּכָה
pail, *n.* דְּלִי
pailful, *adj.* מְלֹא הַדְּלִי
pain, *n.* כְּאֵב, מֵחוֹשׁ, מַכְאוֹב; צִיר, חֵבֶל
pain, *v.t.* הִכְאִיב [כאב]; צִעֵר, הֶעֱצִיב [עצב]
painful, *adj.* מַכְאִיב; מְצַעֵר
painless, *adj.* חֲסַר כְּאֵב
painstaking, *adj.* מִתְאַמֵּץ; חָרוּץ
paint, *n.* צֶבַע
paint, *v.t. & i.* צָבַע; צִיֵּר; תֵּאֵר; כִּחֵל; פִּרְכֵּס (פָּנִים)
painter, *n.* צַבָּע; צַיָּר
painting, *n.* צִיּוּר; תְּמוּנָה; צְבִיעָה; פִּרְכּוּס (פָּנִים)
pair, *n.* זוּג, צֶמֶד
pair, *v.t. & i.* זִוֵּג, הִזְדַּוֵּג [זוג]
pajamas, pyjamas, *n. pl.* בִּגְדֵי שֵׁנָה
pal, *n.* חָבֵר, רֵעַ, יְדִיד, עָמִית
palace, *n.* הֵיכָל, אַרְמוֹן
palatable, *adj.* עָרֵב
palatal, *adj.* חִכִּי
palate, *n.* חֵךְ
palatial, *adj.* אַרְמוֹנִי, מְפֹאָר

palaver, *n.* שִׂיחָה; פַּטְפְּטָנוּת, פִּטְפּוּט

pale, *adj.*, *v.i.* & *t.* חִוֵּר, לְבַנְבַּן; חָוַר, הִלְבִּין [לבן]; גָּדַר

paleness, *n.* חִוָּרוֹן

Palestine, *n.* אֶרֶץ יִשְׂרָאֵל

palette, *n.* לוּחַ הַצְּבָעִים (שֶׁל הַצַּיָּר)

palfrey, *n.* סוּס רְכִיבָה קָטָן (לְנָשִׁים)

palisade, *n.* חִפּוּף, מֻצָּב

pallbearer, *n.* נוֹשֵׂא מִטַּת הַמֵּת

pallet, *n.* מִטָּה דַּלָּה; כַּף יוֹצְרִים

palliate, *v.t.* הֵקֵל [קלל] (כְּאֵב), הִמְתִּיק [מתק] (דִּין)

pallid, *adj.* חִוֵּר, לְבַנְבַּן

pallor, *n.* חִוָּרוֹן

palm, *n.* כַּף (פַּס) יָד; תָּמָר, דֶּקֶל

palm, *v.t.* נָגַע בְּ־, מִשְׁמֵשׁ; לָחַץ יָד; שִׁחֵד, רִמָּה

palmist, *n.* קוֹרֵא (מְנַחֵשׁ) יָד

palpability, *n.* מַמָּשׁוּת, מוּחָשִׁיּוּת

palpable, *adj.* מַמָּשִׁי, מוּחָשִׁי

palpitate, *v.i.* דָּפַק, נָקַף

palpitation, *n.* דְּפִיקַת (נְקִיפַת) הַלֵּב

palsy, *n.* & *v.t.* שִׁתּוּק; שִׁתֵּק

palter, *v.i.* הֶעֱרִים [ערם]

paltry, *adj.* קַל עֵרֶךְ

pamper, *v.t.* פִּנֵּק; הִלְעִיט [לעט], פִּטֵּם

pamphlet, *n.* חוֹבֶרֶת

pamphleteer, *n.* & *v.i.* כּוֹתֵב חוֹבֶרֶת; כָּתַב חוֹבֶרֶת

pan, *n.* מַחֲבַת, אִלְפָּס

pancake, *n.* לְבִיבָה, חֲמִיטָה

pancreas, *n.* לַבְלַב

pandemonium, *n.* מְהוּמָה

pander, *v.i.* סִרְסֵר

pane, *n.* שִׁמְשָׁה, זְגוּגִית

panegyric, *n.* תְּהִלָּה, שִׁיר שֶׁבַח

panel, *n.* לוּחַ, קֶרֶשׁ; מַלְבֵּן; חִפּוּי; קְבוּצַת (רְשִׁימַת) שׁוֹפְטִים; סָפִין

pang, *n.* צִיר (חֶבֶל לֵדָה), מַכְאוֹב

panhandle, *n.* יְדִית הָאִלְפָּס

panic, *adj.* & *n.* (שֶׁל) בֶּהָלָה

panic-stricken, *adj.* מֻכֵּה פַּחַד

panorama, *n.* נוֹף, מַרְאֶה כְּלָלִי

pansy, *n.* אַמְנוֹן וְתָמָר, סַרְעֶפֶת

pant, *v.i.* נָשַׁם בִּמְהִירוּת; דָּפַק (הַלֵּב) בְּחָזְקָה, עָרַג, הִתְאַוָּה [אוה]

pantaloons, *n. pl.* מִכְנָסַיִם, תַּחְתּוֹנִים

panther, *n.* בַּרְדְּלָס

pantomime, *n.* מִשְׂחָק בְּלֹא מִלִּים, מָעוֹגִית, חִקּוּי כֹּל

pantry, *n.* מִסְכֶּנֶת

pants, *n. pl.* מִכְנָסַיִם, תַּחְתּוֹנִים

pap, *n.* דַּיְסָה, מִקְפָּה, מִקְפִּית

papa, *n.* אַבָּא

papal, *adj.* אַפִּיפְיוֹרִי

paper, *n.* נְיָר; עִתּוֹן; חִבּוּר

paprika, paprica, *n.* פִּלְפֵּל אָדוֹם

papyrus, *n.* גֹּמֶא, אָחוּ

par, *n.* שִׁוְיוֹן

parable, *n.* מָשָׁל

parabola, *n.* תִּקְבֹּלֶת

parachute, *n.*, *v.t.* & *i.* מַצְנֵחַ; הִצְנִיחַ [צנח]

parachutist, *n.* צַנְחָן

parade, *n.*, *v.t.* & *i.* תַּהֲלוּכָה; עָרַךְ תַּהֲלוּכָה, עָבַר בַּסָּךְ

paradise, *n.* עֵדֶן, גַּן עֵדֶן

paradox, *n.* הִפּוּךְ, הִפּוּכוֹ שֶׁל דָּבָר

paraffin, *n.* שֶׁמֶן מַחְצָבִי

paragon, *n.* סֵמֶל, מוֹפֵת, דֻּגְמָה

paragraph, *n.* פִּסְקָה, סָעִיף (§)

parallel, *adj.* מַקְבִּיל, שָׁוֶה, דּוֹמֶה

parallel, *n.* קַו מַקְבִּיל

parallelism, *n.* הַקְבָּלָה

parallelogram, *n.* מַקְבִּילִית, מַקְבִּילוֹן

paralysis, *n.* שָׁבָץ, שִׁתּוּק

paralytic, *adj.* מְשֻׁתָּק
paralyze, *v.t.* שִׁתֵּק
paramount, *adj.* הַגָּדוֹל (הַגָּבֹהַּ) בְּיוֹתֵר, רִאשׁוֹן בְּמַעֲלָה
paramour, *n.* אָהוּב, אֲהוּבָה, פִּילֶגֶשׁ
parapet, *n.* מַעֲקֶה
paraphernalia, *n. pl.* אַבְזָרִים, דְּבָרִים אִישִׁיִּים; פְּתִיגִיל
paraphrase, *n.* עִבּוּד, תַּרְגּוּם חָפְשִׁי
parasite, *n.* טַפִּיל
parasitic, parasitical, *adj.* טַפִּילִי
parasol, *n.* סוֹכֵךְ, שִׁמְשִׁיָּה, מִטְרִיָּה
parboil, *v.t.* בִּשֵּׁל בְּמִקְצָת
parcel, *n.* & *v.t.* חֲבִילָה, צְרוֹר; חִלֵּק
parcel post, *n.* דֹּאַר חֲבִילוֹת
parch, *v.t.* & *i.* יָבַשׁ, יִבֵּשׁ, חָרַךְ, נִחַר (גָּרוֹן)
parchment, *n.* קְלָף, גְּוִיל
pardon, *n.* חֲנִינָה, מְחִילָה, סְלִיחָה
pardon, *v.t.* מָחַל, סָלַח; חָנַן
pare, *v.t.* קִלֵּף
parent, *n.* אָב; הוֹרֶה; אֵם; הוֹרָה
parentage, parenthood, *n.* מָקוֹר; אַבְהוּת; אִמָּהוּת
parenthesis, *n.* סוֹגְרַיִם, חֲצָאֵי לְבָנָה
pariah, *n.* מְנֻדֶּה
parish, *n.* קְהִלָּה, עֵדָה, נָפָה
parishioner, *n.* חָבֵר לִקְהִלָּה
parity, *n.* שִׁוְיוֹן, שִׁוּוּי
park, *n.* בִּיתָן, גַּן טִיּוּל, גַּן עִירוֹנִי
park, *v.t.* הֶחֱנָה [חנה] (מְכוֹנִית)
parking, *n.* חֲנִיָּה, חֲנָיָה
parkway, *n.* כְּבִישׁ שְׂדֵרוֹת, מְסִלָּה רָאשִׁית
parlance, *n.* דִּבּוּר, אֹפֶן הַדִּבּוּר
parley, *n.* מַשָּׂא וּמַתָּן, שִׂיחָה
parley, *v.i.* נָשָׂא וְנָתַן
parliament, *n.* מִרְשׁוֹן, בֵּית מִרְשִׁים, כְּנֶסֶת
parliamentarian, *n.* מִרְשֶׁה, חָבֵר כְּנֶסֶת
parlor, *n.* אוּלָם
parochial, *adj.* קְהִלָּתִי; צַר אֹפֶק
parody, *n.* חִקּוּי, שְׂחוֹק, שְׁנִינָה
parole, *n.* הֵן צֶדֶק; אִמְרָה; שִׁבֹּלֶת
paroxysm, *n.* תְּקִיפָה
parquet, *n.* רִצְפַּת עֵץ
parricide, *n.* רְצִיחַת אָב (אֵם); הוֹרֵג אָב (אֵם)
parrot, *n.* & *v.t.* תֻּכִּי; חִקָּה כְּתֻכִּי
parry, *n.* דְּחִיָּה, נְסִיגָה
parry, *v.t.* הָדַף, דָּחָה
parsimonious, *adj.* חַסְכָנִי, קַמְצָנִי
parsimony, *n.* קַמְצָנוּת, חַסְכָנוּת
parsley, *n.* נֵץ חָלָב, כַּרְפַּס
parsnip, *n.* תְּרוּבְתּוֹר
parson, *n.* כֹּהֵן, גַּלָּח, כֹּמֶר
part, *n.* חֵלֶק, גֶּזֶר, קֶטַע; תַּפְקִיד
part, *v.t.* & *i.* חִלֵּק, הִפְרִיד [פרד]; נִפְטַר [פטר], נִפְרַד [פרד]
partake, *v.i.* הִשְׁתַּתֵּף [שתף] בְּ־, לָקַח חֵלֶק בְּ־
partial, *adj.* מַעְדִּיף, נוֹשֵׂא פָּנִים; חֶלְקִי
partiality, *n.* הַעֲדָפָה, נְשִׂיאַת פָּנִים
participant, *n.* מִשְׁתַּתֵּף
participation, *n.* הִשְׁתַּתְּפוּת
participle, *n.* שֵׁם הַפְּעֻלָּה, בֵּינוֹנִי (דִּקְדּוּק)
particle, *n.* גּוּשִׁישׁ; מִלַּת הַטַּעַם (דִּקְדּוּק)
particular, *adj.* פְּרָטִי, מְיֻחָד; קַפְדָן
particular, *n.* פְּרָט
particularize, *v.t.* & *i.* פָּרַט, פֵּרַט
partisan, *adj.* & *n.* מִפְלַגְתִּי; לוֹחֵם סֵתֶר
partisanship, *n.* לְחִימַת יְחִידִים; מִפְלַגְתִּיּוּת
partition, *n.* חֲלֻקָּה; מְחִיצָה

partition, *v.t.* חִלֵּק; חָצַץ
partner, *n.* שֻׁתָּף, חָבֵר לְדָבָר
partnership, *n.* שֻׁתָּפוּת
partridge, *n.* קוֹרֵא, חָגְלָה, תַּרְנְגוֹל בַּר
parturition, *n.* לֵדָה
party, *n.* מִפְלָגָה, סִיעָה; צַד; חֶבְרָה; נֶשֶׁף; מְסִבָּה
pass, *n.* מַעֲבָר; רִשָּׁיוֹן; עֲמִידָה (בִּבְחִינָה)
pass, *v.t.* & *i.* עָבַר, הִסְתַּלֵּק [סלק], הָיָה, קָרָה; הִתְקַבֵּל [קבל]; הֶעֱבִיר [עבר]; חָרַץ (מִשְׁפָּט); אִשֵּׁר; בִּלָּה (זְמָן); עָמַד (בִּבְחִינָה)
passable, *adj.* עָבִיר; בֵּינוֹנִי
passage, *n.* מִסְדְּרוֹן; נְסִיעָה; מַעֲבָר; פִּסְקָה
passenger, *n.* נוֹסֵעַ
passion, *n.* יֵצֶר, חֵשֶׁק, תַּאֲוָה, תְּשׁוּקָה; סֵבֶל; חֵמָה, כַּעַס; רֶגֶשׁ
passionate, *adj.* מִתְאַוֶּה, חוֹשֵׁק, חוֹמֵד, רַגְשָׁנִי
passive, *adj.* סָבִיל, אָדִישׁ
Passover, *n.* פֶּסַח
passport, *n.* דַּרְכִּיָּה, דַּרְכּוֹן
password, *n.* סִיסְמָה, אוֹת, סִימַן הֶכֵּר, שִׁבֹּלֶת
past, *adj.* & *n.* (זְמָן) עָבָר; שֶׁעָבַר
paste, *n.* & *v.t.* דֶּבֶק, טִפּוּל; דִּבֵּק, הִדְבִּיק [דבק], טָפַל
pasteboard, *n.* נְיֹרֶת
pastel, *n.* דֶּבֶק צְבָעִים, צִבְעוֹנִית
pasteurize, *v.t.* חִטֵּא (פִּסְטֵר)
pastime, *n.* שַׁעֲשׁוּעִים
pastor, *n.* כֹּמֶר, כֹּהֵן; רוֹעֵה הָעֵדָה
pastoral, *adj.* & *n.* רוֹעִי; שֶׁל כֹּהֵן; שִׁיר רוֹעִים
pastry, *n.* מַאֲפֶה, עוּגוֹת, תּוּפִינִים
pasturage, *n.* מִרְעֶה, אֲפָר

pasture, *n.* דֹּבֶר, מִרְעֶה
pasture, *v.t.* רָעָה, הִרְעָה [רעה]
pat, *n.* לְטִיפָה
pat, *v.t.* לִטֵּף
patch, *n.* טְלַאי
patch, *v.t.* הִטְלִיא [טלא], תִּקֵּן
pate, *n.* גֻּלַּת הָרֹאשׁ, מֹחַ
patent, *n.* & *v.t.* זְכוּת יָחִיד; זִכָּה
paternal, *adj.* אַבְהִי
paternity, *n.* אַבְהוּת
path, *n.* שְׁבִיל, מִשְׁעוֹל
pathetic, pathetical, *adj.* נוֹגֵעַ עַד הַלֵּב, מַעֲצִיב
pathological, *adj.* חוֹלָנִי
pathos, *n.* הִתְלַהֲבוּת; רֶגֶשׁ צַעַר
pathway, *n.* נָתִיב
patience, *n.* סַבְלָנוּת
patient, *adj.* סַבְלָן
patient, *n.* חוֹלֶה
patriarch, *n.* אָב קַדְמוֹן, אָב רִאשׁוֹן
patriarchs, *n.pl.* (הָ)אָבוֹת
patrimony, *n.* מוֹרָשָׁה, נַחֲלַת אָבוֹת
patriot, *n.* מוֹלַדְתָּן, אוֹהֵב אַרְצוֹ
patriotic, *adj.* מוֹלַדְתִּי קַנַּאי, לְאֻמִּי
patriotism, *n.* אַהֲבַת הַמּוֹלֶדֶת, מוֹלַדְתִּיּוּת, לְאֻמִּיּוּת, קַנָּאוּת
patrol, *n.* מִשְׁמָר, מִשְׁמֶרֶת
patrol, *v.t.* & *i.* שִׁמֵּר, מִשְׁמֵר
patrolman, *n.* אִישׁ מִשְׁמָר, שׁוֹטֵר
patron, *n.* מְסַיֵּעַ, תּוֹמֵךְ, חוֹסֶה
patronage, *n.* חָסוּת
patronize, *v.t.* תָּמַךְ
patter, *n.*, *v.t.* & *i.* פִּטְפּוּט; מִלְמֵל
pattern, *n.* דֻּגְמָה, תַּבְנִית
paunch, *n.* בֶּטֶן, קֵבָה
pauper, *n.* קַבְּצָן, אֶבְיוֹן, רָשׁ
pauperism, *n.* קַבְּצָנוּת, אֶבְיוֹנוּת
pauperize, *v.t.* רוֹשֵׁשׁ, דִּלְדֵּל

pause, ***n.*** שְׁהִיָּה, הַפְסָקָה
pause, ***v.i.*** שָׁהָה, הִפְסִיק [פסק]
pave, ***v.t.*** רִצֵּף, סָלַל
pavement, ***n.*** מִדְרָכָה, מַרְצֶפֶת
pavilion, ***n.*** בֵּיתָן
paw, ***n.*** רֶגֶל (הַחַי)
pawn, ***n.*** עֵרָבוֹן, חֲבוֹל, מַשְׁכּוֹן; חַיָּל (בְּשַׁחְמָט)
pawn, ***v.t.*** מִשְׁכֵּן, חָבַל, הֶעֱבִיט [עבט]
pawnbroker, ***n.*** מַלְוֶה בְּמַשְׁכּוֹן
pawnshop, ***n.*** מַעְבָּטָה, בֵּית מַשְׁכּוֹנוֹת
pay, ***n.*** תַּשְׁלוּם, שָׂכָר, מַשְׂכֹּרֶת
pay, ***v.t. & i.*** שִׁלֵּם, פָּרַע; הוֹעִיל [יעל]
payment, ***n.*** תַּשְׁלוּם
pea, ***n.*** אֲפוּנָה
peace, ***n.*** שָׁלוֹם, מְנוּחָה, שַׁלְוָה
peaceably, ***adv.*** בְּ(דֶרֶךְ) שָׁלוֹם
peaceful, ***adj.*** שְׁלוֹמִי, שָׁלֵו, שׁוֹקֵט
peach, ***n.*** אֲפַרְסֵק
peacock, ***n.*** טַוָּס
peak, ***n.*** רֹאשׁ הַר, צוּק, שֵׁן סֶלַע; מִצְחָה (שֶׁל כּוֹבַע)
peal, ***n.*** צִלְצוּל פַּעֲמוֹנִים
peal, ***v.i.*** צִלְצֵל
peanut, ***n.*** בֹּטֶן, אֱגוֹז אֲדָמָה
pear, ***n.*** אַגָּס
pearl, ***n.*** מַרְגָּלִית, פְּנִינָה, דַּר
peasant, ***n.*** אִכָּר, חַקְלַאי, עוֹבֵד אֲדָמָה
peasantry, ***n.*** אִכָּרוּת, אִכָּרִים
peat, ***n.*** כָּבוּל
pebble, ***n.*** צְרוֹר, חָצָץ, חַלּוּק
peck, ***n.*** נְקִירָה, פֶּק, פִּיק (רֶבַע בּוּשֶׁל)
peck, ***v.t.*** נִקֵּר, הִקִּישׁ [נקש] בְּמַקּוֹר
peculation, ***n.*** מְעִילָה
peculiar, ***adj.*** אָפְיָנִי, מְשֻׁנֶּה
peculiarity, ***n.*** זָרוּת
pecuniary, ***adj.*** כַּסְפִּי, מָמוֹנִי
pedagogic, ***adj.*** חִנּוּכִי
pedagogue, pedagog, ***n.*** מְחַנֵּךְ
pedagogy, ***n.*** חִנּוּךְ, תּוֹרַת הַהוֹרָאָה
pedal, ***adj.*** שֶׁל הָרֶגֶל
pedal, ***n. & v.t.*** דַּוְשָׁה; דִּוֵּשׁ
pedant, ***n.*** נַקְדָן, דַּיְקָן, קַפְּדָן
pedantic, ***adj.*** נַקְדָנִי, דַּיְקָנִי, קַפְּדָנִי
pedantry, ***n.*** דַּיְקָנוּת, קַפְּדָנוּת
peddle, ***v.t. & i.*** רָכַל
peddler, ***n.*** רוֹכֵל
pedestal, ***n.*** תּוֹשֶׁבֶת, אֶדֶן, בָּסִיס
pedestrian, ***adj. & n.*** הוֹלֵךְ בָּרֶגֶל
pedigree, ***n.*** שַׁלְשֶׁלֶת יֻחֲסִין, יִחוּס, יַחַשׂ
peek, ***n.*** סְקִירָה, מַבָּט
peek, ***v.i.*** סָקַר, הֵצִיץ [ציץ]
peel, ***n.*** מַרְדֶּה (אוֹפִים); קְלִפָּה
peel, ***v.t. & i.*** פֶּקֶל (בְּצָלִים), קִלֵּף, הִתְקַלֵּף [קלף]
peep, ***n.*** מַבָּט, הֲצָצָה; צִיּוּץ; צִפְצוּף
peep, ***v.i.*** הֵצִיץ [ציץ]; צִפְצֵף
peer, ***v.i.*** הִתְבּוֹנֵן [בין]
peevish, ***adj.*** נִרְגָּז
peg, ***n.*** יָתֵד; וָו (מֵעֵץ), תְּלִי; מַשְׁקֶה חָרִיף; מַדְרֵגָה, מַעֲלָה
peg, ***v.t.*** תָּקַע, קָבַע; עָמַל
pelican, ***n.*** שַׁקְנַאי
pellagra, ***n.*** דַּלֶּקֶת הָעוֹר
pellet, ***n.*** כַּדּוּרִית
pell-mell, pellmell, ***adv.*** בְּעִרְבּוּבְיָה
pelt, ***n.*** עוֹר, פַּרְוָה
pelvic, ***adj.*** שֶׁל אַגַּן הַיְרֵכַיִם
pelvis, ***n.*** אַגַּן הַיְרֵכַיִם
pen, ***n.*** מִכְלָא, דִּיר
pen, ***v.t.*** כָּלָא בְּמִכְלָא, כָּנַס לְדִיר
pen, ***n. & v.t.*** עֵט; כָּתַב
penal, ***adj.*** שֶׁל עֹנֶשׁ
penalize, ***v.t.*** עָנַשׁ
penalty, ***n.*** עֹנֶשׁ
penance, ***n.*** תְּשׁוּבָה, חֲרָטָה

pence, ***n.*** אֲגוֹרוֹת (אַנְגְּלִיּוֹת), פְּרוּטוֹת
penchant, ***n.*** נְטִיָּה
pencil, ***n.*** עִפָּרוֹן, אַבְרוֹן
pendant, ***n.*** נְטִיפָה
pendulous, ***adj.*** תָּלוּי וּמִתְנַעְנֵעַ
pendulum, ***n.*** מְטֻלְטֶלֶת, מְטֻטֶּלֶת
penetrable, ***adj.*** חָדִיר
penetrate, ***v.t. & i.*** חָדַר
penetration, ***n.*** חֲדִירָה
peninsula, ***n.*** חֲצִי אִי
penis, ***n.*** זְמוֹרָה, גִּיד, אֵבֶר, אַמָּה, וָטִיב, שַׁמָּשׁ
penitence, ***n.*** תְּשׁוּבָה, חֲרָטָה
penitent, ***adj. & n.*** מִתְחָרֵט, חוֹזֵר בִּתְשׁוּבָה
penitentiary, ***n.*** כֶּלֶא, בֵּית (סֹהַר) אֲסוּרִים
penknife, ***n.*** אוֹלָר
pennant, ***n.*** דִּגְלוֹן
penniless, ***adj.*** חֲסַר פְּרוּטָה, אֶבְיוֹן
penny, ***n.*** פְּרוּטָה, אֲגוֹרָה (אַנְגְּלִית)
pension, ***n.*** קִצְבָּה
pension, ***v.t.*** נָתַן (קָבַע) קִצְבָּה
pensive, ***adj.*** שָׁקוּעַ בְּמַחֲשָׁבוֹת
pentagon, ***n.*** מְחֻמָּשׁ (מְשֻׁכְלָל)
Pentecost, ***n.*** שָׁבוּעוֹת
penthouse, ***n.*** דִּירַת (עֲלִיַּת) גַּג
penurious, ***adj.*** קַמְצָנִי
penury, ***n.*** דַּלּוּת
people, ***n.*** עַם, לְאֹם, גּוֹי, אֻמָּה, אֲנָשִׁים
people, ***v.t.*** יִשֵּׁב, מִלֵּא (אֶרֶץ) תּוֹשָׁבִים
pepper, ***n.*** פִּלְפֵּל
peppermint, ***n.*** נַעֲנָע
peppery, ***adj.*** מְפֻלְפָּל, חָרִיף
pepsin, ***n.*** מִיץ עִכּוּל
perambulate, ***v.t. & i.*** הָלַךְ, טִיֵּל, עָבַר בְּ־
perambulation, ***n.*** הֲלִיכָה, טִיּוּל
perambulator, ***n.*** מְטַיֵּל; עֶגְלַת יְלָדִים
perceive, ***v.t.*** חָשׁ [חוש], הִרְגִּישׁ [רגש]; בָּן [בין]
per cent, per centum, ***n.*** מֵאִית, אָחוּז, אָחוּז לְמֵאָה (%)
percentage, ***n.*** אֲחוּזִים (לְמֵאָה)
percept, ***n.*** מוּחָשׁ
perceptibility, ***n.*** חִישָׁה
perception, ***n.*** הַרְגָּשָׁה, בִּינָה, הַשְׁקָפָה, תְּחוּשָׁה, הַמְחָשָׁה, תְּפִיסָה
perceptive, ***adj.*** מַרְגִּישׁ, מַשִּׂיג, תּוֹפֵס
perch, ***n.*** מוֹט, בַּד עוֹפוֹת, נְמֵרָה (דָּג)
perch, ***v.i.*** יָשַׁב עַל מוֹט
perchance, ***adv.*** אוּלַי
percolate, ***v.t. & i.*** סִנֵּן, הִסְתַּנֵּן [סנן]
percolator, ***n.*** מְסַנֶּנֶת, מַסְנֵן
percussion, ***n.*** תְּפִיפָה, זַעֲזוּעַ
perdition, ***n.*** כְּלָיָה, אֲבַדּוֹן, חָרְבָּן
peregrination, ***n.*** נְדוּדִים
peremptory, ***adj.*** מַכְרִיעַ, מֻחְלָט; עַקְשָׁנִי
perennial, ***adj.*** רַב שְׁנָתִי; תְּמִידִי; אֵיתָן
perfect, ***adj.*** שָׁלֵם, לְלֹא מוּם, מְשֻׁכְלָל
perfect, ***n.*** עָבָר (דִּקְדּוּק)
perfect, ***v.t.*** שִׁכְלֵל
perfection, ***n.*** שִׁכְלוּל
perfidious, ***adj.*** בּוֹגֵד
perfidy, ***n.*** בְּגִידָה
perforate, ***v.t.*** נִקֵּב, חָרַר, קָדַח
perforation, ***n.*** חוֹר, נֶקֶב; נְקִיבָה
perforce, ***adv.*** בְּחָזְקָה
perform, ***v.t. & i.*** עָשָׂה, פָּעַל, בִּצַּע, הִצִּיג [יצג]
performance, ***n.*** בִּצּוּעַ; הַצָּגָה
performer, ***n.*** מְבַצֵּעַ; מַצִּיג
perfume, ***n. & v.t.*** בֹּשֶׂם, זֶלַח; בִּשֵּׂם
perfumery, ***n.*** מִבְשָׂמָה
perfunctory, ***adj.*** רַשְׁלָנִי
perhaps, ***adv.*** אוּלַי, אֶפְשָׁר

peril, *n.* & *v.t.* סַכָּנָה; סִכֵּן
perilous, *adj.* מְסֻכָּן
perimeter, *n.* הֶקֵּף
period, *n.* תְּקוּפָה, עִדָּן, עֵת; נְקֻדָּה (.), סוֹף פָּסוּק
periodic, *adj.* עִתִּי
periodical, *n.* עִתּוֹן, בִּטָּאוֹן
periphery, *n.* הֶקֵּף
periscope, *n.* צוֹפֶה כֹּל
perish, *v.t.* אָבַד, סָפָה, נָבַל
perishable, *adj.* שָׁחִית
peritonitis, *n.* צַפֶּקֶת
periwig, *n.* פֵּאָה נָכְרִית
periwinkle, *n.* חִלָּזוֹן הָאַרְגָּמָן; חוֹפָנִית
perjure, *v.t.* נִשְׁבַּע [שבע] לַשֶּׁקֶר
perjury, *n.* שְׁבוּעַת שֶׁקֶר
perk, *v.t.* & *i.* הִתְיָהֵר [יהר]; יָפָה
perky, *adj.* שׁוֹבָב, חָצוּף
permanence, *n.* תְּמִידוּת
permanency, *n.* קְבִיעוּת
permanent, *adj.* תְּמִידִי
permeation, *n.* חֲדִירָה
permissible, *adj.* מֻתָּר
permission, *n.* רְשׁוּת, הַתָּרָה
permit, *n.* רִשָּׁיוֹן
permit, *v.t.* הִתִּיר [נתר], הִרְשָׁה [רשה]
permutation, *n.* תְּמוּרָה
pernicious, *adj.* מַזִּיק
perpendicular, *adj.* זָקוּף, אֲנָכִי
perpetrate, *v.t.* עָבַר (עָשָׂה) עֲבֵרָה, חָטָא
perpetual, *adj.* תְּמִידִי, נִצְחִי
perpetuate, *v.t.* הִנְצִיחַ [נצח]
perpetuation, *n.* הַנְצָחָה
perpetuity, *n.* נִצְחִיּוּת, תְּמִידוּת, עַד
perplex, *v.t.* בִּלְבֵּל, הִדְהִים [דהם]
perplexity, *n.* מְבוּכָה, שִׁגּוּשׁ
perquisite, *n.* תּוֹסֶפֶת שָׂכָר; הַכְנָסָה; הַעֲנָקָה

persecute, *v.t.* רָדַף
persecution, *n.* רְדִיפָה
persecutor, *n.* רוֹדֵף
perseverance, *n.* הַתְמָדָה
persevere, *v.i.* הִתְמִיד [תמד]
persiflage, *n.* לַעַג, פִּטְפּוּט
persist, *v.i.* הִתְמִיד [תמד] בְּ־, עָמַד (בְּ־) עַל דַּעְתּוֹ
persistence, *n.* עַקְשָׁנוּת
persistent, *adj.* עַקְשָׁנִי, שׁוֹקֵד
person, *n.* אִישׁ, גּוּף, אָדָם, בֶּן אָדָם
first person מְדַבֵּר, גּוּף רִאשׁוֹן
second person נוֹכֵחַ, גּוּף שֵׁנִי
third person נִסְתָּר, גּוּף שְׁלִישִׁי
personage, *n.* אָדָם חָשׁוּב
personal, *adj.* פְּרָטִי, אִישִׁי
personality, *n.* אִישִׁיּוּת
personification, *n.* הִתְגַּשְּׁמוּת, גִּשּׁוּם
personify, *v.t.* גִּשֵּׁם, הִלְבִּישׁ [לבש] צוּרָה
personnel, *n.* צֶוֶת, סֶגֶל, חֶבֶר הָעוֹבְדִים
perspective, *n.* סִכּוּי; מֶרְחָק מְסֻיָּם
perspicacity, *n.* חַדּוּת, חֲרִיפוּת (שֵׂכֶל)
perspicuous, *adj.* מוּבָן, בָּרוּר, בָּהִיר
perspiration, *n.* הֲזָעָה
perspire, *v.i.* הֵזִיעַ [זוע]
persuade, *v.t.* & *i.* שִׁכְנַע, הִשְׁתַּכְנֵעַ [כנע]
persuasion, *n.* הִשְׁתַּכְנְעוּת, שִׁכְנוּעַ
persuasive, *adj.* מְשַׁכְנֵעַ
pert, *adj.* עַז פָּנִים, חָצוּף
pertain, *v.i.* הִתְיַחֵס [יחס]
pertinacious, *adj.* קְשֵׁה עֹרֶף, עַקְשָׁן
pertinacity, *n.* עַקְשָׁנוּת, קְשִׁי עֹרֶף
pertinence, pertinency, *n.* הַתְאָמָה, שַׁיָּכוּת
pertinent, *adj.* מַתְאִים, שַׁיָּךְ (לָעִנְיָן)
perturb, *v.t.* הִדְאִיג [דאג], הִרְגִּיז [רגז], הִפְרִיעַ [פרע], הֵבִיךְ [בוך]

perturbation, *n.* מְבוּכָה, הִתְרַגְּשׁוּת
perusal, *n.* עִיּוּן, קְרִיאָה
peruse, *v.t.* קָרָא, סָקַר
pervade, *v.t.* חָדַר
perverse, *adj.* מְסֻלָּף, מְעֻקָּל, מְעֻוָּת
perversion, *n.* סִלּוּף, סֵרוּס, עִוּוּת
perversity, *n.* עִקְּשׁוּת, סֶלֶף, שְׁחִיתוּת
pervert, *n.* מָשְׁחָת
pervert, *v.t.* הִשְׁחִית [שחת] (מִדּוֹת), עִוֵּת (דִּין), הָפַךְ (סִלֵּף) דְּבָרִים
pessimism, *n.* יֵאוּשׁ
pessimist, *n.* יֵאוּשָׁן, רוֹאֶה שְׁחוֹרוֹת
pessimistic, *adj.* מִתְיָאֵשׁ, סַפְקָנִי
pest, *n.* דֶּבֶר
pester, *v.t.* הִטְרִיד [טרד]
pestiferous, *adj.* מֵצִיק, מְיַגֵּעַ
pestilence, *n.* מַגֵּפָה
pestle, *n.* עֱלִי
pet, *n.* מַחְמָד; שַׁעֲשׁוּעַ; חַיַּת בַּיִת
pet, *v.t.* פִּנֵּק, שִׁעֲשַׁע
petal, *n.* עֲלְעַל כּוֹתֶרֶת
petition, *n.* בַּקָּשָׁה (כְּלָלִית), עֲצוּמָה
petition, *v.t.* & *i.* בִּקֵּשׁ, הִפְצִיר [פצר]
petrifaction, *n.* הִתְאַבְּנוּת
petrify, *v.t.* & *i.* אִבֵּן, הִתְאַבֵּן [אבן]
petrol, *n.* בֶּנְזִין
petroleum, *n.* שֶׁמֶן אֲדָמָה, נֵפְט
petticoat, *n.* תַּחְתּוֹנָה, חֲצָאִית; אִשָּׁה
pettiness, *n.* קַטְנוּת
petty, *adj.* פָּעוּט; פָּחוּת
petulant, *adj.* קְצַר רוּחַ, רַגְזָנִי
pew, *n.* מוֹשָׁב (בִּכְנֵסִיָּה), סַפְסָל
pewter, *n.* מֶסֶג, נֶתֶךְ (תַּעֲרֹבֶת בְּדִיל וְעוֹפֶרֶת)
phantasm, *n.* הֲזָיָה, דִּמְיוֹן שָׁוְא
phantasy, *v.* fantasy
phantom, *n.* רוּחַ הַמֵּת; מִפְלֶצֶת
Pharisee, *n.* פְּרוּשִׁי
pharmacist, *n.* רוֹקֵחַ
pharmacy, *n.* בֵּית מִרְקַחַת
phase, *n.* תְּקוּפָה; צוּרָה
pheasant, *n.* פַּסְיוֹן
phenomenal, *adj.* שֶׁל מַרְאֶה; בִּלְתִּי רָגִיל, יוֹצֵא מִן הַכְּלָל
phenomenon, *n.* מַרְאֶה, תּוֹפָעָה
phial, *n.* רְבִצָל
philander, *v.i.* חִזֵּר אַחֲרֵי אִשָּׁה
philanderer, *n.* מְחַזֵּר
philanthropist, *n.* נָדִיב, נַדְבָן
philanthropy, *n.* נַדְבָנוּת, אַהֲבַת אֲנָשִׁים, צְדָקָה
philharmonic, *adj.* אוֹהֵב נְגִינָה
philologist, *n.* בַּלְשָׁן
philology, *n.* בַּלְשָׁנוּת
philosopher, *n.* פִּילוֹסוֹף
philosophical, *adj.* פִּילוֹסוֹפִי
philosophy, *n.* פִּילוֹסוֹפְיָה, חֶשְׁבּוֹן
philter, philtre, *n.* שִׁקּוּי אַהֲבָה
phlegm, *n.* כִּיחַ, רִיר; אֲדִישׁוּת, קוֹר רוּחַ
phlegmatic, *adj.* אָדִישׁ, קַר רוּחַ
phobia, *n.* בַּעַת
phone, *n.* שָׂח רָחוֹק, טֶלֶפוֹן
phonetic, *n.* הֲבָרוֹנִי, מִבְטָאִי, קוֹלִי
phonograph, *n.* מַקּוֹל
phosphate, *n.* זַרְחָה
phosphoric, *adj.* זַרְחָנִי
phosphorous, *adj.* זַרְחִי
phosphorus, *n.* זַרְחָן
photograph, *n.* תַּצְלוּם, צִלּוּם
photograph, *v.t.* צִלֵּם
photographer, *n.* צַלָּם
photography, *n.* כְּתַב אוֹר, צִלּוּם
photostat, *n.* הֶעְתֵּק צִלּוּמִי
phrase, *n.* מִבְטָא, בִּטּוּי, נִיב
phrase, *v.t.* בִּטֵּא בְּמִלִּים

phraseology, *n.* לָשׁוֹן, סִגְנוֹן
phrenology, *n.* מְדִידַת (הַגֻּלְגֹּלֶת) הַקָּדְקֹד
physic, *n.* & *v.t.* מְשַׁלְשֵׁל; רְפוּאָה; חָכְמַת הָרְפוּאָה; רִפֵּא; שִׁלְשֵׁל
physical, *adj.* גּוּפָנִי, חָמְרִי
physician, *n.* רוֹפֵא
physicist, *n.* טִבְעָתָן
physics, *n.* חָכְמַת הַטֶּבַע
physiognomy, *n.* חָכְמַת הַפַּרְצוּף
physiological, *adj.* שֶׁל תַּהֲלִיכֵי הַגּוּף הַחַי, מִטֶּבַע הַחַי
physiology, *n.* טֶבַע בַּעֲלֵי הַחַיִּים
physique, *n.* מִבְנֵה הַגּוּף
pianissimo, *adj.* בְּשֶׁקֶט מֻחְלָט (בִּנְגִינָה)
pianist, *n.* פְּסַנְתְּרָן, פְּסַנְתְּרָנִית
piano, pianoforte, *n.* פְּסַנְתֵּר
piazza, *n.* כִּכָּר, רְחָבָה; מִרְפֶּסֶת
piccolo, *n.* חֲלִילִית
pick, *n.* מַעְדֵּר, נֶקֶר; בְּחִירָה
pick, *v.t.* & *i.* קָטַף; בָּחַר; עָדַר; נִקֵּר
picket, *n.* מִשְׁמֶרֶת
picket, *v.t.* מִשְׁמֵר [שמר], הֶעֱמִיד [עמד] מִשְׁמֶרֶת
picking, *n.* נְקִירָה; קְטִיף, קְטִיפָה
pickle, *n.* & *v.t.* (מְלָפְפוֹן) כָּבוּשׁ; כָּבַשׁ
pickpocket, *n.* כַּיָּס
pickup, *v.t.* הֵרִים [רום]
picnic, *n.* סְפֹלֶת, טוּזִיג
pictorial, *adj.* צִיּוּרִי
picture, *n.* תְּמוּנָה; סֶרֶט, קוֹלְנוֹעַ
picture, *v.t.* צִיֵּר, תֵּאֵר
picturesque, *adj.* יְפֵה נוֹף
pie, *n.* כִּיסָן; נַקָּר (עוֹף)
piece, *n.* חֲתִיכָה, נֵתַח (בָּשָׂר), פְּרוּסָה (לֶחֶם), שֶׁבֶר, גֶּזֶר (עֵץ)
piece, *v.t.* & *i.* אִחָה, הִתְאַחָה [אחה]
piecework, *n.* עֲבוֹדָה בְּקַבְּלָנוּת
pier, *n.* מַעֲגָן
pierce, *v.t.* & *i.* נָקַב, דָּקַר
piety, *n.* יִרְאָה, חֲסִידוּת
pig, *n.* חֲזִיר
pigeon, *n.* יוֹנָה
pigeonhole, *n.* תָּא, מְגוּרָה
pigeonhole, *v.t.* חִלֵּק (שָׂם) בְּתָאִים
pigment, *n.* צִבְעָן
pike, *n.* כִּידוֹן, רֹמַח; אַבְרוֹמָה (דָּג)
pile, *n.* עֲרֵמָה, סְוָר
pile, *v.t.* צָבַר, עָרַם
piles, *n. pl.* טְחוֹרִים, תַּחְתּוֹנִיּוֹת
pilfer, *v.t.* סָחַב, גָּנַב
pilgrim, *n.* עוֹלֶה רֶגֶל
pilgrimage, *n.* עֲלִיָּה לְרֶגֶל
pill, *n.* גְּלוּלָה
pillage, *n.* בִּזָּה, שֹׁד
pillage, *v.t.* בָּזַז
pillar, *n.* עַמּוּד
pillion, *n.* (כַּר) הָאֻכָּף; מוֹשָׁב אֲחוֹרִי (בְּאוֹפַנּוֹעַ)
pillory, *n.* עַמּוּד קָלוֹן
pillow, *n.* כֶּסֶת, כַּר
pillowcase, *n.* צִפִּית, צִפִּיָּה
pilot, *n.* & *v.t.* נַוָּט; נִוֵּט
pimp, *n.* סַרְסוּר זְנוּת
pimple, *n.* חָטָט, חֲטֶטֶת
pin, *n.* סִכָּה, רְכִיסָה, פְּרִיפָה
pin, *v.t.* פָּרַף, רָכַס, חִבֵּר (בְּסִכָּה)
pinafore, *n.* פַּרְגּוֹד (סִנַּר) יְלָדִים
pincers, *n. pl.* מֶלְקָחַיִם; מַלְקֶט
pinch, *v.t.* & *i.* צָבַט
pinch, *n.* צְבִיטָה; קֹרֶט
pincushion, *n.* כַּר סִכּוֹת
pine, *n.* אֹרֶן
pine, *v.i.* דָּאַב
pineapple, *n.* קִשְׁטְ
pinfold, *n.* מִכְלָה

pinion, *n.* גַּלְגַּל שִׁנַּיִם, סַבֶּבֶת; כָּנָף; קָצֶה (נוֹצָה) אֶבְרָה
pinion, *v.t.* כָּפַת, עָקַד (קָשַׁר) כְּנָפַיִם
pink, *adj.* וָרֹד
pink, *n.* צִפֹּרֶן; מְעִיל צַיָּד אָדֹם
pinnace, *n.* סִירַת מִפְרָשִׂים וּמְשׁוֹטִים
pinnacle, *n.* מִגְדַּל מַשְׂכִּית; פִּסְגָּה
pint, *n.* פִּינְט, 0.567 לִיטֶר
pioneer, *n.* חָלוּץ
pioneer, *v.t.* & *i.* הָיָה חָלוּץ
pious, *adj.* אָדוּק, חָרֵד
pip, *n.* חַרְצָן
pipe, *n.* צִנּוֹר; מִקְטֶרֶת; אַבּוּב
pipe, *v.t.* & *i.* חִלֵּל; הֶעֱבִיר [עבר] דֶּרֶךְ צִנּוֹרוֹת
piper, *n.* מְחַלֵּל; צַנָּר
piquant, *adj.* חַד, חָרִיף; מְסַקְרֵן
pique, *n.* טִינָה, תַּרְעֹמֶת
piracy, *n.* שֹׁד יַמִּי; גְּנֵבָה סִפְרוּתִית
pirate, *n.* שׁוֹדֵד יָם; פּוֹגֵעַ בִּזְכוּת שְׁמוּרָה
pirouette, *n.* רִקּוּד סְחַרְחוֹר
pistil, *n.* עֱלִי
pistol, *n.* אֶקְדָּח
piston, *n.* בֻּכְנָה
pit, *n.* גַּלְעִין, חַרְצָן; שׁוּחָה, מִכְרֶה בּוֹר, שַׁחַת, גּוּמָץ, גּוּמָה
pitch, *n.* זֶפֶת, כֹּפֶר; קוֹל יְסוֹדִי; מַעֲלֶה
pitch, *v.t.* זִפֵּת, כָּפַר
pitch, *v.t.* & *i.* נָטָה, הֶאֱהִיל [אהל]; הִשְׁלִיךְ [שלך], קָלַע, זָרַק; הִשְׁמִיעַ [שמע] קוֹל
pitcher, *n.* כַּד; קוֹלֵעַ
pitchfork, *n.* קִלְשׁוֹן
piteous, *adj.* עָלוּב, אֻמְלָל, מִסְכֵּן
pith, *n.* עִקָּר, עָצְמָה
pithy, *adj.* עַז, נִמְרָץ

pitiful, *adj.* מִסְכֵּן, מְעוֹרֵר חֶמְלָה, עָלוּב
pitiless, *adj.* שֶׁאֵינוֹ חוֹמֵל, אַכְזָרִי
pity, *n.* חֶמְלָה, רַחֲמִים
pity, *v.t.* & *i.* רִחֵם, חָמַל, חָס [חוס]
pivot, *n.* צִיר, סֶרֶן
pivot, *v.t.* & *i.* סָבַב עַל סֶרֶן
placable, *adj.* וַתְּרָנִי
placard, *n.* מוֹדָעָה
placate, *v.t.* פִּיֵּס, רִצָּה, וִתֵּר
place, *n.* מָקוֹם; מַעֲמָד; מִשְׂרָה
place, *v.t.* שָׂם [שים], הִנִּיחַ [נוח], הֶעֱמִיד [עמד]
placid, *adj.* שָׁלֵו, שׁוֹקֵט
placidity, *n.* שַׁלְוָה, נַחַת
plagiarism, *n.* גְּנֵבָה סִפְרוּתִית
plague, *n.* מַכָּה, דֶּבֶר, מַגֵּפָה
plague, *v.t.* הִדְבִּיק [דבק] (נֶגֶף, מַחֲלָה), עִנָּה, נָגַף; הִטְרִיד [טרד]
plaid, *adj.* & *n.* (אָרִיג) מְשֻׁבָּץ
plain, *n.* מִישׁוֹר, עֲרָבָה
plain, *adj.* מוּבָן, פָּשׁוּט, בָּרוּר, יָשָׁר
plainness, *n.* פַּשְׁטוּת
plaint, *n.* תְּלוּנָה, נְהִי, קִינָה
plaintiff, *n.* תּוֹבֵעַ, מַאֲשִׁים
plait, *v.t.* קִפֵּל, סָרַג, קָלַע
plan, *n.* תָּכְנִית, תַּרְשִׁים, תַּבְנִית, עֶשְׁתּוֹן, זְמָם, הַצָּעָה
plan, *v.t.* & *i.* תִּכְנֵן, זָמַם, חָרַשׁ, הֵשִׁית [שית]
plane, plane tree, *n.* דֹּלֶב, עַרְמוֹן
plane, *n.* שֶׁטַח, מִישׁוֹר
plane, *adj.* שָׁטוּחַ
plane, *n.* & *v.t.* מַקְצוּעָה; הִקְצִיעַ [קצע], הֶחֱלִיק [חלק], שִׁפָּה, שִׁעַע
planet, *n.* כּוֹכַב לֶכֶת, מַזָּל
plank, *n.* דַּף, לוּחַ, קֶרֶשׁ
plank, *v.t.* כִּסָּה בִּקְרָשִׁים

plant, ***n.*** צֶמַח, שָׁתִיל; בֵּית חֲרֹשֶׁת, כְּלֵי תַּעֲשִׂיָּה

plant, ***v.t. & i.*** נָטַע, שָׁתַל, זָרַע; יִסֵּד

plantation, ***n.*** מַטָּע

planter, ***n.*** נוֹטֵעַ, שַׁתְלָן

plaque, ***n.*** לוּחַ

plash, ***n., v.t. & i.*** שִׁכְשׁוּךְ; הִשְׁתַּכְשֵׁךְ [שכשך]

plasma, ***n.*** לֵחַ הַדָּם, חֹמֶר הַתָּא

plaster, ***n.*** טִיחַ; רְטִיָּה

plaster, ***v.t.*** הֵטִיחַ [טוח], טָח

plasterer, ***n.*** טַיָּח

plastic, ***adj.*** גָּמִישׁ, פְּלַסְטִי

plat, ***n.*** מִגְרָשׁ

plate, ***n.*** קְעָרָה, צַלַּחַת; רִקּוּעַ

plate, ***v.t.*** רִקַּע; צִפָּה

plateau, ***n.*** רָמָה, מִישׁוֹר

platform, ***n.*** בָּמָה, בִּימָה, דּוּכָן

platinum, ***n.*** כֶּתֶם, כַּתְמָן, פְּלָטִינָה

platitude, ***n.*** שִׁטְחִיּוּת, רְגִילוּת, הֶעָרָה שִׁטְחִית

platoon, ***n.*** פְּלֻגָּה, גְּדוּד

platter, ***n.*** קְעָרָה, פִּנְכָּה

plaudit, ***n.*** מְחִיאַת כַּפַּיִם

plausible, ***adj.*** אֶפְשָׁרִי, מִתְקַבֵּל עַל הַדַּעַת

play, ***n.*** מִשְׂחָק, שְׂחוֹק, שַׁעֲשׁוּעַ; מַחֲזֶה

play, ***v.t. & i.*** שִׂחֵק; נִגֵּן; הִשְׁתַּעֲשֵׁעַ [שעשע]

player, ***n.*** מְשַׂחֵק, שַׂחְקָן

playful, ***adj.*** שָׂשׂ, מִשְׁתַּעֲשֵׁעַ, מְשַׂחֵק

playground, ***n.*** מִגְרַשׁ מִשְׂחָקִים

plaything, ***n.*** שַׁעֲשׁוּעַ, צַעֲצוּעַ, מִשְׂחָק

playwright, ***n.*** מַחֲזַאי

plea, ***n.*** טַעֲנָה, בַּקָּשָׁה, הִתְנַצְּלוּת

plead, ***v.t. & i.*** טָעַן, בִּקֵּשׁ, הִצְטַדֵּק [צדק]; סִנְגֵּר

pleader, ***n.*** טוֹעֵן

pleasant, ***adj.*** נָעִים, נֶחְמָד

pleasantness, ***n.*** נֹעַם

pleasantry, ***n.*** צְחוֹק, הֲלָצָה

please, ***v.t. & i.*** הֵנָה, הִשְׂבִּיעַ [שבע] רָצוֹן; מָצָא חֵן בְּעֵינֵי

please, pray, ***interj.*** אָנָּא, אָנָּה, בְּבַקָּשָׁה, ־נָא

pleasurable, ***adj.*** נוֹחַ, נָעִים, עָרֵב

pleasure, ***n.*** תַּעֲנוּג, הֲנָאָה

pleat, ***v.t. & n.*** סָרַג, קָלַע, קִפֵּל; קֶמֶט

plebiscite, ***n.*** מִשְׁאַל עָם

pledge, ***n. & v.t.*** הַבְטָחָה; מַשְׁכּוֹן, עֵרָבוֹן, עֲבוֹט; הִבְטִיחַ [בטח]; עָבַט, חָבַל, מִשְׁכֵּן

plenary, ***adj.*** מָלֵא, שָׁלֵם

plenipotentiary, ***n.*** מְיֻפֵּה כֹּחַ, מֻרְשֶׁה

plenitude, ***n.*** שֶׁפַע

plentiful, ***adj.*** רַב, מְרֻבֶּה

plenty, ***n.*** שֶׁפַע, רְוָיָה, שֹׂבַע

pliability, ***n.*** גְּמִישׁוּת

pliable, ***adj.*** גָּמִישׁ, נִכְפָּף

pliant, ***adj.*** גָּמִישׁ, כָּפִיף

plicate, ***adj.*** קָמוּט

pliers, ***n. pl.*** צְבָת, מֶלְקָחַיִם

plight, ***n.*** הַבְטָחָה; מַצָּב קָשֶׁה

plight, ***v.t.*** הִבְטִיחַ [בטח], אֵרַשׂ

plinth, ***n.*** מַסָּד, תּוֹשֶׁבֶת

plod, ***v.i.*** עָמַל, הָלַךְ בִּכְבֵדוּת

plodder, ***n.*** יָגֵעַ

plot, ***n., v.t. & i.*** קֶשֶׁר, מֶרֶד; עֲלִילָה (בְּסִפּוּר); מִגְרָשׁ; זָמַם, קָשַׁר, חָרַשׁ

plotter, ***n.*** חוֹבֵל תַּחְבּוּלוֹת

plover, ***n.*** שְׂרוֹנִי, גִּשְׁמִי

plow, plough, ***n. & v.t.*** מַחֲרֵשָׁה; חָרַשׁ

plowshare, ploughshare, ***n.*** אֵת

pluck, ***n.*** קְטִיפָה; מְרִיטָה; אֹמֶץ לֵב; אֲבָרִים פְּנִימִיִּים (שֶׁל חַיָּה)

pluck, *v.t.* קָטַף (פֶּרַח); מָרַט (נוֹצָה); תָּלַשׁ (עֲשָׂבִים); אָרָה (פֵּרוֹת); מָסַק (זֵיתִים); מָשַׁךְ, סָחַב

plug, *n.* פְּקָק, מַסְתֵּם, מְגוּפָה, סֶכֶר

plug, *v.t.* פָּקַק, סָתַם

plum, *n.* שָׁזִיף

plumage, *n.* נוֹצוֹת

plumb, *adj.* מְאֻנָּךְ

plumb, *n.* אֲנָךְ, אֶבֶן הַבְּדִיל

plumb, *v.t.* אִנֵּךְ

plumber, *n.* שְׁרַבְרָב

plumbing, *n.* שְׁרַבְרָבוּת

plume, *n.* נוֹצָה

plume, *v.t.* הִתְקַשֵּׁט [קשט] בְּנוֹצוֹת; הִתְגָּאָה [גאה], הִתְיַהֵר [יהר]

plummet, *n.* אֲנָךְ, מִשְׁקֹלֶת

plump, *adj.*, *v.t.* & *i.* שְׁמַנְמַן; הִשְׁמִין [שמן], הִשְׁתַּמֵּן [שמן]

plunder, *n.* מְשִׁסָּה, בַּז, שָׁלָל

plunder, *v.t.* שָׁסָה, בָּזַז, גָּזַל

plunderer, *n.* שׁוֹדֵד

plunge, *v.t.* & *i.* שָׁקַע, צָלַל, הִשְׁלִיךְ [שלך] הַמַּיְמָה, טָבַל

plunge, *n.* קְפִיצָה הַמַּיְמָה, טְבִילָה

plural, *n.* & *adj.* רַבִּים, רִבּוּי, מִסְפַּר רַבִּים (דִּקְדּוּק); שֶׁל רַבִּים, רַב

plurality, *n.* רֹב, רִבּוּי

plus, *n.* וְעוֹד, פְּלוּס (+)

plush, *n.* קְטִיפָה

plutocrat, *n.* עָשִׁיר, תַּקִּיף

ply, *v.t.* & *i.* כָּפַף, קִפֵּל; עָבַד (בְּמִקְצוֹעַ); תָּפַשׂ; (עֵט וְכוּ׳); טָרַח, קִלַּע

pneumatic, *adj.* אֲוִירִי (לַחַץ)

pneumonia, *n.* דַּלֶּקֶת הָרֵאָה

poach, *v.t.* & *i.* צָד [צוד] לְלֹא רְשׁוּת, שָׁלַק (בֵּיצִים לְלֹא קְלִפָּה)

poacher, *n.* נִכְנָס בְּלִי רְשׁוּת, גַּנָּב צַיִד

pock, *n.* אֲבַעְבֻּעָה

pocket, *n.* & *v.t.* כִּיס; שָׂם [שים] בַּכִּיס; לָקַח (בְּעָרְמָה) בִּגְנֵבָה

pocketbook, *n.* אַרְנָק

pocketknife, *n.* אוֹלָר

pock-marked, *adj.* מְגֻמָּם, מְצֻלָּק

pod, *n.* & *v.i.* תַּרְמִיל (קִטְנִיּוֹת); תִּרְמֵל

podagra, *n.* צִנִּית

poem, *n.* פִּיּוּט, שִׁיר

poesy, *n.* שִׁירָה

poet, *n.* מְשׁוֹרֵר, פַּיְטָן

poetic, poetical, *adj.* שִׁירִי

poetry, *n.* שִׁירָה

poignancy, *n.* חֲרִיפוּת, חַדּוּת

poignant, *adj.* חָרִיף; עוֹקֵץ

point, *n.* & *v.t.* דָּגֵשׁ; עֹקֶץ; נְקֻדָּה; עֶצֶם (הָעִנְיָן); תַּכְלִית; נִקֵּד, חִדֵּד; הִצְבִּיעַ [צבע], הֶרְאָה [ראה] עַל; כִּוֵּן

pointer, *n.* מַחֲוֶה, חֹטֶר, מְכַוֵּן; כֶּלֶב צַיִד

poise, *n.* & *v.t.* מְתִינוּת, הִתְנַהֲגוּת; מִשְׁקָל, שִׁוּוּי; יִצֵּב, הָיָה בְּשִׁוּוּי מִשְׁקָל

poison, *n.* סַם, רַעַל, אֶרֶס, רוֹשׁ

poison, *v.t.* סִמֵּם, הִרְעִיל [רעל]

poisonous, *adj.* אַרְסִי, מַרְעִיל, מְסַמֵּם

poke, *v.t.* & *i.* תָּחַב, דָּחַף, נָעַץ, חָתָה

poker, *n.* מַחְתָּה, שַׁפּוּד

polar, *adj.* קָטְבִּי, שֶׁל הַקֹּטֶב

pole, *n.* קֹטֶב; מוֹט, בַּד

polemic, *adj.* & *n.* וִכּוּחִי; (בַּר) פְּלֻגְתָּה

police, *n.* & *v.i.* מִשְׁטָרָה; מִשְׁטֵר [שטר]

policeman, *n.* שׁוֹטֵר

policy, *n.* תְּעוּדַת בִּטּוּחַ; שִׁיטָה; תַּכְסִיס

Polish, *adj.* & *n.* פּוֹלָנִי; פּוֹלָנִית

polish, *n.* & *v.t.* מֵרוּט, צִחְצוּחַ; מֶרֶט; מִשְׁחַת נַעֲלַיִם; מֵרַט, צִחְצַח, הִבְרִיק [ברק]

polite, *adj.* אָדִיב, מְנֻמָּס
politeness, *n.* אֲדִיבוּת, נִמּוּס
politic, *adj.* מְחֻכָּם, מְדִינִי
political, *adj.* מְדִינִי
politician, *n.* מְדִינַאי
politics, *n.* מְדִינִיּוּת
poll, *n., v.t. & i.* בְּחִירוֹת; קָדְקֹד; רְשִׁימַת בּוֹחֲרִים; כָּרַת (רֹאשׁ עֵץ); קָצַץ (קַרְנַיִם); גָּזַם (עֲנָפִים); הִצְבִּיעַ [צבע] (בִּבְחִירוֹת); שִׁלֵּם מַס גֻּלְגֹּלֶת
pollen, *n.* אֲבָק (שֶׁל פֶּרַח)
pollination, *n.* הַאֲבָקָה
pollute, *v.t.* זִהֵם, טִנֵּף
pollution, *n.* זֻהֲמָה, חֶלְאָה; מִקְרֵה לַיְלָה, קֶרִי
poltroon, *n.* מוּג לֵב
polygamy, *n.* רִבּוּי נָשִׁים לְגֶבֶר אֶחָד
polyglot, *n.* בַּלְשָׁן
polygon, *n.* רַב זָוִיּוֹת, רַב צְלָעוֹת, פּוֹלִיגוֹן, רַבְצַלְעוֹן
polygonal, *adj.* מְרֻבֵּה זָוִיּוֹת
polyp, *n.* גָּדֵל; גִּדּוּל בְּאַף
polytechnic, *adj.* שֶׁל אֻמָּנֻיּוֹת רַבּוֹת
polytheism, *n.* אֱמוּנָה בְּאֵלִים רַבִּים
polytheist, *n.* מַאֲמִין בְּאֵלִים רַבִּים
pomade, *n.* מִשְׁחָה, מִשְׁחַת בְּשָׂמִים
pomegranate, *n.* רִמּוֹן
pommel, *v.t.* חָבַט, מָחַץ
pomp, *n.* תִּפְאֶרֶת
pompous, *adj.* מְפֹאָר
pond, *n.* בְּרֵכָה
ponder, *v.t. & i.* חָשַׁב, הִרְהֵר
ponderous, *adj.* כְּבַד מִשְׁקָל
poniard, *n. & v.t.* פִּגְיוֹן; דָּקַר בְּפִגְיוֹן
pontiff, *n.* אַפִּיפְיוֹר, הֶגְמוֹן
pontoon, *n.* סִירַת גֶּשֶׁר
pony, *n.* סוּסוֹן; סְיָח, סוּס צָעִיר
poodle, *n.* (כֶּלֶב) צַמְרוֹן

pool, *n.* מִקְוֶה, בְּרֵכָה; קֶרֶן כְּלָלִית
poop, *n.* אֲחוֹרֵי הָאֳנִיָּה, מִכְסֶה
poor, *adj.* גָּרוּעַ, קַל עֵרֶךְ; עָנִי, רָשׁ
pop, *n.* קוֹל (יְרִיָּה), נֶפֶץ קַל; מַשְׁקֶה תּוֹסֵס
popcorn, *n.* קְלִי תִּירָס
pope, *n.* אַפִּיפְיוֹר
poplar, *n.* צַפְצָפָה
poppy, *n.* פֶּרֶג
populace, *n.* אֲסַפְסוּף, הָמוֹן
popular, *n.* עֲמָמִי, הֲמוֹנִי; מְפֻרְסָם, חָבִיב, חֶבְרָתִי
popularity, *n.* עֲמָמִיּוּת; פִּרְסוּם
popularize, *v.t.* עָשָׂה עֲמָמִי, עִמֵּם
populate, *v.t. & i.* יִשֵּׁב, אִכְלֵס
population, *n.* יִשּׁוּב, אֻכְלוֹסִיָּה, אֻכְלוֹסִים, תּוֹשָׁבִים
populous, *adj.* מְיֻשָּׁב, רַב אֻכְלוֹסִים
porcelain, *n.* חַרְסִינָה
porch, *n.* מִרְפֶּסֶת
porcupine, *n.* קִפּוֹד, דַּרְבָּן
pore, *n.* נַקְבּוּבִית; תָּא, נֶבֶג
pore, *v.i.* קָרָא בְּעִיּוּן, לָמַד בְּעִיּוּן, חָשַׁב
pork, *n.* בְּשַׂר חֲזִיר
pornography, *n.* נִבּוּל עֵט, פִּרְסוּמֵי זְנוּנִים, כִּתְבֵי תַּזְנוּת
porous, *adj.* נַקְבּוּבִי, סְפוֹגִי, נִבְגִּי
porpoise, *n.* שִׁבּוּט
porridge, *n.* דַּיְסָה
port, *n.* נָמָל, נָמֵל; שְׂמֹאל הָאֳנִיָּה; פֶּתַח; נְשִׂיאָה; יֵין אָדֹם (מָתוֹק)
portable, *adj.* יָבִיל, מִטַּלְטֵל
portal, *n.* כְּנִיסָה, שַׁעַר
portcullis, *n.* דֶּלֶת מַחֲלִיקָה
portend, *v.t.* נִבֵּא
portent, *n.* אוֹת (רַע), סִימָן (רַע)
porter, *n.* סַבָּל, כַּתָּף
portfolio, *n.* חֲפִיסָה, תִּיק; מִשְׂרַת שַׂר

portion, *n.* & *v.t.* חֵלֶק, מָנָה; חִלֵּק, מִנֵּן
portmanteau, *n.* מִזְוָדָה גְּדוֹלָה
portrait, *n.* תְּמוּנָה, דְּמוּת, תַּצְלוּם
portray, *v.t.* תֵּאֵר, צִיֵּר
portrayal, *n.* תֵּאוּר, צִיּוּר
Portuguese, *adj.* & *n.* פָּרְטוּגָלִי,
פָּרְטוּגָלִית
pose, *v.t.* & *i.* הֶעֱמִיד [עמד] פָּנִים,
דִּוְמֵר, נִרְאָה [ראה] כְּ־, הִנִּיחַ [נוח]
position, *n.* עֶמְדָה; מַצָּב; מִשְׂרָה
positive, *adj.* מֻחְלָט, חִיּוּבִי
positively, *adv.* בְּפֵרוּשׁ, בְּחִיּוּב,
בְּהֶחְלֵט, אֶל נָכוֹן
possess, *v.t.* הֶחֱזִיק [חזק], הָיָה לְ־
possession, *n.* קִנְיָן, אֲחֻזָּה
possessor, *n.* בַּעַל
possibility, *n.* יְכֹלֶת, אֶפְשָׁרוּת
possible, *adj.* אֶפְשָׁרִי
possibly, *adv.* אֶפְשָׁר, אוּלַי
post, *n.* מִשְׁמָר; מִשְׂרָה; דֹּאַר
post, *v.t.* הֶעֱמִיד [עמד], הִצִּיג [יצג],
דִּוְאֵר, שִׁלַּח (דֹּאַר); הִדְבִּיק [דבק]
(מוֹדָעָה)
postage stamp בּוּל דֹּאַר
post card, postcard, *n.* גְּלוּיָה
poster, *n.* מוֹדָעָה, תַּמְרוּר
posterior, *adj.* מְאֻחָר; אֲחוֹרִי
posteriors, *n. pl.* יַשְׁבָן, שֵׁת, עַכּוּז,
אֲחוֹרַיִם
posterity, *n.* צֶאֱצָאִים, זֶרַע, בָּנִים,
הַדּוֹרוֹת הַבָּאִים
postgraduate, *adj.* שֶׁלְּאַחַר סִיּוּם
הַמִּכְלָלָה
posthaste, *n.* מְהִירוּת
posthaste, *adv.* בִּמְהִירוּת
posthumous, *adj.* שֶׁלְּאַחַר הַמָּוֶת
postman, *n.* דַּוָּר, דַּוָּאר
post office (בֵּית) דֹּאַר

postpone, *v.t.* דָּחָה
postponement, *n.* דִּחוּי
postscript, P.S., *n.* תּוֹסֶפֶת אַחֲרוֹנָה,
ת"א
postulate, *v.t.* בִּקֵּשׁ, הֵנִיחַ [נוח]
posture, *n.* מַצָּב, מַעֲמַד הַגּוּף, תְּנוּחָה
postwar, *adj.* שֶׁלְּאַחַר הַמִּלְחָמָה
posy, *n.* סִיסְמָה; פִּתְגָּם; זֵר
pot, *n.* קְדֵרָה, סִיר; עָצִיץ; חוֹר עָמֹק;
סְכוּם כֶּסֶף הָגוּן
potash, *n.* אַשְׁלָג
potation, *n.* שְׁתִיָּה, שִׁקּוּי
potato, *n.* תַּפּוּחַ אֲדָמָה
potency, potence, *n.* אוֹן, כֹּחַ, עֹז,
עָצְמָה
potent, *adj.* אַדִּיר, חָזָק
potentate, *n.* שַׁלִּיט, תַּקִּיף
potential, *adj.* אֶפְשָׁרִי, שֶׁבְּכֹחַ, כֹּחָנִי
potentiality, *n.* אֶפְשָׁרוּת, יְכֹלֶת;
כֹּחָנוּת
pother, *n.* רִגְשָׁה
potion, *n.* שִׁקּוּי, מַשְׁקֶה
potpourri, *n.* תַּעֲרֹבֶת (נְגִינָה) סִפְרוּתִית
potsherd, *n.* שֶׁבֶר כְּלִי חֶרֶס
pottage, *n.* מְרַק יְרָקוֹת
potter, *n.* קַדָּר, יוֹצֵר, כַּדָּד
pottery, *n.* קַדָּרוּת; כְּלֵי חֶרֶס
pouch, *n.* שַׂקִּיק, חֲפִיסָה, כְּרֹכֶת
poultice, *n.* תַּחְבֹּשֶׁת
poultry, *n.* עוֹפוֹת בַּיִת
pounce, *v.i.* עָט [עוט], טָשׁ [טוש] (עַל);
שָׂרַט (חָתוּל)
pound, *n.* לִטְרָה; לִירָה; מִכְלָאָה
pound, *v.t.* כָּתַשׁ, חָבַט, גָּרַס, כָּתַת,
דָּךְ [דוך]; כָּלָא
pour, *v.t.* & *i.* שָׁפַךְ, הִשְׁתַּפֵּךְ [שפך],
יָצַק; יָרַד בְּחֹזֶק, שָׁטַף (גֶּשֶׁם),
נִתַּךְ; נִגַּר, מָזַג; זָלַג (דְּמָעוֹת), דָּמַע

pout, *n.* כַּעַס, רֹגֶז; שְׂפָתַיִם בּוֹלְטוֹת
pout, *v.i.* הִפְטִיר [פטר] בְּשָׂפָה, עִקֵּם פֶּה
poverty, *n.* דַּלּוּת, עֲנִיּוּת, רֵישׁ
powder, *n.* אָבָק, אֲבָקָה
powder, *v.t.* אִבֵּק; שָׁחַק
powdery, *adj.* אֲבָקִי
power, *n.* כֹּחַ, עָצְמָה; מַעֲצָמָה
powerful, *adj.* חָזָק, אַדִּיר
powerless, *adj.* אֵין אוֹנִים, חַלָּשׁ
pox, *n.* אֲבַעְבּוּעוֹת
practicability, *n.* מַעֲשִׂיּוּת, אֶפְשָׁרוּת
practicable, *adj.* מַעֲשִׂי
practical, *adj.* מַעֲשִׂי, שִׁמּוּשִׁי
practicality, *n.* מַעֲשִׂיּוּת, שִׁמּוּשִׁיּוּת
practice, *n.* תִּרְגּוּל, הֶרְגֵּל, אִמּוּן, שִׁנּוּן; מִנְהָג; מִקְצוֹעַ; שִׁיטָה
practice, practise, *v.t.* & *i.* הִתְרַגֵּל [רגל], הִתְעַסֵּק [עסק]; הִתְאַמֵּן [אמן] בְּ־
practiced, practised, *adj.* מְנֻסֶּה, מְאֻמָּן
prairie, *n.* עֲרָבָה
praise, *n.* תְּהִלָּה, שֶׁבַח
praise, *v.t.* הִלֵּל, שִׁבַּח
praiseworthy, *adj.* רָאוּי לִתְהִלָּה
prance, *n.* & *v.i.* דְּהָרָה; דָּהַר
prank, *n.* לָצוֹן, צְחוֹק, לֵיצָנוּת
prate, prattle, *v.t.* & *i.* פִּטְפֵּט
pray, *v.t.* & *i.* הִתְחַנֵּן [חנן], הִתְפַּלֵּל [פלל]
pray, *v.* please
prayer, *n.* תְּפִלָּה, בַּקָּשָׁה
prayer book סִדּוּר
preach, *v.t.* & *i.* הִטִּיף [נטף], דָּרַשׁ
preacher, *n.* מַטִּיף, דַּרְשָׁן
preaching, *n.* הַטָּפָה, דְּרָשָׁה
preamble, *n.* מָבוֹא, הַקְדָּמָה
prearrange, *v.t.* סִדֵּר מֵרֹאשׁ

precarious, *adj.* בִּלְתִּי בָּטוּחַ
precaution, *n.* זְהִירוּת, הַזְהָרָה
precede, *v.t.* & *i.* קָדַם לְ־, הִקְדִּים [קדם]
precedence, precedency, *n.* קְדִימָה, זְכוּת קְדִימָה
precedent, *n.* תַּקְדִּים
precept, *n.* תּוֹרָה, צַו, תְּעוּדָה, פְּקֻדָּה
preceptor, *n.* רַב, מְלַמֵּד
precinct, *n.* מָחוֹז
precious, *adj.* יָקָר
precipice, *n.* מוֹרָד, שִׁפּוּעַ
precipitancy, *n.* חִפָּזוֹן
precipitate, *adj.* מְבֹהָל, נוֹפֵל
precipitate, *v.t.* הִשְׁלִיךְ [שלך], הֵחִישׁ [חוש], הֵאִיץ [אוץ]
precipitation, *n.* בְּהִילוּת; נְפִילָה; מָטָר; מְהִירוּת
precipitous, *adj.* נוֹפֵל; תָּלוּל; נִמְהָר; מְבֹהָל
precise, *adj.* מְדֻיָּק
precisely, *adv.* בְּדִיּוּק
precision, *n.* דִּיּוּק
preclude, *v.t.* הוֹצִיא [יצא] (מִכְּלָל), מָנַע מֵרֹאשׁ
preclusion, *n.* מְנִיעָה, הוֹצָאָה
precocious, *adj.* בָּשֵׁל (בּוֹגֵר) לִפְנֵי הַזְּמָן
precocity, *n.* בְּשֵׁלוּת מְהִירָה, בַּגְרוּת מֻקְדֶּמֶת
preconceive, *v.t.* הִשִּׂיג [נשג] מֵרֹאשׁ
precondemn, *v.t.* הִרְשִׁיעַ [רשע] מֵרֹאשׁ
precursor, *n.* מְבַשֵּׂר
predate, *v.t.* הִקְדִּים [קדם] תַּאֲרִיךְ
predatory, *adj.* שׁוֹדֵד, חוֹמֵס
predecessor, *n.* קוֹדֵם
predestinate, *v.t.* עִתֵּד
predicament, *n.* מְבוּכָה, מַצָּב קָשֶׁה

predicate, *adj.* & *n.* נָשׂוּא (דִּקְדּוּק), יַחֲסָה
predicate, *v.t.* יִסֵּד, בִּסֵּס, יִחֵס לְ־
predict, *v.t.* & *i.* הִגִּיד מֵרֹאשׁ, נִבָּא
prediction, *n.* נְבוּאָה, בְּשׂוֹרָה
predilection, *n.* נְטִיָּה
predispose, *v.t.* הִכְשִׁיר [כשר]
predisposition, *n.* מִשְׁפָּט קָדוּם
predominance, predominancy, *n.* שִׁלְטוֹן, הַכְרָעָה, יֶתֶר תֹּקֶף, יִתְרוֹן
predominant, *adj.* שׁוֹלֵט, מַכְרִיעַ
predominate, *v.i.* הָיָה רַב, שָׁלַט
pre-eminent, *adj.* נַעֲלֶה, דָּגוּל
prefabricated, *adj.* מוּכָן (תְּעַשׂ) מֵרֹאשׁ
preface, *n.* הַקְדָּמָה
preface, *v.t.* & *i.* כָּתַב מָבוֹא
prefect, praefect, *n.* מְנַהֵל, מְמֻנֶּה
prefer, *v.t.* בָּחַר בְּ־, בִּכֵּר
preferable, *adj.* עָדִיף
preference, *n.* עֲדִיפוּת, הַעֲדָפָה
prefix, *n.* תְּחִלִּית, קִדֹּמֶת (דִּקְדּוּק)
pregnancy, *n.* הֵרָיוֹן, עִבּוּר
pregnant, *adj.* הָרָה, מְעֻבֶּרֶת; פּוֹרֶה
prejudice, *n.* דֵּעָה קְדוּמָה, מִשְׁפָּט קָדוּם
prelate, *n.* הֶגְמוֹן
preliminary, *adj.* מְבוֹאִי
preliminary, *n.* מָבוֹא
prelude, *n.* הַקְדָּמָה
premature, *adj.* בַּכִּיר; פַּג
premeditate, *v.t.* זָמַם (חָשַׁב) מֵרֹאשׁ
premeditation, *n.* צְדִיָּה, זָדוֹן; מַחֲשָׁבָה תְּחִלָּה
premier, *n.* רֹאשׁ הַמֶּמְשָׁלָה
première, *n.* הַצָּגַת בְּכוֹרָה
premise, premiss, *n.* הַנָּחָה
premise, *v.t.* & *i.* הִנִּיחַ [נוח]
premium, *n.* פְּרָס, תַּשְׁלוּם, גְּמוּל, שָׂכָר
premonition, *n.* הַתְרָאָה

premonitory, *adj.* מַתְרֶה
prenatal, *adj.* שֶׁלִּפְנֵי הַלֵּדָה
preoccupied, *adj.* שָׁקוּעַ בְּמַחֲשָׁבוֹת, מְפֻזָּר
preoccupy, *v.t.* טָרַד; הֶעֱסִיק [עסק] (הַדַּעַת)
preparation, *n.* הַכְשָׁרָה, הֲכָנָה
prepare, *v.t.* & *i.* הִכְשִׁיר [כשר], הִתְכּוֹנֵן [כון], הֵכִין [כון]
prepay, *v.t.* שִׁלֵּם לְמַפְרֵעַ (מֵרֹאשׁ)
preponderance, preponderancy, *n.* יִתְרוֹן, הַכְרָעָה
preposition, *n.* מִלַּת הַיַּחַס (דִּקְדּוּק)
preposterous, *adj.* אֱוִילִי, שְׁטוּתִי, טִפְּשִׁי
prerequisite, *adj.* דָּרוּשׁ מֵרֹאשׁ
prerogative, *n.* זְכוּת בִּלְעֲדִית
presage, *n.* סִימָן
presage, *v.t.* נִבָּא
prescribe, *v.t.* & *i.* כָּתַב תְּרוּפָה; צִוָּה
prescription, *n.* תְּרוּפָה; צַו
presence, *n.* מְצִיאוּת, יֵשׁוּת, מַעֲמָד
present, *adj.* נוֹכָח, נִמְצָא; הֹוֶה (דִּקְדּוּק)
present, *n.* מַתָּנָה, שַׁי, תְּשׁוּרָה, דּוֹרוֹן
present, *v.t.* & *i.* הִצִּיג [נצג], נָתַן מַתָּנָה
presentation, *n.* הַצָּגָה; נְתִינַת מַתָּנָה
presentiment, *n.* הַרְגָּשָׁה מֻקְדֶּמֶת
presently, *adv.* תֵּכֶף, עוֹד מְעַט
preservative, *adj.* & *n.* מְשַׁמֵּר; חֹמֶר שִׁמּוּר
preservation, *n.* שְׁמִירָה, שִׁמּוּר, קִיּוּם
preserve, *v.t.* & *i.* חִיָּה, שָׁמַר, שִׁמֵּר, הֵגֵן [גנן]
preside, *v.i.* יָשַׁב רֹאשׁ
presidency, *n.* נְשִׂיאוּת
president, *n.* נָשִׂיא, יוֹשֵׁב רֹאשׁ
press, *v.t.* & *i.* לָחַץ; דָּחַק; סָחַט; הֵצֵר [צרר], הֵעִיק [עוק]; מִהֵר, אִלֵּץ; גִּהֵץ; דָּרַךְ (עֲנָבִים וְכוּ׳)

press, *n.* דְּפוּס; עִתּוֹנוּת; מַכְבֵּשׁ; מַעֲגִילָה; בַּד, גַּת (לְזֵיתִים, לַעֲנָבִים)
pressure, *n.* לַחַץ, עָקָה; דֹּחַק; כְּפִיָּה
prestige, *n.* הַשְׁפָּעָה, סַמְכוּת, כָּבוֹד
presumable, *adj.* מִתְקַבֵּל עַל הַדַּעַת
presumably, *adv.* כַּנִּרְאֶה
presume, *v.t.* & *i.* שִׁעֵר, סָבַר
presumption, *n.* הַשְׁעָרָה, סְבָרָה
presumptuous, *adj.* גְּבַהּ לֵב, גַּס רוּחַ, עַז פָּנִים
presumptuousness, *n.* גַּסּוּת (גֹּבַהּ) רוּחַ, זָדוֹן (לֵב), גַּאֲוָה
presupposition, *n.* הַנָּחָה קוֹדֶמֶת
pretend, *v.t.* & *i.* חִפָּא, עָשָׂה כְּאִילוּ
pretender, *n.* מִתְחַפֵּשׂ, תּוֹבֵעַ, תַּבְעָן
pretense, pretence, *n.* אֲמַתְלָה; טַעֲנָה, תּוֹאֲנָה, תְּבִיעָה
pretension, *n.* יָמְרָה, פִּתְחוֹן פֶּה
pretext, *n.* אֲמַתְלָה, עִלָּה
prettily, *adv.* יָפֶה, הֵיטֵב
prettiness, *n.* יֹפִי, יָפְיוּת
pretty, *adj.* יָפֶה, נָאֶה
pretty, *adv.* לְמַדַּי
prevail, *v.i.* יָכֹל לְ־, הִתְגַּבֵּר [גבר] עַל, הִשְׁפִּיעַ [שפע] עַל
prevalent, *adj.* שַׁלִּיט; נָפוֹץ
prevaricate, *v.i.* דִּבֵּר דְּבָרִים בְּנֵי שְׁנֵי פָּנִים, סִלֵּף
prevent, *v.t.* מָנַע
prevention, *n.* מְנִיעָה
preview, *v.t.* רָאָה מֵרֹאשׁ
previous, *adj.* קוֹדֵם
previously, *adv.* מִקֹּדֶם, קֹדֶם לָכֵן
prey, *n.* טֶרֶף, שָׁלָל
prey, *v.i.* טָרַף, הֵצִיק [צוק]
price, *n.* מְחִיר
price, *v.t.* הֶעֱרִיךְ [ערך], קָצַב מְחִיר
priceless, *adj.* לֹא יְסֻלָּא בְּפָז
prick, prickle, *n.* עֹקֶץ, חֹד
prick, prickle, *v.t.* & *i.* נָקַב, עָקַץ, זָקַף
prickly, *adj.* מָלֵא צְנִינִים, עוֹקֵץ, מַמְאִיר
pride, *n.* גַּאֲוָה, רַהַב, יְהִירָה
pride, *v.t.* הִתְגָּאָה [גאה], הִתְיַהֵר [יהר]
prideful, *adj.* גֵּא
priest, *n.* כֹּהֵן, גַּלָּח, כֹּמֶר
priesthood, *n.* כְּהֻנָּה
prim, *adj.* מִתְגַּנְדֵּר, מִתְהַדֵּר
primacy, *n.* רִאשׁוֹנִיּוּת
primarily, *adv.* לְכַתְּחִלָּה, קֹדֶם כֹּל
primary, *adj.* רָאשִׁי, עִקָּרִי; עֲמָמִי, יְסוֹדִי (בֵּית סֵפֶר)
prime, *n.* מֵיטָב, מִבְחָר; שַׁחַר; עֲלוּמִים; סִפְרָה בִּלְתִּי מִתְחַלֶּקֶת
prime, *v.t.* צָבַע (שִׁכְבָה רִאשׁוֹנָה); מִלֵּא (אֲבַק שְׂרֵפָה); יִדַּע, נָתַן יְדִיעוֹת נְחוּצוֹת
primer, *n.* אַלְפוֹן
primeval, *adj.* קַדְמוֹן
primitive, *adj.* רִאשׁוֹנִי, רֵאשִׁיתִי
primp, *v.t.* & *i.* הִתְקַשֵּׁט [קשט] בְּגַנְדְּרָנוּת יְתֵרָה
primrose, *n.* בְּכוֹר אָבִיב (פֶּרַח)
prince, *n.* נָסִיךְ, אַלּוּף
princess, *n.* נְסִיכָה
principal, *adj.* & *n.* רָאשִׁי; מְנַהֵל; קֶרֶן (כֶּסֶף)
principle, *n.* עִקָּרוֹן; כְּלָל; יְסוֹד
print, *v.t.* & *i.* הִדְפִּיס [דפס], כָּתַב בְּאוֹתִיּוֹת מְרֻבָּעוֹת (כְּתָב מְרֻבָּע)
print, *n.* (אוֹתִיּוֹת) דְּפוּס, כְּתָב מְרֻבָּע
printer, *n.* מַדְפִּיס
printing, *n.* דְּפוּס, הַדְפָּסָה
prior, *adj.* & *n.* קוֹדֵם; רֹאשׁ מִנְזָר
priority, *n.* בְּכוֹרָה, דִּין קְדִימָה
prism, *n.* מִנְסָרָה

prison, *n.* סֹהַר, בֵּית סֹהַר, כֶּלֶא
prisoner, *n.* אָסִיר; שָׁבוּי
privacy, *n.* פְּרָטִיּוּת
private, *adj.* פְּרָטִי, אִישִׁי
private, *n.* חַיָּל
privation, *n.* מַחְסוֹר, עֹנִי
privately, *adv.* בְּאֹפֶן פְּרָטִי
privilege, *n.* & *v.t.* זְכוּת (מְיֻחֶדֶת) יֶתֶר, יִתְרוֹן; נָתַן זְכוּת מְיֻחֶדֶת, זִכָּה
privy, *adj.* פְּרָטִי, סוֹדִי, חֲשָׁאִי
privy, *n.* יוֹדֵעַ סוֹד; בֵּית כִּסֵּא
prize, *n.* שָׁלָל; פְּרָס
prize, *v.t.* לָקַח שָׁלָל; הֶעֱרִיךְ [ערך], הוֹקִיר [יקר]
prize fighter, *n.* אֶגְרוֹפָן, מִתְאַגְרֵף
pro, *n.*, *adv.* & *prep.* מְחַיֵּב; הֵן; בְּעַד
probability, *n.* אֶפְשָׁרִיּוּת, אֶפְשָׁרוּת
probable, *adj.* אֶפְשָׁרִי
probably, *adv.* יִתָּכֵן
probation, *n.* בֵּרוּר; מִבְחָן; הוֹכָחָה
probationer, *n.* נִבְחָן
probe, *v.t.* בָּדַק, בָּחַן; נִסָּה
problem, *n.* בְּעָיָה, שְׁאֵלָה
problematical, problematic, *adj.* מְסֻפָּק
procedure, *n.* מִנְהָג, מַהֲלָךְ, נֹהַל
proceed, *v.i.* עָשָׂה מִשְׁפָּט, הָלַךְ, עָשָׂה, הוֹסִיף [יסף], הִמְשִׁיךְ [משך]
process, *n.* מַהֲלָךְ; שִׁיטָה; פְּעֻלָּה; מִשְׁפָּט
procession, *n.* תַּהֲלוּכָה
proclaim, *v.t.* הִכְרִיז [כרז], פִּרְסֵם
proclamation, *n.* הַכְרָזָה, הַצְהָרָה, גִּלּוּי דַּעַת
proclivity, *n.* כִּשְׁרוֹן
procrastinate, *v.t.* & *i.* הִשְׁהָה [שהה], דָּחָה, נִדְחָה [דחה]
procrastination, *n.* דְּחִיָּה, שְׁהִיָּה, אִחוּר
procrastinator, *n.* מִתְמַהְמֵהַּ
procreate, *v.t.* הוֹלִיד [ילד]
procreation, *n.* הוֹלָדָה, תּוֹלָדָה
proctor, *n.* סוֹכֵן, מְפַקֵּחַ
procure, *v.t.* & *i.* הִשִּׂיג [נשג], קִבֵּל; סִרְסֵר (זְנוּת)
prod, *v.t.* & *n.* דָּחַק, הֵאִיץ [אוץ]; מַלְמָד
prodigal, *adj.* נָדִיב, פַּזְרָן, בַּזְבְּזָן
prodigious, *adj.* עֲנָקִי, עָצוּם
prodigy, *n.* פֶּלֶא; עִלּוּי
produce, *n.*, *v.t.* & *i.* תּוֹצֶרֶת, תְּנוּבָה; יִצֵּר, עָשָׂה; הֵבִיא [בוא], הֶרְאָה [ראה]; הִצִּיג [יצג], בִּיֵּם; נָשָׂא פְּרִי; יָלַד, הוֹלִיד [ילד]; חוֹלֵל
producer, *n.* מְיַצֵּר, מוֹלִיד; מַסְרִיט; מְבַיֵּם
product, *n.* תּוֹצֶרֶת, פְּרִי, יְבוּל, מוּצָר
production, *n.* יְצִירָה; תַּעֲשִׂיָּה; הַסְרָטָה; בִּיּוּם; הִוָּצְרוּת
productive, *adj.* פּוֹרֶה, יוֹצֵר, יוֹצְרָנִי
productivity, *n.* יוֹצְרָנִיּוּת
profanation, *n.* חִלּוּל
profane, *adj.* & *v.t.* חִלּוֹנִי; חִלֵּל
profess, *v.t.* & *i.* הִכְרִיז [כרז], הִתְוַדָּה [ידה], הוֹדִיעַ [ידע]; הֶאֱמִין [אמן] בְּ־; הֶעֱמִיד [עמד] פָּנִים
profession, *n.* מִקְצוֹעַ, הוֹדָאָה, הִתְוַדּוּת
professional, *adj.* מִקְצוֹעִי
professor, *n.* מוֹדֶה בְּדָת; פְּרוֹפֶסוֹר
proffer, *n.* & *v.t.* הַצָּעָה; הִצִּיעַ [יצע]
proficiency, *n.* יַדְעָנוּת, הִתְמַחוּת
proficient, *adj.* מֻבְהָק, מֻמְחֶה
profile, *n.* צְדוּדִית, מֶחְתָּךְ
profit, *n.* רֶוַח, תּוֹעֶלֶת, הֲנָאָה
profit, *v.t.* & *i.* הִרְוִיחַ [רוח], נֶהֱנָה [הנה], הֵפִיק [פוק] תּוֹעֶלֶת

profitable, *adj.* מוֹעִיל, מֵבִיא תּוֹעֶלֶת
profiteer, *n.* מַפְקִיעַ שְׁעָרִים
profligate, *adj.* & *n.* מֻפְקָר; הוֹלֵל
profound, *adj.* עָמֹק
profundity, *n.* עֹמֶק; עֲמֻקּוֹת
profuse, *adj.* נָדִיב, מַפְרִיז, וַתְּרָן
profusion, *n.* שֶׁפַע, נְדִיבוּת
progeny, *n.* צֶאֱצָאִים
prognosis, *n.* נְבוּאָה (קְבִיעָה) מֵרֹאשׁ
prognosticate, *v.t.* & *i.* נִבָּא
program, programme, *n.* תָּכְנִית
progress, *n.* הִתְקַדְּמוּת, קִדְמָה, שִׂגְשׂוּג
progress, *v.i.* הִתְקַדֵּם [קדם], שִׂגְשֵׂג
progression, *n.* מַהֲלָךְ
progressive, *adj.* מִתְקַדֵּם
prohibit, *v.t.* אָסַר
prohibition, *n.* אִסּוּר
prohibitive, *adj.* אוֹסֵר
project, *n.* מִבְצָע, תָּכְנִית
project, *v.t.* & *i.* זָרַק; עָרַךְ הַצָּעָה; בָּלַט
projectile, *n.* קֶלַע, פָּגָז
projection, *n.* בְּלִיטָה; זְרִיקָה; קְלִיעָה
projector, *n.* זַרְקוֹר; צַלְמָנוֹעַ
proletarian, *adj.* & *n.* עָמֵל (חֲסַר כֹּל)
proletariat, *n.* מַעֲמַד הָעֲמֵלִים חַסְרֵי כֹּל
prolific, *adj.* פּוֹרֶה
prolix, *adj.* אַרְכָן
prologue, *n.* פְּתִיחָה, רֵאשִׁית דָּבָר
prolong, prolongate, *v.t.* הֶאֱרִיךְ [ארך], הִמְשִׁיךְ [משך]
prolongation, *n.* הַאֲרָכָה, הַמְשָׁכָה
promenade, *n.* טִיּוּל; טַיֶּלֶת
prominence, *n,* חֲשִׁיבוּת; הִתְבַּלְּטוּת
prominent, *adj.* בּוֹלֵט; חָשׁוּב
promiscuity, *n.* פְּרִיצוּת; כִּלְאַיִם
promiscuous, *adj.* מְעֹרָב, פָּרוּץ
promise, *n.* הַבְטָחָה
promise, *v.t.* & *i.* הִבְטִיחַ [בטח]
promissory, *adj.* מַבְטִיחַ
promissory note שְׁטָר חוֹב
promote, *v.t.* & *i.* קִדֵּם, הֶעֱלָה [עלה]
promoter, *n.* מְעוֹרֵר, לַחֲשָׁן, מְדַרְבֵּן
promotion, *n.* הַעֲלָאָה, קִדּוּם, טִפּוּחַ, עוֹדְדוּת
prompt, *adj.* מוּכָן, דַּיְקָן
prompt, *v.t.* זֵרֵז, הֵסִית [סות]
promptitude, *n.* דַּיְקָנוּת
promptly, *adv.* בְּדִיּוּק
promptness, *n.* מְהִירוּת, זְרִיזוּת
promulgate, *v.t.* פִּרְסֵם, הוֹדִיעַ [ידע]
prone, *adj.* מֻטָּל עַל כְּרֵסוֹ, נוֹטֶה, עָלוּל
prong, *n.* חִדּוּד
pronoun, *n.* שֵׁם הַגּוּף, כִּנּוּי (דִּקְדּוּק)
pronounce, *v.t.* בִּטֵּא, הִבִּיעַ [נבע], חָרַץ (מִשְׁפָּט)
pronunciation, *n.* מִבְטָא, בִּטּוּי, הֲבָרָה
proof, *n.* רְאָיָה, הוֹכָחָה; נִסּוּי; הַגָּהָה; תְּכוּלַת הַכֹּהַל בְּמַשְׁקֶה מְשַׁכֵּר
proofreader, *n.* מַגִּיהַּ
prop, *n.* & *v.t.* מִשְׁעָן; תָּמַךְ, סָמַךְ
propaganda, *n.* תַּעֲמוּלָה
propagate, *v.t.* & *i.* הִרְבָּה [רבה], הוֹלִיד [ילד]; פָּרָה וְרָבָה; הֵפִיץ [פוץ]
propagation, *n.* פְּרִיָּה וּרְבִיָּה; הֲפָצָה
propel, *v.t.* דָּחַף, הֵנִיעַ [נוע]
propeller, *n.* מַדְחֵף
propensity, *n.* תְּשׁוּקָה, נְטִיָּה
proper, *adj.* רָאוּי, הָגוּן, נָכוֹן, מַתְאִים; פְּרָטִי, מְיֻחָד
properly, *adv.* כָּרָאוּי
property, *n.* תְּכוּנָה, טֶבַע; רְכוּשׁ, נְכָסִים, אֲחֻזָּה

prophecy, *n.* נְבוּאָה
prophesy, *v.t.* & *i.* נִבָּא, הִתְנַבֵּא [נבא]
prophet, *n.* נָבִיא, חוֹזֶה
Prophets, the נְבִיאִים
prophetic, prophetical, *adj.* נְבוּאִי
prophylactic, *adj.* מוֹנֵעַ מַחֲלָה
propitious, *adj.* נָעִים, רָצוּי, נוֹחַ
proportion, *n.* יַחַס, מִדָּה
proportion, *v.t.* הִתְאִים [תאם], חִלֵּק
proposal, *n.* הַצָּעָה
propose, *v.t.* & *i.* הִצִּיעַ [יצע], חָשַׁב, הִתְכַּוֵּן [כון]; דִּבֵּר בְּאִשָּׁה
proposition, *n.* הַצָּעָה; הַנָּחָה; שְׁאֵלָה; מִשְׁפָּט
propound, *v.t.* הִצִּיעַ [יצע] לִפְנֵי
proprietor, *n.* בַּעַל (בַּיִת)
proprietorship, *n.* בַּעֲלוּת
propriety, *n.* הֲגִינוּת, אֲדִיבוּת
propulsion, *n.* דְּחִיפָה
prosaic, *adj.* לֹא שִׁירִי; מָצוּי; מְשַׁעֲמֵם, רָגִיל, פָּשׁוּט
proscribe, *v.t.* אָסַר, הֶחֱרִים [חרם], הִגְלָה [גלה]
proscription, *n.* נִדּוּי, גֵּרוּשׁ, שְׁלִילַת זְכֻיּוֹת
prose, *n.* סִפְרוּת בְּלֹא מִשְׁקָל (חֲרוּזִים), לָשׁוֹן רְגִילָה
prosecute, *v.t.* & *i.* תָּבַע לְדִין, רָדַף
prosecution, *n.* תְּבִיעָה לְדִין
prosecutor, *n.* קָטֵגוֹר, מַרְשִׁיעַ
proselyte, *n.* גֵּר, גֵּר צֶדֶק
proselytize, *v.t.* גִּיֵּר
prospect, *n.* סִכּוּי, תִּקְוָה
prospect, *v.t.* חִפֵּשׂ (זָהָב וְכוּ׳)
prospective, *adj.* מְקֻוֶּה, נִכְסָף, מְצֻפֶּה
prospector, *n.* מְחַפֵּשׂ
prospectus, *n.* תַּסְכִּית, תָּכְנִיָּה

prosper, *v.t.* & *i.* הִצְלִיחַ [צלח], עָשָׂה (חַיִל) הוֹן, שִׂגְשֵׂג
prosperity, *n.* שֶׁפַע, שִׁפְעָה, שִׂגְשׂוּג
prosperous, *adj.* מַצְלִיחַ, עָשִׁיר, מֻצְלָח, מְשַׂגְשֵׂג; שׁוֹפֵעַ
prostitute, *n.* זוֹנָה, קְדֵשָׁה, יַצְאָנִית
prostitute, *v.t.* זָנָה, זִנָּה
prostitution, *n.* זְנוּת, זְנוּנִים
prostrate, *v.t.* מִגֵּר; הִשְׁלִיךְ [שלך] אַרְצָה; כָּשַׁל כֹּחַ
prostrate, *adj.* אֵין אוֹנִים מִשְׁתַּטֵּחַ, מֻטָּל אַרְצָה
prostration, *n.* קִדָּה, חֲלוּשָׁה, נְפִילַת אַפַּיִם, אֲפִיסַת כֹּחוֹת, דִּכְדּוּךְ
prosy, *adj.* מְשַׁעֲמֵם, מְיַגֵּעַ
protagonist, *n.* גִּבּוֹר (בְּמַחֲזֶה)
protect, *v.t.* הֵגֵן [גנן], גּוֹנֵן
protection, *n.* הֲגָנָה, מָגֵן, מַחְסֶה
protector, *n.* מָגֵן
protégé, protégée, *n.* חָסוּי, חֲסוּיָה
protein, *n.* חֶלְבּוֹן
protest, *n.*, *v.t.* & *i.* מְחָאָה; מָחָה, מִחָה, עִרְעֵר
Protestant, *n.* מִתְנַגֵּד לַכְּנֵסִיָּה הָרוֹמִית
protocol, *n.* פְּרָטֵי כֹּל; טֶכֶס (נֹהַג) רִשְׁמִי (מְדִינִי)
protoplasm, *n.* אַבְחֹמֶר
prototype, *n.* דֻּגְמָה רִאשׁוֹנָה
protract, *v.t.* הֶאֱרִיךְ [ארך]
protraction, *n.* הַאֲרָכָה, הִתְמַהְמְהוּת
protrude, *v.i.* בָּלַט
protrusion, *n.* בְּלִיטָה, הִתְבַּלְּטוּת
protuberance, *n.* קֶשֶׁר; חַט; פִּיקָה
proud, *adj.* גֵּא, יָהִיר
prove, *v.t.* & *i.* הוֹכִיחַ [יכח], אִמֵּת; הֶרְאָה [ראה]
provender, *n.* תֶּבֶן, מִסְפּוֹא
proverb, *n.* מָשָׁל, פִּתְגָּם

Proverbs, *n. pl.* (סֵפֶר) מִשְׁלֵי
provide, *v.t.* & *i.* סִפֵּק, כִּלְכֵּל, הֵכִין [כון]; הִמְצִיא [מצא]; הִתְנָה [תנה]
providence, *n.* זְהִירוּת, חִסָּכוֹן
Providence, *n.* הַשְׁגָּחָה (עֶלְיוֹנָה), אֱלֹהִים
province, *n.* גָּלִיל, מָחוֹז
provincial, *adj.* קַרְתָּנִי, קַטְנוּנִי
provision, *n.* אַסְפָּקָה, צֵידָה
provisional, *adj.* אַרְעִי, זְמַנִּי
proviso, *n.* תְּנַאי
provocation, *n.* הֲסָתָה
provocative, *adj.* מֵסִית
provoke, *v.t.* עוֹרֵר [עור], הֵסִית [סות]
provost, *n.* נְגִיד מִכְלָלָה; מְפַקֵּד מִשְׁטָרָה צְבָאִית; שׁוֹפֵט
prow, *n.* חַרְטוֹם אֳנִיָּה
prowess, *n.* גְּבוּרָה, אֹמֶץ
prowl, *v.i.* שׁוֹטֵט [שוט], הִתְגַּנֵּב [גנב]
proximity, *n.* קִרְבָה
proxy, *n.* בָּא כֹּחַ, מֻרְשֶׁה
prude, *n.* קַפְּדָן, מִתְחַסֵּד, צָנוּעַ; מַצְנִיעַ לֶכֶת
prudence, *n.* זְהִירוּת
prudent, *adj.* זָהִיר, מָתוּן
prudish, *adj.* מִתְחַסֵּד, צָנוּעַ
prune, *n.* אֲחוֹן, אַחְוָנִית, שְׁזִיף
prune, *v.t.* זָמַר (עֵצִים)
prurience, pruriency, *n.* תְּשׁוּקָה, תַּאַוְתָנוּת
pry, *v.t.* & *i.* אָרַב, עִיֵּן, הִתְבּוֹנֵן [בין]
psalm, *n.* מִזְמוֹר
Psalms, *n. pl.*, **Psalter**, *n.* תְּהִלִּים
pseudonym, *n.* שֵׁם עֵט, שֵׁם בָּדוּי
psyche, *n.* נֶפֶשׁ הָאָדָם
psychiatry, *n.* תּוֹרַת מַחֲלוֹת הַנֶּפֶשׁ
psychic, psychical, *adj.* נַפְשִׁי
psychological, psychologic, *adj.* נַפְשִׁי

psychologist, *n.* מֻמְחֶה בְּתוֹרַת הַנֶּפֶשׁ
psychology, *n.* תּוֹרַת הַנֶּפֶשׁ
psychopath, *n.* חוֹלֵה (רוּחַ) נֶפֶשׁ
psychopathy, *n.* מַחֲלַת (רוּחַ) נֶפֶשׁ
pub, *n.* מִסְבָּאָה
puberty, *n.* בַּגְרוּת מִינִית; צֶמֶל
pubescence, *n.* הִתְבַּגְּרוּת; כֹּחַל
public, *adj.* & *n.* צִבּוּרִי; צִבּוּר, קָהָל
publication, *n.* פִּרְסוּם
public house מִסְבָּאָה, בֵּית (מַרְזֵחַ) יַיִן
publicity, *n.* פִּרְסוּם, פִּרְסֹמֶת
public school בֵּית סֵפֶר עֲמָמִי
publish *v.t.* פִּרְסֵם, הוֹצִיא [יצא] לָאוֹר
publisher, *n.* מוֹצִיא לָאוֹר, מו״ל
pucker, *v.t.* & *i.* הִתְכַּוֵּץ [כוץ]; קִמֵּץ
pudding, *n.* חֲבִיצָה
puddle, *n.* שְׁלוּלִית, גֵּב
pudenda, *n. pl.* מָעוֹר, עֶרְוָה, מְבוּשִׁים
puerile, *adj.* יַלְדוּתִי
puerility, *n.* יַלְדוּת
puff, *v.t.* & *i.* נָשַׁב, הִפִּיחַ [נפח], עִשֵּׁן, הִתְנַפֵּחַ [נפח]
pugilism, *n.* אֶגְרוֹפָנוּת
pugilist, *n.* אֶגְרוֹפָן
pugnacious, *adj.* שׁוֹאֵף קְרָבוֹת, אוֹהֵב מִלְחָמָה
puissance, *n.* עָצְמָה; מַעֲצָמָה
puke, *v.i.* הֵקִיא [קיא]
pull, *n.* מְשִׁיכָה; הַשְׁפָּעָה
pull, *v.t.* & *i.* מָשַׁךְ, סָחַב, עָקַר, תָּלַשׁ; חָתַר (בְּמָשׁוֹט)
pullet, *n.* פַּרְגִּית, תַּרְנְגֹלֶת צְעִירָה
pulley, *n.* גַּלְגִּלָּה
pulp, *n.* בְּשַׂר הַפְּרִי; בְּלִילָה; רְבִיכָה; מִקְפָּא
pulpit, *n.* דּוּכָן, בִּימָה
pulsate, *v.i.* נָקַף, דָּפַק (לֵב)

pulsation, ***n.*** נְקִיפָה, דְּפִיקָה (לֵב)
pulse, ***n.*** נְקִיפָה, דֹּפֶק
pulverize, ***v.t. & i.*** שָׁחַק, כָּתַת, דָּקַק, טָחַן
pumice, ***n.*** אֶבֶן סְפוֹג
pump, ***n.*** מַשְׁאֵבָה
pump, ***v.t.*** שָׁאַב
pumpkin, ***n.*** דְּלַעַת
pun, ***n.*** מִשְׂחַק מִלִּים, לָשׁוֹן נוֹפֵל עַל לָשׁוֹן
punch, ***v.t.*** חָרַר, נִקֵּב; אִגְרֵף
punch, ***n.*** מַכַּת אֶגְרוֹף; מַקָּב; שִׁקּוּי יַיִן וּפֵרוֹת
punctilious, ***adj.*** דַּיְקָנִי, קַפְּדָנִי
punctual, ***adj.*** מְדַיֵּק, דַּיְקָן
punctuality, ***n.*** דַּיְקָנוּת, דִּיּוּק
punctually, ***adv.*** בְּדִיּוּק
punctuate, ***v.t.*** נִקֵּד
punctuation, ***n.*** נִקּוּד, סִימָנֵי פִּסּוּק
puncture, ***n.*** תֶּקֶר, נְקִירָה, נֶקֶר
puncture, ***v.t.*** נָקַר, דָּקַר
pungency, ***n.*** חֲרִיפוּת
pungent, ***adj.*** חָרִיף, חַד
punish, ***v.t.*** עָנַשׁ
punishment, ***n.*** עֹנֶשׁ
punitive, ***adj.*** שֶׁל עֲנָשִׁים
punt, ***n.*** סִירַת מוֹטוֹת; בְּעִיטָה (כַּדּוּרֶגֶל)
punt, ***v.t. & i.*** חָתַר בְּמוֹט; בָּעַט (כַּדּוּרֶגֶל)
puny, ***adj.*** רָפֶה, חַלָּשׁ, פָּחוּת, פָּעוּט
pup, ***n.*** גּוּר (כְּלָבִים)
pupa, ***n.*** גֹּלֶם
pupil, ***n.*** אִישׁוֹן, בָּבָה; חָנִיךְ, תַּלְמִיד
puppet, ***n.*** בֻּבָּה
puppy, ***n.*** כְּלַבְלָב
purblind, ***adj.*** קְצַר רְאִיָּה; חֲסַר בִּינָה
purchase, ***n.*** קְנִיָּה; מִקָּחָה
purchase, ***v.t.*** קָנָה, רָכַשׁ, הִשִּׂיג (נשג); הֵרִים [רום] (בְּמָנוֹף)
purchaser, ***n.*** קוֹנֶה
pure, ***adj.*** טָהוֹר, נָקִי, זַךְ, צַח; בַּר לֵבָב
purée, ***n.*** דַּיְסָה
purely, ***adv.*** אַךְ וְרַק, לַחֲלוּטִין
pureness, ***n.*** טֹהַר נִקָּיוֹן, בֹּר (לֵבָב), זֹךְ
purgative, ***adj.*** מְשַׁלְשֵׁל
purgatory, ***n.*** גֵּיהִנֹּם, תָּפְתֶּה, שְׁאוֹל
purge, ***n.*** מְשַׁלְשֵׁל; טִהוּר
purge, ***v.t. & i.*** שִׁלְשֵׁל; טִהֵר
purification, ***n.*** טִהוּר, נִקּוּי, טָהֳרָה
purify, ***v.t.*** טִהֵר; זִכֵּךְ; צֵרַף, זִקֵּק
purism, ***n.*** טַהֲרָנוּת (בַּלָּשׁוֹן)
purity, ***n.*** טָהֳרָה, נִקָּיוֹן, זַכּוּת
purloin, ***v.t.*** גָּנַב
purple, ***adj.*** אַרְגְּמָנִי
purple, ***n.*** אַרְגָּמָן, אַרְגְּוָן
purport, ***n.*** מוּבָן, כַּוָּנָה
purpose, ***n.*** תַּכְלִית, מַטָּרָה
purr, pur, ***n.*** רִנְרוּן (חָתוּל)
purr, pur, ***v.t. & i.*** רִנְרֵן
purse, ***n.*** אַרְנָק, חָרִיט; פְּרָס, גְּמָלָה
purse, ***v.t.*** שָׂם [שים] בְּאַרְנָק; קָמַט, כִּוֵּץ
purser, ***n.*** גִּזְבַּר בָּאֳנִיָּה
pursue, ***v.t. & i.*** רָדַף; הִתְמִיד [תמד], הִמְשִׁיךְ [משך], עִקֵּב
pursuit, ***n.*** רְדִיפָה; מִשְׁלַח יָד, עֵסֶק
purvey, ***v.t. & i.*** סִפֵּק
purveyance, ***n.*** אַסְפָּקָה, סִפּוּק
purveyor, ***n.*** סַפָּק
pus, ***n.*** מֻגְלָה
push, ***n., v.t. & i.*** דְּחִיפָה; דָּחַף, הָדַף; הֵאִיץ [אוץ], הֵחִישׁ [חוש]; נִדְחַק [דחק]
pusillanimity, ***n.*** מֹרֶךְ לֵב, פַּחְדָנוּת
pusillanimous, ***adj.*** מוּג (רַךְ) לֵב, פַּחְדָן
puss, pussy, ***n.*** חָתוּל, חֲתוּלָה

put, *v.t.* שָׂם [שים], שָׁת [שית], נָתַן, שָׁפַת (סִיר), הִנִּיחַ [נוח], הִשְׁכִּיב [שכב]

put in הִכְנִיס [כנס]; בָּא [בוא]

put off דָּחָה; פָּשַׁט

put on לָבַשׁ, נָעַל

put out גֵּרַשׁ, הוֹצִיא [יצא]; הִרְגִּיז [רגז]; כִּבָּה; נִקֵּר

put through בִּצֵּעַ

putrefaction, *n.* מַק, רִקָּבוֹן

putrefy, *v.t.* & *i.* רָקַב, הִרְקִיב [רקב]

putrid, *adj.* מַבְאִישׁ

putty, *n.* & *v.t.* מֶרֶק, טְפֹלֶת, טֶפֶל; טָפַל

puzzle, *n.* חִידָה, מְבוּכָה

puzzle, *v.t.* & *i.* הִפְלִיא [פלא], חָד [חוד]; הָיָה נָבוֹךְ

pygmy, *n.* & *adj.* גַּמָּד, נַנָּס; אֶצְבְּעוֹנִי

pyjamas, *v.* pajamas

pylon, *n.* שַׁעַר

pyramid, *n.* הָרָם, חַדּוּדִית

pyre, *n.* מִשְׂרֶפֶת, מְדוּרָה

pyromania, *n.* שְׁטוּחַ בָּאֵשׁ, שִׁגָּעוֹן הַצָּתָה

python, *n.* פֶּתֶן

Q, q

Q, q, *n.* קְיוּ, הָאוֹת הַשְּׁבַע עֶשְׂרֵה בָּאָלֶף בֵּית הָאַנְגְּלִי

quack, *n.* קִרְקוּר; רַמַּאי; רוֹפֵא אֱלִיל

quack, *v.t.* קִרְקֵר; רִמָּה

quackery, *n.* מִרְמָה, תַּרְמִית, רַמָּאוּת

quadrangle, *n.* מְרֻבָּע

quadrant, *n.* רְבִיעַ, רֶבַע הָעִגּוּל (הַמַּעְגָּל)

quadrate, *v.t.* & *i.* רִבֵּעַ; הִתְאִים [תאם], הִקְבִּיל [קבל]

quadrennial, *adj.* בֶּן (שֶׁל) אַרְבַּע שָׁנִים, אַחַת לְאַרְבַּע שָׁנִים

quadrilateral, *adj.* מְרֻבָּע, מְרֻבַּע הַצְּלָעוֹת

quadruped, *adj.* & *n.* בַּעַל אַרְבַּע רַגְלַיִם, הוֹלֵךְ עַל אַרְבַּע

quadruple, *adj.* & *adv.* כָּפוּל אַרְבָּעָה, אַרְבַּעְתַּיִם, פִּי אַרְבָּעָה

quadruple, *v.t.* & *i.* הִכְפִּיל [כפל] פִּי אַרְבָּעָה

quaff, *n.* לְגִימָה

quaff, *v.t.* & *i.* גָּמַע

quagmire, *n.* בִּצָּה, אֶרֶץ הַבֹּץ

quail, *n.* שְׂלָו, סְלָו

quaint, *adj.* מוּזָר, יָשָׁן

quake, *n.* רְעִידָה, רַעַד, רַעַשׁ, חֲרָדָה

quake, *v.i.* רָעַד, רָעַשׁ, הִתְגָּעֵשׁ [געש]

qualification, *n.* תְּכוּנָה; מִדָּה; תְּנַאי

qualify, *v.t.* אִיֵּךְ, הִכְשִׁיר [כשר]; אִפְיֵן

qualitative, *adj.* אֵיכוּתִי

quality, *n.* אֵיכוּת, מִין, סוּג

qualm, *n.* מוּסַר כְּלָיוֹת, בְּחִילָה

quandry, *n.* מְבוּכָה, פִּקְפּוּק

quantitative, *adj.* כַּמּוּתִי, סְכוּמִי

quantity, *n.* כַּמּוּת, סְכוּם

quarantine, *n.* & *v.t.* הֶסְגֵּר; הִסְגִּיר [סגר]

quarrel, *n.* & *v.i.* רִיב, מְרִיבָה, קְטָטָה, מָדוֹן, מַחֲלֹקֶת; רָב [ריב], הִתְקוֹטֵט [קטט]

quarrelsome, *adj.* יָרִיב, אִישׁ מָדוֹן

quarry, *n.* & *v.t.* מַחְצָבָה; חָצַב אֲבָנִים

quart, *n.* רְבִיעִית, קְוַרְט (שְׁנֵי פִּינְטִים)
quarter, *n.* רֶבַע; רֹבַע; שְׁכוּנָה
quarter, *v.t.* & *i.* חִלֵּק לְאַרְבָּעָה; הִשְׁכִּין [שכן], אִכְסֵן
quarterly, *n.* & *adj.* רִבְעוֹן; שֶׁל רֶבַע
quarterly, *adv.* פַּעַם בִּשְׁלֹשָׁה חֳדָשִׁים
quartermaster, *n.* אַפְסְנַאי
quartet, quartette, *n.* רְבִיעִיָּה
quarto, *n.* תַּבְנִית רָבוּעַ (4°)
quartz, *n.* חַלָּמִישׁ
quash, *v.t.* בִּטֵּל, שָׂם [שים] קֵץ
quaver, *n.* רֶטֶט, סִלְסוּל
quaver, *v.t.* רָעַד, סִלְסֵל
quay, *n.* רָצִיף
queasy, *adj.* בּוֹחֵל
queen, *n.* מַלְכָּה
queer, *adj.* מְשֻׁנֶּה, מוּזָר
quell, *v.t.* הִכְרִיעַ [כרע], הִכְנִיעַ [כנע], הִשְׁקִיט [שקט]
quench, *v.t.* כִּבָּה; שָׁבַר (צָמָא)
querulous, *adj.* קוֹבֵל, מִתְלוֹנֵן
query, *n.* שְׁאֵלָה; סִימַן שְׁאֵלָה
query, *v.t.* שָׁאַל, חָקַר; הֵטִיל [נטל] סָפֵק
quest, *n.* בַּקָּשָׁה, מִשְׁאָלָה, חֲקִירָה, חִפּוּשׂ
quest, *v.t.* & *i.* שִׁחֵר, בִּקֵּשׁ, חִפֵּשׂ
question, *n.* שְׁאֵלָה, קֻשְׁיָה, בְּעָיָה
question, *v.t.* & *i.* שָׁאַל, חָקַר, הִרְהֵר
question mark סִימַן שְׁאֵלָה (?)
questionnaire, *n.* שְׁאֵלוֹן
queue, *n.* תּוֹר, שׁוּרָה
quibble, *n.* פִּלְפּוּל
quibble, *v.i.* הִתְפַּלְפֵּל [פלפל]
quick, *adj.* זָרִיז, מָהִיר
quick, *adv.* חִישׁ, מַהֵר, מְהֵרָה
quicken, *v.t.* & *i.* הֶחֱיָה [חיה], מִהֵר, הֵחִישׁ [חיש], זֵרֵז

quickly, *adv.* מַהֵר, מְהֵרָה
quickness, *n.* זְרִיזוּת, מְהִירוּת
quicksilver, *n.* כַּסְפִּית, כֶּסֶף חַי
quiesce, *v.i.* הֶחֱרִישׁ [חרש]
quiescence, *n.* שַׁלְוָה
quiescent, *adj.* נִרְגָּע; נִבְלָע (דִּקְדּוּק)
quiet, *n.* שֶׁקֶט
quiet, *v.t.* & *i.* הִשְׁתִּיק [שתק], הִשְׁקִיט [שקט], הִרְגִּיעַ [רגע]
quietly, *adv.* בִּמְנוּחָה, בְּשֶׁקֶט
quietude, *n.* מְנוּחָה, דְּמָמָה
quietus, *n.* סוֹף, מָוֶת
quill, *n.* נוֹצָה, מוֹךְ
quilt, *n.* שְׂמִיכָה
quince, *n.* חַבּוּשׁ
quinine, *n.* כִּינִין
quinsy, *n.* אַסְכָּרָה
quintessence, *n.* תַּמְצִית
quintet, quintette, *n.* חֲמִישִׁיָּה
quintuple, *adj.* כָּפוּל חָמֵשׁ, פִּי חָמֵשׁ
quintuplet, *n.* חֲמִישִׁיָּה
quip, *n.* לִגְלוּג, עֲקִיצָה
quit, *v.t.* עָזַב, נָטַשׁ
quit, *adj.* מְפֻטָּר, מְשֻׁחְרָר
quite, *adv.* לְגַמְרֵי, בְּהֶחְלֵט
quitter, *n.* מִשְׁתַּמֵּט, רַךְ לֵב
quiver, *n.* רַעַד, פִּרְפּוּר
quiver, *v.i.* רָעַד, הִזְדַּעְזַע [זעזע]
quiver, *n.* תְּלִי, אַשְׁפָּה
quixotic, *adj.* דִּמְיוֹנִי, קִישׁוֹטִי
quiz, *n.* חִידוֹן; מִבְחָן; צְחוֹק
quiz, *v.t.* בָּחַן; לִגְלֵג
quorum, *n.* מִנְיָן
quota, *n.* מִכְסָה
quotation, *n.* הֲבָאָה, מַרְאֵה מָקוֹם, מוּבָאָה, סַעַד, צִיטָטָה
quote, *n.* & *v.t.* הֵבִיא [בא] סַעַד, צִטֵּט
quotient, *n.* חֵלֶק, מָנָה

R, r

R, r, *n.* אַר, הָאוֹת הַשְּׁמוֹנֶה עֶשְׂרֵה בָּאָלֶף־בֵּית הָאַנְגְּלִי

rabbi, *n.* רַב

rabbinical, rabbinic, *adj.* רַבָּנִי

rabbit, *n.* שָׁפָן

rabble, *n.* אֲסַפְסוּף

rabid, *adj.* מִתְאַנֵּף, מִתְגָּעֵשׁ

rabies, *n.* כַּלֶּבֶת

race, *n.* גֶּזַע

race, *n.* הִתְחָרוּת, מֵרוּץ

race, *v.t.* & *i.* רָץ [רוץ]; הִתְחָרָה [חרה], הֵרִיץ [רוץ]

racial, *adj.* גִּזְעִי

rack, *n.* קֹלֶב; דְּפוּפָה; פַּס שִׁנַּיִם (בִּמְכוֹנָה); סַד

racket, *n.* כַּף, מַחְבֵּט; הֲמֻלָּה; רַמָּאוּת

racketeer, *n.* רַמַּאי, שׁוֹדֵד

racy, *adj.* חָרִיף, חַד

radar, *n.* מַכָּ"ם, מַכְשִׁירֵי כִּוּוּן וּמֶרְחָק

radiance, radiancy, *n.* זֹהַר

radiant, *adj.* מַזְהִיר, מַקְרִין

radiate, *v.t.* & *i.* הִקְרִין [קרן]

radiation, *n.* הַקְרָנָה

radiator, *n.* מַקְרֵן

radical, *adj.* יְסוֹדִי; קִיצוֹנִי; שָׁרְשִׁי

radical, *n.* קִיצוֹנִי; שֹׁרֶשׁ, אוֹת שָׁרְשִׁית (דִּקְדּוּק); סִימַן הַשֹּׁרֶשׁ ($\sqrt{\ }$)

radicalism, *n.* קִיצוֹנִיּוּת

radio, *n.* רַדְיוֹ, אַלְחוּט

radioactive, *adj.* פְּעִיל הַקְרָנָה

radiogram, *n.* מִבְרָק אַלְחוּטִי

radiology, *n.* תּוֹרַת הַהַקְרָנָה

radiotelegraph, *n.* מִבְרָק אַלְחוּטִי

radiotherapy, *n.* רִפּוּי בְּאוֹרִית

radish, *n.* צְנוֹן, צְנוֹנִית

radium, *n.* אוֹרִית

radius, *n.* מָחוֹג, חֲצִי קֹטֶר, קֶרֶן; תְּחוּם; עֶצֶם (בְּאַמַּת הַיָּד), הַקָּנֶה הַגָּדוֹל

radix, *n.* שֹׁרֶשׁ

raffle, *n.* הַגְרָלָה; גּוֹרָל, פַּיִס, פּוּר

raffle, *v.t.* הִגְרִיל [גרל], הִפִּיל [נפל] גּוֹרָל

raft, *n.* דֹּבְרָה, רַפְסוֹדָה

rafter, *n.* אֲצִילָה, כָּפִיס, קוֹרַת גַּג

rag, *n.* סְמַרְטוּט, בְּלָאָה, סְחָבָה

ragamuffin, *n.* (בַּעַל) לְבוּשׁ בְּלָאִים, רֵיקָא, פּוֹחֵז, בְּלִיַּעַל

rage, *n.* חָרוֹן, כַּעַס, חֳרִי אַף

rage, *v.t.* זָעַף, הִתְקַצֵּף [קצף], הִתְגָּעֵשׁ [געש]

ragged, *adj.* בָּלוּי, לָבוּשׁ בְּלָאוֹת

raid, *n.* פְּשִׁיטָה, הִתְנַפְּלוּת

raid, *v.t.* פָּשַׁט עַל

rail, *n.* מַעֲקֶה, גָּדֵר, שְׂבָכָה, סָרִיג; פַּס בַּרְזֶל

rail, *v.t.* & *i.* גִּדֵּף, לָעַג; סָרַג; שָׁלַח בִּמְסִלַּת בַּרְזֶל

railing, *n.* מַעֲקֶה; פַּסֵּי בַּרְזֶל

railroad, railway, *n.* מְסִלַּת בַּרְזֶל

raiment, *n.* לְבוּשׁ, מַלְבּוּשׁ

rain, *n.* גֶּשֶׁם, מָטָר, יוֹרֶה (גֶּשֶׁם רִאשׁוֹן), מַלְקוֹשׁ (גֶּשֶׁם אַחֲרוֹן)

rain, *v.t.* & *i.* הִגְשִׁים [גשם], הִמְטִיר [מטר]

rainbow, *n.* קֶשֶׁת

raincoat, *n.* מְעִיל גֶּשֶׁם

raindrop, *n.* אֶגֶל, טִפַּת גֶּשֶׁם

rainfall, *n.* רְבִיעָה, יְרִידַת גְּשָׁמִים

rainy, *adj.* גָּשׁוּם, סַגְרִירִי

raise, *v.t.* הֵרִים [רום], הֶעֱלָה [עלה] (מְחִירִים); הֵנִיף [נוף] (דֶּגֶל); דָּלָה (מַיִם); זָקַף (רֹאשׁ); הֵקִים [קום] הִגְבִּיהַּ [גבה]; הֵעִיף [עוף] (עַיִן); גִּדֵּל (יְלָדִים); הִצְמִיחַ [צמח]; רִבָּה (מִקְנֶה); הִשִּׂיג [נשג] (כְּסָפִים); עוֹרֵר [עור] (תִּקְוָה, שְׁאֵלָה)

raise, *n.* הֲרָמָה; הוֹסָפָה, תּוֹסֶפֶת

raisin, *n.* צִמּוּק

rake, *n.* מֻפְקָר; מַגְרֵפָה; מַחְתָּה

rake, *v.t. & i.* הִתְפַּקֵּר [פקר]; גָּרַף, אָסַף; חָתָה

rally, *n.* מִפְגָּשׁ; הִתְעוֹרְרוּת, הִתְאַמְּצוּת; הִתְאוֹשְׁשׁוּת, הִתְעוֹדְדוּת

rally, *v.t. & i.* הִתְאַחֵד [אחד] (מֵחָדָשׁ), הִתְעוֹרֵר [עור]; קִבֵּץ; הִתְאוֹשֵׁשׁ [אשש], הִתְעוֹדֵד [עדד]

ram, *n.* רְאֵם; עַתּוּד; אַיִל; מַזַּל טָלֶה

ram, *v.t.* נָגַח; תָּקַע, אִיֵּל, תָּחַב, דָּחַף

ramble, *n.* הִתְשׁוֹטְטוּת, הִשְׂתָּרְכוּת

ramble, *v.i.* שׁוֹטֵט [שוט], נָדַד

rambler, *n.* מְשׁוֹטֵט, נוֹדֵד

ramification, *n.* הִסְתָּעֲפוּת, הִתְפַּצְּלוּת; עֳפִי, עָנָף

ramify, *v.t. & i.* הִסְתָּעֵף [סעף], הִתְפַּצֵּל [פצל]

ramp, *n.* שִׁפּוּעַ, מַעֲבָר מִדְרוֹנִי; סוֹלְלָה

ramp, *v.i.* זִנֵּק; טִפֵּס (צֶמַח); עָמַד עַל רַגְלָיו (לַיִשׁ)

rampage, *n.* הִתְנַהֲגוּת פְּרוּעָה

rampant, *adj.* פָּרוּעַ, עוֹבֵר גְּבוּל

rampart, *n.* סוֹלְלָה, דָּיֵק

ramshackle, *adj.* רָעוּעַ

ranch, *n.* חַוָּה

rancid, *adj.* מְקֻלְקָל, נֶאֱלָח

rancor, rancour, *n.* אֵיבָה, שִׂטְנָה

random, *adj.* מִקְרִי, לְלֹא מַטָּרָה

random, *n.* הִזְדַּמְּנוּת, מִקְרֶה

range, *n.* שׁוּרָה, שַׁלְשֶׁלֶת (הָרִים); מִרְעֶה; מַעֲרָכָה; סֵדֶר; כִּירָה

range, *v.t. & i.* סִדֵּר, מִיֵּן; הִתְיַצֵּב [יצב] בְּמַעֲרָכָה; הִתְפַּשֵּׁט [פשט], הִשְׂתָּרַע [שרע]

rank, *adj.* סָרוּחַ, נִבְאָשׁ; פָּרוּעַ; נֶאֱלָח

rank, *n.* שׁוּרָה, דַּרְגָּה, תּוֹר (חַיָּלִים)

rank, *v.t. & i.* הֶעֱמִיד [עמד] בְּשׁוּרָה

ransack, *n.* מְשִׁסָּה

ransack, *v.t. & i.* בָּזַז, שָׁלַל

ransom, *n.* כֹּפֶר, פִּדְיוֹן

ransom, *v.t.* נָתַן כֹּפֶר

rant, *v.i.* צָרַח, צָוַח

rap, *n.* דְּפִיקָה

rap, *v.t. & i.* דָּפַק, הִתְדַּפֵּק [דפק]

rapacious, *adj.* חַמְסָנִי, גַּזְלָנִי; לָהוּט, חַמְדָן

rape, *n.* אֹנֶס; לֶפֶת

rape, *v.t.* אָנַס

rapid, *adj. & n.* מָהִיר; אֲשֵׁדָה

rapidity, *n.* מְהִירוּת

rapture, *n.* אֹשֶׁר

rare, *adj.* נָדִיר, יְקַר הַמְּצִיאוּת; נָא, צָלוּי לְמֶחֱצָה

rarefy, *v.t. & i.* הִתְקַלֵּשׁ [קלש], דִּקֵּק

rarely, *adv.* לְעִתִּים רְחוֹקוֹת

rarity, *n.* נְדִירוּת

rascal, *n.* נָבָל

rash, *adj.* נִמְהָר, פָּזִיז

rash, *n.* תִּפְרַחַת (עוֹר)

rasp, *n.* מְשִׁיפָה

rasp, *v.t. & i.* גֵּרֵד, שָׁף [שוף]

raspberry, *n.* פֶּטֶל, תּוּת

rat, *n.* עַכְבְּרוֹשׁ, חֻלְדָּה

rate, *n.* מְחִיר, עֵרֶךְ; שִׁעוּר, קֶצֶב

rate, *v.t. & i.* נָזַף; אָמַד; הֶעֱרִיךְ [ערך]

rather, *adv.* לְהֶפֶךְ, מוּטָב שֶׁ־; מְאֹד, בְּמִדָּה יְדוּעָה
ratification, *n.* אִשּׁוּר, קִיּוּם
ratify, *v.t.* אִשֵּׁר, קִיֵּם
rating, *n.* הַעֲרָכָה; מַדְרֵגָה; גְּעָרָה
ratio, *n.* עֵרֶךְ, יַחַס
ration, *n.* מָנָה
ration, *v.t.* קָצַב, חִלֵּק
rational, *adj.* שִׂכְלִי, שִׂכְלְתָנִי
rationalism, *n.* שִׂכְלְתָנוּת
rationalize, *v.t.* שָׂכַל, הִשְׂכִּיל [שכל]
rattle, *n.* רַעֲשָׁן, רַעַשׁ; קִשְׁקוּשׁ, קַשְׁקָשָׁה
rattle, *v.t.* & *i.* קִשְׁקֵשׁ, דִּבֵּר מַהֵר; הֵבִיךְ [בוך]
rattlesnake, *n.* עֶכֶס, עֶכֶן
raucous, *adj.* צָרוּד, נָחָר
ravage, *n.* חֻרְבָּן, שׁוֹאָה
ravage, *v.t.* הֶחֱרִיב [חרב] הִשְׁחִית [שחת]
rave, *v.i.* הִשְׁתּוֹלֵל [שלל], דִּבֵּר מִתּוֹךְ הֲזָיָה (שִׁגָּעוֹן), הִשְׁתַּגַּע [שגע]; הִתְמַרְמֵר [מרמר]
ravel, *n.* סְבַךְ (חוּטִים), תִּסְבֹּכֶת
ravel, *v.t.* & *i.* סִבֵּךְ, הִסְתַּבֵּךְ [סבך]
raven, *n.* עוֹרֵב
ravenous, *adj.* זוֹלֵל, גַּרְגְּרָן
ravine, *n.* גַּיְא
ravish, *v.t.* אָנַס; לִבֵּב, קָסַם
ravishment, *n.* קְסִימָה, לִבּוּב; אִנּוּס
raw, *adj.* סַגְרִירִי (אֲוִיר); חַי (בָּשָׂר), בִּלְתִּי מְבֻשָּׁל; גָּלְמִי; גַּס (חֹמֶר); בִּלְתִּי מְחֻנָּךְ
ray, *n.* קֶרֶן אוֹר; שֶׁמֶץ
rayon, *n.* זְהוֹרִית
raze, *v.t.* עֵרָה; מָחָה, מָחַק
razor, *n.* מַגְלֵחַ, מְכוֹנַת (תַּעַר) גִּלּוּחַ, מוֹרָה

reach, *v.t.* & *i.* הִגִּיעַ [נגע], הִשִּׂיג [נשג]; הוֹשִׁיט [ישט] יָד
react, *v.i.* הֵגִיב [גוב], הִתְפָּעֵל [פעל]
reaction, *n.* תְּגוּבָה, פְּעֻלָּה (הַשְׁפָּעָה) חוֹזֶרֶת, נְסִיגָה
reactionary, *adj.* & *n.* נָסוֹג אָחוֹר
read, *v.t.* & *i.* קָרָא, הִקְרִיא [קרא]
reader, *n.* קוֹרֵא, מִקְרָאָה
readily, *adv.* בְּרָצוֹן, בְּחֵפֶץ לֵב; מִיָּד, בִּמְהִירוּת
readiness, *n.* נְכוֹנוּת
reading, *n.* קְרִיאָה, הַקְרָאָה
readjust, *v.t.* סִגֵּל שֵׁנִית
readjustment, *n.* הִסְתַּגְּלוּת, סִגּוּל מֵחָדָשׁ
ready, *adj.* מוּכָן, מְזֻמָּן
reagent, *n.* מַפְעִיל, מְעוֹרֵר
real, *adj.* אֲמִתִּי, מַמָּשִׁי
real estate, *n.* נִכְסֵי דְלָא נָיְדֵי, מְקַרְקְעִים
realistic, *adj.* מְצִיאוּתִי, מַמָּשִׁי
reality, *n.* מְצִיאוּת, מַמָּשׁוּת
realization, *n.* הִתְגַּשְּׁמוּת
realize, *v.t.* הִגְשִׁים [גשם], הִשִּׂיג [נשג]
really, *adv.* בֶּאֱמֶת
realm, *n.* מַמְלָכָה; תְּחוּם
realty, *n.* נִכְסֵי דְלָא נָיְדֵי
ream, *n.* חֲבִילַת נְיָר, רִים
ream, *v.t.* קִדֵּד
reamer, *n.* מַקְדֵּד
reap, *v.t.* קָצַר, אָסַף
reaper, *n.* קוֹצֵר; מַקְצֵרָה
reappear, *v.i.* הוֹפִיעַ [יפע] שׁוּב
rear, *adj.* אֲחוֹרִי, אֲחוֹרַנִּי
rear, *n.*, *v.t.* & *i.* אָחוֹר; רוֹמֵם [רום]; גִּדֵּל, רִבָּה, חִנֵּךְ; הִתְרוֹמֵם [רום] (סוּס), עָמַד עַל רַגְלָיו הָאֲחוֹרִיּוֹת
rearm, *v.t.* זִיֵּן, הִזְדַּיֵּן [זין] מֵחָדָשׁ
reason, *n.* בִּינָה; טַעַם, סִבָּה; דַּעַת

reason, *v.t.* & *i.* חָשַׁב, הִתְוַכֵּחַ [וכח]
reasonable, *adj.* צוֹדֵק, שִׂכְלִי
reassure, *v.t.* הִבְטִיחַ [בטח] מֵחָדָשׁ
rebate, *n.* הֲנָחָה
rebate, *v.t.* הוֹרִיד [ירד] מֵהַמְּחִיר
rebel, *adj.*, *n.* & *v.i.* מוֹרֵד; מָרַד
rebellion, *n.* מֶרֶד, הִתְקוֹמְמוּת
rebellious, *adj.* מוֹרֵד
rebirth, *n.* תְּחִיָּה
rebound, *n.* & *v.i.* הֵד, בַּת קוֹל; קְפִיצָה אֲחוֹרָה; הִדְהֵד; קָפַץ לְאָחוֹר
rebuff, *n.* דְּחִיפָה, סֵרוּב
rebuild, *v.t.* בָּנָה שֵׁנִית
rebuke, *n.* & *v.t.* נְזִיפָה, גְּעָרָה; גָּעַר
rebut, *v.t.* & *i.* הֵזֵם [זמם], סָתַר
rebuttal, *n.* הֲזָמָה
recalcitrant, *adj.* מַמְרֶה
recall, *v.t.* הִזְכִּיר [זכר]; נִזְכַּר [זכר], הֵשִׁיב [שוב], הֶחֱזִיר [חזר]
recall, *n.* הַחֲזָרָה, הֲשָׁבָה
recantation, *n.* חֲרָטָה
recapitulate, *v.t.* סִכֵּם
recapitulation, *n.* סִכּוּם
recapture, *v.t.* חָזַר וְלָכַד
recast, *v.t.* יָצַק שֵׁנִית
recede, *v.i.* נָסוֹג, נִרְתַּע [רתע]
receipt, *n.* קַבָּלָה
receive, *v.t.* קִבֵּל
recent, *adj.* חָדָשׁ, בָּא מִקָּרוֹב
receptacle, *n.* כְּלִי, בֵּית קִבּוּל
reception, *n.* קַבָּלַת פָּנִים
receptivity, *n.* קַבְּלוֹן, תְּפִיסָה
recess, *n.* הַפְסָקָה; מִשְׁקָע; מַחֲבוֹא
recipe, *n.* תְּרוּפָה; מִרְשָׁם; פִּרְטָה
recipient, *adj.* & *n.* מְקַבֵּל
reciprocal, *adj.* הֲדָדִי
reciprocate, *v.t.* & *i.* גָּמַל, הֵשִׁיב [שוב]
reciprocation, reciprocity, *n.* הֲדָדִיּוּת
recital, *n.* מֵיפָע
recitation, *n.* הַקְרָאָה
recite, *v.t.* & *i.* סִפֵּר, אָמַר בְּעַל פֶּה, הִקְרִיא [קרא]
reckless, *adj.* נִמְהָר, אִי זָהִיר, פָּזִיז
reckon, *v.t.* & *i.* חָשַׁב, הִתְחַשֵּׁב [חשב], סָמַךְ עַל
reclaim, *v.t.* תָּבַע בַּחֲזָרָה, הִשְׁבִּיחַ [שבח]
reclamation, *n.* דְּרִישָׁה בַּחֲזָרָה; טִיּוּב
recline, *v.t.* & *i.* הִטָּה [נטה], הֵסֵב [סבב], שָׁכַב
recluse, *adj.* & *n.* בּוֹדֵד, מִתְבּוֹדֵד
recognition, *n.* הַכָּרָה, הוֹדָאָה
recognize, *v.t.* & *i.* הִכִּיר [נכר], הוֹדָה [ידה]
recoil, *n.* הֶרְתָּעָה
recoil, *v.t.* & *i.* נִרְתַּע [רתע]
recollect, *v.t.* & *i.* זָכַר; נִזְכַּר [זכר]
recollection, *n.* זִכָּרוֹן
recommence, *v.t.* & *i.* הִתְחִיל [תחל] שׁוּב
recommend, *v.t.* הִמְלִיץ [מלץ], יָעַץ
recommendation, *n.* הַמְלָצָה, עֵצָה
recompense, *n.* תַּגְמוּל, גְּמוּל
recompense, *v.t.* & *i.* גָּמַל
reconcile, *v.t.* הִשְׁלִים [שלם], פִּשֵּׁר
reconciliation, *n.* הִתְפַּשְּׁרוּת, הַשְׁלָמָה
recondition, *v.t.* חִדֵּשׁ
reconnaissance, reconnoissance, *n.* סִיּוּר, רִגּוּל
reconquer, *v.t.* כָּבַשׁ שֵׁנִית
reconsider, *v.t.* חָשַׁב שֵׁנִית
reconstruct, *v.t.* חָזַר וּבָנָה
reconstruction, *n.* בְּנִיָּה מְחֻדֶּשֶׁת
reconvene, *v.t.* & *i.* הִתְכַּנֵּס [כנס] שֵׁנִית, כִּנֵּס שֵׁנִית

record, *n.* זִכְרוֹן דְּבָרִים, רְשִׁימָה; תַּקְלִיט
record, *v.t.* רָשַׁם, הִקְלִיט [קלט]
recorder, *n.* מַזְכִּיר, רוֹשֵׁם; מַקְלִיט
record player מָקוֹל
recount, *v.t.* סִפֵּר בִּפְרוֹטְרוֹט; מָנָה שֵׁנִית
recoup, *v.t.* שִׁלֵּם (קִבֵּל) פִּצּוּיִים
recourse, *n.* מִפְלָט
recover, *v.t. & i.* הֵשִׁיב [שוב], רָכַשׁ שֵׁנִית; הִתְרַפֵּא [רפא], הִבְרִיא [ברא]; כִּסָּה (רִפֵּד) שֵׁנִית
recovery, *n.* הֲשָׁבַת אֲבֵדָה; הַבְרָאָה, הַחְלָמָה
recreate, *v.t.* שָׁב [שוב] וְיָצַר; שִׁעֲשַׁע
recreation, *n.* יְצִירָה מֵחָדָשׁ; מַרְגּוֹעַ; שַׁעֲשׁוּעַ
recriminate, *v.t. & i.* הֶאֱשִׁים [אשם] אֶת הַמַּאֲשִׁים
recrimination, *n.* הַאֲשָׁמָה נֶגְדִּית, הַאֲשָׁמַת הַמַּאֲשִׁים
recruit, *n.* טִירוֹן (צָבָא)
recruit, *v.t. & i.* גִּיֵּס, הֵרִים [רום] צָבָא; סָעַד לִבּוֹ; הִבְרִיא [ברא]; שָׁב [שוב] וְהִצְטַיֵּד [ציד]
rectangle, *n.* מְרֻבָּע, מַלְבֵּן
rectangular, *adj.* מְרֻבָּע, יְשַׁר זָוִית
rectification, *n.* יִשּׁוּר; תִּקּוּן; זִקּוּק, צְרִיפָה
rectify, *v.t.* תִּקֵּן; זִקֵּק, זִכֵּךְ
rectitude, *n.* יֹשֶׁר, תֹּם
rector, *n.* נָגִיד, נְגִיד מִכְלָלָה
rectum, *n.* חַלְחֹלֶת
recumbent, *adj.* שׁוֹכֵב
recuperate, *v.t. & i.* הִבְרִיא [ברא], הֶחֱלִים [חלם], שָׁב [שוב] לְאֵיתָנוֹ
recuperation, *n.* הַבְרָאָה, הַחְלָמָה
recur, *v.i.* שָׁב [שוב] וְחָזַר; נִשְׁנָה [שנה]; נִזְכַּר [זכר]
recurrence, *n.* שִׁיבָה, חֲזָרָה
red, *adj.* אָדֹם
red cross, *n.* הַצְּלָב הָאָדֹם
redden, *v.t. & i.* אִדֵּם, הִתְאַדֵּם [אדם], הִסְמִיק [סמק] הִסְתַּמֵּק [סמק]
reddish, *adj.* אֲדַמְדַּם, אַדְמוֹנִי
redeem, *v.t.* גָּאַל, מִלֵּא (הַבְטָחָה), פָּרַע (חוֹב)
redeemer, *n.* גּוֹאֵל, פּוֹדֶה, מוֹשִׁיעַ
redemption, *n.* גְּאֻלָּה, פִּדְיוֹן
redevelop, *v.t. & i.* פִּתַּח שֵׁנִית, הִתְפַּתֵּחַ [פתח] שֵׁנִית
redness, *n.* אֹדֶם, סֹמֶק, סִקְרָה
redolent, *adj.* רֵיחָנִי, נִיחוֹחִי
redouble, *v.t. & i.* גִּדֵּל, רִבָּה, הוֹסִיף [יסף], הִגְדִּיל [גדל]
redoubt, *n.* סוֹלְלָה
redress, *n.* פִּצּוּי; תִּקּוּן מְעֻוָּת
reduce, *v.t.* הִקְטִין [קטן], הִמְעִיט [מעט], הִפְחִית [פחת]
reduction, *n.* הֲנָחָה (מִמְּחִיר), הַפְחָתָה
redundant, *adj.* עוֹדֵף, מְיֻתָּר
re-echo, *n.* בַּת הֵד
re-echo, *v.t. & i.* הֵדֵּד (הִדְהֵד) שֵׁנִית
reed, *n.* סוּף, קָנֶה, אַגְמוֹן; אַבּוּב
reef, *n.* שֵׁן (צוּק) יָם
reek, *n.* בְּאֻשָׁה, סִרְחוֹן; עָשָׁן, הֶבֶל
reek, *v.i.* בָּאַשׁ, הִסְרִיחַ [סרח]; הֶהְבִּיל [הבל]
reel, *n.* סְלִיל, אַשְׁוָה
reel, *v.t. & i.* הִסְלִיל [סלל], כָּרַךְ (עַל סְלִיל); הִתְמוֹטֵט [מוט]
re-elect, *v.t.* בָּחַר שׁוּב
re-enter, *v.t. & i.* נִכְנַס [כנס] שׁוּב; הִכְנִיס [כנס] שׁוּב
re-establish, *v.t.* הֵקִים [קום] שׁוּב, יִסֵּד שׁוּב

refer, *v.t. & i.* יִחֵס, הִתְיַחֵס [יחס] לְ, הִפְנָה [פנה]
referee, *n.* בּוֹרֵר
reference, *n.* עִיּוּן; עִנְיָן, יַחַס; הַמְלָצָה
referendum, *n.* מִשְׁאַל עָם
refill, *v.t.* מִלֵּא שׁוּב
refine, *v.t. & i.* זִקֵּק, סִנֵּן, הִסְתַּנֵּן [סנן]
refinement, *n.* זִקּוּק; עֲדִינוּת
refinery, *n.* בֵּית זִקּוּק
refit, *v.t. & i.* הִתְקִין [תקן] שׁוּב
reflect, *v.t. & i.* הִקְרִין [קרן] (אֲחוֹרָה); חָשַׁב; בִּיֵּשׁ; הִשְׁתַּקֵּף [שקף]
reflection, reflexion, *n.* הַקְרָנָה; הִרְהוּר; עִיּוּן; הַאֲשָׁמָה; הִשְׁתַּקְּפוּת
reflector, *n.* מַחֲזִירוֹר, מַקְרִין
reflex, *n.* בָּבוּאָה; תְּנוּעָה שֶׁלֹּא מֵרָצוֹן
reforest, *v.t.* יִעֵר שׁוּב
reform, *v.t. & i.* תִּקֵּן; הִשְׁתַּנָּה [שנה] לְטוֹבָה, הֵיטִיב [יטב] דְּרָכוֹ
reformation, *n.* תִּקּוּן; שִׁנּוּי עֲרָכִין; תִּקּוּן (חִדּוּשׁ) הַדָּת
reformatory, *n.* בֵּית אֲסוּרִים לַעֲבַרְיָנִים צְעִירִים
reformer, *n.* מְתַקֵּן
refraction, *n.* תִּשְׁבֹּרֶת
refractory, *adj.* סוֹרֵר, סוֹרֵר וּמוֹרֶה
refrain, *n.* חֲזֶרֶת (שִׁיר)
refrain, *v.t. & i.* מָנַע, הִתְאַפֵּק [אפק]
refresh, *v.t. & i.* הֶחֱיָה [חיה], הִרְוָה [רוה]
refreshment, *n.* תִּקְרֹבֶת
refrigerate, *v.t.* קֵרֵר
refrigeration, *n.* קֵרוּר
refrigerator, *n.* מְקָרֵר
refuge, *n.* מִקְלָט
refugee, *n.* פָּלִיט
refulgent, *adj.* מַבְרִיק, מַזְהִיר
refund, *n.* כֶּסֶף מוּשָׁב
refund, *v.t.* הֶחֱזִיר [חזר] כֶּסֶף
refusal, *n.* סֵרוּב, מֵאוּן
refuse, *n.* פְּסֹלֶת, זֶבֶל
refuse, *v.t. & i.* סֵרֵב, מֵאֵן
refutation, *n.* דְּחִיָּה, הֲזַמָּה
refute, *v.t.* הִכְחִישׁ [כחש]
regain, *v.t.* רָכַשׁ שׁוּב
regal, *adj.* מַלְכוּתִי; מְפֹאָר
regale, *v.t. & i.* שִׁעֲשַׁע, הֶאֱכִיל [אכל] וְהִשְׁקָה [שקה], אָכַל וְשָׁתָה
regalia, *n. pl.* גִּנּוּנֵי (סִימָנֵי) מְלָכִים; תִּלְבֹּשֶׁת הוֹד
regard, *n.* כָּבוֹד, חִבָּה; יַחַס; דְּרִישַׁת (פְּרִיסַת) שָׁלוֹם; מַבָּט
regard, *v.t. & i.* חָשַׁב לְ־, הִתְבּוֹנֵן [בין], כִּבֵּד, שָׂם [שים] לֵב
regenerate, *adj.* מְחֻדָּשׁ
regeneration, *n.* הִתְחַדְּשׁוּת
regent, *n.* עוֹצֵר, שַׁלִּיט
regild, *v.t.* הִזְהִיב [זהב] שׁוּב
regime, *n.* שִׁלְטוֹן; מִנְהָלָה
regiment, *n.* גְּדוּד
region, *n.* אֵזוֹר; מָחוֹז
regional, *adj.* גְּלִילִי, מְחוֹזִי
register, *n.* רְשִׁימָה
register, *v.t.* רָשַׁם, נִרְשַׁם [רשם]; שָׁלַח (בַּדֹּאַר) בְּאַחֲרָיוּת
registered, *adj.* רָשׁוּם
registrar, *n.* רַשָּׁם, דַּפְתְּרָן
registration, *n.* רִשּׁוּם, הַרְשָׁמָה
registry, *n.* מְקוֹם הָרִשּׁוּם
regress, regression, *n.* נְסִיגָה לְאָחוֹר
regret, *n.* דַּאֲבוֹן; חֲרָטָה; צַעַר
regret, *v.t.* הִתְחָרֵט [חרט], הִצְטָעֵר [צער]
regretful, *adj.* מִצְטָעֵר
regular, *adj.* קָבוּעַ, רָגִיל, תַּקִּין
regularity, *n.* קְבִיעוּת

regulate, *v.t.* וִסֵּת, כִּוֵּן, סִדֵּר, הִסְדִּיר [סדר]
regulation, *n.* הֶסְדֵּר, וִסּוּת, סִדּוּר; חֹק; תַּקָּנָה
regulator, *n.* וַסָּת
regurgitate, *v.t.* & *i.* הֶעֱלָה [עלה] גֵּרָה, הֵקִיא [קיא]
rehabilitate, *v.t.* הֵשִׁיב [שוב] (כְּבוֹד אָדָם) לְקַדְמוּתוֹ
rehabilitation, *n.* הֲשָׁבַת כְּבוֹד אָדָם
rehearsal, *n.* שִׁנּוּן, חֲזָרָה
rehearse, *v.t.* שִׁנֵּן, חָזַר
reign, *n.* שִׁלְטוֹן, מְלוּכָה, מַלְכוּת
reign, *v.i.* מָלַךְ, מָשַׁל, שָׁלַט
reimburse, *v.t.* הֵשִׁיב [שוב], הֶחֱזִיר [חזר] (כֶּסֶף, וְכוּ׳), שִׁלֵּם בַּחֲזָרָה
reimbursement, *n.* תַּשְׁלוּם, הֲשָׁבַת מָמוֹן
rein, *n.* מוֹשְׁכָה (לְסוּס)
rein, *v.t.* & *i.* נָהַג בְּמוֹשְׁכוֹת
reincarnation, *n.* תְּחִיָּה, תְּחִיַּת הַנֶּפֶשׁ
reindeer, *n.* הָאַיָּל הַבֵּיתִי
reinforce, *v.t.* חִזֵּק
reins, *n. pl.* כְּלָיוֹת
reinstate, *v.t.* הֵשִׁיב [שוב] לְמַצָּבוֹ הַקּוֹדֵם, הֶחֱזִיר [חזר] לִמְקוֹמוֹ (מִשְׂרָתוֹ)
reinsure, *v.t.* בִּטַּח שׁוּב
reiterate, *v.t.* שָׁנָה, חָזַר עַל
reiteration, *n.* חֲזָרָה, שִׁנּוּן
reject, *v.t.* דָּחָה, פָּסַל, מֵאֵן
rejection, *n.* דְּחִיָּה, סֵרוּב, מֵאוּן
rejoice, *v.t.* & *i.* שִׂמַּח, שָׂמַח, שָׂשׂ [שיש], חָדָה
rejoicing, *n.* שָׂשׂוֹן, גִּילָה, שִׂמְחָה, דִּיצָה, חֶדְוָה
rejoin, *v.t.* & *i.* הִתְחַבֵּר [חבר] שׁוּב, הִצְטָרֵף [צרף] שׁוּב; הֵשִׁיב [שוב], עָנָה (בְּדִין)
rejoinder, *n.* מַעֲנֶה
rejuvenate, *v.t.* חִדֵּשׁ נְעוּרִים
rekindle, *v.t.* & *i.* הִבְעִיר [בער] שׁוּב, הִלְהִיב [להב] שׁוּב
relapse, *n.* נְסִיגָה, שִׁיבָה, הִשָּׁנוּת (חֳלִי)
relapse, *v.i.* חָזַר, שָׁב [שוב] חָלִי
relate, *v.t.* & *i.* הִגִּיד [נגד], סִפֵּר, יִחֵס; הִתְיַחֵס [יחס]
relation, *n.* שַׁיָּכוּת, יַחַס; שְׁאֵר בָּשָׂר, קִרְבָה (מִשְׁפָּחָה)
relationship, *n.* קִרְבָה, יַחַס, שַׁיָּכוּת
relative, *adj.* & *n.* יַחֲסִי; קָרוֹב, שְׁאֵר בָּשָׂר; כִּנּוּי שֵׁם
relatively, *adv.* בְּאֹפֶן יַחֲסִי
relativity, *n.* יַחֲסוּת
relax, *v.t.* & *i.* הִשְׁקִיט [שקט] (עֲצַבִּים), הֵקֵל [קלל], הִסִּיחַ [נסח] דַּעַת, נָח [נוח]
relaxation, *n.* מְנוּחָה (נַפְשִׁית), שֶׁקֶט, נֹפֶשׁ, הִנָּפְשׁוּת
relay, *v.t.* & *i.* הֶעֱבִיר [עבר], הֶחֱלִיף [חלף]; הִנִּיחַ [נוח] שׁוּב
release, *n.* פִּטּוּר; דְּרוֹר; שִׁחְרוּר
release, *v.t.* הִתִּיר [נתר]; שִׁחְרֵר
relegate, *v.t.* מָסַר; שִׁלַּח; הִגְלָה [גלה]
relentless, *adj.* אַכְזָרִי מְאֹד
relevance, relevancy, *n.* שַׁיָּכוּת, קֶשֶׁר
relevant, *adj.* שַׁיָּךְ
reliability, *n.* מְהֵימָנוּת, נֶאֱמָנוּת, הִסְתַּמְּכוּת
reliable, *adj.* מְהֵימָן, נֶאֱמָן, בֶּן סֶמֶךְ
reliance, *n.* בִּטָּחוֹן, אֵמוּן
relic, *n.* שָׂרִיד, מַזְכֶּרֶת
relict, *n.* אַלְמָנָה
relief, *n.* רְוָחָה, יֵשַׁע, סַעַד; תַּבְלִיט
relieve, *v.t.* מִלֵּא מָקוֹם, הֵקֵל [קלל] (כְּאֵב)
religion, *n.* דָּת, אֱמוּנָה

religious, *adj.* דָּתִי, אָדוּק, מַאֲמִין
relinquish, *v.t.* עָזַב, נָטַשׁ
relish, *n.* תַּבְלִין, תְּבָלִים; טַעַם
relish, *v.t. & i.* תִּבֵּל; הִתְעַנֵּג [ענג]
reluctance, *n.* אִי רָצוֹן
rely, *v.i.* בָּטַח, סָמַךְ, נִסְמַךְ [סמך]
remain, *v.i.* נִשְׁאַר [שאר], נוֹתַר [יתר]
remainder, *n.* שְׁאָר, שְׁאֵרִית, נוֹתָר
remains, *n. pl.* שְׁיָרִים
remand, *v.t.* עָצַר (אָדָם)
remark, *n. & v.t.* הֶעָרָה; הֵעִיר [עור]
remarkable, *adj.* מְצֻיָּן, נִפְלָא
remedy, *n. & v.t.* רְפוּאָה, תְּעָלָה, תְּרוּפָה; תַּקָּנָה; רִפֵּא; תִּקֵּן
remember, *v.t. & i.* זָכַר; נִזְכַּר [זכר]; דָּרַשׁ בִּשְׁלוֹמוֹ
remembrance, *n.* זֵכֶר; זִכָּרוֹן; מַזְכֶּרֶת
remind, *v.t.* הִזְכִּיר [זכר]
reminiscences, *n. pl.* זִכְרוֹנוֹת
reminiscent, *adj.* מַזְכִּיר
remiss, *adj.* מְפַגֵּר, רַשְׁלָנִי
remission, *n.* כַּפָּרָה, פִּטּוּר
remit, *v.t. & i.* יָרַד (חֹם), מָסַר (כֶּסֶף)
remnant, *n.* נוֹתָר, שְׁאֵרִית, פְּלֵטָה
remodel, *v.t.* חִדֵּשׁ אֶת פְּנֵי־
remonstrance, *n.* נְזִיפָה, תּוֹכֵחָה
remonstrate, *v.t.* מָחָה
remorse, *n.* חֲרָטָה, מוּסַר כְּלָיוֹת
remorseful, *adj.* מִתְחָרֵט
remote, *adj.* רָחוֹק; נִדָּח
removal, *n.* סִלּוּק, הֲסָרָה; הַעֲבָרָה
remove, *v.t. & i.* הֵסִיר [סור], הִרְחִיק [רחק], סִלֵּק, פִּנָּה; הֶעְתִּיק [עתק]
remunerate, *v.t.* שִׁלֵּם שָׂכָר
remuneration, *n.* גְּמוּל
renaissance, *n.* תְּחִיָּה
rend, *v.t. & i.* נִקְרַע [קרע], קָרַע; נִבְקַע [בקע], נִתְקַרַע [קרע]

render, *v.t.* נָתַן, הֵשִׁיב [שוב], מָסַר
rendezvous, *n.* יַעַד, רֵאָיוֹן, פְּגִישָׁה
rendezvous, *v.i.* רְאֲיֵן, הִתְוַעֵד [ועד]
rendition, *n.* הַסְבָּרָה
renegade, *n.* מוּמָר
renew, *v.t. & i.* חִדֵּשׁ, הִתְחַדֵּשׁ [חדש]
renewal, *n.* חִדּוּשׁ, הִתְחַדְּשׁוּת
renounce, *v.t. & i.* וִתֵּר, הֵפֵר
renovate, *v.t.* חִדֵּשׁ
renovation, *n.* חִדּוּשׁ, הִתְחַדְּשׁוּת
renovator, *n.* מְחַדֵּשׁ
renown, *n.* שֵׁמַע, פִּרְסוּם
rent, *n.* שְׂכִירוּת; קֶרַע; סֶדֶק
rent, *v.t. & i.* הִשְׂכִּיר [שכר], הֶחְכִּיר [חכר]; נִשְׂכַּר [שכר]
rental, *n.* חֲכִירָה
renunciation, *n.* וִתּוּר
reopen, *v.t. & i.* פָּתַח שׁוּב
reorganize, *v.t. & i.* אִרְגֵּן (הִתְאַרְגֵּן [ארגן], הִסְתַּדֵּר [סדר]) מֵחָדָשׁ
repair, *n.* תִּקּוּן, בֶּדֶק (בַּיִת)
repair, *v.t.* תִּקֵּן
reparation, *n.* פִּצּוּי
repartee, *n.* תְּשׁוּבָה (נִמְרָצָה) כַּהֲלָכָה
repast, *n.* אֲרֻחָה, סְעֻדָּה, כֵּרָה, מִשְׁתֶּה
repay, *v.t. & i.* הֵשִׁיב [שוב] גְּמוּל, שִׁלֵּם שׁוּב
repeal, *n. & v.t.* בִּטּוּל; בִּטֵּל
repeat, *n.* הֶדְרָן
repeat, *v.t. & i.* שָׁנָה, חָזַר עַל
repeatedly, *adv.* שׁוּב, לֹא פַּעַם
repel, *v.t. & i.* הָדַף, הֵשִׁיב [שוב] אָחוֹר
repellant, *adj.* דּוֹחֶה, מַבְחִיל
repent, *v.t. & i.* הִתְחָרֵט [חרט]; חָזַר בִּתְשׁוּבָה
repentance, *n.* חֲרָטָה, חֲזָרָה בִּתְשׁוּבָה
repentant, *adj.* מִתְחָרֵט, בַּעַל תְּשׁוּבָה

repercussion, *n.* הַרְתָּעָה, הֵד
repetition, *n.* חֲזָרָה, הִשָּׁנוּת
repine, *v.t.* & *i.* הִתְרַעֵם [רעם], קָבַל
replace, *v.t.* מִלֵּא מָקוֹם, הֶחֱלִיף [חלף]; הֵשִׁיב [שוב] לִמְקוֹמוֹ
replacement, *n.* חִלּוּף מָקוֹם, תְּמוּרָה; הֲשָׁבָה, הַחֲזָרָה
replenish, *v.t.* מִלֵּא מֵחָדָשׁ
replenishment, *n.* מִלּוּי (מִלּוֹא) מֵחָדָשׁ
replete, *adj.* מָלֵא וְגָדוּשׁ, מָלֵא וּמְמֻלָּא
replica, *n.* הֶעְתֵּק
reply, *n.* מַעֲנֶה, תְּשׁוּבָה
reply, *v.t.* & *i.* עָנָה, הֵשִׁיב [שוב]
report, *n.* שְׁמוּעָה, דּוּ"חַ, דִּין וְחֶשְׁבּוֹן
report, *v.t.* & *i.* הוֹדִיעַ [ידע]; דִּוַּח, נָתַן דִּין וְחֶשְׁבּוֹן, סִפֵּר
reporter, *n.* עִתּוֹנַאי; מוֹדִיעַ
repose, *n.* שֵׁנָה, מְנוּחָה, דּוּמִיָּה
repose, *v.t.* & *i.* הֵנִיחַ [נוח]; נָח, שָׁכַב, הִשְׁכִּיב [שכב]
repository, *n.* גִּנְזַךְ, אוֹצָר
reprehend, *v.t.* גִּנָּה, נָזַף
reprehension, *n.* הַאֲשָׁמָה, תּוֹכֵחָה, נְזִיפָה
represent, *v.t.* יִצֵּג, הָיָה בָּא כֹּחַ, תֵּאֵר, צִיֵּר
representation, *n.* בָּאוּת כֹּחַ, נְצִיגוּת, תֵּאוּר, הַצָּגָה, חִזָּיוֹן
representative, *adj.* & *n.* מֻרְשֶׁה, בָּא, כֹּחַ, מְיֻפֵּה כֹּחַ
repress, *v.t.* הִשְׁקִיט [שקט] (מֶרֶד), דִּכֵּא, הִכְנִיעַ [כנע]
repression, *n.* דִּכּוּי, הַדְבָּרָה
repressive, *adj.* מְדַכֵּא; מְעַכֵּב
reprieve, *n.* רְוָחָה, הַרְוָחָה
reprieve, *v.t.* נָתַן רְוָחָה
reprimand, *n.* & *v.t.* נְזִיפָה; נָזַף
reprint, *n.* הֶטְפֵּס
reprint, *v.t.* הִדְפִּיס [דפס] שׁוּב, הִטְפִּיס [טפס]
reprisal, *n.* נְקִימָה
reproach, *n.* תּוֹכֵחָה, תּוֹכָחָה, גְּעָרָה
reproach, *v.t.* הוֹכִיחַ [יכח], חִסֵּד
reprobate, *n.* חַטָּא, עַוָּל
reprobation, *n.* הַאֲשָׁמָה, גִּנּוּי
reproduce, *v.t.* הוֹלִיד [ילד]; הֶעְתִּיק [עתק]
reproduction, *n.* הַעְתָּקָה; הוֹלָדָה; פְּרִיָּה וּרְבִיָּה
reproof, *n.* מוּסָר, תּוֹכָחָה, גְּעָרָה
reproval, *n.* גִּנּוּי, נְזִיפָה, תּוֹכָחָה
reprove, *v.t.* הוֹכִיחַ [יכח], גָּעַר בְּ־
reptile, *n.* רַחַשׁ, רֶמֶשׂ, שֶׁרֶץ
republic, *n.* קְהִלִיָּה
repudiate, *v.t.* כִּחֵשׁ, מָאַס; גֵּרֵשׁ (אִשָּׁה, בַּעַל)
repudiation, *n.* הַכְחָשָׁה; שְׁמִטָּה (חוֹב); גֵּרוּשׁ, הִתְגָּרְשׁוּת
repugnance, *n.* גֹּעַל
repugnant, *adj.* דּוֹחֶה
repulse, *n.* הֲדִיפָה
repulse, *v.t.* הָדַף, הֵשִׁיב [שוב] אָחוֹר
repulsion, *n.* דְּחִיָּה, מַשְׂטֵמָה
repulsive, *adj.* דּוֹחֶה (לְאָחוֹר); מַבְחִיל, מְעוֹרֵר גֹּעַל
reputable, *adj.* נִכְבָּד, חָשׁוּב
reputation, repute, *n.* שֵׁמַע, הַעֲרָכָה, שֵׁם (טוֹב, רַע)
request, *n.* דְּרִישָׁה, בַּקָּשָׁה
request, *v.t.* דָּרַשׁ, בִּקֵּשׁ
requiem, *n.* תְּפִלַּת אַשְׁכָּבָה, הַזְכָּרַת נְשָׁמוֹת
require, *v.t.* בִּקֵּשׁ, תָּבַע, דָּרַשׁ
requirement, *n.* צֹרֶךְ; דְּרִישָׁה; תְּנַאי
requisite, *adj.* נָחוּץ, הֶכְרֵחִי
requisite, *n.* הֶכְרֵחַ

requisition, *n.* תְּבִיעָה, הַחְרָמָה
requisition, *v.t.* הֶחֱרִים [חרם]
requital, *n.* גְּמוּל, שִׁלּוּם; מִדָּה כְּנֶגֶד מִדָּה
requite, *v.t.* נָקַם
rescind, *v.t.* בִּטֵּל
rescission, *n.* בִּטּוּל
rescript, *n.* צַו
rescue, *n.* הַצָּלָה
rescue, *v.t.* הִצִּיל [נצל]
research, *n.* חֲקִירָה
resemblance, *n.* דִּמְיוֹן
resemble, *v.t.* & *i.* דָּמָה
resent, *v.t.* & *i.* הִתְרַעֵם [רעם]
resentful, *adj.* מִתְרַעֵם
resentment, *n.* תַּרְעֹמֶת, אֵיבָה, טִינָה
reservation, *n.* הַעְלָמָה; הַזְמָנָה
reserve, *v.t.* אָגַר, שָׁמַר, הֶחֱזִיק [חזק] (זְכוּת)
reserve, *n.* אוֹצָר; חֵיל מִלּוּאִים
reservoir, *n.* אָשׁוּחַ; בְּרֵכָה, מִקְוֵה מַיִם
reside, *v.i.* דָּר [דור], גָּר [גור], שָׁכַן
residence, *n.* זְבוּל, דִּירָה, מָעוֹן, מִשְׁכָּן, מְגוּרִים
resident, *n.* תּוֹשָׁב, דַּיָּר, דָּיוֹר
residential, *adj.* דִּיוּרִי
residual, *adj.* & *n.* עוֹדֵף, נוֹתָר
residue, *n.* שְׁאֵרִית, יִתְרָה
resign, *v.t.* & *i.* וִתֵּר; הִתְפַּטֵּר [פטר]
resignation, *n.* הַכְנָעָה; הִתְפַּטְּרוּת
resilience, resiliency, *n.* גְּמִישׁוּת
resilient, *adj.* גָּמִישׁ
resin, *n.* שְׂרָף
resist, *v.t.* & *i.* הִתְנַגֵּד [נגד]
resistance, *n.* תִּנְגֹּדֶת, הִתְנַגְּדוּת
resistant, *adj.* מִתְקוֹמֵם, מִתְנַגֵּד
resolute, *adj.* תַּקִּיף
resolution, *n.* תַּקִּיפוּת; הַחְלָטָה
resolve, *v.t.* הֶחְלִיט [חלט]
resonance, *n.* תְּהוּדָה
resonant, *adj.* מְהַדְהֵד
resort, *n.* תַּחְבּוּלָה, אֶמְצָעִי; קִיטָנָה
resound, *v.i.* & *t.* הִשְׁמִיעַ [שמע] הֵדִים, הִדְהֵד, הִתְפַּשֵּׁט [פשט]
resource, *n.* מוֹצָא; עֵזֶר; עֹשֶׁר; תַּחְבּוּלָה
resources, *n. pl.* אֶמְצָעִים
resourceful, *adj.* בַּעַל תַּחְבּוּלוֹת, בַּעַל אֶמְצָעִים
respect, *n.* & *v.t.* כָּבוֹד; כִּבֵּד
respectable, *adj.* נִכְבָּד, מְכֻבָּד
respectful, *adj.* מַכִּיר פָּנִים, אָדִיב
respectfully, *adv.* בְּכָבוֹד
respective, *adj.* שׁוֹנֶה; מְיֻחָד
respiration, *n.* נְשִׁימָה
respiratory, *adj.* נְשִׁימִי
respire, *v.t.* & *i.* נָשַׁם
respite, *n.* הַרְוָחָה
resplendent, *adj.* מַזְהִיר
respond, *v.t.* & *i.* עָנָה, הֵשִׁיב [שוב]
respondent, *adj.* & *n.* מֵשִׁיב; נִתְבָּע
response, *n.* תְּשׁוּבָה, מַעֲנֶה
responsibility, *n.* אַחֲרָיוּת
responsible, *adj.* אַחֲרַאי
responsive, *adv.* מִתְפָּעֵל, מֵשִׁיב
rest, *n.* מְנוּחָה; מָוֶת; עוֹדֵף
rest, *v.t.* & *i.* נָח [נוח], שָׁבַת; הֵנִיחַ [נוח]; בִּסֵּס; נִשְׁעַן [שען] עַל
restaurant, *n.* מִסְעָדָה
restful, *adj.* מַרְגִּיעַ, שָׁלֵו
restitution, *n.* הֲשָׁבָה, פִּצּוּי
restive, *adj.* מוֹרֵד, עַקְשָׁנִי
restless, *adj.* סוֹעֵר, נִפְעָם, נִרְגָּז
restorative, *n.* מֵשִׁיב לִתְחִיָּה, מְחַזֵּק
restore, *v.t.* הֵשִׁיב [שוב] לְקַדְמוּתוֹ
restrain, *v.t.* עָצַר, מָנַע, גָּרַע; כָּלָא

restraint, *n.* עִכּוּב, מַעְצוֹר
restrict, *v.t.* הִגְבִּיל [גבל], צִמְצֵם
restriction, *n.* הַגְבָּלָה, צִמְצוּם, מַעְצוֹר
result, *n.* תּוֹצָאָה, תּוֹלָדָה
result, *v.i.* צָמַח מִ־, יָצָא מִ־, נוֹלַד [ילד]; נִגְמַר [גמר] בְּ־
resume, *v.t.* הִתְחִיל [תחל] שׁוּב; שָׁב [שוב] לְ־, חָזַר לְ־
résumé, *n.* סִכּוּם, קִצּוּר
resurgence, *n.* תְּחִיָּה
resurrection, *n.* תְּחִיַּת הַמֵּתִים, תְּחִיָּה
resuscitate, *v.t.* הֶחֱיָה [חיה], חִיָּה, הֵשִׁיב [שוב] נֶפֶשׁ
retail, *n.* קִמְעוֹנוּת
retail, *v.t.* מָכַר בְּקִמְעוֹנוּת
retailer, *n.* קִמְעוֹנַאי
retain, *v.t.* הֶחֱזִיק [חזק], שָׁמַר, עִכֵּב
retainer, *n.* דְּמֵי קְדִימָה, מִפְרָעָה
retaliate, *v.t.* הֵשִׁיב [שוב] גְּמוּל
retaliation, *n.* נְקִימָה, הִתְנַקְּמוּת
retaliatory, *adj.* נוֹקֵם
retard, *n.* אִחוּר
retard, *v.t.* אִחֵר, עִכֵּב
reticence, *n.* שַׁתְקָנוּת
reticent, *adj.* שַׁתְקָנִי
retina, *n.* רִשְׁתִּית (בְּעַיִן)
retinue, *n.* עֲבֻדָּה, בְּנֵי לְוָיָה
retire, *v.t.* & *i.* פָּרַשׁ, הִסְתַּלֵּק [סלק], הִתְפַּטֵּר [פטר]; שָׁכַב לִישׁוֹן; נָסוֹג [סוג]
retirement, *n.* פְּרִישָׁה, נְסִיגָה; מְנוּחָה
retort, *n.*, *v.t.* & *i.* מַעֲנֶה חָרִיף; הֵשִׁיב [שוב] מַעֲנֶה חָרִיף
retouch, *v.t.* דִּיֵּת
retrace, *v.t.* בָּדַק שֵׁנִית
retract, *v.t.* & *i.* חָזַר בּוֹ
retraction, *n.* הֲשָׁבָה
retreat, *n.* נְסִיגָה, מִפְלָט
retreat, *v.i.* נָסוֹג [סוג]
retrench, *v.t.* & *i.* צִמְצֵם, הִפְחִית [פחת]
retribution, *n.* שִׁלּוּם, גְּמוּל
retrieve, *v.t.* מָצָא וְהֵבִיא [בוא] (צַיִד); תִּקֵּן
retriever, *n.* עִקְבְּתָן (כֶּלֶב צַיִד)
retrograde, *adj.* נָסוֹג
retrogression, *n.* נְסִיגָה
retrospect, *v.i.* הִסְתַּכֵּל [סכל] בֶּעָבָר (לְאָחוֹר)
return, *n.* חֲזָרָה; הַחֲזָרָה, הֲשָׁבָה
return, *v.t.* & *i.* הֵשִׁיב [שוב], הֶחֱזִיר [חזר]; שָׁב [שוב], חָזַר
reunion, *n.* הִתְאַסְּפוּת, הִתְאַחֲדוּת
reunite, *v.i.* הִתְחַבֵּר [חבר] שׁוּב, הִתְאַחֵד [אחד]
reveal, *v.i.* גִּלָּה, נִגְלָה [גלה]
revel, *v.i.* הִתְעַנֵּג [ענג] עַל, הִתְעַלֵּס [עלס] בְּ־
revelation, *n.* גִּלּוּי, הִתְגַּלּוּת
revelry, *n.* הוֹלֵלוּת
revenge, *n.*, *v.t.* & *i.* נְקָמָה, נָקָם; נָקַם, נִקֵּם, הִתְנַקֵּם [נקם]
revenue, *n.* הַכְנָסָה
reverberate, *v.i.* הֵדֵד, הִדְהֵד; הִקְרִין [קרן], הִשְׁתַּקֵּף [שקף]
revere, *v.t.* כִּבֵּד, הֶעֱרִיץ [ערץ]
reverence, *n.* כָּבוֹד, הַעֲרָצָה, קִדָּה
reverend, *adj.* & *n.* נִכְבָּד, נַעֲרָץ; רַב, כֹּהֵן
reverent, *adj.* מְכַבֵּד, מַעֲרִיץ
reverie, revery, *n.* הֲזָיָה
reversal, *n.* הִפּוּךְ
reverse, *n.*, *v.t.* & *i.* הֵפֶךְ; תְּבוּסָה; הַצַּד הַשֵּׁנִי; אָסוֹן, צָרָה; הָפַךְ, הִפֵּךְ, הִתְהַפֵּךְ [הפך]
reversible, *adj.* בַּר הִפּוּךְ

reversion, *n.* חֲזָרָה, הֲשָׁבָה
revert, *v.i.* הֶחֱזִיר [חזר] שׁוּב; הִפֵּךְ
review, *n.* & *v.t.* תִּסְקֹרֶת; מִסְקָר; חֲזָרָה; בִּקֹּרֶת, סִקֹּרֶת; בִּטָּאוֹן; סָקַר
revile, *v.t.* & *i.* גִּדֵּף
revilement, *n.* חֵרוּף
revise, *v.t.* הִגִּיהַּ [נגה], תִּקֵּן
revision, *n.* הַגָּהָה
revival, *n.* תְּחִיָּה
revive, revivify, *v.t.* הֶחֱיָה [חיה]
revocation, *n.* הֲפָרָה
revoke, *v.t.* הֵשִׁיב [שוב], בִּטֵּל
revolt, *n.* מֶרֶד, קֶשֶׁר
revolt, *v.i.* מָרַד, בָּחַל, הִתְקוֹמֵם [קום]
revolution, *n.* מַהְפֵּכָה; סִבּוּב
revolutionary, *adj.* & *n.* מַהְפְּכָנִי; מַהְפְּכָן
revolve, *v.t.* & *i.* סָבַב, סִבֵּב, הִסְתּוֹבֵב [סבב]
revolver, *n.* אֶקְדָּח
revulsion, *n.* מְנִיעָה, עֲקִירָה
reward, *n.* תַּגְמוּל
reward, *v.t.* & *i.* נָתַן שָׂכָר, גָּמַל
rewrite, *v.t.* כָּתַב שׁוּב
rhapsody, *n.* שִׁגָּיוֹן
rhetoric, *n.* נְאִימָה, מְלִיצָה
rhetorical, *adj.* נְאִימִי, מְלִיצִי
rheumatic, *adj.* שִׁגְרוֹנִי
rheumatism, *n.* שִׁגָּרוֹן
rhinoceros, *n.* קַרְנַף
rhubarb, *n.* רִבָּס, חָמִיץ
rhyme, rime, *n.* חָרוּז
rhyme, *v.t.* & *i.* חָרַז
rhythm, *n.* קֶצֶב, מִשְׁקָל
rhythmic, *adj.* קָצוּב
rib, *n.* צֵלָע
ribald, *adj.* נָבָל
ribbon, *n.* רַהַט, סֶרֶט

rice, *n.* אֹרֶז
rich, *adj.* עָשִׁיר
riches, *n. pl.* עֹשֶׁר
richness, *n.* עֲשִׁירוּת
rick, *n.* עֲרֵמָה
rickets, *n.* רַכִּית, רַכֶּכֶת
rickety, *adj.* מֻכֵּה רַכִּית; רָעוּעַ
rid, *v.t.* פָּטַר, נִפְטַר [פטר]
riddance, *n.* פִּטּוּר
riddle, *n.* חִידָה; כְּבָרָה
riddle, *v.t.* & *i.* חָד [חוד] חִידָה; כָּבַר, נִפָּה
ride, *v.t.* & *i.* רָכַב; נָסַע
ride, *n.* רְכִיבָה; נְסִיעָה; טִיּוּל
rider, *n.* רוֹכֵב
ridge, *n.* תֶּלֶם; רֶכֶס
ridge, *v.t.* & *i.* הִתְלִים [תלם]; רָגַע (יָם)
ridicule, *n.* לַעַג, לִגְלוּג
ridicule, *v.t.* לָעַג, לִגְלֵג
ridiculous, *adj.* מְגֻחָךְ
rife, *adj.* שׁוֹפֵעַ; מְקֻבָּל, רָגִיל
rifle, *n.* רוֹבֶה
rifle, *v.t.* גָּזַל, שָׁדַד; חָרַץ (רוֹבֶה)
rift, *n.* בְּקִיעַ, סֶדֶק
rig, *n.* מִפְרָשׂ; אַבְזָרִים; מַכְשִׁיר; לְבוּשׁ
rig, *v.t.* הִלְבִּישׁ [לבש]; תִּקֵּן; פָּרַשׂ (מִפְרָשׂ); זִיֵּף
rigging, *n.* חִבֵּל, אַבְזָרֵי אֳנִיָּה (חֲבָלִים, מִפְרָשִׂים וְכוּ׳)
right, *adj.* יְמָנִי; נָכוֹן; צוֹדֵק; יָשָׁר
right, *n.* יָמִין; צֶדֶק, יֹשֶׁר; מִשְׁפָּט; זְכוּת
right, *v.t.* & *i.* זָקַף, הִזְדַּקֵּף [זקף], יִשֵּׁר; תִּקֵּן
right, *adv.* בְּצֶדֶק, כְּהֹגֶן
righteous, *adj.* תָּם; צוֹדֵק
rightful, *adj.* צוֹדֵק, בַּעַל חֲזָקָה
right-hand, right-handed, *adj.* יְמָנִי, יְמִינִי

rightly, *adv.* בְּצֶדֶק
rigid, *adj.* קָשֶׁה; קַפְּדָנִי
rigidity, *n.* קַפְּדָנוּת, עַקְשָׁנוּת, הַחְמָרָה יְתֵרָה
rigor, *n.* קַשְׁיוּת; קַפְּדָנוּת
rigorous, *adj.* קָשֶׁה; קַפְּדָנִי
rill, *n.* אָפִיק
rim, *n.* מִסְגֶּרֶת; חִשּׁוּק
rim, *v.t.* הִסְגִּיר [סגר], חָשַׁק
rime, *v.* rhyme
rind, *n.* קְלִפָּה, קְרוּם
ring, *n.* צִלְצוּל; טַבַּעַת; עִגּוּל; זִירָה; כְּנוּפְיָה
ring, *v.t.* & *i.* צִלְצֵל; כִּתֵּר
ringleader, *n.* רֹאשׁ כְּנוּפְיָה
ringlet, *n.* טַבַּעַת קְטַנָּה; תַּלְתַּל
rink, *n.* חֲלַקְלַקָּה
rinse, *v.t.* שָׁטַף, הֵדִיחַ [נדח], הִגְעִיל [געל]
riot, *n.* מְהוּמָה; חִנְגָּה
riot, *v.t.* & *i.* הֵקִים [קום] מְהוּמָה; הִתְהוֹלֵל [הלל]
rip, *n.* קֶרַע
rip, *v.t.* & *i.* קָרַע; נִקְרַע [קרע]
ripe, *adj.* בָּשֵׁל, בּוֹגֵר
ripen, *v.t.* & *i.* הִבְשִׁיל, גָּמַל
ripple, *n.* אַדְוָה
rise, *n.* & *v.i.* עֲלִיָּה, זְרִיחָה; קָם [קום], עָלָה; עָמַד; זָרַח; מָרַד; חָמַץ
risk, *n.* & *v.t.* סִכּוּן; סִכֵּן
risky, *adj.* מְסֻכָּן
rite, *n.* טֶקֶס
ritual, *n.* פֻּלְחָן
rival, *adj.* & *n.* מִתְחָרֶה; צָרָה
rivalry, *n.* תַּחֲרוּת
rive, *v.t.* & *i.* נִבְקַע [בקע]; נִקְרַע [קרע]; בָּקַע, קָרַע
river, *n.* נָהָר, נַחַל

riverside, *n.* שְׂפַת נָהָר
rivet, *n.* & *v.t.* מַסְמֶרֶת; סִמְרֵר
rivulet, *n.* יוּבַל
roach, *n.* יְבוּסִי, מַקָּק
road, *n.* דֶּרֶךְ, כְּבִישׁ
roadblock, *n.* חֲסִימָה
roam, *v.i.* שׁוֹטֵט
roar, *n.* שְׁאָגָה, נְהִימָה
roar, *v.t.* שָׁאַג, נָהַם
roast, *n.* צָלִי
roast beef אֻשְׁפָּר
roast, *v.t.* & *i.* צָלָה, נִצְלָה [צלה]
rob, *v.t.* גָּזַל, שָׁדַד, חָמַס
robber, *n.* שׁוֹדֵד, גַּזְלָן
robbery, *n.* שֹׁד, גְּזֵלָה
robe, *n.* שִׂמְלָה, גְּלִימָה
robe, *v.t.* & *i.* לָבַשׁ; הִלְבִּישׁ [לבש]
robin, *n.* אַדְמוֹן
robust, *adj.* חָסֹן, חָזָק
rock, *n.* צוּר, סֶלַע
rock, *v.t.* & *i.* נִעְנַע, הִתְנַעְנֵעַ [נענע]
rocket, *n.* סִילוֹן, טִיל
rocking chair נַדְנֵדָה
rocky, *adj.* סַלְעִי
rod, *n.* זְמוֹרָה, מוֹט, מַקֵּל, קָנֶה (מִדָּה)
rodent, *adj.* & *n.* מְכַרְסֵם
rodeo, *n.* רוֹדֵיאוֹ (תַּחֲרוּת בּוֹקְרִים)
roe, *n.* אַיָּלָה; אֶשְׁכּוֹל (שַׁחֲלַת) בֵּיצֵי דָּגִים
roebuck, *n.* אַיָּל
rogue, *n.* נוֹכֵל, רַמַּאי
roguish, *adj.* מִשְׁתּוֹבֵב
role, *n.* תַּפְקִיד
roll, *n.* לַחְמָנִיָּה; גִּלְגּוּל; גַּלְגַּל; סְלִיל, גְּלִיל; רְשִׁימָה; כֶּרֶךְ; גְּוִיל
roll, *v.t.* & *i.* גִּלְגֵּל; כָּרַךְ; עִגֵּל, הִסְתּוֹבֵב [סבב], הִתְגַּלְגֵּל [גלגל]
roll call מִפְקָד

roller, *n.* מַעֲגִילָה
Roman, *adj.* & *n.* רוֹמִי, רוֹמַאי
romance, *n.* זֶמֶר עֲמָמִי
romantic, *adj.* רַגְשָׁן, רַגְשָׁנִי, מְאֹהָב
romanticism, *n.* רוֹמַנְטִיזְם
romp, *n.* & *v.i.* הוֹלֵלוּת; הִתְהוֹלֵל [הלל]
rood, *n.* צְלָב; מִדָּה (¼ אַקְר)
roof, *n.* & *v.t.* גַּג; עָשָׂה גַּג
roofless, *adj.* לְלֹא גַּג
rook, *n.* צְרִיחַ (שַׁחְמָט); רַמַּאי
rook, *v.t.* & *i.* הוֹנָה [ינה], רִמָּה
room, *n.* חֶדֶר; מָקוֹם; רֶוַח
room, *v.i.* דָּר [דור] בְּחֶדֶר
roomy, *adj.* מְרֻוָּח
roost, *n.* & *v.i.* לוּל; יָשַׁב עַל מוֹט (עוֹף)
rooster, *n.* תַּרְנְגוֹל
root, *n.* שֹׁרֶשׁ, מָקוֹר
root, *v.t.* & *i.* הִשְׁרִישׁ [שרש], שֵׁרֵשׁ
rope, *n.* חֶבֶל; עֲנִיבַת תְּלִיָּה
rope, *v.t.* & *i.* קָשַׁר (עָצַר) בְּחֶבֶל; גָּדַר, חָסַם (בְּחֶבֶל); לָכַד בִּפְלָצוּר
rosary, *n.* מַחֲרֹזֶת; עֲרוּגַת שׁוֹשַׁנִּים
rose, *n.* וֶרֶד, שׁוֹשַׁנָּה
rosin, *n.* שְׂרָף, נְטַף אֵלָה
rostrum, *n.* דּוּכָן; בָּמָה
rosy, *adj.* וָרֹד
rot, *n.* רִקָּבוֹן; פִּטְפּוּט
rot, *v.t.* & *i.* רָקַב, נִרְקַב [רקב]
rotary, *adj.* סוֹבֵב, סִבּוּבִי
rotate, *v.t.* & *i.* סָבַב, הִסְתּוֹבֵב [סבב]
rotation, *n.* הִסְתּוֹבְבוּת; חִלּוּף (זְרָעִים)
rote, *n.* שִׁנּוּן מִלִּים בְּעַל פֶּה
rotten, *adj.* נִרְקָב
rotund, *adj.* עָגֹל
rouge, *n.* סִקְרָה (פּוּךְ), אֹדֶם שְׂפָתַיִם
rouge, *v.t.* & *i.* פִּרְכֵּס, הִתְפַּרְכֵּס [פרכס]; סָקַר, נִסְקַר [סקר]

rough, *adj.* מְחֻסְפָּס; גַּס; סוֹעֵר (יָם)
roughness, *n.* חִסְפּוּס; גַּסּוּת, פְּרָאוּת
round, *adj.* & *adv.* עָגֹל; מִסָּבִיב
round, *n.* סִבּוּב; עִגּוּל
round, *v.t.* עִגֵּל, סִבֵּב
roundabout, *adj* & *n.* עָקִיף; עֲקַלְקַל, סְחַרְחֵרָה
roundish, *adj.* עֲגַלְגַּל
roundness, *n.* עִגּוּלִיּוּת
rouse, *v.t.* הֵעִיר [עור], עוֹרֵר [עור]
rout, *n.* מְבוּכָה; מַגֵּפָה וּבְרִיחָה (צָבָא)
rout, *v.t.* & *i.* הִכָּה [נכה] וְנָגַף (בְּצָבָא), הֵפִיץ [פוץ] (אוֹיֵב)
route, *n.* דֶּרֶךְ, מַהֲלָךְ
route, *v.t.* הִדְרִיךְ [דרך]
routine, *n.* שִׁגְרָה
rove, *v.i.* שׁוֹטֵט [שוט], הִשְׁחִיל [שחל]
row, *n.* רִיב, מְהוּמָה; שׁוּרָה, תּוֹר, טוּר
row, *v.t.* & *i.* שָׁט [שוט], חָתַר בְּמָשׁוֹט
rowboat, *n.* סִירָה
rowing, *n.* שַׁיִט, חֲתִירָה
royal, *adj.* מַלְכוּתִי
royalist, *n.* מְלוּכָן
royalty, *n.* מַלְכוּת; שְׂכַר סוֹפְרִים
rub, *n.* חִכּוּךְ; מְחִיקָה; שִׁפְשׁוּף
rub, *v.t.* & *i.* שִׁפְשֵׁף, סָךְ [סוך], חִכֵּךְ
rubber, *n.* צֶמֶג; מוֹחֵק
rubbish, *n.* אַשְׁפָּה; שְׁטוּת
rubble, *n.* מַפֹּלֶת, חָצָץ
rubric, *n.* אֹדֶם; כּוֹתֶרֶת בְּעַמּוּד (בְּאוֹתִיּוֹת אֲדֻמּוֹת)
ruby, *n.* אֹדֶם, כַּדְכֹּד
rudder, *n.* הֶגֶה
rude, *adj.* גַּס, חָצוּף
rudiment, *n.* הַתְחָלָה; נֶבֶט
rudimentary, *adj.* שָׁרְשִׁי, הַתְחָלִי
rue, *n.* חֲרָטָה
rue, *v.t.* & *i.* הִתְחָרֵט [חרט]

rueful, *adj.* עָצוּב
ruff, *n.* צַוָּארוֹן קָלוּעַ
ruffian, *n.* עַוָּל, פָּרִיץ, בּוּר
ruffle, *n.* & *v.t.* מַלְמָלַת קְמָטִים; קָמַט, קִפֵּל, בִּלְבֵּל
rug, *n.* שָׁטִיחַ; שְׂמִיכָה
rugged, *adj.* מְחֻסְפָּס, גַּס; סוֹעֵר
ruin, *n.* חֻרְבָּן, חָרְבָּה, הֶרֶס; שֶׁבֶר
ruin, *v.t.* & *i.* הָרַס, הֶחֱרִיב [חרב]; רוֹשֵׁשׁ
ruination, *n.* הֲרִיסָה; רִישׁ, רִישׁוּת
rule, *n.*, *v.t.* & *i.* כְּלָל; חֹק; שִׁלְטוֹן; מָשַׁל; הֶחֱלִיט [חלט]; קִוְקֵו
ruler, *n.* שַׁלִּיט; סַרְגֵּל
rum, *n.* רוּם (יֵי״שׁ)
rumble, *n.* שָׁאוֹן; כִּסֵּא מִתְקַפֵּל (בִּמְכוֹנִית)
ruminant, *adj.* & *n.* מַעֲלֵה גֵּרָה
ruminate, *v.t.* & *i.* הֶעֱלָה [עלה] גֵּרָה
rummage, *v.t.* & *i.* מִשְׁמֵשׁ, מִשֵּׁשׁ, חִפֵּשׂ
rumor, rumour, *n.* & *v.t.* שְׁמוּעָה, לַעַז; הֵפִיץ [פוץ] שְׁמוּעָה
rump, *n.* (בְּשַׂר) אֲחוֹרַיִם (שֶׁל בַּעֲלֵי חַיִּים); אַלְיָה
rumple, *n.* *v.t.* & *i.* קֶמֶט, קֶפֶל (שֵׂעָר); קָמַט, קִפֵּל; פָּרַע
rumpus, *n.* סִכְסוּךְ, קְטָטָה
run, *n.*, *v.t.* & *i.* רִיצָה; מֵרוֹץ; נַחַל; מַהֲלָךְ; קְרִיעָה (גֶּרֶב); הֵרִיץ [רוץ]; רָץ [רוץ]; נָזַל, דָּלַף; הָלַךְ; נִהֵל
run after רָדַף
run away בָּרַח, נָס [נוס], נִמְלַט [מלט]
runner, *n.* רָץ
running, *n.* רִיצָה; נְזִילָה
rung, *n.* שָׁלָב, חָוָק
runt, *n.* גַּמֶּדֶת (חַיָּה); נַנָּס
runway, *n.* מַסְלוּל
rupture, *n.* שְׁבִירָה; שֶׁבֶר
rupture, *v.t.* & *i.* שִׁבֵּר; נִשְׁבַּר [שבר]
rural, *n.* כַּפְרִי
ruse, *n.* תַּחְבּוּלָה
rush, *n.*, *v.t.* & *i.* פְּזִיזוּת, חִפָּזוֹן, מְרוּצָה, דֹּחַק; סוּף, אַגְמוֹן; אָץ [אוץ]; מִהֵר, הֵאִיץ [אוץ], הֵחִישׁ [חוש]
rusk, *n.* צְנִים
russet, *adj.* אַדְמוֹנִי, חוּם
Russian, *adj.* & *n.* רוּסִי, רוּסִית
rust, *n.*, *v.t.* & *i.* חֲלֻדָּה; הֶחֱלִיד [חלד]
rustic, *adj.* & *n.* כַּפְרִי
rustle, *n.* אִוְשָׁה, רִשְׁרוּשׁ
rustle, *v.i.* אִוֵּשׁ, רִשְׁרֵשׁ
rusty, *adj.* חָלוּד, חָלִיד
rut, *n.* יִחוּם, תַּאֲוָה
rut, *v.i.* יִחֵם, הִתְיַחֵם [יחם]
ruthless, *adj.* אַכְזָרִי, לְלֹא חֶמְלָה
rye, *n.* שִׁפּוֹן

S, s

S, s, *n.* אֶס, הָאוֹת הַתְּשַׁע עֶשְׂרֵה בָּאָלֶף בֵּית הָאַנְגְּלִי
Sabbath, *n.* שַׁבָּת
Sabbatic, Sabbatical, *adj.* שֶׁל שַׁבָּת
sabbatical year שַׁבָּתוֹן
saber, sabre, *n.* סַיִף, חֶרֶב
sable, *n.* נְמִיָּה; צֶבַע שָׁחוֹר; חֲרָדוֹת (בִּגְדֵי אֵבֶל)
sabotage, *n.* & *v.t.* חַבָּלָה; חִבֵּל
sac, *n.* שַׂק

saccharine, *adj.* & *n.* מָתוֹק; סָכָרִין
sack, *n.* שַׂק; בִּזָּה, שָׁלָל
sack, *v.t.* בָּזַז, שָׁדַד; שָׂם [שים] בַּשַּׂק; פִּטֵּר
sacrament, *n.* סְעֻדַּת הַקֹּדֶשׁ (לַנּוֹצְרִים)
sacramental, *adj.* שֶׁל קְדֻשָּׁה
sacred, *adj.* קָדוֹשׁ
sacredness, *n.* קְדֻשָּׁה, קֹדֶשׁ
sacrifice, *n.* קָרְבָּן, זֶבַח
sacrifice, *v.t.* & *i.* הִקְרִיב [קרב], זָבַח
sacrilege, *n.* חִלּוּל הַקֹּדֶשׁ
sacrilegious, *adj.* מְחַלֵּל הַקֹּדֶשׁ
sad, *adj.* עָצוּב, נוּגֶה
sadden, *v.t.* & *i.* הֶעֱצִיב [עצב], הִתְעַצֵּב [עצב]
saddle, *n.* & *v.t.* אֻכָּף, עָבִיט (לְגָמָל), מַרְדַּעַת; אִכֵּף
saddler, *n.* אֻשְׁכָּף, כָּרָר
Sadducee, *n.* צְדוּקִי
sadiron, *n.* מַגְהֵץ
sadly, *adv.* בְּעֶצֶב, מִתּוֹךְ יָגוֹן
sadness, *n.* תּוּגָה, יָגוֹן, עֶצֶב
safe, *n.* & *adj.* כַּסֶּפֶת, קֻפָּה; בָּטוּחַ
safeguard, *v.t.* & *n.* שָׁמַר; שְׁמִירָה
safely, *adv.* בְּבִטְחָה, בְּשָׁלוֹם
safety, *n.* בִּטָּחוֹן, בִּטְחָה
safety razor מְכוֹנַת גִּלּוּחַ
safety valve שַׁסְתּוֹם בִּטְחָה
saffron, *n.* כַּרְכֹּם
sag, *v.i.* שָׁקַע, הָיָה מֻטֶּה בָּאֶמְצַע
saga, *n.* אַגָּדָה, מַעֲשִׂיָּה
sagacious, *adj.* מְחֻכָּם
sagacity, *n.* פִּקְחוּת
sage, *adj.* & *n.* חָכָם, פִּקֵּחַ
sage, *n.* מַרְוָה (צֶמַח)
sail, *n.* מִפְרָשׂ
sail, *v.i.* שָׁט [שוט], הִפְלִיג [פלג]
sailboat, *n.* מִפְרָשִׂית
sailing, *n.* הַפְלָגָה
sailor, *n.* מַלָּח, סַפָּן, חוֹבֵל
saint, *n.* & *v.t.* קָדוֹשׁ; עָשָׂה לְקָדוֹשׁ
saintly, *adv.* כְּקָדוֹשׁ
sake, *n.* סִבָּה, תַּכְלִית
salad, *n.* מָלִיחַ, סָלָט
salamander, *n.* לְהָבִית
salary, *n.* מַשְׂכֹּרֶת
sale, *n.* מְכִירָה
salesman, *n.* מוֹכֵר, זַבָּן
salesmanship, *n.* זַבָּנוּת
salient, *adj.* בּוֹלֵט
saline, *adj.* מִלְחִי
saliva, *n.* רִיר
salivate, *v.t.* רָר [ריר]
sallow, *adj.* חִוֵּר
sally, *n.* הֲגָחָה, תְּקִיפָה
sally, *v.i.* הֵגִיחַ [גיח]
salmon, *n.* אִלְתִּית, סַלְמוֹן
salon, *n.* אוּלָם, טְרַקְלִין, סָלוֹן
saloon, *n.* מִסְבָּאָה
salt, *n.* & *v.t.* מֶלַח; הִמְלִיחַ [מלח]
saltless, *adj.* תָּפֵל, חֲסַר מֶלַח
saltpeter, saltpetre, *n.* מְלַחַת
salty, *adj.* מָלוּחַ
salubrity, *n.* הַבְרָאָה
salutary, *adj.* מַבְרִיא
salutation, *n.* בִּרְכַּת שָׁלוֹם
salute, *n.*, *v.t.* & *i.* הַצְדָּעָה; בֵּרַךְ בְּשָׁלוֹם; הִצְדִּיעַ [צדע]
salvation, *n.* תְּשׁוּעָה, יְשׁוּעָה, הַצָּלָה
salve, *n.* מִשְׁחָה, רִקּוּחַ
salve, salvage, *v.t.* הִצִּיל [נצל]
same, *adj.* & *pron.* אוֹתוֹ, עַצְמוֹ; שָׁוֶה
sameness, *n.* זֶהוּת
sample, *n.* דֻּגְמָה
sample, *v.t.* לָקַח דֻּגְמָה, טָעַם

Samson, *n.* שִׁמְשׁוֹן
Samuel, *n.* (סֵפֶר) שְׁמוּאֵל
sanatorium, *n.* מַבְרְאָה
sanctification, *n.* קִדּוּשׁ
sanctify, *v.t.* קִדֵּשׁ
sanctimonious, *adj.* מִתְחַסֵּד, צָבוּעַ
sanction, *n.* & *v.t.* אִשּׁוּר; אִשֵּׁר
sanctuary, *n.* מִקְדָּשׁ, מִשְׁכָּן; מִפְלָט, מִקְלָט
sand, *n.* & *v.t.* חוֹל; פִּזֵּר (כִּסָּה) חוֹל
sandal, *n.* סַנְדָּל
sandpaper, *n.* נְיָר חוֹל
sandwich, *n.* כָּרִיךְ
sane, *adj.* בְּרִיא הַשֵּׂכֶל
sanguinary, *adj.* דָּמִי, מְלֵא דָמִים; צְמֵא דָם
sanitarium, *n.* מַבְרְאָה
sanitary, *adj.* תַּבְרוּאִי
sanitation, *n.* תַּבְרוּאָה
sanity, *n.* צְלִילוּת הַדַּעַת
sap, *n.*, *v.t.* & *i.* לֵחַ; חָתַר (מִתַּחַת); הִתִּישׁ [תשש] (כֹּחַ)
sapience, *n.* דַּעַת
sapling, *n.* נֶטַע
sapphire, *n.* סַפִּיר
sarcasm, *n.* עוֹקְצָנוּת, שְׁנִינָה
sarcastic, *adj.* עוֹקְצָנִי, לוֹעֵג; שָׁנוּן
sarcophagus, *n.* אָרוֹן (מֵתִים)
sardine, *n.* טָרִית
sardonic, *adj.* לַגְלְגָנִי, בָּז
sash, *n.* סֶרֶט; חֲגוֹרָה, אַבְנֵט; מִסְגֶּרֶת
satanic, satanical, *adj.* שְׂטָנִי
satchel, *n.* יַלְקוּט
sate, satiate, *v.t.* הִשְׂבִּיעַ [שבע]
sateen, *n.* סָטִין, אַטְלַס
satellite, *n.* לַוְיָן
satiation, satiety, *n.* שֹׂבַע, שָׂבְעָה
satire, *n.* מַהֲתַלָּה
satiric, satirical, *adj.* הִתּוּלִי
satirize, *v.t.* לָעַג לְ־
satisfaction, *n.* הַשְׂבָּעַת (שְׂבִיעַת) רָצוֹן; פִּצּוּי
satisfactory, *adj.* מַשְׂבִּיעַ רָצוֹן, מַסְפִּיק
satisfy, *v.t.* & *i.* הִשְׂבִּיעַ [שבע] רָצוֹן
saturate, *v.t.* הִרְוָה [רוה]
saturation, *n.* רְוָיָה
Saturday, *n.* שַׁבָּת, יוֹם הַשְּׁבִיעִי
satyr, *n.* שָׂעִיר; נוֹאֵף
sauce, *n.* רֹטֶב, מִיץ, צִיר
sauce, *v.t.* תִּבֵּל בְּרֹטֶב ;הִתְנַהֵג [נהג] בְּחֻצְפָּה
saucepan, *n.* מַרְחֶשֶׁת, אִלְפָּס
saucer, *n.* תַּחְתִּית, קַעֲרִית
saucy, *adj.* שַׁחֲצָנִי, עַז פָּנִים
sauerkraut, *n.* כְּרוּב כָּבוּשׁ
saunter, *n.* & *v.i.* טִיּוּל מָתוּן; טִיֵּל
sausage, *n.* נַקְנִיק
savage, *adj.* & *n.* פֶּרֶא, פְּרָאִי
savagery, *n.* פְּרָאוּת
save, *v.t.* הִצִּיל [נצל], הוֹשִׁיעַ [ישע]; חָסַךְ, קִמֵּץ
save, *prep.* חוּץ מִן, לְבַד
saver, savior, saviour, *n.* גּוֹאֵל, מוֹשִׁיעַ
saving, *n.* חִסָּכוֹן; הַצָּלָה
Savior, Saviour, *n.* הַגּוֹאֵל, הַמָּשִׁיחַ
savor, savour, *n.* טַעַם, רֵיחַ
savor, savour, *v.t.* & *i.* טָעַם, תִּבֵּל
savory, savoury, *adj.* טָעִים, רֵיחָנִי
saw, *n.* מַסּוֹר, מַשּׂוֹר
saw, *v.t.* & *i.* נָסַר, הִתְנַסֵּר [נסר]
sawdust, *n.* נְסֹרֶת
sawmill, *n.* מִנְסָרָה
saxophone, *n.* סַקְסוֹפוֹן
say, *v.t.* & *i.* אָמַר, דִּבֵּר
saying, *n.* אִמְרָה, אֲמִירָה, מָשָׁל, פִּתְגָּם

scab, *n.* שְׁחִין, גֶּלֶד

scabbard, *n.* נְדָן, תַּעַר

scaffold, *n.* גַּרְדּוֹם; פִּגּוּם

scald, *n.* & *v.t.* צְרִיבָה, כְּוִיָּה; כָּוָה, צָרַב, שָׁלַק, הִגְלִישׁ [גלש] (חָלָב), מָלַג, שָׁטַף בְּרוֹתְחִים

scale, *n.* & *v.t.* קַשְׂקֶשֶׂת; מֹאזְנַיִם, פֶּלֶס; סֻלָּם (בִּנְגִינָה); מַעֲלָה, מַדְרֵגָה; הֵסִיר [סור] קַשְׂקְשֵׂי הַדָּג; שָׁקַל; עָלָה, טִפֵּס

scallion, *n.* בָּצָל יָרוֹק, בְּצַלְצוּל אַשְׁקְלוֹן

scallop, *n.* רַכִּיכָה; קוֹנְכִית

scalp, *n.* & *v.t.* קַרְקֶפֶת; קִרְקֵף

scalpel, *n.* אִזְמֵל

scaly, *adj.* בַּעַל קַשְׂקַשּׂוֹת, קַשְׂקַשִּׂי

scamp, *n.* עַוָּל, נָבָל

scamper, *v.i.* רָץ [רוץ] בִּמְהִירוּת

scan, *v.t.* & *i.* הִסְתַּכֵּל [סכל], עִיֵּן

scandal, *n.* שַׁעֲרוּרִיָּה

scandalize, *v.t.* שִׁעֲרֵר

scandalous, *adj.* שַׁעֲרוּרִי

scant, *adj.* מְצֻמְצָם, מֻגְבָּל

scapegoat, *n.* שָׂעִיר לַעֲזָאזֵל

scapegrace, *n.* בַּטְלָן

scar, *n.* צַלֶּקֶת

scarce, *adj.* יְקַר הַמְּצִיאוּת, נָדִיר

scarcely, *adv.* בְּקֹשִׁי, כִּמְעַט שֶׁלֹּא

scarcity, *n.* מַחְסוֹר, נְדִירוּת

scare, *n.* & *v.t.* פַּחַד, בֶּהָלָה; הִפְחִיד [פחד], הִבְהִיל [בהל]

scarecrow, *n.* דַּחְלִיל

scarf, *n.* רְדִיד, סוּדָר

scarlet, *adj.* & *n.* תּוֹלַעְנִי, סַסְגּוֹנִי; שָׁנִי, תּוֹלַעַת

scarlet fever, scarlatina, *n.* שָׁנִית

scatter, *v.t.* & *i.* פִּזֵּר, הֵפִיץ [נפץ]; הִתְפַּזֵּר [פזר]

scavenger, *n.* זַבָּל, מְנַקֵּה רְחוֹבוֹת, אַשְׁפְּתָן

scenario, *n.* עֲלִילָה

scene, *n.* מַחֲזֶה; מְסִבָּה

scenery, *n.* נוֹף; קְלָעִים (בִּימָה)

scent, *n.* רֵיחַ, הֲרָחָה

scent, *v.t.* & *i.* הֵרִיחַ [ריח], בִּשֵּׂם

scepter, sceptre, *n.* שַׁרְבִיט

sceptic, *v.* skeptic

scepticism, *v.* skepticism

schedule, *n.* & *v.t.* רְשִׁימָה, תָּכְנִית, לוּחַ זְמַנִּים; עָשָׂה רְשִׁימָה, קָבַע זְמַנִּים, תִּכְנֵן

scheme, schema, *n.*, *v.t.* & *i.* תָּכְנִית, תַּרְשִׁים, תַּחְבּוּלָה; זָמַם

schemer, *n.* זוֹמֵם

schism, *n.* מַחֲלֹקֶת, פֵּרוּד

scholar, *n.* לַמְדָן, מְלֻמָּד, (תַּלְמִיד) חָכָם

scholarly, *adj.* לָמִיד, לִמּוּדִי, לַמְדָּנִי, מְלֻמָּד

scholarship, *n.* חָכְמָה, הִתְלַמְּדוּת; מִלְגָּה

scholastic, *adj.* & *n.* שֶׁל חָכְמָה, שֶׁל בֵּית סֵפֶר, לִמּוּדִי

school, *n.* & *v.t.* בֵּית סֵפֶר; לִמֵּד, חִנֵּךְ

schoolboy, *n.* תַּלְמִיד

schoolteacher, *n.* מוֹרֶה, מוֹרָה

schooner, *n.* אֳנִיַּת מִפְרָשׂ, מִפְרָשִׂית

science, *n.* מַדָּע

scientific, *adj.* מַדָּעִי

scientist, *n.* מַדְּעָן

scintillate, *v.i.* נָצַץ, נִצְנֵץ

scintillation, *n.* הִתְנוֹצְצוּת

scion, *n.* נֵצֶר, חֹטֶר

scissors, *n. pl.* מִסְפָּרַיִם

scoff, *n.*, *v.t.* & *i.* לַעַג, לִגְלוּג; לִגְלֵג

scold, *n.*, *v.t.* & *i.* גְּעָרָה; גָּעַר

scoop, *n.* מַבְחֵשׁ, בַּחֲשָׁה; תַּרְוָד; יָעֶה; חֲדָשָׁה מַרְעִישָׁה (בְּעִתּוֹן)

scoop, *v.t.* חָשַׂף, דָּלָה, הֶעֱלָה [עלה], הוֹצִיא [יצא], הִשִּׂיג [נשג] (חֲדָשׁוֹת)

scoot, *v.i.* נָס [נוס], רָץ [רוץ]

scooter, *n.* גַּלְגַּלַּיִם

scope, *n.* הֶקֵּף, מֶרְחָב

scorch, *v.t.* & *i.* שָׂדַף, חָרַךְ; נֶחֱרַךְ [חרך], נִכְוָה [כוה]

score, *n.* חֶשְׁבּוֹן; עֶשְׂרִים; חוֹב; תָּוִים

score, *v.t.* & *i.* חִשְׁבֵּן, מָנָה; חָרַץ; רָשַׁם

scorn, *n.* & *v.t.* בּוּז, לִגְלוּג; בִּזָּה, לָעַג

scorpion, *n.* עַקְרָב

Scotch, *adj.* & *n.* שׁוֹטְלַנְדִי, שׁוֹטְלַנְדִית; יַי״שׁ, וִיסְקִי

scoundrel, *n.* בֶּן בְּלִיַּעַל, נָבָל

scour, *v.t.* & *i.* נִקָּה, שִׁפְשֵׁף

scourge, *n.* עֹנֶשׁ; פַּרְגּוֹל, שׁוֹט

scourge, *v.t.* הִלְקָה [לקה] רָצַע

scout, *n.* צוֹפֶה; מְרַגֵּל

scout, *v.t.* & *i.* תָּר [תור], רִגֵּל; לָעַג

scowl, *v.i.* & *n.* קִמֵּט מֵצַח, הִרְעִים [רעם] פָּנִים; מַבָּט (קוֹדֵר) זוֹעֵם

scrabble, *n.* גֵּרוּד, חִכּוּךְ, שְׂרִיטָה

scrabble, *v.t.* & *i.* גָּרַד, חָכַךְ, שָׂרַט

scramble, *n.* & *v.t.* הִתְחַבְּטוּת; מָרַס (טָרַף) בֵּיצִים

scrap, *n.* נְשֹׁרֶת, פְּסֹלֶת; קְטָטָה

scrape, *n.* גֵּרוּד, חִכּוּךְ

scrape, *v.t.* & *i.* גָּרַד, חָכַךְ

scraper, *n.* מַגְרֵד, מַחְטֵט, מַגְרֶדֶת

scratch, *n.* סְרִיטָה, שְׂרִיטָה, שָׂרֶטֶת

scratch, *v.t.* & *i.* גֵּרַד, הִתְגָּרֵד [גרד]; שָׂרַט, נִשְׂרַט [שרט], סָרַט, נִסְרַט [סרט]

scrawl, *n.*, *v.t.* & *i.* כְּתִיבָה גְּרוּעָה; כָּתַב כְּתִיבָה גְּרוּעָה; תִּוָּה

scream, *n.* צְעָקָה, צְוָחָה, צְרִיחָה

scream, *v.t.* & *i.* צָעַק, צָוַח, צָרַח

screech, *n.*, *v.t.* & *i.* צְעָקָה, צְוָחָה; צִרְצוּר, חֲרִיקָה; צָרַח, צָעַק; חָרַק, צִרְצֵר

screen, *n.* מָסָךְ, בַּד

screen, *v.t.* סָכַךְ, נִפָּה, הִצְפִּין [צפן]

screw, *n.* & *v.t.* בֹּרֶג; בָּרַג

screw driver, screwdriver, *n.* מַבְרֵג, סַבֹּרֶג

scribble, *n.*, *v.t.* & *i.* כְּתִיבָה גְּרוּעָה; כָּתַב כְּתִיבָה גְּרוּעָה, תִּוָּה

scribe, *n.* מַזְכִּיר, סוֹפֵר, לַבְלָר

scrimp, *n.*, *v.t.* & *i.* קַמְצָן; קִמֵּץ, צִמְצֵם

scrip, *n.* תְּעוּדָה

script, *n.* כְּתָב; נֹסַח

scripture, *n.* מִקְרָא

Scriptures, *n. pl.* כִּתְבֵי הַקֹּדֶשׁ, תַּנַ״ךְ

scroll, *n.* מְגִלָּה

scrub, *n.*, *v.t.* & *i.* סְבַךְ, חֹרֶשׁ; שִׁפְשׁוּף; עוֹבֵד עֲבוֹדָה שְׁחוֹרָה; נִקָּה, שִׁפְשֵׁף

scruple, *n.* & *v.i.* מִצְעָר, שֶׁמֶץ, קְרָטוֹב; גֵּרָה; הַכָּרָה פְּנִימִית; פִּקְפּוּק, הִסּוּס; מַצְפּוּן; פִּקְפֵּק, הִסֵּס

scrupulous, *adj.* מַצְפּוּנִי; זָהִיר, דַּיְקָן

scrutinize, *v.t.* חָקַר וְדָרַשׁ, בָּחַן וּבָדַק

scrutiny, *n.* בְּדִיקָה

scud, *n.* & *v.i.* נְשִׂיאִים, עָבִים; רָץ [רוץ] (שָׁט [שוט]) בִּמְהִירוּת

scuffle, *n.* & *v.i.* מַצָּה; נִצָּה

scull, *n.* מָשׁוֹט קָצָר

scull, *v.t.* & *i.* חָתַר בְּמָשׁוֹט קָצָר

scullery, *n.* חֲדַר הֲדָחָה (לְיַד הַמִּטְבָּח)

sculptor, *n.* חַטָּב, פַּסָּל, גַּלָּף

sculpture, *n.* פִּסּוּל, חִטּוּב, גִּלּוּף, כִּיּוּר

sculpture, *v.t.* פָּסַל, חָטַב, כִּיֵּר

scum, *n.* קֶצֶף, חֶלְאָה

scum, *v.i.* הֵסִיר [סור] קֶצֶף
scurrilous, *adj.* גַּס, מְנַבֵּל פִּיו
scurvy, *n.* צַפְדִּינָה, גָּרָב
scuttle, *v.t.* טִבַּע (אֳנִיָּה)
scythe, *n.* מַגָּל, חֶרְמֵשׁ
sea, *n.* יָם
seaboard, *n.* שְׂפַת הַיָּם
seacoast, *n.* חוֹף יָם
seagull, *n.* שַׁחַף
seal, *n.* סְתִימָה, חוֹתֶמֶת; כֶּלֶב יָם
seal, *v.t.* סָתַם; חָתַם
sea level גֹּבַהּ (פְּנֵי) הַיָּם
seam, *n.* תֶּפֶר, אִמְרָה
seam, *v.t.* & *i.* אִחָה, תָּפַר, אִמֵּר
seaman, *n.* סַפָּן, מַלָּח, חוֹבֵל
seamstress, sempstress, *n.* תּוֹפֶרֶת
seaport, *n.* עִיר נָמָל
sear, *v.t.* שִׁדֵּף, הִכְוָה [כוה]
search, *n.*, *v.t.* & *i.* חִפּוּשׂ; חִפֵּשׂ
searchlight, *n.* זַרְקוֹר
seashore, *n.* חוֹף הַיָּם
seasickness, *n.* חֳלִי יָם, קֶבֶס
seaside, *n.* שְׂפַת (חוֹף) הַיָּם
season, *n.* עוֹנָה, תְּקוּפָה
season, *v.t.* & *i.* תִּבֵּל; הִרְגִּיל [רגל], הִתְרַגֵּל [רגל]; יִבֵּשׁ (עֵצִים)
seasonable, seasonal, *adj.* בְּעִתּוֹ; זְמַנִּי, מַתְאִים
seasoning, *n.* תְּבָלִים; תִּבּוּל
seat, *n.* מְקוֹם יְשִׁיבָה, מוֹשָׁב; כִּסֵּא
seat, *v.t.* הוֹשִׁיב [ישב]
seaweed, *n.* חִילָף, אַצָּה
secede, *v.i.* פָּרַשׁ, נִבְדַּל [בדל]
secession, *n.* הִתְבַּדְּלוּת, הִתְפָּרְדוּת
seclude, *v.t.* הִתְבּוֹדֵד
seclusion, *n.* הִתְבּוֹדְדוּת
second, *adj.* & *n.* שֵׁנִי, מִשְׁנֶה; שְׁנִיָּה
second, *v.t.* תָּמַךְ
secondary, *adj.* מִשְׁנִי
secondary school בֵּית סֵפֶר תִּיכוֹן
secondhand, *adj.* מְשֻׁמָּשׁ
secondly, *adv.* שֵׁנִית
secrecy, *n.* סֵתֶר, חֶבְיוֹן, סוֹדִיּוּת
secret, *n.* & *adj.* סוֹד; סוֹדִי, חֲשָׁאִי
secretariat, secretariate, *n.* מַזְכִּירוּת
secretary, *n.* מַזְכִּיר
secrete, *v.t.* הֶחְבִּיא [חבא], הִטְמִין [טמן]; הִפְרִישׁ [פרש]
secretion, *n.* הַצְפָּנָה; הַפְרָשָׁה; הֲרָרָה
secretive, *adj.* שׁוֹמֵר סוֹד; שַׁתְקָנִי; מֵרִיר
secretly, *adj.* חֶרֶשׁ, בַּסּוֹד
secret service בּוֹלֶשֶׁת
sect, *n.* כַּת, כִּתָּה
sectarian, *adj.* כִּתָּתִי
section, *n.* גִּזְרָה; חֵלֶק; פֶּרֶק, סָעִיף; סִדְרָה, מִשְׁנָה; סִיעָה; סְנִיף
sector, *n.* מָחוֹז, קֶטַע
secular, *adj.* חִלּוֹנִי
secularism, secularity, *n.* חִלּוֹנִיּוּת
secure, *adj.* בָּטוּחַ
secure, *v.t.* אִבְטַח
security, *n.* בִּטָּחוֹן, אַבְטָחָה, בִּטְחָה, עֲרֵבוּת, מַשְׁכּוֹן
sedan, *n.* אַפִּרְיוֹן
sedate, *adj.* נִרְגָּע, מְיֻשָּׁב
sedative, *adj.* & *n.* מַרְגִּיעַ, מַשְׁקִיט
sedentary, *adj.* מְיֻשָּׁב
sedge, *n.* חִילָף, חֵלֶף
sediment, *n.* שְׁמָרִים; מִשְׁקָע
sedimentary, *adj.* מִשְׁקָעִי
sedition, *n.* מֶרִי, מֶרֶד
seditious, *adj.* מוֹרֵד
seduce, *v.t.* פִּתָּה
seducer, *n.* מְפַתֶּה
seduction, *n.* פִּתּוּי

seductive, *adj.* מֵסִית, מַדִּיחַ
sedulous, *adj.* חָרוּץ, שַׁקְדָנִי
see, *v.t.* & *i.* רָאָה, חָזָה, הֵבִין [בין]
seed, *n.* זֶרַע
seed, *v.t.* & *i.* זָרַע, הִזְרִיעַ [זרע]
seeder, *n.* זוֹרֵעַ, מַזְרֵעָה
seedless, *adj.* חֲסַר זְרָעִים
seedling, *n.* שָׁתִיל
seeing, *n.* & *conj.* רְאִיָּה, רְאוּת; הוֹאִיל וְ־
seek, *v.t.* & *i.* חִפֵּשׂ, דָּרַשׁ
seeker, *n.* מְחַפֵּשׂ
seem, *v.i.* נִדְמָה [דמה], נִרְאָה [ראה]
seemly, *adj.* יָאֶה, הָגוּן; מַתְאִים
seep, *v.i.* נָטַף, טִפְטֵף
seer, *n.* חוֹזֶה, נָבִיא
seesaw, *n.* נַדְנֵדָה
seethe, *v.t.* הִרְתִּיחַ [רתח]
segment, *n.* פֶּלַח, קֶטַע
segregate, *v.t.* הִפְרִיד [פרד], הִפְרִישׁ [פרש]
segregation, *n.* בִּדּוּל
seine, *n.* מִכְמֹרֶת
seismic, seismical, *adj.* שֶׁל רְעִידַת (תְּנוּדַת) הָאֲדָמָה, רַעֲשִׁי
seismograph, *n.* רַשַּׁמְרַעַשׁ
seize, *v.t.* & *i.* חָטַף, תָּפַס, אָחַז, טָרַף
seizure, *n.* תְּפִיסָה
seldom, *adv.* לְעִתִּים רְחוֹקוֹת
select, *adj.* נִבְחָר, מֻבְחָר, מְעֻלֶּה
select, *v.t.* בָּחַר, בֵּרֵר
selection, *n.* בְּחִירָה, בְּרֵרָה, מִבְחָר
selective, *adj.* בָּחִיר, שֶׁל בְּחִירָה
selector, *n.* בּוֹחֵר, בּוֹרֵר
self, *adj.* & *n.* עַצְמוֹ, אוֹתוֹ; גּוּף, עֶצֶם, נֶפֶשׁ
self-assurance, *n.* בִּטָּחוֹן עַצְמִי
self-control, *n.* שְׁלִיטָה עַצְמִית
self-defense, *n.* הֲגַנָּה עַצְמִית
self-destruction, *n.* אִבּוּד עַצְמוֹ
self-esteem, *n.* כִּבּוּד עַצְמוֹ
self-evident, *adj.* מוּבָן מֵאֵלָיו
self-government, *n.* שִׁלְטוֹן עַצְמִי
selfish, *adj.* אָנֹכִיִּי
selfless, *adj.* שֶׁאֵינוֹ דּוֹאֵג לְעַצְמוֹ
self-respect, *n.* כָּבוֹד עַצְמִי
self-sacrifice, *n.* הַקְרָבָה עַצְמִית
selfsame, *adj.* הוּא בְּעַצְמוֹ
sell, *v.t.* & *i.* מָכַר, זִבֵּן; נִמְכַּר [מכר], הִזְדַּבֵּן [זבן]
seller, *n.* מוֹכֵר, זַבָּן
semantics, *n.* תּוֹרַת הַמַּשְׁמָעוּת (מִלִּים)
semaphore, *n.* אִתּוּת, מַחֲוָן, אִתּוּתוֹר
semblance, *n.* דְּמוּת, דִּמְיוֹן
semester, *n.* זְמָן
semiannual, *adj.* חֲצִי שְׁנָתִי
semen, *n.* (שִׁכְבַת) זֶרַע
semicircle, *n.* חֲצִי עִגּוּל, חֲצִי גֹּרֶן
semicolon, *n.* נְקֻדָּה וּפְסִיק (;)
seminary, *n.* בֵּית מִדְרָשׁ, סֵמִינַרְיוֹן
semiofficial, *adj.* חֲצִי רִשְׁמִי
Semite, *n.* & *adj.* שֵׁמִי
sempstress, *v.* seamstress
senate, *n.* בֵּית הַמְחוֹקְקִים, סֵנָט
send, *v.t.* & *i.* שָׁלַח, נִשְׁלַח [שלח]
sender, *n.* שׁוֹלֵחַ
senile, *adj.* תָּשׁוּשׁ, שֶׁל זִקְנָה
senility, *n.* זִקְנָה
senior, *adj.* & *n.* בְּכוֹר, רִאשׁוֹן
seniority, *n.* בְּכוֹרָה
sensation, *n.* הַרְגָּשָׁה, תְּחוּשָׁה
sensational, *adj.* מַפְלִיא; חוּשִׁי
sense, *n.* חוּשׁ, רֶגֶשׁ; מוּבָן; שֵׂכֶל
senseless, *adj.* חֲסַר רֶגֶשׁ; טִפְּשִׁי
sensibility, *n.* רְגִישׁוּת

sensible, *adj.* מוּחָשׁ, נָבוֹן
sensibly, *adv.* בְּחָכְמָה, בְּבִינָה
sensitive, *adj.* רָגִישׁ, רַגְשָׁנִי
sensory, *adj.* חוּשָׁנִי
sensual, *adj.* חוּשָׁנִי; תַּאַוְתָנִי
sensuality, *n.* חוּשָׁנִיּוּת
sensuous, *adj.* חוּשִׁי, תַּאַוְתָנִי
sentence, *n.* מִשְׁפָּט, מַאֲמָר; גְּזַר דִּין, פְּסַק דִּין
sentence, *v.t.* הוֹצִיא [יצא] מִשְׁפָּט, חִיֵּב, הִרְשִׁיעַ [רשע]
sententious, *adj.* פִּתְגָּמִי; נִמְרָץ
sentient, *adj.* בַּעַל הַרְגָּשָׁה, מַרְגִּישׁ
sentiment, *n.* רֶגֶשׁ, הַרְגָּשָׁה דַּקָּה
sentimental, *adj.* רַגְשָׁנִי
sentimentality, *n.* רִגְשִׁיּוּת
sentinel, sentry, *n.* שׁוֹמֵר, שַׁמָּר, אִישׁ מִשְׁמָר
separable, *adj.* בַּר הַפְרָדָה
separate, *adj.* מֻפְרָד, מֻבְדָּל
separate, *v.t.* & *i.* הִפְרִיד [פרד], הִבְדִּיל [בדל] הִתְבַּדֵּל [בדל]
separately, *adv.* לְחוּד
separation, *n.* הַפְרָדָה, הִתְפָּרְדוּת; גֵּט
separator, *n.* מַפְרֵדָה; מַבְדִּיל, מַפְרִיד
September, *n.* סֶפְּטֶמְבֶּר
septic, *adj.* מַרְקִיב, שֶׁל רִקָּבוֹן
sepulcher, sepulchre, *n.* כּוּךְ, קֶבֶר
sepulcher, sepulchre, *v.t.* קָבַר
sepulture, *n.* קְבוּרָה
sequel, *n.* הֶמְשֵׁךְ; תּוֹצָאָה
sequence, *n.* רְצִיפוּת; תּוֹלָדָה
sequester, sequestrate, *v.t.* הִפְקִיעַ [פקע], עִקֵּל, הֶחֱרִים [חרם]
sequestration, *n.* תְּפִיסַת נְכָסִים, עִקּוּל
seraglio, *n.* הַרְמוֹן, אַרְמוֹן הַשֻּׁלְטָן
sere, *adj.* נוֹבֵל, קָמֵל
serenade, *n.* רַמְשִׁית
serene, *adj.* צַח, בָּהִיר; שׁוֹקֵט
serenity, *n.* שֶׁקֶט, מְנוּחָה, שַׁלְוָה
serf, *n.* עֶבֶד
serfdom, *n.* עַבְדוּת
sergeant, *n.* סַמָּל
serial, *adj.* שֶׁל סִדְרָה
serial, series, *n.* סִדְרָה
serious, *adj.* רְצִינִי, מְיֻשָּׁב
seriousness, *n.* רְצִינוּת
sermon, *n.* דְּרָשָׁה
sermonize, *v.t.* & *i.* הִטִּיף [נטף], דָּרַשׁ
serpent, *n.* נָחָשׁ, שְׁפִיפוֹן
serpentine, *adj.* פְּתַלְתֹּל, מְעֻקָּל
serum, *n.* נַסְיוֹב
servant, *n.* מְשָׁרֵת, עֶבֶד
serve, *v.t.* & *i.* שֵׁרֵת, שִׁמֵּשׁ
service, *n.* שֵׁרוּת; תְּפִלָּה; צָבָא
servile, *adj.* עַבְדוּתִי
servility, *n.* עַבְדוּת, שִׁעְבּוּד
servitor, *n.* מְשָׁרֵת
servitude, *n.* עַבְדוּת, שִׁפְלוּת
sesame, *n.* שֻׁמְשׁוּם
session, *n.* יְשִׁיבָה, אֲסֵפָה
set, *n.* שְׁקִיעָה; כִּוּוּן; קְבוּצָה; מַקְלֵט; סֵדֶר, סִדְרָה, מַעֲרֶכֶת כֵּלִים, טֶקֶס
set, *v.t.* & *i.* הוֹשִׁיב [ישב], שָׂם [שים], שָׁפַת; עָרַךְ (שֻׁלְחָן) קָבַע, כּוֹנֵן [כון]; שָׁקַע; שָׁתַל
set aside הִשְׁלִיךְ [שלך] הַצִּדָּה, דָּחָה; הִפְרִישׁ [פרש], בִּטֵּל
set back עִכֵּב
set off קִשֵּׁט; פּוֹצֵץ [פצץ]
set sail הִפְלִיג [פלג]
set up יִסֵּד, כּוֹנֵן [כון]
setting, *n.* מַצָּע; מִשְׁבֶּצֶת
settle, *v.t.* & *i.* יָשַׁב; שִׁכֵּן, שָׁכַן; הִתְיַשֵּׁב [ישב], שָׁקַע (שְׁמָרִים); סִלֵּק, פָּרַע; הִשְׁתַּקַּע [שקע]; הִתְפַּשֵּׁר [פשר]

settlement, *n.* מוֹשָׁבָה; פְּשָׁרָה; יִשּׁוּב

settler, *n.* מִתְיַשֵּׁב

seven, *adj.* & *n.* שִׁבְעָה, שֶׁבַע

sevenfold, *adj.* & *adv.* שִׁבְעָתַיִם, פִּי (כָּפוּל) שִׁבְעָה (שֶׁבַע); שִׁבְעַת מוֹנִים

seventeen, *adj.* & *n.* שִׁבְעָה עָשָׂר, שְׁבַע עֶשְׂרֵה

seventeenth, *adj.* & *n.* הַשִּׁבְעָה עָשָׂר, הַשְּׁבַע עֶשְׂרֵה

seventieth, *adj.* הַשִּׁבְעִים

seventy, *adj.* & *n.* שִׁבְעִים

sever, *v.t.* & *i.* הִפְסִיק [פסק]; פָּרַד, הִפְרִיד [פרד]; חָתַךְ

several, *adj.* אֲחָדִים, כַּמָּה

severally, *adv.* לְבַד, כָּל אֶחָד בִּפְנֵי עַצְמוֹ; לְחוּד

severance, *n.* הַפְרָדָה, הַתָּרָה (קֶשֶׁר), קְצִיצָה, קְטִיעָה

severe, *adj.* מַחְמִיר, מַקְפִּיד, קָשֶׁה; מַמְאִיר, אָנוּשׁ

severely, *adv.* קָשׁוֹת

severity, *n.* קַפְּדָנוּת, הַחְמָרָה, אַכְזָרִיּוּת, רְצִינוּת

sew, *v.t.* & *i.* תָּפַר, חִיֵּט

sewer, *n.* תּוֹפֵר, חַיָּט

sewer, *n.* בִּיב

sewerage, *n.* בִּיּוּב

sewing machine מְכוֹנַת תְּפִירָה

sex, *n.* מִין

sexless, *n.* טֻמְטוּם

sextet, sextette, *n.* שִׁשִּׁיָּה

sexton, *n.* שַׁמָּשׁ, חַזָּן

sexual, *adj.* מִינִי

sexual intercourse תַּשְׁמִישׁ, בְּעִילָה, הִזְדַּוְּגוּת, מִשְׁגָּל, עוֹנָה, יְדִיעָה

sexuality, *n.* מִינִיּוּת

shabby, *adj.* מְכֹעָר, בָּלוּי

shackle, *v.t.* כָּבַל, אָסַר בַּאֲזִקִּים (בִּכְבָלִים)

shackles, *n. pl.* נְחֻשְׁתַּיִם, אֲזִקִּים, כְּבָלִים

shade, shadow, *n.* צֵל

shade, shadow, *v.t.* אִפְלֵל, הֵצֵל [צלל]

shady, *adj.* חָשׁוּךְ, מוּצָל; חָשׁוּד, לֹא מְכֻבָּד

shaft, *n.* חֵץ; מַחְפֹּרֶת; גַּל, טַלְטַל (בִּמְכוֹנָה); מוֹט, יָצוּל

shaggy, *adj.* שָׂעִיר; מְחֻסְפָּס

shake, *n.*, *v.t.* & *i.* זַעֲזוּעַ, נִעֲנוּעַ; זִעְזַע, חִלְחֵל, נִעְנַע, הִתְנַעְנֵעַ [נענע], נִעֵר, הִזְדַּעְזַע [זעזע], רָעַד; נוֹפֵף [נוף]; תָּקַע (לָחַץ) יָד; טֵרֵף (מַשְׁקָאוֹת)

shaky, *adj.* מִתְנַעֲנֵעַ, רוֹפֵף, מִתְמוֹטֵט

shall, *v.* פֹּעַל עֵזֶר לְצַיֵּן אֶת הֶעָתִיד (גּוּף רִאשׁוֹן)

shallow, *adj.* לֹא עָמֹק, רָדוּד; שִׁטְחִי

sham, *n.* תַּרְמִית, זִיּוּף

sham, *v.t.* & *i.* הֶעֱמִיד [עמד] פָּנִים, הִתְרָאָה [ראה] כְּ־

shamble, *n.* מִטְבָּחַיִם, מַטְבֵּחַ

shame, *n.* חֶרְפָּה, בּוּשָׁה, כְּלִימָה; בַּיְשָׁנוּת

shame, *v.t.* בִּיֵּשׁ, הוֹבִישׁ [בושׁ], הִכְלִים [כלם]

shampoo, *n.* חֲפִיפָה; סַבֶּנֶת

shampoo, *v.t.* חָפַף, סִבֵּן אֶת הָרֹאשׁ

shamrock, *n.* תִּלְתָּן

shank, *n.* שׁוֹק

shanty, *n.* צְרִיף

shape, *n.* דְּמוּת, צוּרָה

shape, *v.t.* & *i.* צָר [צור]; יָצַר; עִצֵּב; קִבֵּל צוּרָה

shapeless, *adj.* גָּלְמִי, חֲסַר צוּרָה

shapely, *adj.* יְפֵה צוּרָה, יְפַת תֹּאַר

share, *n.* מְנָיָה; חֵלֶק, מָנָה; אֵת (מַחֲרֵשָׁה)
share, *v.t. & i.* חִלֵּק; הִשְׁתַּתֵּף [שתף]
sharecropper, *n.* אָרִיס
shareholder, *n.* בַּעַל מְנָיָה
sharer, *n.* מִשְׁתַּתֵּף
shark, *n.* כָּרִישׁ
sharp, *adj.* חָרִיף, שָׁנוּן, חַד, מְחֻדָּד
sharpen, *v.t. & i.* הִשְׁחִיז [שחז], חִדֵּד, הִתְחַדֵּד [חדד], לָטַשׁ
sharpener, *n.* מַשְׁחִיז; מַשְׁחֵזָה
sharpness, *n.* חֹד, חַדּוּת; חֲרִיפוּת
shatter, *v.t. & i.* נִפֵּץ, שִׁבֵּר; הִשְׁתַּבֵּר [שבר]
shave, *n.* תִּגְלַחַת, גִּלּוּחַ
shave, *v.t. & i.* גִּלַּח, הִתְגַּלַּח [גלח]
shaving, *n.* גִּלּוּחַ; שִׁיפָה
shawl, *n.* רְדִיד, מִטְפַּחַת
she, *pron.* הִיא
sheaf, *n. & v.t.* אֲלֻמָּה, עֹמֶר; אִלֵּם, עִמֵּר
shear, *v.t. & i.* גָּזַז, סִפֵּר
shearer, *n.* גּוֹזֵז
shears, *n. pl.* מִסְפָּרַיִם
sheath, *n.* תַּעַר, תִּיק
shed, *n.* צְרִיף
shed, *v.t. & i.* נָשַׁר, הִשְׁלִיךְ [שלך] (עָלִים); זָלַג (דְּמָעוֹת); שָׁפַךְ (דָּם); הֵפִיץ [נפץ] (אוֹר); פָּשַׁט עוֹרוֹ
sheen, *n.* זֹהַר, בָּרָק
sheep, *n.* צֹאן; כֶּבֶשׂ
sheepfold, *n.* דִּיר, מִכְלָה
sheer, *adj.* מֻחְלָט; זַךְ; דַּק; שָׁקוּף; תָּלוּל
sheet, *n.* סָדִין; גִּלָּיוֹן; לוּחַ (בַּרְזֶל)
shelf, *n.* כּוֹנָנִית, מַדָּף
shell, *n.* קְלִפָּה; תַּרְמִיל; כַּדּוּר; פָּגָז
shell, *v.t. & i.* קִלֵּף; בָּזַק, הִפְגִּיז [פגז]
shellac, *n.* לַכָּה
shellfish, *n.* רַכִּיכָה; סַרְטָן
shelter, *n.* מַחְסֶה
shepherd, *n.* רוֹעֶה צֹאן
sherbet, *n.* שֶׁרְבֶּת, גְּלִידָה
sheriff, *n.* פְּקִיד הַמִּשְׁטָרָה הַמְּחוֹזִית
sherry, *n.* יֵין חֶרֶס, שֶׁרִי
shibboleth, *n.* סִיסְמָה, סִימַן הֶכֵּר, שִׁבֹּלֶת־שִׁבֹּלֶת
shield, *n. & v.t.* מָגֵן, שֶׁלֶט; הֵגֵן [גנן]
shift, *n.* שִׁנּוּי, הַחֲלָפָה; אֶמְצָעִי, תַּחְבּוּלָה; קְבוּצַת עוֹבְדִים
shift, *v.t. & i.* הֶעֱבִיר [עבר]; שִׁנָּה; הֶחֱלִיף [חלף] (סַבֶּבֶת)
shilling, *n.* מַטְבֵּעַ אַנְגְּלִי, שִׁילִינְג
shimmer, *n. & v.i.* נֹגַהּ; נִצְנֵץ
shimmery, *adj.* מְנַצְנֵץ
shin, *n. & v.t.* שׁוֹק; טִפֵּס
shine, *n. & v.i.* זְרִיחָה, זֹהַר; צִחְצוּחַ; זָרַח, הִבְרִיק [ברק]; צִחְצַח (נַעֲלַיִם)
shingle, *n. & v.t.* רַעַף; רִעֵף
shiny, *adj.* מֵאִיר, מַבְרִיק, מְצֻחְצָח
ship, *n.* אֳנִיָּה, סְפִינָה
ship, *v.t. & i.* שָׁלַח (סְחוֹרוֹת)
shipment, *n.* מִשְׁלוֹחַ (סְחוֹרוֹת)
shipper, *n.* שׁוֹלֵחַ סְחוֹרוֹת
shipping, *n.* מִשְׁלוֹחַ (סְחוֹרוֹת)
shipwreck, *n.* שֶׁבֶר (אֳנִיָּה); תְּבוּסָה; הֶרֶס
shipyard, *n.* מִסְפָּנָה
shire, *n.* מָחוֹז (בְּאַנְגְּלִיָּה)
shirk, *v.t.* הִשְׁתַּמֵּט [שמט]
shirt, *n.* כֻּתֹּנֶת, חָלוּק
shiver, *n., v.t. & i.* רְעָדָה, צְמַרְמֹרֶת; רָעַד
shoal, *n.* מַיִם רְדוּדִים; עֵדָה (דָּגִים)
shock, *n.* הֶדֶף, בֶּהָלָה
shock, *v.t.* הָדַף, עִלֵּב, הֶחֱרִיד [חרד]

shocking, *adj.* מְזַעְזֵעַ, מַבְהִיל

shoe, *n.* נַעַל

shoe, *v.t.* נָעַל, הִנְעִיל [נעל]

shoehorn, ***n.*** כַּף נַעַל

shoelace, *n.* שְׂרוֹךְ נַעַל

shoemaker, ***n.*** רַצְעָן, סַנְדְּלָר

shoot, *n.* אֵב, נֵצֶר; שְׁלוּחָה, זְמוֹרָה

shoot, *v.t.* & *i.* יָרָה; הִשְׁלִיךְ [שלך]; צִלֵּם, הִסְרִיט [סרט] (סֶרֶט); הִצְמִיחַ [צמח]; עָבַר בִּמְהִירוּת

shooting star כּוֹכָב נוֹפֵל

shop, *n.* חֲנוּת; בֵּית מְלָאכָה

shop, *v.i.* קָנָה (בִּקֵּר) בַּחֲנֻיּוֹת

shopkeeper, ***n.*** חֶנְוָנִי, זַבָּן

shopper, *n.* קוֹנֶה

shopwindow, ***n.*** חַלּוֹן רַאֲוָה

shore, *n.* חוֹף, גָּדָה; מִשְׁעָן

short, *adj.* קָצָר; פָּחוּת; נִצְרָךְ

short, *n.* תַּמְצִית; קִצּוּר

shortage, ***n.*** מַחְסוֹר; גֵּרָעוֹן

short circuit קֶצֶר (חַשְׁמַל)

shorten, *v.t.* קִצֵּר; הִמְעִיט [מעט]

shortening, ***n.*** קִצּוּר; שֻׁמָּן

shorthand, ***n.*** קַצְרָנוּת, כְּתָבְצָר

shortly, *adv.* בְּקָרוֹב; בִּקְצָרָה

shortness, ***n.*** קֹצֶר

shorts, *n. pl.* מִכְנָסַיִם קְצָרִים

shortsighted, *adj.* קְצַר רְאוּת

shot, *n.* יְרִי, טְוָח; זְרִיקָה

shoulder, *n.* & *v.t.* כָּתֵף, שֶׁכֶם; כִּתֵּף; נָשָׂא; קִבֵּל עָלָיו אַחֲרָיוּת

shoulder blade שִׁכְמָה, עֶצֶם הַשִּׁכְמָה

shout, *n.* צְעָקָה, זְעָקָה

shout, *v.t.* & *i.* צָעַק, זָעַק

shove, *n.*, *v.t.* & *i.* דְּחִיפָה; דָּחַף

shovel, *n.* & *v.t.* מַגְרֵפָה, יָעֶה, אֵת; גָּרַף, הֵרִים [רום], חָפַר, חָתָה

show, *n.* הַצָּגָה; תַּעֲרוּכָה; מַחֲזֶה

show, *v.t.* & ***i.*** הֶרְאָה [ראה], הִצִּיג [נצג]

shower, ***n.***, ***v.t.*** & ***i.*** מִקְלַחַת; גֶּשֶׁם קַל; הִתְקַלֵּחַ [קלח]; הִמְטִיר [מטר]

shrapnel, ***n.*** רְסִיס, קֶלַע פָּגָז

shred, ***n.*** גֶּזֶר, חֲתִיכָה, קֶרַע

shred, ***v.t.*** קָרַע, חָתַךְ, גָּזַר

shrew, ***n.*** מִרְשַׁעַת; חַדַּף

shrewd, *adj.* פִּקֵּחַ

shrewdness, ***n.*** עַרְמוּמִית; פִּקְחוּת

shriek, *n.* צְוָחָה, צְרִיחָה

shriek, ***v.t.*** & ***i.*** צָוַח, צָרַח

shrike, ***n.*** חַנְקָן

shrill, *adj.* חַד (קוֹל)

shrill, *v.i.* צִרְצֵר

shrimp, ***n.*** קְרוּמִית, חֲסִילוֹן; גַּמָּד

shrine, *n.* מִקְדָּשׁ; קֶבֶר קָדוֹשׁ; מִשְׁכָּן

shrink, *v.t.* & ***i.*** כִּוֵּץ, הִתְכַּוֵּץ [כוץ]

shrinkage, ***n.*** הִתְכַּוְּצוּת

shrivel, ***v.t.*** & ***i.*** צָמַק, הִצְטַמֵּק [צמק]

shroud, *v.t.* עָטַף בְּתַכְרִיכִים

shrouds, ***n. pl.*** תַּכְרִיכִים

shrub, *n.* שִׂיחַ

shrug, *v.t.* & ***i.*** הֵנִיעַ [נוע] (מָשַׁךְ) כְּתֵפַיִם

shudder, ***n.*** צְמַרְמֹרֶת; חֲרָדָה; חַלְחָלָה

shudder, ***v.i.*** הִזְדַּעְזַע [זעזע], רָעַד

shuffle, *v.t.* & ***i.***, ***n.*** נִגְרַר [גרר]; עִרְבֵּב (קְלָפִים); עִרְבּוּב, תַּחְבּוּלָה

shun, *v.t.* סָר [סור] מִן; הִתְחַמֵּק [חמק]; הִתְרַחֵק [רחק]

shunt, *n.* & ***v.t.*** הַטָּיָה, הַפְנָיָה (רַכֶּבֶת); מֶתֶג; הֶעֱבִיר [עבר], הִפְנָה [פנה] הַצִּדָּה

shut, *v.t.* & *i.* סָגַר, נִסְגַּר [סגר]; נָעַל; קָפַץ (יָד); כָּלָא; עָצַם (עֵינַיִם); סָתַם (פֶּה); אָטַם (אֹזֶן)

shutter, *n.* תְּרִיס
shuttle, *n.* בֻּכְיָר, אֶרֶג, כִּרְכָּר
shuttle, *v.t.* & *i.* הָלַךְ וְחָזַר
shy, *adj.* בַּיְשָׁן; צָנוּעַ
sibyl, *n.* חוֹזָה, נְבִיאָה
sick, *adj.* חוֹלֶה, מִתְגַּעְגֵּעַ
sicken, *v.t.* & *i.* חָלָה; הֶחֱלָה [חלה]; עוֹרֵר [עור] גֹּעַל נֶפֶשׁ
sickle, *n.* מַגָּל
sickly, *adv.* חוֹלָנִי
sickness, *n.* חֳלִי, מַחֲלָה
side, *n.* צַד, עֵבֶר
side, *v.i.* צִדֵּד עִם, נָטָה אַחֲרֵי
sidelong, *adj.* צְדָדִי
sidetrack, *v.t.* הֶעֱבִיר [עבר], הִפְנָה [פנה]
sidewalk, *n.* מִדְרָכָה
sideways, sidewise, *adv.* הַצִּדָּה
sidle, *v.i.* קָרַב מִן הַצַּד
siege, *n.* & *v.t.* מָצוֹר; צָר [צור]
siesta, *n.* שְׁנַת צָהֳרַיִם
sieve, *n.* כְּבָרָה, נָפָה
sift, *v.t.* & *i.* נִפָּה, עִרְבֵּל
sigh, *n.*, *v.t.* & *i.* אֲנָחָה; נֶאֱנַח [אנח]
sight, *n.* מַרְאֶה, מַבָּט; כַּוֶּנֶת (רוֹבֶה)
sight, *v.t.* רָאָה; כִּוֵּן
sightless, *adj.* עִוֵּר
sightly, *adj.* נָאֶה
sightseeing, *n,* תִּיּוּר, סִיּוּר
sign, *n.* סִימָן, אוֹת; שֶׁלֶט; רֶמֶז; מַזָּל
sign, *v.t.* & *i.* חָתַם; רָמַז
signal, *n.* אוֹת, סִימָן
signal, *v.t.* & *i.* אִתֵּת, אוֹתֵת
signaling, signalling, *n.* אִתּוּת
signatory, *n.* חוֹתֵם
signature, *n.* חֲתִימָה
significance, *n.* חֲשִׁיבוּת, עֵרֶךְ
significant, *adj.* חָשׁוּב, רַב עֵרֶךְ

signification, *n.* מַשְׁמָעוּת
signify, *v.t.* & *i.* סִמֵּן; הִבִּיעַ [נבע]; הוֹרָה [ירה], הֶרְאָה [ראה]
signpost, *n.* צִיּוּן, תַּמְרוּר
silage, *n.* תַּחֲמִיץ
silence, *n.* דּוּמִיָּה, דְּמָמָה; שְׁתִיקָה
silence, *v.t.* הִשְׁתִּיק [שתק]; הֵדַם [דמם]
silent, *adj.* דּוֹמֵם; שׁוֹתֵק
silently, *adv.* בִּשְׁתִיקָה; בִּדְמָמָה
silex, *n.* חַלָּמִישׁ
silhouette, *n.* בָּבוּאָה, צְלָלִית
silk, *n.* מֶשִׁי
silkworm, *n.* תּוֹלַעַת מֶשִׁי
sill, *n.* סַף
silly, *adj.* טִפְּשִׁי
silo, *n.* מְגוּרָה, אָסָם
silt, *n.*, *v.t.* & *i.* טִיט; סָתַם בְּטִיט
silver, *n.* כֶּסֶף
silver, *v.t.* הִכְסִיף [כסף]
silver, silvery, *adj.* כַּסְפִּי
silversmith, *n.* כַּסָּף, צוֹרֵף
silverware, *n.* כְּלֵי כֶסֶף
similar, *adj.* דּוֹמֶה
similarity, *n.* דִּמְיוֹן
simmer, *v.i.* רָתַח לְאַט
simper, *n.* חִיּוּךְ מְלָאכוּתִי
simper, *v.i.* חִיֵּךְ, גִּחֵךְ, הִצְטַחֵק [צחק]
simple, *adj.* פָּשׁוּט, תָּם; פֶּתִי, שׁוֹטֶה
simpleton, *n.* תָּם, טִפֵּשׁ, פֶּתִי
simplicity, *n.* עֲנָוָה; פַּשְׁטוּת; תְּמִימוּת
simplify, *v.t.* עָשָׂה פָּשׁוּט, הֵקֵל [קלל]
simply, *adv.* בְּפַשְׁטוּת
simplification, *n.* פֶּשֶׁט
simulate, *v.t.* הִתְחַפֵּשׂ [חפש]
simulation, *n.* הִתְחַפְּשׂוּת
simultaneous, *adj.* בּוֹ בִּזְמָן
simultaneously, *adv.* בְּעֵת וּבְעוֹנָה אַחַת

sin, *n.* עֲבֵרָה, חֵטְא, עָווֹן, פֶּשַׁע
sin, *v.i.* חָטָא
since, *adv.* & *prep.* מֵאָז, לְמִן; בֵּינְתַיִם
since, *conj.* מִכֵּיוָן שֶׁ־, יַעַן, הוֹאִיל וְ־
sincere, *adj.* כֵּן, נֶאֱמָן
sincerely, *adv.* בְּתָמִים, בֶּאֱמֶת
sincerity, *n.* כֵּנוּת, יֹשֶׁר
sinecure, *n.* נִכְסֵי כְּנֵסִיָּה; קִצְבַּת כֹּמֶר; מִשְׂרָה בְּלֹא עֲבוֹדָה
sinew, *n.* גִּיד
sinful, *adj.* חוֹטֵא, פּוֹשֵׁעַ
sing, *v.i.* שָׁר [שיר], זִמֵּר
singe, *v.t.* חָרַךְ (שֵׂעָר)
singer, *n.* זַמָּר
single, *adj.* אֶחָד, יְחִידִי, יָחִיד; רַוָּק
single, *v.t.* & *i.* בֵּרֵר, בָּחַר
singular, *adj.* & *n.* אֶחָד, יָחִיד, מְיֻחָד; יוֹצֵא מִן הַכְּלָל; מִסְפָּר יָחִיד
singularity, *n.* יְחִידוּת, עַצְמִיּוּת
sinister, *adj.* שְׂמָאלִי; רַע, מָשְׁחָת, לֹא יָשָׁר; נוֹרָא
sink, *n.* כִּיּוֹר, אַגַּן רַחְצָה
sink, *v.t.* הִשְׁקִיעַ [שקע], טִבַּע
sink, *v.i.* יָרַד, טָבַע, שָׁקַע
sinless, *adj.* חַף מִפֶּשַׁע
sinner, *n.* רָשָׁע, פּוֹשֵׁעַ, חוֹטֵא
sinuous, *adj* מִתְפַּתֵּל, עֲקַלָּתוֹן
sinus, *n.* גַּת (בָּאַף, בַּמֹּחַ)
sip, *n.* לְגִימָה, גְּמִיעָה
sip, *v.t.* & *i.* גָּמַע, גִּמֵּא, לָגַם
siphon, *n.* גִּשְׁתָּה, מֵינֶקֶת
siphon, *v.t.* & *i.* גִּשֵּׁת
sir, *n.* אָדוֹן, מַר
sire, *n.* אָב, מֶלֶךְ, אָדוֹן; אֲדוֹנִי הַמֶּלֶךְ
sire, *v.t.* הוֹלִיד [ילד]
siren, *n.* צוֹפָר
sirloin, *n.* בְּשַׂר מֹתֶן
sirup, syrup, *n.* שֶׁרֶב, עָסִיס

sister, *n.* אָחוֹת
sister-in-law, *n.* גִּיסָה, יְבָמָה
sit, *v.t.* & *i.* יָשַׁב, רָכַב עַל; דָּגַר
site, *n.* מָקוֹם, אֲתַר
sitting, *n.* יְשִׁיבָה; דְּגִירָה
situate, *adj.* קָבוּעַ, נִמְצָא, יוֹשֵׁב, מוּנָח
situation, *n.* מַצָּב, מַעֲמָד; סְבִיבָה; מִשְׂרָה
six, *adj.* & *n.* שִׁשָּׁה, שֵׁשׁ
sixfold, *adj.* & *adv.* שִׁשְׁתַּיִם, פִּי שִׁשָּׁה, כָּפוּל שִׁשָּׁה, שֵׁשֶׁת מוֹנִים
sixteen, *n.* שִׁשָּׁה עָשָׂר, שֵׁשׁ עֶשְׂרֵה
sixteenth, *adj.* & *n.* הַשִּׁשָּׁה עָשָׂר הַשֵּׁשׁ עֶשְׂרֵה
sixth, *adj.* & *n.* שִׁשִּׁי, שִׁשִּׁית
sixtieth, *adj.* & *n.* הַשִּׁשִּׁים
sixty, *adj.* & *n.* שִׁשִּׁים
size, *n.* גֹּדֶל
size, *v.t.* מָדַד, הֶעֱרִיךְ [ערך]
sizzle, *n.* לְחִישָׁה, רְחִישָׁה
sizzle, *v.i.* רָחַשׁ, לָחַשׁ
skate, *v.i.* הִתְגַּלְגֵּל [גלגל]; הֶחֱלִיק [חלק]
skates, *n. pl.* גַּלְגִּלִּיּוֹת; מַחֲלִיקַיִם
skater, *n.* מַחֲלִיק (עַל קֶרַח), מִתְגַּלְגֵּל
skein, *n.* צְנִיפָה, אַשְׁוָה, סְלִיל, פְּקַעַת
skeleton, *n.* שֶׁלֶד
skeptic, sceptic, *n.* סַפְקָן, פַּקְפְּקָן
skepticism, scepticism, *n.* סַפְקָנוּת, פַּקְפְּקָנוּת
sketch, *n.* תַּרְשִׁים; צִיּוּר; תֵּאוּר, מִתְוֶה
sketch, *v.t.* צִיֵּר; רָשַׁם, תִּוָּה
skewer, *n.* שַׁפּוּד
ski, *v.i.* גָּלַשׁ
skis, *n. pl.* מִגְלָשַׁיִם
skid, *v.i.* הִתְחַלֵּק [חלק], נִמְעַד [מעד]
skier, *n.* גַּלָּשׁ
skiff, *n.* אַרְבָּה

skill, *n.* אֻמָּנוּת, יְדִיעָה, מֻמְחִיּוּת

skilled, *adj.* מֻמְחֶה, מְאֻמָּן

skillet, *n.* מַחֲבַת

skillful, skilful, *adj.* מֻכְשָׁר, מְאֻמָּן, מְנֻסֶּה

skim, *v.t.* & *i.* הֵסִיר [סור] אֶת הַקֶּצֶף (קְרוּם, זֻבְדָּה, שַׁמֶּנֶת), קִפָּה; דִּפְדֵּף (סֵפֶר), רִפְרֵף

skim milk חָלָב רָזֶה

skimp, *v.i.* קִמֵּץ

skimpy, *adj.* צַר עַיִן, כִּֽלַי

skin, *n.* שֶׁלַח, גֶּלֶד, עוֹר; קְלִפָּה

skin, *v.t.* & *i.* הִפְשִׁיט [פשט] (עוֹר); קָרַם; הִגְלִיד [גלד]

skinny, *adj.* כָּחוּשׁ, רָזֶה

skip, *n.* דִּלּוּג

skip, *v.t.* & *i.* עָבַר, דִּלֵּג

skipper, *n.* רַב חוֹבֵל

skirmish, *n.* תִּגְרָה

skirmish, *v.i.* הִתְגָּרָה [גרה]

skirt, *n.* שִׂמְלָה, חֲצָאִית; שָׂפָה, גְּבוּל

skirt, *v.t.* גָּבַל בְּ־, הָיָה סָמוּךְ; סִבֵּב

skit, *n.* הַצָּגָה קַלָּה, תֵּאוּר מַצְחִיק

skittish, *adj.* עֵר, קַל דַּעַת; פַּחְדָן

skulk, *v.i.* הִתְחַבֵּא [חבא]

skull, *n.* גֻּלְגֹּלֶת, קַרְקֶפֶת, קָדְקֹד

skunk, *n.* בַּאֲשָׁן

sky, *n.* שָׁמַיִם, רָקִיעַ, מָרוֹם, מְרוֹמִים

skyscraper, *n.* מִגְדַּל שְׁחָקִים

slab, *n.* לוּחַ, טַבְלָה

slack, *adj.* עַצְלָנִי, נִרְפֶּה, רַשְׁלָנִי

slacken, *v.t.* & *i.* רִפָּה, דִּלְדֵּל

slackness, *n.* רִפְיוֹן, רַשְׁלָנוּת

slacks, *n. pl.* מִכְנָסַיִם

slag, *n.* סִיג, סִיגִים, פְּסֹלֶת

slake, *v.t.* שָׁבַר (צָמָא); הִשְׁקִיט [שקט], הֵקֵל [קלל] (כְּאֵב); כִּבָּה, מָחָה (סִיד)

slam, *n.*, *v.t.* & *i.* דְּפִיקָה, חֲבָטָה קָשָׁה; בִּקֹּרֶת חֲרִיפָה; סָגַר בְּכֹחַ (דֶּלֶת), חָבַט בְּרַעַשׁ; בִּקֵּר בַּחֲרִיפוּת

slander, *n.* & *v.t.* דִּבָּה, הַשְׁמָצָה; הוֹצִיא [יצא] דִּבָּה; הִלְשִׁין [לשן]

slanderous, *adj.* מַשְׁמִיץ, הוֹלֵךְ רָכִיל

slang, *n.* דִּבּוּר הֲמוֹנִי, עָגָה

slant, *n.* שִׁפּוּעַ

slant, *v.t.* & *i.* נָטָה, הִשְׁתַּפֵּעַ [שפע]

slap, *n.* & *v.t.* סְטִירָה; סָטַר

slash, *n.* חֲתָךְ, שֶׂרֶטֶת, שְׂרִיטָה, חֵרֶק

slash, *v.t.* & *i.* חָתַךְ, שָׂרַט, חֵרַק, קָרַע

slat, *n.* פַּס, קָנֶה (שֶׁל עֵץ אוֹ מַתֶּכֶת)

slate, *n.* שֶׁרֶד, חֶרֶט, מַכְתֵּב, צִפְחָה, לוּחַ צִפְחָה; רְשִׁימַת מֻעֲמָדִים (בִּבְחִירוֹת)

slaughter, *n.* טֶבַח, שְׁחִיטָה, הֶרֶג

slaughter, *v.t.* טָבַח, שָׁחַט

slaughterer, *n.* טַבָּח, שׁוֹחֵט

slaughterhouse, *n.* (בֵּית) מִטְבָּחַיִם

slave, *n.* & *v.i.* עֶבֶד; עָבַד בְּפֶרֶךְ

slavery, *n.* עַבְדוּת, עֲבוֹדַת פֶּרֶךְ

slaw, *n.* כְּרוּב סָלָט

slay, *v.t.* הָרַג, קָטַל, הֵמִית [מות]

slayer, *n.* רוֹצֵחַ, קַטְלָן

sleazy, *adj.* רוֹפֵף, דַּק

sled, sledge, *n.* מִזְחֶלֶת, מִגְרָרָה

sledge, sledge hammer, *n.* כֵּילַף

sleek, *adj.* חָלָק; עָרוּם

sleep, *n.* שֵׁנָה, תַּרְדֵּמָה; מָוֶת

sleep, *v.i.* יָשֵׁן, נִרְדַּם [רדם]

sleeper, *n.* יָשֵׁן; אֶדֶן; רַכֶּבֶת שֵׁנָה

sleeplessness, *n.* אִי שֵׁנָה, תְּעוּרָה

sleepwalker, *n.* סַהֲרוּרִי

sleepy, *adj.* יָשֵׁן, רָדוּם; מְיַשֵּׁן

sleet, *n.* & *v.i.* שְׁלוּגִית (גֶּשֶׁם וָשֶׁלֶג מְעוֹרָבִים); יָרְדָה שְׁלוּגִית

sleeve, *n.* שַׁרְווּל

sleigh, *n.* מִזְחֶלֶת, מִגְרָרָה

slender, *adj.* דַּק, כָּחוּשׁ

sleuth, *n.* בַּלָּשׁ

slice, *n.* חֲתִיכָה (גְּבִינָה), פְּרוּסָה (לֶחֶם), נֵתַח (בָּשָׂר), פֶּלַח (אֲבַטִּיחַ, תַּפּוּז)

slice, *v.t.* חָתַךְ, נִתַּח, פָּרַס, פִּלַּח

slick, *adj.* & *n.* עָרוּם, רַמַּאי, מַחֲלִיק לָשׁוֹן

slicker, *n.* מְעִיל גֶּשֶׁם; עָרוּם; רַבּוּתָן

slide, *n.*, *v.t.* & *i.* חֲלַקְלַקָּה, גְּלִישָׁה; שְׁקוּפִית (לְפָנָס קֶסֶם); גָּלַשׁ; הֶחֱלִיק [חלק]

slight, *adj.*, *n.* & *v.t.* רָזֶה, דַּק; קַל עֶרֶךְ; זִלְזוּל; זִלְזֵל, בִּזָּה

slightly, *adv.* מְעַט, קְצָת

slim, *adj.* רָזֶה, דַּק, מוּעָט

slime, *n.* יָוֵן, בֹּץ, טִיט

sling, *n.* & *v.t.* מִקְלַעַת, קֶלַע; קִלַּע

slink, *v.t.* & *i.* צָפַן, הִתְגַּנֵּב [גנב]

slip, *n.*, *v.t.* & *i.* מְעִידָה; נֵצֶר, חֹטֶר; מִשְׁגֶּה; תַּחְתּוֹנִית; הִתְחַלֵּק [חלק], מָעַד, נִשְׁמַט [שמט]; שָׁגָה

slippers, *n. pl.* נַעֲלֵי בַּיִת

slippery, *adj.* חֲלַקְלַק; מַמְעִיד; עַרְמוּמִי

slit, *n.* סֶדֶק, בְּקִיעַ, חָרִיץ, שֶׁסַע

slit, *v.t.* סִדֵּק, בָּקַע, שִׁסַּע

slither, *v.i.* הֶחֱלִיק [חלק]

sliver, *n.* בְּקַעַת, שְׁבָב, גֶּזֶר עֵץ

sloe, *n.* דַּרְדַּר, קוֹץ

slogan, *n.* סִיסְמָה, מֵימְרָה

sloop, *n.* אֳנִיַּת מִפְרָשׂ (יְחִידַת הַתֹּרֶן)

slope, *n.* מִדְרוֹן, שִׁפּוּעַ, מוֹרָד

slope, *v.t.* & *i.* הִטָּה [נטה] בַּאֲלַכְסוֹן, שִׁפַּע, הִשְׁתַּפַּע [שפע]

sloppy, *adj.* רַשְׁלָנִי, נִרְפָּשׁ

slot, *n.* סֶדֶק, חָרִיץ

sloth, *n.* עַצְלוּת; בַּטָּלָה

slouchy, *adj.* מְדֻלְדָּל

slough, *v.t.* & *i.* הִשְׁלִיךְ [שלך], הִשִּׁיר [נשר]; נִפְרַד [פרד]

slough, *n.* בִּצָּה; קְרוּם פֶּצַע, גֶּלֶד, עוֹר; אַכְזָבָה

slovenly, *adj.* מְלֻכְלָךְ, רַשְׁלָנִי, מֻזְנָח

slow, *adj.* אִטִּי

slow, *adv.* לְאַט

slow, *v.t.* & *i.* הֵאֵט [אטט]

slowly, *adv.* לְאַט לְאַט

slowness, *n.* אִטִּיּוּת

sludge, *n.* בֹּץ, רֶפֶשׁ

slug, *n.* כַּדּוּר (לִכְלֵי יְרִיָּה); שַׁבְּלוּל, חִלָּזוֹן

sluggard, *n.* נִרְפֶּה, בַּטְלָן, עַצְלָן, עָצֵל

sluice, *n.* & *v.t.* סֶכֶר; הִשְׁקָה [שקה]

slum, *n.* שְׁכוּנַת עֹנִי, מְגוּרִים מְרוּדִים

slumber, *n.* נִים, נִמְנוּם, תְּנוּמָה

slumber, *v.i.* נִמְנֵם

slump, *n.* & *v.i.* יְרִידָה, נְפִילָה; יָרַד (מְחִיר)

slur, *n.* כֶּתֶם; פְּגִיעָה בְּכָבוֹד; סִימַן אִחוּד בִּנְגִינָה

slur, *v.t.* & *i.* אָלַח, הִכְתִּים [כתם]; הוֹצִיא [יצא] לַעַז; הֶעֱלִיב [עלב]

slush, *n.* רֶפֶשׁ, בֹּץ שְׁלָגִי

sly, *adj.* נוֹכֵל, עִקֵּשׁ, עָרוּם

slyly, *adv.* בְּעָרְמָה

smack, *n.*, *v.t.* & *i.* טַעַם; שֶׁמֶץ; סְטִירָה; נְשִׁיקָה; דּוּגִית; הִצְלִיף [צלף], סָטַר; נָשַׁק

small, *adj.* קָטָן, פָּעוּט, מוּעָט, זָעִיר

smallness, *n.* קֹטֶן, קַטְנוּת, זְעִירוּת

smallpox, *n.* אֲבַעְבּוּעוֹת

smart, *adj.* חָכָם, פִּקֵּחַ; חָרוּץ

smartness, *n.* חָכְמָה, פִּקְחוּת, חֲרִיפוּת

smash, *n.* נִפּוּץ, מַכָּה; פְּשִׁיטַת רֶגֶל

smash, *v.t.* & *i.* נִפֵּץ, הִכָּה [נכה]; שִׁבֵּר; פָּשַׁט רֶגֶל

smattering, *n.* יְדִיעָה שִׁטְחִית

smear, *n.* כֶּתֶם, רְבָב, לִכְלוּךְ

smear, *v.t.* הִכְתִּים [כתם], לִכְלֵךְ; הִשְׁמִיץ [שמץ], נִבֵּל; טִיֵּט, טָפַל

smell, *n.* רֵיחַ, חוּשׁ הָרֵיחַ

smell, *v.t.* & *i.* הֵרִיחַ [ריח]

smelt, *v.t.* הִתִּיךְ [נתך], צֵרַף

smelter, *n.* צוֹרֵף

smile, *n.* חִיּוּךְ, בַּת צְחוֹק

smile, *v.t.* & *i.* חִיֵּךְ

smirch, *n.* לִכְלוּךְ, כֶּתֶם

smirch, *v.t.* נִבֵּל, נִוֵּל, הִשְׁמִיץ [שמץ]

smirk, *n.* & *v.i.* גִּחוּךְ; גָּחַךְ

smite, *v.t.* & *i.* הִכָּה [נכה]

smith, *n.* נַפָּח

smithy, *n.* מַפָּחָה, נַפָּחִיָּה

smock, *n.* מַעֲטֶפֶת

smoke, *n.*, *v.t.* & *i.* עָשָׁן; עָשַׁן, עִשֵּׁן

smoker, *n.* מְעַשֵּׁן, עַשְׁנָן

smokestack, *n.* מַעֲשֵׁנָה, אֲרֻבָּה

smoking, *n.* עִשּׁוּן

smoky, *adj.* עָשֵׁן, מְעֻשָּׁן

smooth, *adj.* חָלָק, חֲלַקְלַק

smooth, smoothen, *v.t.* הֶחֱלִיק [חלק]

smoothness, *n.* חֲלַקְלַקּוּת

smother, *v.t.* חָנַק; כִּבָּה (אֵשׁ)

smudge, *n.* כֶּתֶם, לִכְלוּךְ, רְבָב

smug, *adj.* נָאֶה, גֵּאֶה

smuggle, *v.t.* & *i.* הִבְרִיחַ [ברח] מֶכֶס, הִכְנִיס [כנס] בִּגְנֵבָה

smuggler, *n.* מַבְרִיחַ מֶכֶס

smut, *n.* & *v.i.* לִכְלוּךְ; הִתְלַכְלֵךְ [לכלך]

smutty, *adj.* מְלֻכְלָךְ

snack, *n.* מַטְעָם

snaffle, *n.* & *v.t.* מֶתֶג; מִתֵּג

snag, *n.* שֵׁן בּוֹלֶטֶת; זִיז עָנָף; קֹשִׁי

snail, *n.* חִלָּזוֹן

snake, *n.* נָחָשׁ

snap, *n.*, *v.t.* & *i.* נִתּוּק, שְׁבִירָה; חֲטִיפָה, פְּרִיכָה; תַּצְלוּם (רִגְעִי); נִתֵּק, שִׁבֵּר, נִתַּק, נִשְׁבַּר (פִּתְאֹם); הֵשִׁיב [שוב] בְּכַעַס; הִצְלִיף [צלף] (אֶצְבָּעוֹת)

snapdragon, *n.* לֹעַ אֲרִי

snappy, *adj.* זָרִיז, מָהִיר; רַתְחָנִי

snapshot, *n.* תַּצְלוּם רִגְעִי

snare, *n.* מַלְכֹּדֶת, פַּח, מוֹקֵשׁ

snare, *v.t.* לָכַד בְּפַח

snarl, *n.* תַּרְעֹמֶת, רִטּוּן

snarl, *v.t.* & *i.* סִבֵּךְ, הִסְתַּבֵּךְ [סבך]

snatch, *n.* & *v.t.* חֲטִיפָה; חָטַף

sneak, *v.i.* הִתְגַּנֵּב [גנב]; הִתְחַמֵּק [חמק], הִתְרַפֵּס [רפס]

sneer, *n.* לַעַג, לִגְלוּג

sneer, *v.i.* לָעַג, לִגְלֵג

sneeze, *n.* עִטּוּשׁ

sneeze, *v.i.* עִטֵּשׁ, הִתְעַטֵּשׁ [עטש]

sniff, *n.* הֲרָחָה

sniff, *v.t.* & *i.* הֵרִיחַ [ריח]; שָׁאַף (רוּחַ)

sniffle, *n.* & *v.i.* נַזֶּלֶת; נָזַל

snigger, *n.* צְחוֹק, גִּחוּךְ

snigger, *v.i.* גָּחַךְ, חִיֵּךְ

snip, *n.* & *v.t.* גָּזִיז, חֲתִיכָה; גָּזַז

snipe, *n.* חַרְטוֹמָן

snipe, *v.t.* & *i.* צִלֵּף, הִצְלִיף [צלף], יָרָה מִמַּאֲרָב

sniper, *n.* צַלָּף

snitch, *v.t.* הָלַךְ רָכִיל

snivel, *n.* נַחַר, נַחֲרָה; נַזֶּלֶת

snivel, *v.i.* נָזַל; יִבֵּב

snob, *n.* רַבְרְבָן

snobbishness, *n.* רַבְרְבָנוּת

snooze, *n.* נִמְנוּם, תְּנוּמָה, שֵׁנָה קַלָּה

snooze, *v.i.* נִמְנֵם, הִתְנַמְנֵם [נמנם]
snore, *n.* & *v.i.* נְחִירָה; נָחַר
snort, *n.*, *v.t.* & *i.* נַחַר, נַחֲרַת סוּס; נָחַר
snout, *n.* חֹטֶם חַיָּה (חֲזִיר)
snow, *n.* שֶׁלֶג
snow, *v.t.* & *i.* הִשְׁלִיג [שלג], יָרַד שֶׁלֶג
snowball, *n.* כַּדּוּר שֶׁלֶג
snowflake, *n.* פְּתוֹת שֶׁלֶג
snowy, *adj.* מַשְׁלִיג
snub, *n.* פְּגִיעָה בְּכָבוֹד, זִלְזוּל
snub, *v.t.* דָּחָה (בְּאֹפֶן גַּס)
snuff, *v.t.* & *i.* הֵרִיחַ [ריח] טַבַּק, שָׁאַף; מָחַט (נֵר)
snug, *adj.* מִתְרַפֵּק; צַר וְחָמִים
snuggle, *v.t.* & *i.* הִתְרַפֵּק [רפק] עַל
so, *adv.* & *conj.* כַּךְ, כָּכָה, וּבְכֵן, לָכֵן; בִּתְנַאי, אִם
soak, *n.* שְׁרִיָּה
soak, *v.t.* & *i.* שָׁרָה, הִרְטִיב [רטב], סָפַג
soap, *n.* & *v.t.* בֹּרִית, סַבּוֹן; סִבֵּן
soar, *v.i.* הִמְרִיא [מרא], הִתְנַשֵּׂא [נשא]
sob, *n.* הִתְיַפְּחוּת
sob, *v.t.* & *i.* בָּכָה, הִתְיַפֵּחַ [יפח]
sobbing, *n.* יִבּוּב, יְלָלָה
sober, *adj.*, *v.t.* & *i.* רְצִינִי, מָתוּן, פִּכֵּחַ; הֵפִיג [פוג], פִּכַּח, הִתְפַּכֵּחַ [פכח]
soberness, sobriety, *n.* פִּכְחוּת, פִּכָּחוֹן
soberly, *adv.* בְּפִכְחוּת
so-called, *adj.* הַמְּכֻנֶּה
sociable, *adj.* חַבְרוּתִי
social, *adj.* חֶבְרָתִי, צִבּוּרִי
socialism, *n.* שִׁתְּפָנוּת
socialist, *n.* שִׁתְּפָנִי
society, *n.* חֶבְרָה
sociologic, sociological, *adj.* שֶׁל תּוֹרַת הַחֶבְרָה
sock, *n.* גֶּרֶב

socket, *n.* צִיר; שֶׁקַע
sod, *n.* עִשְׂבָּה
soda, *n.* נֶתֶר, פַּחֲמַת הַנַּתְרָן; גַּזּוֹז
sodden, *adj.* מְבֻשָּׁל, סָפוּג
sodium, *n.* נַתְרָן
sodomy, *n.* סְדוֹמִיּוּת, מַעֲשֵׂה סְדוֹם
sofa, *n.* סַפָּה
soft, *adj.* רַךְ, נוֹחַ
soften, *v.t.* & *i.* רִכֵּךְ, הִתְרַכֵּךְ [רכך]
softly, *adv.* בְּרַכּוּת, לְאַט
softness, *n.* רֹךְ, רַכּוּת
soggy, *adj.* לַח
soil, *n.* אֲדָמָה, עָפָר
soil, *v.t.* & *i.* לִכְלֵךְ, הִתְלַכְלֵךְ [לכלך]
sojourn, *n.* & *v.i.* מְגוּרִים; גָּר [גור]
solace, *n.* & *v.t.* נֶחָמָה; נִחֵם
solar, *adj.* שִׁמְשִׁי
solder, *n.* הַלְחָמָה
solder, *v.t.* הִלְחִים [לחם], חִבֵּר
soldier, *n.* חַיָּל, אִישׁ צָבָא
soldiery, *n.* צָבָא, חַיִל
sole, *adj.* יְחִידִי
sole, *n.* & *v.t.* סֻלְיָה; גַּלְדָּה, כַּף (רֶגֶל); סַנְדָּל, דַּג מֹשֶׁה רַבֵּנוּ; הִרְכִּיב [רכב] סֻלְיָה
solecism, *n.* שִׁבּוּשׁ דִּקְדּוּקִי, מִשְׁגֶּה; הֲפָרַת מִנְהָג
solely, *adv.* לְבַד, רַק
solemn, *adj.* חֲגִיגִי, רְצִינִי
solemnity, *n.* חֲגִיגִיּוּת, רְצִינוּת
solemnize, *v.t.* חָגַג
solicit, *v.t.* בִּקֵּשׁ, תָּבַע, הִפְצִיר [פצר]
solicitation, *n.* בַּקָּשָׁה, הַפְצָרָה, הַעְתָּרָה
solicitor, *n.* מְבַקֵּשׁ; עוֹרֵךְ דִּין
solicitous, *adj.* דּוֹאֵג, מִשְׁתַּדֵּל
solicitude, *n.* דְּאָגָה, אִי מְנוּחָה
solid, *adj.* מוּצָק; אָטוּם

solid, *n.* גּוּף מוּצָק; אֶטֶם
solidarity, *n.* אַחְדוּת
solidification, *n.* הִתְקַשּׁוּת, הַצָּקָה
solidify, *v.t. & i.* עָשָׂה מוּצָק, גִּבֵּשׁ, הִתְגַּבֵּשׁ [גבש], הִתְעַבָּה [עבה]
solidity, *n.* מוּצָקוּת; חֹזֶק
soliloquy, *n.* שִׂיחַת יָחִיד
solitary, *adj. & n.* יְחִידִי, בּוֹדֵד, גַּלְמוּד, עֲרִירִי
solitude, *n.* בְּדִידוּת
solo, *n.* שִׁירַת יָחִיד
solstice, *n.* תְּקוּפַת הַחַמָּה, תְּקוּפָה
solubility, *n.* הִמַּסּוּת, תְּמִסָּה
soluble, *adj.* נָמֵס
solution, *n.* הַפְרָדָה; הַתָּרָה; פִּתְרוֹן; תְּמִסָּה, פֵּשֶׁר
solve, *v.t.* פָּתַר, פֵּרַשׁ; מָצָא (חִידָה)
solvent, *adj. & n.* מֵסִיס; בַּר (בַּעַל) פֵּרָעוֹן
somber, sombre, *adj.* כֵּהֶה, קוֹדֵר, נוּגֶה
some, *adj. & pron.* מְעַט, אֲחָדִים
somebody, *pron.* מִישֶׁהוּ, מִי שֶׁהוּא, פְּלוֹנִי
somehow, *adv.* אֵיךְ שֶׁהוּא, בְּאֵיזֶה אֹפֶן שֶׁהוּא
someone, *n. & pron.* מִי שֶׁהוּא, מִישֶׁהוּ
somersault, *n.* קְפִיצָה וְהִתְהַפְּכוּת, הִתְגַּלְגְּלוּת, הִזְדַּקְּרוּת
somersault, *v.i.* הִתְהַפֵּךְ [הפך], הִתְגַּלְגֵּל [גלגל], הִזְדַּקֵּר [זקר]
something, *n.* כְּלוּם, דְּבַר מָה, מַשֶּׁהוּ
sometimes, *adv.* לִפְעָמִים, מִזְּמַן לִזְמַן, לְעִתִּים
somewhat, *adv.* קְצָת
somewhere, *adv.* אֵיפֹה שֶׁהוּא, בְּאֵיזֶה מָקוֹם
somnambulist, *n.* סַהֲרוּרִי, מֻכֵּה יָרֵחַ
somnolent, *adj.* מְנַמְנֵם
son, *n.* בֵּן
sonata, *n.* נֶגֶן, יְצִירָה לִנְגִינָה
song, *n.* שִׁיר, זֶמֶר, מִזְמוֹר, רִנָּה; פְּרוּטָה
songster, *n.* זַמָּר, מְזַמֵּר; זַמֶּרֶת
son-in-law, *n.* חָתָן
sonnet, *n.* שִׁיר זָהָב, חֲרוּזָה
sonorous, *adj.* צְלִילִי, מְצַלְצֵל, קוֹלָנִי, קוֹלִי
soon, *adv.* בְּקָרוֹב, מַהֵר, מִיָּד
soot, *n.* פִּיחַ
soothe, *v.t.* הִשְׁקִיט [שקט], פִּיֵּס
soothsayer, *n.* מְנַחֵשׁ, יִדְּעוֹנִי
sooty, *adj.* מְפֻיָּח
sop, *v.t. & i.* שָׁרָה, סָפַג, הָיָה רָטֹב כֻּלּוֹ
sophism, *n.* פִּלְפּוּל, חִדּוּת
sophisticated, *adj.* מְחֻכָּם, נָבוֹן, מְפֻלְפָּל
sophomore, *n.* תַּלְמִיד בְּכִתָּה ב׳ (בְּבֵית סֵפֶר גָּבֹהַּ, בְּמִכְלָלָה)
soporific, *adj.* מְיַשֵּׁן, מַרְדִּים, מַקְהֶה הַחוּשִׁים
soprano, *n.* (קוֹל) עֲלָמוֹת, סוֹפְּרָנוֹ
sorcerer, *n.* מְכַשֵּׁף, קוֹסֵם, מָגוֹשׁ
sorcery, *n.* כִּשּׁוּף, קֶסֶם
sordid, *adj.* בָּזוּי, נִבְזֶה, צַיְקָן
sore, *adj.* זוֹעֵם, מִצְטַעֵר; מַכְאִיב
sore, *n.* כְּאֵב; פֶּצַע; חַבּוּרָה, צַעַר
sorority, *n.* חֶבְרַת בַּחוּרוֹת (בְּמִכְלָלָה)
sorrel, *adj. & n.* שָׁרֹק, אֲדַמְדַּם־חוּם; חַמְצִיץ (צֶמַח)
sorrow, *n.* צַעַר, יָגוֹן, מַכְאוֹב, אֵבֶל
sorrow, *v.i.* הִצְטַעֵר [צער], הִתְאַבֵּל [אבל]
sorry, *adj.* חוֹמֵל, מִצְטָעֵר, מִתְחָרֵט
sort, *n.* מִין, טִיב, אֹפֶן

sort, *v.t. & i.* מִיֵּן; הִתְחַבֵּר [חבר]; הָלַם
sortie, *n.* הֲגָחָה
sot, *n.* שִׁכּוֹר, הֲלוּם יַיִן
sough, *n. & v.i.* אִוְשָׁה; רִשְׁרוּשׁ; אָוַשׁ, רִשְׁרֵשׁ, הִתְרַשְׁרֵשׁ [רשרש]
soul, *n.* נֶפֶשׁ, רוּחַ, נְשָׁמָה, בֶּן אָדָם
sound, *n.* צְלִיל; הֲבָרָה; זִים; מֵצַר יָם
sound, *adj.* בָּרִיא, שָׁלֵם
sound, *v.t. & i.* הִשְׁמִיעַ [שמע] (נָתַן) קוֹל; חִצְרֵר, צִלְצֵל; מָדַד עֹמֶק; בָּדַק, בָּחַן
soundless, *adj.* דּוֹמֵם, מַחְשֶׁה, שׁוֹתֵק, חֲסַר קוֹל
soundness, *n.* שְׁלֵמוּת; מְתֹם
soup, *n.* מָרָק
sour, *adj.* חָמוּץ
sour, *v.i.* חָמַץ, הֶחֱמִיץ [חמץ]
source, *n.* מַעְיָן, מָקוֹר, מוֹצָא
sourness, *n.* חֲמִיצוּת
souse, *n.* צִיר; שְׁרִיָּה; כְּבִישָׁה
souse, *v.t. & i.* כָּבַשׁ בְּצִיר (שִׁמֵּר)
south, *n.* דָּרוֹם, נֶגֶב
south, *adj.* דְּרוֹמִי
south, *adv.* דָּרוֹמָה, נֶגְבָּה
south, *v.i.* הִדְרִים [דרם]
southeast, *adj. & n.* דְּרוֹמִית מִזְרָחִית; דְּרוֹם־מִזְרָח
southerly, *adj.* דְּרוֹמִי, נֶגְבִּי
southward, southwards, *adv.* הַנֶּגְבָּה, דָּרוֹמָה
southwest, *adj. & n.* דְּרוֹמִית־מַעֲרָבִית; דְּרוֹם־מַעֲרָב
souvenir, *n.* מַזְכֶּרֶת
sovereign, *adj. & n.* רִבּוֹנִי; לִירָה שְׁטֶרְלִינְג (זָהָב)
sovereignty, *n.* רִבּוֹנוּת
soviet, *n.* מוֹעֵצָה רוּסִית
sow, *n.* חֲזִירָה
sow, *v.t. & i.* זָרַע
spa, *n.* מַעְיַן מַחְצָבִי
space, *n.* מָקוֹם, רֶוַח, מֶרְחָק
space, *v.t.* רָוַח
spacious, *adj.* מְרֻוָּח, נִרְחָב, רְחַב יָדַיִם
spade, *n.* אֵת, מָרָה
spade, *v.t.* חָפַר בְּאֵת, הָפַךְ אֲדָמָה
spaghetti, *n.* אִטְרִיּוֹת
span, *n.* טֶפַח; זֶרֶת, מִדָּה; זְמַן מֻגְבָּל; צֶמֶד (בָּקָר, סוּסִים וְכוּ׳); חֶלֶד
span, *v.t.* מָדַד; גִּשֵּׁר, עָבַר מֵעַל
spangle, *n. & v.i.* נָצִיץ; נָצַץ, נִצְנֵץ
Spaniard, *n.* סְפָרַדִּי, בֶּן סְפָרַד
spaniel, *n.* כֶּלֶב צַיִד
spank, *v.t. & i.* הִכָּה בְּכַף הַיָּד (בַּאֲחוֹרַיִם), סָטַר, הִרְבִּיץ [רבץ] (לְיֶלֶד); הָלַךְ מַהֵר
spar, *n.* תֹּרֶן; פַּצֶּלֶת
spare, *adj.* עוֹדֵף, יָתֵר; פָּנוּי, רָזֶה
spare, *v.t. & i.* חָמַל עַל, חָשַׂךְ, הִשְׁאִיר [שאר] בַּחַיִּים
sparingly, *adv.* בְּחִסָּכוֹן, בְּקִמּוּץ
spark, *n.* זִק, נִיצוֹץ, שְׁבִיב
sparkle, *v.t. & i.* נָצַץ, נִצְנֵץ, הִבְרִיק [ברק]
spark plug נֵר הַצָּתָה, מַצֵּת
sparrow, *n.* דְּרוֹר, אַנְקוֹר
sparse, *adj.* דָּלִיל, מְפֻזָּר וּמְפֹרָד
spasm, *n.* חַלְחָלָה, עֲוִית
spasmodic, *adj.* עֲוִיתִי
spate, *n.* מַבּוּל, זֶרֶם מַיִם
spatter, *n.* הַתָּזָה
spatter, *v.t. & i.* הִתִּיז [נתז]
spawn, *n.* בֵּיצֵי דָגִים
spawn, *v.t. & i.* הֵטִיל [נטל] בֵּיצִים, שָׁרַץ
speak, *v.i.* דִּבֵּר, מִלֵּל

speaker, *n.* דּוֹבֵר; נוֹאֵם, דַּרְשָׁן
speaking, *n.* דִּבּוּר, מִלּוּל
spear, *n.* כִּידוֹן
spear, *v.t.* דָּקַר בְּכִידוֹן
special, *adj.* מְיֻחָד, נָדִיר, יוֹצֵא מִן הַכְּלָל
specialist, *n.* מֻמְחֶה, בַּעַל מִקְצוֹעַ
specialize, *v.i.* הִתְמַחָה [מחה]
specially, *adv.* בִּפְרָט, בְּיִחוּד
specie, *n.* מַטְבֵּעַ (זָהָב)
species, *n.* סוּג, מִין
specific, *adj.* מְיֻחָד
specification, *n.* פֵּרוּשׁ, פֵּרוּט
specify, *v.t.* פֵּרַט
specimen, *n.* דֻּגְמָה
specious, *adj.* נָכוֹן, לִכְאוֹרָה
speck, *n.* כֶּתֶם
speck, *v.t.* הִכְתִּים [כתם]
speckle, *n.* רְבָב, כֶּתֶם (קָטָן)
speckle, *v.t.* הִכְתִּים [כתם], נִמֵּר
spectacle, *n.* מַרְאֶה, חִזָּיוֹן
spectacles, *n. pl.* מִשְׁקָפַיִם
spectacular, *adj.* נֶהְדָּר
spectator, *n.* צוֹפֶה, עֵד רְאִיָּה
specter, spectre, *n.* רוּחַ מֵת, רָפָא
spectrum, *n.* תַּחֲזִית
speculate, *v.i.* הִרְהֵר, סִפְסֵר
speculation, *n.* סַפְסָרוּת; עִיּוּן
speculative, *adj.* עִיּוּנִי; סַפְסָרִי
speculator, *n.* סַפְסָר
speech, *n.* לָשׁוֹן; דִּבּוּר; נְאוּם; הַרְצָאָה
speechless, *adj.* אִלֵּם; נְטוּל כֹּחַ הַדִּבּוּר
speed, *n.* מְהִירוּת; הִלּוּךְ; תְּאוּצָה
speed, *v.i.* מִהֵר, אָץ [אוץ]
speedily, *adv.* חִישׁ, בִּמְהִירוּת
speedy, *adj.* זָרִיז, מָהִיר
spell, *n.* לַחַשׁ, חֶבֶר, קֶסֶם, כִּשּׁוּף
spell, *v.t. & i.* אִיֵּת; כִּשֵּׁף
spellbound, *adj.* מְקֻסָּם, מְכֻשָּׁף
speller, *n.* מְאַיֵּת; סֵפֶר כְּתִיב
spelling, *n.* כְּתִיב, אִיּוּת
spend, *v.t. & i.* הוֹצִיא [יצא] (כֶּסֶף); בִּלָּה (זְמַן); כִּלָּה (כֹּחוֹת)
spendthrift, *n.* פַּזְרָן, בַּזְבְּזָן
sperm, *n.* זֶרַע, תָּא
spew, *v.t. & i.* הֵקִיא [קיא]
sphere, *n.* גַּלְגַּל; כַּדּוּר; מַזָּל; חוּג
spherical, *adj.* כַּדּוּרִי, עֲגַלְגַּל
sphinx, *n.* אָדָם חִידָה, בַּעַל תַּעֲלוּמוֹת
spice, *n.* תֶּבֶל, בֹּשֶׂם
spice, *v.t.* תִּבֵּל, בִּשֵּׂם
spices, *n. pl.* תְּבָלִים, תַּבְלִין
spicy, *adj.* מְתֻבָּל
spider, *n.* עַכָּבִישׁ
spigot, *n.* יָתֵד; דַּד; בֶּרֶז
spike, *n.* מַסְמֵר, יָתֵד; שִׁבֹּלֶת, מְלִילָה
spill, *n., v.t. & i.* שֶׁפֶךְ, שְׁפִיכָה; נְגִירָה; שָׁבָב, קֵיסָם; שָׁפַךְ, נִשְׁפַּךְ [שפך]; הִגִּיר [נגר]
spin, *n., v.t. & i.* טְוִיָּה; סִבּוּב; סָבַב, הִסְתּוֹבֵב [סבב]; טָוָה
spinach, *n.* תֶּרֶד
spinal, *adj.* שֶׁל חוּט (עַמּוּד) הַשִּׁדְרָה
spindle, *n.* פֶּלֶךְ, כִּישׁוֹר
spine, *n.* עַמּוּד הַשִּׁדְרָה; קוֹץ; עֹקֶץ
spinner, *n.* טֹוֶה, טַוַּאי
spinning, *n.* טְוִיָּה
spinning wheel אוֹפַן כִּישׁוֹר
spinster, *n.* רַוָּקָה (זְקֵנָה)
spiral, *adj.* בָּרְגִּי, חֶלְזוֹנִי, לוּלְיָנִי
spire, *n.* רֹאשׁ מִגְדָּל; חִלָּזוֹן
spirit, *n. & v.t.* רוּחַ; נְשָׁמָה; כַּוָּנָה; כֹּהַל; דֶּלֶק; עוֹדֵד, הִלְהִיב [להב]; חָטַף
spirited, *adj.* עַלִּיז, נִמְרָץ

spiritual, *adj.* רוּחָנִי
spirt, *v.* spurt
spit, *n.* & *v.t.* שַׁפּוּד; שִׁפֵּד
spit, *n.*, *v.t.* & *i.* רֹק; יָרַק, רָקַק
spite, *n.* & *v.t.* קִנְטוּר; קִנְטֵר, הִרְגִּיז [רגז]; הִכְעִיס [כעס]
spittle, *n.* רִיר, רֹק
spittoon, *n.* מַרְקֵקָה
splash, *n.*, *v.t.* & *i.* נֶתֶז; הִתִּיז [נתז]
spleen, *n.* טְחוֹל; כַּעַס; מָרָה שְׁחוֹרָה
splendid, *adj.* מְצֻיָּן, נֶהְדָּר
splendor, splendour, *n.* תִּפְאֶרֶת, הוֹד, הֶדֶר, הָדָר
splice, *v.t.* חִבֵּר, אִחֵד
splint, *n.* גְּשִׁישׁ
splinter, *n.* קֵיסָם, שָׁבָב
splinter, *v.t.* בִּקַּע, בָּקַע
split, *adj.* שָׁסוּעַ, מְבֻקָּע
split, *n.*, *v.t.* & *i.* סֶדֶק, בְּקִיעַ, שֶׁסַע; מַחֲלֹקֶת; פֵּרוּד; סָדַק; חִלֵּק; גָּזַר, נִבְקַע [בקע], שָׁסַע, בִּקַּע
spoil, *n.*, *v.t.* & *i.* שָׁלָל, בַּז, מַלְקוֹחַ; בָּזַז, שָׁלַל; הִשְׁחִית [שחת], קִלְקֵל
spoilage, *n.* קִלְקוּל, הַשְׁחָתָה
spoke, *n.* חִשּׁוּר
spoliation, *n.* גְּזֵלָה, חֲטִיפָה
sponge, *n.* סְפוֹג
sponge, *v.t.* & *i.* סָפַג; רָחַץ, הִתְרַחֵץ [רחץ] בִּסְפוֹג
spongy, *adj.* סְפוֹגִי
sponsor, *n.* אַחְרַאי; תּוֹמֵךְ
spontaneity, *n.* דְּחִיפָה פְּנִימִית
spontaneous, *adj.* מִתּוֹךְ דְּחִיפָה פְּנִימִית, בָּא מֵאֵלָיו
spool, *n.* סְלִיל; אַשְׁוָה
spoon, *n.* כַּף
spoon, *v.t.* הֶעֱלָה [עלה] בְּכַף
spoonful, *n.* מְלֹא כַף

sporadic, *adj.* בּוֹדֵד, מְפֻזָּר
spore, *n.* נֶבֶג, תָּא
sport, *n.* סְפּוֹרְט, מִשְׂחָק, שַׁעֲשׁוּעַ; לִגְלוּג.
spot, *n.*, *v.t.* & *i.* מָקוֹם; כֶּתֶם; כָּתַם, טִנֵּף, נִמֵּר; הִכִּיר [נכר], מָצָא
spotless, *adj.* חֲסַר כֶּתֶם (דֹּפִי)
spotted, *adj.* בָּרֹד, מְנֻמָּר, כָּתוּם
spouse, *n.* בַּעַל, אִשָּׁה, נָשׂוּא, נְשׂוּאָה
spout, *n.* זַרְבּוּבִית
spout, *v.i.* הִשְׁתַּפֵּךְ [שפך]
sprain, *n.* & *v.t.* נֶקַע, נְקִיעָה; נָקַע
sprawl, *v.i.* הִשְׁתַּטַּח [שטח], גָּהַר, הִסְתָּרַח [סרח]
spray, *n.* זְרִיָּה, רְסוּס
spray, *v.t.* רִסֵּס, הִתִּיז [נתז]
spread, *n.*, *v.t.* & *i.* הִתְפַּשְּׁטוּת; מַפָּה; מַצָּע; מִכְסֶה; מִמְרָח; פָּרַשׂ; הֵפִיץ [נפץ]; הִתְפַּשֵּׁט [פשט]; מָרַח (חֶמְאָה); פָּשַׂק (רַגְלַיִם)
spree, *n.* הִלּוּלָה
sprig, *n.* נֵצֶר
sprightly, *adj.* עַלִּיז, זָרִיז
spring, *n.*, *v.t.* & *i.* אָבִיב; מַבּוּעַ, עַיִן, מַעְיָן; קְפִיץ; קִפֵּץ; נָבַע; צָמַח, חָרַג
sprinkle, *v.t.* & *i.* זִלַּח, הִרְבִּיץ [רבץ]
sprinkler, *n.* זַלָּח; מַמְטֵרָה
sprinkling, *n.* זְלִיחָה, הַמְטָרָה
sprint, *n.* מְרוּצָה
sprite, *n.* שֵׁד, רוּחַ
sprout, *n.* נֶבֶט, צֶמַח
sprout, *v.i.* צָמַח, נָבַט
spruce, *n.* תַּרְנִית
spry, *adj.* קַל, זָרִיז
spume, *n.* קֶצֶף
spunk, *n.* אֹמֶץ לֵב
spunky, *adj.* אַמִּיץ לֵב
spur, *n.* & *v.t.* דָּרְבָן; דִּרְבֵּן
spurious, *adj.* מְזֻיָּף, כּוֹזֵב

spurn, *v.t.* בָּעַט בְּ, דָּחָה, מָאַס
spurt, spirt, *n.* שְׁפִיכָה, זֶרֶם
spurt, spirt, *v.t.* & *i.* קִלַּח, זִנֵּק, זָרַק
sputter, *v.t.* & *i.* רָקַק; דִּבֵּר בִּמְהִירוּת
spy, *n.* מְרַגֵּל
spy, *v.t.* & *i.* רִגֵּל, תָּר [תור]
squab, *n.* תָּסִיל, גּוֹזָל
squabble, *n.* & *v.i.* רִיב; רָב [ריב]
squad, *n.* חֶבֶר, סֶגֶל, צֶוֶת
squadron, *n.* טַיֶּסֶת
squalid, *adj.* מְגֹאָל, מְטֻנָּף
squall, *n.* נַחְשׁוֹל; סוּפָה; יְלָלָה
squally, *adj.* סוֹעֵר
squander, *v.t.* & *i.* בִּזְבֵּז, פִּזֵּר
square, *n.*, *v.t.* & *i.* רִבּוּעַ; (עֵרֶךְ) מְרֻבָּע; מַלְבֵּן; זָוִיתוֹן, מַזְוִית; כִּכָּר; רִבֵּעַ; סִלֵּק (חֶשְׁבּוֹן); פָּרַע (חוֹב)
square, adj. מְרֻבָּע; נָכוֹן, יָשָׁר
square root שֹׁרֶשׁ מְרֻבָּע ($\sqrt{\ }$)
squash, *n.* דְּלַעַת, קִשּׁוּא
squash, *v.t.* מָעַךְ
squat, *v.i.* רָבַץ, יָשַׁב שָׁפוּף
squatter, *n.* אָרִיס
squeak, *n.*, *v.t.* & *i.* חֲרִיקָה; חָרַק
squeal, *n.* & *v.i.* צְרִיחָה; צָרַח, צָוַח
squeamish, *adj.* בַּחֲרָן, נַקְרָן
squeeze, *n.* סְחִיטָה; לְחִיצָה; דֹּחַק
squeeze, *v.t.* סָחַט; לָחַץ; דָּחַק
squeezer, *n.* מַסְחֵט
squelch, *v.t.* הֶהֱסָה [הסה], הָמַם
squib, *n.* לַעַג
squill, *n.* חָצָב
squint, *n.* פְּזִילָה
squint, *v.t.* & *i.* מִצְמֵץ, פָּזַל
squire, *n.* נוֹשֵׂא כֵּלִים שֶׁל אַבִּיר, אָצִיל, בַּעַל נְכָסִים, תֹּאַר כָּבוֹד
squirm, *v.i.* הִתְפַּתֵּל [פתל]
squirrel, *n.* סְנָאִי
squirt, *n.* הַזָּיָה, הַתָּזָה
squirt, *v.t.* הִזָּה [נזה], הִתִּיז [נתז]
stab, *n.* דְּקִירָה
stab, *v.t.* & *i.* נָחַר, דָּקַר
stability, *n.* אֵיתָנוּת, קִיּוּם, קְבִיעוּת
stabilize, *v.t.* כּוֹנֵן [כון], יִצֵּב, יִשֵּׁר, שִׁוָּה, עָשָׂה קָבוּעַ
stable, *n.* אֻרְוָה, רֶפֶת
stable, *adj.* אֵיתָן, קָבוּעַ
staccato, *adj.* מְקֻטָּע (בִּנְגִינָה)
stack, *n.* עֲרֵמָה, גָּדִישׁ
stack, *v.t.* עָרַם, גָּדַשׁ
stadium, *n.* רִיס, אִצְטַדְיוֹן
staff, *n.* מַטֶּה, מַקֵּל; פְּקִידוּת
stag, *n.* אַיָּל
stage, *n.* בָּמָה; תַּחֲנָה; דַּרְגָּה
stage, *v.t.* הִצִּיג [נצג]
stagger, *v.i.* הִתְמוֹטֵט [מוט], מָעַד
stagnant, *adj.* עוֹמֵד, שׁוֹקֵט (עַל שְׁמָרָיו)
stagnate, *v.i.* חָדַל (עָמַד) מִנֹּזֶל, הִקְפָּא [קפא], נֶאֱלַח [אלח]
stain, *n.*, *v.t.* & *i.* כֶּתֶם; לִכְלֵךְ; כָּתַם; נִכְתַּם [כתם]
stair, *n.* מַדְרֵגָה
staircase, stairway, *n.* (חֲדַר) מַדְרֵגוֹת
stake, *n.* & *v.t.* יָתֵד; עֵרָבוֹן, הִתְעָרְבוּת; תָּמַךְ; חִזֵּק; סִכֵּן; הִתְעָרֵב [ערב]
stale, *adj.* יָשָׁן, בָּלֶה, קָשֶׁה (לֶחֶם)
stalemate, *n.* בֵּין הַמְּצָרִים, נְקֻדַּת קִפָּאוֹן
stalk, *n.* קָנֶה, קֶלַח, גִּבְעוֹל, הִצֵּן
stall, *n.* אֻרְוָה
stall, *v.t.* & *i.* שָׂם [שים] בְּאֻרְוָה; נִתְקַע [תקע]
stallion, *n.* סוּס, הִצֵּן
stalwart, *adj.* חָזָק, עַז, תַּקִּיף, אַמִּיץ

stamen, *n.* אַבְקָן
stamina, *n.* כֹּחַ הַקִּיּוּם, חִיּוּנִיּוּת
stammer, *n.* גִּמְגּוּם
stammer, *v.t.* & *i.* גִּמְגֵּם, לִמְלֵם
stammerer, *n.* עִלֵּג, כְּבַד (פֶּה) לָשׁוֹן
stamp, *n.* חוֹתָם, חוֹתֶמֶת; בּוּל; תָּו
stamp, *v.t.* & *i.* רָקַע; דָּרַךְ; בָּטַשׁ; טָבַע, חָתַם; הִדְבִּיק [דבק] בּוּל
stampede, *n.* מְנוּסָה מְבֹהֶלֶת (חַיּוֹת)
stampede, *v.t.* & *i.* נָס [נוס] בְּבֶהָלָה
stanch, staunch, *adj.* & *n.* נֶאֱמָן, בַּר סֶמֶךְ, בַּעַל דֵּעָה
stanch, staunch, *v.t.* & *i.* עָצַר, נֶעֱצַר [עצר]
stand, *n.* עַמּוּד; דּוּכָן; עֶמְדָּה
stand, *v.t.* & *i.* עָמַד, קָם [קום], סָבַל
stand by הָיָה נָכוֹן (מוּכָן) עָמַד לִימִין, תָּמַךְ, הֵגֵן [גנן]
stand for סִמֵּל, הִצִּיג [יצג]
stand out בָּלַט, הִצְטַיֵּן [צין]
standard, *adj.* רָגִיל, קָבוּעַ
standard, *n.* נֵס, דֶּגֶל; קְנֵה מִדָּה, תֶּקֶן
standardization, *n.* תִּקְנוּן
standardize, *v.t.* תִּקְנֵן, קָבַע תֶּקֶן
standing, *n.* עֲמִידָה; מַעֲמָד
standpoint, *n.* נְקֻדַּת מַבָּט
standstill, *n.* הַפְסָקָה, קִפָּאוֹן
stanza, *n.* בַּיִת (בְּשִׁיר)
staple, *n.* תּוֹצֶרֶת עִקָּרִית; מִצְרָךְ; פּוֹתָה
star, *n.*, *v.t.* & *i.* כּוֹכָב; מַזָּל; סִימָן; שַׂחְקָן רָאשִׁי; סִמֵּן בְּכוֹכָב; קִשֵּׁט בְּכוֹכָבִים; שִׂחֵק תַּפְקִיד רָאשִׁי; הִצְטַיֵּן [צין]
starboard, *n.* יְמִין אֳנִיָּה
starfish, *n.* כּוֹכַב יָם
starch, *n.* & *v.t.* עֲמִילָן; עִמְלֵן
stare, *v.t.* & *i.* לָטַשׁ עֵינַיִם, הִשְׁתָּאָה [שאה]
stark, *adj.* אַלִּים, עָרֹם; מֻחְלָט
starling, *n.* זַרְזִיר
Star-Spangled Bannner, The הַהִמְנוֹן הַלְּאֻמִּי שֶׁל אַרְצוֹת הַבְּרִית
start, *n.* הַתְחָלָה; חִיל, רֶטֶט
start, *v.t.* & *i.* הִתְחִיל [תחל], יָצָא; הִתְחַלְחֵל [חלחל]; סָלַד
startle, *v.t.* & *i.* נִרְתַּע [רתע]; הֶחֱרִיד [חרד]
starvation, *n.* רָעָב, כָּפָן
starve, *v.t.* & *i.* רָעַב, הִרְעִיב [רעב]
state, *n.* מַצָּב; מְדִינָה; רָשׁוּת
state, *v.t.* אָמַר; הִבִּיעַ [נבע]
stately, *adj.* מְפֹאָר, נֶהְדָּר
statement, *n.* גִּלּוּי דַּעַת, אַחֲוָה
stateroom, *n.* תָּא (בָּאֳנִיָּה, בְּרַכֶּבֶת)
statesman, *n.* מְדִינַאי
static, statical, *adj.* נָח; מִשְׁקָלִי
station, *n.* מַעֲמָד; תַּחֲנָה
station, *v.t.* הֶעֱמִיד [עמד]; שָׁת [שית]
stationary, *adj.* קָבוּעַ
stationery, *n.* (חֲנוּת) מִצְרְכֵי כְּתִיבָה, נְיַר מִכְתָּבִים
statistics, *n. pl.* נִסְכֶּמֶת, מִסְפָּרִים, לוּחַ
statuary, *n.* פַּסָּל, פְּסָלִים
statue, *n.* פֶּסֶל, מַצֵּבָה
stature, *n.* קוֹמָה, גֹּבַהּ
status, *n.* מַצָּב, חֲזָקָה
status quo הַמַּצָּב הַקַּיָּם
statute, *n.* חֹק, חֻקָּה
statutory, *adj.* חֻקִּי, חֻקָּתִי
staunch, *v.* stanch
stave, *n.* בַּד; אַלָּה; חָוָק; בַּיִת (בְּשִׁיר)
stave, *v.t.* שָׁבַר, שִׁבֵּר, פָּרַץ (פֶּרֶץ); הִרְחִיק [רחק], דָּחָה
stay, *n.* שְׁהִיָּה; מְנִיעָה; סֶמֶךְ, מִשְׁעָן

stay, *v.t. & i.* תָּמַךְ; מָנַע, עִכֵּב;
הִשְׁקִיט [שקט]; נִשְׁאַר [שאר], דָּר
[דור] הִתְגּוֹרֵר [גור], הִתְאָרֵחַ [ארח]
stead, *n.* יִתְרוֹן, תּוֹעֶלֶת; מָקוֹם
steadfast, *adj.* תַּקִּיף, מֻחְלָט
steadfastness, *n.* אֱמוּנָה
steadily, *adv.* בִּקְבִיעוּת
steadiness, *n.* תְּמִידוּת, קְבִיעוּת,
יַצִּיבוּת, בְּטִיחוּת
steady, *adj.* תְּמִידִי, בָּטוּחַ, קָבוּעַ,
יַצִּיב
steady, *v.t.* יִצֵּב, כּוֹנֵן [כון], כִּוֵּן, חִזֵּק
steak, *n.* אֻמְצָה
steal, *v.t. & i.* גָּנַב, הִתְגַּנֵּב [גנב]
stealthy, *adj.* עָרוּם
steam, *n.* אֵדִים, קִיטוֹר; כֹּחַ, מֶרֶץ
steam, *v.t. & i.* אִדָּה, הִתְאַדָּה [אדה];
הִתְנוֹעֵעַ [נוע] (הִפְלִיג [פלג])
בְּכֹחַ הַקִּיטוֹר; בִּשֵּׁל בְּאֵדִים
steam engine קַטָּר, מְנוֹעַ קִיטוֹר
steamer, steamship, *n.* אֳנִיַּת קִיטוֹר
steamy, *adj.* אֵדִי, מְאֻדֶּה
steed, *n.* אַבִּיר, הֹצֶן, סוּס
steel, *n.* פְּלָדָה
steep, *adj.* תָּלוּל, מְשֻׁפָּע
steep, *n.* מוֹרָד, מִדְרוֹן, שִׁפּוּעַ
steep, *v.t.* שָׁרָה
steepen, *v.i.* הִשְׁתַּפַּע [שפע]
steeple, *n.* מִגְדָּל
steer, *n.* שׁוֹר
steer, *v.t. & i.* נִהֵג, הִדְרִיךְ [דרך]
steerage, *n.* נַוָּטוּת, נְהִיגַת אֳנִיָּה;
סִפּוּנִית, כִּתָּה זוֹלָה (רְבִיעִית) בָּאֳנִיָּה
steersman, *n.* הַגַּאי, נַוָּט
stem, *n.* שֹׁרֶשׁ; גֶּזַע; קָנֶה
stem, *v.t.* עִכֵּב
stench, *n.* בָּאְשָׁה, צַחֲנָה, סִרְחוֹן
stencil, *n.* שַׁעֲוָנִיָּה
stenographer, *n.* קַצְרָן, קַצְרָנִית
stenography, *n.* קַצְרָנוּת
step, *n.* צַעַד, פְּסִיעָה, מַדְרֵגָה; שָׁלָב
step, *v.t. & i.* צָעַד, דָּרַךְ, פָּסַע
stepbrother, *n.* אָח חוֹרֵג
stepchild, *n.* יֶלֶד חוֹרֵג
stepdaughter, *n.* בַּת חוֹרֶגֶת
stepfather, *n.* אָב חוֹרֵג
stepladder, *n.* סֻלָּם מִטַּלְטֵל
stepmother, *n.* אֵם חוֹרֶגֶת
steppe, *n.* עֲרָבָה
stepsister, *n.* אָחוֹת חוֹרֶגֶת
stepson, *n.* בֵּן חוֹרֵג
stereoscope, *n.* רְאִינוּף
stereotype, *n.* אִמָּה (אִמָּהוֹת דְּפוּס)
sterile, *adj.* עָקָר, מְעֻקָּר
sterility, *n.* עֲקָרוּת
sterilization, *n.* הַעֲקָרָה; סֵרוּס;
טִהוּר, חִטּוּי
sterilize, *v.t.* חִטֵּא, טִהֵר; עִקֵּר
sterilizer, *n.* מְעַקֵּר, מְחַטֵּא
sterling, *n. & adj.* תֶּקֶן (צְרִיפַת)
כֶּסֶף (0.500) זָהָב (0.9166), כֶּסֶף
(זָהָב) טָהוֹר (בְּכֵלִים וְכוּ') רַב
עֵרֶךְ, אֲמִתִּי
stern, *adj.* תַּקִּיף, קַפְּדָנִי
stern, *n.* אֲחוֹרֵי הָאֳנִיָּה
sternum, *n.* עֶצֶם הֶחָזֶה
stethoscope, *n.* מַסְכֵּת
stevedore, *n.* סַוָּר
stew, *n., v.t. & i.* תַּרְבִּיךְ; רִבֵּךְ
steward, *n.* מְנַהֵל מֶשֶׁק בַּיִת; מֶלְצַר
(אֳנִיָּה)
stewpan, *n.* מַרְחֶשֶׁת
stich, *n.* חָרוּז
stick, *n.* מַקֵּל, שֵׁבֶט
stick, *v.t. & i.* תָּחַב; הִדְבִּיק [דבק];
נִדְבַּק [דבק]

sticky, *adj.* צָמִיג, דָּבִיק
stiff, *adj.* אָשׁוּן, לֹא גָּמִישׁ, קָשֶׁה
stiffen, *v.t. & i.* הִקְשָׁה, הִתְקַשָּׁה [קשה]
stiff-necked, *adj.* קְשֵׁה עֹרֶף
stiffness, *n.* קַשְׁיוּת, קְשִׁי עֹרֶף
stifle, *v.t. & i.* כִּבָּה; חָנַק, נֶחֱנַק [חנק]
stigma, *n.* הוֹקָעָה, אוֹת קָלוֹן, כֶּתֶם; צִנּוֹר הָאַבְקָנִים
stigmatic, *adj.* מוֹקִיעַ, נִכְתָּם
stigmatize, *v.t.* הוֹקִיעַ [יקע], הִכְתִּים [כתם]
still, *adj.* דּוֹמֵם; מַחֲשֶׁה; שׁוֹתֵק; שׁוֹקֵט
still, *n.* דְּמָמָה; מִזְקֶקֶת, מַזְקֵקָה
still, *adv.* עוֹד, עֲדַיִן, בְּכָל זֹאת
stillborn, *adj.* נוֹלָד מֵת
still life טֶבַע דּוֹמֵם (בְּצִיּוּר)
stillness, *n.* דּוּמִיָּה; חֲשַׁאי
stilts, *n. pl.* קַבַּיִם
stimulant, *adj. & n.* מְגָרֶה; מְעוֹרֵר
stimulate, *v.t.* גֵּרָה, עוֹרֵר [עור]
stimulation, *n.* הִתְעוֹרְרוּת, גֵּרוּי
stimulus, *n.* גֵּרוּי
sting, *n.* עֹקֶץ; עֲקִיצָה
sting, *v.t. & i.* עָקַץ; הִכִּישׁ [נכש], הִכְאִיב [כאב]
stinginess, *n.* קַמְצָנוּת
stingy, *adj.* קַמְצָן, צַיְקָן
stink, *n. & v.t.* צַחַן, סִרְחוֹן; הִבְאִישׁ [באש], הִסְרִיחַ [סרח]
stint, *n., v.t. & i.* מְשִׂימָה, הַגְבָּלָה, שִׁעוּר; צִמְצֵם, חָדַל
stipend, *n.* מִלְגָּה, פְּרָס, תְּמִיכָה
stipulate, *v.t.* הִתְנָה [תנה]
stipulation, *n.* תְּנַאי; הַתְנָיָה
stir, *n., v.t. & i.* תְּנוּעָה, זִיעַ; רִגְשָׁה; חִרְחֵר, זָז [זוז], נָע [נוע], הֵנִיעַ [נוע]
stirring, *adj.* תְּנוּדָה, תְּנוּעָה
stirrup, *n.* אַרְכּוֹף

stitch, *n.* תֶּפֶר, שְׁלָל
stitch, *v.t. & i.* תִּפֵּר, שָׁלַל, כִּלֵּב
stoat, *n.* חֹלֶד אֵירוֹפָּאִי
stock, *n.* בּוּל עֵץ, גֹּלֶם, שׁוֹטֶה; גֶּזַע; מְלַאי; בָּקָר; מְנָיָה
stockade, *n.* חִפּוּף
stockbroker, *n.* סוֹכֵן מְנָיוֹת
stock exchange מִשְׁעָרָה, בֻּרְסָה
stockholder, *n.* בַּעַל מְנָיוֹת
stocking, *n.* גֶּרֶב
stocky, *adj.* גּוּץ וְעָבֶה; חָזָק
stockyard, *n.* מִכְלָאַת בְּהֵמוֹת
stoic, *adj. & n.* סַבְלָן; אֶרֶךְ (רוּחַ) אַפַּיִם
stoke, *v.t. & i.* סִפֵּק פֶּחָם לִמְכוֹנָה
stolid, *adj.* אֱוִילִי, טִפְּשִׁי; לֹא מִתְרַגֵּז
stomach, *n. & v.t.* קֵבָה; סָבַל
stone, *n.* אֶבֶן; גַּרְעִין, חַרְצָן; חַצֶּצֶת
stone, *v.t.* רָגַם, סָקַל, רִצֵּף
stonecutter, *n.* סַתָּת, חַצָּב
stony, *adj.* טַרְשִׁי, אַבְנִי, אַבְנוּנִי
stool, *n.* הֲדוֹם; שַׁרְפְּרָף; יְצִיאָה (מֵעַיִם)
stoop, *n.* הִתְכּוֹפְפוּת; מִרְפֶּסֶת
stoop, *v.i.* כָּפַף, שָׁחָה, הִשְׁפִּיל [שפל]
stop, *n.* סְתִימָה; עֲמִידָה; הַפְסָקָה; תַּחֲנָה
stop, *v.t. & i.* הִפְסִיק [פסק]; עָצַר; עִכֵּב; פָּקַק; חָדַל; עָמַד (מִלֶּכֶת)
stoppage, *n.* מַעְצוֹר
stopper, *n.* מַסְתֵּם, פְּקָק, מְגוּפָה
storage, *n.* אִחְסוּן, אַחְסָנָה
store, *n.* חֲנוּת, מַחְסָן
store, *v.t.* אִחְסֵן, שָׂם [שים] בְּמַחְסָן, שָׁמַר
storehouse, *n.* מַחְסָן, אַמְבָּר
storekeeper, *n.* חֶנְוָנִי
storey, *v.* story
stork, *n.* חֲסִידָה

17

storm, *n.* סְעָרָה, סַעַר, סוּפָה

storm, *v.t.* & *i.* סָעַר, הִסְתָּעֵר [סער], גָּעַשׁ, הִתְגָּעֵשׁ [געש]

story, *n.* סִפּוּר, מַעֲשִׂיָּה

story, storey, *n.* דְּיוֹטָה, קוֹמָה, עֲלִיָּה

storyteller, *n.* מְסַפֵּר

stout, *adj.* מוּצָק, מְגֻשָּׁם, שָׁמֵן, עָבֶה

stove, *n.* כִּירָה, תַּנּוּר

stow, *v.t.* הֵנִיחַ [נוח] בִּצְפִיפוּת, אִחְסֵן, הִסְתִּיר [סתר]

stowaway, *n.* סִמְיוֹן, נוֹסֵעַ סָמוּי, מִסְתַּתֵּר

straddle, *v.t.* & *i.* הָלַךְ (עָמַד) בְּפִשּׂוּק רַגְלַיִם

straggle, *v.i.* הָלַךְ בָּטֵל, שׁוֹטֵט

straight, *adj.* יָשָׁר, נֹכַח

straighten, *v.t.* יִשֵּׁר, תִּקֵּן

straightforward, *adj.* גְּלוּי לֵב, יָשָׁר

straightway, *adv.* תֵּכֶף וּמִיָּד

strain, *n.* כְּפִיָּה; מְתִיחָה; נְקִיעָה; נְעִימָה (לַחַן); גֶּזַע; שֹׁרֶשׁ

strain, *v.t.* & *i.* נָקַע; סִנֵּן; הִתְאַמֵּץ [אמץ]; מָתַח

strainer, *n.* מְסַנֶּנֶת

strait, *n.* מֵצַר, לְשׁוֹן (בְּרִיחַ, מֵצַר) יָם; מְצוּקָה

straiten, *v.t.* הֵצֵר [צרר], הֵצִיק [צוק]; צִמְצֵם

strait jacket מְעִיל לְחוֹלֵי רוּחַ

strand, *n.* חוֹף; גְּדִיל, סִיב, פְּתִיל; מַחֲרֹזֶת

strand, *v.t.* & *i.* הֶעֱלָה [עלה] עַל חוֹף (שִׂרְטוֹן); הִשְׁאִיר [שאר] (נִשְׁאַר) בִּמְצוּקָה

strange, *adj.* זָר, מוּזָר, תָּמוּהַּ, אָדִישׁ

strangeness, *n.* זָרוּת

stranger, *n.* נָכְרִי, זָר; לוֹעֵז

strangle, strangulate, *v.t.* חָנַק

strangulation, *n.* שִׁנּוּק, חֲנִיקָה, תַּשְׁנוּק, חֶנֶק

strap, *n.* & *v.t.* רְצוּעָה; קָשַׁר בִּרְצוּעָה, רָצַע, הִלְקָה [לקה] בִּרְצוּעָה, פִּרְגֵּל; הִשְׁחִיז [שחז] (תַּעַר) בִּרְצוּעָה

stratagem, *n.* תַּכְסִיס, תַּחְבּוּלָה, הַעֲרָמָה

strategic, strategical, *adj.* תַּכְסִיסִי

strategy, strategics, *n.* תַּכְסִיסָנוּת

stratify, *v.t.* & *i.* סִדֵּר בִּשְׁכָבוֹת

stratum, *n.* שִׁכְבָה

straw, *n.* קַשׁ

strawberry, *n.* תּוּת גִּנָּה, תּוּת שָׂדֶה

stray, *n.* תּוֹעֶה

stray, *v.i.* תָּעָה, טָעָה, שָׁגָה

streak, *n.* קַו, רְצוּעָה; תְּכוּנָה, אֹפִי

stream, *n.* זֶרֶם, נַחַל, פֶּלֶג, יוּבַל

stream, *v.i.* זָרַם; זָלַג

streamer, *n.* דֶּגֶל, נֵס, סֶרֶט

streamlined, *adj.* מְחֻדָּשׁ, מְעֻדְכָּן

street, *n.* רְחוֹב

streetcar, *n.* חַשְׁמַלִּית, קָרוֹן

strength, *n.* אוֹן, בֶּצֶר, כֹּחַ, חֹזֶק, עָצְמָה

strengthen, *v.t.* & *i.* חִזֵּק, אִמֵּץ, בִּצֵּר, הִתְחַזֵּק [חזק]

strenuous, *adj.* מִרְצִי, קָשֶׁה, תַּקִּיף, אַמִּיץ; נִלְהָב

stress, *n.* הַדְגָּשָׁה; לַחַץ, מְצוּקָה

stress, *v.t.* הִדְגִּישׁ [דגש]; לָחַץ

stretch, *n.* זְמַן; מֶרְחָק; מְתִיחָה

stretch, *v.t.* & *i.* מָתַח, פָּשַׁט, הוֹשִׁיט [ישט], הִתְמַתַּח [מתח]

stretcher, *n.* אֲלֻנְקָה

strew, *v.t.* פִּזֵּר, זָרָה

strict, *adj.* חָמוּר, מְדַקְדֵּק, מַקְפִּיד

strictly, *adv.* בְּעֶצֶם, בְּדִיּוּק

strictness, *n.* הַקְפָּדָה

stride, *n.* פְּסִיעָה גַּסָּה

stride, *v.i.* פָּסַע פְּסִיעוֹת גַּסּוֹת

strident, *adj.* צוֹרֵם

strife, *n.* מָדוֹן, רִיב, קְטָטָה, סִכְסוּךְ

strike, *n.* מַכָּה; שְׁבִיתָה

strike, *v.t. & i.* הִכָּה [נכה], קָפַח (שֶׁמֶשׁ); צִלְצֵל (פַּעֲמוֹן, שָׁעוֹן); פָּעַם, פָּגַע; הִפְלִיא [פלא]; שָׁבַת (פּוֹעֲלִים); נִצְנֵץ (רַעֲיוֹן); הִצִּית [יצת] (גַּפְרוּר), גִּלָּה, מָצָא (נֵפְט); טָבַע (מַטְבְּעוֹת); הִכִּישׁ [נכש]

striker, *n.* שׁוֹבֵת

striking, *adj.* בּוֹלֵט, נִפְלָא

string, *n.* פְּתִיל; מֵיתָר; מַחְרֹזֶת

string, *v.t.* קָשַׁר; מָתַח מֵיתָרִים; חָרַז, הִשְׁחִיל [שחל]

stringent, *adj.* מַחְמִיר; דָּחוּק; מְשַׁכְנֵעַ

strip, *n.* פַּס, סֶרֶט

strip, *v.t. & i.* הִפְשִׁיט [פשט], הִתְפַּשֵּׁט [פשט], עִרְטֵל

stripe, *n.* רְצוּעָה, סֶרֶט

stripe, *v.t.* רָצַע, הִלְקָה [לקה]

striped, *adj.* עָקֹד

strive, *v.i.* הִשְׁתַּדֵּל [שדל], הִתְאַמֵּץ [אמץ]; נִלְחַם [לחם]; הִתְחָרָה [חרה]

stroke, *n.* מַהֲלֻמָּה, מַכָּה; לְטִיפָה

stroke, *v.t.* לִטֵּף, הֶחֱלִיק [חלק]

stroll, *n.* טִיּוּל

stroll, *v.t. & i.* טִיֵּל, הִתְהַלֵּךְ [הלך]

stroller, *n.* טַיָּל, טַיְלָן

strong, *adj.* רַב, עָצוּם, חָרִיף, חָזָק

stronghold, *n.* בִּצָּרוֹן, מְצוּדָה, מִבְצָר

strop, *n.* רְצוּעַת הַשְׁחָזָה

strop, *v.t.* הִשְׁחִיז [שחז]

structural, *adj.* בִּנְיָנִי

structure, *n.* בִּנְיָן, מִבְנֶה

struggle, *n.* נַפְתּוּלִים, הֵאָבְקוּת, הִתְלַבְּטוּת

struggle, *v.i.* נֶאֱבַק [אבק]; פִּרְפֵּר

strumpet, *n.* זוֹנָה, יַצְאָנִית

strut, *n.* צַעַד גַּאַוְתָנִי

strut, *v.i.* צָעַד בְּגַאֲוָה

stub, *n.* גֶּדֶם; סַדָּן (עֵץ); שׁוֹבֵר, תֹּרֶף (בְּפִנְקַס הַמְחָאוֹת, קַבָּלוֹת)

stubble, *n.* גְּבָבָה, קַשׁ

stubborn, *adj.* עַקְשָׁנִי, קְשֵׁה עֹרֶף

stubbornness, *n.* עַקְשָׁנוּת, קְשִׁי עֹרֶף

stubby, *adj.* גּוּץ וְעָבֶה

stucco, *n.* כִּיּוּר, טִיחַ קִירוֹת

stucco, *v.t.* כִּיֵּר, טָח [טוח] קִירוֹת

stuck-up, *adj.* יָהִיר, גַּאַוְתָן

stud, *n. & v.t.* מַסְמֵר (סִיךְ) בּוֹלֵט; כַּפְתּוֹר (יָדִיּוֹת); בְּלִיטָה; מִלֵּא (שִׁבֵּץ) בְּלִיטוֹת

student, *n.* חוֹקֵר, תַּלְמִיד

studio, *n.* לִמּוּדִיָּה, אֻלְפָּן

studious, *adj.* שׁוֹקֵד

study, *n.* לִמּוּד, מֶחְקָר, עִיּוּן

study, *v.t. & i.* לָמַד, חָקַר, עִיֵּן

stuff, *n.* דָּבָר, חֹמֶר; אֶרֶג; גּוּף

stuff, *v.t. & i.* זָלַל, מִלֵּא, אָבַס, פִּטֵּם

stuffing, *n.* מִלּוּי; פִּטּוּם

stuffy, *adj.* מַחֲנִיק, מְחֻסַּר אֲוִיר

stultify, *v.t.* סִכֵּל, בִּטֵּל

stumble, *n.* מִכְשׁוֹל, תַּקָּלָה

stumble, *v.t. & i.* נִכְשַׁל, הִכְשִׁיל [כשל]; נִגַּף

stumbling block מִכְשׁוֹל, אֶבֶן נֶגֶף, תַּקָּלָה

stump, *n., v.t. & i.* גֶּדֶם, סַדָּן, כֹּרֶת; דּוּכַן נוֹאֲמִים; גָּדַע, גִּדֵּם; סִיֵּר וְנָאַם

stun, *n.* מַהֲלֻמָּה, תִּמָּהוֹן

stun, *v.t.* הָלַם, הִתְמִיהַּ [תמה]

stunning, *adj.* תַּאֲוָה לָעֵינַיִם, יָפֶה, מַרְהִיב עַיִן

stunt, *n.* פֶּלֶא, רַבּוּתָה; עֲצִירַת גִּדּוּל

stupefaction, *n.* תִּמָּהוֹן, תַּדְהֵמָה

stupefy, *v.t.* הָמַם, הִכָּה [נכה] בְּתִמָּהוֹן

stupendous, *adj.* מַפְלִיא, נִפְלָא
stupid, *adj.* שׁוֹטֶה, טִפֵּשׁ, כְּסִיל
stupidity, *n.* טִפְּשׁוּת
stupor, *n.* תַּדְהֵמָה
sturdy, *adj.* אֵיתָן, חָזָק, מוּצָק
sturgeon, *n.* חִדְקָן, אַסְפָּן
stutter, *n.* גִּמְגּוּם, לִמְלוּם
stutter, *v.t.* & *i.* גִּמְגֵּם, לִמְלֵם
stutterer, *n.* מְגַמְגֵּם, לַמְלְמָן
sty, *n.* שְׂעוֹרָה (בָּעַיִן); דִּיר חֲזִירִים
style, *n.* & *v.t.* סִגְנוֹן, אָפְנָה; כִּנָּה, קָרָא
stylish, *adj.* לְפִי הָאָפְנָה
stylist, *n.* מְסַגְנֵן
stylus, *n.* חֶרֶט
suave, *adj.* נָעִים, מַסְבִּיר פָּנִים
suavity, *n.* נְעִימוּת, סֵבֶר פָּנִים יָפוֹת
subaltern, *adj.* & *n.* מִשְׁנֶה, סֶגֶן
subcommittee, *n.* וַעֲדַת מִשְׁנֶה
subconscious, *adj.* & *n.* תַּת הַכָּרָתִי; תַּת יֶדַע, תַּת הַכָּרָה
subcontractor, *n.* קַבְּלָן מִשְׁנֶה
subdivide, *v.t.* & *i.* חִלֵּק שׁוּב
subdivision, *n.* חֲלֻקָּה מִשְׁנִית
subdue, *v.t.* הִכְנִיעַ [כנע], נִצַּח; הִנְמִיךְ [נמך]; הִדְבִּיר [דבר]
subject, *adj.* & *n.* נוֹשֵׂא, עִנְיָן; נָתִין; כָּפוּף לְ־, מְשֻׁעְבָּד; עָלוּל לְ־
subject, *v.t.* שִׁעְבֵּד, הִכְנִיעַ [כנע]
subjection, *n.* הַכְנָעָה, שִׁעְבּוּד
subjective, *adj.* נוֹשְׂאִי; פְּנִימִי, נַפְשִׁי
subjugate, *v.t.* שִׁעְבֵּד
subjugation, *n.* שִׁעְבּוּד
subjunctive, *n.* דֶּרֶךְ הָאִוּוּי
sublet, *v.t.* & *i.* הִשְׂכִּיר [שכר] לְשֵׁנִי
sublime, *adj.* נִשְׂגָּב
submarine, *n.* & *adj.* צוֹלֶלֶת, צוֹלְלָה; תַּת יַמִּי
submerge, *v.t.* & *i.* צָלַל, טָבַע
submergence, submersion, *n.* טְבִיעָה, טְבִילָה, הַטְבָּעָה, צְלִילָה
submission, *n.* כְּנִיעָה; צִיּוּת
submissive, *adj.* נִכְנָע; שְׁפַל רוּחַ
submit, *v.i.* נִכְנַע [כנע], טָעַן; הִצִּיעַ [יצע]
subnormal, *adj.* תַּת (תִּקְנִי) רָגִיל
subordinate, *adj.* & *n.* כָּפוּף לְ־, פָּחוּת עֵרֶךְ; סְגָן, מִשְׁנֶה
subordinate, *v.t.* שִׁעְבֵּד; הוֹרִיד [ירד] בְּדַרְגָּה, שָׂם [שים] תַּחַת מָרוּת
subordination, *n.* כְּנִיעוּת; צִיּוּת, קַבָּלַת מָרוּת
suborn, *v.t.* הֵסִית [נסת], הִדִּיחַ [נדח]
subpoena, subpena, *n.* הַזְמָנָה לְדִין
subscribe, *v.t.* & *i.* חָתַם; הִתְחַיֵּב [חיב]
subscriber, *n.* חוֹתֵם
subscription, *n.* חֲתִימָה; הִתְחַיְּבוּת
subsequent, *adj.* מִתְאַחֵר
subservient, *adj.* מְשֻׁעְבָּד, נִכְנָע
subside, *v.i.* שָׁקַע, צָלַל (שְׁמָרִים); שָׁכַךְ (רוּחַ); הוּקַל [קלל] (כְּאֵב); שָׁקַט (יָם)
subsidiary, *adj.* מְסַיֵּעַ, צְדָדִי
subsidize, *v.t.* תָּמַךְ, נָתַן תְּמִיכָה
subsidy, *n.* תְּמִיכָה
subsist, *v.t.* & *i.* פִּרְנֵס, הִתְפַּרְנֵס [פרנס], כִּלְכֵּל, הִתְקַיֵּם [קום]
subsistence, *n.* מִחְיָה, פַּרְנָסָה, קִיּוּם
substance, *n.* חֹמֶר, גּוּף; תֹּכֶן; רְכוּשׁ
substantial, *adj.* מַמָּשִׁי; אָמִיד
substantial, *n.* עִקָּר
substantially, *adv.* בְּעִקָּר
substantiate, *v.t.* אִמֵּת
substantiation, *n.* הוֹכָחָה
substantive, *adj.* & *n.* מַהוּתִי; שֵׁם עֶצֶם
substitute, *n.* תְּמוּרָה; מְמַלֵּא מָקוֹם

substitute, *v.t.* הֵמִיר [מור]; מִלֵּא מָקוֹם
substitution, *n.* תַּחֲלִיף, חִלּוּף, תְּמוּרָה
substructure, *n.* יְסוֹד, אֹטֶם
subterfuge, *n.* תּוֹאֲנָה, אֲמַתְלָה; הוֹנָאָה
subterranean, *adj.* תַּת קַרְקָעִי
subtle, *adj.* מְפֻלְפָּל, פִּקְחִי, דַּק
subtlety, *n.* חָכְמָה, שְׁנִינוּת, דַּקּוּת
subtract, *v.t.* נִכָּה, חִסֵּר
subtraction, *n.* חִסּוּר, פְּעֻלַּת הַחִסּוּר
suburb, *n.* שְׁכוּנָה, פַּרְוָר
suburban, *adj.* פַּרְוָרִי
subvention, *n.* סִיּוּעַ, תְּמִיכָה
subversion, *n.* הֲפִיכָה, הֲפִיכַת מִשְׁטָר
subversive, *adj.* הוֹפֵךְ; מַשְׁחִית
subvert, *v.t.* הִשְׁחִית [שחת], הָפַךְ
subway, *n.* תַּחְתִּית
succeed, *v.t.* & *i.* בָּא [בוא] אַחֲרֵי, יָרַשׁ; הִצְלִיחַ [צלח]
success, *n.* הַצְלָחָה
successful, *adj.* מֻצְלָח
succession, *n.* רְצִיפוּת, תְּכִיפוּת; שׁוּרָה; יְרוּשָּׁה
successor, *n.* יוֹרֵשׁ, מְמַלֵּא מָקוֹם
succor, succour, *n.* סִיּוּעַ, סַעַד
succor, succour, *v.t.* סִיֵּעַ
succotash, *n.* פּוֹלְתִּירָס
succulence, succulency, *n.* עֲסִיסִיּוּת
succulent, *adj.* עֲסִיסִי
succumb, *v.i.* מֵת [מות]
such, *adj.* & *pron.* כָּזֶה
suck, *n.* יְנִיקָה
suck, *v.t.* & *i.* יָנַק; מָצַץ; סָפַג
sucker, *n.* יוֹנֵק, יוֹנֶקֶת; פֶּתִי, שׁוֹטֶה
suckle, *v.t.* הֵינִיק [ינק]
suckling, *n.* יוֹנֵק, תִּינוֹק
suction, *n.* יְנִיקָה, מְצִיצָה
sudden, *adj.* פִּתְאוֹמִי
suddenly *adv.* פִּתְאוֹם
suddenness, *n.* פִּתְאוֹמִיּוּת
suds, *n. pl.* מֵי סַבּוֹן קְצֵפִיִּים
sue, *v.t.* & *i.* נִשְׁפַּט [שפט], תָּבַע לְדִין; הִתְחַנֵּן [חנן], חִזֵּר (אַחֲרֵי אִשָּׁה)
suet, *n.* חֵלֶב בְּהֵמוֹת מְחֻתָּךְ, פֶּדֶר
suffer, *v.t.* & *i.* סָבַל; הִרְשָׁה [רשה]
sufferance, *n.* סַבְלָנוּת; רְשׁוּת
suffering, *n.* סֵבֶל
suffice, *v.t.* & *i.* הָיָה דַּי, הִסְפִּיק [ספק]
sufficiency, *n.* דַּיּוּת
sufficient, *adj.* מַסְפִּיק
suffix, *n.* סוֹפִית, סִיֹּמֶת
suffocate, *v.t.* & *i.* חָנַק, נֶחֱנַק [חנק]
suffocation, *n.* חֶנֶק, תַּשְׁנוּק
suffrage, *n.* זְכוּת הַצְבָּעָה
suffuse, *v.t.* כִּסָּה, הִשְׁתַּפֵּךְ [שפך]
suffusion, *n.* הִשְׁתַּפְּכוּת, כִּסּוּי
sugar, *n.* סֻכָּר
sugar, *v.t.* סִכֵּר, הִמְתִּיק [מתק]
sugar beet סֶלֶק סֻכָּר
sugar cane קְנֵה סֻכָּר
suggest, *v.t.* הִצִּיעַ [יצע]; רָמַז; יָעַץ
suggestion, *n.* הַצָּעָה
suggestive, *adj.* רוֹמֵז, מְרַמֵּז
suicide, *n.* אִבּוּד עַצְמוֹ לָדַעַת
suit, *n.* חֲלִיפָה; תְּבִיעָה מִשְׁפָּטִית
suit, *v.t.* & *i.* הָלַם, הִתְאִים [תאם], מָצָא חֵן בְּעֵינֵי
suitable, *adj.* מַתְאִים
suite, *n.* בְּנֵי לְוָיָה; שׁוּרַת חֲדָרִים
suitor, *n.* מְבַקֵּשׁ, מַפְצִיר, חוֹזֵר אַחֲרֵי אִשָּׁה
sulfur, sulphur, *n.* גָּפְרִית
sulk, *v.i.* עָגַם, זָעַף
sulkiness, *n.* עָגְמַת נֶפֶשׁ
sullen, *adj.* קוֹדֵר, נִדְכֶּה
sulphate, *n.* גָּפְרָה

sulphide, sulphid, *n.* דּוּ תַּחְמֹצֶת הַגָּפְרִית
sulphuric, *adj.* גָּפְרִיתָנִי
sulphurous, *adj.* גָּפְרִיתִי
Sultan, *n.* שֻׁלְטָן
sultry, *adj.* חַם, מַחֲנִיק
sum, *n.* סַךְ, סְכוּם, סַךְ הַכֹּל
sum, summarize, *v.t.* סִכֵּם
summary, *adj.* תַּמְצִיתִי; תָּכוּף
summer, *n.* & *v.i.* קַיִץ; קִיֵּץ, הִתְקַיֵּץ [קיץ]
summit, *n.* פִּסְגָּה
summon, *v.t.* תָּבַע, הִזְמִין [זמן] (לְדִין); כִּנֵּס
summons, *n.* תְּבִיעָה, הַזְמָנָה (לְדִין)
sumptuous, *adj.* מְפֹאָר
sun, *n.* שֶׁמֶשׁ, חַמָּה, חֶרֶס, חַרְסָה
sun, *v.t.* & *i.* חִמֵּם, הִתְחַמֵּם [חמם]
sunbeam, *n.* קֶרֶן (חַמָּה) שֶׁמֶשׁ
sunbonnet, *n.* כּוֹבַע שֶׁמֶשׁ
sunburn, *n.* שִׁזּוּף, שְׁזִיפָה, הַשְׁחָמָה
Sunday, *n.* יוֹם רִאשׁוֹן, יוֹם א׳
sunder, *v.t.* הִפְרִיד [פרד]
sundial, *n.* שְׁעוֹן שֶׁמֶשׁ
sundown, *n.* שְׁקִיעַת הַחַמָּה
sundries, *n. pl.* שׁוֹנוֹת
sundry, *adj.* שׁוֹנֶה; אֲחָדִים
sunflower, *n.* חַמָּנִית
sunken, *adj.* מְשֻׁקָּע
sunlight, *n.* אוֹר הַשֶּׁמֶשׁ
sunny, *adj.* מָלֵא שֶׁמֶשׁ, חַרְסִי; בָּהִיר
sunrise, *n.* עֲלִיַּת הַחַמָּה
sunset, *n.* שְׁקִיעַת (בּוֹא) הַחַמָּה
sunshade, *n.* סוֹכֵךְ, שִׁמְשִׁיָּה, מֵצַל
sunstroke, *n.* מַכַּת שֶׁמֶשׁ
sup, *v.t.* & *i.* סָעַד אֲרֻחַת עֶרֶב
superabundance, *n.* שִׁפְעָה רַבָּה
superannuation, *n.* יְשִׁישׁוּת
superb, *adj.* נֶהְדָּר
supercargo, *n.* מְמֻנֶּה עַל הַמִּטְעָן
supercilious, *adj.* יָהִיר, שַׁחֲצָנִי
superficial, *adj.* שִׁטְחִי
superficiality, *n.* שִׁטְחִיּוּת
superfluity, *n.* יִתְרָה, עֹדֶף
superfluous, *adj.* מְיֻתָּר
superhuman, *adj.* עַל אֱנוֹשִׁי
superintend, *v.t.* הִשְׁגִּיחַ [שגח] עַל, פִּקֵּחַ; נִהֵל
superintendence, superintendency, *n.* נִהוּל; פִּקּוּחַ
superintendent, *n.* מְנַהֵל; מְפַקֵּחַ
superior, *adj.* מְשֻׁבָּח, הַטּוֹב בְּיוֹתֵר
superiority, *n.* יִתְרוֹן, עֶלְיוֹנוּת
superlative, *adj.* הַגָּבֹהַּ בְּיוֹתֵר
superlative, *n.* עֵרֶךְ הַהַפְלָגָה (דִּקְדּוּק); מִבְחָר
superman, *n.* אָדָם עֶלְיוֹן
supernatural, *adj.* שֶׁלְּמַעְלָה מֵהַטֶּבַע
supernumerary, *n.* עוֹדֵף
supersede, *v.t.* לָקַח מָקוֹם
superstition, *n.* אֱמוּנָה תְּפֵלָה
superstitious, *adj.* הַבְלִי, הַבְלוּתִי
supervene, *v.i.* בָּא [בוא], קָרָה לְפֶתַע
supervise, *v.t.* פִּקֵּחַ, הִשְׁגִּיחַ [שגח]
supervision, *n.* פִּקּוּחַ, הַשְׁגָּחָה
supervisor, *n.* מְפַקֵּחַ, מַשְׁגִּיחַ
supine, *adj.* אָדִישׁ
supper, *n.* אֲרֻחַת (סְעֻדַּת) עֶרֶב
supplant, *v.t.* לָקַח מָקוֹם
supple, *adj.* גָּמִישׁ
supple, *v.t.* & *i.* גִּמֵּשׁ, הִתְגַּמֵּשׁ [גמש]
supplement, *n.* תּוֹסֶפֶת, מוּסָף
supplement, *v.t.* מִלֵּא, נָתַן תּוֹסֶפֶת
supplementary, *adj.* נוֹסָף, מַשְׁלִים
suppleness, *n.* גְּמִישׁוּת
supplicant, suppliant, *adj.* & *n.* מִתְחַנֵּן, מַפְצִיר, מַעְתִּיר

supplicate, *v.t.* הִתְחַנֵּן [חנן], הֶעְתִּיר [עתר], בִּקֵּשׁ

supplication, suppliance, *n.* תְּחִנָּה, תַּחֲנוּן, עֲתִירָה, חִלּוּי

supplier, *n.* סַפָּק, מְסַפֵּק

supply, *n.* הַסְפָּקָה, אַסְפָּקָה, סִפּוּק

supply, *v.i.* סִפֵּק

support, *n.* תְּמִיכָה, מִשְׁעָן, מִסְעָד

support, *v.t.* תָּמַךְ, פִּרְנֵס

supporter, *n.* תּוֹמֵךְ, מְפַרְנֵס

suppose, *v.t.* סָבַר, שִׁעֵר

supposition, supposal, *n.* הַנָּחָה, סְבָרָה, הַשְׁעָרָה

suppository, *n.* פְּתִילָה (לִרְפוּאָה)

suppress, *v.t.* הִכְנִיעַ [כנע], כָּבַשׁ

suppression, *n.* דִּכְדּוּךְ

suppurate, *v.i.* מִגֵּל, הִתְמַגֵּל [מגל]

suppuration, *n.* מִגּוּל

supremacy, *n.* עֶלְיוֹנוּת

supreme, *adj.* עֶלְיוֹן, רִאשׁוֹן בְּמַעֲלָה

surcharge, *n.* מַעֲמָסָה כְּבֵדָה; הַפְקָעַת שְׁעָרִים

surcharge, *v.t.* הֶעֱמִיס [עמס] יוֹתֵר מִדַּי; הִפְקִיעַ [פקע] שַׁעַר

sure, *adj.* בָּטוּחַ, וַדַּאי

surely, *adv.* בֶּאֱמֶת, בֶּטַח, אָכֵן

sureness, *n.* וַדָּאוּת

surety, *n.* עֲרֻבָּה, מַשְׁכּוֹן

surf, *n.* דָּכִי, שְׁאוֹן (קֶצֶף) גַּלִּים

surface, *n.* מִשְׁטָח, שֶׁטַח, פָּנִים

surfeit, *n.* גֹּדֶשׁ, עֹדֶף

surfeit, *v.t. & i.* זָלַל, גִּרְגֵּר, לָעַט

surge, *n.* מִשְׁבָּר, הִתְגַּעֲשׁוּת

surge, *v.i.* הִתְנַשֵּׂא [נשא], הִתְגָּעֵשׁ [געש]

surgeon, *n.* מְנַתֵּחַ

surgery, *n.* נִתּוּחַ

surgical, *adj.* נִתּוּחִי

surly, *adj.* נִזְעָם, יָהִיר

surmise, *n.* סְבָרָה, הַשְׁעָרָה, נִחוּשׁ

surmise, *v.t.* שִׁעֵר

surmount, *v.t.* גָּבַר, הִתְגַּבֵּר [גבר] עַל

surname, *n.* & *v.t.* חֲנִיכָה, כִּנּוּי; כִּנָּה

surpass, *v.t.* עָבַר עַל

surplus, *adj.* עוֹדֵף, יָתֵר, מְיֻתָּר

surplus, *n.* מוֹתָר, עֹדֶף

surprise, *n.* & *v.t.* הַפְתָּעָה; הִפְתִּיעַ [פתע], הִפְלִיא [פלא]

surprising, *adj.* מַתְמִיהַּ, מַפְלִיא

surrender, *n.*, *v.t.* & *i.* כְּנִיעָה, הַסְגָּרָה; נִכְנַע [כנע], הִסְגִּיר [סגר]

surreptitious, *adj.* מִתְגַּנֵּב

surrogate, *n.* מְמַלֵּא מָקוֹם, סְגָן; שׁוֹפֵט לְצַוָּאוֹת

surround, *v.t.* הִקִּיף [נקף]; עִטֵּר, סָבַב

surroundings, *n. pl.* סְבִיבָה

surtax, *n.* מַס נוֹסָף

surveillance, *n.* הַשְׁגָּחָה

survey, *n.* & *v.t.* סְקִירָה, מִסְקָר, סֶקֶר, מְשִׁיחַת (מְדִידַת) קַרְקָעוֹת; בָּחַן, סִקֵּר, מָדַד (מָשַׁח) קַרְקָעוֹת

surveying, *n.* מְשִׁיחַת קַרְקָעוֹת

surveyor, *n.* מָשׁוֹחַ, מוֹדֵד

survival, *n.* הִשָּׁאֲרוּת

survive, *v.t.* & *i.* נִשְׁאַר [שאר] בַּחַיִּים, שָׂרַד, נוֹתַר (נִתּוֹתָר) [יתר]

survivor, *n.* שָׂרִיד, פָּלִיט

susceptibility, *n.* עֵרוּת, רַגְשָׁנוּת, רְגִישׁוּת

susceptible, *adj.* רָגִישׁ, רַגְשָׁנִי, מִתְרַשֵּׁם

suspect, *adj. n.* & *v.t.* חָשׁוּד; חָשַׁד

suspend, *v.t.* תָּלָה; הִפְסִיק [פסק]

suspenders, *n. pl.* כְּתֵפִיּוֹת, מוֹשְׁכוֹת

suspense, *n.* מְתִיחוּת; רִפְיוֹן; הֶפְסֵק

suspension, *n.* תְּלִיָּה; עִכּוּב; הֶפְסֵק

suspicion, *n.* חֲשָׁד

suspicious, *adj.* חַשְׁדָנִי

sustain, *v.t.* תָּמַךְ, סָעַד, פִּרְנֵס; הוֹכִיחַ [וכח]; נָשָׂא, סָבַל
sustenance, *n.* מִחְיָה, סַעַד, מָזוֹן
suture, *n.* תֶּפֶר, תְּפִירָה
suzerainty, *n.* שִׁלְטוֹן
svelte, *adj.* עָנֹג, דַּק, גָּמִישׁ
swab, *n.* סְחָבָה; סְפוֹג
swab, *v.t.* שִׁפְשֵׁף, מָרַח; נִקָּה (פֶּצַע)
swaddle, swathe, *n.* & *v.t.* חִתּוּל; חִתֵּל
swagger, *n.* הִתְרַבְרְבוּת, הִתְפָּאֲרוּת
swagger, *v.i.* הִתְרַבְרֵב [רברב], הִתְפָּאֵר [פאר]
swain, *n.* בֶּן כְּפָר
swallow, *n.* סְנוּנִית, דְּרוֹר; לְגִימָה, בְּלִיעָה
swallow, *v.t.* & *i.* לָגַם, בָּלַע, לָעַט
swamp, *n.* בִּצָּה, יָוֵן
swan, *n.* בַּרְבּוּר
swap, swop, *v.t.* הֵמִיר [מור], הֶחֱלִיף [חלף]
sward, *n.* מִדְשָׁאָה
swarm, *n.* נָחִיל, נְחִיל דְּבוֹרִים, דְּבוֹרִית; הָמוֹן; עֵרֶב רַב; שֶׁרֶץ
swarm, *v.t.* שָׁרַץ, רָחַשׁ; הִתְקַהֵל [קהל], הִתְגּוֹדֵד [גדד]
swarthy, *adj.* שָׁזוּף, שְׁחַרְחַר
swash, *n.* שִׁכְשׁוּךְ, הַתָּזָה (מַיִם)
swash, *v.i.* שִׁכְשֵׁךְ, הִתִּיז [נתז]
swastika, swastica, *n.* צְלָב הַקֶּרֶס
swat, *v.t.* הִכָּה [נכה], הִצְלִיף [צלף]
swatter, *n.* כַּף זְבוּבִים, מַצְלֵף
swath, swathe, *n.* תְּנוּפַת מַגָּל; שׁוּרַת קָצִיר
swathe, *v.* swaddle
sway, *n.*, *v.t.* & *i.* הִתְנוֹעֲעוּת; נְטִיָּה; שִׁלְטוֹן; הַשְׁפָּעָה; נָטָה, הֵנִיעַ (נִעְנַע, הִתְנוֹעֵעַ) [נוע], שָׁלַט, מָשַׁל, הִשְׁפִּיעַ [שפע]

swear, *v.t.* & *i.* קִלֵּל, גִּדֵּף, נִשְׁבַּע (הִשְׁבִּיעַ) [שבע]
swearing, *n.* שְׁבוּעָה; חֵרוּף, גִּדּוּף
sweat, *n.* יֶזַע, זֵעָה
sweat, *v.t.* & *i.* הֵזִיעַ [זוע]
sweater, *n.* מֵיזָע; צֶמְרִיָּה
Swede, *n.* שְׁוֵדִי
sweep, *n.* גְּרִיפָה, טִאטוּא; תְּנוּפָה
sweep, *v.t.* & *i.* גָּרַף, סָחַף; טִאטֵא
sweet, *adj.* מָתֹק; רֵיחָנִי; עָרֵב; נֶחְמָד
sweet, *n.* מֶתֶק, מְתִיקוּת
sweeten, *v.t.* & *i.* מִתֵּק, הִמְתִּיק [מתק]
sweetheart, *n.* אָהוּב, אֲהוּבָה
sweetness, *n.* מֹתֶק, מְתִיקוּת
sweets, *n. pl.* מַמְתַּקִּים
swell, *n.*, *v.t.* & *i.* תְּפִיחָה; גַּל; בְּלִיטָה; נִפַּח, הִתְנַפֵּחַ [נפח], תָּפַח
swelling, *n.* נְפִיחָה, תְּפִיחָה, הִתְנַפְּחוּת; גֵּאוּת יָם
swelter, *n.* חֹם לוֹהֵט
swelter, *v.i.* נָמוֹג [מוג] מֵחֹם, זָעָה
swerve, *n.* & *v.i.* סְטִיָּה; סָטָה
swift, *adj.* מָהִיר
swiftly, *adv.* מַהֵר, בִּמְהִירוּת
swiftness, *n.* מְהִירוּת
swim, *n.* שְׂחִיָּה; הִתְעַלְּפוּת, סְחַרְחֹרֶת
swim, *v.t.* & *i.* שָׂחָה, שָׁט [שוט]; הִתְעַלֵּף [עלף], הִסְתַּחְרֵר [סחרר]
swimming, *n.* שְׂחִיָּה; סְחַרְחֹרֶת (רֹאשׁ)
swimmer, *n.* שַׂחְיָן
swindle, *n.* הוֹנָאָה, רַמָּאוּת
swindle, *v.t.* רִמָּה
swindler, *n.* רַמַּאי
swine, *n.* חֲזִיר, חֲזִירָה
swing, *n.* נִעְנוּעַ; נַדְנֵדָה, עַרְסָל
swing, *v.t.* & *i.* נִדְנֵד, הִתְנַדְנֵד [נדנד], עִרְסֵל; נִתְלָה [תלה]

swipe, *v.t.* הִלְקָה [לקה]; גָּנַב
swirl, *v.t.* & *i.* הִתְחוֹלֵל [חלל], הִסְתּוֹבֵב [סבב]
swish, *n.* רִשְׁרוּשׁ
Swiss, *adj.* שְׁוֵיצָרִי
switch, *n.* מֶתֶג, מַפְסֵק; שׁוֹט; פֵּאָה נָכְרִית; מַעֲבִיר (פַּסֵּי רַכֶּבֶת, זֶרֶם חַשְׁמַל)
switch, *v.t.* הֶעֱבִיר [עבר]; הֵנִיעַ [נוע]; הִצְלִיף [צלף]; חִבֵּר
swivel, *n.* צִיר
swivel, *v.t.* & *i.* סוֹבֵב [סבב] עַל צִיר
swoon, *n.* הִתְעַלְּפוּת
swoon, *v.i.* הִתְעַלֵּף [עלף]
swoop, *n.* עִיטָה
swoop, *v.t.* & *i.* עָט [עוט, עיט]; טָשׁ [טוש]
swop *v.* swap
sword, *n.* חֶרֶב, סַיִף
swordfish, *n.* חַלְפִּית, דַּג הַחֶרֶב
swordsman, *n.* סַיָּף
sycamore, *n.* שִׁקְמָה
sycophancy, *n.* חֲנִיפָה
sycophant, *n.* מְלַחֵךְ פִּנְכָּה, מַחֲלִיק לָשׁוֹן
syllable, *n.* הֲבָרָה
syllogism, *n.* הֶקֵּשׁ
syllogize, *v.t.* & *i.* הִקִּישׁ [קיש]
symbol, *n.* סֵמֶל, אוֹת
symbolic, symbolical, *adj.* סִמְלִי
symbolism, *n.* סִמְלִיּוּת
symbolize, *v.t.* סִמֵּל, סִמַּל
symmetrical, *adj.* שְׁוֵה עֵרֶךְ, תְּאוֹמִי
symmetry, *n.* תֵּאוּם, שִׁוּוּי עֵרֶךְ
sympathetic, *adj.* אָהוּד
sympathy, *n.* אַהֲדָה; חֶמְלָה
sympathize, *v.i.* אָהַד
symphony, *n.* תֵּאוּם צְלִילִים, סִמְפוֹנְיָה
symposium, *n.* מְסִבַּת רֵעִים
symptom, *n.* אוֹת, סִימָן
symptomatic, symptomatical, *adj.* סִימָנִי, מְסַמֵּן, מְצַיֵּן
synagogue, *n.* בֵּית הַכְּנֶסֶת
synchronization, *n.* תִּזְמֹנֶת
synchronize, *v.t.* & *i.* תִּזְמֵן
syncopation, *n.* הַבְלָעַת אוֹת, הַשְׁמָטָה
syndicate, *n.* הִתְאַחֲדוּת סוֹחֲרִים
synod, *n.* כְּנֵסִיָּה
synonym, synonyme, *n.* שֵׁם נִרְדָּף
synonymous, *adj.* נִרְדָּף
synopsis, *n.* תַּמְצִית, קִצּוּר
syntax, *n.* תַּחְבִּיר
synthesis, *n.* תִּרְכֹּבֶת, הַרְכָּבָה
synthetic, *adj.* מֻרְכָּב בְּאֹפֶן מְלָאכוּתִי
syphilis, *n.* עַגֶּבֶת
syringe, *n.* מַזְרֵק, חֹקֶן
syringe, *v.t.* הִזְרִיק [זרק]; חָקַן, חִקֵּן
system, *n.* שִׁיטָה
systematic, systematical, *adj.* שִׁיטָתִי
systematize, *v.t.* עָשָׂה בְּשִׁיטָה, סִדֵּר

T, t

T, t, *n.* טִי, הָאוֹת הָעֶשְׂרִים בָּאָלֶף בֵּית הָאַנְגְּלִי
tab, *n.* פֶּתֶק, תָּוִית; חֶשְׁבּוֹן
ɩbby, *n.* חָתוּל בַּיִת
tabernacle, *n.* מִשְׁכָּן (אַרְעִי); גּוּף אָדָם; אֹהֶל מוֹעֵד; בֵּית (תְּפִלָּה) כְּנֶסֶת
table, *n.* שֻׁלְחָן; דֶּלְפֵּק; לוּחַ; טַבְלָה; אֲרֻחָה; תֹּכֶן (הָעִנְיָנִים)

table, *v.t.* לַוֵּחַ; שָׂם [שים] עַל שֻׁלְחָן; דָּחָה (הַצָּעָה)
tablecloth, *n.* מַפָּה
tableland, *n.* מִישׁוֹר
tablespoon, *n.* כַּף
tablet, *n.* לוּחַ; טַבְלִית
taboo, tabu, *adj.* & *n.* מְחֻרָם, מְקֻדָּשׁ; חֵרֶם, הֶקְדֵּשׁ
tabular, *adj.* לוּחִי
tabulate, *v.t.* לַוֵּחַ
tacit, taciturn, *adj.* שׁוֹתֵק, שַׁתְקָנִי
tack, *n.* נַעַץ; תֶּפֶר מַכְלִיב; כִּוּוּן (אֳנִיָּה)
tackle, *n.* גַּלְגֶּלֶת, מַכְשִׁירִים, חֲבָלִים
tackle, *v.t.* & *i.* תָּפַשׂ, אָחַז בְּ־; נִסָּה
tact, *n.* נִימוּס, גִּנּוּן, תַּכְסִיס
tactful, *adj.* נִימוּסִי, בַּעַל נִימוּס
tactical, *adj.* תַּכְסִיסִי
tactics, *n. pl.* תַּכְסִיסָנוּת, טַכְסִיסֵי קְרָב
tactile, *adj.* מִשּׁוּשִׁי
tactless, *adj.* בִּלְתִּי מְנֻמָּס, גַּס
tadpole, *n.* רֹאשָׁן
taffy, *n.* סֻכָּרִיָּה, נֹפֶת; חֲנֻפָּה
tag, *n.* תָּוִית, פֶּתֶק; מִשְׂחַק יְלָדִים („תְּפֹשׂ אוֹתִי")
tail, *n.* זָנָב; אַלְיָה (כֶּבֶשׂ); שָׁבִיט (כּוֹכָב); כָּנָף (בֶּגֶד)
tailor, *n.* חַיָּט, תּוֹפֵר
tailor, *v.t.* & *i.* תָּפַר, חִיֵּט
taint, *n.* כֶּתֶם; מוּם
taint, *v.t.* & *i.* אָלַח; סִמֵּם; הִשְׁחִית [שחת], הִכְתִּים [כתם]
take, *v.t.* & *i.* לָקַח, נָטַל
  take in הִכְנִיס [כנס]; קִפֵּל (מִפְרָשׂ)
  take off הֵסִיר [סור], פָּשַׁט; טָס [טוס]
  take on קִבֵּל עַל עַצְמוֹ, הִתְחַיֵּב [חוב]
  take place קָרָה
talc, talcum, *n.* אֲבָקָה, טַלְק

tale, *n.* אַגָּדָה, סִפּוּר, מַעֲשִׂיָּה
talent, *n.* כִּשְׁרוֹן
talented, *adj.* כִּשְׁרוֹנִי, בַּעַל כִּשְׁרוֹן
talisman, *n.* קָמִיעַ
talk, *n.* דִּבּוּר; שִׂיחָה; נְאוּם
talk, *v.t.* & *i.* דִּבֵּר, שָׂח, שׂוֹחֵחַ [שיח]
talkative, *adj.* פַּטְפְּטָנִי, דַּבְּרָנִי
talker, *n.* פַּטְפְּטָן, דַּבְּרָן
tall, *adj.* גָּדוֹל, רָם, גָּבֹהַּ
tallow, *n.* חֵלֶב
tally, *v.i.* הִתְאִים [תאם]
Talmud, *n.* תַּלְמוּד, גְּמָרָא
tame, *adj.* מְרֻסָּן, מְאֻלָּף, בֵּיתִי
tame, *v.t.* הִכְנִיעַ [כנע], אִלֵּף, רִסֵּן, הָפַךְ בֵּיתִי
tam-o'-shanter, *n.* כִּפָּה שׁוֹטְלַנְדִּית
tamper, *v.i.* הִתְעָרֵב [ערב] בְּ־
tan, *adj.* & *n.* שָׁחֹם, שִׁזּוּף; עֶפֶץ
tan, *v.t.* & *i.* עִבֵּד עוֹרוֹת, בִּרְסֵק; הִשְׁתַּזֵּף [שזף]
tandem, *adj.* & *n.* (בְּ) זֶה אַחַר זֶה; אוֹפַנַּיִם (כִּרְכָּרָה) לִשְׁנַיִם
tang, *n.* קוּף; טַעַם (רֵיחַ) חָרִיף
tangent, *adj.* & *n.* נוֹגֵעַ; מַשִּׁיק
tangerine, *n.* מַרְיוֹסֵף, יוֹסִיפוֹן
tangible, *adj.* מַמָּשִׁי
tangle, *n.* סְבַךְ
tangle, *v.t.* & *i.* סִבֵּךְ, הִסְתַּבֵּךְ [סבך]
tank, *n.* זַחַל; אָשׁוּחַ, מֵיכָל, טַנְק
tankard, *n.* מִזְרָק
tanner, *n.* עַבְּדָן, בֻּרְסִי
tannery, *n.* עַבְּדָנוּת, בֻּרְסְקִי
tannin, tannic acid, *n.* חֻמְצַת (עֲפָצִים) אוֹג
tanning, *n.* בֻּרְסְקוּת, עִבּוּד
tantalize, *v.t.* & *i.* הִתְגָּרָה [גרה], קִנְטֵר
tantamount, *adj.* שָׁקוּל כְּנֶגֶד
tantrum, *n.* הִתְפָּרְצוּת שֶׁל זַעַם, פֶּרֶץ

tap, *n.* דְּפִיקָה קַלָּה; בֶּרֶז; מַבְרֵז; מֵינֶקֶת, שְׁפוֹפֶרֶת; מְגוּפָה

tap, *v.t.* & *i.* דָּפַק דְּפִיקָה קַלָּה, מָשַׁךְ (הוֹצִיא [יצא]) מַשְׁקֶה מֵחָבִית, קָדַח (חוֹר בְּחָבִית); חָלַץ (פְּקָק), מִצָּה; חִבֵּר, קָשַׁר (לְרֶשֶׁתוֹת מַיִם, חַשְׁמַל, וְכוּ׳)

tape, *n.* סֶרֶט, דִּבְקוֹן

tape, *v.t.* עָנַד, קָשַׁר, מָדַד בְּסֶרֶט

taper, *v.t.* & *i.* הִתְמַעֵט [מעט], הָלַךְ וְהִתְחַדֵּד [חדד] בְּקָצֵהוּ

tapestry, *n.* טַפִּיט, מַרְבַד, שָׁטִיחַ

tapeworm, *n.* כֶּרֶץ

tapioca, *n.* קַסָּוִית

tape recorder מַקְלִיטוֹן

taproom, taphouse, *n.* מִמְזָגָה, מִסְבָּאָה

tar, *n.* & *v.t.* זֶפֶת; מַלָּח; זִפֵּת

tardy, *adj.* מְאֻחָר, מְפַגֵּר

tare, *n.* זוּן, בִּקְיָה; בֵּרוּץ נִכָּיוֹן (מִשְׁקָל)

target, *n.* מַטָּרָה, מִפְגָּע

tariff, *n.* תַּעֲרִיף (מֶכֶס), מְחִירָן

tarn, *n.* אֲגַם הָרִים

tarnish, *n.* רְבָב, כֶּתֶם; הַכְתָּמָה

tarnish, *v.t.* & *i.* הִכְהָה [כהה], הוּעַם [עמם]

tarpaulin, *n.* זַפְתּוּת, צַדְרָה, אַבַּרְזִין; מַלָּח

tarry, *adj.* מְזֻפָּת, מְזֻפָּף

tarry, *v.i.* שָׁהָה, הִתְמַהְמֵהַּ [מהמה]

tart, *adj.* חָמוּץ, חָרִיף

tart, *n.* קְרָצָה, עוּגַת פֵּרוֹת; יַצְאָנִית

tartar, *n.* שְׁמָרִים; חֲצַץ שִׁנַּיִם

task, *n.* מְשִׂימָה, מַטָּלָה, שִׁעוּר

tassel, *n.* פִּיף, גְּדִיל, צִיצִית

taste, *n.*, *v.t.* & *i.* טַעַם; טָעַם

tasteful, *adj.* טָעִים

tasteless, *adj.* תָּפֵל, חֲסַר טַעַם

tatter, *n.* סְחָבָה

tatter, *v.t.* קָרַע

tatters, *n. pl.* סְמַרְטוּטִים, סְחָבוֹת

tattle, *n.* פִּטְפּוּט, לַהַג

tattle, *v.t.* הָלַךְ רָכִיל, פִּטְפֵּט

tattoo, *n.* & *v.t.* קַעֲקַע; קִעְקַע

taunt, *n.* & *v.t.* גִּדּוּף, הִתּוּל, לַעַג; גִּדֵּף

tavern, *n.* מִסְבָּאָה, בֵּית מַרְזֵחַ

tawdry, *adj.* נִקְלֶה, תָּפֵל

tawny, tawney, *adj.* צְהַבְהַב חוּם

tax, *n.* מַס, מֶכֶס, אַרְנוֹנָה, בְּלוֹ

tax, *v.t.* הִטִּיל [נטל] (שָׂם [שים]) מַס; הִטְרִיחַ [טרח]

taxation, *n.* הַטָּלַת מִסִּים

taxi, taxicab, *n.* מוֹנִית

taxidermy, *n.* פִּחְלוּץ

taxpayer, *n.* מְשַׁלֵּם מִסִּים

tea, *n.* תֵּה, טֵה

teach, *v.t.* & *i.* הוֹרָה [ירה], לִמֵּד

teacher, *n.* מוֹרֶה, מְלַמֵּד, רַב

teaching, *n.* הוֹרָאָה

teacup, *n.* כּוֹס תֵּה

teakettle, *n.* קֻמְקוּם תֵּה

teal, *n.* בַּרְוָז בַּר

team, *n.* פְּלֻגָּה; צֶמֶד

teamwork, *n.* שִׁתּוּף פְּעוּלָּה

tear, *n.* קֶרַע

tear, teardrop, *n.* דֶּמַע, דִּמְעָה, אֶגֶל

tear, *v.t.* & *i.* קָרַע, נִקְרַע [קרע]; דָּמַע, זָלַג דְּמָעוֹת

tearful, *adj.* דָּמוּעַ, מַדְמִיעַ

tease, *v.t.* קִנְטֵר, הִתְגָּרָה [גרה]

tease, teaser, *n.* קַנְטְרָן, מִתְגָּרֶה

teaspoon, *n.* כַּפִּית

teat, *n.* דַּד, פִּטְמָה

technical, *adj.* טֶכְנִי

technician, *n.* טֶכְנַאי

technique, *n.* טֶכְנִיקָה

tedious, *adj.* מְיַגֵּעַ, מְשַׁעֲמֵם

tee, *n.* מַטָּרָה; תְּלוּלִית (גּוֹלְף)
teem, *v.i.* שָׁרַץ, שָׁפַע, פָּרָה וְרָבָה
teenager, *n.* בֵּן (בַּת) י"ג־י"ט
teens, *n. pl.* שְׁנוֹת הָעֶשְׂרֵה
teeth, *n.pl.* שִׁנַּיִם
teethe, *v.i.* שִׁנֵּן, הִצְמִיחַ [צמח] שִׁנַּיִם
teetotaler, teetotaller, *n.* מִתְנַזֵּר מִיַּיִן
teetotalism, *n.* הִנָּזְרוּת מִן הַיַּיִן
telegram, *n.* מִבְרָק
telegraph, *n.*, *v.t.* & *i.* מִבְרָקָה; הִבְרִיק [ברק]
telegrapher, telegraphist, *n.* אַבְרֵק
telegraphy, *n.* הַבְרָקָה
telepathy, *n.* הַעֲבָרַת רְגָשׁוֹת
telephone, *n.* טֶלֶפוֹן, שָׂח רָחוֹק
telephone, *v.t.* & *i.* טִלְפֵּן, צִלְצֵל
telephotography, *n.* הַבְרָקַת תְּמוּנוֹת
telescope, *n.* מִשְׁקֶפֶת
television, *n.* סִכְיוֹן
tell, *v.t.* & *i.* אָמַר, הִגִּיד [נגד], סִפֵּר
teller, *n.* מְסַפֵּר; גִּזְבָּר
telltale, *n.* מַלְשִׁין, הוֹלֵךְ רָכִיל
temerity, *n.* פְּזִיזוּת, הֶעָזָה, אֹמֶץ לֵב
temper, *n.* מֶזֶג; הִתְרַגְּזוּת
temper, *v.t.* עִרְבֵּב (צֶבַע); פִּיֵּס; חִסֵּם; הֵכִין [כון], הֵנִיךְ [נמך] (קוֹל); סִגֵּל
temperament, *n.* מֶזֶג
temperamental, *adj.* רָגִישׁ, מְהִיר חֵמָה
temperance, *n.* הִסְתַּפְּקוּת; הִנָּזְרוּת מִן הַיַּיִן, כְּבִישַׁת הַיֵּצֶר
temperate, *adj.* בֵּינוֹנִי, מָתוּן
temperature, *n.* חֹם, מִדַּת הַחֹם; מֶזֶג אֲוִיר
tempered, *adj.* מְמֻזָּג; מְחֻסָּם, מְקֻשֶּׁה
tempest, *n.* סוּפָה, סְעָרָה, סַעַר
tempestuous, *adj.* סוֹעֵר, זוֹעֵף
temple, *n.* הֵיכָל, בֵּית מִקְדָּשׁ, מִקְדָּשׁ, בֵּית כְּנֶסֶת; רַקָּה, צֶדַע
tempo, *n.* זִמְנָה, מִפְעָם, קֶצֶב
temporal, *adj.* זְמַנִּי; חִלּוֹנִי; צִדְעִי
temporary, *adj.* עֲרָאִי, חוֹלֵף, זְמַנִּי
temporize, *v.i.* הִתְפַּשֵּׁר [פשר] (עִם תְּנָאֵי הַזְּמַן), הִסְתַּגֵּל [סגל]
tempt, *v.t.* נִסָּה, פִּתָּה
temptation, *n.* יֵצֶר הָרָע, פִּתּוּי
tempter, *n.* שָׂטָן, מְנַסֶּה, יֵצֶר הָרָע
ten, *adj.* & *n.* עֲשָׂרָה, עֶשֶׂר
tenable, *adj.* אָחִיז, שֶׁאֶפְשָׁר לְהָגֵן עָלָיו
tenacious, *adj.* אוֹחֵז בְּחָזְקָה, צָמִיג, מְדַבֵּק; מְשַׁמֵּר
tenacity, *n.* אֲחִיזָה, צְמִיגוּת, הִדָּבְקוּת
tenancy, *n.* אֲרִיסוּת, דַּיָּרוּת; חֲזָקָה
tenant, *n.* אָרִיס, דַּיָּר, חָכִיר
tenantry, *n.* אֲרִיסוּת, דַּיָּרוּת
Ten Commandments עֲשֶׂרֶת (הַדְּבָרִים) הַדִּבְּרוֹת
tend, *v.t.* & *i.* רָעָה (צֹאן), טִפֵּל בְּ־, שָׁמַר עַל, שֵׁרֵת; נָטָה
tendance, *n.* שְׁמִירָה, הַשְׁגָּחָה
tendency, *n.* נְטִיָּה, מְגַמָּה, כִּוּוּן
tender, *adj.* רַךְ, עָדִין
tender, *n.* שׁוֹמֵר, מַשְׁגִּיחַ; כֶּסֶף חוּקִי; מִכְרָז; קָרוֹן; (אֳנִיַּת) לְוַאי; מַשָּׂאִית
tender, *v.t.* & *i.* הִצִּיעַ [יצע]; רִכֵּךְ
tenderloin, *n.* בְּשַׂר יָרֵךְ
tenderly, *adv.* בְּרֹךְ, בַּעֲדִינוּת
tenderness, *n.* רַכּוּת, רֹךְ, עֲדִינוּת
tendinous, *n.* גִּידִי, מֵיתָרִי
tendon, *n.* גִּיד, מֵיתָר, אָלִיל
tendril, *n.* נְטִישָׁה (שֶׁל גֶּפֶן), שָׂרִיג, זַלְזַל
tenement house בֵּית דַּיָּרִים
tenet, *n.* יְסוֹד, דֵּעָה, עִקָּר
tenfold, *adj.* & *adv.* כָּפוּל עֲשָׂרָה, פִּי עֶשֶׂר, עֲשֶׂרֶת מוֹנִים

tennis, *n.* טֶנִּיס
tenon, *n.* שֶׁגֶם
tenor, *n.* נְטִיָּה, כִּוּוּן; טֶנוֹר
tense, *adj.* מָתוּחַ
tense, *n.* זְמַן (דִּקְדּוּק)
tensile, *adj.* מִתְמַתֵּחַ
tension, *n.* מְתִיחוּת; מְתִיחָה, מֶתַח
tent, *n.* אֹהֶל
tent, *v.t.* & *i.* אָהַל
tentacle, *n.* כַּף מִשּׁוּשׁ
tentative, *adj.* שֶׁלְּשֵׁם נִסָּיוֹן, עֲרָאִי
tentatively, *adj.* כְּנִסָּיוֹן
tenth, *adj.* & *n.* עֲשִׂירִי, עֲשִׂירִית; עִשָּׂרוֹן
tenuous, *adj.* דַּק, דַּקִּיק, קָלוּשׁ
tenure, *n.* אֲחִיזָה, חֲזָקָה; וֶתֶק
tepid, *adj.* פּוֹשֵׁר
tercentenary, *adj.* & *n.* יוֹבֵל שְׁלשׁ מֵאוֹת
term, *n.* זְמַן; מֻנָּח; תְּנַאי; גְּבוּל
term, *v.t.* כִּנָּה, קָרָא בְּשֵׁם
terminal, *adj.* & *n.* שֶׁל גְּבוּל; סוֹפִי, גְּבוּל; תַּחֲנָה (סוֹפִית אוֹ רָאשִׁית)
terminate, *v.t.* & *i.* גָּמַר, חָדַל, סִיֵּם; נִגְמַר [גמר]
termination, *n.* סִיּוּם, גְּמַר, קֵץ
terminology, *n.* מַעֲרֶכֶת מֻנָּחִים
terminus, *n.* תַּחֲנָה סוֹפִית; גְּבוּל
termite, *n.* אַרְצִית, טֶרְמִיט
terrace, *n.* מִרְפֶּסֶת; מִדְרָג
terrapin, *n.* צַב הַיָּם
terrestrial, *adj.* אַרְצִי
terrible, *adj.* אָיֹם, נוֹרָא, מַפְחִיד
terrific, *adj.* נִפְלָא, עָצוּם; נוֹרָא
terrify, *v.t.* הִפְחִיד [פחד], הִבְהִיל [בהל]
territorial, *adj.* אַרְצִי
territory, *n.* אַרְצָה; גָּלִיל

terror, *n.* אֵימָה, פַּחַד, בֶּהָלָה, חִתָּה
terrorism, *n.* בִּרְיוֹנוּת, אֵימְתָנִיּוּת
terrorist, *n.* בִּרְיוֹן, אֵימְתָן
terrorize, *v.t.* הִפְחִיד [פחד], הִפִּיל [נפל] אֵימָה עַל
terse, *adj.* מְקֻצָּר
test, *n.* בְּחִינָה, מִבְחָן, בְּדִיקָה, נִסָּיוֹן
test, *v.t.* נִסָּה, בָּחַן
testament, *n.* צַוָּאָה; בְּרִית
New Testament הַבְּרִית הַחֲדָשָׁה
Old Testament כִּתְבֵי הַקֹּדֶשׁ, תַּנַ"ךְ
testicle, testis, *n.* אֶשֶׁךְ
testify, *v.t.* & *i.* הֵעִיד [יעד]
testimony, *n.* עֵדוּת; הוֹקָרָה
test tube מַבְחֵנָה
tetanus, *n.* צַפֶּדֶת
tether, *n.* רֶסֶן
text, *n.* גִּרְסָה, נֹסַח, פַּתְשֶׁגֶן
textbook, *n.* סֵפֶר לִמּוּד
textile, *adj.* & *n.* שֶׁל אֲרִיגָה; אֶרֶג
texture, *n.* אֲרִיגָה, מַסֶּכֶת
than, *conj.* מֵאֲשֶׁר, מִ־
thank, *v.t.* הוֹדָה [ידה]
thankful, *adj.* אֲסִיר תּוֹדָה
thankless, *adj.* כְּפוּי טוֹבָה
thanks, *n. pl.* חֵן חֵן, תּוֹדָה
thanksgiving, *n.* הוֹדָיָה
Thanksgiving Day יוֹם הַהוֹדָיָה
that, *adj.* הַהוּא, הַהִיא, הַלָּז, הַלֵּזוּ
that, *conj.* שֶׁ־, כִּי, בַּאֲשֶׁר
that, *pron.* אֲשֶׁר, שֶׁ־, הַ־
thatch, *n.* סְכָךְ
thatch, *v.t.* סִכֵּךְ
thaw, *n.*, *v.t.* & *i.* הַפְשָׁרָה, נְמִיסָה; הִפְשִׁיר [פשר] (שֶׁלֶג), נָמֵס [מסס] (קֶרַח)
the, *def. art.* & *adj.* הַ, הָ, הֶ (הֵא הַיְדִיעָה)

theater, theatre, *n.* גֵּיא חִזָּיוֹן, תֵּאַטְרוֹן
theatrical, *adj.* חֶזְיוֹנִי, תֵּאַטְרוֹנִי
thee, *pron.* אוֹתְךָ, אוֹתָךְ
theft, *n.* גְּנֵבָה
their, theirs, *adj.* & *pron.* שֶׁלָּהֶם, שֶׁלָּהֶן
them, *pron.* אוֹתָם, אוֹתָן
theme, *n.* חִבּוּר; נוֹשֵׂא
themselves, *pron.* אוֹתָם (בְּ) עַצְמָם, אוֹתָן (בְּ)עַצְמָן
then, *adv.* אָז, אַחַר כֵּן
then, *conj.* אִם כֵּן, וּבְכֵן, אֵפוֹא, לָכֵן
thence, *adv.* מִשָּׁם, מֵאָז, מִזֶּה
thenceforth, thenceforward, *adv.* מֵאָז וָהָלְאָה, מִשָּׁם וְאֵילָךְ
theocracy, *n.* שִׁלְטוֹן (הַדָּת) כֹּהֲנִים
theology, *n.* תּוֹרַת (הָאֱמוּנָה) הָאֱלֹהוּת
theorem, *n.* כְּלָל, הַנָּחָה
theoretical, theoretic, *adj.* עִיּוּנִי, רַעְיוֹנִי
theory, *n.* עִיּוּן, הַנָּחָה, הַשְׁעָרָה
therapeutic, therapeutical, *adj.* מְרַפֵּא, שֶׁל רְפוּאָה
there, *adv.* שָׁם, שָׁמָּה
there, *interj.* הִנֵּה
thereabouts, thereabout, *adv.* בְּקֵרוּב, בְּקֵרוּב מָקוֹם, קָרוֹב לָזֶה, בְּעֵרֶךְ שָׁם
thereafter, *adv.* אַחַר כַּךְ, אַחֲרֵי כֵן
thereby, *adv.* עַל יְדֵי זֶה, בָּזֶה
therefore, therefor, *adv.* לְפִיכָךְ, לָכֵן, עַל כֵּן
therein, *adv.* בָּזֶה, שָׁם, שָׁמָּה
there is יֵשׁ
thereof, *adv.* מִזֶּה
thereon, *adv.* עַל זֶה
thereupon, *adv.* אָז
there was הָיָה
therewith, *adv.* עִם זֶה
therewithal, *adv.* לְמַעְלָה (חוּץ) מִזֶּה
thermal, thermic, *adj.* חַם, שֶׁל חֹם
thermometer, *n.* מַדְחֹם
Thermos bottle (Reg.) שְׁמַרְחֹם
thermostat, *n.* סְדַרְחֹם
thesaurus, *n.* אוֹצָר, מִלּוֹן
these, *adj.* & *pron.* אֵלֶּה, אֵלּוּ, הַלָּלוּ
thesis, *n.* הַנָּחָה; מֶחְקָר; מַסָּה
thews, *n. pl.* שְׁרִירִים, כֹּחַ, עָצְמָה
they, *pron.* הֵם, הֵמָּה, הֵן, הֵנָּה
thick, *adj.* & *adv.* עָבֶה, סָמִיךְ
thicken, *v.t.* & *i.* עִבָּה, הִתְעַבָּה [עבה]
thicket, *n.* סְבַךְ, חֻרְשָׁה, חֹרֶשׁ
thickly, *adv.* בְּעֹבִי
thickness, *n.* עֹבִי
thief, *n.* גַּנָּב
thieve, *v.t.* & *i.* גָּנַב
thievery, *n.* גְּנֵבָה
thigh ,*n.* יָרֵךְ
thimble, *n.* אֶצְבָּעוֹן
thin, *adj.* דַּק, רָזֶה, צָנוּם
thin, *v.t.* & *i.* רָזָה, דִּלֵּל; הִרְזָה [רזה]
thine, thy, *adj.* & *pron.* שֶׁלְּךָ, שֶׁלָּךְ
thing, *n.* דָּבָר, עֶצֶם; עִנְיָן
think, *v.t.* & *i.* חָשַׁב, סָבַר
thinker, *n.* חוֹשֵׁב
thinking, *n.* מַחֲשָׁבָה, חֲשִׁיבָה
third, *adj.* & *n.* שְׁלִישִׁי, שְׁלִישִׁית
thirdly, *adv.* שְׁלִישִׁית
thirst, *n.* צָמָא, צִמָּאוֹן; תְּשׁוּקָה
thirst, *v.i.* צָמֵא, הִצְמָא [צמא]; עָרַג
thirsty, *adj.* צָמֵא; שׁוֹקֵק
thirteen, *adj.* & *n.* שְׁלֹשָׁה עָשָׂר, שְׁלֹשׁ עֶשְׂרֵה
thirteenth, *adj.* הַשְּׁלֹשָׁה עָשָׂר, הַשְּׁלֹשׁ עֶשְׂרֵה
thirtieth, *adj.* הַשְּׁלֹשִׁים

thirty, *adj.* & *n.* שְׁלֹשִׁים
this, *pron.* זֶה, זֹאת
this, *adj.* הַזֶּה, הַזֹּאת
thistle, *n.* בַּרְקָן, דַּרְדַּר
thither, *adv.* שָׁמָּה, לְשָׁם
thong, *n.* רְצוּעָה
thorax, *n.* חָזֶה, בֵּית הֶחָזֶה
thorn, *n.* קוֹץ, סִיר, חוֹחַ, סִלּוֹן
thorny, *adj.* קוֹצִי; קָשֶׁה
thorough, *adj.* שָׁלֵם, מֻחְלָט, גָּמוּר
thoroughbred, *adj.* טְהָר גֶּזַע
thoroughfare, *n.* דֶּרֶךְ צִבּוּרִי
thoroughly, *adv.* לְגַמְרֵי
thoroughness, *n.* שְׁלֵמוּת
those, *adj.* & *pron.* הָהֵם, הָהֵמָּה; הָהֵן, הָהֵנָּה
thou, *pron.* אַתָּה, אַתְּ
though, *conj.* אֲפִילוּ, אַף עַל פִּי כֵן, אִם כִּי
thought, *n.* מַחֲשָׁבָה, רַעְיוֹן, שַׂרְעָף, הִרְהוּר, עֶשְׁתּוֹן
thoughtful, *adj.* חוֹשֵׁב, זָהִיר, דּוֹאֵג
thoughtless, *adj.* אִי זָהִיר, חֲסַר מַחֲשָׁבָה
thousand, *adj.* & *n.* אֶלֶף
thousandth, *adj.* & *n.* הָאֶלֶף
thrall, *n.* עֶבֶד; עַבְדוּת
thrash, *v.t.* & *i.* דָּשׁ [דוש], הִלְקָה [לקה]
thrasher, *n.* דַּיָּשׁ
thrashing, *n.* דִּישָׁה, דַּיִשׁ; הַלְקָאָה
thrashing machine מְדִישָׁה
thread, *n.* חוּט, פְּתִיל; הֶלֶךְ (מַחֲשָׁבָה) סְלִיל (לְלָיְנִי)
thread, *v.t.* הִשְׁחִיל [שחל] חוּט; חָרַז
threadbare, *adj.* מָהוּהַ, בָּלֶה וְשָׁחוּק
threat, *n.* אִיּוּם
threaten, *v.t.* & *i.* אִיֵּם

three, *adj.* & *n.* שְׁלֹשָׁה, שָׁלֹשׁ
threefold, *adj.* & *adv.* פִּי שְׁלֹשָׁה, כָּפוּל שְׁלֹשָׁה, שְׁלָשְׁתַּיִם
threescore, *adj.* & *n.* שִׁשִּׁים, שֶׁל שִׁשִּׁים
threesome, *n.* שְׁלִישִׁיָּה
threshold, *n.* מִפְתָּן, סַף
thrice, *adv.* שָׁלֹשׁ פְּעָמִים
thrift, *n.* חִסָּכוֹן
thrifty, *adj.* חַסְכָנִי
thrill, *n.* זַעֲזוּעַ, רַעַד, רַעֲדוּד
thrill, *v.t.* & *i.* רָעַד, הִרְעִיד [רעד], רִעְדֵּד
thrive, *v.i.* הִצְלִיחַ [צלח], גָּדַל
throat, *n.* גָּרוֹן
throb, *n.* דְּפִיקָה, נְקִיפָה
throb, *v.i.* דָּפַק (לֵב), נָקַף
throe, *n.* צִיר, גְּסִיסָה, חֵבֶל (חֶבְלֵי לֵדָה)
thrombosis, *n.* הִתְפַּקְקוּת (הַדָּם)
thrombus, *n.* דָּם קָרוּשׁ, חֲרֶרֶת דָּם
throne, *n.* כִּסֵּא הַמֶּלֶךְ
throng, *n.* הָמוֹן
throng, *v.t.* & *i.* דָּחַק, צִפֵּף, דָּחַס הִתְגּוֹדֵד [גדד] הִתְקַהֵל [קהל]
throttle, *n.* מַשְׁנֵק, מַצְעֶרֶת; גָּרוֹן
throttle, *v.t.* הִצְעִיר [צער], חִנֵּק
through, *prep.*, *adj.* & *adv.* עַל יְדֵי, דֶּרֶךְ, בִּגְלַל, מִפְּנֵי, מֵחֲמַת, בְּשֶׁל; כֻּלּוֹ, רֹאשׁוֹ וְרֻבּוֹ; מְפֻלָּשׁ
throughout, *adv.* & *prep.* כֻּלּוֹ, מֵרֹאשׁוֹ וְעַד סוֹפוֹ, בְּכָל
throw, *n.* זְרִיקָה, הַשְׁלָכָה
throw, *v.t.* & *i.* זָרַק, הִשְׁלִיךְ [שלך]
thrum, *v.i.* פָּרַט בְּחַדְצְלִילִיּוּת
thrush, *n.* טֶרֶד (צִפּוֹר); דַּלֶּקֶת הַפֶּה (בִּילָדִים)
thrust, *n.* הֲדִיפָה, דְּקִירָה
thrust, *v.t.* & *i.* תָּקַע, דָּקַר, הָדַף

thud, *n.* חֲבָטָה
thug, *n.* לִסְטִים, שׁוֹדֵד
thumb, *n.* בֹּהֶן, אֲגוּדָל
thumbtack, *n.* נַעַץ
thump, *n.* חֲבָטָה, הַכָּאָה, מַכָּה
thump, *v.t.* & *i.* חָבַט, הִקִּישׁ [נקש], הִכָּה [נכה]
thunder, *n.*, *v.t.* & *i.* רַעַם; הִרְעִים [רעם]
thunderous, *adj.* מַרְעִים
thunderstruck, *adj.* הֲלוּם רַעַם, מֻכֵּה תִּמָּהוֹן
Thursday, *n.* יוֹם חֲמִישִׁי, יוֹם ה׳
thus, *adv.* כַּךְ, כֹּה, כֵּן
thwart, *v.t.* עָצַר, מָנַע, שָׂם [שים] לְאַל, הֵפֵר [פרר]
thy, *adj.* שֶׁלְּךָ, שֶׁלָּךְ
thyme, *n.* קוֹרָנִית
thyroid, *n.* תְּרִיסִיָּה
thyroid gland בַּלּוּטַת הַתְּרִיס
thyself, *pron.* אַתָּה בְּעַצְמְךָ, אַתְּ בְּעַצְמֵךְ
tiara, *n.* שַׁהֲרוֹן, צִיץ, נֵזֶר
tibia, *n.* שׁוֹקָה, הַקָּנֶה הַגָּדוֹל שֶׁל הַשּׁוֹק
tic, *n.* עֲוִית הַפָּנִים
tick, *n.* קַרְצִית; צִפָּה; טִקְטוּק
ticket, *n.* כַּרְטִיס; פֶּתֶק קְנָס (מִשְׁטָרָה); רְשִׁימַת מֻעֲמָדִים (לִבְחִירוֹת)
tickle, *n.* & *v.t.* דִּגְדּוּג; דִּגְדֵּג, שִׂמַּח
tidal, *adj.* שֶׁל זִרְמָה
tide, *n.* זִרְמָה, גֵּאוּת וָשֵׁפֶל
tidiness, *n.* נִקָּיוֹן, סֵדֶר
tidings, *n. pl.* בְּשׂוֹרָה
tidy, *adj.* מְסֻדָּר, נָקִי
tidy, *v.t.* סִדֵּר, נִקָּה
tie, *n.* חֶבֶל; חִבּוּר, קֶשֶׁר, עֲנִיבָה, לוּלָאָה; אֶדֶן (רַכֶּבֶת); פַּס
tie, *v.t.* קָשַׁר, חִבֵּר; עָנַב (עֲנִיבָה)
tier, *n.* שׁוּרָה, נִדְבָּךְ
tie-up, *n.* עִכּוּב
tiger, *n.* נָמֵר
tight, *adj.* צַר, מָתוּחַ; קַמְצָנִי; מְהֻדָּק
tighten, *v.t.* מָתַח, הִדֵּק, קָפַץ (יָד)
tights, *n.*, *pl.* הַדּוּקִים, מִכְנְסֵי גֶּרֶב
tigress, *n.* נְמֵרָה
tile, *n.* & *v.t.* רַעַף; רִעֵף
till, *prep.* & *conj.* עַד, עַד אֲשֶׁר
till, *v.t.* פָּלַח, חָרַשׁ, עָבַד אֲדָמָה
tillage, *n.* פְּלָחָה, עֲבוֹדַת אֲדָמָה
tiller, *n.* פַּלָּח, אִכָּר, עוֹבֵד אֲדָמָה; יְדִית הַהֶגֶה (סִירָה)
tilt, *n.*, *v.t.* & *i.* שִׁפּוּעַ; נָטָה, הִטָּה [נטה], הָפַךְ; נִלְחַם [לחם] בְּכִידוֹנִים
timber, *n.* עֵצָה, עֵצִים, עֲצֵי בִּנְיָן, נְסָרִים, קְרָשִׁים
timbre, *n.* נְעִימָה, צְלִיל
time, *n.* זְמַן, עֵת, תְּקוּפָה, עִדָּן; שָׁעָה, פַּעַם; פְּנַאי
time, *v.t.* & *i.* כִּוֵּן, עָשָׂה בְּעִתּוֹ; תִּכְנֵן
timeless, *adj.* לְלֹא גְּבוּל, נִצְחִי
timer, *n.* מַדְזְמַן
timetable, *n.* לוּחַ הַשָּׁעוֹת (לִנְסִיעוֹת)
timid, *adj.* בַּיְשָׁנִי, פַּחְדָנִי
timidity, *n.* פַּחְדָנוּת, בַּיְשָׁנוּת
timorous, *adj.* פַּחְדָנִי, רַךְ לֵבָב
timothy, *n.* אִיטָן (עֵשֶׂב)
tin, *n.* בְּדִיל, בַּעַץ; פַּח, פַּחִית
tin, *v.t.* שִׁמֵּר בְּפַח; כִּסָּה בְּפַח
tincture, *n.* גָּוֶן, טַעַם; שִׁיּוּר; תְּמִסָּה
tincture, *v.t.* גִּוֵּן, צָבַע, גּוֹנֵן
tinder, *n.* צְתִּית (קַשׁ, קֵיסָם, שְׁבָב)
tinfoil, *n.* נְיָר כֶּסֶף, פְּחִיחִית
tinge, *v.t.* גּוֹנֵן
tingle, *n.* תְּחוּשַׁת דְּקִירָה
tingle, *v.i.* חָשׁ [חוש] כְּעֵין דְּקִירָה

tinker, *n.* מְתַקֵּן בְּצוּרָה (עַרְאִית) גְּרוּעָה; טַלַּאי
tinkle, *n.* צִלְצוּל, קִשְׁקוּשׁ
tinkle, *v.t. & i.* צִלְצֵל, קִשְׁקֵשׁ
tinsel, *n.* אֶרֶג מַבְרִיק וּמַתַּכְתִּי לְקִשּׁוּט; תִּקְשֹׁטֶת זוֹלָה
tinsmith, tinman, *n.* פֶּחָח
tint, *n. & v.t.* גִּוְנוּן; גִּוְנֵן
tiny, *adj.* קְטַנְטַן, קָטָן, זָעִיר
tip, *n.* רֹאשׁ, חֹד; רֶמֶז; הַעֲנָקָה, דְּמֵי (שֵׁרוּת) שְׁתִיָּה
tip, *v.t. & i.* הָפַךְ; הִטָּה [נטה], גִּלָּה (סוֹד); שִׁלֵּם דְּמֵי (שֵׁרוּת) שְׁתִיָּה
tipple, *n.* סֶבֶא, מַשְׁקֶה (חָרִיף)
tipple, *v.i.* סָבָא, שָׁכַר, הִשְׁתַּכֵּר [שכר]
tippler, *n.* שִׁכּוֹר, שַׁתְיָן
tipsy, *adj.* שָׁכוּר, שִׁכּוֹר, מְבֻסָּם
tiptoe, *n.* רָאשֵׁי אֶצְבָּעוֹת
tiptoe, *v.i.* הָלַךְ עַל רָאשֵׁי הָאֶצְבָּעוֹת
tirade, *n.* שֶׁצֶף חֲרָפוֹת, מַבּוּל מִלִּים
tire, *n.* צְמִיג
tire, *v.t. & i.* יִגַּע, הִתְיַגַּע [יגע], עָיֵף, נִלְאָה [לאה]
tired, *adj.* עָיֵף, נִלְאֶה, יָגֵעַ
tireless, *adj.* שֶׁלֹּא יָדַע לֵאוּת, שֶׁאֵינוֹ מִתְעַיֵּף
tiresome, *adj.* מְעַיֵּף, מְיַגֵּעַ
tissue, *n.* רִקְמָה, אָרִיג דַּק
tissue paper נְיָר (אֲרִיזָה) דַּק
titanic, *adj.* עֲנָקִי
titbit, *n.* מַטְעָם; חֲדָשׁוֹת; רִנּוּן
tithe, *n. & v.t.* מַעֲשֵׂר; עִשֵּׂר
titillate, *v.t.* דִּגְדֵּג
titillation, *n.* דִּגְדּוּג
title, *n.* שֵׁם סֵפֶר, תֹּאַר; זְכוּת; כְּתֹבֶת
title page שַׁעַר (סֵפֶר)
titter, *n. & v.i.* חִיּוּךְ, גִּחוּךְ; חִיֵּךְ
tittle, *n.* תָּג, קוֹצוֹ שֶׁל יוֹד

titular, *adj.* מְתֹאָר
to, *prep.* לְ־, אֶל, עַד
toad, *n.* קַרְפָּדָה
toadstool, *n.* פִּטְרִיָּה, כְּמֵהָה
toady, *n.* חוֹנֵף, מְלַחֵךְ פִּנְכָּה
toady, *v.t. & i.* הֶחֱנִיף [חנף]
toast, *n.* שְׁתִיַּת „לְחַיִּים"; קָלִי
toast, *v.t.* קָלָה; שָׁתָה „לְחַיִּים"
toastmaster, *n.* רַבְשָׁקֵה, שַׂר הַמַּשְׁקִים
tobacco, *n.* טַבָּק, טוּטוּן
toboggan, *n.* מִזְחֶלֶת
today, *n.* הַיּוֹם
toddle, *n. & v.i.* הִדַּדּוּת; הִדַּדָּה [דדה]
toddler, *n.* תִּינוֹק, מְדַדֶּה
toe, *n.* אֶצְבַּע הָרֶגֶל
toenail, *n.* צִפֹּרֶן
together, *adv.* כְּאֶחָד, יַחַד, בְּיַחַד, יַחְדָּו
toil, *n.* עָמָל, טִרְחָה
toil, *v.i.* עָמַל, טָרַח, יָגַע
toilet, *n.* בֵּית (שִׁמּוּשׁ, כִּסֵּא) כָּבוֹד
token, *n.* אוֹת; סֵמֶל; אֲסִימוֹן
tolerable, *adj.* בֵּינוֹנִי, שֶׁאֶפְשָׁר לְסוֹבְלוֹ
tolerance, toleration, *n.* סוֹבְלָנוּת
tolerant, *adj.* סוֹבְלָנִי
tolerate, *v.t.* סָבַל, נָשָׂא
toll, *n.* צִלְצוּל אִטִּי; מַס מַעֲבָר
toll, *v.t. & i.* צִלְצֵל (פַּעֲמוֹן, שָׁעָה)
tomato, *n.* עַגְבָנִיָּה
tomb, *n.* קֶבֶר
tomboy, *n.* רִיבָה עַלִּיזָה
tombstone, *n.* מַצֵּבָה, גּוֹלֵל, נֶפֶשׁ
tomcat, *n.* חָתוּל
tome, *n.* כֶּרֶךְ (סֵפֶר)
tomfoolery, *n.* שְׁטוּת, סִכְלוּת, הֶבֶל
tomorrow, *adv.* מָחָר
tomtit, *n.* יַרְגָּזִי (צִפּוֹר)
ton, *n.* טוֹן
tonal, *adj.* קוֹלִי, צְלִילִי

tone, *n.* צְלִיל, קוֹל; טַעַם, גָּוֶן; מַצַּב רוּחַ; אֹפִי, טִיב
tone, *v.t. & i.* גִּוֵּן, הִתְגַּוֵּן [גון]; הִטְעִים [טעם]
tongs, *n. pl.* מֶלְקָחַיִם, צְבָת
tongue, *n.* לָשׁוֹן, שָׂפָה; דִּבּוּר
tongueless, *adj.* נְטוּל לָשׁוֹן, אִלֵּם
tongue-tied, *adj.* כְּבַד (פֶּה) לָשׁוֹן
tonic, *n. & adj.* אַתָּן; מְאַתֵּן, מְחַזֵּק
tonight, *adv.* הַלַּיְלָה
tonnage, *n.* מַעֲמָס; מַס (אֳנִיּוֹת)
tonsilitis, *n.* דַּלֶּקֶת הַשְּׁקֵדִים
tonsils, *n. pl.* לוּזִים, שְׁקֵדִים
tonsure, *n.* גִּלּוּחַ הָרֹאשׁ, גְּזִיזַת הַשֵּׂעָר
too, *adv.* גַּם, גַּם כֵּן, אַף; יוֹתֵר מִדַּי
tool, *n.* כְּלִי, מַכְשִׁיר, אֶמְצָעִי
toot, *n., v.t. & i.* תְּקִיעָה, צְפִירָה; תָּקַע, צָפַר; הִכָּה (חָלִיל)
tooth, *n.* שֵׁן; זִיז, בְּלִיטָה
molar tooth שֵׁן (מְתְאִימָה) טוֹחֶנֶת
artificial tooth שֵׁן תּוֹתֶבֶת
toothache, *n.* כְּאֵב שִׁנַּיִם
toothbrush, *n.* מִבְרֶשֶׁת שִׁנַּיִם
toothpick, *n.* מְחִצָּצָה, קֵיסָם
top, *n.* רֹאשׁ, פִּסְגָּה; אָמִיר (עֵץ); סְבִיבוֹן; (חֵלֶק) עֶלְיוֹן
top, *v.t.* זָמַר; הִכְתִּיר [כתר]; כִּסָּה אֶת הָרֹאשׁ; הִצְטַיֵּן [צין], עָלָה עַל
topaz, *n.* פִּטְדָה
topcoat, *n.* מְעִיל עֶלְיוֹן
top hat מִגְבַּע, גְּלִילוֹן
topic, *n.* נוֹשֵׂא, תֹּכֶן
topography, *n.* תֵּאוּר מְקוֹמוֹת
topple, *v.t. & i.* הִפִּיל [נפל]; נָפַל
topsy-turvy, *adj.* מָלֵא מְבוּכָה, הָפוּךְ
topsy-turvy, *adv.* לְלֹא סֵדֶר, בִּמְבוּכָה
torch, *n.* לַפִּיד, אֲבוּקָה
toreador, *n.* שַׁוָּר, לוֹחֵם שְׁוָרִים

torment, *n.* עִנּוּי, יִסּוּרִים
torment, *v.t.* עִנָּה, גָּרַם יִסּוּרִים
tormentor, *n.* מְעַנֶּה
tornado, *n.* זְוָעָה, סְעָרָה
torpedo, *n.* מוֹקֵשׁ יָם
torpedo, *v.t.* הִשְׁחִית [שחת] בְּמוֹקְשֵׁי יָם; כִּלָּה
torpid, *adj.* מְקֻהֶה; עַצְלָנִי; מְטֻמְטָם
torpor, *n.* חֹסֶר פְּעִילוּת, קֵהוּת; עַצְלָנוּת; טִמְטוּם
torrent, *n.* חַרְדֶּלֶת זֶרֶם, נַחַל, שֶׁטֶף
torrential, *adj.* שׁוֹטֵף
torrid, *adj.* בּוֹעֵר, לוֹהֵט; חָרֵב
torsion, *n.* פִּתּוּל, שְׁזִירָה
torso, *n.* גּוּפָה, גְּוִיָּה
tort, *n.* עַוָּתָה
tortoise, *n.* צָב
tortuous, *adj.* מִתְפַּתֵּל; עִקֵּשׁ, מָשְׁחָת
torture, *n.* עִנּוּי, יִסּוּרִים, סִגּוּף
torture, *v.t.* עִנָּה, סִגֵּף; סִלֵּף
toss, *v.t. & i.* הִשְׁלִיךְ [שלך], זָרַק; הִתְהַפֵּךְ [הפך] מִצַּד אֶל צַד, הִתְנוֹעֵעַ [נוע] (בְּלוֹרִית)
tot, *n.* דְּבַר מָה; פָּעוֹט, תִּינוֹק; סְכוּם
total, *n.* סַךְ הַכֹּל, סְכוּם
total, *v.t. & i.* סִכֵּם
totalitarian, *n. & adj.* דַּבָּר; דַּבָּרִי
totality, *n.* כְּלָלוּת
totally, *adv.* לְגַמְרֵי, כֻּלּוֹ
totter, *v.i.* הִתְמוֹטֵט [מוט], נָע [נוע]
touch, *n.* נְגִיעָה, מִשְׁמוּשׁ, מִבְחָן, מַגָּע; אֶבֶן בֹּחַן; פְּגִיעָה; שֶׁמֶץ
touch, *v.t. & i.* מִשֵּׁשׁ, מִשְׁמֵשׁ; פָּגַע; הִגִּיעַ [נגע]; נָגַע; הִשְׁפִּיעַ [שפע]; נִגֵּן
touchy, *adj.* פָּגִיעַ
tough, *adj.* קָשֶׁה, גַּס, קְשֵׁה עֹרֶף
toughen, *v.t. & i.* הִתְקַשָּׁה [קשה]
toughness, *n.* קֹשִׁי

tour, *n.* סִיּוּר
tour, *v.t. & i.* סִיֵּר
tourist, *n.* תַּיָּר
tournament, *n.* הִתְחָרוּת
tousle, *v.t.* פָּרַע, בִּלְבֵּל, סָתַר
tow, *n.* אַרְבָּה; חֶבֶל; נְעֹרֶת (חֹסֶן) פִּשְׁתָּן
tow, *v.t.* גָּרַר, מָשַׁךְ בְּחֶבֶל
toward, towards, *prep.* אֶל, לְ־, לִקְרַאת, כְּלַפֵּי, לְנֹכַח
towel, *n.* מַגֶּבֶת, אֲלֻנְטִית
tower, *n.* מִגְדָּל, בַּחוּן
tower, *v.i.* הִתְרוֹמֵם [רום]
towery, *adj.* רָם
town, *n.* עִיר, כְּרַךְ
town hall בֵּית מוֹעֶצֶת הָעִיר
township, *n.* עִירִיָּה
toxemia, toxaemia, *n.* הַרְעָלַת דָּם
toxic, *adj.* אַרְסִי, מֻרְעָל
toxin, toxine, *n.* אֶרֶס, רַעַל
toy, *n.* שַׁעֲשׁוּעַ, מִשְׂחָק, צַעֲצוּעַ
toy, *v.i.* שִׂחֵק, הִשְׁתַּעֲשַׁע [שעשע]
trace, *n.* עָקֵב, סִימָן; שֶׁמֶץ
trace, *v.t. & i.* עָקַב, הִתְחַקָּה [חקה], חִפֵּשׂ; שִׂרְטֵט
tracer, *n.* מְשַׂרְטֵט; עוֹקֵב
trachea, *n.* גַּרְגֶּרֶת, קְנֵה הַנְּשִׁימָה
trachoma, *n.* גַּרְעֶנֶת
track, *n.* עָקֵב; שֶׁמֶץ, רֹשֶׁם; נָתִיב; מַסְלוּל, מְסִלָּה, מַעְגָּל; מִפְשָׂק
track, *v.t. & i.* עָקַב, הִתְחַקָּה [חקה] אַחֲרֵי
tract, *n.* שֶׁטַח, כִּבְרַת אֶרֶץ; חִבּוּר, מַסֶּכֶת
tractable, *adj.* צַיְּתָן, נוֹחַ
tractate, *n.* מַסֶּכֶת; מַסָּה
traction, *n.* גְּרִירָה, מְשִׁיכָה, סְחִיבָה
tractor, *n.* טְרַקְטוֹר; נַגָּד
trade, *n.* אֻמָּנוּת, מִקְצוֹעַ; מִסְחָר
trade, *v.t. & i.* סָחַר; הֶחֱלִיף [חלף]
trade-mark, *n.* תָּו (אוֹת סֵמֶל) מִסְחָרִי
trade-union. *n.* אֲגֻדָּה מִקְצוֹעִית
trader, *n.* סוֹחֵר, תַּגָּר
tradesman, *n.* סוֹחֵר, חֶנְוָנִי
tradition, *n.* מָסֹרֶת, קַבָּלָה
traditional, *adj.* מָסָרְתִּי, מְקֻבָּל
traffic, *n.* תַּעֲבוּרָה, תְּנוּעָה; סַחַר, מַרְכֹּלֶת
traffic, *v.t. & i.* סָחַר
tragedy, *n.* אָסוֹן; מַעֲגָמָה (חִזָּיוֹן תּוּגָה)
tragic, tragical, *adj.* נוּגֶה, עָגוּם, טְרָגִי
trail, *n.* מִשְׁעוֹל, שְׁבִיל; עָקֵב; שֹׁבֶל
trail, *v.t. & i.* עָקַב, הִתְחַקָּה [חקה] אַחֲרֵי; סָחַב; הִסְתָּרֵךְ [סרך]; טִפֵּס (צֶמַח)
trailer, *n.* גָּרוּר; מְטַפֵּס (צֶמַח)
train, *n.* רַכֶּבֶת; תַּהֲלוּכָה; שֹׁבֶל (שִׂמְלָה); הֲלָךְ (מַחֲשָׁבוֹת); בְּנֵי לְוָיָה
train, *v.t. & i.* אִמֵּן; אִלֵּף, חִנֵּךְ; הִדְרִיךְ [דרך]; כִּוֵּן (נֶשֶׁק)
trainer, *n.* מְאַמֵּן, מַדְרִיךְ
training, *n.* חִנּוּךְ, אִלּוּף, אִמּוּן, הַדְרָכָה
trait, *n.* אֹפִי, תְּכוּנָה
traitor, *adj. & n.* בּוֹגֵד, בָּגוֹד
trajectory, *n.* קִמְרוֹן (הַקָּלִיעַ בְּמַסָּעוֹ), מַסְלוּל
tram, *n.* חַשְׁמַלִּית
tramp, *n., v.t. & i.* נָע וָנָד, נוֹדֵד, אוֹרֵחַ פּוֹרֵחַ; שְׁעָטָה; צָעַן, נָדַד; שָׁעַט, דָּרַךְ בְּחָזְקָה
trample, *v.t. & i.* בָּסָה, רָמַס, דָּרַךְ
trance, *n.* הַדְהָמָה, שְׁנַת מַרְמִיטָה
tranquil, *adj.* שׁוֹקֵט
tranquilize, tranquillize, *v.t. & i.* הִשְׁקִיט [שקט]

tranquility, tranquillity, *n.* שַׁלְוָה, שֶׁקֶט

transact, *v.t.* & *i.* סָחַר, נָשָׂא וְנָתַן, עָסַק, הִתְעַסֵּק [עסק]

transaction, *n.* מַשָּׂא וּמַתָּן, עֵסֶק, מִסְחָר

transatlantic, *adj.* עֵבֶר אַטְלַנְטִי

transcend, *v.t.* & *i.* עָלָה עַל, נִשְׂגַּב [שגב] מִ־

transcendent, transcendental, *adj.* נַעֲלֶה, דִּמְיוֹנִי, מֻפְלָא

transcribe, *v.t.* תִּעְתֵּק, הֶעְתִּיק [עתק]

transcript, *n.* תַּעֲתִיק

transcription, *n.* תִּעְתּוּק

transfer, *n.* הַעֲבָרָה, הַקְנָיָה

transfer, *v.t.* & *i.* הֶעֱבִיר [עבר], מָסַר

transfiguration, *n.* הִשְׁתַּנּוּת, שִׁנּוּי צוּרָה

transfigure, *v.t.* שִׁנָּה צוּרָה

transform, *v.t.* & *i.* שִׁנָּה (צוּרָה), הָפַךְ לְ־, נֶהְפַּךְ [הפך] לְ־

transformation, *n.* שִׁנּוּי, הִשְׁתַּנּוּת, הֲפִיכָה

transformer, *n.* שַׁנַּאי, מְשַׁנֶּה

transfuse, *v.t.* עֵרָה (הֶעֱבִיר [עבר]) דָּם

transfusion, *n.* עֵרוּי דָּם

transgress, *v.t.* & *i.* עָבַר עַל (גְּבוּל), חָטָא, פָּשַׁע

transgression, *n.* עֲבֵרָה, חֵטְא, פֶּשַׁע

transgressor, *n.* עֲבַרְיָן, חוֹטֵא, פּוֹשֵׁעַ

transient, *adj.* עוֹבֵר, חוֹלֵף, עַרְאִי

transit, *n.* הַעֲבָרָה

transition, *n.* מַעֲבָר, שִׁנּוּי

transitive, *adj.* עוֹבֵר; יוֹצֵא (פֹּעַל)

transitory, *adj.* עוֹבֵר, חוֹלֵף, רִגְעִי

translate, *v.t.* תִּרְגֵּם

translation, *n.* תִּרְגּוּם

translator, *n.* מְתַרְגֵּם, תֻּרְגְּמָן

transliterate, *v.t.* לִעֵז

transliteration, *n.* לִעוּז

translucent, *adj.* שָׁקוּף לְמֶחֱצָה

transmigration, *n.* נְדוּדִים; גִּלְגּוּל (נְשָׁמוֹת)

transmission, *n.* מְסִירָה, הַעֲבָרָה; מִמְסָרָה

transmit, *v.t.* מָסַר, הֶעֱבִיר [עבר], הִנְחִיל [נחל]

transmitter, *n.* מַקְלֵט, אֲפַרְכֶּסֶת; מַשְׁדֵּר (רַדְיוֹ); מַתְאֵם

transmute, *v.t.* שִׁנָּה, תִּחְלֵף

transom, *n.* מַשְׁקוֹף; חַלּוֹנִית

transparent, *adj.* שָׁקוּף; בָּהִיר, מוּבָן

transpiration, *n.* הֲזָעָה

transpire, *v.t.* & *i.* הֵזִיעַ [זוע]; נִגְלָה [גלה], הָיָה, קָרָה

transplant, *v.t.* הֶעֱבִיר [עבר] נֶטַע, שָׁתַל (שׁוּב)

transport, *n.* הוֹבָלָה, הַעֲבָרָה; הִתְרַגְּשׁוּת, הִתְלַהֲבוּת

transport, *v.t.* הוֹבִיל [יבל], הֶעֱבִיר [עבר]; הִגְלָה [גלה]; הִתְלַהֵב [להב]

transportation, *n.* הוֹבָלָה, תַּחְבּוּרָה

transposition, *n.* סֵרוּס (דְּבָרִים), הֲפִיכַת הַסֵּדֶר

transverse, *adj.* לְעֵבֶר, לְרֹחַב

trap, *n.* מַלְכֹּדֶת, פַּח, מוֹקֵשׁ, מַאֲרָב

trap, *v.t.* & *i.* לָכַד בְּפַח; מִקֵּשׁ

trapeze, *n.* מִשְׂוֶרֶת, טְרַפֵּז

trash, *n.* אַשְׁפָּה

traumatic, *adj.* שֶׁל חֲבָלָה

travail, *n.* & *v.i.* עָמָל, טִרְחָה, עֲבוֹדַת פֶּרֶךְ; חֶבְלֵי לֵדָה, צִירִים; נֶהְפַּךְ [הפך] (צִירִים), חָלָה [חיל], נֶאֶחְזָה [אחז] (בְּצִירֵי יוֹלֵדָה)

travel, *n.* & *v.i.* נְסִיעָה; נָסַע

traveler, traveller, *n.* נוֹסֵעַ

travelogue, travelog, *n.* נְאוּם מַסָּעוֹת
traverse, *n.*, *v.t.* & *i.* מַשְׁקוֹף, קוֹרָה, אַסְקֻפָּה, עֶרֶב; אֲלַכְסוֹן; עָבַר
travesty, *n.* גַּחְכִּית, חִקּוּי
trawl, *n.* & *v.t.* מִכְמֹרֶת; כָּמַר
trawler, *n.* פּוֹרֵשׂ מִכְמֹרֶת
tray, *n.* מַגָּשׁ, טַס
treacherous, *adj.* בּוֹגֵד
treachery, *n.* בְּגִידָה
treacle, *n.* פְּסֹלֶת הַסֻּכָּר, נֹפֶת
tread, *n.* הֲלִיכָה, דְּרִיכָה, צַעַד
tread, *v.t.* & *i.* צָעַד, דָּרַךְ, רָמַס
treadle, *n.* דַּוְשָׁה
treason, *n.* מַעַל, בֶּגֶד
treasure, *n.* אוֹצָר; מַטְמוֹן
treasure, *v.t.* אָצַר; הוֹקִיר [יקר]
treasurer, *n.* גִּזְבָּר
treasury, *n.* טִמְיוֹן, אוֹצַר הַמֶּמְשָׁלָה
treat, *v.t.* & *i.* הִתְנַהֵג [נהג] (עִם), טִפֵּל בְּ־; רִפֵּא; כִּבֵּד
treatise, *n.* מַסֶּכֶת, מֶחְקָר
treatment, *n.* רִפּוּא; טִפּוּל; הִתְנַהֲגוּת
treaty, *n.* בְּרִית, אֲמָנָה
treble, *adj.* & *v.t.* שְׁלָשְׁתַּיִם, פִּי שְׁלֹשָׁה; קוֹלְרָמִי; שִׁלֵּשׁ
tree, *n.*, *v.t.* & *i.* אִילָן, עֵץ; טִפֵּס עַל עֵץ, הִתְחַבֵּא [חבא] בְּעֵץ
trefoil, *n.* אַסְפֶּסֶת, תִּלְתָּן
trellis, *n.* & *v.t.* עָרִיס; הִדְלָה [דלה]
tremble, *n.* זַעֲזוּעַ, צְמַרְמֹרֶת, חַלְחָלָה, רַעַד, חֲרָדָה
tremble, *v.i.* זִעֲזַע, הִתְחַלְחֵל [חלחל], רִטֵּט, רָתַת, רָעַד, חָל [חיל]
tremendous, *adj.* עָצוּם, גָּדוֹל, נוֹרָא, שַׂגִּיא
tremor, *n.* רַעַד, רְעָדָה, חֲרָדָה, זַעֲזוּעַ, חַלְחָלָה, רֶטֶט
tremulous, *adj.* מְרַתֵּת, מְרַטֵּט, רוֹעֵד
trench, *n.* חֲפִירָה
trench, *v.t.* & *i.* חָפַר, הִתְחַפֵּר [חפר]
trend, *n.* זֶרֶם, נְטִיָּה, מְגַמָּה
trend, *v.i.* נָטָה
trepidation, *n.* חִתָּה, חֲרָדָה, פִּרְפּוּר
trespass, *n.* עֲבֵרָה; כְּנִיסָה לְלֹא רְשׁוּת
trespass, *v.i.* עָבַר גְּבוּל, חָטָא
trespasser, *n.* עַבַרְיָן, חוֹדֵר לְקִנְיָן פְּרָטִי
tress, *n.* תַּלְתַּל
trestle, *n.* כֵּן, כַּן, תּוֹשֶׁבֶת
trial, *n.* נִסָּיוֹן, מִבְחָן, מִשְׁפָּט
triangle, *n.* מְשֻׁלָּשׁ
triangulation, *n.* שִׁלּוּשׁ
tribal, *adj.* שִׁבְטִי
tribe, *n.* שֵׁבֶט, מַטֶּה
tribulation, *n.* שֶׁבֶר, תְּלָאָה, מְצוּקָה
tribunal, *n.* בֵּית דִּין, בֵּית מִשְׁפָּט
tribune, *n.* פָּקִיד רוֹמִי (נִבְחַר עַל יְדֵי הָעָם), מֵלִיץ יֹשֶׁר; בָּמָה, דּוּכָן
tributary, *adj.* מַעֲלֶה מַס
tributary, *n.* יוּבַל, פֶּלֶג
tribute, *n.* מַס (עוֹבֵד), אֶשְׁכָּר; הוֹדָיָה, הַכָּרַת טוֹבָה
trice, *n.* הֶרֶף עַיִן, רֶגַע קָט
trick, *n.* אֲחִיזַת עֵינַיִם, רַבּוּתָה, עָקְבָה
trickery, *n.* מִרְמָה, הוֹנָאָה, הַעֲרָמָה, גְּנֵבַת דַּעַת
trickle, *n.* טִפְטוּף, הַרְעָפָה
trickle *v.i.* טִפְטֵף, נָזַל
tricky, *adj.* עָרוּם
tricycle, *n.* תְּלַת אוֹפַן
trifle, *n.* מִצְעָר
trifle, *v.t.* & *i.* זִלְזֵל, בִּטֵּל; בִּזְבֵּז
trigger, *n.* הֶדֶק
trigonometry, *n.* תּוֹרַת הַמְּשֻׁלָּשִׁים
trill, *n.* רַעַד קוֹל, סִלְסוּל

trill, *v.t.* & *i.* סִלְסֵל

trim, *n.* תִּקּוּן, הַתְאָמָה, קִשּׁוּט

trim, *v.t.* הִקְצִיעַ [קצע], תִּקֵּן, סִדֵּר; גָּזַז, נָקַף (שֵׂעָר); כָּסַח (צִפָּרְנַיִם); יִסֵּר; מָחַט (מְנוֹרָה); דִּלֵּל (עֵצִים); זָמַר (עֲנָפִים); קִשֵּׁט

trinity, *n.* שִׁלּוּשׁ

trinket, *n.* עֲדִי, תַּכְשִׁיט קָטָן; מִצְעָר

trio, *n.* שְׁלִישִׁיָּה

trip, *n.* נְסִיעָה; מִכְשׁוֹל; מְעִידָה, מִשְׁגֶּה

trip, *v.t.* & *i.* טָפַף, מָעַד; הִכְשִׁיל [כשל], נִכְשַׁל [כשל]; הִפִּיל [נפל]; שָׁגָה; הֵרִים [רום] (עֹגֶן)

tripartite, *adj.* תְּלַת צְדָדִי

tripe, *n.* קֵבַת בְּהֵמָה; חֲסַר עֵרֶךְ

triple, triplex, *adj.* מְשֻׁלָּשׁ, שְׁלָשְׁתַּיִם, פִּי שְׁלשָׁה

triple, *v.t.* & *i.* כָּפַל שְׁלָשְׁתַּיִם, שִׁלֵּשׁ

triplet, *n.* שְׁלִישִׁיָּה

triplicate, *adj.* & *n.* מְשֻׁלָּשׁ, תְּלַת הֶעְתֵּקִי; הֶעְתֵּק שְׁלִישִׁי

tripod, *n.* חֲצוּבָה

trite, *adj.* נָדוֹשׁ, מָעוּךְ מִתּוֹךְ שִׁמּוּשׁ, מָהוּהַ

trituration, *n.* שְׁחִיקָה, כְּתִישָׁה

triumph, *n.* נִצָּחוֹן

triumph, *v.i.* נִצַּח

triumphal, *adj.* שֶׁל נִצָּחוֹן

triumphant, *adj.* מְנַצֵּחַ

trivial, *adj.* קַל עֵרֶךְ, רָגִיל

troglodyte, *n.* שׁוֹכֵן מְעָרוֹת; קוֹף

troll, *n.* שִׁיר מַעְגָּל, קֶטַע שִׁיר; פִּתָּיוֹן

troll, *v.t.* & *i.* דָּג [דוג] בְּחַכָּה נִמְשֶׁכֶת; זִמֵּר לְפִי הַתּוֹר; הִלֵּל בְּשִׁיר

trolley, trolly, *n.* חַשְׁמַלִּית

trollop, *n.* יַצְאָנִית, מֻפְקֶרֶת

trombone, *n.* חֲצוֹצְרַת נְחֹשֶׁת

troop, *n.* & *v.i.* חֲבוּרָה (אֲנָשִׁים); גְּדוּד (חַיָּלִים); גְּנֻדָּה (פָּרָשִׁים); הִתְגּוֹדֵד [גדד]

trooper, *n.* רַכָּב (חַיִל) פָּרָשׁ

trophy, *n.* מַזְכֶּרֶת נִצָּחוֹן; פְּרָס הִתְחָרוּת

tropical, *adj.* טְרוֹפִּי, שֶׁל הָאֵזוֹר הַחַם

trot, *n.* דְּהָרָה, שְׁעָטָה

troth, *n.* אֵמוּן; אֱמֶת

trouble, *n.* צָרָה, מְהוּמָה, טֹרַח, צַעַר

trouble, *v.t.* & *i.* הִפְרִיעַ [פרע], הִטְרִיחַ [טרח], דָּאַג

troublesome, *adj.* מַטְרִיחַ, מַטְרִיד

trough, *n.* אֵבוּס, שֹׁקֶת; עֲרֵבָה, מִשְׁאֶרֶת

trounce, *v.t.* הִלְקָה [לקה], הִכָּה [נכה]

troupe, *n.* לַהֲקָה

trousers, *n. pl.* מִכְנָסַיִם

trousseau, *n.* סִבְלוֹנוֹת

trout, *n.* שֶׁמֶק (אִלְתִּית)

trowel, *n.* כַּף הַסַּיָּדִים, מַגְרוֹפִית

truant, *adj.* נֶעְדָּר, בָּטֵל

truce, *n.* שְׁבִיתַת נֶשֶׁק, הֲפוּגָה

truck, *n.* מַשָּׂאִית

truculent, *adj.* פֶּרֶא

trudge, *v.i.* הָלַךְ (בִּכְבֵדוּת) מִתּוֹךְ עֲיֵפוּת

true, *adj.* אֲמִתִּי, נֶאֱמָן

truffle, *n.* כְּמֵהָה

truism, *n.* אֱמֶת מֻסְכֶּמֶת, פְּשִׁיטָא

truly, *adj.* בֶּאֱמֶת, אָכֵן, אָמְנָם, בְּרַם

trump, *v.t.* & *i.* נִצַּח בִּקְלָף שַׁלִּיט; עָלָה עַל; רִמָּה

trumpet, *n.* חֲצוֹצְרָה

trumpet, *v.t.* & *i.* חִצְצֵר, תָּקַע בַּחֲצוֹצְרָה

truncheon, *n.* אַלַּת שׁוֹטֵר

trundle, *n.* מְרִיצָה דּוּ אוֹפַנִּית; אוֹפַן, גַּלְגַּל (קָטָן)

trundle, *v.t.* & *i.* גִּלְגֵּל, הִתְגַּלְגֵּל [גלגל]
trunk, *n.* גֶּזַע (עֵץ), גּוּפָה; חֶדֶק (פִּיל); אַרְגָּז, מִזְוָדָה; מֶרְכָּזִיָּה (לְטֶלֶפוֹנִים)
truss, *n.* חֲגוֹרַת שֶׁבֶר, תַּחְבֹּשֶׁת, אֶגֶד; חֲבִילָה, צְרוֹר
truss, *v.t.* אָרַז (בַּחֲבִילָה), קָשַׁר
trust, *n.* אֵמוּן, בִּטָּחוֹן; פִּקָּדוֹן
trust, *v.t.* & *i.* בָּטַח בְּ־, הֶאֱמִין [אמן] בְּ־, הִפְקִיד [פקד] לְמִשְׁמֶרֶת
trustee, *n.* נֶאֱמָן, מְפַקֵּחַ, אֶפִּטְרוֹפּוֹס
trustful, *adj.* בַּעַל בִּטָּחוֹן, בּוֹטֵחַ
trustworthy, *adj.* מְהֵימָן
truth, *n.* אֱמֶת, קֹשֶׁט
truthful, *adj.* כֵּן, אֲמִתִּי
try, *n.* נִסָּיוֹן, הִשְׁתַּדְּלוּת
try, *v.t.* & *i.* נִסָּה, הִשְׁתַּדֵּל [שדל]; שָׁפַט
tub, *n.* גִּגִּית; אַמְבָּט
tube, *n.* שְׁפוֹפֶרֶת
tuber, *n.* פֶּקַע, פְּקַעַת
tubercle, *n.* גַּבְשׁוּשִׁית; פֶּקַע
tuberculosis, *n.* שַׁחֶפֶת
tuberculous, *adj.* מְשֻׁחָף
tubular, *adj.* שְׁפוֹפַרְתִּי
tuck, *v.t.* תָּחַב
Tuesday, *n.* יוֹם שְׁלִישִׁי, יוֹם ג׳
tug, *n.* סְפִינַת (גְּרָר) גְּרִירָה, מְשִׁיכַת עֹז
tug, *v.t.* & *i.* גֵּרַר, מָשַׁךְ בְּחָזְקָה
tuition, *n.* הוֹרָאָה, לִמּוּד; שְׂכַר לִמּוּד
tulip, *n.* חֲזָמָה, צִבְעוֹנִי
tulle, *n.* צָעִיף, אָרִיג דַּק וּמְרֻשָּׁת
tumble, *n.* נְפִילָה, הִתְגַּלְגְּלוּת
tumble, *v.t.* & *i.* נָפַל, הִתְהַפֵּךְ [הפך], נִזְדַּקֵּר [זקר]
tumbler, *n.* כּוֹס; לוּלְיָן; יוֹן מִזְדַּקֵּר
tumidity, *n.* תְּפִיחוּת
tumor, tumour, *n.* גִּדּוּל, מִצְבֶּה
tumult, *n.* הֲמֻלָּה, מְבוּכָה
tumultuous, *adj.* הוֹמֶה, שׁוֹאֶה, רוֹעֵשׁ
tuna, *n.* טֻנּוּס
tune, *n.* נְגִינָה, לַחַן, נְעִימָה
tune, *v.t.* כּוֹנֵן, הִכְוִין [כון] (כִּוֵּן כְּלֵי זֶמֶר)
tuner, *n.* כַּוְנֶנֶת, מַכְוֵן, מְכַוֵּן
tunic, *n.* סַרְבָּל
tuning fork מַצְלֵל
tunnel, *n.* מִנְהָרָה, נִקְבָּה
turban, *n.* מִצְנֶפֶת, טְבוּל
turbid, *adj.* דָּלוּחַ, עָכוּר
turbine, *n.* מֵנִיעַ מִסְתּוֹבֵב, טוּרְבִּינָה
turbulent, *adj.* תּוֹסֵס, סוֹעֵר, רוֹעֵשׁ
tureen, *n.* קְעָרָה עֲמֻקָּה
turf, *n.* כָּבוּל; רִיס (לְמֵרוֹץ סוּסִים)
turgid, *adj.* מְלִיצִי; נָפוּחַ
turkey, *n.* תַּרְנְגוֹל הֹדּוּ
Turkish, *adj.* & *n.* תֻּרְכִּי; תֻּרְכִּית
turmoil, *n.* מְבוּכָה, מְהוּמָה
turn, *n.* סִבּוּב, נְטִיָּה, כִּוּוּן; תּוֹר
turn, *v.t.* & *i.* סָר [סור]; הִפְנָה [פנה], סִבֵּב; הָפַךְ, הִשְׁתַּנָּה [שנה]; חָרַט (בְּמַחֲרֵטָה); הִרְהֵר; תִּרְגֵּם; הִתְחַמֵּץ [חמץ], הִתְגַּבֵּן [גבן] (חָלָב); הֵמִיר [מור] (דָּת)
turn down סֵרֵב, דָּחָה
turn out גֵּרַשׁ; כִּבָּה; הוֹצִיא [יצא] (עֲבוֹדָה); יָצָא; הָיָה לְ־
turncoat, *n.* הֲפַכְפַּךְ, בּוֹגֵד
turner, *n.* חָרָט
turning, *n.* נְטִיָּה, פְּנִיָּה
turnip, *n.* לֶפֶת
turnout, *n.* אֲסֵפָה; מִפְנֶה (דֶּרֶךְ); תּוֹצֶרֶת; מֶרְכָּבָה; שְׁבִיתָה
turnover, *n.* הֲפִיכָה; פִּדְיוֹן (מִסְחָר), הוֹן חוֹזֵר, מַחֲזוֹר
turnpike, *n.* שַׁעַר הַמֶּכֶס
turpentine, *n.* שֶׁמֶן הָאֵלָה, עִטְרָן
turpitude, *n.* שִׁפְלוּת

turquoise, *n.* טַרְקִיָה (אֶבֶן טוֹבָה)
turret, *n.* מִגְדָּל קָטָן; מִגְדַּל צוֹפִים; צְרִיחַ הַנּוֹט (שֶׁל שִׁרְיוֹן); כַּוֶּנֶת
turtle, *n.* צָב הַיַּבָּשָׁה
turtledove, *n.* תּוֹר
tusk, *n.* שֶׁנְהָב (פִּיל), חָט (חֲזִיר)
tussle, *n.* הֵאָבְקוּת
tussle, *v.i.* נֶאֱבַק [אבק]
tutor, *n.* מוֹרֶה פְּרָטִי
tuxedo, *n.* מִקְטֹרֶן, חֲלִיפַת עֶרֶב
twaddle, *n.* פִּטְפּוּט, שִׂיחָה בְּטֵלָה
twaddle, *v.i.* פִּטְפֵּט
twain, *adj.* & *n.* שְׁנַיִם, צֶמֶד
tweed, *n.* אֲרִיג צֶמֶר עָבֶה
tweet, *n.* צִפְצוּף
twe·zers, *n. pl.* מַלְקֵט
twelfth, *adj.* & *n.* הַחֵלֶק הַשְּׁנֵים עָשָׂר
twelve, *adj.* & *n.* שְׁנֵים עָשָׂר, שְׁתֵּים עֶשְׂרֵה, תְּרֵיסַר
twentieth, *adj.* & *n.* (הַחֵלֶק) הָעֶשְׂרִים
twenty, *adj.* & *n.* עֶשְׂרִים
twentyfold, *adj.* כָּפוּל עֶשְׂרִים
twice, *adv.* פַּעֲמַיִם, שְׁתֵּי פְּעָמִים
twiddle, *v.t.* & *i.* הִשְׁתַּעֲשֵׁעַ [שעשע] (בְּזוּטוֹת) בִּשְׁטֻיּוֹת; חָבַק יָדַיִם, הִתְבַּטֵּל [בטל]
twig, *n.* שָׂרִיג, זַלְזַל, נְטִישָׁה, חֹטֶר, בַּד
twilight, *n.* בֵּין הַשְּׁמָשׁוֹת, בֵּין הָעַרְבַּיִם
twin, *adj.* זוּגִי, כָּפוּל
twin, *n.* תְּאוֹם, תְּיֹמֶת
twine, *n.* גְּדִיל, חוּט (מְשֻׁלָּשׁ)
twine, *v.t.* & *i.* פָּתַל, קָלַע; הִתְפַּתֵּל [פתל]

twinge, *n.* כְּאֵב פֶּתַע; פִּרְכּוּס
twinkle, *v.i.* נָצַץ (כּוֹכָב); עִפְעֵף, קָרַץ, פִּלְבֵּל, מִצְמֵץ עֵינַיִם
twirl, *n.* הִתְחוֹלְלוּת, סִבּוּב
twirl, *v.t.* & *i.* סִלְסֵל, סִבֵּב (שָׂפָם)
twist, *n.* שְׁזִירָה, קְלִיעָה
twist, *v.t.* & *i.* גִּוָּה, פָּתַל; עִקֵּם, עִוֵּת, סִלֵּף; הִתְפַּתֵּל [פתל]
twit, *v.t.* גִּנָּה, הוֹכִיחַ [יכח], הִקְנִיט [קנט], הִרְעִים [רעם]
twitch, *n.* עֲוִית (הִתְכַּוְּצוּת) פֶּתַע, פִּרְכּוּס
twitch, *v.t.* & *i.* הִתְעַוָּה [עוה], הִתְכַּוֵּץ [כוץ]
twitter, *n.* & *v.t.* צִפְצוּף; צִפְצֵף
two, *adj.* & *n.* שְׁנַיִם, שְׁתַּיִם, שְׁנֵי־, שְׁתֵּי־
twofold, *adj.* כָּפוּל שְׁנַיִם
twosome, *adj.* זוּגִי
tycoon, *n.* תַּעֲשִׂיָּן רַב מִשְׁקָל
tympanum, *n.* תֹּף (הָאֹזֶן)
type, *n.* אוֹתִיּוֹת (דְּפוּס); מִין; סֵמֶל
type, *v.t.* תִּקְתֵּק (בִּמְכוֹנַת כְּתִיבָה)
typesetter, *n.* סַדָּר, מְסַדֵּר
typewriter, *n.* מְכוֹנַת כְּתִיבָה
typing, *n.* תִּקְתּוּק
typist, *n.* כַּתְבָנִית, תַּקְתְּקָנִית
typographer, *n.* מַדְפִּיס
typhoid, *adj.* & *n.* (שֶׁל) טִיפוּס;
typical, *adj.* אָפְיָנִי
tyrannical, tyrannic, *adj.* אַכְזָרִי, קְשֵׁה לֵב
tyranny, *n.* עֲרִיצוּת, אַכְזְרִיּוּת
tyrant, *n.* אַכְזָר, עָרִיץ

U, u

U, u, *n.* יוּ, הָאוֹת הָעֶשְׂרִים וְאַחַת בָּאָלֶף בֵּית הָאַנְגְּלִי

ubiquitous, *adj.* נִמְצָא בַּכֹּל (בְּכָל מָקוֹם)

udder, *n.* כְּחָל, עָטִין
ugliness, *n.* כִּעוּר, מְאוּס
ugly, *adj.* מְכֹעָר, מָאוּס
ukulele, *n.* יוּקָלֵילִי, גִּיטָרָה קְטַנָּה
ulcer, *n.* כִּיב
ulcerous, *adj.* כִּיבִי
ulna, *n.* עֶצֶם הָאַמָּה, עֶצֶם הַגֹּמֶד
ulterior, *adj.* רָחוֹק; כָּמוּס, נִסְתָּר
ultima, *n.* מִלְרַע (דִּקְדּוּק)
ultimate, *adj.* סוֹפִי, מֻחְלָט, אַחֲרוֹן
ultimately, *adv.* לְבְסוֹף, לָאַחֲרוֹנָה
ultimatum, *n.* אַתְרָאָה
ultra, *adj.* קִיצוֹנִי
ultraviolet, *adj.* עַל סָגֹל
ululation, *n.* יְלָלָה
umbel, *n.* סוֹכֵךְ
umber, *adj.* & *n.* שְׁחַמְחַם; שְׁחַמְתָּנִי
umbilicus, *n.* טַבּוּר
umbra, *n.* צֵל; רוּחַ (שֵׁד)
umbrage, *n.* צֵל; עֶלְבּוֹן
umbrageous, *adj.* מֵצַל
umbrella, *n.* שִׁמְשִׁיָּה, מִטְרִיָּה, סוֹכֵךְ
umpire, *n.* בּוֹרֵר, שׁוֹפֵט, מַכְרִיעַ, שָׁלִישׁ
umpire, *v.t.* & *i.* פִּשֵּׁר, שָׁפַט בֵּין
unable, *adj.* חֲסַר אוֹנִים, שֶׁאֵינוֹ יָכֹל
unabridged, *adj.* בִּלְתִּי מְקֻצָּר
unacceptable, *adj.* לֹא מִתְקַבֵּל, לֹא רָאוּי (לְהִתְקַבֵּל)
unaccountable, *adj.* שֶׁאֵין לְבָאֵר
unaccustomed, *adj.* אִי רָגִיל
unacquainted, *adj.* שֶׁאֵין מַכִּיר
unadvised, *adj.* פָּזִיז, מָהִיר, נַעֲשֶׂה בְּלִי מַחֲשָׁבָה תְּחִלָּה
unafraid, *adj.* בִּלְתִּי (פּוֹחֵד) יָרֵא
unaffected, *adj.* טִבְעִי; בִּלְתִּי מֻשְׁפָּע
unaided, *adj.* חֲסַר עֶזְרָה
unalloyed, *adj.* חֲסַר סִיג, טָהוֹר

unalterable, *adj.* בִּלְתִּי מִשְׁתַּנֶּה
unanimity, *n.* פֶּה אֶחָד, הֶסְכֵּם כְּלָלִי
unanimous, *adj.* אָחִיד
unannounced, *adj.* בִּלְתִּי קָרוּא
unanswerable, *adj.* לֹא נִתָּן לִתְשׁוּבָה
unapproachable, *adj.* אַל נָגִישׁ
unarm, *v.t.* פֵּרַק נֶשֶׁק
unarmed, *adj.* חֲסַר נֶשֶׁק, בִּלְתִּי מְזֻיָּן
unashamed, *adj.* חֲסַר בּוּשָׁה, שֶׁאֵינוֹ מִתְבַּיֵּשׁ
unasked, *adj.* בִּלְתִּי (מְבֻקָּשׁ) נִשְׁאָל
unassailable, *adj.* אַל נִתְקָף
unassisted, *adj.* שֶׁלֹּא נֶעֱזַר, חֲסַר סִיּוּעַ
unassuming, *adj.* צָנוּעַ, פָּשׁוּט, עָנָו, נֶחְבָּא אֶל הַכֵּלִים
unattractive, *adj.* בִּלְתִּי מַקְסִים, לֹא מוֹשֵׁךְ
unauthorized, *adj.* חֲסַר רְשׁוּת, חֲסַר סְמִיכוּת
unavailable, *adj.* בִּלְתִּי מָצוּי, שֶׁאֵינוֹ בְּנִמְצָא
unavoidable, *adj.* שֶׁאֵין לְהִמָּלֵט מִמֶּנּוּ, הֶכְרֵחִי
unaware, unawares, *adj.* & *adv.* שֶׁלֹּא מִדַּעַת, בְּלִי דַּעַת, שֶׁבְּלֹא יוֹדְעִים
unbalanced, *adj.* לֹא שָׁקוּל, בִּלְתִּי מְאֻזָּן
unbearable, *adj.* שֶׁקָּשֶׁה לִסְבֹּל, כָּבֵד מִנְּשֹׂא
unbeaten, *adj.* בִּלְתִּי מְנֻצָּח
unbecoming, *adj.* שֶׁאֵינוֹ הָגוּן, בִּלְתִּי מַתְאִים, לֹא הוֹלֵם
unbelief, *n.* חֹסֶר אֱמוּנָה, סַפְקָנוּת, כְּפִירָה
unbelievable, *adj.* בִּלְתִּי מְהֵימָן, שֶׁאֵין מַאֲמִינִים לוֹ
unbeliever, *n.* סַפְקָן, כּוֹפֵר
unbend, *v.t.* & *i.* יִשֵּׁר, הִתְיַשֵּׁר [ישר]

unbiased, unbiassed, *adj.* שֶׁאֵין לוֹ מִשְׁפָּט קָדוּם, בִּלְתִּי מְשֻׁחָד
unbind, *v.t.* פִּתַּח קֶשֶׁר, הִתִּיר [נתר]
unblushing, *adj.* בִּלְתִּי מִתְאַדֵּם, חֲסַר עֲנָוָה, חָצוּף
unborn, *adj.* טֶרֶם נוֹלַד, עֲתִידִי
unbosom, *v.t. & i.* גִּלָּה, הִתְוַדָּה [ידה], שָׁפַךְ נַפְשׁוֹ לִפְנֵי
unbounded, *adj.* בִּלְתִּי מֻגְבָּל
unbreakable, *adj.* בִּלְתִּי שָׁבִיר; בִּלְתִּי נִפְסָק
unbridled, *adj.* בִּלְתִּי מְרֻסָּן, פָּרִיץ
unbroken, *adj.* לֹא שָׁבוּר; בִּלְתִּי נִפְסָק, נִמְשָׁךְ; שֶׁאֵינוֹ מְאֻלָּף (סוּס)
unburden, *v.t.* פָּרַק מַשָּׂא, הֵקֵל (קלל) עַל הַלֵּב
unbutton, *v.t.* הִתִּיר [נתר] כַּפְתּוֹרִים
uncalled-for, *adj.* חוּץ לִמְקוֹמוֹ, לֹא (מְבֻקָּשׁ) דָּרוּשׁ, מְיֻתָּר
uncanny, *adj.* מִסְתּוֹרִי, מוּזָר
unceasing, *adj.* שֶׁאֵינוֹ חָדֵל, נִמְשָׁךְ
unceremonious, *adj.* גַּס, בִּלְתִּי מְנֻמָּס
uncertain, *adj.* מְסֻפָּק, לֹא בָּטוּחַ
uncertainty, *n.* פִּקְפּוּק, אִי (בְּטִיחוּת) וַדָּאוּת
unchain, *v.t.* שִׁחְרֵר, הִתִּיר [נתר] כְּבָלִים
unchallenged, *adj.* אַל תַּגְרִיתִי, לְלֹא הִתְנַגְּדוּת
unchangeable, *adj.* בִּלְתִּי מִשְׁתַּנֶּה
uncharitable, *adj.* לֹא נָדִיב, שֶׁאֵינוֹ בַּעַל צְדָקָה, אַכְזָרִי, אַל רַחוּם
uncharted, *adj.* שֶׁלֹּא רָשׁוּם בַּמַּפָּה
unchaste, *adj.* לֹא צָנוּעַ
unchecked, *adj.* בִּלְתִּי מְרֻסָּן, לֹא נִבְדָּק
uncircumcised, *adj. & n.* עָרֵל, לֹא (נִמּוֹל) מָהוּל

uncivil, *adj.* לֹא נִמּוּסִי, גַּס, אִי אָדִיב
uncivilized, *adj.* חֲסַר תַּרְבּוּת, פֶּרֶא
unclaimed, *adj.* לֹא נִדְרָשׁ
uncle, *n.* דּוֹד
Uncle Sam מֶמְשֶׁלֶת אַרְצוֹת הַבְּרִית
unclean, *adj.* אִי נָקִי, מְגֹאָל, טָמֵא
unclose, *v.t.* פָּתַח
unclothe, *v.t.* הִפְשִׁיט [פשט]
uncomfortable, *adj.* אִי נָעִים, לֹא נוֹחַ
uncommon, *adj.* אִי רָגִיל, נָדִיר
uncommunicative, *adj.* מַחֲרִישׁ, שׁוֹתֵק
uncomplaining, *adj.* לֹא מִתְלוֹנֵן
uncompromising, *adj.* תַּקִּיף בְּדַעְתּוֹ, בִּלְתִּי פַּשְׁרָנִי
unconcern, *n.* שִׁוְיוֹן נֶפֶשׁ, אֲדִישׁוּת
unconcerned, *adj.* אָדִישׁ, בִּלְתִּי מֻדְאָג
unconditional, *adj.* גָּמוּר, מֻחְלָט, לְלֹא תְּנַאי
unconfirmed, *adj.* בִּלְתִּי רִשְׁמִי, שֶׁלֹּא מְאֻשָּׁר
unconquerable, *adj.* נִמְנַע הַנִּצּוּחַ, שֶׁאֵין לְהִתְגַּבֵּר עָלָיו
unconscious, *adj.* מְחֻסַּר הַכָּרָה
unconstitutional, *adj.* אַל חֻקָּתִי, לֹא חֻקִּי, שֶׁאֵינוֹ כַּדִּין, שֶׁאֵינוֹ כַּהֲלָכָה
uncontrollable, *adj.* מוֹרֵד, שֶׁאִי אֶפְשָׁר לִשְׁלֹט עָלָיו
unconventional, *adj.* בִּלְתִּי מְקֻבָּל
uncooked, *adj.* בִּלְתִּי מְבֻשָּׁל
uncork, *v.t.* חָלַץ פְּקָק
uncounted, *adj.* לֹא סָפוּר
uncouple, *v.t.* הִתִּיר [נתר] קֶשֶׁר
uncouth, *adj.* גַּס, מְשֻׁנֶּה
uncover, *v.t. & i.* גִּלָּה, חָשַׂף, פָּרַע
unction, *n.* מְשִׁיחָה, מִשְׁחָה; לְבָבִיּוּת, רַגְשָׁנוּת דָּתִית
uncultivated, *adj.* בּוּר, בָּר, בִּלְתִּי מְעֻבָּד

uncultured, *adj.* חֲסַר תַּרְבּוּת, בּוּר

uncut, *adj.* בִּלְתִּי (מְלֻטָּשׁ) חָתוּךְ

undamaged, *adj.* בִּלְתִּי מְקֻלְקָל, לְלֹא (נֶזֶק) פְּגָם

undaunted, *adj.* לְלֹא (פַּחַד) חָת

undeceived, *adj.* לֹא (מֻטְעֶה) מְרֻמֶּה

undecided, *adj.* בִּלְתִּי מֻחְלָט, מֻטָּל בְּסָפֵק

undefeated, *adj.* בִּלְתִּי (מוּבָס) מוּפָר

undefined, *adj.* בִּלְתִּי (בָּרוּר) מֻגְדָּר

undemocratic, *adj.* דַּבָּרִי, בִּלְתִּי עַמּוֹנִי

undeniable, *adj.* שֶׁאֵין לְהַכְחִישׁ, שֶׁאֵין לִסְתֹּר

under, *adv.* & *prep.* פָּחוֹת מִ־, תַּחַת, מִתַּחַת לְ־, לְמַטָּה מִ־

under, *adj.* תַּחְתּוֹן, תַּחְתִּי, תַּת־

undercarriage, *n.* מִבְנֵה יְסוֹד; גּוּף (שֶׁלֶד) הַמְּכוֹנִית; גַּלְגַּלֵּי הַנְּחִיתָה (אֲוִירוֹן)

underclothes, underclothing, *n.* תַּחְתּוֹנִים

underestimate, *v.t.* הִמְעִיט [מעט] דְּמוּתוֹ, הֵקֵל [קלל] בְּ־

underfeed, *v.t.* נָתַן לֶחֶם צַר, כִּלְכֵּל בְּמִדָּה בִּלְתִּי מַסְפֶּקֶת

undergo, *v.t.* סָבַל, נָשָׂא, עָבַר

undergraduate, *n.* תַּלְמִיד מִכְלָלָה (טֶרֶם סִיֵּם חוֹק לִמּוּדָיו)

underground, *adj.* & *n.* תַּת ־קַרְקָעִי; כָּמוּס; (רַכֶּבֶת) תַּחְתִּית; בֶּטֶן אֲדָמָה; מַחְתֶּרֶת

underhanded, *adj.* טָמִיר, כָּמוּס, עָרוּם, נַעֲשֶׂה בְּתַרְמִית

underline, *v.t.* קִוְקֵו; הִטְעִים [טעם], הִדְגִּישׁ [דגש]

underlying, *adj.* יְסוֹדִי

undermine, *v.t.* חָתַר מִתַּחַת לְ־

underneath, *adv.* & *prep.* תַּחַת, מִתַּחַת לְ־

undernourished, *adj.* לֹא נָזוֹן לְמַדַּי

underprivileged, *adj.* חֲסַר זְכוּיוֹת, מְדֻלְדָּל

underrate, *v.t.* הִמְעִיט [מעט] דְּמוּתוֹ, הֵקֵל [קלל] בְּ־

undersell, *v.t.* מָכַר בְּזוֹל

undershirt, *n.* גּוּפִיָּה

undersign, *v.t.* חָתַם מַטָּה

undersized, *adj.* (חֵלֶק) גָּמוּד

underskirt, *n.* תַּחְתּוֹנִית

understand, *v.t.* & *i.* הֵבִין [בין], הִכִּיר [נכר], יָדַע

understanding, *n.* שֵׂכֶל, דַּעַת, בִּינָה, הֲבָנָה

understate, *v.t.* & *i.* נָקַט לְשׁוֹן הַמְעָטָה

understatement, *n.* לְשׁוֹן הַמְעָטָה

understudy, *n.* שַׂחְקָן מִשְׁנֶה

understudy, *v.t.* & *i.* לָמַד תַּפְקִיד בִּכְדֵי לְמַלֵּא מָקוֹם שַׂחֲקָן

undertake, *v.t.* & *i.* נִסָּה, קִבֵּל עַל עַצְמוֹ, הִבְטִיחַ [בטח]

undertaker, *n.* קַבְּלָן; קַבְּרָן

undertaking, *n.* קַבְּלָנוּת; קַבְּרָנוּת

underwear, *n.* תַּחְתּוֹנִים

underweignt, *n.* מִשְׁקָל פָּחוֹת מֵהַמִּדָּה

underworld, *n.* שְׁאוֹל; הָעוֹלָם הַתַּחְתּוֹן

underwrite, *v.t.* חָתַם עַל, סָמַךְ

undeserved, *adj.* בִּלְתִּי רָאוּי, שֶׁלֹּא מַגִּיעַ

undesirable, *adj.* לֹא מְבֻקָּשׁ; לֹא רָצוּי

undeveloped, *adj.* בִּלְתִּי מְפֻתָּח

undisciplined, *adj.* בִּלְתִּי מְמֻשְׁמָע

undisguised, *adj.* בִּלְתִּי (מְסֻוֶּה) מְחֻפָּשׂ, חֲסַר הִתְנַכְּרוּת

undisputed, *adj.* אַל וִכּוּחִי

undistinguished, *adj.* לֹא מְצֻיָּן, בִּלְתִּי נִכָּר, אַל מֻפְלָא, אִי דָגוּל
undisturbed, *adj.* שַׁאֲנָן, שׁוֹקֵט, שָׁלֵו
undivided, *adj.* בִּלְתִּי מְחֻלָּק, אָחִיד
undo, *v.t.* פָּתַח, קִלְקֵל, הִתִּיר [נתר], בִּטֵּל
undoubted, *adj.* שֶׁאֵינוֹ מֻטָּל בְּסָפֵק, וַדָּאִי, בָּטוּחַ
undoubtedly, *adv.* בְּוַדַּאי, לְלֹא סָפֵק
undress, *v.t.* & *i.* פָּשַׁט, הִתְפַּשֵּׁט [פשט]
undue, *adj.* שֶׁטֶּרֶם הִגִּיעַ זְמַנּוֹ, לֹא מַגִּיעַ
undulation, *n.* תְּנוּדָה גַּלִּית
undying, *adj.* אַלְמוֹתִי, שֶׁבְּלִי הַפְסָקָה
unearned, *adj.* שֶׁלֹּא זָכָה בּוֹ
unearth, *v.t.* גִּלָּה, הוֹצִיא [יצא] מִן הָאֲדָמָה (מִן הַקֶּבֶר)
uneasiness, *n.* אִי מְנוּחָה
uneasy, *adj.* חֲסַר מְנוּחָה, סַר
uneducated, *adj.* בִּלְתִּי מְחֻנָּךְ
unemotional, *adj.* אִי רָגִישׁ, בִּלְתִּי רִגְשִׁי
unemployed, *adj.* מְחֻסַּר עֲבוֹדָה
unemployment, *n.* אַבְטָלָה, חֹסֶר עֲבוֹדָה
unending, *adj.* עַד אֵין סוֹף
unendurable, *adj.* שֶׁאֵין לְשֵׂאתוֹ
unequal, *adj.* לֹא שָׁוֶה
unequaled, unequalled, *adj.* יָחִיד (חַד) בְּמִינוֹ
unequivocal, *adj.* שֶׁאֵינוֹ מִשְׁתַּמֵּעַ לִשְׁנֵי פָנִים, בָּרוּר
unerring, *adj.* שֶׁאֵינוֹ טוֹעֶה, שֶׁאֵינוֹ שׁוֹגֶה; בָּטוּחַ בְּעַצְמוֹ
unessential, *adj.* בִּלְתִּי חָשׁוּב
uneven, *adj.* בִּלְתִּי זוּגִי, אִי יָשָׁר, לֹא חָלָק
uneventful, *adj.* חֲסַר הֶרֶת מְאֹרָעוֹת
unexampled, *adj.* לְלֹא דֻגְמָה, שֶׁאֵין דּוֹמֶה לוֹ
unexpected, *adj.* פִּתְאוֹמִי, בִּלְתִּי צָפוּי
unexpectedly, *adv.* בְּמַפְתִּיעַ, בְּהֶסַּח הַדַּעַת
unexplained, *adj.* בִּלְתִּי מְבֹאָר
unexplored, *adj.* בִּלְתִּי נֶחְקָר
unfailing, *adj.* בִּלְתִּי מְאַכְזֵב, נֶאֱמָן
unfair, *adj.* לֹא צוֹדֵק, לֹא יָשָׁר
unfaithful, *adj.* בּוֹגֵד, שֶׁאֵינוֹ נֶאֱמָן
unfaithfulness, *n.* בְּגִידָה, מְעִילָה
unfamiliar, *adj.* בִּלְתִּי רָגִיל, זָר
unfasten, *v.t.* & *i.* פִּתַּח, הִתִּיר [נתר]
unfavorable, unfavourable, *adj.* שְׁלִילִי, נֶגְדִּי
unfeeling, *adj.* אַכְזָרִי, חֲסַר רֶגֶשׁ
unfetter, *v.t.* הִתִּיר [נתר] אֲזִקִּים
unfinished, *adj.* בִּלְתִּי (מֻשְׁלָם) גָּמוּר
unfit, *adj.* לֹא רָאוּי; פָּסוּל, פָּגוּם
unfix, *v.t.* פִּתַּח, הִתִּיר [נתר]
unfledged, *adj.* לֹא מְפֻתָּח; חֲסַר נוֹצוֹת
unflinching, *adj.* לֹא נִרְתָּע, חֲסַר הִסּוּס
unfold, *v.t.* & *i.* פֵּרַשׂ; פִּתַּח, גִּלָּה
unforced, *adj.* לֹא (מְחֻיָּב) מֻכְרָח
unforeseen, *adj.* בִּלְתִּי (נִרְאֶה מֵרֹאשׁ) צָפוּי
unforgettable, *adj.* לֹא יִשָּׁכַח
unforgivable, *adj.* אַל מָחוּל
unfortunate, *adj.* מִסְכֵּן, אֻמְלָל, חֲסַר מַזָּל
unfortunately, *adv.* לְדַאֲבוֹן־
unfounded, *adj.* בְּלִי בָּסִיס, שֶׁאֵין לוֹ רַגְלַיִם, שֶׁאֵין לוֹ יְסוֹד
unfrequented, *adj.* נִדָּח, בּוֹדֵד
unfriendly, *adj.* בִּלְתִּי יְדִידוּתִי
unfruitful, *adj.* עָקָר, סְרָק
unfurl, *v.t.* פִּתַּח, פָּרַשׂ
unfurnished, *adj.* בִּלְתִּי מְרֹהָט
ungainly, *adj.* חֲסַר חֵן

ungenerous, ***adj.*** חֲסַר נְדִיבוּת, צַר עַיִן, קַמְצָנִי

ungentle, ***adj.*** אִי נוֹחַ, בִּלְתִּי עָדִין

ungodly, ***adj.*** שֶׁאֵין אֱלֹהִים בְּלִבּוֹ, פּוֹרֵק עֹל שָׁמַיִם

ungovernable, ***adj.*** פֶּרֶא, שׁוֹבָב; בִּלְתִּי מְרֻסָּן

ungraceful, ***adj.*** חֲסַר חֵן, דֻּבִּי

ungrateful, ***adj.*** כְּפוּי טוֹבָה

unguarded, ***adj.*** בִּלְתִּי שָׁמוּר

unguent, ***n.*** מִשְׁחָה, דֹּהֶן

unhampered, ***adj.*** שֶׁאֵין מַפְרִיעַ אוֹתוֹ

unhandsome, ***adj.*** בִּלְתִּי נָאֶה, לֹא נֶחְמָד

unhandy, ***adj.*** מְגֻשָּׁם, גִּמְלוֹנִי, אִי זָרִיז, גַּס, אִי מָהִיר

unhappy, ***adj.*** לֹא שָׂמֵחַ, עָלוּב, אֻמְלָל

unharmed, ***adj.*** שֶׁלֹּא נִזּוֹק, לֹא מְקֻלְקָל

unhealthy, ***adj.*** חוֹלָנִי, לֹא בָּרִיא

unhesitating, ***adj.*** שֶׁאֵינוֹ (נִמְנָע) מְהַסֵּס, חֲסַר פִּקְפּוּק

unhitch, ***v.t.*** הִתִּיר [נתר] קֶשֶׁר

unholy, ***adj.*** לֹא קָדוֹשׁ, חִלּוֹנִי

unhonored, unhonoured, ***adj.*** בִּלְתִּי (אִי) מְכֻבָּד

unhook, ***v.t. & i.*** הֵסִיר [סור] מֵעַל וָו

unhurt, ***adj.*** בִּלְתִּי מֻכֶּה, חֲסַר פֶּצַע

unicellular, ***adj.*** חַד־תָּאִי

unidentified, ***adj.*** בִּלְתִּי מְזֹהֶה

unification, ***n.*** אִחוּד, הִתְאַחֲדוּת

unifier, ***n.*** מְאַחֵד

uniform, ***adj. & n.*** מַדִּים; חַד צוּרָתִי

uniformity, ***n.*** חַדְגּוֹנִיּוּת, שְׁוֵה צוּרָה

unify, ***v.t.*** אִחֵד

unilateral, ***adj.*** חַד־צְדָדִי

unimaginable, ***adj.*** שֶׁאֵינוֹ עוֹלֶה עַל הַדַּעַת

unimaginative, ***adj.*** אִי דִּמְיוֹנִי

unimpeachable, ***adj.*** חַף מִפֶּשַׁע

unimportant, ***adj.*** קַל עֵרֶךְ, בִּלְתִּי חָשׁוּב

uninformed, ***adj.*** חֲסַר יְדִיעָה

uninhabited, ***adj.*** בִּלְתִּי נוֹשָׁב

uninjured, ***adj.*** לֹא פָּצוּעַ, בִּלְתִּי (נִזּוֹק) נִפְגַּע

uninspired, ***adj.*** מְשֻׁלַּל רוּחַ הַקֹּדֶשׁ

unintelligible, ***adj.*** לֹא מוּבָן

unintentional, ***adj.*** לֹא בְּמֵזִיד, בְּשׁוֹגֵג

uninteresting, ***adj.*** בִּלְתִּי מְעַנְיֵן

uninterrupted, ***adj.*** בִּלְתִּי נִפְסָק

uninvited, ***adj.*** בִּלְתִּי מְזֻמָּן, לֹא קָרוּא

union, ***n.*** הִתְאַחֲדוּת, בְּרִית, אַחְדוּת; אֲגֻדָּה (מִקְצוֹעִית)

unique, ***adj.*** יָחִיד, מְיֻחָד בְּמִינוֹ

unison, ***n.*** חַדְקוֹלִיּוּת, אַחְדוּת

unit, ***n.*** סְנִיף, יְחִידָה, חֲטִיבָה

unite, ***v.t. & i.*** אִחֵד, הִתְאַחֵד [אחד]

united, ***adj.*** מְאֻחָד

United Kingdom הַמַּמְלָכָה הַמְאֻחֶדֶת

United States אַרְצוֹת הַבְּרִית

unity, ***n.*** אַחְדוּת

universal, ***adj.*** כְּלָלִי, עוֹלָמִי, נִצְחִי

universe, ***n.*** עוֹלָם, תֵּבֵל, יְקוּם, בְּרִיאָה

university, ***n.*** מִכְלָלָה, אוּנִיבֶרְסִיטָה

unjust, ***adj.*** בִּלְתִּי צוֹדֵק

unkempt, ***adj.*** גַּס, פָּרוּעַ, לֹא סָרוּק

unkind, ***adj.*** אַכְזָר, רַע לֵב, לֹא טוֹב

unknowing, ***adj.*** בִּלְתִּי יוֹדֵעַ, לֹא מֵבִין

unknown, ***adj.*** בִּלְתִּי יָדוּעַ, אַלְמוֹנִי

unlace, ***v.t. & i.*** הִתִּיר [נתר] (נַעַל)

unlade, ***v.t.*** פָּרַק מַשָּׂא

unlawful, ***adj.*** אָסוּר, בִּלְתִּי חֻקִּי

unlearn, ***v.t.*** שָׁכַח (לִמּוּד)

unleash, ***v.t.*** הִתִּיר [נתר] רְצוּעָה

unleavened, ***adj.*** חָמֵץ

unleavened bread מַצָּה
unless, *conj.* כִּי אִם, אֶלָּא, אִם כֵּן
unlike, *adj.* & *adv.* שׁוֹנֶה; בְּאֹפֶן שׁוֹנֶה
unlikely, *adj.* מְסֻפָּק, שֶׁאֵינוֹ מִסְתַּבֵּר
unlimited, *adj.* בִּלְתִּי מֻגְבָּל
unload, *v.t.* & *i.* פֵּרֵק; הִתְפָּרֵק [פרק]
unlock, *v.t.* פָּתַח; גִּלָּה (לֵב)
unlovely, *adj.* מְכֹעָר, חֲסַר חֵן
unlucky, *adj.* רַע (בִּישׁ) מַזָּל, חֲסַר הַצְלָחָה
unman, *v.t.* הֵמֵס [מסס] לֵב; סֵרֵס
unmanageable, *adj.* אִי מְצַיֵּת, בִּלְתִּי מְנֹהָל
unmanly, *adj.* לֹא גַּבְרִי, מוּג לֵב
unmannerly, *adj.* חֲסַר דֶּרֶךְ אֶרֶץ, גַּס
unmarried, *adj.* בִּלְתִּי נָשׂוּא
unmask, *v.t.* & *i.* הֵסִיר [סור] (קָרַע) מַסֵּכָה; גִּלָּה אֶת (אָפְיוֹ) זֶהוּתוֹ
unmatched, *adj.* לֹא מַתְאִים, חֲסַר זִוּוּג; בִּלְתִּי מֻשְׁוֶה
unmeaning, *adj.* חֲסַר כַּוָּנָה, רֵיק, נָבוּב
unmeasured, *adj.* אִי מָדוּד, רְחַב יָדַיִם
unmentionable, *adj.* לֹא רָאוּי לְהִזָּכֵר
unmerciful, *adj.* אַכְזָרִי, קְשֵׁה לֵב
unmindful, *adj.* לֹא מַקְשִׁיב, לֹא נִזְהָר
unmistakable, *adj.* שֶׁאֵין לִטְעוֹת בּוֹ, בָּרוּר
unmitigated, *adj.* לֹא מֻקָּל, לֹא מֻרְגָּע
unmoral, *adj.* בִּלְתִּי מוּסָרִי
unmoved, *adj.* לֹא מֻשְׁפָּע
unnamed, *adj.* לֹא נִקְרָא בְּשֵׁם, בִּלְתִּי מְכֻנֶּה
unnatural, *adj.* בִּלְתִּי טִבְעִי
unnecessary, *adj.* בִּלְתִּי הֶכְרֵחִי, מְיֻתָּר
unnerve, *v.t.* הֶחֱלִישׁ [חלש], הֵמֵס [מסס] לֵב, רִפָּה יָדַיִם
unnoticed, *adj.* בִּלְתִּי מֻכָּר, בִּלְתִּי נוֹדָע

unobserved, *adj.* לֹא נִרְאֶה
unobtrusive, *adj.* בִּלְתִּי (נוֹעָז) מְחֻצָּף; בִּלְתִּי בּוֹלֵט
unoccupied, *adj.* פָּנוּי, שֶׁאֵינוֹ (תָּפוּס) עָסוּק
unoffended, *adj.* לֹא נֶעֱלָב
unofficial, *adj.* אִי רִשְׁמִי
unorganized, *adj.* לֹא מְאֻרְגָּן
unorthodox, *adj.* לֹא אָדוּק, בִּלְתִּי (מָסָרְתִּי) מְקֻבָּל
unpack, *v.t.* & *i.* הֵרִיק [ריק] מְזְוָדָה, הוֹצִיא [יצא] מֵאַרְגָּז
unpaid, *adj.* בִּלְתִּי נִפְרָע, לֹא שֻׁלַּם
unpalatable, *adj.* לֹא עָרֵב, בִּלְתִּי טָעִים
unparalleled, *adj.* שֶׁאֵין דּוֹמֶה לוֹ
unpeopled, *adj.* בִּלְתִּי מְיֻשָּׁב, חֲסַר אֲנָשִׁים
unperceived, *adj.* לֹא מֻרְגָּשׁ
unpleasant, *adj.* אִי נָעִים
unpolished, *adj.* בִּלְתִּי מְצֻחְצָח; גַּס, בִּלְתִּי אָדִיב
unpolluted, *adj.* אִי מְחֻלָּל, אִי מְטֻנָּף
unpopular, *adj.* אִי עֲמָמִי, בִּלְתִּי חֶבְרָתִי
unprecedented, *adj.* לְלֹא תַּקְדִּים
unpredictable, *adj.* שֶׁאִי אֶפְשָׁר לְנַבֵּא מֵרֹאשׁ
unprejudiced, *adj.* לֹא מְשֻׁחָד
unprepared, *adj.* אִי מוּכָן, בִּלְתִּי מְזֻמָּן
unpretending, *adj.* צָנוּעַ, פָּשׁוּט; שֶׁאֵינוֹ תּוֹבֵעַ
unprincipled, *adj.* חֲסַר עֶקְרוֹנוֹת, בִּלְתִּי מוּסָרִי
unprofitable, *adj.* בִּלְתִּי מוֹעִיל, לֹא מַכְנִיס רֶוַח
unprovoked, *adj.* בִּלְתִּי (מְשֻׁסֶּה) מְגֹרֶה
unpublished, *adj.* לֹא מְדֻפָּס, בִּלְתִּי מֻכְרָז, שֶׁלֹּא יָצָא לָאוֹר

unqualified, *adj.* בִּלְתִּי מֻגְבָּל, שֶׁאֵינוֹ מַתְאִים, שֶׁאֵין לוֹ הַיְדִיעוֹת הַמַּסְפִּיקוֹת

unquenchable, *adj.* שֶׁלֹּא נִתַּן לְרִוּוּי

unquestionable, *adj.* שֶׁלְּמַעְלָה מִכָּל חֲשָׁד, שֶׁלְּמַעְלָה מִכָּל סָפֵק

unravel, *v.t.* & *i.* הִתִּיר [נתר], הִפְקִיעַ [פקע] (חוּטִים); פָּתַר

unready, *adj.* בִּלְתִּי מְזֻמָּן, לֹא מוּכָן

unreal, *adj.* בִּלְתִּי מַמָּשִׁי, מְדֻמֶּה

unreasonable, *adj.* מֻפְרָז, מֻגְזָם

unrecognizable, *adj.* שֶׁאֵינוֹ נִכָּר

unrefined, *adj.* בִּלְתִּי מְזֻקָּק; גַּס

unreflecting, *adj.* בִּלְתִּי מְחַזֵּר (קֶרֶן אוֹר, גַּל חֹם); שֶׁאֵינוֹ מְהַרְהֵר

unrelenting, *adj.* שֶׁלֹּא מְוַתֵּר, אַכְזָרִי

unreliable, *adj.* שֶׁאֵין לִסְמֹךְ עָלָיו

unrelieved, *adj.* לֹא נֶחֱלָף

unremitting, *adj.* בְּלֹא לֵאוּת, מַתְמִיד

unreserved, *adj.* פָּנוּי; בְּגִלּוּי לֵב, בִּלְתִּי (מְסֻיָּג) מֻגְבָּל

unresisting, *adj.* בִּלְתִּי מִתְנַגֵּד

unrest, *n.* תְּסִיסָה, אִי מְנוּחָה

unrestrained, *adj.* לֹא מִתְאַפֵּק, לֹא נִמְנָע

unrestricted, *adj.* בִּלְתִּי (מְסֻיָּג) מֻגְבָּל

unrighteous, *adj.* חוֹטֵא, שֶׁאֵינוֹ צַדִּיק, עַוָּל

unripe, *adj.* לֹא בָּשֵׁל

unrivaled, unrivalled, *adj.* שֶׁאֵין כָּמוֹהוּ, שֶׁאֵין דּוֹמֶה לוֹ

unroll, *v.t.* & *i.* פָּתַח (וְנִלְגַּל)

unruffled, *adj.* שׁוֹקֵט, נָח

unruly, *adj.* שׁוֹבָב, פָּרוּעַ

unsafe, *adj.* מְסֻכָּן

unsafety, *n.* סַכָּנָה

unsalable, unsaleable, *adj.* בִּלְתִּי מָכִיר

unsanitary, *adj.* בִּלְתִּי תַּבְרוּאִי

unsatisfactory, *adj.* בִּלְתִּי (מַשְׂבִּיעַ רָצוֹן) מֵנִיחַ אֶת הַדַּעַת

unsatisfied, *adj.* שֶׁאֵינוֹ שְׂבַע רָצוֹן, בִּלְתִּי מְרֻצֶּה

unsavory, unsavoury, *adj.* תָּפֵל, סָר טַעַם; אַל מוּסָרִי

unsay, *v.t.* חָזַר בּוֹ מִדְּבָרָיו

unscathed, *adj.* בִּלְתִּי (מוּרָע) מֻזָּק

unschooled, *adj.* אִי מְחֻנָּךְ, בִּלְתִּי מְלֻמָּד

unscientific, *adj.* בִּלְתִּי מַדָּעִי

unscrew, *v.t.* הוֹצִיא [יצא] בֹּרֶג

unscrupulous, *adj.* בִּלְתִּי מוּסָרִי, חֲסַר עֶקְרוֹנוֹת

unsearchable, *adj.* סוֹדִי; אֵין חֵקֶר

unseasonable, *adj.* שֶׁחוּץ לִזְמַנּוֹ, שֶׁלֹּא בְּעִתּוֹ

unseat, *v.t.* הוֹרִיד [ירד] מִכִּסְאוֹ

unseemly, *adj.* לֹא נָאֶה, בִּלְתִּי מַתְאִים; פָּרוּץ

unseen, *adj.* בִּלְתִּי נִרְאֶה, סָמוּי מִן הָעַיִן

unselfish, *adj.* נְדִיב לֵב, זוּלָתָן

unsettle, *v.t.* הִפְרִיעַ [פרע], בִּלְבֵּל; עָקַר (מִמְּקוֹמוֹ)

unshackle, *v.t.* הִתִּיר [נתר] כְּבָלִים

unshaken, *adj.* לֹא מְחֻלְחָל, לֹא מֻרְגָּז, לֹא מֻרְעָד, אֵיתָן, יַצִּיב

unshaven, *adj.* בִּלְתִּי מְגֻלָּח, שָׂעִיר

unsheathe, *v.t.* הֵרִיק [ריק] (הוֹצִיא [יצא]) חֶרֶב מִתַּעְרָהּ, שָׁלַף

unship, *v.t.* פָּרַק (מַשָּׂא) מֵאֳנִיָּה, הֵסִיר [סור] מֵאֳנִיָּה

unsightly, *adj.* מְכֹעָר, מַכְלִים לַמַּבָּט

unskillful, unskilful, *adj.* בִּלְתִּי מְנֻסֶּה

unsociable, *adj.* בִּלְתִּי חֶבְרָתִי

unsolder, *v.t.* הֵמֵס [מסס] הַלְחָמָה, הִפְרִיד [פרד]

unsophisticated, *adj.* פָּשׁוּט, טִבְעִי
unsound, *adj.* שֶׁאֵינוֹ (מְבֻסָּס) מְיֻסָּד; לֹא בָּרִיא; בִּלְתִּי שָׁפוּי (בְּדַעְתּוֹ)
unsparing, *adj.* פַּזְּרָנִי, בַּעַל יָד רְחָבָה; שֶׁאֵינוֹ מְרַחֵם
unspeakable, *adj.* שֶׁאֵין לְהַבִּיעַ, שֶׁאֵין לְבַטֵּא, נִמְנָע הַדִּבּוּר
unstable, *adj.* בִּלְתִּי קָבוּעַ, מִשְׁתַּנֶּה, חֲסַר יַצִּיבוּת
unsteady, *adj.* בִּלְתִּי קָבוּעַ, לֹא בָּטוּחַ
unstrung, *adj.* חֲסַר מֵיתָר, רָפֶה מֵיתָר, מְרֻפֵּה עֲצַבִּים
unsubstantial, *adj.* בִּלְתִּי מַמָּשִׁי, דִּמְיוֹנִי
unsuccessful, *adj.* לֹא מַצְלִיחַ, לֹא בַּר מַזָּל
unsuitable, *adj.* לֹא מַתְאִים, לֹא הוֹלֵם
unsurpassed, *adj.* יָחִיד בְּמִינוֹ
unsuspected, *adj.* לֹא חָשׁוּד
unsuspicious, *adj.* אִי חַשְׁדָנִי
unswerving, *adj.* חֲסַר (סְטִיָּה) נְטִיָּה
untangle, *v.t.* שִׁחְרֵר מִסְּבַךְ, פָּתַר
untarnished, *adj.* בִּלְתִּי (כָּהוּי) עָמוּם
untaught, *adj.* בִּלְתִּי מְלֻמָּד, בּוּר
unthinkable, *adj.* לֹא עוֹלֶה עַל הַדַּעַת
unthought-of, *adj.* לֹא בָּא בְּחֶשְׁבּוֹן
untidy, *adj.* אִי נָקִי, רַשְׁלָנִי
untie, *v.t.* הִתִּיר [נתר], פִּתַּח
until, *prep. & conj.* עַד, עַד אֲשֶׁר
untimely, *adj.* מֻקְדָּם, לֹא בִּזְמַנּוֹ
untiring, *adj.* בִּלְתִּי מְיַגֵּעַ, לֹא מִתְיַגֵּעַ
unto, *prep.* אֶל, לְ־, עַד
untold, *adj.* לֹא (מְסֻפָּר) מְפֹרָשׁ
untouched, *adj.* לֹא נָגַע, לֹא מְשֻׁמָּשׁ
untoward, *adj.* סוֹרֵר, שׁוֹבָב
untrained, *adj.* לֹא מֻדְרָךְ, בִּלְתִּי (מְחֻנָּךְ) מְאֻלָּף
untried, *adj.* בִּלְתִּי מְנֻסֶּה
untroubled, *adj.* לֹא מֻרְגָּז, לֹא מֻטְרָד
untrue, *adj.* לֹא אֲמִתִּי
untruth, *n.* שֶׁקֶר, כָּזָב
untutored, *adj.* בִּלְתִּי מְחֻנָּךְ, בּוּר
unused, *adj.* לֹא מְשֻׁמָּשׁ
unusual, *adj.* אִי רָגִיל, לֹא מָצוּי
unutterable, *adj.* שֶׁאֵין (לְבַטֵּא) לְהַבִּיעַ
unvarnished, *adj.* בִּלְתִּי מְלֻכֶּה
unvarying, *adj.* תָּדִיר, בִּלְתִּי מִשְׁתַּנֶּה
unveil, *v.t. & i.* הֵסִיר [סור] צָעִיף; גִּלָּה, הִתְגַּלָּה [גלה]
unwanted, *adj.* לֹא רָצוּי
unwarrantable, *adj.* בִּלְתִּי מֻצְדָּק
unwashed, *adj.* לֹא רָחוּץ
unwelcome, *adj.* לֹא מְקֻבָּל, לֹא רָצוּי
unwell, *adj.* לֹא בָּרִיא, חוֹלָנִי
unwholesome, *adj.* בִּלְתִּי (בָּרִיא) מוּסָרִי
unwieldy, *adj.* כָּבֵד וְגָדוֹל, גַּס
unwilling, *adj.* מְסָרֵב, מְמָאֵן
unwillingly, *adv.* שֶׁלֹּא בְּרָצוֹן
unwind, *v.t.* הִתִּיר [נתר], פִּתַּח
unwise, *adj.* לֹא חָכָם, לֹא מְחֻכָּם
unwitting, *adj.* חֲסַר יְדִיעָה, מַסִּיחַ דַּעְתּוֹ
unworkable, *adj.* אִי מַעֲשִׂי
unworthy, *adj.* שֶׁאֵינוֹ כְּדַאי, לֹא רָאוּי
unwrap, *v.t. & i.* הֵסִיר [סור] (מַעֲטֶה) עֲטִיפָה
unwritten, *adj.* שֶׁלֹּא נִכְתָּב, שֶׁבְּעַל פֶּה
unwritten law תּוֹרָה שֶׁבְּעַל פֶּה
unyielding, *adj.* עִקֵּשׁ, קָשֶׁה, שֶׁלֹּא מְוַתֵּר
up, *adv. & prop.* עַל, לְמַעְלָה
upbraid, *v.t.* גָּעַר בְּ־, גִּנָּה, הוֹכִיחַ [יכח]
upbringing, *n.* גִּדּוּל, חִנּוּךְ
upgrade, *n.* מַעֲלֶה, שִׁפּוּעַ, מַדְרוֹן
upgrade, *v.t.* עָלָה דַּרְגָּה
upgrowth, *n.* הִתְקַדְּמוּת, הִתְפַּתְּחוּת

upheaval, *n.* מַהְפֵּכָה
uphill, *n.* מַעֲלֶה, מַעֲלֵה הַגִּבְעָה
uphold, *v.t.* חִזֵּק, תָּמַךְ, אִשֵּׁר
upholster, *v.t.* רִפֵּד
upholsterer, *n.* רַפָּד
upholstery, *n.* רַפָּדוּת, רִפּוּד
upkeep, *n.* כַּלְכָּלָה, פַּרְנָסָה
upland, *n.* רָמָה
uplift, *v.t.* הֵרִים [רום], נָשָׂא
upon, *prep.* עַל, אַחֲרֵי, בְּ־
upper, *adj.* עֶלְיוֹן, עִלִּי
uppermost, *adj.* הָעֶלְיוֹן
upraise, *v.t.* הֵקִים [קום], הֵרִים [רום]
upright, *adj.* זָקוּף, נִצָּב; כֵּן, יָשָׁר
uprightness, *n.* כֵּנוּת, יֹשֶׁר
uprise, *v.i.* הִתְעוֹרֵר [עור], עָלָה, גָּאָה
uprising, *n.* הִתְקוֹמְמוּת
uproar, *n.* שָׁאוֹן, הָמוֹן, מְהוּמָה
uproot, *v.t.* עָקַר, נָתַשׁ, שֵׁרֵשׁ, יָעָה
upset, *v.t.* בִּלְבֵּל, הָפַךְ, הָמַם
upshot, *n.* תּוֹצָאָה, מַסְקָנָה
upside, *n.* צַד עִלִּי
upside down רֹאשׁוֹ לְמַטָּה, הֲפֵכָה
upstairs, *adv.* לְמַעְלָה, בַּקּוֹמָה הָעֶלְיוֹנָה
upstart, *n.* הֶדְיוֹט שֶׁעָלָה לִגְדֻלָּה
up-to-date, *adj.* מְעֻדְכָּן, עַדְכָּנִי
uptown, *adv.* בְּמַעֲלֵה הָעִיר
upturn, *v.t.* הָפַךְ, פָּתַח (הָאֲדָמָה)
upward, upwards, *adv.* מַעְלָה, לְמַעְלָה
uranium, *n.* אוּרָן
urban, *adj.* עִירוֹנִי, קַרְתָּנִי
urbane, *adj.* עָדִין, אָדִיב
urchin, *n.* שׁוֹבָב, זַאֲטוּט, פִּרְחָח
urea, *n.* אֶבֶן הַשֶּׁתֶן, חֹמֶר הַשֶּׁתֶן
uremia, uraemia, *n.* שַׁתֶּנֶת
ureter, *n.* שָׁפְכָן, צִנּוֹר הַשֶּׁתֶן
urge, *v.t.* & *i.* הִפְצִיר [פצר], הֵאִיץ [אוץ], עוֹרֵר, אִלֵּץ
urgency, *n.* תְּכִיפוּת
urgent, *adj.* דּוֹחֵק, מֵאִיץ, תָּכוּף
urinal, *n.* מִשְׁתָּנָה, עָבִיט
urinate, *v.i.* הִשְׁתִּין [שתן], הֵסִיךְ [סוך] אֶת רַגְלָיו
urine, *n.* שֶׁתֶן, מֵי רַגְלַיִם
urn, *n.* כְּלִי (לְאֵפֶר הַמֵּת); קַלְפֵּי (לְגוֹרָלוֹת); (כְּלִי) חֶרֶס; קֶבֶר
Ursa Major עַיִשׁ, הַדֹּב הַגָּדוֹל
Ursa Minor בֶּן עַיִשׁ, הַדֹּב הַקָּטָן
urticaria, *n.* חָרֶלֶת, סִרְפֶּדֶת
us, *pron.* אוֹתָנוּ; לָנוּ
usable, *adj.* שִׁמּוּשִׁי
usage, *n.* הִשְׁתַּמְּשׁוּת, שִׁמּוּשׁ, מִנְהָג, הֶרְגֵּל
use, *n.* שִׁמּוּשׁ, הִשְׁתַּמְּשׁוּת, תּוֹעֶלֶת, צֹרֶךְ
use, *v.t.* & *i.* הִשְׁתַּמֵּשׁ [שמש], הָיָה רָגִיל
useful, *adj.* מוֹעִיל, רַב תּוֹעֶלֶת
usefulness, *n.* תּוֹעֶלֶת
useless, *adj.* חֲסַר תּוֹעֶלֶת, שֶׁל שָׁוְא
usher, *n.* סַדְרָן; שׁוֹשְׁבִין
usher, *v.t.* הִכְנִיס [כנס], סִדֵּר
usual, *adj.* רָגִיל, שָׁכִיחַ
usually, *adv.* עַל פִּי רֹב
usurer, *n.* מַלְוֶה בְּרִבִּית
usurious, *adj.* נוֹשֵׁךְ, מַלְוֶה בְּרִבִּית
usurp, *v.t.* תָּפַס (שֶׁלֹּא כְּדִין), גָּזַל
usurpation, *n.* גְּזֵלָה, תְּפִיסָה (תְּבִיעָה) שֶׁלֹּא כְּדִין
usurper, *n.* חוֹטֵף, תּוֹפֵס (שֶׁלֹּא כְּדִין), גַּזְלָן
usury, *n.* נֶשֶׁךְ, רִבִּית, מַרְבִּית, תַּרְבִּית
utensil, *n.* כְּלִי תַּשְׁמִישׁ, כְּלִי
uterus, *n.* רֶחֶם, בֵּית הֵרָיוֹן
utilitarian, *adj.* & *n.* תּוֹעַלְתִּי; תּוֹעַלְתָּן
utilitarianism, *n.* תּוֹעַלְתָּנוּת

utility, *n.* תּוֹעֶלֶת
utilize, *v.t.* הִשְׁתַּמֵּשׁ [שמש] בְּ־ לְתוֹעַלְתּוֹ, הֵפִיק [פוק] תּוֹעֶלֶת
utmost, *adj.* & *n.* קִיצוֹנִי, כָּל מַה שֶׁאֶפְשָׁר, גָּדוֹל, רָחוֹק בְּיוֹתֵר
utopia, *n.* חֲלוֹם שָׁוְא
utricle, *n.* שַׁלְפּוּחִית
utter, *adj.* מֻחְלָט, כָּלִיל, גָּמוּר
utter, *v.t.* דִּבֵּר, מִלֵּל, בִּטֵּא, הוֹצִיא [יצא] קוֹל
utterance, *n.* נִיב, בִּטּוּי, הַבָּעָה, דִּבּוּר
utterly, *adv.* לַחֲלוּטִין, כָּלִיל, לְגַמְרֵי
uttermost, *adj.* קִיצוֹנִי
uvula, *n.* לְהָאָה

V, v

V, v, *n.* וִי, הָאוֹת הָעֶשְׂרִים וּשְׁתַּיִם בָּאָלֶף בֵּית הָאַנְגְּלִי
vacancy, *n.* מָקוֹם (רֵיק) פָּנוּי; רֵיקוּת
vacant, *adj.* רֵיק, פָּנוּי
vacate, *v.t.* פִּנָּה מָקוֹם
vacation, *n.* חֹפֶשׁ, חֻפְשָׁה
vacationist, vacationer, *n.* קַיְטָן
vaccinate, *v.t.* חִסֵּן, הִרְכִּיב [רכב] אֲבַעְבֻּעוֹת
vaccination, *n.* הַרְכָּבַת אֲבַעְבּוּעוֹת
vaccine, *n.* תַּרְכִּיב, זֶרֶק
vacillate, *v.i.* הִסֵּס, פִּקְפֵּק
vacillation, *n.* הִסּוּס, פִּקְפּוּק, הִתְנוֹעֲעוּת
vacuum, *n.* רִיק, רֵיקוּת, רֵיקָנוּת, חָלָל
vacuum bottle תֶּרְמוֹס, שְׁמַרְחֹם
vacuum cleaner שַׁאֲבָק
vagabond, *n.* נוֹדֵד, נָע וָנָד
vagary, *n.* שִׁגָּעוֹן, הַסְכְּפְּכָנוּת; הֲזָיָה
vagina, *n.* קֻבָּה, בֵּית הָרֶחֶם, פֹּת
vagrancy, *n.* נְדִידָה, נְדוּדִים
vagrant, *adj.* & *n.* נוֹדֵד, נָע וָנָד
vague, *adj.* סָתוּם, כֵּהֶה, לֹא בָּרוּר, מְסֻפָּק
vaguely, *adv.* בְּעֵרֶךְ, לֹא בְּרוּרוֹת
vain, *adj.* יָהִיר, גֵּא, שַׁחֲצָנִי; אַפְסִי
vainglory, *n.* גַּאֲוָה, יְהִירוּת, רַהַב, הִתְרַבְרְבוּת
vainly, *adv.* שָׁוְא, לַשָּׁוְא, חִנָּם
vale, *v.* valley
valediction, *n.* (בִּרְכַּת, נְאוּם) פְּרִידָה
valentine, *n.* אוֹהֵב, אֲהוּבָה; אִגֶּרֶת אַהֲבָה
valerian, *n.* נֵרְדְּ (צֶמַח); סַם מַרְגִּיעַ
valet, *n.* מְשָׁרֵת, שַׁמָּשׁ
valetudinary, *adj.* & *n.* חוֹלָנִי, חַלָּשׁ
valiant, *adj.* גִּבּוֹר, אַמִּיץ לֵב
valid, *adj.* שָׁרִיר, קַיָּם, תַּקִּיף
validate, *v.t.* אִשֵּׁר, קִיֵּם
validation, *n.* אִשּׁוּר, קִיּוּם
validity, *n.* תֹּקֶף
valise, *n.* מִזְוָדָה, חֲפִיסָה
valley, vale, *n.* עֵמֶק, בִּקְעָה, גַּיְא
valor, valour, *n.* גְּבוּרָה, חַיִל, אֹמֶץ
valorous, *adj.* אַמִּיץ לֵב, אִישׁ חַיִל
valuable, *adj.* יְקַר עֵרֶךְ, יָקָר
valuation, *n.* הַעֲרָכָה, שׁוּמָה, הַאֲמָדָה, אֹמֶד, אֻמְדָּנָה
value, *n.* מְחִיר, עֵרֶךְ, שֹׁוִי
value, *v.t.* אָמַד, הֶעֱרִיךְ (ערך), שָׂם [שום]
valued, *adj.* רַב עֵרֶךְ, יָקָר
valueless, *adj.* חֲסַר עֵרֶךְ
valve, *n.* שַׁסְתּוֹם; סְגוֹר (הַלֵּב)
valvular, *adj.* שֶׁל שַׁסְתּוֹם, שֶׁל סְגוֹר (הַלֵּב)

vampire, *n.* עַרְפָּד, מוֹצֵץ דָּם
van, *n.* חָלוּץ
van, *n.* מַשָּׂאִית קַלָּה, מְכוֹנִית מִשְׁלוֹחַ
vandal, *n.* מְחַבֵּל אָמָּנוּת, מַשְׁחִית יֹפִי
vandalism, *n.* חִבּוּל (יֹפִי) אָמָּנוּת
vane, *n.* שַׁבְשֶׁבֶת, שַׁפְשֶׁפֶת
vanguard, *n.* מִשְׁמַר הָרֹאשׁ, חָלוּץ (בְּצָבָא)
vanilla, *n.* שֶׁנֶף, וָנִיל
vanish, *v.i.* חָלַף, גָּז [גוז], נֶעֱלַם [עלם], אָבַד
vanity, *n.* הֶבֶל, רִיק, רֵיקָנוּת, שָׁוְא; גַּנְדְּרָנוּת, הִתְפָּאֲרוּת
vanquish, *v.t.* כָּבַשׁ, נִצַּח
vantage, *n.* יִתְרוֹן
vapid, *adj.* תָּפֵל, פָּג, חֲסַר טַעַם
vapor, vapour, *n.* אֵד, קִיטוֹר, הֶבֶל
vaporization, vapourization, *n.* אִיּוּד, הִתְנַדְּפוּת, הִתְאַדּוּת; רִסּוּס
vaporize, vapourize, *v.t. & i.* אִיֵּד, הִתְאַיֵּד [איד], הִתְנַדֵּף [נדף]; רִסֵּס
vaporizer, vapourizer, *n.* מְאַיֵּד, מַרְסֵס, מַזְלֵף
vaporous, *adj.* אֵדִי, מְאֻיָּד
variability, *n.* הִשְׁתַּנּוּת, שְׁנִי
variable, *adj. & n.* מִשְׁתַּנֶּה, הֲפַכְפַּךְ; שְׁנִי, שַׁנְיָן
variance, *n.* שִׁנּוּי, הִשְׁתַּנּוּת; אִי הַסְכָּמָה, חִלּוּק דֵּעוֹת
variant, *adj. & n.* שׁוֹנֶה; נֹסַח אַחֵר
variate, *v.t.* שִׁנָּה
variation, *n.* שִׁנּוּי, הִשְׁתַּנּוּת
varicose, *adj.* צָבֶה, תָּפוּחַ, נָפוּחַ
varied, *adj.* מְגֻוָּן, רַבְגּוֹנִי, רַבְמִינִי
variegate, *v.t.* נִמֵּר, פָּתַךְ, גִּוֵּן
variegated, *adj.* רַבְצִבְעִי, צִבְעוֹנִי
variegation, *n.* רַבְגּוֹנִיּוּת, נִמּוּר
variety, *n.* גִּוּוּן; מִין, סוּג; בִּדּוּר

various, *adj.* שׁוֹנֶה, רַבְגּוֹנִי, מְגֻוָּן, רַבְצְדָדִי
varnish, *n.* לַכָּה
varnish, *v.t.* לִכָּה, צִחְצַח, מָרַט
vary, *v.t. & i.* שִׁנָּה, הִשְׁתַּנָּה [שנה], הִתְחַלֵּף [חלף], נָטָה (לְצַד אֶחָד)
vase, *n.* צִנְצֶנֶת, אֲגַרְטֵל
vassal, *n.* עֶבֶד
vast, *adj.* גָּדוֹל, רָחָב, עָצוּם
vastness, *n.* מֶרְחָב, עֹצֶם, גֹּדֶל
vat, *n.* גִּגִּית, מַעֲטָן, חָבִית
vaudeville, *n.* תִּסְקֹרֶת
vault, *n.* כִּפָּה; כּוּךְ, מְעָרָה; קְפִיצַת פִּשּׂוּק
vault, *v.t. & i.* קָמַר; קָפַץ (בְּמוֹט)
vaunt, *v.t. & i.* הִתְפָּאֵר [פאר], הִתְרַבְרֵב [רברב]
veal, *n.* בְּשַׂר עֵגֶל
veer, *v.t. & i.* הֵסֵב [סבב], שִׁנָּה אֶת כִּוּוּנוֹ, הִפְנָה [פנה]
vegetable, *adj.* צִמְחִי
vegetable, *n.* יָרָק, יְרָקוֹת
vegetarian, *adj. & n.* צִמְחוֹנִי
vegetate, *v.t.* צָמַח; חַי [חיה] חַיֵּי עַצְלוּת וּבַטָּלָה
vegetation, *n.* צְמִיחָה; דֶּשֶׁא, יֶרֶק; הֲוָיָה רֵיקָה וּמְשַׁעֲמֶמֶת
vegetative, *adj.* צוֹמֵחַ
vehemence, *n.* עֹז, הִתְלַהֲבוּת; אַלִּימוּת
vehement, *adj.* עַז, נִמְרָץ, נִלְהָב; תַּקִּיף, אַלִּים
vehicle, *n.* כְּלִי רֶכֶב
veil, *n.* צָעִיף, הִנּוּמָה, רְעָלָה, מַסְוֶה
veil, *v.t.* הִסְתִּיר [סתר], כִּסָּה בְּצָעִיף, הִצְעִיף [צעף]
vein, *n.* עוֹרֵק (צֶמַח); וְרִיד; קַו, שִׁרְטוּט (בְּשֵׁשׁ, בְּעֵץ); שִׁכְבַת מַחְצָב; תְּכוּנָה, צִבְיוֹן

velocity, ***n.*** מהירות

velvet, ***n.*** קטיפה

venal, ***adj.*** מתמכר, מקבל שחד, נמכר בכסף

venality, ***n.*** תאות בצע, קבלת שחד

vend, ***v.t. & i.*** מכר

vendee, ***n.*** קונה

vendue, ***n.*** מכירה פמבית

vendetta, ***n.*** נקמה, גאלת הדם

vendor, vender, ***n.*** מוכר, רוכל, תגר

veneer, ***n.*** לביד, צפוי; יפעה חיצונית

venerable, ***adj.*** נכבד, נשוא פנים

venerate, ***v.t.*** כבד

veneration, ***n.*** כבוד, יראת הרוממות

venereal, ***adj.*** מיני, של אהבה מינית; מנגע במחלת מין

venereal disease מחלת מין מדבקת (עגבת, זיבה)

venery, ***n.*** משגל, בעילה, ביאה, תשמיש (המטה)

Venetian blind תריס (מתקפל) גלילה, תריס רפפות

vengeance, ***n.*** נקם

vengeful, ***adj.*** מתנקם

venison, ***n.*** בשר צבי

venom, ***n.*** ארס, חמה

venomous, ***adj.*** ארסי; ממאיר

venous, ***adj.*** ורידי

vent, ***n.*** מוצא, פתח; הבעה; פי הטבעת

vent, ***v.t.*** הוציא [יצא], עשה פתח, עשה חור ב־, שפך (חמה)

ventilate, ***v.t.*** אורר

ventilation, ***n.*** אוורור

ventilator, ***n.*** מאורר

ventral, ***adj.*** בטני

ventricle, ***n.*** קבית (המח) הלב

ventriloquism, ventriloquy, ***n.*** דבור בטן, אוב, פתומות

ventriloquist, ***n.*** דברן מבטן, בעל אוב, פתום

venture, ***n.*** העפלה, העזה, נסיון

venture, ***v.t. & i.*** ההין [הין], העז [עזז], הסתכן [סכן], נסה

venturesome, ***adj.*** מהין, מעפיל

venue, ***n.*** מקום (הפשע) המשפט, מוצא המשבעים

Venus, ***n.*** נגה, אילת השחר

veracious, ***adj.*** דובר אמת, נאמן

veracity, ***n.*** כנות, אמת

veranda, verandah, ***n.*** מרפסת

verb, ***n.*** פעל

verbal, ***adj.*** מלולי, פעלי, שבעל פה

verbally, ***adv.*** מלה במלה, בעל פה

verbatim, ***adv.*** בדיוק, מלה במלה

verbena, vervain, ***n.*** פרח העלה

verbose, ***adj.*** מגבב (מרבה) דברים

verdant, ***adj.*** ירק, מכסה ירק

verdict, ***n.*** גזר דין, פסק דין

verdure, ***n.*** ירק, דשא; רעננות

verge, ***n.*** שרביט, מקל, שבט, גבול, ספר; חוג, מעגל

verge, ***v.i.*** היה סמוך, התקרב [קרב]

verification, ***n.*** אמות, הוכחה, התאמתות

verified, ***adj.*** מאמת

verify, ***v.t.*** אמת

verily, ***adv.*** באמת, אמנם

veritable, ***adj.*** אמתי, ממשי

verity, ***n.*** אמת, אמתיות, כנות

vermicide, ***n.*** מכלה תולעים

vermifuge, ***n.*** מגרש התולע

vermillion, ***n.*** ששר

vermouth, ***n.*** (יין) לענה

vermin, ***n. sing. & pl.*** שרץ, שרצים

vernacular, ***adj.*** מקומי; ניבי, המוני, של מולדת

vernacular, *n.* שָׂפָה הֲמוֹנִית, שְׂפַת אֵם, נִיב, בַּת לָשׁוֹן
vernal, *adj.* אֲבִיבִי
versatile, *adj.* רַבְצְדָדִי
versatility, *n.* רַבְצְדָדִיּוּת
verse, *n.* חָרוּז, שִׁיר, פִּיּוּט, פָּסוּק
versed, *adj.* בָּקִי, מֻבְהָק, מֻמְחֶה
versification, *n.* חַרְזָנוּת, חֲרִיזָה
versifier, *n.* חַרְזָן
versify, *v.t.* & *i.* חָרַז, הָפַךְ לְשִׁירָה
version, *n.* נֻסְחָה, גִּרְסָה
versus, *prep.* כְּנֶגֶד, לְעֻמַּת
vertebra, *n.* חֻלְיָה (שֶׁל הַשִּׁדְרָה)
vertebral, *adj.* חֻלְיָנִי
vertebrate, *adj.* שֶׁל בַּעֲלֵי חֻלְיוֹת
vertebrate, *n.* בַּעַל חֻלְיָה
vertical, *adj.* זָקוּף, נִצָּב, מְאֻנָּךְ, קָדְקֳדִי
vertiginous, *adj.* סְחַרְחַר
vertigo, *n.* סְחַרְחֹרֶת
vervain, *v.* verbena
verve, *n.* הַשְׁרָאָה, כִּשְׁרוֹן; חִיּוּנִיּוּת הִתְלַהֲבוּת, מֶרֶץ
very, *adj.* גּוּפוֹ, עַצְמוֹ, מֻחְלָט
very, *adv.* מְאֹד
vesicle, *n.* שַׁלְפּוּחִית, שַׁלְחוּף, בּוּעָה
vesper, *adj.* & *n.* נֹגַהּ; כּוֹכָב; עֶרֶב; תְּפִלַּת עֶרֶב; שֶׁל עֶרֶב
vessel, *n.* כְּלִי; סְפִינָה; אֲוִירוֹן; וָרִיד, עוֹרֵק; כְּלִי חֶמְדָּה
vest, *n.* אֲפֻדָּה, חֲזִיָּה
vest, *v.t.* & *i.* נָתַן (יִפּוּי כֹּחַ) לְ־, הֶעֱטָה [עטה]
vestibule, *n.* פְּרוֹזְדוֹר, אוּלָם, מִסְדְּרוֹן
vestige, *n.* עָקֵב, זֵכֶר, סִימָן
vestment, *n.* מַד
vestry, *n.* מֶלְתָּחָה
vetch, *n.* בִּקְיָה, כַּרְשִׁינָה
veteran, *n.* וָתִיק, רַב נִסְיוֹנוֹת
veterinarian, *n.* רוֹפֵא בְּהֵמוֹת,
veterinary, *adj.* & *n.* שֶׁל רְפוּאַת בְּהֵמוֹת
veto, *n.* כֹּחַ הַהֲפָרָה, קוֹל הֶכְרֵעַ
vex, *v.t.* הִרְגִּיז [רגז], הִקְנִיט [קנט], הִכְעִיס [כעס]
vexation, *n.* הַרְגָּזָה, הִתְרַגְּזוּת, קִנְטוּר
via, *prep.* דֶּרֶךְ
viaduct, *n.* גֶּשֶׁר (רַכָּבוֹת) דְּרָכִים
vial, *n.* צְלוֹחִית
viands, *n. pl.* מְזוֹנוֹת, מַאֲכָלִים
viaticum, *n.* אֵשֶׁל, הוֹצָאוֹת הַדֶּרֶךְ, צֵידָה לַדֶּרֶךְ; לֶחֶם קֹדֶשׁ
vibrate, *v.t.* & *i.* הִרְעִיד [רעד], רָעַד, נִעְנַע, הִתְנַעֲנֵעַ [נענע], רִטֵּט
vibrant. *adj.* רַעֲדוּדִי, רָעוּד
vibration, *n.* תְּנוּדָה, זַעְזוּעַ, רִטּוּט
vibrator, *n.* רַטָּט
vice, *n.* פְּרִיצוּת, שְׁחִיתוּת; חֶסְרוֹן, מִגְרַעַת, דֹּפִי
vice, *v.* vise
vice, *prep.* בִּמְקוֹם
vice, *n.* סֶגֶן, מִשְׁנֶה
vice president סְגַן הַנָּשִׂיא
viceroy, *n.* מִשְׁנֶה לַמֶּלֶךְ
vice versa לְהֶפֶךְ
vicinity, *n.* קִרְבָה, סְבִיבָה, שְׁכֵנוּת
vicious, *adj.* מָשְׁחָת, רַע; מְזֹהָם
vicissitude, *n.* חֲלִיפָה, תְּמוּרָה
victim, *n.* קָרְבָּן
victor, *n.* בַּעַל נִצָּחוֹן, מְנַצֵּחַ, כּוֹבֵשׁ
victorious, *adj.* נַצְּחָנִי, מְנַצֵּחַ
victory, *n.* נִצָּחוֹן, יֵשַׁע
victual, *v.t.* & *i.* סִפֵּק מָזוֹן, הִצְטַיֵּד [ציד]
victuals, *n. pl.* אֹכֶל, מָזוֹן
vide, *imp.* עַיֵּן, רְאֵה

vie, *v.i.* שָׁאַף לְעֶלְיוֹנוּת
view, *n.* דֵּעָה, הַשְׁקָפָה, רְאוּת
view, *v.t.* רָאָה, הִשְׁקִיף [שקף], בָּדַק, הִסְתַּכֵּל [סכל]
viewpoint, *n.* הַשְׁקָפָה, נְקֻדַּת רְאוּת
vigil, *n.* עֵרוּת; מִשְׁמָר, לֵיל שִׁמּוּרִים; תְּפִלַּת לַיְלָה; אַשְׁמוּרָה
vigilance, *n.* עֵרָנוּת, זְהִירוּת
vigilant, *adj.* עֵר, זָהִיר
vigor, vigour, *n.* אוֹן, עֱזוּז, עָצְמָה, מֶרֶץ
vigorous, *adj.* חָזָק, עַז, רַב כֹּחַ, אַמִּיץ
vile, *adj.* שָׁפָל, נִתְעָב, נָבָל
vilify, *v.t.* חֵרֵף, נִבֵּל (פִּיו)
villa, *n.* חֲוִילָה, וִילָה
village, *n.* כְּפָר, טִירָה
villager, *n.* בֶּן כְּפָר, כַּפְרִי
villain, *n.* עַוָּל, בְּלִיַּעַל
villainous, *adj.* בְּלִיַּעַל, מְעַוֵּל
villainy, *n.* נְבָלָה, שַׁעֲרוּרִיָּה, נִוְלוּת
villous, *adj.* שָׂעִיר, צַמְרִי
vim, *n.* עֹז, כֹּחַ
vindicate, *v.t.* הִצְדִּיק [צדק]
vindication, *n.* הַצְדָּקָה
vindictive, *adj.* מִתְנַקֵּם
vine, *n.* גֶּפֶן
vinegar, *n.* חֹמֶץ
vineyard, *n.* כֶּרֶם
vinous, *adj.* יֵינִי, שֶׁל יַיִן
vintage, *n.* בָּצִיר
vintner, *n.* יַיָּן, בּוֹצֵר
viola, *n.* בַּטְנוּן, וִיאוֹלָה
violate, *v.t.* עָבַר עַל, הֵפֵר [פרר], חִלֵּל; אָנַס; הִפְרִיעַ [פרע], הִפְסִיק [פסק]
violation, *n.* חִלּוּל; אֹנֶס; עֲבֵרָה; הֲפָרָה; הַפְסָקָה, הַפְרָעָה
violator, *n.* מְחַלֵּל; אַנָּס; עֲבַרְיָן
violence, *n.* אַלִּימוּת, תּוֹקְפָנוּת; הִתְחַלְּלוּת
violent, *adj.* אַלִּים, זוֹעֵם, תַּקִּיף
violet, *adj.* & *n.* סָגֹל; סִגְלִיָּה, סֶגֶלִית;
violin, *n.* כִּנּוֹר
violinist, *n.* כַּנָּר
violoncello, *n.* בַּטְנוּנִית, וִיאוֹלוֹנְצֶ'לוֹ
viper, *n.* אֶפְעֶה
virago, *n.* אֵשֶׁת מְדָנִים, אֲרוּרָה
virgin, *n.* בְּתוּלָה
virginity, *n.* בְּתוּלִים
virile, *adj.* גַּבְרִי; אַמִּיץ, עַז
virility, *n.* גַּבְרוּת; אֹמֶץ, אוֹן; גְּבוּרָה
virtually, *adv.* בְּעֶצֶם
virtue, *n.* מִדָּה, סְגוּלָה, מַעֲלָה
virtuoso, *n.* אָמָּן רִאשׁוֹן בְּמַעֲלָה; חוֹבֵב (אוֹסֵף) דִּבְרֵי אָמָּנוּת
virtuous, *adj.* מוּסָרִי, צַדִּיק
virulent, *adj.* אַרְסִי; מֵמִית; מְדַבֵּק
virus, *n.* נְגִיף; אֶרֶס, רוֹשׁ
visa, *n.* אַשְׁרָה, וִיזָה
visage, *n.* פָּנִים, פַּרְצוּף
vis-a-vis, *adv.* מוּל, פָּנִים אֶל פָּנִים
viscera, *n. pl.* קְרָבַיִם
viscidity, *n.* צְמִיגוּת, דְּבִיקוּת
viscosity, *n.* צְמִיגוּת
viscous, *adj.* דָּבִיק, צָמֹג
vise, vice, *n.* מַכְבֵּשׁ, מַלְחֶצֶת, מֶלְחָצַיִם
visibility, *n.* רְאִיּוּת
visible, *adj.* נִרְאֶה; גָּלוּי
vision, *n.* חָזוֹן, חִזָּיוֹן; רְאוּת, רְאִיָּה, חוּשׁ הָרְאִיָּה
visionary, *adj.* & *n.* חוֹזֶה, חוֹלֵם; דִּמְיוֹנִי
visit, *n.* בִּקּוּר
visit, *v.t.* & *i.* הִתְאָרַח [ארח] בְּבֵית מִשֶּׁהוּ, בִּקֵּר, פָּקַד

visitant, ***adj.*** **&** ***n.*** מְבַקֵּר
visitation, ***n.*** פְּקִידָה; עֹנֶשׁ; בִּקּוּר
visitor, ***n.*** אוֹרֵחַ, מְבַקֵּר
visor, vizor, ***n.*** מִצְחָה, סַךְ (שֶׁמֶשׁ)
vista, ***n.*** מַרְאֶה, מַרְאֶה רָחוֹק
visual, ***adj.*** חֲזוּתִי, שֶׁל רְאִיָּה, נִרְאֶה
visualize, ***v.t.*** **&** ***i.*** דִּמָּה בְּנַפְשׁוֹ, רָאָה בְּעֵינֵי רוּחוֹ
vital, ***adj.*** חִיּוּנִי, הֶכְרֵחִי
vitality, ***n.*** חִיּוּנִיּוּת, חִיּוּת
vitalize, ***v.t.*** חִיָּה
vitamin, ***n.*** אַב־מָזוֹן, חִיּוּנָה, וִיטָמִין
vitiate, ***v.t.*** בִּטֵּל (חוֹזֶה); הִשְׁחִית [שחת], זִהֵם, טִנֵּף
vitreous, ***adj.*** זְכוּכִי, זְגוּגִי
vitriol, ***n.*** גָּפְרָה, חֻמְצָה גָּפְרִיתָנִית
vituperate, ***v.t.*** גִּנָּה, חֵרֵף
vituperation, ***n.*** גִּנּוּי, חֵרוּף, גִּדּוּף
vivacious, ***adj.*** עַלִּיז, מָלֵא חַיִּים
vivacity, ***n.*** עַלִּיזוּת, שִׁפְעַת חַיִּים
vivarium, ***n.*** בִּיבָר, גַּן חַיּוֹת
vivid, ***adj.*** חַי; בָּהִיר, פָּעִיל
vivify, ***v.t.*** חִיָּה, הֶחֱיָה [חיה]
vivisection, ***n.*** נִתּוּחַ בַּגּוּף הַחַי
vixen, ***n.*** שׁוּעָלָה; נִרְגֶּנֶת
vizor, ***v.*** visor
vocable, ***n.*** מִלָּה, תֵּבָה
vocabulary, ***n.*** אוֹצַר מִלִּים, מִלּוֹן
vocal, ***adj.*** קוֹלִי, קוֹלָנִי
vocal, ***n.*** תְּנוּעָה, אוֹת קוֹלִית
vocalist, ***n.*** זַמָּר
vocalize, ***v.t.*** **&** ***i.*** בִּטֵּא בְּקוֹל; זִמֵּר
vocation, ***n.*** מְלָאכָה, מִשְׁלַח יָד
vociferate, ***v.t.*** **&** ***i.*** צָעַק בְּקוֹל
vociferation, ***n.*** צַעֲקָנוּת, קוֹלָנִיּוּת
vogue, ***n.*** אָפְנָה
voice, ***n.*** קוֹל; כֹּחַ הַדִּבּוּר, בִּטּוּי, הַבָּעָה; דֵּעָה; הַצְבָּעָה
voice, ***v.t.*** בִּטֵּא, הִבִּיעַ [נבע]
voiceless, ***adj.*** נְטוּל (חֲסַר) קוֹל, דּוֹמֵם
void, ***adj.*** רֵיק, נָבוּב; בָּטֵל
void, ***n.*** חָלָל, תֹּהוּ
void, ***v.t.*** הֵרִיק [ריק], בִּטֵּל
volatile, ***adj.*** מִתְאַדֵּה, עַלִּיז, קַל דַּעַת
volatilize, ***v.t.*** **&** ***i.*** אִיֵּד, הִתְאַדֵּה [איד]
volcanic, ***adj.*** מִתְגָּעֵשׁ
volcano, ***n.*** הַר גַּעַשׁ
volition, ***n.*** בְּחִירָה, רָצוֹן
volley, ***n.*** יְרִיָּה בִּצְרוֹרוֹת; שֶׁטֶף (מִלִּים, אָלוֹת)
volt, ***n.*** וֹלְט, מִדָּה שֶׁל מֶתַח חַשְׁמַלִּי
voltage, ***n.*** מֶתַח חַשְׁמַלִּי
voluble, ***adj.*** פַּטְפְּטָנִי, דַּבְּרָנִי
volume, ***n.*** כֶּרֶךְ (סֵפֶר); נֶפַח; כַּמּוּת הַקּוֹל
voluminous, ***adj.*** רַב (סְפָרִים) כְּרָכִים; רָחָב, מְרֻבֶּה
voluntary, ***adj.*** שֶׁמֵּרָצוֹן (חָפְשִׁי), שֶׁל רְשׁוּת
volunteer, ***n.*** מִתְנַדֵּב
volunteer, ***v.t.*** **&** ***i.*** הִתְנַדֵּב [נדב]
voluptuary, ***n.*** תַּאַוְתָן
voluptuous, ***adj.*** תַּאַוְתָנִי
vomit, ***n.*** קִיא, הֲקָאָה
vomit, ***v.t.*** **&** ***i.*** קָא [קיא], הֵקִיא [קיא]
voracious, ***adj.*** זוֹלֵל, גַּרְגְּרָן, רַעַבְתָן
voracity, ***n.*** זוֹלְלוּת, גַּרְגְּרָנוּת
vortex, ***n.*** מְעַרְבֹּלֶת, שִׁבֹּלֶת
vote, ***n.*** בְּחִירָה, קוֹל, הַצְבָּעָה
vote, ***v.t.*** **&** ***i.*** בָּחַר, הִצְבִּיעַ [צבע]
voter, ***n.*** בּוֹחֵר, מַצְבִּיעַ
vouch, ***v.t.*** **&** ***i.*** עָרַב, הָיָה עֵד לְ־
voucher, ***n.*** מֵעִיד, עָרֵב; קַבָּלָה, חֶשְׁבּוֹן, שׁוֹבֵר
vouchsafe, ***v.t.*** הוֹאִיל [יאל] בְּחַסְדּוֹ, הִרְשָׁה [רשה], נָתַן לְ־

vow, ***n.*** נֶדֶר

vow, ***v.t.*** **&** ***i.*** נָדַר

vowel, ***n.*** נְקֻדָּה, תְּנוּעָה

voyage, ***n.*** נְסִיעָה, תִּיּוּר

voyage, ***v.i.*** **&** ***t.*** נָסַע

vulcanize, ***v.t.*** **&** ***i.*** גִּפֵּר

vulgar, ***adj.*** פָּשׁוּט, גַּס; הֲמוֹנִי

vulgarity, ***n.*** גַּסּוּת; הֲמוֹנִיּוּת

vulgarize, ***v.t.*** הֵגֵס [גסס], עָשָׂה גַּס

Vulgate. ***n.*** הַתַּרְגּוּם הָרוֹמִי (לָטִינִי) שֶׁל הַתַּנַ"ךְ, הִתְהַמְּנוּת הַתַּנַ"ךְ

vulnerability, ***n.*** פְּגִיעוּת

vulnerable, ***adj.*** פָּגִיעַ

vulture, ***n.*** עַיִט

W, w

W, w, ***n.*** דּוּבְּלְיוּ, הָאוֹת הָעֶשְׂרִים וְשָׁלֹשׁ בָּאָלֶף בֵּית הָאַנְגְּלִי

wabble, ***v.*** wobble

wad, ***n.*** סֶתֶם, פְּקָק, מְגוּפָה; (חֹמֶר) מִלּוּי

wad, ***v.t.*** סָתַם פָּקַק; מִלֵּא (בְּמִלּוּי)

waddle, ***n.*** הֲלִיכָה (בַּרְוָזִית)

waddle, ***v.i.*** הִתְנַעְנֵעַ [נענע] בַּהֲלִיכָה (כְּבַרְוָז)

wade, ***v.t.*** **&** ***i.*** חָצָה, עָבַר (נָהָר) בָּרֶגֶל; הָלַךְ בִּכְבֵדוּת (בְּבִצָּה וְכוּ')

wafer, ***n.*** צַפִּיחִית

waffle, ***n.*** רָקִיק

waft, ***n.*** נִפְנוּף, רִפְרוּף

waft, ***v.t.*** **&** ***i.*** צָף [צוף], שָׁט [שוט], נִפְנֵף, רִפְרֵף

wag, waggle, ***n.*** נִעְנוּעַ, כִּשְׁכּוּשׁ, נִדְנוּד

wag, waggle, ***v.t.*** **&** ***i.*** הֵנִיעַ [נוע], נִעְנַע, כִּשְׁכֵּשׁ (זָנָב), נִדְנֵד

wage, ***n.*** שָׂכָר, מַשְׂכֹּרֶת

wage, ***v.t.*** עָשָׂה (מִלְחָמָה)

wager, ***v.t.*** **&** ***i.*** הִתְעָרֵב [ערב]

wager, ***n.*** הִתְעָרְבוּת, הַמְרָאָה

waggery, ***n.*** לֵצָנוּת, הֲלָצָה, מְשׁוּבָה

waggish, ***adj.*** לֵיצָנִי, הֲלָצִי, הִתּוּלִי

wagon, waggon, ***n.*** עֲגָלָה; קְרוֹן רַכֶּבֶת; עֶגְלַת (מְכוֹנִית) מַשָּׂא

wagtail, ***n.*** נַחֲלִיאֵלִי

waif, ***n.*** (יֶלֶד) הֶפְקֵר, אֲסוּפִי

wail, ***v.t.*** **&** ***i.*** קוֹנֵן [קין], יִלֵּל, הִתְאַבֵּל [אבל]

wail, ***n.*** קִינָה, יְלָלָה

waist, ***n.*** מֹתֶן, מָתְנַיִם

waistcoat, ***n.*** מָתְנִיָּה, חֲזִיָּה

wait, ***n.*** הַמְתָּנָה, חִכּוּי

wait, ***v.t.*** **&** ***i.*** הִמְתִּין [מתן], חִכָּה; שֵׁרֵת; הִגִּישׁ [נגש] (מַאֲכָלִים)

waiter, ***n.*** מֶלְצַר, דַּיָּל

waiting, ***n.*** צִפִּיָּה, חִכּוּי

waitress, ***n.*** מֶלְצָרִית, דַּיֶּלֶת

waive, ***v.t.*** וִתֵּר עַל (זְכוּת)

waiver, ***n.*** וִתּוּר

wake, ***n.*** עָקֵב; שִׁמּוּרִים, מִשְׁמָר

wake, ***v.t.*** **&** ***i.*** הֵקִיץ [קוץ], הֵעִיר [עור], הִתְעוֹרֵר [עור]; עָמַד עַל הַמִּשְׁמָר

wakeful, ***adj.*** עֵר, נְדוּד שֵׁנָה

wakefulness, ***n.*** עֵרוּת

waken, ***v.t.*** **&** ***i.*** הִתְעוֹרֵר [עור]

wale, ***n.*** **&** ***v.t.*** רְצוּעָה; רָצַע

walk, ***n., v.i.*** **&** ***t.*** הֲלִיכָה; דֶּרֶךְ; טִיּוּל; הָלַךְ, טִיֵּל, פָּסַע, צָעַד, הִתְהַלֵּךְ [הלך]

walking, ***n.*** הֲלִיכָה

walkingstick מַקֵּל (הֲלִיכָה), יָד (לְטִיּוּל)

walkout, *n.* שְׁבִיתָה

wall, *n.* כֹּתֶל, קִיר, חוֹמָה

wall, *v.t.* גָּדַר, הֵקִיף [קוף] חוֹמָה

wallet, *n.* אַרְנָק

wallflower, *n.* מַנְתּוּר צָהֹב

wallop, *n.* & *v.t.* מַכָּה; הִכָּה [נכה]

wallow, *v.i.* הִתְבּוֹסֵס [בוס], הִתְגּוֹלֵל [גלל]; הִתְגַּלְגֵּל [גלגל] בְּמוֹתָרוֹת

wallpaper, *n.* נְיָר קִיר

walnut, *n.* אֱגוֹז

walrus, *n.* סוּס הַיָּם

waltz, *n.* רִקּוּד הַסְּחַרְחֹרֶת, וַלְס

waltz, *v.t.* & *i.* יָצָא בִּמְחוֹל הַסְּחַרְחֹרֶת, הִסְתַּחְרֵר [סחרר]

wan, *adj.* חִוֵּר, חוֹלָנִי

wand, *n.* שֵׁבֶט, מַקֵּל, מַטֶּה

wander, *v.i.* נָדַד, תָּעָה

wanderer, *n.* נָע וָנָד, נוֹדֵד, תּוֹעֶה

Wandering Jew הַיְּהוּדִי הַנּוֹדֵד; (צֶמַח מִשְׂתָּרֵעַ)

wane, *v.i.* הִתְמַעֵט [מעט], הָלַךְ וְפָחַת

wane, *n.* הִתְמַעֲטוּת (הַיָּרֵחַ), גְּמָר (הַקַּיִץ)

wangle, *v.t.* & *i.* הִתְחַכֵּם [חכם], הִתְחַמֵּק [חמק]

want, *n.* מַחְסוֹר, חֹסֶר, צֹרֶךְ, הֶכְרֵחַ

want, *v.t.* & *i.* חָפֵץ, רָצָה; חָסַר, הִצְטָרֵךְ [צרך]

wanting, *adj.* נֶעְדָּר, לָקוּי, חָסֵר

wanton, *adj.* מָשְׁחָת, הוֹלֵל, תַּאַוְתָנִי

wantonness, *n.* הֶפְקֵרוּת, פְּרִיצוּת

war, *n.* מִלְחָמָה

war, *v.i.* נִלְחַם [לחם], לָחַם

warbler, *n.* זָמִיר

ward, *n.* כֶּלֶא; חֶדֶר (בְּבֵית חוֹלִים) מִשְׁמָר, הַשְׁגָּחָה; חָנִיךְ

warden, warder, *n.* שׁוֹמֵר, מְפַקֵּחַ; כַּלַּאי

wares, *n. pl.* סְחוֹרָה

warehouse, *n.* & *v.t.* מַחְסָן; אִחְסֵן

warfare, *n.* (תַּכְסִיסֵי) מִלְחָמָה, קְרָב

warily, *adv.* בִּזְהִירוּת

wariness, *n.* זְהִירוּת

warlike, *adj.* מִלְחַמְתִּי, קְרָבִי

warlock, *n.* קוֹסֵם, מְכַשֵּׁף, בַּעַל אוֹב

warm, *adj.* חַם, חָמִים; לְבָבִי; מִתְלַהֵב

warm, *v.t.* & *i.* חִמֵּם, הִתְחַמֵּם [חמם]; עִנְיֵן, הִתְעַנְיֵן [ענין]

warmth, *n.* חֹם, לְבָבִיּוּת, חֲמִימוּת

warn, *v.t.* הִתְרָה [תרה], הִזְהִיר [זהר]

warning, *n.* אַזְהָרָה, הַזְהָרָה

warp, *n.* שְׁתִי; חֶבֶל גְּרָר (שֶׁל אֳנִיָּה); עִקּוּל

warp, *v.t.* & *i.* עִקֵּם, סִלֵּף, נָטָה הַצִּדָּה; גָּרַר (מָשַׁךְ) בְּחֶבֶל

warrant, *n.* עֲרֻבָּה, יִפּוּי כֹּחַ, אִשּׁוּר; פְּקֻדַּת מַאֲסָר

warrant, *v.t.* הִצְדִּיק [צדק], יִפָּה כֹּחַ, הִרְשָׁה [רשה]

warranty, *n.* יִפּוּי כֹּחַ; עֲרֵבוּת

warrior, *n.* אִישׁ מִלְחָמָה, חַיָּל, אִישׁ צָבָא

warship, *n.* אֳנִיַּת מִלְחָמָה

wart, *n.* יַבֶּלֶת

wary, *adj.* זָהִיר

was, *v.* be

wash, *n.* כִּבּוּס, כְּבִיסָה, כְּבָסִים; רְחִיצָה

wash, *v.t.* & *i.* רָחַץ; כִּבֵּס; חָפַף (רֹאשׁ); נָטַל (יָדַיִם); שָׁטַף, נִשְׁטַף [שטף]

washcloth, *n.* מַטְלִית

washer, *n.* כַּבָּס, כּוֹבֵס; דִּסְקִית

washing, *n.* כִּבּוּס, כְּבִיסָה

washing machine מְכוֹנַת כְּבִיסָה

washroom, *n.* חֲדַר רַחְצָה

wasp, *n.* צִרְעָה

waste, *adj.* חָרֵב, שׁוֹמֵם; פָּסוּל

waste, *n.* הפסד, בזבוז, פסלת, שממון
waste, *v.t. & i.* השם [שום], כלה, בזבז; רזה, נשחף [שחף]
wasteful, *adj.* משחית, בזבזן
waste (paper) basket, *n.* סל (לפסלת) ניירות
watch, *n.* שעון; אשמורה, אשמרת, משמרת, שמירה, השגחה, משמר
watch, *v.t. & i.* שמר, נטר, צפה, צפה
watchdog, *n.* כלב שמירה
watchmaker, *n.* שען
watchman, *n.* שומר, נוצר
watchtower, *n.* מצפה
watchword, *n.* סיסמה
water, *n.* מים; ים; שתן
water, *v.t. & i.* השקה [שקה], הרוה [רוה]; זלג (דמעות); שתה; דר [ריר] (הפה)
water closet בית (כסא) כבוד
water color צבע מים
watercourse, *n.* זרם, תעלה
water cure רפוי במים
waterfall, *n.* אשד
watermelon, *n.* אבטיח
waterproof, *adj.* אטים, בלתי חדיר למים
waterside, *n.* חוף ים, שפת נהר
waterway, *n.* תעלה
watt, *n.* וט, יחידת מדה לחשמל
wave, *n.* גל, משבר; תנופה; תלתל
wave, *v.t. & i.* הניף [נוף], נפנף; נע [נוע] (גל), התנפנף [נפנף]; תלתל
waver, *v.i.* פקפק, הבליח [בלח], התמוטט [מוט]
wavy, *adj.* גלי
wax, *n.* דונג, שעוה
wax, *v.t. & i.* דגג; התגדל [גדל] (הירח), נעשה [עשה] יותר מלא, היה
way, *n.* דרך, ארח; אפן; מגמה
wayfaring, *n.* נסיעה
waylay, *v.t.* ארב ל־
wayward, *adj.* ממרה, סורר
we, *pron.* אנחנו, אנו, נחנו
weak, *adj.* חלש, תשוש, רפה, חלוש
weaken, *v.t. & i.* החליש [חלש], רפה, תשש, חלש
weakling, *n.* אין אונים, תשוש רוח
weakness, *n.* חלשה, רפיון, תשישות, חלשות
wealth, *n.* עשר, רכוש, הון, כבדה
wealthy, *n.* עשיר, אמיד
wean, *v.t.* גמל (ילד מיניקה); הרחיק [רחק] מן ההרגל
weapon, *n.* נשק, זין, כלי זין
wear, *v.t. & i.* לבש; נשא; בלה, בלה
weariness, *n.* תלאה
wearisome, *adj.* מעיף, מלאה
weary, *adj.* מעיף, עיף, מיגע
weary, *v.t. & i.* יגע, עיף, התיגע [יגע]; עיף, התעיף [עיף]
weasel, *n.* חלדה
weather, *n.* אויר, מזג אויר
weather, *v.t. & i.* עמד בפני, סבל
weathercock, *n.* שבשבת
weave, *v.t. & i.* ארג, סרג
weaver, *n.* אורג
weaving, *n.* אריגה, מקלעת
web, *n.* ארג, אריג; קורי עכביש; רשת; קרום השחיה
wed, *v.t. & i.* נשא (אשה); נשאה (לאיש)
wedding, *n.* חתנה, נשואים, חפה
wedge, *n.* יתד, טריז
wedge, *v.t.* בקע, נעץ
wedlock, *n.* כלולות, נשואים

Wednesday, *n.* יוֹם רְבִיעִי, יוֹם ד׳
wee, *adj.* קְטַנְטַן, זָעִיר
weed, *n. v.t.* & *i.* עֵשֶׂב (שׁוֹטֶה) רַע; נִכֵּשׁ
weeds, *n. pl.* עֲשָׂבִים (שׁוֹטִים) רָעִים; בִּגְדֵי אֲבֵלִים
week, *n.* שָׁבוּעַ
weekday, *n.* יוֹם חֹל
week end סוֹף הַשָּׁבוּעַ
weekly, *adj.* שְׁבוּעִי
weekly, *n.* שְׁבוּעוֹן
weekly, *adv.* פַּעַם בְּשָׁבוּעַ
weep, *v.t.* & *i.* בָּכָה, דָּמַע
weeper, *n.* בַּכְיָן
weeping, *adj.* בּוֹכֶה, דּוֹמֵעַ; גָּשׁוּם
weevil, *n.* חִפּוּשִׁית הַסָּס, רְצִינָה, תּוֹלַעַת הַתְּבוּאָה
weigh, *v.t.* & *i.* שָׁקַל; סָבַר, חָשַׁב; הָיָה שָׁקוּל; הֵרִים [רום] (עֹגֶן)
weight, *n.* & *v.t.* מִשְׁקָל, כֹּבֶד; עֵרֶךְ; הִכְבִּיד [כבד]
weighty, *adj.* כָּבֵד, חָשׁוּב
weir, *n.* סֶכֶר; סְבַךְ נָהָר
weird, *adj.* גּוֹרָלִי; בִּלְתִּי טִבְעִי
welcome, *adj.* רָצוּי, שֶׁבּוֹאוֹ בָּרוּךְ
welcome, *n.* קַבָּלַת פָּנִים
welcome, *v.t.* & *interj.* קִבֵּל בְּסֵבֶר פָּנִים יָפוֹת, קִדֵּם בִּבְרָכָה; בָּרוּךְ הַבָּא
weld, *v.t.* רִתֵּךְ
welder, *n.* רַתָּךְ
welfare, *n.* בְּרִיאוּת, אֹשֶׁר
well, *adj.* בָּרִיא, טוֹב
well, *n.* בְּאֵר, בַּיִר; מָקוֹר (יְדִיעוֹת)
well, *adv.* טוֹב, הֵיטֵב, מְאֹד, יָפֶה
well-behaved, *adj.* הַמִּתְנַהֵג יָפֶה, בַּעַל מִדּוֹת טוֹבוֹת
well-being, *n.* בְּרִיאוּת
well-bred, *adj.* מְחֻנָּךְ הֵיטֵב, מְנֻמָּס
well-nigh, *adv.* קָרוֹב לְ־, כִּמְעַט

well-to-do, well-off, *adj.* אָמִיד, מַצְלִיחַ
welter, *v.i.* הִתְגּוֹלֵל [גלל], הִתְבּוֹסֵס [בוס]; הָיָה בִּמְבוּכָה
wen, *n.* מֻרְסָה, חַבּוּרָה, בּוּעָה
wench, *n.* נַעֲרָה; אָמָה, שִׁפְחָה
west, *n.* & *adj.* מַעֲרָב, יָם; מַעֲרָבִי
west, *adv.* מַעֲרָבָה
westerly, *adj.* & *adv.* מַעֲרָבִי, מַעֲרָבָה
western, *adj.* מַעֲרָבִי
westward, *adj.* & *adv.* מַעֲרָבָה, יָמָּה
wet, *adj.* לַח, רָטֹב; גָּשׁוּם
wet, wetness, *n.* רְטִיבוּת
wet, *v.t.* & *i.* הִרְטִיב [רטב], לְחְלַח; הִתְרַטֵּב [רטב]
wet nurse מֵינֶקֶת
whack, *n.* סְטִירָה, מַכָּה, הַכָּאָה
whale, *n.* לִוְיָתָן
wharf, *n.* מַעֲגָן, רָצִיף
what, *adj.* & *pron.* מַה (מָה, מֶה); אֲשֶׁר, שֶׁ־
whatever, whatsoever, *adj.* & *pron.* מַה שֶּׁ־, כָּל שֶׁהוּא, אֵיזֶה שֶׁהוּ, כָּל אֲשֶׁר
wheal, *n.* צַלֶּקֶת, חַבּוּרָה
wheat, *n.* חִטָּה
wheel, *n.* גַּלְגַּל, אוֹפָן
wheel, *v.t.* & *i.* גִּלְגֵּל, הִתְגַּלְגֵּל [גלגל]; סוֹבֵב [סבב]
wheelbarrow, *n.* חֲדוֹפַן, מְרִיצָה
wheeze, *n.* & *v.i.* נְשִׁימָה כְּבֵדָה; נָשַׁם בִּכְבֵדוּת
when, *adv.* & *conj.* מָתַי, אֵימָתַי; כַּאֲשֶׁר, בִּזְמַן שֶׁ־, כְּשֶׁ־
whence, *adv.* מֵעַתָּה, אֵי מִזֶּה, מִנַּיִן
whenever, *adv.* בְּכָל פַּעַם שֶׁ־, בְּכָל עֵת אֲשֶׁר, כָּל אֵימַת שֶׁ־
where, *adv.* אֵיפֹה, אַיֵּה, לְאָן, אָנָה, בִּמְקוֹם אֲשֶׁר

whereabouts, whereabout, *n.* & *adv.* מָקוֹם; בְּאֵיזֶה מָקוֹם

whereas, *conj.* כְּפִי שֶׁ־, הֱיוֹת שֶׁ־, כֵּיוָן שֶׁ־, הוֹאִיל וְ־

whereat, *adv.* לַאֲשֶׁר; אָז

whereby, *adv.* בַּאֲשֶׁר; בַּמֶּה

wherefore, *adv.* לָמָּה, מַדּוּעַ, לְפִיכָךְ

wherein, *adv.* בַּאֲשֶׁר; בַּמֶּה

whereof, *adv.* בַּמֶּה, עַל מַה, מִמָּה, אֲשֶׁר מִמֶּנּוּ

whereto, *adv.* אָנָה, לְאָן, לְהֵיכָן, אֲשֶׁר אֵלָיו

whereupon, *adv.* עַל (לְשֵׁם) מַה, לַאֲשֶׁר

wherewithal, *n.* אֶמְצָעִים

wherewithal, wherewith, *adv.* בַּמֶּה, אֲשֶׁר בּוֹ

wherever, *adv.* בְּאֵיזֶה מָקוֹם, בְּכָל מָקוֹם שֶׁ־

whet, *v.t.* הִשְׁחִיז [שחז], חִדֵּד, לָטַשׁ; עוֹרֵר [עור], גֵּרָה

whether, *conj.* אִם

whetstone, *n.* מַשְׁחֶזֶת, מַלְטֶשֶׁת

whey, *n.* מֵי גְבִינָה, קוֹם

which, *pron.* אֵיזֶה, אֵיזוֹ

whichever, whichsoever, *adj.* & *pron.* אֵיזֶה שֶׁהוּא, זֶה אוֹ זֶה

whiff, *n.* נְשִׁימָה, נְשִׁיבָה, נְשִׁיפָה

whiff, *v.t.* & *i.* נָשַׁב, נָשַׁף; הוֹצִיא [יצא] עִגּוּלֵי עָשָׁן

while, *n.* & *conj.* זְמַן, זְמַן מַה, עֵת; בִּזְמַן שֶׁ־, כָּל זְמַן שֶׁ־, כָּל עוֹד

while, *v.t.* בִּלָּה (זְמַן)

whilst, *conj.*, *v.* while

whim, whimsey, whimsy, *n.* צִבְיוֹן

whimper, *n.* יְבָבָה חֲרִישִׁית

whimsical, *adj.* צִבְיוֹנִי

whin, *n.* רֹתֶם

whine, *n.* יְלָלָה, יְבָבָה

whine, *v.t* .& *i.* יִלֵּל, יִבֵּב, בָּכָה

whinny, *n.* צַהֲלָה (סוּס), צְנִיפָה

whinny, *v.i.* צָהַל, צָנַף

whip, *n.* שׁוֹט, שֵׁבֶט, מַגְלֵב; עֶגְלוֹן; קַצֶּפֶת

whip, *v.t.* & *i.* הִלְקָה [לקה], חָבַט, הִצְלִיף [צלף]; הִקְצִיף [קצף]

whir, *n.* זִמְזוּם; מְהוּמָה, מְהִירוּת

whir, *v.i.* זִמְזֵם; הָמָה

whirl, *n.* הִסְתּוֹבְבוּת; הֲמֻלָּה

whirl, *v.t.* & *i.* הִסְתּוֹבֵב [סבב], סִבֵּב (בִּמְהִירוּת); הֵרִים [כום] בְּסוּפָה (עֲלֵי שַׁלֶּכֶת)

whirlpool, *n.* מְעַרְבֹּלֶת, שִׁבֹּלֶת מַיִם

whirlwind, *n.* סוּפָה, סְעָרָה

whisk, *n.* טֵאוּט מָהִיר; תְּנוּעָה קַלָּה; מַקְצֵף

whisk broom מַטְאֲטֵא בְּגָדִים

whiskers, *n. pl.* זָקָן; שְׂפַם הֶחָתוּל

whisky, whiskey, *n.* שֵׁכָר, יַיִן שָׂרָף

whisper, *n.* לְחִישָׁה, לַחַשׁ

whisper, *v.t.* & *i.* הִתְלַחֵשׁ [לחש], לָחַשׁ

whistle, *n.* מַשְׁרוֹקִית; שְׁרִיקָה

whistle, *v.t.* & *i.* שָׁרַק, צִפְצֵף

whit, *n.* שֶׁמֶץ, מַשֶּׁהוּ

white, *adj.* לָבָן

white, *n.* לֹבֶן; חֶלְבּוֹן

White House, The הַבַּיִת הַלָּבָן, בֵּית מוֹשָׁבוֹ שֶׁל נְשִׂיא ארה״ב

whiten, *v.t.* & *i.* לִבֵּן, הִלְבִּין [לבן]

whiteness, *n.* לֹבֶן

whitewash, *n.* סִיד, שִׂיד

whitewash, *v.t.* סִיֵּד; חִפָּה עַל, עָצַם עַיִן

whither, *adv.* אֲשֶׁר שָׁם; אָנָה, לְאָן

whitish, *adj.* לְבַנְבַּן

whitlow, *n.* כְּאֵב צִפֹּרֶן

Whitsuntide, *n.* חַג הַשָּׁבוּעוֹת

whittle, *v.t.* & *i.* חִתֵּךְ עֵץ בְּסַכִּין; הִמְעִיט [מעט] (בְּהוֹצָאוֹת)
whiz, whizz, *n.* & *v.t.* זִמְזוּם; זִמְזֵם
who, *pron.* מִי; אֲשֶׁר, שֶׁ־
whoever, *pron.* כָּל אֲשֶׁר, כָּל מִי שֶׁ־
whole, *adj.* שָׁלֵם, כָּל
whole, *n.* כֹּל, הַכֹּל
wholehearted, *adj.* בְּכָל לֵב
wholeness, *n.* שְׁלֵמוּת
wholesale, *n.* סִיטוֹנוּת
wholesaler, *n.* סִיטוֹנַאי, סִיטוֹן
wholesome, *adj.* בָּרִיא, מַבְרִיא
wholly, *adj.* כֻּלּוֹ, כָּלִיל, לְגַמְרֵי
whom, *pron.* אֶת מִי, אֶת אֲשֶׁר, אֲשֶׁר
whomsoever, *pron.* אֶת מִי שֶׁהוּא
whooping cough שַׁעֶלֶת
whore, *n.* זוֹנָה, יַצְאָנִית, מֻפְקֶרֶת, נוֹאֶפֶת
whore, *v.t.* & *i.* זָנָה, הִזְנָה [זנה], נָאַף
whortleberry, *n.* אֻכְמָנִית
whose, *pron.* שֶׁל מִי, אֲשֶׁר... לוֹ
why, *adv.* מִפְּנֵי מָה, מַדּוּעַ, לָמָּה
wick, *n.* פְּתִילָה
wicked, *adj.* רַע, רָשָׁע; שׁוֹבָב
wickedness, *n.* רִשְׁעוּת, רֶשַׁע
wicker, *n.* זֶרֶד, נֵצֶר
wicket, *n.* פִּשְׁפָּשׁ (פֶּתַח בְּשַׁעַר); תָּא הַקֻּפָּה; קֶשֶׁת (בְּמִשְׂחַק קְרִיקֶט)
wide, *adj.* רָחָב; נִרְחָב, מְרֻוָּח
wide, *adv.* לִרְוָחָה; לְמֵרָחוֹק
wide-awake, *adj.* עֵרָנִי, עֵר לְגַמְרֵי
widen, *v.t.* & *i.* הִרְחִיב [רחב]; הִתְרַחֵב [רחב], רָחַב
wide-open, *adj.* פָּתוּחַ לִרְוָחָה
widespread, *adj.* נָפוֹץ בְּרַבִּים
widow, *n.* & *v.t.* אַלְמָנָה; אִלְמֵן
widower, *n.* אַלְמָן
widowhood, *n.* אַלְמוֹן, אַלְמְנוּת
width, *n.* רֹחַב; רְוָחָה
wield, *v.t.* עָצַר בְּ־, שָׁלַט עַל; תָּפַשׂ, מָשַׁךְ בְּ־
wife, *n.* אִשָּׁה, רַעְיָה, זוּגָה, עֵזֶר כְּנֶגְדּוֹ
wifehood, *n.* אִשּׁוּת
wig, *n.* פֵּאָה נָכְרִית
wigwag, *n.* אִתּוּת (בִּדְגָלִים וְכוּ׳)
wigwag, *v.t.* & *i.* אִתֵּת; הִתְנוֹעֵעַ [נוע]; כִּשְׁכֵּשׁ (זָנָב)
wild, *adj.* שׁוֹבָב; פָּרוּעַ; פֶּרֶא
wild ass עָרוֹד, פֶּרֶא, חֲמוֹר הַבָּר
wildcat, *n.* חֲתוּל הַבָּר, שׁוּנְרָה; פֶּרֶא אָדָם; עֵסֶק בִּישׁ; קְדִיחַת בְּאֵר (לְלֹא סִכּוּי הִמָּצְאוּת נֵפְט)
wilderness, *n.* יְשִׁימוֹן, מִדְבָּר
wildness, *n.* פִּרְאוּת
wile, *n.* עָרְמָה
will, *n.* רָצוֹן; צַוָּאָה
will, *v.t.* & *i.* רָצָה, חָפֵץ; הוֹרִישׁ [ירש], צִוָּה, הִשְׁאִיר [שאר]
willful, wilful, *adj.* מֵזִיד, עַקְשָׁן, עַקְשָׁנִי
willing, *adj.* רוֹצֶה, מְרֻצֶּה, חָפֵץ
willow, *n.* עֲרָבָה, צַפְצָפָה
willy-nilly, *adj.* & *adv.* שֶׁלֹּא בְּרָצוֹן; מִתּוֹךְ הֶכְרֵחַ
wilt, *n.* *v.t.* & *i.* קְמִילָה, כְּמִישָׁה; קָמַל, כָּמַשׁ, נָבַל; חָלַשׁ, עִלֵּף
wily, *adj.* עָרוּם
win, *n.*, *v.t.* & *i.* נִצָּחוֹן, הַצְלָחָה, נִצַּח, זָכָה; רָכַשׁ לֵב; הִרְוִיחַ [רוח]
wince, *n.* הַרְתָּעָה
wince, *v.i.* סָלַד, נִרְתַּע [רתע]
winch, *n.* אַרְכֻּבָּה, מָנוֹף
wind, *n.* רוּחַ; נְשִׁימָה; פִּטְפּוּט
wind, *v.t.* & *i.* כָּרַךְ, נִלְפַּת [לפת]; הִתְפַּתֵּל [פתל]; כִּוֵּן (שָׁעוֹן)
windfall, *n.* נֶשֶׁר; רֶוַח פִּתְאֹמִי

windmill, *n.* טַחֲנַת רוּחַ
window, *n.* חַלּוֹן, אֶשְׁנָב, צֹהַר
windowpane, *n.* זְגוּגִית, שִׁמְשָׁה
windpipe, *n.* גַּרְגֶּרֶת
windshield, *n.* שִׁמְשַׁת מָגֵן, מָגֵן רוּחַ
windup, *n.* גֶּמֶר, סִיּוּם
windy, *adj.* שֶׁל רוּחַ, סוֹעֵר; פַּטְפְּטָנִי
wine, n., *v.t.* & *i.* יַיִן, חֶמֶר; שָׁתָה, הִשְׁקָה [שקה] יַיִן
wineglass, *n.* גְּבִיעַ (כּוֹס) שֶׁל יַיִן
wing, *n.* כָּנָף; אֲגַף (צָבָא)
wing, *v.t.* & *i.* דָּאָה, עָף [עוף], עוֹפֵף [עוף]; פָּצַע (כָּנָף), נִכְנַף [כנף]
wink, *n.* קְרִיצַת עַיִן; רֶמֶז, רְמִיזָה
wink, *v.t.* & *i.* מִצְמֵץ, קָרַץ עַיִן; רָמַז
winner, *n.* מְנַצֵּחַ, זוֹכֶה
winnow, *n.* מִזְרֶה
winnow, *v.t.* & *i.* זָרָה, נִפָּה; הֵפִיץ [פוץ]
winter, *n.* חֹרֶף
winter, *v.t.* & *i.* חָרַף, הֶחֱרִיף [חרף]
wintry, *adj.* חָרְפִּי
wipe, *v.t.* קִנַּח, נִגֵּב, מָחָה (אַף); הִשְׁמִיד [שמד]
wire, *n.* חוּט (מַתֶּכֶת) בַּרְזֶל, תַּיִל; מִבְרָק
wire, *v.t.* & *i.* חִזֵּק (קָשַׁר) בְּחוּט בַּרְזֶל; הִבְרִיק [ברק]
wireless, *adj.* & *n.* אַלְחוּטִי; אַלְחוּט
wiring, *n.* חִבּוּר חוּטֵי חַשְׁמַל, תִּיּוּל
wisdom, *n.* בִּינָה, חָכְמָה, חָכְמוֹת
wisdom tooth שֵׁן הַבִּינָה
wise, *adj.* נָבוֹן, פִּקֵּחַ, חָכָם
wiseacre, *n.* מִתְחַכֵּם, שׁוֹטֶה
wisecrack, *n.* הֶעָרָה מְחֻכֶּמֶת
wisecrack, *v.i.* דִּבֵּר וְהִתְחַכֵּם [חכם]
wish, *n.* מִשְׁאָלָה, רָצוֹן; אִחוּל
wish, *v.t.* & *i.* חָפֵץ, אִוָּה, רָצָה, הִתְאַוָּה [אוה]; אִחֵל

wishbone, *n.* עֶצֶם הֶחָזֶה (בָּעוֹף)
wishful, *adj.* מִשְׁתּוֹקֵק
wisp, *n.* חֲבִילַת (אֲגֻדַּת) חָצִיר (קַשׁ); מַטְאֲטֵא קָטָן
wistful, *adj.* מִתְגַּעְגֵּעַ, שָׁקוּעַ בְּמַחֲשָׁבוֹת
wit, *v.t.* & *i.* יָדַע
wit, *n.* שֵׂכֶל, חָכְמָה, עָרְמָה, פִּקְחוּת; חִדּוּד, שְׁנִינָה; פִּקֵּחַ
witch, *n.* מְכַשֵּׁפָה, קוֹסֶמֶת, בַּעֲלַת אוֹב
witchcraft, **witchery**, *n.* קְסָמִים, קִסּוּם, כְּשָׁפִים, כִּשּׁוּף, אוֹב
with, *prep.* עִם, אֶת, בְּ־
withdraw, *v.t.* & *i.* הוֹצִיא [יצא], הֵסִיר [סור]; הִסְתַּלֵּק [סלק], פָּרַשׁ; יָצָא, נָסוֹג [סוג]
withdrawal, *n.* לְקִיחָה בַּחֲזָרָה, הִסְתַּלְּקוּת, פְּרִישָׁה; נְסִיגָה
wither, *v.t.* & *i.* נִכְמַשׁ [כמש]; הוֹבִישׁ [יבש]; רָזָה; יָבֵשׁ, נָבַל
withhold, *v.t.* מָנַע, עָצַר; הֶחֱזִיק [חזק]
within, *prep.* פְּנִימָה
within, *adv.* בְּתוֹךְ, בִּפְנִים, בְּקֶרֶב
without, *adv.* בַּחוּץ, מִחוּץ
without, *prep.* בְּלִי
withstand, *v.t.* & *i.* סָבַל, עָמַד בִּפְנֵי
witness, *n.* עֵד; שָׂהֵד; עֵדוּת
witness, *v.t.* & *i.* הֵעִיד [עוד], סִהֵד
witticism, *n.* חִדּוּד, הֲלָצָה, שְׁנִינָה
wittingly, *adv.* בְּכַוָּנָה
witty, *adj.* הֲלָצִי, חִדּוּדִי, חָרִיף
wizard, *n.* קוֹסֵם, מְכַשֵּׁף, יִדְּעוֹנִי, אַשָּׁף
wobble, **wabble**, *v.i.* הִתְנוֹעֵעַ [נוע], רָעַד
woe, **wo**, *n.* יָגוֹן, תּוּגָה, מַדְוֶה
woeful, **woful**, *adj.* עָצוּב, נוּגֶה
wolf, *n.* זְאֵב; רוֹדֵף נָשִׁים
woman, *n.* אִשָּׁה, בַּעֲלָה, נְקֵבָה
womanhood, *n.* אִשּׁוּת, נָשִׁיּוּת

womankind, *n.* נָשִׁים

womb, *n.* רֶחֶם

wonder, *n.* פֶּלֶא, תִּמָּהוֹן, הִתְפַּלְּאוּת, הִשְׁתּוֹמְמוּת

wonder, *v.i.* הִתְפַּלֵּא [פלא], הִשְׁתּוֹמֵם [שמם], תָּמַה

wonderful, *adj.* נִפְלָא, מַפְלִיא, תָּמוּהַּ

wonderment, *n.* הִתְפַּלְּאוּת, הִשְׁתּוֹמְמוּת

wondrous, *adj.* נִפְלָא, מֻפְלָא

wont, *adj.* רָגִיל, מֻרְגָּל

wont, *n.* הֶרְגֵּל, מִנְהָג

woo, *v.t.* רָדַף (חִזֵּר) אַחֲרֵי (אִשָּׁה)

wood, *n.* עֵץ, עֵצָה; יַעַר, חֹרֶשׁ

woodchopper, *n.* חוֹטֵב עֵצִים

woodcock, *n.* חַרְטוֹמָן

woodcut, *n.* פִּתּוּחַ עֵץ, תַּחֲרִיט

wooden, *adj.* עֵצִי

woodpecker, *n.* נַקָּר

wood pigeon צוֹצָל, צוֹצֶלֶת, יוֹנַת בָּר

wood pulp מוֹךְ הָעֵץ

woodworker, *n.* חָרַשׁ עֵץ, נַגָּר

woof, *n.* עֶרֶב, נֶפֶשׁ הַמַּסֶּכֶת

wool, *n.* צֶמֶר

woolen, woollen, *adj.* צַמְרִי

woolen, woollen, *n.* אֲרִיג צֶמֶר

woolens, *n. pl.* בִּגְדֵי צֶמֶר, סְחוֹרַת צֶמֶר

woolly, *adj.* צָמִיר, צַמְרִי

word, *n.* מִלָּה, תֵּבָה; דִּבּוּר; הַבְטָחָה

wording, *n.* נֹסַח, הַבָּעָה (בְּמִלִּים)

work, *n.* עֲבוֹדָה, מְלָאכָה, פְּעֻלָּה

work, *v.t. & i.* עָבַד, פָּעַל; הֶעֱבִיד [עבד]; הִשְׁפִּיעַ [שפע]

workable, *adj.* מַעֲשִׂי, בַּר בִּצּוּעַ

worker, workman, *n.* פּוֹעֵל, שָׂכִיר

workmanship, *n.* אֻמָּנוּת, מְלָאכָה

workroom, *n.* חֲדַר עֲבוֹדָה

workshop, *n.* בֵּית מְלָאכָה

world, *n.* עוֹלָם, תֵּבֵל, חֶלֶד; אֶרֶץ

worldly, *adj.* אַרְצִי, חָמְרִי, חִלּוֹנִי

worm, *n.* תּוֹלָע, תּוֹלַעַת, רִמָּה; סְלִיל

worm-eaten, *adj.* אֲכוּל תּוֹלָעִים, מְתֻלָּע

wormwood, *n.* לַעֲנָה

worn-out, *adj.* מָהוּהַּ, בָּלוּי

worry, *n.* דְּאָגָה, חֲרָדָה

worry, *v.t. & i.* דָּאַג; חָשַׁשׁ לְ־; נָשַׁךְ (טָרַף) עַד מָוֶת; הִדְאִיב [דאב], צִעֵר, הֶעֱצִיב [עצב], הִצְטַעֵר [צער]

worse, *adj. & adv.* גָּרוּעַ (רַע) מִן

worsen, *v.t. & i.* עָשָׂה (הָיָה) יוֹתֵר (רַע) גָּרוּעַ

worship, *n.* הַעֲרָצָה; פֻּלְחָן (דָּתִי); עֲבוֹדַת אֱלֹהִים; תְּפִלָּה; כְּבוֹד מַעֲלָתוֹ (רֹאשׁ עִיר, שׁוֹפֵט)

worship, *v.t. & i.* עָבַד אֱלֹהִים, הִתְפַּלֵּל [פלל], הֶעֱרִיץ [ערץ]

worst, *adj. & n.* הַגָּרוּעַ (הָרַע) בְּיוֹתֵר

worsted, *adj. & n.* מָשְׁזָר, חוּט מָשְׁזָר

worth, *adj.* כְּדַאי, רָאוּי; שֶׁמְּחִירוֹ שָׁוֶה

worth, *n.* עֵרֶךְ, שֹׁוִי, מְחִיר

worthless, *adj.* חֲסַר עֵרֶךְ

worthy, *adj.* רַב עֵרֶךְ, הָגוּן, נִכְבָּד, רָאוּי, זַכַּאי

wound, *n.* פֶּצַע, מַכָּה, חַבּוּרָה

wound, *v.t. & i.* פָּצַע, הִכְאִיב [כאב]

wrangle, *n.* וִכּוּחַ, רִיב, מַחֲלֹקֶת

wrangle, *v.i.* רָב [ריב], הִתְוַכַּח [יכח]

wrap, *n.* גְּלִימָה, עֲטִיפָה, גְּלוֹם

wrap, *v.t.* עָטַף, עָטָה, חִתֵּל, כִּסָּה

wrapper, *n.* עֲטִיפָה, מַעֲטֶה; עוֹטֵף

wrath, *n.* רֹגֶז, חָרוֹן, חֳרִי אַף, חֵמָה, כַּעַס, זַעַם

wrathful, *adj.* כּוֹעֵס, זוֹעֵם

wreak, *v.t.* נָקַם

wreath, *n.* זֵר, עֲטָרָה
wreathe, *v.t.* & *i.* עָשָׂה לְזֵר, הִסְתָּרֵג [סרג]
wreck, *n.* כִּלָּיוֹן, הֶרֶס, אַבְדָן; טֵרוּף סְפִינָה
wreck, *v.t.* & *i.* שִׁבֵּר, נִפֵּץ, הִשְׁחִית [שחת], נִטְרְפָה [טרף] סְפִינָה
wreckage, *n.* חֻרְבָּן, כִּלָּיוֹן; שִׁבְרֵי אֳנִיָּה
wren, *n.* גִּדְרוֹן
wrench, *n.* מַפְתֵּחַ בְּרָגִים; עִקּוּם, נְקִיעָה
wrench, *v.t.* & *i.* נָקַע; עִקֵּם; עִוֵּת (סֵרֵס) (מִלָּה, מִשְׁפָּט)
wrest, *v.t.* עָקַר, מָשַׁךְ בְּחָזְקָה, הוֹצִיא [יצא] בְּחָזְקָה
wrestle, *v.t.* & *i.* הִתְגּוֹשֵׁשׁ [גשש], נֶאֱבַק [אבק]
wrestle, wrestling, *n.* הֵאָבְקוּת, נַפְתּוּלִים, הִתְגּוֹשְׁשׁוּת
wrestler, *n.* מִתְגּוֹשֵׁשׁ
wretch, *n.* חֵלֶךְ, חֲלֵכָה, מִסְכֵּן, אֻמְלָל
wretched, *adj.* חֲלֵכָה, מִסְכֵּן, אֻמְלָל
wretchedness, *n.* מִסְכֵּנוּת, אֻמְלָלוּת
wriggle, *n.*, *v.t.* & *i.* הִתְפַּתְּלוּת; כִּשְׁכּוּשׁ (זָנָב); הִתְפַּתֵּל [פתל], נִעְנַע; כִּשְׁכֵּשׁ (זָנָב)
wright, *n.* בַּעַל מְלָאכָה, אוּמָן
wring, *v.t.* סָחַט; מָלַק; פֵּרַשׂ (יָדַיִם)
wringer, *n.* סוֹחֵט, מַסְחֵט, מַעְגִּילָה
wrinkle, *n.* קֶמֶט
wrinkle, *v.t.* & *i.* קָמַט, הִתְקַמֵּט [קמט]
wrinkly, wrinkled, *adj.* מְקֻמָּט, כָּמוּשׁ
wrist, *n.* פֶּרֶק (אַמַּת, שֹׁרֶשׁ) הַיָּד
wristwatch, *n.* שְׁעוֹן יָד
writ, *n.* כְּתָב, שְׁטָר; פְּקֻדָּה
write, *v.t.* & *i.* כָּתַב; חִבֵּר
writer, *n.* מְחַבֵּר, כּוֹתֵב, סוֹפֵר
writhe, *v.t.* & *i.* עִקֵּם, עִוָּה; הִתְעַקֵּם [עקם], הִתְעַוֵּת [עוה] (מִכְּאֵב)
writing, *n.* כְּתָב; כְּתִיבָה; חִבּוּר
written, *adj.* כָּתוּב
wrong, *adj.* לֹא נָכוֹן, לֹא צוֹדֵק, טוֹעֶה מֻטְעֶה; לֹא מַתְאִים
wrong, *n.* רַע, שֶׁקֶר, עַוְלָה, טָעוּת
wrong, *v.t.* הֵרַע [רעע], עָוָה (עַל)
wrongdoer, *n.* מְעַוֵּל, חוֹטֵא, רָשָׁע
wrought, *adj.* עָשׂוּי, מְעֻבָּד
wry, *adj.* עָקֹם, מְעֻקָּל, מְעֻוָּת
wych-elm, *n.* תְּאַשּׁוּר

X, x

X, x, *n.* אֶכְּס, הָאוֹת הָעֶשְׂרִים וְאַרְבַּע בָּאָלֶף בֵּית הָאַנְגְּלִי; כַּמּוּת בִּלְתִּי יְדוּעָה
xenophobia, *n.* שִׂנְאַת נָכְרִים
X ray קַרְנֵי (X) רֶנְטְגֶן
xylography, *n.* חֲרִיתַת עֵץ
xylophone, *n.* מַכּוֹשִׁית, כְּסִילוֹפוֹן

Y, y

Y, y, *n.* אוּאַי, הָאוֹת הָעֶשְׂרִים וְחָמֵשׁ בָּאָלֶף בֵּית הָאַנְגְּלִי
yacht, *n.* אֳנִיַּת טִיּוּל
yacht, *v.i.* שָׁט [שוט] (נָסַע) בָּאֳנִיַּת טִיּוּל

yachtsman, ***n.*** בַּעַל אֳנִיַּת טִיּוּל
yam, ***n.*** תַּפּוּחַ אֲדָמָה מָתוֹק
yank, ***v.t. & i.*** עָקַר, מָשַׁךְ בְּחָזְקָה, הוֹצִיא [יצא] בְּחָזְקָה
Yankee, ***n.*** יְלִיד אֲמֵרִיקָה
yap, ***v.i. & n.*** נָבַח; פִּטְפֵּט; פַּטְפְּטָן, נְבִיחָה
yard, ***n.*** תֹּרֶן; חָצֵר; אַמָּה, 0.9144 מֶטֶר
yardstick, ***n.*** קְנֵה מִדָּה, אַמָּה
yarn, ***n.*** מַטְוֶה; תִּקְוָה (פְּתִיל, חוּט) סִפּוּר בַּדִּים, בְּדוּתָה, בְּדָיָה
yaw, ***n.*** נְטִיָּה, נְטִיַּת אֳנִיָּה מִן הַדֶּרֶךְ
yaw, ***v.t. & i.*** נָטָה מֵהַדֶּרֶךְ
yawn, ***n.*** פִּהוּק
yawn, ***v.i.*** פִּהֵק
yea, ***adv.*** כֵּן, אָמְנָם כֵּן
yean, ***v.t. & i.*** הִמְלִיטָה [מלט] (טְלָאִים, גְּדָיִים)
year, ***n.*** שָׁנָה, יָמִים
yearbook, ***n.*** שְׁנָתוֹן
yearly, ***adj. & adv.*** שְׁנָתִי; בְּכָל שָׁנָה
yearn, ***v.i.*** הִתְגַּעְגַּע [געגע] לְ־, הִתְאַוָּה [אוה] לְ־, כָּסַף
yearning, ***n.*** גַּעְגּוּעִים, כִּסּוּפִים, כִּלְיוֹן עֵינַיִם, כְּלוֹת נֶפֶשׁ
yeast, ***n.*** שְׁמָרִים; קֶצֶף
yell, ***n.*** צְעָקָה, צְוָחָה, צְרִיחָה
yell, ***v.t. & i.*** צָעַק, צָוַח, צָרַח
yellow, ***adj.*** צָהֹב; מוּג לֵב
yellow, ***n.*** צְהִיבוּת; חֶלְמוֹן (בֵּיצָה)
yellowish, ***adj.*** צְהַבְהַב, כְּתַמְתַּם
yelp, ***v.i.*** יִלֵּל, נָבַח
yelp, ***n.*** נְבִיחָה, יְלָלָה
yeoman, ***n.*** פָּקִיד בְּבֵית הַמֶּלֶךְ; בַּעַל אֲחֻזָּה; בֶּן חוֹרִין
yes, ***adv.*** הֵן, כֵּן
yesterday, ***n. & adv.*** אֶתְמוֹל, תְּמוֹל
yet, ***adv.*** עֲדַיִן, עוֹד
Yiddish, ***n.*** אִידִית, יְהוּדִית, זַ׳רְגּוֹן
yield, ***n.*** יְבוּל, תְּנוּבָה, הַכְנָסָה
yield,, ***v.t. & i.*** נָתַן פְּרִי; מָסַר, וִתֵּר עַל, נִכְנַע [כנע]
yoke, ***n.*** עֹל; עַבְדוּת· אֶצֶל
yoke, ***v.t.*** נָתַן עֹל עַל, שִׁעְבֵּד
yokefellow, ***n.*** כְּנָת, רֵעַ, עָמִית, חָבֵר
yolk, ***n.*** חֶלְמוֹן
yonder, ***adv. & adj.*** שָׁם; הַלָּזֶה, הַהוּא (הָהֵם וְכוּ׳)
yore, ***adv.*** לְפָנִים, בִּימֵי קֶדֶם
you, ye, ***pron.*** אַתָּה, אַתְּ, אַתֶּם, אַתֶּן; אוֹתְךָ, אוֹתָךְ, אֶתְכֶם, אֶתְכֶן; לְךָ, לָךְ, לָכֶם, לָכֶן
young, ***adj.*** צָעִיר, רַךְ בְּשָׁנִים
young, ***n.*** צֶאֱצָאִים, וְלָדוֹת, גּוֹזָלִים
youngster, ***n.*** עֶלֶם, בָּחוּר
your, yours, ***adj. & pron.*** שֶׁלְּךָ, שֶׁלָּךְ, שֶׁלָּכֶם, שֶׁלָּכֶן
yourself, ***pron.*** אַתָּה בְּעַצְמְךָ, אַתְּ בְּעַצְמֵךְ
yours truly שֶׁלְּךָ (שֶׁלָּךְ) בֶּאֱמוּנָה
youth, ***n.*** נֹעַר, נְעוּרִים, בַּחֲרוּת; בָּחוּר, נַעַר
youthful, ***adj.*** צָעִיר, רַעֲנָן
yule, ***n.*** חַג הַמּוֹלָד
yuletide, ***n.*** תְּקוּפַת חַג הַמּוֹלָד

Z, z

Z, z, ***n.*** זֶד, זִי, הָאוֹת הָעֶשְׂרִים וָשֵׁשׁ בָּאָלֶף בֵּית הָאַנְגְּלִי
zany, ***n.*** בַּדְּחָן, לֵצָן
zeal, ***n.*** קַנָּאוּת, חֵשֶׁק, מְסִירוּת

zealot, *n.* קַנַּאי
zealous, *adj.* קַנָּאִי, נִלְהָב
zebra, *n.* זֶבְּרָה, סוּס עָקֹד
zebu, *n.* זֶבּוּ, שׁוֹר גִּבֵּן
zed, *n.* זֶד, שֵׁם הָאוֹת „z"
zenith, *n.* זֵנִית, לֵב הַשָּׁמַיִם; פִּסְגָּה
zephyr, *n.* רוּחַ יָם, רוּחַ צַח; צֶמֶר סְרִיגָה רַךְ
zero, *n.* אַיִן, לֹא כְלוּם, אֶפֶס, שֵׁם הַסִּפְרָה „0"
zest, *n.* הִתְלַהֲבוּת, חֵשֶׁק, טַעַם
zigzag, *adj.* & *n.* עֲקַלְקַל, עֲקַלָּתוֹן, זִגְזַגִּי; זִגְזַג
zinc, *n.* אָבָץ
zinc ointment אַבְצִית (מִשְׁחָה)
Zion, *n.* (הַר) צִיּוֹן; יְרוּשָׁלַיִם; יִשְׂרָאֵל
Zionism, *n.* צִיּוֹנוּת
Zionist, *n.* צִיּוֹנִי
zipper, *n.* רוֹכְסָן, רִצְרָץ
zither, *n.* צִיתָר
zodiac, *n.* (גַּלְגַּל) הַמַּזָּלוֹת
zonal, *adj.* אֲזוֹרִי
zone, *n.* אֵזוֹר
zoo, *n.* גַּן חַיּוֹת, בִּיבָר
zoology, *n.* זוֹאוֹלוֹגְיָה, תּוֹרַת הַחַי
zyme, *n.* תֹּסֶס
zymosis, *n.* תְּסִיסָה

HEBREW-ENGLISH

CONTENTS

Hebrew-English

English-Hebrew

(See other end of book.)

PREFACE

The language of the sacred writings of the Jews, from the earliest documents of the Bible down to modern times, has been Hebrew. Its history extends over a period of three millennia, during which time the language had naturally undergone significant linguistic development.

The *Jewish Encyclopedia* lists two broad phases of this linguistic development: (1) the creative period with its pre-exilic, postexilic and mishnaic phases, and (2) the reproductive period, beginning with amoraic literature (third century C.E.) and continuing until the present.

Biblical or classical Hebrew, concise, vigorous and poetic, underwent little change during the first commonwealth. Beginning with exilic times, however, aramaic influence on Hebrew began to be felt: increased number of word-borrowings, greater aramaization of its syntax; and its entrance into tannaitic literature, the chief work of which is the Mishnah.

New Hebrew or postbiblical Hebrew emerged as the language of the reproductive period, the second phase of linguistic development. The writers of talmudic, midrashic and liturgical literature adopted mishnaic Hebrew, avoiding the more poetic biblical Hebrew.

The translation of Arabic works on philosophy and science necessitated a remodeling of mishnaic Hebrew, which was insufficient for the treatment of scientific subjects. A philosophic Hebrew, the language of medieval translators, grammarians, poets and writers, enriched the old language. New vocabulary items were coined; Arabic words and syntax patterns were borrowed. However, neither the Arabic influence on the Hebrew of medieval times nor the aramaic influence on the Hebrew of biblical times impaired the essential characteristics of the Hebrew language.

The period of enlightenment followed by the rise of national consciousness throughout European Jewry created a modern Hebrew—a synthesis of biblical and mishnaic Hebrew, fusing the rhetoric and grandeur of the one with the clarity and simplicity of the other.

The revival of Hebrew as a living, spoken language and the advocacy of a return to the ancestral homeland inspired dedicated men to coin new terms for new ideas. Biblical, mishnaic and medieval sources were culled by these dedicated men and were used as a scaffolding on which to enlarge the Hebrew vocabulary and serve modern times.

Such a dedicated man was Eliezer Ben-Yehuda, the father of modern Hebrew. With a zealotry bordering on fanaticism, he labored constantly for the revival of Hebrew as a spoken tongue. The publication of his *Dictionary and Thesaurus of the Hebrew Language*, the work upon which this Pocket Dictionary, as well as all other modern Hebrew dictionaries, is based, climaxed years of tireless work and effort.

To his memory this volume is dedicated—the first international edition of a bilingual Hebrew-English, English-Hebrew dictionary of popular size and price.

E. B. Y., D. W.

Bibliography

A Concise English-Hebrew Dictionary, by H. Danby and M. H. Segal
A Concise Hebrew-English Dictionary, by M. H. Segal
The Complete English-Hebrew Dictionary, by Reuben Alcalay
A Dictionary of the Targumim, by Marcus Jastrow
Dictionary and Thesaurus of the Hebrew Language, by Eliezer Ben-Yehuda
English-Hebrew Dictionary, by Judah Ibn-Shmuel Kaufman
Hebrew Dictionary, by Judah Gur
Hebrew Dictionary, by Meir Medan
New Hebrew Dictionary, by A. Even Shoshan
The Merriam-Webster Pocket Dictionary
Webster's New Collegiate Dictionary
Larousse's French-English, English-French Dictionary
Langenscheidt's German-English, English-German Dictionary

HEBREW PRONUNCIATION הַהִגּוּי הָעִבְרִי

The Hebrew alphabet, like all Semitic alphabets, consists solely of consonants, twenty-two in number. The following chart gives the form (printed and written), name (English and Hebrew), pronunciation and numerical value of each consonant.

I. CONSONANTS הָעִצּוּרִים

OLD HEBREW	FORM Printed	FORM Written	NAME English	NAME Hebrew	PRONUNCIATION		NUMERICAL VALUE
	א		aleph	אָלֶף	'	(silent)	1
	בּ		beth	בֵּית	b	(b)	2
	ב		bheth	בֵית	bh	(v)	
	ג		gimel	גִּימֶל	g, gh	(g)	3
	ד		daleth	דָּלֶת	d, dh	(d)	4
	ה		he	הֵא	h	(h)	5
	ו		vau	וָו	w, v	(w)	6
	ז		zayin	זַיִן	z	(z)	7
	ח		cheth	חֵית	ḥ	(k)	8
	ט		teth	טֵית	ṭ	(t)	9
	י		yodh	יוֹד	y	(y)	10
	כּ		caph	כָּף	k		
	כ		chaph	כָף	kh	(k)	20
	ך		chaph sophith	כָף סוֹפִית	kh		
	ל		lamedh	לָמֶד	l	(l)	30
	מ		mem	מֵם	m	(m)	40
	ם		mem sophith	מֵם סוֹפִית	m		
	נ		nun	נוּן	n	(n)	50
	ן		nun sophith	נוּן סוֹפִית	n		
	ס		samekh	סָמֶךְ	s	(s)	60
	ע		'ayin	עַיִן	'	(silent)	70
	פּ		pe	פֵּא	p	(p)	80
	פ		phe	פֵא			
	ף		phe sophith	פֵא סוֹפִית	phe	(f)	
	צ		sadhe	צָדֵי	ts (s sharp)		90
	ץ		sadhe sophith	צָדֵי סוֹפִית			
	ק		koph	קוֹף	k	(k)	100
	ר		resh	רֵישׁ	r	(r)	200
	שׁ		shin	שִׁין	sh	(sh)	300
	שׂ		sin	שִׂין	ṣ	(s)	
	תּ		tav	תָּו	t	(t)	400
	ת		thav	תָו	th		

The Hebrew language, unlike European languages, is both read and written from *right* to *left*. The pronunciation given is the Sephardic, the type of Hebrew pronunciation used officially by the state of Israel.

Examination of this chart shows that two of the consonants, the א and the ע, are silent wherever they occur. (The Hebrew אָלֶף is a glottal stop; the עַיִן is a pharyngeal sound that has no English equivalent.) Furthermore, a number of consonants are, practically speaking, pronounced alike: the ו and ב are both v; the כ and ח are both ḥ; the ק and כּ are both k; the שׂ and ס are both s; the ת, תּ and ט are all t. The שׁ (sh) and שׂ (s) are distinguished only by the dot placed either to the right or to the left of them respectively. Five additional consonants have two forms:

צ, ץ; פ, ף; נ, ן; מ, ם; כ, ך

The last consonant in each of these series (reading from right to left) is a final consonant used only at the end of a word.

II. VOWELS הַתְּנוּעוֹת

NAME English	Hebrew	VOWEL SIGN	PRONUNCIATION
	SHORT VOWELS		
pattaḥ	פַּתָּח	ַ	a as in *father*
qubbuts	קֻבּוּץ	ֻ	oo as in *soon*
ḥiriq ḥaser	חִירִיק חָסֵר	ִ	ee as in *feet*
segol	סֶגּוֹל	ֶ	e as in *pet*
qamats qatan	קָמָץ קָטָן	ָ	o as in *cord*
	LONG VOWELS		
ḥolam male	חוֹלָם מָלֵא	וֹ	o as in *cord*
ḥolam ḥaser	חוֹלָם חָסֵר	ֹ	o as in *cord*
shuruq	שׁוּרוּק	וּ	oo as in *soon*
ḥiriq male	חִירִיק מָלֵא	ִי	ee as in *feet*
tsere male	צֵירֵי מָלֵא	ֵי	e as in *they*
tsere ḥaser	צֵירֵי חָסֵר	ֵ	e as in *pet*
qamats gadol	קָמָץ גָּדוֹל	ָ	a as in *father*

HALF VOWELS

sheva na'	שְׁוָא נָע	ְ	silent
ḥataph pattaḥ	חֲטַף פַּתָּח	ֲ	like ַ but of shorter length
ḥataph segol	חֲטַף סֶגּוֹל	ֱ	like ֶ but of shorter length
ḥataph qamats	חֲטַף קָמָץ	ֳ	o as in *cord*

All the Hebrew vowels are placed either above or below the consonants with the exception of the shuruq (וּ–) and holam (וֹ–), which are placed to the left of the consonant. Each vowel combined with one or more consonants forms a syllable. Hebrew words of more than one syllable are most often accented on the last syllable. Otherwise, the accent falls on the next to the last syllable.

THE NOUN שֵׁם הָעֶצֶם

I. GENDER הַמִּין

Hebrew nouns are either masculine or feminine. There is no neuter gender. Names of things and abstractions are either masculine or feminine.

Masculine gender:

The masculine, because it is the more common gender, has no special indication.

Feminine gender:

1. Feminine nouns also have no indication of gender when the word is feminine by nature, e.g., אֵם *mother*, בַּת *daughter*, עֵז *she-goat*.

2. Nouns ending in a tone-bearing ָה or in ת are feminine.

3. Names of cities and countries, including the Hebrew equivalents for city and country, are feminine, since they are regarded as the *mothers* of their inhabitants.

4. Most names of parts of the body in man or beast, especially members occurring in pairs, are feminine. So, too, are most names of instruments and utensils used by man.

5. Names of the elements or natural substances are generally feminine, e.g., שֶׁמֶשׁ *sun,* אֵשׁ *fire,* אֶבֶן *stone.*

6. The letters of the Hebrew alphabet are all feminine.

7. Many words are of both genders, though where this is the case one gender generally predominates.

II. PLURAL מִסְפַּר הָרַבִּים

1. The regular plural endings for the masculine gender is ־ִים, with a tone; this termination is added to the masculine singular.

2. The plural termination of the feminine gender is generally indicated by ־וֹת; this termination is added to the feminine singular if it has no feminine ending. If the feminine singular ends in ־ָה, the plural feminine is formed by changing the ־ָה into ־וֹת.

3. Many masculine nouns form their plurals in ־וֹת while many feminine nouns have a plural in ־ִים. The gender of the singular is retained in the plural.

4. The dual in Hebrew (a further indication of number) is used to denote those objects which naturally occur in pairs. The dual termination is indicated in both genders by the ending ־ַיִם. It is formed by adding ־ַיִם to the masculine singular for the masculine and to the old or original feminine ending ־ַת (instead of ־ָה).

THE ARTICLE הֵא הַיְדִיעָה

The Hebrew language has no indefinite article. The definite article, by nature a demonstrative pronoun, usually takes the form הַ and a strengthening of the next consonant by means of a *dagesh forte* (a dot in the consonant). It never appears in Hebrew as an independent word but as an inseparable particle prefixed to words. Like the English article *the,* it suffers no change for gender and number.

Before the gutturals ע, ר, ח, ה, א, the pattaḥ ַ of the article is lengthened to qamats ָ, e.g., הָאִישׁ *the man,* הָרֹאשׁ *the head.* When the guttural letters

ע, ה, not in tone, are vocalized with a qamats, the article becomes הֶ, e.g., הֶהָרִים *the mountains,* הֶעָמָל *the toil, trouble.* Before חָ, the article is invariably הֶ without regard to tones (e.g., הֶחָג *the holiday*).

THE PREPOSITION מִלַּת הַיַּחַס

Prepositions in Hebrew may appear as independent words or may be reduced by abbreviation to a single consonant inseparably prefixed to words:

... בְּ = *in, at, by, with*
... אֶל, לְ = *to, at, for, towards*
... כְּמוֹת, כְּמוֹ, כְּ = *as, like, according to*
מִן (...מֵ, ...מִ) = *from, out of*
עַל = *on, upon;* אֵצֶל = *close by, near*
בֵּין = *between;* בְּלִי = *without*
מוּל, נֶגֶד = *opposite, before, over, against*
עַד = *during, until;* שֶׁל = *of*
אַחַר = *behind, after;* זוּלַת = *except*
תַּחַת = *under, instead of;* עִם = *with*

Hebrew prepositions are frequently formed by uniting with other prepositions, e.g., מֵעַל *off (from, upon),* or with nouns, e.g., עַל יַד *by, beside (on hand).*

As all prepositions were originally substantives (accusative), they may be united with the noun suffixes, e.g., אֶצְלִי *by me,* לְפָנַי *before me.*

THE ADJECTIVE שֵׁם הַתֹּאַר

I. AGREEMENT הַתְאָמָה

The adjective in Hebrew agrees in gender and number with the noun it modifies and stands *after* the noun. When an adjective qualifies several nouns of different genders, it agrees with the masculine. Nouns in the dual are followed by adjectives in the plural.

II. FORMATION OF THE FEMININE AND PLURAL

Feminine adjectives are formed by adding ָה, ֶ ֶת, (ַ ַת), ִית, or ִיָּה to the masculine form.

Adjectives form their masculine plural by adding ִים to the masculine singular, and their feminine plural by adding וֹת to the masculine singular.

After feminine plurals ending in ִים, the adjectival attribute, in accordance with the rule of agreement, takes the ending וֹת.

III. COMPARISON OF ADJECTIVES הַדְרָגַת הַתֹּאַר

Hebrew possesses no special forms either for the comparative or superlative of the adjective. In the comparison, the adjective undergoes no change of termination or vocalization.

The comparative degree is expressed by the positive or by יוֹתֵר preceding the positive, and followed by the proposition מִן, e.g., טוֹב מִן, יוֹתֵר טוֹב מִן *better than.*

The superlative degree is expressed by the article prefixed to the adjective or by the article prefixed to the positive and followed by בְּיוֹתֵר, e.g., הַטּוֹב, הַטּוֹב בְּיוֹתֵר *the best,* הַגָּדוֹל, הַגָּדוֹל בְּיוֹתֵר *the biggest.*

THE NUMERALS שֵׁם הַמִּסְפָּר

The numeral *one* is an adjective that agrees in gender with the noun it modifies and, like other adjectives, stands after it.

The numerals from *two* to *ten* stand before the noun in either the absolute or construct state, e.g., שְׁלֹשֶׁת יָמִים, שְׁלֹשָׁה יָמִים *three days.*

The numerals from *eleven* to *nineteen* generally take the plural, but with a few common nouns frequently used with numerals and the tens (twenty, thirty, one hundred, etc.), the singular is more common, e.g.:

אַחַד עָשָׂר יוֹם *eleven days,* חֲמֵשׁ עֶשְׂרֵה שָׁנָה *fifteen years*
שְׁנֵים עָשָׂר אִישׁ *twelve men,* עֶשְׂרִים דַּקָּה *twenty minutes*

The ordinal numbers from *one* to *ten* are adjectives and follow the general rule of agreement. After *ten* the cardinal numbers are used also as ordinals.

CARDINAL NUMBERS הַמִּסְפָּר הַיְסוֹדִי

FEMININE		MASCULINE			
Construct	Absolute	Construct	Absolute		
אַחַת־	אַחַת	אַחַד־	אֶחָד	א	1
שְׁתֵּי־	שְׁתַּיִם	שְׁנֵי־	שְׁנַיִם	ב	2
שְׁלֹשׁ־	שָׁלֹשׁ	שְׁלֹשֶׁת־	שְׁלֹשָׁה	ג	3
אַרְבַּע־	אַרְבַּע	אַרְבַּעַת־	אַרְבָּעָה	ד	4
חֲמֵשׁ־	חָמֵשׁ	חֲמֵשֶׁת־	חֲמִשָּׁה	ה	5
שֵׁשׁ־	שֵׁשׁ	שֵׁשֶׁת־	שִׁשָּׁה	ו	6
שְׁבַע־	שֶׁבַע	שִׁבְעַת־	שִׁבְעָה	ז	7
שְׁמוֹנֶה־	שְׁמוֹנֶה	שְׁמוֹנַת־	שְׁמוֹנָה	ח	8
תְּשַׁע־	תֵּשַׁע	תִּשְׁעַת־	תִּשְׁעָה	ט	9
עֶשֶׂר־	עֶשֶׂר	עֲשֶׂרֶת־	עֲשָׂרָה	י	10
אַחַת־עֶשְׂרֵה		אַחַד־עָשָׂר		יא	11
שְׁתֵּים־עֶשְׂרֵה		שְׁנֵים־עָשָׂר		יב	12
שְׁלֹשׁ־עֶשְׂרֵה		שְׁלֹשָׁה־עָשָׂר		יג	13
אַרְבַּע־עֶשְׂרֵה		אַרְבָּעָה־עָשָׂר		יד	14
חֲמֵשׁ־עֶשְׂרֵה		חֲמִשָּׁה־עָשָׂר		טו	15
שֵׁשׁ־עֶשְׂרֵה		שִׁשָּׁה־עָשָׂר		טז	16
שְׁבַע־עֶשְׂרֵה		שִׁבְעָה־עָשָׂר		יז	17
שְׁמוֹנֶה־עֶשְׂרֵה		שְׁמוֹנָה־עָשָׂר		יח	18
תְּשַׁע־עֶשְׂרֵה		תִּשְׁעָה־עָשָׂר		יט	19
עֶשְׂרִים		עֶשְׂרִים		כ	20
עֶשְׂרִים וְאַחַת		עֶשְׂרִים וְאֶחָד		כא	21
עֶשְׂרִים וּשְׁתַּיִם		עֶשְׂרִים וּשְׁנַיִם		כב	22
שְׁלֹשִׁים				ל	30
אַרְבָּעִים				מ	40
חֲמִשִּׁים				נ	50
שִׁשִּׁים				ס	60
שִׁבְעִים				ע	70
שְׁמוֹנִים				פ	80
תִּשְׁעִים				צ	90
מֵאָה				ק	100
מָאתַיִם				ר	200
שְׁלֹשׁ מֵאוֹת				ש	300

CARDINAL NUMBERS הַמִּסְפָּר הַיְסוֹדִי

400	ת	אַרְבַּע־מֵאוֹת
500	תק	חֲמֵשׁ־מֵאוֹת
600	תר	שֵׁשׁ־מֵאוֹת
700	תש	שְׁבַע־מֵאוֹת
800	תת	שְׁמוֹנֶה־מֵאוֹת
900	תתק	תְּשַׁע־מֵאוֹת
1000	א'....	אֶלֶף
2000	ב'....	אַלְפַּיִם
3000	ג'....	שְׁלֹשֶׁת אֲלָפִים
4000	ד'....	אַרְבַּעַת אֲלָפִים
5000	ה'....	חֲמֵשֶׁת אֲלָפִים
6000	ו'....	שֵׁשֶׁת אֲלָפִים
7000	ז'....	שִׁבְעַת אֲלָפִים
8000	ח'....	שְׁמוֹנַת אֲלָפִים
9000	ט'....	תִּשְׁעַת אֲלָפִים
10000	י'....	עֲשֶׂרֶת אֲלָפִים, רִבּוֹא, רְבָבָה

ORDINAL NUMBERS הַמִּסְפָּר הַסִּדּוּרִי

	MASCULINE	FEMININE
first	רִאשׁוֹן	רִאשׁוֹנָה
second	שֵׁנִי	שְׁנִיָּה, שֵׁנִית
third	שְׁלִישִׁי	שְׁלִישִׁית
fourth	רְבִיעִי	רְבִיעִית
fifth	חֲמִישִׁי	חֲמִישִׁית
sixth	שִׁשִּׁי	שִׁשִּׁית
seventh	שְׁבִיעִי	שְׁבִיעִית
eighth	שְׁמִינִי	שְׁמִינִית
ninth	תְּשִׁיעִי	תְּשִׁיעִית
tenth	עֲשִׂירִי	עֲשִׂירִית
eleventh	הָאַחַד עָשָׂר	הָאַחַת עֶשְׂרֵה
twelfth	הַשְּׁנֵים עָשָׂר	הַשְּׁתֵּים עֶשְׂרֵה
etc.	וכו'	וכו'

THE CONSTRUCT CASE סְמִיכוּת

When a noun is so closely connected in thought with a following noun that the two make up one idea, the first (a dependent noun) is said to be in the construct state. The second (the independent noun) is said to be in the absolute state, e.g., בֵּית־סֵפֶר *school*, תַּפּוּחַ־אֲדָמָה *potato*, סוּס דָּוִד *David's horse.* This construction corresponds to the genitive or to the relation expressed by the *of* in English.

Only those nouns in the construct state undergo, at times, change of termination and/or vocalization.

In masculine singular, there is no change of termination, in feminine singular nouns ending in ָה, the original or old ending ַת is regularly retained as the feminine termination in the construct state. But feminine endings ֶת and ַת and feminine plural nouns ending in ־וֹת remain unchanged in the construct state.

In the construct state, masculine plural and dual, the ending is ֵי, e.g., סוּסֵי דָּוִד = סוּסִים שֶׁל דָּוִד *David's horses,* עֵינֵי הַיֶּלֶד = הָעֵינַיִם שֶׁל הַיֶּלֶד *the child's eyes.*

The definite article is prefixed only to the noun in the absolute state.

THE ADVERB תֹּאַר הַפֹּעַל

Nouns with prepositions e.g., כְּאֶחָד *together*, in the accusative e.g., הַיּוֹם *today*, adjectives, especially in the feminine e.g., בָּרִאשׁוֹנָה *at first*, pronouns and numerals e.g., הֵנָּה *here, hither;* שֵׁנִית *for the second time* are used adverbially without change.

Some adverbs are formed by the addition of formative syllables to nouns or adjectives e.g., אָמְנָם *truly*; חִנָּם *gratis.*

THE VERB הַפֹּעַל

Stem:

The vast majority of stems or roots in Hebrew consists of three consonants, though a number of triliteral stems were formed from biliteral roots. Today

verb stems of four consonants, an extension of the triliteral stem, are not uncommon.

The third person masculine singular form of the perfect tense is regarded as the pure stem or *Qal* קַל, since it is the simplest form of the verb, without additional letters. Thus, the third person masculine singular perfect form of each verb conjugation or formation was selected for inclusion in this dictionary.

Tense:

The Hebrew verb has only two tense forms, the *perfect*, expressing a completed action, and the *imperfect*, expressing an incompleted action. All relations of time are expressed by these forms or by combinations of these forms.

The perfect action includes all past tenses of other languages (perfect, pluperfect, future perfect, etc.). The imperfect action includes all imperfect tenses, classical imperfect, future and present. The later is expressed by the Hebrew participle. There is also an imperative, derived from the imperfect, and two infinitives (an absolute and a construct).

Mood:

Both the perfect and imperfect may be indicative; the subjunctive moods are expressed by the imperfect and its modifications.

Inflection:

The inflection of Hebrew tense forms as to persons is different from the Romance languages in that it has distinct forms for the two genders, which correspond to the different forms of the personal pronouns. Personal inflections of these tense forms arise from the union of the pronoun with the stem.

Conjugations:

Derived stems are formed from the pure stem or Qal. These *formations* בִּנְיָנִים, for the most part regular and systematic, correspond to the grammatical term *conjugations*. The common "conjugations" in Hebrew are seven in number, each of which is formed by the modification of the Qal (by means of vowel change and strengthening of the middle radical) or by the introduction of formative additions.

THE SEVEN CONJUGATIONS

1. Qal (pa'al)	קַל (פָּעַל)	קָצַר	*to cut, reap*
2. Niph'al	נִפְעַל	נִקְצַר	*to be reaped*
3. Pi'el	פִּעֵל	קִצֵּר	*to shorten (abridge)*
4. Pu'al	פֻּעַל	קֻצַּר	*to be shortened*
5. Hiph'il	הִפְעִיל	הִקְצִיר	*to make short, shorten*
6. Hoph'al	הָפְעַל	הָקְצַר	*to be shortened*
7. Hithpa'el	הִתְפַּעֵל	הִתְקַצֵּר	*to be shortened*

These verb conjugations may be divided satisfactorily into four classes: (1) the simple or pure, Qal; (2) the intensive Pi'el with its passive Pu'al; (3) the causative Hiph'il with its passive Hoph'al; (4) the reflexive or passive Niph'al and Hithpa'el.

Niph'al

In meaning the Niph'al is properly the reflexive of the Qal. The common usage of the Niph'al, however, is as the passive of the Qal. The essential characteristics of this conjugation consist of a "נ" prefixed to the stem in the perfect (נִקְצַר) and participle (נִקְצָר), and of the dagesh in the first radical in the imperfect, infinitive and imperative (הִקָּצֵר, לְהִקָּצֵר, יִקָּצֵר).

Pi'el (Pu'al)

The characteristic of the Pi'el conjugation consists of the strengthening of the middle radical קִצֵּר. The passive Pu'al is distinguished by the vowel "ֻ" in the first syllable and "ַ" in the second קֻצַּר.

The Pi'el is the intensive form of the Qal, adding such ideas as much, often, eagerly, etc., to the Qal idea of the verb.

Hiph'il (Hoph'al)

The Hiph'il or causative is formed by prefixing "הִ" to the stem and by expanding the final vowel to "ִי". Similarly in the imperfect יַקְצִיר, the participle מַקְצִיר and the infinitive לְהַקְצִיר.

The Hoph'al is the passive of the Hiph'il and is distinguished by הֻ or הָ prefixed to the stem הֻקְצַר or הָקְצַר.

Hithpa'el

The Hithpa'el is formed by prefixing the syllable "הִתְ־," a reflexive force, to the Pi'el stem הִתְקַצֵּר. In meaning, as in form, the Hithpa'el is thus the reflexive of the Pi'el.

The paradigms that follow will enable the reader to examine the regular verb schemes of the seven conjugations described above.

	QAL	NIPH'AL	PI'EL	PU'AL
	בִּנְיַן קַל (פָּעַל)	בִּנְיַן נִפְעַל	בִּנְיַן פִּעֵל	בִּנְיַן פֻּעַל
Infinitive מָקוֹר, שֵׁם הַפֹּעַל	קְצֹר, (לִ)קְצֹר	נִקְצֹר (לְ)הִקָּצֵר	קַצֵּר	קֻצַּר
Perfect זְמַן עָבָר	קָצַרְתִּי קָצַרְתָּ קָצַרְתְּ קָצַר קָצְרָה קָצַרְנוּ קְצַרְתֶּם קְצַרְתֶּן קָצְרוּ	נִקְצַרְתִּי נִקְצַרְתָּ נִקְצַרְתְּ נִקְצַר נִקְצְרָה נִקְצַרְנוּ נִקְצַרְתֶּם נִקְצַרְתֶּן נִקְצְרוּ	קִצַּרְתִּי קִצַּרְתָּ קִצַּרְתְּ קִצֵּר קִצְּרָה קִצַּרְנוּ קִצַּרְתֶּם קִצַּרְתֶּן קִצְּרוּ	קֻצַּרְתִּי קֻצַּרְתָּ קֻצַּרְתְּ קֻצַּר קֻצְּרָה קֻצַּרְנוּ קֻצַּרְתֶּם קֻצַּרְתֶּן קֻצְּרוּ
Participle זְמַן הֹוֶה	קוֹצֵר קוֹצֶרֶת קוֹצְרִים קוֹצְרוֹת	נִקְצָר נִקְצֶרֶת נִקְצָרִים נִקְצָרוֹת	מְקַצֵּר מְקַצֶּרֶת מְקַצְּרִים מְקַצְּרוֹת	מְקֻצָּר מְקֻצֶּרֶת מְקֻצָּרִים מְקֻצָּרוֹת
Imperfect זְמַן עָתִיד	אֶקְצֹר תִּקְצֹר תִּקְצְרִי יִקְצֹר תִּקְצֹר נִקְצֹר תִּקְצְרוּ תִּקְצֹרְנָה יִקְצְרוּ תִּקְצֹרְנָה	אֶקָּצֵר תִּקָּצֵר תִּקָּצְרִי יִקָּצֵר תִּקָּצֵר נִקָּצֵר תִּקָּצְרוּ תִּקָּצַרְנָה יִקָּצְרוּ תִּקָּצַרְנָה	אֲקַצֵּר תְּקַצֵּר תְּקַצְּרִי יְקַצֵּר תְּקַצֵּר נְקַצֵּר תְּקַצְּרוּ תְּקַצֵּרְנָה יְקַצְּרוּ תְּקַצֵּרְנָה	אֲקֻצַּר תְּקֻצַּר תְּקֻצְּרִי יְקֻצַּר תְּקֻצַּר נְקֻצַּר תְּקֻצְּרוּ תְּקֻצַּרְנָה יְקֻצְּרוּ תְּקֻצַּרְנָה
Imperative צִוּוּי	קְצֹר קִצְרִי קִצְרוּ קְצֹרְנָה	הִקָּצֵר הִקָּצְרִי הִקָּצְרוּ הִקָּצַרְנָה	קַצֵּר קַצְּרִי קַצְּרוּ קַצֵּרְנָה	

	HIPH'IL בִּנְיַן הִפְעִיל	HOPH'AL בִּנְיַן הָפְעַל	HITHPA'EL בִּנְיַן הִתְפַּעֵל
Infinitive מָקוֹר, שֵׁם הַפֹּעַל	הַקְצֵר, (לְ)הַקְצִיר	הָקְצֵר	(לְ)הִתְקַצֵּר
Perfect זְמַן עָבָר	הִקְצַרְתִּי הִקְצַרְתָּ הִקְצַרְתְּ הִקְצִיר הִקְצִירָה הִקְצַרְנוּ הִקְצַרְתֶּם הִקְצַרְתֶּן הִקְצִירוּ	הָקְצַרְתִּי הָקְצַרְתָּ הָקְצַרְתְּ הָקְצַר הָקְצְרָה הָקְצַרְנוּ הָקְצַרְתֶּם הָקְצַרְתֶּן הָקְצְרוּ	הִתְקַצַּרְתִּי הִתְקַצַּרְתָּ הִתְקַצַּרְתְּ הִתְקַצֵּר הִתְקַצְּרָה הִתְקַצַּרְנוּ הִתְקַצַּרְתֶּם הִתְקַצַּרְתֶּן הִתְקַצְּרוּ
Participle זְמַן הֹוֶה	מַקְצִיר מַקְצִירָה מַקְצִירִים מַקְצִירוֹת	מָקְצָר מָקְצֶרֶת מָקְצָרִים מָקְצָרוֹת	מִתְקַצֵּר מִתְקַצֶּרֶת מִתְקַצְּרִים מִתְקַצְּרוֹת
Imperfect זְמַן עָתִיד	אַקְצִיר תַּקְצִיר תַּקְצִירִי יַקְצִיר תַּקְצִיר נַקְצִיר תַּקְצִירוּ תַּקְצֵרְנָה יַקְצִירוּ תַּקְצֵרְנָה	אָקְצַר תָּקְצַר תָּקְצְרִי יָקְצַר תָּקְצַר נָקְצַר תָּקְצְרוּ תָּקְצַרְנָה יָקְצְרוּ תָּקְצַרְנָה	אֶתְקַצֵּר תִּתְקַצֵּר תִּתְקַצְּרִי יִתְקַצֵּר תִּתְקַצֵּר נִתְקַצֵּר תִּתְקַצְּרוּ תִּתְקַצֵּרְנָה יִתְקַצְּרוּ תִּתְקַצֵּרְנָה
Imperative צִוּוּי	הַקְצֵר הַקְצִירִי הַקְצִירוּ הַקְצֵרְנָה		הִתְקַצֵּר הִתְקַצְּרִי הִתְקַצְּרוּ הִתְקַצֵּרְנָה

THE WEAK VERBS הַפְּעָלִים הַנֶּחֱשָׁלִים

When one or more of the three stem radicals of a verb is a weak one, the verb is regarded as a weak verb.

The letters ר, ע, י, ח, ו, ה, א, the guttural and quiescent letters, are the weak letters. The letter (ן) נ is also regarded as a weak letter.

The three stem radicals of the verb are designated by the letters פ ע ל. The position of the weak letter or letters in the stem determines the classification of weak verbs. For example, ישב is a פ״י verb, meaning that the initial radical of the stem is "י"; the verb פנה is classified as a ל״ה verb, the "ה" being the third radical of the stem.

If a verb has more than one weak letter it is named after all the classes whose irregularities it shares. Thus ירה is classified as both a פ״י and a ל״ה verb.

The paradigms that follow will enable the reader to examine the weak (irregular) verb schemes of the seven conjugations. Infinitive, imperative and third person masculine perfect, participle and imperfect forms are listed.

For a detailed and complete study of Hebrew grammar, consult:

Gesenius' Hebrew Grammar, edited by E. Kautzsch
Introductory Hebrew Grammar, by A. B. Davidson
Modern Hebrew Grammar and Composition, by Harry Blumberg
Naor's Ikkare ha-Dikduk ha-Ibri

WEAK VERBS הַפְּעָלִים הַנֶּחֱשָׁלִים

Conjugation בִּנְיָן		פ״י ישב (1)	פ״י יסד/יטב (2)	פ״א אכל	פ״נ נפל/נגף
Qal קַל (פָּעַל)	inf.	יָשֹׁב, לָשֶׁבֶת	יָסֹד, לִיסֹד	אָכֹל, לֶאֱכֹל	נָפֹל, לִנְפֹּל
	3rd. per.	יָשַׁב, יוֹשֵׁב, יֵשֵׁב	יָסַד, יוֹסֵד, יִיסַד	אָכַל, אוֹכֵל, יֹאכַל	נָפַל, נוֹפֵל, יִפֹּל
	imp.	שֵׁבוּ	יְסַדוּ	אִכְלוּ	נִפְלוּ
Niph'al נִפְעַל	inf.	נוֹשֹׁב, לְהִוָּשֵׁב	נוֹסֹד, לְהִוָּסֵד	נֵאָכֹל, לְהֵאָכֵל	לְהִנָּגֵף
	3rd. per.	נוֹשַׁב, נוֹשָׁב, יִוָּשֵׁב	נוֹסַד, נוֹסָד, יִוָּסֵד	נֶאֱכַל, נֶאֱכָל, יֵאָכֵל	נִגַּף, נִגָּף, יִנָּגֵף
	imp.	הִוָּשֵׁבוּ	הִוָּסֵדוּ	הֵאָכֵלוּ	הִנָּגֵפוּ
Pi'el פִּעֵל	inf.	לְיַשֵּׁב	לְיַסֵּד	לְאַכֵּל	לְנַגֵּף
	3rd. per.	יִשֵּׁב, מְיַשֵּׁב, יְיַשֵּׁב	יִסֵּד, מְיַסֵּד, יְיַסֵּד	אִכֵּל, מְאַכֵּל, יְאַכֵּל	נִגֵּף, מְנַגֵּף, יְנַגֵּף
	imp.	יַשְּׁבוּ	יַסְּדוּ	אַכְּלוּ	נַגְּפוּ
Pu'al פֻּעַל	inf.	יֻשֹּׁב	יֻסֹּד	אֻכֹּל	נֻגֹּף
	3rd. per.	יֻשַּׁב, מְיֻשָּׁב, יְיֻשַּׁב	יֻסַּד, מְיֻסָּד, יְיֻסַּד	אֻכַּל, מְאֻכָּל, יְאֻכַּל	נֻגַּף, מְנֻגָּף, יְנֻגַּף
	imp.				

WEAK VERBS הַפְּעָלִים הַנֶּחֱשָׁלִים

Conjugation בִּנְיָן		פ״י ישב (1)	פ״י יסד/יטב (2)	פ״א אכל	פ״נ נפל/נגף
Hiph'il הִפְעִיל	inf.	הוֹשֵׁב, לְהוֹשִׁיב	הֵיטֵב, לְהֵיטִיב	הַאֲכֵל, לְהַאֲכִיל	הַפֵּל, לְהַפִּיל
	3rd. per.	הוֹשִׁיב, מוֹשִׁיב, יוֹשִׁיב	הֵיטִיב, מֵיטִיב, יֵיטִיב	הֶאֱכִיל, מַאֲכִיל, יַאֲכִיל	הִפִּיל, מַפִּיל, יַפִּיל
	imp.	הוֹשֵׁבוּ	הֵיטֵבוּ	הַאֲכֵלוּ	הַפֵּלוּ
Hoph'al הָפְעַל	inf.	הוּשַׁב	הוּטַב	הָאֳכֵל	הֻפַּל
	3rd. per.	הוּשַׁב, מוּשָׁב, יוּשַׁב	הוּטַב, מוּטָב, יוּטַב	הָאֳכַל, מָאֳכָל, יָאֳכַל	הֻפַּל, מֻפָּל, יֻפַּל
	imp.				
Hithpa'el הִתְפַּעֵל	inf.	לְהִתְיַשֵּׁב	לְהִתְיַסֵּד	לְהִתְאַכֵּל	לְהִתְנַפֵּל
	3rd. per.	הִתְיַשֵּׁב, מִתְיַשֵּׁב, יִתְיַשֵּׁב	הִתְיַסֵּד, מִתְיַסֵּד, יִתְיַסֵּד	הִתְאַכֵּל, מִתְאַכֵּל, יִתְאַכֵּל	הִתְנַפֵּל, מִתְנַפֵּל, יִתְנַפֵּל
	imp.	הִתְיַשֵּׁבוּ	הִתְיַסֵּדוּ	הִתְאַכֵּלוּ	הִתְנַפֵּלוּ

WEAK VERBS הַפְּעָלִים הַנֶּחֱשָׁלִים

ע"ע (כְּפוּלִים)	ל"ה	ל"א	ע"י	ע"ו		Conjugation
סבב	פנה	מצא/רפא	בין	קום/כון		בִּנְיָן
סָבֹב, סֹב, לָסֹב	פָּנֹה, לִפְנוֹת	מָצֹא, לִמְצֹא	בִּין, לָבִין	קוּם, לָקוּם	inf.	Qal קַל (פָּעַל)
סַב, סַב (סוֹבֵב), יָסֹב	פָּנָה, פּוֹנֶה, יִפְנֶה	מָצָא, מוֹצֵא, יִמְצָא	בָּן, בָּן, יָבִין	קָם, קָם, יָקוּם	3rd. per.	
סֹבּ!	פְּנֵה!	מְצָא!	בִּין!	קוּם!	imp.	
הִסֹּב, לְהִסֵּב	הִפָּנֵה, לְהִפָּנוֹת	נִמְצֹא, לְהִמָּצֵא	נָבוֹן, לְהִבּוֹן	לְהִכּוֹן	inf.	Niph'al נִפְעַל
נָסַב, נָסָב, יִסַּב	נִפְנָה, נִפְנֶה, יִפָּנֶה	נִמְצָא, נִמְצָא, יִמָּצֵא	נָבוֹן, נָבוֹן, יִבּוֹן	נָכוֹן, נָכוֹן, יִכּוֹן	3rd. per.	
הִסַּב!	הִפָּנֵה!	הִמָּצֵא!	הִבּוֹן!	הִכּוֹן!	imp.	
לְסוֹבֵב	לְפַנּוֹת	לְרַפֵּא	לְבוֹנֵן	לְקוֹמֵם	inf.	Pi'el פִּעֵל
סוֹבֵב, מְסוֹבֵב, יְסוֹבֵב	פִּנָּה, מְפַנֶּה, יְפַנֶּה	רִפֵּא, מְרַפֵּא, יְרַפֵּא	בּוֹנֵן, מְבוֹנֵן, יְבוֹנֵן	קוֹמֵם, מְקוֹמֵם, יְקוֹמֵם	3rd. per.	
סוֹבֵב!	פַּנֵּה!	רַפֵּא!	בּוֹנֵן!	קוֹמֵם!	imp.	
סוֹבֹב	פֻּנֹּה	רֻפֹּא	בּוֹנֹן	כּוֹנֹן	inf.	Pu'al פֻּעַל
סוֹבַב, מְסוֹבָב, יְסוֹבַב	פֻּנָּה, מְפֻנֶּה, יְפֻנֶּה	רֻפָּא, מְרֻפָּא, יְרֻפָּא	בּוֹנַן, מְבוֹנָן, יְבוֹנַן	כּוֹנַן, מְכוֹנָן, יְכוֹנַן	3rd. per.	
					imp.	

WEAK VERBS הַפְּעָלִים הַנֶּחֱשָׁלִים

ע״ע (כְּפוּלִים) סבב	ל״ה פנה	ל״א מצא/רפא	ע״י בין	ע״ו קום/כון		Conjugation בִּנְיָן
לְהָסֵב	הַפְנֵה, לְהַפְנוֹת	הַמְצֵא, לְהַמְצִיא	הָבֵן, לְהָבִין	הָקֵם, לְהָקִים	inf.	Hiph'il הִפְעִיל
הֵסֵב, מֵסֵב, יָסֵב	הִפְנָה, מַפְנֶה, יַפְנֶה	הִמְצִיא, מַמְצִיא, יַמְצִיא	הֵבִין, מֵבִין, יָבִין	הֵקִים, מֵקִים, יָקִים	3rd. per.	
הָסֵבּוּ	הַפְנֵהוּ	הַמְצֵאוּ	הָבֵנּוּ	הָקֵמוּ	imp.	
הוּסֵב	הָפְנֵה	הָמְצֵא	הוּבֵן	הוּקֵם	inf.	Hoph'al הָפְעַל
הוּסַב, מוּסָב, יוּסַב	הָפְנָה, מָפְנֶה, יָפְנֶה	הָמְצָא, מָמְצָא, יָמְצָא	הוּבַן, מוּבָן, יוּבַן	הוּקַם, מוּקָם, יוּקַם	3rd. per.	
					imp.	
לְהִסְתּוֹבֵב	לְהִתְפַּנּוֹת	לְהִתְמַצֵּא	לְהִתְבּוֹנֵן	לְהִתְקוֹמֵם	inf.	Hithpa'el הִתְפַּעֵל
הִסְתּוֹבֵב, מִסְתּוֹבֵב, יִסְתּוֹבֵב	הִתְפַּנָּה, מִתְפַּנֶּה, יִתְפַּנֶּה	הִתְמַצֵּא, מִתְמַצֵּא, יִתְמַצֵּא	הִתְבּוֹנֵן, מִתְבּוֹנֵן, יִתְבּוֹנֵן	הִתְקוֹמֵם, מִתְקוֹמֵם, יִתְקוֹמֵם	3rd. per.	
הִסְתּוֹבֵבוּ	הִתְפַּנֵּהוּ	הִתְמַצְּאוּ	הִתְבּוֹנְנוּ	הִתְקוֹמְמוּ	imp.	

WEIGHTS AND MEASURES מִדּוֹת וּמִשְׁקָלוֹת

1. *Linear Measure* (Length)

1 inch (in.) = 2.54 centimeters (cm)
1 foot (ft.) = 12 inches = 0.3048 meter (m)
1 yard (yd.) = 36 inches = 0.9144 meter
1 mile (mi.) = 1760 yards = 1609.3 meters = 1.6093 kilometers (km)
1 knot (nautical mile) = 6026.7 = 1853 meters = 1.853 kilometers

1. מִדּוֹת אֹרֶךְ

אִינְטְשׁ = 2.54 סַנְטִימֶטְרִים (ס"מ)
פּוּט = 12 אִינְטְשׁ = 0.3048 מֶטֶר (מ׳)
יַרְד = 36 אִינְטְשׁ = 0.9144 מֶטֶר
מִיל = 1760 יַרְד = 1609.3 מֶטֶר = 1.6093 קִילוֹמֶטֶר (ק"מ)
מִיל יַמִּי = 6026.7 יַרְד = 1853 מֶטֶר = 1.853 קִילוֹמֶטֶר

2. *Square Measure* (*Area*)

1 square inch (sq. in.) = 6.452 square centimeters (sq. cm)
1 square foot (sq. ft.) = 144 square inches = 929 square centimeters
1 square yard (sq. yd.) = 9 square feet = 0.8361 square meters (sq.m)
1 acre (a.) = 4840 square yards
1 square mile (sq. mi.) = 640 acres = 2.59 square kilometers (sq. km)

2. מִדּוֹת שֶׁטַח

אִינְטְשׁ מְרֻבָּע = 6.452 סַנְטִימֶטְרִים מְרֻבָּעִים (סמ"ר)
פּוּט מְרֻבָּע = 144 אִינְטְשׁ מְרֻבָּע = 929 סמ"ר
יַרְד מְרֻבָּע = 9 פּוּט מְרֻבָּע = 0.8361 מֶטֶר מְרֻבָּע (מ"ר)
אַקְר = 4840 יַרְד מְרֻבָּע
מִיל מְרֻבָּע = 640 אַקְר = 2.59 קִילוֹמֶטְרִים מְרֻבָּעִים (קמ"ר)

3. *Cubic Measure (Volume)*

1 cubic inch (cu. in.) = 16.387 cubic centimeters (cu. cm)
1 cubic foot (cu. ft.) = 1728 cubic inches = 0.0283 cubic meters (cu. m)
1 cubic yard (cu. yd.) = 27 cubic feet = 0.7646 cubic meters

3. מִדּוֹת נֶפַח

אִינְטְשׁ מְעֻקָּב = 16.387 סַנְטִימֶטֶר מְעֻקָּב (סמ"ק)
פּוּט מְעֻקָּב = 1728 אִינְטְשׁ מְעֻקָּב = 0.0283 מֶטֶר מְעֻקָּב (מ"ק)
יַרְד מְעֻקָּב = 27 פּוּט מְעֻקָּב = 0.7646 מֶטֶר מְעֻקָּב

4. *Liquid and Dry Measure*

1 pint (pt.) = 0.5679 liters (l)
1 quart (qt.) = 2 pints = 1.1359 liters
1 gallon (gal.) = 4 quarts = 4.5436 liters
1 peck (pk.) = 2 gallons = 9.087 liters
1 bushel (bu.) = 4 pecks = 36.35 liters

4. מִדּוֹת הַלַּח וְהַיָּבֵשׁ

פַּיְנְט = 0.5679 לִיטֶר (ל')
קְוַרְט = 2 פַּיְנְטִים = 1.1359 לִיטְרִים
גַּלּוֹן = 4 קְוַרְטִים = 4.5436 לִיטְרִים
פֶּיק = 2 גַּלּוֹנִים = 9.087 לִיטְרִים
בּוּשֶׁל = 4 פֶּיקִים = 36.35 לִיטֶר

5. *Units of Weight*

1 ounce (oz.) = 28.3495 grams (g)
1 pound (lb.) = 16 ounces = 453.59 grams
1 ton = 2000 pounds = 1016.05 kilograms (kg)

5. יְחִידוֹת מִשְׁקָל

אֻנְקִיָּה = 28.3495 גְּרַם
לִטְרָה = 16 אֻנְקִיּוֹת = 453.59 גְּרַם (ג.)
טוֹן = 2000 לִטְרָה = 1016.05 קִילוֹגְרַם (ק"ג.)

6. *Time Measure*

60 seconds = 1 minute (min.)

60 minutes = 1 hour (hr.)

24 hours = 1 day (da.)

7 days = 1 week (wk.)

30 or 31 days = 1 calendar month (mo.)

365 days = 12 calendar months = 1 common year (yr.)

366 days = 1 leap year

50 years = jubilee

6. מִדּוֹת זְמַן

60 שְׁנִיָּה = דַּקָּה

60 דַּקָּה = שָׁעָה

24 שָׁעָה = יוֹם (יְמָמָה)

7 יָמִים = שָׁבוּעַ

30 יוֹם (בִּמְמֻצָּע) = חֹדֶשׁ

365 יוֹם = 12 חֹדֶשׁ = שָׁנָה

366 יוֹם = שָׁנָה מְעֻבֶּרֶת

50 שָׁנָה = יוֹבֵל

7. *Temperature*

United States of America

212° Fahrenheit (F.) = 100° Centigrade (C.)

To convert Fahrenheit into Centigrade degrees deduct 32, multiply by 5 and divide by 9.

7. מַדְרֵגַת הַחֹם

יִשְׂרָאֵל

100° (C.) סֶנְטִיגְרָד = 212 (F)° פַּרֶנְהַייט

לְחַשֵּׁב מַעֲלוֹת סֶנְטִיגְרָד לְמַעֲלוֹת פַּרֶנְהַייט:

הַכְפֵּל פִּי 9, חַלֵּק לְ 5 וְהוֹסֵף 32

8. *Currency* (*Coins*)

United States of America

100 cents (c) = 1 dollar ($) = £I 3.00

Israel

100 agorot = 1 Israeli pound (£I)

8. מַטְבְּעוֹת

אַרְצוֹת הַבְּרִית

100 סֶנְט = 1 דּוֹלָר = 3.00 ל״י

יִשְׂרָאֵל

100 אֲגוֹרוֹת = 1 לִירָה יִשְׂרְאֵלִית (ל״י)

A א

א Aleph, first letter of Hebrew alphabet; one, first; 1,000

אָב, ז׳, ר׳, אָבוֹת father, ancestor; master, teacher; originator; source; Ab (Hebrew month)

אָב זָקֵן grandfather

אָב חוֹרֵג stepfather

אַב־בֵּית־דִּין chief justice, head of Sanhedrin; president of court of law

אַב־טֻמְאָה prime cause of defilement

אֵב, ז׳, ר׳, אִבִּים young sprout, shoot; youth

אַבָּא, ז׳ daddy, dad

[אבב] הֶאֱבִיב, פ״י to bring forth shoots

אֲבָבִית, נ׳ ague, malarial fever

אַבְגָּר, ז׳, ר׳, ־רִים agrimony

אָבַד, פ״ע, נֶאֱבַד to be lost, perish

אִבֵּד, הֶאֱבִיד פ״י to lose, destroy

הִתְאַבֵּד, פ״ח to commit suicide, destroy oneself

אָבֵד, ת״ז, אֲבֵדָה, ת״נ lost, spoiled, perishable

אֲבֵדָה, נ׳, ר׳, ־דוֹת lost object, loss; casualty (military)

אֲבַדּוֹן, ז׳ destruction, hell

אָבְדָן, אַבְדָן, ז׳ destruction, ruin, loss

אָבָה, פ״ע to desire, want; to consent

אֵבֶה, ז׳, ר׳, ־בִים reed

אַבְהוּת, נ׳ fatherhood

אַבּוּב, ז׳, ר׳, ־בִים pipe, tube; oboe; knotgrass

אָבוּד, ת״ז, אֲבוּדָה, ת״נ perishable, lost

אִבּוּד, ז׳ ruin, loss, destruction

אֲבוֹי, מ״ק alas! woe!

אֲבוּל, ז׳, ר׳, ־לִים arcade, vaulted passage

אֵבוּס, ז׳, ר׳, אֲבוּסִים manger, stall; trough

אָבוּס, ת״ז, אֲבוּסָה, ת״נ stuffed, fattened

אִבּוּק, ז׳ dusting

אֲבוּקָה, נ׳, ר׳, ־קוֹת torch

אִבַּח, פ״י to slay

אִבְחָה, נ׳ slaughter

אַבְחֹם, ז׳, ר׳ אַבְחַמִּים calorie

אַבְחֶמֶץ, ז׳ oxygen

אַבְחָנָה, נ׳, ר׳, ־נוֹת diagnosis

אַבְחֶנֶק, ז׳ nitrogen

אֲבַטִּיחַ ז׳, ר׳, ־חִים watermelon

אֲבַטִּיחַ צָהֹב, ז׳, ר׳, ־חִים צְהֻבִּים muskmelon

אַבְטָלָה, נ׳, ר׳, ־לוֹת unemployment, lay off

אָבִיב, ז׳, ר׳, אֲבִיבִים spring; green ear of corn

אֲבִיבִי, ת״ז, ־בִית ת״נ springlike

אֶבְיוֹן, ז׳, ר׳, ־נִים poor, needy, destitute (person)

אֲבִיּוֹנָה, נ׳ caper berry; lust, sensuality

אֶבְיוֹנוּת, נ׳ poverty, indigence

אֲבִיכָה, נ׳ compactness, thickness

אֲבִילָה, נ׳ mourning

אֲבִיסָה, נ׳ fattening, stuffing

אָבִיק, ז׳, ר׳, אֲבִיקִים (water) drain

אָבִיר, ז׳ the Almighty

אַבִּיר, ז׳, ר׳־רִים knight, hero; steed; bull (Apis)

אַבִּיר, ת״ז brave, strong, mighty
אַבִּיר לֵב stubborn, stouthearted
אַבִּירוּת, נ׳ knighthood; bravery; stubbornness
[אבך] הִתְאַבֵּךְ, פ״ע to thicken, mix; to rise (smoke)
[אבל] הִתְאַבֵּל, פ״ע to mourn, lament
אָבֵל, ת״ז, אֲבֵלָה, ת״נ; ז׳, נ׳ mournful; desolate, ruined; mourner
אֵבֶל, ז׳, ר׳, אֲבָלִים mourning, sorrow
אֲבָל, תה״פ but, however
אֲבֵלוּת, נ׳ mourning
אַבְמַיִם, ז״ר hydrogen
אֶבֶן, נ׳, ר׳, אֲבָנִים stone; (unit of) weight
אֶבֶן־אֶכֶף paperweight
אֶבֶן־אֵשׁ silex, flint
אֶבֶן־בְּדִיל plummet
אֶבֶן־בֹּחַן touchstone
אֶבֶן־הַמֶּלֶךְ standard, official weight
אֶבֶן־גָּזִית hewed stone
אֶבֶן־חֵן, אֶבֶן־חֵפֶץ, אֶבֶן־טוֹבָה jewel, precious stone
אֶבֶן־מַשְׁחֶזֶת grindstone
אֶבֶן־נֶגֶף stumbling block
אֶבֶן־פִּנָּה, אֶבֶן־רֹאשָׁה corner-stone
אֶבֶן־שׁוֹאֶבֶת magnetic stone
אִבֵּן, פ״י petrify
הִתְאַבֵּן, פ״ח to be petrified
אֹבֶן, ז׳, ר׳, אָבְנִים fossil
אַבְנֵט, ז׳, ר׳, ־טִים belt, sash, girdle
אַבְנִי, ת״ז, ־נִית, ת״נ stonelike, stony
אָבְנַיִם, ז״ז potter's wheel; birthstool
אָבַס, פ״י to fatten, stuff
אֲבַעְבּוּעָה, נ׳, ר׳, ־עוֹת boil, blister, pimple, wart
אֲבַעְבּוּעוֹת smallpox
אָבָץ, ז׳ zinc
אָבָק, ז׳ dust, powder
[אבק] נֶאֱבַק, פ״ע to wrestle
אִבֵּק, פ״י to cover with dust, remove dust
הִתְאַבֵּק, פ״ח to be covered with dust, wrestle
אֲבַק־שְׂרֵפָה, ז׳ gunpowder
אֶבֶק, ז׳, ר׳, אֲבָקִים slipknot, noose
אֲבָקָה, אַבְקָה, נ׳ fine powder
אֵבֶר, ז׳, ר׳, אֲבָרִים wing; limb, member (of a body)
[אבר] הֶאֱבִיר, פ״ע to fly, spread one's wings, soar
אֲבָר, ז׳ lead
אֶבְרָה, נ׳, ר׳, אֲבָרוֹת wing; feather
אַבְרוּמָה, נ׳, ר׳, ־מוֹת pike
אַבְרֵךְ, ז׳, ר׳, ־כִים young (married) man, gentleman
אַבְרָנִי, ז׳, ר׳, ־נִים waterfowl
אֲבָשׁ, ז׳, ר׳, אֲבָשִׁים wild grape
אַגַּב, מ״י by means (of), by the way (of)
אָגַד, פ״י to tie, bind together
אִגֵּד, פ״י to unite, tie
אֶגֶד, ז׳, ר׳, אֲגָדִים bandage; bundle, bunch
אֲגֻדָּה, אֲגוּדָה, נ׳, ר׳, ־דוֹת association, society; bunch
אַגָּדָה, נ׳, ר׳, ־דוֹת Aggadah; legend, tale
אַגָּדִי, ת״ז, ־דִית, ת״נ legendary, mythical
אִגּוּד, ז׳, ר׳, ־דִים band, union, organization
אֲגוּדָה, אֲגֻדָּה, נ׳, ר׳, ־דוֹת association, society; bunch

אֲגוּדָל, ז׳, ר׳, ־לִים — thumb; toe
אֱגוֹז, ז׳, ר׳, ־זִים — nut
אֱגוֹז־הֹדּוּ, ז׳, ר׳, אֱגוֹזֵי הֹדּוּ — coconut
אַגּוֹז, ז׳, ר׳, ־זִים — grappling iron
אֱגוֹזָה, נ׳, ר׳, ־זוֹת — nut tree
אֲגוֹרָה, נ׳, ר׳, ־רוֹת — coin (of little value)
אֲגִידָה, נ׳, ר׳, ־דוֹת — bundling, tying (up)
אֲגִירָה, נ׳, ר׳, ־רוֹת — hoarding, storing
אֶגֶל, ז׳, ר׳, אֲגָלִים — drop (of dew, rain, sweat), droplet
אֲגַם, ז׳, ר׳, ־מִּים — pond, lake; bushwood
אָגֵם, ת״ז, אֲגֵמָה, ת״נ — sorrowful, sad
אַגְמוֹן, ז׳, ר׳, ־נִים — reed, bulrush; fishhook
אַגָּן, ז׳, ר׳, ־נִים — basin, bowl
אַגַּן הַיְרֵכַיִם — pelvis
אֹגֶן, ז׳, ר׳, אֳגָנִים — rim (of bucket), brim, border, edge
אַגָּנָה, נ׳, ר׳, אַגָּנוֹת — hopper
אַגָּס, ז׳, ר׳, אַגָּסִים — pear
אֲגַף, ז׳, ר׳, ־פִּים — wing (of building, army), flank, side; department
אִגֵּף, פ״י — to flank
אָגַר, פ״י — to hoard; to gather, collect
אִגָּר, ז׳, ר׳, ־רִים — roof (flat)
אַגְרָה, נ׳ — (license) fee
אֶגְרוֹן, ז׳, ר׳, ־נִים, ־נוֹת — dictionary, vocabulary
אִגְּרוֹן, ז׳, ר׳, ־נִים — collection of letters
אֶגְרוֹף, ז׳, ר׳, ־פִים — fist
אִגְרוּף, ז׳ — boxing
אֶגְרוֹפִית, נ׳, ר׳ ־פִיּוֹת — boxing glove
אֶגְרוֹפָן, ז׳, ר׳, ־נִים — boxer, pugilist
אֲגַרְטֵל, ז׳, ר׳, ־לִים — basin; vase

אִגְרֵף, פ״י — to clench one's fist
הִתְאַגְרֵף, פ״ח — to box
אִגֶּרֶת, נ׳, ר׳, אִגְּרוֹת — letter, epistle; document
אֵד, ז׳, ר׳, ־דִים — vapor, mist
[אדב] הֶאֱדִיב, כ״ — to afflict
אִדָּה, פ״י — to rise (skyward); to vaporize, evaporate
אָדוֹם, אָדֹם, ת״ז, אֲדוּמָה, אֲדֻמָּה, ת״נ — red
אָדוֹם, ז׳, ר׳, אֲדוּמִים — ducat
אָדוֹן, ז׳, ר׳, אֲדוֹנִים — master, sir, mister
אָדוּק, ז׳, ר׳, אֲדוּקִים — pious, devout (man), orthodox
אדות, אודות, מ״י — about, concerning, pertaining to
אֵדוּת, נ׳ — evaporation
אֵדִי, ת״ז, אֵדִית, ת״נ — vaporous
אָדִיב, ת״ז, אֲדִיבָה, ת״נ — polite, courteous, well-mannered
אֲדִיבוּת, נ׳ — politeness, courtesy
אֲדִיקוּת, נ׳ — piety, orthodoxy
אַדִּיר, ת״ז, ־רָה, ת״נ — mighty, noble, rich and respectable
אַדִּירוּת, נ׳ — might
אָדִישׁ, ת״ז, אֲדִישָׁה, ת״נ — indifferent, apathetic
אֲדִישׁוּת, נ׳ — indifference, apathy
אַדְכִיר, אַדְכַּר, ז׳ — aeschynanthus
אֲדֶל, ז׳ — cress, water cress
אָדָם, ז׳ — man, mankind, human being; Adam
אָדָם הָרִאשׁוֹן — first man
בֶּן־אָדָם — person
פֶּרֶא אָדָם — wildman
אָדֹם, אָדוֹם, ת״ז, אֲדֻמָּה, אֲדוּמָה, ת״נ — red

אָדַם, פ״ע to be red
הֶאְדִּים, פ״ע to redden, become red
הִתְאַדֵּם, פ״ח to blush, flush
אֹדֶם, ז׳ lipstick, ruby, redness
אֲדַמְדַּם, ת״ז, ־דֶּמֶת, ת״נ reddish
אֲדָמָה, נ׳, ר׳, ־מוֹת earth, soil, ground
אַדְמוּמִית, נ׳ redness, reddish hue
אַדְמוֹן, ז׳, ר׳, ־נִים peony
אַדְמוֹנִי, ת״ז, ־נִית, ־נִיָּה, ת״נ ruddy, red-haired
אֲדַמִּי, אֲדוּמִי, ת״ז ־מִית, ת״נ sanguine
אֲדַמִּיּוּת, אֲדוּמִיּוּת, נ׳ temperament
אַדֶּמֶת, נ׳ measles
אֶדֶן, ז׳, ר׳, אֲדָנִים pedestal; sleeper
אַדְנוּת, נ׳ authority, suzerainty, lordship
אֲדֹנָי Lord, God
אֶדֶק, ז׳, ר׳, אֲדָקִים drip vessel
[אדר] נֶאְדַּר, פ״ע to be mighty, glorious
הֶאְדִּיר, פ״י to glorify, magnify
אֶדֶר, ז׳, ר׳, אֲדָרִים cloak, mantle; glory, beauty; oak (tree); stuffed animal
אֲדָר, ז׳ Adar (Hebrew month)
אֲדָר שֵׁנִי Second Adar (leap year)
אַדְרַבָּה, תה״פ on the contrary, by all means
אִדְרָה, נ׳, ר׳ אֲדָרוֹת fishbone
אַדְרִיכָל, אַרְדִּיכָל, ז׳, ר׳, ־לִים architect
אַדֶּרֶת, נ׳, ר׳, אַדָּרוֹת cloak, coat; glory
אָדַשׁ, פ״ע to be indifferent
אֶדֶשׁ, ז׳ essence (being)

אָהַב, פ״י to love
הִתְאַהֵב, פ״ח to fall in love
אֹהַב, אַהַב, ז׳, ר׳, אֳהָבִים, אֲהָבִים love (passages)
אַהֲבָה, נ׳, ר׳, אֲהָבוֹת love, amour
אֲהַבְהֵב, פ״ע to flirt
אֲהַבְהָב, ז׳, ר׳, ־בִים flirt
אָהַד, פ״י to like, sympathize
אַהֲדָה, נ׳ sympathy
אֲהָהּ, מ״ק woe! alas!
אָהוּב, ת״ז, אֲהוּבָה, ת״נ beloved, lovable
אָהוּד, ת״ז, אֲהוּדָה, ת״נ sympathetic
אֱהִי, תה״פ where?
אֶהְיֶה name of God
אָהִיל, ז׳, ר׳, אֲהִילִים umbrella, shade
אֹהֶל, ז׳, ר׳, אֹהָלִים, אֳהָלִים tent; tabernacle
אָהַל, פ״ע to pitch a tent
הֶאֱהִיל, פ״ע to cover up
אֲהָל, ז׳ aloe (wood), heartwood
אָהֳלִיָּה, נ׳, ר׳, ־יּוֹת tent (camp)
אֹהַר, ז׳, ר׳, אֳהָרִים snare (basket)
אוֹ, מ״ק or
אוֹ ... אוֹ either...or
אוֹ אָז perhaps
אוֹב, ז׳, ר׳, ־בוֹת skin bottle; magic, necromancy; ventriloquist
אוֹבֵד, ת״ז, ־בֶדֶת, ־בְדָה, ת״נ lost, unfortunate
אוֹג, ז׳, ר׳, ־גִים sumac
אוֹגָה, נ׳ zenith, apogee
אוֹגֵר, ז׳, ר׳, ־גְרִים collector
אוּד, ז׳, ר׳, ־דִים firebrand, poker (fire)
אוֹדוֹת, אֹדוֹת, מ״י about, concerning, pertaining to
אוּדָן, ז׳, ר׳, ־נִים tub

אִוָּה, פ״י to desire, covet
הִתְאַוָּה, פ״ח to long for, aspire, crave
אַוָּה, נ׳ lust, desire
אוֹהֵב, ז׳, ר׳ ־הֲבִים lover, friend
אִוּוּי, ז׳, ר׳, ־יִים covetousness
אַוָּז, ז׳, ר׳, ־זִים gander
אַוָּזָה, נ׳ goose
בַּר־אַוָּז, בַּרְוָז duck
אוֹי, אוֹיָה, מ״ק oh! woe! alas!
אוֹיֵב, ז׳, ר׳, ־יְבִים foe, enemy
אֱוִיל, ז׳, ר׳, ־לִים fool
אֱוִילוּת, נ׳ folly, foolishness
אֲוִיר, ז׳, ר׳, ־רִים air, atmosphere
אֲוִירָה, נ׳, ר׳, ־רוֹת atmosphere (e.g., congenial)
אֲוִירוֹן, ז׳, ר׳, ־נִים airplane
אֲוִירִי, ת״ז, ־רִית, ת״נ airy
אֲוִירִיָּה, נ׳, ר׳, ־יּוֹת air force
אוּכְלוּסִיָּה, אֻכְלוּסִיָּה, נ׳ population
אוּכָּף, אֻכָּף, ז׳, ר׳, ־פִים, ־פוֹת saddle
אוּל, ז׳ body, organism
אוּלַי, תה״פ perhaps
אוּלָם, מ״ח but, however; only
אוּלָם, ז׳, ר׳, ־לַמִּים hall, vestibule
אוּלְפָּן, אֻלְפָּן, ז׳, ר׳, ־נִים Ulpan, school (for intensive training)
אוֹלָר, ז׳, ר׳, ־רִים penknife, jackknife
אִוֶּלֶת, נ׳ folly, foolishness, stupidity
אוֹמֶד, אֹמֶד, ז׳ estimate, appraisal, assessment
אוּמָה, אֻמָּה, נ׳, ר׳, ־וֹת nation, people
או״מ, אוּם, נ״ר United Nations
אוּמְדָּנָה, אֻמְדָּנָה, נ׳, ר׳, ־נוֹת appraisal, estimate

אוֹמֵן, ז׳, ר׳, ־מְנִים educator; director; male nurse
אוּמָן, ז׳, ר׳, ־נִים, ־נִיּוֹת harvest-strip
אוּמָן, אֻמָּן, ז׳, ר׳, אוּמָנִים artisan, craftsman
אוּמָנוּת, אֻמָּנוּת, נ׳, ר׳, ־נֻיּוֹת trade, handicraft, craftsmanship
אוֹמֶנֶת, נ׳, ר׳, ־מְנוֹת midwife, nurse
אוּמְצָה, אֻמְצָה, נ׳, ר׳, ־צוֹת steak
אוֹן, ז׳, ר׳, ־נִים strength, virility, vigor; wealth; sorrow, sadness
אָוֶן, ז׳, ר׳, אוֹנִים iniquity, evil, injustice; sorrow, misfortune
אוּן, ז׳, ר׳, ־נִים skein
אוֹנָאָה, הוֹנָאָה, נ׳, ר׳, ־אוֹת deceit, fraud
אוּנָה, אֻנָּה, נ׳, ר׳, ־נוֹת lobe (of lung)
אַוָּנָה, נ׳, ר׳, ־נוֹת roadside inn, wayside station
אוֹנֵן, ז׳, ר׳, ־נְנִים mourner
אוֹנָנוּת, נ׳ self-abuse, defilement, masturbation
אוֹנָן, ז׳, ר׳, ־נִים masturbator
אוֹפֶה, ז׳, ר׳, ־פִים baker
אוֹפִי, אֹפִי, ז׳, ר׳, אֳפָיִים character, nature
אוֹפְיָנִי, אָפְיָנִי, ת״ז, ־נִית, ת״נ characteristic
אוֹפֶן, אֹפֶן, ז׳, ר׳, אֳפָנִים manner, style, way
אוֹפַן, ז׳, ר׳, ־נִּים wheel; name of angel
אוֹפַנּוֹעַ, ז׳, ר׳, ־עִים motorcycle
אוֹפַנַּיִם, ז״ז bicycle
אוֹפַנָּן, ז׳, ר׳, ־נָּנִים cyclist
[אוץ] אָץ, פ״ע to hurry, hasten; to urge, press
אוֹצָר, ז׳, ר׳, ־רוֹת treasure, treasury, storehouse

אוֹקְיָנוֹס, ז׳, ר׳, ־סִים ocean
אוֹר, ז׳, ר׳, ־רִים, ־רוֹת light, fire
אוֹר לְיוֹם night before, on the eve
אוֹר, פ״ע to be light, shine
הֵאִיר, פ״ע, פ״י to shine, cause light
אוּר, ז׳, ר׳, ־רִים fire, campfire; colony
אוֹרֵב, ז׳, ר׳, ־רְבִים ambusher
אוֹרֵג, ז׳, ר׳, ־רְגִים weaver
אוֹרָה, נ׳, ר׳, ־רוֹת light; happiness; herb, berry
אוֹרֶה, ז׳, ר׳, ־רִים fruit-picker
אוּרְוָה, אֻרְוָה, נ׳, ר׳, ־רָוֹת stable, manger
אִוְרוּר, ז׳ ventilation, airconditioning
אוֹרֵז, ז׳, ר׳, ־רְזִים packer, binder
אוֹרֶז, אֹרֶז, ז׳ rice
אוֹרֵחַ, ז׳, ר׳, ־רְחִים guest, visitor, traveler
אוֹרַח, אֹרַח, ז׳, ר׳, אֳרָחוֹת, ־חִים way, path; behavior, manner, mode, custom; menstruation, menses; flowers
אוֹרְחָה, אֹרְחָה, נ׳, ר׳, ־חוֹת caravan
אוּרִים, ז״ר, אוּרִים וְתֻמִּים oracles
אוֹרִית, נ׳ radium
אוֹרַיְתָא, נ׳ Torah, Pentateuch
אוֹרְלוֹגִין, ז׳, ר׳, ־נִים clock (wall)
אוֹרֶן, אֹרֶן, ז׳, ר׳, אֳרָנִים pine
אִוְרֵר, פ״י to air, ventilate
אִוְשָׁה, נ׳ rustle
אוֹשֶׁר, אֹשֶׁר, ז׳ happiness, luck
אוֹת, ז׳, ר׳, ־וֹת sign, proof, symbol; miracle
אוֹת, נ׳, ר׳, ־תִיּוֹת letter (of alphabet)
[אות] נָאוֹת, פ״ע to consent, enjoy, be suitable

אוֹתִי, אוֹתְךָ, וְכוּ׳ ע׳ אֵת
אָז, אֲזַי, תה״פ then, in this case, therefore
אַזְהָרָה, ע׳ הַזְהָרָה
אִזּוּן, ז׳, ר׳, ־נִים listening; balancing, weighing
אֵזוֹר, ז׳, ר׳ אֲזוֹרִים girdle; district
אָזַל, פ״ע to go, be gone, exhausted
אִזְמֵל, ז׳, ר׳, ־לִים scalpel, chisel
אֹזֶן, נ׳, ר׳, אָזְנַיִם ear; handle; auricle
אִזֵּן, פ״י to poise, balance
הֶאֱזִין, פ״י to listen (to radio)
אָזֵן, ז׳, ר׳, אֲזֵנִים arm, weapon; kit
אָזְנִיָּה, נ׳, ר׳, ־יּוֹת earphone
אַזְעָקָה, נ׳, ר׳, ־קוֹת alarm
אֲזִקִּים, אֲזִיקִים, ז״ר handcuffs, chains
אָזַר, פ״י to gird
אָזַר חַיִל to strengthen, fortify
הִתְאַזֵּר (עֹז) to overcome, strengthen oneself
אֶזְרוֹעַ, זְרוֹעַ, נ׳, ר׳ ־עוֹת arm
אֶזְרָח, ז׳, ר׳, ־חִים native, citizen; well-rooted tree
אִזְרַח, פ״י to naturalize
אֶזְרָחוּת, נ׳ citizenship
אֶזְרָחִי, ת״ז, ־חִית, ת״נ civil
אַח, ז׳, ר׳ ־חִים marten
אָח, מ״ק alas!
אָח, זו״נ, ר׳, אַחִים fireplace, hearth
אָח, ז׳, ר׳, אַחִים brother, countryman, kinsman
אָח חוֹרֵג stepbrother
אֶחָד, ש״מ; ז׳ one, someone; first
אֶחָד אֶחָד one by one
אֶחָד מִ־, בְּ־ one of ...
אֲחָדִים, ־דוֹת some, few, several; units (in retail selling)

אַחַד עָשָׂר — eleven (*m.*)
אִחֵד, פ״י — to unite
הִתְאַחֵד, פ״ח — to become one, unite, join
אַחְדוּת, נ׳ — unity, solidarity, concord
אִחָה, פ״י — to put together, sew, stitch up
אָחוּ, ז׳ — rushes, reeds; pasture
אִחוּד, ז׳ — union, amalgamation
אַחְוָה, נ׳, ר׳, ־וֹת — declaration
אַחֲוָה, נ׳ — brotherhood, brotherliness, fraternity
אָחוּז, ז׳, ר׳, אֲחוּזִים — per cent, rate
אִחוּז, ז׳ — holding
אֲחוּזָה, אֲחֻזָּה, נ׳, ר׳, ־זוֹת — property, possession
אִחוּי, ז׳ — sewing, seam
אִחוּל, אֶחוּל, ז׳, ר׳, ־לִים — congratulation, blessing
אֲחוּן, ז׳, ר׳, ־נִים — prune
אָחוֹר, ז׳, ר׳, אֲחוֹרַיִם — rear, buttocks, back
אִחוּר, ז׳, ר׳, ־רִים — delay, lateness, tardiness
אָחוֹרָה, תה״פ — backwards
אֲחוֹרִי, ת״ז, ־רִית, ת״נ — rear, posterior
אֲחוֹרַנִּית, אֲחֹרַנִּית, תה״פ — backwards
אָחוֹת, נ׳, ר׳, אֲחָיוֹת — sister; nurse; nun
אָחוֹת חוֹרֶגֶת — stepsister
אָחַז, פ״י — to seize, grasp
הִתְאַחֵז, פ״ח — to settle (in)
אֲחֻזָּה, אֲחוּזָה, נ׳, ר׳, ־זוֹת — farm, property, possession
אָחִיד, ת״ז, אֲחִידָה, ת״נ — homogeneous
אֲחִיזָה, נ׳, ר׳, ־זוֹת — seizure
אֲחִיזַת עֵינַיִם — prestidigitation, conjuring
אַחְיָן, ז׳, ר׳, ־נִים — nephew

אַחְיָנִית, נ׳, ר׳, ־יוֹת — niece
אִחֵל, פ״י — to congratulate, wish (well)
אַחֲלַי, אַחֲלֵי, מ״ק — on that ...; would that ...
אַחְלָמָה, ז׳, ר׳, ־מוֹת — amethyst
אַחְלָמָה, הַחְלָמָה, נ׳, ר׳, ־מוֹת — convalescence
אַחְמֶת, ז׳, ר׳, ־תִים — archive
אִחְסֵן, פ״י — to store
אַחְסָנָה, נ׳ — storage
אַחַר, תה״פ — then, thereafter, after
אַחַר־כָּךְ — afterwards
אַחֵר, ת״ז, אַחֶרֶת, ת״נ — other, another; strange
אָחַר, אִחֵר, פ״ע — to tarry, delay, be late
אַחֲרַאי, אַחֲרַי, ת״ז, ־רָאִית, ת״נ — responsible, liable
אַחֲרָה, נ׳ — frenzy
אַחֲרוֹן, ת״ז, ־נָה, ת״נ — last, latter
אַחֲרֵי, תה״פ — after
אַחֲרֵי שֶׁ־, אַחֲרֵי אֲשֶׁר — after (that); since
אַחֲרֵי כֵן — afterwards
אַחֲרָיוּת, נ׳ — responsibility, liability
אַחֲרִית, נ׳ — end (of time); future; rest, remainder
אֲחֹרַנִּית, אֲחוֹרַנִּית, תה״פ — backwards
אַחַת, ש״מ, נ׳ — one, someone; special
אַחַת הִיא — it is all the same
אַחַת עֶשְׂרֵה — eleven (*f.*)
אֶחֶת, ז׳, ר׳, ־תִים — pit
אַט, לְאַט, תה״פ — slowly
אִט, ז׳, ר׳, אִטִּים — soothsayer, fortuneteller
אֶטֶב, ז׳, ר׳, אֲטָבִים — clamp, clip
אָטָד, ז׳, ר׳, אֲטָדִים — bramble, box-thorn

אָטוּם, ת״ז, אֲטוּמָה, ת״נ closed, clogged, opaque

אֵטוּן, ז׳, ר׳, אֲטוּנִים string

[אטט] הֵאֵט, פ״י to slow up

אִטִּי, ת״ז, ־טִּית, ת״נ slow

אִטִּיּוּת, נ׳ slowness

אָטִים, ת״ז, אֲטִימָה, ת״נ impenetrable

אִטְלוּלָה, אִטְלוּלָא, נ׳ mockery

אִטְלִיז, ז׳, ר׳, ־זִים butcher shop

אֹטֶם, ז׳ substructure; cork

אֶטֶם, ז׳, ר׳, אֲטָמִים gasket

אָטַם, פ״י to close, shut (a gap, hole)

אֶטֶף, ז׳, ר׳, אֲטָפִים hole (in cheese)

אִטֵּר, ת״ז, אִטֶּרֶת, ת״נ lefthanded

אָטַר, פ״י to close, shut up

אִטְרִיָּה, אִטְרִית, נ׳, ר׳, ־יּוֹת noodle, vermicelli

אִי, ז׳, ר׳, ־יִּים island; jackal

אִי, תה״פ, מ״ק no, not; woe

אִי אֶפְשָׁר impossible

אֵי, תה״פ where

אֵי מִזֶּה whence, where from

אָיַב, פ״י to be hostile to, an enemy of

אֵיבָה, נ׳ enmity, hate, animosity

אֵיבָר, אֵבֶר, ז׳, ר׳, ־רִים limb

אִיֵּד, פ״י to evaporate

אֵיד, ז׳ misfortune, calamity

אִידִישׁ, אִידִית, נ׳ Yiddish

אִידָךְ, מ״ג that, the other

אִידָן, ז׳ willow; bast

אַיָּה, נ׳, ר׳, ־יּוֹת hawk

אַיֵּה, תה״פ where

אִיּוּךְ, ז׳, ר׳, ־כִים qualification

אִיּוּם, ז׳, ר׳, ־מִים threat, menace

אֵיזֶה, מ״ג which, what, who; any, some

אֵיזֶהוּ, מ״ג which, what, who is ...

אֵיזוֹ, אֵיזֹה, מ״ג which, what, who; any, some

אִיטָן, ז׳, ר׳, ־נִים cattail

אִיָּר, אִיָּר Iyyar (Hebrew month)

אֵיךְ, אֵיכָה, תה״פ how

אִיֵּךְ, פ״ע to qualify

אֵיכֹה, אֵיכוֹ, תה״פ where

אֵיכוּת, נ׳, ר׳, ־כֻיּוֹת quality

אֵיכָכָה, תה״פ how? how then?

אִיכְפַּת, אִכְפַּת, תה״פ, נ׳ concern, care

אַיָּל, ז׳, ר׳, ־לִים stag, hart

אַיִל, ז׳, ר׳, אֵילִים ram; leader, chief; buttress, ledge

אֱיָל, ז׳ might, strength

אֵיל, ז׳, ר׳, ־לִים terebinth (tree)

אַיָּלָה, אַיֶּלֶת, נ׳, ר׳, ־לוֹת doe, gazelle, hind

אֵילוּ, ע׳ אֵיזֶה, אֵיזוֹ which

אַיְלוֹנִית, אַיְלוֹנִית, נ׳, ר׳, ־נִיּוֹת barren, sterile woman

אֱיָלוּת, נ׳ might, power, strength

אֵילֵךְ, תה״פ hither; further (on); thither

אֵילֵךְ וְאֵילֵךְ to and fro

אִילָן, ז׳, ר׳, ־נוֹת, ־נִים tree

אִילַן מַאֲכָל fruit tree

אִילַן סְרָק fruitless (barren) tree

אַיֶּלֶת, נ׳ musical instrument

אָיֹם, אָיוֹם, ת״ז, אֲיֻמָּה, ת״נ horrible, terrible

אִיֵּם, פ״י to frighten, threaten

אֵימָה, נ׳, אֵים, ז׳, ר׳, ־מוֹת, ־מִים terror, dread

אֵימַת, אֵימָתַי, תה״פ when?

אֵימָתָה, נ׳ great fear, terror

perpetual, אֵיתָן, ת״ז, ־נָה, ת״נ
perennial; incessant, strong
surely, only, but, indeed אַךְ, תה״פ
digestion; corrosion אִכּוּל, ז׳
to disappoint אִכְזֵב, פ״י
to be disappointed הִתְאַכְזֵב, פ״ח
deceptive, אַכְזָב, ת״ז, ־בָה, ת״נ; ז׳
disappointing; dry spring, brook
disappointment, אַכְזָבָה, נ׳, ר׳, ־בוֹת
disillusionment
cruel, אַכְזָר, אַכְזָרִי, ת״ז, ־רִית, ת״נ
pernicious
to become, be cruel אִכְזֵר, פ״י
cruelty אַכְזָרִיּוּת, נ׳
eating אֲכִילָה, נ׳, ר׳, ־לוֹת
gluttonous meal אֲכִילָה גַּסָּה
to eat, consume אָכַל, פ״י
to devour, burn אִכֵּל, פ״י
to feed הֶאֱכִיל, פ״י
food, אֹכֶל, ז׳, אָכְלָה, נ׳, ר׳, אֲכָלִים
nourishment
אֻכְלוֹסִיָּה, אוּכְלוּסִיָּה, נ׳, ר׳, ־יּוֹת
population
glutton אַכְלָן, ז׳, ר׳, ־נִים
to populate אִכְלֵס, פ״י
brown אָכֹם, ת״ז, אֲכֻמָּה, ת״נ
blackberry אֻכְמָנִיָּה, נ׳, ר׳, ־יּוֹת
truly, surely; but, אָכֵן, תה״פ
nevertheless
bill of exchange אֲכָס, ז׳, ר׳, ־סִים
hall אַכְסַדְרָה, אַכְסַדְרָא, נ׳, ר׳, ־אוֹת
lodging אִכְסוּן, ז׳
to lodge, give hospitality אִכְסֵן, פ״י
to stay as guest הִתְאַכְסֵן, פ״ח
אַכְסְנַאי, אַכְסְנַי, ז׳, ר׳, ־נָאִים
guest; sublessee
inn, motel; אַכְסַנְיָה, נ׳, ר׳, ־יּוֹת
hospitality

terrorist אֵימְתָן, ז׳, ר׳, ־נִים
terrorism אֵימְתָנוּת, נ׳
nothing, nought אַיִן, ז׳
there is (are) not; אַיִן, אֵין, תה״פ
not, no
it is nothing, אֵין דָּבָר
don't mention it
infinite אֵין־סוֹף
where? אֵיפֹה, תה״פ
a measure of אֵיפָה, נ׳, ר׳, ־פוֹת
grain
then, so אֵיפוֹא, אֵיפוֹ, אֵפוֹא, תה״פ
blackout (of אִיפּוּל, אִפּוּל, ז׳
windows)
make-up (theatrical) אִיפּוּר, אִפּוּר, ז׳
Iyyar (Hebrew month) אִיָּר, אִיָּיר, ז׳
fleece אִיר, ז׳
אֵירוּסִים, ־ן, אֵרוּסִים, ־ן, ז״ר
betrothal
Iris אִירִיס, ז׳, ר׳, ־סִים
man, אִישׁ, ז׳, ר׳, אֲנָשִׁים, אִישִׁים
male; husband; hero;
everyone; nobody
everyone אִישׁ אִישׁ
each one; one אִישׁ ... רֵעֵהוּ (אָחִיו)
another
champion; agent אִישׁ בֵּינַיִם
pupil (of eye); אִישׁוֹן, ז׳, ר׳, ־נִים
darkness; manikin, dwarf
אִישׁוּר, אִשּׁוּר, ז׳ ר׳, ־רִים
confirmation, endorsement
matrimony אִישׁוּת, נ׳
individual, אִישִׁי, ת״ז, ־שִׁית, ת״נ
personal
personality אִישִׁיּוּת, נ׳
personally אִישִׁית, תה״פ
to spell אִיֵּת, פ״י
entrance אִיתוֹן, ז׳, ר׳, ־נִים

אָכַף, פ״י — to urge, compel
אֶכֶף, ז׳ — pressure
אֻכָּף, אוּכָּף, ז׳, ר׳, אֻכָּפִים, ־פוֹת — saddle
אִכְפַּת, אִיכְפַּת, תה״פ, נ׳ — concern, care
אִכָּר, ז׳, ר׳, ־רִים — farmer, peasant
אִכֵּר, פ״י, הִתְאַכֵּר, פ״ח — to be, become a farmer
אִכָּרוּת, נ׳ — farming, husbandry
אַכְרָזָה, ע׳ הַכְרָזָה
אַל, מ״ש — don't, do not; nothing
אֶל, מ״י — to, towards, at, near
אֶל נָכוֹן — absolutely, certainly
אֵל, ז׳, ר׳, ־לִים — God, deity; strength, power
לְאֵל יָדוֹ — within his power
אֶלָּא, מ״ח — only, but, except
אֶלְגָּבִישׁ, ז׳ — hailstone; crystal; meteorite
אַלְגֹּם, אַלְגּוּם, ז׳, ר׳, ־גֻּמִּים, ־גּוּמִים — sandalwood; coral
אַלָּה, נ׳, ר׳, ־לּוֹת — cudgel, club
אָלָה, נ׳, ר׳, ־לוֹת — oath, curse, imprecation
אָלָה, פ״ע — to curse, swear
הֶאֱלָה, פ״ע — to swear in, put under oath
אֵלָה, נ׳, ר׳, ־לוֹת — terebinth; goddess
אֵלֶּה, מ״ג — these
[אלה] הֶאֱלִיהַּ, פ״י — to deify, worship
אֱלֹהַּ, אֱלוֹהַּ, ז׳, ר׳, ־הִים — God
אֱלֹהוּת, אֱלָהוּת, נ׳ — divinity, deity
אֱלֹהִי, אֱלָהִי, ת״ז, ־הִית, ת״נ — godlike
אֱלֹהִים, ז״ר — God; judge
אֵלּוּ, מ״ג — these
אִלּוּ, אִילוּ, מ״ח — if
אִלּוּחַ, נ׳ — infection

אֱלוּל, ז׳ — Elul (Hebrew month)
אִלּוּלֵי, מ״ח — if not, if
אַלּוֹן, אֵלוֹן, ז׳, ר׳, ־נִים — oak; acorn
אֲלוּנְטִית, אֲלֻנְטִית, נ׳, ר׳, ־טִיּוֹת — towel
אֲלוּנְקָה, אֲלֻנְקָה, נ׳, ר׳, ־קוֹת — stretcher
אַלְזָן, ז׳ — atrophy
אַלּוּף, ז׳, ר׳, ־פִים — ox; friend; ruler; brigadier general
אִלּוּץ, ז׳ — imposition
אָלַח, פ״י — to dirty, infect
נֶאֱלַח, פ״ע — to be corrupted, tainted
אַלְחוּט, ז׳ — radio, wireless
אַלְחוּטַאי, אַלְחוּטַי, ז׳, ר׳, ־טָאִים — radioman, radio operator
אַלְחוּשׁ, ז, ר׳, ־שִׁים — anesthesia
אִלְחֵשׁ, פ״י — to anesthetize
אַלִּיבִּי, ז׳ — alibi
אַלְיָה, נ׳, ר׳, אֲלָיוֹת — tail (of sheep); ear lobe
אִלְיָה, נ׳, ר׳, ־יוֹת — dirge, elegy
אַלְיוֹן, ז׳, ר׳, ־נִים — toe, thumb
אֱלִיל, ז׳, ר׳, ־לִים — idol; nothing
אֱלִילָה, נ׳, ר׳, ־לוֹת — goddess
אֱלִילוּת, נ׳ — paganism
אֱלִילִי, ת״ז, ־לִית, ת״נ — pagan
אַלִּים, ת״ג, ־מָּה, ת״נ — violent; powerful
אַלִּיפוּת, נ׳ — championship
אֲלַכְסוֹן, ז׳, ר׳, ־נִים — diagonal, hypotenuse
אָלָל, ז׳, ר׳, אֲלָלִים — sinew, tendon
אַלְלַי, מ״ק — woe! woe is me! alas!
אִלֵּם, ת״ז, אִלֶּמֶת, ת״נ — dumb
[אלם] נֶאֱלַם, פ״ע — to become dumb
אִלֵּם, פ״י — to bind sheaves
אֵלֶם, ז׳, אִלְּמוּת, נ׳ — dumbness
אַלָּם, ז׳, ר׳, ־מִים — tyrant, powerful person

אֲלֻמָּה, נ׳, ר׳, ־מּוֹת, ־מִּים sheaf

אַלְמוֹג, אַלְמֹג, ז׳, ר׳, ־מֻגִּים coral; sandalwood

אַלְמוֹן, אַלְמֹן, ז׳ widowhood

אַלְמוֹנִי, ת״ז, ־נִית, ת״נ unknown, unnamed

אַלָּמוּת, נ׳ violence, force

אַלְמָוֶת, ז׳ immortality

אִלְמָלֵא, אִלְמָלֵי, מ״ח if not, if

אַלְמָן, ז׳, ר׳, ־נִים widower

אַלְמֹן, אַלְמוֹן, ז׳ widowhood

אִלְמֵן, פ״י to widow

הִתְאַלְמֵן, פ״ח to become a widower

אַלְמָנָה, נ׳, ר׳, ־נוֹת widow

אַלְמְנוּת, נ׳ widowhood

אֲלַנְטִית, אֲלוּנְטִית, נ׳, ר׳, ־טִיּוֹת towel

אֲלֻנְקָה, אֲלוּנְקָה, נ׳, ר׳, ־קוֹת stretcher

אִלְסָר, ז׳, ר׳, ־רִים hazelnut

אֶלֶף, ז׳, ר׳, אֲלָפִים thousand; clan; cattle

אָלֶף, אַלְפָא, נ׳ Aleph, first letter of Hebrew alphabet

אָלַף, פ״ע to learn

אִלֵּף, פ״י to train (animals), tame; to teach

הֶאֱלִיף, פ״י to bring forth thousands

אָלֶף־בֵּית, אָלֶפְבֵּית, אָלֶפְבֵּיתָא, זו״נ alphabet

אָלֶפְבֵּיתִי, ת״ז, ־תִית, ת״נ alphabetical

אַלְפוֹן, ז׳, ר׳, ־נִים primer

אַלְפִּית, נ׳, ר׳, ־פִּיּוֹת thousandth

אֻלְפָּן, אוּלְפָּן, אֻלְפָּנָא, ז׳, ר׳, ־פָּנִים Ulpan, School (for intensive training)

אִלְפָּס, ז׳, ר׳, ־סִים pan, saucepan, casserole

[אלץ] נֶאֱלַץ, פ״ע must, ought to, be compelled to

אִלֵּץ, פ״י to compel, force

אַלְקוּם, ז׳, ר׳, ־מִים dictator, leader; power

אַל־תִּגַּע־בִּי, ז׳ touch-me-not

אִלְתִּית, נ׳, ר׳, ־תִּיּוֹת codfish; salmon

אַלְתָּר, לְאַלְתָּר, תה״פ immediately, soon

אֵם, נ׳, ר׳, אִמּוֹת, אִמָּהוֹת mother; womb; origin; metropolitan

אֵם־הַדֶּרֶךְ crossroad

אֵם זְקֵנָה grandmother

אֵם חוֹרֶגֶת stepmother

אִם, מ״ח if, whether, when; or

אִם ... אִם whether ... or

אָם, ז׳, ר׳, ־מִים pustule

אֹם, ז׳, ר׳, אֻמִּים nation, people; nut (screw)

אִמָּא, אַמָּא נ׳ mom, mummy, mama

אַמְבָּט, ז׳, ר׳, ־טִים bath, bathtub

אִמְבֵּט, פ״י to bathe

אַמְבַּטְיָה, נ׳, ר׳, ־יוֹת bathroom

אֹמֶד, אוֹמֶד, ז׳ estimate, appraisal, assessment

אָמַד, פ״י to estimate, appraise, assess

אֻמְדָּן, אוּמְדָן, ז׳, אֻמְדָּנָה, אוּמְדָּנָה, נ׳, ר׳, ־נִים, ־נוֹת appraisal, estimate

אַמָּה, נ׳, ר׳, ־מּוֹת cubit; penis; forearm; middle finger; canal

אַמָּה עַל אַמָּה square cubit

אָמָה, נ׳, ר׳, אֲמָהוֹת maid, servant

אֻמָּה, אוּמָּה, נ׳, ר׳, ־מּוֹת nation, people

אֻמּוֹת הָעוֹלָם gentile nations

אִמָּהוּת, נ׳ motherhood

אִמָּהִי, ת״ז, ־הִית, ת״נ motherlike, motherly

אֲמוֹדַאי, אֲמוֹדַי, ז׳, ר׳, ־דָאִים diver (deep sea)

אִמּוּם, ז׳, ר׳ ־מִים form, model, last, block

אָמוֹן, ז׳ pupil; artificer, builder; Amen (Egyptian deity)

אָמוּן, ת״ז, אֲמוּנָה, ת״נ faithful, loyal, dependable

אֵמוּן, ז׳, ר׳, אֱמוּנִים faith, trust, faithfulness

אִמּוּן, ז׳, ר׳, ־נִים training, practice

אֱמוּנָה, נ׳, ר׳, ־נוֹת faith, belief, trust, creed, confidence

אֱמוּנָה טְפֵלָה superstition

אִמּוּץ, ז׳ strengthening, encouraging

אִמּוּץ לֵב hardening (cruelty)

אִמּוּץ לְבֵן adoption

אָמוּץ, ת״ז, אֲמוּצָה, ת״נ sweet-sour

אִמּוּר, ז׳, ר׳, ־רִים strike (labor)

אֲמוֹרָא, ז׳, ר׳, ־אִים Amora, Talmudic sage

אֱמוֹרִי, אֱמֹרִי, ז׳ Amoraite

אֵמוּרִים, ז״ר sacrificial offerings (portions)

אִמּוּת, ז׳ verification

אָמִיד, ת״ז, אֲמִידָה, ת״נ wealthy, well-to-do

אֲמִידוּת, נ׳ wealth

אֲמִידָה, נ׳, ר׳, ־דוֹת supposition

אָמִין ת״ז, אֲמִינָה, ת״נ authentic, authentical

אֲמִינוּת, נ׳ authenticity

אַמְיַנְטוֹן, ז׳ asbestos

אַמִּיץ, ת״ז, אַמִּיצָה, ת״נ strong, mighty, courageous

אַמִּיץ לֵב brave, courageous

אַמִּיצוּת, נ׳ bravery, courage

אָמִיר, ז׳, ר׳, אֲמִירִים summit, top (of tree)

אֲמִירָה, נ׳, ר׳, ־רוֹת saying, speech; peace conference

אַמִּיתָה, נ׳, ר׳, ־תוֹת Ammiaceae, bullwort

אָמֵל, ת״ז, אֲמֵלָה, ת״נ depressed, weak

אָמַל, פ״ע to be weak, depressed, languid

אֲמֻלָּה, אֲמוּלָה, נ׳ despondency

אֻמְלָל, אֻמֶלָל, ת״ז, ־לָה, ת״נ languid, weak, unhappy

אִמְלֵל, פ״י to make unhappy, unfortunate

אֹמֶן, ז׳ faithfulness

אָמָן, אָמָּן, ז׳, ר׳, ־נִים artist, artisan

אָמֵן, תה״פ Amen, so be it

אָמַן, פ״י to rear, nurse

נֶאֱמַן, פ״ע to be faithful, trusty, true; to be established

אִמֵּן, פ״י to train, teach

הֶאֱמִין, פ״ע to trust, believe (in)

הִתְאַמֵּן, פ״ח to practice, train oneself

אָמְנָה, תה״פ; נ׳ truly, verily; education, nursing

אֹמְנָה, נ׳, ר׳, ־נוֹת column, pilaster

אֲמָנָה, נ׳, ר׳, ־נוֹת treaty, pact, contract; faith, trust, credit

אַמְנוֹן וְתָמָר, ז׳ pansy

אֻמָּנוּת, אָמָּנוּת, נ׳, ר׳, ־נֻיּוֹת art

אָמְנָם, אֻמְנָם, תה״פ indeed, truly, verily

אֹמֶץ, ז׳ might, strength

אֹמֶץ לֵב courage, fortitude

אָמֹץ, ת״ז, אֲמֻצָּה, ת״נ gray; brownish-red

to be strong אָמַץ, פ"ע
to strengthen, אִמֵּץ, פ"י
encourage; to adopt
to make an effort, הִתְאַמֵּץ, פ"ח
exert oneself; to be determined
invention אַמְצָאָה, נ', ר', ־אוֹת
אֻמְצָה, אוּמְצָה, נ', ר', ־צוֹת
meat (raw), beefsteak
middle; means אֶמְצַע, ז', ר', ־עִים
middle; means אֶמְצָעוּת, נ'
by means of בְּאֶמְצָעוּת, תה"פ
אֶמְצָעִי, ת"ז, ־עִית, ת"נ; ז'
middle, mean; means
resources, means אֶמְצָעִים, ז"ר
word, utterance, אֹמֶר, ז', ר', אֲמָרִים
speech
to say; to intend; to tell אָמַר, פ"י
to elevate, proclaim; הֶאֱמִיר, פ"י
to rise (prices)
to boast, pretend הִתְאַמֵּר, פ"ח
take-off אַמְרָאָה, נ', ר', ־אוֹת
(of airplane)
impresario אֲמַרְגָּן, ז', ר', ־נִים
saying, אִמְרָה, נ', ר', אֲמָרוֹת
utterance; seam, hem
American אֲמֶרִיקָאִי, ת"ז, ־אִית, ת"נ
officer אֲמַרְכָּל, ז', ר', ־לִים
(of Temple), administrator
last night אֶמֶשׁ, תה"פ
truth אֱמֶת, נ'
indeed, really בֶּאֱמֶת, תה"פ
to verify, substantiate, אִמֵּת, פ"י
prove (true)
axiom אֲמִתָּה, נ', ר', ־תּוֹת
reality, veracity, אֲמִתּוּת, נ'
authenticity
sack, bag, אַמְתַּחַת, נ', ר', ־תָּחוֹת
valise

true, genuine, אֲמִתִּי, ת"ז, ־תִּית, ת"נ
authentic
אֲמַתְלָה, נ', ר', ־לוֹת, ־לָאוֹת
pretext, excuse
whither, where (to) אָן, אָנָה, לְאָן, תה"פ
pray, please אָנָּא, אָנָּה, מ"ק
Englishman אַנְגְּלִי, ז'
England; Englishwoman אַנְגְּלִיָּה, נ'
English אַנְגְּלִית, נ'
אַנְדְּרוֹגִינוּס, ז', ר', ־סִים
hermaphrodite
to lament, mourn אָנָה, פ"ע
to cause to happen; אִנָּה, פ"י
to wrong, deceive
to happen, befall אֻנָּה, פ"ע
to find an excuse, הִתְאַנָּה, פ"ח
pretext (to do wrong)
we אָנוּ, מ"ג
raped, אָנוּס, ת"ז, אֲנוּסָה, ת"נ; ז'
forced; marrano
compulsion; rape אֹנֶס, ז', ר', ־סִים
incurable אָנוּשׁ, ת"ז, אֲנוּשָׁה, ת"נ
man, human being אֱנוֹשׁ, ז'
mankind, humanity אֱנוֹשׁוּת, נ'
human אֱנוֹשִׁי, ת"ז, ־שִׁית, ת"נ
humanity, אֱנוֹשִׁיּוּת, נ'
humanitarianism
to moan, groan, sigh [אנח] נֶאֱנַח, פ"ע
sigh, groan אֲנָחָה, נ', ר', ־חוֹת
we אֲנַחְנוּ, מ"ג
anti-semite אַנְטִישֵׁמִי, ת"ז, ־מִית, ת"נ
anti-semitism אַנְטִישֵׁמִיּוּת, נ'
I אֲנִי, מ"ג
fleet (of ships) אֳנִי, זו"נ
ship, vessel אֳנִיָּה, נ', ר', ־יּוֹת
lament אֲנִיָּה, נ'
delicate, אָנִין, ת"ז, אֲנִינָה, ת"נ
refined; squeamish

אֲנִינָה, אֲנִינוּת, נ' sorrow, grief, mourning; sensitiveness, touchiness, squeamishness
אָנִיץ, ז', ר', אֲנִיצִים stalk (of flax)
אֲנָךְ, ז', ר', ־כִים plummet, plumb line
אֲנָכִי, ת"ז, ־כִית, ת"נ vertical
אָנֹכִי, מ"ג I
אָנֹכִיּוּת, נ' egotism, egoism
אָנֹכִיִּי, ת"ז, ־כִיִּית, ת"נ egotistic
אָנַן, פ"ע to mourn
הִתְאוֹנֵן, פ"ח to complain
אֲנָנָס, ז', ר', ־סִים pineapple
אֹנֶס, ז', ר', אֳנָסִים compulsion, force; rape
אַנָּס, ז', ר', ־סִים violent man
אָנַס, פ"י to force, compel; to restrain; to rape
אָנַף, פ"ע to be angry, enraged
אֲנָפָה, נ', ר', ־פוֹת heron
אָנַק, פ"ע to cry, groan
אֲנָקָה, נ', ר', ־קוֹת cry, groan; lizard; ferret
אַנְקוֹר, ז', ר', ־רִים sparrow
[אנש] נֶאֱנַשׁ, פ"ע to become quite ill
אַסְדָּה, נ', ר', אֲסָדוֹת raft
אָסוּךְ, ז', ר', אֲסוּכִים flask (of oil)
אָסוֹן, ז', ר', אֲסוֹנוֹת misfortune, accident
אֲסוּפִי, ז', ר', ־פִים foundling
אֵסוּר, ז', ר', אֱסוּרִים fetter, bond, chain
אָסוּר, תה"פ; ת"ז, אֲסוּרָה, ת"נ forbidden, prohibited; chained, imprisoned
אִסּוּר, ז', ר', ־רִים prohibition
אָסוּתָא, נ' health
אַסְטְרָטֵגִי, ת"ז, ־גִית, ת"נ strategic

אִסִּי, ז', ר', ־יִּים Essene
אֲסִימוֹן, ז', ר', ־נִים old coin; token (for telephone)
אָסִיף, ז' harvest
אֲסִיפָה, נ', ר', ־פוֹת gathering, collection
אָסִיר, ז', ר', אֲסִירִים prisoner
אֲסִיר תּוֹדָה grateful, obliged
אַסְכּוֹלָה, נ', ר', ־לוֹת school; trend
אַסְכָּלָה, נ', ר', ־לוֹת grill, grating
אַסְכָּרָה, נ' angina; diphtheria
אֵסֶל, ז', ר', אֲסָלִים yoke
אִסְלֵם, פ"י to convert to Islam
הִתְאַסְלֵם, פ"ח to become a Moslem
אָסָם, ז', ר', אֲסָמִים granary, storehouse
אֹסֶם, ז' rich harvest
אִסֵּם, פ"י to store away (grain)
אַסְמַכְתָּה, נ', ר', ־תּוֹת, ־תָּאוֹת precedent, source, proof; document
אָסַף, פ"י to gather, assemble; to remove
אִסֵּף, פ"י to act as rearguard
הִתְאַסֵּף, פ"ח to meet, assemble
אֹסֶף, ז', ר', אֲסָפִים collection, gathering
אֲסֵפָה, נ', ר', ־פוֹת meeting, assembly
אֲסֻפָּה, נ', ר', פוֹת collection; academy
אַסְפָן, ז', ר', ־נִים collector
אֲסַפְסוּף, ז' rabble, mob, crowd
אַסְפֶּסֶת, נ' alfalfa, lucerne
אַסְפָּקָה, נ' supplies, supplying
אַסְפַּקְלַרְיָה, נ', ר', ־יוֹת mirror, looking glass
אִסָּר, אֱסָר, ז', ר', ־רִים prohibition, abstinence

אָסַר, פ״י to imprison; to tie, bind; to harness; to forbid, prohibit
אִסְרוּ־חַג the day after a holiday
אַף, ז׳, ר׳ אַפִּים nose; anger
אַפַּיִם, ז״ז nostrils, face
אַף, מ״ח also, though, even
אַף כִּי though
אַף־ עַל־ פִּי (כֵן) although, though (nevertheless)
אָפַד, פ״י to gird
אֲפֻדָּה, אֲפוּדָה, נ׳, ר׳, ־דּוֹת sweater, pullover
אַפֶּדֶן, ז׳ palace, pavilion
אָפָה, פ״י to bake
אֵפוֹא, אֵפוֹ, אֵיפוֹא, תה״פ then, so
אֵפוֹד, ז׳, ר׳, אֲפוֹדִים ephod, priestly garment
אָפוּי, ת״ז, אֲפוּיָה, ת״נ baked
אִפּוּל, אִיפּוּל, ז׳ blackout (of windows)
אָפוּן, ז׳, אֲפוּנָה, נ׳, ר׳, ־נִים pea
אִפּוּר, אִיפּוּר, ז׳ make-up (theatrical)
אָפוֹר, אָפֹר, ת״ז, אֲפֹרָה, ת״נ gray
אַפּוֹתֵיקָה, נ׳, ר׳, ־קָאוֹת mortgage
אַפְטָרָה, נ׳, ר׳, ־רוֹת farewell speech
אֶפִּטְרוֹפּוֹס, ז׳, ר׳, ־סִים, ־סִין guardian, administrator, executor
אֶפִּטְרוֹפְּסוּת, נ׳ guardianship, administration
אֹפִי, אוֹפִי, ז׳, ר׳, אֳפָיִים character, nature
אֲפִיָּה, ז׳, ר׳, ־יּוֹת baking
אִפְיוּן, ז׳ characterization
אָפִיל, ת״ז, אֲפִילָה, ת״נ late, tardy, late-ripening
אֲפִילוּ, אֲפִלּוּ, מ״ח even, even though (if)
אִפְיֵן, פ״י to characterize

אָפְיָנִי, ת״ז, ־נִית, ת״נ characteristic
אֲפִיסָה, אֲפִיסוּת, נ׳ cessation; exhaustion
אַפִּיפְיוֹר, ז׳, ר׳, ־רִים Pope
אָפִיץ, ע׳ עָפִיץ
אָפִיק, ז׳, ר׳, אֲפִיקִים bed (of river), brook; channel of thought
אֲפִיקוֹמָן, ז׳, ר׳, ־נִים afikomen (matzoth), dessert; entertainment (after meal)
אֶפִּיקוֹרוֹס, ז׳, ר׳, ־סִים, ־רְסִים atheist, freethinker, heretic
אֶפִּיקוֹרְסוּת, נ׳ atheism, heresy
אָפֵל, ת״ז, אֲפֵלָה, ת״נ dark, dim, gloomy
אָפַל, פ״ע to darken
אִפֵּל, פ״י to black out (windows)
אֹפֶל, ז׳, אֲפֵלָה, נ׳ darkness, gloom
אֲפִלּוּ, אֲפִילוּ, מ״ח even, even though (if)
אַפְלוּלִי, ת״ז, ־לִית, ת״נ dim
אַפְלוּלִית, נ׳ dimness
אַפְלָיָה, נ׳ discrimination
אֹפֶן, ז׳, ר׳, אֳפָנִים manner, mode, style
אָפַן, פ״ע to bicycle
אָפְנָה, נ׳, ר׳, ־נוֹת style, mode, fashion
אֶפֶס, ז׳, ר׳, אֲפָסִים zero; nought
אֶפֶס, תה״פ but, only, however
אֹפֶס, ז׳, ר׳, אֳפָסִים ankle
אַפְסִי, ת״ז, ־סִית, ת״נ worthless
אַפְסְנָאוּת, נ׳ quartermaster (corps)
אַפְסְנַאי, ז׳, ר׳־נָאִים quartermaster, supply clerk
אֶפַע, ז׳ nothing, nought
אֶפְעֶה, ז׳, ר׳, ־עִים viper, adder
אֶפְעוֹן, ז׳ bugloss, thistle

אָפַף, פ"י to surround, encircle
[אפק] הִתְאַפֵּק, פ"ח to restrain oneself, refrain
אֹפֶק, אוֹפֶק, ז', ר', אֳפָקִים horizon
אָפְקִי, ת"ז, ־קִית, ת"נ horizontal
אֵפֶר, ז' ashes
אָפֹר, אָפוֹר, ת"ז, אֲפֹרָה, ת"נ gray
אִפֵּר, פ"י to put on make-up (theatrical)
הִתְאַפֵּר, פ"ח to make oneself up
אֲפֵר, ז', ר', ־רִים eye mask; bandage; blinder
אֲפָר, ז', ר', ־רִים meadow, pasture
אֶפְרוֹחַ, ז', ר', ־חִים chick
אַפְרוּרִי, ת"ז, ־רִית, ת"נ grayish
אַפִּרְיוֹן, ז', ר', נִים litter; canopy
אַפְרִיקָאִי, אַפְרִיקָנִי, ז' African
אֲפַרְכֶּסֶת, נ', ר', ־כָּסוֹת funnel, auricle
אֲפַרְסֵק, ז', ר', ־קִים peach
אֶפְרָתִי, ת"ז, ־תִית, ת"נ; ז' aristocratic, noble; Ephraimite
אֶפְשָׁר, תה"פ perhaps, possible
אִפְשֵׁר, פ"י to enable, make possible
הִתְאַפְשֵׁר, פ"ח to become possible
אֶפְשָׁרוּת, נ' possibility
אֶפְשָׁרִי, ת"ז, ־רִית, ת"נ possible
אַפְתָּעָה, הַפְתָּעָה, נ', ר', ־עוֹת surprise
אָץ [אוץ], פ"ע to hurry, hasten; to urge, press
אָץ, ת"ז, אָצָה, ת"נ hurried, pressed
אֶצְבַּע, נ', ר', ־בָּעוֹת finger, forefinger
אֶצְבָּעוֹן, ז', ר', ־נִים thimble
אֶצְבְּעוֹנִי, אֶצְבָּעִי, ת"ז, ־נִית, ־עִית, ת"נ very small, dwarfish
אַצָּה, נ', ר', ־צוֹת sea weed

אִצְטַדְיוֹן, ז', ר', ־נִים stadium, sports field
אִצְטַבָּה נ', ר', בּוֹת, ־בָּאוֹת shelf, bench
אִצְטְוָנָה, נ', ר', ־נוֹת cylinder
אִצְטְוָנִי, ת"ז, ־נִית, ת"נ cylindrical
אָצִיל, ז', ר', אֲצִילִים noble, aristocrat; extremity
אַצִּיל, ז', אַצִּילָה, נ', ר', ־לִים, ־לוֹת upper arm, armpit; joint; elbow
אֲצִילוּת, נ' nobility, aristocracy
אֲצִירָה, נ', ר', ־רוֹת hoarding, storing
אֵצֶל, מ"י beside, near, at, with
אָצַל, פ"י to impart, give away; to withhold
נֶאֱצַל, פ"ע to be withdrawn, separated
הֶאֱצִיל, פ"י to withdraw; to emanate
אֶצְעָדָה, נ', ר', ־עָדוֹת anklet, bracelet
אָצַר, פ"י to store, gather, accumulate
אֶקְדָּח, אֶקְדּוֹחַ, ז', ר', ־חִים gun, revolver; carbuncle
אַקְדָּמָה, נ', ר', ־מוֹת prelude
אַקּוֹ, ז', ר', ־יִים wild goat, ibex
אַקְלִים, ז', ר', ־מִים climate
אִקְלֵם, פ"י to acclimate
הִתְאַקְלֵם, פ"ח to be acclimated, be integrated
אֶרְאֵל, ז', ר', ־לִים messenger; angel
אֶרֶב, אֹרֶב, ז' ambush, ambuscade
אָרַב, פ"ע to lie in ambush, lie in wait
אַרְבֶּה, ז' locust; grasshopper
אָרְבָּה, נ', ר', ־בּוֹת artifice
אֲרֻבָּה, נ', ר', ־בּוֹת lattice; smokestack, chimney

אַרְבָּה, נ', ר', אֲרָבוֹת skiff, flat boat
אַרְבַּע, נ', אַרְבָּעָה, ז'; ש"מ four
אַרְבַּע עֶשְׂרֵה, נ', אַרְבָּעָה עָשָׂר, ז' fourteen
אַרְבָּעִים, ש"מ forty
אַרְבַּעְתַּיִם, תה"פ fourfold
אֶרֶג, אָרִיג, ז', ר', אֲרָגִים, אֲרִיגִים cloth (woven); loom; shuttle
אָרַג, פ"י to weave
אִרְגּוּן, ז', ר', ־נִים organization
אַרְגְּוָן, ז' purple
אַרְגָּז, ז', ר', ־זִים chest, box
אַרְגִּיעָה, נ' moment
אַרְגָּמָן, ז' purple
אִרְגֵּן, פ"י to organize
הִתְאַרְגֵּן, פ"ח to be organized
אַרְגָּעָה, נ', ר', ־עוֹת calming; "all-clear" (signal)
אָרָד, ז' bronze
אַרְדִּיכָל, אַדְרִיכָל, ז', ר', ־לִים architect
אָרָה, פ"י to pluck, gather (fruit)
אֲרוּבָה, נ', ר', ־בּוֹת baking board
אֻרְוָה, אוּרְוָה, נ', ר', ־רָוֹות stable
אָרוּז, ת"ז, אֲרוּזָה, ת"נ tied, packed
אֲרוּחָה, אֲרֻחָה, נ', ר', ־חוֹת meal
אָרוֹךְ, אָרֹךְ, ת"ז, אֲרֻכָּה, ת"נ long, lengthy
אֲרוּכָה, אֲרֻכָה, נ', ר', ־כוֹת cure, healing
אָרוֹן, ז', ר', אֲרוֹנוֹת chest, cupboard, closet; coffin
אֲרוֹן הַקֹּדֶשׁ Holy Ark
אָרוּס, ז', אֲרוּסָה, נ', ר', ־סִים, ־סוֹת betrothed, fiancé, fiancée, bridegroom, bride
אֵרוּסִים, אֵרוּסִין, ז"ר betrothal
אָרוּר, ת"ז, אֲרוּרָה, ת"נ cursed

אֶרֶז, ז', ר', אֲרָזִים cedar
אָרַז, פ"י to pack
אֹרֶז, אוֹרֶז, ז' rice
אַרְזָה, נ' cedar work
אֹרַח, אוֹרַח, ז', ר', אֳרָחוֹת way, path; behavior, manner, mode, custom
אָרַח, פ"ע to travel, journey
אֵרַח, פ"י to lodge, entertain (a guest)
הִתְאָרַח, פ"ח to stay as a guest
אֲרֻחָה, אֲרוּחָה, נ', ר', ־חוֹת meal
אֲרִי, אַרְיֵה, ז', ר', אֲרָיוֹת, ־יִים lion
אֲרִיאֵל, ז' Name of Jerusalem; The Temple; hero
אָרִיג, אֶרֶג, ז', ר', אֲרִיגִים, אֲרָגִים cloth (woven); loom; shuttle
אֲרִיגָה, נ', ר', ־גוֹת weaving
אֲרִיָּה, נ', ר', ־יּוֹת picking, gathering fruit
אַרְיֵה, אֲרִי, ז', ר', אֲרָיוֹת, ־יִים lion (constellation)
אֲרִיזָה, נ', ר', ־זוֹת packing, tying
אָרִיחַ, ז', ר', אֲרִיחִים small brick; bracket
אֲרִיחַיִם brackets
אָרִיךְ, ת"ז, אֲרִיכָה, ת"נ lengthy
אֲרִיכָה, אֲרִיכוּת, נ' length
אָרִיס, ז', ר', אֲרִיסִים tenant farmer, sharecropper, squatter
אֲרִיסוּת, נ' tenancy
אֹרֶךְ, אוֹרֶךְ, ז' length (dimension)
אָרֹךְ, אָרוֹךְ, ת"ז, אֲרֻכָּה, ת"נ long
אָרַךְ, פ"ע to be long
הֶאֱרִיךְ, פ"י to lengthen, prolong
אֲרֻכָה, אֲרוּכָה, נ', ר', ־כוֹת cure, healing
אַרְכּוּבָה, אַרְכֻּבָּה, ז', ר', ־בּוֹת knee, knee joint; crank (auto)

אַרְכִיּוֹן, ז׳, ר׳, ־נִים archive, archives
אַרְכָן, ז׳, ר׳, ־נִים long-winded person
אַרְמוֹן, ז׳, ר׳, ־נוֹת, ־מְנוֹת palace, castle
אֲרַמִּי, ת״ז, ־מִּית, ת״נ Aramaean
אֲרָמִית, נ׳ Aramaic language; Aramaic woman
אֹרֶן, אוֹרֶן, ז׳, ר׳, אֳרָנִים pine, fir
אַרְנָב, ז׳, אַרְנֶבֶת, נ׳, ר׳, ־בִים, ־נָבוֹת hare
אַרְנָה, אֲרָנְיָה, נ׳, ר׳, ־נוֹת, ־נִיּוֹת mushroom, boletus (fungi)
אַרְנוֹנָה, נ׳, ר׳, ־נוֹת tax
אַרְנָק, ז׳, ר׳, ־קִים purse, wallet
אָרַס, פ״י, אֵרַס, פ״י to betroth
נֶאֱרַס, פ״ע, הִתְאָרֵס, פ״ח to become engaged, be betrothed
אֶרֶס, ז׳ poison, venom; opium
אַרְסִי, ת״ז, ־סִית, ת״נ poisonous, venomous
אָרַע, פ״ע to happen, occur
אֲרָעִי, אַרְעִי, ת״ז, ־עִית, ת״נ temporary, provisional, transient
אַרְעִית, נ׳, ר׳, ־עִיּוֹת bottom
אֶרֶץ, נ׳, ר׳, אֲרָצוֹת earth, country, land
אַרְצָה, נ׳, ר׳, ־צוֹת territory
אַרְצוֹת הַבְּרִית United States of America
אַרְצִי, ת״ז, ־צִית, ת״נ earthy, territorial
אַרְצִיּוּת, נ׳ territoriality
אָרָק, ז׳ insomnia; whisky
אָרַר, פ״י to curse
נֵאַר, פ״ע to be cursed
אֵרַשׂ, ע׳ אֵרַס
אֶרֶשׁ, ז׳ request, speech

אָרַשׁ, פ״י to express
אֲרֶשֶׁת, נ׳ expression
אֵשׁ, נ׳, ר׳, אִשִּׁים, אִשּׁוֹת fire; fever
אִשׁ, ע׳ יֵשׁ
אֶשְׁבּוֹל, ז׳, ר׳, ־לִים cluster of flowers
אַשְׁבֹּרֶן, ז׳, ר׳, ־בְּרָנִים plain field
אֶשֶׁד, ז׳, ר׳, אֲשָׁדִים waterfall
אֲשֵׁדָה, נ׳, ר׳, ־דוֹת slope, cataract
אִשָּׁה, נ׳, ר׳, נָשִׁים, אִשּׁוֹת woman, wife
אִשֶּׁה, ז׳, ר׳, אִשִּׁים sacrifice
אַשְׁוָה, נ׳, ר׳, ־ווֹת spool (of thread)
אַשׁוּחַ, ז׳, ר׳, ־חִים fir tree, Christmas tree; water tank
אִשּׁוּם, ז׳ indictment
אֱשׁוּן, ז׳ darkness; middle
אָשׁוּן, ת״ז, אֲשׁוּנָה, ת״נ stiff; rough
אָשׁוּר, ז׳, ר׳, אֲשׁוּרִים step, footstep
אִשּׁוּר, אִישׁוּר, ז׳, ר׳, ־רִים confirmation, endorsement
אַשּׁוּרִי, ת״ז, ־רִית, ת״נ Assyrian
אָשׁוּת, אֵשׁוּת, נ׳ mole
אָשְׁיָה, נ׳, ר׳, אֲשָׁיוֹת foundation, base; principle
אָשִׁיחַ, ז׳, ר׳, אֲשִׁיחִים water tank
אָשִׁישׁ, ז׳, אֲשִׁישָׁה, נ׳, ר׳, אֲשִׁישִׁים, ־שׁוֹת fruit cake; glass bottle
אֶשֶׁךְ, ז׳, ר׳, אֲשָׁכִים, אֶשְׁכַּיִם testicle
אַשְׁכָּבָה, נ׳ funeral service
אֶשְׁכּוֹל, אֶשְׁכֹּל, ז׳, ר׳, ־לוֹת cluster of grapes, bunch; learned man
אֶשְׁכּוֹלִית, נ׳, ר׳, ־לִיּוֹת grapefruit
אַשְׁכְּנַז, ז׳ Germany
אַשְׁכְּנַזִּי, ת״ז, ־זִּית, ת״נ German; Ashkenazi
אַשְׁכְּנַזִּית, נ׳ German language; Yiddish; Ashkenazi pronunciation of Hebrew

אֶשְׁכָּף, ז׳, ר׳, ־פִים cobbler, shoemaker

אֶשְׁכָּר, ז׳, ר׳, ־רִים tribute, gift

אֶשְׁכְּרוֹעַ, ז׳, ר׳, ־עִים boxwood

אֵשֶׁל, ז׳, ר׳, אֲשָׁלִים tamarisk; boarding house, inn, hospice; expenses (during travel)

אַשְׁלָג, ז׳ potash (alkali)

אַשְׁלָיָה, נ׳, ר׳, ־יוֹת illusion

אָשָׁם, ז׳, ר׳, אֲשָׁמִים guilt; guilt sacrifice

אָשֵׁם, ת״ז, אֲשֵׁמָה, ת״נ guilty

אָשַׁם, פ״ע to be guilty; bear punishment

נֶאְשַׁם, פ״ע to be accused, blamed

הֶאֱשִׁים, פ״י to accuse, blame

אַשְׁמַאי, אַשְׁמַי, ת״ז, ־מָאִית, ת״נ uncultured, boorish

אַשְׁמְדַאי, אַשְׁמְדַי, ז׳ Asmodeus, king (Jewish demonology)

אַשְׁמָה, נ׳, ר׳, אֲשָׁמוֹת fault, blame, guilt

אַשְׁמוּרָה, אַשְׁמֹרֶת, נ׳, ר׳, ־רוֹת, ־מוּרוֹת watch, night watch

אַשְׁמָן, ז׳, ר׳, ־מַנִּים darkness; grave

אַשְׁמָצָה, נ׳ slander

אֶשְׁנָב, ז׳, ר׳, ־נַבִּים lattice (window)

אַשְׁנָה, נ׳ moss

אַשָּׁף, ז׳, ר׳, ־פִים magician

אַשְׁפָּה, אַשְׁפַּת, נ׳, ר׳, ־פּוֹת, ־פַּתּוֹת quiver (for arrows); refuse, garbage; dump

אִשְׁפּוּז, ז׳ hospitalization; accommodation (hotel)

אֶשְׁפָּר, ז׳, ר׳, ־רִים portion (of food, meat)

אֶשֶׁק, ז׳ ammonia

אִשְׁקוּקָה, נ׳, אִשְׁקוּקֵי, ז׳ chess

אֹשֶׁר, אוֹשֶׁר, ז׳ happiness, luck

אָשַׁר, פ״ע to march, walk

אִשֵּׁר, פ״י to confirm; to praise, congratulate

הִתְאַשֵּׁר, פ״ח to be confirmed, ratified

אֲשֶׁר, מ״ג; תה״פ which, that, who; in order to

בַּאֲשֶׁר, תה״פ where, whereas, as for

אַשְׁרַאי, אַשְׁרַי, ז׳ credit

אֲשֵׁרָה, נ׳, ר׳, ־רוֹת, ־רִים Ashera (deity); sacred tree

אַשְׁרָה, נ׳, ר׳, ־רוֹת confirmation; visa

אַשְׁרֵי, מ״ק happy is...

אִשֵּׁשׁ, אוֹשֵׁשׁ, פ״י to encourage, strengthen

הִתְאוֹשֵׁשׁ, פ״ח to recuperate

אֶשְׁתָּקַד, אֶשְׁתָּקֵד, תה״פ last year

אַתְּ, מ״ג you (thou) (*f. sing.*)

אֵת, אֶת־ sign of definite accusative

אוֹתִי (אֹתִי) me; אוֹתְךָ (אֹתְךָ, אֹתֶךָּ, אֹתְכָה) thee, you (*m. sing.*); אוֹתָךְ (אֹתָךְ) you (*f. sing.*); אוֹתְכֶם (אֶתְכֶם) you (*m. pl.*); אֶתְכֶן you (*f. pl.*); אוֹתָם (אֹתָם, אוֹתְהֶם, אֶתְהֶם) them (*m. pl.*); אוֹתָן (אֹתָנָה, אֹתְהֶן, אֶתְהֶן) them (*f. pl.*)

אֵת, מ״י with

אֵת, ז׳, ר׳, אִתִּים, אֵתִים spade

אָתָא, אָתָה, פ״ע to come

אֶתְגָּר, ז׳ challenge

אַתָּה, מ״ג you (*m. sing.*)

אָתוֹן, נ׳, ר׳, אֲתוֹנוֹת she-ass

אִתּוּת, ז׳ signaling, signalling

אֶתְנָה, נ׳, אֶתְנָן, ז׳, ר׳, ־נוֹת, ־נַנִּים gift (esp. for harlot)
אֲתַר, אַתְרָא, ז׳ place, site (historic)
אִתֵּר, פ״י to localize
אַתְרָאָה, נ׳, ר׳, ־אוֹת alert
אֶתְרֹג, אֶתְרוֹג, ז׳, ר׳, ־גִים citron
אַתָּת, ז׳, ר׳, ־תִים signalman
אִתֵּת, פ״י to signal
אַתִּיק, ז׳, ר׳, ־קִים porch, balcony
אֶתְכֶם, ־ן, מ״ג, ע׳ אֵת, אֶת you (*m.* & *f. pl. acc.*)
אַתֶּם, מ״ג you (*m. pl.*)
אֶתְמוֹל, אֶתְמֹל, תה״פ yesterday
אַתֶּן, אַתֵּנָה, מ״ג you (*f. pl.*)
אַתָּן, ז׳, ר׳, ־נִים tonic
אִתֵּן, פ״ע to recuperate

ב, בּ

ב, בּ Beth, second letter of Hebrew alphabet; two (ב)
בְּ־, בַּ־, בָּ־, בֶּ־, בִּ־, מ״י in, by, at, with
בָּא, פ״ע, ע׳ [בוא] to come, arrive, enter
בָּא־כֹּחַ, ז׳, ר׳, בָּאֵי־כֹחַ deputy, representative
בֵּאוּר, ז׳, ר׳, ־רִים commentary, explanation
בָּאוּשׁ, ת״ז, בְּאוּשָׁה, ת״נ spoiled (food)
בָּאוּת־כֹּחַ, בִּיאַת־כֹּחַ, נ׳ representation
בְּאֵר, נ׳, ר׳, ־רוֹת, בֶּאֱרוֹת well
בֵּאֵר, פ״י to explain
הִתְבָּאֵר, פ״ח to become clear
בָּאַשׁ, פ״ע to stink; to grow foul; to be bad
הִבְאִישׁ, פער״י to emit a bad smell; to cause to stink; to be about to ripen
בְּאשׁ, ז׳ stench
בָּאְשָׁה, נ׳, ר׳, ־שׁוֹת stench; noxious weed
בָּאֳשָׁן, ז׳, ר׳, ־נִים skunk
בַּאֲשֶׁר, תה״פ, ע׳ אֲשֶׁר where, whereas, as for
בָּבָא, ז׳, בָּבָה, נ׳, ר׳, ־בוֹת gate; section, chapter
בָּבָה, נ׳, ר׳, ־בוֹת pupil of the eye; apple of one's eye
בֻּבָּה, נ׳, ר׳, ־בּוֹת doll
בָּבוּאָה, נ׳, ר׳, ־אוֹת image, reflection
בַּבּוֹנָג, ז׳, ר׳, ־גִים camomile
בַּבְלִי, ת״ז, ־לִית, ת״נ Babylonian
בְּבַקָּשָׁה, ע׳ בַּקָּשָׁה please!
בְּבַת אַחַת, תה״פ, ע׳ בַּת at once
בַּג, ז׳, פַּת־בַּג, נ׳ delicacy
בֶּגֶד, ז׳, ר׳, בְּגָדִים, ־דוֹת garment; betrayal
בָּגַד, פ״ע to deal treacherously
בְּגֶדֶר, תה״פ, ע׳ גֶּדֶר in the realm, in the area
בָּגוֹד, ת״ז, ־דָה, ת״נ traitor
בְּגִידָה, נ׳, ר׳, ־דוֹת treachery
בִּגְין, מ״י for, in behalf of
בַּגִּירָה, נ׳, ר׳, ־רוֹת puberty, adolescence
בִּגְלַל, מ״י, ע׳ גָּלָל for, for the sake of, on account of
בְּגַפּוֹ, תה״פ, ע׳ גַּף alone, by himself
בָּגַר, פ״ע to come of age, grow up
הִתְבַּגֵּר, פ״ח to reach adolescence
בַּגְרוּת, נ׳ maturity, adolescence

bar; limb; cloth; olive press	בַּד, ז׳, ר׳, ־דִּים
to concoct, invent	בָּדָא, בָּדָה, פ״י
to come to nothing; to be caught lying	הִתְבַּדָּה, פ״ח
deceit, fraud	בַּדָּאוּת, נ׳
impostor, liar	בַּדַּאי, בַּדַּי, ז׳, ר׳, ־דָּאִים
solitary, alone	בָּדָד, לְבָדָד, תה״פ
to be alone	בָּדַד, פ״ע
to insulate; to isolate	בּוֹדֵד, בִּדֵּד, פ״י
to seclude oneself, be alone	הִתְבּוֹדֵד, פ״ח
olive-treader	בַּדָּד, ז׳, ר׳, ־דִים
to concoct, invent	בָּדָה, בָּדָא, פ״י
to come to nothing; to be caught lying	הִתְבַּדָּה, פ״ח
isolation, insulation	בִּדּוּד, ז׳
entertainment	בִּדּוּחַ, ז׳
fiction	בִּדּוּי, ז׳
fictitious	בָּדוּי, ת״ז, בְּדוּיָה, ת״נ
Bedouin	בֶּדְוִי, ז׳, ר׳, ־וִים
segregation	בִּדּוּל, ז׳
crystal, bdellium	בְּדוֹלַח, בְּדֹלַח, ז׳
entertainment	בִּדּוּר, ז׳
to be glad, rejoice	בָּדַח, פ״ע
to gladden	בִּדַּח, פ״י
to become joyful; to joke	הִתְבַּדֵּחַ, פ״ח
jester, humorist	בַּדְחָן, ז׳, ר׳, ־נִים
buffoonery	בַּדְחָנוּת, נ׳
hoe; watering ditch	בְּדִיד, ז׳, ר׳, בְּדִידִים
small olive press	בְּדִידָה, נ׳, ר׳, ־דוֹת
seclusion, loneliness	בְּדִידוּת, נ׳
fib, fairy tale	בְּדָיָה, נ׳, ר׳, ־יוֹת
anecdote, joke	בְּדִיחָה, נ׳, ר׳, ־חוֹת
gaiety, mirth	בְּדִיחוּת, נ׳
tin	בְּדִיל, ז׳, ר׳, ־לִים
plummet	אֶבֶן הַבְּדִיל
post factum, when done	בְּדִיעֲבַד, תה״פ
inspection; search	בְּדִיקָה, נ׳, ר׳, ־קוֹת
to separate	בָּדַל, פעו״י
to distinguish, separate	הִבְדִּיל, פ״י
to isolate oneself, dissociate oneself	הִתְבַּדֵּל, פ״ח
butt (cigarette); piece	בָּדָל, ז׳, ר׳, בְּדָלִים
ear lobe	בְּדַל אֹזֶן
detached, separated	בָּדֵל, ת״ז, בְּדֵלָה, ת״נ
crystal, bdellium	בְּדֹלַח, בְּדוֹלַח, ז׳
isolationism	בַּדְלָנוּת, נ׳
breach, fissure	בֶּדֶק, ז׳, ר׳, בְּדָקִים
to inspect, test; to repair	בָּדַק, פ״י
censorship	בִּדֹּקֶת, נ׳
to entertain; to scatter, disperse	בִּדֵּר, פ״י
to be scattered, be dispersed; to clear one's mind	הִתְבַּדֵּר, פ״ח
entertainer	בַּדְרָן, ז׳, ר׳, ־נִים
in (her, it), at, by, among, with, by means of, through, against	בָּהּ, מ״ג, ע׳ בְּ־
to be amazed	בָּהָה, בָּהָא, פ״ע
emptiness, chaos	בֹּהוּ, ז׳
utter confusion, chaos	תֹּהוּ וָבֹהוּ
hasty, excited	בָּהוּל, ת״ז, בְּהוּלָה, ת״נ
absolutely	בְּהֶחְלֵט, תה״פ, ע׳ הֶחְלֵט
alabaster	בַּהַט, ז׳
astonishment	בְּהִיָּה, נ׳
hastiness, precipitation	בְּהִילוּת, נ׳
bright, clear	בָּהִיר, ת״ז, בְּהִירָה, ת״נ
clearness, brightness	בְּהִירוּת, נ׳

[בהל] נִבְהַל, פ״ע — to be alarmed; to hasten
בִּהֵל, פ״י — to hasten; to dismay
הִבְהִיל, פ״י — to frighten; to hasten
בֶּהָלָה, נ׳, ר׳, ־לוֹת — sudden haste; terror
בָּהֶם, בָּהֶן, מ״ג, ע׳ בְּ־ — in (them), at, by, among, with, by means of, through, against
בֶּהָם, ז׳, ר׳, ־מִים — (cattle) driver
בְּהֵמָה, נ׳, ר׳, ־מוֹת — animal, beast
בְּהֵמוֹת, ז׳, ר׳, ־תִים — hippopotamus
בַּהֲמִי, ת״ז, ־מִית, ת״נ — brutish, animal-like
בַּהֲמִיּוּת, נ׳ — bestiality
בֹּהֶן, ז׳, ר׳, בְּהוֹנוֹת — thumb, big toe
בָּהַק, פ״ע — to be white, shine
הִבְהִיק, פ״ע — to brighten, be bright
בֹּהַק, ז׳ — white scurf; albino
בַּהֲקָן, ז׳, ר׳, ־נִים — albino (person)
[בהר] הִבְהִיר, פעו״י — to make clear, bright
בַּהֶרֶת, נ׳, ר׳, בֶּהָרוֹת — bright spot on skin
בּוֹ, מ״ג, ע׳ בְּ־ — in (him, it), at, by, among, with, by means of, through, against
[בוא] בָּא, פ״ע — to come, arrive, enter
הֵבִיא, פ״י — to bring; to lead in
בּוֹגֵד, ז׳, ר׳, ־גְדִים — treacherous person, traitor
בּוֹגֵר, ז׳, ר׳, ־גְרִים — adult, adolescent
בּוֹדֵד, ת״ז, ־דֶדֶת, ת״נ — single, lonely
בּוֹדֵק, ז׳, ר׳, ־דְקִים — examiner
[בוז] בָּז, פ״י — to disdain, despise
בּוּז, ז׳ — mockery, contempt
בּוֹזֵז, ז׳, ר׳, ־זְזִים — plunderer
בּוֹחֵן, ז׳, ר׳, ־חֲנִים — inspector, examiner

בּוֹחֵר, ז׳, ר׳, ־חֲרִים — elector, voter
[בוך] נָבוֹךְ, פ״ע — to be perplexed, be confused
בּוּל, ז׳, ר׳, ־לִים — postage stamp; produce; lump
בּוּלָאוּת, נ׳ — philately
בּוּלַאי, ז׳, ר׳, ־לָאִים — philatelist
בּוֹלֵט, ת״ז, ־לֶטֶת, ת״נ — prominent, protruding
בּוּלְמוּס, בֻּלְמוּס, ז׳ — faintness; ravenous hunger; mania, rage
בּוֹלֶשֶׁת, נ׳ — secret police
בּוֹנֶה, ז׳, ר׳, ־נִים — beaver
[בוס] בָּס, פ״י — to trample, tread down
הִתְבּוֹסֵס, פ״ח — to be rolling
בּוּסְתָּן, בֻּסְתָּן, ז׳, ר׳, ־נִים — garden
בּוּסְתָּנַאי, בֻּסְתָּנַאי, ז׳, ר׳, ־נָאִים — gardener
[בוע] בָּע, פ״ע — to shout, to rejoice
בּוּעָה, נ׳, ר׳, ־עוֹת — blister, boil; bubble
בּוֹעֵר, ע׳, בַּעַר
בּוֹעֵר, ת״ז, ־עֶרֶת, ת״נ — burning, aflame
בּוּץ, ז׳ — fine linen
בּוּצִית, נ׳, ר׳, ־יוֹת — dinghy, small fishing boat
בּוֹצֵר, ז׳, ר׳, ־צְרִים — grape-gatherer, vintner
בּוּקָה, נ׳ — emptiness, desolation
בּוֹקֵק, ת״ז, ־קֶקֶת, ת״נ — luxuriant; empty
בּוֹקֶר, בֹּקֶר, ז׳, ר׳, בְּקָרִים — morning
בּוֹקֵר, ז׳, ר׳, ־קְרִים — herdsman
[בור] בָּר, פ״ע — to be empty, uncultivated, waste, to lie fallow
הֵבִיר, הוֹבִיר, פ״י — to neglect, let lie waste

בּוּר, ת״ז, ־רָה, ת״נ uncultured, boorish
בּוֹר, ז׳, ר׳, ־רוֹת pit, cistern; dungeon; grave
בּוֹרֵא, ז׳ creator
בּוֹרֶג, בֹּרֶג, ז׳, ר׳, בְּרָגִים screw
בּוּרְגָּנִי, בֻּרְגָּנִי, ת״ז, ־נִית, ת״נ bourgeois, middle class
בּוּרְדָם, ז׳ dysentery
בּוּרוּת, נ׳ boorishness, ignorance
בּוּרְסִי, בֻּרְסִי, ז׳, ר׳, ־סִים tanner
בּוֹרֵר, ז׳, ר׳, ־רְרִים referee, arbitrator
בּוֹרְרוּת, נ׳ arbitration
בּוֹשׁ, פ״ע to be disappointed, be ashamed
בּוֹשֵׁשׁ, פ״י to delay, tarry
הֵבִישׁ, הוֹבִישׁ, בִּיֵּשׁ, פ״י to put to shame
הִתְבּוֹשֵׁשׁ, הִתְבַּיֵּשׁ, פ״ח to be ashamed
בּוּשָׁה, נ׳ blush, shame
בַּז, ז׳, ר׳, ־זִּים, בִּזָּה, נ׳, ר׳, ־זּוֹת spoil, plunder
בָּזָא, פ״י to cut, divide
בִּזְבּוּז, ז׳, ר׳, ־זִים squandering, extravagance
בִּזְבֵּז, פ״י to spend; to squander
בַּזְבְּזָן, ז׳, ר׳, ־נִים spendthrift
בָּזָה, פ״י to scorn, despise
הִתְבַּזָּה, פ״ח to degrade oneself; to be despised
בִּזָּה, נ׳, ר׳, ־זּוֹת, ע׳, בַּז booty, spoil
בָּזוּי, ת״ז, בְּזוּיָה, ת״נ contemptible, despicable
בִּזּוּר, ז׳ decentralization
בָּזַז, פ״י to plunder, pillage
בִּזָּיוֹן, ז׳, ר׳, ־זְיוֹנוֹת disgrace, shame

בָּזִיךְ, בָּזָךְ, ז׳, ר׳, בְּזִיכִים censer, dish
בַּזָּיָר, ז׳, ר׳, ־רִים falconer
בַּזֶּלֶת, נ׳ basalt
בֶּזֶק, ז׳ telecommunication
בָּזָק, ז׳, ר׳, בְּזָקִים flash, lightning
בִּזֵּק, פ״י to bomb, shell
בִּזֵּר, פ״י to scatter
בַּחוּן, ז׳, ר׳, ־נִים tower
בָּחוּר, ז׳, ר׳, בַּחוּרִים bachelor, young man
בַּחוּרָה, נ׳, ר׳, ־רוֹת girl, young woman
בְּחוּרוֹת, נ״ר, בְּחוּרִים, ז״ר youth
בְּחֶזְקַת, תה״פ, ע׳ חֲזָקָה the status of; under the presumption that
בְּחִילָה, נ׳ disgust, loathing; nausea
בְּחִינָה, נ׳, ר׳, ־נוֹת examination, test; aspect; experiment
בָּחִיר, ת״ז, בְּחִירָה, ת״נ elect, chosen
בְּחִירָה, נ׳, ר׳, ־רוֹת choice, free will
בְּחִירוֹת, נ״ר elections
בָּחַל, פ״ע to nauseate, loathe; to ripen
בָּחַן, פ״י to test, examine, prove
הִבְחִין, פ״י to distinguish, discriminate
בֹּחַן, ז׳, ר׳, בְּחָנִים criterion; testing
בַּחַן, ז׳, ר׳, בְּחָנִים watch tower
בָּחַר, פ״י to choose, select
בַּחֲרוּת, נ׳ youth
בַּחֲרָן, ת״ז, ־נִית, ת״נ fastidious in diet
בָּחַשׁ, פ״י to mix, stir
בָּטָא, פ״י to speak rashly; to utter words
בִּטֵּא, פ״י to articulate, pronounce; to speak rashly
הִתְבַּטֵּא, פ״ח to express oneself

בְּטָאוֹן, ז׳, ר׳, ־טְאוֹנִים — organ, publication (literary, political)
[בטבט] הִתְבַּטְבֵּט, פ״ח — to swell
בָּטָה, פ״י — to utter words
בִּטּוּא, ע׳ בִּטּוּי
בָּטוּחַ, ת״ז, בְּטוּחָה, ת״נ — secure, sure, confident
בְּטוּחוֹת, נ״ר — security
בִּטּוּחַ, ז׳ — insurance
בִּטּוּי, ז׳, ר׳, ־יִים — uttering, pronouncing; expression
בִּטּוּל, ז׳ — abolition, cessation, revocation
בָּטַח, פ״ע — to be confident, trust
בִּטַּח, פ״י — to insure
הִבְטִיחַ, פ״י — to promise; to make secure; to insure
בֶּטַח, ז׳; תה״פ — security, safety; surely, certainly
בִּטְחָה, נ׳ — confidence, safety
בִּטָּחוֹן, ז׳, ר׳, ־טְחוֹנוֹת — faith, trust, confidence; security
בְּטִישָׁה, נ׳, ר׳, ־שׁוֹת — treading (cloth)
בָּטֵל, פ״ע — to stop; to be idle
בִּטֵּל, פ״י — to suspend, abolish, cancel
הִבְטִיל, פ״י — to suspend, interrupt; to lay off
הִתְבַּטֵּל, פ״ח — to be abolished; to be interrupted; to go idle, loaf
בָּטֵל, ת״ז, בְּטֵלָה, ת״נ — void, null; idle
בַּטָּלָה, נ׳ — naught; idleness
בַּטְלָן, ז׳, ר׳, ־נִים — slovenly, impractical person; idler
בַּטְלָנוּת, נ׳ — triviality; idleness
בֶּטֶן, נ׳, ר׳, בְּטָנִים — belly, womb; bowels
בֹּטֶן, בָּטְנָה, ז׳, ר׳, בָּטְנִים — pistachio nut
בִּטְנָה, נ׳, ר׳, בְּטָנוֹת — lining (of coat)
בַּטְנוּן, ז׳, ר׳, ־נִים — violincello
בָּטַשׁ, פ״י — to stamp, beat
בִּי, מ״ג — in me, at me, by me, with me
בִּי, מ״ק — pray, please
בִּיאָה, נ׳, ר׳, ־אוֹת — entrance; cohabitation
בִּיב, ז׳, ר׳, ־בִים — pipe, gutter, sewer
בִּיבָר, ז׳, ר׳, ־רִים — zoo
בִּיּוּב, ז׳ — sewage, sewerage, drainage
בִּיּוּם, ז׳ — direction (stage)
בִּיּוּן, ז׳ — intercalation, interpolation
בִּיּוּשׁ, ז׳ — shaming
בְּיוֹתֵר, תה״פ, ע׳ יוֹתֵר — especially
בְּיִחוּד, תה״פ, ע׳ יִחוּד — privately; particularly, especially
בִּיטּוּחַ, בִּטּוּחַ, ז׳ — insurance
בִּיטּוּל, בִּטּוּל, ז׳ — abolition, cessation, revocation
בִּיֵּם, פ״י — to direct (a play)
בַּיָּם, ז׳, ר׳, ־מִים — director (play)
בִּימַאי, ז׳, ע׳ בִּימָר
בִּימָה, נ׳, ־מוֹת — pulpit; stage, raised platform
בִּימָר, ז׳, ר׳, ־רִים — stage manager
בֵּין, מ״י — between, among, during
בִּיֵּן, פ״י — interpolate
[בין] בָּן, פ״י — to understand, discern
הֵבִין, פ״י — to understand, give understanding, explain, teach
הִתְבּוֹנֵן, פ״ח — to look attentively, observe, consider, reflect, study
בִּינָאוּם, ז׳, ע׳ בִּנְאוּם
בִּינָה, נ׳, ר׳, ־נוֹת — reason, understanding

בֵּינוֹנִי, ת״ז, ־נִית, ת״נ intermediate; middle; mediocre; participle; mean
בֵּינַיִם, ז״ז middle, between
יְמֵי הַבֵּינַיִם middle ages
בֵּינְלְאֻמִּי, ת״ז, ־מִית, ת״נ international
בֵּינְתַיִם, בֵּינָתַיִם, תה״פ meanwhile, between
בֵּיֵּץ, פ״י to mix with egg
בֵּיצָה, נ׳, ר׳, ־צִים egg; testicle
בֵּיצִי, ת״ז, ־צִית, ת״נ oval
בִּיצוּעַ, בִּצּוּעַ, ז׳ arbitration; compromise; execution
בִּיצוּר, בִּצּוּר, ז׳, ר׳, ־רִים fortifying, fort, fortification
בֵּיצִיָּה, נ׳, ר׳, ־יּוֹת fried egg
בִּיקוּר, בִּקּוּר, ז׳, ר׳, ־רִים investigation; visit
בַּיִר, נ׳, ר׳, בֵּירוֹת well
בַּיָּר, ז׳, ר׳, ־רִים well-digger
בִּירָה, נ׳, ר׳, ־רוֹת capital city; castle, fort; sanctuary; beer
בִּירִית, נ׳, ר׳, ־יּוֹת knee-band, garter
בִּירָנִית, נ׳, ר׳, ־יּוֹת palace, fortified castle
בַּיֵּשׁ, פ״י, ע׳ [בוש] to put to shame
הִתְבַּיֵּשׁ, פ״ח to be ashamed
בִּישׁ, ת״ז, ־שָׁה, ת״נ unlucky, bad
בִּישׁוּל, בִּשּׁוּל, ז׳ cookery, cooking; ripeness
בַּיְשָׁן, ת״ז, ־נִית, ת״נ modest, bashful
בַּיְשָׁנוּת, נ׳ bashfulness, modesty
בֵּית, נ׳, ר׳, ־תִין Beth, second letter of Hebrew alphabet
בַּיִת, ז׳, ר׳, בָּתִּים house; household; stanza
בֵּית־אָב, ז׳, ר׳, בָּתֵּי אָבוֹת family

בֵּית־אֹכֶל, ז׳, ר׳, בָּתֵּי־ restaurant
בֵּית־אֲסוּרִים, ז׳, ר׳, בָּתֵּי־ jail, prison
בֵּית־אֲרִיזָה, ז׳, ר׳, בָּתֵּי־ packing house
בֵּית־בַּד, ז׳ oil press
בֵּית־בְּלִיעָה, ז׳ gullet, esophagus
בֵּית־דֹּאַר, ז׳ postoffice
בֵּית־דִּין, בֵּית־מִשְׁפָּט, ז׳ courthouse
בֵּית־דְּפוּס, ז׳, ר׳, בָּתֵּי־ printing house
בֵּית־הַבְרָאָה, ז׳ sanatorium
בֵּית־זוֹנוֹת, ז׳, ר׳, בָּתֵּי־ whorehouse
בֵּית־זִקּוּק, ז׳, ר׳, בָּתֵּי־ refinery
בֵּית־חוֹלִים, ז׳, ר׳, בָּתֵּי־ hospital
בֵּית־חַיִּים, ז׳ cemetery
בֵּית־חֲרֹשֶׁת, ז׳, ר׳, בָּתֵּי־ factory
בֵּית־יְצִיקָה, ז׳, ר׳, בָּתֵּי־ foundry
בֵּית־יְתוֹמִים, ז׳, ר׳, בָּתֵּי־ orphanage
בֵּית־כָּבוֹד, בֵּית־כִּסֵּא, ז׳ toilet
בֵּית־כֶּלֶא, בֵּית אֲסוּרִים, ז׳, ר׳, בָּתֵּי־ jail, prison
בֵּית־כְּנֶסֶת, ז׳, ר׳, בָּתֵּי־כְּנֵסִיּוֹת synagogue
בֵּית־כִּסֵּא, בֵּית־כָּבוֹד, ז׳, ר׳, בָּתֵּי־ toilet
בֵּית־מִדְרָשׁ, ז׳, ר׳, בָּתֵּי־מִדְרָשׁוֹת, ־מִדְרָשִׁים Beth-Midrash, institute of Jewish learning
בֵּית־מִטְבָּחַיִם, ז׳, ר׳, בָּתֵּי־ slaughterhouse
בֵּית־מְלָאכָה, ז׳, ר׳, בָּתֵּי־ workshop
בֵּית־מִסְחָר, ז׳, ר׳, בָּתֵּי־ business, store
בֵּית־הַמִּקְדָּשׁ, ז׳ Beth-ha-Mikdash, the Temple

בֵּית־מַרְגּוֹעַ, בֵּית־הַבְרָאָה, ז׳, ר׳, בָּתֵּי־ sanatorium

בֵּית־מַרְזֵחַ, ז׳, ר׳, בָּתֵּי־ tavern, pub, bar

בֵּית־מֶרְחָץ, ז׳, ר׳, בָּתֵּי־ מֶרְחֲצָאוֹת bathhouse

בֵּית־מִרְקַחַת, ז׳, ר׳, בָּתֵּי־ pharmacy, drugstore

בֵּית־מְשֻׁגָּעִים, ז׳, ר׳, בָּתֵּי־ insane asylum

בֵּית־מִשְׁפָּט, ז׳, ר׳, בָּתֵּי־ court of law, courthouse

בֵּית־נְכוֹת, ז׳, ר׳, בָּתֵּי־ museum

בֵּית־סֹהַר, בֵּית־כֶּלֶא, ז׳, ר׳, בָּתֵּי־ jail, prison

בֵּית־סֵפֶר, ז׳, ר׳, בָּתֵּי־ school

בֵּית קְבָרוֹת, ז׳, ר׳, בָּתֵּי־ cemetery

בֵּית־קָפֶה, ז׳, ר׳, בָּתֵּי־ coffehouse

בַּיִת רִאשׁוֹן first Temple (Solomon's)

בֵּית־שִׁמּוּשׁ, בֵּית כִּסֵּא, ז׳ toilet

בַּיִת שֵׁנִי second Temple (post Babylon)

בֵּית־תַּבְשִׁיל, ז׳, ר׳, בָּתֵּי־ kitchen

בֵּית־תְּפִלָּה, בֵּית־כְּנֶסֶת, ז׳, ר׳, בָּתֵּי־ synagogue

בֵּיתִי, ת״ז, ־תִית, ת״נ domestic

בִּיתָן, ז׳, ר׳, ־נִים park

בֵּיתָן, ז׳, ר׳, ־נִים pavilion

בְּךָ, בָּךְ, מ״ג, ע׳בְּ־ in (you), at, by, with, through, against

בָּכָא, ז׳, ר׳, בְּכָאִים weeping; balsam tree

בָּכָה, פ״ע to weep

בִּכָּה, פ״י to move to tears; to bewail

בֶּכֶה, ז׳ weeping

בְּכוֹר, ז׳, ר׳, ־רִים first-born boy

בִּכּוּר, ע׳ בִּכּוּרִים

בִּכּוּרָה, בַּכּוּרָה, נ׳, ר׳, ־רוֹת early fig, early fruit

בְּכוֹרָה, נ׳, ר׳, ־רוֹת first-born girl; birthright; priority; primogeniture

הַצָּגַת בְּכוֹרָה first showing (play, movie)

בִּכּוּרִים, ז״ר first fruits

בָּכוּת, נ׳ weeping

בְּכִי, ע׳ בֶּכֶה weeping

בְּכִיָּה, בְּכִיָּה, ע׳ בְּכִי, בֶּכֶה

בַּכְיָן, ז׳, ר׳, ־נִים weeper

בַּכְיָנוּת, נ׳ weeping

בַּכִּיר, ת״ז, ־רָה, ת״נ early, first-ripening

בָּכִיר, ז׳, בְּכִירָה, נ׳, ר׳, ־רִים, ־רוֹת eldest

בַּכִּירָה, נ׳ first rains

בְּכִית, נ׳ weeping; mourning

בְּכָל זֹאת, תה״פ nevertheless, in spite of this

בִּכְלָל, תה״פ in general, generally speaking

בָּכֶם, בָּכֶן, מ״ג, ע׳בְּ־ in (you), at, by, among, with, through, against

בְּכֵן, מ״י thus; and so; therefore

בֻּכְנָה, נ׳ piston

בִּכֵּר, פ״י to produce early fruit; to invest with the birthright; to prefer

הִבְכִּירָה, פ״י to bear for the first time

בֶּכֶר, ז׳, ר׳, בְּכָרִים young he-camel

בִּכְרָה, נ׳, ר׳, בְּכָרוֹת young she-camel

בַּל, מ״ש not

לְבַל so as not

בְּלֹא, תה״פ without

בְּלָאִים, ז״ר, בְּלָאוֹת, נ״ר worn garments, rags

בִּלְבַד, תה"פ, ע' לְבַד only, but
בִּלְבּוּל, ז', ר', ־לִים confusion
בִּלְבֵּל, פ"י to confuse
הִתְבַּלְבֵּל, פ"ח to become confused
[בלג] הִבְלִיג, פ"ע to pluck up courage, bear up
בַּלְדָּר, ז', ר', ־רִים messenger, courier (diplomatic)
בָּלָה, פ"ע to be worn out, decay
בִּלָּה, פ"י to consume, wear out; to spend (time)
בָּלֶה, ת"ז, ־לָה, ת"נ worn out
בִּלָּה, נ', ר', ־לוֹת mixture
בַּלָּהָה, נ', ר', ־הוֹת calamity; terror
בַּלּוּט, ז', ר', ־טִים acorn
בַּלּוּטָה, נ', ר', ־טוֹת gland
בָּלוּי, ת"ז, בְּלוּיָה, ת"נ shabby, worn out (old)
בָּלוּל, ת"ז, בְּלוּלָה, ת"נ mixed
בָּלוּם, ת"ז, בְּלוּמָה, ת"נ swollen; plugged, closed
בָּלוּס, ת"ז, בְּלוּסָה, ת"נ mixed
בְּלוֹרִית, נ', ר', ־יוֹת tuft or lock of hair; plait
[בלח] הִבְלִיחַ, פ"ע to flicker
בָּלַט, פ"ע to stand out, protrude, project
הִבְלִיט, פ"י to emboss; to display, emphasize
הִתְבַּלֵּט, פ"ח to be prominent, be eminent
בְּלִי, מ"ש without
בְּלִיָּה, בְּלָיָה, נ' wear and tear
בְּלִיטָה, נ', ר', ־טוֹת embossment; projection
בְּלִיל, ז' mixed fodder, mixture
בְּלִילָה, נ', ר', ־לוֹת mixture
בְּלִימָה, נ', ר', ־מוֹת restraint; nothingness
בְּלִיעָה, נ', ר', ־עוֹת swallowing
בֵּית הַבְּלִיעָה throat
בְּלִיַּעַל, ז' worthlessness, wickedness; scoundrel, villain
בָּלַל, פ"י to mix, confuse; to stir, knead
הִתְבּוֹלֵל, פ"ח to mix oneself; to assimilate
בָּלַם, פ"י to curb, muzzle, restrain
בַּלָּם, בֶּלֶם, ז', ר', בְּלָמִים brake (automobile)
בַּלָּן, ז', ר', ־נִים bathhouse keeper, bathhouse attendant
בָּלַע, פ"י to swallow
בִּלַּע, פ"י to swallow up, destroy
הִבְלִיעַ, פ"י to cause to swallow; to slur over; to elide
בֶּלַע, ז' swallowing, devouring; leakage, absorption
בַּלָּע, ז', ר', ־עִים glutton
בִּלְעֲדֵי, מ"י without, except
בִּלְעָדִי, ת"ז, ־דִית, ת"נ exclusive
בְּלַעַז, תה"פ, ע', לַעַז in a foreign language
בַּלְעָן, ז', ר', ־נִים glutton
בַּלְעָנוּת, נ' voracity
בָּלַק, פ"י to lay waste, destroy
בָּלַשׁ, פ"י to search; to investigate
בַּלָּשׁ, ז', ר', ־שִׁים detective
בַּלְשָׁן, ז', ר', ־נִים linguist, philologist
בַּלְשָׁנוּת, נ' linguistics, philology
בַּלֶּשֶׁת, בּוֹלֶשֶׁת, נ' secret police
בִּלְתִּי, מ"י not, except
בָּם, בָּהֶם, מ"ג, ע' בְּ־ in (them), by, among, with, by means of, through, against

director (stage) בַּמַּאי, ז׳, ר׳, ־מָּאִים
high place, mountain; altar; stage בָּמָה, נ׳, ר׳, ־מוֹת
okra; lady's finger בַּמְיָה, נ׳, ר׳, ־יוֹת
in place of, instead of בִּמְקוֹם, תה״פ
son, child; branch בֵּן, ז׳, ר׳, בָּנִים
human being, man, person בֶּן־אָדָם, ז׳, ר׳, בְּנֵי־אָדָם
בֶּן־בְּרִית, ז׳, ר׳, בְּנֵי־בְּרִית Jew; partner
בֶּן־דּוֹד, בֶּן־דּוֹדָה, ז׳, ר׳, בְּנֵי־ cousin
partner; one of a couple (or pair) בֶּן־זוּג, ז׳, ר׳, בְּנֵי־זוּג
בֶּן־חוֹרֵג, ז׳, ר׳, בָּנִים חוֹרְגִים stepson
בֶּן־חוֹרִים, בֶּן־חוֹרִין, ז׳, ר׳, בְּנֵי־ free (man)
internationalization בִּנְאוּם, ז׳
in the night, during the night בִּן־לַיְלָה, תה״פ
in a moment בִּן־רֶגַע, תה״פ
builder בַּנַּאי, בַּנַּי, ז׳, ר׳, בַּנָּאִים
to internationalize בִּנְאֵם, פ״י
to build, erect בָּנָה, פ״ע
to be built, be erected, established נִבְנָה, פ״ע
in (us), by, among, with, through, against בָּנוּ, מ״ג, ע׳ בְּ־
in regard to, concerning בְּנוֹגֵעַ, מ״י
built, erected בָּנוּי, ת״ז, בְּנוּיָה, ת״נ
building, structure בִּנְיָה, נ׳, ר׳, בְּנָיוֹת
construction, architecture בִּנְיָה, נ׳, ר׳, ־יוֹת
building, structure; conjugation, stem (gram.) בִּנְיָן, ז׳, ר׳, ־נִים
banking בַּנְקָאוּת, נ׳
banker בַּנְקַאי, בַּנְקָאִי, ז׳, ר׳, ־קָאִים

to trample בָּס [בּוּס], פ״י
perfuming בִּסּוּם, ז׳
basing, consolidation בִּסּוּס, בִּיסוּס, ז׳
basis, base בָּסִיס, ז׳, ר׳, בְּסִיסִים
basic בְּסִיסִי, ת״ז, ־סִית, ת״נ
to be fragrant בָּסַם, בָּשַׂם, פ״ע
to spice, perfume בִּסֵּם, בִּשֵּׂם, פ״י
to be perfumed; to be tipsy הִתְבַּסֵּם, הִתְבַּשֵּׂם, פ״ח
spice, perfume בֹּסֶם, בֹּשֶׂם, ז׳, ר׳, בְּסָמִים
perfumer בַּסָּם, בַּשָּׂם, ז׳, ר׳, ־מִים
to tread בָּסַס, פ״י
to base, strengthen, consolidate, establish בִּסֵּס, פ״י
to be consolidated, be established הִתְבַּסֵּס, פ״ח
sour grapes, unripe fruit בֹּסֶר, ז׳
to tread upon; to be overbearing בָּסַר, פ״ע
to treat lightly בִּסֵּר, פ״ע
garden בֻּסְתָּן, בּוּסְתָּן, ז׳, ר׳, ־נִים
gardener בֻּסְתָּנַאי, ז׳, ר׳, ־תְּנָאִים
bubble בַּעְבּוּעַ, ז׳, ר׳, ־עִים
for the sake of, on account of, in order that בַּעֲבוּר, מ״י
to bubble, be frothy בִּעְבֵּעַ, פעו״י
through, about, for, on behalf of בְּעַד, בַּעַד, מ״י
to ask, inquire; to bubble בָּעָה, פ״י
to be uncovered, be laid bare; to be revealed נִבְעָה, פ״ע
while; within בְּעוֹד, תה״פ
married woman בְּעוּלָה, נ׳, ר׳, ־לוֹת
burning, removal בִּעוּר, ז׳
terror בִּעוּת, ז׳, ר׳, ־תִים
to kick; to spurn בָּעַט, פ״י

בַּעֲטָן, ז׳, ר׳, ־נִים kicker
בְּעָיָה, נ׳, ר׳, ־יוֹת problem
בְּעִיטָה, נ׳, ר׳, ־טוֹת kick
בְּעִילָה, נ׳ sexual intercourse
בְּעִיר, ז׳ beast, cattle
בָּעִיר, ת״ז, בְּעִירָה, ת״נ combustible
בְּעִירָה, נ׳ combustion
בַּעַל, ז׳, ר׳, בְּעָלִים owner, possessor; lord; husband; Baal
בַּעַל־בַּיִת, ז׳, ר׳, בַּעֲלֵי־בַּיִת house owner, landlord, proprietor
בַּעַל־חוֹב, ז׳, ר׳, בַּעֲלֵי־חוֹב debtor, creditor
בַּעַל־מְלָאכָה, ז׳, ר׳, בַּעֲלֵי־מְלָאכָה artisan, craftsman
בַּעַל־עֲגָלָה, ז׳, ר׳, בַּעֲלֵי־עֲגָלָה driver (of wagon), coachman
בַּעַל־צוּרָה, ז׳, ר׳, בַּעֲלֵי־צוּרָה refined person
בַּעַל־קוֹמָה, ז׳, ר׳, בַּעֲלֵי־קוֹמָה tall person
בַּעַל־קְרִיאָה, ז׳, ר׳, בַּעֲלֵי־קְרִיאָה (Torah) reader
בַּעַל־שֵׁם, ז׳, ר׳, בַּעֲלֵי־שֵׁם miracle worker
בַּעַל־תְּפִלָּה, ז׳, ר׳, בַּעֲלֵי־תְּפִלָּה cantor, hazzan
בַּעַל־תְּקִיעָה, ז׳, ר׳, בַּעֲלֵי־תְּקִיעָה person who blows the shofar
בַּעַל־תְּשׁוּבָה, ז׳, ר׳, בַּעֲלֵי־תְּשׁוּבָה repentant sinner
בָּעַל, פ״י to marry; to rule over; to have sexual intercourse
בַּעֲלָה, נ׳, ר׳, בְּעָלוֹת proprietress, mistress
בַּעֲלוּת, נ׳ proprietorship
בַּעֲלִיל, תה״פ, ע׳ עֲלִיל openly, clearly

בְּעַל־כָּרְחוֹ, תה״פ against one's will
בְּעָלְמָא, תה״פ in a general way; merely
בְּעַל־פֶּה, תה״פ oral, orally, by heart
בַּעַץ, ז׳ tin, pewter
בְּעֶצֶם, תה״פ the very thing, in the midst, during
בָּעַר, פעו״י to burn, consume
בִּעֵר, פ״י to kindle, burn, consume; to remove
הִבְעִיר, פ״י to set on fire; to cause to be grazed over
הִתְבָּעֵר, פ״ח to be removed, be cleared
בַּעַר ,ז׳, ר׳, בְּעָרִים boor, ignorant person
בְּעֵרָה, נ׳, ר׳, ־רוֹת conflagration, burning
בַּעֲרוּת, נ׳ ignorance
בְּעֶרֶךְ, תה״פ approximately
[בעת] נִבְעַת, פ״ע to be startled, be terrified
בִּעֵת, פ״י to terrify
הִבְעִית, פ״י to frighten
בַּעַת, ז׳ phobia
בְּעָתָה, נ׳, ר׳, ־תוֹת terror
בְּפֹעַל, תה״פ in practice, in actuality
בְּפֵרוּשׁ, תה״פ distinctly, clearly, expressly, explicitly
בִּפְרָט, תה״פ particularly
בִּפְנִים, תה״פ ומ״י inside, within
בֹּץ, ז׳ mud, mire
בִּצְבֵּץ, פ״ע to ooze; to sprout
בִּצָּה, נ׳, ר׳, ־צוֹת swamp, marsh
בִּצּוּעַ, ז׳ compromise; arbitration; execution
בָּצוּר, ת״ז, בְּצוּרָה, ת״נ fortified
בִּצּוּר, ז׳, ר׳, ־רִים fortification

בַּצּוֹרֶת, בַּצֹּרֶת, נ׳, ר׳, ־צָּרוֹת drought, scarcity

בְּצִיעָה, נ׳, ר׳, ־עוֹת cutting, breaking

בָּצִיר, ז׳ vintage

בָּצָל, ז׳, ר׳, בְּצָלִים onion

בִּצֵּל, פ״י to flavor, to spice (with onions)

בְּצַלְצוּל, בְּצַלְצַל, ז׳, ר׳, ־לִים, ־צָלִים onion, shallot

בֶּצַע, ז׳ unjust gain; profit

בָּצַע, פ״י to cut, break; to be greedy for gain

בִּצַּע, פ״י to cut off; to execute; to accomplish

בִּצָּע, ז׳, ר׳, בִּצָּעִים pool, pond

בָּצַץ, פ״ע to trickle, ooze, drip

הִתְבַּצֵּץ, פ״ח to shine

בָּצֵק, ז׳, ר׳, בְּצֵקוֹת dough

בָּצַק, פ״ע to swell, become swollen

בֶּצֶר, ז׳, ר׳, בְּצָרִים strength; gold

בָּצַר, פ״י to weaken; to fortify; to gather grapes

נִבְצַר, פ״ע to be restrained

בִּצֵּר, פ״י to strengthen

הִתְבַּצֵּר, פ״ח to fortify oneself; to strengthen oneself

בָּצְרָה, נ׳, ר׳, ־רוֹת enclosure, sheepfold

בִּצָּרוֹן, ז׳, ר׳, ־צְרוֹנִים stronghold; drought

בַּקְבּוּק, ז׳, ר׳, ־קִים bottle

בִּקּוּעַ, ז׳, ר׳, ־עִים cleavage

בִּקּוּר, ז׳, ר׳, ־רִים visit; investigation

בִּקּוּשׁ, ז׳ seeking; demand

בָּקִי, בָּקִיא, ת״ז, בְּקִיאָה, ת״נ erudite; skilled

בְּקִיאוּת, נ׳ erudition; expertness

בְּקִיעַ, ז׳, ר׳, ־עִים fissure, crack, cleft

בְּקִיעָה, נ׳, ר׳, ־עוֹת fissure, cleft, crack

בֶּקַע, ז׳, ר׳, בְּקָעִים half a shekel

בָּקַע, פ״י to cleave, split

בִּקַּע, פ״י to cleave; to hatch

הִבְקִיעַ, פ״י to break through, take by assault

הִתְבַּקַּע, פ״ח to burst open

בִּקְעָה, נ׳, ר׳, בְּקָעוֹת valley, plain

בְּקַעַת, נ׳, ר׳, ־עְיוֹת, בַּקְעָיוֹת log of wood

בָּקַק, פ״י to empty, despoil

בּוֹקֵק, פ״י to empty, waste

בֹּקֶר, ז׳, ר׳, בְּקָרִים morning

בָּקָר, ז׳ cattle, herds, oxen

בִּקֵּר, פ״י to examine; to visit, attend; to criticize, censure

בַּקָּר, ז׳, ר׳, ־רִים herdsman

בַּקָּרָה, נ׳ inspection, examination

בְּקֵרוּב, תה״פ nearly, approximately

בְּקָרוֹב, תה״פ shortly

בִּקֹּרֶת, בִּקּוֹרֶת, נ׳, ר׳, ־קוֹרוֹת investigation; criticism, review (of book); censorship

בִּקֵּשׁ, פ״י to seek, search; to desire; to beg, pray; to ask

הִתְבַּקֵּשׁ, פ״ח to be asked; to be sought, be summoned

בַּקָּשָׁה, נ׳, ר׳, ־שׁוֹת entreaty, request; desire, wish

בְּבַקָּשָׁה please!

בַּקְשִׁישׁ, ז׳, ר׳, ־שִׁים bribery; contribution, gift

בַּר, בָּר, ז׳ grain, corn; prairie, field; exterior

בַּר, תה״פ outside

pure, clean, clear בַּר, ת״ז, בָּרָה, ת״נ
son בַּר, ז׳, ר׳, בָּנִים
בַּר־אָוָז, ע׳ בַּרְוָז
בַּר־מִצְוָה, ז׳, ר׳, בְּנֵי־מִצְוָה
bar mizvah
guy, בַּר־נַשׁ, בַּרְנַשׁ, ז׳, ר׳, בַּרְנָשִׁים
fellow (often in contempt)
בַּר־פְּלֻגְתָּא, ז׳, ר׳, בְּנֵי־פְלֻגְתָּא
disputant
purity, cleanness; innocence בֹּר, ז׳
to create, form בָּרָא, פ״י
to cut down trees, fell בֵּרֵא, פ״י
to make fat; to הִבְרִיא, פעו״י
become healthy, recuperate
the beginning; בְּרֵאשִׁית, נ׳; תה״פ
nature, creation; at first, in the
beginning
swan בַּרְבּוּר, ז׳, ר׳, ־רִים
uncouthness, vulgarity בַּרְבָּרִיּוּת, נ׳
screw בֹּרֶג, ז׳, ר׳, בְּרָגִים
to screw בָּרַג, פ״י
spiral בָּרְגִּי, ת״ז, ־גִּית, ת״נ
בֻּרְגָּנִי, בּוּרְגָנִי, ת״ז, ־נִית, ת״נ
bourgeois, middle class
hail בָּרָד, ז׳
to hail בָּרַד, פ״ע
spotted בָּרֹד, בָּרוּד, ת״ז, בְּרֻדָּה, ת״נ
panther בַּרְדְּלָס, ז׳, ר׳, ־סִים
to eat בָּרָה, פ״י
to feed הִבְרָה, פ״י
creature, בָּרוּא, ז׳, ר׳, בְּרוּאִים
human being
בְּרְדָּם, ע׳ בּוּרְדָּם
hood בַּרְדָּס, ז׳, ר׳, ־סִים
duck בַּרְוָז, ז׳, בַּרְוָזָה, נ׳, ר׳, ־זִים, ־זוֹת
blessed בָּרוּךְ, ת״ז, בְּרוּכָה, ת״נ
welcome! בָּרוּךְ־הַבָּא

praise to God! בָּרוּךְ־הַשֵּׁם (ב״ה)
thank the Lord!
excess, surplus בֵּרוּץ, ז׳, ר׳, ־צִים
clear, lucid; בָּרוּר, ת״ז, בְּרוּרָה, ת״נ
certain, apparent, evident
clarification; בֵּרוּר, ז׳, ר׳, ־רִים
edification; arbitration
froth, lather בְּרוֹר, ז׳
clearly, evidently בְּרוּרוֹת, תה״פ
cypress בְּרוֹשׁ, ז׳, ר׳, ־שִׁים
food בָּרוֹת, בָּרוּת, נ׳
water tap בֶּרֶז, ז׳, ר׳, בְּרָזִים
hydrant בֶּרֶז שְׂרֵפָה
iron בַּרְזֶל, ז׳
to flee בָּרַח, פ״ע
to cause to flee; to bolt הִבְרִיחַ, פ״י
certainly, surely בָּרִי, תה״פ
normal health בֹּרִי, ז׳
healthy; fat בָּרִיא, ת״ז, בְּרִיאָה, ת״נ
creation; universe בְּרִיאָה, נ׳
health בְּרִיאוּת, נ׳
dietary food, diet בְּרָיָה, נ׳
creation, בְּרִיָּה, בִּרְיָה, נ׳, ר׳, ־יּוֹת
creature
rebel, terrorist, בִּרְיוֹן, ז׳, ר׳, ־נִים
outlaw
terrorism בִּרְיוֹנוּת, נ׳
dietetics בִּרְיוּת, ז׳
people, persons בְּרִיּוֹת, נ״ר
bolt, bar בְּרִיחַ, ז׳, ר׳, ־חִים
fugitive בָּרִיחַ, ז׳, ר׳, ־חִים
flight בְּרִיחָה, נ׳, ר׳, ־חוֹת
kneeling; brood; בְּרִיכָה, נ׳, ר׳, ־כוֹת
slip
choice, בְּרֵירָה, בְּרֵרָה, נ׳, ר׳, ־רוֹת
selection; alternative;
arbitration
covenant, treaty בְּרִית, נ׳, ר׳, ־תוֹת

New Testament — הַבְּרִית הַחֲדָשָׁה, נ׳

circumcision — בְּרִית מִילָה, נ׳, ר׳, בְּרִיתוֹת מִילָה

lye, alkali; soap — בֹּרִית, ז׳

Baraitha, teaching of the Tannaim not included in the Mishna — בָּרַיְתָא, נ׳, ר׳, ־תוֹת

knee — בֶּרֶךְ, נ׳, ר׳, בִּרְכַּיִם

to kneel — בָּרַךְ, פ״ע

to bless; to praise; to curse — בֵּרַךְ, פ״י

to cause to kneel; to engraft — הִבְרִיךְ, פ״י

to be blessed, bless oneself — הִתְבָּרֵךְ, פ״ח

blessing, benediction; prosperity; gift — בְּרָכָה, נ׳, ר׳, ־כוֹת

grace after meals — בִּרְכַּת הַמָּזוֹן, נ׳

pool, pond — בְּרֵכָה, נ׳, ר׳, ־כוֹת

but, however; truly — בְּרַם, תה״פ

stock market — בֻּרְסָה, נ׳, ר׳, ־סוֹת

בַּרְנַשׁ, ע׳ בַּר־נַשׁ

tanner — בֻּרְסִי, בּוּרְסִי, ז׳, ר׳, ־סִים

to fill (to the brim) — בֵּרֵץ, פ״י

lightning; flash — בָּרָק, ז׳, ר׳, בְּרָקִים

to flash (lightning) — בָּרַק, פ״י

to glitter; to polish; to cable — הִבְרִיק, פעו״י

morning star — בַּרְקַאי, ז׳

cataract of the eye, glaucoma — בַּרְקִית, נ׳

thistle, brier — בַּרְקָן ז׳, ר׳, ־נִים

emerald — בָּרֶקֶת, נ׳, ר׳, ־רְקוֹת

to choose; to investigate, test — בָּרַר, פ״י

to make clear, explain; to choose — בֵּרֵר, פ״י

to be made clear; to purify oneself; to be made pure — הִתְבָּרֵר, פ״ח

choice, selection; alternative; arbitration — בְּרֵרָה, בְּרֵירָה, נ׳, ר׳, ־רוֹת

to brush — בֵּרֵשׁ, פ״י

for the sake of, for — בִּשְׁבִיל, מ״י

cooking, cookery; ripeness — בִּשּׁוּל, ז׳

tidings, good tidings — בְּשׂוֹרָה, נ׳, ר׳, ־רוֹת

to cook, boil; to grow ripe — בָּשַׁל, פ״ע

to cook, boil; to cause to ripen — בִּשֵּׁל, פ״י

to ripen — הִבְשִׁיל, פ״ע

to be well boiled; to become ripe — הִתְבַּשֵּׁל, פ״ח

ripe, boiled; done — בָּשֵׁל, ת״ז, בְּשֵׁלָה, ת״נ

perfume, spice — בֹּשֶׂם, ז׳, ר׳, בְּשָׂמִים

to perfume, spice — בִּשֵּׂם, פ״י

to be perfumed; to be tipsy — הִתְבַּשֵּׂם, פ״ח

perfumer — בַּשָּׂם, ז׳, ר׳, ־מִים

flesh, meat — בָּשָׂר, ז׳, ר׳, בְּשָׂרִים

flesh and blood, human — בָּשָׂר וָדָם

to bring tidings; to gladden with good tidings — בִּשֵּׂר, פ״י

carnal — בְּשָׂרִי, ת״ז, ־רִית, ת״נ

shame, shameful thing — בֹּשֶׁת, נ׳

daughter, child, girl; suburb — בַּת, נ׳, ר׳, בָּנוֹת

at once — בְּבַת־אַחַת

partner — בַּת־זוּג, נ׳

בַּת־יַעֲנָה, ע׳ יָעֵן

smile — בַּת־צְחוֹק, נ׳

בַּת־עַיִן, ע׳ אִישׁוֹן

echo; divine voice — בַּת־קוֹל, נ׳

muse — בַּת־שִׁיר, נ׳

desolation, waste land — בָּתָה, בַּתָּה, נ׳, ר׳, בַּתּוֹת

virgin — בְּתוּלָה, נ׳, ר׳, ־לוֹת

בְּתוּלִים, ז"ר — tokens of virginity, hymen, virginity; flowers
בִּתּוּר, ז' — dissection
בְּתוֹר, בְּתוֹרַת, תה"פ — as, like
בִּתֵּק, פ"י — to cut, cut off
בֶּתֶר, ז', ר', בְּתָרִים — piece, part; cut
בָּתַר, פ"י — to cut in two, dissect
בַּתְרָא, ז'; ת"ז — the last, latest; the end
בִּתְרוֹן, ז', ר', ־נִים — deep ravine

ג, גּ

ג, גּ — Gimel, third letter of Hebrew alphabet; three
גֵּא, גֵּאֶה, ת"ז, גֵּאָה, ת"נ — proud, haughty
גָּאָה, פ"ע — to rise, grow
הִתְגָּאָה פ"ח — to be proud, be exalted; to boast
גַּאֲוָה, נ', ר', ־וֹת — pride, haughtiness
גָּאוּל, ת"ז, גְּאוּלָה, ת"נ — redeemed, liberated
גְּאוּלָה, ע' גְּאֻלָּה
גָּאוֹן, ת"ז, גְּאוֹנִית, ת"נ — Gaon (rabbinic title)
גְּאוֹנוּת, ע' גְּאוֹנִיּוּת
גְּאוֹנִי, ת"ז, ־נִית, ת"נ — geniuslike
גְּאוֹנִיּוּת, גְּאוֹנוּת, נ' — position of Gaon; genius
גֵּאוּת, נ' — grandeur; haughtiness
גֵּאוּת (הַיָּם) — flood tide
גָּאַל, פ"י — to redeem, deliver, free; to contaminate
נִגְאַל, פ"ע — to be redeemed, liberated; to be defiled, contaminated
הִגְאִיל, פ"י — to contaminate, pollute
הִתְגָּאֵל, פ"ח — to defile oneself
גְּאֻלָּה, גְּאוּלָה, נ', ר', ־לּוֹת, לוֹת — redemption, liberation, Geullah
גְּאֻלַּת דָּם — feud
גַּב, ר', ז', ־בִּים, ־בּוֹת — back; hub, nave (of wheel)
גַּב, מ"י — towards, with
עַל גַּב, עַל גַּבֵּי — upon
אַף עַל גַּב — although
לְגַבֵּי — about, concerning
גֵּב, ר', ז', ־בִים — pit, pool; board
גַּבָּאוּת, נ' — treasurership; synagogical office
גַּבַּאי, גַּבַּי, ז', ר', ־בָּאִים — treasurer, synagogical head
גָּבַב, פ"י — to gather, heap up; to blab
גָּבַהּ, פ"ע — to be high; to be tall; to be haughty
הִגְבִּיהַּ, פ"י — to exalt, elevate, raise
גֹּבַהּ, גּוֹבַהּ, ז', ר', גְּבָהִים — height; pride
גָּבֹהַּ, גָבוֹהַּ, ת"ז, גְּבֹהָה, גְּבוֹהָה, ת"נ — high, lofty; proud
גָּבָה, פ"י — to collect payment (of debts, taxes)
גַּבָּה, נ', ר', ־בּוֹת — eyebrow
גִּבּוּב, גִּיבּוּב, ז' — piling up
גָּבוֹהַּ, גָּבֹהַּ, ת"ז, גְּבֹהָה, גְּבוֹהָה, ת"נ — high, lofty, proud
גְּבוּל, ז', ר', ־לוֹת — boundary, border, limit
בְּלִי (לְלֹא) גְּבוּל — endless
גִּבּוּל, ז' — kneading
גִּבּוֹר, ת"ז, ־רָה, ת"נ; ז' — strong, mighty; hero
גְּבוּרָה, נ', ר', ־רוֹת — strength, might, heroism; God

גִּבּוּשׁ, גִּיבּוּשׁ, ז׳, ר׳, ־שִׁים crystallization
גְּבִיָּה, נ׳, ר׳, ־יּוֹת collection of payment; taking of evidence
גְּבִינָה, נ׳, ר׳, ־נוֹת cheese
גָּבִיעַ, ז׳, ר׳, גְּבִיעִים goblet, cup, chalice
גְּבִיר, ז׳, ר׳, ־רִים lord, master; rich man
גְּבִירָה, גְּבֶרֶת, נ׳, ר׳, ־בִירוֹת, ־בָרוֹת lady, mistress; rich lady
גָּבִישׁ, אֶלְגָּבִישׁ, ז׳, ר׳, גְּבִישִׁים crystal
גְּבִישִׁי, ת״ז, ־שִׁית, ת״נ crystal-like
גָּבַל, גִּבֵּל, פ״י to set boundary; to border; to knead
הִגְבִּיל, פ״י to set bounds, limit
הֻגְבַּל, פ״ע to be bounded, be limited
גִּבֵּן, ז׳, ר׳, ־בְּנִים hunchback
גַּבְנוּן, גַּבְנֹן, ז׳, ר׳, ־נִים, ־נֻּנִּים
rounded peak (of mountain); hunch
גַּבְנוּנִי, ת״ז, ־נִית, ת״נ convex (lens)
גִּבְנֵן, פ״י to round, hunch
גֶּבֶס, ז׳ gypsum; plaster of Paris
גִּבֵּס, פ״י to put in a cast
גֶּבַע, ז׳, ר׳, ־גְּבָעִים, גִּבְעָה, נ׳, ר׳, גְּבָעוֹת hill
גִּבְעוֹל, גִּבְעֹל, ז׳, ר׳, ־לִים stalk, stem
גָּבַר, פ״ע to be strong; to conquer
גִּבֵּר, הִגְבִּיר, פ״י to strengthen
הִתְגַּבֵּר, פ״ח to prevail, overcome
גֶּבֶר, ז׳, ר׳, גְּבָרִים male, man; warrior; cock
גַּבְרוּת, נ׳ adulthood
גַּבְרִי, ת״ז, ־רִית, ת״נ male-like, manly
גְּבֶרֶת, גְּבִירָה, נ׳, ר׳, ־בָרוֹת, ־בִירוֹת lady, mistress; rich lady

גָּבַשׁ, פ״י to fill (with stones)
גִּבֵּשׁ, פ״י to crystallize
הִתְגַּבֵּשׁ, פ״ח to become crystallized
גַּבְשׁוּשִׁית, נ׳, ר׳, ־יּוֹת mound
גַּג, ז׳, ר׳, ־גּוֹת roof
גַּגּוֹן, ז׳, ר׳, ־נִים awning
גִּגִּית, נ׳, ר׳, ־יּוֹת tub
גָּד, פ״י, ע׳ [גוד] to attack
גַּד, ז׳ good fortune
גָּדַד, פעו״י to cut, cut off; to gather (troops)
הִתְגּוֹדֵד, פ״ח to cut oneself; to assemble
גָּדָה, נ׳, ר׳, ־דוֹת river bank
גְּדוּד, ז׳, ר׳, ־דִים unit (of troops), group; furrow
גָּדוּד, ת״ז, גְּדוּדָה, ת״נ cut, pruned
גָּדוֹל, ת״ז, גְּדוֹלָה, ת״נ big, large, great; adult
גְּדוּלוֹת, נ״ר great deeds
גִּדּוּל, ז׳, ר׳, ־לִים growth, tumor
גְּדוּלָּה, ע׳ גְּדֻלָּה
גִּדּוּף, ז׳, גְּדוּפָה, נ׳, ר׳, ־פִים, פוֹת
taunt, abuse, insult
גָּדוּר, ת״ז, גְּדוּרָה, ת״נ fenced in
גָּדוּשׁ, ת״ז, גְּדוּשָׁה, ת״נ overflowing
גְּדִי, גַּדְיָא, ז׳, ר׳, ־דָיִים kid (goat)
גְּדִיל, גָּדִיל, ז׳, ר׳, גְּדִילִים tassel
גָּדִישׁ, ז׳, ר׳, גְּדִישִׁים heap of corn, stack of sheaves
גָּדַל, פ״ע to grow up, be great
גִּדֵּל, פ״י to glorify; to raise, rear; to educate
הִגְדִּיל, פ״י to make great, increase
הִתְגַּדֵּל, פ״ח to praise oneself, boast
גֹּדֶל, גּוֹדֶל, ז׳, ר׳, גְּדָלִים size, greatness
גְּדֻלָּה, גְּדוּלָּה, נ׳, ר׳, ־לּוֹת, ־לּוֹת
greatness, dignity

גַּדְלוּת, נ' — greatness, magnitude
גִּדֵּם, ת"ז, גִּדֶּמֶת, ת"נ — crippled, maimed; one-handed
גִּדַּם, פ"י — to cripple, maim
גָּדַע, גִּדַּע, פ"י — to cut off
גִּדֵּף, פ"י — to insult, blaspheme
גַּדְּפָן, ז', ר', ־נִים — blasphemer, reviler
גָּדַר, פ"י — to fence in; restrain
הִגְדִּיר, פ"י — to define
הִתְגַּדֵּר, פ"ח — to be proficient, distinguish oneself; to boast
גָּדֵר, ז', ר', גְּדֵרִים — wall, fence
בְּגֶדֶר, תה"פ — in the realm, in the area
גְּדֵרָה, נ', ר', ־רוֹת — sheepfold
גָּדַשׁ, הִגְדִּישׁ, פ"י — to heap up, overfill
גֵּהָה, נ', ר', ־הוֹת — cure, appearance
גִּהוּץ, ז', ר', ־צִים — ironing, pressing
גָּהוּץ, ת"ז, גְּהוּצָה, ת"נ — smart (military)
גִּהוּק, גֵּהוּק, ז', ר', ־קִים — belch, burp
גֵּהוּת, נ' — hygiene
גִּהֵץ, פ"י — to iron, press
גַּהַץ, ז' — smartness
גִּהֵק, פ"ע — to belch, burp
גָּהַר, פ"ע — to crouch, bend
גֵּו, גַּו, ז', ר', ־וִים, ־ווֹת — back (of body); interior; body
גּוֹאֵל, ז', ר', ־אֲלִים — redeemer, savior; Messiah
גּוֹאֵל הַדָּם, ז' — avenger (of blood)
גּוֹב, גּוֹבַי, ז' — locust (swarm)
גּוֹבַהּ, גֹּבַהּ, ז', ר', גְּבָהִים — height, pride
גּוֹבֶה, ז', ר', ־בִים — collector (of funds)
גּוּבַיְנָא, גּוּבַיְנָה, נ', ר', ־נוֹת — collection; C.O.D.

[גוד] גָּד, פ"י — to attack
גּוֹד, ע' נאד
גּוֹדְרוֹת, נ"ר — flock in pen
גּוֹדֶל, ע' גֹּדֶל
גִּוּוּן, ז', ר', ־נִים — coloring, variation, nuance
[גוז] גָּז, פ"ע — to pass, change
גּוֹזֵז, ז', ר', ־זְזִים — shearer (of sheep)
גּוֹזָל, ז', ר', ־לִים, ־לוֹת — young dove, young bird, squab
גּוּזְמָה, גֻּזְמָה, נ', ר', ־מוֹת, ־מָאוֹת — exaggeration, hyperbole
גּוֹי, ז', ר', ־יִים — nation; gentile, goi; non-religious Jew
גְּוִיָּה, נ', ר', ־יּוֹת — body; corpse
גּוֹלָה, נ', ר', ־לוֹת — golah, exile
גּוֹלֶה, ז', ר', ־לִים — exiled one
גּוֹלֵל, ז' — tombstone
גּוֹלֶם, גֹּלֶם, ז', ר', גְּלָמִים — shapeless matter; ignorant person; golem; dummy
גּוּמָה, נ', ר', ־מוֹת — hole (in ground)
גּוֹמֵל, ז', ר', ־מְלִים — doer of good deeds
גּוֹמְלִים, ־ן, ז"ר — reciprocity
גּוּמָץ, גֻּמָּץ, ז', ר', ־צִים — pit
גָּוֶן, ז', ר', גּוֹנִים, גְּוָנִים — color, nuance, shade
גִּוֵּן, פ"י — to color
[גוס] הֵגִיס, פ"י — to stir
גּוֹסֵס, ז', ר', ־סְסִים — dying, moribund
גָּוַע, פ"ע — to die
גּוּף, ז', ר', ־פִים, ־פוֹת — body, substance, person
[גוף] גָּף, פ"י — to stop up, cork
הֵגִיף, פ"י — to shut, lock
גּוּפָה, נ', ר', ־פוֹת — cadaver; torso
גּוּפִיָּה, נ', ר', ־יּוֹת — undershirt

גּוּפָנִי, ת"ז, ־נִית, ת"נ bodily, corporeal
גּוּץ, ת"ז, גּוּצָה, ת"נ short
גּוּר, גּוֹר, ז', ר', ־רִים cub, whelp
[גור] גָּר, פ"ע to dwell, live; to fear
הִתְגּוֹרֵר, פ"ח to dwell; to burst forth
גּוֹרָל, ז', ר', ־לוֹת lot, fate; lottery
גּוֹרָלִיּוּת, נ' fatality
גּוֹרֵם, ז', ר', ־רְמִים factor, cause
גּוֹרֶן, גֹּרֶן, ז', ר', גְּרָנוֹת threshing floor
גּוּשׁ, ז', ר', ־שִׁים block, bulk
גּוּשִׁישׁ, ז', ר', ־שִׁים particle
גּוּשְׁפַּנְקָה, גֻּשְׁפַּנְקָה, נ', ר', ־קוֹת seal, signet
גָּז, פ"ע, ע' [גוז] to pass, change
גֵּז, ז', ר', גִּזִּים shearing
גִּזְבָּר, ז', ר', ־רִים treasurer, cashier
גִּזְבָּרוּת, נ' office of treasurer
גִּזָּה, נ', ר', ־זּוֹת fleece
גַּזּוֹז, ז' soda water (with syrup)
גְּזוּזְטְרָה, גְּזֻזְטְרָה, נ', ר', ־רוֹת, ־רָאוֹת balcony
גָּזַז, פ"י to shear, clip
גְּזִיזָה, נ', ר', ־זוֹת shearing, clipping
גָּזִית, נ' hewn stone
גָּזַל, פ"י to rob, embezzle
גֵּזֶל, גָּזֵל, ז', גְּזֵלָה, נ', ר', ־לוֹת robbery, embezzlement
גַּזְלָן, ז', ר', ־נִים robber, embezzler
גַּזְלָנוּת, נ' robbery, embezzlement
גָּזַם, פ"י to trim (branches); to threaten; to exaggerate
הִגְזִים, פ"י to exaggerate, frighten
גְּזָמָה, גּוּזְמָה, נ', ר', ־מוֹת, ־מָאוֹת exaggeration, hyperbole
גֶּזַע, ז', ר', גְּזָעִים trunk, stem; race

גִּזְעָנִי, ת"ז, ־נִית, ת"נ racial
גָּזַר, פ"י to cut, split; to decree; to decide
גֶּזֶר, ז', ר', גְּזָרִים carrot; (a) cut
גְּזַר־דִּין, ז', ר', גִּזְרֵי־דִּין verdict
גְּזֵרָה, נ', ר', ־רוֹת decree, enactment
גְּזֵרָה שָׁוָה, נ' comparison by analogy
גִּזְרָה, נ', ר', גְּזָרוֹת cut; beam; conjugation; form; sector
גִּזָּרוֹן, ז', גִּזְרוֹנוּת, נ' etymology
גָּח, פ"ע, ע' [גיח] to break through
גָּחָה, פעו"י to hang over; to take out
גִּחוּךְ, ז', ר', ־כִים smile
גָּחוֹן, ז', ר', גְּחוֹנִים, גְּחוֹנוֹת belly (of reptiles)
גָּחוּן, ת"ז, גְּחוּנָה, ת"נ bent, stooped
גִּחֵךְ, פ"י to smile
גַּחֶלִית, נ' carbunculosis
גַּחֲלִילִית, נ', ר', ־לִיּוֹת glow worm
גַּחֶלֶת, נ', ר', גֶּחָלִים burning coal
גָּחַן, פ"ע to bend, stoop
גֵּט, ז', ר', גִּטִּים, ־ין divorce, legal document
גִּטִּין Gittin, tractate in Talmud
גֶּטוֹ, ז', ר', ־טָאוֹת ghetto, quarter of the Jews
גַּי, גַּיְא, גֵּיא, ז', ר', גֵּאָיוֹת, גֵּיאוֹת valley
גֵּיא־צַלְמָוֶת, ז' valley of the shadow of death
גֵּי־הִנֹּם, גֵּיהִנּוֹם, זו"נ Gehenna
גִּיגִית, נ', ר', ־יוֹת tub, vat
גִּיד, ז', ר', ־דִים sinew; penis
גִּיּוּס, ז', ר', ־סִים conscription, mobilization
גִּיּוֹר, ז', גִּיֹּרֶת, גִּיּוֹרֶת, נ', ־רִים, ־רוֹת proselyte to Judaism

[גיח] גָּח, פ״ע — to break through

גִּיחָה, נ׳, ר׳, ־חוֹת — break through, attack

[גיל] גָּל, פ״ע — to rejoice

גִּיל, ז׳, ר׳, ־לִים — joy, rejoicing; age; clapper

גִּילָה, נ׳ — joy; stubble

גִּילַת, נ׳ — joy

גִּילוּי, גִּלּוּי, ז׳, ר׳, ־יִים — revealing, discovery

גִּילוּחַ, גִּלּוּחַ, ז׳, ר׳, ־חִים — shaving

גִּילוּף, גִּלּוּף, ז׳, ר׳, ־פִים — carving (wood)

גִּימֶל, ז׳, ר׳, ־מְלִין — third letter of Hebrew alphabet

גִּימַטְרִיָה, גַּמַּטְרִיָּה, נ׳ — use of alphabet as numerals

גִּינּוּי, גִּנּוּי, ז׳ — shame, criticism

גִּיס, ז׳, ר׳, ־סִים — brother-in-law

גִּיֵּס, פ״י — to mobilize (army)

הִתְגַּיֵּס, פ״ח — to join (army, etc.)

גַּיִס, ז׳, ר׳, גְּיָסוֹת — army unit

גַּיִס חֲמִישִׁי — fifth column

גִּיסָה, נ׳, ר׳, ־סוֹת — sister-in-law

גִּיר, ז׳, ר׳, ־רִים — chalk, lime

גִּיֵּר, פ״י — to proselytize (to Judaism)

הִתְגַּיֵּר, פ״ח — to become a proselyte (to Judaism)

גִּישָׁה, נ׳, ר׳, ־שׁוֹת — approach; attitude; copulation

גִּישׁוּם, גִּשּׁוּם, ז׳, ר׳, ־מִים — execution (of plan); materialization

גִּישׁוּר, גִּשּׁוּר, ז׳, ר׳, ־רִים — bridge; tie

גָּל, פ״ע, ע׳ [גיל] — to rejoice

גַּל, ז׳, ר׳, ־לִים — wave; pile

גֻּל, ז׳, גֻּלָּה, נ׳ ר׳, גֻּלִּים, ־לוֹת — marble (for children's game)

גַּלָּב, ז׳, ר׳, ־בִים — barber

גִּלְגּוּל, ז׳, ר׳, ־לִים — rolling, revolving

גִּלְגּוּל נֶפֶשׁ — reincarnation

גַּלְגַּל, ז׳, ר׳, ־לִּים — wheel

גַּלְגַּל הָעַיִן, ז׳ — eyeball

גִּלְגֵּל, פ״י — to roll, revolve; to knead; to cause to happen

הִתְגַּלְגֵּל, פ״ח — to roll, turn; to wander

גַּלְגִּלָּה, נ׳, ר׳, ־לוֹת — pulley

גַּלְגִּלַּיִם, ז״ז — scooter

גַּלְגִּלִּית, נ׳, ר׳, ־יּוֹת — roller skate

גֻּלְגֹּלֶת, נ׳, ר׳, ־גָּלוֹת — skull; pulley

גֶּלֶד, ז׳, ר׳, גְּלָדִים — skin (of body)

[גלד] הִגְלִיד, פ״ע — to grow (skin over wound)

גְּלָדָה, נ׳, ר׳, גְּלָדוֹת — sole (of shoe)

גָּלָה, פעו״י — to reveal, uncover; to go into exile

הִגְלָה, פ״י — to banish into exile

גִּלּוּחַ, גִּילוּחַ, ז׳, ר׳, ־חִים — shaving

גָּלוּי, ת״ז, גְּלוּיָה, ת״נ; ז׳ — uncovered, evident; purchase deed

גִּלּוּי, גִּילוּי, ז׳, ר׳, ־יִים — revelation, discovering

גִּלּוּי דַּעַת — declaration, manifesto

גִּלּוּי לֵב — frankness

גִּלּוּי עֲרָיוֹת — incest

גְּלוּיָה, נ׳, ר׳, ־יּוֹת — post card

גְּלוּלָה, נ׳, ר׳, ־לוֹת — pill

גִּלּוּלִים, ז״ר — idols

גְּלוֹם, ז׳, ר׳, ־מִים — wrap

גִּלּוּף, גִּילוּף, ז׳, ר׳, ־פִים — carving (of wood)

גָּלוּת, נ׳, ר׳, ־לֻיּוֹת — exile, captivity

גָּלוּתִי, ת״ז, ־תִית, ת״נ — exilic

גַּלִּי, ת״ז, ־לִּית, ת״נ — wavy

גִּלַּח, גִּלֵּחַ, פ״י — to shave

הִתְגַּלַּח, פ״ח — to shave oneself

גַּלָּח, ז׳, ר׳, ־חִים — Catholic clergyman

גְּלִידָה, נ׳, ר׳, ־דוֹת — ice cream

גִּלָּיוֹן, ז׳, ר׳, ־לְיוֹנִים, ־לְיוֹנוֹת — sheet, tablet, copy of newspaper

גָּלִיל, ז׳, ר׳, גְּלִילִים — spool; cylinder; district; region; Galilee

גְּלִילָה, נ׳, ר׳, ־לוֹת — circuit, district

גְּלִילִי, ת״ז, ־לִית, ת״נ — cylindrical

גְּלִימָה, נ׳, ר׳, ־מוֹת — cloak

גְּלִיפָה, נ׳, ר׳, ־פוֹת — engraving

גְּלִישָׁה, נ׳, ר׳, ־שׁוֹת — glide, slide

גָּלַל, גּוֹלֵל, פ״י — to roll, roll up

הִתְגּוֹלֵל, פ״ח — to wallow

גָּלָל, בִּגְלַל, מ״י — for, for the sake of, on account of

גָּלָל, גֵּלֶל, ז׳, ר׳, גְּלָלִים — dung

גָּלַם, פ״י — to wrap, fold

הִתְגַּלֵּם, פ״ח — to be embodied

גֹּלֶם, גּוֹלֶם, ז׳, ר׳, גְּלָמִים — shapeless matter; ignorant person; golem; dummy

גֹּלֶם, ז׳, ר׳, גְּלָמִים — pupa, chrysalis

גַּלְמוּד, ת״ז, ־דָה, ת״נ — lonely, forsaken

גָּלְמִי, ת״ז, ־מִית, ת״נ — raw (materials)

[גלע] הִתְגַּלַּע, הִתְגַּלֵּעַ, פ״ח — to break out (quarrel)

גַּלְעִין, ז׳, גַּלְעִינָה, נ׳, ר׳, ־נִים, ־נוֹת — seed (of fruit)

גָּלַשׁ, פ״ע — to glide, slide, ski; to boil over

גַּלָּשׁ, ז׳, ר׳, ־שִׁים — skier

גִּלְשׁוֹן, ז׳, ר׳, ־נִים — glider

גַּם, מ״ח — also, moreover

גָּמָא, גָּמַע, פ״י — to sip, drink, gulp, swallow

הִגְמִיא, פ״י — to give to drink

גֹּמֶא, ז׳, ר׳, גְּמָאִים — reed, papyrus

גִּמְגּוּם, ז׳, ר׳, ־מִים — stuttering, stammering

גִּמְגֵּם, פ״ע — to stutter, stammer

גַּמָּד, ז׳, ר׳, ־דִים — dwarf

גָּמוּל, ת״ז, גְּמוּלָה, ת״נ — weaned

גְּמוּל, ז׳, גְּמוּלָה, נ׳, ר׳, ־לִים, ־לוֹת — recompense, reward

גְּמוֹנִית, נ׳, ר׳, ־יוֹת — band

גָּמוּר, ת״ז, גְּמוּרָה, ת״נ — complete, finished

גֻּמִּי, גּוּמִי, ז׳ — rubber; contraceptive

גְּמִיאָה, גְּמִיעָה, נ׳, ר׳, ־אוֹת, ־עוֹת — swallow (drink)

גֻּמִּיָּה, גּוּמִיָּה, נ׳, ר׳, ־יוֹת — garter

גְּמִילָה, נ׳, ר׳, ־לוֹת — ripening; weaning; doing

גְּמִיעָה, גְּמִיאָה, נ׳, ־עוֹת, ־אוֹת — swallow (drink)

גְּמִילוּת, נ׳, ר׳, ־לֻיּוֹת — doing; deeds of charity

גְּמִילוּת חֶסֶד — doing good; loaning (without interest)

גָּמִישׁ, ת״ז, גְּמִישָׁה, ת״נ — flexible, pliant, elastic

גְּמִישׁוּת, נ׳ — flexibility, elasticity

גָּמַל, פ״י — to wean; ripen; to deal with

הִתְגַּמֵּל, פ״ח — to deprive oneself, break a habit

גָּמָל, ז׳, ר׳, גְּמַלִּים — camel

גַּמָּל, ז׳, ר׳, ־לִים — camel driver

גַּמְלוֹן, ז׳, ר׳, ־נִים — gable

גַּמֶּלֶת, נ׳, ר׳, ־מָּלוֹת — camel caravan

גָּמַע, גָּמָא, פ״י — to sip, drink, gulp, swallow

גֻּמָּץ, גּוּמָץ, ז׳, ר׳, ־צִים — pit

גָּמַר, פ״י — to end, finish, complete

גֶּמֶר, גְּמָר, ז׳ — completion, finish

לְגַמְרֵי, תה"פ — completely, altogether
גְּמָרָא, גְּמָרָה, נ' — Gemara, the Armaic portion of the Talmud
גַּן, ז', ר', ־נִּים — garden
גַּן חַיּוֹת — zoo
גַּן יְלָדִים — kindergarten
גַּן עֵדֶן — Garden of Eden, Paradise
גְּנַאי, גְּנַי, ז' — disgrace, shame
גָּנַב, פ"י — to steal, rob
גָּנַב לֵב, גָּנַב דַּעַת — to deceive
גָּנַב נֶפֶשׁ — to kidnap
נִגְנַב, פ"ע — to be stolen
הִגְנִיב, פ"י — to interject indirectly
הִתְגַּנֵּב, פ"ח — to steal away
גַּנָּב, ז', ר', ־בִים — thief, robber
גְּנֵבָה, נ', ר', ־בוֹת — theft
גִּנְדֵּר, פ"י — to decorate
הִתְגַּנְדֵּר, פ"ח — to dress up, decorate oneself
גַּנְדְּרָן, ת"ז, ־נִית, ת"נ — coquette, flirt
גִּנָּה, גַּנָּה, נ', ר', ־נוֹת — small vegetable garden
גִּנָּה, פ"י — to blame, censure
גָּנוּז, ת"ז, גְּנוּזָה, ת"נ — hidden
סְפָרִים גְּנוּזִים — Apocrypha
גִּנּוּי, ז', ר', ־יִים — shame, criticism
גְּנוֹנָה, נ', ר', ־נוֹת — awning
גְּנוּת, נ' — shame, disgrace
גָּנַז, פ"י — to hide
גֶּנֶז, ז', ר', גְּנָזִים — treasure
גִּנְזָךְ, גַּנְזַךְ, ז', ר', ־כִּים — treasury; archives
גָּנַח, פ"ע — to sigh, groan
גְּנִיזָה, נ', ר', ־זוֹת — hiding place, storehouse
הַגְּנִיזָה — hidden texts, Genizah

גְּנִיחָה, נ', ר', ־חוֹת — groaning, sighing
גָּנַן, פ"י — to cover over, defend
הֵגֵן, פ"י — to defend, protect
הִתְגּוֹנֵן, פ"ח — to defend oneself
גַּנָּן, ז', ר', ־נִים — gardener
גַּנָּנוּת, נ', ר', ־נוּיוֹת, ־נִיּוֹת — gardening
גַּנֶּנֶת, נ', ר', ־נָנוֹת — kindergarten teacher
גַּס, ת"ז, גַּסָּה, ת"נ — bulky; crude, coarse
גַּס־רוּחַ — haughty, vulgar, obscene
גַּסּוּת, נ', ר', ־יוֹת, סֻיּוֹת — rudeness
גְּסִיסָה, נ', ר', ־סוֹת — agony, dying
גָּסַס, פ"ע — to be dying; to be rude
גַּעְגּוּעִים, ז"ר — yearning, longing
גִּעְגַּע, פ"ע — to bleat, cry
הִתְגַּעְגֵּעַ, פ"ח — to yearn, long for
גָּעָה, פ"ע — to cry, bleat, howl
גְּעִי, ז', גְּעִיָּה, נ', ר', ־יוֹת — cry, bleat
גָּעַל, פ"י — to loathe, abhor; to cleanse
נִגְעַל, פ"ע — to be loathed
הִתְגָּעֵל, פ"ח — to be soiled
גֹּעַל, גֹּעַל נֶפֶשׁ, ז' — loathing; nausea
גָּעַר, פ"ע — to scold, rebuke; to curse
גְּעָרָה, נ', ר', ־רוֹת — rebuke, reproach
גָּעַשׁ, פ"ע — to shake, quake
הִתְגָּעֵשׁ, פ"ח — to toss; to reel
גַּעַשׁ, ז' — quaking
הַר־גַּעַשׁ — volcano
גַּף, ז', ר', ־פִּים — wing; arm; handle; wing (of air corps)
בְּגַפּוֹ — alone, by himself
גֶּפֶן, נ', ר', גְּפָנִים — vine
גִּפֵּס, פ"י — to seal, mend
גִּפֵּף, פ"י — to embrace, caress, hug
גִּפֵּר, פ"י — to sulphurize
גַּפְרוּר, ז', ר', ־רִים — match

גָּפְרִית, נ׳ — sulphur, brimstone
גֵּץ, ז׳, ר׳, גִּצִּים — spark
גֵּר, ז׳, ר׳, ־רִים — stranger, resident in foreign land
גָּר, פ״ע, ע׳ [גור] — to dwell, live; to quarrel; to fear
הִתְגּוֹרֵר, פ״ח — to burst forth, to dwell; to sojourn
גָּרָב, ז׳, ר׳, גְּרָבִים — scab; earthenware vessel
גֶּרֶב, ז׳, ר׳, גַּרְבַּיִם — sock, stocking
גַּרְגִּיר, גַּרְגֵּר, ז׳, ר׳, ־רִים — berry, pill
גִּרְגֵּר, פ״י — to gargle; to pick berries
גַּרְגְּרָן, ז׳, ר׳, ־נִים — glutton
גַּרְגְּרָנוּת, נ׳ — gluttony
גַּרְגֶּרֶת, נ׳ — windpipe
גָּרַד, גֵּרֵד, פ״י — to scratch, scrape
הִתְגָּרֵד, פ״ח — to scratch oneself; to scrape oneself
גְּרֵדָא, גְּרֵידָא, תה״פ — only, merely
גַּרְדּוֹם, ז׳, ר׳, ־מִים — scaffold, gallows
גַּרְדִּי, ז׳, ר׳, ־יִּים — weaver
גֵּרָה, נ׳, ר׳, ־רוֹת — cud; coin; proselyte (female)
גֵּרָה, פ״י — to excite, stir up, provoke
הִתְגָּרָה, פ״ח — to provoke, excite oneself; to start a quarrel
גְּרוּטָאוֹת, גְּרוּטוֹת, נ״ר — junk
גֵּרוּי, ז׳, ר׳, ־יִים — stimulus
גָּרוֹן, נ׳, ר׳, גְּרוֹנִים, גְּרוֹנוֹת — throat, neck
גָּרוֹס, ז׳, ר׳, ־סִים, ־סוֹת — grist maker
גָּרוּעַ, ת״ז, גְּרוּעָה, ת״נ — inferior, worse
גָּרוּר, ז׳, ר׳, גְּרוּרִים — trailer (auto)
גֵּרוּשׁ, ז׳, ר׳, ־שִׁים — expulsion, banishment
גֵּרוּשִׁים, ז״ר — divorce

גֵּרוּשִׁין — Gerushin, tractate in Talmud
גְּרוּשׁ, ז׳, ר׳, ־שִׁים — piaster, a coin
(גָּרַז) נִגְרַז, פ״ע — to be cut off, removed
גָּרוּשׁ, ז׳, גְּרוּשָׁה, נ׳, ר׳, גְּרוּשִׁים, גְּרוּשׁוֹת — divorced man or woman
גַּרְזֶן, ז׳, ר׳, ־זִנִּים — ax, hatched
גָּרִי, ת״ז, ־רִית, ת״נ — itchy
גְּרֵידָא, גְּרֵדָא, תה״פ — only, merely
גְּרִידָה, נ׳, ר׳, דוֹת — scratching; cleaning the womb
גְּרִיָּה, נ׳ — itch
גְּרִיּוּת, נ׳ — allergy
גָּרִיס, ז׳, ר׳, גְּרִיסִים — grits, groats
גְּרִיעוּת, נ׳ — deterioration
[גרל] הִגְרִיל׳ פ״י — to raffle, cast lots
גָּרַם, פ״י — to cause, bring about; to break (bone)
גֶּרֶם, ז׳, ר׳, גְּרָמִים — bone; astral body
גֹּרֶן, גּוֹרֶן, נ׳, גְּרָנוֹת — threshing floor
גָּרַס, פ״י — to crush; to study, learn
הִגְרִיס, פ״י — to break, crush
גִּרְסָא, גִּרְסָה׳ נ׳, ר׳, ־אוֹת, ־סוֹת — version, text
גָּרַע, פעו״י — to diminish; to withdraw; to subtract
נִגְרַע, פ״ע — to be diminished
גֵּרַע, פ״י — to withdraw
גֵּרָעוֹן, ז׳, ר׳, גֵּרְעוֹנוֹת — deficit
גַּרְעִין, ז׳, גַּרְעִינָה, נ׳, ר׳, ־נִים, ־נוֹת — stone, kernel
גַּרְעֶנֶת, נ׳ — trachoma
גָּרַף, פ״י — to sweep away; to clean; to gather; to make a fist
גְּרָף, גָּרָף, ז׳, ר׳, ־פִים — bedpan
גָּרַר, פ״י — to pull, effect

נִגְרַר, פ״ע — to be dragged
גֵּרַר, פ״י — to scrape, plane
גְּרָרָה, נ׳, ר׳, ־רוֹת — sled, sleigh
גָּרַשׁ, פ״י — to cast out, drive out
גֵּרַשׁ, פ״י — to expel; to divorce
הִתְגָּרֵשׁ, פ״ח, פ״י — to be divorced; to divorce
גֶּרֶשׁ, ז׳ — produce, yield
גֵּרַשׁ, ז׳ — apostrophe
גֵּרְשַׁיִם, ז״ז — quotation marks
גָּשׁוּם, ת״ז, גְּשׁוּמָה, ת״נ — rainy
גִּשּׁוּם, גִּישׁוּם, ז׳, ר׳, ־מִים — execution (of plan); materialization
גִּשּׁוּר, גִּישׁוּר, ז׳, ר׳, ־רִים — bridge; tie
גֶּשֶׁם, ז׳, ר׳, גְּשָׁמִים, — rain; substance
גִּשֵּׁם, פ״י — to execute (plan)
הִגְשִׁים, פ״י — to materialize; to cause to rain
הִתְגַּשֵּׁם, פ״ח — to be executed, materialized
גַּשְׁמִי, ת״ז, ־מִית, ת״נ — corporeal, bodily; physical
גַּשְׁמִיּוּת, נ׳ — corporeality
גּוּשְׁפַּנְקָה, גּוּשְׁפַּנְקָה, נ׳, ר׳, ־קוֹת — seal, signet
גֶּשֶׁר, ז׳, ר׳, גְּשָׁרִים — bridge
גָּשַׁר, גִּשֵּׁר, פ״י — to build a bridge
גָּשַׁשׁ, פ״ע — to run aground (boat)
גִּשֵּׁשׁ, פ״י — to feel, grope, probe; to track (down)
הִתְגּוֹשֵׁשׁ, פ״ע — to wrestle
גַּשָּׁשׁ, ז׳, ר׳, ־שִׁים — scout, tracker
גִּשְׁתָּה, נ׳ — siphon
גַּת, ר׳, גִּתּוֹת, גִּתִּים — wine press, vat
גִּתִּית, נ׳, ר׳, ־יּוֹת — musical instrument

ד, ד

ד — Daleth, fourth letter of Hebrew alphabet; four
דָּאַב, פ״ע — to hurt, be in pain
הִדְאִיב, פ״י — to cause pain
דְּאָבָה, נ׳, דְּאָבוֹן, ז׳, ר׳, ־בוֹת — sorrow, pain
דָּאַג, פ״ע — to worry, be concerned; to fear
הִדְאִיג, פ״י — to cause worry, anxiety
דְּאָגָה, נ׳, ר׳, ־גוֹת — worry, care, concern
דָּאָה, פ״ע — to fly, dart
דָּאוֹן, ז׳, ר׳, דְּאוֹנִים — glider
דֹּאַר, ז׳ — mail, post
דֹּאַר־אֲוִיר — airmail
דֹּב, ז׳, ר׳, דֻּבִּים — bear
דָּבַב, פ״ע — to speak, whisper
דּוֹבֵב, פ״י — to cause to speak up
דֻּבְדְּבָן, ז׳, ר׳, ־נִים — cherry (tree)
דִּבָּה, נ׳, ר׳, ־בּוֹת — slander, defamation
דָּבוּק, ת״ז, דְּבוּקָה, ת״נ — stuck, glued
דִּבּוּק, ז׳, ר׳, ־קִים — attachment; dibbuk
דִּבּוּר, ז׳, ר׳, ־רִים — word, speech
דָּבוּר, ת״ז, דְּבוּרָה, ת״נ — spoken, expressed
דַּבּוּר, ז׳, ר׳, ־רִים — large bee, bumblebee
דְּבוֹרָה, נ׳, ר׳, ־רִים — bee
דְּבוֹרִית, נ׳, ר׳, ־יּוֹת — swarm (of bees)
דָּבִיק, ת״ז, דְּבִיקָה, ת״נ — gluey, sticky
דְּבִיקוּת, נ׳ — glueyness, stickiness
דְּבִיר, ז׳, ר׳, ־רִים — Holy of Holies

דָּבַק, פ״ע to cling, be attached, be glued; to join
דִּבֵּק, הִדְבִּיק, פ״י to glue together
הִדְבִּיק, פ״י to infect; to overtake
הִתְדַּבֵּק, הִדַּבֵּק, פ״ח to be joined together
דָּבֵק, ת״ז, דְּבֵקָה, ת״נ attached
דֶּבֶק, ז׳, ר׳, דְּבָקִים glue, paste
דְּבֵקוּת, נ׳ adhesiveness; strong spiritual adherence
דָּבָר, ז׳, ר׳, דְּבָרִים word, saying; thing
דִּבְרֵי הַיָּמִים chronicles, history
דְּבָרִים Deuteronomy
עֲשֶׂרֶת הַדְּבָרִים (הַדִּבְּרוֹת) The Decalogue (Ten Commandments)
דָּבַר, דִּבֵּר, פ״י to speak
הִדְבִּיר, פ״י to overwhelm, subdue
דִּבֵּר, ז׳, ר׳, ־בְּרוֹת speech, commandment
דַּבָּר, ז׳, ר׳, ־רִים leader, dictator
דֹּבֶר, ז׳, ר׳, דְּבָרִים pasture
דֶּבֶר, ז׳, ר׳, דְּבָרִים plague, pestilence
דֹּבְרָה, נ׳, ר׳, ־רוֹת floating plank, raft
דִּבְרָה, דִּבְּרָה, נ׳, ר׳, דְּבָרוֹת, דִּבְּרוֹת saying, commandment
עַל דִּבְרָתִי upon my word
דַּבְּרָן, ז׳, ר׳, ־נִים orator, speaker; talkative person
דַּבְּרָנוּת, נ׳ oratory, loquacity
דְּבַשׁ, ז׳ honey
[דבש] הִדְבִּישׁ, פ״ע to spoil, ferment
דְּבַשְׁן, ז׳, דְּבַשְׁנִית, נ׳, ר׳, ־נִים, ־נִיּוֹת honey cake
דַּבֶּשֶׁת, נ׳, ר׳, ־בָּשׁוֹת hump (of camel)

דָּג, פ״י, ע׳ [דוג] to fish
דָּג, ז׳, ר׳, ־גִים fish
דִּגְדֵּג, פ״י to tickle; to titillate
דַּגְדְּגָן, ז׳ clitoris
דָּגָה, פ״ע to multiply, increase
דָּגוּל, ת״ז, דְּגוּלָה, ת״נ exalted; conspicuous, prominent
דָּגוּשׁ, ת״ז, דְּגוּשָׁה, ת״נ marked with daghesh; stressed
דְּגִירָה, נ׳, ר׳, ־רוֹת incubation
דָּגַל, פעו״י to raise a flag
דֶּגֶל, ז׳, ר׳, דְּגָלִים flag, banner
דַּגָּל, דַּגְלָן, ז׳, ר׳, ־לִים, ־נִים flag-bearer
[דגם] הִדְגִּים פ״י to give an example
דֻּגְמָא, דֻּגְמָה, נ׳, ר׳, ־אוֹת, ־מוֹת example; sample
דֻּגְמָנִית, נ׳, ר׳, ־יוֹת model, manikin
דָּגָן, ז׳, ר׳, דְּגָנִים corn, grain
דָּגַר, פ״י hatch
דָּגֵשׁ, ז׳, ר׳, דְּגָשִׁים daghesh sign for stressing the consonant
דִּגֵּשׁ, פ״י to mark with daghesh
הִדְגִּישׁ, פ״י to emphasize, stress
דַּד, ז׳, ר׳, דַּדִּים breast (chiefly of animal); nipple
דִּדָּה, פ״י to lead (slowly), walk (babies)
דָּהָה, דִּהָה, פ״ע to fade, be discolored
הִדְהָה, פ״י to cause to fade
דֵּהֶה, ת״ז, דֵּהָה, ת״נ faded
דְּהוּי, ז׳, דְּהִיָּה, נ׳ fading
דְּהִירָה, נ״, ר״, ־רוֹת gallop
[דהב] נִדְהַב, פ״ע to be astonished, confused
דָּהַר, פ״ע to gallop
דְּהָרָה, נ׳, ר׳, ־רוֹת galloping

דו bi-, two
דּוּ־חַי, ע' דּוּחַי
דּוּ־כְּנָף biplane
דּוּ־קְרָב duel
דּוּ־שְׁבוּעוֹן biweekly
דּוּ־שִׂיחַ dialogue
דּוּבְדְּבָן, דֻּבְדְּבָן, ז', ר', ־נִים cherry
דּוֹבֵר, ז', ר', ־בְרִים spokesman
[דוג] דָּג, פ"י to fish
דּוּגָה, נ', ר', ־גוֹת fishing boat, dory
דּוּגִית, נ', ר', ־יוֹת canoe
דּוּגְמָה, ע' דֻּגְמָא
דּוּגְמָנִית, ע', דֻּגְמָנִית
דּוּד, ז', ר', ־דִים, דְּוָדִים boiler; kettle, pot
דּוֹד, ז', ר', ־דִים uncle; friend, lover
דּוּדָא, ז', ר', ־אִים pot, basket; mandrake
דּוֹדָה, נ', ר', ־דוֹת aunt
דּוֹדִים, ז"ר lovemaking, sexual intercourse
דּוֹדָן, ז', דּוֹדָנִית, נ', ר', ־נִים, ־נִיּוֹת cousin
דָּוָה, פ"ע to be sick, be ill; suffer pain during menstruation
דָּוֶה, דָּוֵי, ת"ז, דָּוָה, דְּווּיָה, ת"נ sick, sad; menstruating
דו"חַ, דִּין־וְחֶשְׁבּוֹן, ז' report
דִּוֵּחַ, פ"י to report
דַּוָּח, ז', ר', ־חִים reporter (press)
[דוח] נָדוֹחַ to be rinsed, flushed
הֵדִיחַ, פ"י to rinse, flush
דּוּחַי, דּוּ־חַי, ז', ר', ־יִּים amphibian
דּוֹחַן, דֹּחַן, ז' millet, panicum
דּוֹחַק, דֹּחַק, ז' pressure; closeness; poverty
דְּוַי, ז' sickness, pain
[דוך] דָּךְ, פ"י to crush, pound

דּוּכִיפַת, נ', ר', ־תִּים hoopoe
דּוּכָן, דּוּכָנָא, ז', ר', ־נִים platform, pulpit
דּוּכָּס, דֻּכָּס, ז', ר', ־סִים duke
דּוּמָה, נ', ר', ־מוֹת grave
דּוֹמֶה, ת"ז, דּוֹמָה, ת"נ alike, similar
דּוּמִיָּה, נ' silence, quietness
דּוֹמֵם, פ"י, ע' [דמם] to silence
דּוּמָם, תה"פ silently, noiselessly
[דון] דָּן, פ"י to judge, weigh; to discuss
דּוֹנַג, דֹּנַג, ז' wax
דּוֹפֶק, דֹּפֶק, ז', ר', דְּפָקִים pulse
דּוֹפֵק, ז', ר', ־פְקִים frame supporting movable stone of tomb
[דוץ] דָּץ, פ"ע to rejoice; to jump, leap
[דוק] דָּק, פ"ע to scrutinize
דַּוְקָא, דַּוְקָה, תה"פ only thus, exactly
דּוֹר, ז', ר', ־רוֹת generation; period; age
דּוּר, ז', ר', ־רִים circle; rim (of wheel)
דַּוָּר, דַּוָּאר, ז', ר', ־רִים postal clerk, mailman
[דור] דָּר, פ"ע to dwell, live
דִּיֵּר, פ"י to provide lodging
דּוֹרוֹן, ז', ר', ־נוֹת gift, present
[דוש] דָּשׁ, פ"י to thresh, tread, trample
דִּוֵּשׁ, פ"י to pedal
דַּוְשָׁה, נ', ר', דְּוָשׁוֹת pedal
דָּחָה, פ"י to push; to defer, postpone
דָּחוּי, ת"ז, דְּחוּיָה, ת"נ tottering
דִּחוּי, ז', דְּחִיָּה, נ', ר', ־יִּים, ־יּוֹת postponement
דָּחוּף, ת"ז, דְּחוּפָה, ת"נ in haste, hurried, urgent

דָּחוּק, ת״ז, דְּחוּקָה, ת״נ pressed; hard up
דָּחוּק, ז׳, ר׳, ־קִים needy person
דְּחִי, ז׳ fall, accident
דְּחִיָּה, נ׳, דִּחוּי, ז׳, ר׳, ־יּוֹת, ־יִּים postponement
דְּחִיסוּת, נ׳ tightness; compression
דְּחִיפָה, נ׳, ר׳, ־פוֹת pushing: incitement
דְּחִיקָה, נ׳, ר׳, ־קוֹת pressure; pushing
דַּחְלִיל, ז׳, ר׳, ־לִים scarecrow
דָּחַף, פ״י to push, drive
נִדְחַף, פ״ע to be in a hurry, hasten
דַּחְפּוֹר, ז׳, ר׳, ־רִים bulldozer
דָּחַק, פ״י to press, oppress
דֹּחַק, דּוֹחַק, ז׳ pressure; closeness; poverty
דַּי, ז׳; תה״פ sufficiency; enough, sufficient
דִּיבּוּק, דִּבּוּק, ז׳, ר׳, ־קִים attachment; ghost, dibbuk
דִּיבּוּר, דִּבּוּר, ז׳, ר׳, ־רִים word, saying; speech
[דיג] דָּג, פ״י to fish
דַּיִג, דִּיּוּג, ז׳, דַּיָּגוּת, נ׳ fishing
דַּיָּג, ז׳, ר׳, ־גִים fisherman
דְּיוֹ, נ׳, ר׳, ־אוֹת ink
דִּיּוּג, ז׳, דַּיָּגוּת, נ׳ fishing
דְּיוֹטָה, נ׳, ר׳, ־טוֹת floor, story
דִּיּוּן, ז׳, ר׳, ־נִים consideration
דִּיּוּק, ז׳, ר׳, ־קִים accuracy, exactness, precision
דִּיּוּר, ז׳ lodging, dwelling
דַּיָּר, ז׳, ר׳, ־רִים tenant
דְּיוֹתָה, נ׳, ר׳, ־תוֹת ink pot
דִּיחוּי, דִּחוּי, ז׳ postponement
דַּיָּל, ז׳, דַּיֶּלֶת, נ׳, ־יָּלִים, ־יָּלוֹת host, hostess; waiter, waitress

דִּילּוּג, דִּלּוּג, ז׳, ר׳, ־גִים jump, skip, omission
דִּימוּס, ז׳ amnesty, pardon
[דין] דָּן, פ״י to judge, punish; argue
דַּיֵּן, פ״ע, הִתְדַּיֵּן, פ״ח to argue, discuss
דִּין, ז׳, ר׳, ־נִים judgment; justice; law
דִּין וְחֶשְׁבּוֹן, ז׳, ר׳, דִּינִים וְחֶשְׁבּוֹנוֹת report, account
דַּיָּן, ז׳, ר׳, ־נִים judge (rabbinical)
דִּינָר, ז׳, ר׳, ־רִים dinar; coin
דַּיְסָה, נ׳, ר׳, ־סוֹת cereal, porridge
דִּיֵּק, פ״ע to be exact, accurate
דָּיֵק, ז׳, ר׳, דָּיֵקִים bulwark, defense wall
דַּיְקָן, ז׳, ר׳, ־נִים perfectionist, punctual person
דַּיְקָנוּת, נ׳ exactness, precision; punctuality
דִּיר, ז׳, ר׳, ־רִים sheepfold; stable, shed
דַּיָּר, ז׳, ר׳, ־רִים tenant, lodger
דִּירָה, נ׳, ר׳, ־רוֹת apartment, flat
דַּיִשׁ, ז׳, דִּישָׁה, נ׳ threshing
דַּיָּשׁ, ז׳, ר׳, ־שִׁים thresher
דִּישׁוֹן, ז׳, ר׳, ־נִים antelope
דַּיֵּת, פ״י to retouch
דָּךְ, פ״י, ע׳ [דוך] to crush, pound
דַּךְ, ת״ז, דַּכָּה, ת״נ oppressed, crushed
דִּכָּא, פ״י to oppress, subdue
דַּכָּא, ת״ז, ־אָה, ת״נ crushed, subdued
דִּכָּאוֹן, ז׳, ר׳, ־כְאוֹנוֹת depression
דִּכְדּוּךְ, ז׳ dejection, depression
דִּכְדֵּךְ, פ״י to crush, break, oppress
דָּכָה, פ״ע to be subdued, be crushed

דַּכָּה, נ' testicle; bruise, break
דִּכּוּי, דִּיכּוּי, ז', ר', ־יִים oppression, tyranny
דַּל, ת"ז, דַּלָּה, ת"נ poor; thin
דָּלַג, דִּלֵּג, פ"י to skip, omit
דַּלְגִּית, נ', ר', ־יּוֹת skipping rope
דִּלְדּוּל, ז', ר', ־לִים impoverishment
דִּלְדֵּל, פ"י to impoverish
דִּלְדֵּל, פ"ע to be hanging limp
הִדַּלְדֵּל, הִתְדַּלְדֵּל, פ"ח to be reduced to poverty
דַּלָּה, נ', ר', ־לּוֹת masses; lock of hair
דָּלָה, פ"י to draw water
דִּלָּה, פ"י to raise
דִּלּוּג, דִּילּוּג, ז', ר', ־גִים skip, jump, omission
דָּלוּחַ, ת"ז, דְּלוּחָה, ת"נ muddy, polluted
דְּלִי, ז', ר', ־לָיִים bucket, pail
דְּלִיחָה, דְּלִיחוּת, נ', ר', ־חוֹת, ־חֻיּוֹת pollution
דָּלִיל, ת"ז, דְּלִילָה, ת"נ sparse, thin (liquid)
דְּלִיל, ז', ר', ־לִים thread, cord
דְּלִילוּת, נ' thinness (liquid)
דְּלִיפָה, נ', ר', ־פוֹת drop (of water), leak (of liquid, news)
דָּלִיק, ת"ז, דְּלִיקָה, ת"נ inflammable
דְּלִיקָה, דְּלֵקָה, נ', ר', ־קוֹת fire, conflagration
דָּלַל, פ"ע to dwindle; to be weakened
דִּלֵּל, פ"י to weaken; to thin out
הֵדַל, פ"י to trim (trees)
דְּלַעַת, נ', ר', ־לוּעִים pumpkin
דָּלַף, פ"ע to drop, drip, leak
דֶּלֶף, ז', ר', דְּלָפִים leakage, leak
דִּלְפָּה, נ', ר', דְּלָפוֹת drainpipe
דָּלַק, פעו"י to burn; to pursue
נִדְלַק, פ"ע to be ignited
הִדְלִיק, פ"י to kindle, set a match to
דֶּלֶק, ז' fuel, inflammable material
דְּלֵקָה, דְּלִיקָה, נ', ר', ־קוֹת fire, conflagration
דַּלֶּקֶת, נ', ר', ־לָּקוֹת inflammation
דֶּלֶת, נ', ר', דְּלָתוֹת door; page (scroll); first half of verse
דָּלֶת, נ' Daleth, fourth letter of Hebrew alphabet
דַּלְתּוֹת נ' (stock) exchange
דַּלְתִּית, נ', ר', ־יּוֹת hatch
דָּם, ז', ר', ־מִים blood
דְּמַאי, דְּמַי, ז' dubious thing
דִּמְדּוּם, ז', ר', ־מִים dim light; twilight
דִּמְדּוּם חוּשִׁים, ז' blackout (of senses)
דִּמְדֵּם, פ"ע to be hysterical, be confused (from fever)
דָּמָה, פ"ע to be like, resemble; to cease
נִדְמָה, פ"ע to be cut off
דִּמָּה, פ"י to liken, compare; to think, imagine
הִדַּמָּה, פ"ח to become like
דָּמָה, נ', ר', ־מוֹת buoy
דֶּמֶה, ז', ר', דְּמָאִים decoy
דִּמּוּי, ז', ר', ־יִים comparison, simile
דָּמוּי, ת"ז, דְּמוּיָה, ת"נ similar, comparable
דָּמוּם, ת"ז, דְּמוּמָה, ת"נ silent
דְּמוּמִית, נ', ר', ־יּוֹת anemone
דְּמוּת, נ', ר', ־מֻיּוֹת, ־מוּיוֹת image, form

דְּמִי, ז׳ rest, quiet, silence
דִּמְיוֹן, ז׳, ר׳, ־נוֹת imagination; likeness, resemblance
דִּמְיוֹנִי, ת״ז, ־נִית, ת״נ imaginary
דָּמִים, ז״ר money, cost, value; blood
דְּמֵי כְּנִיסָה entrance fee
דְּמֵי לֹא יֶחֱרַץ hush money
דְּמֵי מַפְתֵּחַ key money (real estate)
דְּמֵי קְדִימָה deposit
דָּמַם, פ״ע to be still, be silent
נָדַם, פ״ע to be made silent, dumb
דּוֹמֵם, פ״י to make silent
הֵדַם, פ״י to silence; to destroy
דְּמָמָה, נ׳, ר׳, ־מוֹת silence, whisper
דָּמַע, הִדְמִיעַ, פ״ע to shed tears
הִדְמִיעַ, פ״י to cause someone to shed tears
דֶּמַע, ז׳ tear; juice; lachrymosity
דִּמְעָה, נ׳, ר׳, דְּמָעוֹת tear
דָּן, פ״י, ע׳ [דון] judge, weigh; discuss
דֹּנַג, דּוֹנַג, ז׳ wax
דִּסְקִית, נ׳, ר׳, ־יוֹת (metal) tag, dogtag
דֵּעַ, ז׳, דֵּעָה, נ׳, ר׳, ־עִים, ־עוֹת
knowledge, wisdom; opinion
דָּעַךְ, פ״ע to flicker, be extinguished; to be on verge of dying
נִדְעַךְ, פ״ע to be made extinct, be destroyed
דַּעַת, נ׳, ר׳, דֵּעוֹת knowledge, wisdom, understanding
דַּעְתָּן, ז׳, ר׳, ־נִים energetic person; obstinate person
דַּף, ז׳, ר׳, ־פִּים leaf, page; board, plank
דִּפְדֵּף, פ״י to turn pages; to browse

דַּפְדֶּפֶת, נ׳, ר׳, ־דָפוֹת loose-leaf notebook
דְּפוּס, ז׳, ר׳, ־סִים printing press; form, mold
דֹּפִי, ז׳ blemish, fault
דְּפִיקָה, נ׳, ר׳, ־קוֹת knocking beating
דֹּפֶן, זו״נ, ר׳, דְּפָנִים, דְּפָנוֹת
partition, board
דַּפְנָה, דַּפְנָא, נ׳, ר׳, ־נִים, ־אִים
laurel
[דפס] נִדְפַּס, פ״ע to be printed
הִדְפִּיס, פ״י to print
דָּפַק, פ״י to knock, beat
הִתְדַּפֵּק, פ״ח to beat, knock violently
דֹּפֶק, דּוֹפֶק, ז׳, ר׳, דְּפָקִים pulse
דִּפְתָּר, ז׳, ר׳, ־תְּרָאוֹת register
דִּפְתְּרָן, ז׳, ר׳, ־נִים registrar
דָּץ, פ״י, ע׳ [דוץ] to rejoice; to jump, leap
דַּק, ת״ז, דַּקָּה, ת״נ thin
דַּקִּים intestines
דָּק, פ״ע, ע׳ [דוק] to scrutinize
דִּקְדּוּק, ז׳, ר׳, ־קִים grammar; exactness, detail, minuteness
דִּקְדֵּק, פ״י to examine, observe carefully; to deal with grammar
דַּקְדְּקָן, ז׳, ר׳, ־נִים grammarian, pedant
דַּקָּה, נ׳, דַּק, ז׳, ר׳, ־קוֹת, ־קִים
minute
דָּקוֹר, דֶּקֶר, ז׳, ר׳, ־רִים, דְּקָרִים
chisel, pickax
דַּקּוּת, נ׳, ר׳, ־קֻיּוֹת, ־קִיּוֹת
thinness; nicety
דַּקִּיקָה, נ׳, ר׳, ־קוֹת second (sixtieth part of a minute)

דְּקִירָה, נ׳, ר׳, ־רוֹת — stubbing; pricking
דֶּקֶל, ז׳, ר׳, דְּקָלִים — palm tree
דִּקְלוּם, ז׳, ר׳, ־מִים — declamation
דִּקְלֵם, פ״י — to declaim, recite
דָּקַק, פ״י — to crush, make fine
דָּקַר, פ״י — to pierce, prick, stab
דֶּקֶר, דָּקוֹר, ז׳, ר׳, דְּקָרִים, ־רִים — chisel, pickax
דָּר, פ״ע, ע׳ [דור] — to dwell, live
דַּר, ז׳, ר׳, דָּרִים — mother-of-pearl
דֵּרָאוֹן, ז׳ — shame, abomination
דָּרְבָן, דָּרְבוֹן, ז׳, ־בָנוֹת, ־בוֹנוֹת — spur
דַּרְבָּן, ז׳, ר׳, ־נִים — porcupine
דִּרְבֵּן, פ״י — to spur on, goad
דֵּרַג, הִדְרִיג, פ״י — to step, grade
דַּרְגָּה, נ׳, ר׳, דְּרָגוֹת — step, grade, rank
דַּרְגָּשׁ, ז׳, ר׳, ־שִׁים — couch
דַּרְדַּק, ז׳, ר׳, ־קִים — child; pupil (beginner)
דַּרְדַּר, ז׳, ר׳, ־רִים — thistle
דִּרְדֵּר, פ״י — to roll down
דָּרוּג, ת״, דְּרוּגָה, ת״נ — graded
דֵּרוּג, ז׳, ר׳, ־גִים — grading (rank, pay)
דָּרוֹם, ז׳ — south
דְּרוֹמִי, ת״ז, ־מִית, ת״נ — southern
דָּרוּס, ת״ז, דְּרוּסָה, ת״נ — run-over, trodden
דְּרוֹר, ז׳, ר׳, ־רִים — freedom, liberty; swallow
דְּרוּשׁ, ז׳, ר׳, ־שִׁים — sermon, homily; lecture
דָּרוּשׁ, ת״ז, דְּרוּשָׁה, ת״נ — required, needed
דְּרִיכָה, נ׳ — treading; cocking (of a gun)

דְּרִיכוּת, נ׳ — readiness, tenseness
דְּרִיסָה, נ׳, ר׳, ־סוֹת — treading
דְּרִיסַת רֶגֶל — right of way; access
דְּרִישָׁה, נ׳, ר׳, ־שׁוֹת — request; investigation
דָּרַךְ, פ״ע — to step, walk, march, tread; to squeeze, press
הִדְרִיךְ, פ״י — to lead, guide, direct; to educate
דֶּרֶךְ, ז״נ, ר׳, דְּרָכִים — road, way; journey; manner, custom
דֶּרֶךְ, תה״פ — through, by way of
דֶּרֶךְ אֶרֶץ — good manners, occupation
דַּרְכּוֹן, ז׳, ר׳, ־נִים — passport
דָּרַס, פ״י — to tread, trample
דָּרַשׁ, פ״י — to seek, inquire, ask; to investigate; to lecture
דְּרָשׁ, ז׳, דְּרָשָׁה, נ׳, ר׳, ־רָשִׁים, ־שׁוֹת — sermon, homiletical exposition
דַּרְשָׁן, ז׳, ר׳, ־נִים — lecturer, preacher
דַּרְשָׁנוּת, נ׳ — preaching (Jewish)
דָּשׁ, פ״י ע׳ [דוש] — to thresh, tread, trample
דַּשׁ, ז׳, ר׳, ־שִׁים — lapel, flap
דֶּשֶׁא, ז׳, ר׳, דְּשָׁאִים — vegetation; grass, lawn
דָּשָׁא, פ״ע — to sprout, grow grass
הִדְשִׁיא, פ״י — to cause to grow
דִּשּׁוּן, ז׳, ר׳, ־נִים — removal of ashes; fertilizer
דֶּשֶׁן, ז׳, ר׳, דְּשָׁנִים — fat, fat of sacrifices
דָּשֵׁן, ת״ז, דְּשֵׁנָה, ת״נ — fat, vigorous
דָּשַׁן, פ״ע — to grow fat
דִּשֵּׁן, פ״י — to make fat; to remove fat; to fertilize
הִתְדַּשֵּׁן, הִדַּשֵּׁן, פ״ח — to grow fat

דָּת, נ׳, ר׳, ־תוֹת religion; law, statute; custom

דָּתִי, ת״ז, דָּתִית, ת״נ religious, pious

דָּתִיּוּת, נ׳ piety, religiousness

ה ה

ה He, fifth letter of Hebrew alphabet; five

הַ־, [הָ־, הֶ־], הֵא הַיְּדִיעָה the (*def. art.*)

הֲ־, [הַ־, הֶ־], הֵא הַשְּׁאֵלָה interrogative particle

הֵא, נ׳, ר׳, הֵאִים, הֵאִין; מ״ק He, name of fifth letter of Hebrew alphabet; lo, behold

הָא, מ״נ this

הֶאֱבִיב, פ״י, ע׳ [אבב] to bring forth shoots

הֶאֱבִיד, פ״י, ע׳ [אבד] to lose; to destroy

הֶאֱבִיר, פ״י [אבר] to fly, spread one's wings, soar

הֵאָבְקוּת, נ׳, ר׳, ־קֻיּוֹת struggling, wrestling

הֶאְדִים, פ״ע, ע׳ [אדם] to redden, become red

הַאְדָּרָה, הַאֲדָרָה, נ׳, ר׳, ־רוֹת glorification

הֶאֱהִיל, פ״י, ע׳ [אהל] to cover up

הֶאֱזִין, פ״י, ע׳ [און] to listen (to the radio)

הַאֲזָנָה, נ׳, ר׳, ־נוֹת attentiveness

הֶאָח, מ״ק Aha!

הֵאֵט, פ״י, ע׳ [אטט] to slow up

הֵאִיץ, פ״י, ע׳ [אוץ] to urge, press

הֵאִיר, פ״י ע׳ [אור] to brighten, make shine; to become bright

הֶאֱכִיל, פ״י, ע׳ [אכל] to feed

הֶאֱלָה, פ״ע, ע׳ [אלה] to swear in, put under oath

הֶאֱלִיהַּ, פ״י, ע׳ [אלה] to deify; to worship

הֶאֱלִיף, פ״י, ע׳ [אלף] to bring forth thousands

הֶאֱמִין, פ״ע, ע׳ [אמן] to trust, believe (in)

הֶאֱמִיר, פ״י, ע׳ [אמר] to elevate; to proclaim

הַאֲמָנָה, נ׳ faith; confirmation

הַאֲמָתָה, נ׳, ר׳, ־תוֹת verification

הַאֲפָלָה, נ׳, ר׳, ־לוֹת darkening; blackout

הֶאֱצִיל, פ״י, ע׳ [אצל] to withdraw; to emanate

הַאֲצָלָה, נ׳, ר׳, ־לוֹת emanation

הֲאָרָה, הֶאָרָה, נ׳, ר׳, ־רוֹת lighting, kindling, illumination

הֶאָרַת פָּנִים grace, kindliness, welcome

הֶאֱרִיךְ, פ״י, ע׳ [ארך] to lengthen, prolong

הַאֲרָכָה, נ׳, ר׳, ־כוֹת lengthening, extension of time

הֶאֱשִׁים, פ״י, ע׳ [אשם] to accuse, blame

הַאֲשָׁמָה, נ׳, ר׳, ־מוֹת accusation, blaming

הַב, פ״י, ע׳ [יהב] give!

הֲבָאָה, נ׳, ר׳, ־אוֹת quotation

הֲבַאי, הֲבַי, ז׳ exaggeration; vain talk

הִבְאִישׁ, פעו״י, ע׳ [באש] to emit a bad smell

הַבְאָשָׁה, נ׳, ר׳, ־שׁוֹת spoiling, defamation

הִבְדִּיל, פ״י, ע׳ [בדל] to distinguish, separate

הֶבְדֵּל, ז׳, ר׳, ־לִים difference, distinction

הַבְדָּלָה, נ׳, ר׳, ־לוֹת separation; Habdalah, benediction over a wine at the conclusion of the sabbath and festivals

הִבָּדְלוּת, נ׳, ר׳, ־לֻיּוֹת separation, dissimulation

הָבָה, מ״ק come on, well then, let's

הִבְהֵב, פ״י to roast, singe

הִבְהוּב, ז׳ roasting, singeing

הִבְהִיל, פ״י, ע׳ [בהל] to frighten, hasten

הִבְהִיק, פ״ע, ע׳ [בהק] to brighten, be bright

הִבְהִיר, פעו״י, ע׳ [בהר] to make clear, make bright

הַבְהָרָה, נ׳, ר׳, ־רוֹת clearing, clarification

הִבְחִין, פ״י, ע׳ [בחן] to distinguish, discriminate

הַבְחָלָה, נ׳, ר׳, ־לוֹת ripening

הַבְחָנָה, נ׳, ר׳, ־נוֹת discernment, discrimination

הַבְטָאָה, נ׳, ר׳, ־אוֹת pronunciation

הַבָּטָה, נ׳, ר׳, ־טוֹת glance; aspect

הַבְטָחָה, נ׳, ר׳, ־חוֹת assurance, promise

הִבְטִיחַ, פ״י, ע׳ [בטח] to promise; to insure; to make secure

הִבְטִיל, פ״י, ע׳ [בטל] to suspend, interrupt

הַבְטָלָה, נ׳, ר׳, ־לוֹת unemployment

הֲבַי, הֲבַאי, ז׳ exaggeration; vain talk

הֵבִיא, פ״י, ע׳ [בוא] to bring, lead in

הִבִּיט, פ״י, ע׳ [נבט] to look, look at

הֵבִין, פ״י, ע׳ [בין] to understand; to teach, explain

הִבִּיעַ, פ״י, ע׳ [נבע] to utter, express

הֵבִיר, הוֹבִיר, פ״י, ע׳ [בור] to neglect, let lie waste

הֵבִישׁ, פ״י, ע׳ [בושׁ] to put to shame

הִבְכִּירָה, פ״י, ע׳ [בכר] to bear for the first time

הֶבֶל, ז׳, ר׳, הֲבָלִים vapor, heat, air; vanity, emptiness

הָבַל, פ״ע to become vain

הֶהְבִּיל, פ״י to lead astray; to give off vapor

הַבְלָגָה, נ׳, ר׳, ־גוֹת self-restraint; restraining

הַבְלָטָה, נ׳, ר׳, ־טוֹת bringing into relief, emphasizing

הִבְלִיג, פ״ע, ע׳ [בלג] to pluck up courage, bear up

הִבְלִיחַ, פ״ע, ע׳ [בלח] to flicker

הִבְלִיט, פ״י, ע׳ [בלט] to emboss; to display; to emphasize

הִבְלִיעַ, פ״י, ע׳ [בלע] to cause to swallow; to slur over, elide

הַבְלָעָה, נ׳, ר׳, ־עוֹת absorption; ellipsis

הָבֶן, הָבְנֶה, ז׳, ר׳, הָבְנִים ebony; ebony tree

הֲבָנָה, נ׳ discernment, understanding

הַבָּעָה, נ׳, ר׳, ־עוֹת enunciation, expression

הִבְעִיר, פ״י, ע׳ [בער] to set on fire; to cause to be grazed over

הִבְעִית, פ״י, ע׳ [בעת] to frighten

הֶבְעֵר, ז׳ kindling, burning

הַבְעָרָה, נ׳, ר׳, ־רוֹת burning; removal

הִבְקִיעַ, פ״י, ע׳ [בקע] to break through, take by assault

הַבְקָעָה, נ׳, ר׳, ־עוֹת break-through

הָבַר, פ״י to divide; to pronounce

הַבְרָאָה, נ׳ recuperation

הִבָּרְאוּת, נ׳ creation

הֲבָרָה, נ׳, ר׳, ־רוֹת syllable, sound; enunciation

הַבְרָחָה, נ׳, ר׳, ־חוֹת concealment

הַבְרָחַת מֶכֶס smuggling

הִבְרִיא, פעו״י, ע׳ [ברא] to make fat, become healthy, recuperate

הִבְרִיחַ, פ״י, ע׳ [ברח] to cause to flee; to bolt

הִבְרִיךְ, פ״י, ע׳ [ברך] to cause to kneel; to engraft

הִבְרִיק, פ״י, ע׳ [ברק] glitter, polish; to cable

הַבְרָכָה, נ׳, ר׳, ־כוֹת grafting

הַבְרָקָה, נ׳, ר׳, ־קוֹת shining, polishing; cabling

הִבְשִׁיל, פ״י, ע׳ [בשל] to ripen

הַבְשָׁלָה, נ׳, ר׳, ־לוֹת ripening

הִגְאִיל, פ״י, ע׳ [גאל] to contaminate, pollute

הֲגָבָה, נ׳, ר׳, ־בוֹת reaction

הַגְבָּהָה, נ׳, ר׳, ־הוֹת raising; raising of the open scroll of the Law in the synagogue

הִגְבִּיהַּ, פ״י, ע׳ [גבה] to exalt, elevate, raise; to jack up

הִגְבִּיל, פ״י, ע׳ [גבל] to set bounds, limit

הֻגְבַּל, פ״ע, ע׳ [גבל] to be bounded, limited

הִגְבִּיר, פ״י, ע׳ [גבר] to strengthen

הַגְבָּלָה, נ׳, ר׳, ־לוֹת limitation; definition

הַגְבָּרָה, נ׳, ר׳, ־רוֹת strengthening

הַגָּדָה, נ׳, ר׳, ־דוֹת tale, legend; homiletics; popular lecture; Haggadah; service on Passover night

הַגָּדִי, ת״ז, ־דִית, ת״נ legendary, mythical

הִגְדִּיל, פ״י, ע׳ [גדל] to make great, increase

הִגְדִּיר, פ״י, ע׳ [גדר] to define

הַגְדָּרָה, נ׳, ר׳, ־רוֹת definition

הָגָה, פ״י to speak, murmur; to moan; to reason, argue; to meditate; to read, pronounce; to remove

הֶהְגָּה, פ״י to murmur, utter

הֻגָּה, פ״ע to be removed

הֶגֶה, ז׳, ר׳, ־הֲגָאִים, הֲגָיִים sound; moan; rudder (of ship); steering wheel (of automobile)

הַגָּהָה, נ׳, ר׳, ־הוֹת correction of texts; proof (in printing); annotation

הִגּוּי, הִיגּוּי, ז׳, ר׳, ־יִים utterance; pronunciation

הָגוּן, הָגִין, ת״ז, הֲגוּנָה, ת״נ worthy, proper, respectable, suitable

הָגוּת, נ׳ meditation; utterance

הִגְזִים, פ״י, ע׳ [גזם] to exaggerate; to frighten

הַגְזָמָה, נ׳, ר׳, ־מוֹת exaggeration

הֲגָחָה, נ׳, ר׳, ־חוֹת sudden attack, outbreak

הֵגִיב, פ״י ע׳ [גוב] to react

הָגִיג, ז׳, ר׳, ־הֲגִיגִים meditation; murmuring

to declare, tell; to announce, inform — הִגִּיד, פ"י, ע' [נגד]

to cause to shine; to correct, revise — הִגִּיהַּ, פ"י, ע' [נגה]

pronunciation — הֲגָיָה, הֲגִיָּה, נ', ר', ־יוֹת, ־יוֹת

logic, meditation — הִגָּיוֹן, ז', ר', הֶגְיוֹנוֹת

logical — הֶגְיוֹנִי, ת"ז, ־נִית, ת"נ

to stir — הֵגִיס, פ"י, ע' [גוס]

to reach; to approach; to arrive — הִגִּיעַ, פ"ע, ע' [נגע]

to close, lock (door, gate) — הֵגִיף, פ"י, ע' [גוף]

to spill; to pour down — הִגִּיר, פ"י, ע' [נגר]

migration — הֲגִירָה, נ', ר', ־רוֹת

to bring near; to bring, offer — הִגִּישׁ, פ"י, ע' [נגש]

to banish, exile — הִגְלָה, פ"י, ע' [גלה]

to grow skin (over wound) — הִגְלִיד, פ"ע, ע' [גלד]

bishop, cardinal, official — הֶגְמוֹן, ז', ר', ־נִים

to give to drink — הִגְמִיא, פ"י, ע' [גמא]

to protect, defend — הֵגֵן, פ"י, ע' [גנן]

defense, protection — הֲגַנָּה, הֲגָנָה, נ'

to interject — הִגְנִיב, פ"י, ע' [גנב]

mixing, stirring — הֲגָסָה, נ', ר', ־סוֹת

touching — הֲגָעָה, נ'

rinsing with boiling water — הַגְעָלָה, נ', ר', ־לוֹת

closing, locking; rattling — הֲגָפָה, נ', ר', ־פוֹת

to emigrate; to immigrate — הֵגֵר, פ"ע

to raffle, cast lots — הִגְרִיל, פ"י, ע' [גרל]

to break, crush — הִגְרִיס, פ"י, ע' [גרס]

casting lots; lottery — הַגְרָלָה, נ', ר', ־לוֹת

serving; bringing near — הַגָּשָׁה, נ', ר', ־שׁוֹת

to materialize; to cause to rain — הִגְשִׁים, פ"י, ע' [גשם]

materialization; ascribing to the spiritual, material attributes — הַגְשָׁמָה, נ', ר', ־מוֹת

echo; shout; noise — הֵד, ז', ר', ־דִים

to infect; to overtake — הִדְבִּיק, פ"י, ע' [דבק]

to spoil; to ferment — הִדְבִּישׁ, פ"י, ע' [דבש]

to be joined together — הִדַּבֵּק, פ"ח, ע' [דבק]

adhesion — הַדְבָּקָה, נ', ר', ־קוֹת

cleaving to, attachment — הִדַּבְּקוּת, נ', ר', ־קֻיּוֹת

to emphasize, stress — הִדְגִּישׁ, פ"י, ע' [דגש]

exemplification — הַדְגָּמָה, נ', ר', ־מוֹת

stress, emphasis — הַדְגָּשָׁה, נ', ר', ־שׁוֹת

to echo — הִדֵּד, פ"י

each other, reciprocal, mutual — הֲדָדִי, ת"ז, ־דִית, ת"נ

reciprocity — הֲדָדִיּוּת, נ'

to stretch out — הָדָה, פ"י

to cause to fade — הִדְהָה, פ"י, ע' [דהה]

India — הֹדּוּ, הוֹדוּ נ'

footstool — הֲדוֹם, הֲדֹם, ז', ר', ־מִים

hoop; bending — הִדּוּק, הִידּוּק, ז'

rugged place — הָדוּר, ז', ר' ־הֲדוּרִים

adorned, splendid — הָדוּר, ת"ז, הֲדוּרָה, ת"נ

embellishment, decoration — הִדּוּר, הִידּוּר, ז', ר', ־רִים

הֲדָחָה, נ׳, ר׳, ־חוֹת rinsing, washing off; thrusting away; leading astray
הֹדִּי, ת״ז, הֹדִּית, ת״נ Indian
הֶדְיוֹט, ז׳, ר׳, ־טִים, ־טוֹת layman; common, ignorant person
הֵדִיחַ, פ״י, ע׳ [דוח] to rinse, flush, cleanse
הִדִּיחַ, פ״י, ע׳ [נדח] to banish, expel; to lead astray
הֲדִיפָה, נ׳, ר׳, ־פוֹת pushing, kicking
הִדִּיר, פ״י, ע׳ [נדר] to put under a vow, prohibit by a vow
הָדַךְ, פ״י to cast down
הֵדַל, פ״י, ע׳ [דלל] to trim (trees)
הִדַּלְדֵּל, פ״ח, ע׳ [דלדל] to be reduced to poverty
הִדְלִיק, פ״י, ע׳ [דלק] to kindle, set match to
הַדְלָקָה, נ׳, ר׳, ־קוֹת lighting, illumination, bonfire
הֵדַם, פ״י, ע׳ [דמם] to silence; to destroy
הֲדֹם, הֲדוֹם, ז׳, ר׳, ־מִים footstool
הִדַּמָּה, פ״ח, ע׳ [דמה] to become like
הִדַּמּוּת, נ׳, ר׳, ־מֻיּוֹת resemblance
הִדְמִיעַ, פעו״י, ע׳ [דמע] to shed tears; to cause to shed tears
הֲדַס, ז׳, ר׳, ־סִּים myrtle
הִדֵּס, פ״ע to spring; to dance; to jump (chickens)
הָדַף, פ״י to thrust, push, drive
הִדְפִּיס, פ״י, ע׳ [דפס] to print
הַדְפָּסָה, נ׳, ר׳, ־סוֹת printing
הִדֵּק, פ״י to press together, squeeze
הֶדֶק, ז׳, ר׳, הֲדָקִים trigger; clip
הָדָר, ז׳, ר׳, הֲדָרִים ornament; splendor, majesty; honor, glory

הָדַר, פ״י to adorn, honor
הִדֵּר, פ״י to be zealous
הִתְהַדֵּר, פ״ע to boast
הֶדֶר, ז׳ splendor, ornament
הַדְרָגָה, נ׳, ר׳, ־גוֹת gradation
הַדְרָגִי, ת״ז, ־גִית, ת״נ step by step, gradual
הִדְרִיג, פ״י, ע׳ [דרג] to step; to grade
הֲדָרָה, נ׳, ר׳, ־רוֹת splendor
הַדְרַת פָּנִים beauty, dignity (of face)
הִדְרִיךְ, פ״י, ע׳ [דרך] to lead, guide, direct, educate
הַדְרָכָה, נ׳, ר׳, ־כוֹת guidance, direction
הַדְרָן, ז׳, מ״ק encore!, let us repeat; utterance on concluding a Talmud tractate
הִדְשִׁיא, פ״י, ע׳ [דשא] to cause to grow
הִדַּשֵּׁן, פ״ח, ע׳ [דשן] to grow fat
הָהּ, מ״ק woe!, alas!, ah!
הוֹ, הוֹי, מ״ק ah!, alas!
הוּא, מ״ג he; it; that; copula, connecting subject and predicate
הַהוּא that one
הוֹאִיל, פ״ע, ע׳ [יאל] to agree, be willing, consent; to undertake
הוֹאִיל וְ־ תה״פ since
הוֹבִיל, פ״י, ע׳ [יבל] to bring; to lead
הוֹבִישׁ, פ״י, ע׳ [יבש] to cause to dry up; to put to shame
הוֹבָלָה, נ׳, ר׳, ־לוֹת bringing, carrying, transporting, transportation
הוֹבֵר, ז׳, ר׳, ־הוֹבְרִים astrologer
הוֹגֵן, ת״ז, הוֹגֶנֶת, ת״נ worthy, suitable, proper

הוֹגִיעַ, פ״י, ע׳ [יגע] to exhaust, tire; to weary

הוֹד, ז׳ glory, splendor, beauty, majesty

הוֹדָאָה, נ׳, ר׳, ־אוֹת admission, confession; thanksgiving, praise

הוֹדָה, פ״י, [ידה] to admit; to give thanks; to praise

הוֹדוֹת לְ־, תה״פ thanks to, owing to

הוֹדִי, הֹדִי, ת״ז, הֹדִית, ת״נ Indian

הוֹדָיָה, נ׳, ר׳, ־יוֹת admission, acknowledgment, confession; thanksgiving, praise

הוֹדִיעַ, פ״י, ע׳ [ידע] to inform, make known

הוֹדָעָה, נ׳, ר׳, ־עוֹת announcement; definiteness

הַוָּה, נ׳, ר׳, הַוּוֹת lust; mischief; destruction

הֹוָה, נ׳, ר׳, הֹווֹת ruin, calamity

הָוָה, פ״ע to be; to exist

הִוָּה, פ״י to form, constitute

הִתְהַוָּה, פ״ח to become

הֹוֶה, ז׳ existing; present; present tense

הוֹזֶה, ז׳, ר׳, ־זִים dreamer, visionary

הוֹזִיל, פ״י, ע׳ [זול] to reduce (price)

הוֹזָלָה, נ׳, ר׳, ־לוֹת reduction, cheapening

הוֹחִיל, פ״ע, ע׳ [יחל] to wait, tarry; to hope for

הוּטַב, פ״ע, ע׳ [טוב] to become better, ameliorate

הוֹי, הוֹ, מ״ק oh!, alas!

הֱוִי, ז׳ existence

הֲוָיָה, נ׳, ר׳, ־יוֹת existence; name of the Deity, Tetragrammaton

הוֹכָחָה, נ׳, ר׳, ־חוֹת evidence, proof

הוֹכִיחַ, פ״י, ע׳ [יכח] to prove, argue, admonish

הוֹלָדָה, נ׳, ר׳, ־דוֹת birth; procreation

הוּלֶדֶת, הֻלֶּדֶת, נ׳ birth

הוֹלִיד, פ״י, ע׳ [ילד] to beget

הוֹלִיךְ, פ״י, ע׳ [הלך, ילך] to lead; to carry

הוֹלָכָה, נ׳, ר׳, ־כוֹת carrying; leading

הוֹלֵל, ז׳, ר׳, ־לְלִים mocker; fool

הוֹלֵלוּת, הוֹלֵלוֹת, נ׳, ר׳, ־לֵיוֹת folly, madness; mockery; hilarity

הוֹם, פ״ע, ע׳ [הים] to make a noise, roar

הוֹמֶה, ת״ז, הוֹמָה, הוֹמִיָּה, ת״נ bustling, noisy

הוּמַם, פ״ע, ע׳ [מום] to become deformed, crippled

הוּמַק, פ״ע, ע׳ [מקק] to fall apart; to be crushed

הוּמַת, פ״ע, ע׳ [מות] to be killed

הוֹן, פ״ע, ע׳ [הין] to dare

הוֹן, ז׳ wealth, capital

הוֹן, תה״פ enough

הוֹנָאָה, הוֹנָיָה, נ׳, ר׳, ־אוֹת oppression; overcharging; fraud

הוֹנָה, פ״י, ע׳ [ינה] to oppress, to vex; to deceive

הוֹסִיף, פ״י, ע׳ [יסף] to add, increase; to continue

הוֹסָפָה, נ׳, ר׳, ־פוֹת increase; supplement

הוֹעִיד, פ״י, ע׳ [יעד] to fix a time (for an appointment); designate

הוֹעִיל, פ״י, ע׳ [יעל] to benefit; to be useful

הוֹפִיעַ, פ"ע, ע' [יפע] to appear; to shine
הוֹפָעָה, נ', ר', ־עוֹת appearance; phenomenon
הוֹצָאָה, נ', ר', ־אוֹת expenditure, cost, outlay; edition
הוֹצָאָה לְאוֹר publishing
הוֹצִיא, פ"י, ע' [יצא] to bring out, carry out; to exclude; to spend
הוֹצִיא לְאוֹר to publish
הוֹקִיעַ, פ"י, ע' [יקע] to hang; to stigmatize
הוֹקִיר, פ"י, ע' [יקר] to honor, treat with respect; to make rare
הוֹקָעָה, נ', ר', ־עוֹת hanging
הוֹקָרָה, נ', ר', ־רוֹת raising the price; esteem, appreciation
הוֹרָאָה, נ', ר', ־אוֹת instruction; decision; meaning
הוֹרָדָה, נ', ר', ־דוֹת bringing down
הוֹרֶה, ז', ר', ־רִים parent (father)
הוֹרָה, נ', ר', ־רוֹת parent (mother)
הוֹרָה, פ"י, ע' [ירה] to teach, instruct; to point; to shoot
הוֹרִיד, פ"י, ע' [ירד] to bring down, lead down, lower
הוֹרִיק, פעו"י, ע" [ירק] to become green
הוֹרִישׁ, פ"י, ע' [ירש] to cause to inherit; to dispossess
הוֹרָשָׁה, נ', ר', ־שׁוֹת bequest, a giving of inheritance
הוֹשָׁבָה, נ', ר', ־בוֹת seating, placing
הוֹשִׁיב, פ"י, ע' [ישב] to seat; to settle
הוֹשִׁיט, פ"י, ע' [ישט] to hold out; to stretch out

הוֹשִׁיעַ, פ"י, ע' [ישע] to save, deliver
הוֹשַׁעְנָא, הוֹשַׁעְנָה, נ', ר', ־נוֹת help!; I pray!; hosanna!
הוֹשַׁעְנָא רַבָּא seventh day of Feast of Tabernacles
הוֹשַׁעְנוֹת, נ"ר willow twigs used in the synagogue on Feast of Tabernacles
הוֹתִיר, פ"י, ע' [יתר] to leave over
הַזָּאָה, הַזָּיָה, נ', ר', ־אוֹת, ־יוֹת sprinkling
הִזְדַּבֵּן, פ"ח, ע' [זבן] to be sold
הִזְדַּהוּת, נ' identification
הִזְדַּוֵּג, פ"ע, ע' [זוג] to be paired, be mated
הִזְדַּוְּגוּת, נ', ר', ־גֻיּוֹת coupling, pairing; cohabitation
הִזְדַּיֵּן, פ"ע, ע' [זין] to arm oneself
הִזְדַּיְּנוּת, נ', ר', ־נֻיּוֹת equipment; arming oneself
הִזְדַּכֵּךְ, פ"ע, ע' [זכך] to become clean, clear, pure
הִזְדַּכְּכוּת, נ', ר', ־כֻיּוֹת cleansing, purification
הִזְדַּמֵּן, פ"ע, ע' [זמן] to prepare oneself; to meet; to chance
הִזְדַּמְּנוּת, נ', ר', ־נֻיּוֹת occasion, opportunity, chance
הִזְדַּעְזֵעַ, פ"ח, ע' [זעזע] to be agitated; to shake
הִזְדַּקֵּן, פ"ע, ע' [זקן] to grow old
הִזְדָּרֵז, פ"ע, ע' [זרז] to be alert, be zealous
הָזָה, פ"ע to daydream
הִזָּה, פ"י, ע' [נזה] to sprinkle
הַזְהָבָה, נ', ר', ־בוֹת gold-plating
הִזְהִיר, פ"ע, ע' [זהר] to teach, warn
הַזְהָרָה, אַזְהָרָה, נ', ר', ־רוֹת warning

הֲזָזָה, נ׳, ר׳, ־זוֹת displacing, moving

הֵזִיד, פ״י, ע׳ [זוד] to boil, seethe; to act insolently

הֲזָיָה, נ׳, ר׳, ־יוֹת hallucination, delusion, superstition

הַזָּיָה, הַזָּאָה, נ׳, ר׳, ־יוֹת, אוֹת sprinkling

הֵזִיז, פ״י, ע׳ [זוז] to move, remove

הֵזִיחַ, פ״י, ע׳ [זוח, נזח] to move, remove

הֵזִיל, פ״י, ע׳ [זול] to become cheap

הֵזִים, פ״י, ע׳ [זמם] to refute; to convict of plotting

הֵזִין, פ״י, ע׳ [זון] to feed

הֵזִיעַ, פ״ע, ע׳ [יזע, זוע] to tremble, quake; to perspire

הִזִּיק, פ״י, ע׳ [נזק] to cause injury or damage

הֵזֵךְ, הֵזַךְ, פ״י, ע׳ [זכך] to make clean; to make clear

הִזַּכָּה, פ״ח, ע׳ [זכה] to purify oneself; to be acquitted

הִזְכִּיר, פ״י, ע׳ [זכר] to remind, mention, commemorate

הַזְכָּרָה, נ׳, ר׳, ־רוֹת mention, reminding; Divine Name

הֲזָלָה, נ׳, ר׳, ־לוֹת cheapening

הֵזֵם, פ״י, ע׳ [זמם] to refute; to convict of plotting

הֲזַמָּה, הֲזָמָה, נ׳, ר׳, ־מּוֹת conviction of false witnesses, refutation

הִזְמִין, פ״י, ע׳ [זמן] to invite; to make ready

הַזְמָנָה, נ׳, ר׳, ־נוֹת invitation; summons; order (for goods, etc.)

הִזְנָה, פעו״י, ע׳ [זנה] to visit a house of prostitution

הֲזָנָה, נ׳, ר׳, ־נוֹת nourishment, feeding

הַזְנָחָה, נ׳, ר׳, ־חוֹת negligence, neglect

הִזְנִיחַ, פ״י, ע׳ [זנח] to reject, cast off, neglect

הֲזָעָה, נ׳, ר׳, ־עוֹת perspiration

הִזְעִיק, פ״י, ע׳ [זעק] to call out, convoke

הֶזֵּק, ז׳, ר׳, ־קִים, ־קוֹת damage

הִזְקִין, פעו״י, ע׳ [זקן] to appear old, to grow old

הִזְרִיעַ, פ״י, ע׳ [זרע] to produce seed

הַזְרָעָה, נ׳, ר׳, ־עוֹת seeding

הַחְבָּאָה, נ׳, ר׳, ־אוֹת hiding, concealment

הֶחְבִּיא, פ״י, ע׳ [חבא] to conceal, hide

הֶחֱזִיק, פ״י, ע׳ [חזק] to make strong; to seize; to contain; to maintain

הֶחֱזִיר, פ״י, ע׳ [חזר] to restore, return (something); to revoke

הַחֲזָקָה, נ׳, ר׳, ־קוֹת support, maintenance

הַחֲזָרָה, נ׳, ר׳, ־רוֹת returning

הַחֲטָאָה, נ׳, ר׳, ־אוֹת miss, strike (sports)

הֶחֱטִיא, פ״י, ע׳ [חטא] to miss (a mark); to make someone sin

הַחֲיָאָה, נ׳, ר׳, ־אוֹת revival

הֶחֱיָה, פ״י, ע׳ [חיה] to revive, restore

הֵחִישׁ, פ״י, ע׳ [חוש] to hasten

הֵחֵל, פ״י, ע׳ [חלל] to begin

הֶחְלֵט, ז׳ final decision

הַחְלָטָה, נ׳, ר׳, ־טוֹת resolution, decision

הֶחֱלִיא, פ״י, ע׳ [חלא] to make ill; to become rusty; to soil

הֶחֱלִיט, פ״י, ע׳ [חלט] to determine, decide

הֶחֱלִים, פ״י, ע׳ [חלם] to restore, recuperate

הֶחֱלִיף, פ״י, ע׳ [חלף] to exchange, change; to renew

הֶחֱלִיץ, פ״י, ע׳ [חלץ] to invigorate; to strengthen

הֶחֱלִיק, פ״י, ע׳ [חלק] to flatten; to make smooth

הַחְלָפָה, נ׳, ר׳, ־פוֹת change

הַחְלָקָה, נ׳, ר׳, ־קוֹת gliding, skidding, slipping

הַחְלָשָׁה, נ׳ weakening

הֶחֱמִיץ, פ״ע, ע׳ [חמץ] to become fermented; to put off, delay

הֶחְמִיר, פ״י, ע׳ [חמר] to be strict

הַחְמָצָה, נ׳, ר׳, ־צוֹת leavening

הַחְמָרָה, נ׳, ר׳, ־רוֹת severity

הֶחְנָה, פ״י, ע׳ [חנה] to encamp

הֶחְסִין, פ״י, ע׳ [חסן] to store; to conserve

הֶחְסִיר, פ״י, ע׳ [חסר] to deduct

הַחְסָנָה, נ׳, ר׳, ־נוֹת storage

הַחְסָרָה, נ׳, ר׳, ־רוֹת subtraction

הֶחְפִּיר, פ״י, ע׳ [חפר] to be ashamed; to put to shame

הֶחֱצִיב, פ״י, ע׳ [חצב] to beat, kill

הֶחֱצִיף, פ״ע, ע׳ [חצף] to be impertinent, bold

הֶחֱרָה, פ״י, ע׳ [חרה] to make angry; to be zealous

הֶחֱרִיב, פ״י, ע׳ [חרב] to destroy; to cause to be dry

הֶחֱרִיד, פ״י, ע׳ [חרד] to terrify

הֶחֱרִים, פ״י, ע׳ [חרם] to excommunicate; to destroy

הֶחֱרִישׁ, פעו״י, ע׳ [חרש] to be silent; to silence; to plot; to deafen

הֶחְשִׁיךְ, פ״י, ע׳ [חשך] to darken

הַחְשָׁכָה, נ׳ darkening

הֵחֵת, פ״י, ע׳ [חתת] to break (yoke of slavery)

הֶחְתִּים, פ״י, ע׳ [חתם] to stamp; to make sign

הַחְתָּמָה, נ׳, ר׳, ־מוֹת subscription

הֲטָבָה, נ׳, ר׳, ־בוֹת doing good; betterment

הֲטָבַת נֵרוֹת trimming of candles

הִטְבִּיל, פ״י, ע׳ [טבל] to immerse; to baptize

הַטְבָּלָה, נ׳, ר׳, ־לוֹת immersion, baptism

הִטָּה, פ״י, ע׳ [נטה] to turn, turn aside; pervert (judgment); to seduce, entice

הִטַּהֵר, פ״ח, ע׳ [טהר] to become pure, purify oneself

הִטַּיֵּב, פ״ח, ע׳ [טיב] to improve soil (field)

הַטָּיָה, נ׳, ר׳, ־יוֹת bending; perversion of justice; inclination

הֵטִיחַ, פ״י, ע׳ [טוח] to plaster; to press; to knock against

הִטִּיל, פ״י, ע׳ [נטל] to throw; to lay; to put into

הֵטִיל, פ״י, ע׳ [טול] to cast, throw; to lay (egg)

הֵטִיס, פ״י, ע׳ [טוס] to cause to fly

הִטִּיף, פ״י, ע׳ [נטף] to drip; to speak, preach,

הַטְלָאָה, נ׳, ר׳, ־אוֹת mending, patching

הַטָּלָה, נ׳, ר׳, ־לוֹת throwing, casting; laying (of eggs); imposition (of taxes)

הִטְלִיא, פ״י, ע׳ [טלא] to mend
הִטַּמֵּא, פ״ח, ע׳ [טמא] to become impure
הִטַּמְטֵם, פ״ח, ע׳ [טמטם] to become cohesive; to become stupid
הִטְמִין, פ״י, ע׳ [טמן] to put away
הִטְמַן, פ״ע, ע׳ [טמן] to be concealed
הַטְמָנָה, נ׳, ר׳, ־נוֹת hiding
הַטְעָאָה, הַטְעָיָה, נ׳, ר׳, ־אוֹת, ־יוֹת leading astray, deception
הִטְעָה, פ״י, ע׳ [טעה] to lead astray, deceive
הִטְעִים, פ״י, ע׳ [טעם] to cause to taste, make tasty; to stress
הִטְעִין, פ״י, ע׳ [טען] to load
הַטְעָמָה, נ׳, ר׳, ־מוֹת emphasis, accentuation
הַטְעָנָה, נ׳, ר׳, ־נוֹת loading
הַטָּפָה, נ׳, ר׳, ־פוֹת dripping; preaching
הִטְפִּיס, פ״י, ע׳ [טפס] to copy, reprint
הֶטְפֵּס, ז׳, ר׳, ־סִים reprint
הַטְרָחָה, נ׳, ר׳, ־חוֹת bothering, bother
הִטְרִיד, פ״י, ע׳ [טרד] to trouble, bother
הִטְרִיחַ, פ״י, ע׳ [טרח] to burden, weary, bother
הִטְרִיף, פ״י, ע׳ [טרף] to feed; to declare unfit for food
הִי, ז׳ lamentation
הֵי, מ״ק lo! behold!
הִיא, מ״ג she, it; this, that
הֵיאַךְ, הֵיךְ, מ״ש how? how so?
הִיגּוּי, הִגּוּי, ז׳, ר׳, ־יִים utterance; pronunciation
הֵידָד, מ״ק shout, shouting cheer; hurrah
הִידּוּק, הִדּוּק, ז׳ hoop; bending
הִידּוּר, הִדּוּר, ז׳, ר׳, ־רִים adorning; honoring
הָיָה, פ״ע to be, exist; to become; to happen
הֱיוֹת וְ־ whereas, since
הֱיוֹת שֶׁ־ since, whereas
נִהְיָה, פ״ע to become; to be accomplished; to be finished
הִיּוּלִי, ת״ז, ־לִית, ת״נ primeval, formless
הֵיטֵב, תה״פ well, properly
הֵיטִיב, פ״י, ע׳ [יטב] to do good; to improve
הֵיךְ, מ״ש how?
הֵיכָל, ז׳, ר׳, ־לִים, ־לוֹת palace, temple
הֵיכָן, תה״פ where?
הֵילֵיכִי, הֵילָךְ here; here you are
הֵילִיל, פ״ע, ע׳ [ילל] to lament
הִילְכָּךְ, הִלְכָּךְ, מ״ח so; therefore
הֵילֵל, ז׳ brightness; morning star
[הים] הָם, פ״ע to make a noise, roar; to wail
הֵימִין, פ״ע, ע׳ [ימן] to turn right
הֵימֶנּוּ, מ״ג from (of) him
[הין] הֵהִין, פ״ע to dare
הִין, ז׳, ר׳, ־נִים liquid measure
הַיְנוּ, הַיְינוּ, תה״פ namely, viz.
הִינוּמָה, הִנּוּמָה, נ׳ ר׳, ־מוֹת (bridal) veil
הַיְשָׁרָה, נ׳, ר׳, ־רוֹת leveling; making straight
הַכְאָבָה, נ׳, ר׳, ־בוֹת hurting
הִכְאָה, פ״י, ע׳ [כאה] to afflict
הַכָּאָה, נ׳, ר׳, ־אוֹת striking, beating
הִכְאִיב, פ״י, ע׳ [כאב] to hurt
הַכְבָּדָה, נ׳, ר׳, ־דוֹת encumbrance, burdening

הִכְבִּיד, פ"י, ע' [כבד] — to make heavy; to honor

הִכְבִּיר, פ"י, ע' [כבר] — to increase, heap up

הִכָּה, פ"י, ע' [נכה] — to beat, strike; to defeat; to kill

הַכְוָנָה, נ', ר', ־נוֹת — turning, dialing

הַכְזָבָה, נ', ר', ־בוֹת — denial

הַכְחָדָה, נ', ר', ־דוֹת — extermination

הִכְחִיד, פ"י, ע' [כחד] — to deny; to annihilate

הִכְחִישׁ, פ"י, ע' [כחש] — to contradict, deny

הַכְחָשָׁה, נ', ר', ־שׁוֹת — denial, contradiction

הֵכִיל, פ"י, ע' [כול] — to hold, contain; to include

הֵכִין, פ"י, ע' [כון] — to prepare, provide; to arrange

הִכִּיר, פ"י, ע' [נכר] — to recognize, acknowledge; to know, distinguish; to be acquainted with

הַכְלָאָה, נ', ר', ־אוֹת — cross-breeding

הִכְלִים, פ"י, ע' [כלם] — to offend; to put to shame

הַכְלָלָה, נ', ר', ־לוֹת — generalization

הַכְמָנָה, נ', ר', ־נוֹת — concealment

הָכֵן, תה"פ — ready

הֲכָנָה, נ', ר', ־נוֹת — preparation

הִכְנִיס, פ"י, ע' [כנס] — to bring in; to admit

הִכְנִיעַ, פ"י, ע' [כנע] — to submit; to subdue

הַכְנָסָה, נ', ר', ־סוֹת — bringing in; income

הַכְנָסַת אוֹרְחִים — hospitality; hostel for wayfarers

מַס הַכְנָסָה — income tax

הַכְנָעָה, נ', ר', ־עוֹת — humility, submission

הִכְסִיף, פ"י, ע' [כסף] — to silver; to become pale

הַכְסָפָה, נ', ר', ־פוֹת — plating with silver

הִכְעִיס, פ"י, ע' [כעס] — to anger, vex

הַכְעָסָה, נ', ר', ־סוֹת — angering

הִכְפִּישׁ, פ"י, ע' [כפש] — to cower; to mourn; to incarcerate

הַכְפָּלָה, נ', ר', ־לוֹת — doubling

הֶכֵּר, ז', ר', ־רִים — recognition; indication, sign

הַכָּרָה, נ', ר', ־רוֹת — recognition, perception

הַכָּרַת טוֹבָה, ־ תּוֹדָה — gratitude, thankfulness

הַכָּרַת פָּנִים — show, sign (of face)

הֶכֵּרוּת, נ', ר', ־רֻיּוֹת — acquaintance

הַכְרָזָה, נ', ר', ־זוֹת — proclamation

הֶכְרֵחַ, ז' — necessity; compulsion

הַכְרָחָה, נ' — constraint, force

הֶכְרֵחִי, ת"ז, ־חִית, ת"נ — necessary, indispensable

הֶכְרֵחִיּוּת, נ' — necessity

הִכְרִיז, פ"י, ע' [כרז] — to announce, proclaim, herald

הִכְרִיחַ, פ"י, ע' [כרח] — to force, compel, constrain

הִכְרִיעַ, פ"י, ע' [כרע] — to subject; to bend

הֶכְרֵעַ, ז', הַכְרָעָה, נ', ר', ־עִים, ־עוֹת — decision, adjudication

הַכְרָתָה, נ', ר', ־תוֹת — cutting, cutting off

הַכָּשָׁה, נ', ר', ־שׁוֹת — striking; bite

הֶכְשֵׁר, ז', ר', ־רִים — fitness; permit of ritual fitness issued by a rabbi

making fit; preparation הַכְשָׁרָה, נ׳, ר׳, ־רוֹת
to crush, smite הִכֵּת, פ״י, ע׳ [כתת]
to be crushed, beaten הֻכַּת, פ״ע, ע׳ [כתת]
dictation הַכְתָּבָה, נ׳, ר׳, ־בוֹת
coronation הַכְתָּרָה, נ׳, ר׳, ־רוֹת
is it not?, has it not? הֲלֹא, תה״פ
away, further, beyond הָלְאָה, תה״פ
to nationalize הִלְאִים, פ״י, ע׳ [לאם]
nationalization הַלְאָמָה, נ׳
to clothe הִלְבִּישׁ, פ״י, ע׳ [לבש]
whitening הַלְבָּנָה, נ׳, ר׳, ־נוֹת
dressing, clothing; dress, clothes הַלְבָּשָׁה, נ׳, ר׳, ־שׁוֹת
birth הֻלֶּדֶת, הוּלֶדֶת, נ׳
that one הַלָּה, מ״ג
halo; sheen הִלָּה, נ׳, ר׳, ־לּוֹת
inflammation הַלְהָבָה, נ׳, ר׳, ־בוֹת
to inspire הִלְהִיב, פ״י, ע׳ [להב]
loan הַלְוָאָה, נ׳, ר׳, ־אוֹת
oh that!, would that! הַלְוַאי, מ״ק
to lend הִלְוָה, פ״י, ע׳ [לוה]
escorting; funeral הַלְוָיָה, נ׳, ר׳, ־יוֹת
walk, walking; speed (driving) הִלּוּךְ, ז׳, ר׳, ־כִים
praising; rejoicing הִלּוּל, ז׳, ר׳, ־לִים
wedding feast הִלּוּלִים, ז״ר
that one הַלָּז, מ״ג
that one (*m.*) הַלָּזֶה, מ״ג
slander הֲלָזָה, נ׳, ר׳, ־זוֹת
that one (*f.*) הַלֵּזוּ, מ״ג
soldering הַלְחָמָה, נ׳, ר׳, ־מוֹת
asparagus הֶלְיוֹן, ז׳
walk, gait; manner הֲלִיכָה, נ׳, ר׳, ־כוֹת
palpitation, beating הֲלִימָה, נ׳, ר׳, ־מוֹת

to walk, go הָלַךְ, פ״ע
to be gone; to pass נֶהֱלַךְ, פ״ע
to walk, walk about הִלֵּךְ, פ״ע
to lead; to carry, bring הוֹלִיךְ פ״י
to move to and fro הִתְהַלֵּךְ, פ״ע
flowing; traveler הֵלֶךְ, ז׳, ר׳, ־הֲלָכִים
road, walk; toll הֲלָךְ, ז׳
mood הֲלָךְ־נֶפֶשׁ, ז׳
practice; traditional law; halakah הֲלָכָה, נ׳, ר׳, ־כוֹת
properly כַּהֲלָכָה, תה״פ
halakic, traditional הֲלָכִי, ת״ז, ־כִית, ת״נ
walker הַלְכָן, ז׳, ר׳, ־נִים
to praise הִלֵּל, פ״י
to praise oneself; to boast הִתְהַלֵּל, פ״ע
to shine; to be foolish, boastful הָלַל, פ״ע
to delude, make foolish הוֹלֵל, פ״י
to act foolishly; to feign madness הִתְהוֹלֵל, פ״ע
praise; group of psalms recited on the New Moon and festivals הַלֵּל, ז׳
these, those הַלָּלוּ, מ״ג
hallelujah!, praise ye the Lord! הַלְלוּיָהּ, מ״ק
to smite, strike down; to fit, become (of dress) הָלַם, פ״י
beating הֶלֶם, ז׳
here, hither הֲלֹם, הֲלוֹם, תה״פ
beating; hammer הַלְמוּת, נ׳, ר׳, ־מֻיּוֹת
thither, there; below הַלָּן, לְהַלָּן, תה״פ

הֲלָנָה, נ׳, ר׳, ־נוֹת giving shelter for the night
הֲלָנָה, נ׳, ר׳, ־נוֹת complaint, grumbling
הַלְעָזָה, נ׳, ר׳, ־זוֹת slandering; translation
הַלְעָטָה, נ׳, ר׳, ־טוֹת feeding, stuffing
הִלְעִיב, פ״י, ע׳ [לעב] to deride, mock
הֲלָצָה, נ׳, ר׳, ־צוֹת recommendation; joke, jest
הֲלָצִי, ת״ז, ־צִית, ת״נ jocular
הַלְקָאָה, נ׳, ר׳, ־אוֹת flogging, whipping
הֶלְקֵט, ז׳, ר׳, ־טִים capsule; pod
הִלְקֵט, פ״י, ע׳ [לקט] to stuff (bird's pouch)
הַלְשָׁנָה, נ׳, ר׳, ־נוֹת informing, slandering
הֵם, הֵמָּה, מה״ג they (*m.*)
הִמְאִיס, פ״י, ע׳ [מאס] to make despised
הִמְאִיר, פ״י, ע׳ [מאר] to pierce; to become malignant; to infect
הִמְגִּיד, פ״י, ע׳ [מגד] to make delicious
הָמָה, פ״ע to make noise, be noisy
הִמָּה, פ״ע to rush after; to be greedy, covet
הֲמוּלָה, הֲמֻלָּה, נ׳, ר׳, ־לּוֹת noise, tumult
הָמוֹן, ז׳, ר׳, ־הֲמוֹנִים tumult, confusion; crowd, multitude; abundance
הֲמוֹנִי, ת״ז, ־נִית, ת״נ vulgar, common
הֲמוֹנִיּוּת, נ׳ vulgarity

הַמְזָגָה, נ׳, ר׳, ־גוֹת blending
הַמְחָאָה, נ׳, ר׳, ־אוֹת check, draft
הִמְחָה, פ״י, ע׳ [מחה] to draw a check
הַמְחָזָה, נ׳, ר׳, ־זוֹת dramatization
הִמְחִיז, פ״י, ע׳ [מחז] to dramatize
הִמְטִיר, פ״י, ע׳ [מטר] to rain; to bring down
הֶמְיָה, נ׳, ר׳, ־יוֹת sound, noise
הֵמִיט, פ״י, ע׳ [מוט] to bring (misfortune)
הֶמְיָן, ז׳, ר׳, ־נִים belt, girdle
הֵמִיץ, פ״י, ע׳ [מיץ] to make slim; to make weak
הֵמִיק, פ״י, ע׳ [מקק] to crumble, dissolve
הֵמִיר, פ״י, ע׳ [מור] to change, exchange
הֵמִישׁ, פ״י, ע׳ [משש] to cause to feel
הֵמִית, פ״י, ע׳ [מות] to kill
הֲמֻלָּה, הֲמוּלָה, נ׳, ר׳, ־לּוֹת noise, tumult
הָמְלַח, פ״ע, ע׳ [מלח] to be rubbed with salt
הַמְלָחָה, נ׳, ר׳, ־חוֹת salting
הַמְלָטָה, נ׳, ר׳, ־טוֹת laying (eggs)
הִמְלִיחַ, פ״י, ע׳ [מלח] to salt
הִמְלִיט, פ״י, ע׳ [מלט] to save; to give birth; to lay (eggs)
הִמְלִיךְ, פ״י, ע׳ [מלך] to make king; to cause to reign
הִמְלִיץ, פ״י, ע׳ [מלץ] to recommend
הָמְלַךְ, פ״ע, ע׳ [מלך] to be crowned a king
הַמְלָכָה, נ׳, ר׳, ־כוֹת coronation, appointing a king
הַמְלָצָה, נ׳, ר׳, ־צוֹת recommendation

to confuse, confound הָמַם, פ״י
perplexity הֲמָמָה, נ׳
to do ill הָמַן, פ״ע
hymn, anthem הִמְנוֹן, ז׳, ר׳, ־נִים
to keep apart הִמְנִיעַ, פ״י, ע׳ [מנע]
avoidance; הִמָּנְעוּת, נ׳, ר׳, ־עֻיּוֹת
impossibility
to melt, liquefy, הֵמֵס, פ״י, ע׳ [מסס]
dissolve
melting; הֶמֶס, ז׳, ר׳, ־הֲמָסִים
brushwood
הֲמַסָּה, הֲמָסָה, נ׳, ר׳, ־מַסּוֹת, ־מָסוֹת
melting, dissolution
first stomach of ruminants הֶמְסֵס, ז׳
stumble, slip הַמְעָדָה, נ׳, ר׳, ־דוֹת
diminution, הַמְעָטָה, נ׳, ר׳, ־טוֹת
devaluation
to do little; הִמְעִיט, פ״י, ע׳ [מעט]
to diminish, devaluate
to be supplied הִמָּצֵא, פ״ע, ע׳ [מצא]
with; to be invented, created
invention הַמְצָאָה, נ׳, ר׳, ־אוֹת
to furnish, הִמְצִיא, פ״י, ע׳ [מצא]
supply with; to cause to find; to
invent
rot, decay הֲמָקָה, נ׳
הַמְרָאָה, הַמְרָיָה, נ׳, ר׳, ־אוֹת, ־יוֹת
stuffing; rebelliousness; betting;
taking off
change; הֲמָרָה, נ׳, ר׳, ־רוֹת
apostasy
to soar, fly הִמְרִיא, פ״ע, ע׳ [מרא]
(high); to take off (plane);
to fatten, stuff
to spur on; הִמְרִיץ, פ״י, ע׳ [מרץ]
to be strong; to urge, energize
to rub in הִמְרִיק, פ״י, ע׳ [מרק]
softening הַמְרָכָה, נ׳, ר׳, ־כוֹת

הַמְרָצָה, נ׳, ר׳, ־צוֹת
encouragement, urging
to continue; הִמְשִׁיךְ, פ״י, ע׳ [משך]
to cause to extend; to pull;
to prolong; to attract
to compare; הִמְשִׁיל, פ״י, ע׳ [משל]
to cause to rule
to be הָמְשַׁךְ, פ״ע, ע׳ [משך]
attracted; to be withdrawn from;
to follow someone
הֶמְשֵׁךְ, ז׳, הַמְשָׁכָה, נ׳, ר׳, ־כִים,
continuation, duration ־כוֹת
continuance הִמָּשְׁכוּת, נ׳
continuity הֶמְשֵׁכִיּוּת, נ׳
rule, power הֶמְשֵׁל, ז׳
putting to הֲמָתָה, נ׳, ר׳, ־תוֹת
death, execution
to wait; הִמְתִּין, פ״ע, ע׳ [מתן]
to tarry; to postpone
to sweeten, הִמְתִּיק, פ״י, ע׳ [מתק]
make pleasant
waiting הַמְתָּנָה, נ׳, ר׳, ־נוֹת
sweetening הַמְתָּקָה, נ׳, ר׳, ־קוֹת
they (*f.*) הֵן, מה״ג
lo!, behold!; הֵן, מ״ק, תה״פ
whether, if; yes
word of honor הֵן צֶדֶק
pleasure, הֲנָאָה, נ׳, ר׳, ־אוֹת
enjoyment; benefit; frustration
prophesying הִנָּבְאוּת, נ׳, ר׳, ־אֻיּוֹת
intonation הַנְגָּנָה, נ׳, ר׳, ־נוֹת
engineering; geometry הַנְדָּסָה, נ׳
geometrical הַנְדָּסִי, ת״ז, ־סִית, ת״נ
they (*f.*) הֵנָּה, מה״ג
hither, here הֵנָּה, תה״פ
lo!, behold!; here הִנֵּה, מ״י
to give pleasure; הֵנָה, פ״י
to benefit

נֶהֱנָה, פ״ע to enjoy; to profit, benefit
הַנְהָגָה, נ׳, ר׳, ־גוֹת leading; behavior, conduct
הִנְהִיג, פ״י, ע׳ [נהג] to drive, lead; to make a custom, habit
הַנְהָלָה, נ׳, ר׳, ־לוֹת administration, management
הִנְוָה, פ״י, ע׳ [נוה] to adorn, beautify, glorify
הִנּוּמָה, הִינוּמָה, נ׳, ר׳, ־מוֹת (bridal) veil
הֲנָחָה, נ׳, ר׳, ־חוֹת release; rest, relief
הַנָּחָה, נ׳, ר׳, ־חוֹת putting down; supposition, hypothesis
הֵנִיא, פ״י, ע׳ [נוא] to frustrate, restrain, hinder
הֵנִיד, פ״י, ע׳ [נוד] to drive out; to move; to shake head
הֵנִיחַ, הִנִּיחַ, פ״י, ע׳ [נוח] to set at rest, place; to leave behind; to permit; to assume
הֵנִיס, פ״י, ע׳ [נוס] to hide
הֵנִיעַ, פ״י, ע׳ [נוע] to move to and fro; to shake, to stir up
הֵנִיף, פ״י, ע׳ [נוף] to wield a tool; to swing, wave, shake; to fan
הִנְמִיךְ, פ״י, ע׳ [נמך] to lower, depress
הַנְמָקָה, נ׳, ר׳, ־קוֹת motivation, motive
הֲנָעָה, נ׳, ר׳, ־עוֹת motion, movement
הַנְעָלָה, נ׳, ר׳, ־לוֹת locking, shoeing
הַנְעָמָה, נ׳, ר׳, ־מוֹת making pleasant
הֵנֵף, הֶנֶף, ז׳ waving, swinging
הֲנָפָה, נ׳, ר׳, ־פוֹת waving, swinging
הָנֵץ, הֶנֶץ, ז׳ shining

הֲנָצָה, נ׳, ר׳, ־צוֹת sprouting
הִנְצִיחַ, פ״י, ע׳ [נצח] to make everlasting, perpetuate
הֲנָקָה, נ׳, ר׳, ־קוֹת nursing, suckling
הַנְשָׁמָה, נ׳ inhalation
הַס, מ״ק hush, quiet
הֵסֵב, פ״י, ע׳ [סבב] to turn; to recline at table; to transfer
הֶסֵב, ז׳ banquet, meal
הֲסִבָּה, נ׳, ר׳, ־בּוֹת banquet
הִסְבִּיר, פ״י, ע׳ [סבר] to explain
הֶסְבֵּר, ז׳, ר׳, ־רִים exposition
הַסְבָּרָה, נ׳, ר׳, ־רוֹת interpretation
הַסְבָּרַת פָּנִים warm welcome
הַסָּגָה, ז׳, ר׳, ־גוֹת removing, retreating
הַסָּגַת גְּבוּל trespass, encroachment
הִסְגִּיר, פ״י, ע׳ [סגר] to shut up; to deliver up
הִסְגִּיל, פ״י, ע׳ [סגל] to make fit, accustom
הֶסְגֵּר, ז׳ locking; quarantine; enclosure
הַסְגָּרָה, נ׳, ר׳, ־רוֹת extradition
הֶסְדֵּר, ז׳, ר׳, ־רִים order
הַסְדָּרָה, נ׳, ר׳, ־רוֹת arrangement
הָסָה, פ״ע to be silent
הֶהִיס, פ״י to silence
הַסְוָאָה, נ׳, ר׳, ־אוֹת camouflage
הִסְוָה, פ״י, ע׳ [סוה] to camouflage, cover; to hide
הִסּוּס, ז׳, ר׳, ־סִים hesitation
הֶסַּח, ז׳ removal
הֶסַּח־הַדַּעַת diversion of attention
הֶסֵּט, ז׳, ר׳, ־טוֹת shifting
הִסְטִין, פ״י, ע׳ [סטן] to accuse

הִסִּיג, פ״י, ע׳ [סוג, נסג] to remove, move back, displace

הִסִּיחַ, פ״י, ע׳ [נסח] to remove, discard

הֵסִיט, פ״י, ע׳ [סוט] to shift

הֵסִיךְ, פ״י, ע׳ [סוך] to anoint; to fence in

הִסִּיעַ, פ״י, ע׳ [נסע] to drive; to lead out; to pluck up; to remove

הֵסִיף, פ״י, ע׳ [סוף] to make an end of, destroy

הִסִּיק, פ״י, ע׳ [נסק] to heat up; to conclude

הֵסִיר, פ״י, ע׳ [סור] to remove, put aside

הֵסִית, פ״י, ע׳ [סות] to incite, instigate

הִסְכִּים, פ״ע, ע׳ [סכם] to agree, consent

הִסְכִּין, פ״ע, ע׳ [סכן] to be accustomed

הִסְכִּית, פ״ע, ע׳ [סכת] to be silent; to pay attention

הֶסְכֵּם, ז׳, הַסְכָּמָה, נ׳, ר׳, ־מִים, ־מוֹת agreement, consent, approval

הַסְכָּנָה, נ׳, ר׳, ־נוֹת adaptability

הַסְמָכָה, נ׳, ר׳, ־כוֹת conferring of degree

הַסְנָנָה, נ׳, ר׳, ־נוֹת filtering

הִסֵּס, פ״ע to hesitate

הַסְּסָן, ז׳, ר׳, ־נִים indecisive person

הַסְפָּגָה, נ׳, ר׳, ־גוֹת absorption

הֶסְפֵּד, ז׳, ר׳, ־דִים funeral oration; mourning

הִסְפִּיק, פעו״י, ע׳ [ספק] to have (give) the opportunity

הֶסְפֵּק, ז׳, ר׳, ־קִים ability, potential

הַסְפָּקָה, נ׳, ר׳, ־קוֹת supply, provision; maintenance

הֶסֵּק, ז׳, ר׳, ־קִים heating

הַסָּקָה, נ׳, ר׳, ־קוֹת lighting a fire, heating

הֲסָרָה, נ׳, removing

הַסְרָטָה, נ׳, ר׳, ־טוֹת filming

הֶסֵּת, ז׳, ר׳, ־תוֹת enticement; attempt

הִסְתַּבֵּךְ, פ״ע, ע׳ [סבך] to be entangled; to become complicated

הִסְתַּבְּכוּת, נ׳, ר׳, ־כֻיּוֹת entanglement, complication

הִסְתַּבֵּל, פ״ח, ע׳ [סבל] to become burdensome

הִסְתַּבֵּר, פ״ח, ע׳ [סבר] to be explained; to be intelligible

הִסְתַּגֵּל, פ״ע, ע׳ [סגל] to adapt oneself; to become capable of

הִסְתַּגְּלוּת, נ׳, ר׳, ־לֻיּוֹת adaptability

הִסְתַּגֵּר, פ״ח, ע׳ [סגר] to close oneself up, to be secretive

הִסְתַּדֵּר, פ״ח, ע׳ [סדר] to settle oneself; to arrange oneself

הִסְתַּדְּרוּת, נ׳, ר׳, ־רֻיּוֹת organization; arrangement

הֲסָתָה, הַסָּתָה, נ׳, ר׳, ־תוֹת incitement, seduction

הִסְתּוֹבֵב, פ״ע, ע׳ [סבב] to surround, encircle; to turn around

הִסְתּוֹדֵד, פ״ח, ע׳ [סוד] to talk secretly, take council (secretly)

הִסְתּוֹפֵף, פ״ח, ע׳ [ספף] to be at the threshold

הִסְתּוֹפְפוּת, נ׳ loitering, lingering

הִסְתַּחְרְרוּת, נ׳, ר׳, ־רֻיּוֹת spinning, going around

הִסְתַּיֵּג, פ״ח, ע׳ [סיג] to restrain oneself

הִסְתַּיְּגוּת נ׳, ר׳, ־גֻיּוֹת fencing off, limitation

הִסְתַּיְּדוּת, נ׳, ר׳, ־דֻיּוֹת calcification
הִסְתַּיֵּם, פ״ע, ע׳ [סים] to be concluded, be finished
הִסְתַּיֵּעַ, פ״ע, ע׳ [סיע] to find support, be supported
הִסְתַּכֵּל, פ״ע, ע׳ [סכל] to look at, observe; to contemplate
הִסְתַּכְּלוּת, נ׳, ר׳, ־לֻיּוֹת observation; reflection, contemplation
הִסְתַּכֵּן, פ״ע, ע׳ [סכן] to expose oneself to danger
הִסְתַּכְּנוּת, נ׳, ר׳, ־נֻיּוֹת endangering oneself
הִסְתַּלֵּק, פ״ע, ע׳ [סלק] to be removed; to leave, depart
הִסְתַּלְּקוּת נ׳, ר׳, ־קֻיּוֹת removal; death
הִסְתַּמֵּךְ, פ״ע, ע׳ [סמך] to support oneself; to rely
הִסְתַּמְּכוּת, נ׳, ר׳, ־כֻיּוֹת relying; thickening
הִסְתַּנְּנוּת, נ׳, ר׳, ־נֻיּוֹת infiltration, filtering; purification
הִסְתָּעֵף, פ״ע, ע׳ [סעף] to branch out, ramify
הִסְתָּעֲפוּת, נ׳, ר׳, ־פֻיּוֹת ramification
הִסְתָּעֵר, פ״ע, ע׳ [סער] to attack violently; to storm
הִסְתָּעֲרוּת, נ׳, ר׳, ־רֻיּוֹת violent attack; storming
הִסְתַּפֵּחַ, פ״ע, ע׳ [ספח] to join oneself
הִסְתַּפְּחוּת, נ׳, ר׳, ־חֻיּוֹת joining
הִסְתַּפֵּק, פ״ע, ע׳ [ספק] to have enough, be satisfied; to be doubtful
הִסְתַּפְּקוּת, נ׳, ר׳, ־קֻיּוֹת contentment; frugality

הִסְתַּפֵּר, פ״ע, ע׳ [ספר] to have one's hair cut
הֶסְתֵּר, ז׳ hiding
הִסְתָּרֵק, פ״ע, ע׳ [סרק] to comb one's hair
הִסְתַּתֵּר, פ״ע, ע׳ [סתר] to hide oneself
הַעֲבָדָה, נ׳, ר׳, ־דוֹת employing
הֶעֱבִיד, פ״י, ע׳ [עבד] to enslave; to employ
הֶעֱבִיר, פ״י, ע׳ [עבר] to cause to pass over; to bring over; to remove
הַעֲבָרָה, נ׳, ר׳, ־רוֹת transfer, removal
הַעֲדָאָה, נ׳, ר׳, ־אוֹת preferment; surplus
הֶעֱדִיף, פ״י, ע׳ [עדף] to prefer
הַעֲדָפָה, נ׳ ,ר׳, ־פוֹת preference
הֶעְדֵּר, ז׳, ר׳, ־רִים absence
הַעֲוָיָה, נ׳, ר׳, ־יוֹת grimace, distortion
הֵעֵז, פ״ע, ע׳ [עזז] to dare
הֶעָזָה, הַעַזָּה, נ׳, ר׳, הֶעָזוֹת impudence, daring, audacity
הֵעִיב, פ״י, ע׳ [עוב] to darken
הֵעִיד, פ״י, ע׳ [עוד] to testify, to warn, admonish
הֵעִיז, פיו״ע, ע׳ [עוז] to bring into safety
הֵעִיף, פ״י, ע׳ [עוף] to make fly; to fly
הֵעִיק, פ״י, ע׳ [עוק] to press
הֵעִיר, פ״י, ע׳ [עור] to awaken, rouse, stir up; to remark
הַעֲלָאָה, נ׳, ר׳, ־אוֹת raise, promotion
הֶעֱלָה, פ״י, ע׳ [עלה] to bring up; to cause to ascend; to sacrifice

הֶעֱלִיל, פ"י, ע' [עלל] to bring a false charge
הֶעְלֵם, ז', הַעֲלָמָה, נ', ר', ־מוֹת concealment; unconsciousness
הַעֲמָדָה, נ', ר', ־דוֹת placing, setting up, presenting
הַעֲמָדַת פָּנִים appearance
הֶעֱמִיד, פ"י, ע' [עמד] to place, set; to appoint
הַעֲמָקָה, נ', ר', ־קוֹת deepening
הֶעֱנִיק, פ"י, ע' [ענק] to load with gifts
הַעֲנָקָה, נ', ר', ־קוֹת bonus; discount
הֶעֱסִיק, פ"י, ע' [עסק] to engage; to employ
הַעֲסָקָה, נ', ר', ־קוֹת employment; dealing; activity
הֶעְפִּיל, פ"ע, ע' [עפל] to presume; to be arrogant; to be daring
הַעְפָּלָה, נ', ר', ־לוֹת daring, audacity
הָעָקָה, נ', ר', ־קוֹת oppression
הַעֲרֵב, ז' setting (of the sun)
הֶעָרָה, נ', ר', ־רוֹת remark, suggestion, note
הֶעֱרִיךְ, פ"י, ע' [ערך] to value, estimate, assess
הֶעֱרִים, פ"ע, ע' [ערם] to be crafty, sly
הֶעֱרִיץ, פ"י, ע' [ערץ] to admire deeply
הַעֲרָכָה, נ', ר', ־כוֹת assessment, evaluation
הַעֲרָמָה, נ', ר', ־מוֹת evasion, stratagem, trickery
הַעֲרָצָה, נ', ר', ־צוֹת admiration
הֶעְתִּיק, פ"י, ע' [עתק] to copy, translate; to remove

הֶעְתֵּק, ז', הַעְתָּקָה, נ', ר', ־קִים, ־קוֹת copy, translation; removal
הַעְתָּרָה, נ', ר', ־רוֹת request, solicitation; superfluity; verbosity
הֲפָגָה, נ', ר', ־גוֹת lessening
הִפְגִּיז, פ"י, ע' [פגז] to batter; to bombard, shell
הִפְגִּין, פ"י, ע' [פגן] to demonstrate (politically), make a demonstration; to cry out
הַפְגָּנָה, נ', ר', ־נוֹת public demonstration
הַפְגָּשָׁה, נ', ר', ־שׁוֹת meeting
הֲפוּגָה, נ', ר', ־גוֹת cessation, pause; armistice
הִפּוּךְ, ז', ר', ־כִים reversal; change
הָפוּךְ, ת"ז, הֲפוּכָה, ת"נ inverted
הַפְחָדָה, נ', ר', ־דוֹת intimidation
הֲפָחָה, נ', ר', ־חוֹת exhalation; blowing
הַפְחָתָה, נ', ר', ־תוֹת lessening, decrease
הִפְטִיר, פ"י, ע' [פטר] to conclude, read in the synagogue
הַפְטָרָה, נ', ר', ־רוֹת conclusion; lesson from the prophets
הֵפִיג, פ"י, ע' [פוג] to cool, weaken
הִפִּיחַ, פ"י, ע' [נפח] to breathe
הֵפִיחַ, פ"י, ע' [פוח] to breathe out; to puff, pant
הֲפִיכָה, נ', ר', ־כוֹת overturning; revolution
הִפִּיל, פ"י, ע' [נפל] to cause to fall; to throw down, let drop; to defeat; to miscarry
הֵפִיס, פ"י, ע' [פיס] to draw lots
הֵפִיץ, פ"י, ע' [פוץ] to scatter

הִפִּיק, פ"י, ע' [נפק] to go out; to bring forth; to derive

הֵפִיק, פ"י, ע' [פוק] to bring out; to obtain; to produce

הֵפִיר, פ"י, ע' [פור] to nullify

הָפַךְ, פ"י to turn; to change; to overturn, subvert

הִפֵּךְ, פ"י to turn; to pervert

הִתְהַפֵּךְ, פ"ח to turn over and over

הֵפֶךְ, הֶפֶךְ, הֹפֶךְ, ז', ר', ־הֲפָכִים the opposite, the contrary

הֲפֵכָה, נ', ר', ־כוֹת overthrow, destruction

הֲפַכְפַּךְ, ת"ז, ־פֶּכֶת, ת"נ crooked; fickle

הֲפַכְפְּכָן, ת"ז, ־נִית, ת"נ fickle (person)

הַפְלָגָה, נ', ר', ־גוֹת division; exaggeration; sailing

הַפָּלָה, נ', ר', ־לוֹת causing to fall; abortion, miscarriage

הִפְלִיג, פ"י, ע' [פלג] to depart; to sail, embark; to exaggerate

הִפְלִיט, פ"י, ע' [פלט] to give out

הַפְלָיָה, נ', ר', ־יוֹת discrimination

הַפְנָיָה, הַפְנָאָה, נ', ר', ־יוֹת diversion

הֶפְסֵד, ז', ר', ־דִים loss, damage

הִפְסִיד, פ"י, ע' [פסד] to lose, suffer loss

הִפְסִיק, פ"י, ע' [פסק] to sever, separate; to stop; to interrupt

הֶפְסֵק, ז', ר', ־קִים stoppage, interruption

הַפְסָקָה, נ', ר', ־קוֹת stoppage, interruption

הִפְעִיל, ז' hiph'il, the active of the causative stem of the Hebrew verb

הָפְעַל, ז' hoph'al, the passive of the causative stem of the Hebrew verb

הַפְעָלָה, נ', ר', ־לוֹת reaction; causing action

הֲפָצָה, נ', ר', ־צוֹת spreading; distribution; circulation

הִפְצִיל, פ"י, ע' [פצל] to split; to form branches

הִפְצִיר, פ"י, ע' [פצר] to be arrogant, stubborn; to urge strongly

הַפְצָצָה, נ', ר', ־צוֹת bursting, bombing

הֶפְצֵר, ז', הַפְצָרָה, נ', ר', ־רִים, ־רוֹת urging, entreaty, importunity

הֲפָקָה, נ', ר', ־קוֹת obtaining, bringing out

הִפְקִיעַ, פ"י, ע' [פקע] to split; to release; to cancel

הִפְקִיר, פ"י, ע' [פקר] to make free; to renounce ownership (of property)

הַפְקָעָה, נ', ר', ־עוֹת cancellation, release from debt

הַפְקָעַת שְׁעָרִים profiteering

הֶפְקֵר, ז' renunciation of ownership; ownerless property; license; anarchy

הֶפְקֵרוּת, נ', ר', ־רֻיּוֹת lawlessness, licentiousness

הֵפֵר, פ"י, ע' [פרר] to break; to violate; to void, nullify

הַפְרָאָה, הַפְרָיָה, נ', ר', ־יוֹת fertilization

הַפְרָדָה, נ', ר', ־דוֹת separation; analysis

הֲפָרָה, נ', ר', ־רוֹת annulment
הַפְרָזָה, נ', ר', ־זוֹת exaggeration
הַפְרָחָה, נ', ר', ־חוֹת blossoming, blooming; spreading rumors
הִפְרִיא, פ"י, ע' [פרא] to be fruitful
הַפְרָיָה, הַפְרָאָה, נ', ר', ־יוֹת fertilization
הִפְרִיז, פ"י, ע' [פרז] to break through; to increase; to exaggerate
הִפְרִיס, פ"י, ע' [פרס] to part the hoof; to have parted hoofs
הִפְרִיעַ, פ"י, ע' [פרע] to disturb, cause disorder
הִפְרִישׁ, פ"י, ע' [פרש] to sting; to separate, set aside; to depart
הַפְרָעָה, נ', ר', ־עוֹת disturbance
הֶפְרֵז, ז' burlesque
הֶפְרֵשׁ, ז', ר', ־שִׁים difference
הַפְרָשָׁה, נ', ר', ־שׁוֹת differentiation, difference; separation
הֶפְשֵׁט, ז', ר', ־טִים skinning, flaying, stripping
הַפְשָׁטָה, נ', ר', ־טוֹת flaying, stripping; abstraction
הִפְשִׁיט, פ"י, ע' [פשט] to strip, flay
הִפְשִׁיל, פ"י, ע' [פשל] to fasten by knotting; to roll up (sleeves)
הִפְשִׁיר, פ"י, ע' [פשר] to defrost
הַפְשָׁלָה, נ', ר', ־לוֹת pushing back, folding, rolling up
הַפְשָׁרָה, נ', ר', ־רוֹת melting, defrosting
הִפְתִּיעַ, פ"י, ע' [פתע] to surprise
הַפְתָּעָה, נ', ר', ־עוֹת surprise
הַצָּבָה, נ', ר', ־בוֹת placing, setting up

הִצְבִּיא, פ"י, ע' [צבא] to mobilize; to muster
הִצְבִּיעַ, פ"י, ע' [צבע] to raise a finger; to vote
הַצָּגָה, נ', ר', ־גוֹת presentation; play (theatrical)
הַצְדָּעָה, נ', ר', ־עוֹת saluting
הַצְדָּקָה, נ', ר', ־קוֹת justification
הִצְהִיר, פ"י, ע' [צהר] to make public, publish; to make oil
הַצְהָלָה, נ', ר', ־לוֹת gladdening
הַצְהָרָה, נ', ר', ־רוֹת declaration
הִצְחִיק, פ"י, ע' [צחק] to ridicule; to make laugh
הִצְטַבֵּר, פ"ע, ע' [צבר] to add up, pile up
הִצְטַדֵּד, פ"ח, ע' [צדד] to step aside
הִצְטַדֵּק, פ"ע, ע' [צדק] to justify oneself, excuse oneself, apologize
הִצְטַדְּקוּת, נ', ר', ־קֻיּוֹת self-defense; excuse; vindication
הִצְטַחֵק, פ"ח, ע' [צחק] to smile, break out laughing
הִצְטַיֵּן, פ"ע, ע' [צין] to be distinguished, distinguish oneself
הִצְטַיְּנוּת, נ', ר', ־נֻיּוֹת distinction
הִצְטַיֵּר, פ"ע, ע' [ציר] to act as envoy; to be imagined
הִצְטַלֵּב, פ"ע, ע' [צלב] to cross oneself
הִצְטַלֵּם, פ"ע, ע' [צלם] to be photographed
הִצְטַלְּמוּת, נ', ר', ־מֻיּוֹת photographing
הִצְטַלֵּק, פ"ח, ע' [צלק] to form a scar

הִצְטַמְצֵם, פ״ע, ע׳ [צמצם] to confine oneself, limit oneself
הִצְטַמְצְמוּת, נ׳, ר׳, ־מֻיּוֹת condensation, contraction
הִצְטַנֵּן, פ״ע, ע׳ [צנן] to catch cold; to become cold
הִצְטַנְּנוּת, נ׳, ר׳, ־נֻיּוֹת catching cold, cold
הִצְטַעֵר, פ״ע, ע׳ [צער] to feel pain, grieve, be sorry
הִצְטָרֵד, פ״ח, ע׳ [צרד] to be hoarse
הִצְטָרֵךְ, פ״ע, ע׳ [צרך] to be in need; to be necessary
הִצְטָרֵף, פ״ח, ע׳ [צרף] to join, become attached
הִצְטָרְפוּת, נ׳, ר׳, ־פֻיּוֹת joining
הִצִּיב, פ״י, ע׳ [נצב] to erect; to fix, establish
הִצִּיג, פ״י, ע׳ [יצג, נצג] to set up; to present to, introduce
הִצִּיל, פ״י, ע׳ [נצל] to rescue, deliver, save
הִצִּיעַ, פ״י, ע׳ [יצע] to spread, unfold; to propose
הֵצִיץ, פ״י, ע׳ [צוץ, ציץ] to peek
הֵצִיק, פ״י, ע׳ [צוק] to constrain, distress, afflict
הִצִּית, פ״י, ע׳ [יצת] to set on fire
הֵצֵל, פ״י, ע׳ [צלל] to cast a shadow; to shade
הַצָּלָה, נ׳, ר׳, ־לוֹת saving, rescue
הַצְלָחָה, נ׳, ר׳, ־חוֹת success, prosperity
הַצְמָחָה, נ׳, ר׳, ־חוֹת sprouting
הִצְלִיחַ, פ״י, ע׳ [צלח] to succeed, prosper
הִצְלִיף, פ״י, ע׳ [צלף] to whip
הִצְמִיד, פ״י, ע׳ [צמד] to combine

הִצְמִית, פ״י, ע׳ [צמת] annihilate
הִצְנִיעַ, פ״י, ע׳ [צנע] to be modest, humble; to hide
הֶצְנֵעַ, ז׳ chastity, modesty
הַצְנָעָה, נ׳, ר׳, ־עוֹת hiding
הַצָּעָה, נ׳, ר׳, ־עוֹת spreading; exposition; proposition
הֲצָפָה, נ׳, ר׳, ־פוֹת inundation, flooding
הֲצָצָה, נ׳, ר׳, ־צוֹת peeping
הֲצָקָה, נ׳, ר׳, ־קוֹת oppression
הִצְרִיחַ, פ״י, ע׳ [צרח] to castle (in chess)
הַצָּתָה, נ׳, ר׳, ־תוֹת ignition, kindling
הֲקָאָה, נ׳, ר׳, ־אוֹת vomiting
הִקְבִּיל, פ״י, ע׳ [קבל] to be opposite, parallel; to correspond
הַקְבָּלָה, נ׳, ר׳, ־לוֹת contrasting, parallelism
הַקְבָּלַת פָּנִים welcome, reception
הַקָּדוֹשׁ־בָּרוּךְ־הוּא God
הִקְדִּים, פ״י, ע׳ [קדם] to anticipate, be early, pay in advance
הִקְדִּישׁ, פ״י, ע׳ [קדש] to dedicate; to purify
הֶקְדֵּם, ז׳, ר׳, ־מִים earliness
בְּהֶקְדֵּם, תה״פ early, soon
הַקְדָּמָה, נ׳, ר׳, ־מוֹת preface; hypothesis
הֶקְדֵּשׁ, ז׳, ר׳, ־שִׁים consecrated object (property)
הַקְדָּשָׁה, נ׳, ר׳, ־שׁוֹת consecration; dedication
הִקְהִיל, פ״י, ע׳ [קהל] to summon an assembly
הַקְהֵל, ז׳ assembly, gathering
הַקָּזָה, נ׳, ר׳, ־זוֹת bloodletting

הִקְטִין, פ"י, ע' [קטן] to reduce

הַקְטָנָה, נ', ר', ־נוֹת diminution; diminutive (*gram.*)

הֶקְטֵר, ז', הַקְטָרָה, נ', ר', ־רִים, ־רוֹת burning incense (esp. fat) on the altar

הֵקִיא, פ"י, ע' [קיא] to vomit, throw up

הִקִּיז, פ"י, ע' [נקז] to puncture; to let blood, bleed

הֵקִים, פ"י, ע' [קום] to set up

הִקִּיף, פ"י, ע' [נקף] to surround, encompass, give credit; to contain

הֵקִיץ, פעו"י, ע' [קוץ] to wake, awake; to be awakened

הֵקִיר, פ"י, ע' [קור] to well up, pour forth

הִקִּישׁ, פ"י, ע' [נקש] to strike at, knock, beat

הִקִּישׁ, פ"י, ע' [קיש] to compare

הֵקֵל, פ"י, ע' [קלל] to lighten; to despise; to be lenient

הֲקַלָּה, הֲקָלָה, נ', ר', ־לּוֹת, ־לוֹת alleviation, easing

הִקְלָה, פ"י, ע' [קלה] to treat with contempt

הַקְלָטָה, נ', ר', ־טוֹת recording (phonograph)

הִקְלִיט, פ"י, ע' [קלט] to record

הֲקָמָה, נ', ר', ־מוֹת erecting

הַקְנָאָה, הַקְנָיָה, נ', ר', ־אוֹת, ־יוֹת transfer

הַקְנָטָה, נ', ר', ־טוֹת teasing, vexation

הִקְנִיט, פ"י, ע' [קנט] to taunt, vex, anger

הִקְסִים, פ"י, ע' [קסם] to fascinate; to infatuate

הַקְסָמָה, נ', ר', ־מוֹת fascination, infatuation

הֲקָעָה, נ', ר', ־עוֹת dislocation, sprain

הֶקֵּף, ז', ר', ־פִים surrounding, circumference

הַקְפָּאָה, נ', ר', ־אוֹת freezing, stiffening

הַקְפָּדָה, נ', ר', ־דוֹת irritability; strictness

הַקָּפָה, נ', ר', ־פוֹת going round

הֲקָפָה, נ', ר', ־פוֹת credit

הִקְפִּיד, פ"י, ע' [קפד] to mind; to be strict; to be angry

הַקְפָּצָה, נ', ר', ־צוֹת causing to jump

הַקְצָבָה, נ', ר', ־בוֹת budgeting

הֲקָצָה, נ', ר', ־צוֹת waking up

הִקְצִיעַ, פ"י, ע' [קצע] to plane

הִקְצִיף, פ"י, ע' [קצף] to boil; to whip (cream)

הַקְצָעָה, נ', ר', ־עוֹת planing, smoothing

הַקְצָפָה, נ', ר', ־פוֹת maddening, vexation

הַקְרָאָה, נ', ר', ־אוֹת recitation, dictation

הַקְרָבָה, נ', ר', ־בוֹת bringing near

הִקְרִיא, פ"י, ע' [קרא] to recite

הִקְרִיב, פ"י, ע' [קרב] to sacrifice

הִקְרִיס, פ"ע, ע' [קרס] to become sour (wine); to crack (from boiling water)

הַקְרָנָה, נ', ר', ־נוֹת radiation

הַקְרָשָׁה, נ', ר', ־שׁוֹת coagulation

הֶקֵּשׁ, הָקֵשׁ, ז', ר', ־הֶקֵּשִׁים comparing; analogy

הַקְשָׁאָה, הַקְשָׁיָה, נ', ר', ־אוֹת, ־יוֹת hardening

הַקְשָׁבָה, נ׳, ר׳, ־בוֹת attentiveness, listening
הַקָּשָׁה, נ׳, ר׳, ־שׁוֹת knocking; analogy; syllogism
הִקְשִׁיב, פ״ע, ע׳ [קשב] to pay attention
הַקְשָׁיָה, הַקְשָׁאָה, נ׳, ר׳, ־יוֹת, ־אוֹת hardening
הִקְשִׁיחַ, פ״י, ע׳ [קשח] to harden; to treat harshly
הֶקְשֵׁר, ז׳ context
הַר, ז׳, ר׳, הָרִים mountain, hill
הַר אֵשׁ, ־ גַּעַשׁ volcano
הֶרְאָה, פ״י, ע׳ [ראה] to show
הַרְבֵּה, תה״פ many, much
הִרְבִּיץ, פ״י, ע׳ [רבץ] to cause to lie down; to sprinkle; to flay
הֻרְבַּךְ, פ״ע, ע׳ [רבך] to be well mixed
הַרְבָּעָה, נ׳, ר׳,־עוֹת coupling (of animals)
הַרְבָּצָה, נ׳, ר׳, ־צוֹת lying down (of cattle); watering, sprinkling
הָרַג, פ״י to kill, slay
הָרָג, ז׳, ר׳, ־גִים murderer
הֶרֶג, ז׳, הֲרֵגָה, נ׳, ר׳, ־גוֹת slaughter, massacre
הַרְגָּזָה, נ׳, ר׳, ־זוֹת annoying, irritating
הִרְגִּיל, פ״י, ע׳ [רגל] to accustom; to lead
הִרְגִּישׁ, פ״י, ע׳ [רגש] to notice; to feel
הֶרְגֵּל, ז׳, ר׳, ־לִים habit
הַרְגָּעָה, נ׳, ר׳, ־עוֹת calming
הֶרְגֵּשׁ, ז׳, הַרְגָּשָׁה, נ׳, ר׳, ־שִׁים, ־שׁוֹת feeling, sensation; sentiment; perception, sense
הַרְדּוּף, ז׳, ר׳, ־פִים oleander

הִרְדִּים, פ״י, ע׳ [רדם] to anesthetize
הַרְדָּמָה, נ׳, ר׳, ־מוֹת putting to sleep
[הרה] הָרְתָה, הָרְתָה, פ״ע to conceive, be pregnant
הָרָה, נ׳, ר׳, ־רוֹת pregnant woman
הִרְהוּר, הַרְהוֹר, ז׳, ר׳, ־רִים thought
הִרְהִיב, פ״י, ע׳ [רהב] to dare
הִרְהִיט, פ״י, ע׳ [רהט] to start a race
הִרְהֵר, פ״ע to think
הָרוּג, ז׳, ר׳, הֲרוּגִים slain person
הַרְוָחָה, נ׳, ר׳, ־חוֹת relief; comfort;
הִרְוִיחַ, פ״י, ע׳ [רוח] to give relief; to gain, earn, profit
הֵרוֹן, הֵרָיוֹן, ז׳ pregnancy, conception
הַרְחָבָה, נ׳, ר׳, ־בוֹת extension, expansion
הֲרָחָה, נ׳, ר׳, ־חוֹת smelling
הַרְחֵק, תה״פ far off
הֶרְחֵק, ז׳, הַרְחָקָה, נ׳, ר׳, ־קִים, ־קוֹת distance; removal; prevention
הִרְטִיט, פ״י, ע׳ [רטט] to terrorize
הֲרֵי, מ״ק lo!, behold!; here is
הֲרֵינִי I am
הֲרִי, ז׳ aspect, characteristic
הֲרִיגָה, נ׳, ר׳, ־גוֹת killing, execution
הֵרָיוֹן, הֵרוֹן, ז׳ pregnancy, conception
הָרִיָּה, נ׳, ר׳, ־יוֹת pregnant woman
הֵרִיחַ, פ״י, ע׳ [ריח] to smell
הֵרִים, פ״י, ע׳ [רום] to raise, lift, exalt
הֲרִיסָה, נ׳, ר׳, ־סוֹת destruction; ruin
הֵרִיעַ, פ״ע, ע׳ [רוע] to shout, cry out
הֵרִיץ, פ״י, ע׳ [רוץ] to make run; to bring quickly

הֵרִיק, פ״י, ע׳ [ריק] to empty, pour out
הֶרְכֵּב, ז׳, ר׳, ־בִים compound
הַרְכָּבָה, נ׳, ר׳, ־בוֹת carrying; compounding; inoculation; grafting
הַרְכָּבַת אֲבַעְבּוּעוֹת vaccination
הִרְכִּין, פ״י, ע׳ [רכן] to bow down, nod, lower
הַרְכָּזָה, נ׳, ר׳, ־זוֹת centralizing
הַרְכָּנָה, נ׳, ר׳, ־נוֹת bowing the head, nodding
הָרָם, ז׳, ר׳, הֲרָמִים pyramid
הֲרָמָה, נ׳, ר׳, ־מוֹת lifting, raising
הַרְמוֹן, ז׳, ר׳, ־נוֹת harem; palace
הַרְנוּג, ז׳, ר׳, ־גִים mistletoe
הַרְנִי, ז׳, ר׳, ־נִיִים heliotrope
הָרַס, פ״י to break, demolish, destroy
הֵרֵס, פ״י to overthrow, destroy
הֶרֶס, ז׳ overthrow, destruction
הֲרָעָה, נ׳, ר׳, ־עוֹת doing ill; becoming worse; blowing the trumpet
הִרְעִיל, פ״י, ע׳ [רעל] to poison; to veil
הִרְעִים, פ״י, ע׳ [רעם] to thunder; to vex
הִרְעִישׁ, פ״י, ע׳ [רעש] to bombard, shell; to make noise
הַרְעָלָה, נ׳, ר׳, ־לוֹת poisoning
הַרְעָפָה, נ׳, ר׳, ־פוֹת dripping, trickling
הַרְעָשָׁה, נ׳, ר׳, ־שׁוֹת confusion; bombardment
הֶרֶף, ז׳ pause, moment
הֶרֶף עַיִן wink of an eye, instant
בְּלִי הֶרֶף incessantly

הַרְפַּתְקָה, נ׳, ר׳, ־קָאוֹת adventure
הַרְפַּתְקָן, ז׳, ר׳, ־נִים adventurer
הַרְצָאָה, נ׳, ר׳, ־אוֹת lecture
הִרְצָה, פ״י, ע׳ [רצה] to lecture; to enumerate; to satisfy; to pay
הַרְקָבָה, נ׳, ר׳, ־בוֹת rotting
הַרְקָדָה, נ׳, ר׳, ־דוֹת shaking, sifting; dancing
הֲרָקָה, נ׳, ר׳, ־קוֹת emptying
הֶרֶר, ז׳, ר׳, ־הֲרָרִים mountain
הָדָר, ז׳, ר׳, הֲדָרִים debauched person
הֲרָרִי, ת״ז, ־רִית, ת״נ mountainous; mountain dweller
הַרְשָׁאָה, נ׳, ר׳, ־אוֹת authorization
כֹּחַ וְהַרְשָׁאָה power of attorney
הִרְשָׁה, פ״י, ע׳ [רשה] to authorize, permit
הִרְשִׁיעַ, פ״י, ע׳ [רשע] to condemn, convict
הַרְשָׁמָה, נ׳, ר׳, ־מוֹת registration
הַרְשָׁעָה, נ׳, ר׳, ־עוֹת condemnation
הַרְתָּחָה, נ׳, ר׳, ־חוֹת seething
הַשָּׁאָה, נ׳, ר׳, ־אוֹת beguiling
הִשְׁאִיל, פ״י, ע׳ [שאל] to lend
הִשְׁאִיר, פ״י, ע׳ [שאר] to leave (remaining); to spare
הַשְׁאָלָה, נ׳, ר׳, ־לוֹת lending; metaphor
הַשְׁאָרָה, נ׳, ר׳, ־רוֹת leaving
הִשָּׁאֲרוּת, נ׳, ר׳, ־רְיוֹת keeping, retaining
הִשָּׁאֲרוּת הַנֶּפֶשׁ immortality of the soul
הָשֵׁב, ז׳, הֲשָׁבָה, נ׳, ר׳, ־בוֹת restoring, returning
הֶשָּׁבוֹן, ז׳ restitution
הַשְׁבָּחָה, נ׳, ר׳, ־חוֹת improvement

הִשְׁבִּיר, פ״י, ע׳ [שבר] to cause to break out, bring to birth; to sell grain

הִשְׁבִּית, פ״י, ע׳ [שבת] to fire, lay off from work

הַשְׂבָּעָה, נ׳, ר׳, ־עוֹת satiation

הַשְׁבָּעָה, נ׳, ר׳, ־עוֹת adjuration; spell, incantation

הַשְׁבָּרָה, נ׳, ר׳, ־רוֹת sale

הַשְׁבָּתָה, נ׳, ר׳, ־תוֹת removal; lockout

הֶשֵּׂג, ז׳, ר׳, ־גִים reaching, attaining

הַשָּׂגָה, נ׳, ר׳, ־גוֹת reaching, attaining; perception; criticism

הַשְׁגָּחָה, נ׳, ר׳, ־חוֹת supervision; providence

הִשְׁגִּיחַ, פ״י, ע׳ [שגח] to care for, supervise; to observe

הַשְׁגָּרָה, נ׳, ר׳, ־רוֹת routine; current phraseology

הַשְׁוָאָה, הַשְׁוָיָה, נ׳, ר׳, ־אוֹת, ־יוֹת comparison; equation

הַשְׁוָאַת הַחֹרֶף autumnal equinox

הַשְׁוָאַת הַקַּיִץ vernal equinox

הַשְׁחָזָה, נ׳, ר׳, ־זוֹת grinding, sharpening, whetting

הִשְׁחִיז, פ״י, ע׳ [שחז] to sharpen

הִשְׁחִיל, פ״י, ע׳ [שחל] to thread a needle

הִשְׁחִים, פעו״י, ע׳ [שחם] to paint (make) brown, become brown

הַשְׁחָרָה, נ׳, ר׳, ־רוֹת blackening

הַשְׁחָתָה, נ׳, ר׳, ־תוֹת destruction; corruption

הִשִּׁיא, פ״י, ע׳ [נשא] to beguile, deceive; to exact (payment)

הִשִּׂיא, פ״י, ע׳ [נשא] to give in marriage; to transfer; to advise

הֵשִׁיב, פ״י, ע׳ [שוב] to answer; to return

הִשִּׂיג, פ״י, ע׳ [נשג] to overtake; to reach, attain, obtain

הֵשִׁים, פ״י, ע׳ [שמם] to ravage, terrify

הִשִּׁיל, פ״י, ע׳ [נשל] to drop

הַשְׁכָּבָה, נ׳, ר׳, ־בוֹת lying down

הִשְׂכִּיל, פעו״י, ע׳ [שכל] to be wise, acquire sense; to succeed; to cause to understand; to cause to be successful

הִשְׁכִּים, פ״ע, ע׳ [שכם] to rise early, start early

הִשְׂכִּיר, פ״י, ע׳ [שכר] to hire out, rent

הַשְׂכֵּל, ז׳ understanding, wisdom; reflection

הַשְׂכָּלָה, נ׳ enlightenment, culture; reflection

הַשְׁכֵּם, תה״פ early in the morning

הַשְׁכָּמָה, נ׳, ר׳, ־מוֹת early morning, early rising

הַשְׁכָּנָה, נ׳, ר׳, ־נוֹת housing

הַשְׂכָּרָה, נ׳, ר׳, ־רוֹת loaning, hiring

הִשְׁלָה, פ״י, ע׳ [שלה] to cause to be at ease; to mislead

הִשְׁלִיג, פ״י, ע׳ [שלג] to snow

הַשְׁלָיָה, נ׳, ר׳, ־יוֹת deluding, disappointing

הִשְׁלִיחַ, פ״י, ע׳ [שלח] to send (plague, famine)

הִשְׁלִיט, פ״י, ע׳ [שלט] to cause to rule, cause to have power

הִשְׁלִיךְ, פ״י, ע׳ [שלך] to throw, cast, cast down, cast away

הִשְׁלִים, פ״י, ע׳ [שלם] to complete; to make peace

הִשְׁלִישׁ, פ״י, ע׳ [שלש] to deposit with a third party

הַשְׁלָמָה, נ׳, ר׳, ־מוֹת completion, complement; making peace
הֵשַׁם, פ״י, ע׳ [שמם] to ravage, terrify
הִשְׂמְאִיל, פ״ע, ע׳ [שמאל] to go to the left, turn left, use left hand
הַשְׁמָדָה, נ׳, ר׳, ־דוֹת extermination
הַשְׁמָטָה, נ׳, ר׳, ־טוֹת canceling (of debt), omission
הִשְׁמִיד, פ״י, ע׳ [שמד] to destroy, exterminate
הִשְׂמִיל, פ״ע, ע׳ [שמאל] to go to the left, turn left, use left hand
הִשְׁמִים, פ״י, ע׳ [שמם] to ravage, terrify
הִשְׁמִין, פ״י, ע׳ [שמן] to fatten, grow fat; to improve
הִשְׁמִיעַ, פ״י, ע׳ [שמע] to proclaim, summon
הַשְׁמָנָה, נ׳, ר׳, ־נוֹת fattening
הַשְׁמָעוּת, נ׳ causing to hear
הַשְׁמָצָה, נ׳ libel
הַשְׁנוּת, נ׳, ר׳, ־נְיוֹת repetition, review
הֵשַׁע, פ״י, ע׳ [שעע] to smear over, glue together; to shut
הִשָּׁעֲנוּת, נ׳ leaning, dependence
הַשְׁעָרָה, נ׳, ר׳, ־רוֹת conjecture, supposition, hypothesis
הַשְׁפָּלָה, נ׳, ר׳, ־לוֹת lowering, degradation
הַשְׁפָּעָה, נ׳, ר׳, ־עוֹת emanation; influence
הִשְׁקָה, פ״י, ע׳ [שקה] to water, irrigate; to give to drink
הַשְׁקָאָה, נ׳, ר׳, ־אוֹת watering, irrigation
הַשָּׁקָה, נ׳ launching
הַשְׁקֵט, ז׳ calmness, quietude

הַשְׁקָטָה, נ׳, ר׳, ־טוֹת calming, tranquilizing
הִשְׁקִיעַ, פ״י, ע׳ [שקע] to cause to sink; to set; to invest (money)
הִשְׁקִיף, פ״י, ע׳ [שקף] to observe, contemplate
הַשְׁקָעָה, נ׳, ר׳, ־עוֹת depression; investment
הַשְׁקָפָה, נ׳, ר׳, ־פוֹת looking; observation; review; view
הַשְׁרָאָה, הַשְׁרָיָה, נ׳, ר׳, ־אוֹת, ־יוֹת causing to dwell; inspiration
הַשָּׁרָה, נ׳, ר׳, ־רוֹת falling (hair, leaves)
הִשְׁרִישׁ, פ״י, ע׳ [שרש] to take root; to implant
הַשְׁרָשָׁה, נ׳, ר׳, ־שׁוֹת taking root
הִשְׁתַּבֵּחַ, פ״ח, ע׳ [שבח] to praise oneself, boast
הִשְׁתַּבְּרוּת, נ׳ refraction
הִשְׁתַּבֵּשׁ, פ״ע, ע׳ [שבש] to err
הִשְׁתַּבְּשׁוּת, נ׳, ר׳, ־שֻׁיוֹת making error (mistake, blunder)
הִשְׁתַּגֵּעַ, פ״ע, ע׳ [שגע] to become mad, be mad
הִשְׁתַּגְּעוּת, נ׳, ר׳, ־עֻיוֹת madness, becoming mad
הִשְׁתַּדֵּךְ, פ״ע, ע׳ [שדך] to arrange a marriage, negotiate (for marriage)
הִשְׁתַּדֵּל, פ״ע, ע׳ [שדל] to be persuaded; to endeavor, strive
הִשְׁתַּדְּלוּת, נ׳, ר׳, ־לֻיוֹת endeavor
הִשְׁתּוֹבֵב, פ״ע, ע׳ [שוב] to be wild, be naughty, be playful
הִשְׁתּוֹבְבוּת, נ׳, ר׳, ־בֻיוֹת naughtiness, wildness
הִשְׁתַּוּוּת, נ׳, ר׳, ־וֻיוֹת likeness, simil arity

הִשְׁתּוֹלֵל, פ"ח, ע' [שלל] to run wild, act senselessly

הִשְׁתּוֹמֵם, פ"ע, ע' [שמם] to be astounded, wonder

הִשְׁתּוֹמְמוּת, נ', ר', ־מֻיּוֹת astonishment

הִשְׁתּוֹנֵן, פ"ח, ע' [שנן] to be pierced

הִשְׁתּוֹקֵק, פ"ע, ע' [שקק] to desire

הִשְׁתּוֹקְקוּת, נ', ר', ־קֻיּוֹת desire, longing

הִשְׁתַּזֵּף, פ"ע, ע' [שזף] to become sunburned, tanned

הִשְׁתַּחֲוָה, פ"ע, ע' [שחה] to bow down, prostrate oneself, worship

הִשְׁתַּחֲוָיָה, הִשְׁתַּחֲוָאָה, נ', ר', ־וָיוֹת prostration

הִשְׁתַּחֵץ, פ"ח, ע' [שחץ] to be proud, arrogant

הִשְׁתַּחְרֵר, פ"ע, ע' [שחרר] to be set free; to liberate oneself

הִשְׁתַּטָּה, פ"ח, ע' [שטה] to become mad

הִשְׁתַּטֵּחַ, פ"ע, ע' [שטח] to stretch oneself out; to prostrate oneself

הִשְׁתַּטְּחוּת, נ', ר', ־חֻיּוֹת prostration

הִשְׁתַּיֵּךְ, פ"ח, ע' [שיך] to belong, be related to

הִשְׁתִּין, פ"ע, ע' [שתן] to urinate

הִשְׁתַּיֵּר, פ"ח, ע' [שיר] to be left over

הִשְׁתִּית, פ"י, ע' [שתת] to base, lay a foundation

הִשְׁתַּכַּח, פ"ח, ע' [שכח] to be forgotten

הִשְׁתַּכְלֵל, פ"ע, ע' [שכלל] to be completed; be fully equipped

הִשְׁתַּכֵּר, פ"ע, ע' [שכר] to make oneself drunk

הִשְׁתַּכֵּר, פ"ע, ע' [שכר] to be paid, earn wages

הִשְׁתַּכְּרוּת, נ', ר', ־רֻיּוֹת drunkenness

הִשְׁתַּלֵּט, פ"ח, ע' [שלט] to have control over, rule, be master of

הִשְׁתַּלֵּם, פ"ע, ע' [שלם] to be complete; to complete an education; to be profitable

הִשְׁתַּלְּמוּת, נ', ר', ־מֻיּוֹת perfecting; (educational) finish

הִשְׁתַּלְשֵׁל, פ"ח, ע' [שלשל] to be evolved, developed; to let down

הִשְׁתַּלְשְׁלוּת, נ', ר', ־לֻיּוֹת evolution, development

הִשְׁתַּמֵּד, פ"ח, ע' [שמד] to convert

הִשְׁתַּמֵּט, פ"ח, ע' [שמט] to slip away, evade

הִשְׁתַּמְּטוּת, נ', ר', ־טֻיּוֹת evasion

הִשְׁתַּמֵּר, פ"ח, ע' [שמר] to be on one's guard; to be guarded

הִשְׁתַּמֵּשׁ, פ"ע, ע' [שמש] to be used; to make use of

הִשְׁתַּמְּשׁוּת, נ', ר', ־שֻׁיּוֹת usage

הַשְׁתָּנָה, נ', ר', ־נוֹת urinating

הִשְׁתַּנָּה, פ"ע, ע' [שנה] to change oneself, be changed

הִשְׁתַּנּוּת, נ', ר', ־נֻיּוֹת change

הִשְׁתַּנֵּק, פ"ח, ע' [שנק] to strangle oneself

הִשְׁתַּעְבֵּד, פ"ע, ע' [שעבד] to be subjected, be enslaved

הִשְׁתַּעְבְּדוּת, נ', ר', ־דֻיּוֹת subjection, enslavement

הִשְׁתָּעָה, פ"ח, ע' [שעה] to gaze about, look at each other

הִשְׁתָּעֵל, פ"ע, ע' [שעל] to cough

הִשְׁתָּעֵר, פ"ח, ע' [שער] to take by storm, attack violently

הִשְׁתָּעֲרוּת, נ', ר', ־רֻיּוֹת storming

הִשְׁתַּעֲשֵׁעַ, פ"ע, ע' [שעשע] to play; to take delight, enjoy pleasure

הִשְׁתַּעַשְׁעוּת, נ', ר', ־עֻיּוֹת playing, amusing oneself

הִשְׁתַּפֵּךְ, פ"ע, ע' [שפך] to pour itself out, be poured out

הִשְׁתַּפְּכוּת, נ', ר', ־כֻיּוֹת effusion, pouring out

הִשְׁתַּפֵּר, פ"ע, ע' [שפר] to improve oneself

הִשְׁתַּקֵּעַ, פ"ע, ע' [שקע] to be settled; to be forgotten; to settle down

הִשְׁתַּקְּעוּת, נ', ר', ־עֻיּוֹת settlement; sinking

הִשְׁתַּקֵּף, פ"ע, ע' [שקף] to be seen through, be reflected

הִשְׁתַּקְּפוּת, נ', ר', ־פֻיּוֹת reflection; transparence

הִשְׁתַּקְשֵׁק, פ"ח, ע' [שקשק] to run to and fro

הִשְׁתָּרֵב, פ"ח, ע' [שרב] to be overcome by heat

הִשְׁתָּרְגוּת, נ', ר', ־גֻיּוֹת entanglement

הִשְׁתָּרַע, פ"ח, ע' [שרע] to stretch oneself out

הִשְׁתָּרֵר, פ"ח, ע' [שרר] to dominate, have control over, prevail

הִשְׁתָּרֵשׁ, פ"ח, ע' [שרש] to take root; to be implanted

הִשְׁתַּתֵּף, פ"ע, ע' [שתף] to become a partner, take part, participate

הִשְׁתַּתְּפוּת, נ', ר', ־פֻיּוֹת participation

הִשְׁתַּתֵּק, פ"ע, ע' [שתק] to become silent, numb, paralyzed

הִתְאַבֵּד, פ"ע, ע' [אבד] to commit suicide, destroy oneself

הִתְאַבְּדוּת, נ', ר', ־דֻיּוֹת self-destruction, suicide

הִתְאַבֵּךְ, פ"ע, ע' [אבך] to thicken; to mix; to rise (smoke)

הִתְאַבְּכוּת, נ', ר', ־כֻיּוֹת condensation

הִתְאַבֵּל, פ"ע, ע' [אבל] to mourn, lament

הִתְאַבְּלוּת, נ', ר', ־לֻיּוֹת mourning

הִתְאַבֵּן, פ"ע, ע' [אבן] to be petrified

הִתְאַבְּנוּת, נ', ר', ־נֻיּוֹת petrification, fossilization

הִתְאַבֵּק, פ"ע, ע' [אבק] to be covered with dust; to wrestle

הִתְאַבְּקוּת, נ', ר', ־קֻיּוֹת struggling, wrestling

הִתְאַגְרֵף, פ"ע, ע' [אגרף] to box

הִתְאַגְּרְפוּת, נ', ר', ־פֻיּוֹת boxing

הִתְאַדּוּת, נ', ר', ־דֻיּוֹת evaporation

הִתְאַדֵּם, פ"ח, ע' [אדם] to blush, flush, grow red

הִתְאַדְּמוּת, נ', ר', ־מֻיּוֹת erubescence

הִתְאַהֵב, פ"ע, ע' [אהב] to fall in love

הִתְאַהֲבוּת, נ', ר', ־בֻיּוֹת falling in love

הִתְאַוָּה, פ"ח, ע' [אוה] to long for, aspire, crave

הִתְאוֹנֵן, פ"ע, ע' [אנן] to murmur, complain

הִתְאוֹנְנוּת, נ', ר', ־נֻיּוֹת complaining, complaint

הִתְאַזֵּר (עֹז), פ"ע, ע' [אזר] to overcome; to strengthen oneself

הִתְאַזְרְחוּת, נ', ר', ־חֻיּוֹת naturalization

הִתְאַחֵד, פ"ע, ע' [אחד] to become one, unite; to join

הִתְאַחֲדוּת, נ', ר', ־דֻיּוֹת uniting oneself; union, association

הִתְאַחֵז, פ"ח, ע' [אחז] to settle (in)

הִתְאַחֲזוּת, נ׳, ר׳, ־זֻיּוֹת possessing (land)

הִתְאַחֲרוּת, נ׳, ר׳, ־רֻיּוֹת tarrying

הִתְאַיְּדוּת, נ׳, ר׳, ־דֻיּוֹת evaporation

הִתְאַכְזֵב, פ״ח, ע׳ [אכזב] to be disappointed

הִתְאַכְזְרוּת, נ׳, ר׳, ־רֻיּוֹת being cruel, cruelty

הִתְאַכְּלוּת, נ׳, ר׳, ־לֻיּוֹת digestion

הִתְאַכְסֵן, פ״ח, ע׳ [אכסן] to stay as guest

הִתְאַכֵּר, פ״ח, ע׳ [אכר] to be (become) a farmer

הִתְאַלְמֵן, פ״ח, ע׳ [אלמן] to become a widower

הִתְאִים, פער״י, ע׳ [תאם] to agree, conform, be fitting

הֶתְאֵם, ז׳, הַתְאָמָה, נ׳, ר׳, ־מִים, הַתְאָמוֹת agreement, accord, harmony

הִתְאַמֵּן, פ״ח, ע׳ [אמן] to practice, train oneself

הִתְאַמֵּץ, פ״ח, ע׳ [אמץ] to make an effort, be determined, exert oneself

הִתְאַמְּצוּת, נ׳, ר׳, ־צֻיּוֹת exertion, effort

הִתְאַמֵּר, פ״ח, ע׳ [אמר] to rise (prices); to boast, pretend

הִתְאַמְּתוּת, נ׳, ר׳, ־תֻיּוֹת verification

הִתְאַנָּה, פ״ח, ע׳ [אנה] to find an excuse, pretext

הִתְאַסְלֵם, פ״ח, ע׳ [אסלם] to become a Moslem

הִתְאַסֵּף, פ״ח, ע׳ [אסף] to assemble, gather

הִתְאַפֵּק, פ״ח, ע׳ [אפק] to restrain oneself, refrain

הִתְאַפְּקוּת, נ׳, ר׳, ־קֻיּוֹת restraint

הִתְאַפֵּר, פ״ח, ע׳ [אפר] to make oneself up

הִתְאַפְשֵׁר, פ״ח, ע׳ [אפשר] to become possible

הִתְאַקְלֵם, פ״ח, ע׳ [אקלם] to become acclimated

הִתְאַקְלְמוּת, נ׳, ר׳, ־מֻיּוֹת acclimatization

הִתְאַרְגֵּן, פ״ח, ע׳ [ארגן] to become organized

הִתְאָרַח, פ״ח, ע׳ [ארח] to stay as a guest

הִתְאָרֵס, פ״ח, ע׳ [ארס] to become engaged, be betrothed

הִתְאַשֵּׁר, פ״ח, ע׳ [אשר] to congratulate; to be confirmed, ratified

הִתְאוֹשֵׁשׁ, פ״ח, ע׳ [אשש] to recuperate

הִתְבָּאֵר, פ״ח, ע׳ [באר] to become clear

הִתְבַּגֵּר, פ״ח, ע׳ [בגר] to reach adolescence

הִתְבַּגְּרוּת, נ׳, ר׳, ־רֻיּוֹת puberty, adolescence

הִתְבַּדָּה, פ״ח, ע׳ [בדה] to be caught lying

הִתְבַּדֵּחַ, פ״ח, ע׳ [בדח] to become joyful; to joke

הִתְבַּדֵּל, פ״ח, ע׳ [בדל] to isolate oneself, dissociate oneself, segregate

הִתְבַּדְּלוּת, נ׳, ר׳, ־לֻיּוֹת isolation; segregation

הִתְבַּדֵּר, פ״ח, ע׳ [בדר] to be scattered, dispersed; to clear one's mind

הִתְבּוֹדֵד, פ״ח, ע׳ [בדד] to be alone, seclude oneself

הִתְבּוֹדְדוּת, נ׳, ר׳, ־דְיוֹת solitude, loneliness

הִתְבּוֹלֵל, פ״ע, ע׳ [בלל] to assimilate

הִתְבּוֹלְלוּת, נ׳, ר׳, ־לְיוֹת mixing oneself, assimilation

הִתְבּוֹנֵן, פ״ע, ע׳ [בין] to look attentively; to consider, study, reflect, contemplate

הִתְבּוֹנְנוּת, נ׳, ר׳, ־נְיוֹת meditation, reflection

הִתְבּוֹסֵס, פ״ח, ע׳ [בוס] to be rolling

הִתְבּוֹשֵׁשׁ, פ״ע, ע׳ [בוש] to be ashamed; to be late

הִתְבַּזָּה, פ״ח, ע׳ [בזה] to degrade oneself; to be despised

הִתְבַּזּוּת, נ׳, ר׳, ־זְיוֹת self-debasement

הִתְבַּטֵּא, פ״ח, ע׳ [בטא] to express oneself

הִתְבַּטְבֵּט, פ״ח, ע׳ [בטבט] to swell

הִתְבַּטֵּל, פ״ח, ע׳ [בטל] to be abolished; to be interrupted

הִתְבַּטְּלוּת, נ׳, ר׳, ־לְיוֹת self-deprecation; loafing

הִתְבַּיֵּשׁ, פ״ח, ע׳ [בוש] to be ashamed

הִתְבַּלְבֵּל, פ״ח, ע׳ [בלבל] to become confused

הִתְבַּלְבְּלוּת, נ׳, ר׳, ־לְיוֹת becoming confused

הִתְבַּלֵּט, פ״ח, ע׳ [בלט] to be prominent, eminent

הִתְבַּסֵּס, פ״ח, ע׳ [בסס] to be consolidated, be established

הִתְבָּעֵר, פ״ח, ע׳ [בער] to be removed, cleared

הִתְבַּצֵּר, פ״ח, ע׳ [בצר] to fortify oneself, strengthen oneself

הִתְבַּקַּע, פ״ח, ע׳ [בקע] to burst open, cleave asunder

הִתְבַּקֵּשׁ, פ״ח, ע׳ [בקש] to be asked, sought, summoned

הִתְבָּרֵךְ, פ״ח, ע׳ [ברך] to be blessed, bless oneself

הִתְבָּרֵר, פ״ח, ע׳ [ברר] to purify oneself, be pure, be made clear

הִתְבַּשֵּׁל, פ״ח, ע׳ [בשל] to be well boiled; to become ripe

הִתְבַּשֵּׂם, הִתְבַּסֵּם, פ״ח, ע׳ [בשם] to be perfumed; to be tipsy

הִתְגָּאָה, פ״ח, ע׳ [גאה] to be proud, exalted; to boast

הִתְגָּאוּת, נ׳, ר׳, ־אֻיוֹת arrogance, conceit

הִתְגָּאֵל, פ״ח, ע׳ [גאל] to defile oneself

הִתְגַּבֵּר, פ״ח, ע׳ [גבר] to strengthen oneself

הִתְגַּבְּרוּת, נ׳, ר׳, ־רְיוֹת strengthening oneself

הִתְגַּבֵּשׁ, פ״ח, ע׳ [גבש] to become crystallized; to become definite (opinions)

הִתְגַּבְּשׁוּת, נ׳, ר׳, ־שְׁיוֹת crystallization

הִתְגַּדֵּל, פ״ח, ע׳ [גדל] to praise oneself, boast

הִתְגַּדְּלוּת, נ׳, ר׳, ־דְּלְיוֹת self-aggrandizement

הִתְגַּדֵּר, פ״ח, ע׳ [גדר] to be proficient; to distinguish oneself; to boast

הִתְגּוֹדֵד, פ״ח, ע׳ [גדד] to cut oneself

הִתְגּוֹדְדוּת, נ׳, ר׳, ־דְיוֹת itching

הִתְגּוֹרֵר, פ״ח, ע׳ [גרר] to dwell, burst forth

הִתְגּוֹשֵׁשׁ, פ״ח, ע׳ [גשש] to wrestle

הִתְגּוֹשְׁשׁוּת, נ׳, ר׳, ־שְׁיוֹת wrestling, gymnastics

הִתְגַּיֵּס, פ"ח, ע' [גיס] to join (army, etc.)
הִתְגַּיֵּר, פ"ח, ע' [גיר] to become a proselyte (to Judaism)
הִתְגַּלְגֵּל, פ"ח, ע' [גלגל] to roll, turn; to wander
הִתְגַּלְגְּלוּת, נ', ר', ־לֻיּוֹת rolling
הִתְגַּלּוּת, נ', ר', ־לֻיּוֹת uncovering; revelation
הִתְגַּלֵּחַ, פ"ח, ע' [גלח] to shave oneself
הִתְגַּלְּחוּת, נ', ר', ־חֻיּוֹת shaving
הִתְגַּלֵּם, פ"ח, ע' [גלם] to be embodied
הִתְגַּלְּמוּת, נ', ר', ־מֻיּוֹת embodiment
הִתְגַּלַּע, הִתְגַּלֵּעַ, פ"ח, ע' [גלע] to break out (quarrel)
הִתְגַּמֵּל, פ"ח, ע' [גמל] to deprive oneself; to wean oneself
הִתְגַּנֵּב, פ"ח, ע' [גנב] to steal away
הִתְגַּנְדֵּר, פ"ח, ע' [גנדר] to dress up, decorate oneself
הִתְגַּנְדְּרוּת, נ', ר', ־דְּרֻיּוֹת gaudiness
הִתְגַּנּוּת, נ', ר', ־נֻיּוֹת indecency
הִתְגָּעֵל, פ"ח, ע' [געל] to be soiled
הִתְגָּעֵשׁ, פ"ח, ע' [געש] to toss; to reel
הִתְגָּעֲשׁוּת, נ', ר', ־שֻׁיּוֹת eruption, excitation
הִתְגָּרֵד, פ"ח, ע' [גרד] to scratch, scrape oneself
הִתְגָּרָה, פ"ח, ע' [גרה] to provoke, excite oneself, start a quarrel
הִתְגָּרוּת, נ', ר', ־רֻיּוֹת engaging in strife, challenge
הִתְגָּרֵשׁ, פעו"י, ע' [גרש] to be divorced; to divorce
הִתְגַּשְּׁמוּת, נ', ר', ־מֻיּוֹת realization, embodiment

הִתְדַּבֵּק, פ"ח, ע' [דבק] to be joined together; to be infected
הִתְדַּבְּקוּת, נ', ר', ־קֻיּוֹת attachment; infection
הִתְדַּלְדֵּל, פ"ח, ע' [דלדל] to be reduced to poverty
הִתְדַּלְדְּלוּת, נ', ר', ־לֻיּוֹת impoverishment
הִתְדַּמּוּת, נ', ר', ־מֻיּוֹת resemblance
הִתְדַּפֵּק, פ"ח, ע' [דפק] to beat, knock violently
הִתְדַּשֵּׁן, פ"ח, ע' [דשן] to grow fat
הִתְהַדֵּר, פ"ח, ע' [הדר] to decorate oneself, dress up
הִתְהַדְּרוּת, נ', ר', ־רֻיּוֹת gaudiness
הִתְהַוּוּת, נ', ר', ־וֻיּוֹת formation
הִתְהוֹלְלוּת, נ', ר', ־לֻיּוֹת riotousness
הִתְהַפְּכוּת, נ', ר', ־כֻיּוֹת change, transformation
הִתְוַדָּה, פ"ע, ע' [ידה] to confess
הִתְוַדֵּעַ, פ"ע, ע' [ידע] to become known, acquainted
הִתְוַדְּעוּת, נ', ר', ־עֻיּוֹת making oneself known, making acquaintance
הִתְוַדָּה, פ"ח, ע' [ידה] to confess
הִתְוָה, פ"י, ע' [תוה] to set a mark; to outline
הִתּוּךְ, ז', ר', ־כִים smelting
הִתְוַכֵּחַ, פ"ע, ע' [יכח] to argue, dispute
הִתְוַכְּחוּת, נ', ר', ־חֻיּוֹת discussion
הִתּוּל, ז', ר', ־לִים sarcasm, mockery
הִתּוּלִי, ת"ז, ־לִית, ת"נ sarcastic, ironical
הֲתוּלִים, ז"ר mockery
הִתְוַעֵד, פ"ח, ע' [ועד] to assemble, meet

הִתְוַעֲדוּת, נ׳, ר׳, ־דֻיּוֹת meeting together

הִתַּז, פ״י, ע׳ [תזז] to chop, strike off

הַתָּזָה, נ׳, ר׳, ־זוֹת chopping

הִתְחַבֵּב, פ״ח, ע׳ [חבב] to be liked, loved

הִתְחַבֵּט, פ״ח, ע׳ [חבט] to exert oneself

הִתְחַבֵּר, פ״ח, ע׳ [חבר] to become joined

הִתְחַבְּרוּת, נ׳, ר׳, ־רֻיּוֹת union

הִתְחַדֵּשׁ, פ״ח, ע׳ [חדש] to be renewed

הִתְחַדְּשׁוּת, נ׳, ר׳, ־שֻׁיּוֹת renovation, renewal

הִתְחַזֵּק, פ״ח, ע׳ [חזק] to strengthen oneself; to take courage

הִתְחַזְּקוּת, נ׳, ר׳, ־קֻיּוֹת growing strong

הִתְחַיְּבוּת, נ׳, ר׳, ־בֻיּוֹת obligation, undertaking a duty

הִתְחַיֵּב, פ״ח, ע׳ [חיב] to undertake (an obligation); to pledge oneself

הִתְחַכְּכוּת, נ׳, ר׳, ־כֻיּוֹת rubbing, friction

הִתְחַכְּמוּת, נ׳, ר׳, ־מֻיּוֹת display of wisdom, sophistry

הַתְחָלָה נ׳, ר׳, ־לוֹת beginning

הִתְחַלָּה, פ״ע, ע׳ [חלה] to feign sickness

הַתְחָלִי, ת״ז, ־לִית, ת״נ elementary

הִתְחַלֵּף, פ״ח, ע׳ [חלף] to be altered, transformed

הִתְחַלְּפוּת, נ׳, ר׳, ־פֻיּוֹת change

הִתְחַלְּקוּת, נ׳, ר׳, ־קֻיּוֹת slipping; division

הִתְחַמֵּם, פ״ח, ע׳ [חמם] to warm oneself

הִתְחַמְּמוּת, נ׳, ר׳, ־מֻיּוֹת becoming warm

הִתְחַמֵּץ, פ״ח, ע׳ [חמץ] to be soured; to be degenerate

הִתְחַמְּצוּת, נ׳, ר׳, ־צֻיּוֹת souring; degeneration

הִתְחַמֵּק, פ״ח, ע׳ [חמק] to turn hither and thither; to evade; to go slumming

הִתְחַמֵּשׁ, פ״ח, ע׳ [חמש] to arm oneself

הִתְחַנֵּךְ, פ״ח, ע׳ [חנך] to educate oneself; to be dedicated

הִתְחַנֵּן, פ״ח, ע׳ [חנן] to implore, supplicate; to find favor

הִתְחַסֵּד, פ״ח, ע׳ [חסד] to be kind; to feign piety

הִתְחַסְּדוּת, נ׳, ר׳, ־דֻיּוֹת bigotry

הִתְחַסֵּם, פ״ח, ע׳ [חסם] to be tempered

הִתְחַסֵּר, פ״ח, ע׳ [חסר] to dwindle, be reduced

הִתְחַפֵּשׂ, פ״ח, ע׳ [חפש] to disguise, hide oneself

הִתְחַפְּשׂוּת, נ׳, ר׳, ־שֻׂיּוֹת disguising

הִתְחַצֵּף, פ״ח, ע׳ [חצף] to be impudent

הִתְחַקָּה, פ״ח, ע׳ [חקה] to trace, investigate

הִתְחַקּוּת, נ׳, ר׳, ־קֻיּוֹת tracing, investigation

הִתְחָרָה, פ״ח, ע׳ [חרה] to compete, rival

הִתְחָרוּת, נ׳, ר׳, ־רֻיּוֹת rivalry, competition, contest

הִתְחָרֵט, פ״ע, ע׳ [חרט] to repent

הִתְחָרְטוּת, נ׳, ר׳, ־טֻיּוֹת remorse, repentance

הִתְחָרֵשׁ, פ״ח, ע׳ [חרש] to whisper; to become deaf

הִתְחַשֵּׁב, פ"ח, ע' [חשב] to be considered, esteemed, taken into consideration

הִתְחַשְּׁבוּת, נ', ר', ־בֻיּוֹת consideration

הִתְחַשֵּׁק, פ"ח, ע' [חשק] to be lustful

הִתְחַתֵּן, פ"ח, ע' [חתן] to get married, be related by marriage

הִתְחַתְּנוּת, נ', ר', ־נֻיּוֹת contractual agreement for marriage

הִתְיָאֵשׁ, פ"ח, ע' [יאש] to despair

הִתְיַבְּשׁוּת, נ', ר', ־שֻׁיּוֹת drying up

הִתְיַדֵּד, פ"ח, ע' [ידד] to befriend, become friendly

הִתְיַהֵד, פ"ח, ע' [יהד] to become a Jew

הִתְיַהֲדוּת, נ', ר', ־דֻיּוֹת becoming Jewish

הִתְיַהֵר, פ"ח, ע' [יהר] to be haughty, arrogant

הִתְיַוֵּן, פ"ח, ע' [יון] to become Hellenized

הִתִּיז, פ"י, ע' [נתז] to chop off; to sprinkle; to articulate distinctly

הִתְיַחֵד, פ"ח, ע' [יחד] to commune with

הִתְיַחֲדוּת, נ', ר', ־דֻיּוֹת being alone with; communion

הִתְיַחֵס, פ"ח, ע' [יחס] to behave towards

הִתְיַחֲסוּת, נ', ר', ־סֻיּוֹת relationship

הִתְיַחֵשׂ, פ"ח, ע' [יחש] to be enrolled in genealogical records

הִתִּיךְ, פ"י, ע' [נתך] to pour out; to melt

הִתְיַלֵּד, פ"ח, ע' [ילד] to declare one's pedigree; to be born

הִתְיַמֵּר, פ"ח, ע' [ימר] to boast; to pretend

הִתְיַסְּדוּת, נ', ר', ־דֻיּוֹת founding

הִתְיָעֵץ, פ"ח, ע' [יעץ] to consult

הִתְיָעֲצוּת, נ', ר', ־צֻיּוֹת taking counsel, consultation

הִתְיַפּוּת, נ', ר', ־פֻיּוֹת beautifying

הִתְיַפֵּחַ, פ"ח, ע' [יפח] to cry out bitterly, bewail

הִתְיַצֵּב, פ"ח, ע' [יצב] to endure; to station oneself

הִתְיַצְּבוּת, נ', ר', ־בֻיּוֹת presenting oneself (in army); stabilizing

הִתִּיר, פ"י, ע' [נתר] to loosen; to permit

הִתִּישׁ, פ"י, ע' [נתש] uproot, destroy

הִתְיַשְּׁבוּת, נ', ר', ־בֻיּוֹת settlement, deliberation

הִתְיַשְּׁרוּת, נ', ר', ־רֻיּוֹת straightening

הִתְכַּבֵּד, פ"ח, ע' [כבד] to amass wealth; to be received

הַתָּכָה, נ', ר', ־כוֹת melting

הִתְכַּוֵּן, פ"ח, ע' [כון] to intend, mean

הִתְכּוֹנְנוּת, נ', ר', ־נֻיּוֹת preparing, readiness

הִתְכַּוֵּץ, פ"ח, ע' [כוץ] to become shrunk, contract

הִתְכַּוְּצוּת, נ', ר', ־צֻיּוֹת contraction, shrinking

הִתְכַּחֲשׁוּת, נ', ר', ־שֻׁיּוֹת denial, being false

הִתְכַּנְּסוּת, נ', ר', ־סֻיּוֹת concentration

הִתְכַּסָּה, פ"ח, ע' [כסה] to cover (clothe) oneself

הִתְכַּסּוּת, נ', ר', ־סֻיּוֹת covering

הִתְכַּתֵּב, פ"ח, ע' [כתב] to correspond

הִתְכַּתְּשׁוּת, נ', ר', ־שֻׁיּוֹת brawl

הִתֵּל, הֵתֵל, פ"י to mock, deceive

הִתְלַבֵּט, פ״ח, ע׳ [לבט] to toil; to be in trouble

הִתְלַבְּנוּת, נ׳, ר׳, ־נֻיּוֹת whitening (of metal); clarification

הִתְלַבְּשׁוּת, נ׳, ר׳, ־שֻׁיּוֹת dressing

הִתְלַהֵב, פ״ח, ע׳ [להב] to be enthusiastic

הִתְלַהֲבוּת, נ׳, ר׳, ־בֻיּוֹת enthusiasm; inspiration

הִתְלַהֲטוּת, נ׳, ר׳, ־טֻיּוֹת scorching (of metals)

הִתְלַהְלֵהַּ, פ״ח, ע׳ [להלה] to play the fool, behave madly

הִתְלַהֵם, פ״ח, ע׳ [להם] to strike, give blow

הִתְלוֹנֵן, פ״ח, ע׳ [לון] to dwell; to seek shelter; to complain

הִתְלוֹנְנוּת, נ׳, ר׳, ־נֻיּוֹת complaining

הִתְלוֹצֵץ, פ״ח, ע׳ [ליץ] to joke

הִתְלוֹצְצוּת, נ׳, ר׳, ־צֻיּוֹת mockery

הִתְלַחְלֵחַ, פ״ח, ע׳ [לחלח] become moist, damp

הִתְלִיעַ, פ״ע, ע׳ [תלע] to be worm-eaten

הִתְלַכֵּד, פ״ח, ע׳ [לכד] to unite, integrate

הִתְלַכְּדוּת, נ׳, ר׳, ־דֻיּוֹת uniting, merger

הִתְלַמֵּד, פ״ח, ע׳ [למד] to study by oneself

הַתְלָעָה, נ׳, ר׳, ־עוֹת being worm-eaten; rottenness

הִתְלַפֵּד, פ״ח, ע׳ [לפד] to glitter, sparkle

הִתְלַקְּחוּת, נ׳, ר׳, ־חֻיּוֹת catching on fire

הֵתַם, פ״י, ע׳ [תמם] to finish; to make perfect

הִתְמַגֵּן, פ״ח, ע׳ [מגן] to shield oneself

הַתְמָדָה, נ׳, ר׳, ־דוֹת diligence, perseverance

הִתְמַהְמֵהַּ, פ״ח, ע׳ [מהמה] to linger, hesitate; to be late

הִתְמַהְמְהוּת, נ׳, ר׳, ־הֻיּוֹת tarrying, lingering

הִתְמוֹגֵג, פ״ח, ע׳ [מוג] to melt away, flow

הִתְמוֹגְגוּת, נ׳, ר׳, ־גֻיּוֹת melting

הִתְמוֹדֵד, פ״ח, ע׳ [מדד] to stretch oneself out

הִתְמוֹטֵט, פ״ח, ע׳ [מוט] to disintegrate, collapse, depreciate

הִתְמוֹטְטוּת, נ׳, ר׳, ־טֻיּוֹת tottering, crumbling

הִתְמַזֵּג, פ״ח, ע׳ [מזג] to become mixed

הִתְמַזְּגוּת, נ׳, ר׳, ־גֻיּוֹת blending, fusion

הִתְמַזֵּל, פ״ח, ע׳ [מזל] to become lucky

הִתְמַזְמֵז, פ״ח, ע׳ [מזמז] to soften; to pet

הִתְמַזְמְזוּת, נ׳, ר׳, ־זֻיּוֹת petting

הִתְמַחָה, פ״ח, ע׳ [מחה] to specialize

הִתְמַחוּת, נ׳, ר׳, ־חֻיּוֹת becoming expert, specializing

הִתְמַטְמֵט, פ״ח, ע׳ [מטמט] to be crumbled; to totter, fall down

הִתְמִיד, פעו״י, ע׳ [תמד] to be diligent; to cause to be constant

הִתְמִיהַּ, פעו״י, ע׳ [תמה] to cause amazement, be amazed

הִתְמַכֵּר, פ״ח, ע׳ [מכר] to sell oneself; to devote oneself

הִתְמַכְּרוּת, נ׳, ר׳, ־רֻיּוֹת devotion, self-dedication

הִתְמַלֵּא, פ״ח, ע׳ [מלא] to become filled; to be gathered

הִתְמַלְּאוּת, נ׳, ר׳, ־אֻיּוֹת filling up; realization

הִתְמַלֵּט, פ״ח, ע׳ [מלט] to escape

הִתְמַלֵּל, פ״ח, ע׳ [מלל] to be pronounced, expressed

הִתַּמֵּם, פ״ח, ע׳ [תמם] to be innocent; to feign simplicity

הִתְמַמֵּשׁ, פ״ח, ע׳ [ממש] to become materialized

הִתְמַנּוּת, נ׳, ר׳, ־נֻיּוֹת appointment, nomination

הִתְמַסְמְסוּת, נ׳, ר׳, ־סֻיּוֹת melting, dissolution

הִתְמַסְּרוּת, נ׳, ר׳, ־רֻיּוֹת devoting oneself

הִתְמַעֵט, פ״ח, ע׳ [מעט] to be reduced, diminished

הִתְמָעֲטוּת, נ׳, ר׳, ־טֻיּוֹת lessening, diminution

הִתְמַעֵן, פ״ח, ע׳ [מען] to be humbled

הִתְמַצְּאוּת, נ׳, ר׳, ־אֻיּוֹת orientation

הִתְמַצָּה, פ״ח, ע׳ [מצה] to drip out

הִתְמַקְמֵק, פ״ח, ע׳ [מקמק] to dissolve; to get weak bodily

הִתְמַרְמְרוּת, נ׳, ר׳, ־רֻיּוֹת embitterment

הִתְמָרֵק, פ״ח, ע׳ [מרק] to be purified; to be purged; to be digested

הִתְמָרֵר, פ״ח, ע׳ [מרר] to become bitter

הִתְמַשֵּׁךְ, פ״ח, ע׳ [משך] to extend, stretch out

הִתְמַשְּׁכוּת, נ׳, ר׳, ־כֻיּוֹת continuation

הִתְמַשֵּׁל, פ״ח, ע׳ [משל] to be likened; to become like

הִתְמַשֵּׁשׁ, פ״ח, ע׳ [משש] to become touchable

הִתְמַתֵּן, פ״ח, ע׳ [מתן] to do slowly, go easy

הִתְמַתֵּק, פ״ח, ע׳ [מתק] to become sweet, calm

הִתְנָאָה, פ״ח, ע׳ [נאה] to adorn oneself; to enjoy

הִתְנָאוּת, נ׳, ר׳, ־אֻיּוֹת beautifying oneself

הִתְנַבְּאוּת, נ׳, ר׳, ־אֻיּוֹת prophesying

הִתְנַבֵּל, פ״ח, ע׳ [נבל] to be disgraced

הִתְנַבֵּר, פ״ח, ע׳ [נבר] to act haughtily, cunningly

הִתְנַגֵּב, פ״ח, ע׳ [נגב] to be parched, dried up; to wipe oneself

הִתְנַגְּדוּת, נ׳, ר׳, ־דֻיּוֹת opposition, resistance

הִתְנַגְּחוּת, נ׳, ר׳, ־חֻיּוֹת butting in

הִתְנַגֵּן, פ״ח, ע׳ [נגן] to get played (automatically)

הִתְנַגֵּף, פ״ח, ע׳ [נגף] to strike (against); to stumble

הִתְנַגֵּשׁ, פ״ח, ע׳ [נגש] to draw near one another; to conflict, collide

הִתְנַגְּשׁוּת, נ׳, ר׳, ־שֻׁיּוֹת encounter; collision

הִתְנַדְּבוּת, נ׳, ר׳, ־בֻיּוֹת volunteering

הִתְנַדְנְדוּת, נ׳, ר׳, ־דֻיּוֹת swinging

הִתְנַדֵּף, פ״ח, ע׳ [נדף] to evaporate; to be blown away

הִתְנַדְּפוּת, נ׳, ר׳, ־פֻיּוֹת evaporation

הִתְנָה, פ״י, ע׳ [תנה] to stipulate, make a condition

הִתְנַהֵג, פ״ח, ע׳ [נהג] to conduct, behave oneself

הִתְנַהֲגוּת, נ׳, ר׳, ־גֻיּוֹת conduct, behavior

הִתְנַהֵל, פ״ח, ע׳ [נהל] to go on slowly; to be conducted

הִתְנוֹבֵב, פ״ח, ע׳ [נוב] to start growing

הִתְנוֹדֵד, פ״ח, ע׳ [נוד] to be moved; to sway, totter

הִתְנוֹדְדוּת, נ׳, ר׳, ־דֻיּוֹת swaying, tottering

הִתְנַוָּה, פ״ח, ע׳ [נוה] to be ostentatious; to adorn oneself

הִתְנַוְנָה, פ״ח, ע׳ [נונה] to waste away, deteriorate

הִתְנַוְּנוּת, נ׳, ר׳, ־וֻנִיּוֹת degeneration, deterioration

הִתְנוֹעֲעוּת, נ׳, ר׳, ־עֻיּוֹת rocking, moving

הִתְנוֹפֵף, פ״ח, ע׳ [נוף] to be displayed as a banner; to flutter

הִתְנוֹצְצוּת, נ׳, ר׳, ־צֻיּוֹת shining, glittering

הִתְנַחֵל, פ״ח, ע׳ [נחל] to acquire as a possession

הִתְנַחֲמוּת, נ׳, ר׳, ־מֻיּוֹת consolation

הִתְנַכְּלוּת, נ׳, ר׳, ־לֻיּוֹת intriguing, plotting

הִתְנַכְּרוּת, נ׳, ר׳, ־כְּרֻיּוֹת estrangement

הִתְנַעֲרוּת, נ׳, ר׳, ־רֻיּוֹת getting up; shaking off

הִתְנַפֵּחַ, פ״ח, ע׳ [נפח] to put on airs

הִתְנַפֵּל, פ״ח, ע׳ [נפל] to attack, fall upon

הִתְנַפְּלוּת, נ׳, ר׳, ־לֻיּוֹת attack, assault

הִתְנַצְּלוּת, נ׳, ר׳, ־לֻיּוֹת apology

הִתְנַצֵּר, פ״ח, ע׳ [נצר] to become a Christian, be converted to Christianity

הִתְנַקְּשׁוּת, נ׳, ר׳, ־שֻׁיּוֹת plotting, laying snares

הִתְנַשֵּׂא, פ״ח, ע׳ [נשא] to lift oneself up, exalt oneself, rise

הִתְנַשְּׂאוּת, נ׳, ר׳, ־אֻיּוֹת self-elevation; self-exaltation

הִתְנַשְּׁמוּת, נ׳, ר׳, ־מֻיּוֹת breathing heavily

הִתְעַבּוּת, נ׳, ר׳, ־בֻּיּוֹת thickening; condensation

הִתְעַבֵּר, פ״ח, ע׳ [עבר] to be enraged; to become pregnant

הִתְעַבְּרוּת, נ׳, ר׳, ־רֻיּוֹת becoming pregnant; becoming enraged

הִתְעוֹרְרוּת, נ׳, ר׳, ־רֻיּוֹת awakening, stirring

הִתְעַטְּפוּת, נ׳, ר׳, ־פֻיּוֹת wrapping oneself

הִתְעַטֵּשׁ, פ״ת, ע׳, [עטש] to sneeze

הַתְעָיָה, נ׳, ר׳, ־יוֹת deception

הִתְעַכְּבוּת, נ׳, ר׳, ־בֻיּוֹת delay

הִתְעַלּוּת, נ׳, ר׳, ־לֻיּוֹת raising oneself, exaltation

הִתְעַלֵּל, פ״ח, ע׳ [עלל] to act ruthlessly

הִתְעַלְּמוּת, נ׳, ר׳, ־מֻיּוֹת shutting one's eyes; hiding oneself

הִתְעַלֵּף, פ״ח, ע׳ [עלף] to faint; to cover oneself, wrap oneself

הִתְעַלְּפוּת, נ׳, ר׳, ־פֻיּוֹת swoon, faint

הִתְעַמֵּל, פ״ח, ע׳ [עמל] to perform physical exercises

הִתְעַמְּלוּת, נ׳, ר׳, ־לֻיּוֹת exercising, gymnastics

הִתְעַמֵּק, פ״ח, ע׳ [עמק] to think deeply, ponder

הִתְעַמֵּר, פ״ח, ע׳ [עמר] to deal tyrannically

הִתְעַנְּגוּת, נ׳, ר׳, ־גֻיּוֹת — amusement
הִתְעַנֵּן, פ״ח, ע׳ [ענן] — to become cloudy
הִתְעַנּוּת, נ׳, ר׳, ־נֻיּוֹת — suffering; fasting
הִתְעַנְיְנוּת, נ׳, ר׳, ־נֻיּוֹת — interest
הִתְעַסְּקוּת, נ׳, ר׳, ־קֻיּוֹת — dealing
הִתְעַצְּבוּת, נ׳, ר׳, ־בֻיּוֹת — sorrowing, sorrow
הִתְעַצְּלוּת, נ׳, ר׳, ־לֻיּוֹת — laziness, indolence
הִתְעַקֵּם, פ״ח, ע׳ [עקם] — to become crooked (bent)
הִתְעַקְּמוּת, נ׳, ר׳, ־מֻיּוֹת — crookedness
הִתְעַקֵּשׁ, פ״ח, ע׳ [עקש] — to be obstinate
הִתְעַקְּשׁוּת, נ׳, ר׳, ־שֻׁיּוֹת — obstinacy, stubbornness
הִתְעָרֵב, פ״ח, ע׳ [ערב] — to inter-mingle; to interfere; to bet
הִתְעָרְבוּת, נ׳, ר׳, ־בֻיּוֹת — meddling, interference; betting
הִתְעָרָה, פ״ח, ע׳ [ערה] — to make naked; to spread oneself
הִתְעַשֵּׁת, פ״ח, ע׳ [עשת] — to think, bethink, consider
הִתְפָּאֵר, פ״ח, ע׳ [פאר] — to boast
הִתְפָּאֲרוּת, נ׳, ר׳, ־רֻיּוֹת — boasting
הִתְפַּזְּרוּת, נ׳, ר׳, ־רֻיּוֹת — dispersion
הִתְפַּחֲמוּת, נ׳, ר׳, ־מֻיּוֹת — carbonization; electrocution
הִתְפַּטֵּר, פ״ח, ע׳ [פטר] — to resign
הִתְפַּטְּרוּת, נ׳, ר׳, ־רֻיּוֹת — resignation
הִתְפַּכְּחוּת, נ׳, ר׳, ־חֻיּוֹת — sobering
הִתְפַּלֵּא, פ״ח, ע׳ [פלא] — to wonder, be surprised
הִתְפַּלְּאוּת, נ׳, ר׳, ־אֻיּוֹת — wonder, surprise

הִתְפַּלְּגוּת, נ׳, ר׳, ־גֻיּוֹת — division, schism
הִתְפַּלֵּל, פ״ח, ע׳ [פלל] — to pray
הִתְפַּלְמֵס, פ״ח, ע׳ [פלמס] — to dispute
הִתְפַּלְסֵף, פ״ח, ע׳ [פלסף] — to philosophize
הִתְפַּלֵּשׁ, פ״ח, ע׳ [פלש] — to roll in
הִתְפַּעֵל, ז׳ — hithpa'el, the reflexive form of the intensive stem of the Hebrew verb
הִתְפַּעֵל, פ״ח, ע׳ [פעל] — to be impressed, affected
הִתְפָּעֲלוּת, נ׳, ר׳, ־לֻיּוֹת — emotion; rapture
הִתְפָּעֵם, פ״ח, ע׳ [פעם] — to be troubled
הִתְפַּצֵּל, פ״ח, ע׳ [פצל] — to form branches
הִתְפַּקֵּד, פ״ח, ע׳ [פקד] — to be mustered
הִתְפָּרֵד, פ״ח, ע׳ [פרד] — to be separated from each other; to be scattered
הִתְפָּרְדוּת, נ׳, ר׳, ־דֻיּוֹת — separation; decomposition
הִתְפַּרְסְמוּת, נ׳, ר׳, ־מֻיּוֹת — becoming renowned
הִתְפָּרְצוּת, נ׳, ר׳, ־צֻיּוֹת — outbreak
הִתְפָּרֵק, פ״ח, ע׳ [פרק] — to be dismembered
הִתְפַּשֵּׁט, פ״ח, ע׳ [פשט] — to undress; to be spread
הִתְפַּשְּׁטוּת, נ׳, ר׳, ־טֻיּוֹת — expansion, spreading
הִתְפַּשֵּׁר, פ״ח, ע׳ [פשר] — to be settled
הִתְפַּשְּׁרוּת, נ׳, ר׳, ־רֻיּוֹת — compromising
הִתְפַּתֵּחַ, פ״ח, ע׳ [פתח] — to develop oneself

הִתְפַּתְּחוּת, נ׳, ר׳, ־חֻיּוֹת development

הִתְפַּתֵּל, פ״ח, ע׳ [פתל] to deal torturously

הִתְקַבְּצוּת, נ׳, ר׳, ־צֻיּוֹת gathering; assembling

הִתְקַדֵּם, פ״ח, ע׳ [קדם] to progress

הִתְקַדְּמוּת, נ׳, ר׳, ־מֻיּוֹת progress

הִתְקַדֵּשׁ, פ״ח, ע׳ [קדש] to become sanctified

הִתְקַדְּשׁוּת, נ׳, ר׳, ־שֻׁיּוֹת sanctification

הִתְקוֹטֵט, פ״ח, ע׳ [קטט] to quarrel

הִתְקוֹטְטוּת, נ׳, ר׳, ־טֻיּוֹת quarreling

הִתְקוֹמֵם, פ״ח, ע׳ [קום] to rise against, revolt

הִתְקוֹמְמוּת, נ׳, ר׳, ־מֻיּוֹת uprising

הִתְקַטֵּעַ, פ״ח, ע׳ [קטע] to be crippled

הִתְקִין, פ״י, ע׳ [תקן] to prepare; to ordain; to establish

הִתְקַעְקֵעַ, פ״ח, ע׳ [קעקע] to be uprooted

הַתְקָפָה, נ׳, ר׳, ־פוֹת attack, assault

הִתְקַפְּלוּת, נ׳, ר׳, ־לֻיּוֹת folding up

הִתְקַצֵּף, פ״ח, ע׳ [קצף] to become angry

הִתְקַצְּפוּת, נ׳, ר׳, ־פֻיּוֹת becoming angry

הִתְקָרְבוּת, נ׳, ר׳, ־בֻיּוֹת coming near, approaching

הִתְקָרֵר, פ״ח, ע׳ [קרר] to catch cold

הִתְקָרְרוּת, נ׳, ר׳, ־רֻיּוֹת cooling off

הִתְקַשּׁוּת, נ׳, ר׳, ־שֻׁיּוֹת hardening

הִתְקַשֵּׁט, פ״ח, ע׳ [קשט] to adorn oneself

הִתְקַשֵּׁר, פ״ח, ע׳ [קשר] to become attached; to get in touch with

הִתְקַשְּׁרוּת, נ׳, ר׳, ־רֻיּוֹת binding together, combination

הֶתֵּר, ז׳, ר׳, ־רִים loosening; permission

הִתְרָאָה, פ״ח, ע׳ [ראה] to see one another; to show oneself

לְהִתְרָאוֹת see you soon, au revoir

הַתְרָאָה, נ׳, ר׳, ־אוֹת warning

הִתְרַבּוּת, נ׳, ר׳, ־בֻּיּוֹת propagation; increase

הִתְרַבְרֵב, פ״ח, ע׳ [רברב] to swagger

הִתְרַגְּזוּת, נ׳, ר׳, ־זֻיּוֹת excitement; anger

הִתְרַגֵּל, פ״ח, ע׳ [רגל] to become accustomed

הִתְרַגֵּשׁ, פ״ח, ע׳ [רגש] to become excited

הִתְרַגְּשׁוּת, נ׳, ר׳, ־שֻׁיּוֹת excitement, emotion

הִתְרָה, פ״י, ע׳ [תרה] to warn, forewarn

הַתָּרָה, נ׳, ר׳, ־רוֹת loosening; permission

הִתְרוֹמְמוּת, נ׳, ר׳, ־מֻיּוֹת exaltation

הִתְרוֹעֵעַ, פ״ח, ע׳ [רוע, רעע] to shout in triumph; to become friendly

הִתְרוֹעֲעוּת, נ׳, ר׳, ־עֻיּוֹת befriending

הִתְרוֹצֵץ, פ״ח, ע׳ [רצץ] to run about

הִתְרוֹצְצוּת, נ׳, ר׳, ־צֻיּוֹת clash, conflict

הִתְרוֹקְנוּת, נ׳, ר׳, ־נֻיּוֹת emptying

הִתְרוֹשְׁשׁוּת, נ׳, ר׳, ־שֻׁיּוֹת impoverishment

הִתְרַחֲבוּת, נ׳, ר׳, ־בֻיּוֹת expansion

הִתְרַחֲקוּת, נ׳, ר׳, ־קֻיּוֹת estrangement

הִתְרִיז, פ״י, ע׳ [תרז] to have diarrhea

הִתְרִיס, פ״ע, ע׳ [תרס] to shield; to resist, defy, fight back

הִתְרִיעַ, פ״י, ע׳ [תרע] to blow the trumpet; to sound an alarm
הִתְרַכְּזוּת, נ׳, ר׳, ־זֻיוֹת centralization; concentration
הִתְרַכְּכוּת, נ׳, ר׳, ־כֻיוֹת softening
הִתְרַעֵם, פ״ח, ע׳ [רעם] to complain
הִתְרַעֲמוּת, נ׳, ר׳, ־מֻיוֹת being rancorous, complaining
הִתְרַפֵּס, פ״ח, ע׳ [רפס] to humiliate oneself
הִתְרַפְּסוּת, נ׳, ר׳, ־סֻיוֹת humbling oneself, self-abasement
הִתְרַפֵּק, פ״ח, ע׳ [רפק] to support oneself; to miss, long for
הִתְרַצּוּת, נ׳, ר׳, ־צֻיוֹת conciliation, acquiescence
הִתְרַשֵּׁל, פ״ח, ע׳ [רשל] to be lax
הִתְרַשְּׁלוּת, נ׳, ר׳, ־לֻיוֹת negligence
הִתְרַשֵּׁם, פ״ח, ע׳ [רשם] to be impressed
הִתְרַשְּׁמוּת, נ׳, ר׳, ־מֻיוֹת being impressed
הֲתָשָׁה, הַתָּשָׁה, נ׳, ר׳, ־שׁוֹת annihilation, weakening, enfeeblement
הִתְשׁוֹטְטוּת, נ׳, ר׳, ־טֻיוֹת aimless walking, wandering

ו

ו Vau, sixth letter of Hebrew alphabet; six
וְ־ (וּ־, וַ־, וָ־, וֶ־, וִ־) and; but
וַדָּאוּת, נ׳ certainty
וַדַּאי, וַדַּי, ז׳, ר׳, וַדָּאִים, וַדָּאוֹת certainty
וַדַּאי, בְּוַדַּאי, תה״פ certainly, surely
וַדָּאִי, ת״ז, ־אִית, ת״נ certain, sure
[ודה] הִתְוַדָּה, פ״ע, ע׳ [ידה] to confess
וִדּוּי, ז׳, ר׳, ־יִים confession
וָדִי, וָאדִי, ז׳, ר׳, ־דִים, ־דִיּוֹת stream; valley
[ודע] הִתְוַדַּע, פ״ע, ע׳ [ידע] to become known, acquainted
וָהֵב, ז׳, ר׳, וְהֵבִים pool
וָו, ז׳, ר׳, ־וִים hook; Vau, name of sixth letter in Hebrew alphabet
וָו הַחִבּוּר Vau (conjunctive)
וָו הַהִפּוּךְ Vau (conversive)
וָוִית, נ׳, ר׳, ־יוֹת peg, small hook
וָזִיר, ז׳, ר׳, וְזִירִים minister (of state)
וָטִיב, ז׳, ר׳, וְטִיבִים penis
וַי, מ״ק woe!, alas!
וִילוֹן, ז׳, ר׳, ־נוֹת curtain
וִכּוּחַ, ז׳, ר׳, ־חִים discussion, argument, controversy
וִכּוּחִי, ת״ז, ־חִית, ת״נ controversial, argumentative
וִכַּח, פ״ע, הִתְוַכַּח, פ״ע, ע׳ [יכח] to discuss, argue
וָלָד ז׳, ר׳, וְלָדוֹת child, infant
וַלְדָּנִית, נ׳, ר׳, ־יוֹת prolific mother
וֶסֶת, נ׳, ר׳, וְסָתוֹת, וֶסְתּוֹת conduct, manner, habit; menstruation
וִסֵּת, פ״י to regulate
וַסָּת, ז׳, ר׳, ־תִים regulator
וַעַד, ז׳, ר׳, וְעָדִים committee; meeting
וַעַד פּוֹעֵל the executive
וִעֵד, פ״י to appoint (committee)
הִתְוַעֵד, פ״ח to assemble, meet
וָעֶד, תה״פ forever

וַעֲדָה, נ׳, ר׳, וְעָדוֹת commission, subcommittee
וְעִידָה, נ׳, ר׳, ־דוֹת conference, convention
וֶרֶד, ז׳, ר׳, וְרָדִים rose
וָרֹד, וַרְדִּי, ת״ז, וְרֻדָּה, וַרְדִּית, ת״נ rosy
וְרִיד, ז׳, ר׳, וְרִידִים jugular vein
וְרִידִי, ת״ז, ־דִית, ת״נ veined
וֵשֶׁט, ז׳ esophagus
וִתּוּר, ז׳, ר׳, ־רִים renunciation, concession

וְתִין, ז׳ aorta
וָתִיק, ת״ז, וְתִיקָה, ת״נ steady, conscientious, earnest; veteran
וְתִיקוּת, נ׳ conscientiousness, steadiness, earnestness
וֶתֶק, ז׳ tenure; experience; earnestness
וִתֵּר, פ״י to renounce; to surrender; to concede; to forgive
וַתְּרָן, ז׳, ר׳, ־נִים compromiser; liberal; generous man

Z ז

ז Zayin, seventh letter of Hebrew alphabet; seven
זְאֵב, ז׳, ר׳, ־בִים wolf
זַאֲטוּט, זַעֲטוּט, ז׳, ר׳, ־טִים young man, youth; student
זֹאת, מ״ג this, this one (*f.*)
זאת אוֹמֶרֶת that is to say
בְּכָל זֹאת yet, nevertheless
זָב, ז׳, ר׳, ־בִים person afflicted with gonorrhea
זֶבֶד, ז׳, ר׳, זְבָדִים bestowal, gift; dowry
זָבַד, פ״י to bestow, endow
זִבְדָּה, נ׳, ר׳, זְבָדוֹת cream
זְבוּב, ז׳, ר׳, ־בִים fly
זִבּוּל, זִיבּוּל, ז׳, ר׳, ־לִים manuring
זְבוּל, ז׳, ר׳, ־לִים habitation, residence
זִבּוּרִית, נ׳ lowest land, poorest soil
זְבוֹרִית, נ׳, ר׳, ־יוֹת ballast
זָבוּת, נ׳ gonorrhea
זֶבַח, ז׳, ר׳, זְבָחִים, ־חוֹת slaughter; sacrifice
זָבַח, פ״י to slaughter; to sacrifice

זְבִיחָה, נ׳, ר׳, ־חוֹת slaughtering; sacrificing
זָבַל, פ״י to dwell, live
זִבֵּל, פ״י to manure, fertilize
זֶבֶל, ז׳, ר׳, זְבָלִים dung, manure
זַבָּל, ז׳, ר׳, ־לִים scavenger
זַבְלְגָן, ת״ז, ־נִית, ת״נ blear-eyed
זַבֶּלֶת, נ׳, ר׳, ־בָּלוֹת dung heap
זָבַן, פ״י to buy; to bargain
זִבֵּן, פ״י to sell
הִזְדַּבֵּן, פ״ח to be sold
זָג, ז׳, ר׳, ־גִים skin of grapes
זַגָּג, ז׳, ר׳, ־גִים glassmaker, glazier
זִגֵּג, פ״י to glaze
זִגּוּג, זִיגּוּג, ז׳, ר׳, ־גִים glazing
זֵד, ז׳, ר׳, ־דִים wicked person; presumptuous person
זָדוֹן, ז׳, ר׳, זְדוֹנִים, ־נוֹת insolence, presumptuousness
זְדוֹנִי, ת״ז, ־נִית, ת״נ insolent, presumptuous
זֶה, זֹה, מ״ג this, this one
זָהָב, ז׳, ר׳, זְהָבִים gold
זָהָב לָבָן platinum

זָהָב, ת״ז, זְהֻבָּה, ת״נ golden, gold

זֶהָב, זֶהָבִי, ז׳, ר׳, זֶהָבִים goldsmith, jeweler

[זהב] הִזְהִיב, פעו״י to gild

זְהַבְהַב, ת״ז, ־בָּה, ת״נ golden

זִהָה, פ״י to identify

זֶהוּ, מ״ג this is, this is the one (*m.*)

זָהוּב, ז׳, ר׳, זְהוּבִים gold coin

זִהוּב, ז׳, ר׳, ־בִים gilding

זִהוּי, ז׳, ר׳, ־יִים identification

זִהוּם, ז׳, ר׳, ־מִים filth, impurity

זְהוֹרִית, נ׳, ר׳, ־רִיּוֹת crimson; artificial silk, nylon

זֶהוּת, נ׳, ר׳, ־הֻיּוֹת identity

זָהִיר, ת״ז, זְהִירָה, ת״נ prudent, careful; bright

זְהִירוּת, נ׳, ר׳, ־רֻיּוֹת prudence, care, caution

זִהֵם, פ״י to make filthy, to dirty

זֻהֲמָה, נ׳, ר׳, ־מוֹת dirt; filth; froth

זֹהַר, ז׳, ר׳, זְהָרִים brightness

[זהר] הִזְהִיר, פ״י to shine; to teach; to warn

נִזְהַר, פ״ע to be careful, take heed

זַהֲרוּר, ז׳, ר׳, ־רִים glow, glare, reflection

זַהֲרוּרִית, נ׳ reflection of light

זַרְחִית, נ׳ phosphorus

זִו, זִיו, ז׳ glory, splendor

זוֹ, מ״ג this, this one (*f.*)

זוּ, מ״י who, which; this

[זוב] זָב, פ״ע to flow; to drip

זוֹב, ז׳ gonorrhea

זוּג, ז׳, ר׳, ־גוֹת pair

בֶּן־זוּג partner, mate

זוֹג, ז׳, ר׳, ־גִים bell, the body of a bell

זִוֵּג, פ״י to pair, match, mate

הִזְדַּוֵּג, פ״ח to be paired, be mated

זוּגָה, נ׳, ר׳, ־גוֹת female mate, wife

זוּגִי, ת״ז, ־גִית, ת״נ dual

זוּגִיּוּת, נ׳ duality

[זוד] זָד, פ״ע to boil, flow over; to plan evil; to be insolent

הֵזִיד, פ״ע to boil, seethe; to act insolently

זִוּוּג, ז׳, ר׳, ־גִים coupling, mating; matching (for matrimony)

[זוז] זָז, פ״ע to move, go away

הֵזִיז, פ״י to move; remove

זוּז, ז׳, ר׳, ־זִים a silver coin worth 1/4 shekel

[זוח] זָח, פ״ע to move

זָחָה (עָלָיו) דַּעְתּוֹ to be over-bearing; to be proud

זוֹחֵל, ז׳, ר׳, ־חֲלִים crawler, creeper; reptile

זוֹחֲלִים, ז״ר reptiles

זוֹט, ז׳, ר׳, ־טִים bottom (of net, receptacle)

זָוִית, נ׳, ר׳, ־יוֹת corner; angle

זָוִית יְשָׁרָה right angle

[זול] זָל, פעו״י to disregard; to be cheap, worthless

זוֹל, ת״ז, ־לָה, ת״נ cheap, low-priced

זוֹלֵל, ת״ז, ־לֵלָה, ־לֶלֶת, ת״נ vile, worthless, mean; glutton

זוֹלְלוּת, נ׳, ר׳, ־לֻיּוֹת gluttony

זוּלַת־, זוּלָתִי־, מ״י except

הַזּוּלַת the other

זוּלְתָן, נ׳, ר׳, ־נִים altruist

זוּלְתָנוּת, נ׳ altruism

זוֹמֵם, ת״ז, ־מֶמֶת, ת״נ evil thinking

[זון] זָן, פ״י to feed, nourish

זוֹנָה, נ׳, ר׳, ־נוֹת harlot, prostitute

[זוע] זָע, פ״ע to tremble, shake

הֵזִיעַ, פעו״י to perspire; to shake

זְוָעָה, נ׳, ר׳, ־עוֹת — trembling, fear; earthquake

זָוַק, פ״י — to barbecue, broil

[זור] זָר, פעו״י — to press, squeeze out; to be a stranger; to turn away

זְוֵר, ז׳, ר׳, ־וְרִים — cross-eyed, astigmatic

זוֹרֵר, פ״ע, ע׳ [זרר] — to sneeze

זָח, פ״ע, ע׳ [זוח] — to move

זָחוּחַ, ת״ז, זְחוּחָה, ת״נ — proud, haughty

זְחוּת, נ׳ — conceit

[זחח] נָזַח, נִזּוֹחַ, פ״ע — to be moved; to be removed

הֵזִיחַ, פ״י — to move

זְחִילָה, נ׳, ר׳, ־לוֹת — crawling, creeping

זָחַל, פ״ע — to crawl, creep; to flow; to fear

זַחַל, ז׳, ר׳, זְחָלִים — caterpillar; larva

זַחְלָן, ז׳, ר׳, ־נִים — sneak, creep; slimy individual

זַחְתָּן, ז׳, ר׳, ־נִים — boastful person

זִיבָה, זִיבוּת, נ׳ — gonorrhea

זִיבּוּל, זִבּוּל, ז׳ ,ר׳, ־לִים — manuring

זִיגּוּג, זִגּוּג, ז׳, ר׳, ־גִים — glazing

זִיו, זִו, ז׳ — brightness, glory, splendor

זִיּוּן, ז׳, ר׳, ־נִים — arming, putting on armor; decoration (of letters)

זִיוְתָן, ת״ז, ־נִית, ת״נ — handsome, good-looking

זִיּוּז, ז׳, ר׳, ־זִים — moulding, attachment; creeping things

זִיזָה, נ׳, ר׳, ־זוֹת — movement, slight motion

זִיזִית, נ׳, ר׳, ־יוֹת — console

זִים, ז׳, ר׳, ־מִים — gill

זַיִן, ז׳ — weapon, armor

כְּלֵי זַיִן — arms

זַיִן, נ׳ — Zayin, seventh letter of Hebrew alphabet

זִיֵּן, פ״י — to equip, arm

הִזְדַּיֵּן, פ״ח — to arm oneself

זִיעַ, ז׳ — trembling

זִיף, ז׳, ר׳, ־פִים — bristle

זִיֵּף, פ״י — to falsify, forge

זַיָּף, זַיְּפָן, ז׳, ר׳, ־פִים, ־נִים — forger

זַיְּפָנוּת, נ׳, ר׳, ־נֻיּוֹת — forgery

זִיק, ז׳, ר׳, ־קִים — comet, meteor; spark; storm

זִיקָה, נ׳, ר׳, ־קוֹת — spark; blast of wind

זִיר, ז׳, ר׳, ־רִים — seed pod; bunch; cord

זִירָה, נ׳, ר׳, ־רוֹת — arena

זַיִת, ז׳, ר׳, זֵיתִים — olive, olive tree

זַךְ, ת״ז, ־כָּה, ת״נ — pure, clean; clear

זֹךְ, ז׳ — purity, cleanliness

זַכַּאי, זַכַּי, ת״ז, ־כָּאִית, ת״נ — worthy; righteous, innocent

זָכָה, פ״ע — to be innocent; to attain, win; to be worthy

זִכָּה, פ״י — to declare innocent, acquit; to bestow; to credit

הִזַּכָּה, פ״ח — to purify oneself; to be acquitted

זִכּוּי, ז׳, ר׳, ־יִים — acquittal; bestowal; credit

זִכּוּךְ, ז׳, ר׳, ־כִים — purifying, cleaning

זְכוּכִי, ת״ז, ־כִית, ת״נ — glassy

זְכוּכִית, נ׳, ר׳, ־יוֹת — glass

זְכוּכִית מַגְדֶּלֶת — magnifying glass

זָכוּר, זְכוּר, ז׳, ר׳, ־רִים — male

זְכוּת, נ׳, ר׳, ־כֻיּוֹת — acquittal; merit privilege; credit

זַכּוּת, נ׳ purity, clarity

זְכִיָּה, נ׳, ר׳, ־יּוֹת claim; merit

זִכָּיוֹן, ז׳, ר׳, ־כְיוֹנוֹת, ־נִים concession, granting of rights

זְכִירָה, נ׳, ר׳, ־רוֹת remembering, recollecting

זָכַךְ, פ״ע to be clean, be pure

זִכֵּךְ, פ״י to purify, cleanse

הִזְדַּכֵּךְ, פ״ח to become pure, become clean; to become clear

הֵזֵךְ, הֵזַךְ, פ״י to make clean; to make clear

זָכָר, ז׳, ר׳ זְכָרִים male

זֵכֶר, זֶכֶר, ז׳, ר׳, זְכָרִים remembrance; memory; memorial

זָכַר, פ״י to remember; to mention

נִזְכַּר, פ״ע to be remembered; to recollect; to be mentioned

זִכֵּר, פ״י to treat as masculine

הִזְכִּיר, פ״י to remind; to mention; to commemorate

זִכָּרוֹן, זִכְרוֹן, ז׳, ר׳, ־כְרוֹנוֹת, ־נִים memory; memorial; record

זַכְרוּת, נ׳ masculinity, male genitals

זְכִרְיָה, נ׳, זְכְרִינִי, ז׳ forget-me-not

זַכְרָן, ז׳, ר׳, ־נִים virile person

זָל, פעו״י, ע׳ [זול] to lavish; to disregard; to be cheap, worthless

זָלַג, פעו״י to drip, flow

זַלְדְּקָן, ז׳, ר׳, ־נִים thin-bearded person

זִלּוּחַ, ז׳, ר׳, ־חִים sprinkling

זִלּוּף, ז׳, ר׳, ־פִים spraying, sprinkling

זָלוּת, נ׳ vileness, cheapness

זִלְזוּל, ז׳, ר׳, ־לִים contempt, disrespect

זַלְזַל, ז׳, ר׳, ־לִּים tendril

זִלְזֵל, פ״י to despise

זֶלַח, ז׳, ר׳, זְלָחִים sprinkling fluid; perfume

זָלַח, פ״י to be wet; to sprinkle

זִלַּח, זִלֵּחַ, פ״י to spray

זָלַל, פ״י to be a glutton; to be vile

[זלל] נָזַל, פ״ע to tremble

זַלְעָפָה, זִלְעָפָה, נ׳, ר׳, ־פוֹת raging heat; burning indignation

זֶלֶף, ז׳, ר׳, זְלָפִים spray, sprinkling

זִלֵּף, פ״י to pour, sprinkle, spray

זִמָּה, נ׳, ר׳, ־מּוֹת plan; evil device; cunning; lewdness

זָמוּם, ת״ז, זְמוּמָה, ת״נ muzzled

זְמוּם, ז׳, ר׳, ־מִים muzzle, bit

זִמּוּן, ז׳, ר׳, ־נִים designation, appointment

זִמּוּר, ז׳ lopping; pruning

זְמוֹרָה, נ׳, ר׳, ־רוֹת shoot, branch

זִמְזוּם, ז׳, ר׳, ־מִים buzzing, humming

זִמְזֵם, פעו״י to buzz, hum

זָמִיר, ז׳, ר׳, זְמִירִים singing; nightingale

זְמִירָה, נ׳, ר׳, ־רוֹת psalm, hymn; pruning, trimming

זְמִירוֹת, נ״ר Sabbath hymns

זָמִית, נ׳ brine

זָמַם, פ״י to plot; to devise; to muzzle

הֵזֵם, הֵזִים, פ״י to refute; to convict of plotting (perjury)

זָמָם, ז׳ evil purpose; false testimony; muzzle

זְמַן, זְמָן, ז׳, ר׳, ־נִים time; date; tense (*gram.*)

זִמֵּן, פ״י to invite; to prepare

הִזְמִין, פ״י to invite; to make ready

הִזְדַּמֵּן, פ״ח to meet; to chance

זְמַנִּי, ת"ז, ־נִּית, ת"נ temporary
זֶמֶר, ז', ר', זְמָרִים song, tune; giraffe
כְּלֵי זֶמֶר musical instruments
זַמָּר, ז', ר', ־רִים singer, musician
זָמַר, פ"י to trim, prune
זִמֵּר, פ"י to sing; to play a musical instrument
זִמְרָה, נ' music, melody; choice fruit
זַמֶּרֶת, נ', ר', ־מָּרוֹת singer (*f.*)
זָן, פ"י, ע' [זון] to feed
זַן, ז', ר', זַנִּים sort, kind
זַנַּאי, זַנִּי, ז', ר', ־אִים adulterer
זָנָב, ז', ר', זְנָבוֹת, ־בִים tail; stump
זִנֵּב, פ"י to cut off the tail; to trim; to attack; to force passage
זַנְגְּבִיל, ז' ginger
זָנָה, פ"ע to go astray; to be a prostitute; to fornicate
הִזְנָה, פעו"י to go a-whoring
זֶנֶה, ז', ר', זְנִים perfume
זִנּוּב, ז' cutting off (tail)
זְנוּנִים, ז"ר prostitution
זִנּוּק, ז', ר', ־קִים spurt; sudden jump
זְנוּת, נ' prostitution; fornication
זָנַח, פ"י to reject, spurn
הִזְנִיחַ, פ"י to reject, cast off, neglect
זִנֵּק, פ"ע to squirt; to leap forth
זָע, פ"ע, ע' [זוע] to tremble, shake
זֵעָה, נ', ר', ־עוֹת sweat, perspiration
זַעֲוָה, נ', ר', זְעָווֹת trembling, fright
זָעוּם, ת"ז, זְעוּמָה, ת"נ angry
זַעֲזוּעַ, ז', ר', ־עִים agitation; shaking
זִעְזַע, פ"י to agitate, shake violently
הִזְדַּעְזַע, פ"ח to be agitated, shake
זַעֲטוּט, זַאֲטוּט, ז', ר', ־טִים young man, youth; student

זָעִיר, ת"ז, זְעִירָה, ת"נ small
זְעֵיר, תה"פ a little
זְעֵירָה, נ', ר', ־רוֹת miniature
זְעִירוּת, נ', ר', ־רִיּוֹת smallness
[זעך] נִזְעַךְ, פ"ע to be extinguished
זַעַם, ז', ר', זְעָמִים indignation, anger
זָעַם, פעו"י to be angry, excited
זַעַף, ז', ר', זְעָפִים anger, rage
זָעַף, פ"ע to be enraged, vexed
זָעֵף, ת"ז, זְעֵפָה, ת"נ ill-tempered, angry
זָעַק, פ"ע to cry, call
נִזְעַק, פ"ע to be called together, be assembled, be convoked
הִזְעִיק, פ"י to call out, cause to cry; to convoke
זְעָקָה, נ', ר', ־קוֹת outcry, cry
זִפּוּת, ז', ר', ־תִים coating with pitch
זִפֵּף, פ"י to coat with pitch
זֶפֶק, ז', ר', זְפָקִים bird's crop
זֶפֶת, נ', ר', זְפָתוֹת pitch
זִפַּת, פ"י to coat with pitch
זַפָּת, ז', ר', ־תִים pitch worker
זִק, ז', ר', זִקִּים spark; firebrand; fetter
זִקָּה, נ', ר', ־קּוֹת tie, closeness; obligation
זְקוּנִים, ז"ר old age
זָקוּף, ת"ז, זְקוּפָה, ת"נ upright, erect
זִקּוּק, ז', ר', ־קִים spark; flare; refining, distilling
בֵּית זִקּוּק refinery, distillery
זָקוּק, ת"ז, זְקוּקָה, ת"נ tied to, dependent on; distilled
זִקּוּקִית, נ', ר', ־יּוֹת rocket
זַקִּיף, ז', ר', זַקִּיפִים military guard
זְקִיפָה, נ', ר', ־פוֹת raising, putting up; crediting

זָקָן, ז׳, ר׳, זְקָנִים — beard
זָקֵן, ת״ז, זְקֵנָה, ת״נ — old; respected; elder
זָקֵן, זָקַן, פ״ע — to grow old, be old
הִזְקִין, פעו״י — to appear old, grow old
זֹקֶן, ז׳, זִקְנָה, זְקֻנוּת, נ׳ — old age
זָקַף, פעו״י — to raise, set up; to credit
נִזְקַף, פ״ע — to be erect; be credited
זָקַק, פ״י — to purify, refine; to obligate
נִזְקַק, פ״ע — to be dependent on; to be engaged in
זִקֵּק, פ״י — to smelt, refine
זָקַר, פ״י — to throw, fling
זָר, פעו״י, ע׳ [זור] — to press, squeeze out; to be a stranger; turn away
זָר, ת״ז, ־רָה, ת״נ; ז׳ — strange; stranger
זֵר, ז׳, ר׳, ־רִים — crown, wreath; rim
זָרָא, ז׳ — loathsome
[זרב] זֹרַב, פ״ע — to be scorched
זֶרֶב, ז׳, ר׳, זְרָבִים — lining; slipper
זַרְבּוּבִית, נ׳, ר׳, ־בִיּוֹת — tap, spout
זֶרֶד, ז׳, ר׳, זְרָדִים — shoot, green, young sprout
זָרַד, פ״ע — to howl (wolf)
זֵרֵד, פ״י — to trim, nip shoots off
זָרָה, פ״י — to scatter; to winnow
נִזְרָה, פ״ע — to be scattered, dispersed
זֵרָה, פ״י — to scatter, disperse
זֹרָה, פ״ע — to be scattered
זֵרוּד, ז׳, ר׳, ־דִים — trimming, pruning
זֵרוּז, ז׳, ר׳, ־זִים — urging, encouraging
זְרוֹעַ, נ׳, ר׳, ־עוֹת, ־עִים — arm
זֵרוּעַ, ז׳, ר׳, ־עִים — sowing; seed
זָרוּת, נ׳, ר׳, ־רֻיּוֹת — strangeness; irregularity
זֵרֵז, פ״י — to stimulate, urge
נִזְדָּרֵז, פ״ח — to be alert; to be zealous, be conscientious
זַרְזִיף, ז׳, ר׳, ־פִים — shower of rain
זַרְזִיר, ז׳, ר׳, ־רִים — starling
זָרַח, פ״ע — to rise (sun); to shine
זַרְחָן, ז׳, ר׳, ־נִים — phosphorus
זְרִיָּה, נ׳, ר׳, ־יּוֹת — dispersion, scattering; winnowing
זָרִיז, ת״ז, זְרִיזָה, ת״נ — quick, alert, active
זְרִיזוּת, נ׳, ר׳, ־זֻיּוֹת — quickness, alertness, activity
זְרִיחָה, נ׳, ר׳, ־חוֹת — shining
זְרִימָה, נ׳, ר׳, ־מוֹת — flowing
זְרִיעָה, נ׳, ר׳, ־עוֹת — sowing
זְרִיקָה, נ׳, ר׳, ־קוֹת — throwing; injection
זְרִירָה, נ׳, ר׳, ־רוֹת — sneezing
זֶרֶם, ז׳, ר׳, זְרָמִים — stream; current; storm
זָרַם, פעו״י — to flood, pour down, stream
זִרְמָה, נ׳, ר׳, זְרָמוֹת — issue, offspring
זַרְנִיךְ, ז׳ — arsenic, orpiment
זֶרַע, ז׳, ר׳, זְרָעִים, ־עוֹת — seed; offspring
זָרַע, פ״י — to sow
הִזְרִיעַ, פ״י — to produce seed
זֵרָעוֹן, ז׳, זֵרְעוֹנִים — seed
זַרְעִי, ת״ז, ־עִית, ת״נ — seedy, seeded
זַרְעִית, נ׳, ר׳, ־יּוֹת — posterity, family, descendants
זֶרֶק, ז׳, ר׳, זְרָקִים — serum
זָרַק, פ״י — to throw, toss; to sprinkle
זַרְקוֹר, ז׳, ר׳, ־רִים — searchlight
[זרר] זוֹרֵר, פ״ע — to sneeze
זֶרֶת, נ׳, ר׳, זְרָתוֹת, ־תִים — span; little finger

ח H, H

ח Cheth, eighth letter of the Hebrew alphabet; eight

חָב, פ"ע, ע' [חוב] to be indebted; to be responsible; to be guilty

חֹב, ז', ר', חֻבִּים bosom

[חבא] נֶחְבָּא, פ"ע to hide oneself, be hidden

הֶחְבִּיא, פ"י to conceal, hide

חָבַב, פ"י to endear; to love, cherish

חִבֵּב, פ"י to make beloved, endear

הִתְחַבֵּב, נִתְ־, פ"ח to be liked, loved

חִבָּה, נ', ר', ־בּוֹת love, esteem

חָבָה, פ"ע to withdraw, hide

נֶחְבָּה, פ"ע to hide oneself

חִבּוּט, ז', ר', ־טִים beating, threshing

חִבּוּל, ז', ר', ־לִים undermining; corruption

חֲבוֹל, חֲבֹל, ז', ר', ־לִים pledge, pawn

חִבּוּץ, ז', ר', ־צִים churning (butter)

חִבּוּק, ז', ר', ־קִים hug, embrace

חִבּוּק יָדַיִם idleness; leisure

חִבּוּר, ז', ר', ־רִים connection; composition; addition; essay

וָו הַחִבּוּר Vau (conversive)

מִלַּת חִבּוּר conjunction (*gram.*)

חַבּוּרָה, נ', ר', ־רוֹת wound

חֲבוּרָה, נ', ר', ־רוֹת group, party

חָבוּשׁ, ת"ז, חֲבוּשָׁה, ת"נ imprisoned; saddled; wrapped

חַבּוּשׁ, ז', ר', ־שִׁים quince

חָבַט, פ"י to thresh, beat; to hurt

נֶחְבַּט, פ"ע to be struck down, fall down

הִתְחַבֵּט, נִתְ־, פ"ח to exert oneself

חֶבֶט, ז', ר', חֲבָטִים fastening, buckle

חֲבָטָה, נ', ר', ־טוֹת blow, stroke

חָבִיב, ת"ז, חֲבִיבָה, ת"נ kind, amiable

חֲבִיבוּת, נ', ר', ־יוֹת amiability

חֶבְיוֹן, ז', ר', ־נִים hiding place

חֶבְיוֹנָה, נ', ר', ־נוֹת small barrel, cask

חֲבִילָה, נ', ר', ־לוֹת parcel, bundle

חָבִיץ, ז', ר', חֲבִיצִים / חֲבִיצָה, נ', ר', ־צוֹת pudding (made of bread and honey)

חָבִית, נ', ר', ־בִיּוֹת barrel, cask; jug

חֲבִיתָה, נ', ר', ־תוֹת omelet

חֲבִיתִית, חֲבִתִּית, נ', ר', ־יּוֹת blintzes

חֲבִישָׁה, נ', ר', ־שׁוֹת bondage; imprisonment

חֶבֶל, ז', ר', חֲבָלִים rope; region band

חֲבֹל, חֲבוֹל, ז', ר', ־לִים pawn, pledge

חָבַל, פ"י to pawn; to wound

חִבֵּל, פ"י to ruin, destroy; to scheme

חֵבֶל, ז', ר', חֲבָלִים pain; suffering, agony

חֶבְלֵי לֵדָה birth pains

חֲבָל, מ"ק what a pity!

חֹבֵל, חוֹבֵל, ז', ר', חוֹבְלִים seaman, mariner, sailor

חִבֵּל, ז', ר', חִבְּלִים mast

חַבָּל, ז', ר', ־לִים saboteur

חֲבַלְבַּל, ז', ר', ־לִים morning glory

חֲבָלָה, נ', ר', ־לוֹת injury, damage

חַבָּלָה, נ', ר', ־לוֹת sabotage, destruction

חַבְלָן, ז׳, ר׳, ־נִים saboteur
חַבְלָנִית, נ׳, ר׳, ־יּוֹת destroyer (ship)
חֶבֶץ, ז׳, חֶבְצָה, נ׳, ר׳, חֲבָצִים, ־צוֹת buttermilk
חֲבַצֶּלֶת, נ׳, ר׳, ־צָּלוֹת lily; crocus
חָבַק, חִבֵּק, פ״י to embrace, clasp
חֶבֶק, ז׳, ר׳, חֲבָקִים saddle belt; garter
חָבָק, ז׳, ר׳, חֲבָקִים pennyroyal
חָבַר, פ״ע to unite, be joined; to decide jointly
חִבֵּר, פ״י to compose; to join
חֻבַּר, פ״ע to be attached, associated
הִתְחַבֵּר, פ״ח to become joined
חֶבֶר, ז׳, ר׳, חֲבָרִים league, association; spell
חָבֵר, ז׳, חֲבֵרָה, נ׳, ר׳, חֲבֵרִים, ־וֹת friend; partner; member
חַבָּר, ז׳, ר׳, ־רִים partner, associate; sorcerer
חֲבַרְבֻּרָה, חֲבַרְבּוּרָה, נ׳, ר׳, ־רוֹת stripe, streak
חֲבַרְבָּרִי, ת״ז, ־רִית, ת״נ striped
חֶבְרָה, נ׳, ר׳, חֲבָרוֹת company, society, association
חֲבֵרוּת, נ׳, ר׳, ־רֻיּוֹת membership, fellowship, friendship
חַבְרוּתִי, ת״ז, ־תִית, ת״נ sociable
חֶבְרָתִי, ת״ז, ־תִית, ת״נ social
חֹבֶרֶת, חוֹבֶרֶת, נ׳, ר׳, ־בָרוֹת pamphlet, fascicle
חָבַשׁ, פ״י to bind; to bandage, dress (wound); to imprison
נֶחְבַּשׁ, פ״ע to be imprisoned; to be detained
חַבָּשׁ, ז׳, ר׳, ־שִׁים male nurse, wound dresser

חֶבֶת, נ׳, ר׳, חֲבָתִים strap (of sandal)
חַג, ז׳, ר׳, ־גִּים festival, holiday, feast
חָג, פ״י, ע׳ [חוג] to make (draw) a circle
חָגָב, ז׳, ר׳, חֲגָבִים locust, grasshopper
חָגַג, פ״י to celebrate; to reel, be giddy
חָגָּה, ז׳ trembling, terror
חָגָו, ז׳, ר׳, חֲגָוִים cleft
חָגוּר, ת״ז, חֲגוּרָה, ת״נ girded, girt
חֲגוֹר, ז, חֲגוֹרָה, נ׳, ר׳, ־רִים, רוֹת belt, girdle
חֲגִיגָה, נ׳, ר׳, ־גוֹת celebration, festival; pilgrimage
חֲגִיגוּת, חֲגִיגִיּוּת, נ׳ solemnity; festive nature
חֲגִיגִי, ת״ז, ־גִית, ת״נ solemn; festive
חָגְלָה, נ׳, ר׳, ־לוֹת quail, partridge
חָגַר, פ״י to gird, bind; to limp
חִגֵּר, ז׳, ר׳, ־גְּרִים / חִגֶּרֶת, נ׳, ר׳, ־גְּרוֹת lame person
חִגְּרוּת, נ׳ lameness
חָד, פ״י, ע׳ [חוד] to propose a riddle, make an enigma
חַד, ת״ז, חַדָּה, ת״נ sharp, acute; shrill
חֹד, חוֹד, ז׳, ר׳, חֳדִים edge; point; apex
חַדְגּוֹנִי, ת״ז, ־נִית, ת״נ one-sided
חַדְגּוֹנִיּוּת, נ׳ one-sidedness; monotony
חָדַד, פ״ע to be sharp, keen
חִדֵּד, פ״י to sharpen
חָדָה, פ״ע to rejoice, be glad
חִדָּה, פ״י to gladden, make happy
חִדּוּד, ז׳, ר׳, ־דִּים sharpening; pinpoint; jest
חַדּוּד, ז׳, ר׳, ־דִּים sharp edge; point

חֲדוּדִית, נ', ר', ־יוֹת — cone
חֶדְוָה, נ', ר', ־וֹת — gladness, joy
חֲדוֹפָן, ז', ר', ־נִּים — wheelbarrow
חִדּוּשׁ, ז', ר', ־שִׁים — novelty; news; singularity; renovation
חַדּוּת, נ', ר', חַדֻּיּוֹת — sharpness, keenness
חָדִיר, ת"ז, חֲדִירָה, ת"נ — penetrable; permeable
חֲדִירָה, חֲדִירוּת, נ', ר', ־רוֹת, ־רֻיּוֹת — penetration, penetrability
חָדִישׁ, ת"ז, חֲדִישָׁה, ת"נ — modern
חֲדִישׁוּת, נ', ר', ־שֻׁיּוֹת — modernization
חָדַל, פעו"י — to cease, stop, desist
חֶדֶל, ז', — cessation; the earth
חָדֵל, ת"ז, חֲדֵלָה, ת"נ — ceasing; lacking
חֲדַל אִישִׁים — despised, forsaken
חַדְפַּעֲמִי, ת"ז, ־מִית, ת"נ — onetime
חֵדֶק, ז', ר', חֲדָקִים — thorn, brier; trunk of elephant
חֶדֶר, ז', ר', חֲדָרִים — room, chamber; Heder (religious school)
חָדַר, פ"ע — to penetrate; to delve into
חַדְרָן, ז', ר', ־נִים — valet
חָדָשׁ, ת"ז, חֲדָשָׁה, ת"נ — fresh, new
חֹדֶשׁ, ז', ר', חֳדָשִׁים — month; new moon
חִדֵּשׁ, פ"י — to renew, renovate
הִתְחַדֵּשׁ, פ"ח — to be renewed; to put on new clothing
חֲדָשָׁה, נ', ר', ־שׁוֹת — newness
חֲדָשׁוֹת, ז"ר — news, tidings
חָדְשִׁי, ת"ז, ־שִׁית, ת"נ — monthly
חוֹב, ז', ר', ־בוֹת — debt, indebtedness
[חוב] חָב, פ"ע — to be indebted, owe; to be responsible
חוּב, ז', ר', ־בִּים — stitch

חוֹבֵב, ת"ז, חוֹבֶבֶת, ת"נ — lover; amateur
חוֹבָה, נ', ר', ־בוֹת — duty; guilt; debt
חוֹבֵל, חֹבֵל, ז', ר', ־בְלִים — sailor, seaman, mariner
רַב חוֹבֵל — captain (sea)
חוֹבֵר, ז', ר', ־בְרִים — sorcerer, snake charmer
חוֹבֶרֶת, חֹבֶרֶת, נ', ר', ־בָרוֹת — pamphlet, fascicle
חוֹבֵשׁ, ז', ר', ־בְשִׁים — male nurse, wound dresser
חוּג, ז', ר', ־גִים — circle
[חוג] חָג, פ"י — to make (draw) a circle
חוֹגֵג, ז', ר', ־גְגִים — celebrator; pilgrim
חוּגָה, נ', ר', ־גוֹת — dial (of telephone); lark
[חוד] חָד, פ"י — to propose a riddle, make an enigma
חִוָּה, פ"י — to declare, express opinion
חַוָּה, נ', ר', ־וֹת — farm; village; announcement
חַוַּת־דַּעַת — opinion
חוֹזֶה, חֹזֶה, ז', ר', ־זִים — contract, pact; prophet, seer
חוֹזֵר, ז', ר', ־זְרִים — circular letter
חוֹחַ, ז', ר', ־חִים, חֲוָחִים — brier, thorn; cave; cliff
חוּט, ז', ר', ־טִים — thread, cord; sinew
חוּט הַשִּׁדְרָה — spinal cord
חוֹטֵא, ז', ר', ־טְאִים — sinner
חוֹטֶם, חֹטֶם, ז', ר', חֳטָמִים — nose, snout
חוֹטֵף, ז', ר', ־טְפִים — kidnaper
חוֹטֶרֶת, נ', ר', ־טָרוֹת — hump
חֲוָיָה, נ', ר', ־וֹת — experience
חֲוִילָה, נ', ר', ־לוֹת, ־לָאוֹת — villa
חוֹכֵר, ז', ר', ־כְרִים — tenant
חוֹל, ז', ר', ־לוֹת — sand; phoenix

[חול] חָל, פ"ע to fall; to dance; to writhe

חוֹלֵל, פ"י to bring forth; to wait

הִתְחוֹלֵל, פ"ח to whirl, turn around

חוֹלֵב, ת"ז, חוֹלֶבֶת, ת"נ; ז' milker, milkman, dairyman

חוֹלֶד, חֹלֶד, ז', ר', חֲלָדִים mole

חוּלְדָּה, חֻלְדָּה, נ', ר', ־דוֹת weasel

חוֹלֶה, ת"ז, חוֹלָה, ת"נ; ז' sick person, patient

חוּלְיָה, חֻלְיָה, נ', ר' ־וֹת bead; link; joint; vertebra

חוֹלֵל, פ"י, ע' [חול] to bring forth; to wait

חוֹלָם, חוֹלֶם, ז' Hebrew vowel *o* (as in *cord*)

חוֹלָנִי, ת"ז, ־נִית, ת"נ sickly, ailing

חוֹלֵץ, ז', ר', ־לְצִים tongs, pincers, pliers; cork screw

חוּלְצָה, חֻלְצָה, נ', ר', ־וֹת blouse; waistcoat

חוּלְשָׁה, חֻלְשָׁה, נ', ר', ־וֹת weakness, feebleness

חוּם, ת"ז, חוּמָּה, ת"נ brown

חוֹמָה, נ', ר', ־מוֹת wall

חוֹמֶט, חֹמֶט, ז', ר', חֲמָטִים lizard

חוֹמֶץ, חֹמֶץ, ז', ר', חֲמָצִים vinegar; acid

חוּמְצָה, חֻמְצָה, נ', ר', ־צוֹת leavening; fermenting

חוֹמֶר, חֹמֶר, ז', ר', חֲמָרִים clay; material; matter

חוּמְרָה, חֻמְרָה, נ', ר', ־רוֹת severity, restriction

חוּמָּשׁ, חֻמָּשׁ, ז', ר', ־שִׁים Pentateuch (the five books of the Torah)

חוֹמֶשׁ, חֹמֶשׁ, ז', ר', חֲמָשִׁים one-fifth; groin

חוֹנֶף, חֹנֶף, ז' flattery, hypocrisy

חוֹנֵן, פ"י, ע' [חנן] to favor, pity

[חוס] חָס, פ"ע to have compassion, pity

חוֹף, ז', ר', ־פִים seacoast, shore

חוּפָּה, חֻפָּה, נ', ר', ־פּוֹת canopy (of marriage)

חוֹפֶן, חֹפֶן, ז', ר', חָפְנַיִם handful

חוֹפֶשׁ, חֹפֶשׁ, ז', חוּפְשָׁה, חֻפְשָׁה, נ', ר', חֻפְשׁוֹת freedom, liberty; vacation

חוּץ, ז', ר', חוּצוֹת the outside; street

חוּץ מִן, תה"פ besides, except

חוּץ לָאָרֶץ, תה"פ abroad

חוּצָה, הַחוּצָה, תה"פ outside

חוֹצֵב, ז', ר', ־צְבִים stonecutter, quarrier

חוֹצֶלֶת, נ', ר', ־צָלוֹת straw mat, matting

חוּצְפָּה, חֻצְפָּה, נ', ר', ־פּוֹת impudence, insolence

חָוָק, ז', ר', חֲוָקִים rung of a ladder

חוּקָּה, חֻקָּה, נ', ר', ־קּוֹת statute, ordinance; constitution

חוּקִּי, ת"ז, ־קִית, ת"נ legal

חוֹקֶן, חֹקֶן, ז', ר', חֲקָנִים enema

חוֹקֵק, פ"י, ע' [חקק] to enact; to inscribe, engrave

חוֹקֵר, ז', ר', ־קְרִים inquisitor, investigator, inquirer

חָוַר, פ"ע to grow pale, grow white

חִוֵּר, פ"י to clarify, make evident

נִתְחַוֵּר, פ"ח to become clear, become evident

חִוֵּר, ת"ז, חִוֶּרֶת, ת"נ pale

חוֹר, חֹר, ז', ר', ־רִים hole, cave; nobleman

בֶּן־חוֹרִים, ־רִין free man

חוּר, חוּרַי, ז׳ white linen, byssus
חוּרְבָּה, חָרְבָּה, נ׳, ר׳, ־בוֹת ruin, waste, desolation
חוּרְבָּן, חָרְבָּן, ז׳, ר׳, ־בָּנוֹת ruin, destruction
חוֹרֵג, ז׳, ־רֶגֶת, נ׳, ר׳,־רְגִים, ־רְגוֹת stepson, stepdaughter
אָב חוֹרֵג stepfather
אָח חוֹרֵג stepbrother
אָחוֹת חוֹרֶגֶת stepsister
אֵם חוֹרֶגֶת stepmother
חִוָּרוֹן, ז׳ pallor, paleness
חוֹרֶף, חֹרֶף, ז׳, ר׳, חֲרָפִים winter
חוֹרֶשׁ, חֹרֶשׁ, ז׳, ר׳, חֲרָשִׁים thicket, bush, wood
[חוש] חָשׁ, פ״י to make haste; to feel pain
חָשׁ בְּרֹאשׁוֹ to have a headache
חוּשׁ, ז׳, ר׳, ־שִׁים feeling, sense; thicket
חוּשִׁי, ת״ז, ־שִׁית, ת״נ sensual
חוּשִׁיּוּת, נ׳ sensibility
חוֹשֶׁךְ, חֹשֶׁךְ, ז׳ darkness
חוֹשֶׁן, חֹשֶׁן, ז׳, ר׳, חֲשָׁנִים breastplate
חוֹתָל, ז׳, חוֹתֶלֶת, נ׳, ר׳, ־לוֹת envelope, wrapping; diaper
חוֹתָם, ז׳, חוֹתֶמֶת, נ׳, ר׳, ־תָמוֹת seal, stamp; signet ring
חוֹתֵם, ז׳, ר׳, ־תְמִים subscriber; undersigned
חוֹתֵן, ז׳, חוֹתֶנֶת, נ׳, ר׳, ־תְנִים, ־תְנוֹת father-in-law, mother-in-law
חָזֶה, ז׳, ר׳, ־זוֹת chest, breast, thorax
חָזָה, פ״י to prophesy, perceive, behold
חֹזֶה, חוֹזֶה, ז׳, ר׳, ־זִים pact, contract; seer, prophet
חִזּוּי, ז׳ forecast
חָזוֹן, ז׳, ר׳, חֲזוֹנוֹת prophecy, vision
חִזּוּק, ז׳, ר׳, ־קִים strengthening
חִזּוּר, ז׳, ר׳, ־רִים coming back; going around
חָזוּת, נ׳, ר׳, ־זֻיוֹת revelation; covenant; appearance
חֲזָזִית, נ׳, ר׳, ־זִיוֹת lichen; skin disease
חֲזִיָּה, נ׳, ר׳, ־יּוֹת sight; vest; brassiere
חִזָּיוֹן, ז׳, ר׳, חֶזְיוֹנוֹת vision, phenomenon; play, performance
חָזִיז, ז׳, ר׳, חֲזִיזִים rumbling (of thunder); cloud; thunderstorm
חֲזִינָה, נ׳, ר׳, ־נוֹת knob (of cane)
חֲזִיר, ז׳, ר׳, ־רִים swine, pig
חֲזִיר הַבָּר wild boar
חֲזִירָה, נ׳, ר׳, ־רוֹת returning; sow
חֲזִירוּת, נ׳ swinishness, obscenity
חֲזִירִית, חַזֶּרֶת, נ׳ mumps
חֲזִית, נ׳, ר׳, ־תוֹת front; frontispiece
חֲזָמָה, נ׳, ר׳, ־מוֹת tulip
חַזָּן, ז׳, ר׳, ־נִים sexton beadle; cantor
חַזָּנוּת, נ׳, ר׳, ־נֻיוֹת office of cantor; synagogal music
חָזָק, ת״ז, חֲזָקָה, ת״נ strong, firm, stiff
חָזַק, פ״ע to be strong, firm
חִזֵּק, פ״י to strengthen
חִזֵּק יָדַיִם to encourage
הֶחֱזִיק, פ״י to make strong; to seize; to contain, hold; to maintain
הִתְחַזֵּק, פ״ח to strengthen oneself; to take courage
חוֹזֶק, חֵזֶק, ז׳ strength
חֶזְקָה, חָזְקָה, נ׳, ר׳, חֲזָקוֹת strength, force; severity, vigor

חֲזָקָה, נ׳, ר׳, ־קוֹת taking hold of, seizing; standing right, presumption

בְּחֶזְקַת, תה״פ under the presumption that; the status of

חָזַר, פ״ע to return; to repent; to repeat

חָזַר עַל הַפְּתָחִים to beg (alms)

חָזַר חֲלִילָה to repeat continually

הֶחֱזִיר, פ״י to restore, return something; to revoke

חֲזָרָה, נ׳, ר׳, ־רוֹת return; rehearsal; repetition

חֻזְרָר, ז׳, ר׳, ־רִים crab apple

חַזֶּרֶת, נ׳, ר׳, ־וֹת mumps; horse radish

חִזֹּרֶת, נ׳ refrain

חָח, ז׳, ר׳, ־חִים brooch; buckle

חָט, ז׳, ר׳, ־טִים incisor

חֵטְא, ז׳, ר׳, חֲטָאִים sin, fault

חֹטֶם, חוֹטֶם, ז׳, ר׳, חֲטָמִים nose, snout

חָטָא, פ״ע to incur guilt; to sin

חִטֵּא, פ״י to purify, disinfect

הֶחֱטִיא, פ״י to miss mark; to make someone sin

חַטָּא, ז׳, ר׳, ־אִים sinner

חַטָּאָה, חֲטָאָה, חַטָּאת, נ׳, ר׳, ־וֹת sin, guilt; sin offering

חָטַב, פ״י to cut, hew wood

חִטֵּב to carve, hew

חַטָּב, ז׳, ר׳, ־בִים sculptor

חֲטֻבָּה, נ׳, ר׳, ־בוֹת tapestry, bedspread

חִטָּה, נ׳, ר׳, ־טִּים wheat

חִטּוּי, חִטּוּא, ז׳, ר׳, ־יִים, ־אִים disinfection

חֲטוֹטֶרֶת, חֲטֹטֶרֶת, נ׳, ר׳, ־וֹת hump; hunch

חָטוּף, ת״ז, חֲטוּפָה, ת״נ snatched; hurried

חִטְחֵט, פ״י to pick; to scratch

חָטָט, ז׳, ר׳, חֲטָטִים pimple, scab

חֲטֹטֶרֶת, חֲטוֹטֶרֶת, נ׳, ר׳, ־וֹת hump; hunch

חֲטִיבָה, נ׳, ר׳, ־וֹת felling (of trees); unit

חֲטִיטָה, נ׳, ר׳, ־וֹת raking

חֲטִיפָה, נ׳, ר׳, ־וֹת snatching

חָטַם, פ״ע to thumb one's nose; to restrain (anger)

חֹטֶם, חוֹטֶם, ז׳, ר׳, חֲטָמִים nose, snout

חָטְמִי, ת״ז, ־מִית, ת״נ nasal

חָטַף, פ״י to do hurriedly; to snatch

נֶחְטַף, פ״ע to be seized

חֲטָף, חָטֵף, ז׳, ר׳, ־פִים Hataph, obscure vowel, compound sheva (ֲ, ֳ, ֱ)

חַטְפָן, ז׳, ר׳, ־נִים he who snatches, robs, kidnaper

חֹטֶר, ז׳, ר׳, חֲטָרִים branch, stick

חַי, ת״ז, חַיָּה, ת״נ living, alive, active; fresh, raw

חַיָּב, ת״ז, חַיֶּבֶת, ת״נ bound; guilty; obliged

חִיֵּב, פ״י to declare guilty; to oblige; to charge; to debit

הִתְחַיֵּב, פ״ח to undertake (obligation); to pledge oneself

חִיֵּג, פ״י to dial

חִידָה, נ׳, ר׳, ־וֹת riddle, puzzle

חִידוּת, נ׳ sophism

חַיְדַּק, ז׳, ר׳, ־קִים microbe, bacteria

חָיָה, פ״ע to live, be alive, exist; to survive; to recover health

הֶחֱיָה, פ״י to revive, restore

animal; soul; life; midwife — חַיָּה, נ׳, ר׳, ־וֹת

lively, healthy, vigorous — חָיֶה, ת״ז, חָיָה, ת״נ

debit; guilt; obligation — חִיּוּב, ז׳, ר׳, ־בִים

positively, affirmatively — בְּחִיּוּב, תה״פ

positive — חִיּוּבִי, ת״ז, ־בִית, ת״נ

dialing — חִיּוּג, ז׳

neutral — חָיוּד, ת״ז, ־דָה, ת״נ

smile — חִיּוּךְ, ז׳, ר׳, ־כִים

recruiting — חִיּוּל, ז׳, ר׳, ־לִים

vital, essential — חִיּוּנִי, ת״ז, ־נִית, ת״נ

essence, vitality — חִיּוּנִיּוּת, נ׳

life (power), living — חִיּוּת, חַיּוּת, נ׳

tailor — חַיָּט, ז׳, ר׳, ־טִים

to sew — חִיֵּט, פ״י

tailoring, sewing — חִיט, ז׳, חַיָּטוּת, נ׳

dressmaker, seamstress — חַיֶּטֶת, נ׳, ר׳, ־יָּטוֹת

life — חַיִּים, ז״ר

to your health — לְחַיִּים

to smile — חִיֵּךְ, פ״ע

childbirth pangs; anguish; trembling — חִיל, ז׳, ר׳, ־לִים

to feel pangs; to tremble; to wait — [חיל] חָל, פ״ע

vigor; wealth; army; strength — חַיִל, ז׳, ר׳, חֲיָלִים, חֲיָלוֹת

inner wall — חֵיל, חֵל, ז׳, ר׳, ־לִים

to give strength; to assemble army, call to arms — חִיֵּל, פ״י

soldier — חַיָּל, ז׳, ר׳, ־לִים

comeliness, grace — חִין, ז׳

partition — חַיִץ, ז׳, ר׳, חַיִצִים

outer, external — { חִיצוֹן, ת״ז, ־נָה, ת״נ, חִיצוֹנִי, ת״ז, ־נִית, ת״נ }

exterior — חִיצוֹנִיּוּת, נ׳

bosom, lap; pocket; hem — חֵיק, חֵק, ז׳, ר׳, ־קִים

Hiriq, Hebrew vowel — חִירִיק, חִירֶק, ז׳

quickly, speedily — חִישׁ, תה״פ

bush, thicket — חִישָׁה, נ׳, ר׳, ־שׁוֹת

Cheth, name of eighth letter of Hebrew alphabet — חֵית, נ׳, ר׳, ־תִין

palate — חֵךְ, ז׳, ר׳, חִכִּים

to wait, await — חָכָה, פ״ע

to hope, wish; to angle (for fish) — חִכָּה, פ״י

fish hook, angle — חַכָּה, נ׳, ר׳, ־כּוֹת

scratching, friction — חִכּוּךְ, ז׳, ר׳, ־כִים

tenant — חָכוּר, חָכִיר, ז׳, ר׳, ־רִים

tenancy — חֲכִירָה, נ׳, ר׳, ־רוֹת

to scratch; to rub — חָכַךְ, פעו״י

dark red — { חַכְלִיל, ת״ז, ־לָה, ת״נ, חַכְלִילִי, ת״ז, ־לִית, ת״נ }

redness — חַכְלִילוּת, נ׳

to blush — חִכְלֵל, פ״י

wise, intelligent; skillful — חָכָם, ת״ז, חֲכָמָה, ת״נ

to be wise, intelligent — חָכַם, פ״ע

to grow (make) wise — הֶחְכִּים, פ״ע, פ״י

intelligent woman; midwife — חֲכָמָה, נ׳, ר׳, ־מוֹת

intelligence; science; wisdom — חָכְמָה, נ׳, ר׳, ־מוֹת

to lease — חָכַר, פ״י

to fall; to dance; to writhe — חָל, פ״ע, ע׳ [חול]

to feel pangs; to tremble; to wait — חָל, פ״ע, ע׳ [חיל]

profane; common; secular — חֹל, חוֹל, ז׳, ר׳, חֻלִּים

חֹל הַמּוֹעֵד — intermediate days (between first and last days of Passover or Sukkoth)
חָלָא, פ"ע — to be ill, diseased
הֶחֱלִיא, פ"י — to make ill; to become rusty; to soil
חֶלְאָה, נ', ר', חֲלָאוֹת — rust, filth
חָלָב, ז', ר', ־בִים — milk
חָלַב, פ"י — to milk
חֵלֶב, ז', ר', חֲלָבִים — fat, lard
חֶלְבּוֹן, ז', ר', ־נִים — albumen white of an egg
חֶלְבּוֹנִי, ת"ז, ־נִית, ת"נ — albuminous
חֲלָבִי, ת"ז, ־בִית, ת"נ — milky, lactic
חֶלְבִּי, ת"ז, ־בִּית, ת"נ — fatty
חַלְבָן, ז', ר', ־נִים — milkman
חֶלְבְּנָה, נ' — gum, galbanum
חַלְבָּנוּת, נ' — dairying
חֲלַגְלוֹגָה, נ', ר', ־גוֹת — purslane
חֹלֶד, חוֹלֶד, ז', ר', חֳלָדִים — mole
חֹלֶד הָרִים — ermine
חֶלֶד, ז', ר', חֲלָדִים — span of life; world
חָלַד, פ"י — to burrow; to undermine
הֶחֱלִיד, פ"ע — to become rusty
חֲלֻדָּה, חֲלוּדָה, נ', ר', ־דּוֹת — rust
חֻלְדָּה, חוּלְדָּה, נ', ר', ־דּוֹת — weasel
חָלָה, פ"ע — to be feeble; sick
חִלָּה, פ"י — to make sick, implant disease; to mollify; to implore
הִתְחַלָּה, פ"ח — to feign sickness
חַלָּה, נ', ר', ־לּוֹת — white bread; Sabbath bread
חֲלוּדָה, חֲלֻדָּה, נ', ר', ־דוֹת — rust
חַלְוָה, חַלָוָה, נ', ־ווֹת — Halva
חָלוּט, ז', ר', חֲלוּטִים — dough; dumpling
חָלוּט, ת"נ, חֲלוּטָה, ת"נ — final, absolute

לַחֲלוּטִים, תה"פ — absolutely
חִלּוּט, ז', ר', ־טִים — quarantine
חִלּוּי, ז', ר', ־יִים — sweetening, supplication
חֻלְיָה, חוּלְיָה, נ', ר', ־יוֹת — bead; link; joint; vertebra
חָלוּל, ת"ז, חֲלוּלָה, ת"נ — hollow
חָלוּל, ז' — hollow, cavity
חִלּוּל, ז', ר', ־לִים — desecration, profanation
חֲלוֹם, ז', ר', ־מוֹת — dream
חַלּוֹן, ז', נ', ר', ־נִים, ־נוֹת — window
חִלּוֹנִי, ת"ז, ־נִית, ת"נ — secular
חִלּוֹנִיּוּת, נ' — secularism
חֲלוֹף, ז' — perishableness; vanishing
חִלּוּף, ז', ר', ־פִים — change; exchange; substitution; divergence
חִלּוּפִית, נ', ר', ־פִיּוֹת — amoeba
חָלוּץ, ז', חֲלוּצָה, נ', ר', ־צִים, ־צוֹת — pioneer; vanguard
חִלּוּץ, חִילוּץ, ז' — strength, vigor
חֲלוּצִיּוּת, נ' — pioneering
חָלוּק, ז', ר', חֲלוּקִים — undershirt, bathrobe
חַלּוּק, ז', ר', ־קִים — rubble; pebble
חִלּוּק, ז', ר', ־קִים — division; distribution
חֲלוּקָה, חֲלֻקָּה, נ', ר', ־קוֹת — division, partition; divergence of opinion; alms
חָלוּשׁ, ת"ז, חֲלוּשָׁה, ת"נ — feeble, weak
חֲלוּשָׁה, נ', ר', ־שׁוֹת — defeat
חִלָּזוֹן, ז', ר', חֶלְזוֹנוֹת, חֶלְזוֹנִים — snail; cataract of eye
חֶלְזוֹנִי, ת"ז, ־נִית, ת"נ — spiral
חַלְחוּל, ז', ר', ־לִים — convulsion; shock; poison
חַלְחוּלִית, נ' — intrigue

חַלְחוֹלֶת, חַלְחֹלֶת, נ׳, ר׳, ־לוֹת rectum; mesentery
חִלְחֵל, פ״ע to shake; to perforate
חַלְחָלָה, נ׳, ר׳, ־לוֹת convulsion; anguish
חֵלֶט, ז׳ ר׳, חֲלָטִים humor (body fluid), secretion
חָלַט, פ״י to decide; to scald
הֶחֱלִיט, פ״י to determine
חֲלִי, ז׳, ר׳, חֲלָאִים ornament, jewel
חֳלִי, חֹלִי, חוֹלִי, ז׳, ר׳, חֳלָיִים disease, illness
חֳלִי־נֹפֶל epilepsy
חֳלִי־רַע cholera
חֲלִיבָה, נ׳, ר׳, ־וֹת milking
חָלִיד, ת״ז, חֲלִידָה, ת״נ rusty
חֶלְיָה, נ׳, ר׳, חֲלָיוֹת jewelry
חֻלְיָה, חוּלְיָה, נ׳, ־וֹת bead; link; joint; vertebra
חֲלִיטָה, נ׳, ר׳, ־וֹת scalding dough; dumpling
חָלִיל, ז׳, ר׳, חֲלִילִים flute
חָלִילָה, תה״פ God forbid!
חֲלִילָה, תה״פ round about, in turn
חָלִיף, ז׳, ר׳, חֲלִיפִים new shoot
חֲלִיפָה, נ׳, ר׳, ־וֹת attire; suit; change, replacement
חֲלִיפוֹת, תה״פ alternately
חֲלִיפִים, חֲלִיפִין, ז״ר exchange, barter
חֲלִיצָה, נ׳, ר׳, ־וֹת spoils of war; undressing; removing (shoe)
חֲלִיקָה, נ׳, ר׳, ־קוֹת blouse
חֳלִירַע, ז׳ cholera
חֵלֶךְ, ז׳, ר׳, חֲלָכִים wretched, hopeless person
חָלָל, ז׳, ר׳, חֲלָלִים slain person; empty space; profaned person

חָלַל, פ״ע to be pierced, wounded
חִלֵּל, פ״י to pierce, wound; to play the flute; to redeem
הֵחֵל, פ״י to begin; to profane
חֲלָלוּת, נ׳ hollowness
חָלַם, פ״ע to be healthy; to dream
הֶחֱלִים, פ״י to restore; to recuperate
חַלְמָה, חֲלָמָה, נ׳ potter's clay
חֶלְמוֹן, ז׳, ר׳, ־נִים yolk, yellow of egg
חֶלְמוֹנִי, ת״ז, ־נִית, ת״נ yolky
חַלָּמִישׁ, ז׳ flint, silex
חַלְמִית, נ׳, ר׳, ־יוֹת ox tongue
חֵלֶף, תה״פ in exchange for
חֵלֶף, חִילָף, ז׳, ר׳, חִילָפִים reed
חָלַף, פ״ע to pass away, pass; to sprout; to pierce
הֶחֱלִיף, פ״י to exchange; to change; to renew
הִתְחַלֵּף, פ״ח to be altered, transformed
חַלָּף, ז׳, ר׳, ־פוֹת very sharp knife
חַלְפִּית, נ׳, ר׳, ־פִּיּוֹת swordfish
חַלְפָן, ז׳, ר׳, ־נִים money-changer
חַלְפָנוּת, נ׳, ר׳, ־נֻיּוֹת exchange (of money)
חָלַץ, פ״י to strip; to take off shoe; to withdraw
נֶחֱלַץ, פ״ע to be girded for war; to be rescued
חִלֵּץ, פ״י to extract; to rescue
הֶחֱלִיץ, פ״י to invigorate; to strengthen
חֶלֶץ, ז׳, ר׳, חֲלָצַיִם loin, flank
חֻלְצָה, חוּלְצָה, נ׳, ר׳, ־צוֹת blouse; jerkin
חֵלֶק, ז׳, ר׳, חֲלָקִים share, part; fate; smoothness

חָלָק, ת״ז, חֲלָקָה, ת״נ smooth, slippery; blank

חָלַק, פ״י to divide; to differentiate; to glide

חִלֵּק, פ״י to apportion; to distribute, share; to distinguish

הֶחֱלִיק, פ״י to flatten; to make smooth

חֶלְקָה, נ׳, ר׳, חֲלָקוֹת ground, field; smoothness

חֲלַקּוֹת, נ״ר flattery, adulation

חֲלֻקָּה, חֲלוּקָה, נ׳, ר׳, ־קּוֹת division, partition; divergence of opinions; alms

חֶלְקִי, ת״ז, ־קִית, ת״נ partial

חֶלְקִיּוּת, נ׳ partiality

חֲלַקְלַק, ת״ז, ־קָּה, ת״נ slippery

חֲלַקְלַקָּה, נ׳, ר׳, ־קּוֹת slippery spot; ice-skating rink; flattery

חַלָּשׁ, ת״ז, ־שָׁה, ת״נ weak

חָלַשׁ, פ״ע to be weak; to cast lots

חֻלְשָׁה, חוּלְשָׁה, חַלָּשׁוּת, נ׳, ר׳, ־שׁוֹת, ־שֻׁיּוֹת weakness, feebleness

חֶלְתִּית, נ׳ St. John's wort

חָם, ז׳, ר׳, ־מִים father-in-law

חַם, ת״ז, חַמָּה, ת״נ warm, hot

חַמִּים, חַמִּין warm water, hot springs

חֹם, ז׳ heat, warmth, temperature

חֶמְאָה, נ׳, ר׳, חֲמָאוֹת curd, butter

חֶמֶד, ז׳ desire; delight

חָמַד, פ״י to covet, lust, desire

חֶמְדָּה, נ׳, ר׳, חֲמָדוֹת joy, beauty; lust

חֶמְדָּן, חַמְדָן, ז׳, ר׳, ־נִים lustful person

חֶמְדָּנוּת, חַמְדָנוּת, נ׳, ר׳, ־נֻיּוֹת lustfulness, sensuality, covetousness

חַמָּה, נ׳, ר׳, ־מּוֹת sun; heat; fever

חֵמָה, נ׳, ר׳, ־מוֹת wrath, fury; venom

חָמוּד, ת״ז, חֲמוּדָה, ת״נ noble, lovely

חִמּוּד, ז׳, ר׳, ־דִים lustfulness

חִמּוּם, ז׳ warming, heating

חָמוּם, ת״ז, חֲמוּמָה, ת״נ hot-headed

חָמוֹץ, ז׳, ר׳, ־צִים brigand; ruthless person

חָמוּץ, ת״ז, חֲמוּצָה, ת״נ sour

חִמּוּץ, ז׳, ר׳, ־צִים leavening; becoming sour

חַמּוּק, ז׳, ר׳, ־קִים curve, circuit; outline

חֲמוֹר, ז׳, ר׳, ־רִים ass, donkey; dolt, idiot; trestle

חָמוּר, ת״ז, חֲמוּרָה, ת״נ grave, weighty; severe

חֲמוֹרָה, נ׳, ר׳, ־רוֹת ass (f.); idiotic woman

חָמוּשׁ, ת״ז, חֲמוּשָׁה, ת״נ armed, equipped

חָמוֹת, נ׳, ר׳, חֲמָיוֹת mother-in-law

חַמּוּת, נ׳ warmth

חֹמֶט, חוֹמֶט, ז׳, ר׳, חֲמָטִים lizard

חֲמִיטָה, נ׳, ר׳, ־טוֹת griddle cake

חֲמִילָה, נ׳, ר׳, ־לוֹת blanket; coat (of heavy cloth)

חָמִים, ת״ז, חֲמִימָה, ת״נ warm

חֲמִימוּת, נ׳, ר׳, ־מֻיּוֹת tepidity, lukewarmness

חָמִיץ, ז׳, ר׳, ־צִים silage; fodder

חֲמִיצָה, נ׳, ר׳, ־צוֹת sour soup

חֲמִיצוּת, נ׳, ר׳, ־צֻיּוֹת acidity, sourness

חֲמִישִׁי, ת״ז, ־שִׁית, ת״נ fifth

חֲמִישִׁיָּה, חֲמִשִׁיָּה, נ׳, ר׳, ־יּוֹת quintet

חֲמִישִׁית, חֲמִשִׁית, נ׳, ר׳, ־שִׁיּוֹת one-fifth

חֲמִית, נ׳, ר׳, ־מִיּוֹת calorie
חָמַל, פ״ע to spare, have pity
חֶמְלָה, נ׳ pity, compassion
חָמַם, חַם, פ״ע to become warm, be warm, warm oneself
נֶחֱמַם, פ״ע to be inflamed, heated
חִמֵּם, פ״י to keep warm, heat up
הִתְחַמֵּם, פ״ח to warm oneself
חֲמָמָה, נ׳, ר׳, ־מוֹת hothouse
חַמָּנִית, נ׳, ר׳, ־נִיּוֹת sunflower
חָמָס, ז׳, ר׳, חֲמָסִים injustice; plunder; violence
חָמַס, פ״י to treat violently; to do wrong; to devise; to shed
נֶחְמַס, פ״ע to suffer violence
חִמֵּס, פ״י to scratch
חַמְסִין, ז׳, ר׳, ־נִים very hot east wind; heatspell
חַמְסָן, ז׳, ר׳, ־נִים plunderer; extortioner; violent man
חַמְסָנוּת, נ׳, ר׳, ־נֻיּוֹת violence; plundering
חָמֵץ, ז׳ leavened bread
חָמַץ, פ״ע to be sour, fermented
חִמֵּץ, פ״י to cause to be leavened; to delay
חֻמַּץ, פ״ע to be leavened
הֶחְמִיץ, פ״ע to become fermented; to put off, delay
הִתְחַמֵּץ, פ״ח to be soured; to be degenerate
חֹמֶץ, חוֹמֶץ, ז׳, ר׳, חֳמָצִים acid; vinegar
חִמְצָה, חוּמְצָה, נ׳, ר׳, ־צוֹת leavening, fermenting
חַמְצָן, ז׳ oxygen
חָמַק, פ״ע to evade, slip away
הִתְחַמֵּק, פ״ח to turn hither and thither; to elude (duty); to shun
חֶמֶר, ז׳ wine
חֹמֶר, חוֹמֶר, ז׳, ר׳, חֳמָרִים clay; matter; material
קַל וָחֹמֶר from minor to major
חֵמָר, ז׳, ר׳, ־רִים asphalt, bitumen
חָמַר, פעו״י to foam; to cover with asphalt; to burn; to be strict
נֶחְמַר, פ״ע to be parched; to be kneaded
חִמֵּר, פ״י to drive an ass
הֶחְמִיר, פ״י to be strict; to cause pain
חַמָּר, ז׳, ר׳, ־רִים ass-driver
חֻמְרָה, חוּמְרָה, נ׳, ר׳, ־רוֹת severity, restriction
חָמְרִי, ת״ז, ־רִית, ת״נ material
חָמְרִיּוּת, נ׳ materialism
חַמֶּרֶת, נ׳, ר׳, חַמָּרוֹת caravan of donkeys
חָמֵשׁ, שמ״נ, חֲמִשָּׁה, שמ״ז five
חֲמֵשׁ עֶשְׂרֵה, נ׳, חֲמִשָּׁה עָשָׂר, ז׳ fifteen
חֻמָּשׁ, חוּמָּשׁ, ז׳, ר׳, ־שִׁים Pentateuch (five books of the Torah)
חֹמֶשׁ, חוֹמֶשׁ, ז׳, ר׳, חֳמָשִׁים one-fifth; groin
חִמֵּשׁ, פ״י to divide or multiply by five; to arm, prepare for war
חֻמַּשׁ, פ״ע to be divided or multiplied by five
הִתְחַמֵּשׁ, פ״ח to arm oneself
חֲמִשָּׁה, שמ״ז, חָמֵשׁ, שמ״נ five
חֲמִשִׁי, ת״ז, ־שִׁית, ת״נ fifth
חֲמִשִׁיָּה, חֲמִישִׁיָּה, נ׳, ר׳, ־יּוֹת quintet
חֲמִשִּׁים, ש״מ fifty
חֲמִשִׁית, חֲמִישִׁית, שמ״נ one-fifth

חֵמֶת, נ׳, ר׳, חֲמָתוֹת water skin; file (for papers)
חֵמֶת־חֲלִילִים bagpipe
(חֵמַת) מֵחֲמַת, תה״פ in consequence of
מֵחֲמַת, מ״י because of
חֵן, ז׳ grace, charm
חֵן חֵן thank you, thanks
מָצָא חֵן, נָשָׂא חֵן to please
חָנַג, פ״ע to visit a grave
חִנֵּג, פ״ע to dance
חִנְגָּא, חִנְגָּה, נ׳, ר׳, ־גּוֹת dance
חָנָה, פ״ע to encamp; to incline; to settle down
הֶחֱנָה, פ״י to cause to encamp; to settle
חָנוּט, ז׳, ר׳, חֲנוּטִים mummy, embalmed body
חִנּוּךְ, ז׳, ר׳, ־כִים education
חֲנוּכָּה, חֲנֻכָּה, נ׳, ר׳, ־כּוֹת
dedication, inauguration; Hanukah
חֲנוּכִּיָּה, חֲנֻכִּיָּה, נ׳, ר׳, ־יּוֹת
Hanukah lamp; candelabrum
חִנּוּכִי, ת״ז, ־כִית, ת״נ educational
חַנּוּן, ת״ז, חַנּוּנָה, ת״נ gracious, merciful
חֶנְוָנִי, ז׳, ר׳, ־נִים shopkeeper
חֲנוּפָּה, חֲנֻפָּה, נ׳, ר׳, ־פּוֹת impiety; flattery; hypocrisy
חָנוּת, חֲנוּת, נ׳, ר׳, חֲנֻיּוֹת shop, store
חָנַט, פ״י to embalm; to become ripe
נֶחֱנַט, פ״ע to be embalmed; to be ripe
חַנָּט, ז׳, ר׳, ־טִים embalmer
חֲנָטָה, חֲנִיטָה, נ׳, ר׳, ־טוֹת ripening, embalming
חֲנָיָה, חֲנִיָּה, נ׳, ר׳, ־יּוֹת
encampment; parking

חָנִיךְ, ז׳, ר׳, חֲנִיכִים pupil, apprentice
חֲנִיכָה, נ׳, ר׳, ־כוֹת apprentice (*f.*); surname
חֲנִיכַיִם, ז״ר gums; jawbone, maxilla
חֲנִינָה, נ׳, ר׳, ־נוֹת parole; mercy; pardon
חֲנִיפָה, נ׳, ר׳, ־פוֹת flattery, hypocrisy
חֲנִיקָה, נ׳, ר׳, ־קוֹת suffocation, strangulation
חֲנִית, נ׳, ר׳, ־תוֹת dagger
חָנַךְ, פ״י to educate; to inaugurate
נֶחֱנַךְ, פ״ע to become inaugurated
חֻנַּךְ, פ״ע to become educated
הִתְחַנֵּךְ, פ״ח to educate oneself; to be dedicated
חֵנֶךְ, ז׳, ר׳, חִנְכַּיִם, חֲנִיכַיִם gum
חֲנֻכָּה, חֲנוּכָּה, נ׳, ר׳, ־כּוֹת
dedication, inauguration; Hanukah
חֲנֻכִּיָּה, חֲנוּכִּיָּה, נ׳, ר׳, ־יּוֹת
candelabrum; Hanukah lamp
חִנָּם, תה״פ gratuitously; undeservedly; in vain
חֲנָמַל, ז׳, ר׳, ־לִים large hailstone
חָנַן, פ״י to show favor; to forgive; to grant
חִנֵּן, פ״י to speak kindly; to beg mercy; to exalt someone
חוֹנֵן, פ״י to favor, pity
חֻנַּן, פ״ע to be pardoned, pitied
הִתְחַנֵּן, פ״ח to implore, supplicate; to find favor
חֹנֶף, חוֹנֶף, ז׳ flattery, hypocrisy
חָנֵף, ת״ז, חֲנֵפָה, ת״נ hypocrite; impostor
חָנַף, פ״ע to be profane; to be wicked; to flatter
חֲנֻפָּה, חֲנוּפָּה, נ׳, ר׳, ־פּוֹת impiety; hypocrisy, flattery

flatterer; hypocrite חַנְפָן, ז׳, ר׳, ־נִים
to suffocate, strangle חָנַק, פ״י
strangulation חֶנֶק, ז׳
nitrogen, azote חַנְקָן, ז׳, ר׳, ־נִים
to have compassion, have pity חָס, פ״ע, ע׳ [חוס]
God forbid! חַס וְשָׁלוֹם, חַס וְחָלִילָה
forbearance חָס, ז׳, ר׳, ־סִים
lettuce חָסָא, חַסָּה, נ׳, ר׳, ־סוֹת
grace, favor; righteousness; charity; disgrace חֶסֶד, ז׳, ר׳, חֲסָדִים
to do good; to reproach; to shame חִסֵּד, פ״י
to be kind; to feign piety הִתְחַסֵּד, פ״ח
lettuce חַסָּה, חָסָא, נ׳, ר׳, ־סוֹת
to seek refuge; to trust חָסָה, פ״ע
kind, gracious חָסוּד, ת״ז, חֲסוּדָה, ת״נ
shelter, sanctuary חִסּוּי, ז׳, ר׳, ־יִים
liquidation חִסּוּל, ז׳
clogging, sharpening blades חִסּוּם, ז׳, ר׳, ־מִים
healthy, strong חָסוֹן, חָסֹן, ת״ז, חֲסוֹנָה, חֲסֹנָה, ת״נ
immunization חִסּוּן, ז׳, ר׳, ־נִים
subtraction; want חִסּוּר, ז׳, ר׳, ־רִים
protection; patronage; refuge חָסוּת, נ׳, ר׳, ־סֻיוֹת
cartilage חַסְחוּס, ז׳, ר׳, ־סִים
orthodox, pious, righteous חָסִיד, ז׳, ר׳, חֲסִידִים
stork חֲסִידָה, נ׳, ר׳, ־דוֹת
piety; hassidism חֲסִידוּת, נ׳
locust חָסִיל, ז׳, ר׳, חֲסִילִים
blocking; muzzling חֲסִימָה, נ׳, ר׳, ־מוֹת
immune חָסִין, ת״ז, חֲסִינָה, ת״נ
immunity חֲסִינוּת, נ׳

to have pity; to spare, save חָסַךְ, פ״י
to economize חִסֵּךְ, פ״י
savings, thrift, economy חִסָּכוֹן, ז׳, ר׳, חֶסְכוֹנוֹת
parsimony, stinginess חַסְכָנוּת, נ׳
to devour, exterminate חָסַל, פ״י
to muzzle; to prevent, block; to temper חָסַם, פ״י
to be tempered הִתְחַסֵּם, נִתְ־, פ״ח
provision; treasure; immunity חֹסֶן, ז׳, ר׳, חֲסָנִים
to store, conserve [חסן] הֶחְסִין, פ״י
to immunize חִסֵּן, פ״י
to dry up, become hard; to become strong חָסַן, פ״ע
to divulge, reveal, lay bare חָסַף, פ״י
to make scaly; to make uneven חִסְפֵּס, פ״י
to be grainlike, scaly חֻסְפַּס, פ״ע
lack, want חֹסֶר, ז׳
poverty; decrease חֶסֶר, ז׳
lacking, defective חָסֵר, ת״ז, חֲסֵרָה, ת״נ
to lack; to decrease; to be absent חָסַר, פ״ע
to deprive; to lessen; to omit חִסֵּר, פ״י
to be short of חֻסַּר, פ״ע
to deduct הֶחְסִיר, פ״י
to dwindle, be reduced הִתְחַסֵּר, פ״ח
need, deficiency; fault חִסָּרוֹן, חֶסְרוֹן, ז׳, ר׳, ־נוֹת
clean, pure, innocent חַף, ת״ז, חַפָּה, ת״נ
tooth of key; clutch חָף, ז׳, ר׳, ־פִּים
to invent, fabricate, pretend חִפֵּא, פ״י

חָפָא, ז׳, ר׳, חֲפָאִים dust cover, case
חָפָה, פ״י to cover, wrap
חִפָּה, פ״י to overlay, to camouflage
חֻפָּה, חוּפָּה, נ׳, ר׳, ־פּוֹת canopy (in marriage ceremony)
חִפָּה, נ׳, ר׳, ־פּוֹת lampshade
חִפּוּי, ז׳, ר׳, ־יִים camouflage; cover
חִפּוּשׂ, ז׳, ר׳, ־שִׂים search; induction
חִפּוּשִׂי, ת״ז, ־שִׂית, ת״נ inductive
חִפּוּשִׁית, נ׳, ר׳, ־שִׁיּוֹת beetle
חָפַז, פ״ע to be hasty; to be frightened
נֶחְפַּז, פ״ע to be hurried; to act rashly
חִפָּזוֹן, ז׳ haste; trepidation
חֲפִיָה, נ׳, ר׳, ־פִיּוֹת hand broom
חֲפִינָה, נ׳, ר׳, ־נוֹת taking a handful
חֲפִיסָה, נ׳, ר׳, ־סוֹת portfolio; handbag
חֲפִיפָה, נ׳, ר׳, ־פוֹת covering; cleaning; shampooing
חֲפִירָה, נ׳, ר׳, ־רוֹת digging; ditch; excavation
חֹפֶן, חוֹפֶן, ז׳, ר׳, חָפְנַיִם handful
חָפַן, פ״י to take a handful
נֶחְפַּן, פ״ע to measure by the handful
חָפַף, פ״י to cover; to protect; to rub, comb; to wash (head)
חֲפָפִית, נ׳, ר׳, ־יּוֹת itch; eczema, rash
חֵפֶץ, ז׳, ר׳, חֲפָצִים wish, desire; object; belonging
חָפֵץ, פ״ע to wish, to desire
חָפַץ, פ״י to move, wiggle (tail)
חָפַר, פ״י to dig, excavate; to spy; to explore
נֶחְפַּר, פ״ע to be put to shame
הֶחְפִּיר, פעו״י to be ashamed, put to shame

חֲפַרְפָּרָה, חֲפַרְפֶּרֶת, נ׳, ר׳, ־רוֹת mole
חֹפֶשׁ, חוֹפֶשׁ, ז׳, ר׳, חֳפָשִׁים freedom, liberty; vacation
חָפַשׂ, פ״י to seek, search
חִפֵּשׂ, פ״י to search, investigate
חֻפַּשׂ, פ״ע to be exposed
הִתְחַפֵּשׂ, פ״ח to disguise, hide oneself
חִפֵּשׁ, פ״י to set free
חֻפַּשׁ, פ״ע to be liberated
חֻפְשָׁה, חוּפְשָׁה, נ׳, ר׳, ־שׁוֹת freedom, liberty; vacation
חָפְשִׁי, ת״ז, ־שִׁית, ת״נ free; emaciated and pale
חָפְשִׁית, נ׳ hospital; asylum (for leprosy)
חֵפֶת, ז׳, ר׳, חֲפָתִים fold
חָפַת, חִפֵּת, פ״י to fold up; to adapt, adjust
חֵץ, ז׳, ר׳, חִצִּים arrow, dart
חָצַב, פ״י to hew; to chisel, cleave
נֶחְצַב, פ״ע to be hewn, chiseled
הֶחֱצִיב, פ״י to beat; to kill
חַצָּב, ז׳, ר׳, ־בִים stonecutter
חָצָב, ז׳, ר׳, חֲצָבִים earthenware jar, pitcher; squill
חַצֶּבֶת, נ׳ measles
חָצָה, פ״י to divide, halve; to cross; to bisect
חֲצוּבָה, נ׳, ר׳, ־בוֹת tripod
חָצוּף, ת״ז, חֲצוּפָה, ת״נ impudent, arrogant
חֲצוֹצְרָה, נ׳, ר׳, ־רוֹת trumpet; cavity of ear
חֲצוֹצְרָן, ז׳, ר׳, ־נִים trumpeter
חֲצוֹת, נ׳ midnight; middle; half
חֲצִי, ז׳, ר׳, חֲצָאִים, ־יִים half; middle

חֲצִי־אִי, ז׳, ר׳, חֲצָאֵי אִיִּים peninsula
חֲצִיָּה, חֲצָיָה, נ׳, ר׳, ־יּוֹת halving
חָצִיל, ז׳, ר׳, חֲצִילִים eggplant
חָצִין, ז׳, ר׳, חֲצִינִים ax
חֲצִיפוּת, נ׳, ר׳, ־פֻיּוֹת impertinence; arrogance
חֲצִיצָה, נ׳, ר׳, ־צוֹת partition; interposition
חָצִיר, ז׳, ר׳, חֲצִירִים grass; meadow; hay; leek
חֹצֶן, ז׳, ר׳, חֲצָנִים bosom
[חצף] הֶחֱצִיף, פ״ע to be impertinent, bold
הִתְחַצֵּף, פ״ח to be impudent
חֻצְפָּה, חוּצְפָּה, נ׳, ר׳, ־פּוֹת insolence, impudence
חָצָץ, ז׳ gravel; arrow; kidney stone
חָצַץ, פ״י to partition; to divide; to pick one's teeth
חִצְצֵר, פ״ע to blow a trumpet
חָצֵר, ז׳, ר׳, ־רוֹת, ־רִים courtyard; hamlet; court of law
חַצְרָן, ז׳, ר׳, ־נִים court official; superintendent
חַצְרָנוּת, נ׳, ר׳, ־נֻיּוֹת courtesy
חֹק, ז׳, ר׳, חֻקִּים statute; custom; limit
חַקַּאי, חַקְיָן, ז׳, ר׳, ־קָּאִים, ־נִים imitator, pantomimist
חֻקָּה, חוּקָּה, נ׳, ר׳, ־קּוֹת law, ordinance
חִקָּה, פ״ע to imitate; to pantomime; to inscribe
חֻקָּה, פ״ע to be engraved
הִתְחַקָּה, פ״ח to set limit; to trace; to resemble
חִקּוּי, ז׳, ר׳, ־יִים imitation
חִקּוּר, ז׳, ר׳, ־רִים searching; inquiry
חָקִי, ז׳ khaki
חֻקִּי, ת״ז, ־קִּית, ת״נ legal
חַקְיָנוּת, נ׳ pantomime, pantomimicry
חֲקִיקָה, נ׳, ר׳, ־קוֹת legislation; engraving
חֲקִירָה, נ׳, ר׳, ־רוֹת investigation; research
חַקְלָאוּת, נ׳ agriculture, farming
חַקְלַאי, ז׳, ר׳, ־אִים farmer, agriculturist
חַקְלָאִי, ת״ז, ־אִית, ת״נ agricultural
חֹקֶן, חוֹקֶן, ז׳, ר׳, חֳקָנִים enema
חֹקְנָה, נ׳ syringe
חָקַק, פ״י to engrave; to hollow; to legislate
חוֹקֵק, פ״י to enact; to inscribe; to carve
חֻקַּק, פ״ע to be decreed
חֵקֶק, ז׳, ר׳, חֲקָקִים decree, law
חָקַר, פ״י to investigate, explore; to study
חֵקֶר, ז׳, ר׳, חֲקָרִים investigation
חַקְרָן, ז׳, ר׳, ־נִים investigator
חַקְרָנוּת, ז׳, ר׳, ־נֻיּוֹת exploration
חֻקָּתִי, ת״ז, ־תִית, ת״נ constitutional
חֹר, חוֹר, ז׳, ר׳, ־רִים hole, cave; nobleman
חֹר, חוּר, ז׳ white linen, white garment
חֲרָאִים, ז״ר excrements
חָרֵב, ת״ז, חֲרֵבָה, ת״נ ruined; dry; desolate
חֹרֶב, ז׳ heat; dryness, drought; desolation
חָרַב, פ״ע to be dry; to be desolate; to be destroyed
נֶחֱרַב, פ״ע to be laid waste
הֶחֱרִיב, פ״י to destroy; to cause to be dry

חֶרֶב, נ׳, ר׳, חֲרָבוֹת sword, knife; blade (of plow)

חָרְבָּה, חָרְבָה, נ׳, ר׳, ־בוֹת, חֳרָבוֹת ruin, desolation, waste

חַרְבָּה, נ׳, ר׳, ־בּוֹת fruit knife

חָרָבָה, נ׳, ר׳, ־בוֹת dry land

חֲרָבוֹן, ז׳, ר׳, חַרְבוֹנִים heat; drought

חֶרְבּוֹן, ז׳, ר׳, ־נִים, ־נוֹת disappointment, let-down

חֻרְבָּן, חוּרְבָּן, ז׳, ר׳, ־נוֹת ruin, destruction

חִרְבֵּן, פ״י to ensnarl; to spoil

חָרַג, פ״ע to quake; to spring forth

חַרְגּוֹל, ז׳, ר׳, ־לִים locust

חָרַד, פ״ע to tremble; to fear; to be anxious; to be orthodox

הֶחֱרִיד, פ״י to terrify

חָרֵד, ת״ז, חֲרֵדָה, ת״נ orthodox

חָרָד, ז׳, ר׳, חֲרָדִים cupboard, closet

חֲרָדָה, נ׳, ר׳, ־וֹת terror, anxiety; rags

חַרְדּוֹן, ז׳, ר׳, ־נִים lizard

חַרְדָּל, ז׳, ר׳, ־לִים mustard

חָרָה, פ״ע to be angry; to kindle, burn

הֶחֱרָה, פ״י to make angry; to do with zeal

הִתְחָרָה, פ״ח to compete, rival

חָרוּב, ז׳, ר׳, ־בִים carob

חֲרוּבִית, נ׳, ר׳, ־יוֹת carob tree

חָרוּז, ז׳, ר׳, חֲרוּזִים string of beads; verse, rhyme

חָרוֹז, ז׳, ר׳, ־זִים poet, bard

חֲרוּזִי, ת״ז, ־זִית, ת״נ versicular

חָרוּט, ז׳, ר׳, חֲרוּטִים cone; inscription

חֲרוּטִי, ת״ז, ־טִית, ת״נ conical

חָרוּךְ, ת״ז, חֲרוּכָה, ת״נ burnt (food), charred

חָרוּל ,ז׳, ר׳, חֲרוּלִים weeds, nettle

חֵרוּם, ז׳ state of war, insecurity

שְׁעַת חֵרוּם emergency

חָרוּם, ת״ז, חֲרוּמָה, ת״נ flat-nosed

חֲרוּמַף, ז׳, ר׳, ־פִים flat-nosed person

חָרוֹן, ז׳, ר׳, חֲרוֹנִים anger; brier

חֲרוֹסֶת, חֲרֹסֶת, נ׳, ר׳, ־סוֹת sauce, condiment used on Passover eve

חֵרוּף, ז׳, ר׳, ־פִים blasphemy, abuse

חֵרוּף נֶפֶשׁ devotion, loyalty

חֲרוּפָה, נ׳, ר׳, ־פוֹת betrothed, destined one

חָרוּץ, ת״ז, חֲרוּצָה, ת״נ; ז׳ diligent; determined; sharp; maimed; gold

חָרוּק, ז׳, ר׳, חֲרוּקִים insect

חָרוּק, ת״ז, חֲרוּקָה, ת״נ punctured, dented

חָרוּר, ת״ז, חֲרוּרָה, ת״נ perforated

חָרוּשׁ, ת״ז, חֲרוּשָׁה, ת״נ plowed

חֵרוּת, נ׳, ר׳, ־יוֹת freedom

חָרוּת, נ׳, ר׳, חֲרָיוֹת palm leaf

חָרַז, פ״י to string together; to rhyme

נֶחֱרַז, פ״ע to be arranged

חַרְזָן, ז׳, ר׳, ־נִים versifier

חַרְחֲבִינָה, נ׳, ר׳, ־נוֹת snakeroot

חַרְחוּר, חַרְחֶר, ז׳, ר׳, ־רִים consumption; violent heat, fever

חִרְחוּר, ז׳, ר׳, ־רִים quarreling

חִרְחֵר, פ״י to kindle, provoke strife

חֶרֶט, ז׳, ר׳, חֲרָטִים mold; engraving tool; pen; paintbrush; crayon

[חרט] הִתְחָרֵט, פ״ח to regret, repent

חָרַט, פ״י to engrave, chisel

נֶחֱרַט, פ״ע to be printed, inscribed

חֲרָטָה, נ׳, ר׳, ־טוֹת repentance, regret

nose; bill, beak; bow (ship) חַרְטוּם, חַרְטוֹם, ז׳, ר׳, ־מִים

magician חַרְטֹם, ז׳, ר׳, חַרְטֻמִּים

hieroglyphics כְּתַב הַחַרְטֻמִּים

woodcock חַרְטוּמָן, ז׳, ר׳, ־נִים

snipe חַרְטוּמַנּוֹן, ז׳, ר׳, ־נִים

burning anger חֳרִי, חֳרִי־אַף, ז׳

pastry, cake חֹרִי, חוֹרִי, ז׳

bird droppings חִרְיוֹנִים, ז״ר

lady's purse חָרִיט, ז׳, ר׳, חֲרִיטִים

engraving חֲרִיטָה, נ׳, ר׳, ־טוֹת

burning (food), singeing חֲרִיכָה, נ׳, ר׳, ־כוֹת

safflower; red dye חֲרִיעַ, ז׳, ר׳, ־עִים

sharp; acute; sagacious חָרִיף, ת״ז, חֲרִיפָה, ת״נ

sharpness, acuteness; sagacity חֲרִיפוּת, נ׳, ר׳, ־יוֹת

slice; incision; trench חָרִיץ, ז׳, ר׳, חֲרִיצִים

sharpening; cutting חֲרִיצָה, נ׳, ר׳, ־צוֹת

diligence; skillfulness חֲרִיצוּת, נ׳, ר׳, ־יוֹת

gnashing of teeth; clatter חֲרִיקָה, נ׳, ר׳, ־קוֹת

needle eye חָרִיר, ז׳, ר׳, חֲרִירִים

plowing time חָרִישׁ, ז׳, ר׳, חֲרִישִׁים

plowing; dumbness; silence חֲרִישָׁה, נ׳, ר׳, ־שׁוֹת

silent; soft חֲרִישִׁי, ת״ז, ־שִׁית, ת״נ

latticed window חָרָךְ, ז׳, ר׳, חֲרַכִּים

to singe, char, burn חָרַךְ, פ״י

nettle rash; urticaria חָרֶלֶת, נ׳

net; ban; excommunication חֵרֶם, ז׳, ר׳, חֲרָמִים

to excommunicate; to destroy [חרם] הֶחֱרִים, פ״י

net fisherman חָרָם, ז׳, ר׳, ־מִים

extermination, destruction חָרְמָה, נ׳

sickle, scythe חֶרְמֵשׁ, ז׳, ר׳, ־שִׁים

clay; sun; prurigo חֶרֶס, ז׳, ר׳, חֲרָסִים

potter חָרָס, ז׳, ר׳, חָרָסִים

sun חַרְסָה, נ׳

potter's clay; earthenware חַרְסִית, נ׳, ר׳, ־יוֹת

sauce; condiment used on Passover eve חֲרֹסֶת, חֲרוֹסֶת, נ׳, ר׳, ־סוֹת

winter חֹרֶף, חוֹרֶף, ז׳, ר׳, חֳרָפִים

to winter; revile חָרַף, פעו״י

to be betrothed נֶחֱרַף, פ״ע

to make wintry; to revile חֵרֵף, פ״י

to expose oneself to danger חֵרֵף נַפְשׁוֹ

to be cursed נִתְחָרֵף, פ״ח

shame, outrage, abuse חֶרְפָּה, נ׳, ר׳, חֲרָפוֹת

to cut into; to decree; to be diligent חָרַץ, פ״י

to be cut into, dug; to be plowed נֶחֱרַץ, פ״ע

חַרְצֹב, ז׳, חַרְצֻבָּה, נ׳, ר׳, ־צֻבִּים, ־בּוֹת bond, fetter; pain

grape stone, grape kernel חַרְצָן, ז׳, ר׳, ־צַנִּים

to squeak; to gnash; to grind חָרַק, פ״ע

insect; notch, incision חֶרֶק, ז׳, ר׳, חֲרָקִים

squeak חֲרָקָה, נ׳, ר׳, ־קוֹת

to bore; to be scorched; to burn; to set free חָרַר, חֵרֵר, פעו״י

parched soil חָרֵר, ז׳, ר׳, ־רִים

thin cake; clot חֲרָרָה, נ׳, ר׳, ־רוֹת

to plow; to engrave; to devise; to be silent חָרַשׁ, פעו״י

נֶחֱרַשׁ, פ״ע	to become deaf
הֶחֱרִישׁ, פעו״י	to be silent; to silence; to plot
הִתְחָרֵשׁ, נִתְ־, פ״ח	to whisper; to become deaf
חָרָשׁ, ז׳, ר׳, ־שִׁים	craftsman, artisan; magician
חָרַשׁ־עֵץ, ז׳	carpenter
חֵרֵשׁ, ז׳, ר׳, ־רְשִׁים	deaf person
חֶרֶשׂ, ז׳, ר׳, חֲרָשִׂים	earthenware; potsherd
חֶרֶשׁ, תה״פ	silently, secretly
חֹרֶשׁ, חוֹרֶשׁ, ז׳, ר׳, חֲרָשִׁים	thicket, wood, bush
חֻרְשָׁה, נ׳, ר׳, ־שׁוֹת	wood, forest
חֵרְשׁוּת, נ׳	deafness
חַרְשָׁף, ז׳, ר׳, ־פִים	artichoke
חֲרֹשֶׁת, נ׳, ר׳, ־רוֹשׁוֹת	manufacture; craftsmanship
בֵּית חֲרֹשֶׁת	factory
חֲרָשְׁתִּי, ת״ז, ־תִּית, ת״נ	industrial
חֲרָשְׁתָּן, ז׳, ר׳, ־נִים	industrialist
חָרַת, פ״י	to engrave, inscribe
חֶרֶת, ז׳	blacking; inscription
חָשׁ, פ״י, ע׳ [חוש]	to make haste; to feel pain
חֲשַׁאי, חֲשַׁי, ז׳	stillness, quiet
בַּחֲשַׁאי, תה״פ	secretly
חָשַׁב, פ״י	to think; to intend; to consider; to calculate
חִשֵּׁב, פ״י	to think over, calculate
הִתְחַשֵּׁב, פ״ח	to be considered; to be esteemed; to take into consideration
חַשָּׁב, ז׳, ר׳, ־בִים	accountant
חֶשְׁבּוֹן, ז׳, ר׳, ־נוֹת	arithmetic; account
דִּין וְחֶשְׁבּוֹן (דו״ח)	report
חֶשְׁבּוֹן הַנֶּפֶשׁ	introspection
חֶשְׁבּוֹן עוֹבֵר וָשָׁב	current account
חִשָּׁבוֹן, ז׳, ר׳, ־נוֹת	catapult
חִשָּׁבוֹן, ז׳, ר׳, ־שְׁבוֹנוֹת	thought; device
חֶשְׁבּוֹנִי, ת״ז, ־נִית, ת״נ	arithmetical
חֶשְׁבּוֹנִיָּה, נ׳, ר׳, ־יוֹת	rack (for counting), abacus
חַשְׁבָּן, ז׳, ר׳, ־נִים	mathematician
חָשַׁד, פ״י	to suspect
חֶשֶׁד, חֲשָׁד, ז׳, ר׳, חֲשָׁדוֹת	suspicion
חַשְׁדָן, ז׳, ר׳, ־נִים	suspect
חַשְׁדָנוּת, נ׳	suspicion
חָשָׁה, הֶחֱשָׁה, פ״ע	to be silent; to be inactive
חִשּׁוּב, ז׳, ר׳, ־בִים	importance; accounting
חָשׁוּב, ת״ז, חֲשׁוּבָה, ת״נ	important, esteemed
חָשׁוּד, ת״ז, חֲשׁוּדָה, ת״נ	suspected
חָשׁוּךְ, ת״ז, חֲשׁוּכָה, ת״נ	dark, obscure
חָשׂוּךְ, ת״ז, חֲשׂוּכָה, ת״נ	lacking, bereft of
חֶשְׁוָן, מַרְחֶשְׁוָן, ז׳	Heshvan, eighth Hebrew month
חָשׁוּק, ז׳, ר׳, חֲשׁוּקִים	sweetheart; ring, rim
חִשּׁוּר, ז׳, ר׳, ־רִים	spoke
חֲשַׁי, חֲשַׁאי, ז׳	stillness, quiet
חֲשִׁיבוּת, נ׳, ר׳, ־יוֹת	importance
חֲשִׂיף, ז׳, ר׳, ־פִים	little flock
חֲשִׁישׁ, ז׳	marijuana, dope
חֹשֶׁךְ, חוֹשֶׁךְ, ז׳	darkness
חָשַׁךְ, פ״ע	to grow dim
הֶחֱשִׁיךְ, פ״י	to darken
חָשֵׁךְ, ז׳, ר׳, חֲשֵׁכִים	darkness; ignorance
חָשֵׁךְ, ת״ז, חֲשֵׁכָה, ת״נ	ignoble, mean, low

חָשַׂךְ, פעו״י	to withhold; to refrain; to spare; to save
חֲשֵׁכָה, נ׳	obscurity, darkness
חָשַׁל, נֶחְשַׁל, פ״ע	to be faint; to lag behind
חִשֵּׁל, פ״י	to temper, forge
חֻשַּׁל, פ״ע	to be forged, tempered
נִתְחַשֵּׁל, פ״ח	to become crystallized
חִשְׁמוּל, ז׳, ר׳, ־לִים	electrification
חַשְׁמַל, ז׳, ר׳, ־לִים	electrum, electricity
חִשְׁמֵל, פ״י	to electrify, charge
חַשְׁמַלַּאי, ז׳, ר׳, ־אִים	electrician
חַשְׁמַלִּי, ת״ז, ־לִית, ת״נ	electric
חַשְׁמַלִּית, נ׳, ר׳, ־יּוֹת	streetcar, tramway
חַשְׁמָן, ז׳, ר׳, ־נִּים	cardinal
חֹשֶׁן, ז׳, ר׳, חֳשָׁנִים	breastplate
חָשַׂף, פ״י	to uncover, make bare; to draw water
חַשְׂפָן, ז׳, ר׳, ־נִים	archeologist
חַשְׂפָנוּת, נ׳	archeology
חֵשֶׁק, ז׳	desire, lust; pleasure
חָשַׁק, פ״י	to ornament; to desire; to rim
הִתְחַשֵּׁק, פ״ח	to be lustful
חֲשָׁרָה, נ׳	density; collection
חֲשָׁשׁ, ז׳, ר׳, ־שׁוֹת	fear, apprehension
חֲשַׁשׁ, ז׳	hay, chaff, dry grass
חָשַׁשׁ, פ״ע	to feel pain; to apprehend; to pay attention
חֲשַׁשָּׁה, נ׳, ר׳, ־שׁוֹת	hay shed
חַת, ז׳, חִתָּה, נ׳, ר׳, חִתִּים, ־תּוֹת	fear, terror
חַת, ת״ז, חַתָּה, ת״נ	dismayed, discouraged
חָתָה, פ״י	to seize; to rake coals; to abhor
חִתָּה, נ׳, ר׳, ־תּוֹת	terror, fright
חִתּוּךְ, ז׳, ר׳, ־כִים	cutting, articulation
חִתּוּל, ז׳, ר׳, ־לִים	bandage; diaper, swaddling clothes
חָתוּל, ז׳, ר׳, חֲתוּלִים	cat
חָתוּם, ז׳, ר׳, חֲתוּמִים	seal; document; subscriber
חֲתוּנָּה, חֲתֻנָּה, נ׳, ר׳, ־נּוֹת	marriage, wedding
חַתְחַת, ז׳, ר׳, ־תִּים	terror, pitfall
חֲתִיכָה, נ׳, ר׳, ־כוֹת	cutting; piece
חֲתִיכַת־דִּין	judgment
חֲתִימָה, נ׳, ר׳, ־מוֹת	signature; conclusion; subscription; obstruction
חֲתִירָה, נ׳, ר׳, ־רוֹת	undermining; rowing
חִתִּית, נ׳	terror, panic
חָתַךְ, פ״י	to cut, sever, dissect
חָתַךְ דִּין	to sentence
חִתֵּךְ, פ״י	to cut up; to enunciate
חֶתֶךְ, חֲתָךְ, ז׳, ר׳, חֲתָכִים	incision, cut, piece
חִתֵּל, פ״י	to bandage; to swaddle
חֲתֻלָּה, נ׳, ר׳, ־לּוֹת	diaper
חֲתַלְתּוּל, ז׳, ר׳, ־לִים	kitten
חָתַם, פ״י	to sign; to seal; to close; to subscribe
חִתֵּם, פ״י	to close, shut; to stamp
הֶחְתִּים, פ״י	to stop; to make a sign
חֹתֶמֶת, חוֹתֶמֶת, נ׳, ר׳, ־מוֹת	seal, stamp, signet
חָתָן, ז׳, ר׳, חֲתָנִים	bridegroom; son-in-law
חִתֵּן, פ״י	to marry off
הִתְחַתֵּן, פ״ח	to get married; to be related through marriage

חֲתֻנָּה, חֲתוּנָּה, נ׳, ר׳, ־נּוֹת marriage, wedding
חֹתֶף, ז׳, ר׳, חֲתָפִים robber
חָתַף, פ״י to snatch, seize
חָתַר, פ״י to dig, undermine; to row
חָתַת, פ״ע to be shattered; to be terrified
חִתֵּת, פ״י to break; to confound
הֵחֵת, פ״י to break (yoke of slavery)
חֲתַת, ז׳ terror, dismay, destruction

ט

ט Teth, ninth letter of Hebrew alphabet; nine
טֵאוּט, טְאטוּא, ז׳, ר׳, ־טִים, ־אִים sweeping, sweepings
טֵאֵט, טִאטֵא, פ״י to sweep
טָבוּחַ, ת״ז, טְבוּחָה, ת״נ slaughtered
טְבוּל, ז׳, ר׳, ־לִים turban
טָבוּל, ת״ז, טְבוּלָה, ת״נ baptized
טִבּוּל, ז׳, ר׳, ־לִים baptism
טִבּוּעַ, ז׳, ר׳, ־עִים drowning; coining
טַבּוּר, טִבּוּר, ז׳, ר׳, ־רִים navel; center
טִבּוּר הָאוֹפַן hub, nave
טֶבַח, ז׳, טִבְחָה, נ׳, ר׳, טְבָחִים, ־חוֹת slaughtering, slaughter, slaying
טָבַח, פ״י to kill; to slaughter
טַבָּח, ז׳, ר׳, ־חִים cook; butcher; executioner
טַבָּחוּת, נ׳ cooking
טְבִילָה, נ׳, ר׳, ־לוֹת immersion, baptism
טְבִיעָה, נ׳, ר׳, ־עוֹת drowning, sinking
טְבִיעַת אֶצְבָּעוֹת fingerprint
טְבִיעוּת־עַיִן perceptive sense
טָבַל, פ״י to dip, immerse
הִטְבִּיל, פ״י to immerse, baptize
טֶבֶל, ז׳, ר׳, טְבָלִים produce from which priestly shares have not been separated
טַבְלָה, נ׳, ר׳, ־לוֹת tablet; board; list
טַבְלָן, ז׳, ר׳, ־נִים diver
טָבַע, פעו״י to sink; to drown; to coin
נִטְבַּע, פ״ע to be immersed; to be impressed; to be coined
הִטְבִּיעַ, פ״י to cause to drown; to implant
טֶבַע, ז׳, ר׳, טְבָעִים coin; element; nature
מַדָּעֵי הַטֶּבַע natural sciences
טִבְעִי, ת״ז, ־עִית, ת״נ natural, physical
טַבַּעַת, נ׳, ר׳, ־עוֹת ring
פִּי־הַטַּבַּעַת anus, rectum
טִבְעֲתָן, ז׳, ר׳, ־נִיִּים naturalist
טֵבֵת, ז׳ Tebeth, tenth month of Hebrew calendar
טִגּוּן, ז׳, ר׳, ־נִים frying
טִגֵּן, פ״י to fry
טָדִי, ז׳, ר׳, ־יִים pointed vault
טָהָב, ז׳ bottom of sea
טָהוֹר, ת״ז, טְהוֹרָה, ת״נ pure, clean
טֹהַר, ז׳, טָהֳרָה, נ׳, ר׳, ־רוֹת purity, purification
טָהַר, פ״ע to be clean, pure
טִהֵר, פ״י to purify; to pronounce pure

הִטַּהֵר, פ״ח — to become pure, purify oneself

טַהֲרָן, ז׳, ר׳, ־נִים — purist

טַהֲרָנוּת, נ׳ — purism

טוֹב, ת״ז, טוֹבָה, ת״נ — good, pleasant

טוֹב, פ״ע — to be good

הֵטִיב, הֵיטִיב, פ״י — to do good; to improve

הוּטַב, פ״ע — to become better

טוּב, ז׳ — goodness; valuables; gaiety

טוֹבָה, נ׳, ר׳, ־בוֹת — welfare; kindness

טָוָה, פ״י — to spin

נִטְוָה, פ״ע — to be spun

[טוח] הֵטִיחַ, פ״י — to plaster; to press; to knock against

טְוָח, טָוַח, ז׳, ר׳, טְוָחִים — trajectory

טוֹחֵן, ז׳, ר׳, ־נִים — miller

טוֹחֲנָה, טוֹחֶנֶת, נ׳, ר׳, ־חֲנוֹת — molar

טוֹטֶפֶת, נ׳, ר׳, ־טָפוֹת — frontlet; phylactery; badge

טְוִיָּה, נ׳, ר׳, ־יּוֹת — spinning

[טול] הֵטִיל, פ״י — to cast; to throw; to lay (egg.)

טוּמְאָה, טֻמְאָה, נ׳, ר׳, ־אוֹת — uncleanness, defilement

טוּמְטוּם, טֻמְטוּם, ז׳, ר׳, ־מִים — hermaphrodite, androgyny

[טוס] טָס, פ״ע — to fly, float (in air)

הֵטִיס, פ״י — to cause to fly, float

טַוָּס, ז׳, טַוֶּסֶת, נ׳, ר׳, ־סִים, ־וָּסוֹת — peacock, peahen

טוֹעֶה, ז׳, ר׳, ־עִים — he who errs

טוֹעֵן, ז׳, ר׳, טוֹעֲנִים — claimant; pleader

[טוף] טָף, פ״י — to drip; to sprinkle

טוֹפֶס, טֹפֶס, ז׳, ר׳, טְפָסִים — blank (document), copy

טוּר, ז׳, ר׳, ־רִים — row, line, column

טוּרַאי, ז׳, ר׳, ־רָאִים — recruit, private

טוֹרֵף, ז׳, ר׳, ־רְפִים — prey

[טוש] טָשׁ, פ״ע — to fly, dart

טָח, פ״י ע׳ [טוח] — to plaster, smear

טַחַב, ז׳ — dampness, moisture; club moss

טְחוֹל, ז׳, ר׳, ־לִים — spleen

טְחוֹן, ז׳, ר׳, ־נִים — millstone

טָחוּן, ת״ז, טְחוּנָה, ת״נ — ground

טָחוֹר, ז׳, ר׳, טְחוֹרִים — tumor; piles

[טחח] טַח, פ״ע — to be besmeared; to be coated; to become dim (eyes)

טְחִינָה, נ׳, ר׳, ־נוֹת — milling; chewing

טַחְלַב, ז׳ — moss

טָחַן, פ״י — to mill, grind, pulverize, chew

טַחֲנָה, נ׳, ר׳, ־נוֹת — mill

טִיב, ז׳ — nature, character

טַיֵּב, פ״י — to improve, ameliorate

הִטַּיֵּב, נִ־, פ״ח — to be well manured

טִיגָן, ז׳, ר׳, ־נִים — frying pan

טַיָּד, ז׳, ר׳, ־דִים — defender

טִיּוּב, ז׳, ר׳, ־בִים — improvement

טְיוּטָה, טְיוּטָּה, נ׳, ר׳, ־טוֹת — draft (letter)

טִיּוּל, ז׳, ר׳, ־לִים — excursion; stroll

טִיחַ, ז׳ — plaster

טַיַּח, פ״י — to plaster

טַיָּח, ז׳, ר׳, ־חִים — plasterer

טִיט, ז׳ — mud, mire, clay

טַיֵּט, פ״י — to smear; to erase; to draft (letter)

טַיֵּל, פעו״י — to (take a) walk

טַיָּל, ז׳, ר׳, ־לִים — excursionist

טַיֶּלֶת, נ׳, ר׳, ־יָּלוֹת — promenade, boardwalk

טִין, ז׳ — mud, clay

טִינָה, נ׳, ר׳, ־נוֹת — moisture; grudge

טַיָּס, ז׳, ר׳, ־סִים — pilot

טַיִס, ז׳, טִיסָה, נ׳, ר׳, טִיסוֹת flying, flight
טַיֶּסֶת, נ׳, טַיָּסוֹת squadron; pilot (f.)
טִיף, ז׳, ר׳, ־פִים dripping
טִיפָּה, טִפָּה, נ׳, ר׳, ־פּוֹת drop; gout
טִירָה, נ׳, ר׳, ־רוֹת tent village; enclosure; villa
טִירוֹן, ז׳, ר׳, ־נִים beginner, novice; recruit
טֵית, נ׳, ר׳, ־תִים Teth, ninth letter of Hebrew alphabet
טִכּוּס, ז׳, ר׳, ־סִים arranging, arrangement
טֶכֶס, טֶקֶס, ז׳, ר׳, טְכָסִים ceremony
טָכַס, פ״י to arrange
טִכֵּס, פ״י to array
טַכְסִיס, תַּכְסִיס, ז׳, ר׳, ־סִים strategy
טַכְסִיסָן, תַּכְסִיסָן, ז׳, ר׳, ־נִים strategist
טִכְסֵס, תִּכְסֵס, פ״י to maneuver
טַל, ז׳, ר׳, טְלָלִים dew
טִלֵּא, פ״י to patch
הִטְלִיא, פ״י to mend
טְלַאי, טְלִי, ז׳, ר׳, ־לָאִים patch
טָלֶה, ז׳, ר׳, טְלָאִים lamb; Ram, Aries (sign of zodiac)
טָלוּא, ת״ז, טְלוּאָה, ת״נ patched, spotted
טִלְטוּל, ז׳, ר׳, ־לִים moving; wandering
טִלְטֵל, פ״י to handle, carry; to move
טַלְטַל, ז׳, ר׳, ־לִים drive shaft; chattel
טַלִּית, טַלֵּית, נ׳, ר׳, ־תוֹת, ־לֵּיתִים, ־לִּיוֹת prayer shawl
טִלֵּל, פ״י, הִטְלִיל, פ״י to cover with dew; to roof

טֶלֶף, ז׳, ר׳, טְלָפַיִם, טְלָפִים hoof
טִלְפֵּן, פ״י to telephone
טָמֵא, ת״ז, טְמֵאָה, ת״נ impure, unclean
טָמֵא, פ״ע to be unclean
נִטְמָא, פ״ע to be defiled
הִטַּמָּא, פ״ח to become impure
טֻמְאָה, טוּמְאָה, נ׳, ר׳, ־אוֹת uncleanness, defilement
[טמה] נִטְמָה, פ״ע to be stupid, idiotic
טָמוּם, ת״ז, טְמוּמָה, ת״נ stupid, senseless; massive
טָמוּן, ת״ז, טְמוּנָה, ת״נ hidden
טִמְטוּם, ז׳ kneading into lump; making stupid
טֻמְטֻם, טוּמְטוּם, ז׳, ר׳, ־מִים hermaphrodite; androgyny
טִמְטֵם, פ״י to knead into lump; to make stupid
הִטַּמְטֵם, פ״ח to become cohesive; to become stupid
טַמְיוֹן, ז׳ royal treasury; waste
טְמִינָה, נ׳, ר׳, ־נוֹת hiding; hidden thought
טְמִיעָה, נ׳, ר׳, ־עוֹת assimilation
טָמִיר, ת״ז, טְמִירָה, ת״נ hidden, secret
טָמַם, פ״י to fill, stop up
טָמַן, פ״י to hide, conceal
נִטְמַן, פ״ע to hide oneself
הִטְמִין, פ״י to put away
הָטְמַן, פ״ע to become concealed
טֶמֶן, ז׳, ר׳, טְמָנִים hidden treasure
[טמע] נִטְמַע, פ״ע to become assimilated; to become mixed up
טֶנֶא, ז׳, ר׳, טְנָאִים basket
טִנּוּף, ז׳, ר׳, ־פִים filth, impurity
טְנִי, ז׳, ר׳, ־יִים large bowl; bin
טָנַן, פ״ע to become moist

טִנֵּן, פ״י to moisten, dampen
טִנֵּף, פ״י to make dirty, soil
טִנֹּפֶת, נ׳, ר׳, ־נּוֹפוֹת filth, impurity
טָס, פ״ע, ע׳ [טוס] to fly, float (in air)
טַס, ז׳, ר׳, ־סִּים tray, metal plate; tin foil
טָעָה, פ״ע to err; to go astray
הִטְעָה, פ״י to lead astray, deceive
טָעוּן, ת״ז, טְעוּנָה, ת״נ laden; needing
טָעוּת, נ׳, ר׳, ־עֻיּוֹת error, mistake
טָעִים, ת״ז, טְעִימָה, ת״נ tasty
טְעִימָה, נ׳, ר׳, ־מוֹת tasting; snack; accentuation
טַעַם, ז׳, ר׳, טְעָמִים flavor; reason; accent
טָעַם, פ״י to taste
הִטְעִים, פ״י to cause to taste; to make tasty; to stress
טָעַן, פעו״י to load, be laden; to argue; to claim
הִטְעִין, פ״י to load
טַעֲנָה, נ׳, ר׳, ־נוֹת claim; accusation; plea; demand
טָף, פ״י, ע׳ [טוף] to drip; to sprinkle
טַף, ז׳ children, little ones
טִפָּה, נ׳, ר׳, ־פּוֹת drop; gout
טִפָּה־סְרוּחָה spermatozoon
טִפּוּחַ, ז׳, ר׳, ־חִים nursing; care; dandling
טִפּוּל, ז׳, ר׳, ־לִים nursing; paste
טָפוּל, ת״ז, טְפוּלָה, ת״נ stuck; bulky
טִפּוּס, ז׳, ר׳, ־סִים type
טִפּוּסִי, ת״ז, ־סִית, ת״נ typical
טֹפַח, טֶפַח, ז׳, טְפָחִים handbreadth, span
טָפַח, פעו״י to clap; to become puffed up; to become moist

טִפַּח, פ״י to stretch out; to nurse; to moisten; to clap
טִפְטוּף, ז׳, ר׳, ־פִים dripping
טִפְטֵף, פ״ע to drip, drop (rain)
טַפְטֶפֶת, נ׳, ר׳, ־טָפוֹת dropper
טְפִי, ז׳, ר׳, טְפָיִים oil can
טָפִיחַ, ז׳, ר׳, טְפִיחִים pitcher
טַפִּיל, ז׳, ר׳, ־לִים parasite
טַפִּילִי, ת״ז, ־לִית, ת״נ parasitic
טָפַל, פ״י to smear; to attach; to attach oneself
נִטְפַּל, פ״ע to attend
טֻפַּל, פ״ע to be busy
טָפֵל, ת״ז, טְפֵלָה, ת״נ tasteless; of secondary importance
טֶפֶל, ז׳, טְפָלִים putty; baby
טְפֹלֶת, נ׳ putty
טֹפֶס, טוֹפֵס, ז׳, ר׳, טְפָסִים copy; blank (document)
טִפֵּס, פ״ע to climb
[טפס] הִטְפִּיס, פ״י to copy, reprint
טַפְסָר, טִפְסָר, ז׳, ר׳, ־רִים undersecretary of state; scribe
טָפַף, פ״ע to trip
טָפַשׁ, פ״ע to become fat; to be stupid
טִפֵּשׁ, ז׳, ר׳, ־פְּשִׁים stupid person
טִפְּשׁוּת, נ׳, ר׳, ־שֻׁיּוֹת stupidity
טֶקֶס, טֶכֶס, ז׳, ר׳, טְקָסִים ceremony
טָרַד, פעו״י to drive away; to drip
הִטְרִיד, פ״י to trouble, bother
טִרְדָּה, נ׳, ר׳, טְרָדוֹת preoccupation; anxiety, care
טָרָה, פ״ע to argue; to infect
טֵרוּד, ז׳, ר׳, ־דִים banishment; bothering
טָרוּד, ת״ז, טְרוּדָה, ת״נ occupied, busy; anxious

טָרוּט, ת״ז, טְרוּטָה, ת״נ bleary-eyed
טֵרוּף, ז׳ confusion, distraction
טֹרַח, ז׳, טִרְחָה, נ׳, ר׳, טְרָחִים, טְרָחוֹת trouble; labor; endeavor
טָרַח, פ״ע to take pains, take the trouble, make an effort
הִטְרִיחַ, פ״י to burden; to weary
טַרְחָן, ז׳, ר׳, ־נִים bothersome person
טָרִי, ת״ז, טְרִיָּה, ת״נ fresh, new
מַכָּה טְרִיָּה festering sore
טְרִיּוּת, נ׳ freshness
טֶרֶם, תה״פ not yet, before
בְּטֶרֶם before
טָרַם, פ״י to anticipate
טֶרֶף, ז׳, ר׳, טְרָפִים prey; food; leaf
טָרָף, ז׳, ר׳, טְרָפִים; ת״ז leaf; plucked

טָרַף, פ״י to tear apart; to seize; to confuse; to beat
הִטְרִיף, פ״י to feed; to declare unfit for food
טְרֵפָה, נ׳, ר׳, ־פוֹת animal with organic defect; forbidden food
טַרְפַּשׁ, ז׳, ר׳, ־שִׁים midriff, diaphragm
טָרַק, פ״י to shake drinks
טָרְקָה, נ׳, ר׳, ־קוֹת cocktail
טְרַקְלִין, ז׳, ר׳, נִים dining room; drawing room
טֶרֶשׁ, ז׳, ר׳, טְרָשִׁים rugged, stony ground
טָשׁ, פ״ע, ע׳ [טוש] to fly, dart
טִשְׁטוּשׁ, ז׳, ר׳, ־שִׁים blurring; indistinctness; obliteration
טִשְׁטֵשׁ, פ״י to smear; to blur

י

י Yodh, Yod, tenth letter of Hebrew alphabet; ten
יָאַב, פ״ע to long for, desire
יָאָה, פ״ע to suit, befit; to become proper, fitting
יָאֶה, ת״ז, יָאָה, ת״נ fitting, right, nice
יְאוֹר, יְאֹר, ז׳, ר׳, ־רִים canal, river; Nile
יֵאוּשׁ, ז׳ despair, despondency
יָאוּת, תה״פ properly, rightly
[יאל] נוֹאַל, פ״ע to be foolish; to be faulty
הוֹאִיל, פ״ע to agree, be willing, consent; to undertake
הוֹאִיל וְ־ since, because
[יאשׁ] נוֹאַשׁ, פ״ע, הִתְיָאֵשׁ, פ״ח to despair

יִבֵּא, פ״י to import
יִבֵּב to sob, wail
יְבָבָה, נ׳, ר׳, ־בוֹת sobbing
יְבוּא, ז׳ import
יְבוּל, ז׳, ר׳, ־לִים growth; produce
יִבּוּם, ז׳, ר׳, ־מִים levirate marriage
יְבוּסִי, ת״ז, ־סִית, ת״נ Jebusite
יָבִיל, ת״ז, יְבִילָה, ת״נ portable
יָבָל, ז׳, ר׳, יְבָלִים stream
[יבל] הוֹבִיל, פ״י to bring; to lead
יַבְּלִית, נ׳, ר׳, ־לִיּוֹת finger grass
יַבֶּלֶת, נ׳, ר׳, יַבָּלוֹת wart
יָבָם, ז׳, ר׳, יְבָמִים brother-in-law
יְבָמָה, נ׳, ר׳, ־מוֹת sister-in-law
יַבְרוּחַ, ז׳, ר׳, ־חִים mandrake
יָבֵשׁ, ת״ז, יְבֵשָׁה, ת״נ dry
יָבֵשׁ, פ״ע to be dry, dried up

יֹבֶשׁ, ז׳ dryness, drought
יַבָּשָׁה, יַבֶּשֶׁת, נ׳, ר׳, יַבָּשׁוֹת dry land, continent
יָגֵב, ז׳, ר׳, יְגֵבִים arable field
[יגה] נוּגָה, פ״ע to be grieved, afflicted
יָגוֹן, ז׳, ר׳, יְגוֹנִים, ־נוֹת grief, sorrow
יָגוֹר, ת״ז, יְגוֹרָה, ת״נ fearful
יְגִיעַ, ז׳, ר׳, ־עִים labor, toil; product
יָגִיעַ, ת״ז, יְגִיעָה, ת״נ weary
יְגִיעָה, נ׳, ר׳, ־עוֹת toil, weariness; trouble
יָגֵעַ, ת״ז, יְגֵעָה, ת״נ tired, weary, exhausted
יָגַע, פ״ע to toil; to be weary
יֻגַּע, פ״ע to be troubled
הוֹגִיעַ, פ״י to exhaust, tire; to weary
יֶגַע, ז׳ exertion; earning
יָגֹר, פ״ע to fear
יָד, נ׳, ר׳, יָדַיִם, יָדוֹת hand; share; monument; place; handle; forefoot; power
[ידד] הִתְיַדֵּד, פ״ח to befriend, become friendly
יָדָה, נ׳, ר׳, ־דוֹת cuff (sleeve)
[ידה] הוֹדָה to give thanks; to praise; to admit
הִתְוַדָּה, פ״ע to confess
יָדוֹד, ז׳, ר׳, ־דִים spark; cauldron
יָדוּעַ, ת״ז, יְדוּעָה, ת״נ known; certain, definite
יָדִיד, ז׳, ר׳, ־דִים, יְדִידָה, נ׳, ר׳, ־דוֹת friend
יָדִיד, ת״ז, יְדִידָה, ת״נ lovely
יְדִידוּת, יְדִידוֹת, נ׳ friendship
יְדִיעָה, נ׳, ר׳, ־עוֹת knowledge; news, information
יָדִית, ז׳, ר׳, ־דִיּוֹת handle

יָדַע, פ״י to know, be acquainted with; to be skillful
יִדַּע, פ״י to appoint, assign
הוֹדִיעַ, פ״י to inform, make known; to chastise
יִדְּעוֹנִי, ז׳, ר׳, ־נִים wizard
יִדְּעוֹנִית, נ׳, ר׳, ־נִיּוֹת sorceress
יַדְּעָן, ז׳, ר׳, ־נִים man of knowledge, knower
יָהּ God's name
יְהָב, ז׳ burden, load
יָהַב, פ״י to give; to provide
יִהֵד, פ״י to convert to Judaism
הִתְיַהֵד, פ״ח to become a Jew
יַהֲדוּת, נ׳ Judaism
יְהוּדִי, ז׳, יְהוּדִיָּה, נ׳, ר׳, ־דִים, ־דִיּוֹת a Jew
יְהוּדִי, ת״ז, ־דִית, ת״נ Jewish
יְהֹוָה God, the Lord, Jehovah
יָהִיר, ז׳, ר׳, יְהִירִים insolent (proud) one
יְהִירוּת, נ׳ haughtiness, arrogance; pride
יַהֲלוֹם, ז׳, ר׳, ־מִים diamond
[יהר] הִתְיַהֵר, פ״ח to be haughty, arrogant
יוֹבֵל, ז׳, ר׳, ־בְלִים, ־בְלוֹת ram; ram's horn; jubilee
יוּבַל, ז׳, ר׳, ־בָלִים stream, canal
יוֹגֵב, ז׳, ר׳, ־גְבִים farmer
יוֹד, יוּד, נ׳, ר׳, יוּדִין Yod, Yodh, name of tenth letter of Hebrew alphabet
יוֹדְעָן, ז׳, ר׳, ־נִים almanac
יוֹזֵם, ז׳, ר׳, יוֹזְמִים initiator
יוֹחַס, יַחַס, ז׳, ר׳, ־חֲסִים, ־ן genealogy, pedigree
יוֹלֵדָה, יוֹלֶדֶת, נ׳, ר׳, ־לְדוֹת woman in labor; mother

יוֹם, ז׳, ר׳, יָמִים — day
הַיּוֹם — today, this day
יוֹם הֻלֶּדֶת — birthday
יוֹם טוֹב — festival, holiday
יָמִים נוֹרָאִים — Solemn Days; New Year and Day of Atonement
יְמֵי קֶדֶם — ancient times
יְמֵי הַבֵּינַיִם — Middle Ages
יוֹם יוֹם — day by day, daily
יוֹמִי, ת״ז, ־מִית, ת״נ — daily
יוֹמָם, תה״פ — by day, daily
יוֹמָם וָלַיְלָה — by day and night
יוֹמָן, ז׳, ר׳, ־נִים — diary
יָוֵן, ז׳, ר׳, יְוֵנִים — mud, mire
יָוָן, נ׳ — Greece
יוֹן, ז׳, יוֹנָה, נ׳, ר׳, ־נִים — dove, pigeon
יְוָנִי, ת״ז, ־נִית, ת״נ — Greek
יִוֵּן, פ״י — to Hellenize
הִתְיַוֵּן, פ״ח — to become Hellenized
יוֹנֵק, ז׳, ר׳, ־קִים — suckling, baby; sapling, sprout
יוֹנֶקֶת, נ׳, ר׳, ־נְקוֹת — young shoot, twig
יוֹעֶזֶר, ז׳ — maidenhair fern
יוֹעֵץ, ז׳, ר׳, יוֹעֲצִים — counselor, adviser
יוֹפִי, יֹפִי, ז׳ — beauty
יוֹצְאָנִית, נ׳, ר׳, ־נִיּוֹת — a gadabout, a gadding woman
יוֹצֵר, ז׳, ר׳, ־רִים, ־רוֹת — God, creator; potter; hymn
יוֹקֵשׁ, ז׳, ר׳, ־קְשִׁים — fowler, hunter
יוֹרֶה, ז׳ — early rain, first rain
יוֹרָה, נ׳, ר׳, ־רוֹת — kettle, boiler
יוֹרֵשׁ, ז׳, ר׳, ־רְשִׁים — heir, successor
יוֹרֵשׁ עֶצֶר — heir to a throne
יוֹשֵׁב, ז׳, ר׳, ־שְׁבִים — inhabitant
יוֹשֵׁב רֹאשׁ — chairman
יוֹתֵר, תה״פ — more, too much
בְּיוֹתֵר — especially, very much
יוֹתֵר מִדַּי — too much
יוֹתֶרֶת, יֹתֶרֶת, נ׳ — appendage, lobe
יָזַם, פ״י — to initiate, undertake
יָזְמָה, נ׳, ר׳, ־מוֹת — undertaking, enterprise
יָזַן, פ״ע — to be ruttish
יֶזַע, ז׳ — sweat, perspiration
[יזע] הֵזִיעַ, פ״ע, ע׳ [זוע] — to perspire; to tremble, quake
יַחַד, יַחְדָּו, יַחְדָּיו, תה״פ — together, in unison
יָחַד, פ״ע — to be together; to unite
הִתְיַחֵד, פ״ח — to be alone (with)
יִחוּד, ז׳, ר׳, ־דִים — privacy; setting apart; union with God
בְּיִחוּד — especially, particularly
יִחוּל, ז׳, ר׳, ־לִים — wish, expectation
יִחוּם, ז׳, ר׳, ־מִים — fervor, desire, rut, sexual excitement
יִחוּס, ז׳, ר׳, ־סִים — genealogy; pedigree
יְחוּף, ז׳ — barefootedness
יִחוּר, ז׳, ר׳, ־רִים — young shoot
יָחִיד, ת״ז, יְחִידָה, ת״נ — solitary; unique, only; alone; singular (*number*)
יְחִידָה, נ׳, ר׳, ־דוֹת — unit, oneness; loneliness
יְחִידִי, ת״ז, ־דִית, ת״נ — single, alone
יִחֵל, פ״ע — to wait; to hope
הוֹחִיל, פ״ע — to wait, tarry; hope for
יָחַם, פ״ע — to become pregnant, conceive
יַחְמוּר, ז׳, ר׳, ־רִים — roebuck, antelope

יַחַס, יַחַשׂ, ז׳, ר׳, יְחָסִים — pedigree; genealogy; relation; ratio

יֹחַס, יוֹחַס, ז׳, ר׳, ־חֲסִים, ־ן — genealogy, pedigree

יִחֵס, פ״י — to attribute, to relate

יֻחַס, פ״י — to be related

הִתְיַחֵס, פ״ח — to behave towards

יַחֲסִי, ת״ז, ־סִית, ת״נ — relative; of noble birth

יַחְסָן, ז׳, ר׳, ־נִים — high-born person, person of noble birth

יָחֵף, ת״ז, יְחֵפָה, ת״נ — barefoot

יָחֵף, פ״י — to be barefooted

[יחש] הִתְיַחֵשׂ, פ״ח — to be enrolled in genealogical records

יָטַב, פ״ע — to be good, well, better

הֵיטִיב, פ״י — to do well, good

יי — God

יַיִן, ז׳, ר׳, יֵינוֹת — wine

יַיִן שָׂרוּף, יֵין שָׂרָף (יי״ש) — brandy

יָכוֹל, ת״ז, יְכוֹלָה, ת״נ — capable, able to, can

כִּבְיָכוֹל — as it were; so to speak

[יכח] נוֹכַח, פ״ע — to dispute, argue

הוֹכִיחַ, פ״י — to admonish; to decide; to prove

הִתְוַכַּח, פ״ח — to discuss, to argue

יָכֹל, פ״ע — to be able; to prevail, overcome

יְכֹלֶת, נ׳ — power; ability

יֶלֶד, ז׳, יַלְדָּה, נ׳, ר׳, יְלָדִים, יְלָדוֹת — boy, girl; child

יָלַד, פ״י — to give birth; to beget

נוֹלַד, פ״ע — to be born

יִלֵּד, פ״י — to assist in birth

הִתְיַלֵּד, פ״ח — to declare one's pedigree

יַלְדוּת, נ׳ — childhood; childishness

יָלוּד, ז׳, ר׳, יְלוּדִים — baby, child; one born

יָלִיד, ז׳, ר׳, יְלִידִים — a native of ..., one born in ...

יָלַל, פ״ע — to howl, weep, lament

הֵילִיל, פ״ע — to lament

יְלֵל, ז׳, יְלָלָה, נ׳, ר׳, יְלָלוֹת — wailing, howling

יַלֶּפֶת, נ׳, ר׳, יַלָּפוֹת — scab; dandruff

יֶלֶק, ז׳, ר׳, יְלָקִים — a species of locust

יַלְקוּט, ז׳, ר׳, ־טִים — satchel, bag; collection

יָם, ז׳, ר׳, יַמִּים — sea; lake; reservoir; West

הַיָּם הַתִּיכוֹן, הַיָּם הַגָּדוֹל — Mediterranean Sea

הַיָּם הַשָּׁקֵט — Pacific Ocean

יַם סוּף — Red Sea

יַם הַמֶּלַח — Dead Sea

יַמַּאי, ז׳, ר׳, ־אִים — sailor, mariner

יַמִּי, ת״ז, ־מִּית, ת״נ — pertaining to the sea, naval

יַמִּיָּה, נ׳, ר׳, ־יּוֹת — navy, fleet

יָמִין, ז׳ — right side, right hand; south

יְמִינִי, ת״ז, ־נִית, ת״נ — right

[ימן] הֵימִין, פ״ע — to turn to the right; to use right hand

יְמָנִי, ת״נ, ־נִית, ת״נ — right

[ימר] הִתְיַמֵּר, פ״ח — to boast; to enjoy

יָמְרָה, נ׳ — pretension

יָנָה, פ״י — to oppress; to destroy

הוֹנָה, פ״י — to oppress, vex; deceive

יִנּוֹן, ז׳ — name of the Messiah

[ינח] הִנִּיחַ, פ״י — to put; to leave alone

יָנִיק, ז׳, יְנִיקָה, נ׳, ר׳, ־קִים, ־קוֹת — suckling, child; branch, twig

יָנַק, פ״י — to suck

הֵינִיק, פ״י — to nurse, suckle

to be tired; to fly	יָעַף, פ"ע
flight	יְעָף, ז'
to advise; to deliberate; to decide	יָעַץ, פ"י
to consult	הִתְיָעֵץ, פ"ח
forest; wilderness	יַעַר, ז', ר', יְעָרִים, ־רוֹת
to forest	יִעֵר, פ"י
forester	יַעֲרָן, ז', ר', ־נִים
forestry	יַעֲרָנוּת, נ'
pure honey; honeycomb	יַעְרָה, נ', ר', יַעֲרוֹת
fair, pretty, beautiful; worth	יָפֶה, ת"ז, יָפָה, ת"נ
to be beautiful	יָפָה, פ"ע
very beautiful	יְפֵהפֶה, ת"ז, יְפֵהפִיָּה, ת"נ
special privilege; beautification	יִפּוּי, ז', ר', ־יִים
power of attorney	יִפּוּי כֹּחַ
to cry out bitterly; to bewail	[יפח] הִתְיַפַּח, ־פֵּחַ, פ"ח
prediction	יָפֵחַ, ז', ר', יְפֵחִים
beauty	יֹפִי, יוֹפִי, ז', יָפְיוּת, נ'
to be very beautiful	יָפִיפָה, פ"ע
to appear; to shine	[יפע] הוֹפִיעַ, פ"ע
splendor, beauty	יִפְעָה, נ', ר', ־עוֹת
to go out, come forth	יָצָא, פ"ע
to be nonconformist	יָצָא דֹּפֶן
to fulfill one's duty, obligation	יָצָא יְדֵי חוֹבָתוֹ
to appear; to be published	יָצָא לָאוֹר
to carry out, execute	יָצָא לְפֹעַל
to go mad	יָצָא מִדַּעְתּוֹ
to let oneself go mad	יָצָא מִכֵּלָיו
to be different; to be an exception	יָצָא מִן הַכְּלָל

babyhood, childhood	יַנְקוּת, נ'
owl; buzzard	יַנְשׁוּף, ז', ר', ־פִים
to found; to establish	יָסַד, פ"י
to be established; to come together	נוֹסַד, פ"ע
base, foundation; compilation; principle	יְסוֹד, ז', ר', ־דִים, ־דוֹת; יְסוּדָה, נ'
basic, principal	יְסוֹדִי, ת"ז, ־דִית, ת"נ
suffering, torture	יִסּוּר, ז', ר', ־רִים
to add, increase; to continue	יָסַף, פ"י
to bind; to admonish; to discipline, correct	יָסַר, פ"י
to designate, appoint	יָעַד, פ"י
to meet; to come together	נוֹעַד, פ"ע
to fix a time (for appointment); to designate	הוֹעִיד, פ"י
rendezvous	יַעַד, ז', ר', יְעָדִים
dust pan; scoop	יָעֶה, ז', ר', ־עִים
to sweep away; to uproot	יָעָה, פ"י
designation, betrothal; promise; appointment	יִעוּד, ז', ר', ־דִים
counseling	יִעוּץ, ז'
afforestation	יִעוּר, ז'
to dare; to be impudent	[יעז] נוֹעַז, פ"י
to clothe; to cloak	יָעַט, פ"י
efficient	יָעִיל, ת"ז, יְעִילָה, ת"נ
efficiency	יְעִילוּת, נ'
to benefit, be useful	[יעל] הוֹעִיל, פ"י
antelope	יָעֵל, ז', יַעֲלָה, נ', ר', יְעֵלִים, יְעֵלוֹת
ostrich	יָעֵן, ז', יַעֲנָה נ', ר', יְעֵנִים, ־נוֹת
on account of, because	יַעַן, יַעַן אֲשֶׁר, יַעַן כִּי, תה"פ
tired, fatigued	יָעֵף, ת"ז, יְעֵפָה, ת"נ

יָצָא נַפְשׁוֹ, ־נִשְׁמָתוֹ, ־רוּחוֹ — to die
הוֹצִיא, פ״י — to bring out, carry out; to exclude; to spend
[יצב] נִצַּב, פ״ע — to set; to stand up
הִתְיַצֵּב, פ״ח — to be firm, to station oneself, muster up
יִצֵּג, פ״י — to represent
הִצִּיג, פ״י — to introduce; to present
יִצְהָר, ז׳ — pure oil, fresh oil
יִצּוּא, ז׳ — export
יְצוּאָן, ז׳, ר׳, ־נִים — exporter
יִצּוּב, ז׳ — fixing, stabilizing
יִצּוּג, ז׳ — representation
יָצוּל, ז׳, ר׳, יְצוּלִים — crosspiece (plow)
יָצוּעַ, ז׳, ר׳, יְצוּעִים — couch; mattress; bedspread
יָצוּק, ת״ז, יְצוּקָה, ת״נ — firm, cast, well-joined
יְצוּר, ז׳, ר׳, ־רִים — creature
יִצּוּר, ז׳, ר׳, ־רִים — production, manufacture
יְצִיאָה, נ׳, ר׳, ־אוֹת — departure, exit; expense, expenditure
יַצִּיב, ת״ז, ־בָה, ת״נ — firm; true, irrefutable
יָצִיעַ, ז׳, ר׳, יְצִיעִים — gallery, balcony
יְצִיקָה, נ׳, ר׳, ־קוֹת — pouring; casting
יְצִיר, ז׳, ר׳, ־רִים — creation; creature
יְצִירָה, נ׳, ר׳, ־רוֹת — creation; pottery
[יצע] הִצִּיעַ, פ״י — to spread, unfold; to propose
יָצַק, פ״י — to pour, pour out; to cast
יֶצֶקֶת, נ׳, ר׳, ־צָקוֹת — cast iron
יָצַר, פ״י — to form; to create
יֵצֶר, ז׳, ר׳, יְצָרִים — creation; impulse, inclination
יַצְרָן, ז׳, ר׳, ־נִים — producer

יָצַת, פ״ע — to burn; to kindle
הִצִּית, פ״י — to set fire to
יֶקֶב, ז׳, ר׳, יְקָבִים — wine cellar
יָקַד, פ״ע — to burn
יְקָהָה, נ׳, ר׳, יְקָהוֹת — obedience
יְקוֹד, ז׳, ר׳, ־דִים — burning
יָקוּד, ז׳, ר׳, ־דִים — hearth
יְקוּם, ז׳ — existence; essence
יָקוֹשׁ, ז׳, ר׳, ־שִׁים — fowler; trap, pitfall
יַקִינְתּוֹן, יַקִנְתּוֹן, ז׳, ר׳, ־נִים — hyacinth
יְקִיצָה, נ׳, ר׳, ־צוֹת — wakefulness
יַקִּיר, ת״ז, יַקִּירָה, ת״נ — dear, beloved
יָקַע, פ״ע — to be dislocated
הוֹקִיעַ, פ״י — to hang; to stigmatize
יָקַץ, פ״ע — to wake up, be awake
יָקַר, פ״ע — to be dear, rare, scarce
יִקֵּר, פ״י — to honor; to raise the price of
הוֹקִיר, פ״י — to honor; treat with respect; to make rare
יָקָר, ת״ז, יְקָרָה, ת״נ — rare; dear, expensive
יְקָר, ז׳, יְקָרָה, נ׳ — honor; precious thing
יֹקֶר, ז׳ — dearness, costliness
בְּיֹקֶר, תה״פ — expensively, costly, dearly
יַקְרוּת, נ׳ — costliness; dignity
יַקְרָן, ז׳, ר׳, ־נִים — one who demands high prices
יָקֹשׁ, פ״י — to lay a trap; to undermine
יָרֵא, ת״ז, יְרֵאָה, ת״נ — fearing; pious
יָרֵא, פ״ע — to fear; to revere
יִרְאָה, נ׳ — fear, awe
יִרְאַת שָׁמַיִם — reverence, piety
יַרְבּוּז, ז׳, ר׳, ־זִים — strawberry tree; amaranth

יָרַד, פ״ע to go down, descend
הוֹרִיד, פ״י to bring down, lower
יָרָה, פ״י to cast; to shoot
הוֹרָה, פ״י to teach; to instruct; to point;
יֵרוּד, ז׳ devaluation
יָרוּד, ת״ז, יְרוּדָה, ת״נ common; immoral; degenerate
יָרוֹק, יָרֹק, ז׳ greenery; herb
יָרוֹק, יָרֹק, ת״נ, יְרֻקָּה, ת״נ green
יֵרוֹקָה, נ׳, ר׳, ־קוֹת duckweed, moss; jaundice
יְרוּשָׁה, יְרֻשָּׁה, נ׳ inheritance; possession
יָרֵחַ, ז׳, ר׳, יְרֵחִים moon
יֶרַח, ז׳, ר׳, יְרָחִים month
יַרְחוֹן, ז׳, ר׳, ־נִים monthly publication; monthly review
יָרַט, פ״ע to be contrary
יְרִי, ז׳, ר׳, ־רָיִים volley (shooting)
יָרִיב, ז׳, ר׳, יְרִיבִים opponent; adversary
יָרִיד, ז׳, ר׳, יְרִידִים market, fair
יְרִידָה, נ׳, ר׳, ־דוֹת descent; decline; devaluation
יְרִיָּה, נ׳, ר׳, ־יּוֹת shooting; shot
מְכוֹנַת יְרִיָּה machine gun
יְרִיעָה, נ׳, ר׳, ־עוֹת curtain; tentcloth; sheet, parchment
יְרִיקָה, נ׳ spitting, expectoration
יָרֵךְ, יֶרֶךְ, נ׳, ר׳, יְרֵכַיִם thigh, hip
יַרְכָה, נ׳, יַרְכָתַיִם, נ״ר hind part
יֶרֶק, ז׳, ר׳, יְרָקוֹת greenness; vegetables
יָרָק, ז׳, ר׳, יְרָקוֹת greenness; vegetables
יָרֹק, יָרוֹק, ת״ז, יְרֻקָּה, ת״נ green
יָרַק, פ״י, פ״ע to spit; to be green

יֵרָקוֹן, ז׳ jaundice, mildew
יְרַקְרַק, ת״ז, ־קָה, ת״נ greenish
יָרַשׁ, פ״י to inherit; to succeed; to possess
נוֹרַשׁ, פ״ע to be dispossessed, to be impoverished
הוֹרִישׁ, פ״י to cause to inherit; to dispossess
יְרֻשָּׁה, יְרוּשָּׁה, יְרֵשָּׁה, נ׳ inheritance; possession
יֵשׁ, תה״פ there is, there are
יֵשׁ, ז׳, ר׳, יֵשִׁים substance; existence capital; property
יָשַׁב, פ״ע to sit; to dwell, inhabit
נוֹשַׁב, פ״ע to be inhabited
הוֹשִׁיב, פ״י to settle; to seat
הִתְיַשֵּׁב, פ״ח to settle; to establish oneself
יַשְׁבָן, ז׳, ר׳, ־נִים posterior, behind
יִשּׁוּב, ז׳, ר׳, ־בִים settlement; civilization
יִשּׁוּב הַדַּעַת calmness; reflection
יִשּׁוּב הָעוֹלָם civilization
יָשׁוּב, ת״ז, יְשׁוּבָה, ת״נ seated
יִשּׁוּן, ז׳ falling asleep; leaving unused
יְשׁוּעָה, נ׳, יְשׁוּעָתָה, נ׳, ר׳, ־עוֹת redemption; victory; welfare
יִשּׁוּר, ז׳, ר׳, ־רִים straightening, leveling
יֵשׁוּת, נ׳, ר׳, יֵשֻׁיּוֹת being, existence
יֶשַׁח, ז׳ hunger, emptiness; debility
[ישט] הוֹשִׁיט, פ״י to stretch out; hold out
יְשִׁיבָה, נ׳, ר׳, ־בוֹת sitting; academy
יְשִׁימוֹן, ז׳, ר׳, ־נִים wasteland, desert
יָשִׁישׁ, ז׳, ר׳, יְשִׁישִׁים elder, old man
יָשַׁם, פ״ע, ע׳ [שמם] to be desolate
יָשָׁן, [ת״ז, יְשָׁנָה, ת״נ old, ancient

[ישן] נוֹשַׁן, פ"ע to be old, inveterate
יֹשֶׁן, ז' oldness
יָשֵׁן, פ"ע to sleep
יֵשַׁע, יֶשַׁע, ז' salvation; victory
[ישע] נוֹשַׁע, פ"ע to be saved; to be helped; to be victorious
הוֹשִׁיעַ, פ"י to save, deliver
יָשְׁפֵה, ז', ר', ־פִים precious stone, jasper
יָשָׁר, ת"ז, יְשָׁרָה, ת"נ straight; even; right
יֹשֶׁר, ז' straightness; equity; honesty
יָשַׁר, פ"ע to be straight; to be honest; to be pleasing
יִשְׂרָאֵל, ז' Israel
יִשְׂרְאֵלִי, ת"ז, ־לִית, ת"נ Israeli
יְשָׁרָה, נ' integrity, uprightness
יְשֻׁרוּן, ז' Jeshurun, poetic name of Israel
יַשְׁרָנוּת, נ', ר', ־נֻיּוֹת righteousness, equity
יַשְׁרָן, ז', ר', ־נִים honest person
יָשַׁשׁ, פ"ע to become old, to age
יִשֵּׁשׁ, פ"י to preserve; to make old
יָתֵד, נ', ר', יְתֵדוֹת peg; hook, handle; iambus
כְּתַב הַיְתֵדוֹת cuneiform writing
יִתֵּד, פ"י to drive in a peg
יָתוֹם, ז', ר', יְתוֹמִים orphan; unprotected child
יָתוֹם, יָתֹם, ז' orphanhood
יִתּוּר, ז', ר', ־רִים residue; superfluity
יַתּוּשׁ, ז', ר', ־שִׁים gnat; mosquito
יִתָּכֵן, תה"פ probably, perhaps
יָתַם, פ"ע to be an orphan
יַתְמוּת, נ' orphanhood
יֶתֶר, ז', ר', יְתָרִים rest, remainder; excess; cord
יֶתֶר, תה"פ abundantly, exceedingly
יָתֵר, ת"ז, יְתֵרָה, יְתֶרֶת, ת"נ additional, more
[יתר] נוֹתַר, פ"ע to remain, be left over
יִתֵּר, פ"י to add
הוֹתִיר, פ"י to leave over, leave
יִתְרָה, נ', ר', יְתָרוֹת balance; property
יִתְרוֹן, ז', ר', ־נוֹת profit, gain; advantage; superfluity; surplus
עֶרֶךְ הַיִּתְרוֹן comparative
יֹתֶרֶת, יוֹתֶרֶת, נ' appendage, lobe
יְתֶרֶת, יַתֶּרֶת, נ' superfluous limb

כּ, כ, ךְ Caph, khaph, eleventh letter of Hebrew alphabet; twenty
כְּ־, כִּ־, כָּ־, כַּ־, כֶּ־, כֵּ־ as, like; about
כְּאֵב, ז', ר', ־בִים pain, ache
כָּאַב, פ"ע to ache, have pain
הִכְאִיב, פ"י to hurt
[כאה] נִכְאָה, פ"ע to be afflicted; to be cowed
הִכְאָה, פ"י to afflict; to cow
(כְּאוֹרָה) לִכְאוֹרָה, תה"פ at first sight; apparently
כַּאן, כָּאן, תה"פ here, now
לְאַחַר מִכַּאן thereafter
מִכַּאן וְאֵילָךְ from now on
כַּבָּאוּת, נ' firefighting
כַּבַּאי, ז', ר', כַּבָּאִים firefighter
כָּבֵד, ת"ז, כְּבֵדָה, ת"נ heavy; hard

כְּבַד לָשׁוֹן, כְּבַד פֶּה stutterer
כָּבֵד, פ"ע to be heavy; weighty; important
כָּבְדָה אָזְנוֹ, ־ עֵינוֹ to be hard of hearing, seeing
נִכְבַּד, פ"ע to be honored; to be wealthy
כִּבֵּד, פ"י to honor; to glorify; to sweep
הִכְבִּיד, פ"י to make heavy; to honor
הִתְכַּבֵּד, פ"ח to be honored; to amass wealth; to be received
כָּבֵד, ז', ר', כְּבֵדִים liver
כֹּבֶד, ז' heaviness; abundance
כֹּבֶד רֹאשׁ seriousness, solemnity
מֶרְכַּז הַכֹּבֶד center of gravity
כְּבֵדוּת, נ' difficulty, heaviness
כָּבָה, פ"ע to be extinguished
כָּבוֹד, ז' honor; riches; importance
כְּבוּדָה, כְּבֻדָּה, נ' baggage, wealth
כִּבּוּי, ז' extinguishing
כָּבוּל, ז' peat; sandy soil; hairnet
כָּבוּן, ת"ז, כְּבוּנָה, ת"נ wrapped up
כִּבּוּס, ז' wash; washing (of clothes)
כָּבוּשׁ, ת"ז, כְּבוּשָׁה, ת"נ pickled; preserved; paved
כְּבוּשִׁים, ז"ר preserves
כִּבּוּשׁ, ז', ר', ־שִׁים conquest
כְּבִיסָה, נ', ר', ־סוֹת washing, wash, laundry
כַּבִּיר, ת"ז, ־רָה, ת"נ mighty, much, great
כָּבִיר, כְּבִיר, ז', ר', ־רִים quilt
כְּבִישׁ, ז', ר', ־שִׁים paved highway, macadamized road
כְּבִישָׁה, נ', ר', ־שׁוֹת side path; preserved foods

כֶּבֶל, ז', ר', כְּבָלִים fetter; shackle; chain; cable
כִּבֵּל, פ"י to chain, fetter
כִּבֵּן, פ"י to fasten, clasp
כִּבֵּס, פ"י to wash clothes
כַּבָּס, ז', ר', ־סִים laundryman
כֶּבֶס, ז' detergent
כִּבֵּר, פ"י to sift
הִכְבִּיר, פ"י to increase, heap up
לְמַכְבִּיר, תה"פ in abundance, abundantly
כְּבָר, תה"פ already, long ago
כְּבָרָה, נ', ר', ־רוֹת sieve
כִּבְרָה, נ' an indefinite measure
כָּבַשׁ, פ"י to subdue; to force; to imprison; to preserve; to press
כֶּבֶשׂ, ז', ר', כְּבָשִׂים lamb, sheep
כֶּבֶשׁ, ז', ר', כְּבָשִׁים ascent; gangway; preserves
כִּבְשָׂה, נ', ר', כְּבָשׂוֹת ewe, lamb
כִּבְשׁוֹן, ז', ר', ־נִים secret
כִּבְשָׁן, ז', ר', ־נִים, ־נוֹת furnace, kiln
כְּגוֹן, תה"פ for example
כַּד, זו"נ, ר', כַּדִּים jug, pitcher
כַּד, ת"ז, כַּדָּה, ת"נ obtuse, blunt
כְּדַאי, כְּדַי, תה"פ worthy, deserving
כַּדָּד, ז' ר', ־דִים potter
כַּדּוּם, ז', ר', ־מִים crane; grappling iron
כַּדּוּר, ז', ר', ־רִים ball, globe
כַּדּוּר סַל, כַּדּוּרְסַל basketball
כַּדּוּר עָף volleyball
כַּדּוּר רֶגֶל, כַּדּוּרֶגֶל soccer; football
כַּדּוּרִי, ת"ז, ־רִית, ת"נ globular, spherical; cylindrical
כַּדְכֹּד, ז', ר', ־כֻּדִים ruby; carbuncle
כִּדֵּן, פ"י to fix bayonets

כִּדֵּר, פ״י to make round; to arch
כַּדֹּרֶת, נ׳ bowling
כֹּה, תה״פ thus; here; so
כְּהֹגֶן, תה״פ appropriately, reasonably
כָּהָה, פ״ע to be dim; to be weak, shaded
כֵּהֶה, ת״ז, כֵּהָה, ת״נ dim, dull, faint
כֵּהָה, נ׳, ר׳, כֵּהוֹת alleviation; recovery, healing
כְּהוּנָה, כְּהֻנָּה, נ׳, ר׳, ־נּוֹת priesthood; attire of priests
כֵּהוּת, נ׳ dimness
כֹּהַל, כֹּהֶל, ז׳ alcohol
כַּהֶלֶת, נ׳ alcoholism
כֹּהֵן, ז׳, כֹּהֶנֶת, נ׳, ר׳, כֹּהֲנִים, כֹּהֲנוֹת priest, priestess
כֹּהֵן גָּדוֹל high priest
כֹּהֵן הֶדְיוֹט common priest
כִּהֵן, פ״ע to ordain; to officiate as priest; to become a priest
כְּהֻנָּה, כְּהוּנָה, נ׳, ר׳, ־נּוֹת priesthood; attire of priests
כַּו, ז׳, ר׳, ־וִּים dormer (garret) window
כּוֹאֵב, ז׳, ר׳, כּוֹאֲבִים ache, pain
כּוֹבֵס, ז׳, ר׳, כּוֹבְסִים laundryman, launderer
כּוֹבַע, ז׳, ר׳, כּוֹבָעִים hat, helmet
כּוֹבָעָה, נ׳, ר׳, ־עוֹת heap of sheaves
כּוֹבָעִי, כּוֹבְעָן, ז׳, ר׳, כּוֹבָעִים, כּוֹבְעָנִים hatter
כָּוָה, פ״י to scald, burn
כִּוּוּן, ז׳, ר׳, ־נִים direction, intention
כִּוּוּץ, ז׳, ר׳, ־צִים shrinking; cramp
כּוֹזֵב, ת״ז, כּוֹזֶבֶת, ת״נ deceptive, false
[כוח] כָּח, פ״ע to spit; to cough
כּוֹחָל, ז׳ eye make-up, collyrium

כְּוִי, ז׳, ר׳, כְּוִיִּים deer, ibex
כְּוִיָּה, נ׳, ר׳, ־יּוֹת scalding, burn mark
כְּוִיצָה, נ׳, ר׳, ־צוֹת cramp
כּוּךְ, ז׳, ר׳, ־כִים cave, cavity, vault
כּוֹכָב, ז׳, ר׳, ־בִים star; symbol, sign
כּוֹכַב לֶכֶת planet
כּוֹכָבוֹן, ז׳, ר׳, ־כְבוֹנִים asterisk
[כול] כָּל, פ״י to comprehend; to measure
הֵכִיל, פ״י to contain, hold; to include
כּוֹלֶל, ז׳, ר׳, כּוֹלְלִים community
כּוֹלֵל, ת״ז, כּוֹלֶלֶת, ת״נ general, universal
כּוּמָז, ז׳, ר׳, ־זִים chastity belt; ornament
[כון] נָכוֹן, פ״ע to be resolved; to be firm; to be prepared
אֶל נָכוֹן certainly
כּוֹנֵן, פ״י to establish; to direct
הֵכִין, פ״י to make ready, prepare, provide, arrange
כִּוֵּן, פ״י to straighten; to direct; to intend
כֻּוַּן, פ״ע to be set; to be directed
הִתְכַּוֵּן, פ״ח to intend; to mean
כַּוָּן, ז׳, ר׳, ־נִים sacrificial cake
כֵּוָן, כֵּיוָן, תה״פ directly, at once; since
כַּוָּנָה נ׳, ר׳, ־נוֹת intention; purpose; devotion; meaning
בְּכַוָּנָה, תה״פ intentionally
כּוֹנֵן, פ״י, ע׳ [כון] to establish; to direct
כּוֹנֵן, פ״י to adjust
כּוֹנְנוּת, נ׳ readiness

כּוּנָנִית, נ׳, ר׳, ־נִיּוֹת bookcase

כּוּנֶרֶת, נ׳, ר׳, ־נָרוֹת viola

כַּוֶּנֶת, נ׳, ר׳, כַּוָּנוֹת gunsight

כּוֹס, נ׳, ר׳, ־סוֹת cup, goblet; calyx

כּוֹס, ז׳, ר׳, ־סִים owl

כּוֹסֶף, כֹּסֶף, ז׳ longing, yearning

כּוּפַח, ז׳, ר׳, ־חִים brazier, small stove

כּוּפִי, כּוּפְיָה, ז׳ mackerel

כּוֹפֵל, ז׳, ר׳, ־פְלִים denominator

כּוֹפֵר, ז׳, ר׳, ־פְרִים unbeliever, atheist

כּוּפְתָּה, כֻּפְתָּה נ׳, ר׳, ־תּוֹת dumpling

כָּוַץ, פ״ע to shrink

הִתְכַּוֵּץ, פ״ח to become shrunken; to contract

כּוּר, ז׳, ר׳, ־רִים smelting furnace

כּוֹר, ז׳, ר׳, ־רִים a measure of capacity

כּוֹרֵךְ, ז׳, ר׳, כּוֹרְכִים bookbinder; sandwich

כּוֹרֵם, כֹּרֵם, ז׳, ר׳, ־רְמִים wine-grower; vine-dresser

כַּוְּרָן, ז׳, ר׳, ־נִים beekeeper

כּוּרְסָה, כֻּרְסָה, נ׳, ר׳, ־סוֹת armchair

כַּוֶּרֶת, נ׳, ר׳, כַּוָּרוֹת beehive

כּוּשׁ, ז׳, ר׳, כּוּשִׁים spindle; stick; spit

כּוּשׁ, נ׳ Ethiopia

כּוּשִׁי, ת״ז, ־שִׁית, ת״נ Ethiopian; Negro

כּוֹשֶׁר, כֹּשֶׁר, ז׳ fitness; opportunity; legitimacy

כּוֹשֶׁרֶת, כּוֹשָׁרָה, נ׳, ר׳, כּוֹשָׁרוֹת vigor; capacity

כּוֹתֵב, ז׳, ר׳, כּוֹתְבִים scribe; copyist; calligrapher

כּוֹתֶבֶת, נ׳, ר׳, ־תָבוֹת dry date

כּוּתִי, ת״ז, ־תִית, ת״נ Samaritan, Cuthean

כּוֹתֶל, כֹּתֶל, ז׳, ר׳, כְּתָלִים wall

כּוּתְנָה, כֻּתְנָה, נ׳, ר׳, ־נוֹת cotton

כּוֹתֶפֶת, נ׳, ר׳, ־תָפוֹת epaulet

כּוֹתֶרֶת, כֹּתֶרֶת, נ׳, ר׳, ־תָרוֹת capital of a column; heading, headline

כָּזָב, ז׳, ר׳, כְּזָבִים lie, falsehood

כָּזַב, פ״י to lie, deceive

כִּזֵּב, פ״י to tell a lie; to disappoint

כַּזְבָן, ז׳, ר׳, ־נִים liar

כַּזְבָנוּת, נ׳ lying

כָּח, פ״ע, ע׳ [כוח] to spit; to cough

כֹּחַ, ז׳, ר׳, כֹּחוֹת strength, power; wealth

כֹּחַ, ז׳, ר׳, כֹּחִים a species of lizard, chameleon

כִּחֵד, פ״י to deny; to conceal

הִכְחִיד, פ״י to deny; to withhold; to annihilate

כָּחָה, פ״ע to cough; to clear the throat

כָּחוֹל, כָּחֹל, ת״ז, כְּחֻלָּה, ת״נ blue

כָּחוּשׁ, ת״ז, כְּחוּשָׁה, ת״נ slim, thin, lean

כְּחִישָׁה, כְּחִישׁוּת, נ׳ leanness; weakness; reduction

כֹּחִית, נ׳ dynamite

כָּחַל, פ״י to paint blue; to use blue make-up

כַּחַל, ז׳, ר׳, כְּחָלִים blue eye make-up

כְּחָל, כָּחָל, ז׳, ר׳, ־לִים udder

כְּחַלְחַל, ת״ז, ־לִית, ת״נ blueish; blue-eyed

כֹּחֲנִי, ת״ז, ־נִית, ת״נ apt; potential

כֹּחֲנִיּוּת, נ׳ aptness; potentiality

כָּחַשׁ, פ״ע to become lean

כִּחֵשׁ, פ״י to deny, lie, deceive

הִכְחִישׁ, פ״י — to contradict, deny; to be lean
כַּחַשׁ, ז׳, ר׳, כְּחָשִׁים — lie, deceit; leanness
כֶּחָשׁ, ז׳, ר׳, ־שִׁים — liar, deceiver
כִּי, מ״ח — if, since, because, when, only
כִּי, ז׳, ר׳, כִּיִּים — brand mark; burn
כִּיב, ז׳, ר׳, ־בִים — ulcer
כִּיד, ז׳, ר׳, ־דִים — calamity, misfortune
כִּידוֹד, ז׳, ר׳, ־דִים — spark
כִּידוֹן, ז׳, ר׳, ־נִים — spear, lance, javelin
כִּידוּר, ז׳ — attack, assault, charge
כִּיּוּן, ז׳ — Saturn (planet)
כֵּיוָן, כֵּוָן, תה״פ — directly, at once
כֵּיוָן שֶׁ־ — as soon as; since
כִּיּוֹר, ז׳, ר׳, ־רִים — washbasin; kettle; pan
כִּיחַ, ז׳, ר׳, ־חִים — phlegm, spittle
כַּיָּל, ז׳, ר׳־לִים — measurer, surveyor
כַּיִל, ז׳ — measure
כִּילָה, כִּלָּה, נ׳, ר׳, ־לוֹת — mosquito net; canopy
כִּילוּת, כִּילָאוּת, נ׳ — stinginess; craftiness
כִּילַי, ז׳, ר׳, כִּילָאִים — miser; rogue
כֵּילָף, כֵּלָף, ז׳, כֵּילַפּוֹת — ax
כִּימָה, נ׳ — Pleiades
כִּימִי, ת״ז, ־מִית, ת״נ — chemical
כִּימִיָה, נ׳ — chemistry
כִּיס, ז׳, ר׳, ־סִים — pocket; purse
כַּיָּס, ז׳, ר׳, ־סִים — pickpocket
כִּיסָן, ז׳, ר׳, ־נִים — pie
כֵּיצַד, תה״פ — how?, what manner?
כִּיֵּר, פ״י — to tile; to adorn a wall; to panel

כִּירָה, נ׳, ר׳, ־רוֹת — stove, hearth
כִּירַיִם, ז״ר — cooking oven
כִּישׁוֹר, ז׳, ר׳, ־רִים — distaff
כָּךְ, כָּכָה, תה״פ — thus, so
בֵּין כָּךְ וּבֵין כָּךְ — anyhow
כָּל כָּךְ — so much
מַה בְּכָךְ — what of it?
כִּכָּר, זו״נ, ר׳, ־רִים, ־רוֹת, ־רַיִם, כִּכְּרַיִם — low ground; loaf; talent (weight); traffic circle
כָּל, פ״י, ע׳ [כול] — to comprehend; to measure
כֹּל, כָּל, מ״ג — all, every, whole, any
הַכֹּל — all, everything
בְּכָל זֹאת — nevertheless
כָּל שֶׁהוּא — something; whatever
כֶּלֶא, ז׳, ר׳, כְּלָאִים — prison, dungeon
כָּלָא, פ״י — to imprison, incarcerate
כִּלְאַיִם, ז״ז — mixture; hybrid; heterogeneous kinds
כֶּלֶב, ז׳, ר׳, כְּלָבִים — dog
כֶּלֶב־יָם, ז׳, ר׳, כַּלְבֵי־יָם — seal
כִּלֵּב, פ״ע — to baste
כַּלְבִּי, ת״ז, ־בִּית, ת״נ — doglike, canine
כְּלַבְלָב, ז׳, ר׳, ־בִים — lap dog, puppy
כַּלֶּבֶת, נ׳ — rabies; hydrophobia
כָּלָה, פ״ע — to be consumed, finished; to perish; to waste away
כִּלָּה, פ״י — to accomplish; to annihilate
כָּלָה, תה״פ — altogether, wholly, completely
כָּלֶה, ת״ז, כָּלָה, ת״נ — failing; pining
כַּלָּה, נ׳, ר׳, כַּלּוֹת — bride; daughter-in-law
כִּלָּה, כִּילָה, נ׳, ר׳, ־לּוֹת — mosquito net; canopy

כְּלוּא, בֵּית כְּלוּא, ז׳ prison

כְּלוּב, ז׳, ר׳, ־בִים cage, basket

כָּלוּל, ת״ז, כְּלוּלָה, ת״נ includes, is comprised, contains

כְּלוּלוֹת, נ״ר betrothal, marriage

כְּלוּם, ז׳ anything, something

לֹא כְלוּם nothing

כְּלוֹמַר, תה״פ that is to say, this means

כְּלוֹנָס, ז׳, ר׳, ־נְסָאוֹת beam, pole

כֶּלַח, ז׳ senility, old age

[כלח] נִכְלַח, פ״ע to become senile

כְּלִי, ז׳, ר׳, כֵּלִים utensil, instrument, tool

כְּלֵי זַיִן weapons

כְּלֵי זֶמֶר musical instruments

כֵּלַי, ז׳, ר׳, ־לָאִים miser; rogue

כַּלִּיא־בָרָק, כַּלִּירַעַם, ז׳ lightning rod

כְּלִיבָה, נ׳, ר׳, ־בוֹת toolbox; vice

כִּלְיָה, נ׳, ר׳, כְּלָיוֹת kidney

כְּלָיָה, נ׳, ר׳, כְּלָיוֹת destruction

כִּלָּיוֹן, ז׳ pining; annihilation

כָּלִיל, ת״ז, כְּלִילָה, ת״נ whole, perfect, complete

כְּלִיל, ז׳, ר׳, ־לִים crown, garland, wreath

כְּלִילוּת, נ׳ versatility

כְּלִימָה, כְּלִמָּה, נ׳, ר׳, כְּלִמּוֹת shame, insult

כֶּלֶךְ, ז׳, ר׳, כְּלָכִים ferula

כַּלֵּךְ, מ״ק go!, be gone!

כַּלְכּוּל, ז׳ support, sustenance

כִּלְכֵּל, פ״י to sustain, nourish

כַּלְכָּלָה, נ׳, ר׳, ־לוֹת support; economy

כַּלְכַּלָּה, נ׳, ר׳, ־לּוֹת fruit basket

כַּלְכָּלִי, ת״ז, ־לִית, ת״נ economic

כַּלְכְּלָן, ז׳, ר׳, ־נִים economist

כָּלַל, פ״י to include; to complete; to generalize

כְּלָל, ז׳, ר׳, ־לִים principle; general rule; total, sum

בִּכְלָל in general, generally

כְּלָל וּכְלָל (not) at all

יוֹצֵא מִן הַכְּלָל exceptional

כְּלָלוּת, נ׳, ר׳, ־לֻיּוֹת universality; totality

כְּלָלִי, ת״ז, ־לִית, ת״נ general, common

[כלם] נִכְלַם, פ״ע to be ashamed

הִכְלִים, פ״י to offend; to put to shame

כְּלִמָּה, כְּלִימָה, נ׳, ר׳, ־מּוֹת shame, insult

כַּלָּנִית, נ׳, ר׳, ־יּוֹת anemone

כֵּלָף, כֵּילָף, ר׳, ז׳, כֵּלַפּוֹת ax

כֶּלֶף, ז׳, ר׳, כְּלָפִים freckle

כְּלַפֵּי, תה״פ towards, opposite, against

כַּמָּה, תה״פ how much, how many

כָּמַהּ, פ״ע to desire eagerly, long for

כְּמֵהָה, נ׳, ר׳, ־הִים, ־הוֹת truffle

כְּמוֹ, כְּמוֹת, תה״פ as, like, when

כַּמּוֹן, כַּמֹּן, ז׳ cumin; caraway seed

כָּמוּס, ת״ז, כְּמוּסָה, ת״נ hidden, concealed

כְּמוּרָה, נ׳ priesthood

כָּמוּשׁ, ת״ז, כְּמוּשָׁה, ת״נ withered, wrinkled

כַּמּוּת, נ׳, ר׳, כַּמֻּיּוֹת quantity

כַּמּוּתִי, ת״ז, ־תִית, ת״נ quantitative

כְּמִיהָה, נ׳, ר׳, ־הוֹת yearning

כְּמִירָה, נ׳, ר׳, ־רוֹת pity

כְּמִישָׁה, נ׳, ר׳, ־שׁוֹת withering, shriveling up

כַּמֹּן, כַּמּוֹן, ז׳	cumin, caraway seed
כִּמֵּן, פ״י	to hide away
כְּמָנָה, נ׳, ר׳, ־נוֹת	ambush, trap
כָּמַס, פ״י	to hide; to store away
כִּמְעַט, תה״פ, ע׳ מְעַט	almost, just
כָּמַר, פ״י	to heat, warm up; to ripen
נִכְמַר, פ״ע	to shrink; to wrinkle
כֹּמֶר, כֻּמָר, ז׳, ר׳, כְּמָרִים	priest
כְּמָרִיָּה, נ׳, ר׳, ־יּוֹת	monastery
כִּמְרִיר, ז׳, ר׳, ־רִים	dark, heavy cloud
כָּמַשׁ, פ״ע	to wither, shrivel up
כֵּן, תה״פ	yes; thus, so
כֵּן, ת״ז, כֵּנָה, ת״נ	honest, upright
כֵּן, ז׳, כִּנָּה, נ׳, ר׳, כִּנִּים	louse; worm
כֵּן, כַּן, ז׳, כַּנָּה, נ׳, ר׳, ־כַּנִּים, ־נּוֹת	base; post
כִּנָּה, פ״י	to name; to give a title
כִּנּוּי, ז׳, ר׳, כִּנּוּיִים	nickname; surname
כִּנּוּי הַשֵּׁם	pronoun
כִּנּוּס, ז׳, ר׳, ־סִים	gathering, assembly
כְּנוּפְיָה, כְּנֻפְיָה, נ׳, ר׳, כְּנֻפְיוֹת	band, clique
כִּנּוֹר, ז׳, ר׳, ־רִים, ־רוֹת	violin
כֵּנוּת, נ׳	honesty
כְּנִימָה, נ׳, ר׳, ־מוֹת	vermin, beetle
כְּנִיסָה, נ׳, ר׳, ־סוֹת	entrance; gathering, assembly
כְּנִיעָה, נ׳, ר׳, ־עוֹת	surrender
כְּנִיעוּת, נ׳	subjection
כִּנָּם, כִּנֶּמֶת, כְּנִמָּה, נ׳	scales, vermin, lice
כִּנֵּן, פ״י	to wind up; to coil
כָּנַס, כִּנֵּס, פ״י	to call together; to gather; to assemble
נִכְנַס, פ״ע	to enter
הִכְנִיס, פ״י	to bring in; to admit
כֶּנֶס, ז׳, ר׳, כְּנָסִים	assembly, convention
כְּנֵסִיָּה, נ׳, ר׳, ־יּוֹת	gathering; church
כְּנֶסֶת, נ׳, ר׳, כְּנֵסִיּוֹת	gathering, congregation; parliament
בֵּית־כְּנֶסֶת	synagogue, temple
[כנע] נִכְנַע, פ״ע	to be humbled, subdued
הִכְנִיעַ, פ״י	to submit, subdue
כִּנְעָה, נ׳, ר׳, ־עוֹת	effects, wares; subjection
כְּנַעַן, ז׳	Canaan; trader
כָּנָף, נ׳, ר׳, כְּנָפַיִם, כְּנָפוֹת	wing; extremity
[כנף] נִכְנַף, פ״ע	to hide oneself
כְּנֻפְיָה, כְּנוּפְיָה, נ׳, ר׳, ־יוֹת	band, clique
כַּנָּר, ז׳, ר׳, ־רִים	violinist
כִּנֵּר, פ״י	to play the violin
כְּנָת, ז׳, ר׳, כְּנָוֹת	colleague, comrade
כֵּס, ז׳, ר׳, כֵּסִים	seat; throne
כֶּסֶא, כֶּסֶה, ז׳	new moon; full moon
כִּסֵּא, ז׳, ר׳, כִּסְאוֹת	chair; seat
כִּסְאוֹן, ז׳, ר׳, ־נִים	high chair
כֻּסְבָּר, ז׳	coriander
כִּסָּה, פ״י	to cover; to conceal
הִתְכַּסָּה, פ״ח	to clothe oneself
כִּסּוּחַ, ז׳, ר׳, ־חִים	trimming
כִּסּוּי, כִּסּוּי, ז׳, ר׳, ־יִּים	lid; covering
כָּסוּל, ת״ז, כְּסוּלָה, ת״נ	deformed(hip)
כִּסּוּף, ז׳, ר׳, ־פִים	longing, desire
כְּסוּת, נ׳, ר׳, כְּסֻיוֹת	covering, garment
כְּסוּת עֵינַיִם	pretext
כָּסַח, פ״י	to cut off, trim; to clear
כְּסָיָה, נ׳, ר׳, ־יוֹת	glove

idiot, fool; Orion כְּסִיל, ז׳, ר׳, ־לִים
foolishness; stupidity כְּסִילוּת, נ׳, ר׳, ־לֻיּוֹת
chewing כְּסִיסָה, נ׳, ר׳, ־סוֹת
rubbing off; washing כִּסְכּוּס, ז׳, ר׳, ־סִים
to rub off; to gnaw כִּסְכֵּס, פ״י
loin, groin; folly כֶּסֶל, ז׳, ר׳, כְּסָלִים
hope; confidence כֶּסֶל, ז׳
to become foolish כָּסַל, פ״ע
stupidity, foolishness כִּסְלָה, נ׳
Kislev, ninth month of Hebrew calendar כִּסְלֵו, ז׳
to shear, clip, cut כָּסַם, פ״י
spelt כֻּסֶּמֶת, נ׳, ר׳, כֻּסְמִים
to chew; to number (amongst) כָּסַס, פעו״י
silver, money כֶּסֶף, ז׳, ר׳, כְּסָפִים
mercury כֶּסֶף חַי
to desire, long for כָּסַף, פ״ע
to silver; to become pale הִכְסִיף
longing, yearning כֹּסֶף, כּוֹסֶף, ז׳
mercury כַּסְפִּית, נ׳
cash register כַּסֶּפֶת, נ׳,ר׳, ־סָּפוֹת
pillow, cushion כֶּסֶת, נ׳, כְּסָתוֹת
ugly, nasty כָּעוּר, ת״ז, כְּעוּרָה, ת״נ
angry, mad כָּעוּס, ת״ז, כְּעוּסָה, ת״נ
ugliness, nastiness כִּעוּר, ז׳
ring cake כַּעַךְ, ז׳, ר׳, ־כִים
to cough (lightly) כִּעְכֵּעַ, פ״ע
to be angry, vexed כָּעַס, פ״ע
to anger, vex הִכְעִיס, פ״י
anger, insolence כַּעַס, כַּעַשׂ, ז׳, ר׳, כְּעָסִים
irascible person כַּעֲסָן, ז׳, ר׳, ־נִים
to make ugly, repulsive כִּעֵר, פ״י
palm (of hand); sole (of foot); spoon כַּף, נ׳, ר׳, כַּפּוֹת, כַּפַּיִם

Caph, Khaph, eleventh letter of Hebrew alphabet כַּף, נ׳
hollow rock; cave; vault כֵּף, ז׳, ר׳, כֵּפִים
arch; doorway; sky; skullcap כִּפָּה, נ׳, ר׳, כִּפּוֹת
palm, palm leaf כַּפָּה, נ׳, ר׳, כַּפּוֹת
to force, compel; to subdue; to invert כָּפָה, פ״י
forced כָּפוּי, ת״ז, כְּפוּיָה, ת״נ
ungrateful כְּפוּי טוֹבָה
doubled; folded כָּפוּל, ת״ז, כְּפוּלָה, ת״נ
geminate verbs כְּפוּלִים
bent כָּפוּף, ת״ז, כְּפוּפָה, ת״נ
frost, hoarfrost כְּפוֹר, ז׳, ר׳, ־רִים
atonement, expiation כִּפּוּר, ז׳, ר׳, ־רִים
Day of Atonement יוֹם כִּפּוּר, יוֹם הַכִּפּוּרִים
cover (for holy ark); curtain כַּפּוֹרֶת, כַּפֹּרֶת, נ׳
tall, high כִּפֵּחַ, ת״ז, כִּפַּחַת, ת״נ
compulsion; inverting כְּפִיָּה, נ׳, ר׳, ־יּוֹת
epilepsy כִּפְיוֹן, ז׳
spit and image; double כָּפִיל, ז׳, ר׳, כְּפִילִים
rafter, girder כָּפִיס, ז׳, ר׳, כְּפִיסִים
bending; basket כְּפִיפָה, נ׳, ר׳, ־פוֹת
flexibility; subservience כְּפִיפוּת, נ׳, ר׳, ־פֻיּוֹת
lion, cub כְּפִיר, ז׳, ר׳, ־רִים
cub (*f.*); denial; atheism כְּפִירָה, נ׳, ר׳, ־רוֹת
teaspoon כַּפִּית, נ׳, ר׳, ־יּוֹת
doubling; duplicate; pleat, fold; multiplication כֶּפֶל, ז׳, ר׳, כְּפָלִים

כִּפְלַיִם twice as much (many)
כִּפְלֵי כִּפְלַיִם manifold
כָּפַל, פ"י to double; to multiply; to fold
כָּפָן, ז' hunger, famine
כָּפַן, פעו"י to cover; to bend; to be hungry; to pine
כָּפַף, פ"י to bend; to curve; to compel
כְּפָפָה, נ', ר', ־פוֹת glove
כֹּפֶר, ז', ר', כְּפָרִים ransom; asphalt, pitch; village; Lawsonia
כָּפַר, פ"י to deny; to reconcile; to smear, tar
כְּפָר, כֹּפֶר, ז', ר', כְּפָרִים village
כִּפֵּר, פ"י to atone, expiate; to forgive
כַּפָּרָה, נ', ר', ־רוֹת atonement, expiation
כְּפָרִי, כַּפְרִי, ת"ז, כַּפְרִית, ת"נ; ז' rustic, rural, village-like; villager, farmer
כַּפְרָן, ז', ר', ־נִים denier, liar
כַּפֹּרֶת, כַּפּוֹרֶת, נ', ר', ־רוֹת cover (for holy ark), curtain
[כפש] הִכְפִּישׁ, פ"י to make to cower; to wallow
כָּפַת, פ"י to tie, bind
כֹּפֶת, ז', ר', כְּפָתִים block, lump
כֶּפֶת, ז', ר', כְּפָתִים knot
כְּפָתָּה, כּוּפְתָּה, נ', ר', ־תּוֹת dumpling
כַּפְתּוֹר, ז', ר', ־רִים button; knob
כִּפְתֵּר, פ"י to button up
כַּר, ז', ר', כָּרִים pillow; crossbar; male lamb; battering ram; pasturage
כָּרָאוּי, תה"פ, ע' רָאוּי fittingly, properly

כַּרְבּוֹל, ז', ר', ־לִים cloak, cape
כִּרְבֵּל, פ"י to clothe
כַּרְבֶּלֶת, כַּרְבֹּלֶת, נ', ר', כַּרְבּוֹלוֹת crest; cock's comb
כָּרָגִיל, תה"פ, ע' רָגִיל as usual
כָּרָה, פ"י to dig; to hire; to buy; to arrange (a feast)
כֵּרָה, נ', ר', כֵּרוֹת banquet, feast
כְּרוּב, ז', ר', ־בִים cherub; cabbage
כְּרוּבִית, נ', ר', ־בִיּוֹת cauliflower
כָּרוֹז, ז', ר', ־זוֹת herald, public crier
כְּרוּז, ז', ר', ־זִים proclamation
כָּרוּךְ, ת"ז, כְּרוּכָה, ת"נ folded, bound
כְּרוּכְיָה, נ', ר', ־יוֹת crane
כְּרוּכִית, נ', ר', ־כִיּוֹת roll; fritter
כְּרוּם, ז', ר', ־מִים humming bird
[כרז] הִכְרִיז, פ"י to announce, proclaim, herald
כְּרָזִי, ת"ז, ־זִית, ת"נ amphibious
כֹּרַח, ז' compulsion, constraint
[כרח] הִכְרִיחַ, פ"י to force, compel, constrain
כַּרְטוֹן, ז', ר', ־נִים carton
כַּרְטִיס, ז', ר', ־סִים ticket, card
כַּרְטִיסִיָּה, נ', ר', ־סִיּוֹת; כַּרְטֶסֶת, נ', ר', ־טָסוֹת card file
כָּרִי, ז', ר', כָּרִים courier; bodyguard
כְּרִי, ז', ר', כְּרָיִים heap of corn; pile
כְּרִיָּה, נ', ר', כְּרִיּוֹת digging
כָּרִיךְ, ז', ר', כְּרִיכִים sandwich
כְּרִיכָה, נ', ר', ־כוֹת sheaf; wrapping, cover, binding
כְּרִיכִיָּה, נ', ר', ־יוֹת bookbindery
כְּרִיעָה, נ', ר', ־עוֹת kneeling
כָּרֵישׁ, ז', ר', כְּרֵישִׁים leek
כְּרִיתָה, נ', ר', ־תוֹת cutting; divorcing

כְּרִיתוּת, נ׳ final divorce
כֶּרֶךְ, ז׳, ר׳, כְּרָכִים bundle; scroll; volume
כָּרַךְ, פ״י to twine, wind; to roll; to bind
כְּרַךְ, ז׳, ר׳, ־כִים large town, city
כַּרְכֹּב, ז׳, ר׳, ־כֻּבִּים ledge, rim
כִּרְכֵּב, פ״י to turn on a lathe
כִּרְכּוּר, ז׳, ר׳, ־רִים circle, circuit; whirl
כַּרְכֹּם, ז׳, ר׳, ־כֻּמִּים saffron; crocus
כִּרְכֵּם, פ״י to paint yellow; to stain
כִּרְכֵּר, פ״ע to jump around; to dance
כִּרְכָּר, ז׳, ר׳, ־רִים top; distaff, spindle
כִּרְכָּרָה, נ׳, ר׳, ־רוֹת camel, dromedary; carriage
כַּרְכֶּשֶׁת, נ׳, ר׳, ־כָּשׁוֹת intestine; sausage
כֶּרֶם, ז׳, ר׳, כְּרָמִים vineyard; grove
כֹּרֵם, כּוֹרֵם, ז׳, ר׳, כּוֹרְמִים vine-dresser, wine-grower
כָּרַם, פ״י to work in a vineyard
כַּרְמִיל, ז׳, ר׳, ־לִים crimson
כַּרְמֶל, ז׳, ר׳, כַּרְמִלִּים green wheat, fresh grains; fertile soil
כָּרֵס, כֶּרֶס, כָּרֵשׂ, נ׳, ר׳, כְּרֵסוֹת abdomen, belly
כֻּרְסָה, כּוּרְסָה, נ׳,ר׳, ־סוֹת armchair
כִּרְסֵם, פ״י to gnaw; to devour
כַּרְסָן, כַּרְסְתָן, ז׳, ר׳, ־נִים, ־תָנִים stout, big-bellied person
כֶּרַע, נ׳, ר׳, כְּרָעַיִם leg; knee
כָּרַע, פ״ע to kneel, bow
הִכְרִיעַ, פ״י to subject; to bend
כַּרְפַּס, ז׳, ר׳, ־סִים celery, parsley; fine cotton cloth

כֶּרֶץ, ז׳, ר׳, כְּרָצִים tapeworm
כָּרָר, ז׳, ר׳, כָּרָרִים upholsterer
כָּרַת, פ״י to cut off; to agree to
כָּרֵת, ז׳, ר׳, כְּרֵתוֹת extirpation; divine punishment
כְּרֵתִי, ז׳, ר׳, ־תִים bodyguard
כֶּשֶׂב, ז׳, כִּשְׂבָּה, נ׳, ר׳, כְּשָׂבִים, כִּשָׂבוֹת male lamb; ewe lamb
כָּשָׂה, פ״ע to be fat, sated; to become coarse
כִּשּׁוּף, ז׳, ר׳, ־פִים magic, witchcraft
כְּשׁוּת, נ׳, ר׳, כְּשֻׁיּוֹת hops; capillaries
כַּשִּׁיל, ז׳, ר׳, ־לִים large ax
כִּשְׁכּוּשׁ, ז׳, ר׳, ־שִׁים wagging (of tail)
כִּשְׁכֵּשׁ, פ״י to wag (tail)
כָּשַׁל, פ״ע to stumble, stagger
נִכְשַׁל, פ״ע to fail; to go astray
כִּשָּׁלוֹן, כֶּשֶׁל, ז׳, ר׳, כִּשְׁלוֹנוֹת failure; stumbling
כֶּשֶׁף, ז׳, ר׳, כְּשָׁפִים sorcery
כַּשָּׁף, כַּשְׁפָן, ז׳, ר׳, ־פִים, ־נִים sorcerer
כִּשֵּׁף, פ״י to bewitch, charm, enchant
כָּשַׁר, כָּשֵׁר, פ״ע to succeed; to be worthy; to be kosher
כָּשֵׁר, ת״ז, כְּשֵׁרָה, ת״נ ritually fit; honest; wholesome
כֹּשֶׁר, כּוֹשֶׁר, ז׳ fitness; opportunity; legitimacy
שְׁעַת הַכֹּשֶׁר opportune, appropriate
כִּשְׁרוֹן, ז׳, ר׳, כִּשְׁרוֹנוֹת talent; utility; skill
כַּשְׁרוּת, נ׳ fitness; purity; legitimacy
כַּת, נ׳, ר׳, כִּתִּים, כִּתּוֹת sect, party
כָּתַב, פ״י to write; to bequeath
הִתְכַּתֵּב, פ״ח to correspond
כְּתָב, ז׳, ר׳, ־בִים characters, letters; writing, script

כְּתָב הַחַרְטֻמִּים hieroglyphics
כְּתָב הַיְתֵדוֹת cuneiform writing
כְּתָב יָד manuscript
כְּתָב סְתָרִים code
כַּתָּב, ז׳, ר׳, ־בִים correspondent
כְּתֻבָּה, נ׳, ר׳, ־בּוֹת marriage contract
כַּתְבָן, ז׳, ר׳, ־נִים writer, scribe
כַּתְבָנִית, נ׳, ר׳, ־נִיּוֹת typist, secretary
כְּתֹבֶת, נ׳, ר׳, כְּתוֹבוֹת inscription; address
כִּתָּה, נ׳, ר׳, כִּתּוֹת class; sect, party
כָּתוּב, ת״ז, כְּתוּבָה, ת״נ written, inscribed
כִּתּוּר, ז׳, ר׳, ־רִים encircling
כָּתוּשׁ, כָּתוּת, ת״ז, כְּתוּשָׁה, כְּתוּתָה, ת״נ crushed, pounded
כְּתִיב, ז׳, ר׳, ־בִים spelling
כְּתִיבָה, נ׳, ר׳, ־בוֹת writing; manuscript
כַּתִּישׁ, ז׳, ר׳, ־שִׁים wooden hammer
כָּתִית, ז׳, ר׳, כְּתִיתִים minced, pounded matter

כְּתִיתָה, כְּתִישָׁה, נ׳, ר׳, ־תוֹת, ־שׁוֹת crushing, pounding; scab
כֹּתֶל, כּוֹתֶל, ז׳, ר׳, כְּתָלִים wall
הַכֹּתֶל הַמַּעֲרָבִי the Wailing Wall
[כתם] נִכְתַּם to be stained, soiled
כֶּתֶם, ז׳, ר׳, כְּתָמִים pure gold; stain
כַּתָּן, ז׳, ר׳, ־נִים flax worker; mill worker
כֻּתְנָה, כּוּתְנָה, נ׳, ר׳, ־נוֹת cotton
כֻּתֹּנֶת, כְּתֹנֶת, נ׳, ר׳, כֻּתָּנוֹת shirt
כָּתֵף, נ׳, ר׳, כְּתֵפַיִם, כְּתֵפוֹת shoulder; shoulder-piece, joint
כַּתָּף, ז׳, ר׳, כַּתָּפִים porter, carrier
כִּתֵּף, פ״י to carry on the shoulders
כִּתְפָּה, נ׳, ר׳, ־פּוֹת insignia
כִּתֵּר, פ״י to surround; to crown
כֶּתֶר, ז׳, ר׳, כְּתָרִים crown
כֹּתֶרֶת, כּוֹתֶרֶת, נ׳, ר׳, ־תָרוֹת headline; heading; capital of a column
כָּתַשׁ, פ״י to pound, grind; to mince
כָּתַת, הִכֵּת, פ״י to crush; to smite
הֻכַּת, פ״ע to be crushed, beaten

ל L, l

ל Lamedh, Lamed, twelfth letter of Hebrew alphabet; thirty
לְ־, לַ־, לָ־, לֶ־, לִ־, לֵ־ to, into; for, at
לִי, לְךָ, לָךְ, לוֹ, לָהּ, לָנוּ, לָכֶם, לָכֶן, לָהֶם, לָהֶן to me; to you; to him; etc.
לֹא, לָאו, תה״פ no, not, nay
לָאָה, פ״ע to be weary; to be impatient
לֵאוּט, ז׳ progression

לְאוֹם, לְאֹם, ז׳, ר׳, לְאֻמִּים nation
לְאוּמִי, לְאֻמִּי, ת״ז, ־מִית, ת״נ national
לְאוּמִיּוּת, לְאֻמִּיּוּת, נ׳ nationality
לֵאוּת, ז׳ exhaustion, weariness
לָאַט, פ״ע, פ״י to speak softly; to cover
לְאַט, תה״פ slowly
לְאַלְתַּר, אַלְתַּר, תה״פ immediately, soon
לְאֹם, לְאוֹם, ז׳, ר׳, לְאֻמִּים nation

[לאם] הֶלְאִים, פ״י to nationalize
לְאֻמִּי, לְאוּמִי, ת״ז, ־מִּית, ת״נ national
לְאֻמִּיוּת, לְאוּמִיּוּת, נ׳ nationality
לֵאמֹר, תה״פ that is to say, so
לְאָן, תה״פ where, whither
לֵב, לֵבָב, ז׳, ר׳, לִבּוֹת, לְבָבוֹת heart; mind; understanding; midst, center
לִבֵּב, פ״י to make doughnuts; to fascinate; to encourage
לְבָבִי, ת״ז, ־בִית, ת״נ kind, cordial; hearty
לְבָבִיּוּת, נ׳ heartiness; cordiality
לְבַד, תה״פ apart, alone; only
מִלְּבַד besides
לֶבֶד, ז׳, ר׳, לְבָדִים felt (material)
לַבָּה, נ׳, ר׳, לַבּוֹת flame; lava
לִבָּה, נ׳, ר׳, לִבּוֹת (ע׳ לֵב, לֵבָב) heart
לִבָּה, פ״י to set ablaze, enkindle
לִבּוּב, ז׳ kindness; fascination
לָבוּד, ת״ז, לְבוּדָה, ת״נ attached, connected
לִבּוּי, ז׳, ר׳, ־יִים fanning, blowing
לִבּוּן, ז׳, ר׳, ־נִים whitening; grinding
לְבוֹנָה, לְבֹנָה, נ׳, ר׳, ־נוֹת frankincense
לְבוּשׁ, ז׳, ר׳, ־שִׁים clothing, garment
לָבוּשׁ, ת״ז, לְבוּשָׁה, ת״נ clothed, garbed, dressed
[לבט] נִלְבַּט, פ״ע to fall, fail
הִתְלַבֵּט, פ״ח to be troubled
לֶבֶט, ז׳, ר׳, לְבָטִים affliction, suffering; trouble, misery
לָבִיא, ז׳, לְבִיאָה, נ׳, ר׳, לְבִיאִים, ־אוֹת lion, lioness

לְבִיבָה, נ׳, ר׳, ־בוֹת doughnut; pancake
לְבִישָׁה, נ׳, ר׳, ־שׁוֹת dressing, garbing
לִבְלֵב, פ״ע to sprout, bloom; to shout, be loud
לַבְלַב, ז׳ morning glory (convolvulus); pancreas
לִבְלוּב, ז׳, ר׳ ־בִים sprouting, blossoming
לַבְלָר, ז׳, ר׳, ־רִים scribe, clerk
לָבָן, ת״ז, לְבָנָה, ת״נ white
לָבַן, פ״י to whiten; to make bricks
לִבֵּן, פ״י to whiten; to wash; to brighten
לֹבֶן, לוֹבֶן, ז׳ whiteness; white of the eye
לַבָּן, ז׳, ר׳, ־נִים whitewasher; laundryman
לִבְנֶה, ז׳, ר׳, לִבְנִים birch tree
לְבֵנָה, נ׳, ר׳, לְבֵנִים brick; stone slab
לְבָנָה, נ׳, ר׳, ־נוֹת moon
חֲצִי־לְבָנָה half-moon; bracket
לְבֹנָה, לְבוֹנָה, נ׳, ר׳, ־נוֹת frankincense
לַבְנוּנִי, ת״ז, ־נִית, ת״נ whitish
לַבְנוּנִית, לַבְנוּת, נ׳ whiteness
לַבְקָן, ז׳, ר׳, ־נִים albino
לְבַר, תה״פ outside
לָבַשׁ, פ״י to wear
הִלְבִּישׁ, פ״י to clothe
לֹג, לוֹג, ז׳, ר׳, לֻגִּים log, liquid measure
לִגְיוֹן, ז׳, ר׳, ־נוֹת legion
לְגִימָה, נ׳, ר׳, ־מוֹת gulp, sip
לִגְלֵג, פ״ע to mock, make fun of
לִגְלוּג, ז׳, ר׳, ־גִים ridicule, derision, jeering

לַגְלְגָן, ז׳, ר׳, ־נִים mocker

לָגַם, פ״י to gulp, sip

לְגִמָה, לוּגְמָה, נ׳, ר׳, ־מוֹת mouthful

לְגַמְרֵי, תה״פ altogether

לֵדָה, נ׳, ר׳, לֵדוֹת birth

לְדִידִי, מ״ג as for me, on my part

לָהּ, מ״ג, ע׳ לְ־ to her

לְהָאָה, נ׳, ר׳, ־אוֹת uvula, soft palate

לַהַב, ז׳, ר׳, לְהָבִים flame; blade

לָהַב, פ״ע to shine, sparkle, glitter

הִלְהִיב, פ״י to inspire

הִתְלַהֵב, פ״ח to be enthusiastic

לְהַבָּא, תה״פ hereafter, from now on

לֶהָבָה, נ׳, ר׳, ־בוֹת flame

לַהֲבִיוֹר, ז׳, ר׳, ־רִים flame-thrower

לַהַג, ז׳, ר׳, לְהָגִים prattle, idle talk; dialect

לָהַג, פ״י to prattle

לָהָה, פ״ע to languish, be exhausted

לָהוּט, ת״ז, לְהוּטָה, ת״נ ardent, enthused

לְהוּט, ז׳, ר׳, ־טִים burning, enkindling

לָהַט, פ״ע to burn, blaze

לַהַט, ז׳, ר׳, לְהָטִים heat, flame; blade

לְהָטִים, ז״ר enthusiasm; witchcraft

לְהִיטָה, לְהִיטוּת, נ׳ ardent desire

[להלה] הִתְלַהְלֵהַּ, פ״ח to play the fool; to behave madly

לְהַלָּן, תה״פ there; afterwards, later

[להם] הִתְלַהֵם, פ״ח to strike blow

לָהֶם, לָהֶן, מ״ג, ע׳ לְ־ to them

לַהֲקָה, נ׳, ר׳, לְהָקוֹת band, company

לְהִתְרָאוֹת, מ״ק au revoir, see you soon

לוֹ, מ״ג, ע׳ לְ־ to him

לוּ, לוּא, מ״ח if only!

לְוַאי, לְוַי, הַלְוַאי, מ״ק oh that!, would that!

לְוַאי, ז׳, ר׳, לְוָאִים addition, accompaniment; modifier

לוֹבֶן, לֹבֶן, ז׳ whiteness, white of eye

לוֹג, לֹג, ז׳, ר׳, לֻגִּים log, liquid measure

לוּדָר, ז׳, ר׳, ־רִים gladiator

לָוָה, פ״י to borrow

לִוָּה, פ״י to accompany

הִלְוָה, פ״י to lend

לֹוֶה, לוֹוֶה, ז׳, ר׳, לוֹוִים borrower

לִוּוּי, ז׳, ר׳, ־יִים accompaniment

[לוז] לָז, פ״ע to turn aside; to bend; to twist

הֵלִיז, פעו״י to slander; to turn aside

לוּז, ז׳, ר׳, ־זִים almond tree; gland

לוּחַ, ז׳, ר׳, ־חוֹת tablet, board, blackboard; schedule, calendar

לִוַּח, פ״י to tabulate

לוֹט, לֹט, ז׳, ר׳, ־טִים covering, wrapper; laudanum

לוּט, ת״ז, ־טָה, ת״נ enveloped, enclosed

[לוט] לָט, פ״י to cover, wrap up, enclose

הֵלִיט, פ״י to wrap; to cover (face); to envelop

לֵוִי, ז׳, לְוִיָּה, נ׳ Levi, Levite, of Levi

לְוָיָה, נ׳, ר׳, ־יוֹת escort, company; funeral

לִוְיָה, נ׳, ר׳, לְוָיוֹת frontlet; wreath

לַוְיָן, ז׳, ר׳, נִים satellite

לִוְיָתָן, ז׳, ר׳, ־יְתָנִים dragon, sea serpent, leviathan

לוֹכְסָן, תה״פ crosswise, diagonally

לוּל, ז׳, ר׳, ־לִים chicken coop; spiral staircase; playpen

לוּלֵא, לוּלֵי, מ״ח unless, if not
לוּלָאָה, נ׳, ר׳, ־אוֹת loop, buttonhole
לוּלָב, ז׳, ר׳, ־בִים lulab, young twig, palm branch
לוּלָב, ז׳, ר׳, ־בִים bolt, screw
לוּלְיָן, ז׳, ר׳, ־נִים acrobat
לוּלְיָנִי, ת״ז, ־נִית, ת״נ spiral
[לין] לָן, פ״ע to lodge, sleep overnight
נָלוֹן, פ״ע to complain
הֵלִין, פ״י to lodge
הִתְלוֹנֵן, פ״ח to complain
לוֹעַ, לֹעַ, ז׳, ר׳, ־עוֹת throat, jaw; crater
לוֹעֵז, ז׳, ר׳, ־עֲזִים foreigner; speaker of a foreign language
לוֹעֲזִי, ת״ז, ־זִית, ת״נ foreign, not speaking Hebrew
לוּף, ז׳, ר׳, ־פִים snakeroot (serpentaria), arum, arrowroot
[לוץ] לָץ, פ״ע, ע׳ [ליץ] to mock
הִתְלוֹצֵץ, פ״ח to joke, banter
הֵלִיץ, פ״י to gibe, scoff
לוֹצֵץ, ז׳, ר׳, ־צְצִים mocker
לוֹקֵחַ, ז׳, ר׳, ־קְחִים buyer, customer
[לוש] לָשׁ, פ״י to knead
לִזְבֵּז, ז׳, ר׳, ־זִים rim, border, frame
לָז, פ״ע, ע׳ [לוז] to turn aside; to elude (the attention)
לָז, לָזֶה, לֵזוּ, מ״ג, ע׳ הַלָּז, הַלָּזֶה, הַלֵּזוּ that one
לְזוּת, נ׳ slander, evil talk
לֵחַ, ז׳, ר׳, לֵחִים freshness, vigor; moisture
לַח, ת״ז, לַחָה, ת״נ moist, humid
לֵחָה, נ׳, ר׳, ־חוֹת moisture; rheum; pus

לְחוֹד, לְחוּד, תה״פ alone, only, singly, separately
לְחוּם, ז׳, ר׳, ־מִים flesh, meat
לַחוּת, נ׳ moisture, humidity; freshness
לְחִי, לֶחִי, נ׳, ר׳, לְחָיַיִם cheek; cheek-piece of a bridle; clamps of a vise
לֶחִי, ז׳, ר׳, לְחָיִים narrow plank
לְחַיִּים, מ״ק, ע׳ חַיִּים to your health!
לְחִיכָה, נ׳, ר׳, ־כוֹת licking
לְחִיצָה, נ׳, ר׳, ־צוֹת pressing, squeezing
לְחִישָׁה, נ׳, ר׳, ־שׁוֹת whispering
לָחַךְ, פ״י to lick
לִחֵךְ, פ״י to lick up, lick
לִחְלוּחַ, ז׳, ר׳, ־חִים moistening, dampening
לַחְלוּחִית, לִחְלוּחִית, נ׳ moisture, dampness, freshness, liveliness
לִחְלַח, פ״י to moisten, dampen
הִתְלַחְלֵחַ, פ״ח to become moist, damp
לֶחֶם, ז׳, ר׳, לְחָמִים bread
לָחַם, פ״י, פ״ע to eat; to wage war
[לחם] הִלְחִים, פ״י to solder; to fit, insert
נִלְחַם, פ״ע to wage war
לָחֶם, ז׳ war, battle
לַחְמָנִיָּה, לַחְמָנִית, נ׳, ר׳, ־נִיּוֹת roll
לַחַן, ז׳, ר׳, לְחָנִים melody, air, tune
לִחֵן, פ״י to tune
לַחַץ, ז׳ pressure; oppression
לָחַץ, פ״י to press, squeeze, oppress
לַחַשׁ, ז׳, ר׳, לְחָשִׁים whisper, spell, charm amulet
לָחַשׁ, פ״י to whisper; to charm a snake
לַחְשָׁן, ז׳, ר׳, ־נִים prompter

[לחת] הִלְחִית, פ"י to pant

לֹט, לוּט, ז', ר', ־טִים cover, wrapper; laudanum

לָט, פ"י, ע' [לוט] to cover, wrap up, enclose

לָט, ז', ר', לָטִים magic; quiet, stillness

לְטָאָה, נ', ר', ־אוֹת lizard

לְטִיפָה, נ', ר', ־פוֹת caress, fondling

לְטִישָׁה, נ', ר', ־שׁוֹת sharpening; polishing, furbishing

לִטֵּף, פ"י to caress, fondle, pat

לִטְרָה, נ', ר', ־רוֹת, ־רָאוֹת pound (weight)

לָטַשׁ, פ"י to sharpen; to polish; to furbish

לִי, מ"ג, ע' לְ־ to me, for me

לַיִל, לֵיל, לַיְלָה, ז', ר', לֵילוֹת night

לִילִית, נ', ר', לִילִיּוֹת night demon; Lilith

לִימוֹן, ז', ר', ־נִים lemon

[לין] לָן, פ"ע, ע' [לון] to sleep; spend the night

לִינָה, נ', ר', ־נוֹת staying overnight, sleeping

לִיף, ז', ר', לִיפִים fiber

[ליץ] לָץ, פ"ע, הֵלִיץ, פ"י to mock; to jest, joke

לֵיצָן, לֵצָן, ז', ר', ־נִים clown, jester, scoffer

לֵיצָנוּת, לֵצָנוּת, נ', ר', ־נֻיּוֹת buffoonery, irony

לִירָה, נ', ר', לִירוֹת pound (money)

לַיִשׁ, ז', ר', לְיָשִׁים lion

לִישָׁה, נ', ר', ־שׁוֹת kneading

לֵית, תה"פ none; no

לְךָ, לָךְ, מ"ג, ע' לְ־ to you (*m.* & *f.*)

לְכָאוֹרָה, תה"פ apparently

לָכַד, פ"י to capture, seize

הִתְלַכֵּד, פ"ח to unite; to integrate

לֶכֶד, ז' capture, catching; snare

לְכִידָה, נ', ר', ־דוֹת capture, seizing

לְכִיס, ז', ר', לְכִיסִים salmon

לִכְלוּךְ, ז', ר', ־כִים dirt, filth

לַכְלוּכִית, נ', ר', ־כִיּוֹת slattern, negligent woman

לִכְלֵךְ, פ"י to soil, make dirty

לָכֶם, לָכֶן, מ"ג, ע' לְ־ to you (*pl., m.* & *f.*)

לָכֵן, תה"פ therefore

לֶכֶשׁ, ז' fir tree

לְכַתְּחִלָּה, תה"פ from the first, at the start

לָמַד, פ"י to learn, study

לִמֵּד, פ"י to teach, train

לֶמֶד, ז' study, learning

לָמֵד, ת"ז, לְמֵדָה, ת"נ studied, deduced, defined

לָמֶד, נ', ר', לָמְדִין Lamed, twelfth letter of Hebrew alphabet

לְמַדַּי, תה"פ sufficiently, much

לַמְדָן, ז', ר', ־נִים student, researcher; scholar

לָמָּה, מ"ש why?, wherefore?

לָמוֹ, מ"ג to them, to those persons

לָמוּד, ת"ז, לְמוּדָה, ת"נ trained, accustomed

לִמּוּד, ז', ר', ־דִים student; study, learning

לִמּוּדִי, ת"ז, ־דִית, ת"נ theoretic, didactic

לְמַטָּה, תה"פ down, downwards

לְמִידָה, נ', ר', ־דוֹת learning, studying

לְמְלֵם, פ"ע to sneer; to grumble; to stutter

לְמַעֵט, תה"פ, ע' מַעֵט — to exclude
לְמַעְלָה, תה"פ, ע' מַעְלָה — up, upwards
לְמַעַן, תה"פ, ע' מַעַן — so that, for, to; because of
לְמַפְרֵעַ, תה"פ — backward, retrospectively
לַמְרוֹת, תה"פ — in spite of
לָן, פ"ע, ע' [לון, לין] — lodge, sleep overnight
לָנוּ, מ"ג, ע' לְ־ — to us, for us
לִסְטוּת, נ', ר', לִסְטֻיּוֹת — robbery, thievery
לִסְטֵם, פ"י — to rob, steal
לַסָּט, ז', ר', לִסְטִים — bandit, robber
לֶסֶת, נ', ר', לְסָתוֹת — cheekbone, jawbone
לֹעַ, לוֹעַ, ז', ר', לֹעוֹת — jaw, throat; crater
לֹעַ־אֲרִי, ז' — snapdragon
[לעב] הִלְעִיב, פ"י — to deride, mock
לָעַג, פ"ע — to mock; to jest
לַעַג, ז', ר', לְעָגִים — ridicule, derision, mockery
לָעַד, תה"פ, ע' עַד — forever
לָעָה, פ"ע — to drink much; to stutter
לָעוֹז, ז', ר', ־זוֹת — speaker of a foreign tongue
לְעוֹלָם, תה"פ, ע' עוֹלָם — forever, always
לְעוּמַּת, לְעֻמַּת, תה"פ — against, opposite
לָעוּס, ת"ז, לְעוּסָה, ת"נ — chewed
לָעַז, פ"ע — to slander; to speak a foreign tongue
לַעַז, ז', ר', לְעָזִים — slander; foreign tongue

לָעַט, פ"י — to glut; to swallow greedily
הִלְעִיט, פ"י — to stuff; to make swallow
לְעִיזָה, נ', ר', ־זוֹת — slander
לְעִיטָה, נ', ר', ־טוֹת — feeding, stuffing, glutting
לְעֵיל, תה"פ — above, preceding
מִלְעֵיל — penultimate accent
לְעִיסָה, נ', ר', ־סוֹת — chewing; paste
לַעֲלָן, ז', ר', ־נִים — neutral
לְעֻמַּת, לְעוּמַּת, תה"פ — against, opposite
לַעֲנָה, נ', ר', לְעָנוֹת — wormwood
לָעַס, פ"י — to chew, masticate
לָעַע, פ"י — to swallow
לְעֵת, תה"פ — when
[לפד] הִתְלַפֵּד, פ"ח — to glitter, sparkle
לִפּוּף, ז', ר', ־פִים — swaddling; winding
לִפּוּת, ז', ר', ־תִים — spicing, sweets
לְפָחוֹת, תה"פ — at least
לְפִי, תה"פ — according to, because
לַפִּיד, ז', ר', ־דִים — torch
לְפִיכָךְ, תה"פ — therefore
לְפִיפָה, נ', ר', ־פוֹת — winding; wrapping; bandage
לִפְלוּף, ז', ר', ־פִים — pus, rheum
לִפְנוֹת, תה"פ — next to, near
לִפְנֵי, תה"פ — before, in front of
לִפְעָמִים, תה"פ — sometimes
לָפַף, לִפֵּף, פ"י — to swaddle; to embrace
לְפָפָה, נ', ר', ־פוֹת — diaper; bandage
לָפַת, פ"י — to embrace, clasp
לִפֵּת, פ"י — to combine (dishes)
לֶפֶת, נ', ר', לְפָתוֹת — turnip
לִפְתָּן, ז', ר', ־נִים — hors d'oeuvre; relish, condiment

לְפֶתַע, תה״פ suddenly

לָץ, פ״ע, ע׳ [לוּץ, לִיץ] mock

לֵץ, ז׳, ר׳, לֵצִים buffoon; jester

לָצוֹן, ז׳ haughtiness, mockery

לִצְמִיתוּת, תה״פ forever

לֵצָן, לֵיצָן, ז׳, ר׳, ־נִים clown, jester, scoffer

לֵצָנוּת, לֵיצָנוּת, נ׳, ר׳, ־נֻיּוֹת buffoonery; irony

לָקָה, פ״ע to flog; to be afflicted with disease

לָקוֹחַ, ז׳, ר׳, ־חוֹת customer, purchaser

לִקּוּחַ, ז׳, ר׳, ־חִים purchase

לָקוּט, ז׳, ר׳, לְקוּטוֹת grain; gleaner

לִקּוּט, ז׳, ר׳, ־טִים gleaning, picking

לִקּוּי, ז׳, ר׳, ־יִים defect, blemish; eclipse

לָקוּי, ת״ז, לְקוּיָה, ת״נ defective, abnormal

לָקוּת, נ׳, ר׳, ־תוֹת defect, blemish

לְקוּת הַשֵּׂכֶל abnormality

לָקַח, פ״י to take, accept; to conquer

לֶקַח, ז׳, ר׳, לְקָחִים knowledge, wisdom; lesson

לָקַט, פ״י to glean, gather

לֶקֶט, ז׳, ר׳, לְקָטִים gleaning, gathering

לְקִיחָה, נ׳, ר׳, ־חוֹת taking; betrothal

לְקִיטָה, נ׳, ר׳, ־טוֹת picking, gathering

לְקִישׁ, ז׳, ר׳, לַקִישׁוֹת ripening

לְקִיקָה, נ׳, ר׳, ־קוֹת licking

לְקַמָּן, תה״פ further on; below

לָקַק, פ״י to lick, lap

לִקְרַאת, תה״פ towards; to meet

לֶקֶשׁ, ז׳ new grain; spring crop

לִקֵּשׁ, פ״י to gather first fruit

לָרֹב, תה״פ mostly, mainly

לְרַבּוֹת, תה״פ including

לְרֶגֶל, תה״פ according to; on account of

לְרַע, תה״פ down, downwards, below

מִלְּרַע ultimate accent

לָשׁ, פ״י, ע׳ [לוּשׁ] knead

לְשַׁד, ז׳ sap; vigor; marrow

לָשׁוֹן, נ׳, ר׳, לְשׁוֹנוֹת tongue; speech; language

לָשׁוֹן נוֹפֵל עַל לָשׁוֹן alliteration

לְשׁוֹנִי, ת״ז, ־נִית, ת״נ linguistic,lingual

לִשְׁכָּה, נ׳, ר׳, לְשָׁכוֹת large room; office

לִשְׁלֶשֶׁת, נ׳, ר׳, לִשְׁלָשׁוֹת droppings (bird)

לֶשֶׁם, ז׳, ר׳, לְשָׁמִים opal; turquoise

לְשֵׁם, תה״פ, ע׳ שֵׁם for (the sake of), according to

[לשן] הִלְשִׁין, פ״י to slander; to inform

לְתִיתָה, נ׳, ר׳, ־תוֹת the moistening of grain (before milling)

לֶתֶךְ, ז׳, ר׳, לְתָכִים a dry measure

לָתַת, פ״י to moisten, dampen (grain)

לֶתֶת, ז׳, ר׳, לְתָתִים malt

מ, ם Mem, thirteenth letter of Hebrew alphabet; forty (מ); six hundred (ם)

מִ־, מֵ־, מ״י from, of; since

מַאֲבוּס, ז׳, ר׳, ־סִים granary, feeding stall

מְאַגְרֵף, ז׳, ר׳, ־רְפִים boxer, pugilist

מְאֹד, תה״פ; ז׳ very, exceedingly; force, might, strength

מַאְדִּים, ז׳ Mars

מֵאָה, נ׳, ר׳, ־אוֹת hundred; century

מָאתַיִם two hundred

לְמֵאָה per cent

מַאֲהָב, ז׳, ר׳, ־בִים flirt; romance

מְאוּבָּן, מְאֻבָּן, ז׳, ר׳, ־נִים fossil

מְאוּוְרָר, מְאֻוְרָר, ת״ז, ־רֶרֶת, ת״נ ventilated, air-conditioned

מְאוּזָּן, מְאֻזָּן, ת״ז, ־זֶּנֶת, ת״נ balanced; horizontal

מְאוּחָד, מְאֻחָד, ת״ז, ־חֶדֶת, ת״נ united, joined

מְאוּחָר, מְאֻחָר, ת״ז, ־חֶרֶת, ת״נ tardy, late

מַאֲוַי, מַאֲוֶה, ז׳, ר׳, מַאֲוַיִּים desire

מְאוּיָּן, מְאֻיָּן, ת״ז, ־יֶּנֶת, ת״נ negative

מְאוּכְזָב, מְאֻכְזָב, ת״ז, ־זֶבֶת, ת״נ disappointed

מְאוּכְלָס, מְאֻכְלָס, ת״ז, ־לֶסֶת, ת״נ populated

מְאוּם, מְאוּמָה, ז׳ something; anything; a little

מְאוּמָּץ, מְאֻמָּץ, ת״ז, ־מֶּצֶת, ת״נ adopted (child)

מֵאוּן, ז׳, ר׳, ־נִים refusal

מְאוּנָּךְ, מְאֻנָּךְ, ת״ז, ־נֶּכֶת, ת״נ perpendicular, vertical

מֹאוּס, מֵאוּס, ז׳ ugliness, repulsiveness

מָאוּס, ת״ז, מְאוּסָה, ת״נ repugnant

מְאוּצְבָּע, מְאֻצְבָּע, ת״ז, ־בַּעַת, ת״נ digital

מָאוֹר, ז׳, ר׳, מְאוֹרוֹת light, luminary

מְאוּרְגָּן, מְאֻרְגָּן, ת״ז, ־גֶּנֶת, ת״נ organized; arranged

מְאוּרָה, נ׳, ר׳, ־רוֹת (snake) hole

מְאוֹרָס, מְאֹרָס, ז׳, ר׳, ־סִים betrothed

מְאוֹרָע, מְאֹרָע, ז׳, ר׳, ־עוֹת, ־עִים event, occasion

מְאַוְרֵר, ז׳, ר׳, ־רְרִים fan, air conditioner

מְאֻוְרָר, מְאוּוְרָר, ת״ז, ־רֶרֶת, ת״נ ventilated, air-conditioned

מְאוּשָּׁר, מְאֻשָּׁר, ת״ז, ־שֶּׁרֶת, ת״נ happy; fortunate

מְאֻזָּן, מְאוּזָּן, ת״ז, ־זֶּנֶת, ת״נ balanced, horizontal

מַאֲזָן, ז׳, ר׳, ־נִים balance sheet

מֹאזְנַיִם, ז׳, ר׳ balances, scales; Libra

מְאֻחָד, מְאוּחָד, ת״ז, ־חֶדֶת, ת״נ united, joined

מַאֲחֵז, ז׳, ר׳, ־חֲזִים paper clip

מְאֻחָר, מְאוּחָר, ת״ז, ־חֶרֶת, ת״נ late, tardy

מַאי, ז׳ May

מְאַיֵּד, ז׳, ר׳, מְאַיְּדִים carburetor

מֵאֵימָתַי, תה״פ from when; as of what time

מֵאַיִן, תה״פ whence; from lack of

מְאֻיָּן, מְאוּיָּן, ת״ז, ־יֶּנֶת, ת״נ negative

מְאִיסָה, מְאִיסוּת, נ׳ disgust; repulsiveness; rejection

מֵאִית, נ׳, ר׳, ־יוֹת one-hundredth

מְאֻכְזָב, מְאוּכְזָב, ת״ז, ־זֶבֶת, ת״נ disappointed

מַאֲכָל, ז׳, ר׳, ־לִים, ־לוֹת food; meal

עֵץ מַאֲכָל fruit tree

מְאֻכְלָס, מְאוּכְלָס, ת״ז, ־לֶסֶת, ת״נ populated

מַאֲכֶלֶת, נ׳, ר׳, ־כָלוֹת large knife

מַאֲכֹלֶת, נ׳, ר׳, ־כוֹלוֹת food for fire, fuel; louse

מְאַלֵּף, ז', ר', ־לְּפִים instructor, trainer
מְאַמֵּן, ז', ר', ־מְּנִים trainer
מַאֲמָץ, ז', ר', ־מַצִּים effort, endeavor; power
מְאֻמָּץ, מְאוּמָּץ, ת"ז, ־מֶּצֶת, ת"נ adopted (child)
מַאֲמָר, ז', ר', ־רִים, ־רוֹת command; word; article; sentence
מַאֲמָר רָאשִׁי editorial
מֵאֵן, פ"ע to refuse
מְאֻנָּךְ, מְאוּנָּךְ, ת"ז, ־נֶּכֶת, ת"נ perpendicular, vertical
מָאַס, פ"י to despise
נִמְאַס, פ"ע to be despised; to feel disgusted
הִמְאִיס, פ"י to make despised
מְאַסֵּף, ז', ר', ־סְּפִים rear guard; literary collection
מַאֲסָר, ז', ר', ־רִים imprisonment; jail
מַאֲפֶה, ז', ר', ־פִים pastry; baked goods
מַאֲפִיָּה, נ', ר', ־פִיּוֹת bakery
מַאֲפֵל, ז', ר', ־פְלִים darkness
מַאְפֵּלְיָה, נ' deep darkness; tomb
מַאֲפֵרָה, נ', ר', ־רוֹת ash tray
מְאֻצְבָּע, מְאוּצְבָּע, ת"ז, ־בַּעַת, ת"נ digital
[מאר] הִמְאִיר, פ"י to pierce; to infect; to become malignant
מַאֲרָב, ז', ר', ־בִים ambush
מְאָרֵב, ז', ר', ־רְבִים lier-in-wait
מְאַרְגֵּן, ז', ר', ־גְּנִים organizer
מְאֻרְגָּן, מְאוּרְגָּן, ת"ז, ־גֶּנֶת, ת"נ organized, arranged
מְאֵרָה, נ', ר', ־רוֹת curse
מַאֲרוּפָה, נ', ר', ־פוֹת rake, mattock
מְאָרֵחַ, ז', ר', ־חִים host
מְאֹרָךְ, ת"ז, ־רֶכֶת, ת"נ oblong
מְאֹרָס, מְאוֹרָס, ז', ר', ־סִים betrothed
מְאֹרָע, מְאוֹרָע, ז', ר', ־עוֹת, ־עִים event, occasion
מְאֻשָּׁר, מְאוּשָּׁר, ת"ז, ־שֶּׁרֶת, ת"נ happy; fortunate
מֵאֵת, מ"י from; by
מָאתַיִם, ש"מ two hundred
מַבְאִישׁ, ת"ז, ־שָׁה, ת"נ smelly
מְבֹאָר, מְבוֹאָר, ת"ז, ־אֶרֶת, ת"נ evident, clear, explained
מְבֻגָּר, מְבוּגָּר, ת"ז, ־גֶּרֶת, ת"נ adult
מִבְדּוֹק, ז', ר', ־קִים shipyard
מְבַדֵּחַ, ת"ז, ־דַּחַת, ת"נ funny, amusing
מַבְדִּיל, ז' differentiator
מֻבְדָּל, מוּבְדָּל, ת"ז, ־דֶּלֶת, ת"נ separated
מַבְהִיל, ת"ז, ־לָה, ת"נ terrifying
מַבְהִיק, ת"ז, ־קָה, ת"נ shining
מֻבְהָק, מוּבְהָק, ת"ז, ־הֶקֶת, ת"נ renowned; expert; distinguished
מָבוֹא, ז', ר' ־מְבוֹאִים, ־אוֹת entrance; introduction
מְבוֹא הַשֶּׁמֶשׁ sunset, west
מְבוֹא יָם port
מְבוֹאָר, מְבֹאָר, ת"ז, ־אֶרֶת, ת"נ evident, clear, explained
מְבוּגָּר, מְבֻגָּר, ת"ז, ־גֶּרֶת, ת"נ adult
מָבוֹי, ז', ר', מְבוֹיִים, מְבוֹאוֹת entrance; lane; hall
מְבוּטָּל, מְבֻטָּל, ת"ז, ־טֶּלֶת, ת"נ invalid; insignificant
מָבוֹךְ, ז', ר', מְבוֹכִים labyrinth
מְבוּכָה, נ', ר', ־כוֹת consternation; confusion, perplexity

מַבּוּל, ז׳ flood, deluge

מְבוּלְבָּל, מְבֻלְבָּל, ת״ז, ־בֶּלֶת, ת״נ confused

מְבוּסָה, נ׳, ר׳, ־סוֹת trampling, defeat

מְבוּסָּס, מְבֻסָּס, ת״ז, ־סֶּסֶת, ת״נ founded

מַבּוּעַ, ז׳, ר׳, ־עִים fountain, spring of water

מְבוּקָה, נ׳, ר׳, ־קוֹת desolation; emptiness

מְבוּקָשׁ, מְבֻקָּשׁ, ת״נ, ־קֶּשֶׁת, ת״נ sought, requested

מְבוּקָשׁ, ז׳, ר׳, ־שִׁים request

מְבוֹרָךְ, מְבֹרָךְ, ת״ז, ־רֶכֶת, ת״נ blessed

מְבוּשִׁים, ז״ר pudenda

מְבוּשָּׁל, מְבֻשָּׁל, ת״ז, ־שֶּׁלֶת, ת״נ cooked

מִבְחוֹר, ז׳, ר׳, ־רִים choice; excellence

מִבְחָן, ז׳, ר׳, ־נִים test, examination

מִבְחָר, ז׳, ר׳, ־רִים choice, best; selection

מֻבְחָר, מוּבְחָר, ת״ז, ־חֶרֶת, ת״נ select, choice

מַבָּט, ז׳, ר׳, ־טִים look; aspect; expectation

נְקֻדַּת מַבָּט point of view

מִבְטָא, ז׳, ר׳, ־אִים pronunciation, accent; expression

מִבְטָח, ז׳, ר׳, ־חִים trust, confidence; fortress

מֻבְטָח, מוּבְטָח, ת״ז, ־טַחַת, ת״נ promised

מְבֻטָּל, מְבוּטָּל, ת״ז, ־טֶּלֶת, ת״נ invalid; insignificant

מֻבְטָל, מוּבְטָל, ז׳, ר׳, ־לִים unemployed person

מְבֻיָּל, מְבוּיָּל, ת״ז, ־יֶּלֶת, ת״נ stamped

מֵבִין, ז׳, ר׳, מְבִינִים teacher, expert

מֵבִישׁ, ת״ז, מְבִישָׁה, ת״נ shameful; disgraceful

מְבֻיָּת, מְבוּיָּת, ת״ז, ־יֶּתֶת, ת״נ domesticated

מַבְכִּירָה, נ׳, ר׳, ־רוֹת female giving birth for first time

מְבֻלְבָּל, מְבוּלְבָּל, ת״ז, ־בֶּלֶת, ת״נ confused

מִבְלָט, ז׳, ר׳, ־טִים protrusion

מִבְּלִי, מ״י, ע׳ בְּלִי without

מַבְלִיגִית, נ׳ restraint

מִבַּלְעֲדֵי, מ״י, ע׳ בִּלְעֲדֵי without, except

מִבִּלְתִּי, תה״פ because ... not; for lack of

מִבְנֶה, ז׳, ר׳, ־נִים structure

מְבֻסָּס, מְבוּסָּס, ת״ז, ־סֶּסֶת, ת״נ founded

מַבָּע, ז׳, ר׳, ־עִים expression of thought, utterance

מִבַּעַד לְ־, תה״פ from behind

מְבֹעָר, ת״ז, ־עֶרֶת, ת״נ burned; eliminated

מִבְעָר, ז׳, ר׳, ־רִים incinerator

מִבִּפְנִים, תה״פ from within

מִבְצָע, ז׳, ר׳, ־עִים project

מִבְצָר, ז׳, ר׳, ־רִים fortress; stronghold

מְבַקֵּר, ז׳, ר׳, ־קְּרִים critic; visitor; controller

מְבַקֵּשׁ, ז׳, ר׳, ־קְשִׁים petitioner, applicant; student

מְבֻקָּשׁ, מְבוּקָּשׁ, ת״ז, ־קֶּשֶׁת, ת״נ sought; requested

מִבְרָאָה, נ׳, ר׳, ־אוֹת sanatorium

מַבְרֵג, ז׳, ר׳, ־רְגִים screw driver

מְבֻרָג, מוּבְרָג, ת"ז, ־רֶגֶת, ת"נ screwed

מִבְרָח, ז', ר', ־חִים refugee, fugitive; refuge

מֻבְרָח, מוּבְרָח, ת"ז, ־רַחַת, ת"נ contraband, smuggled (goods)

מַבְרִיק, ת"ז, ־קָה, ת"נ shining, sparkling

מְבֹרָךְ, מְבוֹרָךְ, ת"ז, ־רֶכֶת, ת"נ blessed

מֻבְרָךְ, מוּבְרָךְ, ת"ז, ־רֶכֶת, ת"נ kneeled; bent

מִבְרָק, ז', ר', ־קִים telegram, wire

מִבְרָק אַלְחוּטִי cablegram

מִבְרָקָה, נ', ר', ־קוֹת telegraph office

מִבְרֶשֶׁת, נ', ר', ־רָשׁוֹת brush

מָבשׁ, ז', ר', מְבֻשִׁים pudendum

מְבֻשָּׁל, מְבוּשָּׁל, ת"ז, ־שֶּׁלֶת, ת"נ cooked

מְבַשֵּׁל, ז', ר', ־שְּׁלִים cook (m.)

מְבַשֶּׁלֶת, נ', ר', ־שְּׁלוֹת cook (f.)

מִבְשָׂמָה, נ', ר', ־מוֹת perfumery

מְבַשֵּׂר, ז', ר', ־שְּׂרִים herald; announcer

מְבַשֵּׂר גֶּשֶׁם plover

מָג, פ"ע, ע' [מוג] to shake; to melt

מָג, ז', ר', ־גִים magician

רַב מָג Babylonian royal dignitary; chief; magician

מַגְבֵּהַּ, ז', ר', ־הִים jack

מִגְבָּה, נ', ר', ־בּוֹת goal, target

מַגְבִּיל, ז', ר', ־לִים modifier

מַגְבִּיר־קוֹל, ז' loudspeaker, megaphone

מַגְבִּית, נ', ר', ־יוֹת collection (of money)

מֻגְבָּל, מוּגְבָּל, ת"ז, ־בֶּלֶת, ת"נ limited

מִגְבָּלָה, נ', ר', ־לוֹת chain-making; constitution (of body)

מְגַבֵּן, ז', ר', ־בְּנִים cheese-maker

מִגְבָּע, ז', ר', ־עִים top hat

מִגְבַּעַת, נ', ר', ־בָּעוֹת hat; headgear

מִגְבַּעַת כְּהוּנָּה miter

מַגְבֵּר, ז', ר', ־בְּרִים amplifier

מַגֶּבֶת, נ', ר', מַגָּבוֹת towel

מֶגֶד, ז', ר', מְגָדִים excellence; choice thing; something delicious, sweet

מִגֵּד, הִמְגִּיד, פ"י to make delicious

מִגְדָּל, ז', ר', ־לִים, ־לוֹת tower; cupboard; platform

מְגַדֵּל, ז', ר', ־דְּלִים breeder

מִגְדַּלּוֹר, ז', ר', ־רִים lighthouse

מַגְדֶּלֶת, נ', ר', ־דָּלוֹת microscope

מִגְדָּן, ז', ר', ־נִים, ־נוֹת gift; precious thing

מֻגָּה, מוּגָּה, ת"ז, מֻגַּהַת, ת"נ revised; proofread

מַגְהֵץ, ז', ר', ־הֲצִים pressing iron, flatiron

מֻגְהָץ, ת"ז, ־הֶצֶת, ת"נ pressed, ironed

מַגּוֹב, ז', ר', ־בִים rake; winnowing fork

מְגוּוָּן, מְגֻוָּן, ת"ז, ־וֶּנֶת, ת"נ variegated, multicolored

מְגוּחָךְ, מְגֻחָךְ, ת"ז, ־חֶכֶת, ת"נ grotesque; ridiculous

מְגוּלְגָּל, מְגֻלְגָּל, ת"ז, ־גֶּלֶת, ת"נ rounded; reincarnated

מְגוּלֶּה, מְגֻלֶּה, ת"ז, ־לָּה, ת"נ uncovered, revealed

מְגוּלָּח, מְגֻלָּח, ת"ז, ־לַּחַת, ת"נ shaven

מְגֻוָּן, מְגוּוָּן, ת"ז, ־וֶּנֶת, ת"נ variegated, multicolored

מְגוּנְדָּר, מְגֻנְדָּר, ת"ז, ־דֶּרֶת, ת"נ dandyish, coquettish
מְגוּנֶּה, מְגֻנֶּה, ת"ז, ־נָּה, ת"נ discreditable; ugly
מְגוּפָה, נ', ר', ־פוֹת stopper, bung
מָגוֹר, ז' fear, terror
מְגוּרָה, נ', ר', ־רוֹת granary; warehouse; fear
מְגוּרִים, ז"ר residence
מְגוּשָּׁם, מְגֻשָּׁם, ת"ז, ־שֶּׁמֶת, ת"נ coarse; materialistic; rainy
מִגְזָיִם, ז"ז shears
מַגְזִים, ז', ר', ־מִים exaggerator
מֻגְזָם, מוּגְזָם, ת"ז, ־זֶמֶת, ת"נ exaggerated
מִגְזָר, ז', ר', ־רִים piece
מַגְזֵרָה, נ', ר', ־רוֹת cutting instrument; saw
מִגְזָרַיִם, ז"ר wire cutter
מְגֻחָךְ, מְגוּחָךְ, ת"ז, ־חֶכֶת, ת"נ grotesque; ridiculous
מַגִּיד, ז', ר', ־דִים narrator; preacher
מַגִּידוּת, נ' homilies
מַגִּיהַּ, ז', ר', ־הִים proofreader
מְגִילָּה, מְגִלָּה, נ', ר', ־לוֹת roll, scroll
מְגֻיָּס, ת"ז, ־יֶּסֶת, ת"נ conscripted
מַגִּישׁ, ז', ר', ־שִׁים waiter
מַגָּל, ז', ר', ־לִים, ־לוֹת scythe, sickle
מִגֵּל, פ"י to form pus
נִתְמַגֵּל, פ"ח to become pussy
מַגְלֵב, ז', ר', ־לְבִים whip, lash
מַגְלְגֵל, ז', ר', ־גְלִים rolling pin
מְגֻלְגָּל, מְגוּלְגָּל, ת"ז, ־גֶּלֶת, ת"נ rounded; reincarnated
בֵּיצָה מְגֻלְגֶּלֶת soft-boiled egg
מְגִלָּה, מְגִילָּה, נ', ר', ־וֹת roll, scroll
מְגֻלֶּה, מְגוּלֶּה, ת"ז, ־לָּה, ת"נ uncovered, revealed

מֻגְלָה, נ' pus
מְגֻלָּח, מְגוּלָּח, ת"ז, ־לַּחַת, ת"נ shaven
מַגְלֵלָה, מַגְלֶלֶת, נ' tape measure
מִגְלָשַׁיִם, ז"ז skis
מְגַמְגֵּם, ז', ר', ־גְּמִים stutterer
מְגַמָּה, נ', ר', ־מוֹת direction; destination; purpose
מֻגְמָר, מוּגְמָר, ז', ר', ־רִים, ־רוֹת incense
מֻגְמָר, מוּגְמָר, ת"ז, ־מֶרֶת, ת"נ finished
מָגֵן, ז', ר', מָגִנִּים shield, escutcheon; defense, protection
מָגֵן דָּוִד star, shield of King David
מָגֵן־דָּוִד אָדֹם red shield
מִגֵּן, פ"י to deliver; to grant; to defend
הִתְמַגֵּן, פ"ח to shield oneself
מֵגֵן, ז', ר', מְגִנִּים defender
מְגֻנְדָּר, מְגוּנְדָּר, ת"ז, ־דֶּרֶת, ת"נ dandyish, coquettish
מְגֻנֶּה, מְגוּנֶּה, ת"ז, ־נָּה, ת"נ discreditable; ugly
מְגִנָּה, נ', ר', ־נּוֹת trouble
מְגִנַּת־לֵב perplexity
מַגְנוֹר, ז', ר', ־רִים lamp shade
מַגָּע, ז', ר', ־עִים contact; touch
מַגָּע וּמַשָּׂא relation, intercourse
מִגְעֶרֶת, נ', ר', ־עָרוֹת rebuke; failure
מַגָּף, ז', ר', מַגָּפַיִם boots; gaiters
מַגֵּפָה, נ', ר', ־פוֹת plague, pestilence, epidemic; defeat
מִגֵּר, פ"י to pull down, cast down
נִתְמַגֵּר, פ"ח to be precipitated
מַגְרֵד, ז', ר', ־רְדִים file; grater
מַגְרֶדֶת, נ', ר', ־רָדוֹת scouring brush; strigil; grater

מְגֵרָה, נ׳, ר׳, ־רוֹת saw; drawer (of chest); plane
מִגְרַעַת, נ׳, ר׳, ־עוֹת fault, defect
מֶגְרָפָה, נ׳, ר׳, ־פוֹת clod of earth
מַגְרֵפָה, נ׳, ר׳, ־פוֹת rake; organ
מִגְרָרָה, נ׳, ר׳, ־רוֹת sleigh
מִגְרֶרֶת, נ׳, ר׳, ־רוֹת grating-iron
מִגְרָשׁ, ז׳, ר׳, ־שִׁים suburb; building lot
מַגָּשׁ, ז׳, ר׳, ־שִׁים tray
מְגֻשָּׁם, מְגוּשָּׁם, ת״ז, ־שֶּׁמֶת, ת״נ coarse; materialistic; rainy
מַד, ז׳, ר׳, מַדִּים uniform; measure
מְדֻבָּק, מוּדְבָּק, ת״ז, ־בֶּקֶת, ת״נ stuck
מַדְבֵּקָה, נ׳, ר׳, ־קוֹת label
מִדְבָּר, ז׳, ר׳, ־רִים, ־רוֹת, ־רִיּוֹת desert; speech
מְדַבֵּר, ז׳, ר׳, ־בְּרִים speaker; first person pronoun
מְדֻבָּר, מְדוּבָּר, ת״ז, ־בֶּרֶת, ת״נ spoken, talked about
מִדְגֶּה, ז׳, ר׳, ־גִּים pisciculture
מִדְגָּם, ז׳, ר׳, ־מִים showpiece
מַדְגֵּרָה, נ׳, ר׳, ־רוֹת incubator
מֻדְגָּשׁ, מוּדְגָּשׁ, ת״ז, ־גֶּשֶׁת, ת״נ emphasized
מָדַד, פ״י to measure
מִדֵּד, פ״י to stretch out; to measure out; to survey
הִתְמוֹדֵד, פ״ח to stretch oneself out
מֶדֶד, ז׳ measuring; measurement
מַדָּד, ז׳ index
מִדָּה, נ׳, ר׳, מִדּוֹת measure; size; characteristic; tribute (tax)
קְנֵה־מִדָּה standard, criterion
מַדְהֵבָה, נ׳, ר׳, ־בוֹת rapacity; oppression
מְדוּבָּר, מְדֻבָּר, ת״ז, ־בֶּרֶת, ת״נ spoken, talked about

מָדוּד, ת״ז, מְדוּדָה, ת״נ measured
מַדְוֶה, ז׳, ר׳, ־וִים disease, sickness
מַדּוּחַ, ז׳, ר׳, ־חִים seduction
מְדוּיָּק, מְדֻיָּק, ת״ז, ־יֶּקֶת, ת״נ exact, precise; punctual
מָדוֹךְ, ז׳, ר׳, מְדוֹכִים pestle
מְדוּכָּא, מְדֻכָּא, ת״ז, ־כֵּאת, ת״נ oppressed; crushed
מְדוֹכָה, נ׳, ר׳, ־כוֹת mortar; saddle
יָשַׁב עַל הַמְּדוֹכָה to ponder
מְדוּכְדָּךְ, מְדֻכְדָּךְ, ת״ז, ־דֶּכֶת, ת״נ oppressed; crushed
מְדוּמֶּה, מְדֻמֶּה, ת״ז, מְדֻמָּה, ת״נ apparent, seeming
מָדוֹן, ז׳, ר׳, מְדוֹנִים quarrel, strife
אִישׁ מְדוֹנִים, אִישׁ מִדְיָן quarrelsome person
מַדּוּעַ, מ״שׁ wherefore, why
מְדוּקְדָּק, מְדֻקְדָּק, ת״ז, ־דֶּקֶת, ת״נ detailed
מָדוֹר, ז׳, ר׳, מְדוֹרִים, ־רוֹת section; dwelling; room
מְדוּרָה, נ׳, ר׳, ־רוֹת bonfire; pile of fuel
מְדוּשָׁה, נ׳, ר׳, ־שׁוֹת threshed-out grain
מְדוּשָּׁן, מְדֻשָּׁן, ת״ז, ־שֶּׁנֶת, ת״נ fat; oily
מַדְזְמַן, ז׳, ר׳, ־נִּים stop-watch, chronometer
מִדְחֶה, ז׳, ר׳, ־חִים postponement; fallacy; obstacle
מַדְחֹם, ז׳, ר׳, ־חֲמִּים thermometer
מַדְחֵפָה, נ׳, ר׳, ־פוֹת pit; thrust
מִדֵּי, תה״פ, ע׳ דַּי as often as, each time that
מַדַּי, לְמַדַּי, תה״פ sufficiently; much
מְדִידָה, נ׳, ר׳, ־דוֹת measuring
חָכְמַת הַמְּדִידָה geometry

מַדִּיחַ, ז׳, ר׳, ־חִים seducer

מָדוֹן, ז׳, ר׳, ־נִים contention; quarrel

מְדִינַאי, ז׳, ר׳, ־נָאִים statesman, diplomat; politician

מְדִינָה, נ׳, ר׳, ־נוֹת state; city; province; land

מְדִינִי, ת״ז, ־נִית, ת״נ political

מְדִינִיּוּת, נ׳ political science; policy, diplomacy; politics

מְדֻיָּק, מְדוּיָּק, ת״ז, ־יֶּקֶת, ת״נ exact, precise; punctual

מְדֻכָּא, מְדוּכָּא, ת״ז, ־כֵּאת, ת״נ oppressed; crushed

מַדְכֹּבֶד, ז׳, ר׳, מַדְכַּבְדִים barometer

מְדֻכְדָּךְ, מְדוּכְדָּךְ, ת״ז, ־דֶּכֶת, ת״נ oppressed; crushed

מִדְלָעָה, מִדְלַעַת, נ׳, ר׳, מִדְלָעוֹת a field of pumpkins

מַדְלֵק, ז׳, ר׳, ־לְקִים safety match

מְדֻמֶּה, מְדוּמֶּה, ת״ז, ־מָּה, ת״נ apparent, seeming

מַדְמַיִם, ז׳, ר׳, ־מֵימִים water meter

מַדְמֵנָה, נ׳, ר׳, ־נוֹת dunghill

מְדָן, ז׳, ר׳, מְדָנִים quarrel; knot

מַדָּע, ז׳, ר׳, ־דָּעִים science; knowledge

מַדָּעִי, ת״ז, ־עִית, ת״נ scientific

מַדְּעָן, ז׳, ר׳, ־נִים scientist

מַדָּף, ז׳, ר׳, ־פִּים shelf

מַדְפִּיס, ז׳, ר׳, ־סִים printer

מִדְפָּס, ז׳, ר׳, ־סִים printed letter; typewritten letter

מֻדְפָּס, מוּדְפָּס, ת״ז, ־פֶּסֶת, ת״נ printed

מְדַקְדֵּק, ז׳, ר׳, ־דְּקִים grammarian; pedant

מְדֻקְדָּק, מְדוּקְדָּק, ת״ז, ־דֶּקֶת, ת״נ detailed

מַדְקֵרָה, נ׳, ר׳, ־רוֹת piercing

מְדֹרָג, מוּדְרָג, ת״ז, ־רֶגֶת, ת״נ graded; gradual

מִדְרָג, ז׳, ר׳, ־גִים terrace

מַדְרֵגָה, נ׳, ר׳, ־גוֹת step; rung; scale

מִדְרוֹן, ז׳, ר׳, ־נִים slope; declivity

מַדְרִיךְ, ז׳, ר׳, ־כִים guide; guidebook

מִדְרָךְ, ז׳, ר׳, ־כִים footstep; treading

מִדְרָכָה, נ׳, ר׳, ־כוֹת sidewalk

מִדְרָס, ז׳, מִדְרָסָה, נ׳, ר׳, ־סִים, ־סוֹת footstep; foot lift; doormat

מִדְרָשׁ, ז׳, ר׳, ־שִׁים homiletical interpretation, homiletical commentary; exposition

בֵּית־מִדְרָשׁ beth-midrash, institute for learning

מִדְרָשָׁה, נ׳, ר׳, ־שׁוֹת gymnasium; high school

מִדְשָׁאָה, נ׳, ר׳, ־אוֹת lawn

מְדֻשָּׁן, מְדוּשָּׁן, ת״ז, ־שֶּׁנֶת, ת״נ fat; oily

מַה, מָה, מֶה, מ״ש what?, why?

מְהַגֵּר, ז׳, ר׳, ־גְּרִים emigrant

מַהֲדוּרָה, נ׳, ר׳, ־רוֹת edition

מְהַדֵּק, ז׳, ר׳, ־דְּקִים clip

מְהֻדָּר, מְהוּדָּר, ת״ז, ־דֶּרֶת, ת״נ ornate

מָהוּל, ת״ז, מְהוּלָה, ת״נ mixed; circumcised

מְהוּלָּל, מְהֻלָּל, ת״ז, ־לֶּלֶת, ת״נ praised

מְהוּמָה, נ׳, ר׳, ־מוֹת confusion; tumult; disturbance

מְהוּפָּךְ, מְהֻפָּךְ, ת״ז, ־פֶּכֶת, ת״נ opposite, overturned

מְהוּרְהָר, מְהֻרְהָר, ת״ז, ־הֶרֶת, ת״נ pensive

מַהוּת, נ׳, ר׳, מַהֻיּוֹת being; essence; quality

מַהוּתִי, ת״ז, ־תִית, ־ת״נ essential

מֵהֵיכָן, תה״פ from where, whence

מְהֵימָן, ת״ז, ־נָה, ת״נ faithful; reliable

מְהֵימָנוּת, נ׳ reliability

מָהִיר, ת״ז, מְהִירָה, ת״נ quick; skillful

מְהִירוּת, נ׳, ר׳, ־רֻיּוֹת speed; quickness

מָהַל, פ״י to mix; to circumcise

מַהֲלָךְ, ז׳, ר׳, ־כִים walk; journey; distance; access; gear

מַהֲלָל, ז׳, ר׳, ־לָלִים applause

מְהֻלָּל, מְהוּלָּל, ת״ז, ־לֶּלֶת, ת״נ praised

מַהֲלֻמָּה, נ׳, ר׳, ־מּוֹת blow

מֵהֶם, מה״י, ע׳ מִן from them (*m.*)

[מהמה] הִתְמַהְמַהַּ, פ״ע to linger; to hesitate; to be late

מֶהֱמֶה, ז׳ a great crowd

מַהֲמוֹרָה, נ׳, ר׳, ־רוֹת pit; grave pit

מֵהֶן, מה״י, ע׳ מִן from them (*f.*)

מְהַנְדֵּס, ז׳, ר׳, ־דְּסִים engineer

מְהֻפָּךְ, מְהוּפָּךְ, ת״ז, ־פֶּכֶת, ת״נ opposite; overturned

מַהְפֵּכָה, נ׳, ר׳, ־כוֹת destruction; revolution

מַהְפְּכָן, ז׳, ר׳, ־כָנִים revolutionary

מַהְפְּכָנוּת, נ׳ revolutionism

מַהְפְּכָנִי, ת״ז, ־נִית, ת״נ revolutionary

מַהְפֶּכֶת, נ׳, ר׳, ־פָּכוֹת stocks

מֹהַר, ז׳ dowry

מָהַר, פ״י to buy a wife; to give a dowry

נִמְהַר, פ״ע to be hasty; to be overzealous, rash

מִהֵר, פ״ע ופ״י to hasten, hurry

מַהֵר, מְהֵרָה, תה״פ speedily, quickly, in a hurry

בִּמְהֵרָה, עַד מְהֵרָה soon

מְהֻרְהָר, מְהוּרְהָר, ת״ז, ־הֶרֶת, ת״נ pensive

מַהֲתַלָּה, נ׳, ר׳, ־לּוֹת jest; comedy; mockery

מוּבָא, ז׳ entrance

מוּבְדָּל, מֻבְדָּל, ת״ז, ־דֶּלֶת, ת״נ separated

מוּבְהָק, מֻבְהָק, ת״ז, ־הֶקֶת, ת״נ renowned, distinguished; expert

מוּבְחָר, מֻבְחָר, ת״ז, ־חֶרֶת, ת״נ select

מוּבְטָח, מֻבְטָח, ת״ז, ־טַחַת, ת״נ promised

מוּבְטָל, מֻבְטָל, ז׳, ר׳, ־לִים unemployed

מוֹבִיל, ז׳, ר׳, ־לִים carrier

מוּבָן, ז׳, ר׳, ־נִים meaning; significance

מוּבָן, ת״ז, ־בֶנֶת, ת״נ understood

מוּבָס, ת״ז, ־סָה, ת״נ trampled; defeated

מוּבְרָג, מֻבְרָג, ת״ז, ־רֶגֶת, ת״נ screwed

מוּבְרָח, מֻבְרָח, ת״ז, ־רַחַת, ת״נ contraband; smuggled (goods)

מוּבְרָךְ, מֻבְרָךְ, ת״ז, ־רֶכֶת, ת״נ kneeled; bent

[מוג] מָג, פ״ע to melt

נָמוֹג, פ״ע to melt away

מוֹגֵג, פ״י to soften; to dissolve

הִתְמוֹגֵג, פ״ע to melt away; to flow; to become soft

מוּג־לֵב, ת״ז, מוּגַת־לֵב, ת״נ coward

מוּגְבָּל, מֻגְבָּל, ת״ז, ־בֶּלֶת, ת״נ limited

מוּגָּה, מֻגָּה, ת״ז, ־גַּהַת, ת״נ revised, proofread

מוֹגֶה, ז׳, ר׳, מוֹגִים tormentor

מוּגְזָם, מֻגְזָם, ת״ז, ־זֶמֶת, ת״נ exaggerated

מוּגְמָר, מֻגְמָר, ז׳, ר׳, ־רִים, ־רוֹת incense

מוּגְמָר, מֻגְמָר, ת״ז, ־מֶרֶת, ת״נ finished

מוּגָן, ת״ז, ־נָּה, ת״נ protected

מוּדְבָּק, מֻדְבָּק, ת״ז, ־בֶּקֶת, ת״נ stuck

מוּדְגָּשׁ, מֻדְגָּשׁ, ת״ז, ־גֶּשֶׁת, ת״נ emphasized

מוֹדֵד, ז׳, ר׳, ־דְדִים measuring instrument; surveyor; index

מוֹדָע, ז׳, ר׳, ־עִים, ־עוֹת relative; kinsman; acquaintance

מוֹדָעָה, נ׳, ר׳, ־עוֹת notice; advertisement; poster

מוּדְפָּס, מֻדְפָּס, ת״ז, ־פֶּסֶת, ת״נ printed

מוּדְרָג, מֻדְרָג, ת״ז, ־רֶגֶת, ת״נ graded, gradual

מוֹהֵל, ז׳, ר׳, ־הֲלִים circumciser

מוּז, ז׳, ר׳, ־זִים banana

מוֹזֵג, ז׳, ר׳, ־זְגִים bartender, innkeeper

מוּזְהָר, מֻזְהָר, ת״ז, ־הֶרֶת, ת״נ warned

מוּזְמָן, מֻזְמָן, ת״ז, ־מֶנֶת, ת״נ invited

מוּזְנָח, מֻזְנָח, ת״ז, ־נַחַת, ת״נ neglected

מוּזָר, ת״ז, ־רָה, ת״נ queer, strange

מוּזָרוּת, נ׳ queerness, strangeness

מוֹחַ, מֹחַ, ז׳, ר׳, ־חוֹת, ־חִים brain

מוּחְלָט, מֻחְלָט, ת״ז, ־לֶטֶת, ת״נ decided; definite, absolute

מוֹחֵק, ז׳, ר׳, ־חֲקִים eraser

מוּחָשׁ, ז׳ reality; percept

מוּחָשִׁי, ת״ז, ־שִׁית, ת״נ perceptible; realistic

מוֹט, ז׳, ר׳, מוֹטוֹת bar; yoke; obstruction; calamity

[מוט] מָט, פ״ע to slip; to totter

נָמוֹט, פ״ע to tilt and fall

הֵמִיט, פ״י to cause to fall

הִתְמוֹטֵט, פ״ע to disintegrate; to collapse; to depreciate

מוּטָב, תה״פ better

מוּטְבָּע, מֻטְבָּע, ת״ז, ־בַּעַת, ת״נ stamped; drowned

מוֹטָה, נ׳, ר׳, ־טוֹת small cart shaft; yoke; tyranny

מוּטָל, ת״ז, ־טֶלֶת, ת״נ imposed, placed upon

מוּטָס, ת״ז, ־טֶסֶת, ת״נ flown

[מוך] מָךְ, פ״ע to become poor; to be depressed

הֵמִיךְ, פ״י to lower; to humiliate

מוֹךְ, ז׳ soft material

מוֹכָּ״ז, ז׳ bearer

מוֹכִיחַ, ז׳, ר׳, ־חִים preacher

מוּכָן, ת״ז, ־כָנָה, ת״נ prepared

מוֹכֵס, ז׳, ר׳, ־כְסִים customs official

מוֹכֵר, ז׳, ר׳, ־כְרִים seller, vendor

מוֹכֵר סְפָרִים bookseller

מוּכְרָח, מֻכְרָח, ת״ז, ־רַחַת, ת״נ compelled

מוּכְשָׁר, מֻכְשָׁר, ת״ז, ־שֶׁרֶת, ת״נ capable

מוּכָּר, מֻכָּר, ת״ז, ־כֶּרֶת, ת״נ recognized, known

מוּכְתָּר, מֻכְתָּר, ת״ג, ־תֶּרֶת, ת״נ crowned

מוּל, מ״י opposite, towards, vis-à-vis

[מול] מָל, פ״י to circumcise

to be circumcised נִמּוֹל, פ״ע
publisher מו״ל, ז׳, ר׳, ־לִים
birth; מוֹלָד, ז׳, ר׳, ־דִים, ־דוֹת
new moon
Christmas חַג הַמּוֹלָד
birth; מוֹלֶדֶת, נ׳, ר׳, ־לָדוֹת
progeny, offspring; birthplace, homeland
to wither, dry up מוֹלֵל, פ״ע, ע׳ [מלל]
blemish מוּם, ז׳, ר׳, ־מִים
cripple; deformed person בַּעַל מוּם
to become [מום] הוּמַם, פ״ע
deformed, crippled
expert מוּמְחֶה, מֻמְחֶה, ת״ז, ־חָה, ת״נ
convert; apostate מוּמָר, ז׳, ר׳, ־רִים
apostasy מוּמָרוּת, נ׳, ר׳, ־רְיוֹת
prickly מוּנָּד, מֻנָּד, ת״ז, ־דָה, ת״נ
numerator; time, מוֹנֶה, ז, ר׳, ־נִים
times; meter
taxi מוֹנִית, נ׳, ר׳, ־נִיוֹת
winding, spiral מוּסָב, ז׳, ר׳, ־סַבִּים
staircase
surrounded, מוּסַב, ת״ז, ־בָּה, ת״נ
encompassed
מוֹסָד, ז׳, ר׳, ־דוֹת, ־דִים
foundation, establishment, institution; component
music מוּסִיקָה, נ׳
garage מוּסָךְ, ז׳, ר׳, ־סַכִּים
מוּסְכָּם, מֻסְכָּם, ת״ז, ־כֶּמֶת, ת״נ
agreed upon
מוּסְמָךְ, מֻסְמָךְ, ת״ז, ־מֶכֶת, ת״נ
qualified
appendage; מוּסָף, ז׳, ר׳, ־פִים
prefix; suffix
chastisement, מוּסָר, ז׳, ר׳, ־רִים
reproof, reprimand; ethics, morality

repentance מוּסַר כְּלָיוֹת
bond, halter; מוֹסֵר, ז׳, ר׳, ־סְרִים
denunciator
ethical, moral מוּסָרִי, ת״ז, ־רִית, ת״נ
ethics, morality מוּסָרִיּוּת, נ׳
fixed time, מוֹעֵד, ז׳, ר׳, מוֹעֲדִים
appointed time; season; holiday
tabernacle אֹהֶל מוֹעֵד
tomb, בֵּית מוֹעֵד (לְכָל חַי)
cemetery
city of pilgrimage קִרְיַת מוֹעֵד
forewarned מוּעָד, ת״ז, ־עֶדֶת, ת״נ
meeting place מוֹעָדָה, נ׳, ר׳, ־דוֹת
club מוֹעֲדוֹן, ז׳, ר׳, ־נִים
scanty, מוּעָט, מֻעָט ,ת״ז, ־עֶטֶת, ת״נ
little; a trifle
useful מוֹעִיל, ת״ז, ־לָה, ת״נ
מוּעֲמָד, מֻעֲמָד, מֻעֳמָד, ז׳, ר׳, ־דִים
candidate
addressee מוֹעָן, ז׳, ר׳, ־עֲנִים
restraint; darkness מוּעָף, ז׳
council; מוֹעֵצָה, מוֹעָצָה ,נ׳, ר׳, ־צוֹת
counsel
U.S.S.R., בְּרִית הַמּוֹעָצוֹת
Soviet Russia
torture device; מוּעָקָה, נ׳, ר׳, ־קוֹת
misfortune (*fig.*)
gilded מוּפָז, ת״ז, ־זָה, ת״נ
מוּפְלָג, מֻפְלָג, ת״ז, ־לֶגֶת, ת״נ
distinguished; expert; great
marvel, מוֹפֵת, ז׳, ר׳, ־פְתִים
miracle; proof; example, model, pattern
classical; מוֹפְתִי, ת״ז, ־תִית, ת״נ
exemplary
chaff מוֹץ, מֹץ, ז׳, ר׳, ־צִים
descent, מוֹצָא, ז׳, ר׳, ־אִים, ־אוֹת
origin; exit; east

מוֹצָאֵי שַׁבָּת Saturday night
מוֹצָאָה, נ׳, ר׳, ־אוֹת toilet
מוּצָג, מֻצָּג, ת״ז, ־צֶּגֶת, ת״נ presented
מוּצְדָּק, מֻצְדָּק, ת״ז, ־דֶּקֶת, ת״נ justified
מוֹצִיא, הַמּוֹצִיא, ז׳ blessing over bread
מוֹצִיא לָאוֹר publisher
מוּצְלָח, מֻצְלָח, ת״ז, ־לַחַת, ת״נ successful
מוּצָק, ז׳, ר׳, ־קִים solid mass
מוּצֶקֶת, נ׳, ר׳, ־צָקוֹת smelting mold
מוּק, ז׳, ר׳, ־קִים gaiter
מוֹקֵד, ז׳, ר׳, ־קְדִים conflagration; hearth; bonfire
מוּקְדָּם, מֻקְדָּם, ת״ז, ־דֶּמֶת, ת״נ early
מוּקְדָּשׁ, מֻקְדָּשׁ, ת״ז, ־דֶּשֶׁת, ת״נ sanctified
מוּקְלָט, מֻקְלָט, ת״ז, ־לֶטֶת recorded
מוֹקֵשׁ, ז׳, ר׳, ־קְשִׁים snare; stumbling block; mine
[מור] הֵמִיר, פ״י to exchange; to change (one's religion)
מוֹרָא, ז׳, ר׳, ־אִים fear, terror, awe; strange, miraculous event
מוֹרַג, ז׳, ר׳, ־רַגִּים threshing board
מוּרְגָּז, מֻרְגָּז, ת״ז, ־גֶּזֶת, ת״נ irritated
מוּרְגָּשׁ, מֻרְגָּשׁ, ת״ז, ־גֶּשֶׁת, ת״נ felt, perceived
מוֹרָד, ז׳, ר׳, ־דִים, ־דוֹת descent, slope
מוֹרֵד, ז׳, ר׳, ־רְדִים rebel, traitor, renegade
מוֹרֶה, ז׳, מוֹרָה, נ׳, ר׳, ־רִים, ־רוֹת teacher; archer; early rain
מוֹרֵה דֶרֶךְ guide
מוֹרֵה שָׁעוֹת watch
מוֹרָה, ז׳ razor
מוֹרָט, ת״ז, ־טָה, ת״נ polished
מוּרְכָּב, מֻרְכָּב, ת״ז, ־כֶּבֶת, ת״נ composed
מוּרְסָה, מֻרְסָה, נ׳, ר׳, ־סוֹת abscess
מוֹרָשׁ, מוֹרָשָׁה, ז׳, ר׳, ־שִׁים, ־שׁוֹת inheritance, heritage; heir
[מוש] מָשׁ, פעו״י to throw off, remove; to withdraw; to depart; to touch, feel
מוֹשָׁב, ז׳, ר׳, ־בִים, ־בוֹת seat; habitation, place of living; co-operative settlement
מוֹשַׁב זְקֵנִים home for the aged
מוֹשָׁבָה, נ׳, ר׳, ־בוֹת colony; permanent dwelling place
מוּשָּׂג, מֻשָּׂג, ז׳, ר׳, ־גִים concept, idea
מוּשְׁחָר, מֻשְׁחָר, ת״ז, ־חֶרֶת, ת״נ blackened
מוֹשִׁיעַ, ז׳, ר׳, ־עִים savior, redeemer
מוֹשְׁכָה, נ׳, ר׳, ־כוֹת brace; rein
מוֹשֵׁל, ז׳, ר׳, ־שְׁלִים ruler; governor; one who speaks in parables
מוּשְׁלָם, מֻשְׁלָם, ת״ז, ־לֶמֶת, ת״נ completed; perfect
מוֹשָׁעָה, נ׳, ר׳, ־עוֹת salvation
מוּשְׁפָּע, מֻשְׁפָּע, ת״ז, ־פַּעַת, ת״נ influenced
מָוֶת, מָוְתָה, ז׳, ר׳, מוֹתִים death
אִישׁ מָוֶת / בֶּן מָוֶת a man condemned to die
[מות] מֵת, פ״ע to die
מוֹתֵת, הֵמִית, פ״י to kill
הוּמַת, פ״ע to be killed
מוּתָּר, מֻתָּר, ת״ז, ־תֶּרֶת, ת״נ permitted; loose

מוֹתָר, ז׳, ר׳, ־רִים, ־רוֹת superfluity, abundance; remainder; advantage; luxury
חַי בְּמוֹתָרוֹת to live in luxury
מוֹתֵת, פ״י, ע׳ [מות] to kill
מִזְבֵּחַ, ז׳, ר׳, ־בְּחוֹת altar
מִזְבָּלָה, נ׳ ר׳, ־לוֹת dung heap, dump
מֶזֶג, ז׳, ר׳, מְזָגִים wine (ready to drink); temperament
מֶזֶג הָאֲוִיר weather
מָזַג, פ״י to pour (liquids); to admix water
נִמְזַג, פ״ע to be poured out
הִתְמַזֵּג, פ״ע to become mixed
מָזֶה, ת״נ, ־זָה, ת״נ exhausted
מֻזְהָר, מוּזְהָר, ת״ז, ־הֶרֶת, ת״נ warned
מִזּוּג, ז׳, ר׳, ־גִים joining; harmonizing; synthesis
מִזְוָדָה, נ׳, ר׳, ־דוֹת valise; suitcase
מִזְוָדֶנֶת, נ׳, ר׳, ־דוֹנוֹת satchel, overnight case
מִזְוֶה, ז׳, ר׳, ־וִים storeroom
מְזוּזָה, נ׳, ר׳, ־זוֹת doorpost; tiny scroll with "Shema Yisrael"
מְזוּיָּן, מְזֻיָּן, ת״ז, ־יֶּנֶת, ת״נ armed
מְזוּיָּף, מְזֻיָּף, ת״ז, ־יֶּפֶת, ת״נ forged; spurious
מְזוּמָּן, מְזֻמָּן, ת״ז, ־מֶּנֶת, ת״נ; ז׳ ready; invited; guest
מָזוֹן, ז׳, ר׳, מְזוֹנוֹת food, sustenance; alimony
בִּרְכַּת הַמָּזוֹן Grace
מָזוֹר, ז׳, ר׳, מְזוֹרִים ache; bandage, compress
מֵזַח, ז׳, ר׳, מְזָחִים breakwater; pier
מִזְחֶלֶת, נ׳, ר׳, ־חָלוֹת sleigh
מַזְחִילָה, נ׳, ר׳, ־לוֹת gutter; drainpipe

מְזִי, ז׳, ר׳, מֵזִים weakness; pang
מְזֵי רָעָב hunger pain
מְזִיגָה, נ׳, ר׳, ־גוֹת pouring out; mixing; fusion; synthesis
מֵזִיד, ז׳, ר׳, מְזִידִים intentional sinner
בְּמֵזִיד, תה״פ intentionally; wantonly
מְזִידָה, נ׳, ר׳־דוֹת wanton woman
מֵזִיחַ, ז׳, ר׳, ־חִים belt
מְזֻיָּן, מְזוּיָּן, ת״ז, ־יֶּנֶת, ת״נ armed
מְזֻיָּף, מְזוּיָּף, ת״ז, ־יֶּפֶת, ת״נ forged; spurious, adulterated
מְזַיֵּף, ז׳, ר׳, ־יְּפִים forger
מַזִּיק, ז׳, ר׳, מַזִּיקִים injurer; devil; evil spirit
מַזְכִּיר, ז׳, ־רָה, נ׳, ר׳, ־רִים, ־רוֹת recorder; secretary
מַזְכִּירוּת, נ׳, ר׳, ־רֻיּוֹת secretaryship; secretariat
מַזְכֶּרֶת, נ׳, ר׳, ־כָּרוֹת memorandum; souvenir
מַזָּל, ז׳, ר׳, ־לוֹת constellation, planet; destiny, fate
מַזָּל טוֹב good luck; congratulations
[מזל] הִתְמַזֵּל, פ״ע to become lucky
מַזְלֵג, ז׳, ר׳, ־לְגוֹת, מִזְלָגוֹת fork
מַזְלֵף, ז׳, ר׳, ־לְפִים sprinkler
מְזִמָּה, נ׳, ר׳, ־מּוֹת planning; intelligence; craftiness; sagacity
מִזְמוּז, ז׳, ר׳, ־זִים softening; necking (in love-making)
מִזְמוּט, ז׳, ר׳, ־טִים amusement; entertainment
מִזְמוֹר, ז׳, ר׳, ־רִים song; psalm
מִזְמֵז, פ״י to soften
הִתְמַזְמֵז, פ״ע to be softened; to neck (in love-making)

מְזֻמָּן, מְזוּמָּן, ת"ז, ־מֶּנֶת, ת"נ invited

מְזֻמָּן, מְזוּמָּן, ת"ז, ־מֶּנֶת, ת"נ; ז' ready; invited; guest

מְזֻמָּנִים, ז"ר cash

מְזַמֵּר, ז', מְזַמֶּרֶת, נ', ר', ־מְּרִים, ־מְּרוֹת singer

מַזְמֵרָה, נ', ר', ־רוֹת pruning (knife) shears

מִזְנוֹן, ז', ר', ־נִים, ־נוֹת buffet; luncheonette

מֻזְנָח, מוּזְנָח, ת"ז, ־נַחַת, ת"נ neglected

מְזַעְזֵעַ, ת"ז, ־זַעַת, ת"נ frightful

מְזֻעְזָע, מְזוּעְזָע, ת"ז, ־זַעַת, ת"נ shocked

מִזְעָר, תה"פ a little; a trifle

מְזֻפָּת, ת"ז, ־פֶּתֶת, ת"נ lousy; covered with pitch

מְזֻקָּן, מְזוּקָּן, ת"ז, ־קֶּנֶת, ת"נ bearded; aged

מֶזֶר, ז', ר', מְזָרִים source of cold (winds)

מַזָּר, ז', ר', ־רוֹת constellation (Orion)

מַזְרֵבָה, נ', ר', ־בוֹת spool

מִזְרֶה, ז', ר', ־רִים winnowing fan

מִזְרָח, ז' east

מִזְרָחִי, ת"ז, ־חִית, ת"נ eastern, easterly

מִזְרְחָן, ז', ר', ־נִים orientalist

מִזְרָן, מִזְרוֹן, ז', ר', ־נִים mattress

מִזְרָע, ז', ר', ־עִים seeded field

מַזְרֵעָה, נ', ר', ־עוֹת sowing machine

מִזְרָק, ז', ר', ־קִים bowl

מַזְרֵק, ז', ר', ־רְקִים syringe

מַזְרֵקָה, נ', ר', ־קוֹת fountain

מִזְרָקִית, נ', ר', ־יּוֹת rattlesnake

מֹחַ, ז', ר', מֹחוֹת brain; marrow

מֹחַ הַלֶּחֶם (bread) crumb

מֵחַ, ז', ר', ־חִים fatling

מָחָא, פ"י to applaud; to clap hands

מָחָא יָד, מָחָא כַּף to applaud

מְחָאָה, נ', ר', ־אוֹת protestation; protest

מַחֲבֵא, מַחֲבוֹא, ז', ר', מַחֲבְאִים, ־אִים hiding place; storeroom

מַחְבֵּט, ז', ר', ־בְּטִים racket

מְחַבֵּל, ז', ר', ־בְּלִים devil; saboteur

מַחְבֵּצָה, נ', ר', ־צוֹת churn

מְחַבֵּר, ז', ר', ־בְּרִים author; concocter; joiner

מְחֻבָּר, מְחוּבָּר, ת"ז, ־בֶּרֶת, ת"נ joined; written

מַחְבֶּרֶת, נ', ר', ־בָּרוֹת booklet, notebook, pamphlet

מַחְבֶּרֶת הַנֵּזֶר connection of forehead bone to skull

מַחֲבַת, נ', ר', ־תּוֹת frying pan

מַחֲגֹרֶת, נ', ר', ־גוֹרוֹת girdle

מְחַדֵּד, ז', ר', ־דְּדִים pencil sharpener

מְחֻדָּשׁ, מְחוּדָּשׁ, ת"ז, ־דֶּשֶׁת, ת"נ renewed

מָחָה, פ"י to blot out, wipe out; to excise; to clean; to protest

נִמְחָה, פ"ע to be wiped out, blotted out, exterminated; to be dissolved

מִחָה, פ"י to protest

הִמְחָה, פ"י to draw a check

הִתְמַחָה, פ"ע to specialize

מְחוּבָּר, מְחֻבָּר, ת"ז, ־בֶּרֶת, ת"נ joined; written

מָחוֹג, ז', ר', מְחוֹגִים hand (of watch, compass), dial

מְחוּגָה, נ', ר', ־גוֹת compass

מְחוּדָּשׁ, מְחֻדָּשׁ, ת"ז, ־דֶּשֶׁת, ת"נ renewed

מָחוֹז, ז׳, ר׳, מְחוֹזוֹת, מְחוֹזִים district; suburb; bay

מְחוּיָּב, מְחֻיָּב, ת״ז, ־יֶּבֶת, ת״נ obligated; obliged

מָחוֹךְ, ז׳, ר׳, מְחוֹכִים corset

מְחוּכָּם, מְחֻכָּם, ת״ז, ־כֶּמֶת, ת״נ sly

מָחוֹל, ז׳, ר׳, מְחוֹלוֹת dance, dancing; timbrel, tambourine

מְחוֹלֵל, ז׳, ־לֶלֶת, נ׳, ר׳, ־לְלִים, ־לְלוֹת dancer

מְחוּלָּל, מְחֻלָּל, ת״ז, ־לֶּלֶת desecrated

מְחוּלָּק, מְחֻלָּק, ת״ז, ־לֶּקֶת divided

מַחֲוָן, ז׳, ר׳, ־נִים indicator

מְחוּנָּךְ, מְחֻנָּךְ, ת״ז, ־נֶּכֶת, ת״נ educated

מְחוּסְפָּס, מְחֻסְפָּס, ת״ז, ־פֶּסֶת, ת״נ coarse, rough

מְחוּסָּר, מְחֻסָּר, ת״ז, ־סֶּרֶת, ת״נ missing, lacking, absent

מְחוּפָּשׂ, מְחֻפָּשׂ, ת״ז, ־פֶּשֶׂת, ת״נ sought; disguised

מָחוּק, ת״ז, מְחוּקָה, ת״נ erased; empty

מְחוֹקֵק, ז׳, ר׳, ־קְקִים engraver; lawgiver

מְחוּרָז, מְחֻרָז, ת״ז, ־רֶזֶת, ת״נ strung; rhymed

מֵחוֹשׁ, ז׳, ר׳, ־שִׁים ailment; apprehension

מָחוֹשׁ, ז׳, ר׳, מְחוֹשִׁים antenna

מְחוּשָּׁב, מְחֻשָּׁב, ת״ז, ־שֶּׁבֶת, ת״נ accounted; thought-out

מְחוּשְׁמָל, מְחֻשְׁמָל, ת״ז, ־מֶלֶת, ת״נ electrified

מְחוּתָּל, מְחֻתָּל, ת״ז, ־תֶּלֶת, ת״נ bound, swaddled, swathed, strapped

מְחוּתָּן, מְחֻתָּן, ז׳, ר׳, ־נִים relative by marriage

[מחז] הִמְחִיז, פ״י dramatized

מַחֲזַאי, ז׳, ר׳, ־זָאִים dramatist

מַחֲזֶה, ז׳, ר׳, ־זוֹת, ־זִים vision; phenomenon; theatrical performance, drama, play

מֶחֱזָה, נ׳, ר׳, ־זוֹת window; display window

מַחֲזוֹר, ז׳, ר׳, ־רִים turnover; cycle; holiday prayer book

מַחֲזוֹר הַדָּם circulation (blood)

מַחֲזֶיה, נ׳, ר׳, ־יוֹת short play

מַחַט, ז׳, ר׳, מְחָטִים needle; thin wire

עֲצֵי מַחַט coniferous trees

מָחַט, פ״י to wipe, blow nose; to snuff wick, trim candle

מְחִי, ז׳, ר׳, מְחָיִים battering ram

מְחִיאָה, נ׳, ר׳, ־אוֹת blow, strike

מְחִיאַת כַּפַּיִם clapping of hands

מְחֻיָּב, מְחוּיָּב, ת״ז, ־יֶּבֶת, ת״נ obligated; obliged

מִחְיָה, נ׳, ר׳, ־יוֹת sustenance; preservation of life; nourishment

מְחִיָּה, נ׳, ר׳, ־יוֹת extermination; eradication

מְחִילָה, נ׳, ר׳, ־לוֹת pardon; forgiveness; letting go

מְחִיצָה, מְחִצָּה, נ׳, ר׳, ־צוֹת partition

מְחִיקָה, נ׳, ר׳, ־קוֹת erasing

מְחִיר, ז׳, ר׳, ־רִים price; pay

מְחִירָן, ז׳, ר׳, ־נִים tariff, price list

מְחֻכָּם, מְחוּכָּם, ת״ז, ־כֶּמֶת, ת״נ sly, crafty

מָחַל, פ״י to renounce; to pardon

נִמְחַל, פ״ע to be forgiven

מַחַל, ז׳, sickness

מַחֲלָבָה, נ׳, ר׳, ־בוֹת dairy

מַחֲלֶה, ז׳, ר׳, ־לִים sickness

מַחֲלָה, נ׳, ר׳, ־לוֹת sickness, disease

מְחִלָּה, נ׳, ר׳, ־לוֹת, ־לִים under-ground cavity; hollow in a tree

מַחֲלוֹקֶת, מַחֲלֹקֶת, נ׳, ר׳, ־לָקוֹת, ־לְקוֹת controversy; difference of opinion

מֻחְלָט, מוּחְלָט, ת״ז, ־לֶטֶת decided, definite; absolute

מַחֲלִים, ת״ז, ־מָה, ת״נ recuperative

מַחֲלִיקַיִם, ז״ר runners (of ice skates)

מְחֻלָּל, מְחוּלָּל, ת״ז, ־לֶּלֶת desecrated

מַחְלָפָה, נ׳, ר׳, ־פוֹת lock of hair

מַחְלֵץ, ז׳, ר׳, ־לְצִים corkscrew

מַחֲלָצוֹת, נ״ר resplendent garment

מְחֻלָּק, מְחוּלָּק, ת״ז, ־לֶּקֶת, ת״נ divided

מְחַלֵּק, ז׳, ר׳, ־לְּקִים denominator

מַחְלָקָה, נ׳, ר׳, ־קוֹת compart-ment, division

מַחֲלֹקֶת, מַחֲלוֹקֶת, נ׳, ר׳, ־לָקוֹת, ־לְקוֹת controversy; difference of opinion

מֵחַם, ז׳, ר׳, מְחַמִּים samovar

מַחֲמָאָה, נ׳, ר׳, ־אוֹת flattery, compliment

מַחֲמָד, ז׳, ר׳, ־מַדִּים precious one, coveted thing

מַחֲמוּדִים, ז״ר valuables; treasures

מַחְמָל, ז׳ desired object

מַחְמֶצֶת, נ׳, ר׳, מַחְמָצוֹת leavening; acidification

מְחֻמָּשׁ, ז׳, ר׳, ־שִּׁים pentagon

מֵחֲמַת, מ״י because, because of

מַחֲנָאוּת, נ׳ camping

מַחֲנֶה, ז״ונ, ר׳, ־נוֹת, ־נִים camp; army camp; unfortified settlement

מְחַנֵּךְ, ז׳, ר׳, ־נְּכִים educator

מְחֻנָּךְ, מְחוּנָּךְ, ת״ז, ־נֶּכֶת, ת״נ educated

מַחֲנָק, ז׳ strangulation

מַחֲסֶה, ז׳, ר׳, ־סִים refuge, shelter

מַחְסוֹם, ז׳, ר׳, ־מִים muzzle (of animal); roadblock

מַחְסוֹר, ז׳ need, want; deficiency, lack

מַחְסָן, ז׳, ר׳, ־נִים storehouse, warehouse

מַחְסָנִית נ׳, ר׳, ־יוֹת magazine (gun)

מְחֻסְפָּס, מְחוּסְפָּס, ת״ז, ־פֶּסֶת, ת״נ coarse, rough

מְחֻסָּר, מְחוּסָּר, ת״ז, ־סֶּרֶת, ת״נ missing, lacking; absent

מַחְפִּיר, ת״ז, ־רָה, ת״נ shameful

מַחְפֶּרֶת, נ׳, ר׳, ־פּוֹרוֹת, ־פָּרִיּוֹת excavation; mine

מְחֻפָּשׂ, מְחוּפָּשׂ, ת״ז, ־פֶּשֶׂת, ת״נ sought; disguised

מָחַץ, פ״י to smash; to dip

נִמְחַץ, פ״ע to be smashed

הִמְחִיץ, פ״ע to kick (in spasm of death)

מַחַץ, ז׳, ר׳, מְחָצִים bruise, severe wound

מַחְצֵב, ז׳, ר׳, ־צְבִים hewing

אַבְנֵי מַחְצֵב hewn stones

מַחְצָב, ז׳, ר׳, ־בִים mineral; quarry; mine

מַחְצָבָה, נ׳, ר׳, ־בוֹת quarry

מֶחֱצָה, נ׳ half, middle

מֶחֱצָה לְמֶחֱצָה half and half, equal

מְחִצָּה, מְחִיצָּה, נ׳, ר׳, ־צוֹת partition

מַחֲצִית, נ׳, ר׳, ־צִיּוֹת half

מַחְצֶלֶת, נ׳, ר׳, ־צָלוֹת, ־צְלָאוֹת mat, matting

מַחְצָצָה, נ׳, ר׳, ־צוֹת toothpick

מְחַצְצֵר, ז׳, ר׳, ־צְרִים bugler

[מחק] נִמְחַק, פ״ע to be erased, blotted out

מַחַק, ז׳, ר׳, מְחָקִים eraser

מֶחְקָר, ז׳, ר׳, ־רִים research, study, inquiry; depth

מָחָר, תה״פ later, afterwards; tomorrow

מַחֲרָאָה, נ׳, ר׳, ־אוֹת toilet, privy, w.c.

מְחֻרָב, ת״ז, ־רֶבֶת, ת״נ destroyed

מְחֹרָז, מְחוֹרָז, ת״ז, ־רֶזֶת, ת״נ strung; rhymed

מַחֲרֹזֶת, נ׳, ר׳, ־רוזות verse, strophe; string, row

מַחֲרֵטָה, נ׳, ר׳, ־טוֹת lathe

מַחֲרֵשָׁה, מַחֲרֶשֶׁת, נ׳, ר׳, ־שׁוֹת plow, plowshare

מָחֳרָת, תה״פ the morrow

מָחֳרָתַיִם the day after tomorrow

מְחֻשָּׁב, מְחוּשָּׁב, ת״ז, ־שֶּׁבֶת, ת״נ accounted; thought-out

מַחֲשָׁבָה, נ׳, ר׳, ־בוֹת thought; purpose; intention; apprehension

מַחְשׂוֹף, ז׳, ר׳, ־פִים bareness; laying bare; stripping

מַחְשָׁךְ, ז׳, ר׳, מַחֲשַׁכִּים dark place, darkness

מְחֻשְׁמָל, מְחוּשְׁמָל, ת״ז, ־מֶלֶת, ת״נ electrified

מַחְתָּה, נ׳, ר׳, ־תּוֹת coal shovel; pan

מְחִתָּה, נ׳, ר׳, ־תּוֹת terror; destruction

מַחְתֵּךְ, ז׳, ר׳, ־תְּכִים scalpel

מְחֻתָּל, מְחוּתָּל, ת״ז, ־תֶּלֶת, ת״נ bound, strapped, swaddled, swathed

מְחֻתָּן, מְחוּתָּן, ז׳, ר׳, ־נִים relative by marriage

מַחְתֶּרֶת, נ׳, ר׳, ־תָּרוֹת breaking in; underground (*polit.*, *mil.*)

מָט, פ״ע, ע׳ [מוט] to slip; to totter

מַטְאֲטֵא, ז׳, ר׳, ־אֲטְאִים broom

מַטְבֵּחַ, ז׳ slaughterhouse; massacre

מִטְבָּח, ז׳, ר׳, ־בָּחִים kitchen

מִטְבָּחוֹן, ז׳, ר׳, ־נִים kitchenette

מִטְבָּחַיִם, בֵּית־מִטְבָּחַיִם, ז״ר slaughterhouse

מַטְבֵּעַ, ז׳, ר׳, ־בְּעוֹת coin; mold (for coining)

מִטְבָּעָה, נ׳, ר׳, ־עוֹת mint

מַטְבְּעָן, ז׳, ר׳, ־נִים minter, mintmaster

מַטְבַּעַת, נ׳, ר׳, ־בָּעוֹת die (stamping)

מְטֻגָּן, מְטוּגָּן, ת״ז, ־גֶּנֶת, ת״נ fried

מַטָּה, תה״פ down, below

לְמַטָּה down, down(ward); below

מִלְּמַטָּה from below; beneath

מַטָּה מַטָּה very low

מַטֶּה, ז׳, ר׳, ־טּוֹת staff, stick, branch; tribe; support

מֻטֶּה, ז׳, ר׳, ־טִּים injustice

מֻטָּה, נ׳, ר׳, ־טּוֹת wing tip

מִטָּה, נ׳, ר׳, ־טּוֹת bed, couch; bier; litter

תַּשְׁמִישׁ הַמִּטָּה cohabitation

מְטוּגָּן, מְטֻגָּן, ת״ז, ־גֶּנֶת, ת״נ fried

מַטְוֶה, ז׳, ר׳, ־וִים yarn; web

מְטוּטֶּלֶת, מְטֻטֶּלֶת, נ׳, ר׳, ־טָּלוֹת pennant; pendulum

מְטוּלְטָל, מְטֻלְטָל, ת״ז, ־טֶלֶת, ת״נ movable

מְטוּמְטָם, מְטֻמְטָם, ת״ז, ־טֶמֶת, ת״ז idiotic

מָטוֹס, ז׳, ר׳, ־סִים airplane

מְטוֹס־סִילוֹן jet plane; rocket

מְטוֹרָף, מְטֹרָף, ת״ז, ־רֶפֶת, ת״נ crazy, insane, demented

מַטָּח, ז׳, ־חִים barrage

מְטַחֲוֶה, ז׳, ר׳, ־וִים shot; bowshot

מַטְחֵן, ז׳, ר׳, ־חֲנִים grinding mill

מַטְחֵנָה, נ׳, ר׳, ־נוֹת grinder

מְטֻטֶּלֶת, מְטוּטֶּלֶת, נ׳, ר׳, ־טָּלוֹת pendulum; pennant

מֵטִיב, מֵיטִיב, ת״ז, ־בָה, ת״נ well-doing

מָטִיל, ז׳, ר׳, מְטִילִים iron bar, rail

מַטָּלָה, נ׳, ר׳, ־לוֹת assignment

מְטֻלְטָל, מְטוּלְטָל, ת״ז, ־טֶלֶת, ת״נ movable

מְטַלְטְלִים, ־לִין, ז״ר movable goods, chattels

מַטְלִית, מַטְלָנִית, נ׳, ר׳, ־לִיּוֹת rag; patch; strip

מַטְמוֹן, ז׳, ר׳, ־נִים (hidden) treasure

בְּמַטְמוֹנִים, תה״פ secretly

מִטְמֵט, פ״י to crumble; to push over

הִתְמַטְמֵט, פ״ע to be crumbled; to totter, fall down

מְטֻמְטָם, מְטוּמְטָם, ת״ז, ־טֶמֶת, ת״נ idiotic

מֻטְמָע, ז׳, ר׳, ־עִים integration

מַטָּע, ז׳, ר׳, ־עִים plantation; planting

מַטְעָם, ז׳, ר׳, ־עַמִּים a dish of venison, game; tasty dish; taste

מִטְעָם, ז׳, ר׳, ־מִים snack

מִטְעֲמִיָּה, נ׳, ר׳, ־מִּיּוֹת snack bar

מֻטְעָם, ת״ז, ־עֶמֶת, ת״נ expressed; declaimed; accented

מַטְעֶמֶת, נ׳, ר׳, ־עָמוֹת delicacy; worldly delights

מִטְעָן, ז׳, ר׳, ־נִים cargo, load; burden

מַטְפֶּה, ז׳, ר׳, ־פִּים fire extinguisher

מִטְפַּחַת, נ׳, ר׳, ־פָּחוֹת kerchief; wrapping cloth

מִטְפַּחַת אַף handkerchief

מִטְפַּחַת הַשֻּׁלְחָן tablecloth

מָטָר, ז׳, ר׳, מְטָרוֹת, מְטָרִים rain

מְטַר הַזְּמַן worries

[מטר] נִמְטַר, פ״ע to be wet with rain

הִמְטִיר, פ״י to rain; to bring down

מֶטֶר, ז׳, ר׳, ־רִים meter

מַטָּרָה, נ׳, ר׳, ־רוֹת aim, objective, target

מִטְרִיָּה, נ׳, ר׳, ־יּוֹת umbrella

מְטֹרָף, מְטוֹרָף, ת״ז, ־רֶפֶת, ת״נ crazy, insane, demented

מִי, מ״ג who; whoever

לְמִי to whom; whose

אֶת מִי whom

מְיֹאָשׁ, מְיוֹאָשׁ, ת״ז, ־אֶשֶׁת, ת״נ despairing

מְיֻגָּע, מְיוּגָּע, ת״ז, ־גַּעַת, ת״נ fatigued

מִיָּד, תה״פ at once, immediately

מְיֻדָּע, מְיוּדָּע, ת״ז, ־דַּעַת, ת״נ acquaintance; definite

מִיהוּת, נ׳ identity

מְיוֹאָשׁ, מְיֹאָשׁ, ת״ז, ־אֶשֶׁת, ת״נ despairing

מְיוּגָּע, מְיֻגָּע, ת״ז, ־גַּעַת, ת״נ fatigued

מְיוּדָּע, מְיֻדָּע, ת״ז, ־דַּעַת, ת״נ acquaintance; definite

מִיּוּם, ז׳ watering

מִיּוּן, ז׳, ר׳, ־נִים classification

מְיוּסָּד, מְיֻסָּד, ת״ז, ־סֶּדֶת, ת״נ established, founded, based

מְיוּפֶּה, מְיֻפֶּה, ת״ז, ־פָּה, ת״נ decorated; empowered

מְיוּצָּג, מְיֻצָּג, ת״ז, ־צֶּגֶת, ת״נ represented

מְיוּשָּׁב, מְיֻשָּׁב, ת״ז, ־שֶּׁבֶת, ת״נ settled

מְיוּשָּׁן, מְיֻשָּׁן, ת״ז, ־שֶּׁנֶת, ת״נ old; sleepy

מְיוּשָׁר, מְיֻשָּׁר, ת״ז, ־שֶּׁרֶת, ת״נ correct; straight
מְיוּתָּר, מְיֻתָּר, ת״ז, ־תֶּרֶת, ת״נ superfluous
מְיֻזָּן, מְיוּזָּן, ת״ז, ־זֶּנֶת, ת״נ fattened
מְיָזָע, ז׳, ר׳, ־עִים sweater
מְיֻחָד, מְיוּחָד, ת״ז, ־חֶדֶת, ת״נ special
מְיֻחָס, מְיוּחָס, ת״ז, ־חֶסֶת, ת״נ noble; relative; attributed
מַיִט, ז׳ defeat; collapse
מֵיטָב, ז׳ the best
מֵטִיב, מֵטִיב, ת״ז, ־בָה, ת״נ well-doing
מִיכַל, ז׳, ר׳, ־כָלִים brook, stream
מִיל, ז׳, ר׳, ־לִים mile; mill
מֵילָא, מ״ק so be it
מִמֵּילָא, תה״פ automatically
מְיַלֵּד, ז׳, ר׳, ־לְּדִים obstetrician
מְיַלֶּדֶת, נ׳, ר׳, ־לְּדוֹת midwife
מִילָה, נ׳, ר׳, ־לוֹת circumcision; penis; circumcised membrane
מַיִם, ז״ר water
מַיִם רִאשׁוֹנִים, מַיִם אַחֲרוֹנִים washing hands before and after meals
מַיִם מְהַלְּכִים shallow, running water
מַיִם חַיִּים whisky, brandy
מֵי הָאַף, ־ הַחֹטֶם mucous
מֵי בִּרְכַּיִם knee-deep water
מֵי גְשָׁמִים rain water
מֵי דְבַשׁ mead
מֵי רֹאשׁ poisonous water
מֵי רַגְלַיִם urine
בֵּית הַמַּיִם urinal
מֵימִי, ת״ז, ־מִית, ת״נ watery
מֵימִיָּה, נ׳, ר׳, ־יוֹת canteen
מֵימָן, ז׳ hydrogen

מֵימְרָה, נ׳, ר׳, ־רוֹת saying
מִין, ז׳, ר׳, ־נִים kind, variety, genus species; sex, gender; sectarian; heretic
כְּמִין like, resembling
מֵיֵן, פ״י to classify
מִינוּת, נ׳, ר׳, ־נֻיּוֹת heresy, sectarianism
מִינִי, ת״ז, ־נִית, ת״נ sexual; of the species
מַחֲלָה מִינִית venereal disease
מֵינֶקֶת, מֵינִיקָה, נ׳, ר׳, ־נִיקוֹת wet nurse; siphon
מְיֻסָּד, מְיוּסָּד, ת״ז, ־סֶּדֶת, ת״נ established, founded; based
מְיֻפֶּה, מְיוּפֶּה, ת״ז, ־פָּה, ת״נ decorated; empowered
מְיֻפֵּה כֹּחַ authorized, empowered
מֵיפָע, ז׳, ר׳, ־עִים recital
מִיץ, ז׳, ר׳, ־צִים juice; pressing, squeezing
[מיץ] מָץ, פ״י to churn, beat
הֵמִיץ, פ״י to make slim, weak
מְיֻצָּג, מְיוּצָּג, ת״ז, ־צֶּגֶת, ת״נ represented
מִיצָה, נ׳, ר׳, ־צוֹת knot (in stalks)
מַיִשׁ, ז׳, ר׳, מֵישִׁים service tree
מְיֻשָּׁב, מְיוּשָּׁב, ת״ז, ־שֶּׁבֶת, ת״נ settled
מִישׁוֹר, ז׳, ר׳, ־רִים plain, plateau; righteousness
מְיֻשָּׁן, מְיוּשָּׁן, ת״ז, ־שֶּׁנֶת, ת״נ old; sleepy
מְיֻשָּׁר, מְיוּשָּׁר, ת״ז, ־שֶּׁרֶת, ת״נ correct, straight
מֵישָׁר, ז׳, ר׳, ־רִים level; evenness; straightforwardness; equity; carpet
מִיתָה, נ׳, ר׳, ־תוֹת death
מִיתָה חֲטוּפָה sudden death

מִיתָה מְשֻׁנָּה unnatural death

מְיֻתָּר, מְיוּתָּר, ת״ז, ־תֶּרֶת, ת״נ superfluous

מֵיתָר, ז׳, ר׳, ־רִים tent cord; cord; bow string; sinew; diameter

מָךְ, פ״ע, ע׳ [מוך] to become poor; to be depressed

מָךְ, ת״ז, מָכָה, ת״נ lowly; poor

מַכְאוֹב, ז׳, ר׳, ־בִים pain, suffering

מַכְאִיב, ת״ז, ־בָה, ת״נ painful

מַכְבֵּד, ז׳, ר׳, ־בְּדִים broom; twig of the palm tree

מְכֻבָּד, מְכוּבָּד, ת״ז, ־בֶּדֶת, ת״נ honored

מְכַבֶּדֶת, נ׳, ר׳, ־בְּדוֹת brush; broom

מְכַבֶּה, ז׳, ר׳, ־בִּים fire extinguisher

מְכַבֵּה־אֵשׁ, ז׳, ר׳, ־בֵּי אֵשׁ fireman, fire fighter

מַכְבִּיר, ז׳, ר׳, ־רִים great nation

לְמַכְבִּיר plentifully

מַכְבֵּנָה, נ׳, ר׳, ־נוֹת hairpin

מְכֻבָּס, מְכוּבָּס, ת״ז, ־בֶּסֶת, ת״נ washed

מִכְבָּסָה, נ׳, ר׳, ־בָּסוֹת laundry

מִכְבָּר, ז׳, ר׳, ־רִים sieve; net, snare

מַכְבֵּר, ז׳, ר׳, ־בְּרִים cover, coverlet

מַכְבֵּשׁ, ז׳, ר׳, ־בְּשִׁים press; heavy roller

מַכָּה, נ׳, ר׳, ־כּוֹת blow, stroke; slaughter; plague; wound

מַכָּה מְהַלֶּכֶת epidemic

מְכוּבָּד, מְכֻבָּד, ת״ז, ־בֶּדֶת, ת״נ honored

מְכוּבָּס, מְכֻבָּס, ת״ז, ־בֶּסֶת, ת״נ washed

מִכְוָה, נ׳, ר׳, ־ווֹת burn, scar

מְכוּוָּן, מְכֻוָּן, ת״ז, ־וֶּנֶת, ת״נ directed; intentional; aimed; set (watch)

מָכוֹן, ז׳, ר׳, ־נִים site; foundation; institution, institute

מְכֻוָּן, מְכוּוָּן, ת״ז, ־וֶּנֶת, ת״נ directed; intentional; aimed; set (watch)

מַכְוֵן, ז׳, ר׳, ־וְנִים regulator

מְכוֹנַאי, ז׳, ר׳, ־נָאִים mechanic

מְכוּנֶּה, מְכֻנֶּה, ת״ז, ־נָּה, ת״נ named, called

מְכוֹנָה, נ׳, ר׳, ־נוֹת machine, engine; base; stand

מְכוֹנַת יְרִיָּה machine-gun

מְכוֹנַת כְּתִיבָה typewriter

מְכוֹנַת תְּפִירָה sewing machine

מְכוֹנִית, נ׳, ר׳, ־נִיּוֹת car, automobile

מְכוֹנֵן, ז׳, ר׳, ־נְנִים machinist, engineer, mechanic

מְכוּנָּס, מְכֻנָּס, ת״ז, ־נֶּסֶת, ת״נ collected, gathered

מְכוּנָּף, מְכֻנָּף, ת״ז, ־נֶּפֶת, ת״נ winged

מְכוּסֶּה, מְכֻסֶּה, ת״ז, ־סָּה, ת״נ covered

מְכוֹעָר, מְכֹעָר, ת״ז, ־עֶרֶת, ת״נ ugly

מְכוּפָּל, מְכֻפָּל, ת״ז, ־פֶּלֶת, ת״נ doubled

מְכוּפָּר, מְכֻפָּר, ת״ז, ־פֶּרֶת, ת״נ forgiven, atoned

מְכוּפְתָּר, מְכֻפְתָּר, ת״ז, ־תֶּרֶת, ת״נ buttoned

מְכֻוָּץ, מְכוּוָּץ, ת״ז, ־וֶּצֶת, ת״נ squeezed, cramped

מְכוֹרָה, נ׳, ר׳, ־רוֹת origin

מַכּוֹשׁ, ז׳, ר׳, ־שִׁים hoe; bell clapper; piano key

מַכּוֹשִׁית, נ׳, ר׳, ־שִׁיּוֹת xylophone; castanet

מְכוּשָּׁף, מְכֻשָּׁף, ת״ג, ־שֶּׁפֶת, ת״נ enchanted

מִכְחוֹל, ז׳, ר׳, ־לִים eyebrow pencil; kohl brush; paint brush

מְכִילְתָּא, נ' Mekhilta; collections of Halakhic Midrashim on Exodus
מְכִינָה, נ', ר', ־נוֹת preparatory class
מַכִּיר, ז', ר', ־רִים acquaintance
מְכִירָה, נ', ר', ־רוֹת sale
מָכַךְ, פ"ע to sink, fall (morally); to be humiliated; to be impoverished
נִמַּךְ, פ"ע to become low, degenerate
מְכֻכָּב, מְכוֹכָב, ת"ז, ־כֶּבֶת, ת"נ starry
מִכְלָאָה, מִכְלָה, נ', ר', ־לָאוֹת, ־לוֹת corral; detention camp
מִכְלוֹל, ז', ר', ־לִים magnificence
מַכְלוּלִים, ז"ר magnificent things
מִכְלָל, ז', ר', ־לִים perfection
מִכְלָלָה, נ', ר', ־לוֹת college, university
מַכֹּלֶת, נ' grocery; provision
מַכָּ"ם, ז' radar
מַכְמוֹר, מִכְמָר, ז', ר', ־רִים net, snare
מִכְמוֹרֶת, מִכְמֶרֶת, נ', ר', ־מוֹרוֹת, ־מָרוֹת fishing net, trawling net
מִכְמֵךְ, פ"י to crush
הִתְמַכְמֵךְ, פ"ע to be crushed
מִכְמָן, ז', ר', ־מַנִּים treasure (hidden)
מִכְמָר, מַכְמוֹר, ז', ר', ־רִים net, snare
מִכְמֶרֶת, מִכְמוֹרֶת, נ', ר', ־מָרוֹת, ־מוֹרוֹת fishing net, trawling net
מְכַנֶּה, ז', ר', ־נִּים denominator
מְכֻנֶּה, מְכוּנֶּה, ת"ז, ־נָּה, ת"נ named, called
מְכֻנָּס, מְכוּנָּס, ת"ז, ־נֶּסֶת, ת"נ collected, gathered
מִכְנָסַיִם, ז"ר pants, trousers, slacks, drawers, panties

מְכֻנָּף, מְכוּנָּף, ת"ז, ־נֶּפֶת, ת"נ winged
מֶכֶס, ז', ר', מְכָסִים tax, custom, duty
בֵּית הַמֶּכֶס customhouse
מִכְסָה, נ', ר', ־סוֹת quota, number, quantity
מִכְסֶה, מְכַסֶּה, ז', ר', ־סִים, ־סָאוֹת, ־סִּים cover, lid, covering
מְכֻסֶּה, מְכוּסֶּה, ת"ז, ־סָּה, ת"נ covered
מְכֹעָר, מְכוֹעָר, ת"ז, ־עֶרֶת, ת"נ ugly
מַכְפִּיל, ז', ר', ־לִים multiplier
מְכֻפָּל, מְכוּפָּל, ת"ז, ־פֶּלֶת, ת"נ doubled; duplex
מַכְפֵּלָה, נ', ר', ־לוֹת stony, unfertile soil; duplex building
מְעָרַת הַמַּכְפֵּלָה cave of Makhpelah
מְכֻפָּר, מְכוּפָּר, ת"ז, ־פֶּרֶת, ת"נ forgiven, atoned
מֶכֶר, ז', ר', מְכָרִים price, sale
שְׁטַר מֶכֶר bill of sale
מָכַר, פ"י to sell
נִמְכַּר, פ"ע to be sold
הִתְמַכֵּר, פ"ע to sell oneself; to devote oneself to
מַכָּר, ז', ר', ־רִים acquaintance
מֻכָּר, מוּכָּר, ת"ז, ־כֶּרֶת, ת"נ recognized; known
מִכְרֶה, ז', ר', ־רוֹת mine
מִכְרֵה מֶלַח salt mine
מְכֵרָה, נ', ר', ־רוֹת arms, weapon
מִכְרָז, ז', ר', ־זִים tender
מֻכְרָח, מוּכְרָח, ת"ז, ־רַחַת, ת"נ compelled, forced
מִכְשׁוֹל, ז', ר', ־לִים stumbling block, obstacle
מַכְשִׁיר, ז', ר', ־רִים instrument, apparatus

מַכְשֵׁלָה, נ׳, ר׳, ־לוֹת stumbling block; ruin
מְכֻשָּׁף, מְכוּשָּׁף, ת״ז, ־שֶּׁפֶת, ת״נ enchanted
מְכַשֵּׁף, מְכַשְּׁפָן, ז׳, ר׳, ־פִים, ־נִים sorcerer
מְכַשֵּׁפָה, מְכַשְּׁפָנִית, ז׳, ר׳, ־פוֹת, ־נִיּוֹת sorceress
מְכֻשָּׁר, מוּכְשָׁר, ת״ז, ־שֶּׁרֶת, ת״נ capable
מִכְתָּב, ז׳, ר׳, ־בִים letter; writing; rescript
מִכְתָּב דָּחוּף special-delivery letter
מִכְתָּב רָשׁוּם registered letter
מַכְתֵּב, ז׳, ר׳, ־תְּבִים stylus, pencil
מַכְתֵּבָה, נ׳, ר׳, ־בוֹת writing desk
מְכִתָּה, נ׳, ר׳, ־תּוֹת fragment
מִכְתָּם, ז׳, ר׳, ־מִים epigram; hymn, psalm
מְכֻתָּר, מוּכְתָּר, ת״ז, ־תֶּרֶת, ת״נ crowned
מַכְתֵּשׁ, ז׳, ר׳, ־תְּשִׁים mortar; pit, fissure
מָל, פ״י, ע׳ [מול] to circumcise; to purify the heart
מָלֵא, ת״ז, מְלֵאָה, ת״נ full, complete
מָלֵא, פעו״י to be full, to fill
נִמְלָא, פ״ע to be filled
מִלֵּא, פ״י to fill; to fulfill
מִלֵּא יָד to authorize, empower
מֻלָּא, פ״ע to be filled; to be set (with jewels)
הִתְמַלֵּא, פ״ע to become filled, gathered
מְלֹא, מְלוֹא, ז׳ multitude; fullness; filling matter
מְלַאי, ז׳, ר׳, מְלָאִים merchandise, stock

מַלְאָךְ, ז׳, ר׳, ־כִים angel, messenger
מְלָאכָה, נ׳, ר׳, ־כוֹת work; workmanship; trade, vocation, occupation
בַּעַל מְלָאכָה artisan
מְלֶאכֶת יָד hand work
מַלְאֲכוּת, נ׳, ר׳, ־כֻיּוֹת delegation; deputation
מְלָאכוּתִי, ת״ז, ־תִית, ת״נ artificial
מְלֵאת, נ׳, ר׳, מִלְאוֹת setting; stuffing
מִלְּבַד, תה״פ, ע׳ לְבַד besides
מַלְבּוּשׁ, ז׳, ר׳, ־שִׁים garment; suit, dress
מַלְבֵּן, ז׳, ר׳, ־בְּנִים brick mold; frame; quadrangle; rectangle
מְלֻבָּשׁ, מְלוּבָּשׁ, ת״ז, ־בֶּשֶׁת, ת״נ dressed
מָלַג, פ״י to scald; to pluck a bird
מַלְגֵּז, ז׳, ר׳, ־גְּזִים pitchfork
מִלָּה, נ׳, ר׳, מִלִּים, מִלּוֹת, מִלִּין word, speech; particle (*gram.*)
מִלָּה בְּמִלָּה literally
מִלַּת גּוּף pronoun
מִלַּת חִבּוּר conjunction
מִלַּת יַחַס preposition
מִלַּת קְרִיאָה exclamation
מִלּוֹא, ז׳, ר׳, אִים fortified building
מִלּוּא, ז׳, ר׳, ־אִים filling; fullness
מִלּוּאָה, נ׳, ר׳, ־אוֹת setting (of jewels)
מְלֻבָּשׁ, מְלוּבָּשׁ, ת״ז, ־בֶּשֶׁת, ת״נ dressed
מְלוֹג, ז׳ dowry; usufruct (of woman's property)
מִלְוָה, נ׳, ר׳, ־ווֹת loan; debt
מַלְוֶה, ז׳, ר׳, ־וִים lender; creditor
מְלֻוֶּה, מְלוּוֶּה, ת״ז, ־וָּה, ת״נ accompanied, escorted
מָלוּחַ, ת״ז, מְלוּחָה, ת״נ salty

מְלוּטָשׁ, מְלֻטָּשׁ, ת״ז, ־טֶּשֶׁת, ת״נ
polished, sharpened
filling, stuffing מִלּוּי, ז׳, ר׳, ־יִים
מְלוּכָּד, מְלֻכָּד, ת״ז, ־כֶּדֶת, ת״נ
united, joined; trapped, ensnared
מְלוּכְלָךְ, מְלֻכְלָךְ, ת״ז, ־לֶכֶת, ת״נ
dirty
kingdom; מְלוּכָה, נ׳, ר׳, ־כוֹת
royalty, kingship
royal blood line זֶרַע הַמְּלוּכָה
royal house בֵּית הַמְּלוּכָה
royal throne כִּסֵּא הַמְּלוּכָה
royal מְלוּכָנִי, ת״ז, ־נִית, ת״נ
verbal מִלּוּלִי, ת״ז, ־לִית, ת״נ
מְלוּמָּד, מְלֻמָּד, ת״ז, ־מֶּדֶת, ת״נ
learned
melon מֵלוֹן, ז׳, ר׳, ־נִים
inn, hotel מָלוֹן, ז׳, ר׳, מְלוֹנִים, מְלוֹנוֹת
dictionary, lexicon מִלּוֹן, ז׳, ר׳, ־נִים
lexicographer מִלּוֹנַאי, ז׳, ר׳, ־נָאִים
lexicography מִלּוֹנָאוּת, נ׳
watchman's hut מְלוּנָה, נ׳, ר׳, ־נוֹת
foreign מְלוּעָז, מְלֹעָז, ת״ז, ־עֶזֶת, ת״נ
(esp. words of foreign language)
salt מֶלַח, ז׳, ר׳, מְלָחִים
Dead Sea יָם הַמֶּלַח
to salt, season, pickle מָלַח, פ״י
to salt הִמְלִיחַ, פ״י
to be rubbed with salt הֻמְלַח, פ״ע
sailor, mariner מַלָּח, ז׳, ר׳, ־חִים
rag מֶלַח, ז׳, ר׳, מְלָחִים
saline earth מְלֵחָה, נ׳, ר׳, ־חוֹת
seamanship מַלָּחוּת, נ׳
salty מִלְחִי, ת״ז, ־חִית, ת״נ
מְלֻחָם, מוּלְחָם, ת״ז, ־חֶמֶת, ת״נ
soldered
war; battle; מִלְחָמָה, נ׳, ר׳, ־מוֹת
controversy, quarrel

soldier אִישׁ מִלְחָמָה
weapons כְּלֵי מִלְחָמָה
vise מֶלְחָצַיִם, ז״ר
snake charmer מְלַחֵשׁ, ז׳, ר׳, ־חֲשִׁים
saltpeter מְלַחַת, נ׳
mortar, cement מֶלֶט, ז׳
to save oneself; [מלט] נִמְלַט, פ״ע
to escape
to deliver; to cement מִלֵּט, פ״י
to save; הִמְלִיט, הִמְלִיטָה, פ״י
to give birth (animal)
to escape הִתְמַלֵּט, פ״ע
מְלֻטָּשׁ, מְלוּטָּשׁ, ת״ז, ־טֶּשֶׁת, ת״נ
polished, sharpened
sharpener מַלְטֶשֶׁת, נ׳, ר׳, ־טְשׁוֹת
plenum; מְלִיאָה, נ׳, ר׳, ־אוֹת
plenary session
plucking birds; מְלִיגָה, נ׳, ר׳, ־גוֹת
scalding; usufruct
pickled, מָלִיחַ, ת״ז, מְלִיחָה, ת״נ
salted, preserved (in salt)
salad; relish מָלִיחַ, ז׳
salting, pickling מְלִיחָה, נ׳, ר׳, ־חוֹת
saltiness מְלִיחוּת, נ׳, ר׳, ־חֻיּוֹת
fully ripe corn; מְלִילָה, נ׳, ר׳, ־לוֹת
wriggling, waggling
interpreter; מֵלִיץ, ז׳, ר׳, ־צִים
rhetorician
metaphor; מְלִיצָה, נ׳, ר׳, ־צוֹת
flowery speech; satire
pinching; מְלִיקָה, נ׳, ר׳, ־קוֹת
wringing bird's head
king; sovereign מֶלֶךְ, ז׳, ר׳, מְלָכִים
to be king; to reign מָלַךְ, פ״ע
to reconsider נִמְלַךְ, פ״ע
to change one's mind נִמְלַךְ בְּדַעְתּוֹ
to make king; הִמְלִיךְ, פ״י
to cause to reign

הָמְלַךְ, פ"ע to be crowned a king

מֹלֶךְ, ז' Moloch, Canaanite idol

מְלֻכָּד, מְלוּכָּד, ת"ז, ־כֶּדֶת, ת"נ united, joined; trapped, ensnared

מַלְכֹּדֶת, נ', ר', ־כּוֹדוֹת trap, snare

מַלְכָּה, נ', ר', מְלָכוֹת queen

מַלְכוּת, נ', ר', ־כֻיּוֹת kingdom, reign

מְלֻכְלָךְ, מְלוּכְלָךְ, ת"ז, ־לֶכֶת, ת"נ dirty

מִלְכֹּם, ז' Ammonite idol

מְלֶכֶת, מְלֶכֶת הַשָּׁמַיִם, נ' name for sun or moon goddess

מָלַל, פעו"י to rub; to wither; to fade; to squeeze

מוֹלֵל, פ"ע to dry up; to cut down

מִלֵּל, פ"י to speak, proclaim, talk, utter

מֶלֶל, ז' border, fringe; word, speech

מְלָל, ז' hem

מַלְמָד, ז', ר', ־דִים staff, stick

מַלְמַד הַבָּקָר ox goad

מְלַמֵּד, ז', ר', ־מְּדִים teacher, tutor

מְלֻמָּד, מְלוּמָּד, ת"ז, ־מֶּדֶת, ת"נ learned

מְלַמְּדוּת, נ' tutoring, teaching

מִלְמוּל, ז', ר', ־לִים crumb; jabbering

מִלְמֵל, פ"ע to chatter; to talk (with malicious intent)

מְלֻעָז, מְלוּעָז, ת"ז, ־עֶזֶת, ת"נ foreign (esp. words of foreign language)

מִלְעֵיל, תה"פ penult (*gram.*)

מְלָפְפוֹן, ז', ר', ־פוֹנִים, ־פוֹנוֹת cucumber

[מלץ] נִמְלַץ, פ"ע to be pleasant; to be eloquent

הִמְלִיץ, פ"י to speak flowery language; to recommend

מֶלְצַר, ז', ר', ־צָרִים waiter, steward

מָלַק, פ"י to wring off (head of bird)

מַלְקוֹחַ, ז', ר', ־חִים booty, loot

מַלְקוֹשׁ, ז', ר', ־שִׁים season's last rain

מַלְקוּת, נ', ר', ־קֻיּוֹת, ־קוֹת lash, punishment of lashes

מֶלְקַחַת, נ', ר', ־קָחוֹת pliers, wire cutter

מֶלְקָחַיִם, ז"ז pincers, tongs

מַלְקֵט, ז', ר', ־קְטִים tweezers

מִלְרַע, תה"פ, ע' לְרַע ultima (*gram.*)

מַלְשִׁין, ז', ר', ־נִים slanderer, informer

מַלְשִׁינוּת, נ', ר', ־נֻיּוֹת informing on; slander

מֶלְתָּחָה, נ', ר', ־חוֹת wardrobe; suitcase; traveling bag

מַלְתָּעָה, נ', ר', ־עוֹת incisor; jaw; maxilla

מַלְתְּעוֹת יָמִים adversity

מֵם, נ' Mem, name of thirteenth letter of Hebrew alphabet

מַמְאִיר, ת"ז, ־אֶרֶת, ת"נ malignant

מַמְגוּרָה, מַמְגֻּרָה, נ', ר', ־רוֹת granary

מֵמַד, ז', ר', מְמַדִּים measure, measurement; dimension

מְמוּזָּג, מְמֻזָּג, ת"ז, ־זֶּגֶת, ת"נ mediocre, moderate

מְמוּכָּן, מְמֻכָּן, ת"ז, ־כֶּנֶת, ת"נ mechanized

מִמּוּל, תה"פ opposite

מְמוּלָּא, מְמֻלָּא, ת"ז, ־אָה, ת"נ stuffed, filled

מְמוּלָּח, מְמֻלָּח, ת"ז, ־לַחַת, ת"נ salted

מְמוּמָּן, מְמֻמָּן, ת"ז, ־מֶּנֶת, ת"נ financed

מָמוֹן, ז׳, ר׳, ־נוֹת money, currency; wealth; property; mammon
מִמּוּן, ז׳ financing
מָמוֹנַאי, ז׳, ר׳, ־נָאִים financier
מְמוּנֶּה, מְמֻנֶּה, ת״ז, ־נָּה, ת״נ appointed
מָמוֹנִי, ת״ז, ־נִית, ת״נ monetary, pecuniary
מְמוּסְפָּר, מְמֻסְפָּר, ת״ז, ־פֶּרֶת, ת״נ numerated
מְמוּצָּע, מְמֻצָּע, ת״ז, ־צַּעַת, ת״נ average; central; middle
מִמּוּשׁ, ז׳, ר׳, ־שִׁים realization
מְמוּשָּׁךְ, מְמֻשָּׁךְ, ת״ז, ־שֶּׁכֶת, ת״נ continued, continual
מָמוֹת, ז׳, ר׳, מְמוֹתִים death
מְמוּתָּק, מְמֻתָּק, ת״ז, ־תֶּקֶת, ת״נ sweetened
מְמֻזָּג, מְמוּזָּג, ת״ז, ־זֶּגֶת, ת״נ poured; mediocre; moderate
מִמְזָגָה, נ׳, ר׳, ־גוֹת bar (liquor)
מַמְזֵר, ז׳, ־זֶרֶת, נ׳, ר׳, ־זְרִים, ־זֵרוֹת bastard
מְמֻחֶה, מוּמְחֶה, ת״ז, ־חֵית, ת״נ expert
מִמְחָטָה, נ׳, ר׳, ־טוֹת handkerchief
מַמְטֵרָה, נ׳, ר׳, ־רוֹת sprinkler
מִמְטֶרֶת, נ׳, ר׳, ־רוֹת raincoat
מִמְּךָ, מִמֵּךְ, מ״י, ע׳ מִן from you (*s.*; *m.*, *f.*)
מִמְכָּר, ז׳, ר׳, ־רִים sale
מִמְכֶּרֶת, נ׳, ר׳, ־כָּרוֹת sale
מְמֻלָּא, מְמוּלָּא, ת״ז, ־אָה, ת״נ stuffed, filled
מְמֻלָּח, מְמוּלָּח, ת״ז, ־לַּחַת, ת״נ salted
מִמְלָחָה, מַמְלֵחָה, נ׳, ר׳, ־חוֹת salt container, salt shaker

מַמְלָכָה, מַמְלֶכֶת, נ׳, ר׳, ־כוֹת kingdom; sovereignty
עִיר הַמַּמְלָכָה capital
מַמְלָכוּת, נ׳ kingdom, sovereignty
מְמֻמָּן, מְמוּמָּן, ת״ז, ־מֶּנֶת, ת״נ financed
מִמֵּן, פ״י to finance, capitalize
מְמֻנֶּה, ז׳, ר׳, ־נִים appointed administrator; trustee
מְמֻנֶּה, מְמוּנֶּה, ת״ז, ־נָּה, ת״נ appointed
מִמֶּנָּה, מִמֶּנּוּ, מִמֶּנִּי, מ״י, ע׳ מִן from her, from him, from me
מְמֻנּוּת, נ׳, ר׳, ־נֻּיוֹת mandate
מִמְסָךְ, ז׳, ר׳, ־כִים mixed drink, cocktail
מְמַסְפֵּר, ז׳, ר׳, ־פְּרִים numerator
מִמַּעַל, תה״פ from above
מַמְצִיא, ז׳, ר׳, ־אִים inventor
מְמֻצָּע, מְמוּצָּע, ת״ז, ־צַּעַת, ת״נ average; central; middle
מֶמֶר, ז׳ affliction; bitterness
מִמְרָאָה, נ׳ aerodrome
מַמְרוֹר, ז׳, ר׳, ־רִים affliction; bitterness
מִמְרָח, ז׳, ר׳, ־חִים spread (butter, jam)
מַמְרֵט, ז׳, ר׳, ־רְטִים cobbler's smoothing bone
מַמָּשׁ, ז׳, ר׳, ־שׁוֹת solid; substance; reality; concreteness
מִמֵּשׁ, פ״י to realize
הִתְמַמֵּשׁ, פ״ע to become materialized
מַמָּשׁוּת, נ׳, ר׳, ־שֻׁיוֹת reality, actuality
מִמְשַׁח, ז׳ haughtiness; annointing
מַמָּשִׁי, ת״ז, ־שִׁית, ת״נ real, actual

מְמֻשָּׁךְ, מְמוּשָּׁךְ, ת״ז, ־שֶּׁכֶת, ־שָּׁכָה, ת״נ continued, continual

מִמְשָׁל, ז׳, ר׳, ־לִים authority; government; rule, dominion

מֶמְשָׁלָה, נ׳, ר׳, ־לוֹת constitutional government

מִמְשָׁק, ז׳, ר׳, ־קִים arable land; administration

מַמְתָּק, ז׳, ר׳, ־תַּקִּים candy, sweets, sweetmeats

מְמֻתָּק, מְמוּתָּק, ת״ז, ־תֶּקֶת, ת״נ sweetened

מָן, ז׳ manna; portion; food

מֵן, ז׳, ר׳, מִנִּים stringed musical instrument

מִן, מִ־, מֵ־, מ״י from, out of, of

מְנָאוֹרֶת, נ׳, ר׳, ־רוֹת minaret

מִנְאָם, ז׳, ר׳, ־מִים oration; toast (speech)

מְנָאֵף, ז׳, ר׳, ־אֲפִים adulterer

מְנָאֶפֶת, נ׳, ר׳, ־אֲפוֹת adulteress

מְנֻגָּב, מְנוּגָּב, ת״ז, ־גֶּבֶת, ת״נ dried, wiped

מַנְגִּינָה, נ׳, ר׳, ־נוֹת melody, tune

מְנַגֵּן, ז׳, ר׳, ־גְּנִים musician (*m.*)

מַנְגָּנוֹן, ז׳, ר׳, ־נִים, ־נְאוֹת apparatus; staff

מֻנָּד, מוּנָּד, ת״ז, ־דָה, ת״נ prickly

מְנֻדֶּה, מְנוּדֶּה, ת״ז, ־דָּה, ת״נ ostracized; excommunicated

מָנָה, נ׳, ר׳, ־נוֹת portion, share; dose

מָנָה, פ״י to count; to number

נִמְנָה, פ״ע to be counted; to be assigned

מִנָּה, פ״י to appoint

מֻנָּה, פ״ע to be appointed; to be put in charge of

נִתְמַנָּה, פ״ע to charge, empower; to be appointed to

מָנֶה, ז׳, ר׳, ־נִים coin, weight

מֹנֶה, מוֹנֶה, ז׳, ר׳, ־נִים time, fold

עֲשֶׂרֶת מֹנִים tenfold

מִנְהָג, ז׳, ר׳, ־גִים behavior, conduct; custom

מַנְהִיג, ז׳, ר׳, ־גִים leader

מַנְהִיגוּת, נ׳ leadership

מְנַהֵל, ז׳, ר׳, ־הֲלִים director, manager

מִנְהָל, ז׳, מִנְהָלָה, נ׳, ר׳, ־לִים, ־לוֹת board of directors, administration

מִנְהָרָה, נ׳, ר׳, ־רוֹת tunnel

מְנוּגָּב, מְנֻגָּב, ת״ז, ־גֶּבֶת, ת״נ dried, wiped

מְנוּדֶּה, מְנֻדֶּה, ת״ז, ־דָּה, ת״נ ostracized; excommunicated

מָנוֹד, ז׳, ר׳, מְנוֹדִים shaking (of head); wagging

מְנוֹד לֵב worry

מָנוֹחַ, ז׳, מְנוּחָה, נ׳ quietness; resting place; rest

הַמָּנוֹחַ, ז׳ the deceased

בֵּית מְנוּחָה tomb

לֵיל מְנוּחָה good night

מִנּוּחַ, ז׳ coining (of words)

מִנּוּי, ז׳, ר׳, ־יִים appointment

מָנוּי, ז׳, ר׳, מְנוּיִים; ת״ז subscriber; counted

מְנֻוָּל, ת״ז, ־וֶּלֶת, ת״נ repulsive; despicable

מְנוּמָּס, מְנֻמָּס, ת״ז, ־מֶּסֶת, ת״נ polite

מְנוּמָּק, מְנֻמָּק, ת״ז, ־מֶּקֶת, ת״נ reasoned

מְנוּמָּר, מְנֻמָּר, ת״ז, ־מֶּרֶת, ת״נ spotted

מָנוֹן, ז׳, ר׳, ־נִים executor, manager; weakling

מִנּוּן, ז׳, ר׳, ־נִים apportionment

מָנוֹס, ז׳, מְנוּסָה, נ׳, ר׳, ־סִים, ־סוֹת flight, refuge

מְנוּסֶּה, מְנֻסֶּה, ת״ז, ־סָּה, ת״נ experienced

מְנוּסָּח, מְנֻסָּח, ת״ז, ־סַּחַת, ת״נ formulated

מָנוֹעַ, ז׳, ר׳, מְנוֹעִים motor

מִנּוּעַ, ז׳ motorization

מָנוֹף, ז׳, ר׳, מְנוֹפִים crowbar; derrick crane

מְנוּפָּח, מְנֻפָּח, ת״ז, ־פַּחַת, ת״נ inflated, exaggerated

מְנוּצָּח, מְנֻצָּח, ת״ז, ־צַּחַת, ת״נ conquered, defeated

מְנוּקָּב, מְנֻקָּב, ת״ז, ־קֶּבֶת, ת״נ perforated, full of holes

מְנוּקָּד, מְנֻקָּד, ת״ז, ־קֶּדֶת, ת״נ dotted; vowelized

מָנוֹר, ז׳, ר׳, מְנוֹרִים weaver's beam; constellation

מְנוֹרָה, נ׳, ר׳, ־רוֹת lamp stand; candelabrum

מְנוּתָּח, מְנֻתָּח, ת״ז, ־תַּחַת, ת״נ cut up; analyzed, operated

מְנוּתָּק, מְנֻתָּק, ת״ז, ־תֶּקֶת, ת״נ cut off

מִנְזָר, ז׳, ר׳, ־רִים prince, dignitary (Babylonian); messiah; convent; monastery

מִנֵּחַ, פ״י to coin words, terms

מֻנָּח, ז׳, ר׳, ־חִים postulate; supposition; term

מִנְחָה, נ׳, ר׳, מְנָחוֹת offering, tribute; present, gift; afternoon prayer

מְנַחֵם, ז׳, ר׳, ־חֲמִים comforter, consoler

מְנַחֵם אָב the fifth Hebrew month, Ab

מְנַחֵשׁ, ז׳, ר׳, ־חֲשִׁים diviner; magician

מִנְחָת, ז׳, ר׳, ־תִים landing strip

מְנִי, ז׳ god; divinity of destiny

מְנָיָה, נ׳, ר׳, ־יוֹת share; stock

מִנְיָן, ז׳, ר׳, ־נִים, ־נוֹת number; counting; quorum (for prayer)

מִנַּיִן, תה״פ wherefrom; whence

מֵנִיעַ, ז׳, ר׳, ־עִים dynamo, motor, engine mover

מְנִיעָה, נ׳, ר׳, ־עוֹת hindrance; prevention

מְנִיפָה, נ׳, ר׳, ־פוֹת hand fan

מְנֻמָּס, מְנוּמָּס, ת״ז, ־מֶּסֶת, ת״נ polite

מְנֻמָּק, מְנוּמָּק, ת״ז, ־מֶּקֶת, ת״נ reasoned

מְנֻמָּר, מְנוּמָּר, ת״ז, ־מֶּרֶת, ת״נ spotted

מְנֻסֶּה, מְנוּסֶּה, ת״ז, ־סָּה, ת״נ experienced

מְנֻסָּח, מְנוּסָּח, ת״ז, ־סַּחַת, ת״נ formulated

מִנְסָרָה, נ׳, ר׳, ־רוֹת prism; wood-sawing shop

מָנַע, פ״י to restrain, prevent; to withhold

נִמְנַע, פ״ע to be restrained

הִמְנִיעַ, פ״י to keep apart

מַנְעוּל, ז׳, ר׳, ־לִים lock, bolt, bar

מִנְעָל, ז׳, ר׳, ־לִים, ־לוֹת hard ground; shoe

מַנְעַמִּים, ז״ר tidbits, delicacies

מְנַעַנֵעַ, ז׳, ר׳, ־עַנְעִים cymbal; pedal

מְנֻפָּח, מְנוּפָּח, ת״ז, ־פַּחַת, ת״נ inflated; exaggerated

מְנַצֵּחַ, ז׳, ר׳, ־צְּחִים victor, conqueror; overseer; conductor (of orchestra)

מְנֻצָּח, מְנוּצָּח, ת״ז, ־צַּחַת, ת״נ
conquered, defeated

מְנֻקָּב, מְנוּקָּב, ת״ז, ־קֶּבֶת, ת״נ
perforated, full of holes

מְנֻקָּד, מְנוּקָּד, ת״ז, ־קֶּדֶת, ת״נ
dotted, vowelized

מְנַקִּיָּה, נ׳, ר׳, ־יּוֹת wine bowl, flask; brush

מְנָת, נ׳, ר׳, מְנָאוֹת, מְנָיוֹת share; portion

מְנָת הַמֶּלֶךְ tax

בִּמְנָת, לִמְנָת on condition

עַל מְנָת שֶׁ־ so that, for the sake of

מְנֻתָּח, מְנוּתָּח, ת״ז, ־תַּחַת, ת״נ
cut up; operated; analyzed

מְנֻתָּק, מְנוּתָּק, ת״ז, ־תֶּקֶת, ת״נ cut off

מַס, ז׳, ר׳, מִסִּים tax, tribute; compulsory labor; melting; juice

מַס הַכְנָסָה income tax

מַס חָבֵר membership dues

מֵסַב, ז׳, ר׳, מְסִבִּים round table; (revolving) armchair; circle; environment; surroundings

מִסְבָּאָה, נ׳, ר׳, ־אוֹת tavern, pub, saloon

מְסֻבָּב, מְסוּבָּב, ת״ז, ־בֶּבֶת, ת״נ
surrounded; resultant

מְסִבָּה, מְסִיבָּה, נ׳, ר׳, ־בּוֹת social gathering, party, banquet; winding staircase

מְסֻבָּךְ, מְסוּבָּךְ, ת״ז, ־בֶּכֶת, ת״נ
complicated; entangled

מְסֻבָּן, מְסוּבָּן, ת״ז, ־בֶּנֶת, ת״נ soapy

מִסְבָּנָה, נ׳, ר׳, ־נוֹת soap factory

מִסְגָּד, ז׳, ר׳, ־דִים mosque

מְסֻגָּל, מְסוּגָּל, ת״ז, ־גֶּלֶת, ת״נ
treasured; suited; adjusted

מְסֻגְנָן, מְסוּגְנָן, ת״ז, ־נֶנֶת, ת״נ
formulated; stylized

מַסְגֵּר, ז׳, ר׳, ־גְּרִים padlock; prison; enclosure; locksmith

מִסְגֶּרֶת, נ׳, ר׳, ־גְּרוֹת frame; border, rim

מַסַּד, מַסָּד, ז׳, ר׳, ־דִים foundation

מִסְדָּר, ז׳, ר׳, ־רִים order; parade

מְסַדֵּר, ז׳, ר׳, ־דְּרִים typesetter

מְסֻדָּר, מְסוּדָּר, ת״ז, ־דֶּרֶת, ת״נ
arranged

מִסְדָּרָה, נ׳, ר׳, ־רוֹת tray (for type)

מִסְדְּרוֹן, ז׳, ר׳, ־רוֹנִים, ־רוֹנוֹת
corridor; entrance hall; vestibule

[מסה] נְמְסָה, פ״ע to rot; to be melted, dissolved

הֵמְסָה, פ״י to melt, dissolve

הִתְמַסָּה, פ״ע to melt, dissolve (itself)

מַסָּה, נ׳, ר׳, ־סּוֹת test; essay; destruction

מִסָּה, נ׳, ר׳, ־סּוֹת sufficiency; measure; quota

מְסוֹ, ז׳, ר׳, ־אוֹת curdling, rennet

מְסוּבָּב, מְסֻבָּב, ת״ז, ־בֶּבֶת, ת״נ
surrounded; resultant

מְסוּבָּךְ, מְסֻבָּךְ, ת״ז, ־בֶּכֶת, ת״נ
complicated, entangled

מְסוּבָּן, מְסֻבָּן, ת״ז, ־בֶּנֶת, ת״נ soapy

מְסוּגָּל, מְסֻגָּל, ת״ז, ־גֶּלֶת, ת״נ
treasured; suited; adjusted

מְסוּגְנָן, מְסֻגְנָן, ת״ז, ־נֶנֶת, ת״נ
formulated, stylized

מְסוּדָּר, מְסֻדָּר, ת״ז, ־דֶּרֶת, ת״נ
arranged

מַסְוֶה, ז׳, ר׳, ־וִים veil; mask; hole (for handle)

מְסוּיָּג, מְסֻיָּג, ת״ז, ־יֶּגֶת, ת״נ classified

מְסוּיָּד, מְסֻיָּד, ת"ז, ־יֶּדֶת whitewashed, plastered
מְסוּיָּם, מְסֻיָּם, ת"ז, ־יֶּמֶת, ת"נ definite
מְסוּכָה, מְשׂוּכָה, נ', ר', ־כוֹת thorn hedge
מְסוּכָּן, מְסֻכָּן, ת"ז, ־כֶּנֶת, ת"נ dangerous
מָסוּל, ז', מְסוּלַיִם, ז"ר slipper
מְסוּלָּא, מְסֻלָּא, ת"ז, ־לֵּאת, ת"נ weighted, valued
מְסוּלְסָל, מְסֻלְסָל, ת"ז, ־סֶלֶת, ת"נ curly
מְסוּלָּף, מְסֻלָּף, ת"ז, ־לֶּפֶת, ת"נ perverted; crooked
מְסוּמָּן, מְסֻמָּן, ת"ז, ־מֶּנֶת, ת"נ indicated, marked
מְסוּמָּר, מְסֻמָּר, ת"ז, ־מֶּרֶת, ת"נ nailed
מְסוּנָּף, מְסֻנָּף, ת"ז, ־נֶּפֶת, ת"נ branched
מְסוּס, מְסָס, ז' rottenness
מְסוּסָה, נ', ר', ־סוֹת third stomach of ruminants
מְסוּעָר, מְסֹעָר, ת"ז, ־עֶרֶת, ת"נ emotional
מַסּוֹק, ז', ר', ־קִים helicopter
מְסוּפָּק, מְסֻפָּק, ת"ז, ־פֶּקֶת, ת"נ doubtful
מָסוֹר, ז', ר', ־רוֹת slanderer
מָסוּר, ת"ז, מְסוּרָה, ת"נ devoted
מְסוֹרָג, מְסֹרָג, ת"ז, ־רֶגֶת, ת"נ plaited, interlaced
מָסוֹרָה, מָסֹרָה, נ' Massorah, collection of textual readings
מְסוֹרָס, מְסֹרָס, ת"ז, ־רֶסֶת, ת"נ emasculated, perverted
מְסוֹרָק, מְסֹרָק, ת"ז, ־רֶקֶת, ת"נ combed
מָסוֹרֶת, מָסֹרֶת, נ', ר', ־רוֹת tradition

מָסוֹרְתִּי, ת"ז, ־תִּית, ת"נ traditional
מִסְחָב, ז', ר', ־בִים train (of robe)
מַסְחֵט, ז', ר', ־חֲטִים squeezing appliance, juicer
מַסְחִיט, ז', ר', ־טִים folding hinge, hinges
מִסְחָר, ז', ר', ־רִים trade, commerce
מִסְחָרִי, ת"ז, ־רִית, ת"נ commercial
מִסְטֶה, ז', ר', ־טִים irregularity
מִסְטוֹרִין, מִסְתּוֹרִין, ז' secret; mystery
מְסִיבָּה, מְסִבָּה, נ', ר', ־בּוֹת social gathering, party, banquet; winding staircase
מְסֻיָּג, מְסוּיָּג, ת"ז, ־יֶּגֶת, ת"נ fenced; classified
מְסֻיָּד, מְסוּיָּד, ת"ז, ־יֶּדֶת, ת"נ whitewashed
מְסִיכָה, נ', ר', ־כוֹת mixing, mixture
מְסֻיָּם, מְסוּיָּם, ת"ז, ־יֶּמֶת, ת"נ definite
מְסִיסוּת, נ', ר', ־סֻיּוֹת melting point
מָסִיק, ז', ר', מְסִיקִים olive-gathering time; olive-picking
מְסִירָה, נ', ר', ־רוֹת handing over; delivery; denunciation
מְסִירוּת, נ' devotion
מְסִירוּת־נֶפֶשׁ self-sacrifice
מֵסִית, מַסִּית ז', ר', מְסִיתִים, מַסִּיתִים instigator; missionary; proselytizer
מֶסֶךְ, ז', ר', מְסָכִים mixed drink
מָסַךְ, פ"י to mix; to pour out
נִמְסַךְ, פ"ע to be poured; to have an even temperament
מֻסַּךְ, פ"ע to be temperate; to darken
מָסָךְ, ז', ר', מָסַכִּים curtain, screen; diaphragm
מַסֵּכָה, נ', ר', ־כוֹת mask, covering

מְסָכָה, נ׳, ר׳, ־כוֹת fence, hedge

מְסֻכָּם, מוּסְכָּם, ת״ז, ־כֶּמֶת, ת״נ agreed upon, accepted

מִסְכֵּן, ת״ז, ־כֵּנֶת, ת״נ poor, unfortunate, wretched

מִסְכֵּן, פ״י to impoverish

נִתְמַסְכֵּן, פ״ע to become poor

מְסֻכָּן, מְסוּכָּן, ת״ז, ־כֶּנֶת, ת״נ dangerous

מִסְכֵּנוּת, נ׳ poverty

מִסְכֶּנֶת, נ׳, ר׳, ־כְּנוֹת pantry

מַסְכֵּרָה, נ׳, ר׳, ־רוֹת sugar bowl

מַסְכֵּת, ז׳, ר׳, ־כְּתִים stethoscope

מַסֶּכֶת, נ׳, ר׳, מַסָּכוֹת, מַסֶּכְתּוֹת warp (in weaving)

מַסֶּכְתָּא, מַסֶּכֶת Talmudic tractate

נֶפֶשׁ הַמַּסֶּכֶת woof

מְסֻלָּא, מְסוּלָּא, ת״ז, ־לֵּאת, ת״נ valued; weighted

מְסִלָּה, נ׳, ר׳, ־לּוֹת way, road; orbit; course

מְסִלַּת בַּרְזֶל railroad

מַסְלוּל, ז׳, ר׳, ־לִים way, road, path; orbit

מְסֻלְסָל, מְסוּלְסָל, ת״ז, ־סֶלֶת, ת״נ curly

מְסֻלָּף, מְסוּלָּף, ת״ז, ־לֶּפֶת, ת״נ perverted; incorrect

מִסְמָךְ, ז׳, ר׳, ־כִים document; support

מֻסְמָךְ, ז׳, ר׳, ־כִים reliable; university graduate

מֻסְמָךְ, מוּסְמָךְ, ת״ז, ־מֶכֶת, ת״נ qualified

מְסֻמָּן, מְסוּמָּן, ת״ז, ־מֶּנֶת, ת״נ indicated, marked

מִסְמֵס, פ״י to feed, sustain; to be scarce

נִתְמַסְמֵס, פ״ע to stimulate, encourage; to be bloody; to become soft, flabby; to be mashed

מַסְמֵר, ז׳, ר׳, ־מְרִים, ־מְרוֹת nail; clove; peg

כְּתָב מַסְמְרוֹת cuneiform

שׁוֹשֶׁנֶת הַמַּסְמֵר nailhead

מְסֻמָּר, מְסוּמָּר, ת״ז, ־מֶּרֶת, ת״נ nailed

מַסְנֵן, ז׳, ר׳, ־נְנִים filter

מְסַנֶּנֶת, נ׳, ר׳, ־נְּנוֹת strainer

מְסֻנָּף, מְסוּנָּף, ת״ז, ־נֶּפֶת, ת״נ branched

מֹסֶס, מְסוֹס, ז׳ rottenness

[מסס] נָמַס, פ״ע to become melted

מִסֵּס to melt, liquefy

הֵמֵס, פ״י to liquefy, make run

הִתְמוֹסֵס, פ״ע to become liquid, melted

מַסָּע, ז׳, ר׳, ־עִים migration; dart; voyage

תְּעוּדַת מַסָּע laisser passer

מִסְעָד, ז׳, ר׳, ־דִים support, backing; special fortifying food

מִסְעָדָה, נ׳, ר׳, ־דוֹת restaurant

מִסְעָף, ז׳, ר׳, ־פִים crossroad

מְסֹעָר, מְסוֹעָר, ת״ז, ־עֶרֶת, ת״נ emotional

מַסְפֵּג, ז׳, ר׳, ־פְּגִים blotter

מִסְפֵּד, ז׳, ר׳, ־פְּדִים lamentation, wailing

מִסְפּוֹא, ז׳ fodder

מִסְפָּחָה, נ׳, ר׳, ־חוֹת veil

מִסְפַּחַת, נ׳, ר׳, ־פָּחוֹת scab

מִסְפָּק, ז׳, ר׳, ־קִים dilemma, doubt

מְסֻפָּק, מְסוּפָּק, ת״ז, ־פֶּקֶת, ת״נ doubtful

מִסְפָּר, ז׳, ר׳, ־רִים number, count; boundary; narration
מִסְפָּר יְסוֹדִי cardinal number
מִסְפָּר סִדּוּרִי ordinal number
אֵין מִסְפָּר innumerable
יָמִים מִסְפָּר a few days
מִסְפָּרָה, נ׳, ר׳, ־רוֹת barber shop
מִסְפָּרִי, ת״ז, ־רִית, ת״נ numerical
מִסְפָּרַיִם, ז״ז scissors, shears
מַסְפֶּרֶת, נ׳, ר׳, ־פָּרוֹת hair clippers
מָסַק, פ״י to harvest olives
מַסְקָנָה, נ׳, ר׳, ־נוֹת conclusion
מִסְקָר, ז׳, ר׳, ־רִים review; parade; survey
מָסַר, פ״י to deliver; to transmit; to inform against
נִמְסַר, פ״ע to be handed over; to be transmitted
מְסֹרָג, מְסוֹרָג, ת״ז, ־רֶגֶת, ת״נ plaited; interlaced
מָסֹרָה, מָסוֹרָה, נ׳, ר׳, ־רוֹת Massorah, collection of textual readings
מְסֹרָט, מוּסְרָט, ת״ז, ־רֶטֶת, ת״נ filmed
מַסְרָן, ז׳, ר׳, ־נִים Masoretic scholar
מְסֹרָס, מְסוֹרָס, ת״ז, ־רֶסֶת, ת״נ emasculated; perverted
מַסְרֵק, ז׳, ר׳, ־רְקוֹת, ־קִים comb; blossom of pomegranate
מְסֹרָק, מְסוֹרָק, ת״ז, ־רֶקֶת, ת״נ combed
מָסֹרֶת, מָסוֹרֶת נ׳, ר׳, ־רוֹת tradition
מִסְתּוֹר, ז׳, ר׳, ־רִים hiding place
מִסְתּוֹרִין, מִסְטוֹרִין, ז׳ mystery, secret
מַסְתּוֹרִית, נ׳, ר׳, ־רִיּוֹת reel, spool, yarn windle
מִסְתַּנֵּן, ז׳, ר׳, ־נְּנִים infiltrator

מִסְתָּר, ז׳, ר׳, ־רִים hiding place
מְסַתֵּת, ז׳, ר׳, ־תְּתִים hewer, stone-cutter
מַעְבָּד, ז׳, ר׳, ־דִים act, deed
מְעֻבָּד, מְעוּבָּד, ת״ז, ־בֶּדֶת, ת״נ prepared, worked on
מַעְבָּדָה, נ׳, ר׳, ־דוֹת laboratory
מַעֲבֶה, ז׳, ר׳, ־בִים depth, thickness, density
מַעֲבָר, ז׳, ר׳, ־רִים ford; ferry; crossing; mountain pass; transition
מַעְבָּרָה, נ׳, ר׳, ־רוֹת crossing; camp of refugees
מְעֻבֶּרֶת, מְעוּבֶּרֶת, ת״נ pregnant
שָׁנָה מְעֻבֶּרֶת leap year
מַעְבֹּרֶת, נ׳, ר׳, ־בּוֹרוֹת ferryboat; raft
מַעְגִּילָה, נ׳, ר׳, ־לוֹת rolling machine, cylinder
מַעְגָּל, ז׳, ר׳, ־גָּלִים, ־גָּלוֹת circle; way; orbit
מַעֲגָמָה, נ׳, ר׳, ־מוֹת drama
מָעַד, פ״ע to totter; to slip
הִמְעִיד, פ״י to cause to slip, shake
מְעֻדְכָּן, ת״ז, ־כֶּנֶת, ת״נ up-to-date
מַעֲדָן, ז׳, ר׳, ־נִים tidbit; dainty food; knot
מַעְדֵּר, ז׳, ר׳, ־דְּרִים pick, hoe
מָעָה, נ׳, ר׳, ־עוֹת grain, seed; coin, penny
מָעוֹת, נ״ר change (money)
מְעוּבָּד, מְעֻבָּד, ת״ז, ־בֶּדֶת, ת״נ prepared, worked on
מְעוּבֶּרֶת, מְעֻבֶּרֶת, ת״נ pregnant
מָעוֹג, ז׳, ר׳, מְעוֹגִים griddle cake; grimace
מְעוּוָּת, מְעֻוָּת, ת״ז, ־וֶּתֶת, ת״נ crooked; spoiled

מָעוֹז, ז׳, ר׳, מָעֻזִּים fortress; rock; protection; strength

מִעוּט, ז׳, ר׳, ־טִים minority; limitation; ebb

מְעוּטָּף, מְעֻטָּף, ת״ז, ־טֶּפֶת, ת״נ covered; wrapped

מְעוּיָּן, מְעֻיָּן, ת״ז, ־יֶּנֶת, ת״נ balanced

מִעוּךְ, ז׳, ר׳, ־כִים bruising; squeezing

מְעוּכָּל, מְעֻכָּל, ת״ז, ־כֶּלֶת, ת״נ digested, consumed

מְעוּלֶּה, מְעֻלֶּה, ת״ז, ־לָּה, ת״נ first rate, excellent; prominent

מְעוּמָּס, מְעֻמָּס, ת״ז, ־מֶּסֶת, ת״נ loaded, burdened

מְעוּמְעָם, מְעֻמְעָם, ת״ז, ־עֶמֶת, ת״נ hazy

מָעוֹן, ז׳, מְעוֹנָה, נ׳, ר׳, מְעוֹנִים, ־נוֹת dwelling, habitation; lair

מְעוּנֶּה, מְעֻנֶּה, ת״ז, ־נָּה, ת״נ suffering; tortured; fasting

מְעוּנְיָן, מְעֻנְיָן, ת״ז, ־יֶנֶת, ת״נ interested

מְעוֹנֵן, ז׳, ר׳, ־נְנִים magician; soothsayer

מְעוּנָּן, מְעֻנָּן, ת״ז, ־נֶּנֶת, ת״נ cloudy

מָעוּף, ז׳, ר׳, מְעוּפִים darkness; flight, flying; flight of imagination

מְעוֹפֵף, ז׳, ר׳, ־פְפִים flier, aviator

מְעוֹפְפוּת, נ׳ flight; aviation

מְעוּקָּב, מְעֻקָּב, ת״ז, ־קֶּבֶת, ת״נ cubic

מְעוּקָּף, מְעֻקָּף, ת״ז, ־קֶּפֶת, ת״נ by-passed

מְעוּקָּם, מְעֻקָּם, ת״ז, ־קֶּמֶת, ת״נ crooked

מָעוֹר, ז׳, ר׳, מְעוֹרִים pudenda, genitals

מְעוֹרָב, מְעֹרָב, ת״ז, ־רֶבֶת, ת״נ mixed

מְעוּרְפָּל, מְעֻרְפָּל, ת״ז, ־פֶּלֶת, ת״נ dark; not clear, vague

מְעוֹרֵר, ז׳, ר׳, ־רְרִים tempter; awakener; alarmer

שָׁעוֹן מְעוֹרֵר alarm clock

מְעוּשָּׁן, מְעֻשָּׁן, ת״ז, ־שֶּׁנֶת, ת״נ smoked, fumigated

מְעוּשָּׂר, מְעֻשָּׂר, ת״ז, ־שֶּׂרֶת, ת״נ decagonal

מָעוֹת, נ״ר, ע׳ מָעָה change (money)

מְעֻוָּת, מְעוּוָּת, ת״ז, ־וֶּתֶת, ת״נ crooked; spoiled

מָעֹז, מָעוֹז, ז׳, ר׳, ־זִּים rock; fortress; protection; strength

מָעֻזָּן, ז׳, ר׳, מָעֻזָּנִים stronghold; depot

מְעַט, תה״פ a little; a few

כִּמְעַט, תה״פ almost

מָעַט, פ״ע to diminish, be little

מִעֵט, פ״י to reduce; to exclude

מֻעַט, פ״ע to become less, little

הִמְעִיט, פ״י to do little; to diminish

הִתְמַעֵט, פ״ע to be reduced, diminished

מְעָט, מוּעָט, ת״ז, ־עֶטֶת, ת״נ scanty, small

מָעֹט, ת״ז, מְעֻטָּה, ת״נ polished, shining

מַעֲטֶה, ז׳, ר׳, ־טִים wrap, mantle

מַעֲטִיר, ת״ז, ־רָה, ת״נ crowned

מְעֻטָּף, מְעוּטָּף, ת״ז, ־טֶּפֶת, ת״נ covered; wrapped

מַעֲטָפָה, נ׳, ר׳, ־פוֹת envelope; cover; pillowcase

מַעֲטֶפֶת, נ׳, ר׳, ־טָפוֹת cape, tippet

מְעִי, ז׳, ר׳, מֵעַיִם intestine; bowels; entrails

מְעִי עִוֵּר appendix

מְעִי הָאֵם womb

הִלּוּךְ מֵעַיִם movement of bowels

מְעִידָה, נ׳, ר׳, ־דוֹת slipping, falling

מְעִיכָה, נ׳, ר׳, ־כוֹת squeezing

מְעִיל, ז׳, ר׳, ־לִים jacket, coat, topcoat, overcoat

מְעִילָה, נ׳, ר׳, ־לוֹת breach of faith; bad faith, perfidy; fraud

מַעְיָן, ז׳, ר׳, ־יָנִים, ־יָנוֹת fountain; source; fontanel

מַעְיָנִים, ז״ר thoughts

מְעֻיָּן, מְעוּיָּן, ־יֶּנֶת, ת״נ balanced

מָעַךְ, פ״י to break up; to squeeze

מִעֵךְ, פ״י to rub

נִמְעַךְ, פ״ע to be squashed

מֹעַךְ, פ״ע to be pressed, squashed

נִתְמָעֵךְ, פ״ע to be squashed, rubbed

מֶעֶךְ, ז׳, ר׳, ־כִים damaged spot in vessel

מְעֻכָּל, מְעוּכָּל, ת״ז, ־כֶּלֶת, ת״נ digested; consumed

מַעַל, ז׳ fraud; disloyalty; breach of faith

מָעַל, פ״ע to be treacherous; to defraud

מֹעַל, ז׳ lifting up (of hands)

מַעֲלֶה, ז׳, ר׳, ־לוֹת, ־לִים ascent; platform

מַעֲלָה, נ׳, ר׳, ־לוֹת step, staircase; degree; value; virtue

מַעְלָה, תה״פ up

לְמַעְלָה upwards, upstairs

מִלְמַעְלָה from above

שִׁיר הַמַּעֲלוֹת song of ascents

הוֹד מַעֲלָתוֹ His Excellency

מְעֻלֶּה, מְעוּלֶּה, ת״ז, ־לָּה, ת״נ first rate, excellent; prominent

מַעֲלִית, נ׳, ר׳, ־לִיּוֹת elevator, lift

מַעֲלָל, ז׳, ר׳, ־לִים action

מַעֲמָד, ז׳, ר׳, ־דוֹת way of standing; post; position; presence; class; situation

בְּמַעֲמַד in the presence of

מָעֳמָד, ז׳, ר׳, ־דִים position

מֻעֲמָד, מוּעֲמָד, ז׳, ר׳, ־דִים candidate

מֻעֲמָדוּת, נ׳ candidacy

מַעֲמָס, ז׳ tonnage; load

מְעֻמָּס, מְעוּמָּס, ת״ז, ־מֶּסֶת, ת״נ loaded, burdened

מַעֲמָסָה, נ׳ ר׳, ־סוֹת burden, load

מְעֻמְעָם, מְעוּמְעָם, ת״ז, ־עֶמֶת, ת״נ hazy

מַעֲמָק, ז׳, ר׳, ־מַקִּים depth, depths

(מַעַן) לְמַעַן, מ״ח for the sake of

לְמַעֲנִי, לְמַעַנְךָ, וכו׳ for my sake, for your sake, etc.

מַעַן, ז׳ address; purpose; answer

מַעֲנֶה, ז׳, ר׳, ־נִים answer

מַעֲנָה, נ׳, ר׳, ־נוֹת furrow

מְעֻנֶּה, מְעוּנֶּה, ת״ז, ־נָּה, ת״נ suffering; tortured; fasting

מְעֻנְיָן, מְעוּנְיָן, ת״ז, ־יֶנֶת, ת״נ interested

מְעַנְיֵן, ת״ז, ־יֶנֶת, ת״נ interesting

מַעֲנִית, נ׳, ר׳, ־נִיּוֹת furrow

מְעֻנָּן, מְעוּנָּן, ת״ז, ־נֶּנֶת, ת״נ cloudy

מַעֲנָק, ז׳, ר׳, ־קִים bonus; grant-in-aid

מַעְפָּל, ז׳, ר׳, ־לִים daring

מַעֲפֹרֶת, נ׳, ר׳, ־פוֹרוֹת overalls, duster, smock

מַעֲצָב, ז׳, מַעֲצֵבָה, נ׳, ר׳, ־בִים, ־בוֹת pain; sorrow

מְעַצְבֵּן, ת״ז, ־בֶּנֶת, ת״נ nerve-racking

מַעֲצָד, ז׳, ר׳, ־דִים adz, ax

מַעְצוֹר, ז׳, ר׳, מַעְצוֹרִים hindrance; restraint; brake

מַעֲצָמָה, נ׳, ר׳, ־מוֹת great power

מַעְצָר, ז׳, ר׳, ־רִים restraint; detainment

מְעֻקָּב, ת״ז, ־קֶבֶת, ת״נ cubic

מַעֲקֶה, ז׳, ר׳, ־קִים parapet; railing; balustrade

מַעֲקוֹף, ז׳, ר׳, ־פִים safety island

מַעֲקָל, ז׳, ר׳, ־לִים serpentine

מְעֻקָּם, מְעוּקָּם, ת״ז, ־קֶמֶת, ת״נ crooked

מְעֻקָּף, מְעוּקָּף, ת״ז, ־קֶפֶת, ת״נ by-passed

מְעַקֵּר, ז׳, ר׳, ־קְרִים sterilizer

מַעֲקָשׁ ז׳, ר׳, ־קָשִׁים uneven, rough, hilly land; winding path

מַעַר, ז׳ pudenda; nakedness

מְעֹרָב, מְעוֹרָב, ת״ז, ־רֶבֶת, ת״נ mixed

מַעֲרָב, ז׳ west; merchandise

מַעֲרָבָה westward

מַעֲרָבִי, ת״ז, ־בִית, ת״נ western

מְעַרְבֵּל, ז׳, ר׳, ־לִים cement mixer

מְעַרְבֹּלֶת, נ׳, ־ר׳, ־בּוֹלוֹת whirlpool

מְעָרָה, נ׳, ר׳, ־רוֹת cave

מַעֲרֶה, ז׳, ר׳, ־רִים bare space

מַעֲרוֹךְ, ז׳, ר׳, ־כִים rolling pin; baker's board

מַעֲרִיב, ז׳ evening prayer

מַעֲרִיךְ, ז׳, ר׳, ־כִים assessor

מַעֲרִיץ, ז׳, ר׳, ־צִים admirer

מַעֲרָךְ, ז׳, ר׳, ־כִים plan, order, arrangement

מַעֲרָכָה, נ׳, ר׳, ־כוֹת order; battlefield; battle; battle line; act (*theat.*)

מַעֲרֶכֶת, נ׳, ר׳, ־רָכוֹת editorial staff; editor's office

מְעַרְעֵר, ז׳, ר׳, ־עֲרִים appellant

מְעֻרְפָּל, מְעוּרְפָּל, ת״ז, ־פֶּלֶת, ת״נ dark; not clear, vague

מַעֲרָצָה, נ׳, ר׳, ־צוֹת big ax

מַעַשׂ, ז׳, ר׳, מַעֲשִׂים action

מַעֲשָׂבָה, נ׳, ר׳, ־בוֹת herbarium

מַעֲשֶׂה, ז׳, ר׳, ־שִׂים work; action; deed; event; tale

מַעֲשִׂי, ת״ז, ־שִׂית, ת״נ practical

מַעֲשִׂיָּה, נ׳, ר׳, ־יוֹת fable; legend; short story

מְעֻשָּׁן, מְעוּשָּׁן, ת״ז, ־שֶּׁנֶת, ת״נ smoked; fumigated

מַעֲשֵׁנָה, נ׳, ר׳, ־נוֹת chimney; smokestack; ship's funnel

מַעֲשָׁקָה, נ׳, ר׳, ־קוֹת extortion

מַעֲשֵׂר, ז׳, ר׳, מַעַשְׂרוֹת, מַעְשְׂרוֹת tithe; one-tenth

מְעֻשָּׂר, מְעוּשָּׂר, ת״ז, ־שֶּׂרֶת, ת״נ decagonal

מַעְתִּיק, ז׳, ר׳, ־קִים copyist; translator

מְעַתֵּק, ז׳, ר׳, ־קִים duplicator; hectograph

מַפַּאי, ז׳, ר׳, ־פָּאִים cartographer

מַפַּא״י, מִפְלֶגֶת פּוֹעֲלֵי אֶרֶץ יִשְׂרָאֵל Hebrew Workers of Israel Party

מְפֹאָר, מְפוֹאָר, ת״ז, ־אֶרֶת, ת״נ magnificent

מַפְגִּיעַ, ז׳, ר׳, ־עִים one who requests, urges

בְּמַפְגִּיעַ, תה״פ emphatically

מְפֻגָּל, מְפוּגָּל, ת״ז, ־גֶּלֶת, ת״נ denatured

כֹּהַל מְפֻגָּל denatured alcohol

מִפְגָּן, ז׳, ר׳, ־נִים parade

מִפְגָּע, ז׳, ר׳, ־עִים obstacle

מִפְגָּעָה, נ׳, ר׳, ־עוֹת melodrama

מְפַגֵּר, ת״ז, ־גֶּרֶת, ת״נ tardy
מִפְגָּשׁ, ז׳, ר׳, ־שִׁים rendezvous
מַפָּה, נ׳, ר׳, ־פּוֹת map; tablecloth; flag
מַפִּית, נ׳, ר׳, ־יוֹת napkin
מְפוֹאָר, מְפֹאָר, ת״ז, ־אֶרֶת, ת״נ magnificent
מְפוּגָּל, מְפֻגָּל, ת״ז, ־גֶּלֶת, ת״נ denatured
מְפוּזָּר, מְפֻזָּר, ת״ז, ־זֶּרֶת, ת״נ scattered, absent-minded
מַפּוּחַ, ז׳, ר׳, ־חִים bellows
מַפּוּחוֹן, ז׳, ר׳, ־נִים accordion
מַפּוּחִית, נ׳, ר׳, ־חִיּוֹת harmonica
מְפוּחָם, מְפֻחָם, ת״ז, ־חֶמֶת, ת״נ charred; electrocuted
מְפוּטָּם, מְפֻטָּם, ת״ז, ־טֶּמֶת, ת״נ fattened; stuffed
מִפּוּי, ז׳ cartography
מְפוּיָּס, מְפֻיָּס, ת״ז, ־יֶּסֶת, ת״נ appeased
מְפוּלְפָּל, מְפֻלְפָּל, ת״ז, ־פֶּלֶת, ת״נ peppered; witty
מְפוּנָּק, מְפֻנָּק, ת״ז, ־נֶּקֶת, ת״נ spoiled, pampered
מְפוֹרָד, מְפֹרָד, ת״ז, ־רֶדֶת, ת״נ separated
מְפוֹרָז, מְפֹרָז, ת״ז, ־רֶזֶת, ת״נ open (city), demilitarized
מְפוֹרָט, מְפֹרָט, ת״ז, ־רֶטֶת, ת״נ detailed
מְפוּרְכָּס, מְפֻרְכָּס, ת״ז, ־כֶּסֶת, ת״נ decorated; painted
מְפוּרְסָם, מְפֻרְסָם, ת״ז, ־סֶמֶת, ת״נ famous
מְפוֹרָשׁ, מְפֹרָשׁ, ת״ז, ־רֶשֶׁת, ת״נ explained; commented upon
מְפוּתֶּה, מְפֻתֶּה, ת״ז, ־תָּה, ת״נ seduced, enticed

מְפוּתָּח, מְפֻתָּח, ת״ז, ־תַּחַת, ת״נ developed
מְפֻזָּר, מְפוּזָּר, ת״ז, ־זֶּרֶת, ת״נ scattered; absent-minded
מַפָּח, ז׳, ר׳, ־חִים sigh; deflation; flat tire
מַפַּח נֶפֶשׁ disappointment
מַפַּח בֶּטֶן swelling of the belly
מַפָּחָה, נ׳, ר׳, ־חוֹת smithy
מְפֻחָם, מְפוּחָם, ת״ז, ־חֶמֶת, ת״נ charred; electrocuted
מַפְטִיר, ז׳, ר׳, ־רִים one who concludes, esp. the Reading of the Law (Torah); portion of Prophets read after Reading of the Law
מְפֻטָּם, מְפוּטָּם, ת״ז, ־טֶּמֶת, ת״נ fattened; stuffed
מְפֻיָּס, מְפוּיָּס, ת״ז, ־יֶּסֶת, ת״נ appeased
מַפִּיק, ז׳, ר׳, ־קִים point in Heh at end of word
מַפָּל, ז׳, ר׳, ־לִים waste, refuse
מַפַּל מַיִם waterfall
מַפְּלֵי בָשָׂר flabby muscle
מֻפְלָא, מוּפְלָא, ת״ז, ־אָה, ת״נ wonderful
מִפְלָאָה, נ׳, ר׳, ־אוֹת miracle
מֻפְלָג, מוּפְלָג, ת״ז, ־לֶגֶת, ת״נ distinguished; exaggerated; expert; distant; great
מִפְלָגָה, נ׳, ר׳, ־גוֹת political party; group; division
מַפָּלָה, נ׳, ר׳, ־לוֹת ruin; downfall; calamity; defeat
מִפְלָט, ז׳, ר׳, ־טִים refuge
מְפֻלְפָּל, מְפוּלְפָּל, ת״ז, ־פֶּלֶת, ת״נ peppered; witty

מִפְלֶצֶת, נ׳, ר׳, ־לָצוֹת monster; object of horror
מִפְלָשׂ, ז׳, ר׳, ־שִׂים passage; opening; diffusion
מַפֹּלֶת, נ׳, ר׳, ־פּוֹלוֹת ruin; ruin of building; debris
מִפְנֶה, ז׳, ר׳, ־נִים turning point
מִפְּנֵי, מ״י because of
מְפֻנָּק, מְפוּנָּק, ת״ז, ־נֶּקֶת, ת״נ pampered; spoiled
מַפְסִיק, ז׳, ר׳, ־קִים one who interrupts; distributor (in auto)
מַפְסֶלֶת, נ׳, ר׳, ־סְלוֹת chisel
מִפְעָל, ז׳, מִפְעָלָה, נ׳, ר׳, ־לִים, ־לוֹת deed; project, undertaking
מִפְעָם, ז׳, ר׳, ־מִים tempo
מַפָּץ, ז׳, ר׳, ־צִים breaking; shattering
מַפֵּץ, ז׳, ר׳, מַפְּצִים hammer; club
מַפְצֵחַ, ז׳, ר׳, ־צְחִים nutcracker
מִפְצָר, ז׳, ר׳, ־רִים entreaty; insistence
מִפְקָד, ז׳, ר׳, ־דִים census; counting, order
מְפַקֵּד, ז׳, ר׳, ־קְּדִים commander
מְפַקֵּחַ, ז׳, ר׳, ־קְּחִים supervisor; trustee
מַפְקִיד, ז׳, ר׳, ־דִים depositor
מֻפְקָע, מוּפְקָע, ת״ז, ־קַעַת, ת״נ raised (in price); expropriated for public domain
מְפֻקְפָּק, מְפוּקְפָּק, ת״ז, ־פֶּקֶת, ת״נ doubtful
מְפֹרָד, מְפוֹרָד, ת״ז ,־רֶדֶת, ת״נ separated
מַפְרֵדָה, נ׳, ר׳, ־דוֹת centrifuge
מְפֹרָז, מְפוֹרָז, ת״ז, ־רֶזֶת, ת״נ open (city); demilitarized

מְפֹרָט, מְפוֹרָט, ת״ז, ־רֶטֶת, ת״נ detailed
מַפְרִיס, ת״ז, ־סָה, ת״נ hoofed
מֻפְרָךְ, ת״ז, ־רֶכֶת, ת״נ refuted
מְפֻרְכָּס, מְפוּרְכָּס, ת״ז, ־כֶּסֶת, ת״נ decorated; painted
מְפַרְנֵס, ז׳, ר׳, ־נְסִים provider, breadwinner
מְפֻרְסָם, מְפוּרְסָם, ת״ז, ־סֶמֶת, ת״נ famous
מְפֻרְסָמוֹת, נ״ר axiom(s); self-evident truth(s)
(מַפְרֵעַ) לְמַפְרֵעַ, תה״פ retrospectively; in advance
מִפְרָעָה, נ׳, ר׳, ־עוֹת advance payment; on account
מִפְרָץ, ז׳, ר׳, ־צִים bay
מִפְרָק, ז׳, ר׳, ־קִים joint (*anat.*)
מַפְרֶקֶת, נ׳, ר׳, ־רָקוֹת neck
מְפָרֵשׁ, ז׳, ר׳, ־רְשִׁים commentator, exegete
מִפְרָשׂ, ז׳, ר׳, ־שִׂים sail
מְפֹרָשׁ, מְפוֹרָשׁ, ת״ז, ־רֶשֶׁת, ת״נ commented upon; explained
בִּמְפֹרָשׁ, תה״פ explicitly
מִפְרָשִׂית, נ׳, ר׳, ־שִׂיּוֹת sailboat
מֻפְשָׁט, מָפְשָׁט, ת״ז, ־שֶׁטֶת, ת״נ abstract
מִפְתּוֹל, ז׳, ר׳, ־לִים perversity
מְפֻתֶּה, מְפוּתֶּה, ת״ז, ־תָּה, ת״נ seduced; enticed
מַפְתֵּחַ, ז׳, ר׳, ־חוֹת key
מַפְתֵּחַ הַלֵּב breastbone, sternum
מַפְתֵּחַ (לְסֵפֶר) index
מְפֻתָּח, מְפוּתָּח, ת״ז, ־תַּחַת, ת״נ developed
מִפְתָּח, ז׳, ר׳, ־חִים opening (of lips); opening

shirt opening מִפְתַּח חָלוּק

carver; engraver; developer מְפַתֵּחַ, ז׳, ר׳, ־תְּחִים

surprising מַפְתִּיעַ, ת״ז, ־עָה, ת״נ

threshold מִפְתָּן, ז׳, ר׳, ־נִים, ־נוֹת

chaff מֹץ, מוֹץ, ז׳

to churn, beat מָץ, פ״י, ע׳ [מיץ]

oppressor מֵץ, ז׳, ר׳, ־צִים

to find; to meet someone מָצָא, פ״י

to find favor; to please מָצָא חֵן

to dare מָצָא לֵב

to be found; to exist; to be present נִמְצָא, פ״ע

to furnish, supply with; to cause to find; to invent הִמְצִיא, פ״י

to be supplied with; to be invented; created הֻמְצָא, פ״ע

condition; position; situation; disposition; מַצָּב, ז׳, ר׳, ־בִים

state of mind מַצַּב רוּחַ

elevation (mil.); entrenchment, post (mil.); monument מֻצָּב, ז׳, ר׳, ־בִים

monument; statue; tombstone מַצֵּבָה, נ׳, ר׳, ־בוֹת

tumor מִצְבֶּה, ז׳, ר׳, ־בִּים

paintbrush מַצְבּוֹעַ, ז׳, ר׳, ־עִים

cobbler's tongs מִצְבָּטַיִם, ז״ז

commander-in-chief מַצְבִּיא, ז׳, ר׳, ־אִים

dyer's shop מִצְבָּעָה, נ׳, ר׳, ־עוֹת

accumulator (*elec.*) מַצְבֵּר, ז׳, ר׳, ־בְּרִים

presented; exhibited מֻצָּג, מוּצָּג, ת״ז, ־צֶּגֶת, ת״נ

exhibit, display מֻצָּג, מוּצָּג, ז׳, ר׳, ־גִים

railroad siding מֵצַד, ז׳, ר׳, ־דִים

partisan מְצַדֵּד, ז׳, ר׳, ־דְּדִים

mountain fortress מְצָדָה, נ׳, ר׳, ־דוֹת

מְצֻדָּק, מוּצְדָּק, ת״ז, ־דֶּקֶת, ת״נ justified

to wring out; to drink (to last drop) מָצָה, פ״י

to be wrung out נִמְצָה, פ״ע

to drain, wring, squeeze out; to exhaust מִצָּה, פ״י

to drip out הִתְמַצָּה, פ״ע

matzah, unleavened bread; strife, petty quarrel מַצָּה, נ׳, ר׳, ־צוֹת

raw, untanned hide עוֹר מַצָּה

neighing; snorting; shout of joy מִצְהָלָה, נ׳, ר׳, ־לוֹת

hunting, catching; fish net מָצוֹד, ז׳, ר׳, מְצוֹדִים

fortress; enclosure מְצוּדָה, נ׳, ר׳, ־דוֹת

trap; fish net מְצוֹדָה, נ׳, ר׳, ־דוֹת

command; order; charity; (deed of) merit מִצְוָה, נ׳, ר׳, ־וֹת

bar mizvah בַּר־מִצְוָה

confirmation בַּת־מִצְוָה

מְצוּחְצָח, מְצֻחְצָח, ת״ז, ־צַחַת, ת״נ polished

squeezing, wringing out מִצּוּי, ז׳, ר׳, ־יִים

available; accessible מָצוּי, ת״ז, מְצוּיָה, ת״נ

מְצוּיָּד, מְצֻיָּד, ת״ז, ־יֶּדֶת, ת״נ provisioned, equipped

excellent; distinguished מְצוּיָּן, מְצֻיָּן, ת״ז, ־יֶּנֶת, ת״נ

מְצוּיָּר, מְצֻיָּר, ת״ז, ־יֶּרֶת, ת״נ illustrated

מְצוּלָה, נ׳, ר׳, ־לוֹת depth, bottom of sea; fish pond
יְוֵן מְצוּלָה mire, muck, mud
מְצוּלָּם, מְצֻלָּם, ת״ז, ־לֶּמֶת, ת״נ photographed
מְצוּמְצָם, מְצֻמְצָם, ת״ז, ־צֶמֶת, ת״נ limited; restricted; curtailed
מְצוּמָּק, מְצֻמָּק, ת״ז, ־מֶּקֶת, ת״נ shriveled up
מְצוּנָּן, מְצֻנָּן, ת״ז, ־נֶּנֶת, ת״נ cooled; having a cold
מְצוּעַ, ז׳, ר׳, ־עִים middle, midst; average; compromise
מְצוֹעָף, מְצֹעָף, ת״ז, ־עֶפֶת, ת״נ veiled
מָצוֹף, ז׳, ר׳, מְצוֹפִים float
מְצוּפִית, נ׳, ר׳, ־פִיּוֹת mouthpiece (of musical instrument)
מָצוּץ, ת״ז, מְצוּצָה, ת״נ squeezed
מָצוֹק, ז׳ anguish; straits; distress
מָצוּק, ז׳, ר׳, ־קִים pillar; foundation
מָצוּק, ת״ז, ־קָה, ת״נ narrow; erect
מִצּוּק, ז׳ solidification
מְצוּקָה, נ׳, ר׳, ־קוֹת distress; hardship; tightness
מָצוֹר, ז׳ siege, beleaguerment; boundary; distress
מְצוּרָה, נ׳, ר׳, ־רוֹת fortress
מְצוֹרָע, מְצֹרָע, ת״ז, ־רַעַת, ת״נ leprous
מְצוֹרָף, מְצֹרָף, ת״ז, ־רֶפֶת, ת״נ purified; joined
מַצּוּת, נ׳ strife, contention
מֵצַח, ז׳, ר׳, מְצָחִים brow, forehead
מֵצַח עַזּוּת effrontery
מֵצַח נְחוּשָׁה brazen impudence
מִצְחָה, נ׳, ר׳, ־חוֹת greave; visor
מְצֻחְצָח, מְצוּחְצָח, ת״ז, ־צַחַת, ת״נ polished

מְצִיאָה, נ׳, ר׳, ־אוֹת finding; bargain, cheap buy
מְצִיאוּת, נ׳, ר׳, ־אֻיּוֹת existence; essence; universe; reality
מְצִיאוּתִי, ת״ז, ־תִית, ת״נ realistic, actual
מְצֻיָּד, מְצוּיָּד, ת״ז, ־יֶּדֶת, ת״נ provisioned, equipped
מַצִּיל, ז׳, ר׳, ־לִים savior; lifeguard
מְצֻיָּן, מְצוּיָּן, ת״ז, ־יֶּנֶת, ת״נ excellent; distinguished
מְצִיצָה, נ׳, ר׳, ־צוֹת sucking
מֵצִיק, ז׳, ר׳, ־קִים oppressor
מְצֻיָּר, מְצוּיָּר, ת״ז, ־יֶּרֶת, ת״נ illustrated
מַצִּית, ז׳, ר׳, ־תִים lighter
מֶצֶל, ז׳ whey
מֵצַל, ת״ז, מְצִלָּה, ת״נ shady
מְצֻלָּח, מוּצְלָח, ת״ז, ־לַחַת, ת״נ fortunate; successful
מַצְלִיחַ, ז׳, ר׳, ־חִים successful person
מַצְלִיף, ז׳, ר׳, ־פִים whipper
מַצְלֵל, ז׳, ר׳, ־לְלִים tuning fork
מְצֻלָּם, מְצוּלָּם, ת״ז, ־לֶּמֶת, ת״נ photographed
מַצְלֵמָה, נ׳, ר׳, ־מוֹת camera
מְצֻלָּע, ז׳, ר׳, ־עִים polygon
מַצְלֵף, ז׳, ר׳, ־לְפִים fly swatter
מְצַלְצְלִים, ז״ר coins, money
מְצִלְתַּיִם, ז״ז cymbals
מַצְמֵד, ז׳, ר׳, ־דִים clutch; coupling
מִצְמוּץ, ז׳, ר׳, ־צִים wink (of eye)
מִצְמֵץ, פ״י to wink (eyes); to rinse, wash (mouth); to purge
מְצֻמְצָם, מְצוּמְצָם, ת״ז, ־צֶמֶת, ת״נ limited; restricted; curtailed
מְצֻמָּק, מְצוּמָּק, ת״ז, ־מֶּקֶת, ת״נ shriveled up

מַצְנֵחַ, ז׳, ר׳, ־נְחִים — parachute
מִצְנֶפֶת, נ׳, ר׳, ־נָפוֹת — headgear; turban
מְצֻנָּן, מְצוּנָּן, ת״ז, ־נֶּנֶת, ת״נ — cooled; having a cold
מֻצְנָע, מוּצְנָע, ת״ז, ־נַעַת, ת״נ — hidden; retired
מִצְנֶפֶת, נ׳, ר׳, ־נָפוֹת — cap, turban
מַצָּע, ז׳, ר׳, ־עוֹת, ־עִים — bedding; couch; substratum
מִצַּע, פ״י — to divide in two
מֻצָּע, מוּצָּע, ת״ז, ־צַּעַת, ת״נ — proposed; bedded
מִצְעָד, ז׳, ר׳, ־דִים — pacing; parade; display
מְצֹעָף, מְצוֹעָף, ת״ז, ־עֶפֶת, ת״נ — veiled
מִצְעָר, ז׳ — small thing; fewness
לְמִצְעָר — at least
מִצְפֶּה, ז׳, ר׳, ־פִּים — watchtower; observatory
מְצַפֶּה, ז׳, ר׳, ־פִּים — watchman; observer
מַצְפּוּן, ז׳, ר׳, ־נִים — hiding place; hidden object; conscience
מַצְפֵּן, ז׳, ר׳, ־פְּנִים — compass
מָצַץ, פ״י — to suck
מָצַק, פ״י — to pour; to distill
נִמְצַק, פ״ע — to be, get distilled
מַצֶּקֶת, נ׳, ר׳, מַצָּקוֹת — ladle
מֵצַר, ז׳, ר׳, מְצָרִים — distress; isthmus
מֶצֶר, ז׳, ר׳, מְצָרִים — boundary
מָצַר, פ״י — to fix boundaries; to twist
מִצְרִי, ת״ז, ־רִית, ת״נ — Egyptian
מִצְרָךְ, ז׳, ר׳, ־כִים — necessity
מְצֹרָע, מְצוֹרָע, ת״ז, ־רַעַת, ת״נ — leprous
מַצְרֵף, ז׳, ר׳, ־רְפִים — melting pot, crucible
מְצֹרָף, מְצוֹרָף, ת״ז, ־רֶפֶת, ת״נ — purified; joined
מַק, ז׳ — decay, rottenness
מַקָּב, ז׳, ר׳, ־בִים — punch; perforator
מְקֻבָּב, מְקוּבָּב, ת״ז, ־בֶּבֶת, ת״נ — concave
מַקְבִּיל, ת״ז, ־לָה, ת״נ — parallel; opposite
מַקְבִּילוֹן, ז׳, ר׳, ־נִים — parallelogram
מַקְבִּילַיִם, ז״ר — exercise bars, parallel bars
מְקַבֵּל, ז׳, ר׳, ־בְּלִים — container, receptacle, receiver
מְקֻבָּל, מְקוּבָּל, ת״ז, ־בֶּלֶת, ת״נ — accepted; mystic, cabalistic
מְקֻבָּל, ז׳, ר׳, ־לִים — cabalist, mystic
מְקֻבָּץ, ת״ז, ־בֶּצֶת, ת״נ — sum drawn together, collected
מַקֶּבֶת, נ׳, ר׳, ־קָבוֹת — sledge hammer, mallet
מַקְדֵּד, ז׳, ר׳, ־דְּדִים — borer
מְקֵדָה, נ׳, ר׳, ־דוֹת — potsherd; goblet
מַקֵּדָה, נ׳, ר׳, ־דוֹת — cobbler's punch tongs
מַקְדֵּחַ, ז׳, מַקְדֵּחָה, נ׳, ר׳, ־דְּחִים, ־דְּחוֹת — borer, drill; flint iron
מְקַדֵּם, ז׳, ר׳, ־דְּמִים — coefficient
מֻקְדָּם, מוּקְדָּם, ת״ז, ־דֶּמֶת, ת״נ — early
בְּמֻקְדָּם, תה״פ — earlier, in advance
מִקְדָּמָה, נ׳, ר׳, ־מוֹת — deposit
מִקְדָּשׁ, ז׳, ר׳, ־דָּשִׁים, ־דָּשׁוֹת — sanctuary, temple
בֵּית הַמִּקְדָּשׁ — the Temple
מְקֻדָּשׁ, מְקוּדָּשׁ, ת״ז, ־דֶּשֶׁת, ת״נ — sanctified
מֻקְדָּשׁ, מוּקְדָּשׁ, ת״ז, ־דֶּשֶׁת, ת״נ — devoted, dedicated
מַקְהֵל, ז׳, ר׳, ־לִים — assembly

מַקְהֵלָה, נ׳, ר׳, ־לוֹת choir, chorus
מְקוּבָּב, מְקֻבָּב, ת״ז, ־בֶּבֶת, ת״נ concave
מַקּוֹב, ז׳, ר׳, ־בִים cobbler's awl
מְקוּבָּל, מְקֻבָּל, ת״ז, ־בֶּלֶת, ת״נ accepted; mystic; cabalistic
מְקוּבָּץ, מְקֻבָּץ, ת״ז, ־בֶּצֶת, ת״נ gathered together, collected
מִקּוּד, ז׳ focus
מְקוּדָּשׁ, מְקֻדָּשׁ, ת״ז, ־דֶּשֶׁת, ת״נ sanctified
מִקְוֶה, ז׳, מִקְוָה, ז׳ ר׳, ־וִים, ־ווֹת, ־וָאוֹת ritual bath; reservoir; hope
מִקְוֵה הַשֶּׁתֶן bladder
מִקּוּחַ, ז׳ haggling, bargaining
מְקוּטָּף, מְקֻטָּף, ת״ז, ־טֶּפֶת, ת״נ plucked
מְקוּטָּר, מְקֻטָּר, ת״ז, ־טֶּרֶת, ת״נ sacrificed; burnt as incense
מָקוֹלִית, נ׳, ר׳, ־לִיוֹת gramophone
מְקוּלָּל, מְקֻלָּל, ת״ז, ־לֶּלֶת, ת״נ cursed
מְקוּלָּף, מְקֻלָּף, ת״ז, ־לֶּפֶת, ת״נ peeled
מְקוּלְקָל, מְקֻלְקָל, ת״ז, ־קֶלֶת, ת״נ spoiled
מָקוֹם, ז׳, ר׳, מְקוֹמוֹת place, locality; residence
בִּמְקוֹם in place of, instead of
מִכָּל מָקוֹם anyhow; in any case
מְקוּמָּט, מְקֻמָּט, ת״ז, ־מֶּטֶת, ת״נ wrinkled
מְקוֹמִי, ת״ז, ־מִית, ת״נ local
מְקוּמָּר, מְקֻמָּר, ת״ז, ־מֶּרֶת, ת״נ convex; vaulted
מְקוֹנֵן, ז׳, ר׳, ־נְנִים mourner
מְקוֹעָר, מְקֹעָר, ת״ז, ־עֶרֶת, ת״נ concave

מְקוּפָּח, מְקֻפָּח, ת״ז, ־פַּחַת, ת״נ impaired, curtailed; discriminated against
מְקוּפָּל, מְקֻפָּל, ת״ז, ־פֶּלֶת, ת״נ folded
מְקוּצָּר, מְקֻצָּר, ת״ז, ־צֶּרֶת, ת״נ shortened, abbreviated
מָקוֹר, ז׳, ר׳, מְקוֹרוֹת source; spring, fountain; infinitive (*gram.*); origin
מַקּוֹר, ז׳, ר׳, ־רִים trigger; bill, bird's beak
מַקּוֹר הַחֲסִידָה, ז׳ geranium
מְקוֹרִי, ת״ז, ־רִית, ת״נ original
מְקוֹרִיּוּת, נ׳ originality
מַקּוֹשׁ, ז׳, ר׳, ־שִׁים gong
מְקוּשְׁקָשׁ, מְקֻשְׁקָשׁ, ת״ז, ־קֶשֶׁת, ת״נ tasteless; confused
מְקוּשָּׁר, מְקֻשָּׁר, ת״ז, ־שֶּׁרֶת, ת״נ connected, attached
מִקָּח, ז׳, ר׳, ־חוֹת, ־חִים purchasing; bought object; receiving, taking
מִקַּח שֹׁחַד bribe
מִקָּח וּמִמְכָּר trade
עָמַד עַל הַמִּקָּח to bargain, haggle
מַקָּחָה, נ׳, ר׳, ־חוֹת merchandise
מְקֻטָּף, מְקוּטָּף, ת״ז, ־טֶּפֶת, ת״נ plucked
מַקְטֵפָה, נ׳, ר׳, ־פוֹת long-handled instrument for picking fruit
מִקְטָר, ז׳, ר׳, ־רִים incense
מְקֻטָּר, מְקוּטָּר, ת״ז, ־טֶּרֶת, ת״נ sacrificed; burnt as incense
מְקַטְרֵג, ז׳, ר׳, ־רְגִים prosecutor
מִקְטֹרֶן, ז׳, ר׳, ־טָרְנִים smoking jacket
מִקְטֶרֶת, נ׳, ר׳, ־טָרוֹת censer; pipe (for smoking)
מְקִיוֹן, מוּקִיוֹן, ז׳, ר׳, ־נִים clown

מַקִּיף, ז׳, ר׳, ־פִים circle; periphery; circumference
מַקֵּל, ז׳, ר׳, מַקְלוֹת walking stick; rod
מִקְלֶה, ז׳, ר׳, ־לִים roasting place; hearth
מִקְלַחַת, נ׳, ר׳, ־לָחוֹת shower
מִקְלָט, ז׳, ר׳, ־טִים shelter, refuge, asylum; murderer's hiding place
מַקְלֵט, ז׳, ר׳, ־לְטִים receiver (for radio, television)
מֻקְלָט, מוּקְלָט, ת״ז, ־לֶטֶת, ת״נ recorded
מַקְלִיטוֹן, ז׳, ר׳, ־נִים tape recorder
מְקֻלָּל, מְקוּלָּל, ת״ז, ־לֶּלֶת, ת״נ cursed
מִקְלָע, ז׳, ר׳, ־עִים machine-gun
תַּת־מִקְלָע Tommy gun, submachine gun
מִקְלְעָן, ז׳, ר׳, ־לְעִים gunner
מִקְלָעָה, נ׳, ר׳, ־עוֹת braid, plait
מִקְלַעַת, נ׳, ר׳, ־לָעוֹת bas-relief; carved work; plait (of hair)
מְקֻלָּף, מְקוּלָּף, ת״ז, ־לֶּפֶת, ת״נ peeled
מְקֻלְקָל, מְקוּלְקָל, ת״ז, ־קֶלֶת, ת״נ spoiled
מְקֻמָּט, מְקוּמָּט, ת״ז, ־מֶּטֶת, ת״נ wrinkled
[מקמק] הִתְמַקְמֵק, פ״ע to dissolve; to get weak, pine away; to rot
מְקֻמָּר, מְקוּמָּר, ת״ז, ־מֶּרֶת, ת״נ convex; vaulted
מִקְנֶה, ז׳, ר׳, ־נִים cattle; herd; property
מִקְנָה, נ׳, ר׳, ־נוֹת purchase; purchase price
סֵפֶר הַמִּקְנָה bill of sale

מְקֻסָּם, ת״ז, ־סֶּמֶה, ת״נ wonderful, fascinating
מִקְסָם, ז׳, ר׳, ־מִים magic, charm
מְקֻעָּר, מְקוּעָּר, ת״ז, ־עֶּרֶת, ת״נ concave
מַקָּף, מַקַּף, ז׳, ר׳, מַקָּפִים, מַקְפִים hyphen
מֻקָּף, ת״ז, ־קֶּפֶת, ת״נ surrounded; hyphenated
מִקְפָּא, מִקְפָּה, נ׳, ר׳, ־פָּאוֹת, ־פוֹת porridge; aspic, jellied dish
מְקֻפָּח, מְקוּפָּח, ת״ז, ־פַּחַת ת״נ impaired, curtailed; discriminated against
מִקְפִּית, נ׳ gelatin
מְקֻפָּל, מְקוּפָּל, ת״ז, ־פֶּלֶת, ת״נ folded
מַקְפֵּצָה, נ׳, ר׳, ־צוֹת diving board
מִקְצָב, ז׳, ר׳, ־בִים rhythm, meter
מִקְצוֹעַ, ז׳, ר׳, ־עוֹת, ־עִים corner; angle; profession
מַקְצוּעָה, נ׳, ר׳, ־עוֹת carpenter's plane
מִקְצוֹעִיּוּת, נ׳ professionalization
מִקְצֶפֶת, נ׳, ר׳, ־צְפוֹת frosting (cake)
מְקֻצָּר, מְקוּצָּר, ת״ז, ־צֶּרֶת, ת״נ shortened, abbreviated
מַקְצֵרָה, נ׳, ר׳, ־רוֹת mowing machine, combine
[מקק] נָמַק to fester, rot; to become weak; to molder, pine away
הֵמִיק, פ״י to crumble; to dissolve
הוּמַק, פ״ע to fall apart; to be dissolved
מַקָּק, ז׳, ר׳, ־קִים worm; bookworm
מֶקֶק, ז׳ gangrene
מִקְרָא, ז׳, ר׳, ־אִים, ־אוֹת, ־רָיוֹת reading matter; Bible; recitation; convocation

מִקְרָא, ז׳, ר׳, ־אִים guest (at table)

מִקְרָאָה, נ׳, ר׳, ־אוֹת chrestomathy, reader (book)

מִקְרֶה, ז׳, ר׳, ־רִים chance; accident; event; case

מְקֵרָה, נ׳, ר׳, ־רוֹת cooling chamber, refrigerating room; icebox, refrigerator

מְקָרֶה, ז׳, ר׳, ־רִים ceiling; roof beams

מִקְרִי, ת״ז, ־רִית, ת״נ accidental

מִקְרִיּוּת, נ׳ casualness

מַקְרִין, ז׳, ר׳, ־נִים X-ray unit; horned snake

מַקְרֵן, ז׳, ר׳, ־רְנִים radiator

מִקְרֶצֶת, נ׳, ר׳, ־רָצוֹת a quantity of dough for making loaf

מְקַרְקְעִים, ־ןְ, ז״ר landed property; real estate

מְקָרֵר, ז׳, ר׳, ־רְרִים icebox; refrigerator

מִקֵּשׁ, פ״י to mine (a field)

מִקְשָׁאָה, נ׳, ר׳, ־אוֹת cucumber or melon field

מִקְשָׁה נ׳, ר׳, ־שׁוֹת metal work

מִקְשֶׁה, ז׳, ר׳, ־שִׁים hair-do

מֻקְשֶׁה, ת״ז, ־שֵׁית, ת״נ hard, difficult

מַקְשֶׁה, ז׳, ר׳, ־שִׁים one who debates, questions, argues, raises difficulties

מַקְשָׁן, ז׳, ר׳, ־נִים arguer, reasoner

מְקֻשְׁקָשׁ, מְקוּשְׁקָשׁ, ת״ז, ־קֶשֶׁת, ת״נ tasteless; confused

מְקֻשָּׁר, מְקוּשָּׁר, ת״ז, ־שֶּׁרֶת, ת״נ connected, attached

מַר, ת״ז, מָרָה, ת״נ bitter, embittered; cruel, violent

מַר, ז׳, ר׳, מָרִים mister; sir; bitterness; drop

מֹר, ז׳ myrrh

[מרא] הִמְרִיא, פ״ע to soar, fly high; to fatten, stuff

מַרְאֶה, ז׳, ר׳, ־אִים, ־אוֹת sight; image; view; appearance; vision

מַרְאֵה מָקוֹם reference

מַרְאָה, נ׳, ר׳, ־אוֹת vision; mirror

מַרְאוֹת הַטֶּבַע phenomenon

חָכְמַת הַמַּרְאוֹת optics

מֻרְאָה נ׳, ר׳, ־אוֹת (bird's) crop

מַרְאִית, נ׳, ר׳, ־אִיּוֹת view; sight (of eyes)

מַרְאִית עַיִן appearance, semblance

מֵרֹאשׁ, תה״פ from the beginning, from the start

מְרַאֲשׁוֹת, נ״ר head board; pillow, bolster

מֻרְבָּב, מְרוּבָּב, ת״ז, ־בֶּבֶת, ת״נ stained; thousand fold, myriad

מַרְבַד, ז׳, ר׳, ־דִּים bedding; carpet; bed-spread

מִרְבָּה, נ׳, ר׳, ־בּוֹת amplitude

מַרְבֶּה, ז׳, ר׳, ־בִּים a lot

מַרְבֵּה רַגְלַיִם milliped

מֻרְבֶּה, מְרוּבֶּה, ת״ז, ־בָּה, ת״נ numerous, frequent

מַרְבִּית, נ׳, ר׳, ־יוֹת interest (on money), usury; the greatest part, largest number, increment

מֻרְבָּךְ, מוּרְבָּךְ, ת״ז, ־בֶּכֶת, ת״נ well-mixed

מֻרְבָּע, מְרוּבָּע, ז׳, ר׳, ־עִים; ת״ז square, quadrangular

מַרְבֵּץ, מִרְבָּץ, ז׳, ר׳, ־צִים lair

מַרְבֵּק, ז׳, ר׳, ־בְּקִים stable; stall (for calves)

מַרְגּוֹעַ, ז' place of rest

מְרֻגָּז, מוּרְגָּז, ת"ז, ־גֶּזֶת, ת"נ excited; nervous, irritated

מְרֻגָּל, מוּרְגָּל, ת"ז, ־גֶּלֶת, ת"נ accustomed

מְרַגֵּל, ז', ר', ־גְּלִים spy

מַרְגְּלוֹת, ז"ר foot of bedstead; foot of mountain

מַרְגָּלִית, נ', ר', ־לִיּוֹת pearl

מַרְגֵּמָה, נ', ר', ־מוֹת catapult; howitzer

מַרְגָּנִית, נ', ר', ־נִיּוֹת dandelion

מַרְגֵּעָה, נ' rest, quiet, repose

מְרֻגָּשׁ, מוּרְגָּשׁ, ת"ז, ־גֶּשֶׁת, ת"נ felt, perceived

מַרְגָּשָׁה, נ', ר', ־שׁוֹת feeling

מֶרֶד, ז', ר', מְרָדִים rebellion, revolt

מָרַד, פ"ע to rebel, revolt

הִמְרִיד, פ"י to incite, make rebellious

מְרֻדָּד, מְרוּדָּד, ת"ז, ־דֶּדֶת, ת"נ flattened

מַרְדֵּה, ז', ר', ־דִּים baker's shovel, peel

מַרְדּוּת, נ', ר', ־דֻיּוֹת punishment; remorse; rebelliousness

מַרְדַּעַת, נ', ר', ־דָּעוֹת pack-saddle

מְרַדֵּף, ז', ־פִים persecutor

מְרֻדָּף, ת"ז, ־דֶּפֶת, ת"נ persecuted

מָרָה, פ"ע to be disobedient, refractory, rebellious

הִמְרָה, פ"י to argue; to rebel; to wager; to stuff

מֹרָה, מָרָּה, נ' bitterness

מָרַּת נֶפֶשׁ, נ' grief, bitterness; dissatisfaction

מָרָה, נ', ר', ־רוֹת gall; bile; bitterness

מָרָה שְׁחוֹרָה melancholy

מְרֹהָט, מְרוּהָט, ת"ז, ־הֶטֶת, ת"נ furnished

מְרוּבָּב, מְרֻבָּב, ת"ז, ־בֶּבֶת, ת"נ stained; thousand fold, myriad

מְרוּבֶּה, מְרֻבֶּה, ת"ז, ־בָּה, ת"נ much, many

מְרוּבָּע, מְרֻבָּע, ז', ר', ־עִים, ת"ז square, quadrangular

מָרוּד, ז', ר', מְרוּדִים wretchedness

מָרוּד, ת"ז, מְרוּדָה, ת"נ wretched; miserable; homeless; very poor

מַרְוָה, נ', ר', ־ווֹת salvia; sage

מְרוּהָט, מְרֹהָט, ת"ז, ־הֶטֶת, ת"נ furnished

מְרוּוָּח, מְרֻוָּח, ת"ז, ־וַּחַת, ת"נ spacious, roomy

מָרוּחַ, ת"ז, מְרוּחָה, ת"נ spread,smeared

מֵרוּחַ, ז' annointing, ointment

מִרְוָח, ז', ר', ־חִים distance; empty space

מֶרְוָח, ז', ר', ־חִים respite

מְרֻוָּח, מְרוּוָּח, ת"ז, ־וַּחַת, ת"נ spacious, roomy

מָרוּט, ת"ז, מְרוּטָה, ת"נ plucked; polished

מְרוּכָּךְ, מְרֻכָּךְ, ת"ז, ־כֶּכֶת, ת"נ softened

מְרוּכָּז, מְרֻכָּז, ת"ז, ־כֶּזֶת, ת"ז centralized; concentrated; centered

מָרוֹם, ז', ר', מְרוֹמִים, ־מוֹת, height; mountain peak; elevation, heaven

מְרוּמֶּה, מְרֻמֶּה, ת"ז, ־מָּה, ת"נ deceived; fooled

מְרוֹמָם, מְרֹמָם, ת"ז, ־מֶמֶת, ת"נ elevated, exalted

מֵרוֹן, מָרוֹן, ז', ר', בְּנֵי־מֵרוֹן flock; band

מְרוּסָּן, מְרֻסָּן, ת"ז, ־סֶּנֶת, ת"נ bridled, curbed

מְרוּסָּס, מְרֻסָּס, ת"ז, ־סֶּסֶת, ת"נ broken (to pieces); sprayed

מְרוּסָּק, מְרֻסָּק, ת"ז, ־סֶּקֶת, ת"נ crushed

מְרוּפָּד, מְרֻפָּד, ת"ז, ־פֶּדֶת, ת"נ upholstered

מְרוּפָּט, מְרֻפָּט, ת"ז, ־פֶּטֶת, ת"נ shabby; shaggy

מֵרוֹץ, ז', ר', ־צִים race; running; course (of events); run (of things)

מְרוּצָה, נ', ר', ־צוֹת race; running; double time; fast walk (mil.)

מְרוּצֶּה, מְרֻצֶּה, ת"ז, ־צָּה, ת"נ satisfied; agreable

מְרוּצָּע, מְרֻצָּע, ת"ז, ־צַּעַת, ת"נ striped

מְרוּצָּף, מְרֻצָּף, ת"ז, ־צֶּפֶת, ת"נ floored, tiled

מָרוּק, ת"ז, ־קָה, ת"נ polished, shined

מֵרוּק, ז', ר', ־קִים polishing, rubbing; cleansing

מְרוּקָּם, מְרֻקָּם, ת"ז, ־קֶּמֶת, ת"נ embroidered

מָרוֹר, ז', ר', מְרוֹרִים bitter herbs; horse-radish

מְרוֹרָה, מְרֹרָה, נ', ר', ־רוֹת bitterness; bitter; venom

מְרוּשָּׁל, מְרֻשָּׁל, ת"ז, ־שֶּׁלֶת, ת"נ careless, negligent

מְרוּתָּךְ, מְרֻתָּךְ, ת"ז, ־תֶּכֶת, ת"נ welded

מָרוּת, נ' authority, rule

מַרְזֵב, ז', ר', ־זְבִים gutter spout

מַרְזֵחַ, ז', ר', ־זְחִים revelry

בֵּית מַרְזֵחַ saloon, pub, bar

מָרַח, פ"י to spread (butter); to besmear; to annoint; to daub; to rub; to smooth

מֶרְחָב, ז', ר', ־בִים wide space; breadth

מִרְחָה, נ', ר', מְרָחוֹת ointment; spread; smear

מֶרְחָץ, ז', ר', ־חֲצָאוֹת bath (bathhouse)

מֶרְחָק, ז', ר', ־חַקִּים, מַרְחַקִּים distance

מֶרְחַקֵּי הַגּוּף dimension(s)

מַרְחֶשְׁוָן, ז' Marheshvan, eighth month of Hebrew calendar

מַרְחֶשֶׁת, נ', ר', ־חָשׁוֹת covered frying pan

מָרַט, פ"י to pluck hair, feathers; to polish

מִרְטֵט, פ"י to make threadbare, to wear out

מְרִי, ז' rebelliousness; refractoriness

מְרִי שִׂיחַ bitter words

מְרִיא, ז', ר', ־אִים fatling (cattle); devil

מֵרִיב, ז', ר', מְרִיבִים fighter; disputant; adversary

מְרִיבָה, נ', ר', ־בוֹת quarrel, strife

מְרִיבִי, ת"ז, ־בִית, ת"נ quarrelsome

מְרִידָה, נ', ר', ־דוֹת mutiny, rebellion

מְרִיחָה, נ', ר', ־חוֹת unction, smearing, spreading (butter)

מְרִיטָה, נ', ר', ־טוֹת plucking

מְרִיסָה, נ', ר', ־סוֹת stirring, mixing

מֵרִיץ, ז', ר', מְרִיצִים starter (games)

מְרִיצָה, נ', ר', ־צוֹת running; wheelbarrow; handcart

מְרִיצוּת, נ' velocity

מְרִיקָה, נ׳, ר׳, ־קוֹת polishing, scouring

מָרִיר, ת״ז, מְרִירָה, ת״נ bitterish

מְרִירוּת, נ׳ bitterness, embitterment

מְרִירִי, ת״ז, ־רִית, ת״נ bitter; embittered; venomous

מָרִישׁ, ז׳, ר׳, מְרִישִׁים, ־שׁוֹת beam, joist

מֹרֶךְ, ז׳ cowardice; timidity

מֶרְכָּב, ז׳, ר׳, ־בִים riding seat; body (of auto); chariot; carriage

מֻרְכָּב, מוּרְכָּב, ת״ז, ־כֶּבֶת, ת״נ compound; composed; complicated

מֶרְכָּבָה, נ׳, ר׳, ־בוֹת chariot; carriage

מֻרְכָּה, מֵרְכָא, נ׳, ר׳, ־כוֹת, ־כָאוֹת Biblical accent

מֵרְכָאוֹת כְּפוּלוֹת quotation marks

מִרְכּוּז, ז׳ centralization

מֶרְכָּז, ז׳, ר׳, ־זִים center

מֶרְכַּז הַכֹּבֶד center of gravity

מֻרְכָּז, מְרוּכָּז, ת״ז, ־כֶּזֶת, ת״נ centered; centralized; concentrated

מִרְכֵּז, פ״י to centralize

מֶרְכָּזִי, ת״ז, ־זִית, ת״נ central

מֶרְכָּזִיָּה, נ׳, ר׳, ־זִיּוֹת switchboard, (telephone) exchange

מֻרְכָּךְ, מְרוּכָּךְ, ת״ז, ־כֶּכֶת, ת״נ softened

מַרְכֹּלֶת, נ׳ merchandise

מִרְמָה, נ׳ deceit; fraud

מֻרְמֶה, מְרוּמֶּה, ת״ז, ־מָּה, ת״נ deceived; fooled

מֻרְמָם, מְרוֹמָם, ת״ז, ־מֶמֶת, ת״נ elevated, exalted

מִרְמָס, ז׳ trampling; thing trampled on

[מרמר] הִתְמַרְמֵר, פ״ע to complain bitterly; to become embittered

מֵרַס, פ״י to stir, mix; to squeeze out (grapes)

נִתְמָרֵס, פ״ע to be mixed, stirred, squeezed

מֻרְסָה, מוּרְסָה, נ׳, ר׳, ־סוֹת abscess

מְרֻסָּן, מְרוּסָּן, ת״ז, ־סֶּנֶת, ת״נ bridled; curbed

מַרְסֵס, ז׳, ר׳, ־סְסִים sprayer

מְרֻסָּס, מְרוּסָּס, ת״ז, ־סֶּסֶת, ת״נ broken (to pieces); sprayed

מַרְסֵק, ז׳, ר׳, ־סְקִים chopper, crusher

מְרֻסָּק, מְרוּסָּק, ת״ז, ־סֶּקֶת, ת״נ crushed

מֵרֵעַ, ז׳, ר׳, ־רֵעִים companion; friend

מֵרַע, ז׳, ר׳, מְרֵעִים evildoer, villain

מְרַע, ז׳ illness

שְׁכִיב מְרַע bedridden

מִרְעֶה, ז׳, ר׳, ־עִים pasture, pasturage

מַרְעִית, נ׳, ר׳, ־עִיּוֹת grazing cattle; grazing flock; pasturing

מְרֻעָל, מוּרְעָל, ת״ז, ־עֶלֶת, ת״נ poisoned

מְרֻעָשׁ, מוּרְעָשׁ, ת״ז, ־עֶשֶׁת, ת״נ shaken; shelled, bombed

מַרְפֵּא, מַרְפֵּה, ז׳ healing; soothing; recovery

מִרְפָּאָה, נ׳, ר׳, ־אוֹת clinic

מְרֻפָּד, מְרוּפָּד, ת״ז, ־פֶּדֶת, ת״נ upholstered

מִרְפָּדָה, מַרְפֵּדִיָּה, נ׳, ר׳, ־דוֹת upholstery shop

מְרֻפָּט, מְרוּפָּט, ת״ז, ־פֶּטֶת, ת״נ shabby; shaggy

מִרְפֶּסֶת, נ׳, ר׳, ־פָּסוֹת balcony; verandah

מַרְפֵּק, ז׳, ר׳, ־פְּקִים elbow

[מרץ] נִמְרַץ, פ״ע to be energetic, strong; to quicken

הִמְרִיץ, פ״י to spur on, urge; to be strong; to energize

מֶרְץ, מַרְס, ז׳ March

מֶרֶץ, ז׳ energy; rapidity

מַרְצֶה, ז׳, ר׳, ־צִים lecturer

מַרְצָה, נ׳, ר׳, ־צוֹת stone crusher

מֻרְצֶה, מְרוּצֶה, ת״ז, ־צָה, ת״נ satisfied; agreeable

מֻרְצָע, מְרוּצָּע, ת״ז, ־צַעַת, ת״נ striped

מַרְצֵעַ, ז׳, ר׳, ־צְעִים awl, borer

מֻרְצָף, מְרוּצָּף, ת״ז, צֶפֶת floored, tiled

מַרְצֶפֶת, נ׳, ר׳, ־צָפוֹת pavement; tiled floor; tile, flagstone

מֶרֶק, ז׳, ר׳, מְרָקִים putty

מָרָק, ז׳, ר׳, מְרָקִים soup, broth

מָרַק, פ״י to polish, scour, cleanse

מֻרְקָב, ת״ז, ־קֶבֶת, ת״נ rotten

מַרְקוֹעַ, ז׳, ר׳, ־עִים patch

מֶרְקָח, ז׳, ר׳, ־חִים compound; drug; perfume

מֶרְקָחָה, נ׳, ר׳, ־חוֹת drug

בֵּית מֶרְקָחִים perfumery

מִרְקַחַת, נ׳, ר׳, ־קָחוֹת aromatic oil; ointment; jam, preserves

בֵּית מִרְקַחַת drugstore, pharmacy

מִרְקָם, ז׳ embroidery

מְרֻקָּם, מְרוּקָּם, ת״ז, ־קֶּמֶת, ת״נ embroidered

מִרְקָקָה, נ׳, ר׳, ־קוֹת spittoon

מָרַר, פ״ע to be bitter; to be in distress

מֵרַר, פ״י to embitter

מְרֹרָה, מְרוֹרָה, נ׳, ר׳, ־רוֹת bitterness; bitter; venom

מְרֵרָה, נ׳, ר׳, ־רוֹת bile; gall

מֻרְשֶׁה, ז׳, ר׳, ־שִׁים deputy; delegate; member of parliament; authorized agent

בֵּית מֻרְשִׁים parliament

מֻרְשׁוֹן, ז׳, ר׳, ־נִים parliament

מֻרְשָׁל, מְרוּשָּׁל, ת״ז, ־שֶּׁלֶת, ת״נ careless, negligent

מִרְשָׁם ז׳, ר׳, ־מִים census; sketch

מִרְשַׁעַת, נ׳, ר׳, ־שָׁעוֹת wicked, cruel woman

מָרַת, נ׳, ר׳, ־רוֹת madam; Mrs.

מֻרְתָּךְ, מְרוּתָּךְ, ת״ז, ־תֶּכֶת, ת״נ welded

מַרְתֵּף, ז׳, ר׳, ־תְּפִים cellar; storeroom

מָשׁ, פעו״י, ע׳ [מוש] to throw off, remove

מַשָּׁא, ז׳ ר׳, ־אוֹת debt; loan

מַשָּׂא, ז׳, ר׳, ־אוֹת load, burden; oracle, prophecy

מַשָּׂא־וּמַתָּן transaction, business; arbitration

מֻשָּׂא, מוּשָּׂא, ז׳, ר׳, ־אִים object (*gram.*)

מִשֵּׁא, פ״י to tear out

מַשְׁאָב, ז׳, ר׳, ־אַבִּים shepherd's well

מַשְׁאֵבָה, נ׳, ר׳, ־בוֹת pump

מַשָּׁאָה, נ׳, ר׳, ־שָּׁאוֹת debt

מַשָּׂאָה, מַשְׂאֵת, נ׳, ר׳, ־אוֹת, מַשְׂאוֹת uplifting, raising

מַשָּׁאוֹן, ז׳ fraud

מַשָּׂאִי, ת״ז, ־אִית, ת״נ peripatetic

מַשָּׂאִית, נ׳, ר׳, ־אִיּוֹת truck

מִשְׁאָל, ז׳, ר׳, ־לִים referendum

מֻשְׁאָל, מוּשְׁאָל, ת״ז, ־אֶלֶת, ת״נ figurative; metaphorical

מִשְׁאָלָה, נ׳, ר׳, ־לוֹת request; wish

מִשְׁאֶרֶת, נ׳, ר׳, ־אָרוֹת kneading trough

מַשְׂאֵת, נ׳, ר׳, ־אוֹת, מַשָּׂאוֹת gift; portion; pillar (of smoke)

מַשָּׁב, ז׳, ־ר׳, ־בִים blowing

מְשֻׁבָּח, מְשׁוּבָּח, ת״ז, ־בַּחַת, ת״נ praiseworthy

מֻשְׁבָּע, מוּשְׁבָּע, ת״ז, ־בַּעַת, ת״נ sworn

מְשֻׁבָּע, מְשׁוּבָּע, ת״ז, ־בַּעַת, ת״נ septangular; heptagon

מְשֻׁבָּץ, מְשׁוּבָּץ, ת״ז, ־בֶּצֶת, ת״נ checkered

מִשְׁבֶּצֶת, נ׳, ר׳, ־בְּצוֹת checkered work; brocade; inlay; setting (for diamond)

מַשְׁבֵּר, ז׳, ר׳, ־בְּרִים crisis; birth stool

מִשְׁבָּר, ז׳, ר׳, ־רִים breakers

מְשֻׁבָּשׁ, מְשׁוּבָּשׁ, ת״ז, ־בֶּשֶׁת, ת״נ faulty; corrupt; full of errors

מִשְׁבָּת, ז׳, ר׳, ־בַּתִּים shattering; annihilation; destruction

מֻשָּׂג, מוּשָּׂג, ז׳, ר׳, ־גִים concept, idea, notion

מִשְׂגָּב, ז׳, ר׳, ־גַּבִּים fortress; shelter, refuge

מִשְׁגֶּה, ז׳, ר׳, ־גִּים error, mistake

מַשְׁגִּיחַ, ז׳, ר׳, ־חִים overseer

מִשְׁגָּל, ז׳, ר׳, ־לִים sexual intercourse

מְשֻׁגָּע, מְשׁוּגָּע, ת״ז, ־גַּעַת, ת״נ crazy, insane

בֵּית מְשֻׁגָּעִים insane asylum

מַשְׂדֵּדָה, נ׳, ר׳, ־דוֹת harrow

מִשְׁדָּר, ז׳, ר׳, ־דָּרִים broadcast

מַשְׁדֵּר, ז׳, ר׳, ־דְּרִים broadcasting station

מָשָׁה, פ״י to pull out (of water)

מַשֶּׁה, ז׳, ר׳, ־שִּׁים debt; loan

מַשֶּׁהוּ, ז׳, ר׳, מַשְׁהוּיִים minimum; anything; smallest quantity

מַשּׂוֹא, ז׳, ר׳, ־אִים carrying

מַשּׂוֹא פָּנִים partiality

מַשּׂוּאָה, נ׳, ר׳, ־אוֹת signal torch

מְשׁוֹאָה, נ׳ calamity; desolation

מַשּׁוּאָה, נ׳, ר׳, ־אוֹת ruin; wreckage

מִשְׁוָאָה, נ׳, ר׳, ־אוֹת equation

מְשׁוּבָה, נ׳, ר׳, ־בוֹת wicked deed; backsliding; waywardness, delinquency

מְשׁוּבָּח, מְשֻׁבָּח, ת״ז, ־בַּחַת, ת״נ praiseworthy

מְשׁוּבָּע, מְשֻׁבָּע, ת״ז, ־בַּעַת, ת״נ septangular, heptagon

מְשׁוּבָּץ, מְשֻׁבָּץ, ת״ז, ־בֶּצֶת, ת״נ checkered

מְשׁוּבָּשׁ, מְשֻׁבָּשׁ, ת״ז, ־בֶּשֶׁת, ת״נ faulty; corrupt; full of errors

מְשׁוּגָה, נ׳, ר׳, ־גוֹת error

מְשׁוּגָּע, מְשֻׁגָּע, ת״ז, ־גַּעַת, ת״נ crazy, insane

מַשְׁוֶה, ז׳, ר׳, ־וִים equator

מָשׁוּחַ, ת״ז, מְשׁוּחָה, ת״נ anointed

מָשׁוֹחַ, ז׳, ר׳, ־חוֹת surveyor

מְשׁוּחָד, מְשֻׁחָד, ת״ז, ־חֶדֶת, ת״נ bribed; prejudiced

מְשׁוּחָק, מְשֻׁחָק, ת״ז, ־חֶקֶת, ת״נ rubbed, worn out

מְשׁוּחְרָר, מְשֻׁחְרָר, ת״ז, ־רֶרֶת, ת״נ emancipated, freed, liberated

מָשׁוֹט, ז׳, ר׳, מְשׁוֹטִים oar

מְשׁוּטָּח, מְשֻׁטָּח, ת״ז, ־טַּחַת, ת״נ flat; dull

מְשׁוֹטֵט, ז׳, ר׳, ־טְטִים hiker; tourist
מִשּׁוּי, ז׳, ר׳, ־יִים massage
מַשְׁוִית, נ׳, ר׳, ־וִיּוֹת carpenter's plane
מָשׁוּךְ, ת״ז, מְשׁוּכָה, ת״נ stretched; drawn
מְשׂוּכָה, מְסוּכָה, נ׳, ר׳, ־כוֹת thorn; hedge; hurdle
מְשׁוּכְלָל, מְשֻׁכְלָל, מ״ז, ־לֶלֶת, ת״נ perfected; up-to-date
מְשׁוּכְנָע, מְשֻׁכְנָע, ת״ז, ־נַעַת, ת״נ convinced; persuaded
מָשׁוּל, ת״ז, מְשׁוּלָה, ת״נ compared to
מְשׁוּלָּב, מְשֻׁלָּב, ת״ז, ־לֶּבֶת, ת״נ joined, fitted; mortised
מְשׁוּלְהָב, מְשֻׁלְהָב, ת״ז, ־הֶבֶת, ת״נ flaming
מְשׁוּלָּח, מְשֻׁלָּח, ז׳, ר׳, ־חִים emissary, messenger; delegate
מְשׁוּלָּל, מְשֻׁלָּל, ת ז, ־לֶּלֶת, ת״נ deprived of
מְשׁוּלָּם, מְשֻׁלָּם, ת״ז, ־לֶּמֶת, ת״נ paid, paid for
מְשׁוּלָּשׁ, מְשֻׁלָּשׁ, ת״ז, ־לֶּשֶׁת, ת״נ triangular, threefold, triple
מִשּׁוּם, מ״י because of
מְשׁוּמָּד, מְשֻׁמָּד, ת״ז, ־מֶּדֶת, ת״נ apostate
מְשׁוּמָּן, מְשֻׁמָּן, ת״ז, ־מֶּנֶת, ת״נ, ז׳ greasy, greased; oily, oiled; octagon
מְשׁוּמָּר, מְשֻׁמָּר, ת״ז, ־מֶּרֶת preserved
מְשׁוּנֶּה, מְשֻׁנֶּה, ת״ז, ־נָּה, ת״נ strange, queer
מְשׁוּנָּן, מְשֻׁנָּן, ת״ז, ־נֶּנֶת, ת״נ sharpened; teethed
מְשׁוּנְשָׁן מְשֻׁנְשָׁן, ת״ז, ־שֶׁנֶת, ת״נ lisped
מְשׁוּעְבָּד, מְשֻׁעְבָּד, ת״ז, ־בֶּדֶת, ת״נ enslaved; mortgaged

מְשׁוּפָּע, מְשֻׁפָּע, ת״ז, ־פַּעַת, ת״נ sloping, slanting
מְשׁוּקָּע, מְשֻׁקָּע, ת״ז, ־קַּעַת, ת״נ settled, concave
מַשּׂוֹר, ז׳, ר׳, ־רִים saw
מְשׂוּרָה, נ׳, ר׳, ־רוֹת measure of capacity (liquid)
מְשׁוּרְיָן, מְשֻׁרְיָן, ת״ז, ־יֶנֶת, ת״נ armored
מְשׁוֹרֵר, ז׳, ר׳, ־רְרִים singer; poet
מְשׁוֹרָשׁ, מְשֹׁרָשׁ, ת״ז, ־רֶשֶׁת, ת״נ uprooted
מִשְׁוֶרֶת, נ׳, ר׳, ־וָרוֹת, ־וָרִים stirrup
מָשׂוֹשׂ, ז׳ gladness, joy
מָשׁוֹשׁ, ז׳, ר׳, מְשׁוֹשִׁים groper
מִשּׁוּשׁ, ז׳, ר׳, ־שִׁים touching; feeling
חוּשׁ הַמִּשּׁוּשׁ sense of touch
מְשׁוּשֶּׁה, מְשֻׁשֶּׁה, ת״ז, ־שָּׁה, ת״נ hexagonal, sixfold
מְשׁוֹשָׁה, נ׳, ר׳, ־שׁוֹת antenna
מְשׁוּתָּף, מְשֻׁתָּף, ת״ז, ־תֶּפֶת, ת״נ shared, common
מְשׁוּתָּק, מְשֻׁתָּק, ת״ז, ־תֶּקֶת, ת״נ paralyzed
מִשְׁזָר, ז׳ plait, plaiting
מָשַׁח, פ״י to anoint, smear, oil
נִמְשַׁח, פ״ע to be (become) anointed
מְשֻׁחָד, מְשׁוּחָד, ת״ז, ־חֶדֶת, ת״נ bribed; prejudiced
מִשְׁחָה, נ׳, ר׳, מְשָׁחוֹת ointment, unction, salve; grease; portion
הַר הַמִּשְׁחָה (הַר הַזֵּיתִים) Mount of Olives
מַשְׁחֶזֶת, נ׳, ר׳, ־חָזוֹת whetstone
מַשְׁחִית, ז׳, ר׳, ־תִים vanguard (of fighting forces); trap; evildoer
אֳנִיַּת מַשְׁחִית destroyer

מְשֻׁחָל, מוּשְׁחָל, ת"ז, ־חֶלֶת, ת"נ threaded, strung

מְשֻׁחָק, מְשׁוּחָק, ת"ז, ־חֶקֶת, ת"נ rubbed; worn out

מִשְׂחָק, ז', ר', ־קִים game; laughter

מְשַׂחֵק, ז', ר', ־חֲקִים player; actor

מְשֻׁחָר, מוּשְׁחָר, ת"ז, ־חֶרֶת, ת"נ blackened

מְשֻׁחְרָר, מְשׁוּחְרָר, ת"ז, ־רֶרֶת, ת"נ freed, liberated, emancipated

מָשְׁחָת, מָשְׁחָת, מֻשְׁחָת, ת"ז, ־חַת, ־חֶתֶת, ת"נ corrupted; deformed; disfigured

מַשְׁחֵת, ז' destruction; corruption

מִשְׁטוֹחַ, מִשְׁטָח, ז', ר', ־חִים spreading place; plain, field

מְשֻׁטָּח, מְשׁוּטָּח, ת"ז, ־טַּחַת, ת"נ flat, dull

מַשְׂטִין, ז', ר', ־נִים enemy; accuser, prosecutor

מַשְׂטֵמָה, נ', ר', ־מוֹת hatred, animosity

מִשְׁטָר, ז', ר', ־רִים executive power; regime

מִשְׁטֵר, פ"י to rule; to regiment

מִשְׁטָרָה, נ', ר', ־רוֹת police; police force; police station

מֶשִׁי, ז' silk

תּוֹלַעַת מֶשִׁי silkworm

מָשִׁיחַ, ז', ר', מְשִׁיחִים anointed one; Messiah

מְשִׁיחָה, נ', ר', ־חוֹת anointing; ointment; thin rope

מְשִׁיחִיּוּת, נ' Messianism, Messiahship

מְשִׁיחִי, ת"ז, ־חִית, ת"נ Messianic

מָשִׁיט, ז', ר', מְשִׁיטִים oarsman

מְשִׁיכָה, נ', ר', ־כוֹת pulling; attraction; withdrawal (bank)

מֵשִׂים, פ"י to place, make

מִבְּלִי מֵשִׂים, תה"פ unintentionally

מְשִׂימָה, נ', ר', ־מוֹת task, assignment

מַשִּׁיק, ז', ר', ־קִים tangent (*geom.*)

מָשַׁךְ, פ"י to pull, drag; to lengthen; to attract; to withdraw (money)

נִמְשַׁךְ, פ"ע to be stretched; to be withdrawn; to be prolonged

מֻשַּׁךְ, פ"ע to be delayed, deferred

הִמְשִׁיךְ, פ"י to continue, cause to extend, pull; to prolong; to attract

מֶשֶׁךְ, ז' pull; duration

בְּמֶשֶׁךְ, תה"פ during

מִשְׁכָּב, ז', ר', ־בִים, ־בוֹת bed, couch; lying down; grave

חֲדַר הַמִּשְׁכָּב bedroom

מִשְׁכַּב זָכוּר homosexuality, pederasty

מַשְׁכּוֹכִית, נ', ר', ־כִיּוֹת bellwether

מַשְׁכּוֹן, ז', ר', ־כּוֹנוֹת, ־כּוֹנִים pawn, pledge, security

מִשְׁכּוּן, ז' pawning

מַשְׂכִּיל, ז', ר', ־לִים enlightened person, intellectual, Maskil

מַשְׂכִּיר, ז', ר', ־רִים renter, lessor

מַשְׂכִּית, נ', ר', ־כִּיּוֹת picture; mosaic

מִשְׂכָּל, ז' intelligence

מְנַת מִשְׂכָּל I.Q.

מֻשְׂכָּל, ז', ר', ־לִים concept, idea

מֻשְׂכָּל רִאשׁוֹן axiom

מְשֻׁכְלָל, מְשׁוּכְלָל, ת"ז, ־לֶלֶת, ת"נ perfected; up to date

מַשְׁכֶּלֶת, מַשְׁכֵּלֶת, נ', ר', מַשְׁכֵּלוֹת abortion; miscarriage

מִשְׁכָּן, ז', ר', ־נִים, ־נוֹת habitation, dwelling

מִשְׁכֵּן, פ"י to take pledge; to pledge; to pawn; mortgage

מֻשְׁכַּן, פ״ע to be pawned; to be mortgaged

נִתְמַשְׁכֵּן, פ״ע to become pawned; to be seized for debt

מֻשְׁכְנָע, מְשׁוּכְנָע, ת״ז, ־נַעַת, ת״נ convinced; persuaded

מַשְׁכַּנְתָּה, נ׳, ר׳, ־תָּאוֹת mortgage

מַשְׂכֹּרֶת, נ׳, ר׳, ־כּוֹרוֹת salary, wages

מָשָׁל, ז׳, ר׳, מְשָׁלִים, ־לוֹת parable, proverb, tale, fable, allegory; example; resemblance

לְמָשָׁל for example, for instance

מִשְׁלֵי Book of Proverbs

מָשַׁל, פעו״י to rule; to compare; to speak metaphorically; to use a proverb

נִמְשַׁל, פ״ע to be compared; to resemble

מִשֵּׁל, פ״י to speak in parables; to use; to compare

הִמְשִׁיל, פ״י to compare; to cause to rule

הִתְמַשֵּׁל, פ״ע to be likened, become like

מֹשֶׁל, ז׳ rule; resemblance

מְשֻׁלָּב, מְשׁוּלָּב, ת״ז, ־לֶּבֶת, ת״נ joined, fitted; mortised

מִשְׁלֶבֶת, נ׳, ר׳, ־לָבוֹת monogram

מְשֻׁלְהָב, מְשׁוּלְהָב, ת״ז, ־הֶבֶת, ת״נ flaming

מִשְׁלוֹחַ, ז׳, ר׳, ־חִים sending; dispatch; transport

דְּמֵי מִשְׁלוֹחַ postage, mailing fees

מִשְׁלָח, ז׳, ר׳, ־חִים destination

מִשְׁלַח־יָד occupation, profession

מְשֻׁלָּח, מְשׁוּלָּח, ז׳, ר׳, ־חִים emissary, messenger; delegate

מִשְׁלַחַת, נ׳, ר׳, ־לָחוֹת delegation; sending; errand

מִשְׁלִי, ת״ז, ־לִית, ת״נ proverbial, allegorical, parabolical, figurative

מַשְׁלִית, נ׳, ר׳, ־לִיּוֹת grappling iron, grapnel

מְשֻׁלָּל, מְשׁוּלָּל, ת״ז, ־לֶּלֶת, ת״נ deprived of

מֻשְׁלָם, מוּשְׁלָם, ת״ז, ־לֶמֶת, ת״נ complete; perfect

מְשֻׁלָּם, מְשׁוּלָּם, ת״ז, ־לֶּמֶת, ת״נ paid, paid for

מְשֻׁלָּשׁ, מְשׁוּלָּשׁ, ת״ז, ־לֶּשֶׁת, ת״נ triple, threefold; triangle

מְשַׁלְשֵׁל, ת״ז, ־שֶׁלֶת, ת״נ laxative, purgative, cathartic

מַשְׂמְאִיל, מַשְׂמְאַל, ת״ז, ־לָה, ת״נ facing left; left-handed

מְשֻׁמָּד, מְשׁוּמָּד, ת״ז, ־מֶּדֶת, ת״נ apostate

מְשֻׁמָּדוּת, נ׳ apostasy

מְשַׁמָּה, נ׳, ר׳, ־מּוֹת desolation; devastation

מִשְׁמוּשׁ, ז׳, ר׳, ־שִׁים touch, touching

מְשַׂמֵּחַ, ת״ז, ־מַּחַת, ת״נ joyful, gladdening

מִשְׁמָן, ז׳, ר׳, ־מַנִּים fertile soil

מַשְׁמָן, ז׳, ר׳, ־נִים rich; fat; tasty food

מְשֻׁמָּן, מְשׁוּמָּן, ת״ז, ־מֶּנֶת, ת״נ; ז׳ greased, greasy; oiled, oily; octagon

מְשֻׁמָּן, מְתֻמָּן, ז׳, ר׳, ־נִים octagon

מִשְׁמָע, ז׳, ר׳, ־עִים hearing; obedience; ordinary sense

מִשְׁמֵעַ, פ״י to discipline

מַשְׁמָע, ז׳, ר׳, ־עוֹת intimation; intention; meaning

פְּשׁוּטוֹ כְּמַשְׁמָעוֹ literally

מַשְׁמָעוּת, נ׳, ר׳, ־עֻיּוֹת meaning; sense

מִשְׁמַעַת, נ׳ obedience; discipline
מִשְׁמָר, ז׳, ר׳, ־רִים, ־רוֹת guard's watch, post; camp guard
בֵּית הַמִּשְׁמָר guardroom
מְשֻׁמָּר, מְשׁוּמָּר, ת״ז, ־מֶּרֶת, ת״נ preserved
מִשְׁמֶרֶת, נ׳, ר׳, ־מָרוֹת observation; guard; preservation; conservation
מְשַׁמֶּרֶת, נ׳, ר׳, ־רוֹת strainer; filter; dura mater
מִשְׁמֵשׁ, פ״ע to palpate; to touch, feel; to manipulate
מִשְׁמֵשׁ, מִשְׁמֹשׁ, ז׳, ר׳, ־מְשִׁים apricot
מַשְׁמְשָׁן, ז׳, ר׳, ־נִים one who touches everything
מִשְׁנֶה, ז׳, ר׳, ־נִים double (of); second (of)
מִשְׁנֶה לְמֶלֶךְ viceroy, second in command
מִשְׁנָה, נ׳, ר׳, ־יוֹת study (by oral repetition); traditional law; Mishnah
מְשֻׁנֶּה, מְשׁוּנֶּה, ת״ז, ־נָּה, ת״נ strange; queer
מִשְׁנִי, ת״ז, ־נִית, ת״נ secondary; Mishnaic
מְשֻׁנָּן, מְשׁוּנָּן, ת״ז, ־נֶּנֶת, ת״נ sharpened; teethed
מַשְׁנֵק, ז׳, ר׳, ־נְקִים step down transformer
מְשֻׁנְשָׁן, מְשׁוּנְשָׁן, ת״ז, ־שֶׁנֶת, ת״נ lisped
מְשִׁסָּה, נ׳, ר׳, ־סּוֹת booty; plunder
מְשֻׁעְבָּד, מְשׁוּעְבָּד, ת״ז, ־בֶּדֶת, ת״נ enslaved; mortgaged
מִשְׁעוֹל, ז׳, ר׳, ־לִים path, narrow lane; isthmus
מִשְׁעָן, מַשְׁעֵן, ז׳, מַשְׁעֵנָה, נ׳, ר׳, ־נִים, ־נוֹת support

מִשְׁעֶנֶת, נ׳, ר׳, ־עָנוֹת staff; walking stick; crutch
מְשֹׁעָר, מְשׁוֹעָר, ת״ז, ־עֶרֶת, ת״נ estimated
מְשָׁעֵר, מַשְׁעֵר, ז׳, ר׳, מְשַׁעֲרִים controller of prices
מִשְׂעֶרֶת, נ׳, ר׳, ־עָרוֹת brush
מִשְׂפָּח, ז׳ evil; violence; bruise; scab
מִשְׁפָּחָה, נ׳, ר׳, ־חוֹת family; clan; species
שֵׁם־מִשְׁפָּחָה surname
מִשְׁפַּחְתִּי, ת״ז, ־תִּית, ת״נ familial
מִשְׁפָּט, ז׳, ר׳, ־טִים judgment; law; case, suit; right; sentence
חָכְמַת הַמִּשְׁפָּט jurisprudence
מִשְׁפָּט קָדוּם prejudice
מִשְׁפְּטָן, ז׳, ר׳, ־טָנִים jurist
מַשְׁפֵּךְ, ז׳, ר׳, ־פְּכִים funnel
מַשְׁפֵּךְ הַשֶּׁתֶן urethra
מַשְׁפֵּךְ הַזֵּעָה amnion
מִשְׁפָּךְ, ז׳, ר׳, ־כִים river mouth; downpour
מַשְׁפֶּלֶת, נ׳, ר׳, ־פָּלוֹת refuse container; litter basket
מֻשְׁפָּע, מוּשְׁפָּע, ת״ז, ־פַּעַת, ת״נ influenced
מְשֻׁפָּע, מְשׁוּפָּע, ת״ז, ־פַּעַת, ת״נ sloping; slanting
מֶשֶׁק, ז׳, ר׳, מְשָׁקִים household; farm; administration
מַשָּׁק, ז׳ rushing; rustling; fluttering (of wings)
מַשְׁקֶה, ז׳, ר׳, ־קִים, ־קָאוֹת beverage; liquid; potion
שַׂר הַמַּשְׁקִים toastmaster
מַשְׁקוֹף, ז׳, ר׳, ־פִים lintel
מִשְׁקָל, ז׳, ר׳, ־קָלִים, ־קָלוֹת weight, scale

שִׁוּוּי מִשְׁקָל equilibrium

מִשְׁקֹלֶת, נ׳, ר׳, ־קוֹלוֹת plummet; weight, balance

זְמַן הַמִּשְׁקֹלֶת equinox

מִשְׁקָע, ז׳, ר׳, ־עִים sediment, dreg(s); sinking; settling

מִשְׁקַע מַיִם limpid water

מְשֻׁקָּע, מְשׁוּקָע, ת״ז, ־קַעַת, ת״נ settled; concave

מִשְׁקָפַיִם, ז״ז spectacles; eyeglasses

מִשְׁקְפֵי שֶׁמֶשׁ sunglasses

מִשְׁקֶפֶת, נ׳, ר׳, ־קָפוֹת telescope; binoculars; opera glasses

מִשָׁר, מֶשֶׁר, ז׳, ר׳, מְשָׁרִים garden bed

מִשְׂרָד, ז׳, ר׳, ־דִים office, bureau (government), ministry

מִשְׂרָדוּת, נ׳ bureaucracy

מִשְׂרָדִי, ת״ז, ־דִית, ת״נ bureaucratic

מִשְׁרָה, נ׳, ר׳, ־רוֹת punch; fruit drink

מִשְׂרָה, נ׳, ר׳, ־רוֹת office, position; domination

מַשְׁרוֹקִית, נ׳, ר׳, ־יוֹת whistle

מַשְׂרֵט, ז׳, ר׳, ־רְטִים scalpel

מְשֻׁרְיָן, מְשׁוּרְיָן ת״ז, ־יֶנֶת, ת״נ armored

מִשְׂרֶפֶת, נ׳, ר׳, ־רָפוֹת incinerator; crematorium

מְשֹׁרָשׁ, מְשׁוֹרָשׁ, ת״ז, ־רֶשֶׁת, ת״נ uprooted

מֻשְׁרָשׁ, מוּשְׁרָשׁ, ת״ז, ־רֶשֶׁת, ת״נ rooted

מַשְׂרֵת, נ׳, ר׳, ־רְתוֹת saucepan

מְשָׁרֵת, ז׳, ר׳, ־תִים servant

מָשַׁשׁ, פ״י to feel, touch

מִשֵּׁשׁ, פ״י to feel, grope

הֵמִישׁ, פ״י to cause to feel

מְשֻׁשֶּׁה, מְשׁוּשֶּׁה, ת״ז, ־שָּׁה, ת״נ hexagonal; sixfold

מִשְׁתֶּה, ז׳, ר׳, ־תָּאוֹת, ־תִּים banquet, feast, drinking; drink

מַשְׁתִּית, נ׳, ר׳, ־יוֹת foundation, base

מִשְׁתָּלָה, מִשְׁתֵּלָה, מַשְׁתֵּלָה, נ׳, ר׳, ־לוֹת nursery (for trees, etc.)

מִשְׁתָּנָה, נ׳, ר׳, ־נוֹת urinal

מְשֻׁתָּף, מְשׁוּתָּף, ת״ז, ־תֶּפֶת, ת״נ common

מְשֻׁתָּק, מְשׁוּתָּק, ת״ז, ־תֶּקֶת, ת״נ paralyzed

מֵת, פ״ע, ע׳ [מות] to die

מֵת, ז׳, ר׳, ־תִים; ת״ז corpse; dead

מַת, ז׳, ר׳, מְתִים man; person

מְתֵי מִסְפָּר a few persons

מִתְאַבֵּד, ז׳, ר׳, ־בְּדִים suicide

מְתַאֲבֵן, ז׳, ־ר׳, ־בְנִים appetizer

מִתְאַגְרֵף, ז׳, ר׳, ־רְפִים boxer

מַתְאִים, ת״ז, ־מָה, ת״נ suitable

מִתְאָם, ז׳ correlation

מְתֹאָם, מְת אָם, ת״ז, ־אֶמֶת, ת״נ symmetrical; parallel

מְתֹאָר, מְתוֹאָר, ת״ז, ־אֶרֶת, ת״נ described

מִתְבּוֹנֵן, ז׳, ־ר׳, ־נְנִים observer

מַתְבֵּן, ז׳, ר׳, ־בְּנִים shed for chaff, straw; heap of chaff, straw

מִתְבּוֹלֵל, ז׳, ר׳, ־לְלִים assimilator

מֶתֶג, ז׳, ר׳, מְתָגִים nose ring, lip ring; oxgoad; bit; bridle; bacillus

מִתֵּג, פ״י to bridle

מִתְגּוֹשֵׁשׁ, ז׳, ר׳, ־שְׁשִׁים wrestler

מִתְגִּי, ת״ז, ־גִּית, ת״נ bacillary

מְתוֹאָם, מְתֹאָם, ת״ז, ־אֶמֶת, ת״נ symmetrical; parallel

מְתוֹאָר, מְתֹאָר, ת״ז, ־אֶרֶת, ת״נ described

מִתְוֶה, נ׳, ר׳, ־ווֹת sketch

מָתוּחַ, ת״ז, מְתוּחָה, ת״נ stretched; tense
מִתּוּחַ, ז׳, ר׳, ־חִים tension; stretching
מְתוּיָל, מְתֻיָּל, ת״ז, ־יֶּלֶת, ת״נ (barbed) wire
מְתַוֵּךְ, ז׳, ר׳, ־וְּכִים middleman; pimp; go-between
מִתּוֹךְ, מ״י from within, from among
מְתוּכְנָן, מְתֻכְנָן, ת״ז, ־נֶנֶת, ת״נ planned
מְתוּלָּע, מְתֻלָּע, ת״ז, ־לַּעַת, ת״נ wormy; red
מְתוּלְתָּל, מְתֻלְתָּל, ת״ז, ־תֶּלֶת, ת״נ curly; wavy
מָתוּן, ת״ז, מְתוּנָה, ת״נ composed; patient; moderate
מִתּוּן, ז׳, ר׳, ־נִים patience, composure
מְתוֹפֵף, ז׳, ר׳, ־פְפִים drummer
מָתוֹק, ת״ז, מְתוּקָה, ת״נ sweet; easy; soft
מִתּוּק, ז׳, ר׳, ־קִים sweetening
מִתּוּק הַדִּין commutation, mitigation (of a sentence)
מְתוּקָּן, מְתֻקָּן, ת״ז, ־קֶּנֶת, ת״נ corrected; fixed; revised
מְתוּרְבָּת, מְתֻרְבָּת, ת״ז, ־בֶּתֶת, ת״נ cultured
מְתוּרְגָּם, מְתֻרְגָּם, ת״ז, ־גֶּמֶת, ת״נ translated
מְתוּרְגְּמָן, מְתֻרְגְּמָן, ז׳, ר׳, ־נִים translator; dragoman
מְתוּשָּׁע, מְתֻשָּׁע, ר׳, ־עִים; ת״ז ninesided figure; multiplied (divided) by nine
מָתַח, פ״י to stretch out
מָתַח בִּקֹּרֶת (עַל) to censure, criticize
מָתַח קַו to underline
נִמְתַּח, פ״ע to be spread, stretched; to be made nervous, curious
מֶתַח, ז׳ pressure; tension
מֵתַח, ז׳, ר׳, מְתָחִים extent; tension; crossbar
מִתְחַמֵּק, ת״ז, ־מֶּקֶת, ת״נ shirking
מִתְחָרֶה, ז׳, ר׳, ־רִים contestant
מָתַי, תה״פ when
מִתְיַהֵד, ת״ז, ־הֶדֶת, ת״נ converted (to Judaism)
מִתְיַוֵּן, ת״ז, ־יַוֶּנֶת, ת״נ Hellenized
מְתִיחָה, נ׳, ר׳, ־חוֹת stretching; extending
מְתִיחוּת, נ׳ tension
מְתֻיָּל, מְתוּיָל, ת״ז, ־יֶּלֶת, ת״נ (barbed) wire
מְתִינָה, נ׳, ר׳, ־נוֹת deliberation
מְתִינוּת, נ׳ composure; prudence; patience
מְתִיקָה, נ׳, ר׳, ־קוֹת sweets, sweetmeats; confiture
מְתִיקוּת, נ׳ sweetness
מַתְכּוֹן, ז׳, ר׳, ־נִים recipe; prescription
מַתְכּוֹנֶת, מַתְכֹּנֶת, נ׳, ר׳, ־כּוֹנוֹת quantity; composition; proportion
מְתֻכְנָן, מְתוּכְנָן, ת״ז, ־נֶנֶת, ת״נ planned
מַתְכֹּנֶת, מַתְכּוֹנֶת, נ׳, ר׳, ־כּוֹנוֹת quantity; composition; proportion
מַתֶּכֶת, נ׳, ר׳, מַתָּכוֹת metal
מַתַּכְתִּי, ת״ז, ־תִּית, ת״נ metallic, metal
מַתְּלָאָה, נ׳, ר׳, ־אוֹת weariness; troublesomeness

מְתֻלָּע, מְתוּלָּע, ת״ז, ־לַּעַת, ת״נ wormy; red

מְתַלְּעָה, נ׳, ר׳, ־עוֹת incisor

מְתֻלְתָּל, מְתוּלְתָּל, ת״ז, ־תֶּלֶת, ת״נ curly, wavy

מְתֹם, ז׳ soundness (of body)

מַתְמִיד, ת״ז, ־דָה, ת״נ diligent

מַתְמִיהַּ, ת״ז, ־מִיהָה, ת״נ wondrous, strange

מְתֻמָּן, מְשֻׁמָּן, ז׳, ר׳, ־נִים octagon

מֹתֶן, ז׳, ז״ז, מָתְנַיִם hip; haunch; loin; waist

מַתָּן, ז׳, ר׳, ־נִים present; giving

אִישׁ מַתָּן generous person

מַשָּׂא וּמַתָּן negotiation

מַתָּן בַּסֵּתֶר alms; charity; anonymous giving

[מתן] הִמְתִּין, פ״ע to wait; to tarry; to postpone

הִתְמַתֵּן, פ״ע to do slowly; to go easy

מִתְנַגֵּד, ז׳, ר׳, ־גְּדִים opponent; adversary

מִתְנַדֵּב, ז׳, ר׳, ־דְּבִים volunteer

מַתָּנָה, נ׳, ר׳, ־נוֹת gift; present

מֻתְנֶה, מוּתְנֶה, ת״ז, ־נָה, ־נֵית, ת״נ conditioned, conditional

מָתְנִיָּה, נ׳, ר׳, ־יּוֹת bodice; jacket

מָתְנַיִם, ז״ז, ע׳ מֹתֶן hips

מִתְנָן, ז׳, ר׳, ־נִים wild thyme

מַתְנֵעַ, ז׳, ר׳, ־נְעִים starter (in auto)

מַתֶּנֶת, נ׳ lumbago

מַתְעֶה, ת״ז, ־עָה, ת״נ misleading

מִתְעַמֵּל, ז׳, ר׳, ־מְּלִים gymnast

מִתְפָּרָה, נ׳, ר׳, ־רוֹת tailor shop

מָתַק, פ״ע to be, become sweet, pleasant, tasty

מִתֵּק, פ״י to sweeten, season; to indulge in; to assuage

הִמְתִּיק, פ״י to sweeten, make pleasant

הִתְמַתֵּק, פ״ע to become sweet, calm

מֶתֶק, ז׳ sweetness, pleasantness

מֹתֶק, ז׳ darling, sweetheart

מַתְקִיף, ז׳, ר׳, ־פִים attacker

מִתְקִית, נ׳ glycerin

מְתֻקָּן, מְתוּקָּן, ת״ז, ־קֶּנֶת, ת״נ corrected; repaired; improved

מֻתָּר, מוּתָּר, ת״ז, ־תֶּרֶת, ת״נ permitted; loose

מְתֻרְבָּת, מְתוּרְבָּת, ת״ז, ־בֶּתֶת, ת״נ cultured

מְתַרְגֵּם, ז׳, ר׳, ־גְּמִים translator

מְתֻרְגָּם, מְתוּרְגָּם, ת״ז, ־גֶּמֶת, ת״נ translated

מְתֻרְגְּמָן, מְתוּרְגְּמָן, ז׳, ר׳, ־נִים interpreter; dragoman

מִתְרָס, ז׳, ר׳, ־סִים barricade

מְתֻשָּׁע, מְתוּשָּׁע, ז׳, ר׳, ־עִים; ת״ז nine-sided figure; multiplied (divided) by nine

מַתָּת, נ׳ gift, present

מַתַּת יָד handshake

מַתַּת שֶׁקֶר false promise

נ, ן

נ, ן Nun, fourteenth letter of Hebrew alphabet; fifty

נָא, מ״ק please; pray

נָא, ת״ז, ־אָה, ת״נ raw, half-done, rare

נֶאֱבַד, פ"ע, ע' [אבד] to be lost; to perish

נֶאֱבַק, פ"ע, ע' [אבק] to wrestle

נֹאד, נוֹד, ז', ר', ־דוֹת skin (leather) bottle

נֶאְדָּר, ת"ז, ־דָּרָה, ת"נ glorious, majestic

נָאֶה, ת"ז, ־אָה, ת"נ nice, pretty

נָאֶה, תה"פ comely, becoming

נָאָה, נ', ר', ־אוֹת meadow; dwelling

נְאוֹת דֶּשֶׁא pasture

נְאוֹת מִדְבָּר oasis

נָאָה, פ"ע to be befitting; to be comely

נֵאָה, פ"י to beautify; to decorate

הִתְנָאָה, פ"ח to adorn oneself

נֶאֱהָב, ת"ז, ־הֶבֶת, ת"נ beloved

נָאוָה, נָאֲוָה, פ"ע to be pretty, comely

נָאוֶה, ת"ז, ־וָה, ת"נ nice, pretty, comely

נְאוּם, נְאֻם, ז', ר', ־מִים speech, lecture, discourse

נִאוּף, ז', ר', ־פִים adultery, prostitution

נִאוּץ, ז', ר', ־צִים contempt; blasphemy

נָאוֹר, ת"ז, נְאוֹרָה, ת"נ cultured, enlightened, illumined

נָאוֹת, ת"ז, נְאוֹתָה, ת"נ suitable, becoming, proper

נֵאוֹת, פ"ע to consent; to be suitable; to enjoy

נְאִימָה, נ' rhetoric

נְאִימִי, ת"ז, ־מִית, ת"נ rhetorical

נֶאֱכָל, ת"ז, ־כֶלֶת, ת"נ edible

נֶאֱלַח, פ"ע, ע' [אלח] to be corrupted, tainted; to be infected

נֶאֱלַם, פ"ע, ע' [אלם] to become dumb

נֶאֱלַץ, פ"ע, ע' [אלץ] must, ought, be compelled

נָאַם, פ"י to speak, lecture

נְאָם, נְאוּם, ז', ר', ־מִים speech, lecture, discourse

נֶאֱמָן, ת"ז, ־מָנָה, ־מֶנֶת, ת"נ faithful, reliable

נֶאֱמַן, פ"ע, ע' [אמן] to be faithful, trusty, true, trustworthy

נֶאֱמָנוּת, נ', ר', ־נֻיוֹת trustworthiness, reliability

נֶאֱנַח, פ"ע, ע' [אנח] to moan, groan, sigh

נֶאֱנַשׁ, פ"ע, ע', [אנש] to become quite ill

נָאַף, פ"ע to commit adultery

נַאֲפוּף, ז', ר', ־פִים prostitution, adultery

נָאַץ, פ"י to contemn, spurn; to be wrathful

נִאֵץ, פ"י to curse, insult

נְאָצָה, נֶאָצָה, נָאָצָה, נ', ר', ־צוֹת contempt, blasphemy

נֶאֱצַל, פ"ע, ע' [אצל] to be withdrawn, separated; to be emanated from

נָאַק, פ"ע to groan, moan

נַאַק, ז', נְאָקָה, נ', ר', ־קִים, ־קוֹת groaning

נָאקָה, נָקָה, נ', ר', ־קוֹת she-camel

נֵאַר, פ"ע, ע' [ארר] to be cursed

נֵאֵר, פ"י to abhor, reject

נֶאֱרַס, פ"ע, ע' [ארס] to become engaged, be betrothed

נֶאֱשָׁם, ז', ר', ־מִים defendant; accused

נֶאֱשַׁם, פ"ע, ע' [אשם] to be accused, blamed

נִבָּא, פ"ע — to prophesy

נִבֵּא, פ"ע — to inspire

נָבַב, פ"י — to hollow out

נֶבֶג, ז', ר', נְבָגִים — fungus

נִבְגִּי, ת"ז, ־גִּית, ת"נ — fungal

נִבְדָּל, ת"ז, נִבְדֶּלֶת, ת"נ — different, separated

נִבְהַל, פ"ע, ע' [בהל] — to be alarmed; to hasten

נִבְהָל, ת"ז, נִבְהֶלֶת, ת"נ — frightened, alarmed

נְבוּאָה, נ', ר', ־אוֹת — prophecy, prediction

נְבוּאִי, ת"ז, ־אִית, ת"נ — prophetic

נָבוּב, ת"ז, נְבוּבָה, ת"נ — hollow, emtpy, empty-headed

נָבוֹךְ, ת"ז, נְבוֹכָה, נְבוּכָה, ת"נ — perplexed, confused

נָבוֹךְ, פ"ע, ע' [בוך] — to be perplexed, confused

נִבּוּל, ז' — disfigurement; disgrace

נִבּוּל פֶּה — lascivious speech, obscenity

נָבוֹן, ת"ז, נְבוֹנָה, ת"נ — understanding, wise

נָבֹז, פ"ע, ע' [בזז] — to be plundered, despoiled

נִבְזֶה, ת"ז, ־זָה, ־זֵית, ת"נ — despicable

נָבַח, פ"ע — to bark

נִבְחָר, ת"ז, נִבְחֶרֶת, ת"נ — chosen, elected

בֵּית הַנִּבְחָרִים — parliament

[נבט] הִבִּיט, פ"ע — to look, look at

נִבַּט, פ"ע — to have a vision

נָבַט, פ"ע — to sprout, germinate

נֶבֶט, ז', ר', נְבָטִים — sprout

נָבִיא, ז', ר', נְבִיאִים — prophet

נְבִיאוּת, נ' — prophecy

נְבִיאִי, ת"ז, ־אִית, ת"נ — prophetic

נְבִיבוּת, נ' — hollowness

נְבִיחָה, נ', ר', ־חוֹת — barking

נְבִיטָה, נ', ר', ־טוֹת — germination

נְבִילָה, נ', ר', ־לוֹת — withering

נְבִיעָה, נ', ר', ־עוֹת — gushing out; springing forth

נֵבֶךְ, ז', ר', נְבָכִים — depths (of the sea)

נֵבֶל, ז', ר', נְבָלִים — leather bottle; jug, pitcher

נֶבֶל, נֵבֶל, ז', ר', נְבָלִים — lyre

נָבָל, ז', ר', נְבָלִים — churl, ignoble (vile) person, villainous man

נָבַל, נָבֵל, פ"ע — to fade, shrivel, wither, decay

נִבֵּל, פ"י — to disgrace, degrade

נִבֵּל פִּיו — to talk obscenely

הִתְנַבֵּל, נִתְנַבֵּל, פ"ח — to be disgraced, degraded

נְבָלָה, נ', ר', ־לוֹת — wickedness, obscenity, vileness

נְבֵלָה, נ', ר', ־לוֹת — corpse, carcass, carrion

נַבְלוּת, נ', ר', נַבְלֻיּוֹת — immodesty, obscenity

נִבְנָה, פ"ע, ע' [בנה] — to be built; to be erected, established

נָבַע, פ"ע — to gush out, bubble forth; to deduce

הִבִּיעַ, פ"י — to cause to bubble, ferment; to utter, express

נִבְעָה, פ"י, ע' [בעה] — to be uncovered, laid bare, revealed

נִבְעָר, ת"ז, ־עָרָה, ת"נ — stupid, idiotic

נִבְעַת, פ"ע, ע' [בעת] — to be startled, terrified

נִבְצַר, פ"ע, ע' [בצר] — to be cut off, inaccessible; to be restrained

pure-hearted נָבָר, ת"ז, נְבָרָה, ת"נ

to dig (with snout), burrow נָבַר, פ"ע

pool, pond נִבְרֶכֶת, נ', ר', ־רָכוֹת

groundhog, badger נַבְרָן, ז', ר', ־נִים

lamp, candelabra, chandelier נִבְרֶשֶׁת, נ', ר', נִבְרָשׁוֹת

to be redeemed, liberated נִגְאַל, פ"ע, ע' [גאל]

south, south-country נֶגֶב, ז'

to dry נָגַב, פ"ע

to wipe, scour, dry נִגֵּב, פ"י

to dry oneself; to be parched, dried up הִתְנַגֵּב, פ"ח

southern, of the south נֶגְבִּי, ת"ז, ־בִּית, ת"נ

in the presence of, before; against נֶגֶד, מ"י

facing; opposite כְּנֶגֶד

apart, at a distance מִנֶּגֶד

counterattack הַתְקָפַת־נֶגֶד

to oppose; to beat, flog נִגֵּד, פ"י

to declare; to tell, announce; to inform הִגִּיד, פ"י

to oppose, contend against הִתְנַגֵּד, פ"ח

contrary, opposing נֶגְדִּי, ת"ז, ־דִּית, ת"נ

brightness; planet Venus נֹגַהּ, נוֹגַהּ, ז'

to shine, be bright נָגַהּ, פ"ע

to cause to shine; to correct, revise, proofread הִגִּיהַּ, פ"י

brightness, splendor נְגֹהָה, נ', ר', ־הוֹת

dry, dried נָגוּב, ת"ז, נְגוּבָה, ת"נ

conflict; contrast נִגּוּד, ז'

contrary נִגּוּדִי, ת"ז, ־דִית, ת"נ

tune, melody; accent נִגּוּן, ז', ר', ־נִים

bitten, chewed נָגוּס, ת"ז, נְגוּסָה, ת"נ

afflicted; contaminated נָגוּעַ, ת"ז, נְגוּעָה, ת"נ

robbed נִגְזָל, ת"ז, נִגְזֶלֶת, ת"נ

derived; decided; decreed; cut נִגְזָר, ת"ז, ־זֶרֶת, ת"נ

to butt, gore, push נִגַּח, פ"י

a goring bull נַגָּח, נַגְחָן, ז', ר', ־חִים, ־נִים

ruler, prince, wealthy man נָגִיד, ז', ר', נְגִידִים

nobility; wealth נְגִידוּת, נ', ר'

goring, butting נְגִיחָה, נ', ר', ־חוֹת

music; song; accent נְגִינָה, נ', ר', ־נוֹת

musical instrument כְּלִי נְגִינָה

chewing, biting נְגִיסָה, נ', ר', ־סוֹת

contact, connection; touch נְגִיעָה, נ', ר', ־עוֹת

virus נָגִיף, ז'

collision; pushing, striking נְגִיפָה, נ', ר', ־פוֹת

pouring, flowing נְגִירָה, נ'

oppression נְגִישָׂה, נ', ר', ־שׂוֹת

to make music; to play an instrument [נגן] נִגֵּן, פ"י

to get played (automatically) הִתְנַגֵּן, פ"י

musician נַגָּן, ז', ר', ־נִים

to bite off; to chew נָגַס, פ"י

to touch; to reach; to approach; to strike נָגַע, פ"ע

to strike; to afflict; to infect נִגַּע, פ"י

to reach; to approach; to arrive הִגִּיעַ, פ"ע

blow; plague; leprosy נֶגַע, ז', ר', נְגָעִים

to be loathed נִגְעַל, פ"ע, ע' [געל]

plague; stumbling block נֶגֶף, ז', ר', נְגָפִים

נָגַף, פ"י to smite, injure, plague
הִתְנַגֵּף, פ"ח to strike (against), be bruised
נָגַר, פ"ע to flow, be poured out
הִגִּיר, פ"י to spill; to pour out
נֶגֶר, נָגָר, ז', ר', נְגָרִים bolt, door latch
נַגָּר, ז', ר', ־רִים carpenter
נִגֵּר, פ"י to carpenter
נֶגֶר, ז', ר', נְגָרִים dike
נַגָּרוּת, נ' carpentry
נַגָּרִיָּה, נ', ר', ־יּוֹת carpenter's workshop
נִגְרַע, פ"ע, ע' [גרע] to be diminished
נִגְרַר, פ"ע, ע' [גרר] to be dragged
נִגְרָר, ת"ז, נִגְרֶרֶת, ת"נ dragged, pulled, drawn, trailed
נִגְרָשׁ, ת"ז, ־רֶשֶׁת, ת"נ foamy; stormy
נָגַשׁ, פ"ע to come near, approach
הִגִּישׁ, פ"י to bring near; to bring, offer
הִתְנַגֵּשׁ, פ"ח to draw near one another; to conflict, collide
נָגַשׂ, פ"י to urge, drive, impel
נִגַּשׂ, פ"ע to be harrassed; to be hard pressed
נֵד, ז', ר', ־דִים mound; heap
נֹד, נֹאד, נוֹד, ז', ר', ־דוֹת leather (skin) bottle
נָדַב, פ"י to donate; to offer willingly
הִתְנַדֵּב, פ"ח to volunteer
נְדָבָה, נ', ר', ־בוֹת donation, alms; willingness
נִדְבַת לֵב politeness, courtesy
גֶּשֶׁם נְדָבוֹת good, plentiful rain
נִדְבָּךְ, ז', ר', ־כִים, ־כוֹת tier, row (layer) of stones or bricks
נַדְבָן, ז', ר', ־נִים liberal, generous man

נַדְבָנוּת, נ' liberality, generosity
נָדַד, פ"ע to wander about; to flee; to shake; to move
נָדְדָה שְׁנָתוֹ (מֵעֵינָיו) to be sleepless
נִדֵּד, פ"י to chase, drive away
[נדה] נִדָּה, פ"י to remove; to excommunicate
נִדָּה, נ', ר', ־דוֹת impurity; menses; menstruant woman; period of menstruation
נֵדֶה, ז' gift (to a prostitute), harlot's fee
נְדוּדִים, ז"ר wandering; sleeplessness
נְדָנָד, ז', ר', ־דִים litter, stretcher
נָדוֹחַ, פ"ע, ע' [דוח] to be rinsed, flushed
נִדּוּי, ז', ר', ־יִים ban, excommunication
נִדּוֹן, נָדוֹן, ת"ז, נִדּוֹנָה, נְדוֹנָה, ת"נ subject under discussion
נְדוּנְיָה, נְדֻנְיָה, נ', ר', ־יּוֹת dowry, trousseau
נָדַח, פ"י to expel; to move, slip away
נִדַּח פ"ע to be banished; to be led astray, be seduced
הִדִּיחַ, פ"י to banish, expel; to lead astray
נִדָּח, ת"ז, נִדָּחָה, נִדַּחַת, ת"נ banished, outcast
נִדְחֶה, ת"ז, ־חָה, ־חֵית, ת"נ rejected; postponed
נִדְחַף, פ"ע, ע' [דחף] to be in hurry, hasten
נָדִיב, ת"ז, נְדִיבָה, ת"נ voluntary; liberal; generous; noble
נָדִיב, ז', ר', נְדִיבִים philanthropist; noble-minded person
נְדִיבָה, נ' nobility, nobleness

נְדִיבוּת, נ׳ liberality, generosity, philanthropy
נְדִידָה, נ׳, ר׳, ־דוֹת wandering
נְדִידַת שֵׁנָה insomnia
נָדִיף, ת״ז, נְדִיפָה, ת״נ evaporable
נָדִיר, ת״ז, נְדִירָה, ת״נ rare, infrequent, scarce
נְדִירוּת, נ׳ rarity, scarcity, infrequency
נִדְכָּא, נִדְכֶּה, ת״ז, נִדְכֵּאת, ת״נ miserable, depressed
נָדָל, ז׳, ר׳, נְדָלִים centipede; polyp
נִדְלַק, פ״ע, ע׳ [דלק] to be ignited
נִדְמֶה, תה״פ it seems, apparently
נִדְמָה, פ״ע, ע׳ [דמה] to be like, resemble; to be cut off
נָדָן, נְדָן, ז׳, ר׳, נְדָנִים sheath, scabbard; prostitute's fee; gift to a lady
[נדד] נִדְנֵד, פ״י to shake, rock, move, swing
הִתְנַדְנֵד, פ״ח to be moved, be shaken; to swing oneself
נַדְנֵדָה, נ׳, ר׳, ־דוֹת swing, rocking chair
נִדְנוּד, ז׳, ר׳, ־דִים shaking, moving about; swinging
נְדֻנְיָה, נדוּנְיָה, נ׳, ר׳, ־יוֹת dowry, trousseau
נִדְעַךְ, פ״ע, ע׳ [דעך] to be made extinct
נָדַף, פעו״י to drive about, scatter, blow away
הִתְנַדֵּף פ״ח to evaporate; to be blown away
נִדְפַּס, פ״ע, ע׳ [דפס] to be printed
נֶדֶר, נֵדֶר, ז׳, ר׳, נְדָרִים vow; promise
נָדַר, פ״י to vow
הִדִּיר, פ״י to put under a vow; prohibit by a vow
נֹהַ, ז׳ merit; lamentation, wailing
נָהַג, פעו״י to drive, conduct, lead; to behave; to be accustomed, practiced
נִהֵג, פיו״ע to lead, drive; to guide; to wail
הִנְהִיג, פ״י to drive; to lead; to make a custom, a practice
הִתְנַהֵג, פ״ח to conduct (behave) oneself
נֶהָג, ז׳, ר׳, ־גִים chauffeur, driver
נֹהַג, ז׳ custom, habit
נֶהְדָּר, ת״ז, נֶהְדֶּרֶת, ת״נ splendid, wonderful
נָהָה, פ״ע to wail, lament; to follow eagerly
נָהוּג, ת״ז, נְהוּגָה, ת״נ customary, usual
נִהוּג, ז׳, ר׳, ־גִים conduct; driving; leading
נִהוּל, ז׳ direction, management; administration
נְהִי, ז׳, נְהִיָּה, נ׳, ר׳, ־יוֹת wailing, lament
נְהִיגָה, נ׳, ר׳, ־גוֹת driving, leading
נְהִימָה, נ׳, ר׳, ־מוֹת roaring; groaning
נְהִיקָה, נ׳, ר׳, ־קוֹת braying
נָהִיר, ת״ז, ־רָה, ת״נ plain, explicit, lucid
נִהֵל פ״י to lead, guide; to manage
הִתְנַהֵל, פ״ח to be conducted, managed; to walk to and fro
נֹהַל, ז׳ procedure
נַהֲלֹל, נַהֲלוֹל, ז׳, ר׳, ־לִים bramble
נָהַם, פ״ע to growl, roar; to groan
נַהַם, ז׳ roaring, growling

נַהֲמָה, נ׳, ר׳, ־מוֹת — roaring
נָהַק, פ״ע — to cry out, bray
נְהָקָה, נ׳, ר׳, ־קוֹת — braying
נָהָר, ז׳, ר׳, נְהָרוֹת, נְהָרִים — river, stream
נָהַר, פ״ע — to flow; to shine
הִנְהִיר, פ״י — to illuminate, give light
נְהָרָה, נ׳ — brightness
[נוא] הֵנִיא, פ״י — to frustrate; to restrain, hinder
נוֹאַל, פ״ע, ע׳ [יאל] — to be foolish, faulty
נוֹאָל, ת״ז, נוֹאֶלֶת, ת״נ — foolish
נוֹאֵם, ז׳, ר׳, ־אֲמִים — speaker, orator
נוֹאֵף, ז׳, ר׳, ־אֲפִים — adulterer
נוֹאַשׁ, פ״ע, ע׳ [יאש] — to despair
נוֹאָשׁ, ת״ז, נוֹאֶשֶׁת, ת״נ — hopeless, despairing, despondent
[נוב] נָב, פעו״י — to spring forth; to bear fruit; to speak, utter
נוֹבֵב, פ״י — to cause to sprout, flourish; to be fluent
נוֹבֶלֶת, נ׳, ר׳, נוֹבְלוֹת — unripe fruit falling off tree; falling leaf
נוֹבֶמְבֶּר, ז׳ — November
נוֹבֵעַ, ת״ז, נוֹבַעַת, ת״נ — bursting forth, flowing
נוּגָה, פ״ע, ע׳ [יגה] — to be aggrieved, afflicted
נוּגֶה, ת״ז, נוּגָה, ת״נ — sad, sorrowful
נוֹגַהּ, נֹגַהּ, ז׳ — brightness; planet Venus
נוֹגֵשׂ, ז׳, ר׳, ־גְשִׂים — taskmaster, oppressor
[נוד] נָד, פ״ע — to wander; to shake; to commiserate
נָע וָנָד — wanderer

הֵנִיד, פ״י — to drive out; to move, shake (the head)
הִתְנוֹדֵד, פ״ח — to be moved; to sway, totter
נוֹד, ז׳ — wandering
נַוָּד, ז׳, ר׳, ־דִים — wanderer
נוֹד, ז׳, ר׳, נוֹדוֹת — skin (leather) bottle
נוֹדֵד, ז׳, ר׳, נוֹדְדִים — wanderer
נוֹדָע, ת״ז, נוֹדַעַת, ת״נ — well-known, famous
נָוֶה, ז׳, ר׳, נָווֹת — pasture, meadow; habitation
נְוַת בַּיִת — housewife
נְוֵה קַיִץ — summer resort
נָוָה, פ״ע — to dwell; to be becoming
הִנְוָה, פ״י — to adorn, beautify; to glorify
הִתְנַוָּה, פ״ע — to be ostentatious, adorn oneself
נִוּוּל, ז׳ — ugliness, disgrace
נִוּוּן, ז׳ — degeneration
נוֹזֵל, ז׳, ר׳, ־זְלִים — liquid
נוֹזְלִים — flowing water; liquids
נוֹזֵל, ת״ז, ־זֶלֶת, ת״נ — running, flowing
[נוח] נָח, פ״ע — to rest; to lie; to rest satisfied
הֵנִיחַ, פ״י — to set at rest
הִנִּיחַ, פ״י, ע׳ [ינח] — to place; to leave alone; to permit; to assume
נוֹחַ, נֹחַ, ז׳, ־חִים — quiet, rest
נוֹחַ, ת״ז, ־חָה, ת״נ — easy; pleasing; kind; convenient
נוֹחַ לִכְעֹס — hot-tempered, quick-tempered
נוֹחִיּוּת, נ׳ — ease, comfort, convenience
נוֹחַם, נֹחַם, ז׳ — condolence, sorrow; repentance
[נוט] נָט, פ״ע — to shake, move

נַוָּט, ז׳, ר׳, ־טִים pilot, navigator
נוֹטֶה, ת״ז, ־טָה, ת״נ inclined, tending, bending
נַוָּטוּת, נ׳ navigation
נוֹטֵר, ז׳, ר׳, ־טְרִים watchman
נוֹטַרְיוֹן, ז׳, ר׳, ־נִים notary public
נוֹי, ז׳ ornament, beauty
נוֹכַח, פ״ע, ע׳ [יכח] to be proved; to dispute
נוֹכָח, ת״ז, ־כַחַת, ת״נ opposite; parallel
נוֹכָח, ז׳, ר׳, ־חִים present; second person (*gram.*)
נוֹכְחוּת, נוֹכָחוּת, נ׳ presence
נוֹכֵל, ז׳, ר׳, ־כְלִים imposter, swindler
נִוֵּל, פ״י to disfigure, make ugly
נוֹל, ז׳, ר׳, ־לִים loom
נוֹלַד, פ״ע, ע׳ [ילד] to be born
נוֹלָד, ת״ז, ־לֶדֶת, ת״נ result, outcome, consequence
[נום] נָם, פ״ע to slumber, doze
נוּמָה, נ׳, ר׳, ־מוֹת slumber
נוּן, ז׳, ר׳, ־נִים Nun, name of fourteenth letter of Hebrew alphabet
נִוֵּן, פ״י, [נונה] הִתְנַוְּנָה, פ״ח to waste away, deteriorate
[נוס] נָס, פ״ע to flee, escape; to depart, disappear
הֵנִיס, פ״י to put to flight
נוֹסַד, פ״ע, ע׳ [יסד] to come together secretly; to be established
נוֹסַח, נֻסַּח, ז׳, נוּסְחָה, נֻסְחָה, נ׳, ר׳, נְסָחִים, ־חוֹת, ־חָאוֹת text; copy; formula; recipe
נוֹסֵס, ז׳ color-bearer
נוֹסֵעַ, ז׳, ר׳, ־סְעִים traveler
נוֹסָף, ת״ז, ־סֶפֶת, ת״נ additional

[נוע] נָע, פ״ע to wander about; to be unstable; to tremble, totter
הֵנִיעַ, פ״י to move to and fro; to shake; to stir up
נוֹעַ, ז׳ motion, movement
נוֹעַד, פ״ע, ע׳ [יעד] to agree upon; to come together
נוֹעָז, ת״ז, ־עֶזֶת, ת״נ daring
נוֹעַם, נֹעַם, ז׳ delightfulness, pleasantness
נוֹעַץ, פ״ע, ע׳ [יעץ] to be advised
נוֹעַר, נֹעַר, ז׳ youth
[נוף] נָף, פ״י to sprinkle
נוֹפֵף, פ״י to shake; to wave
הֵנִיף, פ״י to swing, wave, shake, fan
הִתְנוֹפֵף, פ״ח to soar, swing oneself
נוֹף, ז׳, ר׳, ־פִים height; boughs of a tree; zone; landscape
נוֹפֶךְ, נֹפֶךְ, ז׳, ר׳, ־נְפָכִים precious stone; addition
נוֹפֵף, פ״י, ע׳ [נוף] shake; wave
נוֹפֶשׁ, נֹפֶשׁ, ז׳ recreation; rest
נוֹפֶת, נֹפֶת, נ׳ flowing honey, honeycomb
נוֹצָה, נ׳, ר׳, ־צוֹת quill; plumage, feather
נוֹצָן, ז׳, ר׳, ־נִים feather duster
נוֹצֵץ, מ״ז, ־צֶצֶת, ת״נ sparkling, shining
נוֹצֵר, ז׳, ר׳, ־צְרִים watchman, guard
נוֹצְרִי, ז׳, ר׳, ־רִים Christian
[נוק] הֵינִקָה, פ״י, ע׳ [ינק] to nurse, suckle
נוֹקֵד, ז׳, ר׳, ־קְדִים shepherd, sheep-raiser
נוּר, ז׳, ר׳, ־רִים light, fire

נוֹרָא, ת״ז, ־רָאָה, ת״נ awe-inspiring; fearful; revered

נוּרָה, נ׳, ר׳, ־רוֹת light bulb

נוֹרַשׁ, פ״ע, ע׳ [ירש] to be impoverished, dispossessed

נוֹשֵׂא, ז׳, ר׳, ־שְׂאִים topic, subject, theme

נוֹשַׁב, פ״ע, ע׳ [ישב] to be inhabited

נוֹשָׁב, ת״ז, ־שֶׁבֶת, ת״נ inhabited

נוֹשַׁן, פ״ע, ע׳ [ישן] to be old, inveterate

נוֹשָׁן, ת״ז, ־שֶׁנֶת, ־שָׁנָה, ת״נ old, ancient, inveterate

נוֹשַׁע, פ״ע, ע׳ [ישע] to be saved, helped; to be victorious

נוֹתָר, ת״ז, ־תֶרֶת, ת״נ remainder, remnant, residue

נוֹתַר, פ״ע, ע׳ [יתר] to remain, be left over

נָזַד, פ״י to cook (lentils) porridge

נִזְדָּרֵז, פ״ח, ע׳ [זרז] to be alert, zealous, conscientious

נָזָה, פ״ע to spatter, spurt

הִזָּה, פ״י to sprinkle

נִזְהַר, פ״ע, ע׳ [זהר] to be careful, take heed

נִזּוֹחַ, פ״ע, ע׳ [זוח] to be moved, removed

נָזוּף, ת״ז, נְזוּפָה, ת״נ reproved, censured

נָזַח, פ״ע, ע׳ [זחח] to be unsteady; to shift

הִזִּיחַ, פ״י to move, remove

נָזִיד, ז׳, ר׳, נְזִידִים porridge

נְזִילָה, נ׳, ר׳, ־לוֹת flux; running (of water, etc.)

נְזִיפָה, נְזִיפוּת, נ׳, ר׳, ־פוֹת rebuke, censure

נְזִיקִים, נְזִיקִין, ז״ר damages

נָזִיר, ז׳, ר׳, נְזִירִים prince; monk; Nazarite; unpruned vine

נְזִירוּת, נ׳, ר׳, ־רֻיּוֹת Nazariteship; abstinence

נִזְכַּר, פ״ע, ע׳ [זכר] to be remembered; to recollect

נָזַל, פ״ע to flow, distil

נַזֶּלֶת, נ׳, ר׳, ־זָלוֹת cold in the head

נֶזֶם, ז׳, ר׳, נְזָמִים nose ring, earring

נִזְעַךְ, פ״ע, ע׳ [זעך] to be extinguished

נִזְעַק, פ״ע, ע׳ [זעק] to be called together, assembled

נָזַף, פ״ע to rebuke, censure, chide

נֶזֶק, ז׳, ר׳, נְזָקִים, נְזִיקִים, נְזִיקִין injury, damage; indemnity

נִזַּק, פ״ע to be hurt, injured, suffer damages

הִזִּיק, פ״י to cause damage or injury

נִזְקַף, פ״ע, ע׳ [זקף] to be erect; to be credited

נִזְקַק, פ״ע, ע׳ [זקק] to need; to use; to be tied; to be engaged with

נֵזֶר, ז׳, ר׳, נְזָרִים crown, diadem; consecration

נָזַר, פ״ע to vow to be a Nazirite

נִזְרָה, פ״ע, ע׳ [זרה] to be scattered, dispersed

נָח, פ״ע, ע׳ [נוח] to rest; to lie; to rest satisfied

נַחַ, נוֹחַ, ז׳, ־חִים quiet, rest

נֶחְבָּא, ת״ז, ־בֵּאת, ת״נ hiding

נֶחְבָּא, נֶחְבָּה, פ״ע, ע׳ [חבא] [חבה] to hide oneself, be hidden

נָחָה, פ״י to lead, guide, bring

נִחוּם, ז׳, ר׳, ־מִים comfort, consolation; compassion

נִחוּמִים, ז"ר condolences
נֶחְבַּט, פ"ע, ע' [חבט] to be struck down; to fall down
נָחוּץ, ת"ז, נְחוּצָה, ת"נ pressing, urgent; necessary
נָחוּר, ת"ז, נְחוּרָה, ת"נ pierced
נִחוּשׁ, ז', ר', ־שִׁים divination, enchantment, magic
נָחוּשׁ, ת"ז, נְחוּשָׁה, ת"נ brazen; of bronze
נְחוּשָׁה, נְחֹשֶׁת, נ' copper; brass
נָחוּת, ת"ז, נְחוּתָה, ת"נ low; degenerate; descending
נֶחְטַף, פ"ע, ע' [חטף] to be seized, kidnaped
נְחִיל, ז', ר', נְחִילִים swarm (of bees, of fishes)
נְחִילָה, נ', ר', ־לוֹת name of a humming musical instrument, drone
נְחִיצָה, נ', ר', ־צוֹת pressure; haste
נְחִיצוּת, נ' dire necessity
נְחִיר, ז', ז"ז, נְחִירַיִם nostril
נְחִירָה, נ', ר', ־רוֹת snoring; stabbing
נְחִיתָה, נ', ר', ־תוֹת landing; infiltration
נְחִיתַת אֹנֶס forced landing
נְחִיתוּת, נ' inferiority
נַחַל, ז', ר', נְחָלִים river-bed; stream, ravine, wady
נָחַל, פ"י to inherit; to take possession of; to acquire; to give possession
הִתְנַחֵל, פ"ח to acquire as a possession
נַחֲלָה, נ', ר', נְחָלוֹת, ־לָאוֹת possession, property, estate; inheritance; portion

נַחֲלִיאֵלִי, ז', ר', ־לִים wagtail (bird)
נֶחֱלַץ, פ"ע, ע' [חלץ] to be girded for war; to be rescued
נִחַם, פ"ע to be sorry; to regret; to reconsider; to be comforted; to be consoled; to take vengeance
נֹחַם, נוֹחַם, ז' condolence, sorrow, repentance
נֶחְמָד, ת"ז, ־דָה, ־מֶדֶת, ת"נ nice, lovely
נֶחָמָה, נ', ר', ־מוֹת consolation; comfort; relief
נֶחֱמַם, פ"ע, ע' [חמם] to be inflamed, heated
נֶחְמַס, פ"ע, ע' [חמס] to suffer violence
נַחְנוּ, אֲנַחְנוּ, מ"ג we
נֵחַן, פ"ע, ע' [חנן] to be pardoned, reprieved
נֶחְנַט, פ"ע, ע' [חנט] to be embalmed; to be ripe
נֶחְנַךְ, פ"ע, ע' [חנך] to become inaugurated
נֶחְפָּז, ת"ז, ־פֶּזֶת, ת"נ hurried
נֶחְפַּז, פ"ע, ע' [חפז] to act rashly
נֶחְפַּן, פ"ע, ע' [חפן] to measure by a handful
נֶחְפַּר, פ"ע, ע' [חפר] to be put to shame
נָחַץ, פ"י to press, urge
נִחֵץ, פ"י to emphasize
נַחַץ, ז' emphasis, pressure
נֶחְצַב, פ"ע, ע' [חצב] to be engraved, cut
נַחַר, ז', נַחֲרָה, נ', ר', ־נְחָרוֹת snorting
נָחַר, פעו"י to kill by stabbing in the throat; to snore, grunt

נֶחֱרַב, פ״ע, ע׳ [חרב] to be laid waste
נֶחֱרַז, פ״ע, ע׳ [חרז] to be arranged
נֶחֱרַט, פ״ע, ע׳ [חרט] to be printed, inscribed
נַחֲרָן, ז׳, ר׳, ־נִים habitual snorer
נֶחֱרַץ, פ״ע, ע׳ [חרץ] to be cut into, dug, plowed
נֶחֱרַף, פ״ע, ע׳ [חרף] to be betrothed, designated
נֶחֱרָץ, ת״ז, ־צָה, ת״נ final; sealed
נֶחֱרַשׁ, פ״ע, ע׳ [חרש] to become deaf
נִחֵשׁ, פעו״י to guess; to divine
נַחַשׁ, ז׳, ר׳, נְחָשִׁים sorcery; omen
נָחָשׁ, ז׳, ר׳, נְחָשִׁים snake, serpent
נַחְשׁוֹל, ז׳, ר׳, ־לִים tempest, gale
נַחְשׁוֹן, ז׳, ר׳, ־נִים reckless, daring man
נַחְשׁוֹנוּת, נ׳ daring, venturesomeness
נֶחְשָׁל, ת״ז, ־שֶׁלֶת, ת״נ backward; failing
נְחֹשֶׁת, נְחוּשָׁה, נ׳ copper, brass
נְחָשְׁתִּי, ת״ז, ־תִּית, ת״נ coppery, brassy
נְחֻשְׁתַּיִם, ז״ז brass or copper fetters
נְחֻשְׁתָּן, ז׳, ר׳, ־נִים brazen serpent
נַחַת, נ׳ quietness, repose, gentleness; rest, satisfaction, pleasure
נַחַת רוּחַ satisfaction
נַחַת, ז׳ descent, landing
נָחַת, פ״ע to descend, land
נִחַת, פ״ע to descend into, penetrate
נִחֵת, פ״י to press down, bend; to lower
הִנְחִית, פ״י to bring down
נַחְתּוֹם, ז׳, ר׳, ־מִים baker
נִטְבַּע, פ״ע, ע׳ [טבע] to be impressed, coined
נָט, פ״ע, ע׳ [נוט] to shake, move

נָטָה, פעו״י to extend; to turn aside; to bend; to conjugate, decline (*gram.*)
נָטָה לָמוּת to be close to death
הִטָּה, פ״י to turn, turn aside; to seduce, entice
הִטָּה מִשְׁפָּט (דִּין) to pervert judgment
נֶטוֹ, ז׳ net weight
נִטְוָה, פ״ע, ע׳ [טוה] to be spun
נָטוּי, ת״ז, נְטוּיָה, ת״נ stretched out; bent; inflected (*gram.*)
נָטוּל, ת״ז, ־לָה, ת״נ taken; deprived of
נָטוּעַ, ת״ז, נְטוּעָה, ת״נ planted
נָטוֹר, ז׳, ר׳, ־רִים guard, policeman
נָטוּשׁ, ת״ז, נְטוּשָׁה, ת״נ abandoned
נִטַּיֵּב, פ״ח, ע׳ [טיב] to be well manured
נְטִיָּה, נ׳, ר׳, ־יּוֹת inclination; stretching; deflection; inflection (*gram.*)
נְטִיַּת הַפְּעָלִים conjugation of verbs
נְטִיַּת הַשֵּׁמוֹת declension of nouns
נָטִיל, ת״ז, נְטִילָה, ת״נ laden, burdened
נְטִילֵי כֶּסֶף rich people
נְטִילָה, נ׳, ר׳, ־לוֹת taking, lifting up, carrying
נְטִילַת יָדַיִם washing the hands
נְטִילַת צִפָּרְנַיִם, ־ שֵׂעָר cutting of nails, hair
נְטִילַת רְשׁוּת request for permission
נָטִיעַ, ז׳, ר׳, נְטִיעִים plant, sapling
נְטִיעָה, נ׳, ר׳, ־עוֹת planting; young tree, shoot
נָטִיף, ז׳, ר׳, נְטִיפִים stalactite

נְטִיפָה, נ׳, ר׳, ־פוֹת eardrop; pendant; pearl; dripping
נְטִירָה, נ׳, ר׳, ־רוֹת guarding; bearing a grudge
נְטִישָׁה, נ׳, ר׳, ־שׁוֹת, ־שִׁים renunciation; tendril, sarmentum
נֵטֶל, ז׳ weight, burden
נָטַל פ״י to lift, take, receive; to move, carry off
נָטַל יָדָיו to wash one's hands
הִטִּיל, פ״י to throw, put; to lay
הִטִּיל מַיִם to urinate, pass water
הִטִּיל שָׁלוֹם to make peace
הֵטִיל גּוֹרָל to cast a lot
נַטְלָה, נ׳, ר׳, נְטָלוֹת bowl, small vessel (for washing hands)
נִטְמָא, פ״ע, ע׳ [טמא] to be defiled
נִטְמַן, פ״ע, ע׳ [טמן] to hide oneself
נִטְמַע, פ״ע, ע׳ [טמע] to become assimilated, mixed
נָטַע, פ״י to plant; to fix; to establish
נַטָּע, ז׳, ר׳, ־עִים horticulturist
נֶטַע, ז׳, ר׳, נְטָעִים, נְטִיעִים planting
נָטָף, ז׳ aromatic gum or spice
נֵטֶף, ז׳, ר׳, נְטָפִים drop
נָטַף, פעו״י to drop, drip
הִטִּיף, פ״י to drip; to speak, preach
נֶטֶף, ז׳, ר, נְטֵפִים grapes hanging down from cluster
נִטְפַּל, פ״ע, ע׳ [טפל] to be joined to; to busy oneself
נָטַר, פ״ to guard, keep; to bear a grudge
נָטַשׁ, פעו״י to abandon, forsake; to permit; to spread out
נִי, ז׳ lament
נִיב, ז׳, ר׳, ־בִים idiom; speech, dialect; canine tooth

נִיבוֹן, ז׳, ר׳, ־נִים dictionary of idioms
נִיד, ז׳ movement, quivering motion
נַיָּד, ת״ז, נַיֶּדֶת, ת״נ mobile
נַיֶּדֶת, נ׳, ר׳, ־יָּדוֹת patrol car
נְיוֹרֶת, נְיֹרֶת, נ׳, ר׳, ־רוֹת carton
נַיָּח, ת״ז, נַיַּחַת, ת״נ still, quiet, stationary
נִיחוֹחַ, ז׳, ר׳, ־חִים pleasing, soothing; sweet odor, aroma
נִיטָל, ז׳ Christmas
נִיל, ז׳, ר׳, ־לִים indigo plant
נִים, ת״ז, ־מָה, ת״נ sleeping, drowsing
נִימָא, נִימָה, נ׳, ר׳, ־מִים, ־מִין, ־מוֹת fringe, cord, string; chord
נִימוּס, נִמּוּס ז׳, ר׳, ־סִים, ־סִין, ־סוֹת right conduct, good manner; law; usage
נִימוּסִי, נִמּוּסִי, ת״ז, ־סִית, ת״נ polite, well-mannered
נִימוּסִיּוּת, נ׳ good manners, politeness
נִימוּק, נִמּוּק, ז׳, ר׳, ־קִים reason, motive, argument
נִימִי, ת״ז, ־מִית, ת״נ capillaceous
נִימִיּוּת, נ׳ capillarity
נִין, ז׳, ר׳, ־נִים descendant, great-grandchild
נִיסָה, נ׳, ר׳, ־סוֹת flight, escape
נִיסָן, ז׳ Nisan, the first month of Hebrew calendar
נִיעַ, ז׳ phlegm, mucus
נִיעָה, נ׳ motion
נִיצוֹץ, ז׳, ר׳, ־צוֹת, ־צִים spark; ray
נִיר, ז׳, ר׳, ־רִים fallow land, clearing; lamp; crossbeam of loom
[ניר] נָר, פ״י to break ground, clear
נְיָר, ז׳, ר׳, ־רוֹת paper

נְיָר־סוֹפֵג blotting paper
נְיָר־עֵרֶךְ security (note)
נְיָר־פֶּחָם, ־הַעְתָּקָה carbon paper
נְיָר־שִׁמּוּשׁ toilet paper
נְיָר־שָׁמִיר, ־זְכוּכִית sandpaper
נְיָרִיָּה, נ׳, ר׳, ־יּוֹת stationery store
נְיֹרֶת, נְיוֹרֶת, נ׳, ר׳, ־רוֹת carton
[נכא] נִכָּא, פ״ע to be scourged; to be exiled, driven away
נָכֵא, ת״ז, נְכֵאָה, ת״נ smitten, afflicted
נִכְאָה, פ״ע, ע׳ [כאה] to be afflicted, cowed
נְכָאִים, ז״ר depression, dejection
נְכֹאת, נ׳ tragacanth
נִכְבַּד, פ״ע, ע׳ [כבד] to be copious; to be honored
נִכְבָּד, ת״ז, נִכְבֶּדֶת, ת״נ honored, honorable, notable, distinguished; full, heavy
נֶכֶד, ז׳, ר׳, נְכָדִים grandson; posterity
נֶכְדָּה, נ׳, ר׳, נְכָדוֹת granddaughter
נֶכְדָּן, ז׳, ־נִית, נ׳, ר׳, ־נִים, ־נִיּוֹת nephew; niece
[נכה] הִכָּה, פ״י to strike, beat; to defeat; to kill
הִכָּה גַּלִּים to storm (at sea); to echo
הִכָּה כַּף to clap hands
הִכָּה שֹׁרֶשׁ to strike root
נִכָּה, פ״י to deduct, reduce
נָכֶה, ת״ז, ־כָה, ת״נ crippled, invalid
נֵכֶה, ז׳, ר׳, ־כִים contemptible, vile man
נִכּוּי, ז׳, ר׳, ־יִּים deduction, reduction; discount
נָכוֹן, ת״ז, נְכוֹנָה, ת״נ firm, fixed, stable; right, proper; ready

אֶל נָכוֹן, תה״פ certainly, assuredly
נָכוֹן, פ״ע, ע׳ [כון] to be resolved, firm, prepared
נְכוֹנוּת, נ׳ readiness, preparedness, correctness
נִכּוּשׁ, ז׳ weeding
(נְכוֹת) בֵּית־נְכוֹת, ז׳, ר׳, בָּתֵּי־נְכוֹת museum
נָכוּת, נ׳ invalidism
נִכְזָב, ת״ז, ־זֶבֶת, ת״נ disappointed
נֹכַח, תה״פ opposite, against, in front of
נָכֹחַ, ת״ז, נְכֹחָה, ת״נ straightforward, honest
נְכֹחָה, נ׳, ר׳, ־חוֹת justice, honesty, right
נָכְחוּת, נֹכְחוּת, נ׳ presence
נָכְחִי, נֹכְחִי, ת״ז, ־חִית, ת״נ present; opposite
נִכָּיוֹן, ז׳, ר׳, נִכְיוֹנוֹת reduction, discount
נֵכֶל, ז׳, ר׳, נְכָלִים knavery, deceit
נָכַל, פ״י to be deceitful, crafty
נִכֵּל, פ״ע to deceive, beguile
הִתְנַכֵּל, פ״ח to conspire
נִכְלַח, פ״ע, ע׳ [כלח] to become senile
נִכְלַם, פ״ע, ע׳ [כלם] to be ashamed
נִכְמַר, פ״ע, ע׳ [כמר] to grow hot; to shrink
נִכְנַס, פ״ע, ע׳ [כנס] to enter
נִכְנַע, פ״ע, ע׳ [כנע] to be humbled, subdued
נִכְנַף, פ״ע, ע׳ [כנף] to hover; to hide oneself
נֶכֶס, ז׳, ר׳, נְכָסִים riches, property
נִכְסָף, ת״ז, ־סֶפֶת, ת״נ longing
נִכְפֶּה, ז׳, ר׳, ־פִּים epileptic
נִכְפּוּת, נ׳ epilepsy

נִכְפָּל, ז׳, ר׳, ־פָּלִים multiplier
נֶכֶר, נֹכֶר, נֵכֶר, ז׳ misfortune, calamity
נֵכָר, ז׳ strangeness; strange land
נִכַּר, פ״ע to be recognized; to be discernible
הִכִּיר, פ״י to recognize, acknowledge; to know; to be acquainted with; to distinguish
נִכֵּר, פ״י to treat as a stranger; to ignore; to discriminate against
הִתְנַכֵּר, פ״ח to act as a stranger; to be known
נָכְרִי, ת״ז, ־רִיָּה, ־רִית, ת״נ strange, foreign
[נכש] נִכֵּשׁ, פ״י to weed
[נכש] הִכִּישׁ, פ״י to strike, wound; to bite, sting
נִכְשַׁל, פ״ע, ע׳ [כשל] to fail; to go astray
נִכְתַּם, פ״ע, ע׳ [כתם] to be stained, soiled
נִלְבַּט, פ״ע, ע׳ [לבט] to vex, annoy; to be guilty
נִלְהָב, ת״ז, ־הֶבֶת, ת״נ enthusiastic
נָלוֹז, ת״ז, נְלוֹזָה, ת״נ crooked, perverted
נָלוֹן, פ״ע, ע׳ [לון] to complain
נְלִיזָה, נ׳, ר׳, ־זוֹת deflection
נִלְעָג, ת״ז, ־עֶגֶת, ת״נ mocking; despicable
נָם, פ״ע, ע׳ [נום] to slumber, be drowsy; to speak
נִמְאַס, פ״ע, ע׳ [מאס] to be despised; to feel disgusted; have enough of
נִמְאָס, ת״ז, ־אֶסֶת, ת״נ hated, scorned
נִמְבְזֶה, ת״ז, ־זָה, ת״נ unimportant, valueless

נִמְהַר, פ״ע, ע׳ [מהר] to be hasty, overzealous, rash
נִמְהָר, ת״ז, ־הֶרֶת, ת״נ hurried, rash
נִמְהָרוּת, נ׳ precipitancy
נָמוֹג, פ״ע, ע׳ [מוג] to melt away; to be shaken
נָמוֹג, ת״ז, נְמוֹגָה, ת״נ soft-hearted
נָמוֹט, פ״ע, ע׳ [מוט] to tilt and fall
נָמוּךְ, נָמוֹךְ, ת״ז, ־כָה, ת״נ low, lowly, humble
נִמּוֹל, פ״ע, ע׳ [מול] to be circumcised
נִמּוּס, נִימוּס, ז׳, ר׳, ־סִים, ־סִין, ־סוֹת law; usage; good manner, right conduct
נִמּוּק, נִימוּק, ז׳, ר׳, ־קִים reason, motive, argument
נָמוּר, ז׳ speckled, spotted
נִמְזַג, פ״ע, ע׳ [מזג] to be poured out
נִמְחַץ, פ״ע, ע׳ [מחץ] to be smashed
נִמְחַק, פ״ע, ע׳ [מחק] to be erased, blotted out
נֶמֶט, ז׳, ר׳, נְמָטִים thick carpet
נִמְטַר, פ״ע, ע׳ [מטר] to be wet with rain
נְמִיגָה, נ׳ melting, dissolving; cowardice
נְמִיָּה, נ׳, ר׳, ־יוֹת marten
נְמִיכוּת, נ׳ lowliness, humility
נְמִיסָה, נ׳ melting; cowardice
[נמך] הִנְמִיךְ, פ״י to lower, depress
נִמְכַּר, פ״ע, ע׳ [מכר] to be sold
נָמָל, נָמֵל, ז׳, ר׳, נְמַלִּים, נְמֵלִים haven, port, harbor
נִמְלָא, פ״ע, ע׳ [מלא] to be filled
נְמָלָה, נ׳, ר׳, ־לִים, ־לוֹת ant
נִמְלַח, פ״ע, ע׳ [מלח] to be salted; to be torn; to be dispersed

נִמְלַךְ, פ״ע, ע׳ [מלך] to reconsider
נִמְלַל, פ״ע, ע׳ [מלל] to be soft, compressible
נִמְלָץ, ת״ז, ־לֶצֶת, ת״נ flowery, stylistic
נִמְלַק, פ״ע, ע׳ [מלק] to be killed by nipping, wringing head
נִמְנָה, פ״ע, ע׳ [מנה] to be counted, assigned
נִמְנוּם, ז׳ light sleep, drowsiness
נִמְנֵם, פ״ע to be drowsy, doze
הִתְנַמְנֵם, פ״ח to slumber
נִמְנַע, פ״ע, ע׳ [מנע] to be restrained
נִמְסַךְ, פ״ע, ע׳ [מסך] to be poured
נִמְנָע, ת״ז, ־נַעַת, ת״נ impossible; abstained
נָמַס, פ״ע, ע׳ [מסס] to become melted
נִמְסַק, פ״ע, ע׳ [מסק] to be picked (olives)
נִמְצָא, פ״ע, ע׳ [מצא] to be found; to exist; to be present
נִמְצָה, פ״ע, ע׳ [מצה] to be wrung out
נִמְצַק, פ״ע, ע׳ [מצק] to be, get distilled
נֶמֶק, ז׳, ר׳, נְמָקִים rot; gangrene
נָמַק, פ״ע, ע׳ [מקק] to fester, rot; to become weak
נִמֵּק, פ״י to explain, clarify
נָמֵר, ז׳, ר׳, נְמֵרִים leopard, tiger
נִמֵּר, פ״י to give striped or checkered appearance
נִמְרַח, פ״ע, ע׳ [מרח] to be spread, smeared; to be crushed
נִמְרַט, פ״ע, ע׳ [מרט] to be plucked, polished; to be made bald
נְמֵרִי, ת״ז, ־רִית, ת״נ tigerlike

גָּמָל נְמֵרִי giraffe
נִמְרָץ, ת״ז, ־רֶצֶת, ת״נ grievous; heavy; decided
נִמְרַץ, פ״ע, ע׳ [מרץ] to be energetic, strong, vehement, rapid
נִמְרַק, פ״ע, ע׳ [מרק] to be cleaned; purged
נֶמֶשׁ, ז׳, ר׳, נְמָשִׁים freckle
נִמְשַׁח, פ״ע, ע׳ [משח] to be anointed
נִמְשָׁךְ, ת״ז, ־שֶׁכֶת, ת״נ prolonged; continuous; following
נִמְשַׁךְ, פ״ע, ע׳ [משך] to be stretched; to be withdrawn; to be prolonged
נִמְשָׁל, ז׳, ר׳, ־לִים moral, maxim
נִמְשַׁל, פ״ע, ע׳ [משל] to be compared; to resemble
נִמְתַּח, פ״ע, ע׳ [מתח] to be spread, stretched; to be made nervous; to be curious
נַנָּס, ז׳, ר׳, ־סִים dwarf, midget
נַנָּסִי, ת״ז, ־סִית, ת״נ dwarfish
נֵס, ז׳, ר׳, נִסִּים miracle; standard; signal, sign
נָס, פ״ע, ע׳ [נוס] to flee, escape, depart, disappear
נְסִבָּה, נ׳, ר׳, ־בּוֹת turn of events; cause
[נסג] הִסִּיג, פ״י to remove, carry away
הִסִּיג גְּבוּל to remove a boundary mark; to encroach upon, trespass
[נסה] נִסָּה, פ״י to test, try, experiment, attempt
נָסוֹג, פ״ע, ע׳ [סוג] to turn back, retreat
נִסּוּחַ, ז׳, ר׳, ־חִים formulation
נִסּוּי, ז׳, ר׳, ־יִים trial, experiment, test

נִסּוּיִי, ת"ז, ־יִית, ת"נ experimental

נִסּוּךְ, ז', ר', ־כִים pouring out, libation

סַח, פ"י to pull down; to tear away

נִסַּח, פ"י to arrange a text; to formulate

הִסִּיחַ, פ"י to remove, discard

הִסִּיחַ דַּעְתּוֹ to divert one's mind, distract one's attention

נֹסַח, נוּסַח, ז', נֻסְחָה, נוּסְחָה, נ', ר', נְסָחִים, ־חוֹת, ־חָאוֹת text; copy; formula; recipe

נְסִיגָה, נ', ר', ־גוֹת retrogression; retreat

נַסְיוּב, ז', ר', ־בִים serum; whey

נִסָּיוֹן, ז', ר', נִסְיוֹנוֹת test, trial; experiment; experience

נִסְיוֹנִי, ת"ז, ־נִית, ת"נ experimental

נָסִיךְ, ז', ר', ־כִים prince, viceroy

נְסִיכָה, נ', ר', ־כוֹת princess

נְסִיעָה, נ', ר', ־עוֹת traveling; trip, journey

נְסִירָה, נ', ר', ־רוֹת sawing

נָסַךְ, פ"י to pour; to cast; to anoint

נִסֵּךְ, פ"י to offer a libation

נֶסֶךְ, נֵסֶךְ, ז', ר', נְסָכִים libation; drink-offering; molten image

נִסְכַּל, פ"ע, ע' [סכל] to act foolishly

נַסֶּל, ז', ר', נַסָּלִים armchair, easy chair

נִסְמָךְ, ת"ז, ־מֶכֶת, ת"נ ordained (as Rabbi); in the construct state (*gram.*)

נָסַס, נוֹסֵס, פ"ע to drive, to be driven (on)

הִתְנוֹסֵס, פ"ח to be displayed as a banner; to flutter; to glitter

נָסַע, פעו"י to travel; to journey; to march; to move

הִסִּיעַ, פ"י to drive; to lead out; to pick up; to remove

נִסְעָר, ת"ז, ־עֶרֶת, ת"נ stormy; excited

נִסְפָּח, ז', ר', ־חִים appendix; addition; diplomat, attaché

נָסַק, פ"ע to go up, ascend

הִסִּיק, פ"י to heat up; to conclude

נֶסֶר, ז', ר', נְסָרִים board

נָסַר, פ"י to saw, plane

נִסְרַךְ, פ"ע, ע' [סרך] to be joined, attached

נְסֹרֶת, נ' chips, sawdust

נִסְתָּחֵף, פ"ח, ע' [סחף] to be swept away, eroded, ruined

נִסְתָּר, ת"ז, ־תֶּרֶת, ת"נ hidden; mysterious; third person (*gram.*)

נָע, פ"ע, ע' [נוע] to wander about; to be unstable; to tremble

נָע, ת"ז, ־עָה, ת"נ wandering, mobile

נֶעֱגַן, פ"ע, ע' [עגן] to be restrained, tied, anchored

נֶעְדָּר, ת"ז, ־דֶּרֶת, ת"נ absent, missing, disappeared; dead; lacking

נַעֲוָה, פ"ע, ע' [עוה] to be twisted, perverted

נַעֲוֶה, ת"ז, ־וָה, ת"נ perverse, twisted

נָעוּל, ת"ז, נְעוּלָה, ת"נ locked; shoed

נָעוּץ, ת"ז, נְעוּצָה, ת"נ inserted

נָעוּר, ת"ז, נְעוּרָה, ת"נ empty, shaken out

נִעוּר, ז' shaking

נְעוּרִים, ז"ר, נְעוּרוֹת, נ"ר youth

נְעִילָה, נ', ר', ־לוֹת locking, closing, concluding; putting on shoes; Neilah, concluding service on Day of Atonement

נָעִים, ת״ז, נְעִימָה, ת״נ pleasant, pleasing, lovely, delightful
נְעִימָה, נ׳, ר׳, ־מוֹת melody, tune, tone; taste, disposition
נְעִימוּת, נ׳ pleasantness, loveliness
נָעִיץ, ז׳, ר׳, נְעִיצִים channel, ditch
נְעִיצָה, נ׳, ר׳, ־צוֹת insertion
נְעִירָה, נ׳, ר׳, ־רוֹת braying; shaking; waving
נֶעְכָּר, ת״ז, ־כֶּרֶת, ת״נ dejected, depressed
נָעַל, פ״י to bar, bolt, lock; to put on shoes
נַעַל, נ׳, ר, נַעֲלַיִם, נְעָלִים shoe, boot
נַעֲלֵי בַּיִת slippers
נֶעֱלָב, ת״ז, ־לֶבֶת, ת״נ insulted
נַעֲלָה, פ״ע, ע׳ [עלה] to be exalted, be brought up
נַעֲלֶה, ת״ז, ־לָה, ת״נ honored;superior
נֶעְלָם, ת״ז, ־לֶמֶת, ת״נ hidden, concealed
נֶעְלַם, פ״ע, ע׳ [עלם] to be hidden; to disappear
נֹעַם, נוֹעַם, ז׳ delightfulness, pleasantness
נָעַם, פ״ע to be lovely, pleasant
הִנְעִים, פ״י to cause pleasure; to sing, accompany musically; to compose melody
נַעֲמִית, נ׳, ר׳, ־מִיּוֹת ostrich
נַעֲמָן, ת״ז, ־נָה, ת״נ delighted;pleasant
נַעֲנֶה, ת״ז, ־נָה, ת״נ humble, afflicted
נִעְנוּעַ, ז׳, ר׳, ־עִים shaking
[נוע] נִעְנַע, פ״י to shake
נַעְנַע, ז׳, ר׳, ־נָעִים mint
נַעַץ, ז׳, ר׳, נְעָצִים clasp; tack
נָעַץ, פ״י to prick, puncture; stick in, insert

נַעֲצוּץ, ז׳, ר׳, ־צִים thornbush, thicket of thorns
נָעַר, פ״י to shake, stir; to growl; to bray
נִעֵר, פ״י to shake out, empty; to loosen up
נַעַר, ז׳, ר׳, נְעָרִים boy, lad, youth; servant
נַעֲרָה, נ׳, ר׳, נְעָרוֹת girl, maiden; maid, maidservant
נֹעַר, נוֹעַר, ז׳ youth
נַעֲרוּת, נ׳ youth; puerility; vitality
נֶעֱרַם, פ״ע, ע׳ [ערם] to be heaped up
נְעֹרֶת, נ׳ tow, chaff
נֶעְתַּק, פ״ע, ע׳ [עתק] to be transcribed, translated
נֶעְתַּר, פ״ע, ע׳ [עתר] to be excessive
נָף, פ״ע, ע׳ [נוף] to sprinkle
נָפָה, נ׳, ר׳, ־פוֹת sieve; fan; height, elevation; district
[נפה] נִפָּה, פ״י to sift, winnow
נִפּוּחַ, ז׳, ר׳, ־חִים fanning, blowing
נָפוּחַ, ת״ז, נְפוּחָה, ת״נ blown up; swollen; boiling; seething
נִפּוּי, ז׳, ר׳, ־יִים sifting; purifying
נִפּוּל, ז׳, ר׳, ־לִים falling; young bird
נָפוּל, ת״ז, נְפוּלָה, ת״נ fallen, low, degenerate
נָפוֹץ, ת״ז, נְפוֹצָה, ת״נ diffused
נִפּוּץ, ז׳, ר׳, ־צִים shattering
נְפוֹצָה, נ׳, ־צוֹת, נ״ר dispersion; Diaspora
נֶפַח, ז׳, ר׳, נְפָחִים swelling; volume, bulk
נָפַח, פ״י to blow, breathe
נָפַח נֶפֶשׁ die
נִפַּח, פ״י to be blown up, swell
הִפִּיחַ, פ״י to blow upon, sniff

הִתְנַפֵּחַ, פ״ח to become swollen; to put on airs

נַפָּח, ז׳, ר׳, ־חִים smith, blacksmith

נַפָּחוּת, נ׳ smithery

נַפָּחִיָּה, נ׳, ר׳, ־יּוֹת smithy

נֵפְט, ז׳ kerosene, oil

נִפְטָר, ז׳, ר׳, ־טָרִים dead, deceased

נְפִיחָה, נ׳, ר׳, ־חוֹת blowing; belch; flatulence

נְפִיחוּת, נ׳, ר׳, ־חֻיּוֹת swelling

נָפִיל, ז׳, ר׳, נְפִילִים giant; tortoise, turtle, terrapin

נִפְלָה, פ״ע, ע׳ [פלה] to be distinct, distinguished

נְפִילָה, נ׳, ר׳, ־לוֹת falling; defeat

נְפִישָׁה, נ׳ vacationing

נֹפֶךְ, ז׳, ר׳, נְפָכִים precious stone

נָפַל, פ״ע to fall, fall down; to happen, occur

הִפִּיל, פ״י to throw down; to let drop; to cause to fall; to defeat; to miscarry

הִתְנַפֵּל, פ״ח to attack, fall upon

נֵפֶל, ז׳, ר׳, נְפָלִים stillbirth; premature birth

נִפְלָא, ת״ז, ־אָה, ת״נ wonderful, marvelous

נִפְלָאוֹת, נ״ר miracles, wonders

נִפְלָא, פ״ע, ע׳ [פלא] to be marvelous, wonderful

נִפְנֵף, פ״י to swing, flap

נִפְסָד, ת״ז, ־סֶדֶת, ת״נ spoiled; damaged

נִפְסַד, פ״ע, ע׳ [פסד] to be spoiled; to lose

[נפע] הִפִּיעַ, פ״י to revive; to blow air into lungs

נִפְעַל, ז׳ Niph'al, the reflexive and passive of the simple stem (kal) of the Hebrew verb

נֶפֶץ, ז׳ cloudburst; driving storm; scattering; bursting, explosion

חֹמֶר נֶפֶץ explosive

נַפָּץ, ז׳, ר׳, ־צִים detonator

נָפַץ, פעו״י to break, shatter; to disperse, scatter

נִפֵּץ, פ״י to dash to pieces; to explode, blow up

[נפק] הִפִּיק, פ״י to go out; to bring forth; to derive

נַפְקָנִית, נ׳, ר׳, ־נִיּוֹת gadabout

נִפְרָד, ת״ז, ־רֶדֶת, ת״נ separate; odd number; in the absolute state (*gram.*)

נִפְרָץ, ת״ז, ־רֶצֶת, ת״נ frequent

נֶפֶשׁ, נ׳, ר׳, נְפָשׁוֹת, ־שִׁים breath, spirit, soul; person, character (in a drama); tombstone

בְּנַפְשׁוֹ at the risk of his life

כְּנַפְשׁוֹ as much as he wishes

נָפַשׁ, פ״ע to rest

נֹפֶשׁ, נוֹפֶשׁ, ז׳ recreation; rest

נַפְשִׁי, ת״ז, ־שִׁית, ת״נ spiritual; hearty

נִפְשָׁע, ת״ז, ־שַׁעַת, ת״נ criminal

נֹפֶת, נוֹפֶת, נ׳ flowing honey, honeycomb

נַפְתּוּלִים, ז״ר wrestling, struggle

נִפְתָּל, ת״ז, ־תֶּלֶת, ת״נ tortuous; perverse

נֵץ, ז׳, ר׳, נִצִּים blossom, flower; falcon

נֵץ־חָלָב, ז׳ parsley

נָצָא, פ״ע to fly, flee

נִצַּב, פ״ע, ע׳ [יצב] to set, stand up

נִצָּב, ז׳, ר׳, ־בִים hilt, handle; prefect; perpendicular

נִצְבָּה, נ׳ steadfastness, resoluteness
נִצְדָּה, פ״ע, ע׳ [צדה] to be laid waste
נָצָה, פ״ע to be covered with feathers
נָצָה, פ״ע to fly, flee; to be laid waste
נָצָה, פ״ע to strive, quarrel; to be laid waste, be made desolate
נִצָּה, נ׳, ר׳, ־צּוֹת blossom, flower
נִצּוּחַ, ז׳, ר׳, ־חִים direction (of choir or orchestra); argument
נִצּוּל, ז׳ exploitation
נָצוּר, ת״ז, נְצוּרָה, ת״נ preserved, guarded; secret
נְצוּרוֹת, נ״ר hidden things, secrets
נֵצַח, נֶצַח, ז׳ perpetuity; eternity; eminence, glory; strength; blood
לָנֶצַח forever
לְנֵצַח נְצָחִים forever and ever
נָצַח, פ״י to be victorious; to sparkle, shine
נִצַּח, פ״י to superintend; to conduct (orchestra)
to be victorious, conquer, win
נִצַּח, פ״ע to be defeated, beaten
הִנְצִיחַ, פ״י to make everlasting, perpetuate
נִצָּח, ת״ז, ־צַּחַת, ת״נ lasting, enduring; irrefutable
נִצָּחוֹן, ז׳, ר׳, ־צְחוֹנוֹת triumph, victory
נִצְחוּת, נִצְחִיּוּת, נ׳ eternity
נִצְחִי, ת״ז, ־חִית, ת״נ eternal, everlasting
נִצְחִיּוּת, נִצְחוּת, נ׳ eternity
נַצְחָן, ז׳, ר׳, ־נִים dogmatic person
נַצְחָנוּת, נ׳ dogma
נְצִיב, ז׳, ר׳, נְצִיבִים pillar, column

נְצִיב, ז׳, ר׳, ־בִים commissioner, prefect; garrison, military post
נְצִיבוּת, נ׳, ר׳, ־בֻיּוֹת office of commissioner; territorial government
נָצִיג, ז׳, ר׳, נְצִיגִים representative
נְצִיגוּת, נ׳, ר׳, ־גֻיּוֹת representation
נָצִיץ, ז׳ mica
נִצַּל, פ״ע to be delivered, saved; to deliver oneself, escape
נִצֵּל, פ״י to spoil; to strip; to save; to exploit
הִצִּיל, פ״י to save, rescue, deliver
הִתְנַצֵּל, פ״ח to strip oneself; to apologize
נַצְלָן, ז׳, ר׳, ־נִים exploiter
נִצְמַד, פ״ע, ע׳ [צמד] to join, attach oneself
נִצָּן, ז׳, ר׳, ־נִים bud, blossom
[נצץ] נִצְנֵץ, פ״ע to sparkle; to be enkindled; to sprout
נָצַץ, פ״ע to sparkle, shine; to bloom, sprout
הִתְנוֹצֵץ, פ״ח to glitter, sparkle
נֵצֶר, ז׳, ר׳, נְצָרִים shoot, sprout, branch; osier, willow; wicker
נָצַר, פ״י to guard, watch, keep; to preserve; to lock (safety catch)
נִצֵּר, פ״י to Christianize
הִתְנַצֵּר, פ״ח to become a Christian, be converted to Christianity
נִצְרָה, נ׳ ר׳, נְצָרוֹת safety latch (on guns)
נַצְרוּת, נ׳ Christianity
נִצְרַךְ, פ״ע, ע׳ [צרך] to be obliged
נִצְרָךְ, ת״ז, ־רֶכֶת, ת״נ needy, poor
נִצְרַף, פ״ע, ע׳ [צרף] to be hardened; to be put to test

נִצַּת, פ"ע, ע' [יצת] to ignite, inflame
נֶקֶב, ז', ר', נְקָבִים perforation; hole
נְקָבִים, ז"ר excrements
נָקַב, פ"י to bore, pierce, perforate; to designate; to curse, blaspheme
נִקֵּב, פ"י to pierce, puncture
נְקֵבָה, נ', ר', ־בוֹת female, feminine
נִקְבָּה, נ', ר', נְקָבוֹת tunnel; orifice
נִקְבּוּב, ז', ר', ־בִים perforation
נְקֵבוּת, נַקְבוּת, נ' female sex, feminine gender
נְקֵבִי, ת"ז, ־בִית, ת"נ feminine
נִקְבָּץ, ז' sum total
נָקֹד, ת"ז, נְקֻדָּה, ת"נ spotted, dotted
נָקַד, פ"י to prick; to point, mark with points
נִקֵּד, פ"י to punctuate, vowelize
נְקֻדָּה, נְקוּדָּה, נ', ר', ־דּוֹת point, dot; vowel-point, vowel; stud
נְקֻדָּה וּפְסִיק semicolon
נְקֻדָּתַיִם colon
נְקֻדַּת מַבָּט, ־ רְאוּת point of view
נַקְדָן, ז', ר', ־נִים punctilious person, pedant; punctuator
נָקָה, פ"ע to be innocent, pure
נִקָּה, פ"י to pronounce innocent, acquit; to leave unpunished; to cleanse, clear
נִקָּה, פ"ע to be free from guilt, punishment; to be pure, clean; to be innocent
נָקָה, נָאקָה, נ', ר', ־קוֹת she-camel
נָקוּב, ת"ז, נְקוּבָה, ת"נ perforated, pierced
נִקּוּב, ז', ר', ־בִים perforation, puncturing
נָקוּד, ת"ז, נְקוּדָה, ת"נ pointed, dotted; vowelized

נִקּוּד, ז', ר', ־דִים dot, point; punctuation, vowelization
נְקוּדָּה, נְקֻדָּה, נ', ר', ־דּוֹת point, dot; vowel point, vowel; stud
נִקּוּז, ז', ר', ־זִים drainage
נָקוֹט, פ"ע, ע' [קוט] to feel loathing, to repent of
נִקּוּי, ז', ר', ־יִים cleaning, cleansing
נִקּוּף, ז' bruise, knock
נִקּוּר, ז', ר', ־רִים picking, pecking; chiseling; gouging out the eyes
נִקֵּז, פ"י to drain, dry up (swampland)
הִקִּיז, פ"י to puncture; to bleed, let blood
נָקַט, פעו"י to be weary of; to loathe; to hold, take, seize
נָקִי, ת"ז, נְקִיָּה, ת"נ clean, pure; innocent, guiltless, exempt
נְקִיבָה, נ', ר', ־בוֹת puncturing, punching
נִקָּיוֹן, ז' cleanness, cleanliness, purity, innocence
נִקְיוֹן כַּפַּיִם honesty, innocence
נִקְיוֹן שִׁנַּיִם hunger
נְקִיּוּת, נ' cleanliness; movement of bowels
נְקִיטָה, נ', ר', ־טוֹת grasping, holding
נְקִימָה, נ', ר', ־מוֹת revenge, retaliation
נְקִיעָה, נ', ר', ־עוֹת dislocation
נְקִיפָה, נ', ר', ־פוֹת knock, bruise
נָקִיק, ז', ר', נְקִיקִים cleft, crevice
נְקִירָה, נ', ר', ־רוֹת boring, pecking
נְקִישָׁה, נ', ר', ־שׁוֹת knocking
נָקֵל, תה"פ easy
נִקְלֶה, ת"ז, ־לָה, ת"נ despised, lightly esteemed; base

נִקְלָה, פ"ע, ע' [קלה] to be dishonored

נְקַלָּה, נ', ר', ־לּוֹת trifle, light thing

נַקְלִיט, ז', ר', ־טִים bed pole, curtain frame

נָקָם, ז' revenge, vengeance

נָקַם, פ"י to take revenge, avenge

נְקָמָה, נ', ר', ־מוֹת vindictiveness, revenge

נַקְמָן, ז', ר', ־נִים revengeful person

נַקְנִיק, ז', ר', ־קִים sausage

נַקְנִיקִית, נ', ר', ־קִיּוֹת frankfurter

נָקַע, פ"ע to sprain

נֶקַע, ז', ר', נְקָעִים rift, cleft; sprain

נֹקֶף, ז' beating, shaking of olive tree

נֶקֶף, ז', ר', נְקָפִים beating, bruise; qualm, scruple

נָקַף, פ"ע to go around, move in a circle; to knock, strike, bruise

נִקֵּף, פ"י to strike, strike off; to beat olive tree, glean

הִקִּיף, פ"י to surround, encompass; to give credit; to contain

נְקִפָּה, נ', ר', נְקָפוֹת wound, bruise

נָקַר, פ"י to bore, pierce; to pick; to gnaw at

נִקֵּר, פ"י to bore; to gouge out eyes; to peck, pick; to keep clean

נַקָּר, ז', ר', ־רִים woodpecker

נֶקֶר, ז', ר', נְקָרִים picking; groove

נִקְרָא, פ"ע, ע' [קרא] to chance to be; to meet by chance; to be called, named, invited

נִקְרָה, נְקָרָה, נ', ר', ־רוֹת stone chip, hole, crevice

נַקְרִיָּה, נ', ר', ־יּוֹת woodpecker

נַקְרָן, ז', ר', ־נִים fault-finder

נִקְרָס, ז' gout

נָקַשׁ, פ"י to strike, knock

נִקֵּשׁ, פ"י to lay (mines) snares; to strike at

הִקִּישׁ, פ"י to knock, strike at, beat

נִקְשָׁה, פ"ע, ע' [קשה] to be asked; to be hard pressed

נִקְשֶׁה, ת"ז, ־שָׁה, ת"נ miserable, wretched

נֻקְשֶׁה, נוּקְשֶׁה, ת"ז, ־שָׁה, ת"נ stale, hardened

נָר, פ"י, ע' [ניר] to break up fallow land; to till

נֵר, ז', ר', ־רוֹת light, lamp, candle

נִרְאָה, פ"ע, ע' [ראה] to appear

נִרְאֶה, ת"ז, ־אָה, ת"נ favorable, apparent

כַּנִּרְאֶה, תה"פ apparently

נִרְגָּז, ת"ז, ־גֶּזֶת, ת"נ excited, agitated, angry

נִרְגָּן, ז', ר', ־נִים mischief-maker, backbiter

נִרְגָּשׁ, ת"ז, ־גֶּשֶׁת, ת"נ excited

נֵרְדְּ, ז', ר', נְרָדִים nard, spikenard

נִרְדַּם, פ"ע, ע' [רדם] to fall asleep

נִרְדָּף, ת"ז, ־דֶּפֶת, ת"נ pursued, persecuted

נַרְוָד, ז', ר', ־דִים stretcher, litter

נִרְפֶּה, ת"ז, ־פָּה, ת"נ indolent, negligent

נִרְפָּשׁ, ת"ז, ־פֶּשֶׁת, ת"נ miry, muddy

נַרְקִיס, ז', ר', ־סִים narcissus

נַרְתִּיק, ז', ר', ־קִים, ־קוֹת sheath, case, casket

נִרְתַּע, פ"ע, ע' [רתע] to be startled; to recoil

נִרְתֵּק, פ"י to encase, sheathe

נָשָׂא, פ"י to lift; to bear, sustain, endure; to take away; to receive; to marry; to forgive; to destroy

נָשָׂא אִשָּׁה to marry
נָשָׂא וְנָתַן to deal, transact, do business, negotiate; to argue
נָשָׂא יָדוֹ to swear
נָשָׂא נַפְשׁוֹ to aspire
נָשָׂא פָּנִים to be partial, show favor
נָשָׂא רֹאשׁוֹ to show independence, be bold
נוֹשֵׂא כֵּלִים armor-bearer; orderly
נִשָּׂא, פעו״י to lift up, exalt; to bear, support, aid; to make a gift; to take away
הִשִּׂיא, פ״י to give in marriage
הִתְנַשֵּׂא, פ״ח to lift oneself up, exalt oneself; to rise up; to boast
נָשָׁא, פעו״י to lead astray; to exact (payment)
הִשִּׁיא, פ״י to beguile, deceive
נִשָּׂא, ת״ז, נִשֵּׂאת, ת״נ exalted, elevated, lofty
נִשְׁאַר, פ״ע, ע׳ [שאר] to be left, to remain
נָשַׁב, פ״ע to blow
הִשִּׁיב, פ״י to drive away
נִשְׁבַּע, פ״ע, ע׳ [שבע] to swear, take an oath
[נשג] הִשִּׂיג, פ״י to overtake; to reach, attain; to obtain
נִשְׂגָּב, ת״ז, ־בָּה, ת״נ exalted, lofty, powerful
נַשְׁדּוּר, ז׳ ammonia
נָשֶׁה, ז׳, גִּיד הַנָּשֶׁה ischiadic nerve
נָשָׁה, פ״י to forget; to demand, exact payment
נָשׂוּא, נָשׂוּי, ת״ז, נְשׂוּאָה, נְשׂוּיָה, ת״נ married
נְשׂוּאָה, נ׳, ר׳, ־אוֹת wife

נִשּׂוּאִים, נִשּׂוּאִין, ז״ר taking in marriage, married state, wedlock
נָשׂוֹג, פ״ע, [ע׳ שוג] to turn back, recede
נִשּׁוּל, ז׳ ejection, eviction, ousting
נִשּׁוּם, ז׳ breathing, respiration
נִשּׁוּק, ז׳ kissing
נָשׁוּר, ת״ז, נְשׁוּרָה, ת״נ bald; leafless
נִשְׁחַף, פ״ע, ע׳ [שחף] to become tubercular; to become weak
נִשְׁחָת, ת״ז, ־חֶתֶת, ת״נ corrupt, spoiled
נָשִׁי, ת״ז, ־שִׁית, ת״נ effeminate
נְשִׁי, ז׳, ר׳, נְשָׁיִים debt, loan
נָשִׂיא, ז׳, ר׳, נְשִׂיאִים prince, president, chief
נְשִׂיאִים, ז״ר vaporous clouds
נְשִׂיאָה, נ׳, ר׳, ־אוֹת lifting up, carrying, raising
נְשִׂיאוּת, נ׳ lifting, elevation, raising; presidency; executive (board)
נְשִׁיבָה, נ׳, ר׳, ־בוֹת blowing
נְשִׁיָּה, נ׳ oblivion, forgetfulness
נִשָּׁיוֹן, ז׳ amnesia
נָשִׁיּוּת, נ׳ feminism
נְשִׁיכָה, נ׳, ר׳, ־כוֹת bite, biting
נְשִׁילָה, נ׳, ר׳, ־לוֹת falling off; chopping off; dropping
נָשִׁים, נ״ר women; wives
נְשִׁימָה, נ׳, ר׳, ־מוֹת breath, breathing
נְשִׁיפָה, נ׳, ר׳, ־פוֹת exhalation, expiration; blowing
נְשִׁיקָה, נ׳, ר׳, ־קוֹת kiss, kissing
נְשִׁירָה, נ׳, ר׳, ־רוֹת falling off, dropping; withdrawal (students)
נְשִׁית, נ׳ ischemia, local anemia
נָשַׁךְ, פ״י to bite; to take interest (on a loan)

usury, interest נֶשֶׁךְ, ז׳
chamber, room נִשְׁכָּה, נ׳, ר׳, נְשָׁכוֹת
to slip, drop off; to draw off (shoe); to drive out נָשַׁל, פעו״י
to shed, drop הִשִּׁיל, פ״י
shedding, dropping, falling off (of fruit) נֶשֶׁל, ז׳
to be destroyed; to be amazed נָשַׁם, פ״ע, ע׳ [שמם]
to breathe, inhale נָשַׁם, פ״ע
soul; breath, inhalation נֶשֶׁם, ז׳
breath; soul, spirit, life; living creature נְשָׁמָה, נ׳, ר׳, ־מוֹת
to be slipped, dropped, dislocated; to be omitted נִשְׁמַט, פ״ע, ע׳ [שמט]
to be heard, understood; to obey נִשְׁמַע, פ״ע, ע׳ [שמע]
to be guarded; to watch out for, be on one's guard against נִשְׁמַר, פ״ע, ע׳ [שמר]
to be repeated, taught נִשְׁנָה, פ״ע, ע׳ [שנה]
to lean on, rely upon, be close to נִשְׁעַן, פ״ע, ע׳ [שען]
to blow, breathe, exhale נָשַׁף, פ״י
evening, night; sunset; evening party; entertainment נֶשֶׁף, ז׳, ר׳, נְשָׁפִים
high and bare, windswept נִשְׁפֶּה, ת״ז, ־פָּה, ת״נ
sawdust נְשֹׁפֶת, נ׳, ר׳, ־שׁוֹפוֹת
to kiss; to be armed נָשַׁק, פעו״י
to touch; to launch (ship) הִשִּׁיק, פעו״י
to be kindled, set afire נִשַּׂק, פ״ע
to raise a fire, burn, kindle הִשִּׂיק, פ״י
equipment, arms, weapons נֶשֶׁק, נֵשֶׁק, ז׳
armorer, gunsmith נַשָּׁק, ז׳, ר׳, ־קִים
overhanging, overlooking נִשְׁקָף, ת״ז, ־קֶפֶת, ת״נ
eagle; dropping נֶשֶׁר, ז׳, ר׳, נְשָׁרִים
to drop, fall off; withdraw נָשַׁר, פ״ע
to disconnect הֶשִּׁיר, פ״י
burned נִשְׂרָף, ת״ז, ־רֶפֶת, ת״נ
to dry up, be dry, parched נָשַׁת, פ״ע
letter, epistle נִשְׁתְּוָן, ז׳, ר׳, ־נִים
to break out נִשְׁתַּר, פ״ע, ע׳ [שתר]
defendant נִתְבָּע, ז׳, ר׳, ־עִים
analysis; dissection; surgical operation נִתּוּחַ, ז׳, ר׳, ־חִים
surgery חָכְמַת הַנִּתּוּחַ
placed, given; datum נָתוּן, ת״ז, נְתוּנָה, ת״נ; ז׳
breaking down נִתּוּץ, ז׳
disconnection, severance, discontinuance נִתּוּק, ז׳
torn off; castrated נָתוּק, ת״ז
to squirt, splash; to cause to spring off; to cause to fly off נִתֵּז, פ״ע
to fly off; to splash נִתַּז, פ״ע
to chop off; to articulate distinctly הִתִּיז, פ״י
splash נֶתֶז, ז׳, ר׳, נְתָזִים
piece, cut (of meat) נֵתַח, ז׳, ר׳, נְתָחִים
to cut in pieces; to operate surgically; to analyze נִתַּח, פ״י
to be liked, beloved נִתְחַבֵּב, פ״ח, ע׳ [חבב]
to exert oneself נִתְחַבֵּט, פעו״י, ע׳ [חבט]

נִתְחַוֵּר, פ״ח, ע׳ [חור] to become clear, evident

נַתְחָן, ז׳, ר׳, ־נִים analyst

נִתְחַסֵּם, פ״ח, ע׳ [חסם] to be tempered

נִתְחָרֵף, פ״ח, ע׳ [חרף] to be cursed

נִתְחָרֵשׁ, פ״ח, ע׳ [חרש] to whisper; to become deaf

נָתִיב, ז׳, נְתִיבָה, נ׳, ר׳, נְתִיבִים, ־בוֹת path, pathway, road

נְתִיב הֶחָלָב Milky Way

נְתִיזָה, נ׳ splashing

נָתִיךְ, ז׳, ר׳, נְתִיכִים fuse

נָתִין, ז׳, ר׳, נְתִינִים temple slave, subject of a state

נִתְחַשֵּׁל, פ״ח, ע׳ [חשל] to become crystallized, tempered (steel)

נְתִינָה, נ׳, ר׳, ־נוֹת giving, delivery

נְתִינוּת, נ׳ status of the temple slave; citizenship

נְתִיצָה, נ׳, ר׳, ־צוֹת breaking down, smashing

נִתְיַשֵּׁב, פ״ח, ע׳ [ישב] to develop; to settle; to establish oneself

נְתִישָׁה, נ׳, ר׳, ־שׁוֹת uprooting

נֶתֶךְ, ז׳, ר׳, נְתָכִים alloy

נָתַךְ, פ״ע to pour forth, pour down

הִתִּיךְ, פ״י to pour out; to melt, cast (metal)

נִתְמַגֵּל, פ״ח, ע׳ [מגל] to fester

נִתְמַגֵּר, פ״ח, ע׳ [מגר] to be precipitated

נִתְמַנָּה, פ״ע, ע׳ [מנה] to be appointed, put in charge of

נִתְמָעֵךְ, פ״ע, ע׳ [מעך] to be squashed; to be rubbed

נִתְמָרֵט, פ״ע, ע׳ [מרט] to be laid bare; to be plucked out

נִתְמַשְׁכֵּן, פ״ע, ע׳ [משכן] to become pawned; to be seized for debt

נִתְנַבֵּל, פ״ח, ע׳ [נבל] to be disgraced

נִתְקַטֵּעַ, פ״ח, ע׳ [קטע] to be crippled

נִתְקָרֵר, פ״ח, ע׳ [קרר] to catch cold

נִתְרָאָה, פ״ח, ע׳ [ראה] to meet, see one another

נָתַן, פ״י to give; to permit; to regard; to yield (fruit, produce); to deliver up; to put; to appoint

נָתַן נַפְשׁוֹ עַל to sacrifice oneself for

נָתַן קוֹלוֹ to raise one's voice

נָתַס, פ״י to tear up; to break down

נָתַע, פ״ע to be broken, destroyed

נִתְעָב, ת״ז, ־עֶבֶת, ת״נ abominable, contemptible

נִתְפַּעֵל, ז׳ Nithpa'el, a reflexive and passive form of the intensive stem of the Hebrew verb

נָתַץ, פ״י to break down, pull down

נִתֵּץ, פ״י to break down, tear down

נֶתֶק, ז׳ ר׳, נְתָקִים scall, tinea, herpes

נָתַק, פ״י to tear away, draw away, pull off, cut off; to scratch (head)

נִתֵּק, פ״י to tear out, tear up; to burst; to snap

הִתִּיק, פ״י to draw, drag away

נִתְקַל, פ״ע, ע׳ [תקל] to stumble, strike against

נָתַר, פ״ע to spring up, start up, hop

הִתִּיר, פ״י to loosen; to permit

נֶתֶר, ז׳ natron, sodium carbonate; alum

נַתְרָן, ז׳ sodium

נָתַשׁ, פ״י to pluck up, tear up; to root out

הִתִּישׁ, פ״י to uproot; to weaken

הֻתַּשׁ, פ״ע to become uprooted

ס

ס Samekh, fifteenth letter of Hebrew alphabet; sixty

סֵאֵב, פ"י to defile, soil, make filthy

סֵאָבוֹן, ז' defilement, filth

סְאָה, נ', ר', ־אִים, ־אוֹת a measure of volume (13.3 liters)

סֵאוּב, ז' filth

סְאוֹן, ז' shoe; noise, tumult

סָאַן, פ"ע to step, trample; to make noise

סַאסְאָה, נ' full measure

סָב, סָבָא, סַבָּא, ז', ר', ־בִים, ־בִין old man; grandfather

סֹב, ז', ר', ־סֻבִּים, ־סֻבִּין fine bran; sawdust

סֹבֶא, ז' intoxicating drink

סָבָא, פ"י to imbibe, drink to excess

סָבַב, פעו"י to turn around; to walk about; to sit

סוֹבֵב, פעו"י to go about; to encompass, enclose

סִבֵּב, פ"י to change, transform; to cause

הֵסֵב, פ"י to turn; to transfer; to recline (at table)

הִסְתּוֹבֵב, פ"ח to turn oneself around

סַבֶּבֶת, נ', ר', ־בוֹת gear

סִבָּה, נ', ר', ־בּוֹת reason, cause; turn of events

סִבּוּב, ז', ר', ־בִים turning, going around; round (in boxing); traffic circle; rotation

סִבּוּבִי, ת"ז, ־בִית, ת"נ rotative

סִבּוּךְ, ז', ר', ־כִים complication, entanglement

סַבּוֹן, ז', ר', ־נִים soap

סִבּוּן, ז' soaping

סַבּוֹנִיָּה, נ', ר', ־נִיּוֹת soap container

סָבוּר, ת"ז, סְבוּרָה, ת"נ thinking

סָבוּרְנִי, סְבוּרַנִי I think, am of the opinion

סָבוֹרָא, ז', ר', ־אִים reasoner; logician

סְבִיאָה, נ', ר', ־אוֹת drinking, drunkenness

סָבִיב, תה"פ round about, around

סְבִיבָה, נ', ר', ־בוֹת surroundings, neighborhood, environment

סְבִיבוֹן, ז', ר', ־נִים spinning top

סַבְיוֹן, ז', ר', ־נִים ragwort

סָבִיל, ת"ז, סְבִילָה, ת"נ passive; tolerant

סְבַךְ, סְבָךְ, ז', ר', ־כִים thicket; entanglement; network

סֹבֶךְ, ז', ר', סְבָכִים entanglement

סָבַךְ, פ"י to intertwine, interweave

סִבֵּךְ, פ"י to complicate

הִסְתַּבֵּךְ, פ"ח to become complicated, ensnared

סְבָכָה, נ', ר', ־כוֹת hairnet; lattice, network

סֵבֶל, סֹבֶל, ז', ר', סְבָלוֹת burden, load, drudgery

סַבָּל, ז', ר', ־לִים porter

סָבַל, פ"י to carry burden, bear; to suffer; to endure

הִסְתַּבֵּל, פ"ח to become burdensome

סִבְלָה, נ', ר', ־לוֹת suffering; burden

סַבְלָן, ת"ז, ־נִית, ת"נ patient; tolerant

סַבְלָנוּת, נ׳ patience; forbearance
סִבֹּלֶת, נ׳, ר׳, ־בּוֹלוֹת picnic; sharing a meal; endurance
סִבֵּן, פ״י to soap
סֵבֶר, ז׳ hope, conduct, expectation
סֵבֶר פָּנִים relationship, friendliness
סֵבֶר פָּנִים יָפוֹת friendship, welcome
סֵבֶר פָּנִים רָעוֹת harshness, rebuff
סָבַר, פ״ע to think, be of a certain opinion; to understand
הִסְבִּיר, פ״י to explain
הִסְבִּיר פָּנִים to welcome; to be friendly
הִסְתַּבֵּר, פ״ח to be explained; to be intelligible, understood; to be probable
סַבֹּרֶג, ז׳, ר׳, סַבָּרְגִים screwdriver
סְבָרָה, נ׳, ר׳, ־רוֹת reasoning, common sense; opinion
סְבָרַת הַכֶּרֶס supposition without any basis
סָג, פ״ע, ע׳ [סוג] to move away; to backslide
סָגַד, פ״ע to bow down; to worship
סִגּוּל, ז׳ adaptation
סְגוֹל, סֶגוֹל, סֶגֹל, ז׳, ר׳, ־לִים Hebrew vowel "ֶ" ("e" as in "met")
סְגוּלָּה, סְגֻלָּה, נ׳, ר׳, ־לוֹת valued object; possession, treasure; nostrum, remedy; characteristic
סִגּוּף, ז׳, ר׳, ־פִים torture; mortification; chastisement
סְגוֹר, ז׳ pure gold; lock, encasement
סָגוּר, ת״ז, סְגוּרָה, ת״נ closed, imprisoned
סַגִּי, תה״פ enough; much
סַגִּי נְהוֹר blind man
בִּלְשׁוֹן סַגִּי נְהוֹר opposite meaning

סַגִּיב, ת״ז, ־בָה, ת״נ sublime
סְגִידָה, נ׳, ר׳, ־דוֹת prostration
סֻגְיָה, סוּגְיָה, נ׳, ר׳, ־יוֹת study, subject; problem
סְגִירָה, נ׳, ר׳, ־רוֹת closing, shutting
סִגֵּל, פ״י to acquire; to save; to adapt
הִסְגִּיל, פ״י to make fit, accustom
הִסְתַּגֵּל, פ״ח to adapt oneself; to be capable of
סֶגֶל, ז׳, ר׳, סְגָלִים treasure; violet (flower); cadre, staff
סֶגֹל, סֶגוֹל, סְגוֹל, ז׳, ר׳, ־לִים
Hebrew vowel "ֶ" ("e" as in "met")
סְגַלְגַּל, ת״ז, ־גֶּלֶת, ת״נ elliptic, elliptical, oval
סְגֻלָּה, סְגוּלָּה, נ׳, ר׳, ־לוֹת valued object, possession, treasure; nostrum, remedy; characteristic
סֶגֶן, ז׳, ר׳, סְגָנִים lieutenant
סֶגֶן מִשְׁנֶה second lieutenant
סְגָן, ז׳, ר׳, ־נִים deputy
סִגְנוֹן, ז׳, ר׳, ־נִים, ־נוֹת expression; style; symbol
סְגָנוּת, נ׳ office of deputy
סִגְנֵן, פ״י to formulate; to arrange a text
סִגְסֵג, פ״י to mix dross with silver
סִגֵּף, פ״י to afflict; to mortify
הִסְתַּגֵּף to suffer; to mortify oneself
סַגְּפָן, ז׳, ר׳, ־נִים ascetic
סַגְּפָנוּת, נ׳ asceticism
סָגַר, פ״י to close, shut
סִגֵּר, פ״י to deliver up
הִסְגִּיר, פ״י to shut up, deliver up
הִסְתַּגֵּר, פ״ח to close oneself up, to be secretive
סֶגֶר, ז׳, ר׳, סְגָרִים bolt, lock
סִגָּרָה, סִיגָרָה, נ׳, ר׳, ־רוֹת cigar

סִגָּרִיָּה, סִיגָרִיָּה, נ׳, ר׳, ־יּוֹת cigarette
סַגְרִיר, ז׳ pelting rain
סָד, פ״י, ע׳ [סוד, סיד] to whitewash, lime
סַד, ז׳ stocks
סְדוֹם, נ׳ Sodom
סְדוֹמִיּוּת, נ׳ homosexuality
סָדוּק, ת״ז, סְדוּקָה, ת״נ cloven
סִדּוּר, סִידּוּר, ז׳, ר׳, ־רִים order; arrangement; prayer book
סִדּוּרִי, ת״ז, ־רִית, ת״נ ordinal
סָדִין, ז׳, ר׳, סְדִינִים sheet
סְדִיקָה, נ׳, ר׳, ־קוֹת cracking
סָדִיר, ת״ז, סְדִירָה, ת״נ regular; orderly
סַדָּן, ז׳, ר׳, ־נִים block; trunk; anvil
סַדְנָה, נ׳, ר׳, ־נָאוֹת workshop
סֶדֶק, ז׳, ר׳, סְדָקִים crack, split
סָדַק, פ״י to split; to crack
סִדְקִית, נ׳ paraphernalia, trifles
סֵדֶר, ז׳, ר׳, סְדָרִים order, arrangement; row; Passover eve service
אִי סֵדֶר disorder
בְּסֵדֶר o.k., all right
סֵדֶר הַיּוֹם agenda
סָדַר, פ״י to arrange, put in order
סִדֵּר, פ״י to arrange; to group; to set type
הִסְדִּיר, פ״י to organize
הִסְתַּדֵּר, פ״ח to settle oneself
סַדָּר, ז׳, ר׳, ־רִים typesetter
סִדְרָה, נ׳, ר׳, ־רוֹת section; series
סַדְּרָן, ז׳, ר׳, ־נִים usher; punctilious person
סַהַר, ז׳, ר׳, סְהָרִים moon; crescent
סֹהַר, ז׳, בֵּית־סֹהַר prison
סוֹאֵן, ת״ז, ־אֶנֶת, ת״נ turbulant; noisy

סוֹבֵא, ז׳, ר׳, ־בְאִים drunkard
סוֹבֵב, פעו״י, ע׳ [סבב] to go about, encompass, enclose
סוֹבְלָנוּת, נ׳ tolerance
[סוג] סָג, פ״ע to move away; to backslide
נָסוֹג, פ״ע to turn back, retreat
סוּג, ז׳, ר׳, ־גִים kind, type, class
סִוֵּג, פ״י to classify
סוּגְיָה, סֻגְיָה, נ׳, ר׳, ־יוֹת study, subject, problem
סוּגַר, ז׳, ר׳, ־גָרִים cage; muzzle
סוֹגֵר, ז׳, ר׳, ־גְרִים second half of stanza; parenthesis
סוֹגְרַיִם, ז״ז parentheses
סוֹד, ז׳, ר׳, ־דוֹת secret; council
[סוד] סָד, פ״י to lime, whitewash
הִסְתּוֹדֵד, פ״ע to talk, take council secretly
סוֹדִי, ת״ז, ־דִית, ת״נ secret
סוֹדִיּוּת, נ׳ secrecy
סוּדָר, ז׳, ר׳, ־רִים scarf; shawl
סִוּוּג, ז׳, ר׳, ־גִים classification
[סוה] הִסְוָה, פ״י to cover; to hide; to camouflage
סוּחָה, נ׳, ר׳, ־חוֹת refuse, rubbish; mire
סוֹחֵר, ז׳, ר׳, סוֹחֲרִים merchant; businessman
סוֹחֵרָה, נ׳, ר׳, ־רוֹת buckler; shield
[סוט] הֵסִיט, פ״י to move, turn aside
סוֹטָה, נ׳, ר׳, ־טוֹת wife suspected of adultery
[סוך] סָךְ, פ״י to anoint
הֵסִיךְ, פ״י to anoint; to fence in
סוֹךְ, ז׳, ר׳, ־כִים, סוֹכָה, נ׳, ר׳, ־כוֹת bough

סוּכָּה, סֻכָּה, נ׳, ר׳, ־כּוֹת — Succah, tabernacle; booth

סוֹכֵךְ, ז׳, ר׳, ־כִים — covering; umbrella; shield

סוֹכֵן, ז׳, ר׳, ־כְנִים — agent

סוֹכְנוּת, נ׳, ר׳, ־נֻיּוֹת — agency

סוּכָּר, סֻכָּר, ז׳ — sugar

סוּלְיָה, סֻלְיָה, נ׳, ר׳, ־יוֹת — sole of shoe

סוֹלְלָה, נ׳, ר׳, ־לוֹת — mound, rampart; batte y

סוּלָּם, סֻלָּם, ז׳, ר׳, ־מוֹת, ־מִים — ladder

סוֹלֶת, סֹלֶת, נ׳, ר׳, סְלָסוֹת — fine flour

סוּמָא, סוּמֵא, ז׳, ר׳, ־מִים, ־מוֹת — blind person

סוּס, ז׳, ר׳, ־סִים — horse; figure in chess (knight)

כֹּחַ־סוּס — horsepower

סוּס־הַיְאוֹר, ז׳, ר׳, סוּסֵי־ — hippopotamus

סוּסוֹן־הַיָּם, ז׳, ר׳, סוּסוֹנֵי־ — hippocampus, sea horse

סוּסוֹן, ז׳, ר׳, ־נִים — pony

סוֹעֶה, ת״ז, ־עָה, ת״נ — stormy; rushing, raging

סוֹעֵר, ת״ז, סוֹעֶרֶת, ת״נ — stormy; raging

[סוף] סָף, פ״ע — to come to an end, cease

הֵסִיף, פ״י — to make an end of; to destroy

סוּף, ז״ר — reeds; bulrushes

יַם־סוּף — the Red Sea

סוֹף, ז׳ — end

אֵין־סוֹף — infinity

סוֹף סוֹף — finally, at length

סוֹפֵג, ז׳, ר׳, ־פְגִים — something that absorbs; blotter

סוּפְגָּן, סֻפְגָּן, ז׳, ר׳, ־נִים — spongecake

סוּפְגָּנִיָּה, סֻפְגָּנִיָּה, נ׳, ר׳, ־נִיּוֹת — doughnut

סוּפָה, נ׳, ר׳, ־פוֹת — storm

סוֹפִי, ת״ז, ־פִית, ת״נ — final

אֵין־סוֹפִי — infinite

סוֹפִית, נ׳, ר׳, ־פִיּוֹת — suffix

סוֹפֵר, ז׳ — writer, author; scribe; teacher

[סור] סָר, פ״ע — to turn aside; to deport

הֵסִיר, פ״י — to remove, put aside

סַוָּר, ז׳, ר׳, ־רִים — longshoreman

סוֹרָג, ז׳, ר׳, ־גִים — lattice, railing

סוֹרֵר, ת״ז, סוֹרֶרֶת, ת״נ — perverted, rebellious

סוּת, נ׳, ר׳, ־תוֹת — garment, suit

[סות] הֵסִית, הִסִּית, פ״י — to incite, instigate

סָח, פ״ע, ע׳ [סיח] — to talk

סָחַב, פ״י — to drag

סְחָבָה, נ׳, ר׳, ־בוֹת — rag, shabby garment

סַחֶבֶת, נ׳ — red tape

[סחה] סָחָה, פ״י — to scrape clean; to sweep away

סָחוּט, ת״ז, סְחוּטָה, ת״נ — squeezed dry

סְחוּס, ז׳, ר׳, ־סִים — cartilage

סְחוֹר, תה״פ, סְחוֹר סְחוֹר — round about

סְחוֹרָה, נ׳, ר׳, ־רוֹת — merchandise, trade

סַחְטָן, ז׳, ר׳, ־נִים — Shylock; extortioner

סְחִי, ז׳ — dirt, refuse

סְחִיבָה, נ׳, ר׳, ־בוֹת — dragging, stealing, shoplifting

סְחִיטָה, נ׳, ר׳, ־טוֹת — squeezing out; blackmailing

סְחִיפָה, נ׳, ר׳, ־פוֹת dragging, sweeping; erosion
סַחְלָב, ז׳, ר׳, ־בִים orchid
סָחַף, פ״י to prostrate; to sweep away
נִסְחַף, פ״ח to be swept away, eroded; to be ruined
סַחַר, ז׳ trade, business, market; ware
סָחַר, פעו״י to trade, do business; to go around
סְחַרְחַר, ת״ז, ־חֶרֶת, ת״נ dizzy, palpitating
סְחַרְחֵרָה, נ׳, ר׳, ־רוֹת carrousel
סְחַרְחֹרֶת, נ׳, ר׳, ־חוֹרוֹת dizziness
סִחְרֵר, פ״י to make dizzy
סֵט, ז׳, ר׳, ־טִים transgressor; revolter
סָטָה, פ״ע to go astray; to be unfaithful (in marriage)
סְטִיָּה, נ׳, ר׳, ־יוֹת deviation, straying, digression
סְטִירָה, נ׳, ר׳, ־רוֹת slap in face
סָטַן, פ״י to act as an enemy; to bother
הִסְטִין, פ״י to accuse
סָטַר, פ״י to slap face
סִיאָה, נ׳, ר׳, ־אוֹת moss
סִיב, ז׳, ר׳, ־בִים fiber, bast
סִיג, ז׳, ר׳, ־גִים dross; wanton
סְיָג, סְיָיג, ז׳, ר׳, ־גִים fence; restraint; restriction
סִיֵּג, פ״י to fence in
הִסְתַּיֵּג, פ״ח to restrain oneself
סִיגָרָה, סִגָּרָה, נ׳, ר׳, ־רוֹת cigar
סִיגָרִיָּה, סִגָּרִיָּה, נ׳, ר׳, ־יוֹת cigarette
סִיד, ז׳, ר׳, ־דִים lime, whitewash
סַיָּד, ז׳, ר׳, ־דִים whitewasher
סִיֵּד, פ״י to plaster, whitewash
סִידּוּר, סִדּוּר, ז׳, ר׳, ־רִים order; arrangement; prayer book
סִידָן, ז׳ calcium
סִיּוּג, ז׳, ר׳, ־גִים fencing in, restricting; classification
סִיּוּד, ז׳, ר׳, ־דִים whitewashing
סִיּוּט, ז׳, ר׳, ־טִים nightmare
סִיּוּם, ז׳, ר׳, ־מִים conclusion; graduation from school
סִיוָן, ז׳ Sivan, third month of Hebrew calendar
סִיּוּעַ, ז׳ help, assistance, support
סִיּוּף, ז׳, ר׳, ־פִים fencing
סִיּוּר, ז׳, ר׳, ־רִים touring
[סיח] סָח, פ״י to talk
סְיָח, ז׳, ר׳, ־חִים, סְיָחָה, נ׳, ר׳, ־חוֹת foal
סִיט, ז׳, ר׳, ־טִים ancient measure (distance between tip of thumb and that of index finger when held apart)
סִיטוֹן, ז׳, ר׳, ־נוֹת, ־נִים; סִיטוֹנַאי, ז׳, ר׳, ־אִים wholesaler
סִיטוֹנוּת, ז׳ wholesale
סִיכָה, נ׳, ר׳, ־כוֹת anointing; oiling, greasing
סִילוֹן, ז׳, ר׳, ־נוֹת pipe, gutter; flow
מְטוֹס סִילוֹן jet (plane)
סִיֵּם, פ״י to conclude, finish
הִסְתַּיֵּם, פ״ע to be concluded, be finished
סִימָן, סִמָּן, ז׳, ר׳, ־נִים sign, mark; symptom
סִימַן קְרִיאָה exclamation mark
סִימַן שְׁאֵלָה question mark
סִימָנִיָּה, נ׳, ר׳, ־נִיּוֹת bookmark
סִיֹּמֶת, נ׳, ר׳, סִיּוֹמוֹת suffix

China; Sin, name of twenty-first letter of Hebrew alphabet — סִין, נ׳
Chinese — סִינִי, ת״ז, ־נִית, ת״נ
Sinai; learned man — סִינַי, ז׳
apron; panties — סִינָר, סִנָּר, ז׳, ר׳, ־רִים
swallow; tassel — סִיס, ז׳, ר׳, ־סִים
groom, one who takes care of horses — סַיָּס, ז׳
licorice — סִיסִין, ז׳
sign; slogan — סִיסְמָה, נ׳, ר׳, ־מוֹת, ־מָאוֹת
to aid, support — סִיַּע, פ״י
to find support, be supported — נִסְתַּיַּע, פ״ע
traveling company; group, party — סִיעָה, נ׳, ר׳, ־עוֹת
sword — סַיִף, ז׳, ר׳, סְיָפִים, סַיָפוֹת
to fence — סִיֵּף, פ״ע
fencer — סַיָּף, ז׳, ר׳, ־פִים
story, novel; haircut — סִיפּוּר, סִפּוּר, ז׳, ר׳, ־רִים
gladiolus — סֵיפָן, ז׳, ר׳, ־נִים
pot, kettle; thorn — סִיר, ז׳, ר׳, ־רוֹת, ־רִים
pressure cooker — סִיר־לַחַץ
to visit; to travel, tour — סִיֵּר, פ״י
tourist — סַיָּר, ז׳, ר׳, ־רִים
boat; thornbush — סִירָה, נ׳, ר׳, ־רוֹת
cutter, corvette — סַיֶּרֶת, נ׳, ר׳, ־יָּרוֹת
to anoint — סָךְ, פ״י, ע׳ [סוך]
throng, number; visor — סַךְ, סָךְ, ז׳
total; final result — סַךְ הַכֹּל
thicket; booth — סֹךְ, ז׳, ר׳, סְכִּים
pin, brooch, clip — סִכָּה, נ׳, ר׳, ־כּוֹת
safety pin — סִכַּת־בִּטָּחוֹן
booth — סֻכָּה, סוּכָּה, נ׳, ר׳, ־כּוֹת
Feast of Tabernacles — חַג הַסֻּכּוֹת

to see, look — סָכָה, פ״ע
prospect, expectation — סִכּוּי, ז׳, ר׳, ־יִּים
lucid — סָכוּי, ת״ז, סְכוּיָה, ת״נ
covering (with twigs, leaves) — סִכּוּךְ, ז׳, ר׳, ־כִים
amount, number — סְכוּם, ז׳, ר׳, ־מִים
summary — סִכּוּם, ז׳, ר׳, ־מִים
risk, endangering — סִכּוּן, ז׳, ר׳, ־נִים
prognosis, forecast — סְכִיָּה
vision; TV — סְכִיּוֹן, ז׳
knife — סַכִּין, זו״נ, ר׳, ־נִים
damming — סְכִירָה, נ׳, ־רוֹת
to screen, cover, entangle — סָכַךְ, פ״י
covering; matting — סְכָךְ, ז׳, סְכָכָה, נ׳, ר׳, סְכָכִים, ־כוֹת
to act foolishly — [סכל] נִסְכַּל, פ״ע
to make foolish — סִכֵּל, פ״י
to look at, observe, contemplate — הִסְתַּכֵּל, פ״ח
fool — סָכָל, ת״ז, סְכָלָה, ת״נ
folly, foolishness — סֶכֶל, ז׳, סִכְלוּת, נ׳
to count; to compare — סָכַם, פ״י
to sum up — סִכֵּם, פ״י
to agree, consent — הִסְכִּים, פ״ע
total; count, muster — סֶכֶם, ז׳, ר׳, סְכָמִים
to be of use, benefit — סָכַן, פ״י
to be accustomed — הִסְכִּין, פ״ע
to endanger — סִכֵּן, פ״י
to expose oneself to danger — הִסְתַּכֵּן, פ״ח
danger — סַכָּנָה, נ׳, ר׳, ־נוֹת
quarrel, conflict, dispute — סִכְסוּךְ, ז׳, ר׳, ־כִים
to cause conflict; to confuse; to entangle — סִכְסֵךְ, פ״י
zigzag — סִכְסָךְ, ז׳, ר׳, ־סַכִּים

סָכַף, פ״י to discourage
סָכַר, פ״י to dam; to close; to hire
סִכֵּר, פ״י to deliver up
סֶכֶר, ז׳, ר׳, ־סְכָרִים dam, weir
סַכָּר, ז׳ one who makes a dam
סֻכָּר, סוּכָּר, ז׳ sugar
סֻכָּרִיָּה, נ׳, ר׳, ־יּוֹת a candy
סֻכֶּרֶת, נ׳ diabetes
[סכת] הִסְכִּית, פ״ע to hear; to be silent; to pay attention
סַל, ז׳, ר׳, ־לִּים basket
סִלָּא, פ״י to weigh, value
סֻלָּא, סֻלָּה, פ״ע to be weighed, valued
סָלַד, פ״ע to spring back
סִלֵּד, פ״ע to rebound, to spring back; to praise
סָלָה, פ״י to despise; to make light of
סִלָּה, פ״י to despise; to trample
סֻלָּה, פ״ע to be weighed, valued; to be trampled upon
סֶלָה, מ״ק selah, a musical term; forever
סִלּוּד, ז׳, ר׳, ־דִים fear, dread
סָלוּל, ת״ז, סְלוּלָה, ת״נ paved
סִלּוֹן, סַלּוֹן, ז׳, ר׳, ־נִים brier, thorn
סִלּוּף, ז׳, ר׳, ־פִים distortion; sin
סִלּוּק, ז׳, ר׳, ־קִים removal, taking away; death
סָלַח, פ״י to forgive, pardon
סַלָּח, ז׳, ר׳, ־חִים one who pardons
סַלְחָן, סַלְחָן, ת״ז, סַלְחָנִית, ת״נ one who pardons
סְלִידָה, נ׳, ר׳, ־דוֹת heartburn
סֻלְיָה, סוּלְיָה, נ׳, ר׳, ־יוֹת sole of shoe
סְלִיחָה, נ׳, ר׳, ־חוֹת forgiveness; penitential prayer
סְלִיל, ז׳, ר׳, ־לִים shuttle, spool

סְלִילָה, נ׳ paving
סָלַל, פ״י to pave (a road); to oppress; to praise
סֻלָּם, סוּלָּם, ז׳, ר׳, ־מוֹת, ־מִים ladder
סִלְסוּל, ז׳, ר׳, ־לִים curling (of hair); trill; distinction
סִלְסֵל, פ״י to curl (the hair); to trill; to honor
סַלְסִלָּה, נ׳, ר׳, ־לוֹת small basket; tendril
סֶלַע, ז׳, ר׳, סְלָעִים rock
סַלְעִי, ת״ז, ־עִית, ת״נ rocky
סָלְעָם, ז׳ a kind of locust
סֶלֶף, ז׳ crookedness, perversion
סִלֵּף, פ״י to pervert
סִלֵּק, פ״י to lift; to remove; to put away
הִסְתַּלֵּק, פ״ח to remove oneself; to depart; to die
סֶלֶק, ז׳, ר׳, סְלָקִים beet
סֹלֶת, סוּלֶת, נ׳, ר׳, סְלָתוֹת fine flour
סִלֵּת, פ״י to make fine flour
סַלְתָּנִית, נ׳, ר׳, ־נִיּוֹת sardine
סַם, ז׳, ר׳, סַמִּים spice; drug; poison
סִמֵּא, פ״י to make blind
סִמָּאוֹן, ז׳ blindness
סַמָּאֵל, ז׳ angel of death
סַמְבּוּק, ז׳, ר׳, ־קִים lilac; Sambucus
סְמָדַר, ז׳ vine-blossom
סָמוּי, ת״ז, סְמוּיָה, ת״נ blind; hidden
סָמוּךְ, ת״ז, סְמוּכָה, ת״נ nearby; firm
סָמוּךְ, ז׳, סָמוֹכָה, נ׳, ר׳, ־כוֹת support
סָמוּם, ז׳, ר׳, ־מִים sandstorm
סִמּוּם, ז׳ poisoning
סִמּוּן, ז׳ marking
סָמוּק, ת״ז, סְמוּקָה, ת״נ red, rosy

erect סָמוּר, ת״ז, סְמוּרָה, ת״נ

nailing, riveting; horripilation סִמּוּר, ז׳

lane, alley סִמְטָה, נ׳, ר׳, ־טָאוֹת, ־טוֹת

thick סָמִיךְ, ת״ז, סְמִיכָה, ת״נ

leaning; ordination; laying of hands סְמִיכָה, נ׳, ר׳, ־כוֹת

ordination; construct state (*gram.*); nearness; association (ideas) סְמִיכוּת, נ׳

Samech, fifteenth letter of Hebrew alphabet סָמֶךְ, נ׳

support סֶמֶךְ, סְמָךְ, ז׳

to support, lean; to ordain סָמַךְ, פ״י

rely הִסְתַּמֵּךְ, פ״ח

authority; permission סַמְכוּת, נ׳, ר׳, ־כֻיּוֹת

image, symbol סֵמֶל, סֶמֶל, ז׳, ר׳, סְמָלִים

to use as a symbol סִמֵּל, פ״י

sergeant סַמָּל, ז׳, סַמֶּלֶת, נ׳, ר׳, ־לִים, ־לוֹת

sergeant major רַב־סַמָּל

wedge; yoke סִמְלוֹן, ז׳, ר׳, ־נִים

symbolic סִמְלִי, ת״ז, ־לִית, ת״נ

to poison; to spice סִמֵּם, פ״י

poisonous spider סְמָמִית, נ׳, ר׳, ־מִיּוֹת

to mark סִמֵּן, פ״י

spice, drug; one who gives a sign סַמָּן, סַמְמָן, ז׳, ר׳, ־נִים

sign, mark סִמָּן, סִימָן, ז׳, ר׳, ־נִים

bronchial tube סִמְפּוֹן, ז׳, ר׳, ־נוֹת

red, redness סֹמֶק, ז׳

to be red, blush סָמַק, פ״ע

to bristle up; to feel chilly סָמַר, פ״ע

to bristle with fear; to stud with nails, to nail סִמֵּר, פ״י

rough, having coarse hair; junco, rush סָמָר, ת״ז, סְמָרָה, ת״נ; ז׳

riveting סִמְרוּר, ז׳

rag סְמַרְטוּט, ז׳, ר׳, ־טִים

rag dealer סְמַרְטוּטָר, ז׳, ר׳, ־רִים

to rivet סִמְרֵר, פ״י

squirrel סְנָאִי, ז׳, ר׳, ־אִים

advocate, defense counsel סַנֵּגוֹר, סַנֵּיגוֹר, ז׳, ר׳, ־רִים

defense סַנֵּגוֹרְיָה, סַנֵּיגוֹרְיָה, נ׳, ר׳, ־יוֹת

to defend סַנֵּגֵר, פ״ע

sandal; horseshoe; sole (fish) סַנְדָּל, ז׳, ר׳, ־לִים

to put on a sandal סִנְדֵּל, פ״י

shoemaker סַנְדְּלָר, ז׳, ר׳, ־רִים

godfather סַנְדָּק, ז׳, ר׳, ־קִים

thornbush סְנֶה, ז׳, ר׳, סְנָאִים, סְנָיִים

Sanhedrin, supreme council סַנְהֶדְרִיָּה, סַנְהֶדְרִין, נ׳, ר׳, ־רִיּוֹת, ־רָאוֹת

blinding סִנְווּר, ז׳

filtration סִנּוּן, ז׳, ר׳, ־נִים

swallow סְנוּנִית, נ׳, ר׳, ־יּוֹת

exhaustion סִנּוּק, ז׳

to blind סִנְוֵר, פ״י

blindness סַנְוֵרִים, ז״ר

to make fun of, scoff at סָנַט, פ״ע

chin סַנְטֵר, ז׳, ר׳, ־רִים

advocate, defense counsel סַנֵּיגוֹר, סַנֵּגוֹר, ז׳, ר׳, ־רִים

defense סַנֵּיגוֹרְיָה, סַנֵּגוֹרְיָה, נ׳, ר׳, ־יוֹת

branch; attachment סְנִיף, ז׳, ר׳, ־פִים

to filter סִנֵּן, פ״י

ribbed leaf (palm) סַנְסַן, ז׳, ר׳, סַנְסִנִּים

to attach, insert סָנַף, פ״י

fin סְנַפִּיר, ז׳, ר׳, ־רִים

סָנַק, פ"י to press; to heap up
סִנָּר, סִינָּר, ז', ר', ־רִים apron; panties
סָס, ז', ר', ־סִים moth, larva
סַסְגּוֹנִי, ת"ז, ־נִית, ת"נ multicolored, variegated
סִסְמָה, נ', ר', ־מוֹת, סִסְמָאוֹת sign, slogan
סָעַד, פ"י to support; to eat
סַעַד, ז' support; proof
סְעֻדָּה, סְעוּדָה, נ', ר', ־דּוֹת meal, banquet
סָעִיף, ז', ר', ־פִים, ־פוֹת paragraph; branch; crevice
סֵעֵף, פ"י to lop off boughs; to divide into paragraphs
הִסְתָּעֵף, פ"ח to branch off
סָעֵף, נ', ר', סְעִפִּים branch; division
סְעַפָּה, נ', ר', ־פּוֹת a short branch, bough
סָעַר, פ"ע to storm, rage
סֵעֵר, פ"י to hurl away
סַעַר, ז', סְעָרָה, נ', ר', סְעָרוֹת storm, tempest
סָף, פ"ע, ע' [סוף] to come to an end, cease
סַף, ז', ר', סִפִּים sill; threshold; cup, goblet
סַף הַהַכָּרָה conscience
סָפַג, פ"י to absorb; to dry
סְפֻגָּן, סוּפְגָּן, ז', ר', ־נִים sponge cake
סְפֻגָּנִיָּה, סוּפְגָּנִיָּה, נ', ר', ־נִיּוֹת doughnut
סָפַד, פ"ע to lament, mourn
סַפְדָּן, ז', ר', ־נִים orator at funerals
סַפָּה, נ', ר', ־פּוֹת sofa, couch
סָפָה, פ"י to destroy; to add
סְפוֹג, ז', ר', ־גִים sponge

סָפוּג, ת"ז, סְפוּגָה, ת"נ permeated
סָפוּן, ת"ז, סְפוּנָה, ת"נ paneled; hidden
סִפּוּן, ז', ר', ־נִים ceiling; deck (ship)
סִפּוּק, ז', ר', ־קִים sufficiency; supply; satisfaction
סָפוּר, ת"ז, סְפוּרָה, ת"נ counted
סִפּוּר, סִיפּוּר, ז', ר', ־רִים story, novel; haircutting
סָפַח, פ"י to join, attach
סַפַּחַת, נ', ר', סַפָּחוֹת scab; dandruff
סְפִיגָה, נ', ר', ־גוֹת absorption
סְפִינָה, נ', ר', ־נוֹת ship
סַפִּיר, ז', ר', ־רִים sapphire
סְפִירָה, נ', ר', ־רוֹת counting; sphere
סֵפֶל, ז', ר', סְפָלִים cup, mug
סָפַן, פ"י to cover; to hide; to respect
סַפָּן, ז', ר', ־נִים sailor
סַפָּנוּת, נ' navigation, seamanship
סַפְסָל, ז', ר', ־לִים bench, stool
סִפְסֵף, פ"י to pull out; to flicker
סַפְסָר, ז', ר', ־רִים broker, speculator
סַפְסָרוּת, נ', ר', ־רִיּוֹת brokerage; speculation
סִפְסֵר, פ"ע to speculate
[ספף] הִסְתּוֹפֵף, פ"ח to stand at the threshold
סָפַק, פ"י to strike; to clap; to be sufficient
סִפֵּק, פ"י to supply, furnish; to satisfy
הִסְפִּיק, פעו"י to have, give the opportunity
הִסְתַּפֵּק, פ"ח to have sufficient, be satisfied; to be doubtful
סָפֵק, ז', ר', סְפֵקוֹת doubt

סֵפֶק, ז׳ — opportunity, sufficiency
סַפָּק, ז׳, ר׳, ־קִים — supplier, provider
סַפְקָן, ז׳, ר׳, ־נִים — sceptic
סַפְקָנוּת, נ׳ — scepticism
סֵפֶר, ז׳, ר׳, סְפָרִים — book; letter; scroll
סָפַר, פ״י — to count, number
סִפֵּר, פ״י — to count; to tell; to cut hair
הִסְתַּפֵּר, פ״ח — to get a haircut
סְפָר, ז׳ — enumeration; number; boundary
סַפָּר, ז׳, ר׳, ־רִים — barber
סְפָרַד, ז׳ — Spain
סְפָרַדִּי, ת״ז, ־דִּית, ת״נ — Spanish; Sephardic
סִפְרָה, נ׳, ר׳, סְפָרוֹת — book; figure, number
סִפְרוֹן, ז׳, ר׳, ־נִים — small book
סִפְרוּת, נ׳, ר׳, ־רֻיוֹת — literature
סִפְרוּתִי, ת״ז, ־תִית, ת״נ — literary
סִפְרִיָּה, נ׳, ר׳, ־יּוֹת — library
סַפְרָן, ז׳, ר׳, ־נִים — librarian
סִפְרֵר, פ״י — to numerate
סָפַת, פ״י — to slice and eat
סְקִילָה, נ׳, ר׳, ־לוֹת — stoning
סְקִירָה, נ׳, ר׳, ־רוֹת — glance; sketch
סָקַל, פ״י — to stone to death
סִקֵּל, פ״י — to clear of stones; to stone
סָקַר, פ״י — to look at; to paint red
סֶקֶר, ז׳ — look; survey
סִקְרָה, נ׳, ר׳, ־רוֹת — bright red paint
סַקְרָן, ז׳, ר׳, ־נִים — curious person
סַקְרָנוּת, נ׳ — curiosity
סָר, פ״ע, ע׳ [סור] — to turn aside; to depart
סַר, ת״ז, סָרָה, ת״נ — sulky, sullen

סָרָב, ז׳ — recalcitrant person
סֵרֵב, פ״ע — to refuse; to urge
סֶרֶב, ז׳ — mutiny
סַרְבָּל, ז׳, ר׳, ־לִים — cloak; trousers
סַרְבָן, ת״ז, ־נִית, ת״נ — stubborn
סָרַג, פ״י — to knit, interlace
סָרָג, ז׳, ר׳, ־גִים — harness-maker
סִרְגּוּל, ז׳, ר׳, ־לִים — drawing of lines
סִרְגֵּל, פ״י — to draw lines, rule
סַרְגֵּל, ז׳, ר׳, ־לִים — ruler
סָרָד, ז׳, ר׳, ־דִים — net-maker
סָרָה, נ׳, ר׳, ־רוֹת — rebelliousness, repugnance
סִרְהֵב, פ״י — to urge
סֵרוּב, ז׳, ר׳, ־בִים — refusal
סָרוּג, ת״ז, סְרוּגָה, ת״נ — interlaced
סֵרוּס, ז׳, ר׳, ־סִים — castration
סָרוֹק, ז׳, ר׳, סְרוֹקִים — carder
סָרוּק, ת״ז, סְרוּקָה, ת״נ — carded, combed
סֶרַח, ז׳ — overhanging part
סָרַח, פ״ע — to smell bad; to sin; to hang over, extend
סִרְחוֹן, ז׳, ר׳, ־נוֹת — bad smell; sin
סָרַט, פ״י — to incise, scratch
סֶרֶט, ז׳, ר׳, סְרָטִים — ribbon; stripe; film
סִרְטוֹן, ז׳, ר׳, ־נִים — film strip
סַרְטָן, ז׳, ר׳, ־נִים — lobster; crab; cancer; zodiac
סָרִיג, ז׳, ר׳, סְרִיגִים — lattice, grate
סְרִיגָה, נ׳, ר׳, ־גוֹת — knitting
סִרְיוֹן, ז׳, ר׳, ־נוֹת — armor
סְרִיטָה, נ׳, ר׳, ־טוֹת — scratch
סָרִיס, ז׳, ר׳, ־סִים — eunuch
סָרִיק, ז׳, ר׳, סְרִיקִים — vagabond
סְרִיקָה, ז׳, ר׳, ־קוֹת — combing
[סרך] נִסְרַךְ, פ״ע — to be joined, attached

סִרְכָּה, נ׳, ר׳, סְרָכוֹת adhesion
סֶרֶן, ז׳, ר׳, סְרָנִים axle; captain (*mil.*)
רַב־סֶרֶן major (*mil.*)
סֵרֵס, פ״י to castrate; to disarrange
סַרְסוּר, ז׳, ר׳, ־רִים middleman
סַרְסוּר לִדְבַר עֲבֵרָה pimp
סַרְעַפָּה, נ׳, ר׳, ־פּוֹת branch
סַרְעֶפֶת, נ׳, ר׳, ־עָפוֹת diaphragm; midriff
סִרְפָּד, ז׳, ר׳, ־דִים poison ivy; nettle
סִרְפֶּדֶת, נ׳ urticaria nettle rash
סָרַק, פ״י to comb
סְרָק, ז׳ emptiness
סָרֶק, ז׳ red dye
סָרַר, פ״ע to be stubborn
סְתָו, סְתָיו, ז׳ autumn
סְתָוִי, ת״ז, ־וִית, ת״נ autumnal

סָתוּם, ת״ז, סְתוּמָה, ת״נ cloggged, closed; vague, indefinite
סְתִימָה, נ׳, ר׳, ־מוֹת stopping up, closing; filling (tooth)
סְתִירָה, נ׳, ר׳, ־רוֹת destruction; contradiction
סָתַם, פ״י to stop up, shut; to fill (cavity); to leave vague
סְתָמִי, ת״ז, ־מִית, ת״נ undefined, indefinite, vague
סְתָמִיּוּת, נ׳ indefiniteness; generality
סָתַר, פ״י to destroy, upset; to refute, contradict
נִסְתַּר, פ״ע to be hidden
סֵתֶר, ז׳, ר׳, סְתָרִים hiding place; secret
כְּתָב סְתָרִים code, cipher
סִתְרָה, נ׳ shelter, protection
סַתָּת, ז׳, ר׳, ־תִים stonecutter
סִתֵּת, פ״י to hew

ע

ע 'Ayin, sixteenth letter of Hebrew alphabet; seventy
עָב, זו״נ, ר׳, ־בִים, ־בוֹת cloud; thicket; forest
עָבַד, פ״י to work, serve
עִבֵּד, פ״י to fix; to prepare; to work out; to revise, adapt
הֶעֱבִיד, פ״י to enslave; to employ
עֶבֶד, ז׳, ר׳, ־עֲבָדִים slave, servant
עֲבָד, ז׳ work
עֲבִדָּה, עוּבְדָה, נ׳, ר׳, ־דוֹת deed, fact
עֲבָדָה, נ׳ service, household
עַבְדוּת, נ׳ slavery; drudgery
עַבְדָן, ז׳, ר׳, ־נִים hide-dresser

עַבְדְּקָן, ת״ז one whose beard is thick
עָבָה, פ״ע to be thick, fat
עִבָּה, פ״ע to condense
עָבֶה, ת״ז, עָבָה, ת״נ thick
עִבּוּד, ז׳, ר׳, ־דִים fixing, working out; revision, adaption
עֲבוֹדָה, נ׳, ר׳, ־דוֹת work, service; worship
עֲבוֹט, ז׳, ר׳, ־טִים, ־טוֹת pledge
עֲבוּר, ז׳ produce
(עֲבוּר) בַּעֲבוּר, מ״י for, for the sake of, in order that
עִבּוּר, ז׳, ר׳, ־רִים pregnancy
שְׁנַת עִבּוּר leap year

עֲבוֹת, זו"נ, ר', ־תִים, ־תוֹת rope
עָבוֹת, עָבֹת, ת"ז, עֲבֻתָּה, ת"נ leafy, complicated, entangled
עָבַט, פ"י to give or take a pledge
עַבְטִיט, ז' pledge; debt; mud
עֳבִי, ז' thickness
עָבִיט, ז', ר', עֲבִיטִים earthenware, vessel; sumpter saddle
עָבִיר, ת"ז, עֲבִירָה, ת"נ passable
עֲבֵירָה, עֲבֵרָה, נ', ר', ־רוֹת sin
עֵבֶר, ז', ר', עֲבָרִים side
עֵבֶר הַיַּרְדֵּן Transjordania
עָבַר, פעו"י to pass; to pass away
הֶעֱבִיר, פ"י to cause to pass over; to bring over; to remove
עִבֵּר, פ"י to make pregnant
הִתְעַבֵּר, פ"ח to be enraged
עָבָר, ז' past; past tense
עֻבָּר, עוּבָּר, ז', ר', ־רִים embryo, fetus
עֲבָרָה, נ', ר', ־רוֹת ford; transition
עֲבֵרָה, נ', ר', ־רוֹת sin
עֶבְרָה, נ', ר', עֲבָרוֹת anger, rage
עִבְרִי, ז', ר', ־יִּים Hebrew, Jew
עִבְרִי, ת"ז, ־רִית, ת"נ Hebrew
עֲבַרְיָן, ז', ר', ־נִים transgressor
עֲבַרְיָנוּת, נ' transgression
עִבְרִית, נ' Hebrew language
עִבְרֵת, פ"י to Hebraize
עָבַשׁ, פ"ע to grow moldy
עָבֵשׁ, ת"ז, עֲבֵשָׁה, ת"נ moldy
עֹבֶשׁ, עוֹבֶשׁ, ז', ר', עֲבָשִׁים mold
עָבֹת, עָבוֹת, ת"ז, עֲבֻתָּה, ת"נ leafy, complicated, entangled
עִבֵּת, פ"י to twist; to pervert
עָג, פ"י, ע' [עוג] to bake a cake; to make a circle
(עֶגֶב) עֲגָבִים, ז"ר love-making
עָגַב, פ"ע to lust
עֶגֶב, עוּגָב, ז', ר', ־בִים organ; harp
עֲגָבָה, נ', ר', ־בוֹת lustfulness
עַגְבָנִיָּה, נ', ר', ־יוֹת tomato
עַגֶּבֶת, נ' syphilis
עֲגָה, נ' jargon, slang, lingo
עֻגָה, עוּגָה, נ', ר', ־גוֹת cake
עִגּוּל, ז', ר', ־לִים circle
עָגוֹל, עָגֹל, ת"ז, עֲגֻלָּה, ת"נ round
עִגּוּלִי, ת"ז, ־לִית, ת"נ round
עָגוּם, ת"ז, עֲגוּמָה, ת"נ sad; depressed
עָגוּן, ז', ר', ־נִים forsaken man
עֲגוּנָה, נ', ר', ־נוֹת deserted wife
עָגוּר, ז', ר', עֲגוּרִים crane (bird)
עֲגוּרָן, ז', ר', ־נִים crane (machine)
עָגִיל, ז', ר', עֲגִילִים earring
עָגֹל, עָגוֹל, ת"ז, עֲגֻלָּה, ת"נ round
עִגֵּל, פ"י to make round
עֵגֶל, ז', עֶגְלָה, נ', ר', עֲגָלִים, ־לוֹת calf
עֲגָלָה, נ', ר', ־לוֹת cart, wagon
עֶגְלוֹן, ז', ר', ־נִים coachman
עֲגַלְגֶּלֶת, ת"נ elliptic
עַגְלָן, ז', ר', ־נִים maker of carts
עָגַם, פ"ע to be grieved
עָגְמָה, נ' grief
עָגַן, פ"ע to cast anchor
נֶעֱגַן, פ"ע to be restrained, tied, anchored
עִגֵּן, פ"י to desert (a wife)
עֹגֶן, עוֹגֶן, ז', ר', עֳגָנִים anchor
עַד, ז' eternity; booty
עַד, מ"י until; as far as
עֵד, ז', ר', ־דִים witness
עֵדָה, נ', ר', ־דוֹת assembly; community; testimony
עָדָה, פעו"י to adorn oneself; to pass by

encouragement; arousal — עִדּוּד, ז׳

pleasantness, delicateness, enjoyment — עִדּוּן, ז׳, ר׳, ־נִים

hoeing — עִדּוּר, ז׳, ר׳, ־רִים

testimony, law — עֵדוּת, נ׳, ר׳, עֵדְיוֹת

ornament, jewel — עֲדִי, ז׳, ר׳, עֲדָיִים

until — עֲדֵי, מ״י

still, yet — עֲדַיִן, תה״פ

delicate, refined — עָדִין, ת״ז, עֲדִינָה, ת״נ

refinement, delicacy — עֲדִינוּת, נ׳

preferable — עָדִיף, ת״ז, עֲדִיפָה, ת״נ

preference — עֲדִיפוּת, נ׳

hoeing — עֲדִירָה, נ׳, ר׳, ־רוֹת

choice land — עִדִּית, נ׳, ר׳, ־יּוֹת

to bring up to date — עִדְכֵּן, פ״י

up-to-date — עַדְכָּנִי, ת״ז, ־נִית, ת״נ

(Purim) carnival — עַדְלָיָדַע, ז׳

delight, enjoyment; garden of Eden, paradise — עֵדֶן, ז׳, ר׳, עֲדָנִים

to pamper, coddle; improve — עִדֵּן, פ״י

time, period — עִדָּן, ז׳, ר׳, ־נִים

hitherto — עֲדֶן, עֲדֶנָּה, תה״פ

enjoyment, delight — עֶדְנָה, נ׳

immortelle; everlasting (flower) — עַדְעָד, ז׳, ר׳, ־דִים

to be in excess — עָדַף, פ״ע

to prefer — הֶעְדִּיף, פ״י

surplus, excess; change (money) — עֹדֶף, עוֹדֶף, ז׳, ר׳, עֲדָפִים

flock, herd — עֵדֶר, ז׳, ר׳, עֲדָרִים

to hoe — עָדַר, פ״י

to be missing; to be dead — נֶעְדַּר, פ״ע

lentil; lens — עֲדָשָׁה, נ׳, ר׳, ־שִׁים, ־שׁוֹת

to become cloudy, darken — [עוב] הֵעִיב, פ״י

worker, employee — עוֹבֵד, ז׳, ר׳, ־בְדִים

idolator — עוֹבֵד אֱלִילִים

fact, deed — עוּבְדָּה, עֻבְדָּה, נ׳, ר׳, ־דוֹת

passing, transient — עוֹבֵר, ת״ז, עוֹבֶרֶת, ת״נ

embryo, fetus — עוּבָּר, עֻבָּר, ז׳, ר׳, ־רִים

to bake a cake; to make a circle — [עוג] עָג, פ״י

mold — עוֹבֶשׁ, עֹבֶשׁ, ז׳, ר׳, עֲבָשִׁים

lover — עוֹגֵב, ז׳, ־גֶבֶת, נ׳, ר׳, ־גְבִים, ־גְבוֹת

anchor — עוֹגֶן, עֹגֶן, ז׳, ר׳, עֲגָנִים

organ — עוּגָב, עֻגָב, ז׳, ר׳, ־בִים

cake — עוּגָה, עֻגָה, נ׳, ר׳, ־גוֹת

still, yet, more, again — עוֹד, תה״פ

to testify; to warn, admonish — [עוד] הֵעִיד, פ״י

to strengthen, encourage — עוֹדֵד, פ״י

excess, surplus; change (money) — עוֹדֶף, עֹדֶף, ז׳, ר׳, עֲדָפִים

to sin, do wrong — עָוָה, פ״ע

to be twisted, perverted — נַעֲוָה, פ״ע

ruin — עַוָּה, נ׳, ר׳, עַוּוֹת

iniquity, sin — עָווֹן, עָוֹן, ז׳, ר׳, עֲווֹנוֹת

perversion — עִוּוּת, ז׳

to take refuge — [עוז] עָז, פ״ע

to bring into safety — הֵעִיז, פ״י

helper — עוֹזֵר, ז׳, עוֹזֶרֶת, נ׳, ר׳, עוֹזְרִים, ־רוֹת

maid — עוֹזֶרֶת־בַּיִת

grimace, twitch — עֲוִיָּה, נ׳, ר׳, ־יּוֹת

young boy, urchin — עֲוִיל, ז׳, ר׳, ־לִים

to hate — עוֹיֵן, פ״י

convulsion — עֲוִית, נ׳

yoke — עוֹל, עֹל, ז׳, ר׳, עֻלִּים

child, suckling — עוּל, ז׳, ר׳, ־לִים

עָוֶל, ז׳ injustice, wrong
עִוֵּל, פ״ע to do injustice
עַוָּל, ז׳, ר׳, ־לִים wrongdoer
עַוְלָה, עוֹלָתָה, עַוְלָתָה, עוֹלָתָה, נ׳, ר׳, ־לוֹת injustice, wrong
עוֹלֶה, ז׳, עוֹלָה, נ׳, ר׳, ־לִים, ־לוֹת immigrant returning to Israel, pilgrim
עוֹלָה, נ׳, ר׳, ־לוֹת burnt offering
עוֹלֵל, פ״י, ע׳ [עלל] to do; to glean
עוֹלֵל, עוֹלָל, ז׳, ר׳, ־לִים child, baby
עוֹלֵלָה, נ׳, ר׳, ־לוֹת remaining fruit, grapes (after harvest)
עוֹלָם, ז׳, ר׳, ־מוֹת, ־מִים world; eternity
עוֹלָמִית, תה״פ forever
עוֹלֶשׁ, עֹלֶשׁ, ז׳, ר׳, עֲלָשִׁים endive, chicory
עוֹמֶס, עֹמֶס, ז׳ burden, load
עוֹמֶק, עֹמֶק, ז׳, ר׳, עֲמָקִים depth
עוֹמֶר, עֹמֶר, ז׳, ר׳, עֳמָרִים sheaf; name of a measure
עָוֹן, עָוֹן, ז׳, ר׳, עֲווֹנוֹת iniquity, sin
עוֹנֶג, עֹנֶג, ז׳ enjoyment, delight, pleasure
עוֹנָה, נ׳, ר׳, ־נוֹת season; conjugal right
עוֹנִי, עֹנִי ז׳ poverty, affliction
עוֹנֵן, פ״ע, ע׳ [ענן] to practice soothsaying
עוֹנֶשׁ, עֹנֶשׁ, ז׳, ר׳, עֳנָשִׁים punishment
עוֹנָתִי, ת״ז, ־תִית, ת״נ seasonal
עִוְעִים, ז״ר confusion
עוֹף, ז׳, ר׳, ־פוֹת bird, fowl
[עוף] עָף, פ״ע to fly
הֵעִיף, פ״י to make fly; throw, cast
עוֹפֶל, עֹפֶל, ז׳, ר׳, עֳפָלִים fortified mound, hill
עוֹפֶר, עֹפֶר, ז׳, ר׳, עֳפָרִים fawn
עוֹפֶרֶת, נ׳ lead
[עוץ] עָץ, פ״י to counsel; to plan
עוֹצֶב, עֹצֶב, ז׳ pain
עוֹצֶם, עֹצֶם, ז׳ might
עוֹצֵר, ז׳, ר׳, ־רִים ruler; regent
עוֹצֶר, עֹצֶר, ז׳ oppression; curfew
[עוק] הֵעִיק, פ״י to press
עוֹקֶץ, עֹקֶץ, ז׳, ר׳, עֳקָצִים sting, prick, point
[עור] עָר, פ״ע to awake, rouse oneself
הֵעִיר, פ״י to awaken, rouse, stir up; to remark
עוֹר, ז׳, ר׳, ־רוֹת skin, hide
עִוֵּר, ז׳, ר׳, עִוְרִים blind person
מְעִי עִוֵּר appendix
עִוֵּר, פ״י to blind
עוֹרֵב, ז׳, ר׳, עוֹרְבִים raven, crow
עִוָּרוֹן, ז׳, עַוֶּרֶת, נ׳ blindness
עוֹרֵךְ, ז׳, ר׳, עוֹרְכִים editor
עוֹרֵךְ דִּין lawyer, attorney
עוֹרֶף, עֹרֶף, ז׳, ר׳, עֳרָפִים neck; base (*mil.*)
עוֹרֵק, ז׳, ר׳, עוֹרְקִים vein
[עוש] עָשׁ, פ״ע to hurry
עוֹשֶׁק, עֹשֶׁק, ז׳ oppression; extortion
עוֹשֶׁר, עֹשֶׁר, ז׳ wealth
עִוֵּת, פ״י to pervert
עַוָּתָה, נ׳, ר׳, ־תוֹת perversion
עָז, פ״ע, ע׳ [עוז] to take refuge
עֵז, נ׳, ר׳, עִזִּים she-goat
עֹז, ז׳ strength
עַז, ת״ז, עַזָּה, ת״נ strong, mighty
עֲזָאזֵל, ז׳ Azazel; demon; hell
עָזַב, פ״י to leave, abandon; to help
עִזָּבוֹן, ז׳, ר׳, עִזְבוֹנִים inheritance; wares
עָזוּב, ת״ז, עֲזוּבָה, ת״נ forsaken
עֲזוּבָה, נ׳, ר׳, ־בוֹת desolation

עֲזוּבִי, ז׳, ר׳, ־בִּים	forsaken child
עֱזוּז, ז׳	strength; fierceness
עִזּוּז, ת״ז, ־זָה, ת״נ	strong
עָזוּר, ת״ז, עֲזוּרָה, ת״נ	helped
עַזּוּת, נ׳, עַזּוּת פָּנִים, ־ מֵצַח	impudence
עָזַז, פ״ע	to be strong; to prevail
הֵעֵז, פ״ע	to dare
הֵעֵז פָּנִים	to be insolent
עֲזִיבָה, נ׳, ר׳, ־בוֹת	abandonment
עַזְמָה, נ׳	resoluteness
עָזְנִיָּה, נ׳, ר׳, נִיּוֹת	osprey, hawk
עַזְפָּן, ז׳, ר׳, ־נִים	impudent person
עַזְפָּנוּת, נ׳	impudence
עָזַק, פ״י	to break ground, dig
עִזְקָה, נ׳, ר׳, עֲזָקוֹת	signet ring
עֵזֶר, ז׳	help, helper
עֵזֶר כְּנֶגְדּוֹ	wife
עָזַר, פ״י	to help
עֲזָרָה, נ׳, ר׳, ־רוֹת	yard; temple court
עֶזְרָה, נ׳	help
עֵט, ז׳, ר׳, ־טִים	pen
עֵט נוֹבֵעַ	fountain pen
עָטָה, פעו״י	to wrap oneself
עָטוּף, ת״ז, עֲטוּפָה, ת״נ	wrapped; feeble
עִטּוּף, ז׳	wrapping
עִטּוּר, ז׳, ר׳, ־רִים	crowning, wreathing; decoration
עִטּוּשׁ, ז׳, ר׳, ־שִׁים	sneeze
עֲטִי, ז׳	instigation
עָטִיט, ז׳	snoring
עָטִין, ז׳	udder
עֲטִיפָה, נ׳, ר׳, ־פוֹת	wrapping
עֲטִישָׁה, נ׳, ר׳, ־שׁוֹת	sneezing
עֲטַלֵּף, ז׳, ר׳, ־פִים	bat
עָטַף, פ״י	to wrap oneself; to be feeble
עָטַר, פ״י	to surround; to crown
עֲטָרָה, עֲטֶרֶת, נ׳, ר׳, ־רוֹת	crown, wreath; medallion
עָטַשׁ, עִטֵּשׁ, פ״ע	to sneeze
עִי, ז׳, ר׳, עִיִּים	heap of ruins
עִיבּוּר, עִבּוּר, ז׳, ר׳, ־רִים	pregnancy
עִיגּוּל, עִגּוּל, ז׳, ר׳, ־לִים	circle
עִידּוּר, עִדּוּר ז׳, ר׳, ־רִים	hoeing
עִיוּוּת, עִוּוּת, ז׳	perversion
עִידִית, עִדִית, נ׳, ר׳, עִדִּיּוֹת	choice land
עִיּוּן, ז׳, ר׳, ־נִים	contemplation
עַיִט, ז׳, ר׳, עֵיטִים	bird of prey, vulture
עִיכּוּב, עִכּוּב, ז׳, ר׳, ־בִים	hindrance, delay
עִילָּה, עִלָּה, נ׳, ר׳, ־לּוֹת	cause, reason; excuse
עִיכּוּל, עִכּוּל, ז׳	digestion
עֵיל, ז׳	height
לְעֵיל, תה״פ	supra, above
מִלְעֵיל	penultimate accent (*gram.*)
עִילּוּי, עִלּוּי, ז׳, ר׳, ־יִים	brilliant intellect; prodigy
עֲיָם, ז׳	strength
עַיִן, ז׳, ר׳, עֲיָנוֹת	source, spring
עַיִן, נ׳, ר׳, עֵינַיִם	eye; ring, hole; sight; Ayin, name of sixteenth letter of Hebrew alphabet
בְּעַיִן, תה״פ	discernibly; in natural form
כְּעֵין	like, similar to; sort of
מֵעֵין	a reflection of; of the nature of
עָיַן, פ״י	to look at (with anger, hate)
עִיֵּן, פ״י	to ponder, weigh
עִינּוּי, עִנּוּי, ז׳, ר׳, ־יִים	affliction, torture
עִיסָּה, עִסָּה, נ׳, ר׳, ־סּוֹת	dough

עָיֵף, פ"ע to be tired
עֵיפָה, עֵיפָתָה, נ' darkness
עֲיֵפוּת, נ' weariness
עִיקָר, ז', ר', ־רִים root; principle
עִיר, נ', ר', עָרִים city
עִיר הַבִּירָה capital
עַיִר, ז', ר', עֲיָרִים young ass
עֵירוּב, עֵרוּב, ז', ר', ־בִים mixture; confusion
עִירוֹנִי, ת"ז, ־נִית, ת"נ inhabitant of a town; urban
עֲיָרָה, נ', ר', ־רוֹת town
עִירִיָּה, נ', ר', ־יּוֹת municipality
עִירִית, נ', ר', ־יּוֹת asphodel
עֵירֹם, ת"ז, עֵירֻמָּה, ת"נ naked
עֵירָנוּת, נ' wakefulness
עַיִשׁ, נ' Ursa Major, Great Bear
בֶּן עַיִשׁ Ursa Minor, Little Bear
עִכֵּב, פ"י to detain, prevent
הִתְעַכֵּב, פ"ע to tarry, linger
עַכָּבָה, נ', ר', ־בוֹת hindrance, delay
עַכָּבִישׁ, ז', ר', עַכְּבִישִׁים spider
קוּרֵי עַכָּבִישׁ spider web
עַכְבָּר, ז', ר', ־רִים mouse
עַכְבְּרוֹשׁ, ז', ר', ־שִׁים rat
עִכּוּב, ז', ר', ־בִים hindrance, delay
עַכּוּז, ז', ר', ־זִים buttocks; animal's genitals
עִכּוּל, ז' digestion
עָכוּר, ת"ז, עֲכוּרָה, ת"נ filthy, gloomy
עִכֵּל, פ"י to consume; to digest
עַכְנַאי, ז', ר', ־נָאִים rattlesnake
עֶכֶס, ז', ר', עֲכָסִים anklet; bangle
עִכֵּס, פ"י to rattle, tinkle
עָכַר, פ"י to disturb; to become gloomy
עַכְשָׁו, עַכְשָׁיו, תה"פ now, at present
עַכְשׁוּב, ז', ר', ־בִים viper

עַכְשָׁוִי, ת"ז, ־וִית, ת"נ present
עַל, ז' height
אֶל עַל upwards
עַל, מ"י on, upon, concerning, toward, against, to
עַל יַד beside, near
עַל כֵּן therefore
עַל מְנָת in order to
עַל פֶּה, בְּעַל פֶּה by heart
עַל פִּי according to
עַל־פִּי־רֹב generally
עֹל, עוֹל, ז', ר', עֻלִּים yoke
עִלָּאִי, ת"ז, ־אִית, ת"נ advanced; superior
עָלַב, פ"י to insult
עֶלְבּוֹן, ז', ר', ־נוֹת insult
עִלֵּג, ת"ז, עִלֶּגֶת, ת"נ stuttering; incoherent
עִלְּגוּת, נ' stuttering; incoherence
עָלֶה, ז', ר', ־לִים leaf, sheet of paper
עָלָה, פ"ע to go up, ascend; to immigrate; to grow; to succeed
נַעֲלָה, פ"ע to be exalted, be brought up
הֶעֱלָה, פ"י to bring up; to cause to ascend; to bring sacrifice
עִלָּה, עִילָּה, נ', ר', ־לּוֹת cause, reason, excuse
עָלוּב, ת"ז, עֲלוּבָה, ת"נ miserable, lowly
עַלְוָה, נ' foliage
עִלּוּי, עִילּוּי, ז', ר', ־יִים brilliant intellect; prodigy
עָלוּל, ת"ז, עֲלוּלָה liable, susceptible; weak
עִלּוּם, ז' concealment
בְּעִלּוּם־שֵׁם incognito

עָלוּם, ז׳, ר׳, עֲלוּמִים youth

עָלוֹן, ז׳, ר׳, עֲלוֹנִים leaflet

עֲלוּקָה, נ׳, ר׳, ־קוֹת leech, vampire

עָלֵז, ת״ז, עֲלֵזָה, ת״נ happy, joyful

עָלַז, פ״ע to be happy, rejoice

עֲלָטָה, נ׳, ר׳, ־טוֹת thick darkness

עֱלִי, ז׳, ר׳, עֱלָיִים pestle; pistil

עִלִּי, ת״ז, ־לִּית, ת״נ upper, top

עֲלִיָּה, נ׳, ר׳, ־יּוֹת going up, ascent; immigration, pilgrimage; attic

עֶלְיוֹן, ת״ז, ־נָה, ת״נ top, highest

עֶלְיוֹן, ז׳ The Most High, God

עֶלְיוֹנוּת, נ׳ height, sublimity; superiority

עַלִּיז, ת״ז, ־זָה, ת״נ happy, joyful

עַלִּיזוּת, נ׳ happiness, joyfulness

עֲלִיל, ז׳ reality; crucible

בַּעֲלִיל, תה״פ really; clearly

עֲלִילָה, נ׳, ר׳, ־לוֹת deed; action; plot, false charge, accusation

עֲלִילִיָּה, נ׳, ר׳, ־יּוֹת action, deed

עֲלִיצוּת, נ׳ happiness, rejoicing

[עלל] עוֹלֵל, פ״י to do; to glean

הִתְעַלֵּל, פ״ח to act ruthlessly

הֶעֱלִיל, פ״י to bring a false charge; to accuse

[עלם] נֶעְלַם, פ״ע to be hidden; to disappear

הִתְעַלֵּם, פ״ח to shut one's eyes to

עֶלֶם, ז׳, ר׳, עֲלָמִים young man

עָלַם, עָלְמָא, ז׳, ר׳, עָלְמִין world

עַלְמָה, נ׳, ר׳, עֲלָמוֹת young woman

עַלְמוּת, נ׳ youth, vigor

עָלַס, פ״ע to rejoice

הִתְעַלֵּס, פ״ח to enjoy oneself

עִלַּע, פ״י to lap, swallow

עַלְעוֹל, עַלְעָל, נ׳, ר׳, ־לִים small leaf, sepal

עִלְעֵל, פ״י to turn pages; to skim, scan

עִלֵּף, פ״י to cover, wrap; to be frightened

הִתְעַלֵּף, פ״ח to faint; to cover, wrap oneself

עֻלְפֶּה, ת״ז, ־פָּה, ת״נ weak, faint

עָלַץ, פ״ע to rejoice

עֹלֶשׁ, עוֹלֶשׁ, ז׳, ר׳, עֲלָשִׁים endive, chicory

עַם, ז׳, ר׳, עַמִּים nation; people

עַם הָאָרֶץ illiterate, ignoramus

עַם הָאַרְצוּת, נ׳ illiteracy

עַמְּךָ common people

עִם, מ״י with; while; close to

עָמַד, פ״ע to stand; to arise; to delay, tarry; to stop

עָמַד בַּבְּחִינָה to pass an examination

עָמַד בְּדִבּוּר to keep one's word

עָמַד בַּדִּין to stand trial

עָמַד בְּנִסָּיוֹן to withstand temptation

עָמַד עַל דַּעְתּוֹ to insist

הֶעֱמִיד, פ״י to place, set; to appoint

עֹמֶד, ז׳ standing place

עֶמְדָּה, נ׳, ר׳, עֲמָדוֹת standing ground; position; attitude

עִמָּדִי, מ״ג with me

עַמּוּד, ז׳, ר׳, ־דִים stand; pillar; page

עַמּוּד־הַקָּלוֹן pillory

עַמּוּד־הַשִּׁדְרָה spinal column

עֲמוּדָה, נ׳, ר׳, ־דוֹת column (in book, page)

עָמוּם, ת״ז, עֲמוּמָה, ת״נ dim

עַמּוֹן, ז׳, ר׳, ־נִים democrat

עֲמוּנוּת, נ׳ — democracy
עַמּוֹנִי, ת״ז, ־נִית, ת״נ — Ammonite; democratic
עָמוּס, ת״ז, עֲמוּסָה, ת״נ — laden; full
עָמוֹק, עָמֹק, ת״ז, עֲמֻקָּה, ת״נ — deep, profound
עָמוּר, ז׳, ר׳, ־רִים — binding sheaves
עֲמִידָה, נ׳, ר׳, ־דוֹת — standing; prayer
עַמִּיּוּת, נ׳ — ignorance
עָמִיל, ז׳, ר׳, עֲמִילִים — agent
עֲמִילָן, ז׳ — starch
עֲמִימוּת, נ׳ — bluntness
עָמִיר, ז׳ — sheaf
עָמִית, ז׳, ר׳, עֲמִיתִים — friend, associate
עָמָל, ז׳ — work, labor; trouble; mischief
עָמֵל, ז׳, ר׳, ־לִים — laborer; sufferer
עָמַל, פ״ע — to work, labor
עִמֵּל, פ״ע — to massage; to exercise
הִתְעַמֵּל, פ״ח — to perform physical exercise
עִמְלֵן, פ״י — to starch
עַמְלָץ, ז׳, ר׳, ־צִים — shark
עָמַם, פ״י — to darken, dim
עֲמָמִי, ת״ז, ־מִית, ת״נ — popular
עֲמָמִיּוּת, נ׳ — popularity
עָמַס, פ״י — to load; to carry a load
עֹמֶס, עוֹמֶס, ז׳ — load, burden
עִמְעֵם, פ״י — to darken, dim
עִמֵּץ, פ״י — to close, shut (eyes)
עָמֹק, עָמוֹק, ת״ז, עֲמֻקָּה, ת״נ — deep, profound
עֵמֶק, ז׳, ר׳, עֲמָקִים — valley, lowland
עֹמֶק, עוֹמֶק, ז׳, ר׳, עֲמָקִים — depth
עָמַק, פ״ע — to be deep
הִתְעַמֵּק, פ״ח — to think deeply
עַמְקוּת, נ׳ — depth, profundity
עַמְקָן, ז׳ — profound thinker
עֹמֶר, עוֹמֶר, ז׳, ר׳, עֳמָרִים — sheaf; name of a measure
עִמֵּר, פ״י — to bind sheaves
הִתְעַמֵּר, פ״ח — to deal tyranically
עָמַשׂ, פ״י — to load; to carry a load
עֻמַּת, לְעֻמַּת, תה״פ — opposite, toward
עֵנָב, ז׳, ר׳, עֲנָבִים — grape; berry
עָנַב, פ״י — to fasten, tie
עֲנָבָה, נ׳, ר׳, ־בוֹת — grape; berry; eye-sore; (grain of) lentil, barley
עִנְבָּל, ז׳, ר׳, ־לִים — clapper (of bell)
עַנְבָּר, ז׳ — amber
עֹנֶג, עוֹנֶג, ז׳ — delight, pleasure, enjoyment
עָנֹג, ת״ז, עֲנֻגָּה, ת״נ — dainty, delicate
עִנֵּג, פ״י — to give pleasure to; to make delicate
עָנַד, פ״י — to bind around
עָנָה, פעו״י — to answer, testify; to sing; to abase oneself
עָנָו, ת״ז, עֲנָוָה, ת״נ — humble, afflicted
[ענו] הִתְעַנֵּו, פ״ע — to be humble; to feign being humble
עִנּוּג, ז׳, ר׳, ־גִים — pleasantness
עֲנָוָה, נ׳ — humility, lowliness
עִנּוּי, ז׳, ר׳, ־יִים — affliction, torture
עָנוּשׁ, ת״ז, עֲנוּשָׁה, ת״נ — punished
עֱנוּת, נ׳ — affliction
עַנְוְתָן, ת״ז, ־נִית, ת״נ — humble, patient
עַנְוְתָנוּת, נ׳ — humility, patience
עָנִי, ת״ז, עֲנִיָּה, ת״נ; ז׳ — poor, afflicted, lowly; pauper
עֳנִי, עֹנִי, עוֹנִי, ז׳ — poverty, affliction
[עני] הֶעֱנִי, פ״ע — to become poor, impoverished

עֲנִיבָה, נ׳, ר׳, ־בוֹת tie, necktie; noose
עֲנִיָּה, נ׳ answering, replying; pauper
עֲנִיּוּת, נ׳ poverty
עִנְיָן, ז׳, ר׳, ־נִים, ־נוֹת occupation; affair; subject, interest
עִנְיֵן, פ״י to interest, make interesting
עִנְיָנִי, ת״ז, ־נִית, ת״נ subjective
עִנְיָנִיּוּת, נ׳ subjectivity
עָנָן, ז׳, ר׳, עֲנָנִים cloud
עִנֵּן, פ״י to make cloudy
עוֹנֵן, פ״ע to practice soothsaying
עֲנָנָה, נ׳, ר׳, ־נוֹת cloudlet
עָנָף, ז׳, ר׳, עֲנָפִים branch, bough
עָנֵף, ת״ז, עֲנֵפָה, ת״נ branched
עֲנָק, ז׳, ר׳, ־קִים giant; necklace
עָנַק, פ״י to put on as a necklace
הֶעֱנִיק, פ״י to load with gifts
עֲנָקִי, ת״ז, ־קִית, ת״נ gigantic
עֹנֶשׁ, עוֹנֶשׁ, ז׳, ר׳, עֳנָשִׁים punishment
עָנַשׁ, פ״י to punish
עַסַּאי, ז׳, ר׳, ־סָּאִים masseur
עִסָּה, עִיסָּה, נ׳, ר׳, ־סּוֹת dough
עִסָּה, פ״י to squeeze, press; to massage
עִסּוּי, ז׳, ר׳, ־יִים pressure; massage
עִסּוּק, ז׳, ר׳, ־קִים occupation
עָסוּק, ת״ז, עֲסוּקָה, ת״נ busy
עַסְיָן, ז׳, ר׳, ־נִים masseur
עָסִיס, ז׳ fruit juice
עֲסִיסִי, ת״ז, ־סִית, ת״נ juicy
עֲסִיסִיּוּת, נ׳ juiciness
עַסִיק, ז׳, ר׳, עַסִיקִים busybody
עָסַס, פ״י to press, crush
עֵסֶק, ז׳, ר׳, עֲסָקִים business, occupation, concern
עָסַק, פ״ע to be busy; to trade
הֶעֱסִיק, פ״י to employ
עַסְקָן, ז׳, ר׳, ־נִים social worker

עַסְקָנוּת, נ׳ social activity
עָף, פ״ע, ע׳ [עוף] to fly; to rotate
עִפּוּי, ז׳ lassitude, languor
עָפוֹר, עָפֹר, ת״ז, עֲפֹרָה, ת״נ earthen
עִפּוּשׁ, ז׳ moldering; bad odor
עֳפִי, ז׳, ר׳, עֳפָאִים bough; leafage, foliage
עֲפִיפוֹן, ז׳, ר׳, ־נִים kite
עֹפֶל, עוֹפֶל, ז׳, ר׳, עֳפָלִים fortified mound, hill; hemorrhoid
[עפל] הֶעְפִּיל, פ״ע to presume; to be arrogant
עִפְעוּף, ז׳, ר׳, ־פִים winking
עַפְעַף, ז׳, ר׳, ־פַּיִם eyelid
עִפְעֵף, פ״י to wink
עָפָץ, ז׳, ר׳, עֲפָצִים gallnut
עִפֵּץ, פ״י to tan (leather)
עֹפֶר, עוֹפֶר, ז׳, ר׳, עֳפָרִים fawn
עָפָר, ז׳, ר׳, עֲפָרִים loose earth, dust
עָפֹר, עָפוֹר, ת״ז, עֲפֹרָה, ת״נ earthen
שָׁלוֹם לַעֲפָרוֹ R.I.P., rest in peace
עִפֵּר, פ״י to throw dust
עַפְרָה, נ׳, ר׳, עֲפָרוֹת ore
עִפָּרוֹן, ז׳, ר׳, עֶפְרוֹנוֹת pencil
עֶפְרוֹנִי, ז׳, ר׳, ־נִים lark
עַפְרוּרִי, ת״ז, ־רִית, ת״נ earthy, dustlike
עֹפֶרֶת, עוֹפֶרֶת, נ׳ lead
עִפֵּשׁ, פ״ע to become moldy, rot
עֹפֶשׁ, ז׳, ר׳, עֲפָשִׁים mold, fungus
עָץ, פ״י, ע׳ [עוץ] to counsel, plan
עֵץ, ז׳, ר׳, ־צִים tree, wood, timber
עֶצֶב, ז׳, ר׳, עֲצָבִים pain, hurt; sorrow
עָצַב, פ״י to hurt, grieve
עִצֵּב, פ״י to shape, fashion; to straighten (limb)
עָצֵב, ת״ז, עֲצֵבָה, ת״נ sad; needy

עָצָב, ז׳, ר׳, עֲצַבִּים nerve; idol

עֶצֶב, עוֹצֶב, ז׳ pain; sorrow; idol

עִצָּבוֹן, ז׳, ר׳, עִצְּבוֹנוֹת pain, sadness

עֶצְבּוֹנִית, נ׳, ר׳, ־נִיּוֹת wild rosebush

עַצְבוּת, נ׳ pain, sadness

עַצְבָּנוּת, נ׳ nervousness

עִצְבֵּן, פ״י to enervate, irritate

עַצְבָּנִי, ת״ז, ־נִית, ת״נ nervous

עַצֶּבֶת, נ׳ pain, sadness

עָצֶה, ז׳, ר׳, ־צִים sacrum

עֵצָה, נ׳, ר׳, ־צוֹת counsel, advice, plan; wood; woodiness

עִצָּה, פ״י to wood; to cover with wood

עָצוּב, ת״ז, עֲצוּבָה, ת״נ sad, depressed

עָצוּם, ת״ז, עֲצוּמָה, ת״נ mighty, numerous; terrific

עִצּוּם, ז׳, ר׳, ־מִים essence; strengthening

עֲצוּמָה, עֲצֻמָה, נ׳, ר׳, ־מוֹת complaint; petition; defense, argument

עִצּוּר, ז׳, ר׳, ־רִים consonant

עָצוּר, ת״ז, עֲצוּרָה, ת״נ detained; closed up

עָצִיץ, ז׳, ר׳, עֲצִיצִים flowerpot

עָצִיר, ז׳, ר׳, ־רִים detainee

עֲצִירָה, נ׳, ר׳, ־רוֹת closing up, obstruction, detention

עֲצִירוּת, ר׳, ־רֻיּוֹת constipation

עָצֵל, ת״ז, עֲצֵלָה, ת״נ sluggish, lazy

[עצל] נֶעֱצַל, פ״ע to be sluggish, lazy

עַצְלָה, עַצְלוּת, נ׳ laziness

עַצְלָן, ז׳, ר׳, ־נִים a lazy person, laggard

עֲצַלְתַּיִם, נ״ר laziness

עֹצֶם, עוֹצֶם, ז׳ might

עָצַם, פעו״י to be mighty, numerous; to shut (eyes)

עֶצֶם, נו״ז, ר׳, עֲצָמוֹת, עֲצָמִים bone; body, substance; object

עַצְמָאוּת, נ׳ independence

עַצְמָאִי, ת״ז, ־אִית, ת״נ independent

עָצְמָה, נ׳ might, power

עֲצֻמָה, עֲצוּמָה, נ׳, ר׳, ־מוֹת complaint; petition; defense, argument

עַצְמִי, ת״ז, ־מִית, ת״נ essential; of the body, self

עַצְמִיּוּת, נ׳ essence; substance

עַצְפּוּר, ז׳, ר׳, ־רִים safflower

עָצַר, פ״י to restrain, shut up; to squeeze

עֶצֶר, ז׳ authority; rule; restraint, withholding

יוֹרֵשׁ עֶצֶר heir to the throne

עֹצֶר, עוֹצֶר, ז׳ oppression; curfew

עֲצָרָה, נ׳, ר׳, ־רוֹת solemn assembly

עִצָּרוֹן, ז׳ restraint

עַצְרָן, ז׳, ר׳, ־נִים miser

עֲצֶרֶת, נ׳, ר׳, עֲצָרוֹת solemn assembly; Pentecost

עֵקֶב, ז׳ result, reward

עֵקֶב, תה״פ because of

עָקֵב, ז׳, ר׳, עֲקֵבוֹת, עֲקֵבִים heel; footprint; trace; rear

עָקַב, פעו״י to follow at the heel; to deceive

עִקֵּב, פ״י to hold back, restrain; to follow

עָקֹב, ת״ז, עֲקֻבָּה, ת״נ deceitful; steep

עָקְבָה, נ׳, ר׳, ־בוֹת deceit; provocation

עִקְבִי, ת״ז, ־בִית, ת״נ consistent, logical

עָקֹד, ת״ז, עֲקֻדָּה, ת״נ striped, streaked

עָקַד, פ"י to bind
עֵקֶד, ז' gathering, collection
עֲקֵדָה, נ', ר', ־דוֹת binding
עָקָה, נ', ר', ־קוֹת pressure
עִקּוּב, ז' cube
עִקּוּבִי, ת"ז, ־בִית, ת"נ cubic
עָקוּד, ת"ז, עֲקוּדָה, ת"נ bound
עִקּוּל, ז', ר', ־לִים crookedness; foreclosure
עָקוֹם, עָקֹם, ת"ז, עֲקֻמָּה, ת"נ curved, crooked
עִקּוּר, ז', ר', ־רִים uprooting; castration; sterilization
עָקוּר, ת"ז, עֲקוּרָה, ת"נ torn out, uprooted; sterile, impotent
עִקּוּשׁ, ז', ר', ־שִׁים turning, making crooked
עָקוּשׁ, ת"ז, עֲקוּשָׁה, ת"נ distorted, bent
עָקִיב, ת"ז, עֲקִיבָה, ת"נ consequent
עֲקִיבוּת, נ' consequence
עֲקִידָה, נ', ר', ־דוֹת binding
עֲקִימָה, נ', ר', ־מוֹת making crooked
עָקִיף, ת"ז, עֲקִיפָה, ת"נ indirect, roundabout
עֲקִיפָה, נ', ר', ־פוֹת going around
עֲקִיצָה, נ', ר', ־צוֹת bite, sting; stinging remark
עֲקִירָה, נ', ר', ־רוֹת uprooting; removal
עִקֵּל, פ"י to bend, twist; to pervert; to foreclose
עֶקֶל, ז', ר', עֲקָלִים wicker basket; ballast
עֲקַלְקַל, ת"ז, ־קֶלֶת, ת"נ crooked
עֲקַלְקַלָּה, נ', ר', ־לוֹת crooked ways
עֲקַלָּתוֹן, ת"ז, ־נָה, ת"נ crooked
עָקַם, פ"י to curve, make crooked

עָקֹם, ת"ז, עֲקֻמָּה, ת"נ crooked
עַקְמוּמִית, נ' crookedness, deceit
עַקְמָנִי, ת"ז, ־נִית, ת"נ inclined to deceit
עָקְמָנוּת, נ' insincerity
עָקַף, פ"י to surround, go roundabout
עָקַץ, פ"י to sting; to cut fruit
עֹקֶץ, עוֹקֶץ, ז', ר', עֳקָצִים sting; point; prick; stalk (fruit)
עֹקֶץ־הָעַקְרָב, ז', ר', עָקְצֵי־הָעַקְרַבִּים heliotrope
עָקָר, ז', ר', עֲקָרִים barren
עָקַר, פ"י, עִקֵּר, פ"י to uproot; to make barren
עֵקֶר, ז', ר', עֲקָרִים offshoot
עִקָּר, ז', ר', ־רִים root; principle
עַקְרָב, ז', ר', ־בִּים scorpion
עִקָּרוֹן, ז', ר', עֶקְרוֹנוֹת principle, fundamental law
עֶקְרוֹנִי, ת"ז, ־נִית, ת"נ fundamental
עִקָּרִי, ת"ז, ־רִית, ת"נ principal, chief
עִקֵּשׁ, פ"י to make crooked
הִתְעַקֵּשׁ, פ"ח to be obstinate
עִקְּשׁוּת, נ' crookedness
עַקְשָׁן, ת"ז, ־נִית, ת"נ stubborn
עַקְשָׁנוּת, נ' obstinacy
עָר, ז', ר', ־רִים enemy; laurel
עָר, פ"ע, ע' [עור] to awake, rouse oneself
עֵר, ת"ז, עֵרָה, ת"נ awake
עֲרַאי, ז' chance
עֲרָאִי, ת"ז, ־אִית, ־ת"נ casual, incidental
עֶרֶב, ז', ר', עֲרָבִים evening, eve
הָעֶרֶב this evening
בֵּין־הָעַרְבַּיִם twilight, dusk

עָרַב, פעו״י to become evening, become dark; to give in pledge; to be surety

עֵרַב, פ״י to mix up

הִתְעָרֵב, פ״ח to make a bargain; to interfere; to bet

עָרֹב, ז׳ swarms of flies

עֵרֶב, ז׳ mixture, mixed company; woof

שְׁתִי וָעֵרֶב warp and woof

עָרֵב, ת״ז, עֲרֵבָה, ת״נ sweet; responsible

עֲרָב, ז׳ Arabia

עִרְבֵּב, פ״י to mix up

עֲרָבָה, נ׳, ר׳, ־בִים, ־בוֹת steppe, desert; salix, willow

עֲרֻבָּה, נ׳, ר׳, ־בּוֹת pledge, surety

עֲרֵבָה, נ׳, ר׳, ־בוֹת tub; kneading trough

עִרְבּוּב, ז׳, ר׳, ־בִים mix-up, confusion

עִרְבּוּבְיָה, נ׳, ר׳, ־יוֹת disorder, confusion

עֵרָבוֹן, ז׳, ר׳, עֶרְבוֹנוֹת pawn; pledge

עֲרֵבוּת, נ׳, ר׳, ־בֻיוֹת pleasantness; pledge

עַרְבִי, עֲרָבִי, ת״ז, ־בִיָּה, ־בִית, ת״נ Arab, Arabic

עַרְבִית, נ׳ evening; evening prayer

עִרְבֵּל, פ״י to mix (cement, concrete); to confound

עַרְבָּל, ז׳, ר׳, ־לִים concrete mixer; whirlpool, whirlwind

עָרַג, פעו״י to long for, crave; to prepare garden beds

עֶרְגָּה, נ׳, עֶרְגוֹן, ז׳ longing, craving

עִרְגּוּל, ז׳, ר׳, ־לִים rolling of metal

עִרְגֵּל, פ״י to roll metal

עַרְדָּל, ז׳, ר׳, ־לַיִם overshoe; rubber

עָרָה, פעו״י to pour out, make empty; to lay bare; to transfuse (blood)

עֹרָה, פ״ע to be intertwined

הִתְעָרָה, פ״ע to make naked; to spread oneself; to attach oneself; to take root

עֵרוּב, ז׳, ר׳, ־בִים mixture; confusion

עָרוּג, ת״ז, עֲרוּגָה, ת״נ arranged as a garden bed

עֲרוּגָה, נ׳, ר׳, ־גוֹת garden bed

עָרוֹד, ז׳, ר׳, עֲרוֹדִים wild ass

עֶרְוָה, נ׳, ר׳, עֲרָיוֹת pudenda, genitals; nakedness

עֵרוּי, ז׳, ר׳, ־יִים pouring out

עֵרוּי דָּם blood transfusion

עָרוּךְ, ת״ז, עֲרוּכָה, ת״נ prepared, ready, put in order; edited

עָרוּם, ת״ז, עֲרוּמָּה, ת״נ crafty, sly

עָרוֹם, עָרֹם, ת״ז, עֲרֻמָּה, ת״נ naked

עֲרוֹעֵר, ז׳ juniper

עָרוּף, ת״ז, עֲרוּפָה, ת״נ decapitated

עָרוּץ, ז׳, ר׳, עֲרוּצִים deep ravine

עֵרוּת, נ׳ vigilance

עַרְטִילַאי, ת״ז, ־לָאִית, ת״נ naked; abstract

עִרְטֵל, פ״י to make naked, strip

עֲרִיבָה, נ׳ sunset

עֲרִיגָה, נ׳, ר׳, ־גוֹת longing, craving

עֶרְיָה, נ׳ nakedness

עֲרִיכָה, נ׳, ר׳, ־כוֹת arranging, editing

עָרִיס, ז׳, ר׳, עֲרִיסִים arbor, espalier

עֲרִיסָה, נ׳, ר׳, ־סוֹת cradle; kneading trough

עָרִיף, ז׳, ר׳, עֲרִיפִים sky, clouds

עֲרִיפָה, נ׳, ר׳, ־פוֹת breaking the neck; decapitation
עָרִיץ, ז׳, ר׳, ־צִים, ־צוֹת violent person; tyrant
עֲרִיצִי, ת״ז, ־צִית, ת״נ epic
עָרִיצוּת, נ׳ ruthlessness, tyranny
עָרִיק, ז׳, ר׳, עֲרִיקִים deserter
עֲרִיקָה, נ׳ desertion
עֲרִירוּת, נ׳ childlessness; loneliness
עֲרִירִי, ת״ז, ־רִית, ת״נ childless; lonely
עֵרֶךְ, ז׳, ר׳, עֲרָכִים value, evaluation; order, arrangement; entry (in dictionary)
בְּעֵרֶךְ, תה״פ approximately, about
עֵרֶךְ בְּגָדִים a suit of clothes
עֲרֹךְ, ז׳, ר׳, ־כִים comparison
עָרַךְ, פ״י to arrange, set in order; to compare
עָרַךְ שֻׁלְחָן to set a table
הֶעֱרִיךְ, פ״י to value, estimate, assess
עָרֵל, ת״ז, עֲרֵלָה, ת״נ uncircumcised; gentile
עֲרַל לֵב dull-head
עֲרַל שְׂפָתַיִם stutterer
אֹזֶן עֲרֵלָה hard of hearing
עָרַל, פ״י to count (leave) uncircumcised, forbidden
עָרְלָה, נ׳, ר׳, עֲרָלוֹת foreskin; fruit of trees for the first three years
עָרַם, פ״י to make piles
נֶעֱרַם, פ״ע to be heaped up
הֶעֱרִים, פ״ע to be crafty, sly
עָרֹם, עָרוֹם, ת״ז, עֲרֻמָּה, ת״נ naked
עֲרֵמָה, נ׳, ר׳, ־מוֹת pile, heap
עָרְמָה, נ׳, ר׳, ־מוֹת slyness, craftiness

עַרְמוּמִי, ת״ז, ־מִית, ת״נ crafty
עַרְמוּמִיּוּת, נ׳ craftiness
עַרְמוֹן, ז׳, ר׳, ־נִים chestnut; chestnut tree
עַרְמוֹנִיּוֹת, נ״ר castanets
עֵרָנוּת, נ׳ wakefulness, alertness
עֵרָנִי, ת״ז, ־נִית, ת״נ wide awake, alert
עַרְסָל, ז׳, ר׳, ־לִים hammock
עִרְעוּר, ז׳, ר׳, ־רִים objection, appeal
עִרְעֵר, פ״י to destroy; to object; to appeal
עַרְעָר, ז׳, ר׳, ־רִים juniper; appeal; destitute
עֹרֶף, עוֹרֶף, ז׳, ר׳, עֳרָפִים neck; base (*mil.*)
עָרַף, פ״י to decapitate, break the neck; to drip
עַרְפָּד, ז׳, ר׳, ־דִים vampire, species of bat
עֲרָפֶל, ז׳, ר׳, עַרְפִלִּים fog, mist
עִרְפֵּל, פ״י to make foggy
עַרְפִלִּי, ת״ז, ־לִית, ת״נ foggy, misty
עָרַץ, פעו״י to frighten; to fear, dread
הֶעֱרִיץ, פ״י to venerate, admire deeply
עָרַק, פ״ע to flee, desert
עֶרֶק, ז׳, ר׳, עֲרָקִים sieve
עַרְקוּב, ז׳, ר׳, ־בִים knee joint
עָרַר, פ״ע to object, to contest
עֶרֶשׂ, ז׳, ר׳, עֲרָשׂוֹת bed, crib, divan
עֶרֶשׂ דְּוַי sickbed
עָשׁ, פ״ע, ע׳ [עוש] to hurry
עָשׁ, ז׳, ר׳, ־שִׁים moth; the Great Bear
עֵשֶׂב, ז׳, ר׳, עֲשָׂבִים grass
עִשֵּׂב, פ״י to weed
עִשְׂבִּיָּה, נ׳, ר׳, ־יּוֹת herbarium

to make; to do, produce עָשָׂה, פ"י
made; accustomed עָשׂוּי, ת"ז, עֲשׂוּיָה, ת"נ
constraint, compulsion עִשּׂוּי, ז', ר', ־יִים
weeding עִשּׂוּב, ז'
smoking עִשּׁוּן, ז', ר', ־נִים
oppressed עָשׁוּק, ת"ז, עֲשׁוּקָה, ת"נ
extortioner עָשׁוֹק, ז', ר', ־קִים
ten, decade עָשׂוֹר, ש"מ, ר', ־רִים
tithing עִשּׂוּר, ז', ר', ־רִים
with tens עֲשׂוֹרִי, ת"ז, ־רִית, ת"נ
forged עָשׁוּת, ת"ז, עֲשׁוּתָה, ת"נ
doing, action עֲשִׂיָּה, נ', ר', ־יּוֹת
rich עָשִׁיר, ת"ז, עֲשִׁירָה, ת"נ
wealth, richness עֲשִׁירוּת, נ'
a tenth { עֲשִׂירִיָּה, נ', ר', ־יּוֹת / עֲשִׂירִית, נ', ר', ־יּוֹת }
smoke עָשָׁן, ז', ר', עֲשָׁנִים
smoking, smoky עָשֵׁן, ת"ז, עֲשֵׁנָה, ת"נ
to smoke עָשַׁן, פ"ע
to smoke, raise smoke, fumigate עִשֵּׁן, פ"ע
sharp edge of ax עֶשֶׁף, ז', ר', עֲשָׁפִים
oppression, extortion עֹשֶׁק, עוֹשֶׁק ז'
quarrel, fight עֵשֶׂק, ז'
to oppress, extort עָשַׁק, פ"י
wealth עֹשֶׁר, עוֹשֶׁר ז'
to become rich עָשַׁר, פ"ע
to tithe; to multiply by ten עִשֵּׂר, פ"י
ten (*f.*) עֶשֶׂר, ש"מ
ten (*m.*) עֲשָׂרָה, ש"מ
a tenth עִשָּׂרוֹן, ז', ר', עֶשְׂרוֹנוֹת
base ten עֶשְׂרוֹנִי, ת"ז, ־נִית, ת"נ
twenty עֶשְׂרִים, ש"מ
group of ten עֲשֶׂרֶת, נ', ר', עֲשָׂרוֹת
to waste away; to dim (eyes) עָשַׁשׁ, עָשֵׁשׁ, פ"ע

lantern; iron bar עֲשָׁשִׁית, נ', ר', ־שִׁיּוֹת
plate; metal bar; steel עֶשֶׁת, ז', ר', עֲשָׁתוֹת
to become sleek; strong עָשַׁת, פ"ע
to think, bethink oneself הִתְעַשֵּׁת, פ"ע
thoughts עֶשְׁתּוֹנוֹת, ז"ר
Ashtoreth, Canaanite goddess of fecundity עַשְׁתֹּרֶת, נ', ר' ־תָּרוֹת
time; occurrence עֵת, נ', ר', עִתִּים, עִתּוֹת
for the meantime, for now לְעֵת עַתָּה
sometimes לְעִתִּים
to make ready עִתֵּד, פ"י
now עַתָּה, תה"פ
he-goat, bell-wether; leader עַתּוּד, ז', ר', ־דִים
provision; reserves (*mil.*) עֲתוּדָה, נ', ר', ־דוֹת
newspaper, journal עִתּוֹן, ז', ר', ־נִים
Journalism עִתּוֹנָאוּת, נ'
journalist עִתּוֹנַאי, ז', ר', ־נָאִים
ready; periodic עִתִּי, ת"ז, עִתִּית, ת"נ
ready; future עָתִיד, ת"ז, עֲתִידָה, ת"נ
ancient עַתִּיק, ת"ז, ־קָה, ת"נ
antiquity עַתִּיקוּת, נ'
antiques, antiquities עַתִּיקוֹת, נ"ר
rich עֲתִיר, ת"ז, ־רָה, ת"נ
entreaty עֲתִירָה, נ', ר', ־רוֹת
to be dark [עתם] נֶעְתַּם, פ"ע
arrogance עָתָק, ז'
to move, advance; to succeed עָתַק, פ"ע
to be transcribed, translated נֶעְתַּק, פ"ע
to copy; to translate; to remove הֶעְתִּיק, פ"י

עָתֵק, ת"ז, עֲתֵקָה, ת"נ enduring, durable

עָתַר, פ"ע to pray, supplicate

נֶעְתַּר, פ"ע to be excessive

עֶתֶר, ז', ר', עֲתָרִים pitchfork; prayer

עֲתֶרֶת, נ' abundance; wealth

פ, פּ, ף

פ, פּ, ף Pé, Fé, seventeenth letter of Hebrew alphabet; eighty

פֵּא, נ', ר', פֵּאִים, פֵּיפִין Pé, name of seventeenth letter of Hebrew alphabet

פֵּאָה, נ', ר', ־אוֹת corner, side, section; curl, lock of hair

פֵּאָה נָכְרִית wig

פֵּאֵר, פ"י to glorify, crown; to praise; to glean

הִתְפָּאֵר, פ"ח to boast, be proud

פְּאֵר, ז', ר', ־רִים beauty; glory; head piece; turban

פֹּארָה, פֻּארָה, נ', ר', ־רוֹת bough

פֶּבְּרוּאָר, ז' February

פָּג, פ"ע, ע' [פוג] to become faint; to evaporate

פַּג, ז', ר', ־גִּים unripe fig; premature baby

פָּגַג, פ"ע to coagulate

פַּגָּה, נ', ר', ־גִּים unripe fruit; undeveloped puberty

פִּגּוּל, פִּיגּוּל, ז', ר', ־לִים abomination

פִּגּוּם, פִּיגּוּם, ז', ר', ־מִים scaffold

פָּגוּם, ת"ז, פְּגוּמָה, ת"נ impaired, defective

פַּגּוּת, נ' coagulation

פָּגָז, ז', ר', פְּגָזִים shell, battering projectile

[פגז] הִפְגִּיז, פ"י to batter, bombard

פִּגְיוֹן, ז', ר', ־נוֹת dagger

פְּגִימָה, נ', ר', ־מוֹת defect; impairment

פָּגִיעַ, ת"ז, פְּגִיעָה, ת"נ touchy (person)

פְּגִיעָה, נ', ר', ־עוֹת meeting, contact; hit; insult

פְּגִיעָה בַּמַּטָּרָה bull's-eye

פְּגִירָה, נ', ר', ־רוֹת death, dying

פְּגִישָׁה, נ', ר', ־שׁוֹת meeting

פִּגֵּל, פ"י to make unfit, rejectable

פָּגַם, פ"י to damage; to make unfit

[פגן] הִפְגִּין, פ"י to demonstrate (publicly), make a demonstration; to cry out

פָּגַע, פ"י to meet; to attack, strike

הִפְגִּיעַ, פ"י to beseech, entreat

פֶּגַע, ז', ר', פְּגָעִים contact, accident, occurrence

פָּגַר, פ"ע to perish; to decay

פִּגֵּר, פעו"י to be exhausted, faint; to be slow; to destroy, break up

פֶּגֶר, ז', פְּגָרִים carcass, corpse

פַּגְרָה, נ', ר', ־רוֹת vacation

פַּגְרָן, ז', ר', ־נִים dullard, slow person

פָּגַשׁ, פ"י to meet, encounter

פֶּדָגוֹג, פֶּדְגוֹג, ז', ר', ־גִים pedagogue

פֶּדָגוֹגְיָה, נ' pedagogy

פָּדָה, פ"י to ransom, redeem; to deliver

פָּדוּי, ת"ז, פְּדוּיָה, ת"נ ransomed, redeemed

פְּדוּת, נ' redemption, delivery; distinction

פַּדַּחַת, נ׳, ר׳, ־דָּחוֹת forehead
פִּדְיוֹם, פִּדְיוֹן, ז׳ delivery; ransom, redemption
פָּדָע, פ״י to deliver
פִּדֵּר, פ״י to powder
פֶּדֶר, ז׳, ר׳, פְּדָרִים suet, fat
פֶּה, ז׳, ר׳, פִּיּוֹת, פֵּיוֹת mouth; opening, orifice
פֶּה אֶחָד unanimously
עַל פֶּה, בְּעַל פֶּה by heart, orally
כְּפִי, לְפִי, עַל פִּי according to
אַף עַל פִּי שֶׁ־ although
פֹּה, תה״פ here, hither
פְּהוּק, ז׳, ר׳, ־קִים yawn
פְּהִיקָה, נ׳, ר׳, ־קוֹת yawning
פָּהַק, פִּהֵק, פ״ע to yawn
פַּהֲקָן, ז׳, ר׳, ־נִים yawner
פּוּאָה, נ׳, ר׳, ־אוֹת madder (*bot.*)
[פוג] פָּג, פ״ע to evaporate; to become faint
הֵפִיג, פ״י to cool; to weaken
פּוּגָה, נ׳, ר׳, ־גוֹת relaxation, pause
פּוֹזֵל, ת״ז, ־זֶלֶת, ת״נ cross-eyed
פּוּזְמָק, פֻּזְמָק, ז׳, ר׳, ־מְקָאוֹת stocking
[פוח] פָּח, פער״י to breathe, blow
הֵפִיחַ, פ״י to breathe out, utter
פּוֹחֵז, ת״ז, ־חֶזֶת, ת״נ reckless, rash
פּוֹחֵחַ, ת״ז, ־חַחַת, ת״נ tattered, poorly dressed
פּוֹחֵת, ת״ז, ־חֶתֶת, ת״נ decreasing
פּוּךְ, ז׳, ר׳, ־כִים eye-paint; stibium, antimony; precious stone
פּוֹל, ז׳, ר׳, ־לִים bean; gland
פּוּלְחָן, פֻּלְחָן, ז׳ temple service, worship
פּוּלְמוּס, פֻּלְמוּס, ז׳, ר׳, ־סִים polemic; argument, dispute

פּוּמְבִּי פֻּמְבִּי, ת״ז, ־בִּית, ת״נ open, public
פּוּמִית, נ׳, ר׳, ־יוֹת mouthpiece
[פון] פָּן, פ״ע to doubt, hesitate
פּוּנְדָּק, פֻּנְדָּק, ז׳, ר׳, ־דְּקָאוֹת inn
פּוּנְדְּקִי, פּוּנְדְּקַאי, פֻּנְדְּקִי, פֻּנְדְּקַאי, ז׳, ר׳, ־קִים, ־קָאִים innkeeper
פּוֹסֵק, ז׳, ר׳, ־סְקִים legal interpreter
פּוֹעֵל, ז׳, ר׳, ־עֲלִים worker
פּוֹעַל, פֹּעַל, ז׳, ר׳, פְּעָלִים deed, act; verb
[פוץ] פָּץ, פ״ע to be scattered, dispersed
הֵפִיץ, פ״י to scatter; to distribute
פּוֹצֵץ, פ״י, ע׳ [פצץ] to split, break into pieces, explode; to detonate
[פוק] פָּק, פ״ע to reel, totter
הֵפִיק, פ״י to bring forth, produce, obtain
פּוּקָה, נ׳, ר׳, ־קוֹת stumbling block
[פור] הֵפִיר, פ״י to nullify
פּוּר, ז׳, ר׳, ־רִים lot
פּוּרִים Purim, feast of lots
פּוּרָה, נ׳, ר׳, ־רוֹת wine press
פּוֹרֶה, ת״ז, ־רִיָּה, ת״נ fruitful, fertile
פּוֹרֵחַ, ת״ז, ־רַחַת, ת״נ blossoming, blooming, flourishing; soaring, hovering
פּוֹרֵעַ, ז׳, ר׳, ־רְעִים rioter, troublemaker
פּוּרְעָנוּת, פֻּרְעָנוּת, נ׳, ר׳, ־נִיּוֹת punishment, retribution
פּוּרְקָן, פֻּרְקָן, ז׳ redemption money, redemption; outlet
פּוֹרֶקֶת, נ׳, ר׳, ־רְקוֹת barge
[פוש] פָּשׁ, פ״ע to jump, skip; to rest
פּוֹשֵׁעַ, ז׳, ר׳, ־שְׁעִים transgressor, offender

פּוֹשֶׁר, ת״ז, ־שֶׁרֶת, ת״נ lukewarm
פּוֹשְׁרִים, ז״ר lukewarm water
פּוֹתָה, נ׳, ר׳, ־תוֹת staple
פּוֹתֶה, ת״ז, ־תָה, ת״נ gullible
פּוֹתְחָן, ז׳, ר׳, ־נִים opener
פּוֹתַחַת, נ׳, ר׳, ־תְחוֹת master key
פָּז, ז׳ fine gold
פָּזָה, פ״ע to be gold-plated
פָּזוּי, ת״ז, פְּזוּיָה, ת״נ gold-plated
פִּזּוּל, ז׳, פְּזִילָה, נ׳ squinting
פִּזּוּם, ז׳ humming
פָּזוּר, ת״ז, פְּזוּרָה, ת״נ scattered, dispersed
פִּזּוּר, ז׳ dispersion, scattering
פִּזּוּר־נֶפֶשׁ distraction
פָּזַז, פ״ע to be agile, quick
פִּזֵּז, פ״ע to leap, jump, dance
הֵפֵז, פ״י to gild
הוּפַז, פ״ע to be refined, gold-plated
פָּזִיז, ת״ז, פְּזִיזָה, ת״נ rash, hasty
פְּזִיזוּת, נ׳ impetuousness, rashness
פְּזִילָה, נ׳, פִּזּוּל, ז׳, ר׳, ־לוֹת squinting
פָּזַל, פ״ע to squint
פַּזְלָן, ז׳, ר׳, ־נִים squinter
פִּזֵּם, פ״י to sing a refrain; to hum
פִּזְמוֹן, ז׳, ר׳, ־נִים, ־נוֹת song, psalm; refrain
פֻּזְמָק, פּוּזְמָק, ז׳, ר׳, ־מְקָאוֹת stocking
פִּזֵּר, פ״י to disperse, scatter; to squander
פַּזְרָן, ז׳, ר׳, ־נִים spendthrift, liberal
פַּזְרָנוּת, נ׳ extravagance, liberality, squandering
פַּח, ז׳, ר׳, ־חִים trap, snare; plate of metal, tinware

(פָּח) פְּחִי־נֶפֶשׁ, ז׳ disappointment
פָּחַד, פ״ע to fear, be frightened
פַּחַד, ז׳, פַּחְדָּה, נ׳, ר׳, פְּחָדִים, ־דוֹת fear, awe, dread
פַּחְדָן, ת״ז, ־נִית, ת״נ afraid, timorous
פַּחְדָנִי, ת״ז, ־נִית, ת״נ fearful, scared
פֶּחָה, ז׳, ר׳, פַּחוֹת, פַּחֲווֹת governor, pasha
פָּחוּס, ת״ז, פְּחוּסָה, ת״נ flat, level
פָּחוֹת, תה״פ less
פָּחוּת, פָּחוֹת, ת״ז, פְּחוּתָה, ־חוֹתָה, ת״נ less, minus; inferior
פִּחוּת, ז׳ reduction, lessening; devaluation; wear and tear
פָּחַז, פ״ע to be reckless, wanton
פַּחַז, ז׳, פַּחֲזוּת, נ׳ recklessness, wantonness
[פחח] הֵפַח, פ״י to ensnare
פֶּחָח, ז׳, ר׳, ־חִים tinsmith
פְּחִיסָה, נ׳, ר׳, ־סוֹת crushing; flattening
פַּחִית, נ׳, ר׳, ־יוֹת tin can
פְּחִיתָה, נ׳, ר׳, ־תוֹת lessening, loss
פְּחִיתוּת, נ׳ diminution; disparagement
פַּחְלוּץ, ז׳ taxidermy
פִּחֵם, פ״י to blacken (with charcoal); to produce coal
הִתְפַּחֵם, פ״ע to be electrocuted
פֶּחָם, ז׳, ר׳, ־מִים coal, charcoal
פִּחְמוּן, ז׳ carbonization
פֶּחָמִי, ז׳, ר׳, ־מִים charcoal-burner; blacksmith
פַּחְמֵימָה, נ׳, ר׳, ־מוֹת carbohydrate
פַּחְמֵימָן, ז׳, ר׳, ־נִים carburetant
פַּחְמָן, ז׳ carbon
פָּחַס, פ״י to batter, beat out of shape
פָּחַת, פעו״י to lessen, diminish

פַּחַת, זו"נ, ר', פְּחָתִים pit, cavity

פְּחָת, ז', ר', ־תִים diminution, depreciation

פְּחֶתֶת, נ' diminution; decay; trap

פִּטְדָה, נ', ר', פְּטָדוֹת topaz, precious stone

פְּטוֹטֶרֶת, נ', ר', ־טָרוֹת stalk, stem

פָּטוּם, ת"ז, פְּטוּמָה, ת"נ fattened, stuffed, stout

פִּטּוּם, ז', ר', ־מִים compounding; stuffing

פָּטוּר, ת"ז, פְּטוּרָה, ת"נ free, acquitted, guiltless

פְּטוּר, ז' discharge, exemption, acquittal

פִּטֵּט, פ"י to chatter

פְּטִירָה, נ', ר', ־רוֹת departure; decease

פַּטִּישׁ, ז', ר', ־שִׁים hammer

פֶּטֶל, ז', ר', פְּטָלִים raspberry

פִּטֵּם, פ"י to fatten, stuff; to compound spices

פִּטְמָה, נ', ר', פְּטָמוֹת protuberance (on fruit); nipple

פִּטְפּוּט, ז', ר', ־טִים chattering, idle talk

פִּטְפֵּט, פ"ע, ע' [פטט] to chatter, babble

פַּטְפְּטָן, ז', ר', ־נִים driveler, chatterer

פַּטְפְּטָנוּת, נ' babble, chatter; garrulity

פָּטַר, פעו"י to send off, dismiss; to set free

פִּטֵּר, פ"י to dismiss

הִפְטִיר, פ"י to conclude

הִתְפַּטֵּר, פ"ח to resign, quit

פֶּטֶר, ז', פִּטְרָה, נ', ר', פְּטָרִים, first-born

פִּטְרִיָּה, נ', ר', ־יּוֹת mushroom

פָּטַשׁ, פ"י to hammer out

פִּיד, ז', ר', ־דִים misfortune, disaster

פִּיָּה, נ', ר', ־יּוֹת mouthpiece

פִּיּוּט, פַּיִט, ז', ר', ־טִים poetry, religious poem

פִּיּוּטִי, ת"ז, ־טִית, ת"נ poetical

פִּיּוּס, ז', ר', ־סִים conciliation, appeasement

פִּיחַ, ז' soot, dust

פִּיֵּחַ, פ"י to paint black

פִּיֵּט, פ"י to write poetry

פַּיְּטָן, ז', ר', ־נִים poet, religious poet

פִּיל, ז', ר', ־לִים elephant

פִּילֶגֶשׁ, נ', ר', ־לַגְשִׁים concubine

פִּילוֹסוֹף, פִּילוֹסוֹפוֹס, ז', ר', ־פִים philosopher

פִּילוֹסוֹפְיָה, נ', ר', ־יוֹת philosophy

פִּימָה, נ', ר', ־מוֹת fat; double chin

פִּין, ז', ר', ־נִים key bit

פִּיֵּס, פ"י to pacify, appease

פַּיִס, ז', ר', פְּיָסוֹת, ־סִים lot

פַּיְסָן, ז', ר', ־נִים appeaser

פַּיְסָנוּת, נ' appeasement

פִּיף, ז', ר', ־פִים fringe

פִּיפִיָּה, נ', ר', ־יוֹת edge of sword; tooth, prong (harrow)

פִּיק, ז' tottering

פִּיקָה, פִּקָּה, נ', ר', ־קוֹת stopper, cork; cap (of shell)

פִּיר, ז', ר', ־רִים ditch

פֵּירוּד, פֵּרוּד, ז', ר', ־דִים separation, farewell

פֵּירוּט, פֵּרוּט, ז', ר', ־טִים changing money; detailing

פֵּירוּק, פֵּרוּק, ז', ר', ־קִים taking apart, breaking up; unloading

פֵּירוּר, פֵּרוּר, ז׳, ר׳, ־רִים crumb, fragment

פִּירְכָה, פִּרְכָה, נ׳, ר׳, ־כוֹת refutation, objection

פִּיתוֹם, ז׳, ר׳, ־מִים ventriloquist

פַּךְ, ז׳, ר׳, ־כִּים flask, vial

פִּכָּה, פעו״י to trickle; to make flow

פִּכַּח, פ״י to make sober

פִּכֵּחַ, ת״ז, ־כַּחַת, ת״נ sober

פִּכְּחוּת, נ׳ sobriety

פַּכְסָם, ז׳, ר׳, ־מִים cracker

פִּכְפּוּךְ, ז׳, ר׳, ־כִים dripping

פִּכְפֵּךְ, פ״ע to drip, ooze

פָּכַר, פ״י to break, split

[פלא] נִפְלָא, פ״ע to be wonderful, marvelous; to be difficult

פִּלֵּא, פ״י to fulfill, pay

הִתְפַּלֵּא, פ״ח to be surprised; to wonder

פֶּלֶא, ז׳, ר׳, פְּלָאִים, ־אוֹת marvel, wonder

פְּלָאִי, פֶּלִי, פְּלִי, ת״ז, פִּלְאִית, פֶּלִית, ת״נ wonderful; mysterious, incomprehensible

פִּלֵּג, פ״י to divide

הִפְלִיג, פ״י to depart, embark, sail; to exaggerate

פֶּלֶג, פְּלַג, ז׳, ר׳, פְּלָגִים stream, channel; part; faction

פְּלַגָּה, נ׳, ר׳, ־גּוֹת division; group; stream

פְּלֻגָּה, פְּלוּגָה, נ׳, ר׳, ־גּוֹת group; division

פַּלְגָן, ז׳, ר׳, ־נִים disputer, controversialist

פְּלָד, ז׳, פְּלָדָה, נ׳, ר׳, ־דוֹת steel

פָּלָה, פ״י to search for vermin

נִפְלָה, פ״ע to be distinct, different

פְּלוּג, ז׳, ר׳, ־גִים division, separation

פְּלוּגָה, פְּלֻגָּה, נ׳, ר׳, ־גּוֹת division; group

פְּלוּגְתָּא, פְּלֻגְתָּא, נ׳, ר׳, ־תּוֹת controversy, discussion

פְּלוּחַ, ז׳, ר׳, ־חִים split, splitting

פְּלוֹנִי, ת״ז, ־נִית, ת״נ a certain so and so

פָּלַח, פ״י to split; to till; to worship

פֶּלַח, ז׳, ר׳, פְּלָחִים millstone; cleavage, slice

פֶּלַח רֶכֶב upper millstone

פֶּלַח תַּחְתִּית, פֶּלַח שֶׁכֶב lower millstone

פַּלָּח, ז׳, ר׳, ־חִים farmer, fellah

פֻּלְחָן, פּוּלְחָן, פָּלְחָן, ז׳ temple service, worship

פָּלַט, פעו״י to escape; to be saved; to vomit, discharge

הִפְלִיט, פ״י to save; to give out

פָּלֵט, ז׳, פָּלִיט, ר׳, פְּלֵטִים, ־לִיטִים fugitive, refugee

פְּלֵטָה, פְּלֵיטָה, נ׳, ר׳, ־טוֹת deliverance, escape

פֶּלִי, פִּלְאִי, פְּלִי, ת״ז, פֶּלִית, פִּלְאִית, ת״נ wonderful; incomprehensible

פְּלִיאָה, נ׳, ר׳, ־אוֹת wonderment; miracle

פְּלִיגָה, נ׳, ר׳, ־גוֹת argument, discussion, debate, controversy

פְּלִיחָה, נ׳, ר׳, ־חוֹת plowing

פָּלִיט, פָּלֵט, ז׳, ר׳, פְּלִיטִים, ־לֵטִים fugitive, refugee

פָּלִיל, ז׳, ר׳, פְּלִילִים judge

פְּלִילָה, פְּלִילִיָּה, נ׳, ר׳, ־לוֹת, ־יּוֹת verdict, sentence

פְּלִילִי, ת״ז, ־לִית, ת״נ criminal

פְּלִישָׁה, נ׳, ר׳, ־שׁוֹת — occupation, invasion

פֶּלֶךְ, ז׳, ר׳, פְּלָכִים — district; spindle, distaff

פִּלֵּל, פ״י — to think, judge; to intercede

הִתְפַּלֵּל, פ״ח — to pray

פַּלְמוֹנִי, ז׳, ר׳, ־נִים — a certain one, so and so

פֻּלְמוּס, פּוּלְמוּס, ז׳, ר׳, ־סִים — polemic argument, dispute

[פלמס] הִתְפַּלְמֵס, פ״ח — to dispute

פִּלֵּס, פ״י — to balance; to make level, straight

פֶּלֶס, ז׳, ר׳, פְּלָסִים — scale, balance

[פלסף] הִתְפַּלְסֵף, פ״ח — to philosophize

פַּלַסְתֵּר, פַּלַסְטֵר, ז׳ — fraud, forgery

פִּלְפּוּל, ז׳, ר׳, ־לִים — debate, argumentation

פִּלְפֵּל, ז׳, ר׳, ־פְּלִים — pepper

פִּלְפֵּל, פעו״י — to search; to argue, debate; to pepper

פַּלְפְּלָן, פִּלְפְּלָן, ז׳, ר׳, ־נִים — debater

פִּלְפֶּלֶת, נ׳, ר׳, ־פָּלוֹת — grain of pepper; pepper

[פלץ] הִתְפַּלֵּץ, פ״ח — to shake, shudder

פְּלָצוּר, ז׳, ר׳, ־רִים — lasso

פַּלָּצוּת, נ׳ — shuddering

פָּלַשׁ, פ״ע — to trespass; to penetrate; to invade

הִתְפַּלֵּשׁ, פ״ח — to roll in

פְּלִשְׁתִּי, ת״ז, ־תִּית, ת״נ — Philistine

פֻּמְבִּי, פּוּמְבִּי, ת״ז, ־בִּית, ת״נ — open, public

בְּפֻמְבִּי, תה״פ — publicly, openly

פָּמוֹט, ז׳, ר׳, ־טוֹת — candlestick

פֻּמְפִּיָּה, נ׳, ר׳, ־יּוֹת — grater

פָּן, פ״ע, ע׳ [פון] — to doubt, hesitate

פֶּן, מ״ח — lest

פְּנַאי, פְּנַי, ז׳ — leisure

פַּנַּג, ז׳ — pastry, honey cake

פֻּנְדָּק, פּוּנְדָּק, ז׳, ר׳, ־קִים, ־דְּקָאוֹת — inn

פֻּנְדְּקַאי, פֻּנְדָּקִי, פּוּנְדְּקַאי, פּוּנְדָּקִי, ז׳, ר׳, ־קָאִים, ־קִים — innkeeper

פָּנָה, פ״ע — to turn, turn from

פִּנָּה, פ״י — to remove; to empty

פִּנָּה, נ׳, ר׳, ־נּוֹת — corner

פָּנוּי, ת״ז, פְּנוּיָה, ת״נ — empty, disengaged; unoccupied; unmarried

פִּנּוּי, ז׳, ר׳, ־יִים — emptying, clearing

פִּנּוּק, ז׳, ר׳, ־קִים — spoiling, pampering

פְּנַי, פְּנַאי, ז׳ — leisure time

פְּנִיָּה, נ׳, ר׳, ־יּוֹת — inclination; design, motive

פָּנִים, זו״ר — face, countenance; front; surface

לְפָנִים, תה״פ — formerly

מִפְּנֵי — because of

עַז פָּנִים — arrogant

פְּנֵי הַיָּם — sea level

פְּנֵי הָעִיר — notables

פְּנִים, ז׳ — interior; inside; text

פְּנִימָה, תה״פ — within

פְּנִימִי, ת״ז, ־מִית, ת״נ — interior, inner

פְּנִימִיָּה, נ׳, ר׳, ־יּוֹת — dormitory

פְּנִינָה, נ׳, ר׳, ־נִים — pearl

פְּנִינִיָּה, נ׳, ר׳, ־יּוֹת — guinea fowl

פָּנָס, ז׳, ר׳, פָּנָסִים — lantern, lamp

פְּנַס־כִּיס — flashlight

פְּנַס־קֶסֶם — projector (filmstrips)

פִּנֵּק, פ״י — to indulge, pamper

פִּנְקָס, ז׳, ר׳, ־סִים, ־קָסָאוֹת notebook; ledger
פִּנְקְסָן, ז׳, ר׳, ־נִים bookkeeper
פִּנְקְסָנוּת, נ׳ bookkeeping
פַּס, ז׳, ר׳, ־סִּים strip, stripe; board, track
פַּסֵּי הָרַכֶּבֶת railroad track
פִּסֵּג, פ״י to divide, branch off
פִּסְגָּה, נ׳, ר׳, פְּסָגוֹת peak; summit
[פסד] נִפְסַד, פ״ע to be spoiled; to lose
הִפְסִיד, פ״ע to lose, suffer loss
פְּסֵדָה, נ׳, ר׳, ־דוֹת loss, disadvantage
פָּסָה, פ״ע to spread, be extended
פִּסָּה, נ׳, ר׳, ־סּוֹת piece, slice; abundance
פִּסַּת (רֶגֶל) יָד sole (foot); palm (hand)
פָּסוּל, ת״ז, פְּסוּלָה, ת״נ disqualified, unfit, defective
פִּסּוּל, ז׳, ר׳, ־לִים sculpturing; chiseling; cutting
פְּסוּל, ז׳, ר׳, ־לִים disqualification; blemish, defect
פְּסוֹלֶת, פְּסֹלֶת, נ׳ worthless matter, refuse
פָּסוּק, ז׳, ר׳, פְּסוּקִים Biblical verse; sentence
פִּסּוּק, ז׳, ר׳, ־קִים cessation, interruption, pause
פָּסַח, פ״ע to pass over, leap over; to limp; to vacillate
פֶּסַח, ז׳ Passover
פִּסֵּחַ, ז׳, ר׳, ־סְחִים lame person, limper
פִּסְחוּת, נ׳ lameness, limp
פְּסִיג, ז׳, פְּסִיגָה, נ׳, ר׳, ־גִים ־גוֹת branch, sprig

פַּסְיוֹן, ז׳, ר׳, ־נִים pheasant
פְּסִיחָה, נ׳, ר׳, ־חוֹת stepping over, skipping
פָּסִיל, פֶּסֶל, ז׳, ר׳, פְּסִילִים idol, graven image; statue, bust
פְּסִיעָה, נ׳, ר׳, ־עוֹת step, walk
פְּסִיק, ז׳, ר׳, ־קִים comma
נְקוּדָה וּפְסִיק semicolon
פָּסַל, פ״י to sculpture, hew; to disqualify, reject
פִּסֵּל, פ״י to trim; to carve
פַּסָּל, ז׳, ר׳, ־לִים sculptor
פֶּסֶל, ז׳, ר׳, פְּסָלִים, פְּסִילִים idol, graven image; statue, bust
פַּסָּלוּת, נ׳ sculpturing
פְּסֹלֶת, פְּסוֹלֶת, נ׳ refuse, worthless matter
פְּסַנְתֵּר, ז׳, ר׳, ־רִים piano
פְּסַנְתְּרָן, ז׳, ר׳, ־נִים pianist
פָּסַס, פ״ע to fail; to be gone
פָּסַע, פ״ע to step, walk
פֻּסְפַּס, פ״ע to be striped
פָּסַק, פעו״י to cease, stop; to divide; to decide
הִפְסִיק, פ״י to stop, interrupt; to separate
פֶּסֶק, ז׳, ר׳, פְּסָקִים separation, detached piece, remainder
פְּסָק, ז׳, ר׳, ־קִים decision
פְּסַק דִּין judgment
פִּסְקָה, נ׳, ר׳, ־קָאוֹת, פְּסָקוֹת paragraph, section
פִּסֹּקֶת, נ׳, ר׳, ־סוֹקוֹת part (hair)
פָּעָה, פ״ע to groan, cry; to bleat
פָּעוּט, ת״ז, פְּעוּטָה, ת״נ insignificant, small, young
פָּעוֹט, ז׳, ר׳, ־טוֹת minor, child
פָּעוּל, ת״ז, פְּעוּלָה, ת״נ made, created

פְּעוּלָה, פְּעֻלָּה, נ׳, ר׳, ־לּוֹת deed, action; effect
פָּעוּר, ת״ז, פְּעוּרָה, ת״נ wide open
פְּעִיָּה, נ׳, ר׳, ־יּוֹת bleating; cry
פָּעִיל, ת״ז, פְּעִילָה, ת״נ active
פְּעִילוּת, נ׳, ר׳, ־לֻיּוֹת activity
פָּעַל, פ״י to do, make, act
הִתְפַּעֵל, פ״ח to be impressed, affected
פֹּעַל, פּוֹעַל, ז׳, ר׳, פְּעָלִים deed; act; verb
פֹּעַל יוֹצֵא, פ״י transitive verb
פֹּעַל עוֹמֵד, פ״ע intransitive verb
שֵׁם־הַפֹּעַל infinitive
פִּעֵל, ז׳ Pi'el, the active of the intensive stem of the Hebrew verb
פֻּעַל, ז׳ Pu'al, the passive of the intensive stem of the Hebrew verb
פְּעֻלָּה, פְּעוּלָה, נ׳, ר׳, ־לּוֹת deed, action; effect
פְּעַלְתָּן, ז׳, ר׳, ־נִים active person
פְּעַלְתָּנוּת, נ׳ activity
פָּעַם, פ״ע to beat; to impel
הִתְפָּעֵם, פ״ח to be troubled
פַּעַם, נ׳, ר׳, פְּעָמִים, ־מוֹת time, times; once; beat; step; foot
פַּעֲמַיִם twice
הַפַּעַם this once, this time
לִפְעָמִים sometimes
פַּעֲמוֹנִית, נ׳, ר׳, ־יּוֹת bluebell, campanula
פַּעֲמוֹן, ז׳, ר׳, ־נִים bell
פִּעְנַח, פִּעֲנֵחַ, פ״י to decipher
פִּעְפּוּעַ, ז׳, ר׳, ־עִים bubbling
פִּעְפַּע, פ״ע to crush; to pierce, penetrate; to bubble

פָּעַר, פ״י to open wide
פַּעַר, ז׳ space, gap
פָּץ, פ״ע, ע׳ [פוץ] to be dispersed, scattered
פָּצָה, פ״י to open mouth; to deliver, set free
פִּצָּה, פ״י to compensate, indemnify
פִּצּוּי, ז׳, ר׳, ־יִּים compensation, appeasement
פִּצּוּל, ז׳, ר׳, ־לִים peeling; dividing, splitting
פָּצוּעַ, ת״ז, פְּצוּעָה, ת״נ wounded
פִּצּוּץ, ז׳ blowing up, exploding
פָּצַח, פִּצַּח, פ״י to burst, open; to shout; to crack (nuts)
פְּצִיעָה, נ׳, ר׳, ־עוֹת cracking, splitting
פְּצִירָה, נ׳, ר׳, ־רוֹת file, filing
פִּצֵּל, פ״י to divide; to peel
הִפְצִיל, פ״י to branch off; to split
פְּצָלָה, פִּצְלָה, נ׳, ר׳, ־לוֹת peeled spot; stripe
פַּצֶּלֶת, נ׳, ר׳, ־צָּלוֹת silica, silicate
פָּצַם, פ״י to split open
פָּצַע, פ״י to wound, bruise; to crack, split
פֶּצַע, ז׳, ר׳, פְּצָעִים bruise, wound
פִּצְפֵּץ, פ״י to shatter, dash to pieces
[פצץ] פּוֹצֵץ, פ״י to split, break into pieces, explode, detonate
הִתְפּוֹצֵץ, פ״ע to be shattered, burst, exploded
פְּצָצָה, נ׳, ר׳, ־צוֹת bomb
פָּצַר, פ״ע to press, urge
הִפְצִיר, פ״ע to be stubborn; to urge

פָּק, פ"ע, ע' [פוק] to reel, totter
פָּקַד, פ"י to command; to muster, number; to appoint, assign; to remember; to visit
פִּקֵּד, פ"י to muster
הִתְפַּקֵּד, פ"ח to be mustered
פְּקֻדָּה, פְּקוּדָּה, נ', ר', ־דּוֹת order, command; duty, function
פִּקָּדוֹן, ז', ר', ־קְדוֹנוֹת deposit
פְּקָק, פִּיקָה, נ', ר', ־קוֹת stopper, cork; cap (of shell)
פִּקָּה שֶׁל גַּרְגֶּרֶת Adam's apple
פִּקּוּד, ז' command
פְּקוּדָּה, פְּקֻדָּה, נ', ר', ־דּוֹת order, command; duty, function
פִּקּוּחַ, ז' supervision; control
פִּקּוּחַ־נֶפֶשׁ saving of life
פָּקוּחַ, ת"ז, פְּקוּחָה, ת"נ open
פָּקוּעַ, ת"ז, פְּקוּעָה, ת"נ split
פַּקּוּעָה, נ', ר', ־עוֹת gourd
פָּקוּק, ת"ז, פְּקוּקָה, ת"נ corked, stopped
פָּקַח, פ"י to open (eyes, ears)
פִּקַּח, פ"י to watch, guard
פִּקֵּחַ, ז', ר', פִּקְחִים clever, smart; seeing; hearing
פִּקְחוּת, נ' prudence, shrewdness, cleverness
פִּקְחִי, ת"ז, ־חִית, ת"נ shrewd, clever
פְּקַח־קוֹחַ, ז' redemption, deliverance
פָּקִיד, ז', ר', פְּקִידִים officer, official; white-collar worker
פְּקִידָה, נ', ר', ־דוֹת examination; remembrance
פְּקִידוּת, נ', ר', ־דְיוֹת officialdom; superintendence
פְּקִיעַ, ז', ר', ־עִים bundle, bunch (of sheaves)
פִּקֵּל, פ"י to peel onions
פָּקַם, פ"י to perforate, split; to bridle, govern
פָּקַע, פ"ע to burst, split; to be canceled
הִפְקִיעַ, פ"י to split; to unravel, to break open; to cancel; to release; to expropriate
הִפְקִיעַ אֶת הַמְּחִיר, הַשַּׁעַר to raise prices arbitrarily, unsettle the market
פֶּקַע, ז', ר', פְּקָעִים crack, splinter, piece
פְּקַעַת, נ', ר', ־קָעוֹת, ־קָעִיּוֹת coil, ball of thread; bulb, tuber
פִּקְפּוּק, ז', ר', ־קִים doubt, hesitation
פִּקְפֵּק, פ"י to doubt, hesitate
פַּקְפְּקָנוּת, נ' scepticism; vacillation
פָּקַק, פ"י to cork, stop up
הִתְפַּקֵּק, פ"ע to be loosened, shaken
פְּקָק, פֶּקֶק, ז', ר', פְּקָקִים cork, stopper
פַּקֶּקֶת, נ' clot (blood), thrombosis
פָּקַר, פ"ע to be irreverent; to be sceptical; to be licentious
הִפְקִיר, פ"י to renounce ownership, declare free
פַּר, ז', ר', פָּרִים bull
[פרא] הִפְרִיא, פ"י to be fruitful
פֶּרֶא, ז', ר', פְּרָאִים wild ass; savage
פֶּרֶא אָדָם wild man, savage
פְּרָאוּת, נ' wildness
פִּרְאִי, ת"ז, ־אִית, ת"נ wild, barbaric
פַּרְבָּר, פַּרְוָר, ז', ר', ־רִים suburb
פָּרַג, הִפְרִיג, פ"י to sprout, germinate
פָּרָג, פֶּרֶג, ז', ר', פְּרָגִים poppy
פַּרְגּוֹד, ז', ר', ־דִים curtain

פַּרְגּוֹל, ז׳, ר׳, ־לִים whip
פִּרְגּוּל, ז׳, ר׳, ־לִים whipping
פַּרְגִּית, נ׳, ר׳, ־יוֹת chick
פִּרְגֵּל, פ״י to whip
פָּרַד, פ״י to separate, divide, divorce
הִתְפָּרֵד, פ״ח to be separated from each other, scattered
פֶּרֶד, ז׳, פִּרְדָּה, נ׳, ר׳, פְּרָדִים ־דוֹת mule
פְּרֻדָּה, פְּרוּדָה, נ׳, ר׳, ־דוֹת molecule, particle; atom
פְּרָדִי, ת״ז, ־דִית, ת״נ atomic
פְּרֵדָה, נ׳, ר׳, ־דוֹת farewell
פַּרְדֵּס, ז׳, ר׳, ־סִים orchard; orange grove
פַּרְדְּסָן, ז׳, ר׳, ־נִים orange-grower
פַּרְדְּסָנוּת, נ׳ citriculture
פָּרָה, פ״ע to be fruitful, fertile; to bear fruit
הִפְרָה, פ״י to bear fruit, fertilize
פָּרָה, נ׳, ר׳, ־רוֹת cow
פַּרְהֶסְיָה, פַּרְהֶסְיָא, נ׳ public
בְּפַרְהֶסְיָה, תה״פ publicly
פֵּרוּד, פֵּירוּד, ז׳, ר׳, ־דִים separation, farewell
פָּרוּד, ת״ז, פְּרוּדָה, ת״נ separate, apart
פְּרוּדָה, פְּרֻדָּה, נ׳, ר׳, ־דוֹת molecule, particle
פַּרְוָה, נ׳, ר׳, ־ווֹת skin, fur
פָּרוּז, ת״ז, פְּרוּזָה, ת״נ unfortified, open
פֵּרוּז, ז׳ demilitarization
פְּרוֹזְדוֹר, ז׳, ר׳, ־רִים vestibule, corridor
פֵּרוּט, פֵּירוּט, ז׳, ר׳, ־טִים changing (money); detailing

פְּרוּטָה, נ׳, ר׳, ־טוֹת small coin; change
פְּרוּטְרוּט, ז׳, ר׳, ־טִים small change; fraction
בִּפְרוּטְרוּט, תה״פ in detail
פָּרוּךְ, ת״ז, פְּרוּכָה, ת״נ broken
פַּרְוָן, ז׳, ר׳, ־נִים furrier
פָּרוּס, ת״ז, פְּרוּסָה, ת״נ spread
פְּרוּסָה, נ׳, ר׳, ־סוֹת piece of bread, slice
פָּרוּעַ, ת״ז, פְּרוּעָה, ת״נ wild; unrestrained, disorderly; bareheaded; paid
פָּרוּף, ת״ז, פְּרוּפָה, ת״נ buttoned; clasped
פָּרוּץ, ת״ז, פְּרוּצָה, ת״נ broken; dissolute; immodest
פֵּרוּק, פֵּירוּק, ז׳, ר׳, ־קִים taking apart, breaking up; dissolution; unloading
פָּרוּר, ז׳, ר׳, ־רִים pot
פַּרְוָר, פַּרְבָּר, ז׳, ר׳, ־רִים suburb
פֵּרוּר, פֵּירוּר, ז׳, ר׳, ־רִים crumb, fragment
פָּרוּשׁ, ת״ז, פְּרוּשָׁה, ת״נ; ז׳ abstinent; ascetic; celibate; Pharisee; finch
פָּרוּשׂ, ת״ז, פְּרוּשָׂה, ת״נ spread
פֵּרוּשׁ, פֵּירוּשׁ, ז׳, ר׳, ־שִׁים explanation, commentary; exegesis
בְּפֵרוּשׁ, תה״פ explicitly
פֵּרַז, פ״י to declare neutral, open, demilitarize
הִפְרִיז, פ״י to exaggerate
פְּרָז, פֶּרֶז, ז׳, ר׳, פְּרָזִים lay, undisciplined ruler
פְּרָזָה, נ׳, ר׳, פְּרָזוֹת unwalled village, town
פְּרָזוֹן, ז׳ unfortified region

פְּרָזוֹת, תה"פ open; unfortified
פְּרָזִי, ת"ז, ־זִית, ת"נ unwalled, unfortified
פְּרְזֵל, פ"י to shoe horses
פָּרַח, פ"ע to bud, blossom, flower; to fly; to break out; to spread (sore)
פֶּרַח, ז', ר', פְּרָחִים flower, bud, blossom; flower-shaped ornament; youth; cadet; trainee
פִּרְחֵי כְּהֻנָּה young priests
פִּרְחָח, ז', ר', ־חִים youth, whippersnapper
פָּרַט, פ"י to play a stringed instrument; to change money; to specify
פֶּרֶט, ז' single grapes; change (money)
פְּרָט, ז', ר', ־טִים detail, specification
בִּפְרָט, תה"פ especially, particularly
פְּרָטוּת, נ' detailing
בִּפְרָטוּת, תה"פ details; in detail
פְּרָטִי, ת"ז, ־טִית, ת"נ private; single, separate
שֵׁם פְּרָטִי first name
שֵׁם עֶצֶם פְּרָטִי proper noun
פְּרִי, פֶּרִי, ז', ר', פֵּרוֹת produce, fruit; profit
פְּרִי בֶטֶן progeny
פְּרִי עֵט literary productivity
פְּרִיד, ז', ר', פְּרָדִים atom
פְּרִידָה, נ', ר', ־דוֹת farewell; particle; dove, pigeon
פִּרְיָה, פְּרִיָּה, נ', ר', ־יוֹת, ־יוֹת fertility, fruitfulness
פִּרְיוֹן, ז' productivity
פְּרִיחָה, נ', ר', ־חוֹת fruition; blossoming; eruption; flight

פְּרִיטָה, נ', ר', ־טוֹת changing money; small change
פָּרִיךְ, ת"ז, פְּרִיכָה, ת"נ fragile, brittle
פְּרִיכָה, נ', ר', ־כוֹת cracking, crushing, breaking
פְּרִימָה, נ', ר', ־מוֹת tearing, rending of garments
פְּרִיסָה, נ', ר', ־סוֹת slicing; spreading
פְּרִיסַת שָׁלוֹם regards
פְּרִיעָה, נ', ר', ־עוֹת letting the hair grow in neglect; paying a debt; disturbance
פְּרִיעוּת, נ' roguery
פְּרִיפָה, נ', ר', ־פוֹת clasp, fastening, pin
פָּרִיץ, ז', ר', פָּרִיצִים, פְּרִיצִים vicious, violent man; nobleman, prince
פְּרִיץ, ז', ר', ־צִים wild, vicious man
פְּרִיץ־חַיּוֹת beast of prey
פְּרִיצָה, נ', ר', ־צוֹת breach; breaking in
פְּרִיצוּת, נ' obscenity, licentiousness
פָּרִיק, ת"ז, פְּרִיקָה, ת"נ detachable, removable
פְּרִיקָה, נ', ר', ־קוֹת unloading; breaking up
פָּרִישׂ, ת"ז, פְּרִישָׂה, ת"נ spread, stretched
פְּרִישָׂה, נ', ר', ־שׂוֹת spreading, stretching
פְּרִישָׁה, נ', ר', ־שׁוֹת separation,
פְּרִישׁוּת, נ' abstinence; celibacy; piety; restriction
פָּרַךְ, פ"י to split; to crush, grind, demolish
פֶּרֶךְ, ז' rigor, harshness; tyranny

עֲבוֹדַת־פֶּרֶךְ hard labor, drudgery

פִּרְכָּה, פִּרְכָא, נ׳, ר׳, ־כוֹת refutation, objection

פִּרְכּוּס, ז׳, ר׳, ־סִים painting, beautifying; jerking, struggling

פִּרְכֵּס, פ״י to beautify, apply make-up; to jerk, struggle

פָּרֹכֶת, נ׳, ר׳, פָּרוֹכוֹת, פָּרוֹכִיּוֹת curtain

פָּרַם, פ״י to tear, rend (garment)

פִּרְנוּק, ז׳ pampering, spoiling

פַּרְנָס, ז׳, ר׳, ־סִים provider; manager; leader (of a community)

פַּרְנֵס, פ״י to provide, support, maintain

הִתְפַּרְנֵס, פ״ח to support oneself

פַּרְנָסָה, נ׳, ר׳, ־סוֹת livelihood; maintenance, sustenance

פָּרַס, פ״י to break in two, split; to slice; to spread

הִפְרִיס, פ״י to part the hoof; to have parted hoofs

פֶּרֶס, ז׳, ר׳, פְּרָסִים osprey

פְּרָס, ז׳, ר׳, ־סִים prize; gift; coin; half a loaf

פַּרְסָה, נ׳, ר׳, ־סוֹת hoof; horseshoe

פַּרְסָה, נ׳, ר׳, ־סָאוֹת Persian mile

פִּרְסוּם, ז׳, ר׳, ־מִים publicity; publication

פַּרְסִי, ת״ז, ־סִית, ת״נ Persian

פִּרְסֵם, פ״י to publicize, publish

פִּרְסֹמֶת, נ׳, ־סוֹמוֹת publicity

פָּרַע, פ״י to neglect, disarrange; to uncover; to punish; to plunder; to pay a debt

הִפְרִיעַ, פ״י to cause disorder; to disturb

פֶּרַע, ז׳, ר׳, פְּרָעוֹת hair, unruly hair; thicket

פְּרָעָה, נ׳, ר׳, ־עוֹת riot, pogrom

פֵּרָעוֹן, ז׳, ר׳, פִּרְעוֹנוֹת payment of debt

פַּרְעוֹשׁ, ז׳, ר׳, ־שִׁים flea

פֻּרְעָנוּת, פּוּרְעָנוּת, נ׳, ר׳, ־נִיּוֹת punishment, retribution

פָּרַף, פ״י to button, clasp

פִּרְפּוּר, ז׳, ר׳, ־רִים struggling, twitching, jerking

פִּרְפֵּר, פעו״י to move convulsively, struggle

פַּרְפַּר, ז׳, ר׳, ־פָּרִים butterfly

פַּרְפֶּרֶת, נ׳, ר׳, ־פְּרָאוֹת hors d'oeuvre

פָּרַץ, פעו״י to burst, break through; to press, urge

פֶּרֶץ, ז׳, פִּרְצָה, נ׳, ר׳, פְּרָצִים, ־צוֹת break; breach; opening

פַּרְצוּף, ז׳, ר׳, ־פִים face, features; parvenu

דּוּ־פַּרְצוּפִי, ת״ז two-faced, hypocritical

פָּרַק, פ״י to unload; to untie, loosen; to free, save

פֵּרַק, פ״י to sever, break; to unload; to remove

הִתְפָּרֵק, פ״ח to be dismembered; disassembled

פֶּרֶק, ז׳, ר׳, פְּרָקִים chapter; joint; period; crossroad; adolescence, puberty

לִפְרָקִים, תה״פ sometimes

רָאשֵׁי פְּרָקִים synopsis, résumé

הִגִּיעַ לְפִרְקוֹ to attain puberty

פִּרְקָה, נ׳, ר׳, פְּרָקוֹת division (*mil.*)

פִּרְקֵד, פ״י to turn on back

פְּרַקְדָּן, ת״ז, תה״פ, ־נִית, ת״נ supine

פְּרַקְלִיט, ז׳, ר׳, ־טִים defense attorney
פְּרַקְמַטְיָה, נ׳ business; goods
פֻּרְקָן, פּוּרְקָן, ז׳ redemption money; redemption; outlet
פֵּרֵר, פ״י to break into crumbs
הֵפֵר, פ״י to destroy; to violate; to make void
הֵפֵר שְׁבִיתָה to break a strike
פָּרַשׂ, פ״י to spread, spread out
פֵּרֵשׂ, פ״י to scatter
פָּרַשׁ, פעו״י to separate; to depart; to make clear; to specify
פֵּרֵשׁ, פ״י to clarify; to explain, interpret
הִפְרִישׁ, פ״י to dedicate; to separate, set aside
פָּרָשׁ, ז׳, ר׳, ־שִׁים horseman, knight (chess)
פֶּרֶשׁ, ז׳ excrement, dung
פַּרְשֶׁגֶן, פַּתְשֶׁגֶן, ז׳ copy, text; abstract
פַּרְשְׁדוֹן, ז׳ emergency exit; passage
פָּרָשָׁה, נ׳, ר׳, ־שׁוֹת, שִׁיּוֹת section; division; chapter (book)
פָּרָשַׁת־דְּרָכִים crossroad
פַּרְשָׁן, ז׳, ר׳, ־נִים commentator, exegete
פַּרְשָׁנוּת, נ׳ exegesis
פָּרַת, פ״י to belittle; to have no respect for
פָּרַת־מֹשֶׁה־רַבֵּנוּ, נ׳, ר׳, פָּרוֹת־מֹשֶׁה־רַבֵּנוּ beetle, lady bug
פַּרְתֵּם, ז׳, ר׳, ־מִים elder, leader
פָּשׁ, פ״ע, ע׳ [פוש] to spring about; to rest
פַּשׁ, ז׳ haughtiness; deficiency
פָּשָׂה, פ״ע to spread out
פָּשׁוּט, ת״ז, פְּשׁוּטָה, ת״נ simple, plain, straight

פִּשּׁוּט, פֶּשֶׁט, ז׳ simplification; straightening
פִּשּׁוּר, ז׳, ר׳, ־רִים coming to terms, solution, compromise
פָּשַׁח, פ״י to split, tear off, strip
פִּשַּׁח, פ״י to tear in pieces
פָּשַׁט, פעו״י to take off, remove; to stretch, spread; to straighten
פָּשַׁט רֶגֶל to go bankrupt
פִּשֵּׁט, פ״י to simplify; to strip; to stretch
הִפְשִׁיט, פ״י to strip, flay
הִתְפַּשֵּׁט, פ״ח to undress; to be spread
פֶּשֶׁט, פִּשּׁוּט, ז׳ simplification
פְּשָׁט, ז׳, ר׳, ־טוֹת, ־טִים plain, simple meaning
פַּשְׁטוּת, נ׳ simplicity
פַּשְׁטִידָה, נ׳, ר׳, ־דוֹת pudding
פַּשְׁטָן, ז׳, ר׳, ־נִים straightforward speaker
פְּשִׁיטָה, נ׳ undressing; stretching forth
פְּשִׁיטַת רֶגֶל bankruptcy
פְּשִׁיעָה, נ׳, ר׳, ־עוֹת trespass; offense; crime, negligence
פְּשִׁירָה, נ׳, ר׳, ־רוֹת cooling
[פשל] הִפְשִׁיל, פ״י to knot and fasten; to roll up
פָּשַׁע, פ״ע to transgress, revolt, rebel; to neglect
פֶּשַׁע, ז׳, ר׳, פְּשָׁעִים guilt, transgression
פָּשַׂע, פ״ע to step, march
פֶּשַׂע, ז׳, ר׳, פְּשָׂעִים step
פִּשְׁפּוּשׁ, ז׳ search; investigation
פִּשְׁפֵּשׁ, ז׳, ר׳, ־פְּשִׁים bug
פִּשְׁפֵּשׁ־הַמִּטָּה bed bug

פִּשְׁפָּשׁ, ז׳, ר׳, ־שִׁים — wicket, small gate, door
פִּשְׁפֵּשׁ, פ״י — to examine, investigate, search
פָּשַׂק, פ״י — to open wide
פָּשַׁר, פ״ע — to melt; to be lukewarm
פִּשֵּׁר, פ״י — to compromise, arbitrate
הִתְפַּשֵּׁר, פ״ח — to be settled
פֵּשֶׁר, ז׳ — interpretation, solution
פְּשָׁרָה, נ׳, ר׳, ־רוֹת — compromise, settlement
פַּשְׁרָן, ז׳, ר׳, ־נִים — compromiser, conciliator
פִּשְׁתָּה, נ׳, פִּשְׁתָּן, ז׳, ר׳, ־נִים — flax, linen
פִּשְׁתָּנִי, ז׳, ר׳, ־נִים — flax worker, dealer in flax
פַּת, נ׳, ר׳, פִּתִּים — piece of bread, bread
פַּת שַׁחֲרִית — breakfast
פִּתְאֹם, תה״פ — suddenly
פִּתְאֹמִי, ת״ז, ־מִית, ת״נ — sudden
פַּתְבַּג, פַּת־בַּג, ז׳ — hors d'oeuvre, tidbits
פִּתְגָּם, ז׳ ר׳, ־מִים — saying; edict, decree
פָּתָה, פעו״י — to be foolish; to open wide
פִּתָּה, פ״י — to persuade, seduce
פָּתוּחַ, ת״ז, פְּתוּחָה, ת״נ — open
פִּתּוּחַ, ז׳ — engraving; development
פִּתּוּי, ז׳, ר׳, ־יִים — seduction, persuasion
פִּתּוּךְ, ז׳ — mixture, blend
פָּתוּךְ, ת״ז, פְּתוּכָה, ת״נ — mixed, blended
פִּתּוּל, ז׳, ר׳, ־לִים — twisting, winding
פָּתוֹת, ז׳, ר׳, פְּתוֹתִים — fragment(s), crumb(s)

פָּתַח, פ״י — to open; to begin
פִּתַּח, פ״י — to develop; to loose, loosen
פֶּתַח, ז׳, ר׳, פְּתָחִים — opening, entrance, doorway
פֵּתַח, ז׳ — opening
פֶּתַח־דָּבָר — prologue
פָּתָח, פַּתַח, ז׳, ר׳, פַּתָּחִין — Patach, name of Hebrew vowel: "ַ" ("a" as in "father")
פִּתְחוֹן, ז׳ — opening
פִּתְחוֹן פֶּה — pretext, excuse
פֶּתִי, ז׳, פְּתַיָּה, נ׳, ר׳, פְּתָאִים, פְּתָיִים, פְּתַיּוֹת — fool; simple-minded person
פְּתִיגִיל, ז׳ — beautiful dress
פִּתָּיוֹן, ז׳, ר׳, ־תְיוֹנִים — decoy
פְּתַיּוּת, נ׳ — foolishness
פְּתִיחָה, נ׳, ר׳, ־חוֹת — opening; beginning, introduction
פְּתִיכָה, נ׳ — mixing colors
פָּתִיל, ת״ז, פְּתִילָה, ת״נ — twisted, tied up
פְּתִיל, ז׳, ר׳, ־לִים — cord, thread
פְּתִילָה, נ׳, ר׳, ־לוֹת — wick, twisted cord; suppository
פְּתִירָה, נ׳ — solution, unraveling
פְּתִית, ז׳, ר׳, פְּתִיתִים — piece, bit, crumb
פָּתַךְ, פ״י — to mix colors; to stir; to knead
פָּתַל, פ״י — to twist
הִתְפַּתֵּל, פ״ח — to deal tortuously
פְּתַלְתֹּל, ת״ז, ־תֹּלָה, ת״נ — tortuous, crooked
פֶּתֶן, ז׳, ר׳, פְּתָנִים — poisonous snake, cobra
רֹאשׁ פְּתָנִים — venom
פֶּתַע, תה״פ — suddenly

[פתע] הִפְתִּיעַ, פ״י to surprise

פֶּתֶק, פִּתָק, ז׳, פִּתְקָה, נ׳, ר׳, פְּתָקִים, ־קוֹת, פִּתְקָאוֹת note, slip (paper)

פָּתַר, פ״י to interpret, solve

פִּתְרוֹן, ז׳, ר׳, ־נִים, ־נוֹת interpretation, solution (to problem)

פַּתְשֶׁגֶן, פַּרְשֶׁגֶן ז׳ copy, text; abstract

פָּתַת, פ״י to crumble

צ, ץ

צ, ץ Sadhe, Tsadhe, eighteenth letter of Hebrew alphabet; ninety

צֵאָה, נ׳, ר׳, ־אוֹת excrement, filth

צֵאָה, פ״י to soil

צֶאֱל, צֶאֶל, ז׳, ר׳, צֶאֱלִים jujube; lotus; shade (of color)

צֹאן, נ״ר small cattle; sheep and goats

גֵּז צֹאן shorn wool

צֹאן אָדָם multitude of people

צֹאן בַּרְזֶל, נִכְסֵי צֹאן בַּרְזֶל wife's estate (held by husband)

צֶאֱצָא, ז׳, ר׳, ־אִים creature; produce; children, offspring

צָב, ז׳, ר׳, צַבִּים turtle; lizard

עֶגְלַת צָב covered wagon

צָבָא, ז׳, ר׳, צְבָאוֹת army, fighting forces, military service; warfare

אִישׁ צָבָא soldier

שַׂר צָבָא commander-in-chief

צְבָא ה׳ Israel; God's people; creatures

צְבָא הַשָּׁמַיִם host of heaven: planets, sun, moon, stars, etc.

צָבָא, פ״ע to come together; to attack in military formation; to conscript

הִצְבִּיא, פ״י to mobilize; to command

צְבָאִי, ת״ז, ־אִית, ת״נ military

צְבָאִיּוּת, נ׳ militarism

צָבֶה, ת״ז, צָבָה, ת״נ twollen, inflated

צָבָה, פ״ע so swell, become swollen; to desire

צָבוֹעַ, ז׳, ר׳, צְבוֹעִים hyena; hypocrite

צָבוּעַ, ת״ז, צְבוּעָה, ת״נ colored; hypocritical

צִבּוּר, ז׳, ר׳, ־רִים pile; community; public

צָבוּר, ת״ז, צְבוּרָה, ת״נ piled, collected

צִבּוּרִי, ת״ז, ־רִית, ת״נ common, public

צִבּוּרִיּוּת, נ׳ public affairs

צָבַט, פ״י to seize; to pinch (skin)

צְבִי, ז׳, ר׳, צְבָיִים, צְבָאִים gazelle; glory; beautiful color

צְבִיָּה, נ׳, ר׳, צְבִיּוֹת, צְבָאוֹת female gazelle; beautiful girl

צִבְיוֹן, ז׳ caprice

צְבִיטָה, נ׳, ר׳, ־טוֹת handle; pinch

צְבִיעָה, נ׳, ר׳, ־עוֹת dyeing

צְבִיעוּת, נ׳ hypocrisy

צְבִירָה, נ׳, ר׳, ־רוֹת heap, pile

צָבַע, פ״י to dye, dip

הִצְבִּיעַ, פ״י to raise the finger; to point; to vote

צַבָּע, ז׳, ר׳, ־עִים dyer; house painter

צֶבַע, ז׳, ר׳, צְבָעִים color; paint

צִבְעָן, ז׳, ר׳, ־נִים pigment

color, hue, shade צִבְעוֹן, ז׳, ר׳, ־נִים
tulip צִבְעוֹנִי, ז׳, ר׳, ־נִים
multicolored, variegated צִבְעוֹנִי, ת״ז, ־נִית, ת״נ
sneaky צִבְעִי, ת״ז, ־עִית, ת״נ
to heap up צָבַר, פ״י
cactus; aloe; native Israeli, Sabra צַבָּר, ז׳, ר׳, צַבָּרִים
pile, heap צֶבֶר, ז׳, ר׳, צְבָרִים
sheaf צֶבֶת, נ׳, ר׳, צְבָתִים
pair of tongs, pliers; tweezers צְבָת, צֶבֶת, נ׳, ר׳, צְבָתוֹת, צְבָתַיִם
to hunt, shoot צָד, פ״י, ע׳ [צוד]
side; party צַד, ז׳, ר׳, צִדִּים, צְדָדִים, ־ן
to turn sideways; to support the side of, advocate צִדֵּד, פ״י
to step aside הִצְטַדֵּד, פ״ח
sidewise; subordinate צְדָדִי, ת״ז, ־דִית, ת״נ
subordination צְדָדִיּוּת, נ׳
to intend; to lie in wait צָדָה, פ״ע
to be laid waste נִצְדָה, פ״ע
profile צְדוּדִית, נ׳, ר׳, ־דִיּוֹת
justification צִדּוּק, ז׳
Sadducee צְדוּקִי, ז׳, ר׳, ־קִים
Sadhe, eighteenth letter of Hebrew alphabet צַדִי, צָדִי, נ׳
lying-in-wait, malice צְדִיָּה, נ׳
just, pious, virtuous צַדִּיק, ת״ז, ־קָה, צַדֶּקֶת, ת״נ
to salute [צדע] הִצְדִּיעַ, פ״י
temple צֶדַע, ז׳, ר׳, צְדָעַיִם
mother-of-pearl צֶדֶף, ז׳, ר׳, צְדָפִים
oyster, mussel צִדְפָּה, נ׳, ר׳, ־דָפוֹת
porcelain צִדֹּפֶת, ז׳
to be just, right צָדַק, פ״ע
to justify צִדֵּק, פ״י

to apologize הִצְטַדֵּק, פ״ח
righteousness, justice; Jupiter צֶדֶק, ז׳
justice; prosperity; charity צְדָקָה, נ׳
righteous, pious person צַדְקָן, ז׳, צַדְקָנִית, נ׳, ר׳, ־נִים, ־נִיּוֹת
finch, linnet; tarpaulin צַדְרָה, נ׳
to be bright, yellow; to gladden; to be angry צָהַב, פ״ע
yellow צָהֹב, ת״ז, צְהֻבָּה, ת״נ
yellowish צְהַבְהַב, ת״ז, ־הֶבֶת, ת״נ
jaundice צַהֶבֶת, נ׳
to be parched with thirst צָהָה, פ״ע
angry צָהוֹב, ת״ז, צְהוּבָה, ת״נ
brawl צְהִיבָה, נ׳, ר׳, ־בוֹת
clear צָהִיר, ת״ז, צְהִירָה, ת״נ
to neigh; to cry for joy צָהַל, פ״ע
happiness; rejoicing צַהַל, ז׳
Israeli army צַהַ״ל
jubilation צָהֳלָה, נ׳
neighing צַהֲלָה, נ׳
to brighten; to make public, publish; to declare, proclaim; to make oil [צהר] הִצְהִיר, פ״י
window; zenith צֹהַר, ז׳, ר׳, צְהָרִים
noon, midday צָהֳרַיִם, ז״ז
meridian קַו הַצָּהֳרַיִם
command צַו, צָו, ז׳, ר׳, ־וִּים, ־וִים
command; will, testament צַוָּאָה, נ׳, ר׳, ־אוֹת
excrement צוֹאָה, צֹאָה, נ׳, ר׳, ־אוֹת
filthy צוֹאִי, ת״ז, ־אִית, ת״נ
neck צַוָּאר, ז׳, ר׳, ־רַיִם, ־רִים
collar; necklace צַוָּארוֹן, צַוָּרוֹן ז׳, ר׳, צַוְּארוֹנִים
to hunt, shoot [צוד] צָד, פ״י
right צוֹדֵק, ת״ז, צוֹדֶקֶת, ת״נ
to command; to bequeath; to appoint צִוָּה, פ״י

צוֹהֵל, ת״ז, צוֹהֶלֶת, ת״נ happy, gay, rejoicing

צִוּוּי, ז׳, ר׳, ־יִים command; imperative (*gram.*)

צָוַח, פ״ע to shout; to herald

צְוָחָה, נ׳, ר׳, ־חוֹת cry, shriek

צַוְחָן, ז׳, ר׳, ־נִים one who shouts

צַוְחָנִי, ת״ז, ־נִית, ת״נ shouting; deafening

צְוִיחָה, נ׳, ר׳, ־חוֹת shrieking

צְוִיץ, ז׳, צְוִיצָה, נ׳, ר׳, ־צוֹת chirp, chirping

צוֹלֵב, ת״ז, ־לֶבֶת, ת״נ crossed

אֵשׁ צוֹלֶבֶת cross fire

צוּלָה, נ׳, ר׳, ־לוֹת depth

צוֹלֵל, ת״ז, צוֹלֶלֶת, ת״נ; ז׳ diving; diver

צוֹלֶלֶת, נ׳, ר׳, ־לְלוֹת submarine

צוֹלֵעַ, ת״ז, צוֹלַעַת, ת״נ lame

צוֹם, ז׳, ר׳, ־מוֹת fast, fasting

[צום] צָם, פ״ע to fast

הַמְּעִי הַצָּם jejunum

צוֹמֵחַ, ת״ז, צוֹמַחַת, ת״נ; ז׳, ר׳, ־מְחִים growing; flora, vegetation

צוֹמֶת, צֹמֶת, ז׳, ר׳, צְמָתִים focus; juncture

צוּנָם, ז׳ granite; flint; rock

צוֹנֵן, ת״ז, צוֹנֶנֶת, ת״נ cold, cool

צוֹנְנִים, ז״ר cold water

צוֹעֵן, ז׳, ר׳, ־עֲנִים wanderer, nomad

צוֹעֲנִי, ז׳, ר׳, ־נִים gypsy

צוֹעֵר, ז׳, ר׳, ־עֲרִים shepherd boy

צוּף, ז׳, ר׳, ־פִים honeycomb

[צוף] צָף, פ״ע to float; to flood

צוֹפֶה, ז׳, ר׳, ־פִים watchman, scout

צוֹפִים Boy Scouts

צוֹפָר, ז׳, ר׳, ־רִים siren

צוֹצָל, ז׳, צוֹצֶלֶת, נ׳, ר׳, ־צָלִים, ־צָלוֹת dove, turtledove

צוֹק, ז׳ distress

צוּק, ז׳, ר׳, ־קִים mountain cliff

[צוק] הֵצִיק, פ״י to torment, afflict

צוּקָה, נ׳, ר׳, ־קוֹת affliction

[צור] צָר, פעו״י to besiege; to bind, wrap; to form; to persecute

צוֹר, צֹר, ז׳, ר׳, ־רִים, צֻרִים flint, silex

צוּר, ז׳, ר׳, ־רִים God; rock; refuge

צוֹרְבָנִי, ת״ז, ־נִית, ת״נ heartburning

צוּרָה, נ׳, ר׳, ־רוֹת form, shape, figure

צַוָּרוֹן, צַוָּארוֹן ז׳, ר׳, ־וְּרוֹנִים necklace, collar

צוּרִי, ת״ז, ־רִית, ת״נ formal; ideal

צוֹרֶךְ, צֹרֶךְ, ז׳, ר׳, צְרָכִים need, necessity

צוֹרֵף, ז׳, ר׳, ־רְפִים alchemist; goldsmith; silversmith

צוֹרְפוּת, נ׳ alchemy

צֶוֶת, צַוְתָּא, ז׳, ר׳, צְוָתִים staff, company, crew

בְּצַוְתָּא, תה״פ together

צַח, ת״ז, ־חָה, צָחָה, ת״נ pure, clear, bright

דִּבֵּר צָחוֹת to articulate

צָחֶה, ת״ז, ־חָה, ת״נ thirsty, parched

צְחוֹק, ז׳ laughter, play, game

צְחוֹר, ז׳ whiteness, clarity

צָחוֹת, תה״פ lucidly, clearly

צַחוּת, נ׳, ר׳, ־חֻיּוֹת purity, elegance

צָחַח, פ״ע to be white, pure; to flow

צְחִיחַ, ת״ז, צְחִיחָה, ת״נ dry, arid

צְחִיחַ, ז׳, ר׳, ־חִים dry, parched place, desert

צַחֲנָה, נ׳ smell, stench; small fried fish

צַחְצוֹחַ, ז׳, ר׳, ־חִים droplet, drop
צִחְצוּחַ, ז׳, ר׳, ־חִים glistening, flashing
צִחְצַח, פ״י to clean, make shiny
צַחְצָחָה, נ׳, ר׳, ־חוֹת arid region; splendor
צָחַק, פ״ע to laugh
הִצְחִיק, פ״י to make, cause to laugh
הִצְטַחֵק, פ״ח to break out laughing; to smile
צַחְקָן, ז׳, ר׳, ־נִים one who laughs; jester
צִחְקֵק, פ״ע to giggle
צַחַר, ז׳ whiteness
צָחַר, פ״ע to become white
צָחֹר, ת״ז, צְחֹרָה, ת״נ white
צְחַרְחַר, ת״ז, ־חֶרֶת, ת״נ whitish
צִטֵּט, פ״י to cite, quote
צִי, ז׳, ר׳, ־יִּים, צִים navy, fleet; wildebeest
צִיבִית, נ׳ celluloid
צַיִד, ז׳ hunting; game; provision, food
רוֹבֵה צַיִד shotgun
צִיֵּד, פ״י to supply, equip
צַיָּד, ז׳, ר׳, ־דִים hunter, sportsman
צֵידָה, נ׳ provision
צִיָּה, נ׳, ר׳, ־יּוֹת dryness, drought
צִיּוּד, ז׳ preparation, supply, supplies
צָיוֹן, ז׳ dryness, parched ground
צִיּוּן, ז׳, ר׳, ־נִים signpost; monument; mark
צִיּוֹן, נ׳ Zion
צִיּוֹנוּת, ז׳ Zionism
צִיּוֹנִי, ז׳, ר׳, ־יִּים Zionist
צִיּוּץ, ז׳, ר׳, ־צִים chirp, twitter
צִיּוּר, ז׳, ר׳, ־רִים drawing; image; sketch

צִיּוּרִי, ת״ז, ־רִית, ת״נ imaginary; illustrative; intuitive
צִיּוּרִיּוּת, נ׳ descriptiveness
צִיּוּת, ז׳ obedience, obeying
צִיחַ, ז׳, ר׳, ־חִים thirst
צַיְלָן, צַלְיָן, ז׳, ר׳, ־נִים pilgrim
צִיֵּן, פ״י to mark, note, distinguish
הִצְטַיֵּן, פ״ח to distinguish oneself
צִינוֹק, ז׳ jail, cell, gaol
צִיץ, ז׳, ר׳, ־צִים blossom, bud; diadem
[ציץ] צָץ, פ״ע to flower, blossom
צִיֵּץ, פ״ע to chirp
הֵצִיץ, פ״י to peep, glance
צִיצָה, נ׳, ר׳, ־צוֹת flower; fringe
צִיצִית, נ׳, ר׳, ־יּוֹת tassel; forelock; fringe
צַיְקָן, ז׳, ר׳, ־נִים parsimonious person
צַיְקָנוּת, נ׳ stinginess
צִיר, ז׳, ר׳, ־רִים consul; member of Parliament; representative; hinge; pivot, axis; birth pang; brine
צִיֵּר, פ״י to draw, paint; to describe
הִצְטַיֵּר, פ״ח to be imagined, painted
צַיָּר, ז׳, ר׳, ־רִים painter, artist; draftsman
צִירָה, נ׳, ר׳, ־רִים squeak
צֵירֶה, ז׳ Tsere, name of Hebrew vowel: ".." ("e" as in "they")
צִירוּת, נ׳ legation, consulate
צִירָן, ז׳, ר׳, ־נִים blear-eyed person
צִיֵּת, פ״ע to obey
צַיְּתָן, ז׳, ר׳, ־נִים obedient person; curious person, eavesdropper
צַיְּתָנוּת, נ׳ obedience

צֵל, ז׳, ר׳, צְלָלִים shadow, shade; shelter
חָכְמַת הַצְּלָלִים trigonometry
צְלָב, צֶלֶב, ז׳, ר׳, צְלָבִים cross
הַצְּלָב הָאָדֹם Red Cross
מַסַּע־הַצְּלָב crusade
נוֹסְעֵי הַצְּלָב Crusaders
צְלָב הַקֶּרֶס swastika
צָלַב, פ״י to impale; to crucify
הִצְטַלֵּב, פ״ח to cross oneself
צַלְבָּן, ז׳, ר׳, ־נִים Crusader
צָלָה, פ״י to grill, broil
צִלָּה, פ״ע to pray for
צִלָּה, נ׳ shady place
צְלוֹב, ז׳, ר׳, ־בִים gallows, cross
צָלוּב, ת״ז, צְלוּבָה, ת״נ crucified
צְלוֹחִית, נ׳ ר׳, ־חִיּוֹת jar, flask
צָלוּי, ת״ז, צְלוּיָה, ת״נ grilled, broiled
צָלוּל, ת״ז, צְלוּלָה, ת״נ clear, clarified
צְלוּל, ז׳ sediment
צִלּוּם, ז׳, ר׳, ־מִים photograph, photographing
צְלוֹפָח, ז׳, ר׳, ־חִים eel
צָלַח, פ״ע to be fit for; to succeed; to be possessed
הִצְלִיחַ, פ״י to succeed; to prosper
צָלֵחַ, ת״ז, צְלֵחָה, ת״נ prosperous
צַלַּחַת, נ׳, ר׳, ־לָּחוֹת plate, dish
צָלִי, ז׳, ר׳, צְלָיִים grill, roast
צְלִיבָה, נ׳, ר׳, ־בוֹת hanging, crucifixion
צְלִיָּה, נ׳ roasting
צְלִיחָה, נ׳, ר׳, ־חוֹת crossing (water)
צְלִיל, ז׳, ר׳, ־לִים ring; sound, tone
צְלִילָה, נ׳ diving; sinking; setting
צְלִילוּת, נ׳ clarity, clearness
צַלְיָן, צַיְלָן, ז׳, ר׳, ־נִים pilgrim
צְלִיעָה, נ׳, ר׳, ־עוֹת limping

צְלִיפָה, נ׳, ר׳, ־פוֹת beating, lashing; sharpshooting; sniping
צָלַל, פעו״י to sink; to dive; to grow dark; to tingle; to settle
הֵצֵל, פ״י to clarify; to cast shadow
צְלָלִית, נ׳, ר׳, ־יּוֹת silhouette
[צלם] צִלֵּם, הִצְלִים, פ״י to photograph
הִצְטַלֵּם, פ״ח to be photographed
צֶלֶם, ז׳, ר׳, צְלָמִים image, idol, likeness, crucifix
צַלָּם, ז׳, ר׳, ־מִים photographer
צַלְמָוֶת, נ׳ great darkness; distress
צַלְמָנִיָּה, נ׳, ר׳, ־יּוֹת photographer's studio, dark room; camera
צַלְמָנוֹעַ, ז׳, ר׳, ־עִים movie camera
צָלַע, פ״ע to limp, be lame
צֵלָע, נ׳, ר׳, צְלָעוֹת, צְלָעִים rib; side; leg (*geom.*); hemistich (*poet.*)
צֶלַע, ז׳ misfortune; limping
צָלָף, ז׳, ר׳, צְלָפִים caper bush
צָלַף, פ״י to snipe
הִצְלִיף, פ״י to whip
צַלָּף, ז׳, ר׳, ־פִים sharpshooter; sniper
צִלְצוּל, ז׳, ר׳, ־לִים ringing, sound
נְחַשׁ הַצִּלְצוּל rattlesnake
צְלָצַל, ז׳, ר׳, ־לִים cricket
צֶלְצָל, ז׳, ר׳, ־צְלִים cymbals
צִלְצֵל, פעו״י to ring; to telephone
צִלְצָל, ז׳, ר׳, ־לִים buzzing; spear, harpoon
צִלְצַל דָּגִים bait
צִלֵּק, פ״י to make a scar
הִצְטַלֵּק, פ״ח to form a scar
צַלֶּקֶת, נ׳, ר׳, ־לָּקוֹת scar, cicatrix
צָם, פ״ע, ע׳ [צום] to fast
צָמָא, ז׳, צִמְאָה, נ׳ thirst

צָמֵא, פ״ע to thirst, be thirsty
צָמֵא, ת״ז, צְמֵאָה, ת״נ thirsty
צִמָּאוֹן, ז׳ thirst; arid place
צֶמֶג, ז׳ gum, rubber
צָמֹג, ת״ז, צְמֻגָּה, ת״נ adhesive
צָמַד, פ״י to attach, join, couple, harness; to adhere
נִצְמַד, פ״ע to join, attach oneself
צֻמַּד, פ״ע to be bound
הִצְמִיד, פ״י to combine
צֶמֶד, ז׳, ר׳, צְמָדִים couple; yoke
צֶמֶד חֶמֶד charming couple
צִמְדָּה, נ׳ duet
צַמָּה, נ׳, ר׳, ־מּוֹת braid; veil
צִמּוּד, ז׳, ר׳, ־דִים homonym; pun
צָמוּד, ת״ז, צְמוּדָה, ת״נ joined
צִמּוּק, ז׳, ר׳, ־קִים raisin
צָמוּק, ת״ז, צְמוּקָה, ת״נ shrunken, shriveled
צָמַח, פ״ע to sprout, spring up
צִמַּח, פ״ע to grow again, grow abundantly
צֶמַח, ז׳, ר׳, צְמָחִים plant; growth, sprouting; vegetation
צִמְחוֹנוּת, נ׳ vegetarianism
צִמְחוֹנִי, ת״ז, ־נִית, ת״נ vegetarian
צִמְחִי, ת״ז, ־חִית, ת״נ vegetative
צִמְחִיָּה, נ׳ flora, vegetation
צְמִיג, ז׳, ר׳, צְמִיגִים rubber tire
צָמִיג, ת״ז, צְמִיגָה, ת״נ adhesive
צָמִיד, ז׳, ר׳, צְמִידִים bracelet; cover, lid
צְמִיחָה, נ׳, ר׳, ־חוֹת growth, vegetation
צַמִּים, ז׳ virtuous person; snare, trap
צְמִיקָה, נ׳ shrinkage
צָמִיר, ת״ז, צְמִירָה, ת״נ wooly
צָמִית, ת״ז, צְמִיתָה, ת״נ perpetual; final
צְמִיתוּת, נ׳ perpetuity, eternity
לִצְמִיתוּת, תה״פ perpetually, eternally, forever
צִמְצוּם, ז׳, ר׳, ־מִים condensing, confining, contraction
בְּצִמְצוּם, תה״פ barely, just enough
צִמְצֵם, פעו״י to limit; to compress, confine; to reduce (math.)
צָמַק, פ״ע to shrink, wither, shrivel
צֶמֶר, ז׳ wool
צֶמֶר גֶּפֶן (absorbent) cotton
צַמָּר, ז׳, ר׳, ־רִים wool dresser, wool merchant
צַמְרִי, ת״ז, ־רִית, ת״נ wooly
צְמַרְיוֹן, ז׳, ר׳, ־נִים heliotrope
צְמַרְמֹרֶת, נ׳, ר׳, ־מוֹרוֹת shiver
צַמֶּרֶת, נ׳, ר׳, ־מָּרוֹת summit
צָמַת, פ״י to destroy, smash; to contract
צֹמֶת, צוֹמֶת, ז׳, ר׳, צְמָתִים focus; juncture
צֹמֶת דְּרָכִים crossroads
צֵן, ז׳, ר׳, צִנִּים thorn, brier
צִנָּה, נ׳, ר׳, ־נּוֹת cold; buckler; shield
צֹנֶה, צֹאנֶה, צֹאן, ז׳ sheep, flocks
צָנוּם, ת״ז, צְנוּמָה, ת״נ shrunken, meager
צִנּוּן, ז׳ refrigeration, cooling
צְנוֹן, ז׳, צְנוֹנִית, נ׳, ר׳, ־נִים, ־נִיּוֹת radish
צָנוּעַ, ת״ז, צְנוּעָה, ת״נ modest, chaste
צָנוּף, ת״ז, צְנוּפָה, ת״נ wrapped
צִנּוֹר, ז׳, ר׳, ־רִים, ־רוֹת pipe, drain; socket
צִנּוֹרָה, נ׳, ר׳, ־רוֹת spittle; hook, needle

צָנַח, פ״ע to descend; to parachute
צַנְחָן, ז׳, ר׳, ־נִים parachutist
צָנִים, ז׳, ר׳, צְנִימִים rusk, biscuits
צָנִין, ז׳, ר׳, צְנִינִים thorn, prick
צִנִּינוּת, נ׳ chill
צְנִיעוּת, נ׳ decency, modesty; discretion
צָנִיף, ז׳, ר׳, צְנִיפִים, ־פוֹת turban
צְנִיפָה, נ׳ wrapping; neighing
צָנִית, נ׳, ר׳, ־נִיּוֹת knapsack, haversack
צַנִּית, נ׳ podagra, gout (feet)
צָנַן, פ״ע to be chilly, feel cold
הִצְטַנֵּן, פ״ח to catch cold
[צנע] הִצְנִיעַ, פ״י to be modest, humble; to hide
צֶנַע, ז׳ austerity; modesty, humility
צִנְעָה, נ׳ privacy, secrecy
צָנַף, פעו״י to wrap turban; to neigh; to shriek
צֶנֶף, ז׳, צְנֵפָה, נ׳, ר׳, צְנָפִים, ־פוֹת neighing
צְנֵפָה, נ׳ winding, enveloping
צִנְצֶנֶת, נ׳, ר׳, ־צָנוֹת jar
צַנְתָּר, ז׳, ר׳, ־רוֹת tube
צַעַד, ז׳, ר׳, צְעָדִים step
צָעַד, פ״ע to step, advance, march
צְעָדָה, נ׳, ר׳, ־דוֹת marching; step; anklet, bracelet
צָעָה, פעו״י to stoop, bend; to empty
צְעִידָה, נ׳ marching, pacing
צָעִיף, ז׳, ר׳, ־פִים veil
צָעִיר, ת״ז, צְעִירָה, ת״נ; ז׳, ר׳, צְעִירִים, ־רוֹת young, little; lad, girl
צָעַן, פ״ע to wander, migrate; to remove (tent)
צָעַף, פ״י to veil

צַעֲצֻעַ, צַעֲצוּעַ, ז׳, ר׳, ־עִים toy, plaything
צָעַק, פ״ע to shout, talk loudly
נִצְעַק, פ״ע to be summoned, called together
צְעָקָה, נ׳, ר׳, ־קוֹת outcry, shout
צַעֲקָן, ז׳, ר׳, ־נִים one who shouts
צַעֲקָנוּת, נ׳ shouting
צַעַר, ז׳, ר׳, צְעָרִים pain; sorrow; trouble
צָעַר, פ״ע to be small, insignificant
צִעֵר, פ״י to cause pain
הִצְטַעֵר, פ״ח to be sorry
צָף, פ״ע, ע׳ [צוף] to float; to flood
צָף, ת״ז, צָפָה, ת״נ; ז׳ floating; float
צָפַד, פ״ע to cling; to contract, shrivel
צֶפֶד, ז׳ mucilage
צַפְדִּינָה, נ׳ scurvy
צַפֶּדֶת, נ׳ tetanus
צָפָה, פ״י to keep watch; to observe; to waylay
צִפָּה, פ״י to look; to expect
צֻפָּה, פ״ע to be laid over; to be covered
צִפָּה, נ׳, ר׳, ־פּוֹת covering
צָפוּד, ת״ז, צְפוּדָה, ת״נ shriveled
צִפּוּי, ז׳, ר׳, ־יִים plating
צָפוּי, ת״ז, צְפוּיָה, ת״נ foreseen
צָפוֹן, ז׳ north
צָפוּן, ת״ז, צְפוּנָה, ת״נ hidden
צְפוֹנִי, ת״ז, ־נִית, ת״נ northern
צְפוֹנִית־מִזְרָחִית northeastern
צְפוֹנִית־מַעֲרָבִית northwestern
צָפוּף, ת״ז, צְפוּפָה, ת״נ crowded, close
צִפּוּף, ז׳ crowding
צִפּוֹר, נ׳, ר׳, ־פֳּרִים bird

צִפּוֹרֶן, צִפֹּרֶן, נ׳, ־פָּרְנַיִם, ־נִים
fingernail, talon; nib, pen point, stylus; clove; dianthus

צִפְחָה, נ׳, ר׳, צְפָחוֹת slate

צַפַּחַת, נ׳, ר׳, צַפָּחוֹת pitcher, mug

צִפִּיָּה, נ׳ hope, expectation; pillowcase

צְפִיָּה, נ׳, ר׳, ־יּוֹת view, observation; expectation

צַפִּיחִית, נ׳, ר׳, ־יּוֹת wafer, flat cake

צְפִינָה, נ׳, ר׳, ־נוֹת ambush

צָפִיעַ, ז׳, ר׳, צְפִיעִים dung

צְפִיעָה, נ׳, ר׳, ־עוֹת offspring

צְפִיפוּת, נ׳ overcrowding; density

צָפִיר, ז׳, ר׳, צְפִירִים he-goat

צְפִירָה, נ׳, ר׳, ־רוֹת she-goat; whistling; wreath; turn; dawn

צְפִית, נ׳, ר׳, ־יּוֹת cover, case

צָפַן, פ״י to hide; to ambush

הִצְפִּין, פעו״י to face north; to hide

צֶפַע, ז׳, ר׳, צְפָעִים / צִפְעוֹנִי, ז׳, ר׳, ־נִים viper, poisonous serpent

צָפַף, צוֹפֵף, פ״י to press, crowd

צִפְצוּף, ז׳, ר׳, ־פִים twitter, whistling

צִפְצֵף, פ״ע to chirp, whistle

צַפְצָפָה, נ׳, ר׳, ־פוֹת poplar

צַפְצֵפָה, נ׳, ר׳, ־פוֹת whistle

צֶפֶק, ז׳ peritoneum

צַפֶּקֶת, נ׳ peritonitis

צָפַר, פ״ע to rise; to depart early; to whistle; to sound alarm (siren)

צַפָּר, ז׳, ר׳, ־רִים ornithologist

צֶפֶר, צַפְרָא, ז׳ morning

צְפַרְדֵּעַ, נ׳, ר׳, ־דְּעִים frog

צַפְרִיר, ז׳, ר׳, ־רִים morning breeze

צִפֹּרֶן, צִפּוֹרֶן, זו״נ, ר׳, ־נִים, ־נַיִם
fingernail, talon; nib, pen point, stylus; clove; dianthus

צִפָּרְנֵי הֶחָתוּל, ז׳ calendula

צֶפֶת, נ׳, ר׳, צְפָתוֹת capital (of pillar)

צָץ, פ״ע, ע׳ [ציץ] to bud, blossom, come forth

צִקְלוֹן, ז׳, ר׳, ־נוֹת wallet, bag

צָר, פעו״י, ע׳ [צור] to besiege; to bind, wrap; to form; to persecute

צַר, ת״ז, צָרָה, ת״נ narrow, tight

צַר, ז׳, ר׳, צָרִים adversary; distress

צֹר, צוֹר, ז׳, ר׳, ־רִים, צָרִים flint, silex

צָרַב, פ״י to burn, scorch

צָרָב, ת״ז, צָרֶבֶת, ת״נ burning

צֹרֶב, ז׳, ר׳, צְרָבִים apprentice

צָרֶבֶת, נ׳, ר׳, צָרָבוֹת scab, scar; inflammation; heartburn

צֶרְדָּה, נ׳, ר׳, ־דוֹת middle finger

[צרד] הִצְטָרֵד, פ״ח to be hoarse

צָרֶדֶת, נ׳ hoarseness

צָרָה, נ׳, ר׳, ־רוֹת distress, anguish; rival wife

צָרוּד, ת״ז, צְרוּדָה, ת״נ hoarse

צֵרוּד, ז׳ hoarseness

צָרוּעַ, ת״ז, צְרוּעָה, ת״נ; ז׳ leprous; leper

צֵרוּף, ז׳, ר׳, ־פִים joining, fusion; money changing

צָרוּף, ת״ז, צְרוּפָה, ת״נ refined, purified

צֵרוּפָה, נ׳, ר׳, ־פוֹת acrostic

צְרוֹר, ז׳, ר׳, ־רוֹת bundle; pebble; knot

צָרוּר, ת״ז, צְרוּרָה, ת״נ bound, tied up; preserved

צֵרוּר, ז׳ enmity
צָרוּת, נ׳ narrowness
צָרוּת עַיִן jealousy, envy
צָרַח, פ״ע to cry, shout
הִצְרִיחַ, פ״י to castle (chess)
צְרַח, ז׳, ר׳, צְרָחִים shout, cry
צְרִי, צְרִי, ז׳, ר׳, צְרָיִים balsam
צְרִיבָה, נ׳, ר׳, ־בוֹת cauterization
צְרִיבוּת, נ׳ causticity
צְרִידוּת, נ׳ hoarseness
צְרִיחַ, ז׳, ר׳, ־חִים tower; castle (in chess)
צְרִיחָה, נ׳, ר׳, ־חוֹת shout, scream
צָרִיךְ, ת״ז, צְרִיכָה, ת״נ needing; must; necessary
צָרִיךְ לְ־ has to
אֵין צָרִיךְ לוֹמַר it is apparent
צְרִיכָה, נ׳ consumption; requirement, necessity
צָרִיף, ז׳ alum
צְרִיף, ז׳, ר׳, ־פִים shed, hut; barrack
צְרִיפָה, נ׳, ר׳, ־פוֹת smelting
צְרִירוּת, נ׳ hoarseness
צָרַךְ, פ״ע to need, want; to consume
נִצְרַךְ, פ״ע to be obliged
הִצְטָרֵךְ, נִצְ־, פ״ח to be necessary
צֹרֶךְ, ז׳, ר׳, צְרָכִים need, necessity

צְרָכִים victuals, provisions
צַרְכָן, ז׳, ר׳, ־נִים consumer
צַרְכָנִיָּה, נ׳, ר׳, ־יוֹת co-operative store
צָרַם, פ״י to split; to incise; to jar (ear)
צָרַע, פ״י to be leprous
צִרְעָה, נ׳, ר׳, צְרָעוֹת, ־עִים, צִרְעִיּוֹת wasp, hornet
צָרַעַת, נ׳ leprosy
צָרַף, פ״י to refine, smelt; to join
נִצְרַף, פ״ע to be hardened, tested
צֵרַף, פ״י to change for large coin
הִצְטָרֵף, פ״ח to be joined, become attached
צָרְפַת, נ׳ France
צָרְפָתִי, ת״ז, ־תִית, ־תִיָּה, ת״נ French
צָרְפָתִית, נ׳ French language
צַרְצוּר, צְרָצַר, ז׳, ר׳, צְרָצָרִים cricket
צִרְצוּר, ז׳, ר׳, ־רִים chirping
צִרְצֵר, פ״ע to chirp
צָרַר, פעו״י to bind, tie; to oppress; to annoy; to be distressed; to be grieved
צָרָתָה, נ׳ misfortune, disaster
צָתֶר, ז׳ thyme

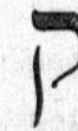

ק Koph, nineteenth letter of Hebrew alphabet; hundred
קָא, פ״י, ע׳ [קיא] to vomit
קָא, ז׳ vomit
קָאָק, קָק, קָאקִי, ז׳, ר׳, קָאָקִים swan; goose

קָאָת, קָאַת, נ׳, ר׳, קָאָתוֹת, קָאוֹת pelican; owl
קַב, ז׳, ר׳, קַבִּים, קַבַּיִם crutch; artificial leg; stilt; measure
קָבַב, פ״י to curse
קֵבָה, נ׳ belly; womb

קֵבָה, קֵיבָה, נ׳, ר׳, ־בוֹת stomach
קֻבָּה, נ׳, ר׳, ־בּוֹת brothel; compartment, hut, tent
קִבּוּל, ז׳ receiving, accepting
כְּלִי קִבּוּל receptacle
קִבּוּלִי, ת״ז, ־לִית, ת״נ receptive
קָבוּעַ, ת״ז, קְבוּעָה, ת״נ fixed, permanent; regular
קִבּוּעַ, ז׳ fixation
קִבּוּץ, ז׳, ר׳, ־צִים gathering, co-operative settlement
קִבּוּץ, ז׳ Kubutz, name of Hebrew vowel "ֻ" ("oo" as in "too")
קְבוּצָה, נ׳, ר׳, ־צוֹת gathering, group; co-operative (farm)
קִבּוּצִי, ת״ז, ־צִית, ת״נ collective
קָבוּר, ת״ז, קְבוּרָה, ת״נ hidden, interred
קְבוּרָה, נ׳, ר׳, ־רוֹת grave, burial
קֻבִּיָּה, קוּבִּיָּה נ׳, ר׳, ־יּוֹת cube, dice
קְבִיעָה, נ׳ fixing; regularity
קְבִיעוּת, נ׳ regularity; permanence
בִּקְבִיעוּת, תה״פ regularly
קֵבִית, נ׳ greed; ventricle
קָבַל, פ״ע to complain, cry out
קִבֵּל, פ״י to receive, accept
הִקְבִּיל, פעו״י to be opposite, parallel; to meet
הִתְקַבֵּל, פ״ח to be accepted, received
קַבָּל, קַבְּלָן, ז׳, ר׳, ־לִים, ־נִים contractor; receiver
קֹבֶל, ז׳ battering ram; complaint
קַבָּלָה, נ׳, ר׳, ־לוֹת receipt; receiving, reception; tradition; cabala, mysticism
קַבְּלָן, ז׳, ר׳, ־נִים contractor, receiver
קְבָלָה, קוּבְלָנָה, נ׳, ר׳, ־נוֹת complaint

קַבְּלָנוּת, קַבֹּלֶת, נ׳, ־יּוֹת, ־לוֹת contract, work on contract
קֶבֶס, ז׳ disgust; nausea
קִבֵּס, פ״י to disgust; to nauseate
קָבַע, פ״י to drive in; to fix; to rob, despoil
קֶבַע, ז׳ appointment; permanence
קֻבַּעַת נ׳, ר׳, ־בָּעוֹת cup, goblet; sediment
קָבַץ, פ״י to assemble, gather; to add
קִבֵּץ, פ״י to beg; to collect
קֹבֶץ, ז׳, ר׳, קְבָצִים compilation, collection
קַבְּצָן, ז׳, ר׳, ־נִים beggar
קַבְּצָנוּת, נ׳ beggary
קַבְּצָנִי, ת״ז, ־נִית, ת״נ begging
קַבְקַב, ז׳, ר׳, ־בִּים, ־בַּיִם sabot, wooden shoe
קִבְקוּב, ז׳ sabotage
קִבְקֵב, פ״י to sabotage
קָבַר, פ״י to bury
קֶבֶר, ז׳, ר׳, קְבָרִים, קְבָרוֹת grave, tomb
בֵּית־הַקְּבָרוֹת cemetery
קַבָּר, קַבְּרָן, ז׳, ר׳, ־רִים, ־נִים gravedigger
קֻבָּר, ז׳ coarse flour
פַּת קֻבָּר black bread
קַבַּרְנִיט, ז׳, ר׳, ־טִים captain; ship's leader
קִבֹּרֶת, נ׳, ר׳, ־בּוֹרוֹת biceps
קָדַד, פעו״י to bow down; to cut off
קִדָּה, נ׳, ר׳, ־דּוֹת bowing down; cassia
קָדוּד, ת״ז, קְדוּדָה, ת״נ cut, severed
קָדוֹחַ, ז׳, ר׳, ־חִים driller
קִדּוּחַ, ז׳, ר׳, ־חִים drilling
קָדוּם, ת״ז, קְדוּמָה, ת״נ ancient; primordial

דֵּעָה קְדוּמָה	prejudice
קִדּוּם, ז'	advancement; safeguarding
קְדוֹרַנִּית, תה"פ	in mourning, sorrowfully
קָדוֹשׁ, ת"ז, קְדוֹשָׁה, ת"נ	sacred, holy
הַקָּדוֹשׁ בָּרוּךְ הוּא	Holy God
קָדוֹשׁ, ז', ר', קְדוֹשִׁים	saint, martyr
קִדּוּשׁ, קִידּוּשׁ, ז', ר', ־שִׁים	sanctification
קִדּוּשׁ הַשֵּׁם	martyrdom
קְדוּשָּׁה, קְדֻשָּׁה, נ', ר', ־שׁוֹת	prayer of benedictions; sacredness
קִדּוּשִׁים, ־ן, ז"ר	betrothal
קָדַח, פעו"י	to kindle; to be in fever; to bore; to perforate
הִקְדִּיחַ, פ"י	to cause burning; to have fever
קָדַח, ז', ר', קְדָחִים	blister, pustule; inflammation
קַדַּחַת, נ'	fever, malaria
קָדִים, ז'	east wind
קָדִימָה, תה"פ	eastward; forward
קְדִימָה, נ'	priority, precedence
דְּמֵי קְדִימָה	deposit
קְדִימוּת, נ'	antiquity
קַדִּישׁ, ז'	prayer for the dead; holy
חֶבְרָא קַדִּישָׁא	society of undertakers
קָדָל, ז', ר', ־לִים	ham, bacon
קָדַם, פ"ע	to precede; to go forward; to meet; to welcome
קִדֵּם, פ"י	to anticipate; to precede
קִדֵּם פְּנֵי פְלוֹנִי	to welcome, greet
הִקְדִּים, פ"י	to anticipate; to be early; to pay in advance
הִתְקַדֵּם, פ"ח	to progress
קֶדֶם, ז'	east; front; past
יְמֵי קֶדֶם	ancient times
קֹדֶם, תה"פ	before
מִקֹּדֶם	earlier
קֹדֶם כֹּל	first of all
קַדְמָה, נ'	origin; previous condition
קִדְמָה, נ'	front; east; progress
קֵדְמָה, תה"פ	eastward
קַדְמוֹן, ת"ז, ־נָה, ת"נ	eastern; ancient; primitive
קַדְמוֹנִי, ת"ז, ־נִית, ת"נ	primeval
קַדְמוּת, נ'	former condition; antiquity
קִדְמִי, ת"ז, ־מִית, ת"נ	front
קָדְקֹד, ז', ר', ־קֳדִים	crown of head, skull; vertex (*math.*)
קָדַר, פעו"י	to be dark; to be sad
קַדָּר, ז', ר', ־רִים	potter
קְדֵרָה, נ', ר', ־רוֹת	pot
קַדָּרוּת, נ'	pottery, ceramics
קַדְרוּת, נ'	darkness, blackness; eclipse
קְדֹרַנִּית, קְדוֹרַנִּית, תה"פ	sadly, gloomily
קָדַשׁ, פ"ע	to be sacred, hallowed
קִדֵּשׁ, פ"י	to sanctify, consecrate; to betroth
הִקְדִּישׁ, פ"י	to dedicate; to purify
הִתְקַדֵּשׁ, פ"ח	to purify (sanctify) oneself; to become sanctified; to become betrothed
קָדֵשׁ, ז', קְדֵשָׁה, נ', ר', ־שִׁים, ־שׁוֹת	temple prostitute, sodomite
קֹדֶשׁ, קוֹדֶשׁ, ז', ר', קֳדָשִׁים	holiness, sanctity; holy place
אֲרוֹן הַקֹּדֶשׁ	the Holy Ark
כִּתְבֵי הַקֹּדֶשׁ	the Holy Sciptures
לְשׁוֹן הַקֹּדֶשׁ	the Holy Tongue
קְדֻשָּׁה, קְדוּשָּׁה, נ', ר', ־שׁוֹת	sacredness; prayer of benedictions
קָהָה, פ"ע	to be blunt, dull, obtuse

קֵהָוָה, ז׳, ע׳ קָפֶה coffee
קֵהֶה, ת״ז, קֵהָה, ת״נ dull, blunt, obtuse
קֵהֲוָאָה, נ׳, ר׳, ־אוֹת coffee shop
קֵהוּת, נ׳ bluntness, dullness
קֵהָיוֹן, ז׳ nausea
קָהַל, פ״י to assemble, convoke
הִקְהִיל, פ״י to summon an assembly
קָהָל, ז׳, ר׳, קְהָלִים multitude; public; assembly
קְהִלָּה, נ׳, ר׳, ־לּוֹת congregation
קְהִלִיָּה, נ׳, ר׳, ־יּוֹת republic
קֹהֶלֶת, ז׳ Ecclesiastes; counselor
קָו, קַו, ז׳, ר׳, ־וִים line, cord, measuring line
קַו הָאֹרֶךְ longitude
קַו הָרֹחַב latitude
קַו אֲנָכִי perpendicular
קַו הַמַּשְׁוֶה equator
קוּבִיָּה, קֻבִּיָּה, נ׳, ר׳, ־יּוֹת cube, dice
קוּבְלָנָה, קֻבְלָנָה, נ׳, ר׳, ־נוֹת complaint
קוֹבַע, ז׳, ר׳, ־בָעִים helmet
קוֹדֵר, ת״ז, קוֹדֶרֶת, ת״נ dark, mournful
קוֹדֶשׁ, קֹדֶשׁ, ז׳, ר׳, קֳדָשִׁים holy place; holiness, sanctity
קָוָה, קִוָּה, פ״י to hope, wait for
הִקְוָה, פ״י to gather
קוֶֹה, ז׳, ר׳, ־וִים hoping, anticipating
קִוּוּי, ז׳ hope, faith
קִוּוּץ, ז׳ shrinkage
קְוֻצָּה, קְוֻצָּה, נ׳, ר׳, ־צּוֹת curl, lock
[קוח] קָח, לָקַח, פ״י to take
[קוט] קָט, נָקוֹט, פ״ע to feel loathing
הִתְקוֹטֵט, פ״ח to loathe; to quarrel

קוֹטֶב, קֹטֶב, ז׳, ר׳, קְטָבִים pole, axis
קוֹטֶן, קֹטֶן, ז׳ little finger; smallness
קְוִיצָה, נ׳ cramp, spasm
קְוִיצוּת, נ׳ kink, kinky hair
קוֹל, ז׳, ר׳, ־לוֹת voice; sound; gossip
קוֹל אֶחָד unanimously
קוֹל קוֹרֵא appeal
בַּת קוֹל echo
הֵרִים קוֹל to raise one's voice
שָׁמַע בְּקוֹל to listen, obey
קוֹלָח, ז׳, ר׳, ־חִים watering hose
קוֹלִי, ת״ז, ־לִית, ת״נ acoustic
קוֹלִית, נ׳, ר׳־לִיּוֹת thighbone
קוּלְמוּס, קֻלְמוּס, ז׳, ר׳, ־סִים quill
קוֹלָן, ז׳, ר׳, ־נִים tuning fork; amplifier
קוֹלְנוֹעַ, ז׳ motion picture
קוֹלֵעַ, ת״ז, קוֹלַעַת, ת״נ point-blank, pointed
[קום] קָם, פ״ע to rise; to stand up; to arise
קוֹמֵם, פ״י to raise
הֵקִים, פ״י to set up, erect
הִתְקוֹמֵם, פ״ח to rise against, revolt
קוֹם, ז׳ curd
קוֹמָה, נ׳, ר׳, ־מוֹת height, stature; story (of building), floor
גְּבַהּ קוֹמָה tall
קוֹמְמִיּוּת, נ׳ upright, erect
קוֹמֶץ, קֹמֶץ, ז׳, ר׳, קְמָצִים closed hand, fist
קוּמְקוּם, קֻמְקוּם, ז׳, ר׳, ־מִים kettle, teapot
קַוָּן, ז׳, ר׳, ־נִים lineman
קוֹנֶה, ז׳, ר׳, ־נִים customer, buyer; possessor

קוּנְטְרֵס, קֻנְטְרֵס, ז׳, ר׳, ־סִים pamphlet; commentary of Rashi

קוּנְכִית, נ׳, ר׳, ־יוֹת mussel, shell

קוֹנָם, ז׳, ר׳, ־מוֹת vow, oath; curse

קוֹנֵן, פ״ע, ע׳ [קין] to lament, chant a dirge

קוֹס, כּוֹס, ז׳, ר׳, ־סוֹת chalice, cup

קוֹסֵם, ז׳, ר׳, ־מִים magician, sorcerer

קוֹסֵס, פ״י [קסס] to destroy

קוֹף, ז׳, ר׳, ־פִים, ־פוֹת monkey, ape; Koph, name of nineteenth letter of Hebrew alphabet

קוּף, ז׳, ר׳, ־פִּים eye (of needle); hole (for ax handle)

[קוף] הֵקִיף, פ״י to sell on credit, buy on credit

קוּפָּד, ז׳, ר׳, ־דִים hedgehog

קוּפָּה, קֻפָּה, נ׳, ר׳, ־פּוֹת box office, cash box; basket

קוּפְסָה, קֻפְסָה, נ׳, ־סוֹת, ־סָאוֹת box

קוֹץ, ז׳, ר׳, ־צִים thorn

[קוץ] קָץ, פ״ע to loathe; to fear

הֵקִיץ, פעו״י to arise, wake; to cause to wake

קְוֻצָּה, קְוּוּצָּה, נ׳, ר׳, ־צוֹת curl, lock

קוֹצָה, נ׳, ר׳, ־צוֹת safflower

קוֹצִית, נ׳ spinach

קוֹצֵר, ז׳, ר׳, ־צְרִים harvester

קוֹצֶר, קֹצֶר, ז׳ shortness

קִוְקֵו, פ״י to line

קוּקִיָּה, נ׳, ר׳, ־יוֹת cuckoo

[קור] קָר, פ״י to dig; to spring forth

קוּר, ז׳, ר׳, ־רִים spider's thread

קוּרֵי עַכָּבִישׁ spider's web

קוֹר, קֹר, ז׳ cold, coldness

קוֹרֵא, ז׳, ר׳, ־רְאִים partridge; reader

קוּרְבָה, קִרְבָה, נ׳ nearness, contact; relationship (family)

קוֹרָה, נ׳, ר׳, ־רוֹת board, plank

קוֹרוֹת, נ״ר history

[קוש] קָשׁ, פ״י, ע׳ יָקֹשׁ to lay snares

קוֹשִׁי קֹשִׁי, ז׳, ר׳, קְשָׁיִים difficulty, hardness

קוּשְׁיָה, קֻשְׁיָה, נ׳, ר׳, ־יוֹת problem; objection

קַח, פ״י, ע׳ [קוח] to take

קַחְוָן, ז׳, ר׳, ־נִים camellia, daisy

קָט, פ״ע, ע׳ [קוט] to feel loathing

קַט, ת״ז; תה״פ, כִּמְעַט־ small; a bit more

קָטַב, פיו״ע to annihilate; to frown

קֶטֶב, קֹטֶב, ז׳ destruction, pestilence

קֹטֶב, קוֹטֶב, ז׳, ר׳, קְטָבִים pole, axis

קָטְבִּי, ת״ז, ־בִּית ת״נ polar

קָטֵגוֹר, קָטֵיגוֹר, ז׳, ר׳, ־רִים accuser, prosecutor

קָטֵיגוֹרְיָה קָטֵגוֹרְיָה, נ׳, ר׳, ־יוֹת accusation, prosecution

קִטּוּב, ז׳ polarization

קָטוּם, ת״ז, קְטוּמָה, ת״נ chopped, lopped

קְטוּמָה, נ׳, ר׳, ־מוֹת trapezoid

קִטּוּעַ, ז׳, ר׳, ־עִים section; cutting

קָטוּעַ, ת״ז, קְטוּעָה, ת״נ mutilated; fragmentary

קָטוּף, ת״ז, קְטוּפָה, ת״נ picked, plucked

קִטּוּר, ז׳ burning incense; vaporization; smoking pipe

קְטוֹרָה, נ׳, ר׳, ־רוֹת smoke of sacrifices

קְטוֹרֶת, קְטֹרֶת, נ׳, ר׳, ־רוֹת incense

קָטַט, קָט, הִתְקוֹטֵט, פ״ע to quarrel

קְטָטָה, נ׳, ר׳, ־טוֹת quarrel

קָטֵיגוֹר, קָטֵגוֹר, ז׳, ר׳, ־רִים accuser, prosecutor

קָטֵיגוֹרְיָה, קָטֵגוֹרְיָה, נ׳, ר׳, ־יוֹת accusation, prosecution
קְטִימָה, נ׳, ר׳, ־מוֹת breaking off
קְטִיעָה, נ׳, ר׳, ־עוֹת cutting off, amputation
קָטִיף, ז׳, קְטִיפָה, נ׳, ר׳ fruit picking
קְטִיפָה, נ׳, ר׳, ־פוֹת cutting; plucking; velvet
קָטַל, פ״י to slay, kill
קֶטֶל, ז׳ killing
שְׂדֵה קֶטֶל battlefield
קַטְלָנִי, ת״ז, ־נִית, ת״נ killing, murderous
קָטַם, פ״י to break off; to lop, chop off
קָטֹן, קָטָן, ת״ז, קְטַנָּה, ת״נ small, little
קָטֹן, פ״ע to be small
הִקְטִין, פ״י to reduce
קֹטֶן, קוֹטֶן, ז׳ little finger; smallness
קַטְנוּת, נ׳ smallness; paltriness
קְטַנְטַן, קְטַנְטֹן, ת״ז, ־טַנָּה, ־טֹנֶת, ת״נ very small, tiny
קִטְנִית, נ׳, ר׳, ־יוֹת legume
קָטַע, פ״י to cut off; to mutilate; to amputate
הִתְקַטֵּעַ, נִתְ־, פ״ח to be crippled
קִטֵּעַ, ז׳, ר׳, קִטְּעִים cripple, amputated person
קֶטַע, ז׳, ר׳, קְטָעִים piece, fragment, segment
קָטַף, פ״י to pluck
קַטָּף, ז׳, ר׳, ־פִים humorist, jester
קַטָּפוּת, נ׳ humor, wit
קָטַר, קִטֵּר, פעו״י to burn incense; to smoke
קַטָּר, ז׳, ר׳, ־רִים locomotive, steam engine
קֹטֶר, ז׳, ר׳, קְטָרִים diameter
קִטֵּר, ז׳ incense
קַטָּרַאי, ז׳, ר׳, ־רָאִים locomotive engineer
קִטְרֵג, פ״י to accuse
קִטְרוּג, ז׳, ר׳, ־גִים accusation; arraignment
קְטֹרֶת, קְטוֹרֶת, נ׳, ר׳, ־רוֹת incense
[קיא] קָא, הֵקִיא, פ״י to vomit
קִיא, ז׳ vomit
קִיאָה, נ׳ vomiting
קֵיבָה, קֵבָה, נ׳, ר׳, ־בוֹת stomach
קִידּוּשׁ, קִדּוּשׁ, ז׳, ר׳, ־שִׁים sanctification
קִיוִית, נ׳, ר׳, ־יוֹת lapwing
קִיּוּם, ז׳, ר׳, ־מִים existence, preservation; confirmation
קִיּוּמִי, ת״ז, ־מִית, ת״נ affirmative
קַיִט, ז׳ summer vacation
קִיטוֹר, ז׳ steam; fume; smoke
אֳנִיַּת־קִיטוֹר steamship
קַיְטָן, ז׳, ר׳, ־נִים summer vacationist
קַיְטָנָה, נ׳, ר׳, ־נוֹת summer resort
קַיָּם, ת״ז, קַיֶּמֶת, ת״נ existing; lasting; valid
קִיֵּם, פ״י to satisfy; to confirm; to fulfill; to endure
קִימָה, נ׳, ר׳, ־מוֹת rising up
קַיָּמָה, קַיָּמָא, נ׳ existence
קַיָּמוּת, נ׳ durability
[קין] קוֹנֵן, פ״ע to lament, chant a dirge
קַיִן, ז׳, ר׳, קֵינִים spear; dagger's blade
קִינָה, נ׳, ר׳, ־נוֹת dirge
קִינוֹף, ז׳, ר׳, ־פִין mosquito netting
קִיסוֹס, ז׳, ר׳, ־סִים ivy
קִיסָם, קֵסָם, ז׳, ר׳, ־מִים splinter, chip; toothpick

קֵיסָר, ז׳, ר׳, ־רִים emperor
קֵיסָרוּת, נ׳ empire
קִיפוֹן, ז׳, ר׳, ־נִים, ־נוֹת mullet
[קיץ] קָץ, פ״ע to spend summer
קַיִץ, ז׳, ר׳, קֵיצִים summer, summer fruit, figs
קִיצוֹן, ת״ז, ־נָה, ת״נ uttermost, extreme
קִיצוֹנִי, ת״ז, ־נִית, ת״נ radical
קִיצוֹנִיּוּת, נ׳ radicalism; extremism
קֵיצִי, ת״ז, ־צִית, ת״נ summery
קִיק, קִיקָיוֹן, ז׳, ר׳, ־קִים, ־נִים castor-oil plant, seed
שֶׁמֶן־קִיק castor oil
קִיקָלוֹן, ז׳ disgrace
קִיר, ז׳, ר׳, ־רוֹת wall
[קיש] הֵקִישׁ, פ״י to compare
קִישׁוּט, קִשּׁוּט, ז׳, ר׳, ־טִים adorning, ornament
קִישׁוּר, קִשּׁוּר, ז׳, ר׳, ־רִים binding; sash, ribbon
קִישׁוּת, קִשּׁוּת, ז׳, ר׳, ־שׁוּאִים pumpkin
קִיתוֹן, ז׳, ר׳, ־נוֹת, ־יוֹת jug, pitcher
קַל, ת״ז, קַלָּה, ת״נ light; easy; swift
קַל־דַּעַת frivolous
קַל־וָחֹמֶר a conclusion a minori ad majus
קֹלֶב, ז׳, ר׳, קְלָבִים clothes hanger
קַלְגַּס, ז׳, ר׳, ־סִּים soldier
קַל, פ״ע, ע׳ [קלל] to be swift; to be easy; to be light; to be unimportant
קָלָה, פ״י to toast; to parch
נִקְלָה, פ״ע to be dishonored
הִקְלָה, פ״י to treat with contempt
קָלָה, נ׳, ר׳, ־לוֹת misdemeanor
קִלּוּחַ, ז׳, ר׳, ־חִים flow; jet; enema

קִלּוּחַ מֵעַיִם diarrhea
קָלוּט, ת״ז, קְלוּטָה, ת״נ closed; uncloven
קָלוּי, ת״ז, קְלוּיָה, ת״נ toasted
קָלוֹן, ז׳, ר׳, ־נִים shame, dishonor
בֵּית־קָלוֹן brothel
קִלּוּס, ז׳, ר׳, ־סִים praise
קָלוּעַ, ת״ז, קְלוּעָה, ת״נ plaited
קִלּוּף, ז׳, ר׳, ־פִים peeling
קְלוּפָה, נ׳, ר׳, ־פוֹת spicy tree bark
קְלוֹקֵל, קְלֹקֵל, ת״ז, ־קֶלֶת, ת״נ worthless
קָלוּשׁ, ת״ז, קְלוּשָׁה, ת״נ thin, weak
קַלּוּת, נ׳ lightness, swiftness
קַלּוּת רֹאשׁ light-mindedness; frivolity
קָלַח, פ״ע to stream, pour out
הִתְקַלֵּחַ, פ״ח to take a shower
קֶלַח, ז׳, ר׳, קְלָחִים stem, stalk; jet of water
קַלַּחַת, נ׳, ר׳, ־לָּחוֹת kettle, caldron; casserole
קָלַט, פ״י to absorb, retain
הִקְלִיט, פ״י to record
קָלִי, ז׳, ר׳, קְלָיוֹת, קְלָיוֹת toast
קְלִיטָה, נ׳, ר׳, ־טוֹת absorption; retention
קַלִּיל, ת״ז, ־לָה, ת״נ very light, little
קַלִּילוּת, נ׳ lightness, slightness
קָלִיעַ, ז׳, ר׳, קְלִיעִים missile
קְלִיעָה, נ׳, ר׳, ־עוֹת twisting; network; target shooting
קְלִיפָה, נ׳, ר׳, ־פוֹת peeling
קְלִישָׁה, נ׳, ר׳, ־שׁוֹת diluting
[קלל] קַל, פ״ע to be swift; to be easy; to be light; to be unimportant
קִלֵּל, פ״י to curse

הֵקֵל, פ״י — to lighten; to be lenient; to belittle

קָלָל, ז׳ — polished, glittering metal

קְלָלָה, נ׳, ר׳, ־לוֹת — curse

קָלְמוֹס, קוּלְמוּס, ז׳, ר׳, ־סִים — quill

קַלְמָר, ז׳, ר׳, ־רִים — pen (pencil) case

קִלֵּס, פ״י — to mock; to praise

קֶלֶס, ז׳, קַלָּסָה, נ׳, ר׳, ־סוֹת — mockery; praise

קָלַע, פ״י — to sling, aim at, hurl; to plait; to adorn

קַלָּע, ז׳, ר׳, ־עִים — marksman

קֶלַע, ז׳, ר׳, קְלָעִים — sling; curtain; sail

מֵאֲחוֹרֵי הַקְּלָעִים — secretly, behind the scenes

קָלַף, פ״י — to peel off

קְלָף, קֶלֶף, ז׳, ר׳, קְלָפִים — parchment; playing card

קְלִפָּה, נ׳, ר׳, ־פּוֹת, ־פִּים — skin, peel, rind; husk, shell; shrew

קַלְפִּי, נ׳, ר׳, ־פִּיּוֹת — ballot box

קִלְקוּל, ז׳, ר׳, ־לִים — deterioration, damage

קִלְקֵל, פ״י — to spoil; to damage; to corrupt; to shake

קְלֹקֵל, קְלוֹקֵל, ת״ז, ־קֶלֶת, ת״נ — worthless

קַלְקָלָה, נ׳, ר׳, ־לוֹת — corruption, sin; mischief

קָלַשׁ, פ״י — to thin out, space

קִלְשׁוֹן, ז׳, ר׳, ־נוֹת — pitchfork

קַלַּת, נ׳, ר׳, קְלָתוֹת — basket

קַלְּתוּת, נ׳, ר׳, ־תִים — little basket

קָם, ז׳, ר׳, ־מִים — enemy

קָמָה, נ׳, ר׳, ־מוֹת — standing corn

קִמּוּט, ז׳, ר׳, ־טִים — creasing, folding

קָמוּט, ת״ז, קְמוּטָה, ת״נ — creased

קִמּוּץ, ז׳, ר׳, ־צִים — stinginess, thrift

קָמוּר, ת״ז, קְמוּרָה, ת״נ — vaulted, convex

קִמּוּר, ז׳, ר׳, ־רִים — convexity

קִמּוֹשׁ, ז׳, ר׳, ־שִׁים, ־מְשׁוֹנִים — thistle, nettle

קֶמַח, ז׳, ר׳, קְמָחִים — flour, mealimold

קָמַח, פ״י — to grind

קִמְחִי, ת״ז, ־חִית, ת״נ — floury

קָמַט, פ״י — to bow down; to compress, contract

קִמֵּט, פ״י — to wrinkle

קֶמֶט, ז׳, ר׳, קְמָטִים — fold; wrinkle, crease

קָמִיז, ת״ז, קְמִיזָה, ת״נ — elastic, flexible

קָמִין, ז׳, ר׳, ־נִים — hearth, fireplace

קָמִיעַ, ז׳, ר׳, קְמִיעִים, ־עוֹת — charm, amulet

קְמִיצָה, נ׳, ר׳, ־צוֹת — handful; ring finger

קָמַל, פ״ע — to wither, become decayed

קִמְעָה, קִמְעָא, תה״פ — small; in small quantity

קִמְעוֹנוּת, נ׳ — retailing

קִמְעוֹנִי, ז׳, ר׳, ־נִיִּים — retailer

קָמַץ, פ״י — to take handful; to compress hand

קִמֵּץ, פ״י — to scrape together; to save; to be sparing

קָמַץ, קָמֵץ, ז׳ — Kamats, name of Hebrew vowel (ָ) ("a" as in "father")

קֹמֶץ, קוֹמֶץ, ז׳, ר׳, קְמָצִים — closed hand, fist

קִמְצוּץ, ז׳, ר׳, ־צִים — pinch

קַמְצָן, ז׳, ר׳, ־נִים — miser, stingy person

קַמְצָנוּת, נ׳ — stinginess

קֻמְקוּם, קוּמְקוּם, ז׳, ר׳, ־מִים kettle, teapot

קָמַר, פ״י to vault, arch

קִמְרוֹן, ז׳, ר׳, ־נוֹת arch

קִמְשׁוֹן, ז׳, ר׳, ־נִים thistle

קֵן, ז׳, ר׳, קִנִּים nest; cell; board

קִנֵּא, פעו״י to be jealous, envious; to excite to jealousy

קַנָּא, ת״ז zealous; jealous

קִנְאָה, נ׳, ר׳, קְנָאוֹת jealousy, envy; passion

קַנָּאוּת, נ׳ fanaticism

קַנַּאי, ז׳, ר׳, ־נָּאִים zealot

קַנָּאִי, ת״ז, ־אִית, ת״נ fanatical; zealous

קָנַב, פ״י, קִנֵּב, פ״ע to trim, prune

קָנָה, פ״י to purchase, buy, acquire; to possess; to create

הִקְנָה, פ״י to transfer ownership

קָנֶה, ז׳, ר׳, ־נִים stem, stalk, reed; shaft; windpipe

קְנֵה־מִדָּה measuring rod; criterion

קַנּוֹא, ת״ז jealous

קִנּוּחַ, ז׳, ר׳, ־חִים cleaning, wiping

קִנּוּחַ־סְעֻדָּה dessert

קָנוּי, ת״ז, קְנוּיָה, ת״נ bought, purchased

קְנוּנְיָה, נ׳, ר׳, ־יוֹת partnership; conspiracy to defraud

קִנַּח, פ״י to wipe, clean

[קנט] הִקְנִיט, פ״י to taunt; to vex, anger

קִנְטוּר, ז׳, ר׳, ־רִים remonstrance, teasing

קִנְטֵר, פ״י to chide; to provoke, rouse to anger

קַנְטְרָן, ז׳, ר׳, ־נִים quarrelsome person

קַנְטְרָנוּת, נ׳ quarrelsomeness

קֻנְטְרֵס, קוּנְטְרֵס, ז׳, ר׳, ־סִים pamphlet; commentary of Rashi

קְנִיָּה, נ׳, ר׳, ־יוֹת purchase; possession; habit

קִנְיָן, ז׳, ר׳, ־נִים property, possession; faculty

קְנִיסָה, נ׳, ר׳, ־סוֹת fining

קִנָּמוֹן, ז׳, ר׳, ־נְמוֹנִים cinnamon

קִנֵּן, פ״י to make a nest; to nestle

קָנַס, פ״י to fine

קְנָס, ז׳, ר׳, ־סוֹת fine

קֵנֶץ, ז׳ finish, end; argument

קַנְקַן, ז׳, ר׳, ־נִּים pitcher, flask

קִנְרָס, ז׳ artichoke

קַסְדָּה, נ׳, ר׳, קְסָדוֹת steel helmet

קָסוּם, ת״ז, קְסוּמָה, ת״נ enchanted

קָסַם, פ״י to practice divination; to charm

הִקְסִים, פ״י to fascinate, infatuate

קֶסֶם, ז׳, ר׳, קְסָמִים magic; oracle; charm

פָּנַס־קֶסֶם projector (filmstrip)

קֵסָם, קִיסָם, ז׳, ר׳, ־מִים splinter, chip; toothpick

קַסָּם, ז׳, ר׳, ־מִים fortuneteller

קָסַס, פ״ע to spoil; to sour

קוֹסֵס, פ״י to destroy

קֶסֶת, נ׳, ר׳, קְסָתוֹת inkwell

קָעוּר, ת״ז, קְעוּרָה, ת״נ concave

קַעְקוּעַ, ז׳, ר׳, ־עִים cackling; uproar

קַעֲקַע, ז׳ incision; tattoo

קִעְקַע, פעו״י to tattoo

קִעֵר, פ״י to curve, make concave

קְעָרָה, נ׳, ר׳, ־רוֹת bowl, plate

קַעֲרִית, נ׳, ר׳, ־רִיּוֹת saucer

קָפָא, פ״ע to freeze; to congeal; to stiffen; to condense

קִפָּאוֹן, ז׳	stiffness, congelation
קָפַד, פ״י	to cut off
הִקְפִּיד, פ״י	to be strict; to be angry
קִפֹּד, קִפּוֹד, ז׳, ר׳, ־דִים	porcupine
קְפָדָה, נ׳, ר׳, ־דוֹת	annihilation; shuddering
קַפְדָן, ת״ז, ־נִית, ת״נ	exacting, pedantic
קַפְדָנוּת, נ׳	exactness, pedantry
קָפָה, פ״י	to skim off
קֶפֶה, ז׳	jelly
קָפֶה, ז׳, ע׳ קַהֲוָה	coffee
קֻפָּה, קוּפָּה, נ׳, ר׳, ־פּוֹת	cashbox; box office; basket
קָפוּא, ת״ז, קְפוּאָה, ת״נ	frozen
קִפּוֹד, קִפֹּד, ז׳, ר׳, ־דִים	porcupine
קִפּוֹז, ז׳, ר׳, ־זִים	arrow snake
קִפּוּחַ, ז׳, ר׳, ־חִים	deprivation; curtailing
קִפּוּל, ז׳, ר׳, ־לִים	folding
קָפוּץ, ת״ז, קְפוּצָה, ת״נ	clenched, closed
קָפַח, פ״י	to beat, strike
קִפַּח, פ״י	to beat up; to rob; to oppress; to lose
קְפִיאָה, נ׳, ר׳, ־אוֹת	congelation, freezing
קְפִיחָה, נ׳, ר׳, ־חוֹת	sunstroke
קְפִיץ, ז׳, ר׳, קְפִיצִים	spring
קְפִיצָה, נ׳, ר׳, ־צוֹת	jumping; leaping, springing; closing
קְפִיצִי, ת״ז, ־צִית ת״נ	elastic
קְפִיצִיּוּת, נ׳	elasticity
קָפַל, פ״י	to fold; to double; to roll up
קֶפֶל, ז׳	fold; multiplication
קֻפְסָה, קוּפְסָה, נ׳, ר׳, ־סוֹת, ־סָאוֹת	box
קָפַץ, פעו״י	to close; to spring; to bounce (ball); to draw together; to chop
קַפְצָן, ז׳, ר׳, ־נִים	jumper; impetuous person
קָץ, פ״ע, ע׳ [קוץ]	to loathe, fear
קָץ, פ״ע, ע׳ [קיץ]	to spend the summer
קֵץ, ז׳, ר׳, קִצִּים	end
קָצַב, פ״י	to cut off; to stipulate; to determine
קַצָּב, ז׳, ר׳, ־בִים	butcher
קֶצֶב, ז׳, ר׳, קְצָבִים	rhythm; cut, shape
קִצְבָּה, נ׳, ר׳, קִצְבוֹת	fixed limit; income, pension
קָצֶה, קֵצֶה, ז׳, ר׳, קְצָוֹת	extremity; edge
קָצָה, פ״י	to peel, cut off; to scrape; to level; to destroy
קָצוּב, ת״ז, קְצוּבָה, ת״נ	definite; limited; rhythmic
קִצּוּב, ז׳	apportionment
קָצוּץ, ת״ז, קְצוּצָה, ת״נ	chopped
קִצּוּץ, ז׳, ר׳, ־צִים	chopping; cutting
קְצוּצָה, נ׳	scrap metal
קִצּוּר, ז׳, ר׳, ־רִים	shortening, abbreviation; excerpt; brevity
בְּקִצּוּר, תה״פ	in short
קֶצַח, ז׳, ר׳, קְצָחִים	spice, black cumin
קָצִין, ז׳, ר׳, קְצִינִים	ruler, officer
קְצִינוּת, נ׳	rank, position
קְצִיעָה, נ׳, ר׳, ־עוֹת	cassia; dried fig
קְצִיפָה, נ׳, ר׳, ־פוֹת	foaming, frothing; whipping
קְצִיצָה, נ׳, ר׳, ־צוֹת	chopping off; felling; hamburger steak

קָצִיר, ז׳, קְצִירָה, נ׳, ר׳, קְצִירִים, ־רוֹת mowing; harvest, harvesting
קָצַע, פ״י to scrape
קִצֵּעַ, פ״י to trim
הִקְצִיעַ, פ״י to plane
קָצַף, פ״ע to be angry
הִקְצִיף, פ״י to boil, froth, foam; to whip
הִתְקַצֵּף, פ״ח to become angry
קֶצֶף, ז׳, קְצָפָה, נ׳ anger; foam
קַצֶּפֶת, נ׳, ר׳, ־צָפוֹת whipped cream
קָצַץ, פ״י to sever, fell; to chop, hash, mince; to stipulate; agree upon
קָצַר, פיו״ע to cut, reap; to be short, insufficient
קָצְרָה יָדוֹ to be powerless
קָצְרָה נַפְשׁוֹ to be impatient
קָצָר, קָצֵר, ת״ז, קְצָרָה, קְצֵרָה, ת״נ short, brief
קְצַר אַפַּיִם impatient
קְצַר־רְאוּת nearsighted
קֹצֶר, קוֹצֶר, ז׳ shortness
קֶצֶר, ז׳, ר׳, קְצָרִים short circuit
קַצְרָן, ז׳, ־נִית, נ׳, ר׳, ־נִים, ־נִיּוֹת stenographer
קַצְרָנוּת, נ׳ stenography, shorthand
קַצֶּרֶת, נ׳ asthma
קְצָת, תה״פ a little, few
קָק, קָאק, ז׳, ר׳, קְאָקִים swan, goose
קַר, ת״ז, קָרָה, ת״נ cold, cool
קַר־רוּחַ cold-blooded
קָר, פ״י, ע׳ [קור] to dig; to spring forth
קֹר, קוֹר, ז׳ cold, coldness
קָרָא, פיו״ע to shout, call; to proclaim; to read; to befall
נִקְרָא, פ״ע to chance to be; to meet by chance; to be called, named, invited

הִקְרִיא, פ״י to recite
קָרָאִי, ז׳, ר׳, ־אִים Karaite
קְרָאת, לִקְרַאת, תה״פ toward, vis-à-vis
קָרַב, פ״ע to come near, approach
קֵרֵב, פ״י to befriend
הִקְרִיב, פ״י to bring near; to sacrifice
קֶרֶב, ז׳, ר׳, קְרָבִים, קְרָבַיִם inner part; intestine, gut, entrails
בְּקֶרֶב, מ״י within, among
קְרָב, ז׳, ר׳, קְרָבוֹת battle
קִרְבָה, קֻרְבָה, קוּרְבָה, נ׳ proximity, nearness; contact; relationship (family)
בְּקִרְבַת ־ in the vicinity (neighborhood) of
קָרְבָּן, ז׳, ר׳, ־נוֹת sacrifice, offering
קֵרֵד, פ״י to scrape; to curry
קַרְדֹּם, ז׳, ר׳, ־דֻּמִּים, ־דֻּמּוֹת ax, hatchet
קַרְדֹּם לַחְפֹּר בּוֹ source of livelihood
קִרְדֵּם, פ״י to hew; to dig
קָרָה, פעו״י to meet; to befall
קֵרָה, פ״י to board up; to seal
קָרָה, נ׳ bitter coldness
קֹרָה, קֹרַת רוּחַ, נ׳ satisfaction
קָרוֹב, ת״ז, קְרוֹבָה, ת״נ; ז׳, ר׳, קְרוֹבִים near relation; fellow man
בְּקָרוֹב soon
מִקָּרוֹב recently
קֵרוּב, ז׳ nearness, contact
בְּקֵרוּב, תה״פ approximately
קְרוּם, ז׳, ר׳, ־מִים skin, membrane; crust
קְרוּמִי, ת״ז, ־מִית, ת״נ crusty, dry
קָרוֹן ז״נ, ר׳, קְרוֹנוֹת wagon, streetcar; railroad car

קָרוּעַ, ת״נ, קְרוּעָה, ת״נ torn, tattered

קָרוּץ, ת״ז, קְרוּצָה, ת״נ fashioned, formed, made

קֵרוּר, ז׳ refrigeration, cooling

קָרוּשׁ, ת״ז, קְרוּשָׁה, ת״נ coagulated, jellied; clotted, congealed, curdled

קִרְזוּל, ז׳ conglomeration

קָרַח, פ״י to shear closely; to be bald

קֵרֵחַ, ת״ז, קֵרַחַת, ת״נ bald

קֶרַח, ז׳ ice, frost; baldness

קָרְחָה, נ׳ baldness; tonsure

קַרְחוֹן, ז׳, ר׳, ־נִים iceberg; glacier

קַרְחָן, ז׳, ר׳, ־נִים iceman

קָרַחַת, נ׳, ר׳, ־רָחוֹת baldness; bare patch

קֹרֶט, ז׳, ר׳, קְרָטִים drop, particle

קָרָט, ז׳, ר׳, ־טִים carat

קִרְטוֹן, ז׳, ר׳, ־נִים chalk

קַרְטוֹן, ז׳, ר׳, ־נִים carton

קִרְטַע, פ״ע to jerk, struggle, jump

קְרִי, קֶרִי, ז׳, ר׳, קְרָיִים opposition; contrariness; nocturnal pollution

קְרֵי, ז׳, ר׳, קְרֵיִין text of Scriptures as read

קָרִיא, ת״ז, קְרִיאָה, ת״נ called, invited; legible

קְרִיאָה, נ׳, ר׳, ־אוֹת proclamation; reading; call

סִימַן קְרִיאָה exclamation point (!)

קִרְיָה, נ׳, ר׳, קְרִיּוֹת, ־רָיוֹת town; center

קַרְיָן, ז׳, ר׳, ־נִים reader; announcer

קְרִינָה, נ׳, ר׳, ־נוֹת radiation

קְרִיעָה, נ׳, ר׳, ־עוֹת rending

קְרִיצָה, נ׳, ר׳, ־צוֹת gesticulation

קָרִיר, ת״ז, קְרִירָה, ת״נ cool

קְרִירוּת, נ׳ coolness

קָרִישׁ, ז׳, ר׳, קְרִישִׁים jellied food, jello

קְרִישָׁה, נ׳ freezing; coagulation, clot

קָרַם, פ״ע to cover with skin, form crust

קָרַן, פ״ע to radiate, beam; to have horns

קֶרֶן, נ׳, ר׳, קַרְנַיִם, קְרָנַיִם, קְרָנוֹת horn; corner; capital; fund; ray

קֶרֶן זָוִית corner

קֶרֶן קַיֶּמֶת לְיִשְׂרָאֵל Jewish National Fund

קַרְנְזוֹל, ז׳ intermittent line

קַרְנִי, ת״ז, ־נִית, ת״נ horny

קַרְנִית, נ׳, ר׳, ־יּוֹת cornea

קַרְנַף, ז׳, ר׳, ־פִּים rhinoceros

קָרַס, פ״ע to bow, bend

קֶרֶס, ז׳, ר׳, קְרָסִים hook, clasp

צְלַב הַקֶּרֶס swastika

קַרְסֹל, ז׳, ר׳, ־סֻלַּיִם, ־סֻלּוֹת ankle; joint

קִרְסֵם, פ״י to nibble; to tear off

קָרַע, פ״י to rend, tear

קֶרַע, ז׳, ר׳, קְרָעִים tear; rag, tatter

קַרְפִּיוֹן, ז׳, ר׳, ־נִים carp

קָרַץ, פ״י to wink; to gesticulate; to slice, cut

קֶרֶץ, ז׳ destruction; sharp wind

קִרְצוּף, ז׳ currying

קַרְצִית, נ׳, ר׳, ־יּוֹת tick

קִרְצֵף, פ״י to curry

קְרַק, ז׳ raven's call

קֻרְקְבָן, קָרְקְבָן, ז׳, ר׳, ־נִים gizzard, stomach (of birds, men)

קִרְקוּר, ז׳, ר׳, ־רִים croaking, cackling

קַרְקַע, ז׳, ר׳, ־קָעוֹת ground, soil; bottom

קַרְקָעִית, נ׳, ר׳, ־יּוֹת bottom

קִרְקֵף, פ״י to scalp

קַרְקֶפֶת, נ׳, ר׳, ־קָפוֹת head, skull
קִרְקֵר, פעו״י to quack; to cackle; to croak; to destroy
קַרְקַעַת, נ׳, ר׳, ־קָרוֹת bottom (of vessel)
קַרְקַשׁ, ז׳, ר׳, ־שִׁים bell, rattle, clapper
קִרְקֵשׁ, פעו״י to ring, rattle
קֵרַר, פ״י to cool
הִתְקָרֵר, פ״ח to catch cold
נִתְקָרְרָה דַּעְתּוֹ to be calm, at ease, quiet
קָרַשׁ, פ״ע to coagulate, congeal, clot
קֶרֶשׁ, ז׳, ר׳, קְרָשִׁים plank, board
קֶרֶת, נ׳, ר׳, קְרָתוֹת (small) town
קַרְתָּנוּת, נ׳ provincialism
קַרְתָּנִי, ת״ז, ־נִית, ת״נ provincial
קַשׁ, ז׳, ר׳, ־שִׁים straw
קָשׁ, פ״י, ע׳ [יקשׁ, קושׁ] to lay snares
קָשַׁב, פ״ע to hearken, listen
הִקְשִׁיב, פ״ע to pay attention
קַשָּׁב, ת״ז, קַשֶּׁבֶת, ת״נ attentive
קֶשֶׁב, ז׳ attentiveness, attention; hearing
קָשָׁה, פ״ע to be hard, stiff; to be difficult
הִקְשָׁה, פעו״י to harden, make difficult; to ask difficult question
הִתְקַשָּׁה, פ״ע to become hard; to be perplexed
קָשֶׁה, ת״ז, קָשָׁה, ת״נ hard; difficult; severe
קִשּׁוּא, ז׳, ר׳, ־אִים cucumber
קַשּׁוּב, ת״ז, ־בָה, ת״נ attentive
קַשְׂוָה, נ׳, ר׳, קְשָׂווֹת vessel, cup
קָשׁוּחַ, ת״ז, קְשׁוּחָה, ת״נ hard, severe, cruel

קִשּׁוּט, קִישׁוּט, ז׳, ר׳, ־טִים ornament, adornment
קִשּׁוּר, קִישׁוּר, ז׳, ר׳, ־רִים binding; ribbon, sash
קָשׁוּר, ת״ז, קְשׁוּרָה, ת״נ bound; vigorous
קִשּׁוּת, נ׳, ר׳, ־שׁוּאִים pumpkin
קָשׁוּת, נ׳ obduracy; severity
[קשח] הִקְשִׁיחַ, פ״י to harden; to treat harshly
קָשַׁט, פ״י to adorn, decorate
קַשָּׁט, ז׳, ר׳, ־טִים decorator
קֹשֶׁט, קֹשְׁטְ, ז׳ truth; straightforwardness; pineapple
קֹשִׁי, קוֹשִׁי, ז׳, ר׳, קְשָׁיִים difficulty, hardness
בְּקֹשִׁי, תה״פ with difficulty
קְשִׁי־עֹרֶף obstinacy, cruelty
קֻשְׁיָה, קוּשְׁיָה, נ׳, ר׳, ־יוֹת problem; objection
קְשִׁירָה, נ׳, ר׳, ־רוֹת binding, dressing
קָשִׁישׁ, ת״ז, קְשִׁישָׁה, ת״נ old, senior
קַשִּׁית, נ׳, ר׳, ־יוֹת straw (soda)
קִשְׁקוּשׁ, ז׳, ר׳, ־שִׁים rattling; ringing; chattering
קִשְׁקֵשׁ, פ״ע to rattle; to ring; to chatter
קַשְׁקַשׁ, ז׳, ר׳, ־שִׁים stubble
קַשְׂקַשׂ, ז׳, קַשְׂקֶשֶׂת, נ׳, ר׳, ־שִׂים, ־קָשׂוֹת scale (fish)
קַשְׁקְשָׁן, ז׳, ־נִית, ת״נ prattler
קָשַׁר, פ״י to bind, tie; to conspire
הִתְקַשֵּׁר, פ״ח to become attached; to get in touch with
קֶשֶׁר, ז׳, ר׳, קְשָׁרִים knot; contact; plot, mutiny; connection, tie
קָשַׁשׁ, פעו״י to gather straw, twigs

קַשָּׁת, ז׳, ר׳, ־תִים — archer
קֶשֶׁת, נ׳, ר׳, קְשָׁתוֹת — bow; rainbow
קַשְׁתִּי, ת״ז, ־תִּית, ת״נ — bow-shaped
קַשְׁתִּית, נ׳, ר׳, ־יוֹת — iris (of eye)
קַת, נ׳, ר׳, ־תּוֹת — handle of ax; butt of gun
קָתֶדְרָה, נ׳, ר׳, ־רוֹת, ־אוֹת — professor's chair
קֹתֶל, ז׳, ר׳, קְתָלִים — bacon
קָתוֹלִי, ת״ז, ־לִית, ת״נ — Catholic
קָתוֹלִיּוּת, נ׳ — Catholicism
קַתְרוֹס, ז׳, ר׳, ־סִים — guitar

ר

ר — Resh, twentieth letter of Hebrew alphabet; two hundred
רָאָה, פ״י — to see, observe, perceive, consider
נִרְאָה, פ״ע — to appear
הֶרְאָה, פ״י — to show
הִתְרָאָה, פ״ח — to meet; to show oneself; to see one another
כְּנִרְאֶה — apparently
לְהִתְרָאוֹת, מ״ק — au revoir
רָאָה, נ׳, ר׳, ־אוֹת — vulture
רֵאָה, רֵיאָה, נ׳, ר׳, ־אוֹת — lung
רַאֲוָה, נ׳ — sight
חַלּוֹן רַאֲוָה — show window
רָאוּי, ת״ז, רְאוּיָה, ת״נ — worthy, apt, suitable
כָּרָאוּי, תה״פ — fittingly, properly
רְאוּת, נ׳ — look
נְקֻדַּת רְאוּת — viewpoint
קְצַר רְאוּת — shortsighted, nearsighted
רְאוּתִי, ת״ז, ־תִית, ת״נ — visual
רֳאִי, ז׳ — look, sight; countenance, complexion; excrement
רְאִי, ז׳, ר׳, רְאָיִים — mirror, aspect; appearance
רְאָיָה, רַאֲיָה, נ׳, ר׳, ־יוֹת — proof, evidence
רְאִיָּה, נ׳, ר׳, ־יוֹת — seeing, glance
רַאֲיוֹן, ז׳, ר׳, רַאֲיוֹנוֹת — appointment, interview
רְאִינוֹעַ, ז׳, ר׳, ־עִים — motion picture, film
רְאֵם, ז׳, ר׳, ־מִים — bison; wild ox; reindeer
רָאמָה, נ׳, ר׳, ־מוֹת — coral
רֹאשׁ, ז׳, ר׳, רָאשִׁים — head, summit; cape; beginning; leader; poison
רֹאשׁ חֹדֶשׁ — new moon, first of the month
רֹאשׁ הַשָּׁנָה — New Year
מֵרֹאשׁ — to start with
רָאשֵׁי תֵבוֹת — initials, abbreviation
רֹאשׁ, ת״ז, ־שָׁה, ת״נ — principal, main
רִאשׁוֹן, ת״ז, ־נָה, ת״נ — first, superior; previous, former
בָּרִאשׁוֹנָה, לָרִאשׁוֹנָה — at first
רִאשׁוֹנוּת, נ׳ — primitiveness
רִאשׁוֹנִי, ת״ז, ־נִית, ת״נ — first; previous, former; primitive
מִסְפָּר רִאשׁוֹנִי — prime number
רָאשׁוּת, נ׳ — authority
רָאשִׁי, ת״ז, ־שִׁית, ת״נ — principal, main, cardinal
מַאֲמָר רָאשִׁי — editorial
רֵאשִׁית, נ׳ — beginning
בְּרֵאשִׁית — Genesis
רֹאשָׁן, ז׳, ר׳, ־נִים — tadpole

רָב, פ"ע, ע' [ריב] to quarrel; to plead; to strive
רַב, רָב, ת"ז, רַבָּה, ת"נ much, many; great
בְּרַבִּים publicly
רַבִּים plural; majority; many
רַב, ז', ר', ־בָּנִים, ־בִּים master, lord, chief; rabbi; archer
רַב־אַלּוּף general
רב־חוֹבֵל ship's captain
רַב־טוּרַאי corporal
רַב־מֶכֶר best seller
רַב־סַמָּל sergeant major
רַב־סֶרֶן major
רַבּוֹתַי gentlemen
רֹב, רוֹב, ז', ר', רֻבִּים multitude, majority
לָרֹב, תה"פ often
עַל פִּי רֹב generally
רָבַב, פעו"י to be numerous; to multiply, increase; to be large; to shoot
רְבָב, ז' grease, fat (stain)
רְבָבָה, נ', ר', ־בוֹת myriad, ten thousand
רְבָבִית, נ', ר', ־יּוֹת one ten-thousandth
רַבְגּוֹנִי, ת"ז, ־נִית, ת"נ variegated
רַבְגּוֹנִיּוּת, נ' variegation
רָבַד, פ"י to spread; to make bed
רֹבֶד, ז', ר', רְבָדִים layer; stratum
רָבָה, פ"ע to increase
רִבָּה, פ"י to rear children; to multiply
רִבָּה, נ', ר', ־בּוֹת jam, preserves
רִבּוֹ, רִבּוֹא, נ', ר', ־בּוֹת, ־אוֹת ten thousand

רִבּוּי, ז', ר', ־יִים increase; extension; plural (*gram.*)
רִבּוֹן, ז' lord, master; God
רִבּוֹנוֹ שֶׁל עוֹלָם God; oh, God
רִבּוֹנוּת, נ' sovereignty
רִבּוֹנִי, ת"ז, ־נִית, ת"נ sovereign
רָבוּעַ, ת"ז, רְבוּעָה, ת"נ square, four-sided
רִבּוּעַ, ז', ר', ־עִים square
רְבוּתָה, נ', ר', ־תוֹת feat, great thing, extraordinary achievement
רַבִּי, ז', ר', ־יִים rabbi, teacher
רָבִיב, ז', ר', רְבִיבִים shower, showers
רְבִיגָה, נ' promiscuity
רָבִיד, ז', ר', רְבִידִים chain, necklace
רְבִיָּה, נ', ר', ־יּוֹת increase
פְּרִיָּה וּרְבִיָּה propagation
רְבִיעַ, ז', ר', ־עִים one-fourth, quarter
רְבִיעָה, נ', ר', ־עוֹת coupling; rainy season
רְבִיעִי, ת"ז ־עִית, ת"נ fourth
יוֹם רְבִיעִי Wednesday
רְבִיעִיָּה, נ', ר', ־יּוֹת quartet
רְבִיעִית, נ', ר', ־עִיּוֹת fourth, quarter; quart
רְבִיצָה, נ' lying down (animals)
רִבִּית, נ', ר', ־בִּיּוֹת interest on money
רִבִּית דְּרִבִּית compound interest
[רבך] הֻרְבַּךְ, פ"ע to be well mixed
רַבָּן, ז', ר', ־נִים great rabbi, teacher; sports champion
רַבְּנָאוּת, נ' championship
רַבָּנוּת, נ' authority; office of rabbi
רַבָּנִי, ת"ז, ־נִית, ת"נ rabbinical, theological

רַבָּנִית, נ׳, ר׳, ־נִיּוֹת rabbi's wife
רַבָּנָן, ז״ר sages
רָבַע, פ״ע to couple; to lie with; to copulate
רִבַּע, פ״י to square; to quarter
רֶבַע, ז׳, ר׳, רְבָעִים fourth, quarter
רֹבַע, ז׳, ר׳, רְבָעִים quarter (city)
רִבֵּעַ, ז׳, ר׳, ־עִים fourth generation
רִבְעוֹן, ז׳, ר׳, ־נִים a quarterly (publication)
רָבַץ, פ״ע to lie down; to brood
רִבֵּץ, פ״י to sprinkle; to spread knowledge
הִרְבִּיץ, פ״י to flay, strike; to spread knowledge; to sprinkle
רֵבֶץ, ז׳ resting place
רַבְצְדָדִי, ת״ז, ־דִית, ת״נ many-sided
רִבְצָל, ז׳, ר׳, ־לִים phial, vial
רִבְרֵב, פ״י to ordain as rabbi
הִתְרַבְרֵב, פ״ח to swagger, assume superiority
רַבְרְבָן, ז׳, ר׳, ־נִים braggart
רַבְרְבָנוּת, נ׳ boasting, bullying
רַבַּת, תה״פ much, too much
רַבָּתִי, ת״ז, ־תִית, ת״נ great, greater; metropolitan
רֶגֶב, ז׳, ר׳, רְגָבִים clod, lump
רָגוּז, ת״ז, רְגוּזָה, ת״נ angry, mad, enraged
רָגוּל, ת״ז, רְגוּלָה, ת״נ tied by hind legs
רִגּוּל, ז׳ spying, espionage; habit
רָגוּשׁ, ת״ז, רְגוּשָׁה, ת״נ moved; sensitive
רָגַז, פ״ע to be agitated; to tremble
הִרְגִּיז, פ״י to alarm; to enrage
רַגָּז, ת״ז, רַגֶּזֶת, ת״נ quivering, quaking

רֹגֶז, ז׳ excitement; raging
רָגְזָה, נ׳ trembling, agitation
רַגְזָן, ז׳, ר׳, ־נִים irritated, quarrelsome person
רַגְזָנוּת, נ׳ irritability
רָגִיל, ת״ז, רְגִילָה, ת״נ usual, normal, habitual
כָּרָגִיל, תה״פ as usual
רְגִילָה, נ׳ purslane
רְגִילוּת, נ׳ wont, habit
רְגִימָה, נ׳, ר׳, ־מוֹת stoning
רְגִיעָה, נ׳, ר׳, ־עוֹת repose, rest
רָגִישׁ, ת״ז, רְגִישָׁה, ת״נ sensitive
רָגַל, פ״ע to slander, defame
רִגֵּל, פ״י to explore; to spy
הִרְגִּיל, פ״י to accustom; to lead
תִּרְגֵּל, פ״י to teach to walk; to drill, exercise
הִתְרַגֵּל, פ״ח to become accustomed
רֶגֶל, נ׳, ר׳, רַגְלַיִם, רְגָלִים foot, leg; foot (*metrical*); time; festival
לְרֶגֶל, תה״פ for the sake of
רַגְלִי, ז׳, ר׳, ־לִים; תה״פ infantryman; on foot
חֵיל רַגְלִים infantry
רָגַם, פ״י to stone
רִגֵּם, פ״י to shell
רָגַן, פ״ע to grumble; to rebel; to quarrel
רָגַע, פעו״י to set in motion, disturb; to be at rest
רָגֵעַ, ת״ז, רְגֵעָה, ת״נ quiet
רֶגַע, ז׳, ר׳, רְגָעִים (a) moment, (a) minute
בֶּן־רֶגַע, תה״פ at once
רִגְעִי, ת״ז, ־עִית, ת״נ momentary
רָגַשׁ, פ״ע to be excited, agitated
הִרְגִּישׁ, פ״י to notice, feel

הִתְרַגֵּשׁ, פ"ח — to flock together; to become excited
רֶגֶשׁ, ז', ר', רְגָשִׁים, רְגָשׁוֹת — feeling, sense; throng
רִגְשָׁה, נ', ר', רְגָשׁוֹת — throng, tumult
רִגְשִׁי, ת"ז, ־שִׁית, ת"נ — emotional
רַגְשָׁן, ת"ז, ־נִית, ת"נ — excitable
רַגְשָׁנוּת, נ' — excitability, sentimentality
רָד, פ"ע, ע' [רוד] — to roam
רָד, פ"ע, ע' [ריד] — to scream, wail; to sigh
רָדַד, פ"י — to flatten, stamp, beat
רָדָה, פיו"ע — to rule, oppress, enslave; to take out, draw out (honey, bread)
רָדוּד, ת"ז, רְדוּדָה, ת"נ — overlaid
רִדּוּי, ז', ר', ־יִים — conquest, suppression
רָדוּם, ת"ז, רְדוּמָה, ת"נ — slumbering
רָדוּף, ת"ז, רְדוּפָה, ת"נ — oppressed; given to, enthused
רְדִיד, ז', ר', ־דִים — shawl; veil
רְדִיפָה, נ', ר', ־פוֹת — persecution; pursuit
[רדם] נִרְדַּם, פ"ע — to fall asleep
הִרְדִּים, פ"י — to anesthetize
רַדֶּמֶת, נ' — lethargy; sleeping sickness
רָדַף, פ"י — to pursue, hunt; to persecute
רַהַב, ז', ר', רְהָבִים — pride, arrogance
רָהַב, פ"ע — to boast; to be haughty
הִרְהִיב, פ"י — to exalt; to dare; to confuse
רֹהַב, ז' — pride, greatness; defiance
רָהָה, פ"ע — to tremble, fear
רָהוּט, ת"ז, רְהוּטָה, ת"נ — fluent, quick
רִהוּט, ז', ר', ־טִים — furnishing; fluency
רַהַט, ז', ר', רְהָטִים — trough

רִהֵט, פ"י — to furnish
רָהִיט, ז', ר', ־טִים, רְהִיטִים — furniture
רְהִיטוּת, נ' — haste; fluency (speech)
[רהן] הִרְהִין, פ"י — to pawn, pledge
רוֹאֶה, ז', ר', ־אִים — seer, prophet
רוֹאֵה חֶשְׁבּוֹן — accountant
רוֹב, רֹב, ז', ר', רֻבִּים — multitude, majority
רוֹבֶה, ז', ר', ־בִים — rifle
רוֹבֵה־צַיִד — shotgun
רוֹגֵז, ת"ז, ־גֶזֶת, ת"נ — angry
[רוד] רָד, רַד, פ"ע — to roam
רוֹדָן, ז', ר', ־נִים — tyrant, dictator
רוֹדָנִי, ת"ז, ־נִית, ת"נ — tyrannical
רָוָה, פ"ע — to drink one's fill; to quench thirst
רִוָּה, פ"י — to saturate
רָוֶה, ת"ז, רָוָה, ת"נ — well-watered; sated
רָווּחַ, ת"ז, רְווּחָה, ת"נ — wide, spacious
רָווּי, ת"ז, רְווּיָה, ת"נ — saturated
רוֹזֵן, ז', ר', ־זְנִים — ruler, lord
רָוַח, פ"ע — to become wide; to spread
רֻוַּח, פ"ע — to be spacious
הִרְוִיחַ, פ"י — to gain, earn, profit; to give relief
רֶוַח, ז', ר', רְוָחִים — space, interval; gain, profit
רוּחַ, זו"נ, ר', רוּחוֹת — wind, spirit, ghost; disposition
אֹרֶךְ־רוּחַ — patience
רוּחַ הַחַיָּה — moving spirit
רוּחַ־הַקֹּדֶשׁ — Holy Spirit
רוּחַ פְּרָצִים — draft
רוּחַ קָדִים — east wind
אִישׁ־רוּחַ — intellectual
מַדְּעֵי־הָרוּחַ — humanities
מַחֲלַת־רוּחַ — insanity
מַצַּב־רוּחַ — mood

נַחַת־רוּחַ pleasure
קֹצֶר־רוּחַ impatience
קַר־רוּחַ cold-blooded
רְוָחָה, נ' width; relief, ease
רְוָחִים, ז"ר interest rates; income; gains
רוּחָנִי, ת"ז, ־נִית, ת"נ spiritual
רוּחָנִיּוּת, נ' spirituality
רְוָיָה, נ' plenty, satiety
רוֹכֵב, ז', ר', ־כְבִים horseman
רוֹכֵל, ז', ר', ־כְלִים peddler, hawker
רוֹכְלוּת, נ' peddling
רוֹכְסָן, ז', ר', ־נִים zipper
[רום] רָם, פ"ע to rise, be high
רוֹמֵם, פ"י to raise, lift; to exalt
הֵרִים, פ"י to raise, erect
רוּם, ז' loftiness; pride; apex
רוֹם, ז' height
רוֹמָה, תה"פ haughtily
רוֹמִי, ת"ז, ־מִית, ת"נ Roman
רוֹמֵם, פ"י, ע' [רום] to raise, lift, exalt
רוֹמֵם, ת"ז, ־מָה ת"נ raised, uplifted
רוֹמֵמוּת, נ', ר', ־מוֹת prominence; high spirit
[רוע] הֵרִיעַ, פ"ע to shout, cry out, sound a signal
הִתְרוֹעֵעַ, פ"ח to shout in triumph
רוֹעֶה, ז', ר', ־עִים shepherd
רוֹעֵץ, ז' impediment; calamity
רוֹעֵשׁ, ת"ז, ־עֶשֶׁת, ת"נ noisy
רוֹפֵא, ז', ר', ־פְאִים physician, surgeon
רוֹפֵף, ת"ז, ־פֶפֶת, ת"נ soft; loose; vacillating
[רוץ] רָץ, פ"ע to run, race
רוֹצֵץ, פ"ע to run back and forth
הֵרִיץ, פ"י to bring quickly; to make run

רוֹצֵחַ, ז', ר', ־חִים murderer
רוֹצֵץ, פ"ע, ע' [רוץ] to run back and forth
רַוָּק, ז', ר', ־קִים bachelor
רַוָּקָה, נ', ר', ־קוֹת spinster
רוֹקֵחַ, ז', ר', ־קְחִים druggist, apothecary
רוֹקֵם, ז', ר', ־קְמִים embroiderer
רוֹקֵן, פ"י to empty
רוֹשׁ, רֹאשׁ, ז' poison, venom
רוֹשֶׁם, רֹשֶׁם, ז', ר', רְשָׁמִים mark, impression
רוֹשֵׁשׁ, פ"י to impoverish
רוֹתֵחַ, ת"ז, רוֹתַחַת, ת"נ boiling; enraged
רָז, ז', ר', ־זִים secret
רָזָה, פ"ע to grow thin, become lean
רָזֶה, ת"ז, רָזָה, ת"נ thin, lean
רָזוֹן, ז', ר', רוֹזְנִים leanness, thinness; ruler, prince
רָזִי, ת"ז, ־זִית, ת"נ; מ"ק secret; woe! alas!
רָזִי לִי woe is me!
רְזִיָּה, נ' leanness
רָזַם, פ"ע to wink; to indicate; to hint
רָחַב, פ"ע to be wide, large
הִרְחִיב, פ"י to widen, extend, enlarge
רָחָב, ת"ז, רְחָבָה, ת"נ wide, spacious
רְחַב יָדַיִם generous; spacious
רְחַב נֶפֶשׁ greedy
רֹחַב, ז' width, breadth; latitude
רֹחַב לֵב generosity, kindness; broad-mindedness
רַחַב, ז', ר', רְחָבִים breadth, width
רְחָבָה, נ', ר', ־בוֹת open place; square
רְחוֹב, ז', ר', ־בוֹת street

רַחוּם, ת״ז merciful

רִחוּף, ז׳ soaring, hovering

רָחוּץ, ת״ז, רְחוּצָה, ת״נ washing, washed

רָחוֹק, ת״ז, רְחוֹקָה, ת״נ far, distant; unlikely

מֵרָחוֹק from afar

רִחוּק, ז׳ remoteness, distance; separation

בְּרִחוּק מָקוֹם at a distance

רִחוּשׁ, ז׳, ר׳, ־שִׁים lip movement

רֵחַיִם, רֵיחַיִם, ז״ז hand mill; millstone; pair of grinding stones

רְחִיצָה, נ׳, ר׳, ־צוֹת washing, bathing

רְחִישָׁה, נ׳, ר׳, ־שׁוֹת movement, stirring; crawling

רָחֵל, רְחֵלָה, נ׳, ר׳, רְחֵלִים, ־לוֹת ewe

רָחַם, פ״י to love

רִחֵם, פ״י to have pity

רֶחֶם, רַחַם, ז׳, רַחֲמָה, נ׳ ר׳, רְחָמִים, רַחֲמָתַיִם womb

מֵרֶחֶם אִמּוֹ from childhood

בֵּית הָרֶחֶם vagina

פֶּטֶר רֶחֶם first-born

רָחָם, ז׳, ר׳, רְחָמִים vulture

רַחֲמִים, ז״ר pity, compassion

רַחֲמָן, ת״ז, ־נִית, ־נִיָּה, ת״נ merciful

רַחֲמָנוּת, נ׳ mercifulness

רָחַף, פ״ע to shake, tremble

רִחֵף, פ״ע to hover; to soar

רַחַף, ז׳ soaring; trembling

רָחַץ, פעו״י to wash, bathe

רַחַץ, ז׳ washing

רַחְצָה, נ׳ washroom

רָחַק, פ״ע to be distant

רִחֵק, הִרְחִיק, פ״י to remove

הִתְרַחֵק, פ״ח to withdraw

רֹחַק, ז׳, ר׳, רְחָקִים distance, dimension

רָחֵק, ת״ז, רְחֵקָה, ת״נ dimensional

רָחַשׁ, פעו״י to whisper; to feel; to investigate

הִתְרַחֵשׁ, פ״ח to happen, occur

רַחַשׁ, ז׳, ר׳, רְחָשִׁים thought; emotion

רַחֲשׁוּשׁ, ז׳, ר׳, ־שִׁים emotion (of heart)

רַחַת, נ׳, ר׳, רְחָתוֹת winnowing fork; tennis racket

רָטַב, פעו״י to moisten, be moist

רָטֹב, ת״ז, רְטֻבָּה, ת״נ moist, wet, juicy

רֹטֶב, ז׳, ר׳, רְטָבִים sauce, gravy

רָטָה, פ״י to surrender; to extradite

רָטוֹב, ז׳ ר׳, ־בִים decoy, trap

רָטוּשׁ, ת״ז, רְטוּשָׁה, ת״נ disemboweled, gutted, eviscerated

רְטוּת, נ׳ vibration

רַטָּט, ז׳, ר׳, ־טִים vibrator

רֶטֶט, ז׳ vibrating; thrill

רִטֵּט, פ״ע to vibrate

הִרְטִיט, פ״י to terrorize

רְטִיבוּת, נ׳ moisture

רְטִיָּה, נ׳, ר׳, ־יּוֹת plaster, emollient

רָטַן, פ״ע to grumble, murmur

רֶטֶן, ז׳, ר׳, רְטָנִים grumble

רַטְנָן, ז׳, ר׳, ־נִים grumbler

רֻטֲפַשׁ, פ״ע to be fat; to be strong; to be fresh

רִטֵּשׁ, פ״י to shatter; to eviscerate, disembowel; to burst open

רֵיאָה, רֵאָה, נ׳, ר׳, ־אוֹת lung

[ריב] רָב, פ״ע to quarrel; to plead; to strive

quarrel, dispute רִיב, ז׳, ר׳, ־בוֹת, ־בִים

maiden רִיבָה, נ׳, ר׳, ־בוֹת

increase; extension; plural (*gram.*) רִיבּוּי, רִבּוּי, ז׳, ר׳, ־יִים

to scream, wail; to sigh [ריד] רָד, פ״ע

smell, scent רֵיחַ, ז׳, ר׳, ־חוֹת

to smell, scent [ריח] הֵרִיחַ, פ״י

sense of smell רִיחָה, נ׳

hand mill; millstone, pair of grinding stones רֵיחַיִם, רֵחַיִם, ז״ז

fragrant, odorous רֵיחָנִי, ת״ז, ־נִית, ת״נ

eyelash; arena, stadium רִיס, ז׳, ר׳, ־סִים

friend, comrade, acquaintance; purpose רֵיעַ, רֵעַ, ז׳, ר׳, ־עִים

crushed corn רִיפָה, נ׳, ר׳, ־פוֹת

running רִיצָה, נ׳

to empty, pour out [ריק] הֵרִיק, פ״י

emptiness רִיק, ז׳

in vain לָרִיק, לְרִיק

empty רֵיק, ת״ז, ־קָה, ת״נ

good for nothing! רֵיקָה, רֵיקָא

empty handed; in vain רֵיקָם, תה״פ

empty רֵיקָן, ת״ז, ־נִית, ת״נ

emptiness; stupidity רֵיקָנוּת, נ׳

saliva; mucus רִיר, ז׳

to run (nose) [ריר] רָר, פ״י

to be impoverished [ריש] רָשׁ, פ״ע

poverty; Resh, name of twentieth letter of Hebrew alphabet רִישׁ, רֵישׁ, ז׳

first part רֵישָׁה, נ׳, ר׳, ־שׁוֹת

soft; timid; tender רַךְ, ת״ז, רַכָּה, ת״נ

coward רַךְ לֵב, רַךְ לֵבָב

to be soft, delicate רַךְ, פ״ע, ע׳ [רכך]

tenderness, softness רֹךְ, ז׳

to ride רָכַב, פ״ע

to compose, compound to combine; to graft; to inoculate הִרְכִּיב, פ״י

driver, coachman; rider רַכָּב, ז׳, ר׳, ־בִים

chariot; wagon; upper millstone; branch for grafting רֶכֶב, ז׳, ר׳, רְכָבִים

riding רִכְבָּה, רְכִיבָה, נ׳

stirrup רְכֻבָּה, נ׳, ר׳, ־בּוֹת

train, railway רַכֶּבֶת, נ׳, ר׳, ־כָּבוֹת

vehicle רְכוּב, ז׳

riding רָכוּב, ת״ז, רְכוּבָה, ת״נ

concentration רִכּוּז, ז׳, ר׳, ־זִים

softening רִכּוּךְ, ז׳, ר׳, ־כִים

merchandise, goods רְכוּלָה, רְכֻלָּה, נ׳

bowed רָכוּן, ת״ז, רְכוּנָה, ת״נ

buttoned; tied רָכוּס, ת״ז, רְכוּסָה, ת״נ

property; capital רְכוּשׁ, ז׳

capitalist רְכוּשָׁן, ז׳, ר׳, ־נִים

capitalistic רְכוּשָׁנִי, ת״ז, ־נִית, ת״נ

softness, tenderness רַכּוּת, נ׳

to concentrate, co-ordinate רִכֵּז, פ״י

co-ordinator רַכָּז, ז׳, ר׳, ־זִים

switchboard רַכֶּזֶת, נ׳, ר׳, ־כָּזוֹת

component רְכִיב, ז׳, ר׳, ־בִים

riding רְכִיבָה, נ׳, ר׳, ־בוֹת

gossiper, slanderer רָכִיל, רְכִילַאי, ז׳, ר׳, ־לִים, ־לָאִים

gossip, slander רְכִילוּת, נ׳, ר׳, ־לֻיּוֹת

acquisition רְכִישָׁה, נ׳

rickets רַכִּית, נ׳

to be soft, delicate [רכך] רַךְ, פ״ע

to be afraid רַךְ לִבּוֹ

to spy; to denounce [רכל] הִרְכִּיל, פ״י

רְכֻלָּה, רְכוּלָה, נ׳ merchandise, goods

[רכן] הִרְכִּין, פ״י to bow down; to nod; to love

רָכַס, פ״י to tie; to button up; to stamp

רֹכֶס, רֶכֶס, ז׳, ר׳, רְכָסִים chain of mountains; intrigue, conspiracy

רִכְפָּה, נ׳, ר׳, רְכָפוֹת dyer's weed; reseda

רָכַשׁ, פ״י to acquire

רֶכֶשׁ, ז׳, ר׳, רְכָשִׁים fast mount, steed

רָם, פ״ע, ע׳ [רום] to rise, be high

רָם, ת״ז, ־מָה, ת״נ high, exalted

רַם, פ״י, ע׳ [רמם] to be worm-eaten; to decay

רַמָּאוּת, נ׳ fraud, deceit

רַמַּאי, רַמַּאִי, ז׳, ר׳, ־אִים swindler

רָמָה, פ״י to throw; to shoot

רִמָּה, פ״י to cheat, deceive

רָמָה, נ׳, ר׳, ־מוֹת hill, height

רִמָּה, נ׳ worms; vermin

רָמוּז, ת״ז, רְמוּזָה, ת״נ hinted

רִמּוֹן, ז׳, ר׳, ־נִים pomegranate; hand grenade

רָמוּס, ת״ז, רְמוּסָה, ת״נ trampled

רָמוּת, נ׳ pride, haughtiness; height, tallness

רָמַז, פ״ע to wink, indicate; to allude

רֶמֶז, ז׳, ר׳, רְמָזִים hint, indication

רַמְזוֹר, ז׳, ר׳, ־רִים traffic light

רֹמַח, ז׳, ר׳, רְמָחִים lance, spear

רְמִיָּה, נ׳ deceit

רְמִיזָה, נ׳ hinting; winking

רְמִיסָה, נ׳ trampling

רַמָּךְ, ז׳, ר׳, ־כִים race horse

[רמם] רַם, פ״י to be wormy

רַמָּן, ז׳, ר׳, ־נִים grenadier, grenade-thrower

רָמַס, פ״י to tread

רֶמֶץ, ז׳ embers, hot ashes

רַמְקוֹל, ז׳, ר׳, ־לִים loud-speaker

רָמַשׂ, פ״ע to creep, crawl; to teem with vermin

רֶמֶשׂ, ז׳, ר׳, רְמָשִׂים reptile

רַמְשִׁית, נ׳, ר׳, ־שִׁיּוֹת serenade

רָן, פ״ע, ע׳ [רנן] to jubilate; to sing

רֹן, ז׳, ר׳, רָנִּים singing; jubilation

רִנָּה, נ׳, ר׳, ־נּוֹת singing; rumor

רִנּוּן, ז׳, ר׳, ־נִים song; gossip, slander

[רנן] רָן, פ״ע to jubilate; to sing

רִנֵּן, פ״ע to gossip, slander

רְנָנָה, נ׳, ר׳, ־נוֹת exultation

רִסּוּן, ז׳ bridling

רִסּוּס, ז׳, ר׳, ־סִים spraying; grinding; atomization

רָסוּק, ת״ז, רְסוּקָה, ת״נ broken, crushed

רְסִיס, ז׳, ר׳, רְסִיסִים fragment; shrapnel

רֶסֶן, ז׳, ר׳, רְסָנִים bridle, halter

רִסֵּן, פ״י to restrain

רֶסֶס, ז׳, ר׳, רְסָסִים shot, pellet

רִסֵּס, פ״י to spray, sprinkle

רִסֵּק, פ״י to crush; to chop

רֶסֶק, ז׳ mash, hash; sauce

רַע, רָע, ת״ז, רָעָה, ת״נ; ז׳ bad, evil; wickedness; calamity

יֵצֶר הָרָע evil inclination, impulse

לְשׁוֹן הָרָע slander, calumny

רַע־עַיִן envious

רַע, פעו״י, ע׳ [רעע] to be bad; to break

רֵעַ, רֵיעַ, ז׳, ר׳, ־עִים friend, comrade, acquaintance; purpose

רֹעַ, ז׳ vice, wickedness

רָעָב, ז׳ hunger, famine, scarcity

רָעַב, פ״ע to be hungry
רָעֵב, ת״ז, רְעֵבָה, ת״נ starved
רְעָבוֹן, ז׳ starvation, hunger
רַעַבְתָּן, ת״ז, ־נִית, ת״נ voracious
רַעַבְתָּנוּת, נ׳ voracity, greed
רָעַד, פ״ע to tremble, quake
רַעַד, ז׳, רְעָדָה, נ׳, ר׳, ־דוֹת trembling, tremor
רָעָה, פעו״י to pasture, graze; to join; to befriend
רָעָה, נ׳, ר׳, ־עוֹת misfortune
רֵעֶה, ז׳, רֵעָה, נ׳, ר׳, ־עִים, ־עוֹת friend
רָעוּל, ת״ז, רְעוּלָה, ת״נ masked, veiled
רָעוּעַ, ת״ז, רְעוּעָה, ת״נ dilapidated, tottering
רִעוּף, ז׳ shingling; tiling
רֵעוּת, נ׳ friendship
רְעוּת, נ׳, ר׳, רֵעוֹת friend, neighbor
רְעוּת־רוּחַ, נ׳ vanity
רְעִי, ז׳, ר׳, רְעָיִים pasture; excrement
רְעִידָה, נ׳ trembling
רְעִידַת־אֲדָמָה earthquake
רַעְיָה, רַעֲיָה, נ׳, ר׳, רְעָיוֹת beloved; wife; friend
רְעִיָּה, נ׳ pasturing, grazing
רַעְיוֹן, ז׳, ר׳, ־נוֹת idea
רַעְיוֹנִי, ת״ז, ־נִית, ת״נ ideal
רְעִימָה, נ׳, ר׳, ־מוֹת thundering, roar
[רעל] הִרְעִיל, פ״י to poison
רַעַל, ז׳, ר׳, רְעָלוֹת poison
רְעָלָה, נ׳, ר׳, ־לוֹת veil
רָעַם, פ״ע to rave, rage; to roar
הִרְעִים, פ״י to thunder
הִתְרַעֵם, פ״ח to complain
רַעַם, ז׳, ר׳, רְעָמִים thunder
רַעְמָה, נ׳, ר׳, רְעָמוֹת mane

רַעֲנָן, ת״ז, ־נָה, ת״נ fresh; juicy
רִעֲנֵן, פ״י to be fresh
רַעֲנַנּוּת, נ׳ freshness
[רעע] רַע, פעו״י to be, become bad; to break
הִתְרוֹעֵעַ, פ״ח to become friendly
רָעַף, פ״ע to drop, drip
רַעַף, ז׳, ר׳, רְעָפִים shingle, slate, tile
רָעַץ, פעו״י to shatter; to fear
רָעַשׁ, פ״ע to tremble
הִרְעִישׁ, פ״י to bombard, shell; to make noise
רַעַשׁ, ז׳, ר׳, רְעָשִׁים noise; commotion; earthquake
רַעֲשָׁן, ז׳, ר׳, ־נִים rattle
רַף, ז׳, ר׳, ־פִּים shelf
רָפָא, פעו״י to heal, cure
רְפָאוּת, נ׳ healing
רְפָאִים, ז״ר giants; ghosts
רָפַד, פ״י to unfold
רִפֵּד, פ״י to spread, make bed; to upholster
רַפָּד, ז׳, ר׳, ־דִים upholsterer
רֶפֶד, ז׳ fabric; spread
רָפָה, פ״ע to be weak; to be loose; to sink
רִפָּה, פ״י to weaken, lessen
רָפֶה, ת״ז, רָפָה, ת״נ slack, loose; weak
רְפוּאָה, נ׳, ר׳, ־אוֹת medicine, remedy
רִפּוּד, ז׳, ר׳, ־דִים upholstering
רִפּוּי, ז׳ curing, healing
רָפוּי, ת״ז, רְפוּיָה, ת״נ loose, unsteady
רִפֵּט, פ״י to wear out
רְפִידָה, נ׳, ר׳, ־דוֹת spreading, spread
רִפְיוֹן, ז׳ laxity; weakness

רָפַס, פ״י — to trample; to be weak
הִתְרַפֵּס, פ״ח — to humiliate oneself
רַפְסוֹדָה, רַפְסֹדֶת, נ׳, ר׳, ־דוֹת — raft, float
רָפַף, פ״ע — to tremble; to vacillate
רַפָּף, ז׳, ר׳, ־פִּים — laxative
רְפָפָה, נ׳, ר׳, ־פוֹת — blind; shutter
[רפק] הִתְרַפֵּק, פ״ח — to lean upon; to long for
רִפְרוּף, ז׳ — fluttering; hovering
רִפְרֵף, פעו״י, ע׳ [רפף] — to blink; to move, flutter
רַפְרֶפֶת, נ׳, ר׳, ־רָפוֹת — pudding
רֶפֶשׁ, ז׳ — mud, dirt, mire
רִפֵּשׁ, פ״י — to make filthy, dirty
רָפַשׂ, פ״י — to trample; to foul, pollute
רֶפֶת, נ׳, ר׳, רְפָתִים, ־תוֹת — cowshed, stable
רַפְתָּן, ז׳, ר׳, ־נִים — dairyman
רַפְתָּנוּת, נ׳ — dairying
רָץ, ז׳, ר׳, ־צִים — runner; bishop (chess)
רַץ, ז׳, ר׳, ־צִּים — bar (metal)
רָצָא, פ״ע — to run
רָצַד, פ״ע — to lurk; to leap
רָצָה, פ״י — to wish, desire, like; to accept
רִצָּה, פ״י — to appease
הִרְצָה, פ״י — to lecture; to count; to satisfy; to pay
רָצוּי, ת״ז, רְצוּיָה, ת״נ — worthwhile; desirable
רִצּוּי, ז׳ — appeasement; satisfaction
רָצוֹן, ז׳, ר׳, ־נוֹת — will, wish, desire; favor
כִּרְצוֹנְךָ — as you like
רְצוֹנִי, ת״ז, ־נִית, ת״נ — voluntary
רְצוּעָה, נ׳, ר׳, ־עוֹת — strap, strip

רָצוּף, ת״ז, רְצוּפָה, ת״נ — successive; attached, joined; tiled
רִצּוּף, ז׳ — tiling
רָצוּץ, ת״ז, רְצוּצָה, ת״נ — crushed, dejected
רָצַח, פ״י — to murder, assassinate
רֶצַח, ז׳ — murder
רְצִיחָה, נ׳, ר׳, ־חוֹת — murdering
רְצִינוּת, נ׳ — seriousness
רְצִינִי, ת״ז, ־נִית, ת״נ — serious
רָצִיף, ז׳, ר׳, רְצִיפִים — platform; quay, dock
רְצִיפוּת, נ׳ — consecutiveness
רְצִיצָה, נ׳, ר׳, ־צוֹת — crushing
[רצן] הִרְצִין, פ״ע — to become serious
רָצַע, פ״י — to lash, flog; pierce, perforate
רַצְעָן, ז׳, ר׳, ־נִים — saddler, shoemaker
רָצַף, פ״י — to join closely; to arrange in order; to pave
רַצָּף, ז׳, ר׳, ־פִים — tiler
רֶצֶף, ז׳, ר׳, רְצָפִים — burning coal
רִצְפָּה, נ׳, ר׳, רְצָפוֹת — floor; pavement; burning coal
רָצַץ, פ״י — to shatter; to oppress
הִתְרוֹצֵץ, פ״ח — to struggle together, push one another
רַק, תה״פ; רַק, ת״ז, רַקָּה, ת״נ — only, except; thin, lean
רֹק, ז׳, ר׳, רֻקִּים — saliva
רָקַב, פ״ע — to rot, decay
רֶקֶב, ז׳ — humus; rot (*med.*), decay
רָקָב, ז׳ — rottenness, decay
רַקְבּוּבִית, נ׳ — decayed part
רִקָּבוֹן, ז׳ — putrefaction, rottenness
רָקַד, פ״ע — to dance
רִקֵּד, פ״י — to dance; to winnow, sift
רַקְדָן, ז׳, ־נִית, ז׳, ר׳, ־נִים, ־נִיּוֹת — dancer

temple (forehead) רַקָּה, נ׳, ר׳, ־קּוֹת
rotten, decayed רָקוּב, ת״ז, רְקוּבָה, ת״נ
dance רִקּוּד, ז׳, ר׳, ־דִים
salve, ointment רִקּוּחַ, ז׳, ר׳, ־חִים
embroidering; embryo רִקּוּם, ז׳, ר׳, ־מִים
beaten plate (metal); foil רִקּוּעַ, ז׳, ר׳, ־עִים
to mix; to distill perfume רָקַח, פ״י
perfumer רַקָּח, ז׳, ר׳, ־חִים
spice רֶקַח, רֹקַח, ז׳, ר׳, רְקָחִים
dancing רְקִידָה, נ׳, ר׳, ־דוֹת
embroidery רְקִימָה, נ׳, ר׳, ־מוֹת
firmament, heaven רָקִיעַ, ז׳, ר׳, רְקִיעִים
heavenly; spherical רְקִיעִי, ת״ז, ־עִית, ת״נ
biscuit רָקִיק, ז׳, ר׳, רְקִיקִים
spitting רְקִיקָה, נ׳, ר׳, ־קוֹת
to embroider; to variegate רָקַם, פ״י
to shape, form רִקֵּם, פ״י
embroidery רִקְמָה, נ׳, ר׳, רְקָמוֹת
to stamp, beat; to spread, stretch רָקַע, פער״י
to overlay רִקַּע, פ״י
background רֶקַע, ז׳
cyclamen רַקֶּפֶת, נ׳, ר׳, ־קָפוֹת
to spit רָקַק, פ״י
swamp, mire רְקָק, ז׳
spittoon רְקָקִית, נ׳, ר׳, ־יּוֹת
to run (nose) רָר, פ״ע, ע׳ [ריר]
to be impoverished רָשׁ, פ״ע, ע׳ [ריש]
poor man רָשׁ, ז׳, ר׳, ־שִׁים
authorized, permitted רַשַּׁאי, ת״ז, רַשָּׁאִית, רַשָּׁאָה, ת״נ
to authorize, permit [רשה] הִרְשָׁה, פ״י

indolence; neglect רִשּׁוּל, ז׳
registration; mark, sign, trace, impression רִשּׁוּם, ז׳, ר׳, ־מִים
noted; inscribed; registered רָשׁוּם, ת״ז, רְשׁוּמָה, ת״נ
registered letter מִכְתָּב רָשׁוּם
authority, control, power רָשׁוּת, נ׳, ר׳, ־שֻׁיּוֹת
permission; option; possession רְשׁוּת, נ׳, ר׳, ־שֻׁיּוֹת
screening רִשּׁוּת, ז׳
permit, license רִשְׁיוֹן, רִשָּׁיוֹן, ז׳, ר׳, ־נוֹת
list, register; note; article רְשִׁימָה, נ׳, ר׳, ־מוֹת
to weaken; to loosen רִשֵּׁל, פ״י
to be lax הִתְרַשֵּׁל, פ״ח
sluggard רַשְׁלָן, ז׳, ר׳, ־נִים
carelessness רַשְׁלָנוּת, נ׳
careless רַשְׁלָנִי, ת״ז, ־נִית, ת״נ
to note; to draw, mark רָשַׁם, פ״י
to be impressed הִתְרַשֵּׁם, פ״ח
draftsman; registrar רַשָּׁם, ז׳, ר׳, ־מִים
impression רֹשֶׁם, ז׳, ר׳, רְשָׁמִים
official רִשְׁמִי, ת״ז, ־מִית, ת״נ
officialism רִשְׁמִיּוּת, נ׳
to do wrong; to commit crimes רָשַׁע, פ״ע
to condemn; to convict הִרְשִׁיעַ, פ״י
wicked; guilty רָשָׁע, ת״ז, רְשָׁעָה, ־עִית, ת״נ
wickedness, injustice רֶשַׁע, ז׳
sin רִשְׁעָה, נ׳
cruelty רִשְׁעוּת, נ׳, ר׳, ־עֻיּוֹת
to burn, spark רָשַׁף, פ״י

רֶשֶׁף, ז׳, ר׳, רְשָׁפִים flame; spark; fever
רִשְׁרוּשׁ, ז׳, ר׳, ־שִׁים rustling
רִשְׁרֵשׁ, פ״י to rustle
רָשַׁשׁ, פ״י to be beaten down; to be destroyed
רִשֵּׁת, פ״י to make (lay) net(s); to screen
רֶשֶׁת, נ׳, ר׳, רְשָׁתוֹת net, snare; bait
רִשְׁתִּית, נ׳, ר׳, ־יּוֹת retina
רָתוּחַ, ת״ז, רְתוּחָה, ת״נ boiling
רִתּוּךְ, ז׳ welding
רָתוּם, ת״ז, רְתוּמָה, ת״נ harnessed; hitched
רְתוּקָה, רַתּוּקָה, נ׳, ר׳, ־קוֹת chain
רָתַח, פ״ע to boil; to be angry, irate
רֶתַח, ז׳, ר׳, רְתָחִים boiling
רַתְחָן, ת״ז, ־נִית, ת״נ irascible
רַתְחָנוּת, נ׳ irascibility
רְתִיחָה, נ׳, ר׳, ־חוֹת boiling; anger; foaming; effervescence
רְתִימָה, נ׳, ר׳, ־מוֹת harnessing
רִתֵּךְ, פ״י to smelt, weld
רַתָּךְ, ז׳, ר׳, ־כִים welder
רָתַם, פ״י to harness
רֹתֶם, ז׳, ר׳, רְתָמִים broombush
רִתְמָה, נ׳, ר׳, רְתָמוֹת harness
[רתע] נִרְתַּע, פ״ע to be startled; to recoil
רֶתַע, ז׳, רְתִיעָה, נ׳, ־עוֹת retreat
רִתֵּף, פ״י to store (in cellar)
רִתֵּק, פ״י to join, link; to spellbind
רָתַת, פ״ע to tremble, shake
רֶתֶת, ז׳ trembling
רְתָתָה, נ׳ awe, terror

ש W

שׁ, שׂ Shin, Sin, twenty-first letter of Hebrew alphabet; three hundred
שֶׁ־ who, which, that; because
שָׁאַב, פ״י to draw, pump (water); to absorb
שַׁאֲבָק, ז׳ vacuum cleaner
שָׁאַג, פ״ע to roar (lion)
שְׁאָגָה, נ׳, ר׳, ־גוֹת roar; cry
שָׁאָה, פ״ע to lay waste, devastate
הִשְׁתָּאָה, פ״ח to be astonished; to gaze
שֹׁאָה, שׁוֹאָה, נ׳, ר׳, ־אוֹת calamity, devastation, ruin
שָׁאוּב, ז׳, ר׳, ־בִים trough, bucket
שְׁאוֹל, זו״נ hell, hades; grave
שָׁאוּל, ת״ז, שְׁאוּלָה, ת״נ borrowed
שָׁאוֹן, ז׳, ר׳, שְׁאוֹנִים noise, uproar
שְׂאוֹר, ז׳ leaven, yeast; fermentation
שְׁאָט, ז׳ שְׁאָט נֶפֶשׁ contempt
שָׁאַט, פ״י to despise
שְׁאִיבָה, נ׳, ר׳, ־בוֹת drawing (water), pumping; absorption
שְׁאִיָּה, נ׳ ruin, desolation
שְׁאִילָה, נ׳, ר׳, ־לוֹת borrowing; asking
שְׁאִילְתָּה, שְׁאֵלְתָּה, נ׳, ר׳, ־תּוֹת official query
שְׁאִיפָה, נ׳, ר׳, ־פוֹת inhalation, breathing; aspiration, ambition
שָׂרִיד, ז׳, ר׳, שְׂרִידִים survivor
שָׁאַל, פ״י to ask; to borrow
שָׁאַל לְשָׁלוֹם to greet
שִׁאֵל, פ״י to beg, go begging
הִשְׁאִיל, פ״י to lend

שְׁאֵלָה, נ׳, ר׳, ־לות question; problem; loan; inquiry
שְׁאֵלוֹן, ז׳, ר׳, ־נִים questionnaire
שְׁאֵלְתָּה, שְׁאִילְתָּה, נ׳, ר׳, ־תּות official query
שָׁאַן, פ״ע to make noise
שַׁאֲנַן, פ״ע to be at ease; to be secure
שַׁאֲנָן, ת״ז, ־נַנָּה, ת״נ tranquil; secure
שַׁאֲנַנּוּת, נ׳ tranquillity; security
שָׁאַף, פ״י to gasp, pant; to long for, aspire, strive; to trample upon
שַׁאֲפָן, ת״ז, ־נִית, ת״נ ambitious
שַׁאֲפָנוּת, נ׳ ambition
שָׁאַר, פ״ע to remain, be remaining
נִשְׁאַר, פ״ע to be left, remaining
הִשְׁאִיר, פ״י to leave (remaining), spare
שְׁאָר, ז׳ remainder, rest, remnant
בֵּין הַשְּׁאָר among other things
שְׁאָר־רוּחַ inspiration
שְׁאֵר, ז׳, ר׳, ־רִים meat, flesh; food
שְׁאֵר־בָּשָׂר relative
שַׁאֲרָה, נ׳, ר׳, שְׁאָרוֹת blood relation
שְׁאֵרִית, נ׳, ר׳, ־רִיּוֹת remnant, remainder, remains
שֵׁאת, נ׳ calamity
שְׂאֵת, נ׳ exaltation; dignity; swelling; eruption (skin), sore
שַׁב, ז׳ vitriol; alum
שָׂב, ת״ז, בָה, ־ת״נ gray, old
שָׂב, ז׳, ר׳, ־בִים old man
שָׁב, פ״ע, ע׳ [שוב] to return, come back, go back; to do again; to repent; to turn away
שָׂב, פ״ע, ע׳ [שיב] to grow old, turn gray
שַׁבַּאי, ז׳, ר׳, ־בָּאִים captor
שְׁבָב, ז׳, ר׳, שְׁבָבִים splinter, fragment (wood)
שָׁבָה, פ״י to take captive, capture
שְׁבוֹ, ז׳ agate, precious stone
שִׁבּוּט, ז׳, ר׳, ־טִים flounder, plaice, sole
שָׁבוּי, ת״ז, שְׁבוּיָה, ת״נ captive
שִׁבּוֹלֶת, שִׁבֹּלֶת, נ׳, ר׳, שִׁבֳּלִים, ־בּוֹלוֹת ear of corn; current of river; shibboleth, watchword, password
שָׁבוּעַ, ז׳, ר׳, ־עוֹת, שְׁבוּעַיִם week; heptad (weeks or years)
שְׁבוּעָה, נ׳, ר׳, ־עוֹת curse; oath
שְׁבוּעַת שָׁוְא false oath
שְׁבוּעוֹן, ז׳, ר׳, ־נִים weekly journal
דּוּ־שְׁבוּעוֹן biweekly publication
שָׁבוּעוֹת, חַג הַשָּׁבוּעוֹת, ז׳ Pentecost, Feast of Weeks
שְׁבוּעִי, ת״ז, ־עִית, ת״נ weekly
דּוּ־שְׁבוּעִי biweekly
שָׁבוּר, ת״ז, שְׁבוּרָה, ת״נ broken, split
שִׁבּוּשׁ, ז׳, ר׳, ־שִׁים error, blunder
שְׁבוּת, נ׳ rest, abstention from work (on Sabbath and festivals); captivity; return, repatriation
חֹק הַשְּׁבוּת law of repatriation (to Israel)
שָׁבַח, פ״ע to grow in value; to improve
שִׁבַּח, פ״י to calm; to praise, glorify
הִשְׁתַּבַּח, פ״ח to praise oneself, boast
שֶׁבַח, ז׳, ר׳, שְׁבָחִים; שִׁבְחָה, נ׳, ר׳, ־חוֹת praise; improvement; gain
שֵׁבֶט, ז׳, ר׳, שְׁבָטִים staff, rod; birch, whip; scepter; tribe
שְׁבָט, ז׳ Shebat, eleventh month of Hebrew calendar

חֲמִשָּׁה עָשָׂר (ט״ו) בִּשְׁבָט Arbor Day, New Year of the Trees
שְׁבִי, שֶׁבִי, ז׳, שִׁבְיָה, נ׳ captivity
שָׁבִיב, ז׳, ר׳, שְׁבִיבִים flame, spark
שָׁבִיט, ז׳, ר׳, שְׁבִיטִים comet
שְׁבִיל, ז׳, ר׳, ־לִים lane, path
שְׁבִיל הַזָּהָב golden path, middle course
שְׁבִיל הֶחָלָב Milky Way
בִּשְׁבִיל, מ״י for, for the sake of
בִּשְׁבִיל שֶׁ־ in order that
שָׁבִיס, ז׳, ר׳, שְׁבִיסִים front band; hairnet
שְׂבִיעָה, נ׳ having one's fill, satiety
שְׂבִיעַת רָצוֹן satisfaction
שְׁבִיעִי, ת״ז, ־עִית, ת״נ seventh
שְׁבִיעִיָּה, נ׳ septet(te)
שְׁבִיעִית, נ׳, ר׳, ־עִיּוֹת one-seventh; sabbatical year
שָׁבִיר, ת״ז, שְׁבִירָה, ת״נ fragile, breakable
שְׁבִירָה, נ׳, ר׳, ־רוֹת breaking
שְׁבִיתָה, נ׳, ר׳, ־תוֹת resting (on Sabbath); strike
שְׁבִיתַת־רָעָב hunger strike
שְׁבִיתַת נֶשֶׁק armistice, truce
שְׁבִיתַת שֶׁבֶת sit-down strike
שֹׁבֶךְ, שׁוֹבֶךְ, ז׳, ר׳, שׁוֹבָכִים dovecot
שְׂבָכָה, נ׳, ר׳, ־כוֹת latticework, woven net; trellis
שֹׁבֶל, ז׳ train, edge of skirt; ship's trail
שַׁבְּלוּל, ז׳, ר׳, ־לִים snail, shrimp; oyster
שִׁבֹּלֶת, שִׁבּוֹלֶת, נ׳, ר׳, שִׁבֳּלִים, ־בּוֹלוֹת ear of corn; current of river; shibboleth, watchword, password
שִׁבֹּלֶת־שׁוּעָל oats

[שבע] נִשְׁבַּע, פ״ע to swear, take an oath
שָׂבַע, פ״ע to be satisfied, sated
שָׂבֵעַ, ת״ז, שְׂבֵעָה, ת״נ satisfied, satiated
שָׂבָע, שֹׂבַע, ז׳, שָׂבְעָה, נ׳ plenty, abundance
שִׁבְעָה, ש״מ, ז׳, שֶׁבַע, נ׳ seven
יָשַׁב שִׁבְעָה to mourn
שִׁבְעָה עָשָׂר, ש״מ, ז׳ seventeen
שְׁבַע עֶשְׂרֵה, ש״מ, נ׳ seventeen
שִׁבְעִים, ש״מ, זו״נ seventy
שִׁבְעָתַיִם, ש״מ seven times
שִׁבֵּץ, פ״י to set (precious stone); to weave in checkerwork
שָׁבָץ, ז׳ cramp; stroke
שָׁבַק, פ״י to leave
שָׁבַק חַיִּים (לְכָל חַי) to die
שָׁבַר, פ״י to break; to buy grain
שִׁבֵּר, פ״י to break in pieces
הִשְׁבִּיר, פ״י to cause to break; to sell grain
שֶׁבֶר, ז׳, ר׳, שְׁבָרִים breaking, break; calamity; interpretation (of dream); grain, provisions; fraction
שֵׂבֶר, סֵבֶר, ז׳ hope
שָׂבַר, פ״ע to inspect, examine
שִׂבֵּר, פ״ע to wait; to hope
שִׁבָּרוֹן, ז׳ breaking; trade in grain
שַׁבְרִיר, ז׳, ר׳, ־רִים splinter; ray
שִׁבֵּשׁ, פ״י to do a thing faultily; to make mistakes
שַׁבְשֶׁבֶת, נ׳, ר׳, ־שָׁבוֹת weather vane
שָׁבַת, פ״ע to desist, rest, stop work, keep Sabbath
הִשְׁבִּית, פ״י to fire, lay off from work

שַׁבָּת, נ׳, ר׳, ־תוֹת day of rest; Sabbath; week
שֶׁבֶת, נ׳ seat; rest; cessation; idleness; dill
שַׁבְּתַאי, ז׳ Saturn
שַׁבְּתָה, נ׳ meningitis
שַׁבָּתוֹן, ז׳ complete rest; general strike
שָׂגָא, פ״ע to grow, prosper
שֶׂגֶא, ז׳ loftiness
שָׂגַב, פ״ע to be strong; to be exalted; to be unattainable
שֶׂגֶב, ז׳ sublimity, loftiness
שָׁגַג, פ״ע to err, sin unintentionally
שְׁגָגָה, נ׳, ר׳, ־גוֹת error, mistake; inadvertence
בִּשְׁגָגָה, תה״פ inadvertently
שָׁגָה, פ״ע to stray; to err; to be enticed; to be attracted
שָׂגָה, פ״ע to grow great, increase
שָׁגוּר, ת״ז, שְׁגוּרָה, ת״נ fluent; familiar
[שגח] הִשְׁגִּיחַ, פ״ע to observe; to care for; to supervise
שַׂגִּיא, ת״ז, ־אָה, ת״נ great, exalted
שְׁגִיאָה, נ׳, ר׳, ־אוֹת error, mistake
שֵׁגָל, נ׳ king's concubine, consort
שִׁגָּיוֹן, ז׳, ר׳, שִׁגְיוֹנוֹת craze, caprice; hobby; idée fixe
שְׁגִירוּת, נ׳, ר׳, ־רִיּוֹת fluency; familiarity
שִׁגֵּם, פ״י to join with hinge
שֶׁגֶם, ז׳, ר׳, שְׁגָמִים hinge; tongue; striker
שִׁגַּע, פ״י to make mad; to bewilder
שִׁגָּעוֹן, ז׳, ר׳, שִׁגְעוֹנוֹת madness; nonsense
שִׁגְעוֹנִי, ת״ז, ־נִית, ת״נ maddening
שִׁגֵּר, פ״י to send; to flow; to speak fluently

שֶׁגֶר, ז׳, ר׳, שְׁגָרִים offspring of animals
שִׁגְרָה, נ׳ habit, routine; fluency
שִׁגָּרוֹן, ז׳ rheumatism
שַׁגְרִיר, ז׳, ר׳, ־רִים delegate, ambassador
שַׁגְרִירוּת, נ׳ embassy
שִׂגְשֵׂג, פ״ע to grow, blossom
שָׂד, פ״י, ע׳ [שיד] to whitewash
שַׁד, שַׁד, ז׳, ר׳, שָׁדַיִם breast
שָׁד, פ״י, ע׳ [שוד] to ravage, despoil
שֵׁד, ז׳, ר׳, שֵׁדִים devil
שֹׁד, שׁוֹד, ז׳ violence; ruin; robbery, plunder
שָׁדַד, פ״י to plunder, despoil; to assault
שִׂדֵּד, פ״י to harrow
שִׁדָּה, נ׳, ר׳, ־דּוֹת chest of drawers
שָׂדֶה, שָׂדַי, ז״ו״נ, ר׳, שָׂדוֹת field, land
שְׂדֵה אִילָן plantation
שְׂדֵה בּוּר fallow land
שְׂדֵה מוֹקְשִׁים minefield
שְׂדֵה (קֶטֶל) קְרָב battlefield
שְׂדֵה רְאִיָּה field of vision
שְׂדֵה תְּעוּפָה airfield
שָׁדוּד, ת״ז, שְׁדוּדָה, ת״נ plundered; assaulted
שִׂדּוּד, ז׳, ר׳, ־דִים harrowing
שִׁדּוּךְ, ז׳, ר׳, ־כִים proposal of marriage; mutual agreement
שִׁדּוּל, ז׳, ר׳, ־לִים persuasion
שֵׁדוֹן, ז׳, ר׳, ־נִים rascal
שָׁדוּף, ת״ז, שְׁדוּפָה, ת״נ wind-blasted, blighted
שִׁדּוּר, ז׳, ר׳, ־רִים broadcasting
שַׁדַּי, ז׳ the Almighty
שִׁדֵּךְ, פ״י to negotiate a marriage (an agreement)
הִשְׁתַּדֵּךְ, פ״ע to negotiate (for marriage), arrange a marriage

שַׁדְכָן, ז׳, ר׳, ־נִים marriage broker
שַׁדְכָנוּת, נ׳ marriage agency
שִׁדֵּל, פ״י to persuade
הִשְׁתַּדֵּל, פ״ח to be persuaded; to strive; to endeavor
שְׂדֵמָה, נ׳, ר׳, ־מוֹת vineyard; field
שָׁדַף, פ״י to blight, blast
שְׁדֵפָה, נ׳ blighted crops
שִׁדָּפוֹן, ז׳, ר׳, שִׁדְפוֹנוֹת blight of crops
שִׁדֵּר, פ״י to broadcast
שֶׁדֶר, ז׳, ר׳, שְׁדָרִים spine, backbone
שְׂדֵרָה, נ׳, ר׳, ־רוֹת row (of men, soldiers); avenue, boulevard
שִׁדְרָה, נ׳, ר׳, ־רָאוֹת, שְׁדָרוֹת,
עַמּוּד־הַשִּׁדְרָה spinal column
חוּט־הַשִּׁדְרָה spinal cord
שֶׂה, זו״נ, ר׳, שֵׂיִים, שֵׂיוֹת lamb; kid
שָׂהֵד, ז׳, ר׳, שָׂהֲדִים witness
שָׁהָה, פ״ע to tarry, delay; to remain, dwell
שִׁהוּק, ז׳, ר׳, ־קִים hiccup
שָׁהוּת, נ׳ spare time; delay
שְׁהִיָּה, נ׳, ר׳, ־יּוֹת delaying, delay; stay
שֹׁהַם, שׁוֹהַם, ז׳, ר׳, שְׁהָמִים onyx
שִׁהֵק, פ״ע to hiccup
שַׂהֲרוֹן, סַהֲרוֹן, ז׳, ר׳, ־נִים crescent-shaped ornament
שָׁוְא, ז׳ vanity; nothingness; falsehood
לַשָּׁוְא, תה״פ in vain
שְׁוָא, ז׳, ר׳, ־אִים, (ְ) sheva, vowel sign
(שׁוֹאֵבָה), בֵּית־הַשּׁוֹאֵבָה, ז׳ well; pump house
שׁוֹאָה, שֹׁאָה, נ׳, ר׳, ־אוֹת calamity; devastation, ruin

[שׁוּב] שָׁב, פ״ע to return, come back, go back; to do again; to repent; to turn away
שׁוֹבֵב, פ״י to bring back, restore; to lead away; to apostatize
הִשְׁתּוֹבֵב, פ״ח to be naughty; to be wild; to be playful
שׁוּב, תה״פ again
שׁוֹבָב, ת״ז, ־בֵבָה, ־בִית, ת״נ naughty; wild
שׁוֹבְבוּת, נ׳ wildness, unruliness
שׁוּבָה, נ׳ rest, peacefulness; retirement
שׁוֹבָךְ, שֹׁבֶךְ, ז׳, ר׳, ־בָכִים dovecot
שׁוֹבֵר, ז׳, ר׳, ־רִים, ־רוֹת receipt
שׁוֹבֵר־גַּלִּים, ז׳, ר׳, שׁוֹבְרֵי גַּלִּים breakwater
[שׁוּג] נָשׁוֹג, פ״ע to turn back, recede
שׁוֹגֵג, ת״ז, ־גֶגֶת, ת״נ inadvertent, unintentional
בְּשׁוֹגֵג, תה״פ unintentionally
[שׁוּד] שָׁד, פ״י to ravage, despoil
שׁוֹד, שֹׁד, ז׳ violence; ruin; robbery, plunder
שׁוֹדֵד, ז׳, ר׳, ־דְדִים robber
שָׁוָה, פ״ע to be equivalent to, resemble; to be worthwhile
הִשְׁוָה, פ״י to compare; to smooth, level
שָׁוֶה, ת״ז, שָׁוָה, ת״נ equal; worth
שָׁוֶה, ז׳ plain
שִׁוּוּי, ז׳, ר׳, ־יִים equality
שִׁוּוּי־זְכֻיּוֹת equal rights
שִׁוּוּי־מִשְׁקָל equilibrium
שׁוֹהַם, שֹׁהַם, ז׳, ר׳, שְׁהָמִים onyx
[שׁוּחַ] שָׁח, פ״ע to sink, bow down
[שׁוּחַ] שָׂח, פ״ע to stroll, take a walk
שׁוֹחַד, שֹׁחַד, ז׳ bribe
שׁוּחָה, נ׳, ר׳, ־חוֹת pit

שׁוֹחֵט, ז׳, ר׳, שׁוֹחֲטִים ritual slaughterer
שׂוֹחֵק, ת״ז, ־חֶקֶת, ת״נ happy, radiant, joyful
שׁוֹחֵר, ז׳, ר׳, ־חֲרִים loyal friend; seeker
שׁוֹט, ז׳, ר׳, ־טִים whip
[שׂוט] שָׂט, פ״ע to swerve, turn aside
[שׁוט] שָׁט, פ״ע to go about, roam, hike; to float; to row
שׁוֹטֶה, ז׳, ר׳, ־טִים idiot, fool, madman
שׁוֹטֶה, ת״ז, ־טָה, ת״נ mad, crazy
כַּדּוּר שׁוֹטֶה stray bullet
כֶּלֶב שׁוֹטֶה hydrophobic (mad) dog
שׁוֹטֵט, ז׳, ר׳, ־טְטִים scourge; hiker
שׁוֹטְטוּת, נ׳ hiking
שׁוֹטֵף, ת״ז, ־טֶפֶת, ת״נ bursting forth, flooding
שׁוֹטֵר, ז׳, ר׳, ־רִים policeman
שׁוֹטֵר חֶרֶשׁ detective
שָׁוֶה, שֹׁוִי, ז׳ equivalent; price, worth
שִׁוְיוֹן, ז׳, ר׳, ־נוֹת equality
שִׁוְיוֹן־נֶפֶשׁ apathy
[שׂוך] שָׂךְ, פ״י to hedge about, fence up
שׂוֹךְ, ז׳, ר׳, ־כִים; שׂוֹכָה, נ׳, ר׳, ־כוֹת branch
שׁוּלְחָן, שֻׁלְחָן, ז׳, ר׳, ־נוֹת table
שׁוּלְיָה, ז׳, ר׳, ־יוֹת apprentice
שׁוּלַיִם, ז״ז rim, margin; hem
שׁוֹלָל, ת״ז stripped, naked; barefoot
שׁוּם, ז׳, ר׳, ־מִים garlic; name, title; valuation, estimate
שׁוּם דָּבָר nothing, anything
בְּשׁוּם אֹפֶן not at all
[שׁום] שָׁם, פ״י to value, estimate

שׁוּמָה, נ׳, ר׳, ־מוֹת assessment, estimate; birthmark, wart, mole
שׁוֹמֵם, פעו״י, ע׳ [שמם] to terrify, cause horror; to be terrified
שׁוֹמֵם, ת״ז, ־מָה, ת״נ desolate, alone
שׁוֹמְמָה, נ׳, ר׳, ־מוֹת desolate place
שׁוּמָן, שֻׁמָּן, ז׳, ר׳, ־נִים fat
שׁוֹמֵר, ז׳, ר׳, ־רִים watchman
שׁוֹמֵרָה, נ׳, ר׳, ־רוֹת watchman's hut
שׁוֹמְרוֹנִי, ת״ז, ־נִית, ת״נ Samaritan
שׂוֹנֵא, ז׳, ר׳, ־נְאִים foe, enemy
שׁוֹנֶה, ת״ז, ־נָה, ת״נ different
שׁוּנִית, נ׳, ר׳, ־יוֹת cliff
שׁוֹעַ, ז׳, ר׳, ־עִים nobleman; wealthy person
שֶׁוַע, ז׳, שַׁוְעָה, נ׳, ר׳, שַׁוָעוֹת hue and cry
שִׁוַּע, פ״ע to cry for help
שׁוּעָל, ז׳, ר׳, ־לִים fox
שׁוֹעֵר, ז׳, ר׳, ־עֲרִים gatekeeper; goalie
[שוף] שָׁף, פ״י to bruise; to crush, grind (grain); to rub, polish
שׁוֹפֵט, ז׳, ר׳, ־פְטִים judge; referee
שׁוּפִי, שְׁפִי, ז׳ ease
שׁוֹפִין, ז׳, ר׳, ־נִים file
שׁוֹפְכִים, שׁוֹפְכִין, ז״ר waste water
שׁוֹפָר, ז׳, ר׳, ־רוֹת, ־רִים shophar, ram's horn
שׁוּפְרָא, שֻׁפְרָא, ז׳ beauty; goodliness
שׁוֹק, נ׳, ר׳, ־קַיִם leg, foreleg; leg (of triangle)
שׁוּק, ז׳, ר׳, שְׁוָקִים market
[שוק] שׁוֹקֵק, פ״י to water; to make abundant
הִשְׁתּוֹקֵק, פ״ח to long for, desire
שִׁוֵּק, פ״י to market
שׁוֹקֵק, ת״ז, ־קָה, ת״נ longing (for water), thirsty

שׁוֹקֵק, פ״י, ע׳ [שוק] to water; to make abundant
שׁוֹקֶת, שֹׁקֶת, נ׳, ר׳, שְׁקָתוֹת watering trough
שׁוֹר, ז׳, ר׳, שְׁוָרִים ox, bullock
שׁוּר, ז׳, ר׳, ־רִים wall; enemy
[שור] שָׁר, פ״ע to behold, see, observe
[שור] שָׂר, פ״ע to turn aside; to depart; to wrestle; to tumble
שַׁוָּר, ז׳, ר׳, ־רִים acrobat, tumbler
שׁוּרָה, נ׳, ר׳, ־רוֹת line, row
שׂוֹרֵק, ז׳, ר׳, ־רְקִים, שׂוֹרֵקָה, נ׳, ר׳, ־רְקוֹת choice vine
שׁוּרֻק, ז׳, ר׳, ־קִים shooruk, name of Hebrew vowel ("וּ")
שׁוֹרֵר, פ״י, ע׳ [שיר] to sing, chant; to poetize
שׁוֹרֵר, ז׳, ר׳, ־רְרִים enemy, adversary
שׁוֹרֶשׁ, שֹׁרֶשׁ, ז׳, ר׳, שָׁרָשִׁים root
שׁוּשׁ, ז׳, ר׳, ־שִׁים licorice
[שוש] שָׂשׂ, פ״ע to be happy, rejoice
שׁוֹשְׁבִין, ז׳, ־נָה, נ׳ ר׳, ־נִים, ־נוֹת best man; bridesmaid
שׁוֹשֶׁלֶת, נ׳, ר׳, ־שָׁלוֹת chain; dynasty
שׁוֹשָׁן, שׁוּשַׁן, ז׳, ר׳, ־נִּים lily; rose
שׁוֹשַׁנָּה, נ׳, ר׳, ־נּוֹת, ־נִים lily; rose; head of nail; erysipelas; roseola
שׁוֹשֶׁנֶת, נ׳, ר׳, ־שָׁנוֹת rosette
שׁוּתָּף, שֻׁתָּף, ז׳, ר׳, ־פִים associate, partner
שׁוּתָּפוּת, שֻׁתָּפוּת, נ׳, ר׳, ־פֻיּוֹת partnership, association
שָׁזוּף, ת״ז, שְׁזוּפָה, ת״נ sunburned
שִׁזּוּף, ז׳ sunburn, sun tan
שָׁזִיף, ז׳, ר׳, שְׁזִיפִים plum; prune
שְׁזִיפָה, נ׳, ר׳, ־פוֹת sun tanning
שְׁזִירָה, נ׳, ר׳, ־רוֹת interweaving

שָׁזַף, פ״י to behold; to burn, sunburn
שָׁזַר, פ״י to twist; to interweave
שִׁזְרָה, נ׳, ר׳, שְׁזָרוֹת spine, backbone
שַׁח, ת״ז, שָׁחָה, ת״נ bowed, bent down
שָׁח, פ״ע, ע׳ [שוח] to sink, bow down
שֵׂחַ, ז׳ conversation; thought
שָׁח, פ״ע, ע׳ [שוח] to stroll, take a walk
שָׂח, פ״ע, ע׳ [שיח] to talk, relate
שָׂח־רָחוֹק, ז׳ telephone
שִׁחֵד, פ״י to bribe
שֹׁחַד, שׁוֹחַד, ז׳ bribe
שָׁחָה, פ״ע to bow down
הִשְׁתַּחֲוָה, פ״ח to prostrate oneself
שָׂחָה, פ״ע to swim
שָׂחוּ, ז׳ deep waters; swimming
שָׁחוּז, ת״ז, שְׁחוּזָה, ת״נ sharpened
שְׁחוֹחַ, תה״פ bent down
שָׁחוּחַ, ת״ז, שְׁחוּחָה, ת״נ bent down, bent over
שָׁחוּט, ת״ז, שְׁחוּטָה slaughtered; sharpened; hammered, beaten
שָׁחוּם, שָׁחֹם, ת״ז, שְׁחֻמָּה, ת״נ dark brown
שָׁחוּן, ת״ז, שְׁחוּנָה, ת״נ hot, dry
שָׁחוּף, ת״ז, שְׁחוּפָה, ת״נ tubercular
שָׁחוּק, ת״ז, שְׁחוּקָה ת״נ crushed, pulverized; ragged, worn out (clothes)
שְׂחוֹק, ז׳ laughter; jest; derision
שְׁחוֹר, ז׳ blackness
שָׁחוֹר, ת״ז, שְׁחוֹרָה, ת״נ black
שְׁחוּת, נ׳, ר׳, ־תוֹת pit
[שחז] הִשְׁחִיז, פ״י to sharpen
שִׁחְזֵר, פ״י to charge (battery); to restore
שָׁחַח, פ״ע to stoop, bend; to be bowed down, humbled

to slaughter שָׁחַט, פ״י

armpit שֶׁחִי, שֶׁחִי, ז׳, בֵּית הַשֶּׁחִי, ר׳, שְׁחָיִים

swimming שְׂחִיָּה, נ׳, ר׳, ־יּוֹת

slaughtering שְׁחִיטָה, נ׳, ר׳, ־טוֹת

boil, sore שְׁחִין, ז׳, ר׳, ־נִים

swimmer שַׂחְיָן, ז׳, ר׳, ־נִים

natural after-growth from fallen seeds שָׁחִיס, ז׳, ר׳, ־סִים

thin branch, twig; toothpick שָׁחִיף, ז׳, ר׳, שְׁחִיפִים

pounding שְׁחִיקָה, נ׳, ר׳, ־קוֹת

ditch, pit שְׁחִית, נ׳, ר׳, ־תוֹת

lion שַׁחַל, ז׳, ר׳, שְׁחָלִים

to thread needle [שחל] הִשְׁחִיל, פ״י

orchid שַׁחְלָב, סַחְלָב, ז׳, ר׳, ־בִים

ovary; clip, magazine (gun) שַׁחֲלָה, נ׳, ר׳, שְׁחָלוֹת

granite שַׁחַם, ז׳

dark brown שָׁחֹם, שָׁחוֹם, ת״ז, שְׁחֻמָּה, ת״נ

to paint brown, make brown [שחם] הִשְׁחִים, פ״י

chess שַׁחְמָט, ז׳, ר׳, ־טִים

chess player שַׁחְמְטַאי, ז׳, ר׳, ־טָאִים

seagull שַׁחַף, ז׳, ר׳, שְׁחָפִים

to become tubercular; to become weak [שחף] נִשְׁחַף, פ״ע

tubercular person שַׁחֲפָן, ז׳, ר׳, ־נִים

tuberculosis שַׁחֶפֶת, נ׳

pride, arrogance; disgrace שַׁחַץ, ז׳

to be proud, arrogant [שחץ] הִשְׁתַּחֵץ, פ״ע

proud, conceited שַׁחֲצָן, ת״ז, ־נִית, ת״נ

vanity, pride שַׁחֲצָנוּת, שַׁחֲצוּת, נ׳

to rub away; to grind; to beat fine שָׁחַק, פ״ע

fine dust; cloud; heaven שַׁחַק, ז׳, ר׳, שְׁחָקִים

to laugh; to sport, play שָׂחַק, פ״ע

actor, player שַׂחְקָן, ז׳, ר׳, ־נִים

to search for; to seek; to rise early; to become black שָׁחַר, פעו״י

black, dark שָׁחֹר, שָׁחוֹר, ת״ז, שְׁחֹרָה, ת״נ

early morning, dawn; light שַׁחַר, ז׳, ר׳, שְׁחָרִים

liberation; independence שִׁחְרוּר, ז׳, ר׳, ־רִים

blackbird שַׁחֲרוּר, ז׳, ר׳, שַׁחֲרוּרִים

prime of life; youth שַׁחֲרוּת, נ׳

sunburned, tanned; brunette שְׁחַרְחֹר, ת״ז, ־חֹרֶת, ת״נ

early morning; morning prayer שַׁחֲרִית, נ׳, ר׳, ־רִיּוֹת

breakfast פַּת־שַׁחֲרִית

to set free, emancipate שִׁחְרֵר, פ״י

to ruin; to do harm, pervert, corrupt; to destroy שִׁחֵת, פ״י

pit, grave; corn grass, green fodder שַׁחַת, נ׳, ר׳, שְׁחָתוֹת

to swerve, turn aside שָׂט, פ״ע, ע׳ [שוט]

to go about, roam, hike; to float; to row שָׁט, פ״ע, ע׳ [שוט]

rebel שֵׂט, ז׳, ר׳, ־טִים

to become mad [שטה] הִשְׁתַּטָּה, פ״ח

to turn aside; to be unfaithful שָׂטָה, פ״ע

acacia tree, acacia wood שִׁטָּה, ז׳, ר׳, ־טִּים

row, line; theory, system שִׁטָּה, שִׁיטָה, נ׳, ר׳, ־טּוֹת

flat; stretched out; shallow שָׁטוּחַ, ת״ז, שְׁטוּחָה, ת״נ

שָׁטוּף, ת״ז, שְׁטוּפָה, ת״נ carried away; dissolute; washed

שְׁטוּת, נ׳, ר׳, שְׁטֻיוֹת madness; foolishness, silliness, nonsense

שְׁטוּתִי, ת״ז, ־תִית, ת״נ foolish, stupid

שָׁטַח, פ״י to spread, stretch out

שֶׁטַח, ז׳, ר׳, שְׁטָחִים extent, surface, area

שִׁטְחִי, ת״ז, ־חִית, ת״נ superficial

שִׁטְחִיּוּת, נ׳ superficiality

שַׁטְיָה, נ׳, ר׳, ־יוֹת foolish woman, silly woman

שָׁטִיחַ, ז׳, ר׳, שְׁטִיחִים rug, carpet

שְׁטִיפָה, נ׳, ר׳, ־פוֹת flooding; mopping; rinsing

שָׂטַם, פ״י to hate, bear a grudge

שָׂטָן, ז׳, ר׳, שְׂטָנִים adversary; accuser; Satan

שָׂטַן, פ״י to act as an adversary; to accuse; to persecute

שִׂטְנָה, נ׳ accusation

שָׁטַף, פ״י to rinse, wash off; to overflow, flood, flow, run; to burst forth

שֶׁטֶף, ז׳ stream; washing, rinsing; speed; fluency

שִׁטָּפוֹן, ז׳, ר׳, ־נוֹת flood, deluge, inundation

שְׁטָר, ז׳, ר׳, ־רוֹת writ, document, deed; bond, bill

שַׁי, ז׳, ר׳, שַׁיִּים gift, tribute, present

שִׂיא, ז׳, ר׳, ־אִים loftiness; summit; climax

[שׂיב] שָׂב, פ״ע to grow old, turn gray

שֵׂיב, ז׳ old age

שִׁיבָה, נ׳, ר׳, ־בוֹת returning, restoration

שֵׂיבָה, נ׳, ר׳, ־בוֹת gray hair, old age

שִׂיג, ז׳ dealing, business

שִׂיד, ז׳, ר׳, ־דִים lime, whitewash

[שׂיד] שָׂד, פ״י to whitewash

שִׁיּוּר, ז׳, ר׳, ־רִים remainder, rest

[שׂיח] שָׂח, פ״ע to talk, relate

שִׂיחַ, ז׳, ר׳, ־חִים bush, shrub; musing; anxiety; talk

דּוּ־שִׂיחַ dialogue

שִׂיחָה, נ׳, ר׳, ־חוֹת conversation, talk, discussion

שִׁיחָה, נ׳, ר׳, ־חוֹת pit

שִׂיחוֹן, ז׳, ר׳, ־נִים conversational guidebook

שַׁיָּט, ז׳, ר׳, ־טִים boatsman, rower

שַׁיִט, ז׳ boating, rowing

שִׁיטָה, שִׁטָּה, נ׳, ר׳, ־טוֹת row, line; system, theory

שַׁיֶּטֶת, נ׳, ר׳, שַׁיָּטוֹת fleet (ships)

שִׁיטָתִי, ת״ז, ־תִית, ת״נ systematic

שִׁיֵּךְ, פ״י to relate to, associate with

הִשְׁתַּיֵּךְ, פ״ח to belong to; to be related to

שַׁיָּךְ, ת״ז, שַׁיֶּכֶת, ת״נ belonging to, appertaining to

שֵׁיךְ, ז׳, ר׳, ־כִים Sheik, Arab chief

שַׁיָּכוּת, נ׳ relation; belonging, connection; nearness; pertinence

[שׂים] שָׂם to put, lay, set; to appoint; to establish; to make, form, fashion

שָׂם לְאַל to annul, make void

שָׂם לֵב to pay attention

שָׂם עַיִן to supervise

שָׂם קֵץ to end, stop

שִׂימָה, נ׳, ר׳, ־מוֹת placing, resting, laying; making, appointing

שִׁין, שִׂין, נ׳, ר׳, ־נִין Shin, Sin, name of twenty-first letter of the Hebrew alphabet

שִׁפָּה, נ׳, ר׳, ־פּוֹת	inner bark
שִׁיפוֹן, שִׁפּוֹן, ז׳	rye
[שיר] שָׁר, שׁוֹרֵר, פעו״י	to sing, chant; to poetize
שִׁיר, ז׳, ר׳, ־רִים	song; singing; chant; poem
שִׁיר־זָהָב	sonnet
שִׁיר־לֶכֶת	march
שִׁיר־עֶרֶשׂ	lullaby
שִׁיֵּר, פ״י	to leave over, reserve
הִשְׁתַּיֵּר, פ״ע	to be left over
(שְׁיָר), שְׁיָרִים, ז״ר	remainder, remains, leftovers
שִׁירָה, נ׳, ר׳, ־רוֹת	poem, song; poetry
שִׁירַת־הַבַּרְבּוּר	swan song
שְׁיָרָה, נ׳, ר׳, ־רוֹת	caravan
שִׁירוֹן, ז׳	songbook
שִׁירִי, ת״ז, ־רִית, ת״נ	poetic
שַׁיִשׁ, ז׳	marble; alabaster
[שיש] שָׂשׂ, פ״ע	to be happy, to exult, rejoice
[שית] שָׁת, פ״י	to put, place, set, station; to constitute, make
שִׁית, ז׳	garment; veil; foundation
שַׁיִת, ז׳	thorny bush
שָׂךְ, פ״י, ע׳ [שוך]	to hedge about, fence up
שֵׂךְ, ז׳, ר׳, שִׂכִּים	thorn
שֹׂךְ, ז׳, ר׳, שְׂכִים	booth; pavilion
שָׁכַב, פ״ע	to lie, lie down; to sleep
שָׁכַב עִם אֲבוֹתָיו	to die
שֶׁכֶב, ז׳, ר׳, שְׁכָבִים	lower millstone
שְׁכָבָה, שִׁכְבָה, נ׳, ר׳, ־בוֹת	layer; social class; stratum
שִׁכְבַת־זֶרַע	semen
שְׁכֹבֶת, נ׳	copulation
שֻׂכָּה, נ׳, ר׳, ־כּוֹת	barb, thorn; spear
שָׁכוּחַ, ת״ז, שְׁכוּחָה, ת״נ	forgotten
שֶׂכְוִי, ז׳, ר׳, ־וִים	cock, rooster
שְׁכוֹל, שְׁכֹל, שִׁכּוּל, ז׳	bereavement; loss of children
שַׁכּוּל, ת״ז, ־לָה, ת״נ, שָׁכוּל, ת״ז, שְׁכוּלָה, ת״נ	bereaved of children, childless
שִׂכּוּל, ז׳	reversing; crossing (legs), folding (arms)
שִׁכּוּן, ז׳, ר׳, ־נִים	housing; housing development
שָׁכוּן, ת״ז, שְׁכוּנָה, ת״נ	dwelling, living
שְׁכוּנָה, נ׳, ר׳, ־נוֹת	settlement, colony, neighborhood, quarter (of town)
שָׁכוּר, ת״ז, שְׁכוּרָה, ת״נ	intoxicated, drunk
שִׁכּוֹר, ז׳, ר׳, ־רִים	drunkard
שָׂכוּר, ת״ז, שְׂכוּרָה, ת״נ	hired
שָׁכַח, פ״י	to forget
הִשְׁתַּכַּח, פ״ח	to be forgotten
שָׁכֵחַ, ת״ז, שְׁכֵחָה, ת״נ	forgetful, forgetting
שִׁכְחָה, נ׳	forgetfulness; forgotten sheaf
שִׁכָּחוֹן, ז׳	amnesia
שַׁכְחָן, ז׳, ר׳, ־נִים	forgetful person
שְׁכִיבָה, נ׳, ר׳, ־בוֹת	lying down
שְׂכִיָּה, נ׳	imagery
שָׁכִיחַ, ת״ז, שְׁכִיחָה, ת״נ	frequent
שְׁכִיחוּת, נ׳, ר׳, ־חֻיּוֹת	frequency
שַׂכִּין, זו״נ, ר׳, ־נִים	knife
שְׁכִינָה, נ׳	Divine Presence
שָׂכִיר, ז׳, ר׳, שְׂכִירִים	hired laborer
שְׂכִירָה, נ׳, ר׳, ־רוֹת	hiring
שְׂכִירוּת, נ׳	wages, salary; rent
שָׁכַךְ, פ״ע	to abate, become calm
שָׂכַל, פ״ע	to be successful; to be wise
שִׂכֵּל, פ״י	to lay crosswise

הִשְׂכִּיל, פעו״י to be wise, acquire sense; to succeed; to cause to understand; to cause to prosper

שֵׂכֶל, שֶׂכֶל, ז׳, ר׳, שְׂכָלִים prudence, good sense; understanding

שָׁכֹל, שָׁכַל, פ״י to be bereaved of

שְׁכֹל, שְׁכוֹל, שִׁכּוּל, ז׳ bereavement; loss of children

שִׁכְלוּל, ז׳, ר׳, ־לִים completion, perfection

שִׂכְלוּת, נ׳, ר׳, ־לֻיּוֹת folly, foolishness

שִׂכְלִי, ת״ז, ־לִית, ת״נ intellectual, intelligent

שִׁכְלֵל, פ״י to complete, perfect; to equip; to decorate

שִׂכְלְתָן, ז׳, ר׳, ־נִים rationalist

שִׂכְלְתָנוּת, נ׳ rationalism

[שכם] הִשְׁכִּים, פ״ע to rise early, start early

שְׁכֶם, שֶׁכֶם, ז׳, ר׳, שְׁכָמִים shoulder; back

שִׁכְמִיָּה, נ׳, ר׳, ־מִיּוֹת cape, wrap

שָׁכַן, פ״ע to abide, dwell; to settle down

שֶׁכֶן, ז׳, ר׳, שְׁכָנִים dwelling

שָׁכֵן, ז׳, ר׳, שְׁכֵנִים, שְׁכֵנָה, נ׳, ר׳, ־נוֹת neighbor; tenant

שִׁכְנוּעַ, ז׳, ר׳, ־עִים conviction

שְׁכֵנוּת, נ׳ neighborliness

שִׁכְנֵעַ, פ״י to convince

שָׁכַר, פ״ע to be drunk

הִשְׁתַּכֵּר, פ״ח to become intoxicated

שָׂכַר, פ״י to hire

נִשְׂכַּר, פ״ע to be hired; to profit

הִשְׂכִּיר, פ״י to hire out, rent

הִשְׂתַּכֵּר, פ״ח to earn wages; to make profit

שֵׁכָר, ז׳ intoxicating drink; beer

שָׂכָר, ז׳ hire; reward; profit

שִׁכָּרוֹן, ז׳, שִׁכְרוּת, נ׳ intoxication, drunkenness

שִׁכְשׁוּךְ, ז׳ shaking, moving about; dabbling

שִׁכְשֵׁךְ, פ״י to move about; to dabble

שֶׁל, מ״י of, belonging to; made out of; designated for

שַׁל, ז׳ error; offense

שַׁלְאֲנָן, ת״ז, ־נַנָּה, ת״נ at ease, secure

שִׁלֵּב, פ״י to join; to insert, fit together

שָׁלָב, ז׳, ר׳, שְׁלַבִּים joining, joint; rundle, rung of a ladder

[שלג] הִשְׁלִיג, פ״י to snow; to cover with snow

שֶׁלֶג, ז׳, ר׳, שְׁלָגִים snow

שִׁלְגּוֹן, ז׳, ר׳, ־נִים snowfall, avalanche

שַׁלְגִּיָּה, נ׳, ר׳, ־יּוֹת snowdrop (flower)

שַׁלְגִּית, נ׳, ר׳, ־גִּיּוֹת sleigh, toboggan

שֶׁלֶד, זו״נ, ר׳, שְׁלָדִים, שְׁלָדוֹת skeleton; core

שַׁלְדָּג, ז׳, ר׳, ־גִים pelican

שָׁלָה, פ״ע to be at ease; to draw out, pull out

נִשְׁלָה, פ״ע to be at ease; to be drawn out (of water)

הִשְׁלָה, פ״י to mislead

שִׁלְהֵב, פ״י to inflame, kindle; to enthuse

שַׁלְהָבִית, נ׳, ר׳, ־יּוֹת timothy grass

שַׁלְהֶבֶת, נ׳, ר׳, ־הָבוֹת flame

שַׁלְהֶבֶתְיָה, נ׳ terrific flame

שֶׁלֶו, ז׳ ease; peace, quiet

שָׁלַו, פ״ע to be at ease

שָׁלֵו, ת״ז, שְׁלֵוָה, ת״נ at ease; quiet, peaceful

שְׂלָו, ז׳, ר׳, שַׂלְוִים quail
שָׁלוּב, ת״ז, שְׁלוּבָה, ת״נ joined; inserted
שַׁלְוָה, נ׳ ease; peace, quiet
שָׁלוּחַ, ת״ז, שְׁלוּחָה, ת״נ sent; extended
שָׁלוּחַ, ז׳, ר׳, שְׁלוּחִים messenger; delegate
שִׁלּוּחַ, ז׳, ר׳, ־חִים sending; dismissal
שְׁלוּחָה, נ׳, ר׳, ־חוֹת shoot, branch
שִׁלּוּחִים, ז״ר dowry
שְׁלוּלִית, נ׳, ר׳, ־יוֹת pool, pond
שָׁלוֹם, ז׳, ר׳, שְׁלוֹמִים, ־מוֹת peace, tranquillity; welfare; greeting, hello, good-by
שָׁלוּם, ת״ז, שְׁלוּמָה, ת״נ complete, finished
שִׁלּוּם, ז׳, שִׁלּוּמָה, נ׳, ר׳, ־מִים, ־מוֹת retribution, reparation; reward; bribe
שָׁלוּף, ת״ז, שְׁלוּפָה, ת״נ taken out, drawn
שָׁלוּק, ת״ז, שְׁלוּקָה, ת״נ boiled
שִׁלּוּשׁ, ז׳ triangularity; Trinity
שָׁלוֹשׁ, שָׁלֹשׁ, ש״מ, נ׳ three
שְׁלוֹשָׁה, שְׁלֹשָׁה, ש״מ, ז׳ three
שְׁלוֹשִׁים, שְׁלֹשִׁים, ש״מ, זו״נ thirty
שָׁלַח, פ״י to send; to extend
שִׁלַּח, פ״י to send away, send forth, send off; to set free; to extend
הִשְׁלִיחַ, פ״י to send (plague, famine)
שֶׁלַח, ז׳, ר׳, שְׁלָחִים weapon (sword, bayonet), untanned skin, hide; shoot
שְׂדֵה־שְׁלָחִין irrigated field
שַׁלְחוּפִית, שַׁלְפּוּחִית נ׳, ר׳, ־יוֹת balloon; womb; bladder
שֻׁלְחָן, שׁוּלְחָן, ז׳, ר׳, ־נוֹת table
שֻׁלְחָנוּת, נ׳ money changing; banking

שֻׁלְחָנִי, ז׳, ר׳, ־נִים money-changer; banker
שָׁלַט, פ״ע to rule, domineer; to have power
הִשְׁלִיט, פ״י to cause to rule; to cause to have power; to put into effect
הִשְׁתַּלֵּט, פ״ח to have control over, rule, be master of
שֶׁלֶט, ז׳, ר׳, שְׁלָטִים shield; arms; sign
שִׁלְטוֹן, ז׳, ר׳, ־נוֹת rule, authority; power; government
שַׁלֶּטֶת, נ׳, ר׳, שַׁלְּיטוֹת domineering woman
שְׁלִי, שֶׁלִי, ז׳ quietness, unconcern
שְׁלִיבָה, נ׳, ר׳, ־בוֹת bow, knot; rung, rundle
שִׁלְיָה, נ׳, ר׳, שְׁלָיוֹת afterbirth, placenta
שָׁלִיחַ, ז׳, ר׳, שְׁלִיחִים messenger; envoy; deputy
שְׁלִיחוּת, נ׳, ר׳, ־חֻיוֹת mission, errand
שַׁלִּיט, ז׳, ר׳, ־טִים ruler
שְׁלִיטָה, נ׳, ר׳, ־טוֹת dominion, power, control
שָׁלִיל, שְׁלִיל, ז׳, ר׳, ־לִים embryo
שְׁלִילָה, נ׳, ר׳, ־לוֹת negation
שְׁלִילִי, ת״ז, ־לִית, ת״נ negative
שְׁלִילִיּוּת, נ׳ negativity, negativeness
שָׁלִיף, ז׳, ר׳, שְׁלִיפִים knapsack; feedbag; saddle
שְׁלִיפָה, נ׳ slipping off; taking off
שְׁלִיקָה, נ׳, ר׳, ־קוֹת boiling, scalding
שָׁלִישׁ, ז׳, ר׳, ־שִׁים officer; adjutant; third of measure; triangle (musical instrument); depositary; third party

to draw out (sword); שָׁלַף, פ״י
to draw off (shoe)
stubble field שֶׁלֶף, ז׳, ר׳, שְׁלָפִים
שַׁלְפּוּחִית, שַׁלְחוּפִית, נ׳, ר׳, ־חִיּוֹת
balloon; womb; bladder
to boil, scald שָׁלַק, פ״י
to divide into three parts; שִׁלֵּשׁ, פ״י
to do a third time; to multiply
by three
to deposit with הִשְׁלִישׁ, פ״י
a third party
one of third שִׁלֵּשׁ, ז׳, ר׳, ־שִׁים
generation, great-grandchild
שְׁלֹשָׁה, שְׁלוֹשָׁה, ש״מ, ז׳, שָׁלֹשׁ,
three שָׁלוֹשׁ, נ׳
thirteen שְׁלֹשׁ עֶשְׂרֵה, ש״מ, נ׳
thirteen שְׁלֹשָׁה עָשָׂר, ש״מ, ז׳
snail; worm; שִׁלְשׁוּל, ז׳, ר׳, ־לִים
lowering; diarrhea
the day שִׁלְשׁוֹם, שִׁלְשֹׁם, תה״פ
before yesterday
trisetum (*bot.*) שִׁלְשׁוֹן ,ז׳, ר׳, שִׁלְשׁוֹנִים
three year old; שְׁלָשִׁי, ת״ז, ־שִׁית, ת״נ
tripartite
thirty שְׁלֹשִׁים, שְׁלוֹשִׁים, ש״מ, זו״נ
trio שְׁלָשִׁית, נ׳, ר׳, ־שִׁיּוֹת
to let down, lower; שִׁלְשֵׁל, פ״י
to loosen (bowels); to drop
(letter in mailbox)
to be let down, הִשְׁתַּלְשֵׁל, פ״ח
be lowered; to be evolved,
developed
שַׁלְשֶׁלֶת, נ׳, ר׳, ־שְׁלָאוֹת, ־שָׁלוֹת
chain; chain of development
genealogy שַׁלְשֶׁלֶת־יֻחֲסִין
the day שִׁלְשֹׁם, שִׁלְשׁוֹם, תה״פ
before yesterday
to value, estimate שָׂם, פ״י, ע׳ [שום]

third part, one-third שְׁלִישׁ, ז׳, ר׳, ־שִׁים
third שְׁלִישִׁי, ת״ז, ־שִׁית, ־שִׁיָּה, ת״נ
third person (*gram.*) גּוּף שְׁלִישִׁי
set of three, שְׁלִישִׁיָּה, נ׳, ר׳, ־שִׁיּוֹת
triplets; Trinity; trio
one third, שְׁלִישִׁית, נ׳, ר׳, ־שִׁיּוֹת
third part
to throw, cast; [שלך] הִשְׁלִיךְ, פ״י
to cast down; to cast away
cormorant שָׁלָךְ, ז׳, ר׳, שְׁלָכִים
Indian summer; fallen שַׁלֶּכֶת, נ׳
leaves
to negate; to take away, שָׁלַל, פ״י
remove; to plunder; to baste
to run wild; הִשְׁתּוֹלֵל, פ״ח
to act senselessly
loose stitch, baste שְׁלָל, ז׳
spoil, booty; gain שָׁלָל, ז׳
diversity of colors, שְׁלַל צְבָעִים
variegation
whole, full; שָׁלֵם, ת״ז, שְׁלֵמָה, ת״נ
complete, sound, safe; healthy
to be complete; finished; שָׁלַם, פ״ע
to be safe; to be at peace
to finish, complete; to pay שִׁלֵּם, פ״י
to complete; הִשְׁלִים, פ״י
to make peace
to be completed; הִשְׁתַּלֵּם, פ״ח
to complete an education;
to be profitable
peace offering שֶׁלֶם, ז׳, ר׳, שְׁלָמִים
recompense, retribution שִׁלֵּם, ז׳
paymaster שַׁלָּם, ז׳, ר׳, ־מִים
outer garment שַׂלְמָה, נ׳, ר׳, שְׂלָמוֹת
payment; bribe, שַׁלְמוֹן, ז׳, ר׳, ־נִים
payola
completeness, שְׁלֵמוּת, נ׳, ר׳, ־מֻיּוֹת
perfection

name, title; noun; שֵׁם, ז׳, ר׳, שֵׁמוֹת
fame, reputation; category
in the name of בְּשֵׁם
for the sake of לְשֵׁם
because עַל שֵׁם
memorial יָד וָשֵׁם
pronoun שֵׁם הַגּוּף
infinitive שֵׁם הַפֹּעַל
numeral שֵׁם מִסְפָּר
homonym שֵׁם מְשֻׁתָּף
synonym שֵׁם נִרְדָּף
noun שֵׁם עֶצֶם
adjective שֵׁם תֹּאַר
God הַשֵּׁם
Tetragrammaton שֵׁם הַמְפֹרָשׁ
torn, separated papers from Holy Writ שֵׁמוֹת
(Book of) Exodus שְׁמוֹת
to put, lay, set; to appoint; to establish; to make, form, fashion שָׂם, פ״י, ע׳ [שים]
there, thither שָׁם, שָׁמָּה, תה״פ
if, lest; perhaps שֶׁמָּא, תה״פ
valuer, assessor שַׁמַּאי, ז׳, ר׳, שַׁמָּאִים
to go (turn) to the left; to use the left hand [שמאל] הִשְׂמְאִיל, הִשְׂמִיל, פ״ע
left, left hand; left wing שְׂמֹאל, ז׳
left, left-handed שְׂמָאלִי, ת״ז, ־לִית, ת״נ
to be destroyed [שמד] נִשְׁמַד, פ״ע
to force to convert שִׁמֵּד, פ״י
to destroy, exterminate הִשְׁמִיד, פ״י
to convert, apostatize הִשְׁתַּמֵּד, פ״ח
religious persecution; apostacy שְׁמָד, ז׳, ר׳, ־דוֹת
waste, desolation, destruction שַׁמָּה, נ׳, ר׳, שַׁמּוֹת

there, thither שָׁמָּה, שָׁם, תה״פ
moved, slipped, dislocated שָׁמוּט, ת״ז, שְׁמוּטָה, ת״נ
lubrication שִׁמּוּן, ז׳
eight שְׁמוֹנָה, ש״מ, ז׳ שְׁמוֹנֶה, נ׳
eighteen שְׁמוֹנָה עָשָׂר, ש״מ, ז׳
eighteen שְׁמוֹנֶה עֶשְׂרֵה, ש״מ, נ׳
eighty שְׁמוֹנִים, ש״מ, זו״נ
report, tidings, rumor; tradition שְׁמוּעָה, נ׳, ר׳, ־עוֹת
watched, preserved, guarded שָׁמוּר, ת״ז, שְׁמוּרָה, ת״נ
watching, preserving שִׁמּוּר, ז׳, ר׳, ־רִים
sleepless night לֵיל־שִׁמֻּרִים
eyelid; trigger guard שְׁמוּרָה, נ׳, ר׳, ־רוֹת
service; use, usage שִׁמּוּשׁ, ז׳, ר׳, ־שִׁים
toilet, w.c. בֵּית־שִׁמּוּשׁ
toilet paper נְיָר־שִׁמּוּשׁ
practical, useful, applied שִׁמּוּשִׁי, ת״ז, ־שִׁית, ת״נ
to rejoice, be glad שָׂמַח, פ״ע
to gladden, cause to rejoice שִׂמַּח, פ״י
happy, glad שָׂמֵחַ, ת״ז, שְׂמֵחָה, ת״נ
joy, gladness; festive occasion שִׂמְחָה, נ׳, ר׳, שְׂמָחוֹת
to let drop, let fall; to leave שָׁמַט, פעו״י
to be dropped; to be detached; to be omitted נִשְׁמַט, פ״ע
to release, remit שִׁמֵּט, פ״י
to evade, shun הִשְׁתַּמֵּט, פ״ח
שְׁמִטָּה, שְׁמִיטָה, נ׳, ר׳, ־טוֹת, ־טִין remitting; sabbatical year
nominal; Semitic שֵׁמִי, ת״ז, ־מִית, ת״נ
Semitism שֵׁמִיּוּת, נ׳

שְׁמִיכָה, נ׳, ר׳, ־כּוֹת blanket
שָׁמַיִם, ז״ר sky, heaven
שְׁמֵימִי, שְׁמַיְמִי, ת״ז, ־מִית, ת״נ ethereal, heavenly
שְׁמִינִי, ת״ז, ־נִית, ת״נ eighth
שְׁמִינִיָּה, נ׳, ר׳, ־נִיּוֹת octave, group of eight
שְׁמִינִית, נ׳, ר׳, ־נִיּוֹת one-eighth, eighth part
שְׁמִיעָה, נ׳, ר׳, ־עוֹת hearing, sense of hearing
שְׁמִיעָתִי, ת״ז, ־תִית, ת״נ aural
שָׁמִיר, ז׳, ר׳, שְׁמִירִים thistle; diamond, shamir; flint; emery
נְיַר־שָׁמִיר emery paper
שְׁמִירָה, נ׳, ר׳, ־רוֹת watching, guarding
שִׂמְלָה, נ׳, ר׳, שְׂמָלוֹת dress
שִׂמְלָנִית, נ׳, ר׳, ־נִיּוֹת skirt
שָׁמֵם, פ״ע to be desolate; to be appalled
נָשַׁם, פ״ע to be destroyed; to be appalled
שׁוֹמֵם, פעו״י to terrify, cause horror; to be terrified
הֵשֵׁם, הֵשִׁים, הִשְׁמִים, פ״י to ravage; to terrify
הִשְׁתּוֹמֵם, פ״ח to be astounded
שְׁמָמָה, שִׁמְמָה, נ׳, ר׳, ־מוֹת waste, desolation; horror
שִׁמָּמוֹן, ז׳ horror, appallment
שְׂמָמִית, נ׳, ר׳, ־מִיּוֹת lizard; spider
שָׁמַן, פ״ע to grow fat
שִׁמֵּן, פ״י to oil, grease
הִשְׁמִין, פ״י to fatten, grow fat
שָׁמֵן, ת״ז, שְׁמֵנָה, ת״נ fat, robust
שֶׁמֶן, ז׳, ר׳, שְׁמָנִים oil, olive oil; fat
שֶׁמֶן־אֲדָמָה petroleum
שֶׁמֶן־קִיק castor oil
שֹׁמֶן, ז׳ fatness
שֻׁמָּן, שׁוּמָן, ז׳, ר׳, ־נִים fat
שַׁמְנוּנִי, ת״ז, ־נִית, ת״נ containing a little fat
שַׁמְנוּנִית, נ׳ fat substance, fatness
שַׁמְנִי, ת״ז, ־נִית, ת״נ oily, fatty
שְׁמַנְמַן, ת״ז, ־מֶנֶת, ת״נ fattish
שַׁמֶּנֶת, נ׳ cream
שָׁמַע, פ״י to hear, understand; to obey
נִשְׁמַע, פ״ע to be heard, understood; to obey
שִׁמַּע, פ״י to announce; to assemble
הִשְׁמִיעַ, פ״י to proclaim; to summon
שֵׁמַע, שֵׁמַע, ז׳ hearing, report; fame; sound
שְׁמַע, ז׳ Shema, confession of God's unity
שֶׁמֶץ, ז׳ particle, little; derision
[שמץ] הִשְׁמִיץ, פ״י to revile, deride
שִׁמְצָה, נ׳ derision
שָׁמַר, פ״י to keep, guard, watch; to preserve; to observe; to wait for
נִשְׁמַר, פ״ע to be guarded; to be on one's guard
הִשְׁתַּמֵּר, פ״ח to be on one's guard; to be guarded
שֶׁמֶר, ז׳, ר׳, שְׁמָרִים yeast; dregs
שָׁמָר, ז׳, ר׳, ־רִים fennel
שַׁמְרַחֹם, ז׳, ר׳, ־חֻמִּים Thermos (trademark)
שַׁמְרָן, ז׳, ר׳, ־נִים conservative person
שַׁמְרָנוּת, נ׳ conservatism
שֶׁמֶשׁ, זו״נ, ר׳, שְׁמָשׁוֹת sun
בֵּין הַשְּׁמָשׁוֹת twilight
שִׁמֵּשׁ, פ״י to serve, minister, officiate; to function

הִשְׁתַּמֵּשׁ, פ"ח to use, make use of
שַׁמָּשׁ, ז', ר', ־שִׁים attendant, sexton; foremost Hanukkah candle
שִׁמְשָׁה, נ', ר', שְׁמָשׁוֹת windowpane
שֻׁמְשׁוּם, שֻׁמְשֹׁם, ז', ר', שֻׁמְשְׁמִין sesame, sesame seed
שִׁמְשׁוֹן, ז', ר', ־נִים sunflower, helianthus
שִׁמְשִׁיָּה, נ', ר', ־שִׁיּוֹת umbrella, parasol
שֵׁן, נ', ר', שִׁנַּיִם tooth; ivory
שֵׁן סֶלַע cliff
שֵׁן תּוֹתֶבֶת artificial tooth
שִׁנַּיִם חוֹתְכוֹת incisors
שִׁנַּיִם טוֹחֲנוֹת molars
שָׂנֵא, פ"י to hate
שַׁנַּאי, ז', ר', ־נָּאִים transformer
שִׂנְאָה, נ' hatred, hate
שִׁנְאָן, ז', ר', ־נִים angel
שָׁנָה, נ', ר', שָׁנִים year
שֵׁנָה, נ', ר', שֵׁנוֹת sleep
שָׁנָה, פיו"ע to repeat; to teach; to study; to change, be different
נִשְׁנָה, פ"ע to be repeated; to be taught
שִׁנָּה, פ"י to change
הִשְׁתַּנָּה, פ"ח to change oneself; to be changed, be different
שֶׁנְהָב, ז', ר', ־הַבִּים ivory
שַׁנְהֶבֶת, נ' elephantiasis
שָׂנוּא, שָׂנוּי, ת"ז, שְׂנוּאָה, ת"נ hated
שִׁנּוּי, ז', ר', ־יִים change
שָׁנוּי, ת"ז, שְׁנוּיָה, ת"נ learned; repeated
שָׁנוּן, ת"ז, שְׁנוּנָה, ת"נ sharp, acute; keen
שִׁנּוּן, ז' repetition; continuous study; sharpening
שְׁנוּנִית, נ', ר', ־נִיּוֹת bluff, cliff
שָׁנִי, ז' scarlet, crimson
שֵׁנִי, ת"ז, שְׁנִיָּה, שֵׁנִית, ת"נ second
שְׁנֵי .... two (in construct state)
שְׁנִיָּה, נ', ר', ־יּוֹת a second
שְׁנִיּוּת, נ' dualism
שְׁנַיִם, ש"מ, ז' two
שְׁנֵים־עָשָׂר, ש"מ, ז' twelve
שְׁנִינָה, נ', ר', ־נוֹת sharp word, taunt
שְׁנִינוּת, נ' sharpness, wit
שָׁנִית, נ' scarlet fever
שֵׁנִית, תה"פ second time, secondly
שָׁנַן, פ"י to sharpen
שִׁנֵּן, פ"י to sharpen; to teach diligently
הִשְׁתּוֹנֵן, פ"ח to be pierced
שִׁנָּן, ז', ר', ־נִים dental technician
שִׁנֵּס, פ"י to gird up
שֶׁנֶף, ז', ר', שְׁנָפִים vanilla
שֶׁנֶץ, ז', ר', שְׁנָצוֹת, ־צִים strap
שָׁנַץ, פ"י to gird up, wrap tightly
שָׁנַק, פ"י to strangle
הִשְׁתַּנֵּק, פ"ח to strangle oneself
שֶׁנֶת, נ', ר', שְׁנָתוֹת notch, mark
שְׁנָת, נ' sleep
שְׁנָתוֹן, ז', ר', ־נִים, שְׁנְתוֹנִים yearbook, annual publication
שְׁנָתִי, ת"ז, ־תִית, ת"נ yearly, annual
שַׁסַּאי, ז', ר', שַׁסָּאִים instigator
שָׁסָה, פ"י to spoil, plunder
שִׁסָּה, פ"י to incite, set on
שָׁסוּי, ת"ז, שְׁסוּיָה, ת"נ plundered
שִׁסּוּי, ז', ר', ־יִים incitement, instigation
שָׁסוּעַ, ת"ז, שְׁסוּעָה, ת"נ split, cleft
שִׁסּוּעַ, ז' splitting, cleaving; interpellation
שְׁסִיעָה, נ', ר', ־עוֹת harelip
שָׁסַס, פ"י to spoil, plunder

נָשַׁס, פ״ע — to be plundered
שָׁסַע, פ״י — to divide, cleave (the hoof)
שִׁסַּע, פ״י — to interpellate
שֶׁסַע, ז׳, ר׳, שְׁסָעִים — cleft
שַׁסַּעַת, נ׳ — schizophrenia
שִׁסֵּף, פ״י — to hew in pieces
שֶׁסֶק, ז׳, ר׳, שְׁסָקִים — medlar; Erioblotrya
שַׁסְתּוֹם, ז׳, ר׳, ־מִים — valve
שִׁעְבֵּד, פ״י — to subject; to enslave; to mortgage
הִשְׁתַּעְבֵּד, פ״ח — to be enslaved
שִׁעְבּוּד, ז׳, ר׳, ־דִים — servitude, subjection; mortgage
שָׁעָה, פ״ע — to gaze, regard; to turn
הִשְׁתָּעָה, פ״ח — to gaze about
שָׁעָה, נ׳, ר׳, שָׁעוֹת — hour; time
שָׁעָה קַלָּה — moment
שַׁעֲוָה, נ׳ — wax
שִׁעוּל, ז׳ — cough
שָׁעוֹן, ז׳, ר׳, שְׁעוֹנִים — clock, watch
שַׁעֲוָנִיָּה, נ׳, ר׳, ־נִיּוֹת — stencil
שְׁעוֹנִית, נ׳, ר׳, ־נִיּוֹת — passionflower
שְׁעוּעִית, נ׳, ר׳, ־עִים — kidney bean; string bean
שִׁעוּר, ז׳, ר׳, ־רִים — lesson; measure, proportion; installment; estimate
שְׂעוֹרָה, שְׂעֹרָה, נ׳, ר׳, ־רִים — barley; sty
שָׁעַט, פ״י — to stamp; to trot
שְׁעָטָה, נ׳, ר׳, ־טוֹת — stamping (of hoofs); trot
שַׁעַטְנֵז, ז׳ — mixed fabric (wool and flax)
שָׂעִיר, ת״ז, שְׂעִירָה, ת״נ — hairy
שָׂעִיר, ז׳, ר׳, שְׂעִירִים — he-goat; demon
שְׂעִירָה, נ׳, ר׳, ־רוֹת — she-goat
שְׂעִירִים, ז״ר — light rain
[שעל] הִשְׁתַּעֵל, פ״ח — to cough
שֹׁעַל, ז׳, ר׳, שְׁעָלִים — handful

שַׁעַל, ז׳, ר׳, שְׁעָלִים — step
שַׁעֶלֶת, נ׳ — whooping cough
שַׁעַם, ז׳ — cork, cork tree
שִׁעֲמוּם, ז׳ — dullness; boredom; melancholy
שִׁעֲמֵם, פ״י — to bore
הִשְׁתַּעֲמֵם, פ״ח — to become bored; to become melancholic
שַׁעֲמָנִית, נ׳, ר׳, ־נִיּוֹת — linoleum
שָׁעַן, פ״י — to support
נִשְׁעַן, פ״ע — to lean; to be close to; to rely upon
שָׁעָן, ז׳, ר׳, שֶׁעָנִים — watchmaker
[שעע] הֵשַׁע, פ״י — to shut, blind (eyes); to look away, ignore
שָׂעִף, ז׳, ר׳, שְׂעִפִּים — thought
שַׁעַר, ז׳, ר׳, שְׁעָרִים — gate; market price, value; measure; title page
שִׁעֵר, פ״י — to calculate, measure, reckon, estimate; to suppose, imagine
שֹׁעָר, ת״ז, שֹׁעֶרֶת, ת״נ — unedible, rotten
שָׂעַר, פעו״י — to storm; to sweep away; to shudder
הִשְׂתָּעֵר, פ״ח — to take by storm, attack violently
שַׂעַר, ז׳ — storm, tempest
שֵׂעָר, ז׳ — hair
שַׂעֲרָה, נ׳, ר׳, שְׂעָרוֹת — single hair, hair
שְׂעָרָה, שְׂעוֹרָה, נ׳, ר׳, ־רִים — barley; sty
שַׁעֲרוּרָה, שַׁעֲרוּרִיָּה, נ׳, ר׳, ־רִיּוֹת — scandal, outrage
שַׁעֲרוּרָן, ז׳, ר׳, ־נִים — scandalmonger
שִׁעֲרֵר, פ״י — to cause a scandal
שַׁעֲשׁוּעַ, ז׳, ר׳, ־עִים — delight, pleasure; toy
שִׁעֲשַׁע, פעו״י — to delight, give pleasure; to have pleasure

to play, take delight, enjoy pleasure הִשְׁתַּעֲשַׁע, פ"ע
to bruise; crush, grind (grain); rub, polish, plaster שָׁף, פ"י, ע' [שוף]
to put on spit, skewer שִׁפֵּד, פ"י
to incline, tilt; to be at ease שָׁפָה, פ"י
to rub, smooth, plane שִׁפָּה, פ"י
to become sane, conscious נִשְׁתַּפָּה, פ"ח
שָׂפָה, נ', ר', שְׂפָתַיִם, שָׂפוֹת, שְׂפָתוֹת
lip; language; rim, edge; shore
spit, skewer שַׁפּוּד, שְׁפוּד, ז', ר', ־דִים
judging; power of judgment שִׁפּוּט, ז', ר', ־טִים
clear, sane, quiet שָׁפוּי, ת"ז, שְׁפוּיָה, ת"נ
poured שָׁפוּךְ, ת"ז, שְׁפוּכָה, ת"נ
lower parts; bottom שִׁפּוּלִים, ז"ר
hidden; secret שָׁפוּן, ת"ז, שְׁפוּנָה, ת"נ; ז'
rye שִׁפּוֹן, שִׁיפוֹן, ז'
slant, slope שִׁפּוּעַ, ז', ר', ־עִים
tube; mouthpiece שְׁפוֹפֶרֶת, נ', ר', ־פָרוֹת
improvement שִׁפּוּר, ז', ר', ־רִים
to smite with scab; to cause severe suffering שִׂפַּח, פ"י
maidservant שִׁפְחָה, נ', ר', שְׁפָחוֹת
to judge; to execute punishment שָׁפַט, פ"י
judgment, punishment שֶׁפֶט, ז', ר', שְׁפָטִים
ease שְׁפִי, שׁוּפִי, ז'
hill, height שְׁפִי, שֶׁפִי, ז', ר', שְׁפָיִים
peacefully שֶׁפִי, תה"פ
שְׁפִיכָה, נ', ר', ־כוֹת; שְׁפִיכוּת, נ'
pouring
horned snake שְׁפִיפוֹן, ז', ר', ־נִים
amnion, fetus's sac שְׁפִיר, ז', ר', שְׁפִירִים
handsome; elegant, fine; good שַׁפִּיר, ת"ז
to pour; to empty שָׁפַךְ, פ"י
pouring out, place of pouring שֶׁפֶךְ, ז', ר', שְׁפָכִים
penis שָׁפְכָה, נ', ר', שְׁפָכוֹת
to become low, be humiliated שָׁפֵל, פ"ע
low, lowly שָׁפָל, ת"ז, שְׁפָלָה, ת"נ
lowliness; ebb tide; depression שֵׁפֶל, ז'
lowland שְׁפֵלָה, נ', ר', ־לוֹת
baseness, lowliness שִׁפְלוּת, נ'
mustache שָׂפָם, ז'
rock badger; rabbit שָׁפָן, ז', ר', שְׁפַנִּים
to flow; to be abundant; to slope שָׁפַע, פיו"ע
to make slant; to make abundant; to influence הִשְׁפִּיעַ, פ"י
שֶׁפַע, ז', שִׁפְעָה, נ', ר', שְׁפָעִים
abundance, overflow
influenza, grippe שַׁפַּעַת, נ'
to repair, renovate שִׁפֵּץ, פ"י
to clap hands; to suffice שָׂפַק, פעו"י
sufficiency שֶׂפֶק, ז'
to be good, pleasing שָׁפַר, פ"ע
to improve; to beautify שִׁפֵּר, פ"י
to improve, become better הִשְׁתַּפֵּר, פ"ח
beauty; goodliness שֶׁפֶר, שִׁפְרָא, שׁוּפְרָא, ז'
canopy שַׁפְרִיר, ז', ר', ־רִים
rubbing, polishing שִׁפְשׁוּף, ז', ר', ־פִים

שִׁפְשֵׁף, פ״י to rub, polish

שַׁפְשֶׁפֶת, נ׳, ר׳, ־שָׁפוֹת weather vane; door mat

שָׁפַת, פ״י to set pot on fire place

שְׂפָתוֹן, ז׳, ר׳, שְׂפְתוֹנִים lipstick

שְׁפַתַּיִם, ז״ז pegs, hooks; sheep folds

שָׁצַף, פ״ע to be angry, mad

שֶׁצֶף, ז׳ flow, flood

שַׂק, ז׳, ר׳, שַׂקִּים sack, sackcloth

שָׁקַד, פ״ע to be awake; to be diligent

שֻׁקַּד, פ״ע to be almond-shaped

שָׁקֵד, ז׳, ר׳, שְׁקֵדִים almond, almond tree; tonsil

שֶׁקֶד, ז׳, שְׁקִידָה, שַׁקְדָנוּת, נ׳ diligence

שְׁקֵדִיָּה, נ׳, ר׳, ־יּוֹת almond tree

שַׁקְדָן, ת״ז, ־נִית, ת״נ diligent

[שקה] הִשְׁקָה, פ״י to water, irrigate; to give to drink

שָׁקוּד, ת״ז, שְׁקוּדָה, ת״נ diligent

שִׁקּוּי, ז׳, ר׳, ־יִים drink

שָׁקוּל, ת״ז, שְׁקוּלָה, ת״נ evenly balanced; weighed, measured; undecided

שִׁקּוּל, ז׳, ר׳, ־לִים weighing; balancing

שִׁקּוּם, ז׳ rehabilitation

שִׁקּוּעַ, ז׳, ר׳, ־עִים submersion, sinking; depression

שָׁקוּעַ, ת״ז, שְׁקוּעָה, ת״נ submerged; set into; settled; deep in thought

שָׁקוּף, ת״ז, שְׁקוּפָה, ת״נ translucent, transparent, clear

שִׁקּוּף, ז׳, ר׳, ־פִים clarification; X-raying

שִׁקּוּץ, ז׳, ר׳, ־צִים abomination

שִׁקּוּק, ז׳ bear's growling

שִׁקּוּר, ז׳ perjury, lying; false dealing

שִׂקּוּר, ז׳ ogling

שָׁקַט, פ״ע to be calm; to be inactive

שָׁקֵט, ת״ז, שְׁקֵטָה, ת״נ quiet, calm

שֶׁקֶט, ז׳ quietness, quiet

שְׁקִידָה, שַׁקְדָנוּת, נ׳ diligence

שְׁקִיטָן, ז׳, ר׳, ־נִים flamingo

שְׁקִיעָה, נ׳, ר׳, ־עוֹת submersion, sinking; setting (of sun)

שְׁקִיפוּת, נ׳ transparence, clearness

שַׂקִּיק, ז׳, שַׂקִּית, נ׳, ר׳, ־קִים, ־יּוֹת small bag, sack

שְׁקִיקוּת, נ׳ greed, lust

שָׁקַל, פ״י to weigh; to balance; to ponder

שֶׁקֶל, ז׳, ר׳, שְׁקָלִים weight; coin; shekel; Zionist tax

שִׁקֵּם, פ״י to rehabilitate

שִׁקְמָה, נ׳, ־מִים, ־מוֹת sycamore tree

שַׁקְנַאי, ז׳, ר׳, ־נָאִים pelican

שָׁקַע, פ״י to sink, decline; to set (sun)

שִׁקַּע, פ״י to set in, insert

הִשְׁקִיעַ, פ״י to cause to sink; to lower; to insert; to invest

הִשְׁתַּקַּע, פ״ח to be settled; to be forgotten; to settle down

שֶׁקַע, ז׳, ר׳, שְׁקָעִים dent, depression, sunken place; socket

שְׁקַעֲרוּרָה, נ׳, ר׳, ־רוֹת dent, sunken place, concavity

שְׁקַעֲרוּרִי, ת״ז, ־רִית, ת״נ concave

[שקף] נִשְׁקַף, פ״ע to look out, to face; to be seen; to be imminent

שִׁקֵּף, פ״י to cause to be seen; to depict; to portray; to X-ray

הִשְׁקִיף, פ״י to observe, contemplate

הִשְׁתַּקֵּף, פ״ע to be seen through, X-rayed; to be reflected

שֶׁקֶף, ז׳, ר׳, שְׁקָפִים casing, framework

שִׁקֵּץ, פ״י to detest
שֶׁקֶץ, ז׳, ר׳, שְׁקָצִים detestable thing; unclean animal
שָׁקַק, פ״ע to rush about; to long for
הִשְׁתּוֹקֵק, פ״ח to long for, desire
שִׁקֵּר, פ״י to ogle
שָׁקַר, פ״ע to deal falsely; to lie
שֶׁקֶר, ז׳, ר׳, שְׁקָרִים lie, deceit
שַׁקְרָן, ז׳, ר׳, ־נִים liar
שַׁקְרָנוּת, נ׳ lying
שִׁקְשֵׁק, פ״י to make much noise
הִשְׁתַּקְשֵׁק, פ״ח to rush to and fro
שֹׁקֶת, שׁוֹקֶת, נ׳, ר׳, שְׁקָתוֹת watering trough
שֹׁר, שֹׁרֶר, ז׳ navel, umbilical cord
שָׁר, פ״ע, ע׳ [שור] to behold, see, observe
שָׁר, פעו״י, ע׳ [שיר] to sing, chant; to poetize
שַׂר, ז׳, ר׳, שָׂרִים chief, leader; captain; minister; ruler
שָׂר, פ״ע, ע׳ [שור] to turn aside, depart; to wrestle; to tumble
[שרב] הִשְׁתָּרֵב, פ״ח to be overcome by heat
שָׁרָב, ז׳, ר׳, שְׁרָבִים burning heat; parched ground; mirage
שִׁרְבֵּב, פ״י to prolong; to let hang; to insert in wrong place
שַׁרְבִיט, ז׳, ר׳, ־טִים scepter; baton; shoot, twig
שַׁרְבִיטַאי, ז׳, ־טָאִים drum major
שְׁרַבְרַב, ז׳, ר׳, ־רַבִים plumber
שְׁרַבְרָבוּת, נ׳ plumbing, installation
שֵׂרַג, פ״י to intertwine
שָׂרַד, פ״ע to escape; to leave over
שְׂרָד, ז׳, בִּגְדֵי־שְׂרָד ceremonial wear, uniforms

שֶׂרֶד, ז׳, ר׳, שְׂרָדִים marking tool, stylus
שָׁרָה, פעו״י to soak; to dwell
שָׂרָה, פ״ע to struggle; to persist, persevere
שָׂרָה, נ׳, ר׳, שָׂרוֹת princess; noble lady; ambassadress, lady minister
שֵׁרָה, נ׳, ר׳, שֵׁרוֹת necklace; bracelet
שַׁרְווּל, שַׁרְוָל, ז׳, ר׳, ־לִים, ז״ז, ־לַיִם sleeve
שַׁרְווּלִית, נ׳, ר׳, ־לִיוֹת cuff
שָׁרוּי, ת״ז, שְׁרוּיָה, ת״נ soaked; steeped
שְׂרוֹךְ, ז׳, ר׳, ־כִים lace; thong
שָׂרוּעַ, ת״ז, שְׂרוּעָה, ת״נ stretched out; extended; long-limbed
שָׂרוּף, ת״ז, שְׂרוּפָה, ת״נ burnt
שֵׁרוּת, ז׳, ר׳, ־תִים service, function
שָׂרַט, פ״י to scratch
שֶׂרֶט, ז׳, ר׳, שְׂרָטִים, שָׂרֶטֶת, נ׳, ר׳, שָׂרְטוֹת scratch, incision
שִׂרְטוּט, ז׳, ר׳, ־טִים drawing lines, ruling
שִׂרְטוֹן, ז׳, ר׳, ־נוֹת sandbank
שִׂרְטֵט, פ״י to rule, draw lines
שָׂרִיג, ז׳, ר׳, ־גִים tendril; twig
שָׂרִיד, ז׳, ר׳, שְׂרִידִים survivor; remnant
שְׁרִיָּה, נ׳ soaking; resting
שִׁרְיוֹן, שִׁרְיָן, ז׳, ר׳, ־נִים, ־נוֹת armor; armored unit
שָׂרִיק, ת״ז, שְׂרִיקָה, ת״נ combed, carded
שְׁרִיקָה, נ׳, ר׳, ־קוֹת hissing; whistling
שְׁרִיר, ז׳, ר׳, שְׁרִירִים muscle
שָׁרִיר, ת״ז, שְׁרִירָה, ת״נ strong; reliable, valid
שְׁרִירוּת, שְׁרִירוּת לֵב נ׳ stubbornness, obstinacy

שֵׂרַךְ, פ״י to entangle; to pervert
שָׂרָךְ, ז׳, ר׳, ־כִים fern; brake
[שרע] הִשְׂתָּרַע, פ״ח to stretch oneself out
שַׂרְעָף, ז׳, ר׳, ־עַפִּים thought; troublesome thought
שָׂרַף, פ״י to burn
שָׂרָף, ז׳, ר׳, שְׂרָפִים fiery serpent; angel, seraph
שְׂרָף, ז׳, ר׳, ־פִים gum, resin
שְׂרֵפָה, נ׳, ר׳, ־פוֹת burning; fire, conflagration
שַׂרְפְרַף, ז׳, ר׳, ־רַפִּים footstool
שָׁרַץ, פיו״ע to swarm, swarm with
שֶׁרֶץ, ז׳, ר׳, שְׁרָצִים reptile
שָׂרֹק, ת״ז, שְׂרֻקָּה, ת״נ reddish
שָׁרַק, פ״ע to hiss; to whistle
שְׁרֵקָה, נ׳, ר׳, ־קוֹת hissing, derision
שַׁרְקָן, ז׳, ר׳, ־נִים whistler
שְׁרַקְרַק, ז׳, ר׳, ־רַקִּים bee eater; woodpecker
שָׂרַר, פ״ע to rule; to prevail
הִשְׂתָּרֵר, פ״ח to dominate, have control over; to prevail
שֹׁרֶר, שֹׁר, ז׳ navel, umbilical cord
שְׂרָרָה, נ׳, ר׳, ־רוֹת dominion, rulership
שֵׁרֵשׁ, פ״י to uproot
הִשְׁרִישׁ, פ״י to strike root; to implant
הִשְׁתָּרֵשׁ, פ״ח to strike root, to be implanted
שֹׁרֶשׁ, שׁוֹרֶשׁ, ז׳, ר׳, שָׁרָשִׁים root; stem (*gram.*)
שָׁרְשִׁי, ת״ז, ־שִׁית, ת״נ basic, fundamental, radical
שַׁרְשֶׁרֶת, שַׁרְשְׁרָה, נ׳, ר׳, ־שְׁרוֹת chain
שֵׁרֵת, פ״י to serve, minister

שָׁרֵת, ז׳ service, ministry
שָׂשׂ, פ״ע, ע׳ [שיש] to be happy; to exult, rejoice
שֵׁשׁ, ז׳ marble; fine linen
שִׁשָּׁא, פ״י to lead on
שִׁשָּׁה, ש״מ, ז׳, שֵׁשׁ, נ׳ six
שִׁשָּׁה עָשָׂר, ש״מ, ז׳ sixteen
שֵׁשׁ עֶשְׂרֵה, ש״מ, נ׳ sixteen
שָׂשׂוֹן, ז׳, ר׳, שְׂשׂוֹנִים rejoicing
שִׁשִּׁי, ת״ז, שִׁשִּׁית, ת״נ sixth
שִׁשִּׁיָּה, נ׳ sextet
שִׁשִּׁים, ש״מ, זו״נ sixty
שִׁשִּׁית, נ׳, ר׳, ־שִׁיּוֹת one-sixth, sixth part
שָׁשַׁר, ז׳ red color, vermillion
שָׁת, פ״י, ע׳ [שית] to put, place, set, station; to constitute, make
שָׁת, ז׳, ר׳, שָׁתוֹת foundation, basis
שֵׁת, ז׳, ר׳, שֵׁתוֹת buttock, bottom
שְׁתַדְּלָן, ז׳, ר׳, ־נִים interceder
שְׁתַדְּלָנוּת, נ׳ intercession
שָׁתָה, פ״י to drink
שָׁתוּי, ת״ז, שְׁתוּיָה, ת״נ drunk, intoxicated
שָׁתוּל, ת״ז, שְׁתוּלָה, ת״נ planted
שָׁתוּם, ת״ז, שְׁתוּמָה, ת״נ open; penetrating (eye)
שִׁתּוּף, ז׳, ר׳, ־פִים participation, partnership
שִׁתּוּפִי, ת״ז, ־פִית, ת״נ co-operative, collective
שִׁתּוּק, ז׳ paralysis; silence
שָׁתוּק, ת״ז, שְׁתוּקָה, ת״נ silent
שְׁתִי, ז׳ warp
שְׁתִי־וָעֵרֶב warp and woof, crosswise, cross
חֲקִירַת שְׁתִי־וָעֵרֶב cross-examination

drinking; drunkenness; foundation שְׁתִיָּה, נ׳, ר׳, ־יּוֹת
foundation stone אֶבֶן־שְׁתִיָּה
shoot; sapling שָׁתִיל, ז׳, ר׳, שְׁתִילִים
planting; transplanting שְׁתִילָה, נ׳, ר׳, ־לוֹת
two שְׁתַּיִם, ש״מ, נ׳
twelve שְׁתֵּים עֶשְׂרֵה, ש״מ, נ׳
opening, uncorking שְׁתִימָה, נ׳
heavy drinker; drunkard שַׁתְיָן, ז׳, ר׳, ־נִים
silence שְׁתִיקָה, נ׳, ר׳, ־קוֹת
to make (get) rusty שִׁתֵּךְ, פעו״י
to plant; to transplant שָׁתַל, פ״י
planter שַׁתְלָן, ז׳, ר׳, ־נִים
to unseal, open, uncork שָׁתַם, פ״י
to urinate [שתן] הִשְׁתִּין, פ״ע
urine שֶׁתֶן, ז׳

to join; to join in partnership שִׁתֵּף, פ״י
to participate הִשְׁתַּתֵּף, פ״ח
associate, partner שֻׁתָּף, שׁוּתָּף, ז׳, ר׳, ־פִים
שֻׁתָּפוּת, שׁוּתָּפוּת, נ׳, ר׳, ־פֻיּוֹת
partnership, association
to be silent, quiet שָׁתַק, פ״ע
to become silent, dumb; to be paralyzed הִשְׁתַּתֵּק, פ״ח
silent, taciturn person שַׁתְקָן, ז׳, ר׳, ־נִים
taciturnity שַׁתְקָנוּת, נ׳
to break out, burst open [שתר] נִשְׁתַּר, פ״ע
to flow; to drip; to place שָׁתַת, פעו״י
to base; to found הִשְׁתִּית, פ״י

ת X, t

Tav, twenty-second letter of Hebrew alphabet; 400 תּ, ת
chamber, cell; cabin תָּא, ז׳, ר׳, תָּאִים, תָּאוֹת
to desire, long for, have an appetite תָּאַב, פ״ע
to loathe, abhor תֵּאֵב, פ״י
desirous, longing for תָּאֵב, ת״ז, תְּאֵבָה, ת״נ
desire, appetite תֵּאָבוֹן, ז׳
to mark out (boundary) תֵּאָה, פ״י
antelope תְּאוֹ, ז׳, ר׳, תְּאוֹים, תְּאוֹיִים
lust; boundary תַּאֲוָה, נ׳, ר׳, ־ווֹת
agreement, conformity, harmony תֵּאוּם, ז׳
תְּאוֹם, ז׳, תְּאוֹמָה, נ׳, ר׳, ־מִים, ־מוֹת
twin

twins; Gemini תְּאוֹמִים, ז״ר
cellulose תָּאוֹן, ז׳
accident תְּאוּנָה, נ׳, ר׳, ־נוֹת
complaint, grumble; toil, trouble, pains תְּאוּנִים, ז״ר
acceleration תְּאוּצָה, נ׳, ר׳, ־צוֹת
description תֵּאוּר, ז׳, ר׳, ־רִים
illumination, lighting תְּאוּרָה, נ׳
descriptive, figurative תֵּאוּרִי, ת״ז, ־רִית, ת״נ
lascivious person תַּאַוְתָן, ז׳, ר׳, ־נִים
lasciviousness תַּאַוְתָנוּת, נ׳
equilibrium תַּאֲזוּנָה, נ׳
cohesion תַּאֲחִיזָה, נ׳
theater תֵּאַטְרוֹן, ז׳, ר׳, ־רוֹנִים, ־רָאוֹת
symmetry תְּאִימוּת, נ׳
cellulose תָּאִית, נ׳

תַּאֲלָה, נ׳ curse

תָּאַם, פ"ע to join; to combine

הִתְאִים, פִּיו"ע to be similar; to be like twins; to co-ordinate

תֹּאַם, ז׳ symmetry, co-ordination

תַּאֲנָה, נ׳ rut, heat

תְּאֵנָה, נ׳, ר׳, ־נוֹת fig tree

תְּאֵנַת־חַוָּה banana

תְּאֵנָה, נ׳, ר׳, ־נִים fig

תֹּאֲנָה, תּוֹאֲנָה, נ׳, ר׳, ־נוֹת pretext; occasion

תַּאֲנִיָּה, נ׳, ר׳, ־יּוֹת mourning, lamentation

תֹּאַר, ז׳, ר׳, תְּאָרִים form, appearance; attribute; quality; title; degree (college)

תֹּאַר הַפֹּעַל adverb

שֵׁם הַתֹּאַר, תֹּאַר הַשֵּׁם adjective

תָּאַר, פ"י to mark out (boundary); to shape

תֵּאֵר, פ"י to draw, trace out; to describe

תַּאֲרִיךְ, ז׳, ר׳, ־רִים date (in time)

תְּאַשּׁוּר, ז׳, ר׳, ־רִים larch

תֵּבָה, תֵּיבָה, נ׳, ר׳, ־בוֹת ark, chest, box; word (written, printed)

תֵּבַת־דֹּאַר post-office box

תֵּבַת־מִכְתָּבִים mail box

רָאשֵׁי־תֵבוֹת initials

תְּבוּאָה, נ׳, ר׳, ־אוֹת grain produce; yield, income

תִּבּוּל, ז׳ spicing, flavoring, seasoning

תְּבוּנָה, נ׳, ר׳, ־נוֹת understanding, intelligence

תְּבוּסָה, נ׳, ר׳, ־סוֹת defeat, ruin; treading down

תְּבוּסָן, ז׳, ר׳, ־נִים defeatist

תְּבוּסָנוּת, נ׳ defeatism

תַּבְחִין, ז׳ test, experiment; criterion

תְּבִיעָה, נ׳, ר׳, ־עוֹת demand, claim

תֵּבֵל, נ׳ world

תֶּבֶל, ז׳, ר׳, תְּבָלִים, תַּבְלִין spice, seasoning; confusion; lewdness

תִּבֵּל, פ"י to spice, season, flavor

תַּבְלוּל, ז׳, ר׳, ־לִים mixture, blending; cataract

תַּבְלִיט, ז׳, ר׳, ־טִים bas-relief

תֶּבֶן, ז׳ straw, chaff

תַּבְנִית, נ׳, ר׳, ־נִיּוֹת construction; shape, model, pattern, image

תָּבַע, פ"י to demand, claim, summon

תַּבְעֵרָה, נ׳, ר׳, ־רוֹת burning, conflagration

תַּבְקִישׁ, ז׳, ר׳, ־שִׁים application blank, entry form

תַּבְרֹגֶת, נ׳, תַּבְרִיג, ז׳, ר׳, ־רוֹגוֹת, ־גִים screw thread

תַּבְרוּאָה, נ׳ sanitation, hygiene

תַּבְרוּאִי, ת"ז, ־אִית, ת"נ sanitary, hygienic

תַּבְשִׁיל, ז׳, ־לִים cooked food, dish

תָּג, ז׳, ר׳, תָּגִים crownlet on letters

תִּגְבֹּרֶת, נ׳, ר׳, ־בּוֹרוֹת increase; reinforcement(s)

תְּגוּבָה, נ׳, ר׳, ־בוֹת reaction

תִּגְלַחַת, נ׳, ר׳, ־לָחוֹת shaving

תַּגְלִית, נ׳, ־יוֹת discovery

תַּגְמוּל, ז׳, ר׳, ־לִים benefit, recompense

תִּגֵּר, פ"י to trade, bargain, haggle

תַּגָּר, ז׳, ר׳, ־רִים merchant, dealer

תִּגָּר, ז׳ complaint

תִּגְרָה, נ׳, ר׳, ־רוֹת strife, contention, conflict

תַּגְרָן, ז׳, ר׳, ־נִים haggler, trafficker

haggling, trafficking, bargaining תַּגְרָנוּת, נ׳
exemplification, demonstration תַּדְגִּים, ז׳, ר׳, ־מִים
incubation תַּדְגֹּרֶת, נ׳
ash tree תִּדְהָר, ז׳, ר׳, ־רִים
moratorium תַּדְחִית, נ׳, ר׳, ־חִיּוֹת
frequent, constant תָּדִיר, ת״ז, תְּדִירָה, ת״נ
frequency תְּדִירוּת, נ׳, ר׳, ־רְיוֹת
reprint תַּדְפִּיס, ז׳, ר׳, ־סִים
briefing (*mil.*) תַּדְרִיךְ, ז׳, ר׳, ־כִים
tea תֵּה, ז׳
to be astonished; to regret תָּהָה, פ״ע
emptiness, nothingness, waste תֹּהוּ, ז׳
chaos תֹּהוּ וָבֹהוּ
resonance תְּהוּדָה, נ׳, ר׳, ־דוֹת
abyss; deep, primeval ocean תְּהוֹם, זו״נ, ר׳, תְּהוֹמוֹת
abysmal, infinite, endless תְּהוֹמִי, ת״ז, ־מִית, ת״נ
regret, astonishment תְּהִיָּה, נ׳, ר׳, ־יּוֹת
praise, song of praise, psalm תְּהִלָּה, נ׳, ר׳, ־לּוֹת, ־לִּים
Book of Psalms, Psalms תְּהִלִּים, תִּלִּים, ז״ר
error, folly תָּהֳלָה, נ׳, ר׳, ־לוֹת
procession, parade תַּהֲלוּכָה, נ׳, ר׳, ־כוֹת
process; progress תַּהֲלִיךְ, ז׳, ר׳, ־כִים
perversity תַּהְפּוּכָה, נ׳, ר׳, ־כוֹת
mark, sign; musical note; postage stamp; Tav, name of twenty-second letter of Hebrew alphabet תָּו, ז׳, ר׳, תָּוִים
pretext; occasion תּוֹאֲנָה, תֹּאֲנָה, נ׳, ר׳, ־נוֹת

transport, transportation תּוֹבָלָה, נ׳
claimant, plaintiff, prosecutor תּוֹבֵעַ, ז׳, ר׳, ־בְעִים
public prosecutor תּוֹבֵעַ כְּלָלִי
grief, sorrow תּוּגָה, נ׳
tragedy מַחֲזֶה־תּוּגָה
thanksgiving, thanks offering, thanks; confession, avowal תּוֹדָה נ׳, ר׳, ־דוֹת
many thanks תּוֹדָה רַבָּה
consciousness, recognition תּוֹדָעָה, נ׳
to mark, make marks תִּוָּה, פ״י
to set a mark; to outline הִתְוָה, פ״י
mediation, intervention תִּוּוּךְ, ז׳, ר׳, ־כִים
hope, expectation תּוֹחֶלֶת, נ׳
tag, label תָּוִית, נ׳, ר׳, ־יוֹת
midst, middle; inside, interior תָּוֶךְ, תּוֹךְ, ז׳
within, in the midst of, among בְּתוֹךְ־
from within, from the midst of, through מִתּוֹךְ־
to mediate, act as intermediary; to intervene; to halve תִּוֵּךְ, פ״י
punishment, retribution תּוֹכֵחָה, נ׳, ר׳, ־חוֹת
rebuke, reproof, chastisement תּוֹכָחָה, תּוֹכַחַת, נ׳, ר׳, ־כָחוֹת
intrinsic תּוֹכִי, ת״ז, ־כִית, ת״נ
parrot תּוּכִּי, תֻּכִּי, ז׳, ר׳, ־כִּיִּים
astronomer תּוֹכֵן, ז׳, ר׳, ־כְנִים
measurement; content תּוֹכֶן, תֹּכֶן, ז׳, ר׳, תְּכָנִים
offspring; subsidiary, secondary nature תּוֹלָדָה, תּוֹלֶדֶת נ׳, ר׳, ־דוֹת
generations, descent, history תּוֹלָדוֹת, נ״ר

תּוֹלָל, ז׳, ר׳, ־לִים tormentor

תּוֹלָע, ז׳, תּוֹלֵעָה, תּוֹלַעַת, נ׳, ר׳, ־לָעִים worm; scarlet-dyed cloth, yarn

תּוֹלַעַת־מֶשִׁי silkworm

תּוֹלַעְנָה, נ׳ mahogany

תּוּמִּים, תֻּמִּים, ז״ר, ע׳ אוּרִים Thummim, oracles

תּוֹמֵךְ, ז׳, ר׳, ־כִים supporter

תּוֹסָפָה, תּוֹסֶפֶת, נ׳, ר׳, ־סָפוֹת addition, increase, supplement

תּוֹסָפוֹת, נ״ר Tosaphot, annotations to the Talmud

תּוֹסֶפְתָּא, נ׳ Tosephta, a supplement to the Mishnah

תּוֹסֶפְתָּן, ז׳ appendix

תּוֹעֵבָה, נ׳, ר׳, ־בוֹת abomination; outrage

תּוֹעָה, נ׳ error; confusion

תּוֹעֶה, ת״ז, ־עָה, ת״נ erring, straying

תּוֹעֶלֶת, תּוֹעָלָה, נ׳, ר׳, ־עָלוֹת, ־עֲלִיּוֹת profit, benefit; use

תּוֹעַלְתִּי, ת״ז, ־תִּית, ת״נ beneficial, profitable; practical

תּוֹעָפָה, תּוֹעֶפֶת, נ׳, ר׳, ־עָפוֹת eminence; heights; strength

תּוֹף, תֹּף, ז׳, ר׳, תֻּפִּים drum

תּוֹפֵף, פ״י, ע׳ [תפף] to beat drum

תּוּפִין, ז׳, ר׳, ־נִים pastry, cake, biscuit

תּוֹפָעָה, נ׳, ר׳, ־עוֹת phenomenon, appearance, apparition

תּוֹפֵר, ז׳, תּוֹפֶרֶת, נ׳, ר׳, ־פְרִים, ־פְרוֹת tailor; seamstress

תּוֹצָאָה, נ׳, ר׳, ־אוֹת result, consequence, conclusion; extremity

תּוֹצָר, ז׳, ר׳, ־רִים product

תּוֹצֶרֶת, נ׳ production

תּוֹקְפָן, ז׳, ר׳, ־נִים violent person; powerful person; aggressor

תּוֹקְפָנוּת, נ׳ aggression

תּוֹר, ז׳, ר׳, ־רִים turtledove; circlet; line, row; turn

[תור] תָּר, פ״י to tour, explore; to spy out; to seek out

תּוּרְגְּמָן, תֻּרְגְּמָן, ז׳, ר׳, ־נִים interpreter, translator

תּוֹרָה, נ׳, ר׳, ־רוֹת the Mosaic law, Pentateuch; teaching; law; science; theory

תּוֹרָה שֶׁבִּכְתָב written law (Scriptures)

תּוֹרָה שֶׁבְּעַל־פֶּה oral law (Talmud)

תּוֹרֶן, תֹּרֶן, ז׳, ר׳, תְּרָנִים mast, pole

תּוֹרָן, ז׳, ר׳, ־נִים monitor, person on duty

תּוֹרָנוּת, נ׳, ר׳, ־נֻיּוֹת monitorship, being on duty

תּוּרְפָּה, תֻּרְפָּה, נ׳, ר׳, ־פּוֹת shame; obscenity; weakness; pudenda

תּוֹרָשָׁה, נ׳ heredity

תּוֹרַשְׁתִּי, ת״ז, ־תִּית, ת״נ hereditary

תּוֹשָׁב, ז׳, ר׳, ־בִים inhabitant, settler

תּוֹשֶׁבֶת, נ׳, ר׳, ־שָׁבוֹת basis, foundation, pedestal

תּוּשִׁיָּה, נ׳ wisdom; counsel

תּוּת, ז׳, ר׳, ־תִים berry; mulberry; mulberry tree

תּוּת־שָׂדֶה strawberry

תּוֹתָב, ת״ז, ־תֶבֶת, ת״נ inserted; artificial (tooth, eye)

תּוֹתָח, ז׳, ר׳, ־חִים cannon

תּוֹתְחָן, ז׳, ר׳, ־נִים gunner, artilleryman

תַּזְגִּיג, ז׳ — enamel

תְּזוּזָה, נ׳, ר׳, ־זוֹת — motion, vibration

תְּזוּנָה, נ׳, ר׳, ־נוֹת — nourishment, nutrition

[תזז] הֵתֵז, פ״י — to cut, strike off

תְּזָזִית, רוּחַ תְּזָזִית, נ׳ — perturbation; restlessness; madness

תַּזְכִּיר, ז׳, ר׳, ־רִים, תִּזְכֹּרֶת, נ׳, ר׳, ־רוֹת — memorandum

תִּזְמוּר, ז׳ — orchestration

תִּזְמֹנֶת, נ׳ — synchronization

תִּזְמֹרֶת, נ׳, ר׳, ־רוֹת — orchestra

תַּזְנוּת, נ׳ — whoredom

תַּזְרִיק, ז׳, ר׳, ־קִים — serum

תָּחַב, פ״י — to insert, stick in; to tuck in

תַּחְבּוּלָה, נ׳, ר׳, ־לוֹת — device, contrivance, trick

תַּחְבּוּרָה, נ׳ — communication

תַּחְבִּיב, ז׳, ר׳, ־בִים — hobby

תַּחְבִּיר, ז׳ — syntax

תַּחְבְּלָן, ז׳, ר׳, ־נִים — trickster

תַּחְבֹּשֶׁת, נ׳, ר׳, ־בּוֹשׁוֹת — bandage

תְּחִגָּה, נ׳, ר׳, ־גּוֹת — festival

תָּחוּחַ, ת״ז, תְּחוּחָה, ת״נ — loose (soil)

תְּחוּם, ז׳, ר׳, ־מִים — boundary, limit; area, district

תְּחוּקָה, נ׳, ר׳, ־קוֹת, תְּחִקָּה, נ׳, ר׳, ־קוֹת — legislation

תְּחוּשָׁה, נ׳, ר׳, ־שׁוֹת — perception, feeling

תַּחֲזִית, נ׳, ר׳, ־זִיוֹת — spectrum; prediction

תִּחֵחַ, פ״י — to loosen soil (by plowing); to harrow

תְּחִיָּה, נ׳ — revival, resurrection

[תחל] הִתְחִיל, פיו״ע — to begin, commence

תְּחִלָּה, נ׳, ר׳, ־לּוֹת — beginning, commencement

תְּחִלָּה, תה״פ — at first, in the first place

לְכַתְּחִלָּה — at the start, at first, a priori

תַּחֲלוּא, ז׳, ר׳, ־אִים — disease, sickness

תַּחֲלוּאָה, נ׳ — epidemic

תַּחֲלוּם, ז׳, ר׳, ־מִים — daydream, hallucination

תַּחֲלִיב, ז׳, ר׳, ־בִים — emulsion

תַּחֲלִיף, ז׳, ר׳, ־פִים — substitute; successor

תְּחִלִּית, נ׳, ר׳, ־לִּיוֹת — prefix

תָּחַם, פ״י — to mark limits, limit; to set landmarks

תַּחְמִיץ, ז׳, ר׳, ־צִים — silage

תַּחְמָס, ז׳, ר׳, ־סִים — bird of prey, falcon; nighthawk

תַּחְמֹשֶׁת, נ׳ — armament, ammunition

תְּחִנָּה, נ׳, ר׳, ־נּוֹת — supplication, mercy, favor

תַּחֲנָה, נ׳, ר׳, ־נוֹת — station, place of encampment; stopping place

תַּחֲנוּן, ז׳, ר׳, ־נִים — supplication; mercy, favor; prayer

תַּחֲנִית, נ׳, ר׳, ־נִיּוֹת — garage

תִּחְפֵּשׂ, פ״י — to disguise, mask

תַּחְפֹּשֶׂת, נ׳, ר׳, ־פּוֹשׂוֹת — mask, masquerade costume

תְּחִקָּה, נ׳, ר׳, ־קּוֹת — legislation

תִּחֵר, תַּחֲרָה, פ״ע — to rival, compete with

תַּחְרָא, נ׳, ר׳, ־רוֹת — corselet; habergeon

תַּחֲרוּת, נ׳, ר׳, ־רֻיּוֹת — rivalry, competition

תַּחְרִיט, ז׳, ר׳, ־טִים — etching

תַּחְרִים, ז׳, ר׳, ־מִים — lace

תַּחַשׁ, ז׳, ר׳, תְּחָשִׁים badger; dolphin
תַּחְשִׁיב, ז׳, ר׳, ־בִים calculation, computation
תַּחַת, מ״י under, below; in place of, instead of; in return for
תַּחַת אֲשֶׁר instead of; because
מִתַּחַת לְ־ beneath
תַּחְתּוֹן, ת״ז, ־נָה, ת״נ lower; lowest
תַּחְתּוֹנִים underpants, underwear
תַּחְתּוֹנָה, נ׳, ר׳, ־נוֹת petticoat, slip (garment)
תַּחְתּוֹנִיּוֹת, נ״ר piles
תַּחְתִּי, ת״ז, ־תִּית, ת״נ lower, lowest
תַּחְתִּית, נ׳, ר׳, ־תִּיּוֹת subway; bottom; foot; saucer
תִּיאָה, נ׳, ר׳, ־אוֹת crowfoot
תֵּיבָה, תֵּבָה, נ׳, ר׳, ־בוֹת ark, chest, box; word (written, printed)
תִּיֵּג, פ״י to make crownlets, ornamentations; to tag
תֵּיוֹן, ז׳, ר׳, ־נִים teapot
תִּיּוּק, ז׳ filing (documents)
תִּיּוּר, ז׳, ר׳, ־רִים touring, tour
תִּיכוֹן, ת״ז, ־נָה, ת״נ inner, central
בֵּית־סֵפֶר תִּיכוֹן high school, secondary school
הַיָּם הַתִּיכוֹן Mediterranean
תִּיכוֹנִי, ת״ז, ־נִית, ת״נ secondary
תֵּיכֶף, תֵּכֶף, תה״פ immediately, soon
תַּיִל, ז׳, ר׳, תְּיָלִים wire
תֵּימַהּ, תְּמַהּ, ז׳, ר׳, תְּמָהִים wonder, astonishment
תֵּימָן, ז׳ south; south wind; Yemen
תֵּימָנִי, ת״ז, ־נִיָּה, ת״נ Yemenite, person from the South
תִּימָרָה, נ׳, ר׳, ־רוֹת column (of smoke)

תִּינוֹק, ז׳, תִּינֹקֶת, נ׳, ר׳, ־קוֹת baby, child
תִּינוֹקִי, ת״ז, ־קִית, ת״נ babyish, childish
תִּיק, ז׳, ר׳, ־קִים brief case, case, portfolio, satchel
תִּיֵּק, פ״י to file (documents)
תֵּיקוּ, ז׳ undecided argument, stalemate
תִּיקִיָּה, נ׳, ר׳, ־קִיּוֹת file
תִּיקָן, ז׳, ר׳, ־נִים roach
תַּיָּר, ז׳, ר׳, ־רִים tourist
תִּיֵּר, פ״ע to tour
תִּירוֹשׁ, ז׳ new wine, grape juice
תַּיָּרוּת, נ׳ tourism
תִּירָס, ז׳ corn
תַּיִשׁ, ז׳, ר׳, תְּיָשִׁים he-goat
תֹּךְ, ז׳, ר׳, תְּכָכִים intrigue; extortion
תִּכְבֹּסֶת, נ׳, ר׳, ־בּוֹסוֹת washing (of clothes)
תַּכְבָּר, ז׳ barbecue
תְּכוֹל, ז׳ violet blue
תְּכוּנָה, נ׳, ר׳, ־נוֹת characteristic, attribute, quality; astronomy; preparation
תָּכוּף, ת״ז, תְּכוּפָה, ת״נ immediate, urgent
תְּכוּפוֹת, תה״פ often
תֻּכִּי, תּוּכִּי, ז׳, ר׳, ־כִּיִּים parrot;
תְּכִיפוּת, נ׳, ר׳, ־פֻיּוֹת immediacy, urgency
תָּכֹל, ז׳, ר׳, תְּכֻלִּים sky-blue
תִּכְלָה, נ׳ purpose, end
תַּכְלִית, נ׳, ר׳, ־לִיּוֹת end, purpose, aim, object; completeness, perfection
תַּכְלִיתִי, ת״ז, ־תִית, ת״נ purposeful

תְּכַלְכַּל, ת"ז, ־כֶּלֶת, ת"נ pale blue, bluish
תְּכֵלֶת, נ' violet-blue, sky-blue (thread, wool)
תָּכַן, פ"י to regulate, measure; to formulate program, estimate
יִתָּכֵן, פ"ע to be likely, probable
תִּכֵּן, פ"י to regulate, measure out
תֹּכֶן, תּוֹכֶן, ז', ר', תְּכָנִים measurement; content
תֹּכֶן הָעִנְיָנִים table of contents
תִּכְנוּן, ז' formulation of program
תָּכְנִית, נ', ר', ־נִיּוֹת measurement; plan, program
תִּכְנֵן, פ"י to formulate program; to plan
תַּכְסִיס, ז', ר', ־סִים strategy, tactics; tact
תַּכְסִיסִי, ת"ז, ־סִית, ת"נ strategic, tactical; tactful
תַּכְסִיסָן, ז', ר', ־נִים strategist, tactician
תִּכְסֵס, פ"י to use strategy
תֵּכֶף, תֵּיכֶף, תה"פ immediately, soon
תֵּכֶף וּמִיָּד at once
תָּכַף, פעו"י to follow immediately; to follow in close order
תַּכְרִיךְ, ז', ר', ־כִים bundle, roll; wrap
תַּכְרִיכִים, ז"ר shrouds
תַּכְשִׁיט, ז', ר', ־טִים jewel, ornament; rascal, scoundrel
תַּכְשִׁיר, ז', ר', ־רִים specimen; preparation
תַּכְתִּיב, ז', ר', ־בִים dictation
תֵּל, ז', ר', תִּלִּים mound, hill, heap
תְּלָאָה, נ', ר', ־אוֹת weariness; hardship, trouble

תַּלְאוּבָה, נ', ר', ־בוֹת drought
תִּלְבּוֹשֶׁת, תִּלְבֹּשֶׁת, נ', ר', ־בּוֹשׁוֹת dress, clothing, costume
תָּלָה, פ"י to hang, hang up, attach, affix; to leave in suspense, leave in doubt
תָּלוּא, ת"ז doubtful, insecure
תָּלוּי, ת"ז, תְּלוּיָה, ת"נ dependent; suspended; doubtful; hung, hanged
תְּלוּי, ז', ר', ־יִים hanger, handle
תָּלוּל, ת"ז, תְּלוּלָה, ת"נ sloping; steep; lofty
תְּלוּלִית, נ', ר', ־לִיּוֹת little mound, hillock
תִּלּוּם, ז' furrowing
תְּלוּנָה, תְּלֻנָּה, נ', ר', ־נוֹת complaint, murmuring
תָּלוּשׁ, ת"ז, תְּלוּשָׁה, ת"נ detached, plucked, loose
תְּלוּשׁ, ז', ר', ־שִׁים coupon, check
תְּלוּת, ז' dependence
תְּלִי, ז', ר', תְּלָיִים quiver; clothes hanger
תְּלִיָּה, נ', ר', ־לִיּוֹת hanging; gallows
תַּלְיָן, ז', ר', ־נִים hangman, executioner
תְּלִישָׁה, נ', ר', ־שׁוֹת tearing up, plucking
תְּלִישָׁה, תְּלִישָׁא, נ' musical note
תְּלִישׁוּת, נ' detachment
תִּלֵּל, פ"י to pile, heap up
הֵתֵל, פ"י to mock, trifle with, deceive
תַּלֶּלֶת, נ' tuberculosis
תֶּלֶם, ז', ר', תְּלָמִים furrow, ridge; garden bed
תִּלֵּם, פ"י to plow up furrows

תַּלְמוּד, ז׳, ר׳, ־דִים, ־דוֹת teaching; learning; Talmud

תַּלְמוּדִי, ת״ז, ־דִית, ת״נ Talmudic; expert in the Talmud

תַּלְמִיד, ז׳, ר׳, ־דִים student, disciple

תַּלְמִיד חָכָם scholar

תְּלֻנָּה, תְּלוּנָה, נ׳, ר׳, ־נּוֹת complaint, murmuring

תִּלַּע, פ״י to remove worms; to make red

תֻּלַּע, פ״ע to be filled with worms; to be freed from worms; to be dressed in scarlet

הִתְלִיעַ, פ״ע to be worm-eaten

תַּלְפִּיָּה, נ׳, ר׳, ־יּוֹת stronghold; turret

תָּלַשׁ, פ״י to pluck up, tear out

תְּלָת, ש״מ three

תְּלַת־אוֹפַן tricycle

תִּלְתּוּל, ז׳, ר׳, ־לִים curling; wart

תַּלְתַּל, ז׳, ר׳, ־תַּלִּים lock, curl (of hair)

תִּלְתֵּל, פ״י to curl

תִּלְתָּן, ז׳ clover, fenugreek

תַּם, פ״ע, ע׳ [תמם] to be finished, perfect; to be destroyed; to be spent; to cease

תָּם, ת״ז, תַּמָּה, ת״נ complete, perfect, whole; innocent, simple, artless

כְּתִיבָה תַּמָּה calligraphy

תֹּם, ז׳ innocence, simplicity; completeness, perfection

תֶּמֶד, תְּמָד, תָּמָד, ז׳ inferior wine

תִּמֵּד, פ״י to make inferior wine

הִתְמִיד, פעו״י to be diligent; to cause to be constant

תָּמַהּ, פ״ע to be astounded, amazed; to be in doubt, wonder

הִתְמִיהַּ, פיו״ע to cause amazement; to be amazed

תְּמַהּ, תֵּימַהּ, ז׳, , ר׳, תְּמָהִים wonder, astonishment

תֻּמָּה, נ׳ innocence, integrity

תִּמָּהוֹן, ז׳ amazement, bewilderment

תָּמוּהַּ, ת״ז, תְּמוּהָה, ת״נ amazing

תַּמּוּז, ז׳ Tammuz, fourth month of Hebrew calendar; Babylonian god

תְּמוּטָה, נ׳ collapse

תְּמוֹל, תה״פ, ז׳ yesterday; formerly

כִּתְמוֹל שִׁלְשׁוֹם as heretofore

מִתְּמוֹל שִׁלְשׁוֹם thence, thereafter

תְּמוּנָה, נ׳, ר׳, ־נוֹת image, picture

תִּמּוּר, ז׳ rising (column of smoke)

תְּמוּרָה, נ׳, ר׳, ־רוֹת exchange, substitution; apposition (*gram.*)

תְּמוּתָה, נ , ר׳, ־תוֹת death, dying; mortality; death rate

בֶּן־תְּמוּתָה mortal

תַּמְחוּי, ז׳, ר׳, ־יִים charity food

בֵּית־תַּמְחוּי soup kitchen

תָּמִיד, תה״פ, ז׳ always; continuity; daily burnt offering

תְּמִידוּת, נ׳ continuity

תְּמִידִי, ת״ז, ־דִית, ת״נ continuous

תְּמִיהָה, נ׳, ר׳, ־הוֹת astonishment

תְּמִיכָה, נ׳, ר׳, ־כוֹת support

תָּמִים, ת״ז, תְּמִימָה, ת״נ complete; innocent; faultless

תֻּמִּים, תוּמִּים, ז״ר, ע׳ אוּרִים Thummim, oracles

תְּמִימוּת, נ׳ integrity; innocence

תְּמִיסָה, תְּמִסָּה, ר׳, ־סוֹת dissolving, solution

תָּמִיר, ת״ז, תְּמִירָה, ת״נ upright, tall

תָּמַךְ, פ״י to support, hold up, maintain; to rely upon; to rest upon

תַּמְלוּג, ז׳, ר׳, ־גִים royalties
[תמם] תַּם, פ״ע to be finished, perfect; to cease; to be spent; to be destroyed
הֵתַם, פ״י to finish, make perfect; to cease doing
הִתַּמֵּם, פ״ח to be innocent; to feign simplicity
תֶּמֶס, ז׳ liquefaction
תְּמִסָּה, תְּמִיסָה, נ׳, ר׳, ־סוֹת dissolving, solution
תְּמָנוּן, ז׳, ר׳, ־נִים octopus
תְּמְנוּעַ, ז׳ prophylaxis
תִּמְסָח, ז׳, ר׳, ־חִים crocodile
תַּמְצִית, נ׳, ר׳, ־צִיּוֹת essence, summary; extract, juice
תָּמָר, ז׳, ר׳, תְּמָרִים palm tree; date
תֹּמֶר, ז׳, ר׳, תְּמָרִים palm tree
תִּמֵּר, פ״ע to rise straight up (smoke)
תִּמוֹרָה, נ׳, ר׳, ־רוֹת palm tree; date; berry
תִּמְרוּן, ז׳, ר׳, ־נִים maneuver, stratagem
תַּמְרוּק, ז׳, ר׳, ־קִים cosmetic; perfume
תַּמְרוּקִיָּה, נ׳, ר׳, ־קִיּוֹת perfumery, cosmetic shop
תַּמְרוּר, ז׳, ר׳, ־רִים signpost; bitterness
תַּן, ז׳, ר׳, תַּנִּים jackal
תַּנָּא, ז׳, ר׳, ־אִים Tanna, teacher of the Mishnah
תְּנַאי, ז׳, ר׳, תְּנָאִים, תְּנָיִים condition, stipulation
תְּנָאִים, ז״ר betrothal
תָּנָה, פ״י to recount; to mourn
הִתְנָה, פ״י to stipulate, make a condition

תְּנוּאָה, נ׳, ר׳, ־אוֹת oppositon; reluctance; occasion; pretext
תְּנוּבָה, נ׳, ר׳, ־בוֹת fruit, produce
תְּנוּדָה, נ׳, ר׳, ־דוֹת motion, vibration, fluctuation; migration
תְּנוּחָה, נ׳, ר׳, ־חוֹת repose; resting place
תְּנוּךְ, ז׳, תְּנוּךְ אֹזֶן lobe (of ear)
תְּנוּמָה, נ׳, ר׳, ־מוֹת slumber
תְּנוּעָה, נ׳, ר׳, ־עוֹת motion, movement; vowel
תְּנוּפָה, נ׳, ר׳, ־פוֹת swinging, waving, shaking
תַּנּוּר, ז׳, ר׳, ־רִים stove, oven
תַּנְחוּם, ז׳, ר׳, ־מִים, ־מוֹת consolation, comfort
תַּנִּים, תַּנִּין, ז׳, ר׳, ־נִים serpent, sea monster; crocodile
תַּנַ״ךְ, ז׳ Bible: Pentateuch, Prophets, Writings (Hagiographa)
[תנע] הִתְנִיעַ, פ״י to set in motion, to start (engine)
תִּנְשֶׁמֶת, נ׳, ר׳, ־שָׁמוֹת owl; chameleon
תַּסְבִּיךְ, ז׳, ר׳, ־כִים complex
תִּסְבֹּכֶת, תִּסְבּוֹכֶת, נ׳, ר׳, ־כוֹת complexity, complication
תְּסוּגָה, נ׳, ר׳, ־גוֹת retreat
תָּסִיל, ז׳, ר׳, ־תְּסָלִים squab
תְּסִיסָה, נ׳, ר׳, ־סוֹת fermentation, bubbling, effervescence
תַּסְכִּית, ז׳, ר׳, ־תִים prospectus
תֹּסֶס, ז׳, ר׳, תְּסָסִים ferment; enzyme
תָּסַס, פ״ע to ferment, bubble, effervesce
תִּסְפֹּרֶת, נ׳, ר׳, ־פּוֹרוֹת haircut
תִּסְקֹרֶת, נ׳, ר׳, ־רוֹת review, vaudeville

תִּסְרֹקֶת, נ׳, ר׳, ־רוֹקוֹת combing of hair, hair dressing, coiffure, hair-do

תִּעֵב, פ״י to loathe; to make loathsome

תַּעֲבוּרָה, נ׳ transportation

תִּעֵד, פ״י to classify documents

תָּעָה, פ״ע to err, go astray

תְּעוּדָה, נ׳, ר׳, ־דוֹת testimony; document, certificate; mission

תְּעוּדַת־בַּגְרוּת high-school diploma

תְּעוּדַת־זֶהוּת identity card

תִּעוּל, ז׳ canalization; sewerage

תְּעוּפָה, נ׳, ר׳, ־פוֹת flight, aviation

שְׂדֵה־תְעוּפָה airport, airfield

תְּעוּרָה, נ׳ wakefulness, arousement

תִּעוּשׁ, ז׳ industrialization

תְּעִיָּה, נ׳, ר׳, ־יּוֹת wandering, erring

תִּעֵל, פ״י to canalize; to drain

תְּעָלָה, נ׳, ר׳, ־לוֹת trench, canal; healing, cure

תַּעֲלוּל, ז׳, ר׳, ־לִים mischievousness; wantonness; naughty boy

תַּעֲלוּמָה, נ׳, ר׳, ־מוֹת secret, hidden thing

תַּעֲמוּלָה, נ׳ propaganda

תַּעַמְלָן, ז׳, ר׳, ־נִים propagandist

תַּעֲנוּג, ז׳, ר׳, ־גִים, ־גוֹת enjoyment, pleasure, delight

תַּעֲנִית, נ׳, ר׳, ־נִיּוֹת fast, fasting

תַּעֲסוּקָה, נ׳ employment

תַּעֲצוּמָה, נ׳, ר׳, ־מוֹת might

תַּעַר, ז׳ ר׳, תְּעָרִים razor; sheath, scabbard

תַּעֲרֹבֶת, נ׳, ר׳, ־רוֹבוֹת mixture, alloy

תַּעֲרוּבָה, נ׳, ר׳, ־בוֹת pledge

בֶּן תַּעֲרוּבוֹת hostage

תַּעֲרוּכָה, נ׳, ר׳, ־כוֹת exhibition, exposition

תַּעֲרִיף, ז׳, ר׳, ־פִים price list; tariff

תִּעֵשׁ, פ״י to industrialize

תַּעֲשִׂיָּה, נ׳, ר׳, ־שִׂיּוֹת industry, manufacture

תַּעֲשִׂיָן, ז׳, ר׳, ־נִים manufacturer, industrialist

תַּעְתּוּעַ, ז׳, ר׳, ־עִים mockery

תַּעְתִּיק, ז׳, ר׳, ־קִים transliteration

תִּעְתַּע, פ״י to mock, trifle

תִּעְתֵּק, פ״י to transliterate

תֹּף, תּוֹף, ז׳, ר׳, תֻּפִּים drum

תֹּף־מִרְיָם tambourine

תִּפְאוּרָה, נ׳, ר׳, ־רוֹת decoration; theatrical setting

תִּפְאָרָה, תִּפְאֶרֶת, נ׳ beauty, glory

תַּפּוּז, ז׳, ר׳, ־זִים orange

תַּפּוּחַ, ז׳, ר׳, ־חִים apple; apple tree; pile

תַּפּוּחַ־אֲדָמָה potato

תַּפּוּחַ־זָהָב, ע׳ תַּפּוּז orange

תָּפוּחַ, ת״ז, תְּפוּחָה, ת״נ swollen

תְּפוּנָה, נ׳ doubt

תְּפוּס, ז׳, ר׳, ־סִים pommel

תָּפוּס, ת״ז, תְּפוּסָה, ת״נ taken, occupied

תְּפוּסָה, נ׳, ר׳, ־סוֹת violated woman

תְּפוּצָה, נ׳, ר׳, ־צוֹת dispersion, diaspora; distribution, sale

תְּפוּקָה, נ׳ production

תִּפּוּר, ז׳ sewing

תָּפוּשׂ, ת״ז, תְּפוּשָׂה, ת״נ taken, occupied

תָּפֵז, ת״ז, תְּפֵזָה, ת״נ orange (color)

תָּפַח, פ״ע to swell

תֶּפַח, ז׳ swelling

תְּפִילָּה, תְּפִלָּה, נ׳, ר׳, ־לּוֹת prayer; phylactery

תְּפִילִין, תְּפִלִּין, נ"ר phylacteries
תְּפִיסָה, תְּפִישָׂה, נ', ר', ־סוֹת seizing, taking hold; grasp, comprehension; prison
תְּפִירָה, נ', ר', ־רוֹת sewing
תָּפֵל, ת"ז, תְּפֵלָה, ת"נ unsalted, tasteless, insipid
תָּפַל, פ"י to be silly, talk nonsense
תִּפְלָה, נ', תִּפְלוּת, נ' unsavoriness; impropriety, obscenity
תְּפִלָּה, תְּפִילָּה, נ', ר', ־לּוֹת prayer; phylactery
תְּפִלִּין, תְּפִילִין, נ"ר phylacteries
תְּפֵלוּת, נ', ר', ־לֻיּוֹת tastelessness, insipidity
תַּפְלִיס, ז' transpiration
תִּפְלֶצֶת, נ', ר', ־לָצוֹת shuddering, horror
תַּפְנוּק, ז', ר', ־קִים delicacy; enjoyment; comfort
תַּפְנִית, נ', ר', ־נִיּוֹת turning, direction, tendency
תָּפַס, פ"י to seize, grasp, take hold
תָּפַף, פ"י to beat the drum
תּוֹפֵף, פ"י to beat, drum
תִּפְקֵד, פ"י to execute, command
תַּפְקִיד, ז', ר', ־דִים role, function; command, charge
תָּפַר, פ"י to sew; to sew together
תֶּפֶר, ז', ר', תְּפָרִים stitch, seam
תִּפְרַחַת, נ', ר', ־רָחוֹת blossoming; skin rash
תַּפְרִיט, ז', ר', ־טִים menu
תָּפַשׂ, פ"י to seize, grasp, take hold
תִּפֵּשׂ, פ"י to take hold of; to climb
תֹּפֶת, נ' תָּפְתֶּה, ז' place of burning; inferno, hell

מְכוֹנַת־תֹּפֶת time bomb
תְּצוּגָה, נ', ר', ־גוֹת display
תְּצוּרָה, נ', ר', ־רוֹת formation
תַּצְלוּם, ז', ר', ־מִים photograph
תַּצְפִּית, נ', ר', ־פִּיּוֹת observation
תִּצְרֹכֶת, נ' consumption of necessities
תַּקְבּוּל, ז', ר', ־לִים receipt (money)
תַּקְבֹּלֶת, נ', ר', ־בּוֹלוֹת parallelism
תַּקְדִּים, ז', ר', ־מִים precedent
תִּקְוָה, נ', ר', ־ווֹת hope; cord, strap
תְּקוּמָה, נ', ר', ־מוֹת standing up, rising; restoration
תִּקּוּן, ז', ר', ־נִים repair, improvement; reform; emendation
תָּקוֹעַ, ז', ר', ־עוֹת trumpet, blast instrument
תָּקוּעַ, ת"ז, תְּקוּעָה, ת"נ stuck in
תְּקוּפָה, נ', ר', ־פוֹת circuit, cycle; period, era
תְּקוּפוֹן, ז', ר', ־נִים periodical
תָּקִין, ת"ז, תְּקִינָה, ת"נ regular, normal
תְּקִינוּת, נ' regularity, normality
תְּקִיעָה, נ', ר', ־עוֹת blast, blowing of horn; driving in, sticking in
תְּקִיעַת־כַּף handshake
תַּקִּיף, ת"ז, ־פָה, ת"נ mighty, strong; hard, severe
תְּקִיפָה, נ', ר', ־פוֹת attack
תַּקִּיפוּת, נ' might; strength; severity
[תקל] נִתְקַל, פ"ע to stumble; to strike against
תַּקָּלָה, תְּקָלָה, נ', ר', ־לוֹת stumbling; stumbling block
תַּקְלִיט, ז', ר', ־טִים phonograph record
תָּקַן, פ"ע to be straight
תִּקֵּן, פ"י to make straight; to repair; to reform

הִתְקִין, פ"י to prepare; to ordain, establish

תֶּקֶן, ז', ר', תְּקָנִים normality; norm, standard

תַּקָּנָה, נ', ר', ־נוֹת repair; reform; amendment

תַּקְנוֹן, ז', ר', תַּקְנוֹנִים bylaws, constitution

תָּקַע, פ"י to blow (horn); to thrust; to stick in, drive in; to strike, slap

תֵּקַע, ז' blast (of horn)

תֶּקַע, ז', ר', תְּקָעִים plug

תָּקַף, פ"י to attack, assail

תֹּקֶף, ז' strength, power; validity

תַּקְצִיב, ז', ר', ־בִים budget

תַּקְצִיבִי, ת"ז, ־בִית, ת"נ budgetary

תַּקְצִיר, ז', ר', ־רִים synopsis, résumé

תִּקְרֹבֶת, נ', ר', ־רוֹבוֹת refreshments

תִּקְרָה, נ', ר', ־רוֹת ceiling; roofing

תִּקְתּוּק, ז', ר', ־קִים clicking, ticking; typewriting

תִּקְתֵּק, פעו"י to tick, click; to typewrite

תָּר, פ"י, ע' [תור] to tour, explore; to spy out, seek out

תַּרְבּוּת, נ', ר', ־בֻיּוֹת culture; education, rearing, manners; increase, growth

תַּרְבּוּתִי, ת"ז, ־תִית, ת"נ cultured

תַּרְבִּיךְ, ז' stew

תַּרְבֵּץ, ז', ר', ־צִים garden; academy

תַּרְבִּית, נ', ר', ־בִּיּוֹת interest, usury; growth

תָּרֹג, ת"ז, תְּרֻגָּה, ת"נ greenish-yellow

תִּרְגּוּל, ז', ר', ־לִים drilling, exercising

תִּרְגּוּם, ז', ר', ־מִים translation

תִּרְגּוּם, ז', ר', ־מִים translating

תַּרְגִּיל, ז', ר', ־לִים exercise, drill

תִּרְגֵּל, פעו"י to teach to walk; to drill

תִּרְגֵּם, פ"י to translate, interpret

תֻּרְגְּמָן, ז', תּוּרְגְּמָן, ר', ־נִים translator, interpreter

תֶּרֶד, ז', ר', תְּרָדִים beetroot; spinach

תַּרְדֵּמָה, נ', ר', ־מוֹת deep sleep, trance

[תרה] הִתְרָה, פ"י to warn, forewarn

תַּרְוָד, ז', ר', ־וָדוֹת, ־וָדִים ladle

תָּרוּט, ת"ז, תְּרוּטָה, ת"נ straight-lined

תְּרוּמָה, נ', ר', ־מוֹת contribution; offering; choice

תְּרוּעָה, נ', ר', ־עוֹת shout of joy; war cry; alarm; blast (of trumpet)

תְּרוּפָה, נ', ר', ־פוֹת healing; remedy, cure; medicine

תֵּרוּץ, ז', ר', ־צִים answer, solution (to problem); excuse

[תרז] הִתְרִיז, פ"ע to excrete

תִּרְזָה, נ', ר', תְּרָזוֹת lime tree, linden tree

תְּרֵי, ש"מ two

תַּרְיַ"ג (מִצְווֹת) 613; 613 commandments listed in the Bible

תְּרִיס, ז', ר', ־סִים shutter, blind; shield

תְּרֵיסַר, ש"מ twelve, dozen

תְּרֵיסַרְיוֹן, ז' duodenum

תִּרְכֹּבֶת, נ', ר', ־כּוֹבוֹת compound

תַּרְכִּיב, ז', ר', ־בִים serum, vaccine

תָּרַם, פ"י to contribute; to remove (ashes from altar)

תָּרְמָה, נ' deceit, treachery

תֻּרְמוֹס, ז', ר', ־סִים lupine

knapsack, bag; תַּרְמִיל, ז׳, ר׳, ־לִים
seed bag, pod; capsule
deceitfulness תַּרְמִית, נ׳
to form pods; to put into תִּרְמֵל, פ״ע
capsules; to carry a knapsack
mast, pole תֹּרֶן, ז׳, ר׳, תְּרָנִים
תַּרְנְגוֹל, ז׳, תַּרְנְגֹלֶת, נ׳, ר׳, ־לִים,
cock, rooster; hen ־לוֹת
turkey תַּרְנְגוֹל־הֹדּוּ, תַּרְנְהוֹד
to shield; [תרס] הִתְרִיס, פ״ע
to resist, defy, challenge
to blow trumpet, [תרע] הִתְרִיעַ, פ״ע
sound alarm
grudging person תַּרְעוּמָן, ז׳, ר׳, ־נִים
poison תַּרְעֵלָה, נ׳, ר׳, ־לוֹת
murmur, תַּרְעֹמֶת, נ׳, ר׳, ־עוֹמוֹת
complaint; grudge
shame; תַּרְפָּה, תּוֹרְפָּה, נ׳, ר׳, ־פּוֹת
obscenity; weakness; pudenda
household gods, idols, תְּרָפִים, ז״ר
teraphim
laxative תַּרְפְּיוֹן, ז׳, ר׳, ־נִים
to answer, solve תֵּרֵץ, פ״י
(difficulty)
sketch, plan תַּרְשִׁים, ז׳, ר׳, ־מִים
chrysolite, תַּרְשִׁישׁ, ז׳, ר׳, ־שִׁים
precious stone
two תַּרְתֵּי, ש״מ, נ׳
praise תִּשְׁבָּחָה, נ׳, ר׳, ־חוֹת
checkered תַּשְׁבֵּץ, ז׳, ר׳, ־בְּצִים
work; crossword puzzle
fractions; geometry תִּשְׁבֹּרֶת, נ׳
urgent תִּשְׁדֹּרֶת, נ׳, ר׳, ־דּוֹרוֹת
dispatch (radio)
noise, shout, תְּשׁוּאָה, נ׳, ר׳, ־אוֹת
roar; applause
answer, reply; תְּשׁוּבָה, נ׳, ר׳, ־בוֹת
return; repentance

repenter בַּעַל־תְּשׁוּבָה
putting, placing תְּשׂוּמָה, נ׳
deposit, pledge, תְּשׂוּמֶת יָד
security
attention תְּשׂוּמֶת לֵב
deliverance, תְּשׁוּעָה, נ׳, ר׳, ־עוֹת
salvation; victory
longing, desire תְּשׁוּקָה, נ׳, ר׳, ־קוֹת
present, gift תְּשׁוּרָה, נ׳, ר׳, ־רוֹת
weak תָּשׁוּשׁ, ת״ז, תְּשׁוּשָׁה, ת״נ
youth, early תִּשְׁחֹרֶת, נ׳
manhood
ninth תְּשִׁיעִי, ת״ז, ־עִית, ת״נ
one-ninth, תְּשִׁיעִית, נ׳, ר׳, ־עִיּוֹת
ninth part
weakness, feebleness תְּשִׁישׁוּת, נ׳
gearing, meshing תִּשְׁלֹבֶת, נ׳
payment, תַּשְׁלוּם, ז׳, ר׳, ־מִים, ־מוֹת
indemnity
use; utensil, תַּשְׁמִישׁ, ז׳, ר׳, ־שִׁים
article; sexual intercourse
religious articles תַּשְׁמִישֵׁי־קְדֻשָּׁה
strangulation תַּשְׁנוּק, תַּשְׁנִיק, ז׳
nine תֵּשַׁע, ש״מ, נ׳
nineteen תְּשַׁע־עֶשְׂרֵה, ש״מ, נ׳
to divide, multiply by תִּשַּׁע, פ״י
nine
nine תִּשְׁעָה, ש״מ, ז׳
nineteen תִּשְׁעָה־עָשָׂר, ש״מ, ז׳
ninety תִּשְׁעִים, ש״מ, זו״נ
present, gift תְּשַׁר, ז׳
to give a gift; תִּשַּׁר, פ״י
to present
Tishri, seventh month of תִּשְׁרֵי, ז׳
Hebrew calendar
to be weak, feeble תָּשַׁשׁ, פ״ע
subsoil; sub- תַּשְׁתִּית, נ׳, ר׳, ־תִּיּוֹת
structure

תַּת, תה"פ	under, sub-
תַּת־יֶדַע, תַּת־הַכָּרָה	subconscience
תַּת־יַמִּי	subaqueous, submarine
תַּת־מֵימִי	underwater
תַּת־מִקְלָע	submachine gun
תַּת־שַׂר	deputy minister
תִּתּוֹרָה, נ', ר', ־רוֹת	brim (hat)
תַּתְרָן, ת"ז, ־נִית, ת"נ	having no sense of smell
תַּתְרָנוּת, נ'	lack of sense of smell